böhlau

FORSCHUNGEN ZUR DEUTSCHEN RECHTSGESCHICHTE

Herausgegeben von
Peter Oestmann, Jan Schröder und Dietmar Willoweit

35. Band

GESINE GÜLDEMUND

DAS ERBRECHT DER BUCH'SCHEN GLOSSE

BÖHLAU VERLAG WIEN KÖLN

Gedruckt mit Unterstützung des Förderungsfonds Wissenschaft der VG Wort

Mit 6 Abbildungen und 19 Grafiken

Bibliografische Information der Deutschen Nationalbibliothek:
Die Deutsche Nationalbibliothek verzeichnet diese Publikation in der Deutschen Nationalbibliografie; detaillierte bibliografische Daten sind im Internet über https://dnb.de abrufbar.

Umschlagabbildung:
Links: Arbor Consanguinitatis. Darstellung aus Johannes Andreae: Lectura super arboribus consanguinitatis et affinitatis, Universitätsbibliothek Freiburg im Breisgau / Historische Sammlungen, Hs. 337, fol. r.

Rechts: Gliederbild, Darstellung aus der Wolfenbütteler Bilderhandschrift des Sachsenspiegels, Herzog August Bibliothek Wolfenbüttel: Cod. Guelf. 3.1 Aug. 2°, fol. 11r.

Umschlaggestaltung: Michael Haderer, Wien
Satz: textformart, Göttingen
Druck und Bindung: ⊕ Hubert & Co. BuchPartner, Göttingen
Printed in the EU

Vandenhoeck & Ruprecht Verlage | www.vandenhoeck-ruprecht-verlage.com

ISBN 978-3-412-52189-9

Inhalt

Vorwort

Die vorliegende Arbeit, die im Sommersemester 2019 von der Juristischen Fakultät der Universität Bayreuth als Dissertation angenommen wurde, hat mich über einige Jahre meines Lebens begleitet. Aus Anlass ihrer Veröffentlichung möchte ich einigen Menschen meinen Dank aussprechen, die mich bei ihrer Erstellung unterstützt haben.

Mein besonderer Dank gilt meinem Doktorvater Prof. Dr. Bernd Kannowski, der die Arbeit sehr zugewandt betreut hat. Sein fachlicher wie außerfachlicher Rat war mir bei der Erstellung dieser Arbeit eine große Hilfe. Für die ausführlichen Gespräche in den Jahren ihrer Entstehung möchte ich mich herzlich bedanken. Ihm und meinem Zweitkorrektor Prof. em. Dr. Diethelm Klippel danke ich zudem für die zügige Erstellung der Gutachten. Die darin enthaltenen Anregungen haben Eingang in die Druckfassung gefunden.

Mein besonderer Dank gilt auch Herrn Dr. Frank-Michael Kaufmann, der das Manuskript gelesen und mit mir besprochen, der mich bereitwillig unterstützt und mir insbesondere, wo in dieser Arbeit die Lesart der Wolfenbütteler Handschrift von 1365–1367 wiedergegeben ist, diese herausgesucht und zur Verfügung gestellt hat.

Weiter gilt mein Dank dem damaligen Graduiertenkolleg des Max-Planck-Instituts für europäische Rechtsgeschichte und der Goethe Universität Frankfurt am Main, der International Max Planck Research School (IMPRS) for Comparative Legal History, in der ich von April 2011 bis September 2013 Stipendiatin war. Bei allen Mitgliedern des Leitungsgremiums möchte ich mich für die vielen wertvollen Anregungen zu meiner Arbeit bedanken, mein besonderer Dank gilt Herrn Prof. em. Dr. Gerhard Dilcher, der die Arbeit mit besonderem Interesse verfolgt, und Herrn Prof. em. Dr. Dr. h. c. mult. Michael Stolleis, der den Kollegiat*innen der IMPRS die Teilnahme an seinem Oberseminar ermöglicht hat. Bedanken möchte ich mich weiter bei allen Mitstipendiat*innen für die vielen fachlichen wie privaten Gespräche, die zum Entstehen dieser Arbeit nicht unwesentlich beigetragen haben, insbesondere bei Dr. Lena Darabeygi, Dr. Raphaël Cahen und Dr. Ulrike Schillinger.

Der Juristischen Bibliothek Antonio Cicu Bologna, der Sächsischen Landesbibliothek – Staats- und Universitätsbibliothek Dresden, der Universitätsbibliothek Freiburg im Breisgau, der Niedersächsischen Sparkassenstiftung und der Herzog August Bibliothek Wolfenbüttel danke ich für die Veröffentlichungsgenehmigung hinsichtlich der in diesem Band enthaltenen Abbildungen aus Handschriften und frühneuzeitlichen Drucken.

Ich danke den Herausgebern für die Aufnahme meiner Arbeit in die Schriftenreihe Forschungen zur deutschen Rechtsgeschichte sowie die in ihren Gutachten enthaltenen Anregungen, die Eingang in die Druckfassung gefunden haben. Im Zusammenhang mit der Veröffentlichung möchte ich auch den Mitarbeiter*innen des Böhlau Verlages für die zugewandte Betreuung meinen Dank aussprechen. Mein Dank gilt schließlich dem Förderungsfonds Wissenschaft der Verwertungsgesellschaft Wort für die Förderung dieser Arbeit.

Abschließend möchte ich meinen Eltern Elisabeth Güldemund und Karl Remmert-Güldemund sowie meinen Schwestern Hanna und Almut Güldemund danken, die die Erstellung dieser Arbeit in vielerlei Hinsicht unterstützt haben.

Würzburg im Januar 2021
Gesine Güldemund

Abkürzungsverzeichnis

a. E.	am Ende
Abb.	Abbildung(en)
Abh.	Abhandlung(en)
Abh. München	Abhandlungen der Bayerischen Akademie der Wissenschaften (Die Abhandlungen anderer Akademien werden in entsprechender Abkürzung zitiert. Gemeint ist stets die philosophisch-historische Klasse)
Abschn.	Abschnitt
Abt.	Abteilung
Anm.	Anmerkung(en)
AC	Authenticorum Collatio
AG	Accursische Glosse
ALR	Allgemeines Landrecht für die Preußischen Staaten
ALZ	Allgemeine Literatur-Zeitung
Apc.	Apocalypsis
Aufl.	Auflage(n)
Biographisches Wörterbuch	Biographisches Wörterbuch zur deutschen Geschichte, begr. von Hellmuth Rößler und Günther Franz, 2. Aufl. bearb. von Karl Bosl, Günther Franz und Hanns Hubert Hofmann, 3 Bde., München 1973–1975
Bd., Bde.	Band, Bände
bearb.	bearbeitet
begr.	begründet
BG	Buch'sche Glosse
BGB	Bürgerliches Gesetzbuch
BGHZ	Entscheidungen des Bundesgerichtshofes in Zivilsachen, hg. von den Mitgliedern des Bundesgerichtshofes und der Bundesanwaltschaft, Köln – Berlin – Detmold 1951 ff.
BMZ	Mittelhochdeutsches Wörterbuch mit Benutzung des Nachlasses von Georg Friedrich Benecke ausgearbeitet von Wilhelm Müller und Friedrich Zarncke, Leipzig 1854 ff.
BPG	Glosse des Bernhard de Botone Parmensis zum Liber Extra
bzw.	beziehungsweise
BVerfGE	Entscheidungen des Bundesverfassungsgerichts, hg. Von den Mitgliedern des Bundesverfassungsgerichts, Tübingen, 1952 ff.
C.	Causa
c.	canon, constitutio
conc. Lat. IV	concilium Lateranense IV
ca.	circa
cap.	capitulum
Cod.	Codex
d. h.	das heißt
D.	Distinctio
DA	Deutsches Archiv für Erforschung (bis 1944: Geschichte) des Mittelalters

DDR	Deutsche Demokratische Republik
Deut.	Deuteronomium
Dig.	Digesten
Diss. jur.	Dissertatio juridica
DN	Digestum Novum
DNP	Der neue Pauly. Enzyklopädie der Antike, hg. von Hubert Cancik, Helmuth Schneider, u. a., Stuttgart 1996 ff.
DV	Digestum Vetus
DRW	Deutsches Rechtswörterbuch, Wörterbuch der älteren deutschen Rechtssprache: Bde. 1–4 hg. von der Preußischen Akademie der Wissenschaften, ab Bd. 5 hg. von der Heidelberger Akademie der Wissenschaften, Weimar 1914 ff.
DWB	Deutsches Wörterbuch, begr. von Jacob und Wilhelm Grimm, Leipzig 1854 ff.
e. V.	eingetragener Verein
etc.	et cetera
Exod.	Exodus
f.	folgende, folgender, folgendes
ff.	folgende
Fig.	Figur
FmSt	Frühmittelalterliche Studien
fol.	folium
FS	Festschrift
Gai.	Gai Institutiones
GGA	Göttingische Gelehrte Anzeigen
ggf.	gegebenenfalls
Gefeier.	Gefeierter
Gen.	Genesis
Hg., hg.	Herausgeber(in), herausgegeben
HJb	Historisches Jahrbuch
HRG^1, HRG^2	Handbuch der deutschen Rechtsgeschichte, 1. Aufl., hg. von Wolfgang Stammler, Adalbert Erler, Ekkehard Kaufmann und Dieter Werkmüller, Berlin 1971 ff., 2. völlig überarbeitete und erweiterte Aufl., hg. von Albrecht Cordes, Hans-Peter Haferkamp, Heiner Lück, Dieter Werkmüller und Ruth Schmidt-Wiegand, Berlin 2004 ff.
Hs.	Halbsatz
i. e. S.	im engeren Sinne
i. w. S.	im weiteren Sinne
Infor.	Infortiatum
in VI°	in Libro Sexto Bonifacii
Inst.	Institutionen, Institutiones
Iudic.	Iudicum liber
Jg.	Jahrgang
JZ	Juristenzeitung
km	Kilometer
KritV	Kritische Vierteljahresschrift für Gesetzgebung und Rechtswissenschaft

l. un.	lex unica
Ldr.	Landrecht
LDHW	Ausführliches lateinisch-deutsches Handwörterbuch. aus den Quellen zusammengetragen und mit besonderer Bezugnahme auf Synonymik und Antiquitäten unter Berücksichtigung der besten Hilfsmittel, begr. von Karl Ernst Georges, hg. von Heinrich Georges, unveränderter Nachdruck der 8. Aufl. 1913, 2 Bde., Darmstadt 1998
LEX	Liber exquisiti xenii. (LEX) Lexikon frühmittelalterlicher Rechtswörter für Freunde frühmittelalterlicher Rechtsgeschichte (Arbeiten zur Rechts- und Sprachwissenschaft 46), hg. von Gerhard Köbler, Gießen-Lahn 1999
Lex.MA	Lexikon des Mittelalters, hg. von Robert-Henri Bautier mit Gloria Avella-Widhalm und Robert Auty, München/Zürich 1980 ff.
Lib. feud.	Libri feudorum
LV	Libri feudorum als Abschnitt in den mittelalterlichen Corpus Iuris-Ausgaben
Lr.	Lehnrecht
masch.-schr.	maschinenschriftlich
m. E.	meines Erachtens
MGH	Monumenta Germaniae Historica
Const.	Constitutiones
Dipl.	Diplomata
Dt. Chron.	Deutsche Chroniken
Fontes iuris N. S.	Fontes iuris Germanici antiqui, Nova series
MUB	Meklenburgisches Urkundenbuch
MüKo BGB	Münchener Kommentar zum Bürgerlichen Gesetzbuch, hg. von Franz-Jürgen Säcker u. a., Bd. 1: Allgemeiner Teil, §§ 1–240, ProstG, 6. Aufl. München 2012; Bd. 9: Erbrecht, §§ 1922–2385, §§ 27–35 BeurkG, 6. Aufl. München 2013
m. w. N.	mit weiteren Nachweisen
n. Chr.	nach Christi Geburt
NA	Neues Archiv der Gesellschaft für ältere deutsche Geschichtskunde
NDB	Neue Deutsche Biographie, hg. von der Historischen Kommission bei der Bayerischen Akademie der Wissenschaften, Berlin 1953 ff.
N. F.	Neue Folge
Nov.	Novelle, Novellen
Num.	Numeri
OLG	Oberlandesgericht
Palandt	Palandt. Bürgerliches Gesetzbuch: mit Nebengesetzen (Beck'sche Kurzkommentar 7), bearb. von Gerd Brudermüller, Jürgen Ellenberger, Isabell Götz, Christian Grüneberg, Sebastian Herrler, Hartwig Sprau, Karsten Thorn, Walter Weidenkaff, Dietmar Weidlich und Hartmut Wicke, 79. Aufl. München 2020
PBB	Beiträge zur Geschichte der deutschen Sprache und Literatur
phil.-hist. Kl.	Philosophisch-historische Klasse
pr.	principium
Ps.	Psalmorum liber
q.	questio

r	recto
RE	Paulys Real-Encyclopädie der classischen Altertumswissenschaft. Neue Bearbeitung, hg. von Georg Wissowa, ab 1906 Wilhelm Kroll, ab 1939 Karl Mittelhaus, ab 1946 Konrat Ziegler, ab 1974 Hans Gärtner, Stuttgart 1893 ff.
RGA	Reallexikon der germanischen Altertumskunde, hg. von Herbert Jankuhn, Heinrich Beck u. a., 2. Aufl., Berlin u. a. 1973 ff.
RIDC	Rivista Internazionale di Diritto Comune
RheinMJ	Rheinisches Museum für Jurisprudenz
Rn.	Randnummer
S.	Seite, Seiten
Sachsen und Anhalt	Sachsen und Anhalt. Jahrbuch der Landesgeschichtlichen Forschungsstelle für die Provinz Sachsen und für Anhalt
SB Leipzig	Sitzungsberichte der Sächsischen Akademie der Wissenschaften (Die Sitzungsberichte anderer Akademien werden in entsprechender Abkürzung zitiert. Gemeint ist stets die philosophisch-historische Klasse)
SC	Senatus Consultum
SchleswHUSamml.	Schleswig-Holstein-Lauenburgische Urkundensammlung
Sp.	Spalte, Spalten
Stowasser	Stowasser. Lateinisch-deutsches Schulwörterbuch, begr. von Josef Maria Stowasser, bearb. von Petschenig Michael; Skutsch, Franz; Pichl, Robert u. a.; Aufl. 1998, Wien – München 1998
s. v.	sub verbo
Swsp.	Schwabenspiegel
Tab.	Tabula
Tbd.	Teilband
Teuthonista	Teuthonista. Zeitschrift für deutsche Dialektforschung und Sprachgeschichte
TG	Glossa ordinaria zum Decretum Gratiani des Johannes Teutonicus
ThSZs	Thüringisch-Sächsische Zeitschrift für Kunst und Geschichte
Tl.	Teil
TRG	Tijdschrift voor rechtsgeschiedenis
u. a.	unter anderem, und andere
UB	Urkundenbuch
usw.	und so weiter
v	verso
v. a.	vor allem
v. Chr.	vor Christi Geburt
Var.	Variante
vgl.	vergleiche
Verl.	Verlag, Verleger
Vf.	Verfasserin
VL	Die deutsche Literatur des Mittelalters. Verfasserlexikon, 2. Aufl., hg. von Kurt Ruh, Gundolf Keil, Werner Schröder, Burghart Wachinger und Franz Josef Worstbrock, Berlin 1978 ff.
VP	Volumen Parvum

WuS	Wörter und Sachen. Kulturhistorische Zeitschrift für Sprach und Sachforschung
X	Liber Extra
ZGR	Zeitschrift für geschichtliche Rechtswissenschaft
ZHF	Zeitschrift für historische Forschung
ZHG	Zeitschrift des Vereins für Hamburgische Geschichte
ZNR	Zeitschrift für Neuere Rechtsgeschichte
ZPO	Zivilprozessordnung
ZRG	Zeitschrift der Savigny-Stiftung für Rechtsgeschichte
GA	Germanistische Abteilung
KA	Kanonistische Abteilung
RA	Romanistische Abteilung

Einleitung

O[1] *we, in rechte richter sin somwilen unverstendich,*
Is de warheit wol bi in, ir recht is missewendich.
So dat der Sassen spegil noch selden rechte wert vorstan,
Wo vil se in lesen doch, of in ein joch buten kan,
He kan bi den besten nicht nochten sin saken weren;
Twierleie leve hat uns bracht in den arbeit,
Dat des spegils apparat makede unse envaldicheit.
Hertoge Otte van Brunciwik des edelin namen lis,
Over al is he liflik, eren blut sin pictur is.
Disses de irluchte bat vil mit hern Conrade,
Hern Sifride he lif hat, de it irbat vil drade.
Als minen vader ik si wil in herten minnen,
In tu leve wil wi hi der glosen wis beginnen.
Ere hir dem hogesten si in dem begin unde ende,
De du, dat ik meilis vri den apparat volende.

Aus dem Glossenprolog[2]

Für verbesserungswürdig hält der Verfasser dieser Zeilen die Rechtspflege seiner Zeit. Den Richtern fehle im Recht bisweilen das Verständnis, trotz ihrer Wahrheitsliebe sei ihre Rechtsprechung dadurch fehlgeleitet. Das Recht des Sachsen-

1 Übersetzung: Oh weh, den Richtern fehlt im Recht bisweilen das Verständnis,/ Sind sie auch aufrichtig, ist ihr Recht <doch> ins Falsche verkehrt. / Sodass der Sachsenspiegel nur selten noch richtig verstanden wird,/ So viel sie ihn auch lesen, auch wenn ihn ein jeder auswendig kann,/ Kann er mit ihm noch nicht angreifen, noch seine Rechtssachen verteidigen. / Zweierlei Liebe hat uns zu der Arbeit bewogen,/ Dass unsere Einfältigkeit den <Glossen->Apparat zum <Sachsen->Spiegel verfasst hat. / Herzog Otto von Braunschweig: des edlen Namen lese,/ Über alles lieblich ist er, <die Blume> Ehrenblut ist seine Zier. / Dieses erbat der Erlauchte oft, zusammen mit Herrn Conrad;/ <und> Herrn Siegfried hat er lieb, der es ebenso oft erbat. / Wie meinen Vater will ich sie in meinem Herzen lieben,/ Ihnen zuliebe wollen wir hier mit der <im folgenden dargestellten> Weise der Glossen beginnen. / Ehre sei hier dem Höchsten im Eingang und im Ausgang,/ der bewirken möge, dass ich mein Werk frei von Fehlern vollende. – Der Glossenprolog ist zweisprachig, die aller Wahrscheinlichkeit zuerst entstandene, so Homeyer, Prolog S. 8, 9; Steffenhagen, Glossenprolog S. 11 Anm. 2; Manuwald, ZRG GA 130 (2013) S. 362, lateinische Fassung der wiedergegebenen Verse lautet wie folgt: *Heu iudices in iure sunt plerique minus triti,/ Iustitiam si diligunt, iniuriantur liti. / Ut speculum Saxoniae iam multi studuerunt / Et sensum usque hodie minime intellexerunt;/ Si iura scripta ostendere pro se potuerunt,/* <Vers 110: *Cum illis tamen defendere se non valuerunt,/*> *Amoris duplicitas ad hoc nos provocavit,/ Quod nostra simplicitas opus hoc compilavit. / Otto, persona nobilis, de Brunswic dux hic dictus,/ Omnibus amabilis, honorum flore pictus. / Haec princeps cum milite Conrado postulavit,/ Et Sifridum diligite, qui ista impetravit. / Istos ut patrem corporis me sensi amare,/ Propter quos modum operis incipiam narrare. / In fine et initio laus deo tribuatur,/ Hic det, ut sine vitio opus perficiatur.*

2 Es handelt sich um die Verse 91 f., 107–109, 125 f., 131 f., 145 f., 169 f., 277 f., S. 97, 98, 99, 100, 101, 108. Seitenangaben zu Fundstellen aus der Buch'schen Glosse beziehen sich hier und im folgenden jeweils auf die Ausgabe Kaufmanns, Glossen zum Sachsenspiegel-Landrecht: Buch'sche Glosse, 3 Bde., Hannover 2002.

spiegels werde selten noch richtig verstanden, häufige Lektüre könne dem nicht abhelfen. Zweierlei Liebe aber habe ihn, den Unwürdigen, zur Abfassung eines Glossenapparates bewogen: die Liebe zu seinem Fürsten Herzog Otto von Braunschweig und zu den Herren Conrad und Siegfried, den Brüdern seines Vaters, wie sich aus anderer Stelle ergibt[3]. Mit dieser Verbeugung vor Fürst und Vaterbrüdern – und nicht zuletzt vor Eike von Repgow, dessen Vorrede zum Sachenspiegel er unverkennbar zitiert[4] – leitet er sein Werk ein, das er abschließend unter den Schutz Gottes stellt. Die Zeilen stammen aus dem insgesamt 278 Verse umfassenden Glossenprolog zur Landrechtsglosse.[5] Dieses Werk, die Glosse zum Sachsenspiegellandrecht, begründet als erste Glossierung zu einem deutschen Rechtstext eine neue Literaturgattung und prägt das sächsische gemeine Recht über viele Jahrhunderte. Bisher nur unzureichend erforscht ist sie Gegenstand dieser Arbeit – mit besonderem Augenmerk auf ihr Verhältnis zum Sachsenspiegel Eikes von Repgow einerseits und zum in ihrem Entstehungszeitraum in ganz Europa sich verbreitenden römisch-kanonischen Recht andererseits.

---

3 Etwa aus den Versen 148, 151, 152, S. 100, wiedergegeben unten Anm. 2189.

4 Eine Parallele zwischen beiden Prologen ergibt sich nicht nur hinsichtlich der Nennung eines Fürsten als Initiator des Werkes, sondern – u. a. – auch hinsichtlich der Bitte an die in der 2. Person angesprochene Leser*in, Mängel des Werkes zu übersehen und hinsichtlich der Verfluchung späterer Verfälscher/innen des Werkes, Manuwald, ZRG GA 130 (2013) S. 367.

5 Zwar lässt die zahlenmäßig geringe Überlieferung des Glossenprologs – von den erhaltenen Handschriften enthalten ihn nur fünf, eine weitere ist verschollen – Zweifel an der Autorschaft Johanns von Buch aufkommen, so schon Homeyer, Prolog S. 24 f., ebenso Kannowski, Buch'sche Glosse S. 77 Anm. 446. Für seine Autorschaft spricht aber, dass sich im Glossenprolog etwa durch die Erwähnung Verwandter deutliche Verweise auf die Identität finden lassen und der Text des Prologs mit dem Glossentext sowie dem Text des Richtsteigs Landrechts konsistent ist. Die schlechte Überlieferung ließe sich mit der zeitlich späteren Abfassung des Glossenprologs, dessen geringer praktischer Bedeutung und einer sich durch ihn verstärkt ergebenden Kumulierung von Prologtexten erklären, Kannowski, ebenda S. 80; Manuwald, ZRG GA 130 (2013) S. 357 f., 367 Anm. 70, S. 370. Eine Autorschaft Johanns von Buch bejahend oder nicht in Frage stellend daher die ganz überwiegende Ansicht, etwa Grupen bei Spangenberg, Beyträge S. 31–34; Homeyer, Prolog S. 24 f.; Steffenhagen, Glossenprolog S. 11 Anm. 2; Lieberwirth, Einleitung S. XXIX; Kannowski, Buch'sche Glosse S. 77 Anm. 446; Hüpper, Wort und Begriff Text S. 249; die Frage offenlassend Manuwald, ZRG GA 130 (2013) S. 369.

I. Der Glossator Johann von Buch

Seinen Namen nennt der Verfasser der Landrechtsglosse nicht – er ermahnt seine in der 2. Person angesprochenen Leser*innen[6] vielmehr rhetorisch, nicht weiter danach zu fragen.[7] Dennoch gibt er deutliche Hinweise auf seine Identität, etwa durch die Bezugnahme auf seine Vaterbrüder Conrad und Siegfried von Buch[8]. Aufgrund solcher Angaben über verwandtschaftliche und freundschaftliche Verbindungen zu namentlich genannten Personen im Glossenprolog, in der Glosse[9] und im Prolog des vom selben Autor stammenden Richtsteigs Landrechts[10] gelang es Christian Ulrich Grupen Mitte des 18. Jahrhunderts, die in Vergessenheit[11] geratene Identität des Verfassers zu ermitteln[12]. Es handelt sich bei ihm um Johann von Buch, einen universitär ausgebildeten Juristen, der in der ersten Hälfte des 14. Jahrhunderts höchste politische Ämter in der Mark Brandenburg bekleidete. Nach ihm wird die erste und bedeutendste Glossierung des Sachsenspiegellandrechts heute allgemein als die Buch'sche bezeichnet.

Das Geschlecht derer von Buch, wohl benannt nach ihrem Stammsitz Buch in der Altmark[13] ca. 5 km südlich von Tangermünde, wird urkundlich erstmals im 12. Jahr-

6 Zur Verwendung geschlechtergerechter Sprache in dieser Arbeit unten S. 45.

7 BG Prolog Vers 271 f.: *Du salt lan de vrage din, we si der glose dichter,/ Vor din kleines lovelin vle vor mi got den richter.* Übersetzung: Du sollst deine Frage, wer der Dichter der Glossen sei, lassen,/ Als dein kleines Lobelein bitte für mich bei Gott dem Richter. – Als mögliche literarische Vorlagen für dieses Frageverbot nennt Kannowski, Buch'sche Glosse S. 78 das Lohengrin- und das Parzival-Epos.

8 Im Spätmittelalter ist die Identität wohl bekannt, so verweisen Homeyer, Richtsteig Landrechts S. 38 f. und Kannowski, Buch'sche Glosse S. 76 f. auf eine Handschrift der Glosse aus dem 15. Jahrhundert, die Handschrift Hs. 953, Universitätsbibliothek Gießen, in der die Glossierung des dritten Buches einem *heynrich von boich* zugewiesen werde, was eine unzutreffende Auflösung der von Johann von Buch verwendeten Namensform Henning von Buch sein dürfte, vgl. unten Anm. 42.

9 Vgl. hier insbesondere BG III 76 § 3 *Edder len edder liffgeding*, S. 1432–1436, wiedergegeben unten Anm. 364 ff., mit der Erwähnung Nikolaus' von Buch, aber auch BG I 23 § 1 *Ere eldeste euenbordige swertmach*, S. 259–261 mit der Erwähnung der Vormundschaft über den Sohn Gerkes von Kerkow.

10 Wiedergegeben unten S. 553–555, teilweise im Haupttext, teilweise in Anm. 2312.

11 So schreibt im Jahr 1720 Ludovici, Sachsen-Spiegel oder das Sächsische Land-Recht S. 19 die Glosse Burchard von Mangelfeld zu.

12 Grupen, Vorrede Holländischer Sachsenspiegel S. 5–20, ebenso post mortem bei Spangenberg, Beyträge S. 31–34 sowie in verschiedenen, nicht veröffentlichten Schriften, die heute in der Bibliothek des OLG Celle verwahrt werden („Grupens Apparat"), dazu Kannowski, Buch'sche Glosse S. 81 Anm. 470.

13 So v. Klöden, Märkische Forschung 2 (1843) S. 242; Kannowski, Buch'sche Glosse S. 74; Lieberwirth, Einleitung S. XXV; Lück, ZRG GA 124 (2007) S. 124, dagegen weist Neumeister, Johann von Buch – Ein altmärkischer Rechtsgelehrter S. 152 darauf hin, dass die Familie den Namen nach Schulze, Adelsherrschaft und Landesherrschaft S. 30, 41 bereits

hundert erwähnt[14]. Die Vorfahr*innen des Glossators sind wohl Ministeriale, die im Dienst der askanischen Markgräf*innen zu Bedeutung aufgestiegen sind[15]. Dies gilt insbesondere für seinen Großvater Johann von Buch (den Älteren), der zwischen 1263 und 1285 in zahlreichen Urkunden der askanischen Markgräf*innen als Zeuge fungiert[16] und in deren Dienst einen der vorderen Plätze eingenommen haben dürfte[17]. Dieser hatte drei Söhne: Nikolaus, Conrad und Siegfried von Buch[18], möglicherweise noch einen weiteren Sohn namens Bernhard[19]. Als bedeutendster unter diesen erscheint Nikolaus von Buch, der Vater des Glossators, der zwischen 1300 und1314 in den Zeugenreihen vieler markgräflicher Urkunden erscheint[20].

Die genauen Lebensdaten des Glossators sind nicht überliefert. Urkundlich erwähnt wird er erstmals 1305, bei seiner Immatrikulation an der Universität von Bologna[21]. Nachdem die Student*innen in dieser Zeit ihr Studium im Alter ab 14 Jahren aufnehmen[22], wird man seine Geburt auf um[23], eher vor 1290 datieren können. Aus der urkundlichen Überlieferung ergibt sich weiterhin, dass Johann von Buch mit einer Mechthild verheiratet ist[24] und mindestens drei Töchter – Elisabeth, Mechthild und Anna – hat[25], sowie mindestens einen Sohn – ebenfalls Johannes

---

getragen habe, bevor sie in die Altmark gekommen sei, auch sei auffällig, dass die Familie nie die vollständigen Rechte an dem Dorf Buch gehabt habe.

14 Lieberwirth, Einleitung S. XXV; Lück, ZRG GA 124 (2007) S. 126.

15 Lück, ZRG GA 124 (2007) S. 126.

16 Lieberwirth, Einleitung S. XXV; Lück, ZRG GA 124 (2007) S. 126.

17 Lück, ZRG GA 124 (2007) S. 127.

18 v. Klöden, Märkische Forschung 2 (1843) S. 243 f.; Buchholz-Johanek, Art. Johann von Buch, in: VL IV Sp. 552; Lieberwirth, Einleitung S. XXV; Lück, ZRG GA 124 (2007) S. 127.

19 v. Klöden, Märkische Forschung 2 (1843) S. 243; Lück, ZRG GA 124 (2007) S. 127; Neumeister, Johann von Buch – Ein altmärkischer Rechtsgelehrter S. 154 Anm. 36.

20 v. Klöden, Märkische Forschung 2 (1843) S. 243 f.; Lück, ZRG GA 124 (2007) S. 127.

21 Gedruckt Schmutz, Juristen für das Reich II S. 558, Abbildung bei Kaufmann, Glossen zum Sachsenspiegel S. 102. Dass es sich hier um den Glossator handelt, ist entgegen der Einschätzung Schmutz' aufgrund des folgenden Eintrags eines Johann von Kerkow, also eines Mitglieds einer Familie, die dem Geschlecht derer von Buch eng verbunden ist, nicht zu bezweifeln, Kannowski, Buch'sche Glosse S. 74 f.; Lieberwirth, Einleitung S. XXVI; Lück, ZRG GA 124 (2007) S. 128 f.; Neumeister, Johann von Buch – Ein altmärkischer Rechtsgelehrter S. 151; so nun auch Kümper, Sachsenrecht S. 166.

22 Lange/Kriechbaum, Römisches Recht im Mittelalter II S. 53 f, der für die Ultramontanes aber ein regelmäßig höheres Alter bei Studienbeginn annimmt, da man Halbwüchsige nicht gut über die Alpen habe schicken können.

23 Buchholz-Johanek, Art. Johann von Buch, in: VL IV Sp. 551; Kannowski, Buch'sche Glosse S. 74; Lieberwirth, Einleitung S. XXV; Neumeister, Johann von Buch – Ein altmärkischer Rechtsgelehrter S. 151. Der Schätzung Schlossers, Art. Buch, Johann von, in: HRG[1] I Sp. 526 auf um 1300 kann nicht gefolgt werden.

24 Insbesondere aus einer Urkunde über eine Leibgedingebestellung, wiedergegeben unten S. 403 f. Lück, ZRG GA 124 (2007) S. 128.

25 Lück, ZRG GA 124 (2007) S. 128.

genannt[26]. Bezüglich seines Lebensendes wird in der Literatur zunächst regelmäßig nach 1356 genannt[27]. Heiner Lück hat jedoch darauf hingewiesen[28], dass in einer Urkunde aus dem Juli 1354 von Besitzungen die Rede ist, die der Glossator – im Plusquamperfekt – *haet gehaet*[29]. Demnach dürfte er zu diesem Zeitpunkt bereits verstorben sein[30]. Bei dem in späteren Urkunden genannten Johann von Buch dürfte es sich um den gleichnamigen Sohn des Glossators handeln. Die letzte eindeutige urkundliche Nennung des Glossators stammt vom Februar 1352[31]. Johann von Buch ist damit zwischen Februar 1352 und Juli 1354 im Alter von etwa 60–65 Jahren gestorben[32].

Im Laufe seines Lebens steigt der Glossator zu einem der bedeutendsten Männer der Mark Brandenburg auf, er findet in fast 300 erhaltenen Urkunden Erwähnung[33]. Da er später nicht den Titel eines Doktors führt, dürfte seine Studienzeit nicht länger als 6 Jahre betragen haben[34]. In Brandenburg wird er mit einiger Sicherheit erstmals im Jahr 1313 urkundlich erwähnt[35]: In einer Vereinbarung zwischen dem Markgrafen Waldemar von Brandenburg und den Herzögen Johann und Erich von Sachsen(-Lauenburg) erscheinen als Zeugen ein *her Bernhard van Buck*, ein *her Gerhard van Kerkou* und ein *her Henning van Buck*[36]. Als mit dem Tod Waldemars 1319 und dem Tod von dessen minderjährigem Vetter Heinrich II. von Brandenburg 1320 die brandenburgischen Askanier aussterben, muss sich Johann von Buch umorientieren. Er scheint sich hier zunächst an Agnes, die Witwe Waldemars, gehalten zu haben, die die Altmark als Wittum erhält[37]. In ihren Urkunden erscheint er als *armi-*

26 Lück, ZRG GA 124 (2007) S. 128; Neumeister, Johann von Buch – Ein altmärkischer Rechtsgelehrter S. 152.

27 V. Klöden, Märkische Forschung 2 (1843) S. 248; Schlosser, Art. Buch, Johann von, in: HRG[1] I Sp. 526; Buchholz-Johanek, Art. Johann von Buch, in: VL IV Sp. 553; Kannowski, Buch'sche Glosse S. 75; Lieberwirth, Einleitung S. XXVII.

28 Lück, ZRG GA 124 (2007) S. 1142; so auch Kaufmann, Glossen zum Sachsenspiegel S. 101, 103 Anm. 37; Neumeister, Johann von Buch – Ein altmärkischer Rechtsgelehrter S. 152 f.

29 Gedruckt Riedel, Codex diplomaticus Brandenburgensis B, II S. 357.

30 Neumeister, Johann von Buch – Ein altmärkischer Rechtsgelehrter S. 152 weist in diesem Zusammenhang darauf hin, dass der in späteren Urkunden genannte Johann von Buch nicht den Titel eines Herrn von Garsedow führt.

31 Gedruckt Riedel, Codex diplomaticus Brandenburgensis B, II S. 344.

32 Kaufmann, Glossen zum Sachsenspiegel S. 103 Anm. 37; Neumeister, Johann von Buch – Ein altmärkischer Rechtsgelehrter S. 153.

33 So zählt Neumeister, Johann von Buch – Ein altmärkischer Rechtsgelehrter S. 150.

34 Neumeister, Johann von Buch – Ein altmärkischer Rechtsgelehrter S. 151. Lück, ZRG GA 124 (2007) S. 129 f. spricht von etwa vier Jahren.

35 Neumeister, Johann von Buch – Ein altmärkischer Rechtsgelehrter S. 151, entgegen älterer Literatur, etwa Lück, ZRG GA 124 (2007) S. 130, der 1321 angibt. Im gleichen Jahr, aber mit Dank an Neumeister Kaufmann, Glossen zum Sachsenspiegel S. 101 Anm. 34.

36 Gedruckt Riedel, Codex diplomaticus Brandenburgensis B, I S. 349 f.

37 Lieberwirth, Einleitung S. XXVI; Neumeister, Johann von Buch – Ein altmärkischer Rechtsgelehrter S. 151.

geri, also als Waffenträger, Leibwächter oder Knappe[38]. Im Glossenprolog nimmt er zudem Bezug auf Otto II. von Braunschweig, den zweiten Ehegatten der verwitweten Agnes, der ihn zur Abfassung der Glosse angehalten habe[39].

Nachdem 1223 der Sohn Kaiser Ludwigs des Bayern, Ludwig der Brandenburger, 8-jährig die ledig gewordene Markgrafschaft Brandenburg erhält, tritt Johann von Buch in die Dienste der Wittelsbacher*innen. Regelmäßig wird hierfür das Jahr 1333 genannt[40], Peter Neumeister geht dagegen von einer Tätigkeit spätestens seit 1332 aus[41]. Ab diesem Zeitpunkt bis zu seinem Tod wird der Glossator urkundlich sehr häufig erwähnt[42]. Er wird dabei seit 1332 als Landeshauptmann, lateinisch *capitaneus generalis* bezeichnet[43], seit 1334 zudem als *secretarius noster*[44]. In einer eigenen Urkunde von 1334 nennt er sich *houerichtere des hochgeborn Fursten Marcgreuen Ludowich von Brandenburch*[45]. Diese Bezeichnung als Hofrichter oder *iudex curiae* begegnet auch in weiteren Urkunden[46]. Seit 1339 erscheint der Glossator als Herr von Garsedow und *edeler man*[47], was in der Literatur übereinstimmend als Standes-

38 Etwa die Urkunde Riedel, Codex diplomaticus Brandenburgensis B, VI, S. 54 f., Neumeister, Johann von Buch – Ein altmärkischer Rechtsgelehrter S. 151.

39 Glossenprolog Vers 131–140, Buchholz-Johanek, Art. Johann von Buch, in: VL IV Sp. 552; Lieberwirth, Einleitung S. XXVI; Neumeister, Johann von Buch – Ein altmärkischer Rechtsgelehrter S. 151.

40 Buchholz-Johanek, Art. Johann von Buch, in: VL IV Sp. 552; Kannowski, Buch'sche Glosse S. 81; Lieberwirth, Einleitung S. XXVI f.

41 Neumeister, Johann von Buch – Ein altmärkischer Rechtsgelehrter S. 151 mit Verweis auf die Urkunde Riedel, Codex diplomaticus Brandenburgensis B, II S. 73.

42 Neumeister, Johann von Buch – Ein altmärkischer Rechtsgelehrter S. 151 f. zählt für 1334 vierzehn Belege, für 1335 einunddreißig, für 1336 achtundzwanzig, für 1337 einunddreißig, für 1338 neunzehn, für 1340 zweiundzwanzig, für 1343 dreizehn, für 1344 vierundzwanzig, für 1345 vierzig, schließlich für 1350 elf und für 1351 achtzehn Belege. Dabei wechselt die Schreibweise seines Namens erheblich, Lück, ZRG GA 124 (2007) S. 131 nennt die Formen *Henning, Jan, Jayn, Ian, Iane, Yan, Joannis, Johannis, Johan, Johann, Johanne, Johannes* und *Boch, Bouch, Buc, Buck, Buch, Buche, Borch, Bueck, Buek, Buk, Bük, Büch, Buoch, Puech* u. a.

43 Kannowski, Buch'sche Glosse S. 83; Lieberwirth, Einleitung S. XXVII (für 1336); Lück, ZRG GA 124 (2007) S. 135 f.; Neumeister, Johann von Buch – Ein altmärkischer Rechtsgelehrter S. 150.

44 Kannowski, Buch'sche Glosse S. 81; Lieberwirth, Einleitung S. XXVI; Lück, ZRG GA 124 (2007) S. 135 f.; Neumeister, Johann von Buch – Ein altmärkischer Rechtsgelehrter S. 150.

45 Gedruckt Riedel, Codex Diplomaticus Brandenburgensis B, II S. 95 f. Neumeister, Johann von Buch – Ein altmärkischer Rechtsgelehrter S. 150.

46 Kannowski, Buch'sche Glosse S. 81; Lieberwirth, Einleitung S. XXVI; Lück, ZRG GA 124 (2007) S. 136, er führt dabei aus, eine richterliche Tätigkeit Johanns von Buch in diesem Zusammenhang sei nachweisbar. Kannowski, Buch'sche Glosse S. 84 f. verweist zudem auf die urkundlich belegte richterliche Tätigkeit in den eigenen Besitzungen in Jerichow.

47 Lieberwirth, Einleitung S. XXVII; Lück, ZRG GA 124 (2007) S. 138; Neumeister, Johann von Buch – Ein altmärkischer Rechtsgelehrter S. 152.

erhöhung gewertet wird[48]. Lück wertet ihn als den zwischen 1333 und 1340 höchsten Verwaltungsfachmann, der die Modernisierung der Mark erheblich mit vorangetrieben habe[49], Neumeister als einen der engsten Vertrauten des wittelsbachischen Markgrafen[50]. Neben seinen politischen Ämtern tritt Johann von Buch auch als Geldgeber des Markgrafen häufig in Erscheinung[51]. Dieser wendet ihm dafür in den Jahren ab 1333 in erheblichem Umfang Güter und Nutzungsrechte zu[52]. Neumeister macht drei Herrschaftskomplexe Johanns von Buch aus: das Gebiet um Jerichow nahe dem Stammsitz Buch, Wittenberge an der Elbe mit dem nahegelegenen Garsedow sowie Herrschaftsrechte in und um Rathenow[53]. Lück schätzt ihn als einen der größten Grundherren der Mark ein[54].

Um 1340 soll nach verbreiteter Ansicht in der Literatur eine Abkühlung im Verhältnis zu Markgraf Ludwig von Brandenburg eingetreten sein[55]. Im März 1340 nimmt ihn der Markgraf – wohl ohne seine Zustimmung und für eine entsprechende Gegenleistung – in seinen Schutz[56]. Zudem wird er im März 1340 letztmalig als *capitaneus generalis* bezeichnet[57], ab 1342 führen andere diese Amtsbezeichnung[58]. Das Interesse des Markgrafen an der Mark nimmt nach seiner Heirat mit der Erbtochter von Tirol, Margarete Maultasch, im Jahr 1342 ab[59]. In den Jahren 1340–1350 stellt sich die Situation in der Mark politisch als unsicher und unübersichtlich dar. Herzog Otto II. von Braunschweig beansprucht als Gatte der verwitweten askanischen

48 V. Klöden, Märkische Forschung 2 (1843) S. 258; Buchholz-Johanek, Art. Johann von Buch, in: VL IV Sp. 553; Lieberwirth, Einleitung S. XXVII; Lück, ZRG GA 124 (2007) S. 138.

49 Lück, ZRG GA 124 (2007) S. 136 f.

50 Neumeister, Johann von Buch – Ein altmärkischer Rechtsgelehrter S. 150, er stellt zudem einen Hinweis auf MGH Const. VI, 2, 3 Nr. 733 an den Beginn seiner Ausführungen, eine Urkunde von 1335, in der Johann von Buch in Nürnberg dem Kaiser und seinen Söhnen Treue gelobt.

51 Lück, ZRG GA 124 (2007) S. 137 f.; Neumeister, Johann von Buch – Ein altmärkischer Rechtsgelehrter S. 150.

52 Lück, ZRG GA 124 (2007) S. 137; Neumeister, Johann von Buch – Ein altmärkischer Rechtsgelehrter S. 150.

53 Neumeister, Johann von Buch – Ein altmärkischer Rechtsgelehrter S. 152.

54 Lück, ZRG GA 124 (2007) S. 138.

55 So Lieberwirth, Einleitung S. XXVII; Lück, ZRG GA 124 (2007) S. 139 formuliert hier zurückhaltend; Neumeister, Johann von Buch – Ein altmärkischer Rechtsgelehrter S. 152 scheint dies nicht anzunehmen. v. Klöden, Märkische Forschung 2 (1843) S. 269 wertet die Urkunde noch als besondere Gunstbeweisung.

56 Riedel, Codex Diplomaticus Brandenburgensis A, XVII S. 493.

57 Lück, ZRG GA 124 (2007) S. 139.

58 Lück, ZRG GA 124 (2007) S. 139 f., er weist zudem darauf hin, dass Johann von Buch seit 1340 in Zeugenreihen häufig an dritter Stelle nach Günther von Schwarzenburg – der zwischen 1342 bis 1355 die Bezeichnung des *capitaneus generalis* führe – und Conrad von Text genannt werde.

59 Lück, ZRG GA 124 (2007) S. 140.

Markgräfin Agnes Einfluss in der Mark und bemüht sich, seine Stellung zu festigen. Die Vorgänge um den „falschen Waldemar“ – der behauptet, der keineswegs verstorbene, sondern von einer Pilgerreise zurückgekehrte ehemalige Landesherr zu sein, eine größere Anhängerschaft in der Mark gewinnen kann und von König Karl IV. mit der Mark belehnt wird – rufen erhebliche Verwerfungen hervor. Diese Verwerfungen enden 1350 mit der Restitution Ludwigs des Brandenburgers, welcher die Mark aber schon im Dezember 1351 seinen Brüdern, Ludwig dem Römer und Otto dem Faulen, überträgt. Auf welcher Seite Johann von Buch in diesen Konflikten steht, ist nicht bekannt[60]. Der in der Literatur gelegentlich angenommene erhebliche Güterverlust Johanns von Buch in dieser Zeit[61] lässt sich nach Einschätzung Lücks aber nicht belegen[62]. Auch Neumeister geht davon aus, dass der Rat des Glossators bei den Wittelsbacher*innen nach 1340 weiterhin gefragt gewesen sei[63]. So erscheint er bei den Verträgen über die Mark zwischen Ludwig von Brandenburg und seinen Brüdern 1351 in der Zeugenliste[64].

II. Zur Buch'schen Glosse als Quelle

Neben seiner politischen Tätigkeit tritt Johann von Buch auch als juristischer Autor in Erscheinung, der das Sachsenspiegellandrecht mit einer Glosse versieht und die prozessrechtlichen Regelungen des Landrechts – bzw. sein Verständnis dieser Regelungen – in seinem Richtsteig Landrechts zusammenstellt. Zu beiden Werken verfasst er jeweils einen Prolog, wobei der zweisprachige Glossenprolog in Versform mit einem Umfang von 278 Versen und literarischem Anspruch besonders hervortritt[65].

In Bezug auf die Reihenfolge der Entstehung lässt sich aus Angaben im Glossen- und Richtsteigprolog schließen, dass Johann von Buch zunächst den Glossenapparat verfasst hat, danach den Richtsteig mit Prolog und als Letztes den Glossenprolog[66]. Die Entstehungszeit der Glosse fällt in die Jahre zwischen dem Abschluss seines Studiums etwa 1310 und dem Tod des Glossators 1352–1354, fertiggestellt wird sie jedenfalls nach 1325[67]. In der Literatur wird als Entstehungszeit regelmäßig

60 So Lück, ZRG GA 124 (2007) S. 141.

61 V. Klöden, Märkische Forschung 2 (1843) S. 275, 280; Liermann, Art. Johann von Buch, NDB II S. 697; Buchholz-Johanek, Art. Johann von Buch, VL IV Sp. 553.

62 Lück, ZRG GA 124 (2007) S. 141.

63 Neumeister, Johann von Buch – Ein altmärkischer Rechtsgelehrter S. 152.

64 Neumeister, Johann von Buch – Ein altmärkischer Rechtsgelehrter S. 152, 155 Anm. 78.

65 Manuwald, ZRG GA 130 (2013) S. 356 f.

66 Steffenhagen, Glossenprolog S. 11 Anm. 1; Lieberwirth, Einleitung S. XXVIII; Kannowski, Buch'sche Glosse S. 80.

67 Der Entstehungszeitraum umfasst die Jahrzehnte zwischen der Rückkehr Johanns von Buch in die Mark und dessen Todesdatum, die Beendigung muss nach dem Tod Burchards III. von Magdeburg erfolgt sein, unten Anm. 69.

1325–1333 genannt[68], weil Johann von Buch die Ermordung des Erzbischofs Burchard III. von Magdeburg im Jahr 1325 erwähnt[69] und 1333 aus dem Dienst des im Glossenprolog als Initiator der Glosse genannten Otto II. von Braunschweig in den Dienst Ludwigs des Brandenburgers getreten sei. Allerdings erscheint, wie Bernd Kannowski anmerkt, ein früherer Beginn der Arbeit an der Glosse möglich, da sich der Bezug auf die erzbischöfliche Ermordung erst am Ende des dritten Buches findet[70]. Umgekehrt ist auch eine Beendigung der Glosse bereits in wittelsbachischen Diensten nicht ausgeschlossen. Henrike Manuwald etwa denkt an, dass die Bezugnahme auf Herzog Otto II. den Milden von Braunschweig der Festigung von dessen Position in den unruhigen frühen 1340er Jahren gedient haben könnte[71]. Dennoch scheint die frühere Datierung durchaus wahrscheinlich, zumal die mutmaßlich älteren Vaterbrüder[72] jedenfalls nach dem Richtsteigprolog, wohl auch nach

---

68 LIEBERWIRTH, Einleitung S. XXIV; KANNOWSKI, Buch'sche Glosse S. 61; LÜCK, ZRG GA 124 (2007) S. 134. ECKHARDT, Art. Buch, Johann von, in: Biographisches Wörterbuch I Sp. 375; SCHLOSSER, Art. Buch, Johann von, in: HRG[1] I Sp. 526 nennen bald nach 1325; BUCHHOLZ-JOHANEK, Art. Johann von Buch, in: VL IV Sp. 553 um 1325.

69 In BG III 65 § 1 *De marcgreue* Satz 4, Hs. 1, S. 1363: *De mordede bisschopp Borchart van Meydeborch vnde greue Otte van Valkensteyn de vornemen ene zus,* Übersetzung: Der ermordete Bischof Burchard von Magdeburg und Graf Otto von Falkenstein, die verstehen ihn so.

70 KANNOWSKI, Buch'sche Glosse S. 61. So wird die Ermordung des Erzbischofs bei dessen erster Erwähnung nicht thematisiert, allerdings wird seine dort dargestellte Meinung im Präteritum formuliert: BG I 9 § 3 *Dat sulue schal de here don* Satz 10, S. 191: *Zeet, hir na helt sik ok bischop Borchard van Meydeburch vnd sprak,* (…) Übersetzung: Seht, danach richtete sich auch Bischof Burchard von Magdeburg und sprach, (…). Kannowski weist zudem darauf hin, dass eine mehrjährige Entstehungszeit ohne weiteres denkbar ist, zumal der Glossator im Glossenprolog in den Versen 239 ff. angibt, durch viele andere Verpflichtungen von der Arbeit an der Glosse abgehalten worden zu sein. Ihm folgend HUNEKE, Iurisprudentia romano-saxonica S. 249, insbesondere Anm. 6, die die Glosse in Anschluss an Kannowski, allerdings unter Zugrundelegung der nach gegenwärtigem Forschungsstand letzten sicheren urkundlichen Nennung Johanns von Buch auf 1325 – um 1352 datiert.

71 MANUWALD, ZRG GA 130 (2013) S. 366. Sie weist zudem darauf hin, dass ein Abstellen auf den Glossenprolog zur Bestimmung des Terminus ante quem bedeuten würde, dass angesichts der Entstehungsreihenfolge der Buch'schen Werke nicht nur der Glossenapparat, sondern auch der Richtsteig Landrechts vor diesem Zeitpunkt fertiggestellt worden sein müssten, ebenda Anm. 65.

72 Im Inhaltsverzeichnis der Riedel'schen Urkundensammlung, RIEDEL, Codex Diplomaticus Brandenburgensis, Namensverzeichnis I, werden Urkunden mit der Nennung Conrads/Conikes von Buch bis 1369 (sowie eine weitere Urkunde von 1370 post mortem) aufgeführt, mit der Nennung Siegfrieds/Siverts von Buch bis 1376. Allerdings hat jedenfalls Conrad wie Johann von Buch einen gleichnamigen Sohn, auf den sich spätere Urkunden beziehen könnten, wie sich aus der Urkunde RIEDEL, Codex diplomaticus Brandenburgensis A, XV S. 82–88, dort S. 86 ergibt. Auch die Nennung eines Siegfrieds 1376 scheint sich angesichts der letzten urkundlichen Nennung Johanns von Buch des Älteren 1285 nicht auf dessen Sohn, den Vaterbruder des Glossators, zu beziehen.

dem Glossenprolog noch als richterlich tätig und bei guter Gesundheit dargestellt werden[73].

Die Landrechtsglosse versieht den Text des Sachsenspiegels nach dem Vorbild der Glossentexte des gelehrten Rechts mit einer Kommentierung, sodass der Textumfang der Glosse erheblich über den des Sachsenspiegels hinausgeht. Der Artikelbestand der Urglosse ist nicht zweifelsfrei ermittelbar. Insbesondere das Ende der ursprünglichen Glossierung ist in der Literatur stark umstritten[74], weil die Handschriften hier einen unterschiedlichen Textbestand aufweisen: Ein Teil der Handschriften enthält eine Glossierung bis zu Ldr. III 81, eine weitere Gruppe von Handschriften führt die Glossierung bis Ldr. III 87 fort, eine dritte Gruppe schließlich bis zum vulgaten Ende des Sachsenspiegels, wobei sich hinsichtlich der Glossierung der Schlussartikel Ldr. III 88 – Ldr. III 91 mehrere verschiedene, voneinander unabhängige Texte unterscheiden lassen[75].

Überliefert ist die Landrechtsglosse nach der Zählung Kannowskis in 78 gegenwärtig einsehbaren Handschriften[76]. Hinzu treten 5 Primärdrucke[77], die heute in Oldenburg verwahrte Abschrift Grupens einer 1793 verbrannten Handschrift[78] und zahlreiche Fragmente von unterschiedlicher Länge. In einer Aufstellung aller bekannten Glossenhandschriften am Schluss seiner Glossenedition – einschließlich der untergegangenen, der verschollenen und der lediglich fragmentarisch erhaltenen – führt Frank-Michael Kaufmann insgesamt 204 Handschriften auf[79].

Die Textfassung in diesen Handschriften unterscheiden sich nicht allein hinsichtlich ihres Artikelbestandes und hinsichtlich des Glossenschlusses. Der Textbestand der Glosse unterliegt vielmehr in den Jahrhunderten ihrer Benutzung einer Ent-

73 Im Richtsteigprolog, wiedergegeben unten Anm. 2312, erbitten beide nach der Fertigstellung der Glosse für ihre richterliche Tätigkeit eine Darstellung des Prozessrechtes, im Glossenprolog, Verse 145–152 wird von ihnen im Präsens berichtet. – Für diese Datierung könnte auch sprechen, dass in der Glosse BG III 53 § 1 *Jewelik Dudesch lant*, S. 1259–1261, in der Johann von Buch die Erzämter des Reiches in Verbindung setzt zu den in Ldr. III 53 genannten Pfalzgrafen der deutschen Länder, er den Herzog von Bayern schlicht als den Pfalzgrafen bei Rhein bezeichnet, ohne auf den wittelsbachischen Hausvertrag von Pavia aus dem Jahr 1329 einzugehen.

74 Auf diesen Problemkreis wird an späterer Stelle zurückzukommen sein, unten S. 531 ff.

75 Unten S. 486, 532 ff.

76 Kannowski, Buch'sche Glosse S. 34–40. Nicht berücksichtigt ist die Handschrift der sogenannten Wurm'schen Glosse, außerdem Handschriften, die lediglich Auszüge der Glosse enthalten und Handschriften, die sich in Privatbesitz befinden. Lieberwirth, Einleitung S. XXXIII zählt 82 gegenwärtig benutzbare Handschriften, er zählt dabei Handschriften, die nur Glossenauszüge enthalten, ebenfalls nicht, ebenso Kaufmann, FS Lieberwirth S. 166.

77 Lieberwirth, Einleitung S. XXXVIII Anm. 98.

78 Lieberwirth, Einleitung S. XXXVIII; Kannowski, Buch'sche Glosse S. 37 f.

79 Kaufmann, Buch'sche Glosse S. 1523–1551, außerdem teilt er in den gemeinsam mit Kannowski veröffentlichten Aufsätzen *De glosen les mit vlite*, ZRG GA 124 (2007) S. 82–119 und *De glose vornim vnde dude mit vlite*, ZRG GA 125 (2008) S. 50–81 die Auffindung weiterer Fragmente mit.

wicklung, deren Ablauf sich, wie auch die Filiationsverhältnisse der einzelnen Handschriften, bisher nicht im Detail nachvollziehen lässt[80]. Unbestritten ist, dass das Autograph der Landrechtsglosse nicht erhalten ist[81]. Die älteste datierte Handschrift, die Handschrift Cod. Guelf. A. d. Extravagantes der Herzog August Bibliothek Wolfenbüttel, entstand zwischen 1365 und 1367[82]. In der Glossenedition Kaufmanns ist sie als Variantenhandschrift vollständig berücksichtigt. Hinsichtlich der Textentwicklung wird derzeit[83] regelmäßig angenommen, dass nach einer ersten, bis Ldr. III 81 reichenden Fassung und einer bald danach entstandenen, bis Ldr. III 87 reichenden Rezension der Glosse – ob auch die Rezension von Johann von Buch stammt, wird allerdings unterschiedlich beurteilt – die Glosse im 14. und 15. Jahrhundert von anderen Autor*innen weiterentwickelt worden sei. Manche Bearbeitungen hätten die Glosse lediglich durch kleinere Zusätze und Streichungen in Text und Allegationen verändert[84], andere dagegen wesentlich umgestaltet und zudem eine Glossierung zu den Artikeln bis Ldr. III 91 ergänzt. Bei diesen Bearbeitungen der Buch'schen Glosse werden im wesentlichen die sogenannte Petrinische Glosse, die sogenannte Stendaler Glosse, die sogenannte Bocksdorf'sche Vulgata, die sogenannte Tzerstedische Glosse und die sogenannte Wurm'sche Glosse unterschieden[85].

Die vor 1434 in der Mark entstandene Glosse des Petrus von Posena, die Petrinische Glosse[86], erweitere den Text und vermehre die Allegationen erheblich, teilweise ersetze sie diese auch[87]. Die Stendaler Glosse[88] sei eine zweisprachige, teilweise auf Latein, teilweise auf Deutsch verfasste Glossierung, die auf der Petrinischen Glosse basiere[89]. Die Bocksdorf'sche Vulgata[90] ist benannt nach dem in den frühneuzeitlichen Drucken als ihr Verfasser angegebenen Naumburger Bischof Dietrich von Bocksdorf. Sie enthalte Vermehrungen, die teilweise auf die Petrinische Glosse zurückgingen, und sei zudem durch eine – nicht immer fehlerfreie – Übertragung ins Hochdeutsche gekennzeichnet[91]. Mit ihr häufig verbunden, nicht aber ihr zugehörig seien die sogenannten Bocksdorf'schen Additionen, die Zusätze aus anderen Glossenformen enthielten und wohl auf einen Verwandten des Naumburger

80 So die Einschätzung Kaufmanns, FS Lieberwirth S. 159.
81 Lieberwirth, Die geplanten Editionen S. 119; Kannowski, Buch'sche Glosse S. 6 f.
82 Kaufmann, Einleitung S. LXV.
83 Zur Entwicklung des Forschungsstandes unten S. 485–494.
84 Lieberwirth, Einleitung S. XXXII.
85 So Oppitz, Rechtsbücher I S. 73–75; Kaufmann, FS Lieberwirth S. 159 f.; Lieberwirth, Einleitung S. XXXII–XXXV; Kannowski, Buch'sche Glosse S. 4–8.
86 Bei Oppitz, Rechtsbücher I S. 74 Ordnung IIIc.
87 Oppitz, Rechtsbücher I S. 74; Lieberwirth, Einleitung S. XXXIII.
88 Bei Oppitz, Rechtsbücher I S. 74 Ordnung IIId.
89 Oppitz, Rechtsbücher I S. 74; Lieberwirth, Einleitung S. XXXIII; Kannowski, Buch'sche Glosse S. 4 f.
90 Bei Oppitz, Rechtsbücher I S. 774 Ordnung IIIe.
91 Oppitz, Rechtsbücher I S. 74; Lieberwirth, Einleitung S. XXXIV.

Bischofs, auf Tammo von Bocksdorf, zurückgingen[92]. Abweichungen in der Lesart enthalte auch die 1442 entstandene Tzerstedische Glosse[93] des Lüneburger Ratsherren Brand von Tzerstede[94]. Die eigenwilligste Bearbeitung der Landrechtsglosse sei die Ende des 14. Jahrhunderts entstandene Glosse des Nikolaus Wurm[95], die allerdings eine lediglich geringe Verbreitung gefunden habe und in nur einer Handschrift überliefert sei[96].

III. Die Buch'sche Glosse in der rechtshistorischen Forschung

Das Interesse der rechtshistorischen Forschung an der Landrechtsglosse ist im Vergleich zum Interesse an dem von ihr glossierten Text, dem Sachsenspiegel des Eike von Repgow, verschwindend gering. Im Vordergrund der Bemühungen steht über lange Jahre die Erstellung einer wissenschaftlichen Edition, die aber für über 250 Jahre nicht vollendet werden kann.

Den Grundstein für die moderne Glossenforschung legt um die Mitte des 18. Jahrhunderts Grupen. Ihm gelingt es, Johann von Buch als den Autor der Landrechtsglosse zu ermitteln, er stellt zudem Überlegungen zur Genealogie der Glossenhandschriften an und beabsichtigt auch eine Edition des Glossentextes[97]. Seine Arbeiten bleiben allerdings weitgehend unveröffentlicht, nachdem ein Druck der Abhandlungen misslingt, weil der beauftragte Drucker die bis Seite 192 fertiggestellten Bögen als Makulatur veräußert[98]. Seine handschriftlichen Abhandlungen werden 1822 von Ernst Spangenberg zusammengestellt und veröffentlicht[99].

Im 19. Jahrhundert wird die Glosse wenig beachtet, nicht zuletzt, weil sie als mittelniederdeutscher Text, der den Sachsenspiegel aus der Perspektive des gelehrten römischen Rechtes auslegt, nach der Schulenteilung in Germanist*innen und Romanist*innen rechtshistorisches Niemandsland bildet[100]. Friedrich August Nietzsche, der parallel zu Carl Gustav Homeyer eine Sachsenspiegeledition vorbereitet, diese Arbeiten aber nach der Veröffentlichung der Homeyer'schen Edition einstellt, entwirft im Rahmen einer ausführlichen Rezension zu dieser Edition 1827 erstmals eine

92 Oppitz, Rechtsbücher I S. 74; Lieberwirth, Einleitung S. XXXIV.

93 Bei Oppitz, Rechtsbücher I S. 73 Ordnung IIIb.

94 Oppitz, Rechtsbücher I S. 73; Lieberwirth, Einleitung S. XXXV.

95 Bei Oppitz, Rechtsbücher I S. 73 Ordnung IIIa.

96 Oppitz, Rechtsbücher I S. 73; Lieberwirth, Einleitung S. XXXV f.; Kannowski, Buch'sche Glosse S. 7.

97 Oben Anm. 12.

98 Lieberwirth, Einleitung S. XVL.

99 Spangenberg: Beyträge zu den Teutschen Rechten des Mittelalters, vorzüglich zur Kunde und Kritik der altgermanischen Rechtsbücher, und des Sachsen- und Schwabenspiegels, größtentheils aus unbenutzten handschriftlichen Quellen geschöpft, Halle 1822, die Ausführungen Grupens finden sich auf den Seiten 7–99.

100 So die Einschätzung Kannowskis, Buch'sche Glosse S. 90–93.

Genealogie der Sachsenspiegelhandschriften[101]. Er weist hier den glossierten Texten eine eigene Klasse zu und zieht Beobachtungen aus der Glosse zur Ermittlung der ursprünglichen Sachsenspiegelgestalt heran, stellt die Glosse selbst aber nicht in den Mittelpunkt seiner Überlegungen. Nach dem frühen Tod Nietzsches im Jahr 1834 erhält Homeyer dessen literarischen Nachlass[102]. Er erstellt, auf Überlegungen Nietzsches aufbauend, eine bis heute grundlegende Genealogie der Sachsenspiegelhandschriften. Für die Glossenforschung von Bedeutung sind zudem seine Editionen des Glossenprologs[103] sowie des Richtsteigs Landrechts[104]. Eine umfassende Edition der Landrechtsglosse beabsichtigt er nicht, er gibt lediglich im Rahmen seiner Sachsenspiegeledition einzelne Glossenauszüge wieder[105].

Über viele Jahrzehnte hinweg befasst sich Emil Steffenhagen, von 1875 bis 1903 Direktor der Universitätsbibliothek in Kiel[106], mit der Landrechtsglosse. 1877 stellt er einen Plan zur Erarbeitung einer textkritischen Glossenausgabe vor, die Arbeiten beschäftigen ihn bis zu seinem Tod im Jahr 1919. In Vorbereitung der Ausgabe verfasst er unter dem Gesamttitel „Die Entwicklung der Landrechtsglosse des Sachsenspiegels“ zunächst 12 Abhandlungen, die in den Sitzungsberichten der Kaiserlichen Akademie der Wissenschaften zu Wien veröffentlicht werden[107]. Die ersten Abhandlungen beziehen sich auf sechs, von der verbreitetsten Form abweichende Fassungen der Glosse sowie auf den Glossenprolog, es folgen ein Verzeichnis der Handschriften und eine Untersuchung zur Genealogie der Handschriften, sowie zwei weitere Studien zu Sonderformen der Glosse. Die letzten zwei Abhandlungen, in denen Steffenhagen die stellenweise wörtliche Übernahme von Textpassagen aus der Accursischen Glosse und den kanonischen Glossae Ordinariae in die Buch'sche Glosse nachweisen kann, erscheinen bereits postum. Zwei weitere Abhandlungen unter dem Gesamttitel „Der Einfluss der Buch'schen Glosse auf die späteren Rechtsdenkmäler“ zeichnen die Rezeption der Glosse nach[108]. Die angestrebte Edition kann Steffenhagen

---

101 Nietzsche, ALZ 1827 (1827) Bd. 3 Sp. 689–742.

102 Homeyer, Sachsenspiegel I S. IX.

103 Homeyer, Der Prolog zur Glosse des sächsischen Landrechts, Berlin 1854.

104 Homeyer, Der Richtsteig Landrechts: Nebst Cautela und Premis, Berlin 1857.

105 Homeyer, Sachsenspiegel I S. XIII.

106 Lieberwirth, Einleitung S. XLVII.

107 Im Einzelnen handelt es sich um folgende Abhandlungen: Eine Interpolierte Glossenhandschrift (Band 98, Heft 1, 1881), Die Stendaler Glosse (Band 100, Heft 2, 1882), Die Petrinische Glosse (Band 101, Heft 2, 1882), Die Tzerstedische Glosse (Band 106, Heft 1, 1884), Die Bocksdorf'schen Additionen (Band 110, Heft 2, 1885), Die Fuldaer Glossenhandschrift (Band 111, Heft 1, 1885), Der Glossenprolog (Band 113, Heft 1, 1885), Verzeichnis der Handschriften und Drucke (Band 114, Heft 2, 1887, mit Nachtrag im Anzeiger der kaiserlichen Akademie der Wissenschaften, Phil.-hist. Kl., Jg. 25, 1888), Die Überlieferung der Buch'schen Glosse (Band 114, Heft 2, 1887), Zur Stendaler Glosse und zu den Bocksdorfschen Additionen (Band 167, Abh. 5, 1911), Johann von Buch und die Accursische Glosse (Band 194, Abh. 3, 1922), Johann von Buch und die kanonische Glosse (Band 195, Abh. 1, 1923).

108 Im Einzelnen handelt es sich um die Abhandlungen Das Klevische Stadtrecht (Band 129 Abh. 7, 1893) und Das Berliner Stadtbuch (Band 131, Abh. 9, 1894).

nicht vollenden. Als erster Band erscheint lediglich 1925 postum eine Ausgabe des Glossenprologes[109]. Vorarbeiten für weitere Teile der Edition finden sich in seinem Nachlass nicht, die Wiener Akademie der Wissenschaften tritt daraufhin die Edition der Landrechtsglosse an die Zentraldirektion der MGH ab[110].

Diese überträgt die Arbeiten zunächst 1927 dem damaligen Privatdozenten Karl August Eckhardt, der im darauffolgenden Jahr an die juristische Fakultät der Universität Kiel berufen wird[111] – auf deren ideologische Ausrichtung zur sogenannten Kieler Schule er ab 1933 als aufstrebender nationalsozialistischer Wissenschaftspolitiker und SS-Mitglied erheblichen Einfluss gewinnen sollte[112]. Sein Auftrag wird jedoch bald dahingehend konkretisiert, dass er zunächst eine Sachsenspiegelausgabe auf Grundlage der Quedlinburger Handschrift erstellen solle[113]. Der Freiburger Rechtshistoriker Claudius Freiherr von Schwerin und dessen Mitarbeiterin Erika Sinauer werden dagegen 1928 mit der Vorbereitung einer großen Ausgabe des Sachsenspiegels mit Glosse beauftragt[114]. Der Beitrag der jüdischen Sinauer, die offenbar von Anfang an den Hauptteil der Arbeiten leistete[115], wird in den Jahresberichten ab 1934 verschwiegen[116], 1935 veröffentlicht sie aber ihre grundlegenden „Studien zur Entstehung der Sachsenspiegelglossen"[117]. Nach dem Wechsel von Schwerins nach München setzt sie die Arbeiten an der Glossenedition in Freiburg fort[118]. Der dem Nationalsozialismus nahestehende[119] von Schwerin soll sie dabei unterstützt haben[120], weitere Veröffentlichungen kann sie jedoch nicht verzeichnen[121]. 1940 wird sie nach Gurs deportiert, wohl 1942 in Auschwitz ermordet[122]. Von Schwerin setzt in München die Arbeiten fort, eine Mitarbeiterin in dieser Zeit ist Helene Bindewald[123].

109 Steffenhagen, Die Landrechtsglosse des Sachsenspiegels, Band 1: Einleitung und Glossenprolog, Wien (u. a.) 1925.

110 Lieberwirth, Einleitung S. XLVIII.

111 Lieberwirth, Einleitung S. XLIX f.

112 Frassek, Art. Eckhardt, Karl August (1901–1979), in: HRG^2 I Sp. 1179 f.

113 Lieberwirth, Einleitung S. XLX

114 Lieberwirth, Einleitung S. L f.; Becker, HJb 135 (2015) S. 495.

115 Becker, HJb 135 (2015) S. 495.

116 Lieberwirth, Einleitung S. LI; Becker, HJb 135 (2015) S. 495.

117 Sinauer, Studien zur Entstehung der Sachsenspiegelglosse, NA 50 (1935) S. 475–581.

118 Lieberwirth, Einleitung S. LI; Becker, HJb 135 (2015) S. 495.

119 Simon, Claudius Freiherr von Schwerin S. 127, 205 f., 223 f., ebenso in Art. Schwerin, Claudius Freiherr von, in: NDB XXIV S. 78, .

120 Lieberwirth, Einleitung S. LII.

121 Ab Frühsommer 1938 wird Sinauer, auch auf Betreiben der MGH-Leitung, durch von Schwerin zur Beendigung ihrer Arbeiten in einem abschließenden Aufsatz gedrängt, seit Dezember ist ihr als jüdischer Wissenschaftlerin die Nutzung universitärer Einrichtungen untersagt, Becker, HJb 135 (2015) S. 498, 499 f.

122 Bader, ZRG GA 73 (1956) S. 556 f.; Lieberwirth, ZRG GA 119 (2002) S. 320; Becker, HJb 135 (2015) S. 500.

123 Lieberwirth, Einleitung S. LIII.

Von Schwerin entwickelt die These, dass die Buch'sche Glosse durch die Kompilation mehrerer selbständiger Glossentexte entstanden sei, und hält daher zunächst eine Analyse des überlieferten Textes für erforderlich; gedruckt werden seine diesbezüglichen Überlegungen nicht[124]. 1942 werden die von ihm verwendeten Handschriften zu ihrem Schutz eingelagert und die Arbeiten unterbrochen[125]. Von Schwerin stirbt zwei Jahre später durch eine Fliegerbombe[126].

Nach dem Krieg wird die Glossenforschung erst 1954 wieder aufgenommen, an der in Berlin verbliebenen Arbeitsstelle der MGH, die der Deutschen Akademie der Wissenschaften angegliedert ist[127]. Den Auftrag zur Vorbereitung einer Edition erhält Bindewald[128]. Diese übernimmt die sogenannte Schichtentheorie von Schwerins und verfasst, aufbauend auf dessen unveröffentlichten Aufsätzen, ihre „Studien zur Entstehung der Landrechtsglosse", in denen sie eine umfassende Analyse der Artikel Ldr. I 6 – Ldr. I 18 vornimmt[129]. Der Aufsatz ist aufgrund seines Detailreichtums, aber auch aufgrund der wenig organischen Verbindung der Texte von Schwerins mit eigenen Ideen Bindewalds teilweise schwer nachvollziehbar. Im weiteren Verlauf ihrer Forschungstätigkeit scheint sich Bindewald in Details verloren zu haben. Eine Analyse der Artikel Ldr. I 26 und Ldr. II 37/38 wird von der Redaktion des Deutschen Archivs als zu schwer verständlich abgelehnt und bleibt ungedruckt[130]. Im Jahr 1962 wird Bindewald gemäß den Bestimmungen in der DDR in den Ruhestand versetzt und muss ihre Arbeiten einstellen[131]. Eckhardt, der nach dem Krieg wohl den Plan für eine Edition der Landrechtsglosse weiterverfolgt, gibt in Vorbereitung hierzu 1977 die Studien Steffenhagens neu heraus[132], außerdem besorgt er eine Neuausgabe des Augsburger Primärdrucks von 1516[133]. Nach dem Tod Eckhardts im Jahr 1979 ruhen die Arbeiten an einer wissenschaftlichen Edition für weitere fünfzehn Jahre.

Erst im Zuge der deutschen Wiedervereinigung wird 1994 in der Sächsischen Akademie der Wissenschaften zu Leipzig eine Arbeitsstelle „Sachsenspiegel-Glosse" eingerichtet[134]. Als Projektleiter kann die Zentraldirektion der MGH den Hallen-

---

124 Insbesondere verfasst v. Schwerin wohl zwischen 1930 und 1933 zwei Aufsätze, die sich heute im Archiv der MGH in München befinden, Kannowski, Buch'sche Glosse S. 40.

125 Kaufmann, FS Lieberwirth S. 164.

126 Lieberwirth, Einleitung S. LIII.

127 Lieberwirth, Einleitung S. LIII.

128 Lieberwirth, Einleitung S. LIII.

129 Bindewald, Studien zur Entstehung der Sachsenspiegelglosse. Die Reihe I (6) 7 bis 14 des Sachsenspiegellandrechts, DA 15 (1959) S. 464–515.

130 Lieberwirth, Einleitung S. LV.

131 Lieberwirth, Einleitung S. LVI.

132 Eckhardt (Hg), Steffenhagen, Emil: Die Entwicklung der Landrechtsglosse des Sachsenspiegels. Einfluss der Buchschen Glosse auf die späteren Denkmäler, Neudruck der Ausgabe Wien 1881–1923 und Wien 1893–94, Aalen 1977.

133 Eckhardt, Sassenspegel Mit velen nyen Addicien san dem Leenrechte unde Richtstige, Ed. Hans Rynmann von Öhringen, Neudruck der Ausgabe Außburch 1516, Aalen 1978.

134 Lieberwirth, Einleitung S. LVII.

ser Rechtshistoriker Rolf Lieberwirth gewinnen, der seine Überlegungen zur Glossenedition 1993 und 1999 in zwei Aufsätzen darlegt[135]. Arbeitsstellenleiter wird Kaufmann[136]. Nach achtjähriger Arbeit legt Kaufmann 2002 eine wissenschaftliche Edition der Landrechtsglosse vor, die eine umfangreiche, von Kaufmann und Lieberwirth verfasste Einleitung enthält[137]. Leithandschrift dieser Ausgabe ist der sogenannte Codex Hecht[138], eine mit der ältesten datierten Handschrift, der Wolfenbütteler Handschrift[139], eng verwandte Handschrift. Die Wolfenbütteler Handschrift wird im Variantenapparat der Edition berücksichtigt. Als Textus minor wird die zweitälteste datierte Handschrift, eine Heidelberger Handschrift gewählt[140]. Glossen zu den in diesen Handschriften nicht enthaltenen oder nicht glossierten Artikeln und zu den Vorreden werden aus dem Augsburger Primärdruck von 1516 oder, soweit auch dort nicht enthalten, weiteren Handschriften geschöpft[141]. Die Ausgabe enthält kein Sachregister. Stattdessen erstellt Kaufmann unter Mitarbeit von Neumeister ein Glossar zur Buch'schen Glosse, das nach Art eines Vocabulariums den gesamten Wortbestand des jeweiligen Leittextes in der Edition enthält; das Glossar erscheint 2015[142].

Da eine wissenschaftliche Edition erst 2002 erschienen ist, sind Studien zu den rechtlichen Ausführungen der Landrechtsglosse mit inhaltlicher Zielrichtung rar. Die Germanist*innen des 19. Jahrhunderts ziehen die Glosse bisweilen zur Auslegung des Sachsenspiegels heran[143]. Eine erste auf inhaltliche Aspekte konzentrierte Studie zur Buch'schen Glosse erscheint 1931 mit Karl Schillings Schrift „Das objektive Recht in der Sachsenspiegel-Glosse", in der sich Schilling mit der Rechtsquellenlehre der Buch'schen Glosse beschäftigt, die er aber aufgrund ideologischer Vorbehalte überaus negativ beurteilt[144]. Die Arbeit findet in der Literatur wenig Anklang, nicht zuletzt, weil sie, wie Guido Kisch in seiner Rezension anmerkt, die zeitgenössische

---

135 Lieberwirth, Über die Glossen zum Sachsenspiegel (SB Leipzig, Bd. 132, Heft 6), Berlin 1993 sowie Die geplanten Editionen von Sachsenspiegelglossen, in: Lück/Freitag (Hg.): Historische Forschung in Sachsen-Anhalt. Ein Kolloquium anlässlich des 65. Geburtstags von Walter Zöllner (Abhandlungen der Sächsischen Akademie der Wissenschaften zu Leipzig, Phil.-hist. Kl., Band 76, Heft 3), Stuttgart – Leipzig, 1999. Außerdem mit Kaufmann: Zu grundlegenden Problemen bei der Erarbeitung einer Edition der Glosse(n) zum Sachsenspiegel-Landrecht, in: Pötschke: Anwendungen für Kommunikations-Highways. Perspektiven in den neuen Bundesländern, Heidelberg 1997 S. 427–431.

136 Kaufmann, FS Lieberwirth S. 160.

137 Kaufmann, Glossen zum Sachsenspiegellandrecht. Buch'sche Glosse, Hannover 2002.

138 Ms. germ. fol. 942, Staatsbibliothek Berlin, Preußischer Kulturbesitz.

139 Oben S. 33.

140 Cod. Pal. Germ. 165, Universitätsbibliothek Heidelberg.

141 Kaufmann, Einleitung S. LXXI.

142 Kaufmann/Neumeister, (Hg.): Glossar zur Buch'schen Glosse, Bände 1–3, Wiesbaden 2015.

143 Beispiele bei Kannowski, Buch'sche Glosse S. 93 Anm. 532.

144 Schilling: Das objektive Recht in der Sachsenspiegel-Glosse, Berlin 1931.

Sachsenspiegelliteratur unzureichend einbezieht.[145] Die erste umfassende Untersuchung der Landrechtsglosse legt 2007 Kannowski vor. Ziel seiner Arbeit ist es, aufgrund einer breit angelegten Untersuchung anhand verschiedener Rechtsgebiete Erkenntnisse über die Arbeitsweise und das Rechtsdenken des Glossators zu gewinnen und so nachzuvollziehen, inwieweit die Buch'sche Glosse das Sachsenspiegelrecht verändert. Die Studie bezieht Fragen aus dem Prozessrecht – insbesondere das Beweisrecht –, Fragen zum Königtum, Fragen zu Freiheit und natürlichem Recht, Fragen nach der Ahndung von Unrecht und privatrechtliche Fragen – insbesondere aus dem Schuldrecht und dem Erbrecht –, in die Untersuchung ein. Außerdem veröffentlicht Kannowski zahlreiche Aufsätze zu Glosse und Glossator[146].

Weitere Arbeiten befassen sich mit einzelnen Glossenabschnitten. Zu nennen ist hier der 1993 veröffentlichte Aufsatz Wolfgang Sellerts zu der Unterscheidung zwischen *borgerlike, pinlike* und *misschede klage* in der Glosse[147]. Karin Nehlsen-von Stryk untersucht im Rahmen einer Abhandlung über das Verhältnis des rationalen Beweises zu irrationalen Beweismitteln in mittelalterlichen Rechtstexten im Jahr 2000 einige Glossen zum Zeugenbeweis[148]. Auch Steffen Breßler analysiert im Rahmen seiner Dissertation zur Personalexekution im sächsischen Recht einen Glossenartikel[149]. Hiram Kümper geht in seinem „Sachsenrecht" neben einem kurzen Überblick zur Glossenforschung vereinzelt auf einzelne Sätze der Glosse ein[150]. Einen

145 Kisch, ZRG GA 52 (1932) S. 383–388. Ablehnend auch Sinauer, NA 50 (1935) S. 484 Anm. 1; Kannowski, Buch'sche Glosse S. 98.

146 Zu nennen sind hier insbesondere: The Sachsenspiegel and its gloss in context of European legal history as exemplified by criminal procedure, in: Vogt/Münster-Swendsen (Hg.), Law and learning in the Middle Ages, Kopenhagen 2006 S. 193–206; Der Sachsenspiegel und die Buch'sche Glosse – Begegnung deutschrechtlichen und romanistischen Denkens? in: Dilcher/Distler (Hg.), Leges – Gentes – Regna. Zur Rolle von germanischen Rechtsgewohnheiten und lateinischer Schrifttradition bei der Ausbildung der frühmittelalterlichen Rechtskultur, Berlin 2006 S. 503–521; Europäisches Rechtsdenken bei Johann von Buch, in: Lück (Hg.), Tangermünde, die Altmark und das Reichsrecht. Impulse aus dem Norden des Reiches für eine europäische Rechtskultur, Leipzig/Stuttgart 2008 S. 77–91; Das Verhältnis von Partikularrecht und Reichsrecht in der Buch'schen Glosse zum Sachsenspiegel, RIDC 20 (2009) S. 125–146; Die Rechtsgrundlagen von Königtum und Herrschaft in der Gegenüberstellung von „Sachsenspiegel" und „Buch'scher Glosse", in: Dilcher/Quaglioni (Hg.), Gli inizi del diritto pubblico, 3. Verso la costruzione del diritto pubblico tra medioevo e modernità/Auf dem Weg zur Etablierung des öffentlichen Rechts zwischen Mittelalter und Moderne, Bologna – Berlin 2011 S. 89–110.

147 Sellert: Borgerlike, pinlike und misschede klage nach der Sachsenspiegelglosse des Johann v. Buch, in: Buchholz/Mikat/Werkmüller (Hg.), FS Kaufmann S. 321–346.

148 Nehlsen-von Stryk: Die Krise des „irrationalen Beweises" im Hoch- und Spätmittelalter und ihre gesellschaftlichen Implikationen, in: ZRG GA 117 (2000) S. 1–38.

149 Bressler, Schuldknechtschaft und Schuldturm. Zur Personalexekution im sächsischen Recht des 13.–16. Jahrhunderts, Berlin 2004.

150 Kümper, Sachsenrecht. Studien zur Geschichte des sächsischen Landrechts in Mittelalter und früher Neuzeit, Berlin 2009.

Aufsatz zum Glossenprolog veröffentlicht die Germanistin Manuwald 2013[151]. Auch in der Studie Maike Hunekes zur Lehnrechtsglosse finden sich häufig Bezugnahmen auf die Landrechtsglosse und ihren Glossator[152].

Hinsichtlich des Erbrechts der Buch'schen Glosse sind neben den – allerdings knappen – Ausführungen in seiner Habilitationsschrift ein weiterer Aufsatz Kannowskis zum Erbrecht der Glosse[153], ein Aufsatz Ulrike Müßigs zu Formen der gewillkürten Erbfolge in spätmittelalterlichen Rechtsquellen aus dem Jahr 2005[154], später ergänzt in drei weiteren Aufsätzen[155], sowie ein Aufsatz Clausdieter Schotts, in dem er sich 2011 mit Adoption und gewillkürter Erbfolge und dem diesbezüglichen Einfluss der Glosse auf die spätere Rechtsentwicklung befasst[156], zu nennen. Untersuchungen zur gewillkürten Erbfolge in der Buch'schen Glosse enthält auch die Studie Adrian Schmidt-Reclas zu der Rechtsform der Verfügung von Todes wegen in mittelalterlichen Rechtsquellen des fränkischen und sächsischen Rechts[157].

Die Person des Glossators ist ebenfalls nicht hinreichend erforscht. Die bisher umfassendste biographische Darstellung ist diejenige Karl Friedrich von Klödens aus dem Jahr 1843.[158] Die Angaben werden von Homeyer in der Einleitung seiner Ausgabe des Richtsteigs Landrechts ergänzt[159]. Eine ausführliche Familiengeschichte derer von Buch des Journalisten und Heimathistorikers Rudolf Schmidt[160] aus dem Jahr 1939 bringt wenig Erkenntnisgewinn, auch spätere Darstellungen des Lebens

---

151 Manuwald, The prologue to the gloss on the Sachsenspiegel – A bilingual poem as a document of transition, in: ZRG GA 130 (2013) S. 355–370.

152 Huneke: Iurisprudentia romano-saxonica. Die Glosse zum Sachsenspiegel-Lehnrecht und die Anfänge deutscher Rechtswissenschaft, Wiesbaden 2014.

153 Kannowski, Germanisches Erbrecht und Religion, in: Zimmermann (Hg.), Der Einfluss religiöser Vorstellungen auf die Entwicklung des Erbrechts [Beiträge zu einer der beiden Sektionen des 38. Deutschen Rechtshistorikertages], Tübingen 2012 S. 119–137.

154 Müssig (veröffentlicht unter Seif): Römisch-kanonisches Erbrecht in mittelalterlichen deutschen Rechtsaufzeichnungen, ZRG GA 122 (2005) S. 87–112.

155 Müssig: Verfügungen von Todes wegen in den hallischen Schöffenbüchern, in: Lück (Hg.), Halle im Licht und Schatten Magdeburgs, (= Forschungen zur hallischen Stadtgeschichte, hg. im Auftrag des Vereins für hallische Stadtgeschichte e. V. von Thomas Müller-Bahlke, Andreas Ranft und Holger Zaunstöck), Halle 2012 S. 130–150; Verfügungen von Todes wegen in mittelalterlichen Rechts- und Schöffenbüchern, in: Czeguhn (Hg.): Recht im Wandel – Wandel des Rechts, Festschrift für Jürgen Weitzel zum 70. Geburtstag, Köln u. a. 2014 S. 167–203; Verfügungen von Todes wegen in mittelalterlichen Rechts- und Schöffenbüchern, in: Balogh (Hg.), Schwabenspiegel-Forschung im Donaugebiet, Konferenzbeiträge in Szeged zum mittelalterlichen Rechtstransfer deutscher Spiegel, Berlin 2015 S. 237–266.

156 Schott: Sachsenspiegel und Adoption – die Macht der Glosse, ZNR 33 (2011) S. 1–11.

157 Schmidt-Recla, Kalte oder warme Hand? Verfügungen von Todes wegen in mittelalterlichen Referenzrechtsquellen, Köln u. a. 2011.

158 v. Klöden: Ueber den Verfasser der niedersächsischen (Buchschen) Glosse zum Sachsenspiegel und des Richtsteigs, in: Märkische Forschungen 2 (1843) S. 242–292.

159 Homeyer, Richtsteig Landrechts S. 41 f.

160 Schmidt, Geschichte des Geschlechts von Buch, Band 1, Eberswalde 1939 S. 33–45.

Johanns von Buch, vor allem lexikalischer Natur, schöpfen aus dem vorhandenen Wissensbestand[161]. In jüngerer Zeit geht Lieberwirth in der Einleitung der Glossenedition auf den Lebensweg des Glossators ein, ebenso Kannowski in seiner Habilitationsschrift. Gemeinsam mit Kaufmann befasst er sich in einem Aufsatz insbesondere mit einer Urkunde zugunsten des Glossators[162], außerdem erscheinen unter Einbeziehung des Urkundenbestandes im Jahr 2007 zwei Aufsätze Lücks[163] sowie im Jahr 2011 ein Aufsatz Neumeisters[164].

IV. Fragestellung und Konzeption der Arbeit

Die Literaturübersicht macht ohne weiteres deutlich, dass detaillierte Untersuchungen zu rechtlichen Aussagen der Buch'schen Glosse bisher nahezu vollständig fehlen. Zu nennen wäre hier allenfalls die Studie Schillings zur Rechtsquellenlehre aus dem Jahr 1931. Doch abgesehen von ihrer ideologischen Prägung[165] scheint auch ihr Untersuchungsgegenstand unglücklich gewählt: Die Frage nach dem Ursprung des Rechts und nach dem Verhältnis von natürlichem Recht, Gewohnheit und Rechtssatzungen ist ein gänzlich abstrakter Gegenstand und für die Rechtspraxis, zu deren Gebrauch die Glosse bestimmt ist[166], kaum von Bedeutung. Beobachtungen aus

---

161 So die Einschätzung von NEUMEISTER, Johann von Buch – Ein altmärkischer Rechtsgelehrter S. 150.

162 KANNOWSKI/KAUFMANN, Ein Brief aus uralten Zeiten. Über Johann von Buch, die Stadt Jerichow und eine bedeutende wieder aufgefundene Urkunde von 1336 Mai 13, DA 59 (2003) S. 549–558.

163 LÜCK, Johann von Buch (ca. 1290–ca. 1356) – Stationen einer juristisch-politischen Karriere, in: ZRG GA 124 (2007) S. 120–143; Um 1356: Johann von Buch Glossator des Sachsenspiegels, in: Mitteldeutsches Jahrbuch für Kultur und Geschichte 14 (2007) S. 148–152; zusammenfassend auch Art. Johann von Buch (um 1290– um 1356), in: HRG^2 II Sp. 1376f.

164 NEUMEISTER, Johann von Buch. Ein altmärkischer Rechtsgelehrter im Dienste der Wittelsbacher, in: FAJT (Hg.), Die Altmark von 1300–1600. Eine Kulturregion im Spannungsfeld von Magdeburg, Lübeck und Berlin 2011 S. 150–154.

165 Bereits auf der ersten Seite stellt SCHILLING, Das objektive Recht S. 1 fest, dass sich gerade bei den Gedanken über das Wesen und die Herkunft des Rechts „in auffälliger Weise <zeige>, welchen Rückschlag das deutsche Rechtsdenken bei der Aufnahme des fremden Rechts erlitten" habe, wohingegen es „Eike von Repgow (...) unternommen <habe,> das Wesen des Rechts bis auf seine letzten Ursprünge hin zu durchdenken" und dabei „durchaus eigenwüchsig und mit tiefstem Verständnis für das Recht zu Werke gegangen" sei.

166 Dies ergibt sich schon aus der Aussage Johanns von Buch, der im Glossenprolog ausführt, das Werk zur Verbesserung der Rechtspflege erstellt zu haben, ähnlich formuliert er im Richtsteigprolog, wiedergegeben unten S. 553ff. Im Übrigen dürfte ein universitärer Rechtsunterricht anhand des Sachsenspiegels für den Glossator auch schwer vorstellbar und jedenfalls mittelfristig nicht umsetzbar erschienen sein. Die Universität Prag als die erste Universität auf dem Boden des Reiches wird erst 1348 und damit erst kurz vor dem Tod Johanns von Buch gegründet.

dieser Untersuchung sind nicht ohne weiteres verallgemeinerungsfähig[167]. Meine Arbeit, die vorliegende Untersuchung zur Buch'schen Glosse, steht vielmehr in der Tradition Kannowskis. Untersucht Kannowski die Landrechtsglosse auf breiter Grundlage und unter Einbeziehung möglichst vieler Rechtsgebiete, soll diese Arbeit, hierauf aufbauend, sich auf ein bestimmtes Rechtsgebiet beschränken und jeweils alle relevanten Glossenstellen in die Untersuchung einbeziehen.

Bei dieser Untersuchung ist zu berücksichtigen, dass die Buch'sche Glosse – und dies macht sie so besonders faszinierend – die erste Glossierung eines universitär gebildeten Juristen zu einem sogenannten Rechtsbuch ist; eine Glossierung nicht nur nach dem Vorbild der Glossae Ordinariae des gelehrten Rechts, sondern auch mit zahlreichen Allegationen zu den Rechtsquellen des gelehrten Rechts. Das Recht der Buch'schen Glosse ist damit an zwei Polen ausgerichtet: dem sächsischen Recht bzw. dem Sachsenspiegel einerseits und dem römisch-kanonischen Recht bzw. dessen Rechtsquellen andererseits. Bei einer genaueren Untersuchung entsprechender Äußerungen in der Glosse ist – wie zu zeigen sein wird[168] – zudem zu beobachten, dass Johann von Buch das Sachsenspiegellandrecht offenbar für inhaltlich verwandt und sogar weitgehend übereinstimmend mit dem römischen Recht hält, wohl nicht zuletzt aufgrund seiner Annahme, es handele sich bei dem Sachsenspiegel um ein Privileg Karls des Großen[169]. Geht der Glossator aber davon aus, dass der Sachsenspiegel mit geringfügigen Abweichungen römisches Recht enthält, dann erscheint sehr unwahrscheinlich, dass es sich bei dem Recht der Buch'schen Glosse weitgehend um das zeitgenössische sächsische Recht handelt. Viel näher liegt die Vermutung, dass der Glossator in der Glossierung zwei Regelungswerke aus zwei unterschiedlichen Rechtstraditionen – der sächsischen[170] einerseits und der römisch-kanonischen andererseits – in näher zu untersuchender Weise zu etwas Neuem verbindet. Dieses neue Recht, das Recht der Buch'schen Glosse, und sein Verhältnis zum Recht des Sachsenspiegels einerseits und zum römisch-kanonischen Recht der spätmittelalterlichen Universitäten andererseits, aufbauend auf den Untersuchungen Kannowskis für einen klar umgrenzten Themenkreis im Detail zu untersuchen, ist das Ziel meiner Arbeit.

Als Grundlage der Detailuntersuchung habe ich das Erbrecht ausgewählt, das in einer agrarisch geprägten Gesellschaft, wie sie die Mark Brandenburg des Spät-

167 Im Übrigen ist auch Kannowski, Buch'sche Glosse S. 98 darin zuzustimmen, dass der Ansatz Schillings, die dogmatische Stringenz der Glosse an heutigen Maßstäben messen zu wollen und danach ihre Qualität und Bedeutung zu beurteilen, wenig überzeugend ist.

168 Unten S. 595 f.

169 Unten S. 587 ff.

170 Zwar ist der Sachsenspiegel nicht unberührt vom gelehrten Recht geblieben – ob durch die Nutzung schriftlicher Quellen als Vorlage bleibt allerdings umstritten –, dies betrifft aber das kanonische, nicht auch das weltliche, römische Recht; die sogenannte Calefurnia-Stelle in Ldr. II 63 § 1 dürfte ebenfalls nicht unmittelbar aus den Digesten, sondern aus einer kanonistischen Quelle geschöpft sein, Landau, DA 61 (2005) S. 90–98; Kümper, Sachsenrecht S. 118–122; Kannowski, ZRG KA 99 (2013) S. 394.

mittelalters kennzeichnet, eines der zentralen Rechtsgebiete darstellt, umfassend und konkret geregelt und allgemein bekannt gewesen sein dürfte und sich so als Untersuchungsgegenstand besonders anbietet. Drei Themenkomplexe werde ich dabei umfassend untersuchen: Dies ist zum einen die Frage, in welcher Rangfolge die Verwandten einer Erblasser/in nach der Buch'schen Glosse zur Erbfolge berufen sind. Zum anderen soll untersucht werden, inwieweit die künftige Erblasser/in – abweichend von den allgemeinen Grundsätzen – Einfluss auf die Vermögensnachfolge nach seinem/ihrem Tod nehmen kann. Einen dritten Komplex bilden schließlich die ehegüterrechtlichen Regelungen im Zusammenhang mit einem Todesfall. Mit diesen drei Problemkreisen ist sicherlich nicht das gesamte Erbrecht der Buch'schen Glosse erschöpft. Nicht berücksichtigt sind etwa die Frage nach den Auswirkungen des Standesrechts auf das Erbrecht oder auch die Frage nach dem Schicksal von Verbindlichkeiten einer Erblasser/in. Dennoch umfassen die drei Themenkreise zusammengenommen weite Teile des Erbrechts und lassen so belastbare Aussagen über die erbrechtlichen Ansichten des Glossators zu.

Als Textgrundlage der Detailuntersuchung dient die Kaufmann'sche Edition[171], mithin in erster Linie der Codex Hecht, unter Einbeziehung der Wolfenbütteler Handschrift von 1365–1367 und der Heidelberger Handschrift von 1368; außerdem der Augsburger Druck von 1516 an Stellen, die im Codex Hecht nicht glossiert sind[172]. Letzteres betrifft insbesondere die in den Kurzformen der Glosse nicht enthaltene Glossierung zu den Artikeln Ldr. III 82 – Ldr. III 87. Da bei dieser die Autorschaft des Glossators nach gegenwärtigem Forschungsstand mindestens vermutet wird[173], sollen diese Artikel in die Untersuchung einbezogen werden. Allerdings ist insbesondere bei diesen Artikeln – wenn auch nicht nur bei ihnen – die Möglichkeit einer bereits veränderten Textgestalt in Rechnung zu stellen, auf die Frage der Autorschaft Johanns von Buch werde ich nach der Detailuntersuchung zurückkommen. Gleiches gilt für die sogenannte Schichtentheorie, die Annahme, die Glosse sei durch Kompilation älterer Texte entstanden. Da diese nach gegenwärtigem Forschungs-

171 Der Wortlaut aller diskutierten Glossenstellen ist im Interesse der unmittelbaren Nachvollziehbarkeit in der Arbeit wiedergegeben, dabei folgt der Wortlaut der Glossenedition. Soweit hiervon abgewichen wird, ist dies vermerkt. Alle Glossenausschnitte sind zudem mit einer hochdeutschen Übersetzung versehen, die zum einen verdeutlichen soll, wie die einzelnen Glossenstellen von mir interpretiert werden, und zum anderen bei der Behandlung ihres Inhalts im Fließtext eine freiere Wiedergabe und die Setzung von Schwerpunkten ermöglicht.

172 Vereinzelt wird der Augsburger Druck von 1516, der als von der Münchener Staatsbibliothek zur Verfügung gestelltes Digitalisat ohne weiteres verwendbar ist, auch neben der Kaufmann'schen Edition herangezogen, außerdem eine Schwesterhandschrift zu dessen Vorlage, die ebenfalls digitalisierte Berliner Handschrift Ms. germ. fol. 284, Staatsbibliothek Berlin, Preußischer Kulturbesitz.

173 So Steffenhagen, Überlieferung der Buch'schen Glosse S. 731; Kannowski, Buch'sche Glosse S. 483. Anders noch Grupen bei Spangenberg, Beyträge S. 35, 37; Nietzsche, ALZ 1827 (1827) Bd. 3 Sp. 736 und Homeyer, Genealogie S. 113, 167. Die Frage offenlassend Sinauer, NA 1935 S. 570.

stand als weitgehend widerlegt angesehen wird[174], soll bei der Detailuntersuchung grundsätzlich von nur einem Glossator ausgegangen werden, auch auf diese Frage ist jedoch zurückzukommen.

Eine Untersuchung des Glossentextes allein erscheint zum Verständnis der Glossenaussage indes kaum ausreichend, zumal die Glosse keine systematische Darstellung des Rechtsstoffs enthält. Da Johann von Buch einerseits vom Text des Sachsenspiegels ausgeht und hierbei naheliegenderweise auch dessen in der sächsischen Rechtspraxis verbreitete Auslegung einbezieht – und sei es nur zur Abgrenzung –, den Sachsenspiegeltext aber andererseits offenbar für weitgehend übereinstimmend mit dem gelehrten, dem römisch-kanonischen Recht hält, ist für eine Auslegung des Glossentextes zunächst die Feststellung der entsprechenden Regelungen von Sachsenspiegel und gelehrtem Recht unentbehrliches Hilfsmittel. Als Textgrundlage für die Untersuchung des Sachsenspiegelrechts findet in dieser Arbeit die Homeyer'sche Edition Verwendung[175]. Gilt aber schon für die Buch'sche Glosse, dass ihr Text der Auslegung zugänglich ist, so gilt dies umso mehr für den Sachsenspiegel. Die entsprechende Fachliteratur ist also einzubeziehen, die in vielen Fragen derart weit auseinandergeht, zudem auch schwerpunktmäßig aus dem 19. Jahrhundert stammt – mithin mehr oder weniger von der Vorstellung eines „deutschen Privatrechts" geprägt ist –, dass hier eine argumentative Auseinandersetzung und eine eigene Verortung im Forschungsstand notwendig ist. Die Ausführungen zum Erbrecht des Sachsenspiegels bleiben Werkzeug zur Erfassung der Glosse, machen aber einen nicht unerheblichen Teil der Arbeit aus.

Demgegenüber kann bei der Erfassung des im Corpus Iuris enthaltenen römischen Rechts auf das immer noch maßgebliche Lehrwerk Max Kasers[176] zurückgegriffen werden, das erste Orientierung im kaum überschaubaren Textbestand bietet und die wohl herrschende Meinung in der Romanistik widerspiegelt. Anhand dieses Lehrbuches werden die maßgeblichen Stellen ermittelt, die dann unter Berücksichtigung der Literatur zum klassischen und nachklassischen römischen Recht bisweilen leicht abweichend auszulegen sind. Textgrundlage ist hier die Editio Stereotypa von Paul Krüger und Theodor Mommsen. Allerdings bleibt bei der Konzeption der Arbeit zu berücksichtigen, dass Johann von Buch sein Wissen über das römische Recht nicht allein aus dem Text des Corpus Iuris Civilis schöpft, sondern auch oder sogar vorrangig aus der Glosse zum Corpus Iuris, aus den zeitgenössischen Juristenschriften

174 Unten S. 460.

175 Der Entscheidung liegt die Überlegung zugrunde, dass diese Edition im Gegensatz zu der Eckhardt'schen Edition eine tatsächliche Handschrift wiedergibt und nicht auf wenig nachzuvollziehende Weise eine idealtypische Lesart herzustellen sucht, Eckhardt, Sachsenspiegel I S. 28–31, Sachsenspiegel II S. 132–134; auch in der Homeyer'schen Ausgabe ist der Mehrbestand der Langformen des Sachsenspiegels kenntlich gemacht, Homeyer, Sachsenspiegel I S. 104.

176 Kaser: Das römische Privatrecht, Bd. 1: Das altrömische, das vorklassische und klassische Recht, 2. Aufl., München 1971; Bd. 2: Die nachklassischen Entwicklungen, 2. Aufl. München 1975.

und aus der mündlichen Rechtslehre. Um die Perspektive des gelehrten Rechts einzubeziehen, ziehe ich die Accursische Glosse heran, insbesondere an Stellen, die Johann von Buch in seiner Glosse allegiert. Textgrundlage hierzu ist der von Hugo a Porta besorgte Druck Lyon 1558–1560. Die Glossa Ordinaria zum Corpus Iuris Civilis bietet sich schon deshalb an, weil sie das Zentrum der spätmittelalterlichen universitären Lehre bildet und vom Glossator in jedem Fall zur Kenntnis genommen worden sein muss. Außerdem ist sie als Vorbild prägend für das Buch'sche Werk. Zeitgenössische Juristenschriften dagegen werden nur in Einzelfällen einbezogen. Das kanonische Recht spielt für das als weltlich verstandene Erbrecht nur eine untergeordnete Rolle, Textgrundlage für die Einbeziehung des später sogenannten Corpus iuris canonici ist die Edition Emil Friedbergs, die Glossae Ordinariae des kanonischen Rechts und Juristenschriften werden vereinzelt ebenfalls einbezogen. Die Ausführungen zum römischen und gelehrten Recht bleiben damit in Umfang und auch Qualität hinter denen zu Sachsenspiegel und Buch'scher Glosse zurück. Ich hoffe aber, hier einen vertretbaren Kompromiss zwischen begrenzter Zeit und wissenschaftlicher Sorgfalt eingehalten zu haben.

Die Erarbeitung der erbrechtlichen Ansichten des Glossators soll allerdings, wenn sie auch nicht bloßes Mittel zum Zweck ist, umgekehrt auch nicht bloßer Selbstzweck bleiben. Auf ihrer Grundlage lassen sich Aussagen zu in der Literatur kontrovers diskutierten Fragen der Glossenforschung treffen. Hier zu nennen ist die Frage nach der Entstehung der Glosse, namentlich die These von Schwerins von einer Entstehung durch Kompilation. Weiter lassen sich die Erkenntnisse auch dazu heranziehen, Aussagen zur Nähe der verwendeten Textfassung zum verlorenen Autographen zu treffen und damit einen Beitrag zu der noch völlig unklaren Genealogie der Glossenhandschriften zu leisten. Weiter lassen sich aufgrund der umfassenden Untersuchung der erbrechtlichen Glossenstellen auch Aussagen zu dem Ende der ursprünglichen Glossierung treffen, also der ebenfalls bereits angesprochenen Frage, ob lediglich die in allen Handschriften enthaltene Glossierung zu den Artikeln bis Ldr. III 81 auf Johann von Buch zurückgeht, ob darüber hinaus die Glossierung zu den Artikeln bis Ldr. III 87 aus seiner Feder stammt, oder ob auch eine der unterschiedlichen Glossierungen der Schlussartikel Ldr. III 88 – Ldr. III 91 dem ersten Glossator zugeordnet werden kann. Zum Abschluss soll die Frage nach dem Verhältnis der Buch'schen Glosse zum sächsischen Recht bzw. dem Sachsenspiegel einerseits und nach dem gelehrten Recht bzw. dessen Rechtsquellen andererseits untersucht werden, sowohl die theoretischen Ansichten des Glossators zu dieser Frage als auch deren praktische Umsetzung, also die Frage, inwieweit und auf welche Weise die beiden Regelungswerke das Recht der Buch'schen Glosse prägen.

Bei der Darstellung findet eine geschlechtergerechte Sprache in Abstufungen Verwendung[177]: Beschreibe ich die historische oder zeitgenössische Wirklichkeit, ver-

177 Hinsichtlich der Verwendung geschlechtergerechter Sprache gehe ich von folgenden Überlegungen aus: Die Verwendung des generischen Maskulinums entspricht den hergebrachten Grammatikregeln, erscheint aber in Hinblick darauf, dass hier im Sprachgebrauch ein Wan-

wende ich – bei einer nicht allein auf die Angehörigen eines Geschlechts bezogenen – Personenbezeichnung die mehrgeschlechtliche Form mit Asterix, bei der Darstellung der untersuchten historischen Rechtsordnungen die zweigeschlechtliche Form mit

del zu verzeichnen ist, wie auch in Hinblick auf die mit dieser Verwendung verbundenen Ungenauigkeit in der Darstellungsweise nicht vorzugswürdig. Gerade bei historischen Rechtsordnungen liegt nahe, dass unterschiedliche Regelungen für Mädchen und Frauen einerseits und für Jungen und Männer andererseits gelten. Bei der Darstellung einer historischen Rechtsordnung unter Verwendung des generischen Maskulinums ohne besondere Kennzeichnung wird aber nicht deutlich, wann die männliche Form generisch verwendet ist und wann die dargestellte Regelung tatsächlich nur für männliche Personen gilt, es verbleibt es bei einer nicht wünschenswerten Unschärfe der Darstellung und mag im schlimmsten Fall sogar dazu verleiten, die rechtliche Situation von Frauen und Mädchen nicht in den Blick zu nehmen. – Bei der Verwendung geschlechtergerechter Sprache ist zu beachten, dass im heutigen Gebrauch Varianten mit unterschiedlichem Bedeutungsgehalt verwendet werden: zweigeschlechtlichen Formen wie ausgeschriebene Paarformeln (Leserinnen und Leser), Abkürzungen mit Schrägstrich (Autor/Autorin, Autor/-in, Autor/in) oder mit Binnenmajuskel (WissenschaftlerInnen) einerseits und mehrgeschlechtliche Formen, die auch Menschen mit nichtbinärer Geschlechtsidentität berücksichtigen, wie Formen mit Asterix (Schreiber*in), Unterstrich (Jurist_in), oder Doppelpunkt (Historiker:in) andererseits. Hierbei scheinen zur Darstellung der zeitgenössischen wie historischen Wirklichkeit die mehrgeschlechtlichen Formen am geeignetsten. Menschen mit schon biologisch nicht nur männlichen oder weiblichen Geschlechtsmerkmalen und Menschen mit nicht binärer Geschlechtsidentität gibt es und hat es, ungeachtet moderner Überlegungen zu biologischem Geschlecht und Gender, in irgendeiner Form immer gegeben. Der Anteil an schon medizinisch nicht einem Geschlecht zuordenbaren Menschen ist nicht unerheblich, er wird für die heutige deutsche Bevölkerung durch Literaturstimmen auf 1:500 geschätzt, vgl. BVerfGE 147, 1–30. Vor diesem Hintergrund erscheint es durchaus denkbar, dass es sich bei der Schreiber*in einer mittelalterlichen Handschrift oder der Autor*in von Sekundärliteratur um einen Menschen mit nicht eindeutigen biologischen Geschlechtsmerkmalen oder einen Menschen, der sich in irgendeiner Form nicht als rein männlich oder rein weiblich verstanden hat, gehandelt haben könnte. – Stärker im Vordergrund als bei der Darstellung der historischen Wirklichkeit muss das Verständnis der jeweiligen Zeitgenossen von biologischem Geschlecht und Gender aber bei der Darstellung von Ideengebäuden, von Gedankenkonstrukten stehen – und um nichts anderes handelt es sich bei einer Rechtsordnung: um ein durch die jeweiligen Zeitgenoss*innen gemeinsam er- und gedachtes Gedankenkonstrukt. Insofern sind im Sachsenspiegel und der Buch'schen Glosse keine Anhaltspunkte dafür ersichtlich, dass der Spiegler oder der Glossator neben Männern und Frauen weitere Geschlechter als existent verstanden hätte. Allenfalls erscheinen – möglicherweise – Intersexuelle als von der Norm abweichender und konkret geregelter Sonderfall, der aber nicht als weitere oder gar gleichwertige Geschlechtsidentität verstanden wird, vgl. unten Anm. 1492. Bei allen in dieser Arbeit thematisierten historischen Rechtsordnungen kann jedenfalls nicht ohne weiteres davon ausgegangen werden, dass Menschen mit nicht binärer Geschlechtsidentität als weiteres Geschlecht mitgedacht werden und dass für diese, soweit nicht gesondert geregelt, dieselben Regelungen gelten, wie für Männer und/oder Frauen. Vor diesem Hintergrund erscheint die Verwendung geschlechtergerechter Sprache in einer zweigeschlechtlichen Form am sinnvollsten. – Schließlich erscheint die Beibehaltung männlicher Formen bei der Übersetzung und der Wiedergabe von

Schrägstrich, bei der Übersetzung und Wiedergabe von Quellentexten behalte ich das generische Maskulinum bei, ebenso bei der Wiedergabe von Sekundärliteratur. Um den Lesefluss nicht unnötig zu hemmen verwende ich eine durch Genderstern bzw. Schrägstrich als generisch gekennzeichnete, grammatikalisch aber an der längsten Form orientierte Schreibweise[178].

Aus den damit umrissenen Überlegungen ergibt sich der Aufbau der Arbeit. In drei Kapiteln wird die Detailuntersuchung zum Erbrecht der Buch'schen Glosse

---

Quellentexten zweckmäßig, weil die Umsetzung in geschlechtergerechte Sprache zum einen ein erhebliches Maß an Auslegung erfordert und zum anderen immer auch der Sinngehalt verändert wird: durch die Verwendung geschlechtergerechter Sprache entsteht der Eindruck, dass die Quellenautor*in bei den wiedergegebenen Aussagen stets alle Geschlechter oder doch mindestens männliche und weibliche Personen gleichermaßen im Blick gehabt habe. Aus demselben Grund wird auch bei er Wiedergabe von Literaturmeinungen das generische Maskulinum beibehalten. Zwar ist eine Textauslegung bei der Wiedergabe von Sekundärliteratur die Regel. Jedoch kann auch bei nicht in geschlechtergerechter Sprache abgefasster Literatur nicht unterstellt werden, das die jeweilige Autor*in jeweils die Rechtslage für alle Geschlechter oder doch mindestens Männer und Frauen gleichermaßen untersucht und seiner Darstellung zugrunde gelegt hat, sodass eine Wiedergabe in geschlechtergerechter Sprache in nicht wünschenswerter Weise sinnverändernd erscheint. – Aufgrund der vorgenannten Überlegungen soll in dieser Arbeit geschlechtergerechte Sprache in folgender Abstufung Verwendung finden: Wird die historische wie die heutige Wirklichkeit beschrieben, so verwende ich geschlechtergerechte Sprache in einer mehrgeschlechtlichen Form. Bei der Darstellung eines Gedankenkonstrukts verwendet ich die mehrgeschlechtliche Form dagegen nur dann, wenn in diesem Gedankenkonstrukt Menschen mit nichtbinärer Geschlechtsidentität sicher oder mit hoher Wahrscheinlichkeit als weiteres Geschlecht verstanden werden. Daher nutze ich die mehrgeschlechtliche Form bei Bezugnahmen auf die heutige deutsche Rechtsordnung, die ein drittes Geschlecht ausdrücklich anerkennt, vgl. die vorgenannte BVerfG-Entscheidung, bei der Darstellung der in dieser Arbeit untersuchten historischen Rechtsordnungen verwende ich dagegen zweigeschlechtliche Formen. Bei der Übersetzung und der Wiedergabe von Quellenstellen sowie bei der Wiedergabe von Sekundärliteratur verzichte ich auf die Verwendung geschlechtergerechter Sprache, hier soll das Maskulinum auch im Sinne des generisches Maskulinum verwendet werden.

178 Bei der Verwendung geschlechtergerechter Sprache ist zu entscheiden, welche der gebräuchlichen Formen verwendet wird und ob die Vollständigkeit bei der Wiedergabe aller Formen oder der bessere Lesefluss im Vordergrund stehen sollen. Ich habe mich insoweit entschieden, die Form mit Genderstern als mehrgeschlechtliche und die Form mit Schrägstrich als zweigeschlechtliche Form zu verwenden und, um den Lesefluss nicht unnötig zu hemmen, auf die vollständige, wenn auch abgekürzte Wiedergabe aller grammatikalischen Formen der Personenbezeichnungen selbst wie auch ihrer Bezugswörter zu verzichten. Zwar läuft die von mir praktizierte Verwendung der geschlechtergerechten Sprache grammatikalisch überwiegend auf ein generisches Femininum hinaus, dies ist aber zu verschmerzen, weil durch den Genderstern bzw. Schrägstrich die generische Verwendung deutlich wird. Zudem verzichte ich, ebenfalls im Interesse des zügigen Leseflusses, auf die Verwendung geschlechtergerechter Sprache bei zusammengesetzten, Personenbezeichnungen enthaltenden Wörtern (Erbenschutz statt Erb*innenschutz) und nenne, der derzeitigen Gewohnheit entsprechend, bei der Nennung beider Formen die männliche regelmäßig als erste (er*sie).

durchgeführt, in einem vierten Kapitel die Auswertung der Detailuntersuchung für kontrovers diskutierte Forschungsfragen. Die drei Kapitel der Detailuntersuchung gliedern sich nach den drei vorgenannten Themenkomplexe: Im ersten Kapitel wird die Erbfolgeordnung untersucht, die Rangfolge der erbberechtigten Verwandten nach der Regelung der Buch'schen Glosse. Im zweiten Kapitel werden die Möglichkeit einer potentiellen Erblasser/in behandelt, auf die Vermögensnachfolge nach seinem/ihrem Tod Einfluss zu nehmen. Im dritten Kapitel werden schließlich die nach heutigen Maßstäben ehegüterrechtlichen Bestimmungen für den Tod eines/einer Verheirateten untersucht. Angesichts des Umfangs der in der Detailuntersuchung enthaltenen Ausführungen zum römisch-kanonischen Recht einerseits und zum Sachsenspiegel andererseits erfolgt am Beginn jedes Kapitels nach einer kurzen Skizzierung des Untersuchungsgegenstandes je eine gesonderte Darstellung der jeweiligen Regelungen nach römisch-kanonischem Recht und nach dem Sachsenspiegel. Unter Einbeziehung der hier gewonnen Erkenntnisse wird sodann jeweils die Regelung der Buch'schen Glosse diskutiert. Nach den solchermaßen untergliederten ersten drei Kapiteln wird schließlich auf Grundlage der dort vorgenommenen Detailstudie in vier Unterkapiteln des vierten Kapitels zu den vier vorgenannten Fragestellungen in der Glossenforschung Stellung genommen: zur Frage einer Entstehung der Landrechtsglosse durch Kompilation älterer Texte entsprechend der sogenannten Schichtentheorie, zur Frage des Verhältnisses von Editionstext und Urglosse, zur Frage nach dem Ende der ursprünglichen Glossierung und zur Frage, in welchem Verhältnis das Recht der Buch'schen Glosse zum sächsischen Recht bzw. dem Sachsenspiegel einerseits und zum römisch-kanonischen Recht bzw. dessen Rechtsquellen andererseits steht. Eine Zusammenfassung der wesentlichen Erkenntnisse schließt die Arbeit ab.

A. Die Erbfolge

Als erster Themenkomplex der Detailuntersuchung soll in den Blick genommen werden, wer die zentrale Vermögensmasse – im Sachsenspiegel und der Buch'schen Glosse das *erve*[179], im römischen und im gelehrten Recht die *hereditas* – erhält. In vielen Rechtsordnungen fällt das Vermögen ein*er Verstorbenen an seine*ihre Verwandten, an einen Verwandte*n allein oder, aufgeteilt, an mehrere. Dies ist freilich nicht selbstverständlich, auch etwa ein Einziehen durch die Gemeinschaft oder ein Erbrecht der Ehegatt*in wäre theoretisch denkbar. So sind beispielsweise nach dem Lehnrecht des Sachsenspiegels nur Söhne eines Erblassers zur Erbfolge berechtigt, ist kein Sohn vorhanden oder die verstorbene Person eine Erblasserin, fällt das Lehen – sind keine abweichenden Vereinbarungen getroffen – an die Lehnsherr/in zurück[180]. Nach geltendem deutschem Recht steht andererseits grundsätzlich neben dem Erbrecht der Verwandten ein Erbrecht der Ehegatt*in[181].

Im Landrecht des Sachsenspiegels wie auch im gelehrten und römischen Recht und in der Buch'schen Glosse umfasst die erbberechtigte Verwandtschaft im Gegensatz zum Lehnrecht des Sachsenspiegels über die Söhne hinaus weitere Verwandte, Männer wie Frauen. Doch erben, wie auch im geltenden Recht, nicht alle grundsätzlich erbberechtigten Verwandten in jedem Fall, vielmehr besteht innerhalb dieses Personenkreises eine bestimmte Rangfolge, nach der gewisse Verwandte andere ausschließen und nach der andere die Erbschaft untereinander aufteilen. Diese Rangfolge, die sich als Erbfolgeordnung bezeichnen lässt, soll in diesem ersten Kapitel meiner Arbeit untersucht werden.

Dabei sind zwei Themenkreise zu unterscheiden. Im Rahmen der Erbfolgeordnung kann die Verwandtschaftsnähe von Bedeutung sein. Nun ist der Verwandtschaftsgrad eine Zuschreibung durch den Menschen, und so finden sich unterschiedlich Ansätze, ihn zu bestimmen. Ein Themenkreis werden also die unterschiedlichen Vorgehensweisen bei der Bestimmung des Verwandtschaftsgrades sein, also die unterschiedlichen Arten der „Komputation". Es muss aber die Erbfolge nicht allein auf dem Verwandtschaftsgrad basieren. So liegt etwa nach geltendem Recht der Erb-

179 Nach dem Recht des Sachsenspiegels und auch der Buch'schen Glosse fällt, auch außerhalb von Regeln im Zusammenhang mit dem Ehegüterrecht, nicht das gesamte Vermögen eines/einer Verstorbenen in das *erve*. Insbesondere werden die sogenannten Sondermassen Gerade und Heergewäte an bestimmte Personengruppen vererbt, unten S. 347 ff. Allerdings dürften hier ähnliche Regelungen gelten, indem die Rangfolge innerhalb der berechtigten Personengruppe auf analoge Weise bestimmt wird. – Um den Unterschied des allerdings vieldeutigen Begriffs *erve*, unten S. 202 ff., vom heutigen Begriff Erbe abzugrenzen, der, nach dem ehegüterrechtlichen Ausgleich, den gesamten Nachlass umfasst, wird im folgenden die mittelniederdeutsche Form verwendet.

180 Vgl. Lr. 2 § 2, Lr. 2 § 3, Lr. 21 § 3.

181 Ersteres ergibt sich aus §§ 1924 ff. BGB, letzteres aus § 1931 BGB.

folge die sogenannte Parentelordnung zugrunde. Danach schließt beispielsweise eine Schwestertochter einer Erblasser*in, nach heutiger Komputation im dritten Grad mit diesem*dieser verwandt, dessen*deren Großmutter, nach heutiger Komputation seine*ihre Verwandte zweiten Grades, von der Erbschaft aus. Auch bei diesen einer Erbfolgeordnung zugrundeliegenden Systemen sind neben der Parentelordnung wiederum unterschiedliche Modelle denkbar, diese werden im folgenden unter dem Stichwort „Prinzipien der Erbfolgeordnung" behandelt.

Um die Verwandtschaft einer idealtypischen Erblasser*in schematisch darzustellen, lässt sich folgende Graphik[182] verwenden:

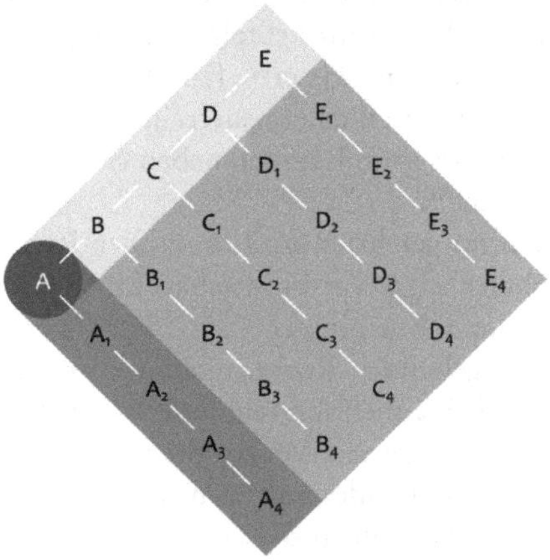

Fig. 1: Verwandtschaftsschema Graphische Darstellung der Verwandtschaftsbeziehungen; Beispiele:
A_1 = Sohn*Tochter,
A_2 = Enkel*in,
B = Vater*Mutter,
B_1 = Bruder*Schwester,
B_2 = Neffe*Nichte,
C = Großvater*mutter,
C_1 = Onkel*Tante,
C_2 = Cousin*e.

Erblasser*in ist in dieser Graphik A, jede Verwandtschaftsbeziehung zu ihm oder ihr wird durch eine Person repräsentiert. Die Nachkommenschaft des*der A ist die Linie A_{1ff} (dunkelgrau gekennzeichnet), seine*ihre Vorfahr*innen sind B bis E (hellgrau unterlegt), seine*ihre Seitenverwandten sind die Linien B_{1ff} bis E_{1ff} (vor mittelgrauem Hintergrund). Die Bezeichnung einer Person verdeutlicht so durch den Buchstaben die nächste gemeinsame Vorfahr*in mit A sowie durch die Ziffer ihren Abstand zu dieser Vorfahr*in. Personen, die in waagerechter Linie nebeneinander stehen, gehören einer Generation an. Personen, die senkrecht übereinander angeordnet sind, stehen nach heutiger Komputation zu A im selben Verwandtschaftsgrad. Da jede Verwandtschaftsbeziehung lediglich mit einer Person repräsentiert ist, lassen sich anhand der Graphik zwar geschlechtsspezifische Regelungen und auch Regelungen in Bezug auf Halbgeschwister nicht ohne weiteres darstellen. Die Graphik ist mithin für die Darstellung des klassischen römischen Erbrechts mit seinen im Ergebnis häufig

182 Eine ähnliche Graphik benutzt v. Ficker, Untersuchungen zur Erbenfolge I S. 282, ebenso Heusler, Institutionen II S. 594, allerdings unter Aussparung der Erblassernachkomm*innen. Etwas weiter abweichend, aber in einige Aspekten durchaus übereinstimmend bereits die graphischen Darstellungen in der Lectura super arboribus consanguinitatis et affinitatis des Johannes Andreae, wiedergegeben unten S. 61.

geschlechtsspezifischen Unterscheidungen nur begrenzt geeignet. Dennoch bietet sie die Möglichkeit, die Komputation und die Grundsätze der meisten hier untersuchten Systeme der Erbfolgeordnung in übersichtlicher und leicht zu vergleichender Weise wiederzugeben und soll daher bei den folgenden Erörterungen als Illustration dienen.

I. Das römische Recht und das gelehrte Recht

In Bezug auf die Erbfolgeordnung beruft sich das römische Recht während der gesamten klassischen Zeit auf das Erbrecht der Zwölf Tafeln, basiert also auf einer Unterscheidung zwischen agnatischen und cognatischen Verwandten. Doch wird das Erbrecht der Cognat/innen im Laufe der Zeit immer weiter gestärkt, sodass eine im Einzelnen durchaus komplizierte Regelung entsteht. Justinian übernimmt zunächst das überlieferte System in Codex, Institutionen und Digesten, schafft im Jahr 543 n. Chr. aber durch Nov. 118 eine umfassende Neuordnung der Intestaterbfolge, der später auch das gelehrte Recht folgen wird. Damit ist die klassische römische Erbfolgeordnung für eine Untersuchung zur Buch'schen Glosse grundsätzlich entbehrlich. Sie soll dennoch kurz skizziert werden, weil sie – wie zu zeigen sein wird – sich zum einen in rechtshistorischen Ausführungen Johanns von Buch niedergeschlagen und zum anderen auch die Forschung zur Erbfolge des Sachsenspiegels beeinflusst hat.

1. Das Erbfolgesystem vor Novelle 118

Die Zwölf Tafeln berufen zur Erbfolge zunächst die *sui heredes*, danach den *proximus agnatus* und zuletzt die *gentiles*[183]. Bei den *sui heredes* handelt es sich nach Ansicht der Forschung um diejenigen Personen, die mit dem Tod des Hausvaters[184] gewaltfrei werden; bei den Agnat/innen um diejenigen Personen, die mit dem Erblasser oder der Erblasserin unter väterlicher Gewalt gestanden hätten, wenn ein verstorbener potentieller gemeinsamer Hausvater noch leben würde; unter Gentilen versteht die Literatur Verbände mehrerer Familien, die sich von einem gemeinsamen, meist legendären Stammvater ableiten[185]. Das Erbrecht basiert somit nicht so sehr auf dem Gedanken

183 Tab. 5, 4 f.: [4.] *Si intestato moritur, cui suus heres nec es<ci>t, adgnatus proximus familiam habeto.* [5.] *Si a<d>gnatus ne<c e>scit, gentiles familiam h[abento],* zitiert nach Flach, Zwölftafelgesetz S. 83; Kaser, Privatrecht I S. 94, 101 f.; Honsell in: Honsell/Mayer-Maly/Selb, Römisches Recht S. 442.

184 Grundsätzlich kann nur eine männliche gewaltfreie Person *sui heredes* haben, da nur ein Mann andere in seiner Hausgewalt haben kann und nur eine Person *sui iuris* vermögensfähig ist, also auch Vermögen vererben kann. Zur *patria potestas* vgl. Kaser, Privatrecht I S. 50 ff., 321 ff., 341 ff., Privatrecht II S. 202 ff.

185 Kaser, Privatrecht I S. 53 f., 58, 95; Honsell in: Honsell/Mayer-Maly/Selb, Römisches Recht S. 65, 442.

der Blutsverwandtschaft, sondern vor allem auf dem der Hausgewalt. Verwandte, die keine Agnat/innen sind, sind zunächst nicht erbberechtigt.

Nach prätorischem Recht tritt neben das Erbrecht nach Ius Civile die *bonorum possessio intestati*, der Nachlassbesitz, der das Erbrecht der Zwölf Tafeln ergänzt und überlagert[186]. Danach beruft der Prätor die Angehörigen der Erblasser/in nacheinander in vier Klassen, denen jeweils eine Frist zur Beantragung des Nachlassbesitzes offengehalten wird. Die erstberufene Klasse *unde liberi* umfasst dabei die *sui heredes*[187], aber auch emanzipierte Abkömmlinge eines männlichen Erblassers, geteilt wird nach Stämmen. In der nächsten Klasse *unde legitimi* werden alle Personen berufen, die nach Ius Civile ein Erbrecht haben, also *sui heredes*, die gradnächsten[188] Agnat/innen und in älterer Zeit auch die Gentilen. Die dritte Klasse *unde cognati* umfasst alle Blutsverwandten bis zum sechsten Verwandtschaftsgrad (sowie aus dem siebten die Urgroßelternururenkel[189]), Gradnähere schließen Gradfernere aus, Gradgleiche teilen nach Köpfen. In der letzten Klasse, *unde vir et uxor*, wird schließlich der aktuelle Ehemann oder die aktuelle Ehefrau der Erblasser/in berufen. Ist die Erblasser/in ein Freigelassene/r, so gliedert sich die Erbfolge abweichend von der dargestellten Regelung in sieben Klassen, insbesondere hat die Patron/in für den Fall, dass der/die Freigelassene ohne leibliche Kinder stirbt, ein Intestaterbrecht[190].

---

186 Zum folgenden Kaser, Privatrecht I S. 698 ff.; Honsell in: Honsell/Mayer-Maly/Selb, Römisches Recht S. 443 ff.

187 Im Einzelnen umfasst dieser Begriff im klassischen Recht die ehelichen, in männlicher Linie verwandten Nachkomm/innen des männlichen Erblassers, soweit sie mit dem Erblasser nicht durch sich (noch) in seiner Gewalt befindlichen Personen verwandt sind, in deren Gewalt sie folglich mit dem Tod des Erblassers fallen, und nicht durch Emanzipation, Adoption oder eine *conventio in manu* aus seiner Hausgewalt ausgeschieden sind. Dazu zählen aber auch nicht verwandte Personen, die der Hausvater arrogiert oder adoptiert hat. Des weiteren bei einer Manusehe seine Ehefrau, da diese durch die Eheschließung in seine Gewalt übergegangen ist, sowie die *uxores in manu* von vorverstorbenen agnatischen Nachkommen. Entscheidend ist also die rechtliche Zugehörigkeit zum Hausverband, nicht die tatsächliche Verwandtschaft, Kaser, Privatrecht I S. 695; Honsell in: Honsell/Mayer-Maly/Selb, Römisches Recht S. 65.

188 Berufen werden nur die gradnächsten Agnat/innen, beantragen diese die Erteilung der *bonorum possessio* nicht, werden nicht die gradferneren Agnat/innen berufen, sondern die Klasse *unde cognati*, in der im Gegensatz hierzu jedem Verwandtschaftsgrad eine Frist zur Beantragung der *bonorum possessio* offengehalten wird.

189 D4 in der oben S. 50 vorgestellten Grafik. Außer den jeweiligen Enkel/innen zweier Geschwister untereinander sind mithin ausnahmsweise auch die Kinder einer Enkel/in – nämlich des/derjenigen, der/die nicht Erblasser/in ist – nachlassberechtigt.

190 In der Klasse *unde liberi* ist neben *sui heredes*, die keine leiblichen Nachkomm/innen der Erblasser/in sind, der Patron auf die Hälfte des Erbteils berufen. In der Klasse der *legitimi* stehen, da der/die Freigelassene keine Agnat/innen hat, der Patron und dessen Agnat/innen, die dritte Klasse bilden dann die *cognati* des/der Freigelassenen, die vierte Klasse die *familia patroni*, in der fünften Klasse wird der Patron des Patrons, der in diesem Fall selbst ein Freigelassener war, mit seinen *liberi* berufen, die siebte Klasse schließlich bilden die Cognat/

Auch nach dem prätorischen Nachlassbesitz bleibt also die Unterscheidung der Verwandten in Agnat/innen, (potentielle) Hausgenoss/innen, und in Cognat/innen, alle Blutsverwandten[191], grundlegend. Da die väterliche Gewalt nur von Männern innegehabt und nur von solchen an ihre (ehelichen) Nachkomm/innen vermittelt wird, beläuft sich diese Unterscheidung seit dem Außergebrauchkommen der *manus*-Ehe[192] und dem Einbeziehen von Emanzipierten im wesentlichen auf eine Unterscheidung zwischen Verwandten der männlichen Linie und den übrigen Verwandten[193]. Agnat/innen im Verhältnis zueinander sind nach diesem Begriffsverständnis zwei Personen, wenn ihre Verwandtschaft durch Männer vermittelt wird, also zwischen ihnen eine ununterbrochene Kette an Zeugungen besteht. Demgegenüber spielt das Geschlecht der beiden Personen selbst[194] keine Rolle[195]. Frauen erben also grundsätzlich gleichberechtigt neben Männern, sie vermitteln aber kein Erbrecht[196]. Daher sind nach prätorischem Recht Kinder – Söhne wie Töchter – *sui heredes* ihres Vaters. In Bezug auf ihre Mutter erben sie dagegen erst in der Klasse der Cognat/innen, wenn diese nicht *uxor in manu* des Vaters der Kinder gewesen ist. Jedoch wird im 2. Jahrhundert mittels zweier Senatus Consulta die Erbfolge zwischen Müttern und Kindern besser gestellt[197]. In nachklassischer Zeit setzt sich diese Entwicklung hin

innen des Patrons, KASER, Privatrecht I S. 701. Gleiches dürfte mangels abweichender Anhaltspunkte bei einer weiblichen Patronin und/oder einer weiblichen Freigelassenen gelten.

191 Cognat/innen sind alle Blutsverwandten, einschließlich der Agnat/innen, KASER, Privatrecht I S. 350 f.; HONSELL in: HONSELL/MAYER-MALY/SELB, Römisches Recht S. 66. In späterer Zeit wird der Begriff in einer engeren Wortbedeutung allerdings auch für Verwandte verwendet, die keine Agnat/innen, also mindestens auch über Frauen mit der Erblasser/in verwandt sind, vgl. LINGELBACH, Art. Agnaten und Kognaten, in: HRG² I Sp. 83.

192 Bei der die Ehefrau in die *manus*-Gewalt ihres Ehemanns oder dessen *pater familias* übergeht und so in seinen Hausverband wechselt. Die *manus*-Ehe ist bis Ende der Republik die Regel, kommt dann aber rasch außer Gebrauch, vgl. dazu KASER, Privatrecht I S. 76 ff., 312.

193 So definiert schon der Spätklassiker Gaius Gai 1, 156 (= Dig. 26, 4, 7): *Sunt autem agnati per virilis sexus personas cognatione iuncti, quasi a patre cognati*, zitiert nach MANTHE, Institutionen S. 26.

194 Wenn beide Personen allerdings Verwandte gerader Linie sind, ist das Geschlecht der älteren erheblich, weil nur, wenn diese männlich ist, sich eine ununterbrochene Kette von Zeugungen ergibt.

195 Es können also durchaus zwei Frauen agnatisch miteinander verwandt sein, etwa zwei Schwestern. Eine Tochter ist agnatisch mit ihrem Vater verwandt, nicht aber ein Sohn mit seiner Mutter.

196 Allerdings ist das Erbrecht der Frauen in der Klasse der Agnat/innen auf die vom selben Vater abstammende Schwester sowie die Mutter oder Stiefmutter, die im der *manus*-Gewalt des Erblasservaters gestanden hatte, beschränkt, KASER, Privatrecht I S. 696; HONSELL in: HONSELL/MAYER-MALY/SELB, Römisches Recht S. 442 f.

197 Nach dem SC Tertullianum hat eine Mutter mit dem *ius liberorum* in Bezug auf ihre Kinder ein Erbrecht nach deren *sui heredes*, deren Vater und deren vaterblütigen Brüdern und neben deren vaterblütigen Schwestern, das SC Orfitianum gibt umgekehrt den Kindern ein Erb-

zu einem cognatischen Erbrecht weiter fort, es bestehen aber bis in die justinianische Zeit einzelne Unterschiede[198].

2. Das Erbfolgesystem nach Novelle 118 und Novelle 127

Justinian lässt die inzwischen recht unübersichtliche Erbfolgeregelung zunächst unangetastet, regelt sie aber im Jahre 543 n. Chr. durch Nov. 118 – ergänzt 548 durch Nov. 127, 1 – neu. Dabei wird jede Unterscheidung nach dem Geschlecht der Erbprätendent/innen, nach der agnatischen und der cognatischen Linie[199] und zwischen Emanzipierten und nicht Emanzipierten gänzlich aufgehoben. Stattdessen wird die Verwandtschaft in drei Linien geteilt, die der Vorfahr/innen, die der Nachfahr/innen und die der Seitenverwandten[200], diese Einteilung wird zur Grundlage der Erbfolge erklärt. Nov. 118 ist als umfassende Neuordnung der Intestaterbfolge angelegt, sie soll ausdrücklich alle bisherigen Regelungen ersetzen[201].

Im Einzelnen stellt Nov. 118 folgende Erbfolge auf: Nach Nov. 118, 1 erben zuerst die Nachkomm/innen nach Stämmen – ausdrücklich unabhängig von ihrem Geschlecht, dem Verwandtschaftsgrad[202], der Verwandtschaft über männliche oder weibliche Linie und bestehender oder nicht bestehender Unterworfenheit unter die *patria potestas*[203]. Sind keine Nachkomm/innen vorhanden, sind nach Nov. 118, 2 die Vorfahr/innen berufen. Dabei erbt der oder die Gradnächste, bei gleichnah verwandten Aszendent/innen wird die Erbschaft jedoch so unter sie geteilt, dass die

---

recht nach ihrer Mutter vor den agnatischen Seitenverwandten, Kaser, Privatrecht I S. 701 f.; Honsell in: Honsell/Mayer-Maly/Selb, Römisches Recht S. 445.

198 Kaser, Privatrecht II S. 497 ff.; Honsell in: Honsell/Mayer-Maly/Selb, Römisches Recht S. 445 f.

199 Die entsprechende Differenzierungen bezeichnet der Novellentext ausdrücklich als *non iuste*, Nov. 118 pr. Satz 1, S. 567: *Plurimas et diversas leges veteribus temporibus prolatas invenientes, per quas non iuste differentia ab intestato successionis inter cognatos ex masculis et feminis introducta est, necessarium esse perspeximus omnes simul ab intestato cognationum successiones per praesentem legem clara compendiosaque divisione disponere, itaque prioribus legibus pro hac causa positis vacantibus de cetero ea sola servari quae nunc constituimus.*

200 Nov. 118 pr. Satz 2, S. 567: *Quia igitur omnis generis ab intestato successio tribus cognoscitur gradibus, hoc est ascendentium et descendentium et ex latere, quae in agnatos cognatosque dividitur, primam esse disponimus descendentium successionem.*

201 Allerdings regelt sie allein das Verwandtenerbrecht und erwähnt die Erbfolge der Ehegatt/in und der Patron/innen sowie zahlreiche Einzelbestimmungen wie die Regelung über die legitimierten, die unehelichen und die Adoptivkinder, die Erbfolge der Konkubine und ihrer Kinder und die Quart der armen Witwe nicht, die wohl fortbestehen, Kaser, Privatrecht II S. 510, so auch Kaser/Knütel, Römisches Privatrecht S. 354.

202 Dabei sollen Kinder von vorverstorbenen Deszendent/innen an die Stelle ihrer Eltern treten, lebende Deszendent/innen schließen also im Umkehrschluss ihre Nachkomm/innen aus.

203 Nov. 118, 1 Satz 1, S. 567: *Si quis igitur descendentium fuerit ei qui intestatus moritur cuiuslibet naturae aut gradus, sive ex masculorum genere sive ex feminarum descendens, et sive suae potestatis sive sub potestate sit, omnibus ascendentibus et ex latere cognatis praeponatur.*

Hälfte an den väterlichen und die andere Hälfte an den mütterlichen Stamm fällt, innerhalb derer wiederum nach Köpfen geteilt wird[204]. Alle Vorfahr/innen schließen dabei, unabhängig von ihrem Verwandtschaftsgrad, grundsätzlich alle Seitenverwandten aus. Allerdings besteht von diesem Grundsatz eine als solche gekennzeichnete Ausnahme[205]: Neben der jeweils gradnächsten[206] Aszendent/in oder den gradnächsten Aszendent/innen werden vollbürtige Geschwister berufen, in diesem Fall wird die Erbschaft nach Köpfen geteilt[207]. Durch Nov. 127, 1 wird entgegen der ausdrücklichen Regelung in Nov. 118, 3 pr. den Kindern vorverstorbener Vollgeschwister, die zunächst nur neben Vollgeschwistern ein Eintrittsrecht hatten, ein Ein-

204 Nov. 118, 2 Satz 1 Hs. 1, Satz 2, 3, S. 568: *Si igitur defunctus descendentes quidem non derelinquat heredes, pater autem aut mater aut alii parentes ei supersint, omnibus ex latere cognatis hos praeponi sancimus, (...). Si autem plurimi ascendentium vivunt, hos praeponi iubemus qui proximi gradu reperiuntur masculos et feminas, sive materni seu paterni sint. Si autem eundem habent gradum, ex aequo inter eos hereditas dividitur, ut medietatem quidem accipiant omnes a patre ascendentes, quanticumque fuerint, medietatem vero reliquam a matre ascendentes, quantoscumque eos inveniri contingerit.*

205 Nov. 118, 2 Satz 1 Hs. 2, S. 568: (...) *exceptis solis fratribus ex utroque parente coniunctis defuncto*, (...).

206 Kaser, Privatrecht II S. 363 und ihm folgend Kaser/Knütel, Römisches Privatrecht S. 355 legen Nov. 118, 2 Satz 4, wiedergegeben Anm. 207, dahingehend aus, dass *cum proximis gradu ascendentibus* die absolut gradnächsten Agnat/innen bezeichnet, vollbürtige Geschwister also neben den Eltern erben und alle entfernteren Agnat/innen ausschließen. – Gegen diese Auslegung spricht aber zum einen der stetige Gebrauch der Vokabel *ascendentes* statt *parentes* in Nov. 118, 2 Satz 4. Zum anderen spricht dagegen der Einschub *si autem pater aut mater fuerint*, der überflüssig erscheint, wenn die Eltern die einzigen neben den Geschwistern erbenden Aszendent/innen wären. Zum dritten schließlich wird in Nov. 118, 3 pr. Satz 1, wiedergegeben Anm. 209, noch einmal ein Erbrecht der vollbürtigen Geschwister allein, und nicht neben Aszendent/innen, angeordnet, hier heißt es als Voraussetzung: *Si igitur defunctus neque descendentes neque ascendentes reliquerit*, (...). Daher ist davon auszugehen, dass *cum proximis gradu ascendentibus* im Sinne von mit den noch lebenden gradnächsten Aszendent/innen zu verstehen ist. – Wie hier Büchel, Streitfragen S. 161 ff.; Windscheid/Kipp, Lehrbuch des Pandektenrechts III S. 338; Bossowski, FS Koschaker S. 286; Honsell in: Honsell/Mayer-Maly/Selb, Römisches Recht S. 446. – Die Auslegung war schon im gelehrten Recht umstritten, die Accursische Glosse gibt den Streitstand wieder und entscheidet nach der auch m. E. zutreffenden Meinung, AG Nov. 118, 2 *proximis*: *proximum accipe, quem nullus praecedit: vt ff. de verb. signifi. l. proximus* [= Dig. 50, 16, 92]. *Sed quidam dicunt cum patre & matre tantum, vt hi proximi tantum vocentur: & sic dicunt fratrem repellere auum: cum pater, cum quo admittitur, repellat dictum auum: vt arg. ff. de diuer. & temp. praescri. l. de accessionibus.* [= Dig. 44, 3, 16] *& hic* [= Nov. 118, 2], *& C. de legi. haered. l. in successione* [= Cod. 6, 58, 1]. *Sed secundum primam dic illam l. de successione esse correctam per istam*, zitiert nach dem Druck Lyon 1558–1560, VP, AC Sp. 377.

207 Nov. 118, 2 Satz 4, S. 568: *Si vero cum ascendentibus inveniantur fratres aut sorores ex utrisque parentibus coniuncti defuncto, cum proximis gradu ascendentibus vocabuntur, si et pater aut mater fuerint, dividenda inter eos quippe hereditate secundum personarum numerum, uti et ascendentium et fratrum singuli aequalem habeant portionem.*

trittsrecht auch neben Aszendent/innen und Vollgeschwister gewährt[208]. Nov. 118, 3 schließlich regelt die Erbfolge der Seitenverwandten. Hier werden noch einmal zwei Ordnungen unterschieden. In der ersten Ordnung erben die vollbürtigen Geschwister, die auch schon neben den Aszendent/innen berufen waren[209], in der zweiten dann die Halbgeschwister[210] und alle übrigen Seitenverwandten, wobei Gradnähere Gradfernere ausschließen und Gradgleiche nach Köpfen erben[211]. Dabei steht den Kindern von vorverstorbenen Geschwistern ein Eintrittsrecht zu, sodass etwa Vollgeschwisterkinder Halbgeschwister ausschließen[212].

Es ergibt sich also zusammengefasst folgende Erbfolge:

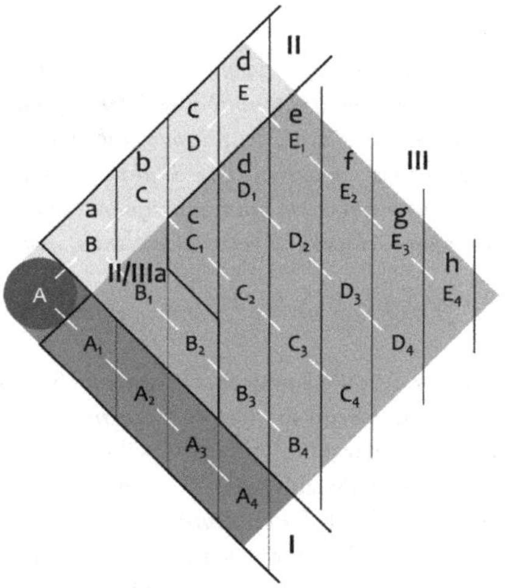

Fig. 2: Erbfolgesystem nach Nov. 118
Darstellung des Erbfolgesystems nach Nov. 118, Nov. 127; Die erbberechtigte Verwandtschaft ist in 3 Ordnungen unterteilt (I–III), innerhalb derer es wiederum unterschiedliche Ränge gibt (a–h)

208 Nov. 127, 1 Satz 1, Satz 2 Hs. 1, S. 633 f.: *Hoc itaque juste corrigentes sancimus, ut si quis moriens relinquat ascendentium aliquem et fratres qui possunt cum parentibusvocari et alterius fratris praemortui filios, cum ascendentibus et fratribus vocentur et praemortui fratris filii, et tantam accipiant portionem, quantam futurus erat eorum pater accipere si vixisset. Haec vero sancimus de illis fratris filiis quorum pater ex utroque parente iungebatur defuncto,* (...).

209 Nov. 118, 3 pr. Satz 1, S. 569: *Si igitur defunctus neque descendentes neque ascendentes reliquerit, primum ad hereditatem vocamus fratres et sorores ex eodem patre et ex eadem matre natos, quos etiam cum patribus ad hereditatem vocavimus.*

210 Nov. 118, 3 pr. Satz 2, S. 569: *His autem non existentibus in secundo ordine illos fratres ad hereditatem vocamus qui ex uno parente coniuncti sunt defuncto, sive per patrem solum seu per matrem.*

211 Nov. 118, 3 § 1, S. 570 f.: *Si vero neque fratres neque filios fratrum, sicuti diximus, defunctus reliquerit, omnes deinceps a latere cognatos ad hereditatem vocamus secundum uniuscuiusque gradus praerogativam, ut viciniores gradu ipsi reliquis praeponatur. Si autem plurimi eiusdem gradus inveniantur, secundum personarum numerum inter eos hereditas dividitur, quod in capita nostrae leges appellant.*

212 Nov. 118, 3 pr. Satz 3 f., S. 569 f.: *Si autem defuncto fratres fuerint et alterius fratris aut sororis praemortuorum filii, vocabuntur ad hereditatem isti cum de patre et matre thiis masculis et feminis, et quanticumque fuerint, tantam ex hereditate portionem percipient, quantam eorum parens*

I. Nachkomm/innen nach Stämmen

Kinder (A_1)
(ggf. neben) Enkel/innen (A_2)
(ggf. neben) Urenkel/innen (A_3)
(ggf. neben) (A_4), (A_5), (A_6), usw.

II. Vorfahr/innen nach Mischregelung aus Erbrecht nach Stämmen und Köpfen

a. Eltern (B)
b. Großeltern (C)
c. Urgroßeltern (D)
d. ff. (E), (F), (G), usw.
jeweils neben Vollgeschwistern (B_1)
(ggf. neben) Vollgeschwisterkindern (B_2)

III. Seitenverwandte[213]

a. Vollgeschwister (B_1)
(ggf. neben) Vollgeschwisterkindern (B_2)
b. Halbgeschwister (b_1)
(ggf. neben) Halbgeschwisterkindern (b_2)
c. Tanten/Onkel (C_1)
d. Großnichten/Großneffen (B_3), Cousin/en (C_2), Großtanten/Großonkel (D_1)
e. (B_4), (C_3), (D_2), (E_1)
f. (B_5), (C_4), (D_3), (E_2), (F_1)
g–k. entsprechend

---

futurus esset accipere si superstes esset. Unde consequens est, ut si forte praemortuus frater, cuius filii vivunt, per utrumque parentem nunc defunctae personae iungebatur, superstites autem fratres per patrem solum forsan aut matrem ei iungebantur, praeponantur istius filii propriis thiis, licet tertio sint gradu (…) sicut eorum parens praeponebatur, si viveret.

213 In der Literatur werden die vollbürtigen Geschwister in der Ordnung der Seitenverwandten gemeinhin nicht mehr aufgeführt, da sie ja bereits neben den Aszendent/innen erben, so bei Büchel, Streitfragen S. 161 ff.; Kaser, Römisches Privatrecht II S. 363; Kaser/Knütel, Römisches Privatrecht S. 355; Bossowski, FS Koschaker S. 291 f.; Honsell in: Honsell/Mayer-Maly/Selb, Römisches Recht S. 447. Stattdessen wird nach der Ordnung der Deszendent/innen und der Ordnung der Aszendent/innen und der vollbürtigen Geschwister als dritte Ordnung die Ordnung der halbbürtigen Geschwister und als vierte Ordnung die der übrigen Seitenverwandten genannt. Jedoch scheint die hier erfolgte Einteilung vorzugswürdig, da sie sich am Novellentext orientiert und die Systematik der Novelle – als auf einer Drei-Linien-Ordnung basierend – besser erkennen lässt. Zudem gilt nach Nov. 118 für das Erbrecht der vollbürtigen Geschwister neben Aszendent/innen eine andere Regelungen als für das Erbrecht der vollbürtigen Geschwister allein, was allerdings später durch Nov. 127 verändert wird.

3. Das Erbfolgesystem des gelehrten Rechts

Für das gelehrte Recht ist die Regelung von Nov. 118 und Nov. 127 maßgeblich. Die ältere Rechtslage sieht die bologneser Rechtswissenschaft durch die ausdrücklich unter Aufhebung aller vorhergehenden Gesetze erlassene Novelle abgelegt[214]. Ausführungen in den übrigen Teilen des Corpus Iuris Civilis, die den beiden Novellen widersprechen, kommentiert die Accursische Glosse mit einem Hinweis auf die nunmehr veränderte Rechtslage. Dabei finden sich auch Darstellungen der historischen Entwicklung, bei der Ius Civile, prätorisches Recht und verschiedene Novellen unterschieden werden[215]. Diese Entwicklung wird dabei in Anlehnung an den Novellentext als allmähliche Abschaffung der als ungerecht empfundenen Differenzierung nach dem Geschlecht der Erbprätendent/innen, nach Agnat/innen und Cognat/innen und nach emanzipierten und nicht emanzipierten Nachkomm/innen verstanden. Doch sieht das gelehrte Recht durch Nov. 118 und Nov. 127 keineswegs alle älteren Rechtstexte zur Erbfolge gegenstandslos[216]. Soweit diese der Novellenregelung nicht widersprechen, werden sie ergänzend herangezogen[217].

---

214 Das gelehrte Recht unterscheidet dabei in das *ius vetus*, wie es die Institutionen, die Digesten und der Codex enthalten und das *ius novum* der Novellen, Weimar, Art. Erbrecht, Erbe, Erbschaft, Unterabschnitt A. Römisches Recht, Unterabschnitt I. Römisches und gemeines Recht, in: Lex.MA III Sp. 2104.

215 AG Nov. 118 pr. *Plurimas: Introducta. nam usque ad tempora huius legis inter descendentes erat differentia: ut emancipati iure ciuili non succederent: licet iure praetorio sic: vt instit. de haeredi. quae ab intestat. §. emancipati* [= Inst. 3, 1, 9]. *Item qui erant nepotes ex filiabus succedebant cum deminutione: vt C. de col. l. illa.* [= Cod. 6, 20, 19] *licet hoc etiam ante hanc sit correctum: vt supra de trien. & se. § neque coll. iij* [= Nov. 18, 4]. *ex transversali autem cognati iure ciuili non admittuntur: sed nec iure praetorio nisi post agnatos: vt patet inst. de succ. col. in princ.* [= Inst. 3, 5 pr.] *& de bono. pos. §. & cum de testamentis* [= Inst. 3, 10, 3 Satz 3]. *& ff. si ta. test. nul. ex. l. j. in prin.* [= Dig. 38, 6 pr.]. *omnes ergo praedictae differentiae & aliae si quae sunt, hac constitutione tolluntur.* (…), zitiert nach dem Druck Lyon 1558–1560, VP, AC Sp. 375.

216 Vgl. AG Nov. 118 pr. *Vacantibus: scilicet quae contra hanc legem facerent. nec enim alias corrigit quae salvari possunt: vt supra qui. mo. na. effi. sui. §. tribus.* [= Nov. 89, 7] *Ac.*, zitiert nach dem Druck Lyon 1558–1560, VP, AC Sp. 375.

217 So übernimmt das gelehrte Recht aus dem prätorischen Recht die Erbgrenze bei Cognat/innen, die in Nov. 118 nicht angesprochen wird, schließt allerdings aus der Gleichstellung von Agnat/innen und Cognat/innen, dass alle Seitenverwandten nunmehr bis zum 10. Verwandtschaftsgrad erbberechtigt seien, wie es der Regelung der Agnat/innen entspreche, AG Nov. 118, 3, 1 Satz 1–3 *Cognatos: sed vsque ad quem gradum? nunquid septimum, vt olim? Respondeo: quia sic esset differentia inter agnatos qui vsque ad x. vocantur, & cognatos: sed trahe omnes ad x.* Über die Fortgeltung einzelner Rechtssätze des alten Rechts gibt es zahlreiche Kontroversen, Weimar, Art. Erbrecht, Erbe, Erbschaft, Unterabschnitt A. Römisches Recht, Unterabschnitt I. Römisches und gemeines Recht, in: Lex.MA III Sp. 204.

4. Römische und Kanonische Komputation

Sowohl im Rahmen der klassischen römischen Erbfolgeregelung bei der Erbfolge der Agnat/innen und der Cognat/innen als auch bei der Erbfolge der Aszendent/innen und der Seitenverwandten nach Nov. 118 ist eine Bestimmung des Verwandtschaftsgrades zwischen Erbprätendent/in und Erblasser/in erforderlich. Daher finden sich im Corpus Iuris entsprechende Hinweise. Zur Ermittlung der Verwandtschaftsnähe zwischen zwei Personen werden im römischen Recht die diese Verwandtschaft vermittelnden Geburten gezählt[218]. Damit sind etwa Kinder und Eltern einer Person mit dieser im ersten Grad verwandt, Enkel/innen, Geschwister und Großeltern im zweiten und so fort[219]. Diese Zählung, im folgenden als römische Komputation bezeichnet, wird auch heute allgemein zur Bestimmung des Verwandtschaftsgrades herangezogen.

Dagegen hatte sich im kanonischen Recht eine andere Komputation herausgebildet. Sie unterscheidet sich von der römischen zwar nicht bei den Verwandtschaftsgraden der Verwandten in gerader Linie, wohl aber bei den Verwandtschaftsgraden der Seitenverwandten. Da bei diesen die Verwandtschaft über einen Dritte*n vermittelt wird, die nächste gemeinsame Vorfahr*in, lassen sich bei der Ermittlung der Verwandtschaftsnähe zwei Linien unterscheiden: die Linie der gemeinsamen Vorfahr*in zu dem*der einen und die Linie von der gemeinsamen Vorfahr*in zu dem*der anderen Seitenverwandten. Berücksichtigt die römische Komputation beide Linien, indem sie von einem/einer Seitenverwandten zum/zur anderen alle vermittelnden Geburten zählt, geht die kanonische Komputation hier einen anderen Weg. Sie zählt die Linien getrennt und sieht durch den Abstand zum gemeinsamen Stammvater bzw. zur gemeinsamen Stammmutter den Verwandtschaftsgrad bestimmt. Unterscheidet sich dieser Abstand bei den beiden Seitenverwandten, deren Verwandtschaftsgrad zueinander bestimmt werden soll, so wurden zunächst beide Linien angegeben. Bis zum Anfang des 13. Jahrhunderts hatte es sich aber durchgesetzt, nur die jeweils längere Linie zu zählen[220]. Nach dieser letztgenannten Form der kanonischen Komputation[221] sind demnach die Kinder, Eltern und Geschwister einer Person mit ihr

218 Kaser, Privatrecht I S. 696, der von vermittelnden Zeugungen spricht; Honsell in: Honsell/Mayer-Maly/Selb, Römisches Recht S. 66.

219 Eine Übersicht über die Verwandtschaftsbezeichnungen und Verwandtschaftsgrade findet sich in Inst. 3, 6, 1–7 und in Dig. 38, 10, 10.

220 Freisen, Geschichte des kanonischen Eherechts S. 432 ff.; Meuten, Erbfolgeordnung S. 90 ff.

221 Die dargestellte Komputation ist die im geistlichen Recht seit dem 13. Jahrhundert bis heute übliche. Allerdings scheint es von dieser Zählweise im außeritalischen Raum vereinzelt Varianten gegeben zu haben, insbesondere eine solche, bei der nicht die Kinder, Eltern und Geschwister den ersten Grad innehaben, sondern erst die Enkel/innen, Großeltern, Tanten und Onkel, Cousinen und Cousins und Nichten und Neffen. Die Benennung der Grade unterscheidet sich hier also, ohne dass dem eine unterschiedliche Zählweise zugrunde läge. Diese Zählweise sei bei nordalpinen Klerikern in Gebrauch gewesen, die Kurie habe sie durch-

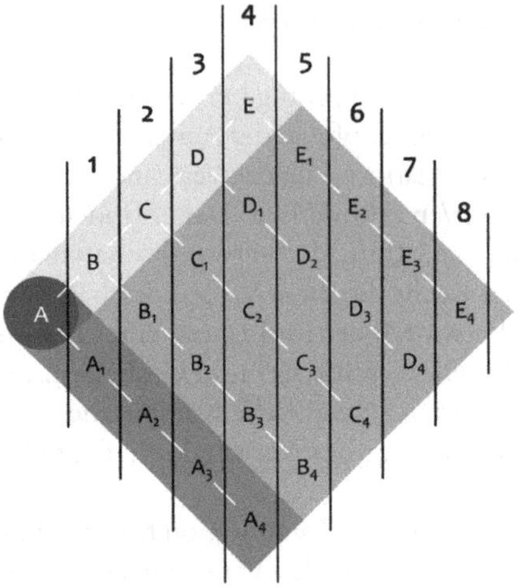

Fig. 3: Römische Komputation Verwandtschaftsgrade nach römischer Komputation

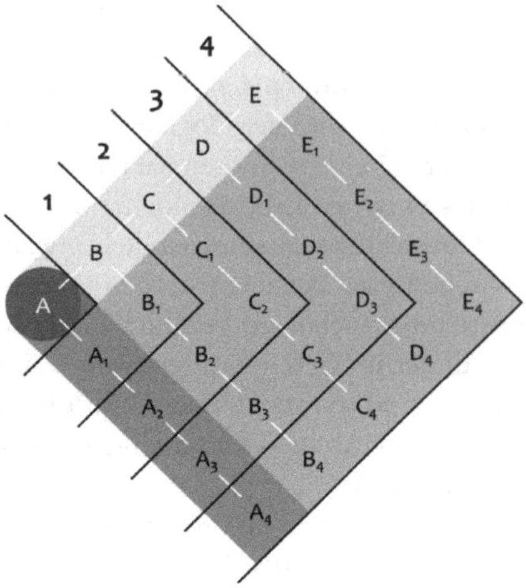

Fig. 4: Kanonische Komputation Verwandtschaftsgrade nach kanonischer Komputation

im ersten Grad verwandt, Enkel/innen, Großeltern, Tanten und Onkel, Cousin/en sowie Nichten und Neffen im zweiten und so fort[222].

Dem gelehrten Recht ist nicht nur die kanonische Komputation bekannt, es versteht auch die römische[223]. Beide Zählweisen werden schon in der Accursischen Glosse unterschieden[224]. Eine graphische Darstellung beider Zählweisen findet

---

aus gekannt, aber selbst nicht verwendet, Freisen, Geschichte des kanonischen Eherechts S. 411 ff.; Meuten, Erbfolgeordnung S. 55, 58. In der germanistischen Rechtswissenschaft des 19. Jahrhunderts wird diese Zählweise vielfach als eine „germanische" bezeichnet und verstanden und teilweise auch in den Sachsenspiegel hineingelesen, dazu unten S. 79 ff.

222 Eine Übersicht über die Verwandtschaftsbezeichnungen und Verwandtschaftsgrade findet sich in c. 6 C. 35 q. 5, bei Friedberg, Corpus Iuris Canonici I Sp. 1275–1277.

223 Vgl. etwa AG Inst. 3, 6 pr. *A secundo: Sed quare non a primo? Respon. cum ego patri meo sim in vno gradu, & ipse pater fratri meo in alio, sumus ergo in duobus gradibus ego cum fratre, facto ascensu ad patrem quasi per quondam gradum: vt ff. eo. l. iurisconsultus. § gradus* [= Dig. 38, 10, 10, 10]. *sed nullus ex transverso proximior fratre inuenitur: ergo non potest inueniri primus gradus a latere, ut hic, & ff. eo. de gra. af. l. j in prin.* [= Dig. 38, 10, 10, 1 pr.], zitiert nach dem Druck Lyon 1558–1560, VP, Inst. Sp. 269. – AG Inst. 3, 6, 1 *Pater, mater: Si pater est mihi in primo, & ego sibi in alio primo: ergo sumus in duobus? Respondeo non sequitur. Nam sum ei in primo, ita quod in eodem: & inter me & ipsum vnum tantum gradum facimus, ad similitudinem fenestrae. nam duae columnae ex lateribus unam faciunt fenestram: tertia autem adiecta fiet alia fenestra. & ita in gradu persona adiecta etiam vna deinceps facit gradum: vt infra eod. § hactenus* [= Inst. 3, 6, 7], zitiert nach dem Druck Lyon 1558–1560, VP, Inst. Sp. 269.

224 Vgl. etwa AG Inst. 3, 6, 7 *Generata* Satz 2 Hs. 2, Satz3: (…) *& hoc est verum ex omni ordine graduum, secundum nos. Sed secundum canones ex latere transuerso aliud est. nam quem nos dicimus in secundo, ipse dicunt in primo: & quem nos in quarto, ipsi in secundo: & sic de singulis:*

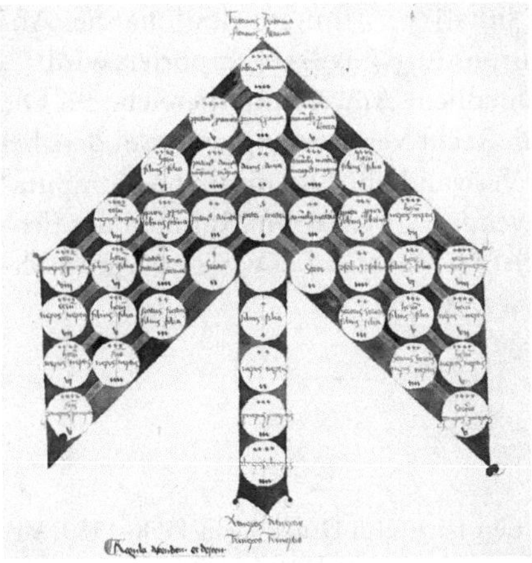

Abb. 1: Arbor Consanguinitatis, Darstellung ca. 1477–1480 Darstellung der römischen und der kanonischen Komputation anhand eines Arbor Consanguinitatis in einer Handschrift der Lectura super arboribus consanguinitatis et affinitatis des Johannes Andreae, Universitätsbibliothek Freiburg im Breisgau, Hs. 337, ca. 1477–1480, fol. 3^{r}.
© Universitätsbibliothek Freiburg im Breisgau/Historische Sammlungen, Hs. 337

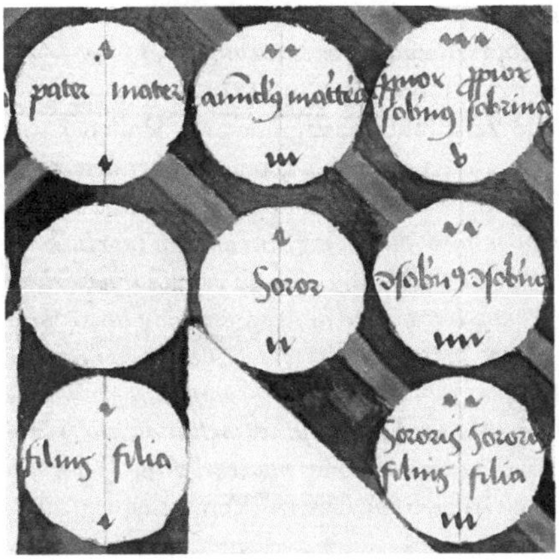

Abb. 2: Arbor Consanguinitatis, Detail Die leere Zelle bezeichnet die Bezugsperson, in den übrigen Zellen findet sich die jeweilige Verwandtschaftsbezeichnung(en) sowie – mit roten Punkten gekennzeichnet im oberen Bereich der Zelle – der Verwandtschaftsgrad nach kanonischer und – mit schwarzen römischen Ziffern gekennzeichnet im unteren Bereich der Zelle – derjenige nach römischer Komputation.
© Universitätsbibliothek Freiburg im Breisgau/Historische Sammlungen, Hs. 337

Abb. 3: Arbor Consanguinitatis, Darstellung 1558 Darstellung des Arbor consanguinitatis in der hier benutzten Corpus Iuris Ausgabe Lyon 1558–1560, VP, Inst. Sp. 275 f. Die Darstellung wird dort als Arbor civilis bezeichnet – im Gegensatz zum im selben Band enthaltenen Arbor feudorum – enthält aber die römische wie die kanonische Komputation.
© Universitätsbibliothek Bologna/Juristische Bibliothek Antonio Cicu

sich in der Lectura super arboribus consanguinitatis et affinitatis des Johannes Andreae[225], die auch in jüngere Ausgaben des Corpus Iuris Civilis inkorporiert wird[226]. Dabei weist das gelehrte Recht ihnen unterschiedliche Anwendungsbereiche zu. Die kanonische Komputation findet im geistlichen Recht Verwendung, insbesondere bei der Bestimmung des Heiratsverbotes unter Verwandten. Die römische Komputation dagegen wird im weltlichen Recht angewendet, vor allem im Rahmen des Erbrechts[227]. Zur Unterscheidung spricht das gelehrte Recht dabei von den Verwandtschaftsgraden *secundum canones* und *secundum leges*[228].

---

vt in decre. xxxv. q. v. c. ij.[= c. 2 C. 35 q. 5], zitiert nach dem Druck Lyon 1558–1560, VP, Inst. Sp. 270 – AG Dig. 38, 10, 10 *Item liberi* Satz 8 Hs. 2, Satz 11, f: (...) *item secundum canones quatuordecem personae ad minus faciunt sex gradus: sed secund. leges vij.* (...) *Sed haec gl. est secundum canones. Nam aliter computantur gradus secundum leges: ut infra per hanc legem* [= Inst. 3, 6, 1 ff.]. zitiert nach dem Druck Lyon 1558–1560, Infor. Sp. 1819.

225 Vgl. Abb. 1 und Abb. 2. Die Farbgebung der die Verwandtschaftsgrade angebenden Zählzeichen sowie ihre Stellung in der das Verwandtschaftsverhältnis repräsentierenden Zelle wird in dem – die Graphik beschreibenden – Text der Lectura wie folgt erläutert: *Et puncti rubei denotant computationem secundum ius canonicum, & puncti nigri secundum ius ciuile, & c. Ponitur autem computatio Canonica in superiori parte cellularum, Ciuilis vero in inferiori, ut detur intelligi excellentia Iuris canonici ad ciuile, et maxime quo ad hunc casum, quo instruimur in matrimonijs, an licite contrahi possint, vel ne. Et cum matrimonium sit sacramentum Ecclesiae in eo praecipue lex minor est canone,* (...). *Item rubeus punctus sit, Quia computatio canonica quaerit de consanguinitate, quae dicitur a sanguine qui est rubeae naturae, melius dicitur, rubei coloris. Legalis vero non curat nisi de successione, quae locum habet post mortem, &ideo per nigra puncta & obscura recte designatur,* zitiert nach dem Druck Steinmann (Verl.), Leipzig 1580, S. 25 f.

226 Vgl. Abb. 3.

227 Vgl. etwa AG Inst. 3, 6, 7 *Generata* Satz 4: *Sed fuit eorum* <d. h. der Decretisten> *consideratio bona propter matrimonia: nostra* <d. h. der Legisten> *etiam bona propter haereditates: quae per gradus deferuntur: vt infra de bon. pos. § quos autem* [= Inst. 3, 9, 2] *& ff. eo. l. iurisconsultus. in princip.* [= Dig. 38, 10, 10 pr.], zitiert nach Lyon 1558–1560, VP, Inst. Sp. 270. – Ebenso aus der Perspektive der Kanonistik in c. 2 C. 35 q. 5 § 1 Satz 1–3: *Denique diu uentilatis legibus et sacris canonibus distincte inuenimus, ob aliam atque aliam causam alteram fieri legum, alteram canonum conputationem. In legibus siquidem ob nichil aliud ipsa graduum mentio facta est, nisi ut hereditas uel successio ad alteram ab una personam inter consanguineos deferatur. In canonibus uero ob hoc progenies conputatur, ut aperte monstretur, usque ad quotam generationem a consanguineorum sit nuptiis abstinendum,* zitiert nach Friedberg, Corpus Iuris Canonici I Sp. 1272. – Derselbe Gedanke findet sich auch in der Lectura super arboribus consanguinitatis et affinitatis des Johannes Andreae, oben Anm. 225. – Diese auf der Zwei-Schwerter-Lehre basierende Trennung war freilich in der späteren Kanonistik nicht unumstritten, findet sich aber noch in der Glossa Ordinaria zum Gratianischen Dekret, Hugelmann, ZRG KA 13 (1924) S. 444; Lange/Kriechbaum, Römisches Recht im Mittelalter II S. 217, 219–224.

228 Vgl. etwa oben, Anm. 224, 225.

II. Die Erbfolgeordnung des Sachsenspiegels

Hochumstritten ist die Erbfolgeordnung nach dem Sachsenspiegel. Die entsprechenden Stellen des Sachsenspiegels lassen sich nach verschiedenen Seiten auslegen, was zu einer lebhaften und kontroversen Diskussion vor allem während des 19. Jahrhunderts geführt hat[229].

1. Quellenbefund und erste Überlegungen

Zur Ermittlung der Erbfolge nach dem Sachsenspiegel werden vor allem die Stellen Ldr. I 3 § 3; Ldr. I 5 § 1 und Ldr. I 17 § 1 und Ldr. II 20 § 1 herangezogen. Diese lauten wie folgt:

Ldr. I 3 § 3, S. 158 f.

Nu[230] *merke wie ok, war de sibbe beginne unde war se lende. In deme hovede is besceiden man unde wif to stande, de elike unde echtlike to samene komen sin. In des halses lede die kindere, die ane tveinge vader unde muder geboren sin. Is dar tveinge an, die ne mogen an*

229 So bezeichnet STUTZ, Verwandtschaftsbild S. 4 im Jahre 1890 die Frage der Verwandtschaftsberechnung und der Erbfolge als eine „der brennendsten Fragen unserer heutigen Rechtsgeschichte“.

230 Da die geläufigen Übersetzungen die Stellen deutend übersetzen, wobei die entsprechenden Stellen, insbesondere in der gebräuchlichen Übersetzung SCHMIDT-WIEGANDS in SCHOTT, Sachsenspiegel S. 38 f., teilweise abweichend von der von mir vertretenen Meinung interpretiert werden, soll mit Ldr. I 3 § 3 und Ldr. I 17 § 1 ausnahmsweise auch für zwei Sachsenspiegelstellen eine Übersetzung vorgenommen werden. An dieser Stelle erfolgt zunächst eine eher wörtliche Übersetzung, zu einer stärker deutenden Übersetzung unten S. 123. – Übersetzung: Nun verstehen wir auch, wo die Sippe beginnt und wo sie endet. In dem Haupt zu stehen ist beschieden Mann und Frau, die ehelich und rechtmäßig zusammengekommen sind. Im Gelenk des Halses die Kinder, die ohne Teilung von Vater und Mutter geboren sind. Liegt Teilung vor, können die <Kinder> nicht weiter an einem Gelenk stehen, sondern springen in ein zweites Gelenk. Heiraten zwei Brüder zwei Schwestern, und der dritte Bruder eine fremde Frau, ihre Kinder sind doch gleich nah, ein jedes des anderen Erbe zu nehmen, wenn sie ebenbürtig sind. Die Kinder von Vollbrüdern stehen an dem Gelenk, wo die Schulter und der Arm zusammentreffen, ebenso das Kind der Schwester. Das ist die erste Sippezahl, die man zu den Verwandten rechnet: Bruderkind und Schwesterkind. In dem Ellenbogen steht die zweite, in dem Handgelenk die dritte, in dem ersten Gelenk des Mittelfingers die vierte, im zweiten Gelenk die fünfte, in dem dritten Gelenk desselben Fingers die sechste. An der siebten steht ein Nagel und kein Gelenk, darum endet dort die Sippe und es heißt Nagelverwandter. Die zwischen Nagel und Haupt sich an gleicher Stelle zur Sippe abzählen können, die nehmen das Erbe gleich. Wer sich näher zur Sippe zählen kann, der nimmt das Erbe zuvor. Die Sippe endet in der siebten, Erbe zu nehmen, auch wenn der Papst erlaubt hat, eine Frau in der fünften zu heiraten, denn der Papst darf kein Recht setzten, mit dem er unser Landrecht oder Lehnrecht beeinträchtigen würde.

eime lede nicht bestan unde scricket[231] *an ein ander let. Nemet ok tvene brüdere tvo süstere, unde de dridde bruder en vremede wif, ire kindere sint doch gelike na, ire iewelk des anderen erve to nemene, of se evenburdich sint. Ungetveider brüder kindere de stat an deme lede, dar scülderen unde arm to samene gat; also dut de süster kindere. Dit is de irste sibbe tale, die man to magen rekenet: bruder kindere unde suster kindere. In dem ellenbogen stat die andere. In dem lede der hant de dridde. In dem irsten lede des middelsten vingeres de vierde. In dem anderen lede de vefte. In dem dridden lede des vingeres de seste. In dem sevenden stat ein nagel unde nicht ein let, dar umme lent dar de sibbe, unde hetet nagel mage. Die tvischen deme nagele unde deme hovede sik to der sibbe gestuppen mogen an geliker stat, de nemet dat erve gelike. De sik naer to der sibbe gestubben mach, de nimt dat erve to voren. De sibbe lent in dem seveden erve to nemene, al hebbe de paves georlovet wif to nemene in der veften; wende de paves ne mach nen recht setten, dar he unse lantrecht oder lenrecht mede ergere.*

Ldr. I 5 § 1, S. 161

Nimt de sone wif bi des vader live de eme evenburdich is, unde wint sone bi ire, unde stirft he dar na er sineme vadere umbedelet von dem erve, sine sone nemet dele in ires eldervader erve, gelike irme veddern in ires vader stat. Alle nemet se aver enes mannes deil. Disses ne mach den dochter kinderen nicht geshin, dat se gelike dele nemen der dochter in des eldervader oder in der eldermuder erve.

Ldr. I 17 § 1, S. 173

Stirft[232] *die man ane kint, sin vader nimt sin erve; ne hevet he des vader nicht, it nimt sin muder mit mereme rechte, dan sin bruder. Vader unde muder, süster unde bruder erve nimt de sone unde nicht de dochter; it ne si dat dar nen sone ne si, so nimt it de dochter. Sven aver en erve versüsteret unde verbruderet, alle de sik gelike na to der sibbe gestuppen mogen, de nemet gelike dele dar an, it si man oder wif; disse hetet de sassen gan erven. Doch nimt sones unde dochter kint erve vor vader unde vor muder unde vor bruder unde vor süster, durch dat: it ne geit nicht ut dem busmen, de wile de evenburdige busmen dar is. Sve so dem anderen evenburdig nicht ne is, de ne mach sin erve nicht nemen.*

---

231 *Schricken* bedeutet nach Walter/Lübben, Mittelniederdeutsches Handwörterbuch S. 335 „die Hände oder Füße rasch bewegen: klatschen, in die Hände schlagen, *plaudere*; springen; tanzen". Gemeint ist wohl ein „automatisches" Springen in ein zweites, fiktives Gelenk an der Schulter.

232 Übersetzung: Stirbt der Mann ohne Kind, sein Vater nimmt das Erbe; hat er keinen Vater, nimmt es die Mutter mit größerem Recht als sein Bruder. Das Erbe von Vater und Mutter, Bruder und Schwester nimmt der Sohn und nicht die Tochter, außer, es gibt keinen Sohn, so nimmt es die Tochter. Wenn aber ein Erbe verschwestert oder verbrüdert, alle, die sich gleich nah zu der Sippe zählen können, die nehmen gleichen Teil daran, es sei ein Mann oder eine Frau, diese nennen die Sachsen Ganerben. Doch nimmt das Kind von Sohn und Tochter das Erbe vor Vater und vor Mutter und vor Bruder und vor Schwester darum: es geht nicht aus dem Busen, solange es ebenbürtigen Busen gibt.

Ldr. II 20 § 1, S. 249

Brudere unde sustere nemt ires ungetveider broder unde süster erve vor den bruder unde vor die süster, die getveiet von vader unde von muder sin. Ungetveide broder kint sin ok gelike na deme getveiden brudere an dem erve to nemene.

Die konkretesten Aussagen über die Erbfolge lassen sich Ldr. I 17 § 1 entnehmen. Danach vererbt ein Mann, der ohne (lebende) Kinder verstirbt, sein Erbe an den Vater. Hat er keinen Vater (mehr), so hat seine Mutter ein größeres Recht auf den Nachlass als sein Bruder. Aus der Einschränkung *ane kint* lässt sich dabei ableiten, dass Erblasserkinder noch vor den genannten Personen erben würden. Fraglich ist aber, ob mit diesen *kinderen* nur die direkten Nachkomm/innen des Erblassers oder auch Kindeskinder und weitere Nachkomm/innen gemeint sind[233]. Analog stellt sich diese Frage auch bei *vader* und *muder*[234]: Schließen also nur Vater und Mutter den Bruder aus oder alle Vorfahr/innen. Gerade die Zusammenstellung mit dem Ausdruck *bruder*[235], der sich als Begriff für die sämtliche Seitenverwandtschaft kaum eignet, lässt allerdings vermuten, dass jedenfalls bei *vader* und *muder* allein die direkten Vorfahr/innen des Erblassers gemeint sind[236]. Die Formulierung, dass die Mutter das Erbe mit *mereme rechte, den sin bruder* nehme, legt schließlich nahe, dass nach Vater und Mutter der Bruder der nächste Erbe wäre. Es ergibt sich demnach die Rangfolge: Kinder (und möglicherweise weitere Nachkomm/innen) – Vater – Mutter – Bruder.

Ldr. I 17 § 1 Satz 1 bezieht sich dabei ausdrücklich auf einen männlichen Erblasser. Im weiteren Textverlauf werden aber sowohl männliche wie weibliche Erblasser/innen angesprochen[237], auch stellt keine Sachsenspiegelstelle – in Bezug auf das *erve* – eine abweichende Erbfolge beim Tod einer Frau dar. Daher muss davon ausgegangen werden, dass sich die Erbfolge nach Männern hier nicht von der nach Frauen unterscheidet[238].

Im zweiten Satz wird dann der Vorrang männlicher Prätendenten, der mit dem Vorzug des Vaters vor der Mutter bei der Erbfolge der Eltern gilt, auch für die Erb-

---

233 So in Bezug auf die Wendung Wasserschleben, Successionsordnung S. 30; Homeyer, Parentelenordnung S. 11; Riedl, Bilderhandschriften S. 41; der Vorrang aller Nachkomm/innen vor allen Vorfahr/innen und Seitenverwandten ist im 19. Jahrhundert ganz herrschende Meinung, unten Anm. 276, 282, 296, anderer Ansicht: v. Amira, Erbfolge S. 126; Schanz, Erbfolgeprinzip S. 37; Meuten, Erbfolgeordnung S. 72.

234 So Wasserschleben, Successionsordnung S. 31.

235 Sowie in Ldr. I 17 § 1 Satz 4 die Ausdrücke Bruder, Schwester, Sohneskind und Tochterkind.

236 Zudem ließe der Sachsenspiegel bei gegenteiliger Auslegung völlig offen, ob der Vorrang der (männlichen) Prätendenten nur innerhalb eines Grades gilt, oder ob alle männlichen Vorfahr/innen allen weiblichen vorgehen, v. Sydow, Erbrecht S. 103; Homeyer, Parentelenordnung S. 11; Schanz, Erbfolgeprinzip S. 45 f.; Lewis, KritV 9 (1867) S. 55; v. Amira, Erbenfolge S. 128; Meuten, Erbfolgeordnung S. 76.

237 So ist in Ldr. I 17 § 1 Satz 2 ausdrücklich von *vader unde muder, suster unde bruder erve* die Rede, ohne geschlechtsspezifische Unterscheidung die folgenden Sätze.

238 Diese Frage wird m. E. in der einschlägigen Literatur nicht thematisiert.

folge der Kinder und für die Erbfolge nach Geschwistern festgestellt[239]. Gleichzeitig ergibt sich aus dem Satz, dass auf den Bruder als nächste Erbberechtigte die Schwester folgen dürfte, eine Vermutung, die durch die Aufzählung in Ldr. I 17 § 1 Satz 4 gestützt wird[240]. Es ergibt sich damit die Rangfolge: Söhne – Töchter – (gegebenenfalls weitere Nachkomm/innen) – Vater – Mutter – Bruder – Schwester.

Es folgt im dritten Satz der Fall, dass das Erbe *versusteret* oder *verbruderet*. In diesem Fall nehmen alle, die sich gleich nah zur Sippe zählen können, das Erbe zu gleichen Teilen, ohne dass zwischen Männern und Frauen unterschieden würde. Diese Verwandten würden von den Sachsen *ganerven* genannt. Was unter dem Fall des *versusteren* oder *verbruderen* zu verstehen ist, lässt sich dabei durchaus unterschiedlich auslegen, ebenso, nach welcher Weise ein Sich-zur-Sippe-Zählen erfolgte – dies wird noch zu untersuchen sein. Allerdings kann bereits festgehalten werden, dass jedenfalls die zuvor ausdrücklich aufgeführten Personen nicht zu den *ganerven* gehören, dies zeigt zum einen das den Satz einleitende *aver*[241], aber auch die Tatsache, dass bei den *ganerven* nicht wie bei den vorgenannten zwischen männlichen und weiblichen Erbprätendent/innen unterschieden wird. Möglicherweise in diesem Zusammenhang ist auch der Begriff *ganerve* zu sehen, der sich etymologisch als „Miterbe" deuten lässt[242].

Im vorletzten Satz von Ldr. I 17 § 1 geht der Sachsenspiegel schließlich auf das Erbrecht von *sones unde dochter kint* ein: Diese würden vor Vater, Mutter, Bruder und Schwester erben, denn es gehe das Erbe nicht aus dem *busmen*, solange ebenbürtiger *busmen* vorhanden sei. Eingeleitet wird dieser Satz dabei mit einem *doch*, was dafür spricht, dass hier eine Ausnahme angesprochen wird[243], und zwar von dem im vo-

---

239 Ldr. I 17 § 1 Satz 2 (Hervorhebungen der Vf.), S. 173: *Vader unde muder, s ü s t e r u n d e b r u d e r e r v e n i m t d e s o n u n d n i c h t d e d o c h t e r; it ne si dat dar nen sone ne si, so nimt it de dochter.*

240 Ldr. I 17 § 1 Satz 4 (Hervorhebungen der Vf.), S. 173: *Doch nimt sones unde dochter kint erve vor vader unde vor muder unde vor bruder u n d e v o r s ü s t e r,* (...).

241 Das einen Gegensatz anzeigt.

242 Nach DWB IV (IV, 1, 1) Sp. 1215 steht der Begriff im Frühmittelalter als Entsprechung zu *cohaeres.* In späterer Zeit bezeichnet der Begriff auch spezieller eine Miterb/in zur gesamten Hand, insbesondere ein Mitglied im Erbenverband der Ritterschaft, außerdem eine Waldmarkgenoss/in und einen Wald- und Weidebezirk, der in ungeteilter Gemeinschaft besessen wird, DRW III Sp. 150 f., s. v. Ganerbe. Für Johann von Buch erschließt sich die Bedeutung nicht mehr, er führt den Begriff auf das Verb *gan* zurück und versteht ihn als Nachkommenschaft, was seiner Deutung der Stelle widerspricht, unten Anm. 555: BG I 17 § 1 *Ghaneruen,* S. 223: *Alsus heten se dorch dat, dat dat erue an se nedderwerd gheit. Wente egentliken to sprekende: Wat nedderwart kumpt, dat gheit, dat upwart kumpt, dat steit.* Übersetzung: So heißen sie deswegen, weil das Erbe an sie abwärts geht. Denn um es genau zu sagen: Was abwärts kommt, das geht, was aufwärts kommt, das steht.

243 Auch wird die Regelung von Eike von Repgow ganz offensichtlich als erklärungsbedürftig empfunden, wenn er formuliert: die Enkel/innen werden vorgezogen *durch dat: it ne geit nicht ut dem busmen, de wile de evenburdige busmen dar is.*

rigen Satz angesprochenen Grundsatz, dass gleich nah erbt, wer sich gleich nah zur Sippe zählen kann[244]. Anders als bei Kindern, Eltern und Geschwistern und übereinstimmend mit der Regelung bei den Ganerben werden dabei aber *sones unde dochter kint*[245], also weibliche und männliche Prätendent/innen nicht unterschieden[246].

Ausdrücklich genannt wird bei dieser Ausnahme nur die Generation der Enkel/innen. Vor allem wegen des begründenden Nachsatzes, nämlich dass der Busen vorrangig erbe, wird dieser Satz aber gerade im 19. Jahrhundert allgemeiner als Vorrang aller Deszendenten verstanden[247]. *Busmen* wurde also mit Nachkommenschaft übersetzt[248]. Diese Übersetzung ist jedoch höchst fraglich. In der Spruchpraxis der Magdeburger Schöffen bezeichnet Busen nur den engsten Familienkreis, nämlich das Verhältnis zwischen Eltern und Kindern[249]. In der Tat spricht einiges dafür, dass das enge Begriffsverständnis im Sinne von „engstem Familienkreis“ das ursprüngliche und während der Abfassung des Sachsenspiegels gebräuchliche ist, der Begriff aber später eine Ausweitung hin zu Deszendenz und sogar weiter zu Verwandtschaft in der geraden Linie erfahren hat[250] – möglicherweise nicht zuletzt aufgrund eines veränderten Verständnisses von Ldr. I 17 § 1[251]. Daher kann zweifelsfrei aus diesem Satz nur ein Vorrang der Enkel/innen vor Eltern und Geschwistern gefolgert werden, nicht aber ein solcher der sämtlichen Deszendenz. Wo Enkelinnen und Enkel im Verhältnis zu Söhnen und Töchtern einzuordnen sind, geht aus ihr nicht hervor. Der Artikel schließt mit einem Hinweis auf das Erfordernis der Ebenbürtigkeit[252]. Es

244 Boretius bei Lewis, KritV 9 (1867) S. 50; Schanz, Erbfolgeprinzip S. 39; Meuten, Erbfolgeordnung S. 120 f., dagegen nimmt Lewis, KritV 9 (1867) S. 50 f. an, dass sich der Gegensatz nicht auf das Gradnäheprinzip bezieht, sondern auf die im Satz zuvor ebenfalls thematisierte Gleichstellung männlicher und weiblicher Prätendent/innen. Dies ist jedoch nicht sehr naheliegend, da in Ldr. I 17 § 1 Satz 4 keineswegs ein dem entgegenstehender Vorrang männlicher Prätendenten festgesetzt wird, *sones unde dochter kint* werden jedenfalls ohne weitere Unterscheidung nebeneinander gestellt, Schanz, Erbfolgeprinzip S. 38 f.

245 Hervorhebung der Vf.

246 V. Sydow, Erbrecht S. 85; Schanz, Erbfolgeprinzip S. 37 f., 53; Meuten, Erbfolgeordnung S. 123.

247 Etwa v. Sydow, Erbrecht S. 72; Wasserschleben, Successionsordnung S. 34; Siegel, Erbrecht S. 17 Anm. 54; Homeyer, Parentelenordnung S. 7.

248 So oder mit „Deszendenz“ auch in den Übersetzungen, Rotermund, Sachsenspiegel S. 26; Hirsch, Sachsenspiegel S. 124; Eckhardt, Sachsenspiegel Übertragung S. 34; Kaller, Sachsenspiegel S. 28; Schmidt-Wiegand in Schott, Sachsenspiegel S. 50.

249 Stobbe, Erbfolge nach Magdeburger Schöffensprüchen S. 55; v. Amira, Erbenfolge S. 126; Schanz, Erbfolgeprinzip S. 39 ff.; Stutz, Verwandtschaftsbild S. 76; Meuten, Erbfolgeordnung S. 73 f.

250 V. Amira, Erbenfolge S. 127; Schanz, Erbfolgeprinzip S. 39 ff.; Meuten, Erbfolgeordnung S. 72 ff.

251 Schanz, Erbfolgeprinzip S. 43.

252 Ldr. I 17 § 1 Satz 5, S. 173: *Sve so dem anderen evenburdig nicht ne is, de ne mach sin erve nicht nemen.*

ergibt sich die Rangfolge: Söhne (und Enkel/innen?) – Töchter (und Enkel/innen?) – (Enkel/innen?) – Vater – Mutter – Bruder – Schwester.

Aussagen zu der in Ldr. I 17 § 1 nicht angesprochenen Konkurrenz von Enkel/innen und Erblasserkindern finden sich in Ldr. I 5 § 1. Danach bekommen Sohnessöhne neben den Brüdern ihres Vaters einen Teil vom Erbe ihres Großvaters, nämlich den Anteil, den ihr Vater geerbt hätte, vorausgesetzt, dieser Vater war vom Erbe seines Vaters nicht abgesondert[253] worden. Es besteht für die Söhne unabgesonderter Erblassersöhne also ein Repräsentationsrecht, wie es sich – mit teilweise abweichenden Voraussetzungen – seit dem 10. Jahrhundert in den meisten Gebieten des Reiches durchgesetzt hatte[254]. Angesichts der ausführlichen Fallschilderung ist dieses Repräsentationsrecht wohl eng, d. h. nur für die geschilderte Konstellation, auszulegen[255]. Ein Erbrecht nach Stämmen, wie es im heutigen Recht unter Nachkomm*innen gilt, ist damit grundsätzlich nicht gegeben. Die (gradnäheren) Kinder schließen die (gradferneren) Enkel/innen aus, wenn es sich dabei nicht um die Söhne vorverstorbener unabgesonderter Söhne handelt. Als Rangfolge lässt sich damit festhalten: Söhne (ggf. neben Söhnen vorverstorbener unabgesonderter Söhne) – Töchter – Enkel/innen – Vater – Mutter – Brüder – Schwestern.

Nicht allein auf das Erbrecht bezogen ist Ldr. I 3 § 3: Hier wird das vieldiskutierte, sogenannte Gliederbild vorgestellt, in dem die Gliederung der Verwandtschaft anhand des menschlichen Körpers erläutert wird[256]. Welche konkreten Aussagen in Bezug auf die Verwandtschaftsbestimmung sich aus ihm ergeben, bedarf wiederum der Auslegung – es wird darauf zurückzukommen sein[257]. Nach dessen Darstellung formuliert Eike von Repgow einen Satz, den er in ähnlicher Form auch in Ldr. I 17 § 1 wiederholen wird: dass gemeinsam das Erbe nehme, wer sich gleich nah zur Sippe zählen könne. Wer dagegen näher sei, schließe die Ferneren aus. Dabei ist die Regelung hier nicht, wie in Ldr. I 17 § 1, auf die Ganerben beschränkt.

Im Rahmen der Darstellung des Gliederbildes geht Ldr. I 3 § 3 außerdem in explizit erbrechtlichem Zusammenhang auf das Problem der Halbbürtigkeit und das

---

253 Bei der Absonderung scheidet der Sohn aus der väterlichen Hauswirtschaft aus und begründet eine eigene, Olechowski, Art. Abschichtung, in: HRG² I Sp. 24–28.

254 V. Sydow, Erbrecht S. 70, 77 ff.; v. Amira, Erbenfolge S. 17 ff.; Heusler, Institutionen II S. 581 f.; Meuten, Erbfolgeordnung S. 185 f.

255 Es gilt also nur für die Söhne unabgesonderter Söhne und nicht für weitere Enkel/innen des Erblassers, v. Sydow, Erbrecht S. 77 f.; v. Amira, Erbenfolge S. 128; Hübner, Grundzüge S. 767; Riedl, Bilderhandschriften S. 51; Meuten, Erbfolgeordnung S. 186. Unklar ist allerdings, ob diese Enkel, wie es ihre vorverstorbenen Väter getan hätten, überlebende Erblassertöchter von der Erbschaft ausschließen oder neben ihnen erben und ob die Regelungen auch bei der Erbfolge nach einer Erblasserin gelten.

256 Die Darstellung des Gliederbildes für den Grundfall erfolgt dabei, unterbrochen von einem Einschub über halbbürtig Verwandte (der sich allerdings noch auf das Gliederbild bezieht) und über die Verwandtschaftsnähe bei Doppelverwandtschaft in Ldr. I 3 § 3 Satz 1–3, 6–9.

257 Unten S. 86 ff.

Problem der Doppelverwandtschaft ein. Die Doppelverwandtschaft[258] hat demnach keine Auswirkungen auf die Verwandtschaft, die Halbbürtigkeit hat dagegen zur Folge, dass Halbgeschwister im Gliederbild nicht gemeinsam im Hals ständen, sie *scricket an en ander let*[259]. Eine konkretere Aussage für die erbrechtliche Stellung der Halbgeschwister macht hier die letzte oben wiedergegebene Stelle, Ldr. II 20 § 1: Halbgeschwister erben neben Geschwisterkindern. Außerdem wird in Ldr. I 3 § 3 eine Erbrechtsgrenze angesprochen: die Sippe ende *in dem seveden* – gemeint ist wohl das siebte Gelenk[260] –, Erbe zu nehmen.

Es ergibt sich damit folgende Rangfolge: Söhne (ggf. neben Söhnen vorverstorbener, nicht abgesonderter Söhne) – Töchter – Enkel/innen – Vater – Mutter – Vollbrüder – Vollschwestern – Ganerben (wobei Halbgeschwister Vollgeschwisterkindern gleichgestellt sind) bis zum siebten Gelenk bzw. zur siebten Sippezahl[261].

---

258 D. h. einer Verwandtschaft über zwei Linien, etwa dem genannten Beispiel, dass zwei Schwestern zwei Brüder heiraten, sodass ihre Nachkomm/innen sowohl mütterlicherseits als auch väterlicherseits, also „doppelt" verwandt sind.

259 Zu diesem Begriff unten S. 98, insbesondere Anm. 403.

260 Darauf verweist das Genus des Zahlwortes.

261 In der Literatur unterscheiden sich die Ansichten darüber, ob die Nagelmagen noch erbberechtigt sind, ohne dass dieses ausdrücklich diskutiert würde. Von einer Erbberechtigung der Nagelmagen gehen etwa aus DRW IX Sp. 1329, s. v. Nagelmage; GRIESINGER in: DANZ/GRIESINGER, Handbuch X S. 557, wohl auch SIEGEL, Erbrecht S. 23; SCHANZ, Erbfolgeprinzip S. 28, während die Nagelmagen als ersten nicht mehr erbberechtigten Verwandtschaftsgrad etwa HEUSLER, Institutionen II S. 593 f. Anm. 12; STOBBE, Privatrecht V S. 69 Anm. 19, STUTZ, Verwandtschaftsbild S. 11 f.; SCHADT, FmSt 10 (1976) S. 409; MEUTEN, Erbfolgeordnung S. 111 sehen. Die Antwort auf diese Frage scheint zunächst kaum erheblich, doch schlussfolgern Stutz und Meuten aus ihren Annahmen zur Erbgrenze, dass sich die Zählweise der Sippezahlen innerhalb des Sachsenspiegels unterscheide, namentlich die bei der Darstellung des Gliederbildes verwendeten Sippezahlen von der Zählung in Ldr. I 19 § 1, unten Anm. 496. – Die Erbrechtsgrenze wird in drei Sätzen wiedergegeben: Ldr. I 3 § 3 Satz 13, S. 158 f.: *In dem sevenden stat ein nagel unde nicht ein let, dar umme lent dar de sibbe, unde hetet nagel mage*, Ldr. I 3 § 3 Satz 15 Hs. 1, S. 159: *De sibbe lent in dem seveden erve to nemene* und Ldr. I 19 § 1 Hs. 1, S. 175: *Die svavee nimt wol herwede unde erve boven der sevenden sibbe.* Meuten und Stutz argumentieren nun in Bezug auf die zuerst zitierte Stelle, dass die Anordnung der Nagelmagen nicht auf einem Gelenk, sondern einem Nagel sie als nicht mehr der Verwandtschaft angehörig und daher nicht mehr erbberechtigt kennzeichne. Sei der letzte erbberechtigte Grad damit die sechste Sippezahl, müsse in Ldr. I 19 § 1 Hs. 1 eine andere Zählung verwendet worden sein, hier sei die siebte Sippe(zahl) noch erbberechtigt. Überzeugender erscheint es aber zu betonen, dass die Nagelmagen noch einen Platz im Gliederbild finden, und zu folgern, dass sie erbberechtigt sind. Dass sie kein Gelenk einnehmen, versinnbildlicht dann nur, dass sie nichts verbinden, nämlich nicht ihre Nachkomm/innen mit der Erblasser/in, also die letzten zur Verwandtschaft zu zählenden Personen sind. Eine solche Auslegung kommt ohne die Annahme zweier unterschiedlicher Zählweisen aus.

Übersichtlicher formuliert lässt sich folgende Erbentafel aufstellen:

I. Kinder (A_1[262]) unter Vorrang der Söhne vor den Töchtern
ggf. neben Söhnen von vorverstorbenen, nicht abgesonderten Söhnen (A_2) (jedenfalls neben Söhnen, jedenfalls bei Erbfall nach einem Mann)
II. Enkel/innen (A_2) ohne geschlechtsspezifischen Vorrang
III. Eltern (B_1) unter Vorrang des Vaters vor der Mutter
IV. Vollgeschwister (B_2) unter Vorrang der Vollbrüder vor den Vollschwestern
V. Ganerben ohne geschlechtsspezifischen Vorrang nach Nähe in der Sippe bis zur siebten Sippezahl Halbgeschwister sind dabei Vollgeschwisterkindern gleichgestellt

Diese Reihenfolge kann aber nur für die aufgeführten Verwandtschaftsgrade Gültigkeit beanspruchen. Über weitere Vorfahr/innen wie Großeltern und Urgroßeltern sowie weitere Nachkomm/innen wie Urenkel/innen und Ururenkel/innen schweigt sich der Text aus. Möglicherweise fallen diese unter die Ganerben. Möglicherweise fallen sie aber auch, wie angesprochen, unter die dann weiter auszulegenden *kindere* bzw. *vader* und *muder* oder es gibt der Sachsenspiegel die Erbfolge nur lückenhaft, nur für die häufigsten Konstellationen wieder. Zudem bleibt unklar, auf welche Weise die Reihenfolge innerhalb der Gruppe der Ganerben zu ermitteln ist.

2. Forschungsstand

Zur Beantwortung der damit aufgeworfenen Fragen ist entscheidend, welchen Prinzipien die Erbfolge des Sachsenspiegels folgt. In der Literatur haben sich hierzu wie auch hinsichtlich der Komputation sehr unterschiedliche Ansichten herausgebildet.

a. Zur Frage der grundlegenden Prinzipien

Die germanistische Rechtswissenschaft des frühen 19. Jahrhunderts geht insoweit nahezu einmütig von der Parentelordnung – in Form einer Lineal-Gradualordnung[263] – als Grundlage der Erbfolge aus[264]. Diese Ansicht wird 1853 von Heinrich Siegel, der in zwei Erbenkreisen und im äußeren Erbenkreis der Verwandtschafts-

262 Die Bezeichnung folgt der Graphik auf S. 2.

263 Vgl. zu diesem Begriff unten Anm. 280.

264 Das Prinzip hatte Majer, Urverfassung S. 86 ff., 93 f. 1798 erstmals als Parentelordnung bezeichnet und als Grundlage des germanischen Erbrechts beschrieben. Danz, Versuch S. 76 hatte es bereits 1793, allerdings ohne Argumentation aus dem Quellentext, für den Sachsenspiegel angenommen. Nach entsprechend quellengestützten Ausführungen 1822 bei Dedekind, De ordine S. 58 ff. und 1828 bei v. Sydow, Erbrecht S. 786 galt diese Ansicht als gesichert, vgl. unten Anm. 276. Zum Parentelprinzip und seiner Entwicklung vgl. unten Anm. 484.

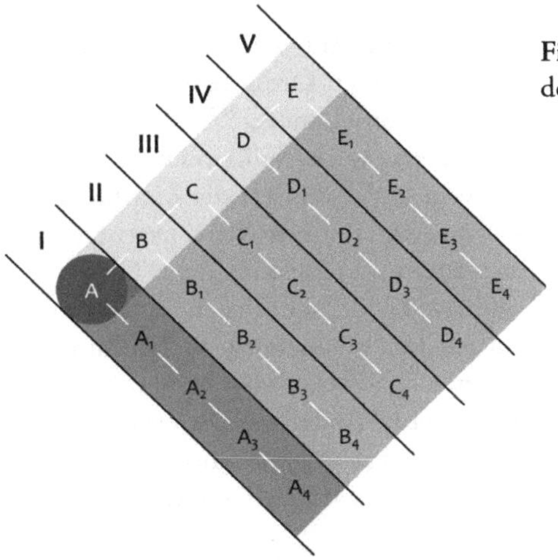

Fig. 5: Parentelprinzip Erbenordnung nach dem Parentelprinzip

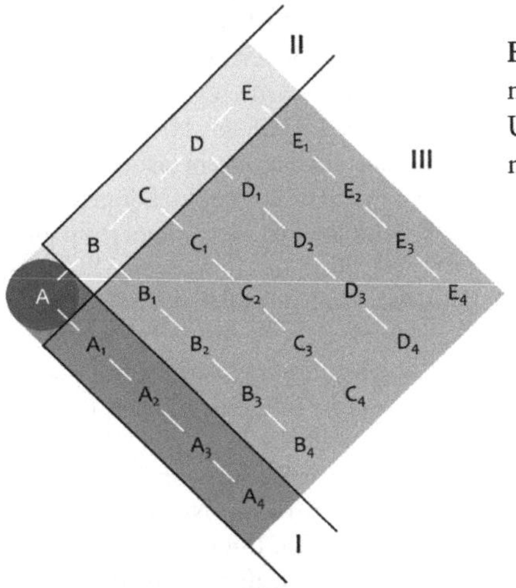

Fig. 6: Drei-Linien-Ordnung Erbenordnung nach einem Drei-Linien-Prinzip mit Unterscheidung zwischen Nachkomm*innen, Vorfahr*innen und Seitenverwandten

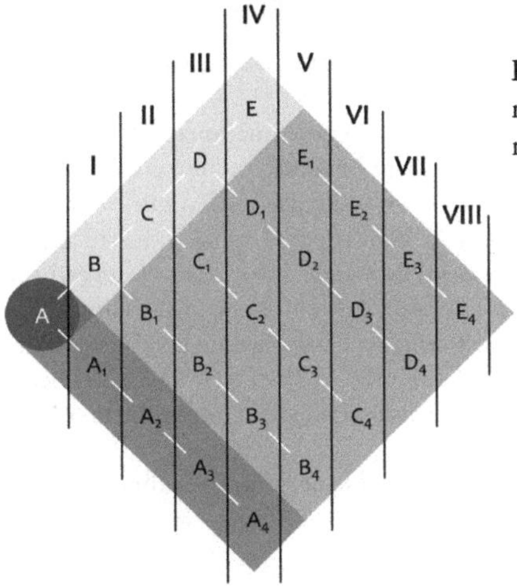

Fig. 7: Gradnäheprinzip Erbenordnung nach dem Gradnäheprinzip (basierend auf römischer Komputation)

nähe die Grundlagen der Erbenordnung sieht[265], und mit anderer Zielrichtung 1860 von Herrmann Wasserschleben, der eine Drei-Linien-Ordnung entsprechend der Regelung in Nov. 118 annimmt[266], angegriffen, von Homeyer[267] und Friedrich Rive[268] aber verteidigt. In einem ausführlichen Aufsatz weist William Lewis auf die Schwächen aller Ansichten hin, enthält sich aber mit Verweis auf die Mehrdeutigkeit der Quellen einer Stellungnahme[269]. Karl von Amira nimmt den Ansatz Siegels von den zwei Erbenkreisen auf, entwickelt ihn weiter und stellt auch neue Thesen in Bezug auf die Komputation auf[270]. Franz Schanz verbindet die Ansicht von Amiras in Bezug auf die Erbenkreise mit einer von ihm aus dem Magdeburger Schöffenrecht abgeleiteten Komputation[271], erfährt damit aber nicht dessen ungetrübte Zustimmung[272]. Mehr Beachtung als die Dissertation Schanz' findet die Dissertation von Ulrich Stutz, der im Ergebnis wiederum das Parentelsystem befürwortet[273]. In den Lehrbüchern des späten 19. und frühen 20 Jahrhunderts wird vielfach weiter die Pa-

---

265 Siegel, Das deutsche Erbrecht nach den Rechtsquellen des Mittelalters, in seinem inneren Zusammenhang dargestellt, Heidelberg 1853, er korrigiert seine Ansichten bezüglich der Komputation ein halbes Jahr später in seiner Habilitationsschrift: Die germanische Verwandtschaftsberechnung mit besonderer Beziehung auf die Erbenfolge, Heidelberg 1853.

266 Wasserschleben, Das Prinzip der Successionsordnung nach deutschem insbesondere sächsischem Rechte, Gotha 1860, er verteidigt seine Ansicht vier Jahre später in: Die germanische Verwandtschaftsberechnung und das Prinzip der Erbenfolge nach deutschem insbesondere sächsischem Rechte. Eine Replik, Gießen 1864 und bekräftigt sie ein weiteres Mal 1870 in: Das Prinzip der Erbenfolge nach den älteren deutschen und verwandten Rechten, Leipzig 1870, insbesondere S. 10.

267 Homeyer, Die Stellung des Sachsenspiegels zur Parentelenordnung, Berlin 1860.

268 Rive, Zur Frage nach dem Prinzip der Successionsordnung im germanischen Rechte, in: Jahrbuch des gemeinen deutschen Rechts 6 (1863) S. 197–228.

269 Lewis, Zur Lehre der Successions-Ordnung der deutschen Rechte, in: KritV 9 (1867) S. 23–67, vgl. auch: ders. Zur Literatur des deutschen Privatrechts. Noch etwas über die Successionsordnung des deutschen Rechts, in: KritV 14 (1872) S. 1–44.

270 v. Amira, Erbenfolge und Verwandtschaftsgliederung nach den alt-niederdeutschen Rechten, München 1874.

271 Schanz, Das Erbfolgeprinzip des Sachsenspiegels und des Magdeburger Rechts, Tübingen 1883/1884.

272 v. Amira, GGA 1884,1 (1884) S. 42 f. meint die Frage, ob die Annahmen Schanz' in Bezug auf die Komputation gelungen seien, „nicht unbedingt bejahen" zu können, er hält es für möglich, dass die im Hals stehenden Verwandten jeweils gewissermaßen mit einem halben Glied in Anschlag zu bringen seien. Allerdings gesteht er zu, dass „Schanz die richtige Auslegung des Verwandtschaftsbildes im Sachsenspiegel getroffen haben k a n n (Hervorhebung im Original)", zudem würde in Bezug auf das Magdeburger Recht wie das hamburgische Recht allein die von Schanz aufgeführte Berechnungsart befriedigende Ergebnisse erzielen, v. Amira, GGA 1884,1 (1884) S. 43, 48. In: v. Amira, GGA 1892,1 (1892) S. 264 bezeichnet er die Ausführungen Schanz' in Bezug auf „sächsische Quellen des Mittelalters" später allerdings als „trefflich".

273 Stutz, Das Verwandtschaftsbild des Sachsenspiegels und seine Bedeutung für die sächsische Erbfolgeordnung, Breslau 1890.

rentelordnung vertreten[274]. Nachdem das Problem während des 20. Jahrhunderts in den Hintergrund getreten war, hat im Jahre 2000 Ludger Meuten eine Dissertation zum Thema vorgelegt, die im wesentlichen der Ansicht Schanz' folgt[275].

α. Parentelordnung

Nach den Vertreter*innen der Parentelordnung ist die Verwandtschaft im – von ihnen sogenannten – „germanischen" Recht in spezifischer Weise gegliedert, indem diejenigen Seitenverwandten, die mit dem Erblasser über denselben gemeinsamen Vorfahren verwandt sind, als Gruppe betrachtet werden. Diese Gruppen, als Parentelen bezeichnet, bildeten die Grundlage der Erbfolgeordnung, nach der jeweils die Nachkommen eines näher mit dem Erblasser verwandten Vorfahren die Nachkommen eines entfernter verwandten Vorfahrens ausschlössen[276]. Das Prinzip wird der mit dem geltenden Recht vertrauten Zeitgenoss*in bekannt sein, es ist in das BGB übernommen worden und bis heute Grundlage der gesetzlichen Erbfolge[277].

Zugrunde liege der Parentelordnung die Vorstellung, dass Erbe stets nach unten, an die Nachkommen, falle, und zwar auch bei einem bereits vorverstorbenen Vorfahren[278]. Als Erben berufen seien damit zunächst die Nachkommen des Erblassers selbst, in Ermangelung eigener Nachkommen in der zweiten Erbenordnung seine Eltern und deren Nachkommen, in der dritten Erbenordnung seine Großeltern und deren Nachkommen und so fort. Dieses Grundprinzip lasse sich zwar nicht am Sachsenspiegeltext festmachen, es liege diesem aber gewissermaßen als natür-

---

274 Unten Anm. 276.

275 MEUTEN, Die Erbenordnung des Sachsenspiegels und des Magdeburger Rechts, Frankfurt a. M. u. a. 2000.

276 DANZ, Versuch S. 76; MAJER, Urverfassung S. 86 ff., 93 f.; v. SYDOW, Erbrecht S. 69 f.; HOMEYER, Parentelenordnung S. 17; RIVE, Jahrbuch des gemeinen deutschen Rechts 6 (1863) S. 214; BLUNTSCHLI, Kritische Ueberschau der deutschen Gesetzgebung und Rechtswissenschaft 1 (1853) S. 391; BESELER, System I S. 558, 560; HEUSLER, Institutionen II S. 588, 596 f., 600 ff.; STUTZ, Verwandtschaftsbild S. 59, 79; HÜBNER, Grundzüge S. 757 f., 765; SCHRÖDER/v. KÜNSSBERG, Lehrbuch S. 821 Anm. 206; EBEL, Halue bord S. 55; WEHLISCH, Erbrechte S. 16.

277 Vgl. §§ 1924 ff. BGB.

278 HOMEYER, Parentelenordnung S. 6; BLUNTSCHLI, Kritische Ueberschau der deutschen Gesetzgebung und Rechtswissenschaft 1 (1853) S. 391. An anderer Stelle wird dies mit der Identität des Blutes begründet, etwa MAJER, Urverfassung S. 83, dagegen argumentiert LEWIS, KritV 9 (1867) S. 29 ff., eine größere Übereinstimmung des Blutes innerhalb einer Parentel bestehe nicht. Jedoch stimmen die Vertreter*innen der Parentelordnung darin überein, dass sich bei den germanischen Stämmen die Verwandtschaft entsprechend der Parentelen gegliedert gedacht worden sei, dies lasse sich etwa am Hochadel noch in späterer Zeit beobachten, HOMEYER, Parentelenordnung S. 4; BLUNTSCHLI, Kritische Ueberschau der deutschen Gesetzgebung und Rechtswissenschaft 1 (1853) S. 393; LEWIS, KritV 9 (1867) S. 66.

liche Ordnung zugrunde. Eike von Repgow vermeide insoweit eine Darstellung des Selbstverständlichen[279].

Anders als im geltenden Recht gilt nach den Vertreter*innen der Parentelordnung innerhalb der Parentelen aber kein Erbrecht nach Stämmen, sondern grundsätzlich allein das Gradnäheprinzip, wie sich aus dessen zweifacher Nennung, in Ldr. I 3 § 3 und in Ldr. I 17 § 1, sowie einem Gegenschluss aus Ldr. I 5 § 1 ergebe[280]. Erblasserkinder schließen also Erblasserenkel aus, auch solche, die von vorverstorbenen Erblasserkindern abstammen. Allerdings werde in Ldr. I 5 § 1 den Söhnen nicht abgesonderter vorverstorbener Söhne ein Eintrittsrecht zugestanden[281]. In der Tat lässt sich das Gliederbild, wie es in Ldr. I 3 § 3 geschildert wird, sehr gut dahin auslegen, dass es die Rangfolge innerhalb einer Parentel darstellt – es wird dies im Rahmen der Erörterung dieser Sachsenspiegelstelle wieder aufzunehmen sein.

β. Drei-Linien-Ordnung

Wasserschleben geht demgegenüber davon aus, dass sich die Erbfolge des Sachsenspiegels wie die von Nov. 118 in drei Linien gliedert. Zunächst seien die Nachkommen erbberechtigt, dann die Vorfahren und zuletzt die Seitenverwandten, innerhalb der Linien gelte dabei ein Vorrang der gradnäheren Verwandten[282]. Den Vorrang aller Nachkomm/innen schließt er aus der Wendung, dass der Busen vorrangig erbe, außerdem aus der Einleitung *Stirft de man ane kint*, indem er hier *kint* weit als Nachkommenschaft auffasst[283]. Den Vorrang der Aszendent/innen leitet er dagegen – allerdings zirkelschlüssig[284] – aus der Überlegung ab, dass die Ausdrücke zur *sibbe*

279 Homeyer, Parentelenordnung S. 3, 6; Rive, Jahrbuch des gemeinen deutschen Rechts 6 (1863) S. 198, 211 f.; Bluntschli, Kritische Ueberschau der deutschen Gesetzgebung und Rechtswissenschaft 1 (1853) S. 393; Heusler, Institutionen II S. 598 f. Verschiedentlich wird aber auch mit der Komputation argumentiert, die dem Sachsenspiegel zugrunde liege und die die Parentelordnung zwingend voraussetze, unten S. 80 f.

280 Danz, Versuch S. 76; v. Sydow, Erbrecht S. 786; Homeyer, Parentelenordnung S. 3, 9 f.; Rive, Jahrbuch des gemeinen deutschen Rechts 6 (1863) S. 214; Bluntschli, Kritische Ueberschau der deutschen Gesetzgebung und Rechtswissenschaft 1 (1853) S. 392 f.; Heusler, Institutionen II S. 597; Stutz, Verwandtschaftsbild S. 57, 59; Wehlisch, Erbrechte S. 16. Weil sich die Erbfolge damit zunächst nach Linien, den Parentelen, und innerhalb dieser nach dem Grad richtet, sprechen die Vertreter*innen dieser Ansicht häufig von einer Lineal-Gradualordnung.

281 Oben Anm. 254.

282 Wasserschleben, Successionsordnung S. 30, Verwandtschaftsberechnung S. 41.

283 Wasserschleben, Successionsordnung S. 30, 32, Verwandtschaftsberechnung S. 31, 35 f. Diesen allerdings angreifbaren Schluss ziehen auch die Vertreter*innen der Parentelordnung und Siegel, oben Anm. 247.

284 Die Begriffe Sippezahl und sich zur Sippe *gestubben* begegnet im Sachsenspiegel nur in Ldr. I 3 § 3 und Ldr. I 17 § 1. Dass diese sich in Ldr. I 3 § 3 auf Seitenverwandte beziehen, muss nicht auch für Ldr. I 17 § 1 gelten, zumal der Begriff der Sippe gewöhnlich keineswegs auf Seitenverwandte beschränkt ist. Eine Argumentation, das sich zur Sippe *gestubben* in Ldr. I

gestubben und Sippezahl sich stets auf Seitenverwandte bezögen, unter die Ganerben, die nach Sippezahl erben, also kein Aszendent fallen könne[285]. Demgemäß seien im ersten Satz mit *vader* und *muder* alle Vorfahren bezeichnet[286]. Der damit konstituierte Vorrang aller Aszendenten schließe aber das Parentelprinzip aus[287]. Gegen die Parentelordnung spreche zudem, dass sie sich vor allem in den Rechtstatsachen aus den Ländern des sächsischen Rechts nicht nachweisen lasse[288]. Innerhalb der Linie der Seitenverwandten gelte dann das Prinzip der Gradnähe, auch insofern lasse sich eine Beschränkung dieses Prinzips auf eine Geltung nur innerhalb einer Parentel nicht ausmachen[289].

In der Tat lässt sich die Parentelordnung zwar mit dem Sachsenspiegeltext vereinbaren, allerdings müssen die entsprechenden Grundgedanken gänzlich in den Text hinein gelesen werden, sie werden dort nicht beschrieben. Dies gilt jedoch auch für die Drei-Linien-Ordnung, indem sich das zentrale Argument Wasserschlebens für den Vorrang der Aszendent/innen als zirkelschlüssig erweist[290]. Festzuhalten bleibt lediglich, dass auch die in Nov. 118 konstituierte Drei-Linien-Ordnung sich in Ldr. I 17 § 1 hineinlesen lässt, ein Umstand, der – wie zu zeigen sein wird – auch die Sachsenspiegelauslegung eines in Bologna ausgebildeten märkischen Rechtsgelehrten beeinflusst hat.

γ. Erbenkreise und Gradnäheprinzip

Wasserschleben stellt fest, dass eine Auslegung des Sachsenspiegeltextes, nach der sich alle erbrechtlichen Grundsätze am Text festmachen lassen, und die sich darüber hinaus auch in den Rechtstatsachen vor allem des Magdeburger Schöffenrechts widerspiegelt, eine gewisse Wahrscheinlichkeit für sich beanspruchen kann[291]. Dies gilt aber wie gezeigt nicht so sehr für seine Theorie einer Drei-Linien-Ordnung, sondern vielmehr für die Theorie der Erbenkreise und/oder des Gradnäheprinzips.

Das Prinzip der Gradnähe, das denn auch von den Vertretern der Parentelordnung innerhalb der Parentelen wie von Wasserschleben innerhalb der Seitenlinie als subsi-

---

17 § 1 könne sich nur auf Seitenverwandte beziehen, weil alle Stellen im Sachsenspiegel diesen Begriff in dieser Weise verstünden, ist daher zirkelschlüssig, Homeyer, Parentelenordnung S. 11 f.; Stutz, Verwandtschaftsbild S. 9 f.; Schanz, Erbfolgeprinzip S. 44 f.

285 Wasserschleben, Successionsordnung S. 15 Anm. **, S. 31.

286 Wasserschleben, Successionsordnung S. 30 f.

287 Wasserschleben, Successionsordnung S. 30.

288 Wasserschleben, Successionsordnung S. 49 ff., Verwandtschaftsberechnung S. 34.

289 Wasserschleben, Successionsordnung S. 32, Verwandtschaftsberechnung S. 37 ff.

290 Oben Anm. 284, die Formulierung des Sachsenspiegels legt die Auslegung Wasserschlebens zudem nicht eben nahe, oben S. 65. Dass spätere Quellen den Sachsenspiegel im Sinne Wasserschlebens verstehen, lässt sich ohne weiteres auf den Einfluss des gelehrten Rechts zurückführen, Lewis, KritV 9 (1867) S. 60 ff.

291 Meuten, Erbfolgeordnung S. 88.

diäres Prinzip angewendet wird, lässt sich im Sachsenspiegel sowohl in Ldr. I 3 § 3[292] als auch in Ldr. I 17 § 1[293] festmachen. In beiden Stellen hält der Sachsenspiegel fest, dass gleichrangig erbt, wer sich gleich nah zur Sippe zählen kann, zudem in der erstgenannten Stelle, dass vorrangig erbt, wer sich näher zur Sippe zählt. Neben diesem Prinzip wird in Ldr. I 17 § 1 zwischen Kindern, Eltern und Geschwistern einerseits und *gan erven* andererseits unterschieden. Bei ersteren erben die männlichen Prätendenten vorrangig, bei den letztgenannten nicht[294].

Diese beiden Prinzipien, das Gradnäheprinzip und die Unterscheidung zweier Erbengruppen, finden sich nun in unterschiedlicher Ausprägung bei einer dritten Gruppe von Autor*innen. Schon Siegel nimmt an, dass der Erbenordnung des Sachsenspiegels eine Einteilung in zwei Erbenkreise zugrunde liege[295], wobei der nähere Erbenkreis Nachkommen, Eltern und Geschwister und der entferntere Erbenkreis die übrigen Verwandten umfasse[296]. Innerhalb des engeren Erbenkreises werde die Reihenfolge durch den Sachsenspiegel ausdrücklich festgelegt, außerhalb dieses Erbenkreises gelte das Prinzip der Verwandtschaftsnähe[297]. Angehörige unterschiedlicher Parentelen könnten danach also nebeneinander erben, wie auch Seitenverwandte neben Verwandten aus gerader Linie. Wie Siegel geht auch von Amira von zwei Erbenkreisen aus, er nimmt aber eine konzentrische Anordnung der Erbenkreise an. Der engere Erbenkreis umfasse nicht alle Nachkommen, sondern lediglich Kinder, Eltern und Geschwister als die nach kanonischer Komputation im ersten Verwandtschaftsgrad stehenden Verwandten, außerdem als Ausnahme die Erblasserenkel[298]. Schanz schließt sich der Ansicht von Amiras in Bezug auf das

292 Ldr. I 3 § 3 Satz 13, S. 159: *Die twischen deme nagele unde dem hovede sik to der sibbe gestuppen mogen an geliker stat, de nemet dat erve gelike. De sek naer to der sibbe gestuppen mach, de nimt dat erve to voren.*

293 Ldr. I 17 § 1 Satz 3, S. 173: *Sven aver en erve versüsteret unde verbruderet, alle de sek gelike na to der sibbe gestuppen mogen, de nemet gelike dele dar an, it si man oder wif; disse hetet de Sassen gan erven.*

294 Siegel, Erbrecht S. 44; Meuten, Erbfolgeordnung S. 116.

295 Die Vorstellung mehrerer Erbenkreise begegnet indes schon zuvor und lässt sich mit Fischer, Geschichte der teutschen Erbfolge I S. 133 ff. bis 1778 zurückverfolgen, Meuten, Erbfolge S. 96. Dort werden unter Erbenkreisen indes die Parentelen verstanden.

296 Siegel, Erbrecht S. 44 ff., 59 ff., Verwandtschaftsberechnung S. 32 ff. Er verwendet im Erbrecht zunächst die Begrifflichkeit einer ersten und einer zweiten „Abtheilung", in der Verwandtschaftsberechnung begegnet aber der Begriff Erbenkreis.

297 Siegel, Erbrecht S. 60, Verwandtschaftsberechnung S. 37.

298 V. Amira, Erbenfolge S. 126, 130, 132 f. In Bezug auf die Erblasserenkel erwägt er dabei eine Entwicklung der Sonderstellung aus dem Repräsentationsrecht von Söhnen nicht abgesonderter, vorverstorbener Erblassersöhne. Daher hält er eine Beschränkung der Sonderstellung allein auf solche Erblasserenkel, die Kinder eines nicht abgesonderten Erblasserkindes sind, für wahrscheinlich. Zustimmend Landwehr, FS Holzhauer S. 39. Eine Ausnahmestellung aller Enkel und Enkelinnen – aber nicht der weiteren Deszendenz nehmen dagegen an Schanz, Erbfolgeprinzip S. 42, 53; Meuten, Erbfolgeordnung S. 126, 129; Lipp, Art. Erbfolgeordnung, in: HRG^2 I Sp. 1362 f.

Prinzip der Erbfolge an[299], geht aber von einer anderen[300] Komputation aus – dazu sogleich[301]. Meuten schließlich lehnt die durch Schanz und von Amira vorgenommene Einteilung in Erbenkreise als grundlegendes Prinzip des Sachsenspiegels ab, für ihn ist allein das Gradnäheprinzip das grundlegende Prinzip[302]. Die Einteilung in Erbenkreise begründe für die Angehörigen des engeren Erbenkreises keineswegs ihre Rangfolge, ihr vorrangiges Erbrecht sei schon durch ihren näheren Verwandtschaftsgrad begründet[303]. Er stimmt beiden aber insoweit zu, dass sich durchaus von zwei Erbenkreisen sprechen lasse, da der erste Verwandtschaftsgrad weiter unterteilt sei, bei diesem neben dem Gradnäheprinzip also ergänzende Regelungen gälten[304]. Dabei umfasst der von Meuten angenommene engere Erbenkreis dieselbe Gruppe von Personen, wie bei von Amira und Schanz[305].

b. Zur Frage der Komputation

Nach der Vorstellung des Forschungsstandes in Bezug auf die Prinzipien der Erbfolgeordnung muss nunmehr ein Blick auf die unterschiedlichen Ansichten zu der dem Sachsenspiegel zugrundeliegenden Komputation geworfen werden. Insbesondere, wenn mit den Vertreter*innen der zuletzt vorgestellten Meinung das Prinzip der Verwandtschaftsnähe das bestimmende Prinzip der Erbfolge sein sollte, gewinnt die Bestimmung der Verwandtschaftsgrade entscheidende Bedeutung für die konkrete Erbentafel. So gelangen von Amira und Schanz zu durchaus unterschiedlichen Ergebnissen, obwohl sie bezüglich der grundlegenden Prinzipien übereinstimmen. Doch ist eine Untersuchung der dem Sachsenspiegel zugrundeliegenden Komputation nicht allein für solche Einzelheiten von Bedeutung. Die Vertreter*innen der unterschiedlichen Meinungen in Bezug auf die Grundprinzipien der Erbfolgeordnung begründen ihre Ansicht nicht zuletzt mit Verweis auf die Komputation. Insofern lassen sich aus einer Untersuchung der Komputation auch Argumente für oder gegen bestimmte Ansichten in Bezug auf die Grundprinzipien der Erbfolgeordnung gewinnen.

---

299 Schanz, Erbfolgeprinzip S. 20, 53.

300 Allerdings zu einem Zeitpunkt, in dem sich v. Amira zu dieser Frage noch nicht eindeutig geäußert hatte und in der Annahme, dessen Text in seinem Sinne auslegen zu dürfen, Schanz, Erbfolgeprinzip S. 20, 47.

301 Schanz, Erbfolgeprinzip S. 46 ff.

302 Meuten, Erbfolgeordnung S. 111, 116, zustimmend Landwehr, FS Holzhauer S. 38; Lipp, Art. Erbfolgeordnung, in: HRG² I Sp. 1362 f. Riedl, Bilderhandschriften S. 39–41, 47 f. verwendet, freilich zwei Jahre vor Meuten und ohne konkrete Bezugnahme auf frühere Autor*innen, den Begriff der Erbenkreise und stellt auf das Gradnäheprinzip ab, geht allerdings von einem Vorrang aller Nachkomm/innen vor den Vorfahr/innen und Seitenverwandten aus.

303 Meuten, Erbfolgeordnung S. 117.

304 Meuten, Erbfolgeordnung S. 117, 129.

305 Meuten, Erbfolgeordnung S. 129.

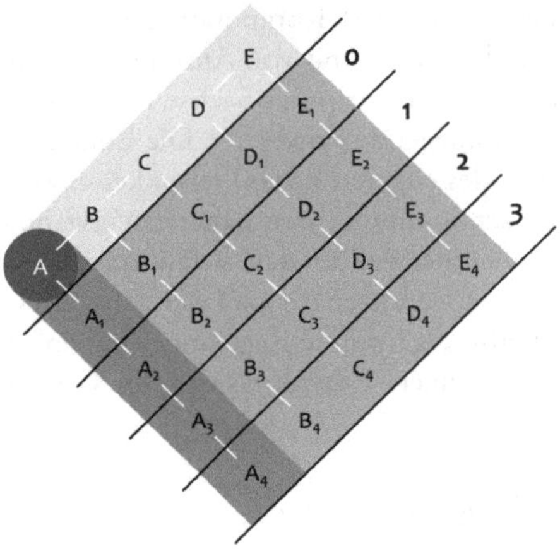

Fig. 8: „Germanische" Komputation Verwandtschaftsgrade nach „germanischer" Komputation, wie sie die Vertreter*innen der Parentelordnung annehmen. Nach Stutz findet die dargestellte Zählung als Magenzählung neben der Sippenzählung im Sachsenspiegel Verwendung.

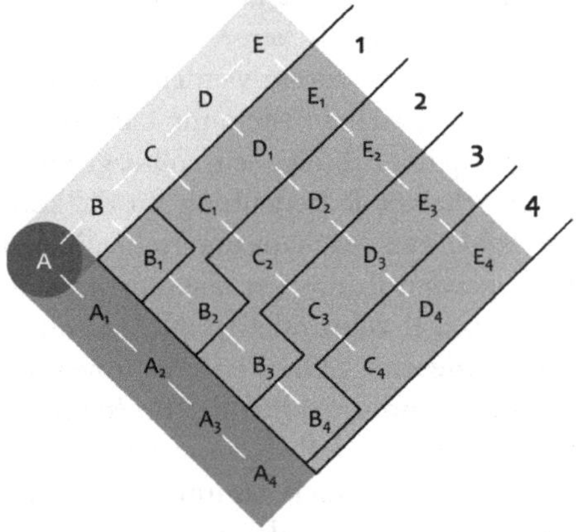

Fig. 9: „Germanische" Komputation nach Wasserschleben Verwandtschaftsgrade bei Seitenverwandten nach der Ansicht Wasserschleben, der die „germanische" Komputation mit in der ersten Parentel verschobenen Verwandtschaftsgraden annimmt.

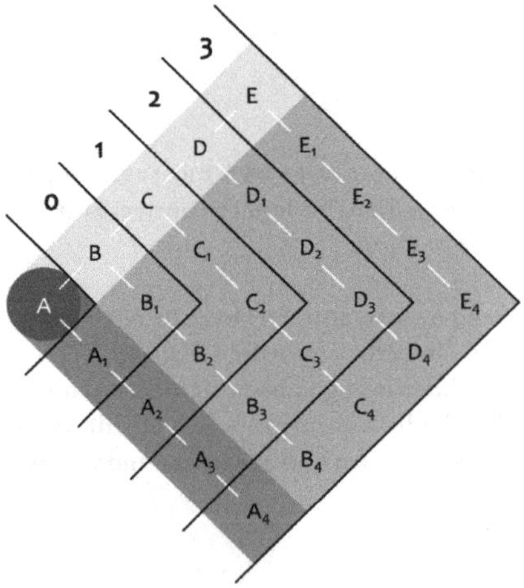

Fig. 10: Komputation nach Siegel Verwandtschaftsgrade nach Ansicht Siegels – wie in seiner Habilitationsschrift vertreten – der eine sich von der kanonischen nur in der Benennung der Verwandtschaftsgrade unterscheidende Komputation annimmt.

α. „Germanische" Komputation

Die Vertreter*innen der Parentelordnung gehen überwiegend davon aus, dass dem Sachsenspiegel die kanonische Komputation in der älteren, noch nicht auf die längere Linie beschränkten Form zugrunde liege[306], oder vielmehr: die „germanische"[307], auf die die kanonische zurückgehe[308]. Diese „germanische" Komputation sei in Ldr. I 3 § 3 mit den Sippezahlen angesprochen. Vom Erblasser wie auch von jedem Vorfahren des Erblassers als einem gemeinsamen Stammvater bzw. gemeinsamer Stammmutter mit den Seitenverwandten werde abwärts gezählt und nur diese eine Linie beachtet. Allerdings würden nach dem Sachsenspiegel wie auch in verschiedenen anderen Rechtsquellen[309] nicht die jeweils direkten Nachkommen des gemeinsamen Stammelternpaars den ersten Verwandtschaftsgrad einnehmen, sondern erst deren Enkel[310], wie es auch der Sachsenspiegel feststelle: *Dit is de erste sibbetale de men to mage rekenet: bruder kint unde suster kint*. Dagegen nimmt Stutz eine Sondermeinung innerhalb der Vertreter*innen der Parentelordnung ein. Er geht davon aus, dass der Sachsenspiegel neben der „germanischen", bei den Enkeln des Stammelternpaares beginnenden Zählung, verschiedentlich auch die ältere kanonische, bei den Kindern des Stammelternpaares beginnende Zählung verwende[311]. Letztere bezeichnet

---

306 Oben S. 59.

307 V. Sydow, Erbrecht S. 117 ff., 124 f.; Lewis, KritV 9 (1867) S. 51; Stobbe, Privatrecht V S. 65 f.; Heusler, Institutionen II S. 588; Homeyer, Parentelenordnung S. 8 f., 14; Rive, Jahrbuch des gemeinen deutschen Rechts 6 (1863) S. 214; Bluntschli, Kritische Ueberschau der deutschen Gesetzgebung und Rechtswissenschaft 1 (1853) S. 393 f.; Hübner, Grundzüge S. 758 f.

308 V. Sydow, Erbrecht S. 119, 125; Stobbe, Privatrecht V S. 66; Bluntschli, Kritische Ueberschau der deutschen Gesetzgebung und Rechtswissenschaft 1 (1853) S. 393 f.; Hübner, Grundzüge S. 759.

309 Verwiesen wird als ältestes Beispiel insbesondere auf das Isidor von Sevilla zugeschriebene c. 2 C. 35 q. 5 und auf das Dekret Burchards von Worms, Buch VII, c. 10, v. Sydow, Erbrecht S. 123; Stobbe, Privatrecht V S. 67 Anm. 12. Vielfach wird aber auch betont, dass es sich in seinem Ursprung um eine germanische und nicht kirchliche Besonderheit handele, v. Amira, Erbenfolge S. 209.; Heusler, Institutionen II S. 592; Wasserschleben, Successionsordnung S. 9; Stutz, Verwandtschaftsgliederung S. 27.

310 V. Sydow, Erbrecht S. 123; Stobbe, Privatrecht V S. 67; Heusler, Institutionen II S. 592; Rosin, Zeitschrift für das Privat- und öffentliche Recht der Gegenwart 28 (1901) S. 394; Stutz, Verwandtschaftsbild S. 13; Hübner, Grundzüge S. 759.

311 Die „germanische", in seiner Diktion die „altnationale" oder für den Sachsenspiegel die „Magenzählung", werde bei der Darstellung des Gliederbildes in Ldr. I 3 § 3 verwendet. Dagegen erscheine die klassisch kanonische Zählung in älterer Form, von ihm als „Sippenzählung" bezeichnet, im Schlusssatz von Ldr. I 3 § 3: *De sibbe lent in dem seveden erve to nemene, al hebbe de paves georlovet wif to nemene in der veften*. Da hier der fünfte als der erste erlaubte Grad gezählt werde und da im kanonischen Recht seit dem vierten Laterankonzil der vierte Grad kanonischer Zählung als der letzte verbotene genannt und bei Johannes Klenkok zwar die papstkritische Tendenz des Sachsenspiegelartikels, nicht aber seine Wiedergabe des Eheverbots als unrichtig beanstandet werde, müsse Eike von Repgow im zweiten Halbsatz kano-

er dabei als Sippenzählung, die erstgenannte dagegen als Magenzählung, denn gezählt werde hier nur diejenige *sibbetale, de men to mage rekenet*[312]. Doch handelt es sich bei beiden von Stutz angenommenen Zählweisen um dieselbe Art der Verwandtschaftsbestimmung: in beiden Fällen wird vom Stammelternpaar allein zur Erbprätendent*in herabgezählt, es unterscheidet sich nur die Benennung der Verwandtschaftsgrade[313].

Gerade die Tatsache, dass nach ihrer Ansicht bei der Komputation in Bezug auf Seitenverwandte nur die Linie vom gemeinsamen Stammelternpaar zur Erbprätendent*in beachtet wird, ist für die Vertreter*innen der Parentelordnung ein ent-

---

nisch, also die Kinder als ersten Verwandtschaftsgrad gezählt haben. Dafür spreche auch die sprachliche Fassung des Satzes. Im ersten Halbsatz erscheine das Zahlwort im Maskulinum (*in dem seveden*), hier sei wie beim vorausgehenden Gliederbild *lede* = „Gelenk" zu ergänzen, im zweiten Halbsatz dagegen im Femininum (*in der veften*), hier könne darum nicht das Gliederbild und damit die Magenzählung verweisende *lede* eingefügt werden, sondern *tale* oder *sibbe*, die auf die Sippenzählung verwiesen. Dieselbe Zählung verwende Eike von Repgow auch in Ldr. I 19 § 1: *Die svavee nimt wol herwede und erve boven der seveden sibbe*, (...). Hier erscheine als letzter erbberechtigter Grad die siebte Sippezahl, während im Gliederbild die siebte Sippezahl vom nicht mehr erbberechtigten Nagelmagen eingenommen werde. Stutz, Verwandtschaftsbild S. 11 ff.

312 Stutz, Verwandtschaftsbild S. 11, 15.

313 Vgl. seine Graphik, Stutz, Verwandtschaftsbild S. 56. – Dabei stützt Stutz seine Ansicht allein auf die Ausführungen in Ldr. I 3 § 3. Dagegen befasst sich Ldr. I 17 § 1, der von der Literatur gemeinhin in diesem Zusammenhang ebenfalls herangezogen wird, nach der zentralen These Stutz' keineswegs mit der Ermittlung der Verwandtschaftsnähe, sondern allein mit der Auswirkung von Geschlechtsunterschieden auf die Erbfolgeordnung, Stutz, Verwandtschaftsbild S. 61. Zunächst stelle Eike von Repgow in Ldr. I 17 § 1 fest, dass bei Kindern, Eltern und Geschwistern jeweils das männliche Geschlecht vorgehe, dann führe er aus, dass bei entfernteren Verwandten, nämlich Ganerben, Frauen und Männer nebeneinander erben. Wenn er im vierten Satz fortfahre: *Doch nimt sones unde dochter kint erve vor vader unde vor muder unde vor bruder unde vor süster, durch dat: it ne geit nicht ut dem busmen, de wile de evenburdige busmen dar is*, dann sei hierin allein die Aussage zu sehen, dass es bei Enkel und Enkelinnen – die als Ganerben nebeneinander erbten – keinen Unterschied mache, ob diese Kinder eines Erblassersohnes oder einer Erblassertochter seien, obwohl die Erblassersöhne selbst die Erblassertöchter ausschließen würden. Satz 4 ordne also eine Gleichstellung von Sohneskindern und Tochterkindern an, allein darauf beziehe sich das einleitende und einen Gegensatz ausdrückende *doch*, nicht aber auf eine Durchbrechung des Gradnäheprinzips, Stutz, ebenda S. 71–74. Dagegen beziehe sich die Begründung, das Erbe gehe nicht aus dem Busen, auf eine Vorform der Stelle, in der der Vorrang der Söhne vor den Töchtern festgehalten worden sei. Dabei habe es sich jedoch allein um einen relativen Vorrang gehandelt, sodass die (weiblichen) Töchter sehr wohl vor dem (männlichen) Vater geerbt hätten. Dieser nur relative Vorrang sei mit dem Verweis auf den Vorrang des Busens gestützt worden. Der Satz sei entweder ein unbeabsichtigtes Relikt oder aber eine Erweiterung des ursprünglich engeren Busen-Begriffs auch auf die Enkel, um deren Gleichordnung zu erklären, Stutz, ebenda S. 77–79.

scheidendes Argument für das von ihnen zugrunde gelegte Prinzip der Erbfolge. Die Komputation regle erkennbar nur die Rangfolge innerhalb einer Parentel[314].

In der Tat hätte eine Komputation, die bei Seitenverwandten vom gemeinsamen Stammelternpaar aus lediglich eine Linie zählt, in Verbindung mit einer reinen Gradualordnung die völlige Unbeachtlichkeit der anderen Linie zur Folge. Diese Konsequenz zieht denn auch Wasserschleben, der das Gradnäheprinzip allerdings entsprechend seiner Annahme einer Drei-Linien-Ordnung lediglich innerhalb der Gruppe der Seitenverwandten anwendet[315]. Er geht in Übereinstimmung mit den Vertretern der Parentelordnung davon aus, dass das Gliederbild des Sachsenspiegels den Verwandtschaftsgrad anhand der Linie zwischen Erbprätendenten und dem gemeinsamen Stammelternpaar bestimme. Indem er aber die Einteilung der Seitenverwandten in Parentelen verneint und die Gradnähe als alleiniges Grundprinzip heranzieht, erhält er in der Erbfolge bei Seitenverwandten grundsätzlich eine Konkurrenz derer, die in Beziehung zum Stammelternpaar denselben Grad einnehmen, während die Entfernung zwischen dem Stammelternpaar und der Erblasser*in für ihn keinerlei Einfluss hat[316]. Es erben also etwa Elterngeschwister neben Großelterngeschwistern und Urgroßelterngeschwistern. Bei der zweiten Parentel geht er allerdings von einer Besonderheit aus. Weil den Geschwistern des Erblassers in der Erbfolge ein besonderer Rang vor allen anderen Seitenverwandten eingeräumt werden solle, sei nur in der zweiten Parentel beim Gliederbild der Hals besetzt, während bei allen übrigen Parentelen die direkten Nachkommen des Stammelternpaars in der Schulter stünden.[317] Die angesprochenen Elterngeschwister, Großelterngeschwister, Urgroßelterngeschwister usw. nehmen also mit den Geschwisterkindern den ersten Verwandtschaftsgrad ein, deren Kinder mit den Enkel*innen der Erblassergeschwister den zweiten und so fort.

β. Kanonische Komputation mit veränderter Benennung

Siegel, der wie Wasserschleben die Parentelordnung ablehnt und innerhalb des weiteren Erbenkreises – wie jener bei den Seitenverwandten – das Gradnäheprinzip anwendet, unterscheidet bei der Komputation: Zur Ermittlung der Verwandtschaftsgrenze sei entsprechend der älteren Forschung die „germanische“ Komputation genutzt worden, nicht aber zur Ermittlung der Verwandtschaftsnähe[318]. In Bezug auf letzteres vertritt Siegel in seinem „Erbrecht“ zunächst eine Anwendung der römi-

314 Heusler, Institutionen II S. 588, 590; Rosin, Zeitschrift für das Privat- und öffentliche Recht der Gegenwart 28 (1901) S. 388; Stutz, Verwandtschaftsbild S. 37.

315 Ohne dies ausdrücklich festzustellen, wendet er freilich auch innerhalb der Gruppe der Vorfahr/innen und der Nachfahr/innen das Gradnäheprinzip an, jede Generation schließe die folgende bzw. vorhergehende aus.

316 Wasserschleben, Successionsordnung S. 2 f.

317 Wasserschleben, Successionsordnung S. 36, Verwandtschaftsberechnung S. 18.

318 Siegel, Erbrecht S. 24 f.

schen Komputation[319], weicht von diesem Standpunkt aber ein halbes Jahr später[320] in seiner Habilitationsschrift ab. Nunmehr geht er davon aus, dass dem Sachsenspiegel bei der Ermittlung der Verwandtschaftsnähe die kanonische Komputation in ihrer klassischen Form zugrunde liegt, nach der sich der Verwandtschaftsgrad zwischen zwei Seitenverwandten nach dem Abstand beider zum Stammelternpaar bestimmt, bei ungleichen Linien aber allein die jeweils längere Linie gezählt wird[321]. Allerdings beginne auch hier die Zählung der Seitenverwandten nicht schon mit den Geschwistern, sondern mit den Geschwisterkindern[322]. Im ersten Grad stünden damit Großeltern, Elterngeschwister, Elterngeschwisterkinder, Geschwisterkinder und Enkel, letztere erbten allerdings aufgrund des vorrangigen Erbrechts der Nachkommen nicht neben den davor genannten. Der zweite Verwandtschaftsgrad umfasse dagegen Urgroßeltern, Großelterngeschwister, Großelterngeschwisterkinder, Großelterngeschwisterenkel, Elterngeschwisterenkel, Geschwisterenkel sowie (als Nachkommen wiederum nicht neben den vorgenannten erbende) Urenkel.

γ. Beachtung beider Linien

Der ebenfalls eine Erbenkreistheorie, wenn auch mit Unterschieden im Detail, vertretende von Amira stimmt Siegel in Bezug auf die Komputation nicht zu. Als erster namhafter Rechtshistoriker legt er dem Sachsenspiegel – wie überhaupt den „germanischen Stämmen“ – eine Komputation zugrunde, die bei der Verwandtschaftsberechnung von Seitenverwandten sowohl die Linie zwischen Erblasser*in und gemeinsamen Stammelternpaar als auch die Linie zwischen dem Stammelternpaar und der Erbprätendent*in berücksichtigt[323]. Aufgrund verschiedener Textzeugnisse hält er es zunächst entsprechend der älteren Forschung für erwiesen, dass unter den „germanischen Stämmen“ bei der Verwandtschaftsberechnung von Seitenverwandten beide Linien getrennt gezählt wurden. Er stellt aber die Frage in den Raum, ob nicht dennoch beide bei der Berechnung einbezogen worden seien[324], und bejaht diese Frage nicht zuletzt in Bezug auf den Sachsenspiegel[325]. Dabei trete die Halbgeburt

---

319 Siegel, Erbrecht S. 26, so schon Griesinger in: Danz/Griesinger, Handbuch X S. 547 f., 558, für das Magdeburger Recht auch Stobbe, Erbfolge nach Magdeburger Schöffensprüchen S. 55 f.

320 Schanz, Erbfolgeprinzip S. 14.

321 Siegel, Erbrecht S. 26.

322 Es handele sich dabei wohl um eine willkürliche Abweichung in der Benennung, Siegel, Verwandtschaftsberechnung S. 38.

323 Wenig Zustimmung hatte aufgrund seiner polemischen Ausführungen Ludwig Friedrich Griesinger, oben Anm. 319 erhalten, der für den Sachsenspiegel mit der römischen Komputation ebenfalls eine beide Linien einberechnende Zählweise annahm, ebenso Siegel, oben Anm. 319, der zu Beginn seiner wissenschaftlichen Karriere gleiches vertrat, diese These aber noch im selben Jahr widerrief.

324 V. Amira, Erbenfolge S. 45 f.

325 V. Amira, Erbenfolge S. 130.

im Vergleich zur Vollgeburt um einen Grad zurück. Konkretere Aussagen über die Komputation hält er jedoch nicht für möglich[326]. Die nach dem Gliederbild im Hals stehenden Personen, nämlich die nach kanonischer Komputation im ersten Grad stehenden Kinder, Eltern und Geschwister, sieht er zunächst bei der Gliederzählung nicht berücksichtigt[327]. In einem späteren Text jedoch, nämlich einer Rezension zu Schanz, hält er dessen Verwandtschaftsberechnung zwar für möglich, stellt daneben aber die alternative These, dass die im Hals stehenden Personen jeweils mit einem Bruchteil eines Gliedes, etwa der Hälfte, berücksichtigt worden sein könnten[328].

δ. Gliederzählung

In Anknüpfung an die Erbenfolge von Amiras und durch die Auswertung einer Vielzahl von überlieferten Schöffensprüchen hatte nämlicher Schanz seine These zur Komputation des Sachsenspiegels entwickelt, die dann für ihn das zentrale Argument für seine Annahme zu den Grundprinzipien des Sachsenspiegels bildet. Er beobachtet im Schöffenrecht eine charakteristische Konkurrenz, die er auf eine entsprechende Komputation zurückführt[329]. Schon zuvor war festgestellt worden, dass dem Erbrecht der Schöffen keineswegs eine Parentelordnung zugrunde liegen kann.[330] Schanz arbeitet nun heraus, dass die Seitenverwandten bei der Erbfolge zueinander in einem Verhältnis stehen, das dem der römischen Komputation entspricht. Bei der Bestimmung ihrer Rangfolge müsse also sowohl die Linie zwischen Erblasser und gemeinsamem Stammvater als auch die von diesem zum Erbprätendenten berücksichtigt worden sein, entweder in Form eines „Durchzählens" oder durch eine Addition der getrennt gedachten Linien. Neben den Seitenverwandten erben in den überlieferten Schöffensprüchen aber auch Verwandte der geraden Linie. Hier nun zeigt sich gegenüber der römischen Komputation eine Besonderheit: Die Seitenverwandten rücken nach der Erbfolgeordnung des Schöffenrechts gegenüber der römischen Komputation im Verhältnis zu den Verwandten gerader Linie um einen Grad auf[331]. Auch für den Sachsenspiegel geht Schanz anhand einer Auslegung der einschlägigen Stellen von derselben Komputation aus[332]. Hier zieht er insbesondere das in Ldr. I 3 § 3 dargestellte Gliederbild heran, worauf im Einzelnen zurückzukommen sein wird. Bereits an dieser Stelle kann aber festgehalten werden, dass Schanz die dort im Haupt und im Hals stehenden Personen bei der Komputation nicht berücksich-

326 v. Amira, Erbenfolge S. 131, GGA 1884,1 (1884) S. 42f.

327 v. Amira, Erbenfolge S. 130.

328 v. Amira, GGA 1884,1 (1884) S. 43. Vgl. oben Anm. 272.

329 Schanz, Erbfolgeprinzip S. 106f., 119.

330 Wasserschleben, Successionsordnung S. 70; Stobbe, Erbfolge nach Magdeburger Recht S. 55; Lewis, KritV 9 (1867) S. 59, demgegenüber werden mit der Parentelordnung nicht vereinbare Schöffensprüche teilweise auch als Fehlurteile gewertet, Friese in: Liesegang/Friese, Magdeburger Schöffensprüche I S. 774, 779ff.

331 Schanz, Erbfolgeprinzip S. 85ff.

332 Schanz, Erbfolgeprinzip S. 51.

tigt[333]. Im nächsten[334] – für ihn nach dem Sachsenspiegel noch unbenannten – Grad stehen demnach nicht, wie in der römischen Komputation, allein Kinder und Eltern, sondern Kinder, Eltern und Geschwister, im zweitnächsten (nach Schanz nominell dem ersten) Grad nicht Enkel*innen, Geschwister und Großeltern, sondern Enkel*innen, Geschwisterkinder, Elterngeschwister und Großeltern und im drittnächsten (nach Schanz nominell dem zweiten) Grad nicht Urenkel*innen, Geschwisterkinder, Elterngeschwister und Urgroßeltern, sondern Urenkel*innen, Geschwisterenkel*innen, Elterngeschwisterkinder, Großelterngeschwister und Urgroßeltern.

Diese von Schanz aus den Quellen des Magdeburger Rechts entwickelte Komputation mit der charakteristischen Verschiebung der Seitenverwandten gegenüber den Verwandten gerader Linie begegnet nun auch in der umfassenden Untersuchung Julius von Fickers zur Erbfolge in den ostgermanischen Rechten. Hatte dieser im ersten Band seines Werkes die von ihm als „zurückbleibende Zählung nach Einzelknien" bezeichnete Komputation zunächst für eine dänische Besonderheit gehalten[335], misst er ihr im zweiten Band nicht zuletzt aufgrund der ihm nunmehr bekannten[336] Untersuchung Schanz' eine weit größere Bedeutung zu und nimmt sie auch für die Bestimmung der Erbfolge im sächsischen Recht an[337]. Zustimmung findet beider Ansicht in Bezug auf den Sachsenspiegel später bei Eduard Maurits Meijers[338], der in einem Aufsatz aus dem Jahre 1925 die bereits von Schanz und von Ficker angesprochenen Beispiele für die Verwendung der „zurückbleibenden Zählung nach Einzelknien" um weitere Beispiele außerhalb des sächsischen Rechts ergänzt[339].

333 Schanz, Erbfolgeprinzip S. 47 f., 50.

334 Schanz, Erbfolgeprinzip S. 46 spricht hier selbst vom ersten Grad, wenn er formuliert, „dass die Geschwister – wenn wir hier von der Eigentümlichkeit des Sachsenspiegels, den ersten Deszendenten der einzelnen Parentelen kein Glied zuzuweisen, der Deutlichkeit halber absehen – auch das erste Glied einnahmen".

335 v. Ficker, Untersuchungen zur Erbenfolge I S. 425, Untersuchungen zur Erbenfolge II S. 22.

336 Meijers, TRG 6 (1925) S. 11, so entfallen in v. Ficker, Untersuchungen zur Erbenfolge II S. 56 ff. bei den Nachträgen zu Band I in dem der Bestimmung der Erbenfolge im sächsischen Recht gewidmeten § 401 die Hälfte der Belegstellen auf die Dissertation Schanz'.

337 v. Ficker, Untersuchungen zur Erbenfolge II S. 22 ff., 56 ff.

338 Meijers, TRG 6 (1925) S. 4 ff., 18.

339 Die Beispiele stammen dabei aus schweizerischen, niederländischen, friesischen, norddeutschen und skandinavischen Rechtsquellen sowie dem Bereich des Magdeburger Rechts. Daneben bietet Meijers, TRG 6 (1925) S. 42 f., 48, 50 f. auch eine These zur Herkunft dieser Verwandtschaftsberechnung, indem er sie auf ein – freilich nachträglich, aber bereits im Frühmittelalter eingefügtes – Stemma in verschiedenen Handschriften der Etymologiae des Isidor von Sevilla zurückverfolgt. Es handele sich um eine spezifisch germanische Komputation, bei der nicht von der gemeinsamen Stammmutter bzw. dem gemeinsamen Stammvater ausgegangen werde, sondern vom gemeinsamen Stammelternpaar, indem bei deren vollbürtigen Nachkommen direkt von dem einen zum anderen gezählt werde.

Aufgrund einer umfassenden Analyse des Magdeburger Schöffenrechts[340] und des Sachsenspiegeltextes kommt schließlich auch Meuten für den Sachsenspiegel zu einer mit der von Schanz übereinstimmenden Erbentafel[341]. Auch mit der von Schanz erarbeiteten Komputation stimmt er im Ergebnis überein, er bezeichnet diese in einprägsamer Weise als „Gliederzählung"[342]. Allerdings begründet er seine Annahmen leicht abweichend, insbesondere bezieht er die im Hals stehenden Verwandten in die Zählung mit ein, sodass Eltern, Kinder und Geschwister nicht wie bei Schanz in einem unbenannten Grad stehen, sondern den ersten Grad bilden[343].

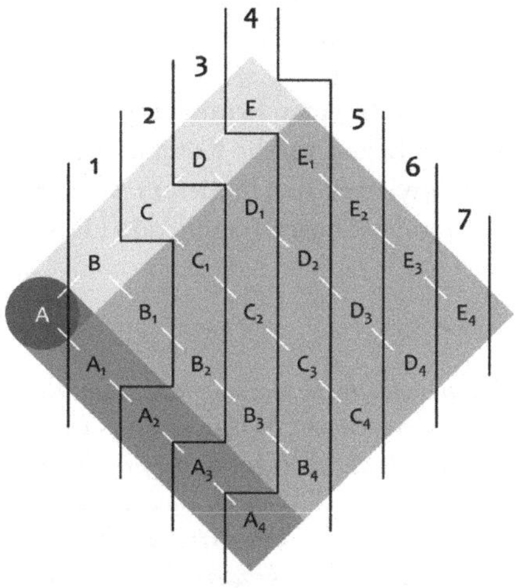

Im Einzelnen ergeben sich (unter vollbürtig Verwandten und nach der Gradbenennung Meutens) folgende Verwandtschaftsgrade:

1. Eltern (B), Geschwister (B_1), Kinder (A_1)
2. Großeltern (C), Elterngeschwister (C_1), Geschwisterkinder (B_2), Enkel*innen (A_2)
3. Urgroßeltern (D), Großelterngeschwister (D_1), Elterngeschwisterkinder (C_2), Geschwisterenkel*innen (B_3) Urenkel*innen (A_3)
4. Ururgroßeltern (E), Urgroßelterngeschwister (E_1), Großelterngeschwisterkinder (D_2), Elterngeschwisterenkel*innen (C_3), Geschwisterurenkel*innen (B_4), Ururenkel*innen (A_4)

usw.

Fig. 11: Gliederzählung Verwandtschaftsgrade nach „zurückbleibender Zählung nach Einzelknien" (von Ficker) oder „Gliederzählung" (Meuten).

Die vorgenannten Autor*innen gehen indes – soweit sich hierzu Angaben finden – von der zurückbleibenden Zählung nach Einzelknien bzw. der Gliederzählung allein in Bezug auf die Bestimmung der Erbenfolge aus. Wie schon Siegel unterscheiden sie davon die Bestimmung der Erbgrenze. Insoweit sei die in Ldr. I 3 § 3 angesprochene Sippezahl anwendbar, weder dürfe das gemeinsame Stammelternpaar mehr als die dort genannten sieben Generationen[344] vom Erblasser entfernt sein, noch der Erb-

340 Vgl. unten S. 117 f.

341 Meuten, Erbfolgeordnung S. 270 f., vgl. unten S. 118 Anm. 473.

342 Meuten, Erbfolgeordnung S. 111, 113 f.

343 Meuten, Erbfolgeordnung S. 114, so auch schon Meijers, TRG 6 (1925) S. 18 Anm. 1, Meuten folgend Landwehr, FS Holzhauer S. 33 f., 37 f.

344 Ob der Nagelmage als achte Generation vom Stammelternpaar aus gesehen, als siebte Sippezahl nach der Zählung von Ldr. I 3 § 3, noch erbberechtigt ist, ist umstritten, oben Anm. 261, praktisch aber unerheblich.

prätendent seinerseits weiter entfernt vom gemeinsamen Stammelternpaar[345]. Damit können Verwandte, die etwa im neunten Grad[346] nach Gliederzählung mit der Erblasser/in verwandt sind, von der Erbfolge ausgeschlossen sein (etwa die Urururururururgroßeltern, J1) gleichzeitig aber Verwandte im 13. Grad nach Gliederzählung erbberechtigt (etwa die Ururururururenkel der Urururururgroßeltern, H7). Für die Erbgrenze sei die Zahl innerhalb der Linien von und zum gemeinsamen Stammelternpaar erheblich, und zwar die jeweils längere. Im Ergebnis bestimme sich damit die Erbgrenze entsprechend der klassischen kanonischen Komputation[347].

3. Überlegungen zur Komputation

Nach allen Ansichten dient das sogenannte Gliederbild einer Ermittlung der Verwandtschaftsnähe[348]. Daher muss sich jede These in Bezug auf die Komputation des Sachsenspiegels nicht zuletzt daran messen lassen, inwieweit sich in diesem Abschnitt des Sachsenspiegeltextes Anhaltspunkte für sie finden. Die entsprechende Darstellung sei an dieser Stelle noch einmal wiederholt:

Ldr. I 3 § 3 Satz 1–15, S. 158 f.

Nu[349] *merke wie ok, war de sibbe beginne unde war se lende. In deme hovede is besceiden man unde wif to stande, de elike unde echtlike to samene komen sin. In des halses lede die kindere, die ane tveinge vader unde muder geboren sin. Is dar tveinge an, die ne mogen an eime lede nicht bestan unde scricket an ein ander let. Nemet ok tvene brüdere tvo süstere, unde de dridde bruder en vremede wif, ire kindere sint doch gelike na, ire iewelk des anderen erve to nemene, of se evenburdich sint. Ungetveider brüder kindere de stat an deme*

345 V. Ficker, Untersuchungen zur Erbenfolge II S. 53, 55; Meuten, Erbfolgeordnung S. 111 f. Meijers, TRG 6 (1925) S. 16, 18 Anm. 1 unterscheidet nicht ausdrücklich, geht aber ebenfalls davon aus, dass die Verwandten auf den beiden Armen, dem Hals und dem Haupt angeordnet werden und der Nagelmage (und in der entsprechenden Linie entferntere Verwandte) nicht mehr zur Sippe gehören. Schanz, Erbfolgeprinzip S. 31 schließlich hatte die Annahme zweier unterschiedlicher Zählweisen bei Griesinger und Siegel als „vollends unbegreiflich" bezeichnet. Er wendet der Erbgrenze wenig Aufmerksamkeit zu, daher lässt sich kaum entscheiden, ob er unter der Sippezahl möglicherweise die Gradbezeichnung nach der Gliederzählung versteht, sodass schon die in der achten Sippezahl stehenden Verwandten von der Erbfolge ausgeschlossen wären, oder ob auch er ein Besetzen aller bei einem Körper vorhandenen Gelenke erlaubt und so zu den gleichen Ergebnissen wie die Vorgenannten kommt.

346 Hier und im folgenden nach der Gradbenennung Meutens.

347 V. Ficker, Untersuchungen zur Erbenfolge II S. 53; Meuten, Erbfolgeordnung S. 113.

348 Nach der Formulierung des Sachsenspiegels widmet sich die Darstellung zunächst einmal nur der Frage, *war de sibbe beginne unde war se lende.* Da aber im folgenden bestimmten Verwandten bestimmte Gelenke im Gliederbild zugewiesen werden, muss davon ausgegangen werden, dass über die Darstellung von Anfang und Ende der Sippe hinaus auch eine Darstellung von ihrer Gliederung, d. h. der jeweiligen Verwandtschaftsgrade unterschiedlicher Verwandter, vorliegt.

349 Zur Übersetzung oben Anm. 230 und unten S. 123.

lede, dar scülderen unde arm to samene gat; also dut de süster kindere. Dit is de irste sibbe tale, die man to magen rekenet: bruder kindere unde suster kindere. In dem ellenbogen stat die andere. In dem lede der hant de dridde. In dem irsten lede des middelsten vingeres de vierde. In dem anderen lede de vefte. In dem dridden lede des vingeres de seste. In dem sevenden stat ein nagel unde nicht ein let, dar umme lent dar de sibbe, unde hetet nagel mage. Die tvischen deme nagele unde deme hovede sik to der sibbe gestuppen mogen an geliker stat, de nemet dat erve gelike. De sik naer to der sibbe gestubben mach, de nimt dat erve to voren.

a. Das Gliederbild des Sachsenspiegeltextes als Darstellung der Komputation

Eike von Repgow ordnet also ein Ehepaar im Haupt einer menschlichen Figur an und auf den Gelenken[350] – und als Gelenk bezeichnet er ausdrücklich auch den Hals – über einen Arm sowie einen Mittelfinger herab dessen Nachkomm/innen. Im Hals stehen die *kindere*, wobei er betont, dass es sich bei diesen Kindern um vollbürtige Brüder und Schwestern handeln müsse. Handele es sich dagegen um Halbgeschwister, könnten nicht beide in einem Gelenk stehen, sondern *scricket an ein ander let.* Nach dem Fall der halbbürtigen Verwandtschaft folgt dann der umgekehrte Fall der Doppelverwandtschaft: Drei Brüder heiraten, zwei von ihnen ein Schwesternpaar, ein dritter eine mit den Schwestern nicht verwandte Frau. Die Kinder aller drei Brüder haben untereinander dasselbe Erbrecht, obwohl einige der Cousins und Cousinen nur väterlicherseits verwandt sind, andere aber sowohl väterlicher- als auch mütterlicherseits. Sodann fährt Eike von Repgow mit der Beschreibung des Gliederbildes fort. Im Schultergelenk stünden die Kinder von vollbürtigen Brüdern, ebenso die Kinder von vollbürtigen Schwestern. Diese seien die erste *sibbe tale, die man to magen rekenet.* Diese Sippezahl nutzt Eike von Repgow im folgenden auch zur Bezeichnung der weiteren Verwandten bei ihrer Zuordnung zu den einzelnen Gelenken. Die zweite Sippezahl nehme den Ellenbogen ein, die dritte das Handgelenk, die vierte das erste Gelenk des Mittelfingers, die fünfte das zweite, die sechste das dritte. Die siebte Sippezahl stehe nicht mehr an einem Gelenk, sondern am Fingernagel und darum ende dort die Sippe[351].

---

350 Irreführend ist hier die übliche Übersetzung, die *led* wechselnd mit Glied(maß) und mit Gelenk übersetzt. Zwar kann „Glied" beides bedeuten, vgl. DWB VIII (IV, 1, 5) Sp. 5–33, doch scheint es überzeugender, dass in allen Fällen dieselbe Bedeutung angesprochen ist, und, da es sich jedenfalls bei dem *lede, dar scülderen unde arm to samene gat* und dem Ellenbogen um Gelenke handelt, damit stets ein Gelenk gemeint ist. So sind alle Verwandten auf Gelenken angeordnet und nicht einige an Gelenken und andere an Knochen; an diesen Gelenken lassen sie sich leicht abzählen, Meijers, TRG 6 (1925) S. 16.

351 Eine Verwandtschaftsbezeichnung für diese weiteren Verwandten findet sich nicht. Doch geht die Forschung angesichts der Tatsache, dass Kinder und Enkel/innen des Ehepaars im Haupt den Hals bzw. die Schulter besetzen, übereinstimmend davon aus, dass es sich hierbei um die weiteren Nachkomm/innen des Stammelternpaar handelt.

Im Anschluss an diese Darstellung des Gliederbildes wird das auch in Ldr. I 17 § 1 anklingende Prinzip der Verwandtschaftsnähe als Grundlage des Erbrechts festgestellt: Welche Verwandten sich zwischen Nagel und Haupt *an geliker stat*, d. h. an gleicher Stelle[352] oder in der gleichen Ordnung[353], zur Sippe *gestubben*, d. h. anhand des Gliederbildes abzählen[354] könnten, die erbten nebeneinander. Wer sich aber näher *gestubben* könne, der erbe vorrangig.

Die Stellung der Erblasser/in in diesem Bild wird nicht ausdrücklich genannt. Naheliegend wäre die Überlegung, dass er/sie der Mann bzw. die Frau im Haupt ist. Dies vertritt Stutz mit der Begründung, dass die im Hals stehenden Verwandten als *kindere* bezeichnet würden und sich ein fester Bezugspunkt für das Abzählen nur mit einem dem Stammvater bzw. der Stammmutter identischen Erblasser ergebe[355]. Anderer Ansicht ist aber zu Recht die ganz überwiegende Mehrheit der Literatur[356]. Es widerspricht dieser Annahme die Tatsache, dass die Vollbürtigkeit der im Hals stehenden unmittelbaren Nachkomm/innen des Stammelternpaares[357] ausdrücklich hervorgehoben wird[358]. Im Verhältnis zu einem Elternteil unterscheiden sich nach dem Sachsenspiegelrecht jedoch Kinder aus erster und zweiter Ehe nicht, alle erben nebeneinander[359]. Es kann sich damit beim Gliederbild nicht allein um eine Darstellung der Nachkommenschaft der Erblasser/in handeln[360].

---

352 Walther/Lübben, Mittelniederdeutsches Handwörterbuch, <1>*stat* S. 375.

353 Walther/Lübben, Mittelniederdeutsches Handwörterbuch, <4>*stat* S. 375.

354 *Gestuppen* bedeutet „mit den Fingern tupfen", „tupfend zählen", Walther/Lübben, Mittelniederdeutsches Handwörterbuch S. 120. Gemeint ist also ein Abzählen mit Hilfe des menschlichen Körpers.

355 Stutz, Verwandtschaftsbild S. 16, 36, 39, ebenso Rummel, Rechtliche Stellung S. 163.

356 Überwiegend wird eine Darstellung der Verwandtschaftsgliederung am Beispiel der zweiten Parentel angenommen, unten Anm. 363, vereinzelt auch eine abstrakte Darstellung, unten Anm. 364. Mit irrtümlicher Berufung auf Homeyer, Parentelenordnung S. 9 dagegen Heusler, Institutionen II S. 600, der die letzte Generation, in der der Erblasser die Fingerspitze bildet, dargestellt sieht.

357 Schadt, FmSt 10 (1976) S. 408 f. denkt dabei an, dass es sich bei den im Sachsenspiegeltext genannten *kindere* möglicherweise nicht um die Kinder des Stammelternpaares handele, sondern um die Kinder des Erblassers, der als Ausgangspunkt der Zählung nicht berücksichtigt worden sein könnte, lehnt dies aber in Übereinstimmung mit der ganz herrschenden Meinung ab.

358 So schon v. Sydow, Erbrecht S. 123 Anm. 374.

359 Vgl. etwa Ldr. II 23, S. 252: *Die wile en man ane wif nicht wesen ne wel eder ne mach, so mut he wol echt wif nemen, al sin eme driü wif dot oder viere oder mer. To der selven wis nimt en wif man, unde wint echte kindere bi deme lesten, als bi dem irsten, unde beerft se mit irme rechte unde mit irme gude.*

360 Allerdings geht auch Stutz, Verwandtschaftsbild S. 36 f., 39 von einer Übertragbarkeit des Gliederbildes auf die höheren Parentelen aus, wenn er argumentiert, die Ausführungen zu den halbbürtig Verwandten würden im Rahmen einer Darstellung der ersten Parentel „als Einschiebsel" an der Stelle eingefügt, wo sie bei den höheren Parentelen zuerst in Erscheinung träten. Mit dieser Ansicht trägt indes sein Argument nicht mehr, es fehle an einem festen Bezugspunkt für das Abzählen, wenn der Erblasser nicht mehr im Haupt stehe. Dieses Argument ist zudem wenig überzeugend. Es beruht auf der Annahme, die Erblasser/in nehme ein Gelenk zwischen Kopf und dem Gelenk der Erbprätendent/in ein, wenn er/sie nicht im Kopf

Nach wohl herrschender Ansicht enthält das Gliederbild vielmehr eine Darstellung der Verwandtschaftsgliederung[361] am Beispiel der zweiten Parentel[362]. Dafür spricht in der Tat der Umstand, dass die in der Schulter stehenden Verwandten als Brüder- und Schwesterkinder angegeben werden[363]. Dabei wird die Darstellung aber als übertragbar verstanden[364]. Zur Verwandtschaftsbestimmung mittels des Glieder-

---

stehe. Dies ist jedoch bei der üblichen Auslegung des Gliederbildes nicht der Fall. Danach bestimmt sich das Haupt des Gliederbilds abhängig von der jeweiligen Erbprätendent/in. Dadurch steht die Erblasser/in entweder im Kopf oder im äußersten besetzten Gelenk (wenn Erblasser/in und Prätendent/in in grader Linie verwandt sind) oder aber er/sie steht außerhalb des abzuzählenden Armes (nach den Vertreter*innen der Parentelordnung) bzw. auf dem zweiten abzuzählenden Arm (nach den Vertreter*innen der Gliederzählung).

361 Oder anders ausgedrückt: eine Anleitung zur Ermittlung der Verwandtschaftsgrade.

362 V. Sydow, Erbrecht S. 123; Wasserschleben, Verwandtschaftsberechnung S. 17; Homeyer, Parentelenordnung S. 9; Schanz, Erbfolgeprinzip S. 31 f.; Schadt, FmSt 10 (1976) S. 409.

363 Schanz, Erbfolgeprinzip S. 32. – Indes lässt sich dieser Begriff auch darauf zurückführen, dass die im Hals stehenden *kindere* unmittelbar zuvor, mit Bezug aufeinander, als Brüder und Schwestern bezeichnet worden sind, Stutz, Verwandtschaftsbild S. 38. So vertreten Siegel, Erbrecht S. 23 und Rive, Jahrbuch des gemeinen deutschen Rechts 6 (1863) S. 211, wohl auch v. Amira, Erbenfolge S. 130 f., die Ansicht, das Gliederbild sei nicht nur auf andere Parentelen übertragbar, sondern stelle die Verwandtschaftsbestimmung, bezogen auf den Erblasser und einen bestimmten, aber beliebigen Erbprätendenten, abstrakt dar. In der Tat spricht dafür, dass jedenfalls die Sätze 2, 3 und 4 allgemein gehalten sind (sich also keineswegs nur auf die erste bzw. zweite Parentel beziehen lassen: Dargestellt wird das jeweilige Stammelternpaar und seine Deszendenz), und Satz 5 zwar Probleme der 3. Parentel behandelt, diese aber nicht ausdrücklich mit der Darstellung des Gliederbildes verknüpft werden. Auch Satz 6 lässt sich als eine abstrakte Darstellung verstehen, wenn die Bezeichnungen *ungetveider brüder kindere* und *süster kindere* nicht auf das Verhältnis zur Erblasser/in bezogen wird, sondern darauf beruht, dass die Kinder des Stammelternpaares in den vorhergehenden Sätzen als Brüder und Schwestern bezeichnet worden waren. Die Kinder dieser Brüder und Schwestern nehmen demnach die Stellung an der Schulter nur ein, wenn ihre Eltern Vollgeschwister sind. – Meuten, Erbfolgeordnung S. 44 f geht schließlich von einer dem Grunde nach abstrakten Darstellung aus, bei der aber unterschiedliche Probleme anhand unterschiedlicher konkreter Parentelen erörtert werden. Damit erfolge zwar eine Festlegung auf bestimmte Parentelen, die aber zwischen den unterschiedlichen Sätzen wechsele: Satz 2 und 3 (?) bezögen sich auf die erste Parentel, Satz 4, 6 und 7 auf die zweite und Satz 5 auf die dritte. – Im Ergebnis ist allerdings unerheblich, ob es sich um eine abstrakte oder übertragbare Darstellung handelt.

364 Dies ist ganz einhellige Ansicht, v. Sydow, Erbrecht S. 124 f.; Rive, Jahrbuch des gemeinen deutschen Rechts 6 (1863) S. 211; Wasserschleben, Verwandtschaftsberechnung S. 19 f.; Homeyer, Parentelenordnung S. 6; v. Amira, Erbenfolge S. 130 f.; Schanz, Erbfolgeprinzip S. 4; stutz, Verwandtschaftsbild S. 20. Es folgt schon daraus, dass in Ldr. I 3 § 3 Satz 5 die Frage erörtert wird, wie die Kinder dreier Brüder einander beerben können, also Cousins und Cousinen und damit zueinander Angehörige der dritten Parentel, während die Bezeichnung der in der Schulter stehenden Verwandten als *ungetveider brüder kindere* bzw. *süster kindere* eher auf die zweite Parentel verweisen. Auch erhebt das Gliederbild den Anspruch, Anfang und Ende der Sippe darzustellen. Schließlich spricht dafür, dass in Ldr. I 3 § 3, abgesehen vielleicht von den Geschwisterkindern, eine konkrete Nennung von Verwandtschaftsgraden

bildes wechseln dabei die Verwandten der Erblasser/in ihre Stellung im Gliederbild in Abhängigkeit davon, welche Erbprätendent/in in den Blick genommen wird[365].

Einzugehen ist zuletzt noch auf die Sippezahl. Dabei ist festzuhalten, dass diese von der Anzahl der besetzten Gelenke zu unterscheiden ist. Nach dem Sachsenspiegeltext wird der Hals ausdrücklich als Gelenk bezeichnet, dennoch bezieht die Zählung nach der Sippezahl den Hals nicht mit ein[366].

Diese Darstellung des Gliederbildes lässt sich nun sehr plausibel als Darstellung der Rangfolge innerhalb einer Parentel verstehen[367]. Im Kopf steht das Stammelternpaar der jeweiligen Parentel und an einem Arm herab sind deren Nachkomm/innen anzuordnen, je in Abhängigkeit davon, durch wie viele Geburten ihre Verwandtschaft zum Stammelternpaar vermittelt wird. Dafür spricht insbesondere, dass die Verwandten lediglich an einem Arm abgezählt werden, also nur die Linie vom Stammelternpaar bzw. von Stammvater/Stammmutter zur Erbprätendent/in beachtlich erscheint[368]. Die bei der Darstellung des Gliederbildes angesprochene Sippezahl lässt sich dabei einmal als unmittelbare Bezeichnung der Verwandtschaftsgrade deuten. Dass jedenfalls in der zweiten Parentel die Zählung erst mit den Enkel/innen des

in Bezug auf die Erblasser/in vermieden wird. Die gemeinsamen Vorfahr/innen werden als *man unde wif*, deren Nachkomm/innen als *de kindere* (der gemeinsamen Vorfahr/innen, eine Bezeichnung, die sich in allen Parentelen anwenden lässt) bezeichnet. Die Verwandten ab dem Ellenbogen erscheinen nur mit ihrer Sippezahl.

365 Ist dieser bzw. diese eine Nachfahr/in der Erblasser/in, so steht im Haupt der Gliederfigur die Erblasser/in (mit seiner/ihrem Ehegatt/in) und die Erbprätendent/in an einem Gelenk. Ist die Prätendent/in dagegen eine Vorfahr/in der Erblasser/in, so steht umgekehrt er/sie selbst (mit seiner/ihrem Ehegatt/in) im Haupt und die Erblasser/in an einem Gelenk. Sind schließlich Erbprätendent/in und Erblasser/in Seitenverwandte, so nimmt das Haupt das nächste gemeinsame Stammelternpaar ein, bzw., wenn beide nicht vollbürtig verwandt sind, entweder die gemeinsame Stammmutter oder der gemeinsame Stammvater. Jedenfalls die Erbprätendent/in steht dann an einem Gelenk, nach der Ansicht v. Amiras und den Vertreter*innen der Gliederzählung, an einem Gelenk des zweiten Arms, auch die Erblasser/in.

366 Ldr. I 3 § 3 Satz 3. Bei der Bestimmung der Erbfolge könnte also durchaus auch der Hals zu beachten sein, zumal Eike von Repgow in Ldr. I 3 § 3 Satz 14 formuliert, es erbten diejenigen gleich, die *twischen deme nagele unde dem hovede* sich in gleicher Ordnung zur Sippe zählen könnten.

367 In der Tat stellt das Gliederbild unmittelbar nur eine Parentel dar, Stutz, Verwandtschaftsbild S. 37 Anm. 2, S. 46 f.

368 Bluntschli Kritische Ueberschau der deutschen Gesetzgebung und Rechtswissenschaft 1 (1853) S. 392; Heusler, Institutionen II S. 588, 590; Homeyer, Parentelenordnung S. 10; Stutz, Verwandtschaftsbild S. 43, 50. Allerdings beachten die Vertreter*innen der Parentelordnung die Linie zwischen Erblasser/in und Stammelternpaar durchaus, nämlich für den Fall, dass die Erbprätendent/in eine Vorfahr/in der Erblasser/in ist. In diesem einen Fall wäre nach den Vertreter*innen der Parentelordnung – soweit sie das Gliederbild auch für die gerade Linie anwenden – die Erblasser/in an einem Gelenk zu positionieren, vgl. oben Anm. 365, was doch eine Durchbrechung des Grundsystems mit sich bringt.

Stammelternpaares beginnt, korrespondiert mit der Tatsache, dass die Brüder und Schwestern der Erblasser/in, wie Ldr. I 17 § 1 zeigt, noch nicht zu den Ganerben gehören. Allerdings stellt sich die Frage, welche Bedeutung die Sippezahlen dann in den höheren Parentelen haben. Hier gehören bereits die unmittelbaren Nachkomm/innen des Stammelternpaares zu den Ganerben. Dennoch hätten sie keinen bzw. einen unbenannten Verwandtschaftsgrad inne. Allerdings könnte mit Stutz zwischen der *sibbe tale* und der *sibbe tale, die man to magen rekenet* zu unterscheiden sein, wobei erstere stets von den im Hals angeordneten Verwandten an zählen und so unmittelbar den Verwandtschaftsgrad angeben würde[369]. Die dem Gliederbild zugrundeliegende Zählung nur der *magen* könnte dabei dem sowohl in der Weltalterlehre als auch der Heerschildordnung aufscheinenden Gedanken von einer Siebenzahl mit sechs vollkommenen und einem unvollkommenen Element geschuldet sein[370]. Die Annahme Stutz' muss sich freilich entgegenhalten lassen, dass der Sachsenspiegel nach ihr im Gliederbild eine andere Zählweise darstellt als er im rechtlich erheblichen Zusammenhang benutzt, wenn sich beide Zählweisen auch nur in der Benennung unterscheiden. Insgesamt ist zu festzuhalten, dass die Vertreter*innen der Parentelordnung zwar nicht das von ihnen angenommene Grundprinzip der Erbfolgeordnung – nämlich den Vorrang aller Angehörigen einer niedrigeren Parentel vor den Angehörigen einer höheren Parentel[371] –, wohl aber die von ihnen angenommene Komputation an konkreten Textpassagen festmachen können[372].

369 Oben S. 79 f., insbesondere Anm. 311.

370 Stutz, Verwandtschaftsbild S. 23 f.

371 Zwar ließe sich in der Darstellung des Gliederbildes eine Darstellung der Verwandtschaftsgliederung in Parentelen sehen; dass diese Einteilung eine Vorrangstellung der näheren Parentelen mit sich bringt, wird jedoch auch nach Ansicht der Vertreter*innen der Parentelordnung in keiner Stelle des Sachsenspiegel und auch in keiner anderen zeitgenössischen Quelle ausdrücklich festgestellt, vgl. etwa Homeyer, Parentelenordnung S. 10; Bluntschli, Kritische Ueberschau der deutschen Gesetzgebung und Rechtswissenschaft 1 (1853) S. 393; Schröder/v. Künssberg, Lehrbuch S. 821.

372 Dass mit Homeyer, Parentelenordnung S. 10 die Parentelordnung zwar im Sachsenspiegel nicht ausdrücklich beschrieben wird, sich aber zwingend aus der Darstellung ergeben würde, ist nicht der Fall. Er legt seiner Argumentation folgende – bei ihm durch eine später oft besprochene Graphik illustrierte – Situation zugrunde: Ein Elterngeschwister d (C_1 in der Graphik oben S. 50) und ein Geschwisterkind f (B_2) seien die einzigen überlebenden Verwandten von Erblasser a (A). Homeyer argumentiert nun, dass das Gliederbild nicht für die Konkurrenz von Angehörigen unterschiedlicher Parentelen angewendet werden könne, weil sich sonst nicht nachzuvollziehende Ergebnisse einstellten. Nehme man an, bei einer solchen Konkurrenz sei nur ein Stammelternpaar zu bestimmen, wären dies die Großeltern c (C), mit der Folge, dass d (C_1) als diesen im Hals stehend der Erbschaft näher wäre als f (B_2), der in Bezug auf die Großeltern c (C), seine Urgroßeltern, im Ellenbogen stünde. Bestimme man aber bei einer solchen Konkurrenz das Stammelternpaar gesondert, wären d (C_1) – als den mit a (A) nächsten gemeinsamen Vorfahren, den Erblassergroßeltern c (C), im Hals stehend – und das Erblassergeschwister e (B_1) – als den mit a (A) nächsten gemeinsamen Vorfahren,

Dagegen findet sich für die Annahme Wasserschlebens, das Gliederbild habe ab der dritten Parentel gleichsam keinen Kopf, bzw. derselbe sei nicht besetzt, in der Formulierung von Ldr. I 3 § 3 keinerlei Anhaltspunkte. Zudem muss Wasserschleben einräumen, dass sich die unmittelbar an die Darstellung des Gliederbildes anschließende Regelung *Die twischen deme nagele unde deme hovede sik to der sibbe gestuppen mogen an geliker stat, de nemet dat erve gelike* nach seiner Auslegung[373] gerade nicht auf die im Gliederbild auch seiner Ansicht nach dargestellte zweite Parentel beziehen kann, weil bei einer Zählung *twischen deme nagele unde deme hovede* der Hals mitzuzählen wäre[374]. Wasserschleben stützt seine Ansicht mit dem Hinweis, dass es sich bei dem Arm um ein Seitenglied handelt, dies zeige schon an, dass die im Gliederbild dargestellte Bestimmung der Verwandtschaftsnähe sich allein auf Seitenverwandte beziehen könne[375]. Indes kann dieses Argument allein die weitreichenden Schlüsse Wasserschlebens kaum rechtfertigen. Ebenso gut ist denkbar, dass der Rumpf nicht die passende Anzahl von Gelenken aufwies[376], oder aber (aus Sicht der Gliederzählung argumentiert), dass die Wahl des Seitengliedes auf einem anderen Umstand beruht: Wie es bei der Verwandtschaftsbestimmung von Seitenverwandten zwei Linien, die vom Stammelternpaar zur Erblasser/in einerseits und die zur Erbprätendent/in andererseits, gibt, so hat der menschliche Körper nur einen Rumpf, aber zwei Arme. Soweit Wasserschlebens Ansichten in Bezug auf die Komputation von der „germanischen" Komputation abweichen, lassen sich also dafür im Sachsenspiegel keine Hinweise finden, für seine These zum Prinzip der Drei-Linien-Ordnung allenfalls die Tatsache, dass der zum Abzählen genutzte Arm ein Seitenglied ist.

Auch die Annahmen Siegels in Bezug auf die Bestimmung der Verwandtschaftsnähe – zugrunde gelegt sei hier die Annahme der klassischen kanonischen Kompu-

---

den Erblassereltern b (B) ebenfalls im Hals stehend – gleich nah, obwohl Erblassergeschwister laut Ldr. I 17 § 1 vorrangig erbten. – Diese Argumentation steht und fällt jedoch mit der Komputation. Bei einer Komputation, die beide Linien, die zwischen Stammelternpaar und Erblasser/in und die zwischen Stammelternpaar und Prätendent/in beachtet, stünden d (C1) und e (B1) keineswegs im selben Verwandtschaftsgrad. Zudem könnte es sich bei dem Vorzug der Geschwister in Ldr. I 17 § 1 theoretisch auch um eine Ausnahmeregelung handeln, wie sie etwa im Novellenrecht vorgesehen ist. Hinsichtlich der zuerst genannten Konstellation wäre bei einer beide Linien beachtenden Komputation d (C1) ebenfalls nicht näher mit dem Erblasser verwandt als f (B2), zudem ergibt sich aus dem Sachsenspiegeltext insoweit außerhalb des Gliederbildes auch keine eindeutige Aussage zur Rangfolge beider.

373 Seiner Ansicht nach handelt es sich bei den Erblassergeschwistern aber zwar nicht hinsichtlich der Erbfolge (wo sie als Seitenverwandte nach allen Vorfahren erbten), wohl aber hinsichtlich der Komputation um Angehörige des Stammes (sie stünden im Hals und damit im Rumpf), die keine Sippezahl innehätten und daher vor allen anderen Seitenverwandten erbten, Wasserschleben, Successionsordnung S. 35, Verwandtschaftsberechnung S. 17 f.

374 Wasserschleben, Verwandtschaftsberechnung S. 19 f.

375 Wasserschleben, Verwandtschaftsberechnung S. 12.

376 Stutz, Verwandtschaftsbild S. 10.

tation, wie er sie in seiner Habilitationsschrift vertritt – lassen sich kaum auf den Wortlaut von Ldr. I 3 § 3 stützen. Zwar kann auch Siegel wie die Vertreter*innen der Parentelordnung und der damit verbundenen „germanischen" Komputation und wie Wasserschleben darauf verweisen, dass im Gliederbild an nur einem Arm entlang abgezählt wird, was bei Seitenverwandten auf die Beachtung nur einer Linie verweisen könnte. Allein, seine Annahme, dass bei unterschiedlich langen Linien die jeweils längere entscheidend gewesen sei, lässt sich keineswegs auf die Darstellung des Gliederbildes zurückführen[377].

Gleiches gilt für die durch von Amira vorgeschlagene Berücksichtigung der im Hals stehenden Verwandten mit einem Bruchteil gegenüber den in einem Gelenk stehenden Verwandten. Wäre bei der Zählung noch zwischen vollen und halben Zählwerten zu unterscheiden, wäre ein Hinweis auf diesen für die Erbfolge wichtigen Umstand in der Darstellung des Gliederbildes durchaus zu erwarten[378]. Ein solcher findet sich indes nicht. Vielmehr wird der Hals in Ldr. I 3 § 3 Satz 2 ausdrücklich als Gelenk bezeichnet, was gegen eine Ungleichbehandlung mit den übrigen Gelenken spricht.

Auch die Gliederzählung scheint sich auf den ersten Blick nicht auf das Gliederbild stützen zu können, wird hier doch beschrieben, wie an nur einem Arm herab die Verwandtschaftsnähe abgezählt wird. Geht man aber davon aus, dass das Gliederbild übertragbar ist[379], und dass bei Seitenverwandten aus einer höheren als der in Ldr. I 3 § 3 beispielhaft dargestellten zweiten Parentel[380] die Gelenke beider Arme des menschlichen Körpers mit den die Verwandtschaft vermittelnden Personen zu besetzten sind, so lässt sich das Gliederbild sogar so ausgezeichnet als Darstellung der Gliederzählung verstehen, dass dies als ein zentrales Argument für die Annahme dieser Komputation gelten kann.

In der Literatur finden sich insoweit, entsprechend den zwei Ausprägungen der Gliederzählung, zwei Auslegungsvarianten. Beide stimmen in der Anordnung der Verwandten an den einzelnen Gelenken überein. Das Gliederbild dient demnach nicht der Darstellung der gesamten Sippe der Erblasser/in, sondern immer der Ermittlung eines Verwandtschaftsverhältnisses zwischen zwei Personen, nämlich der Erblasser/in einerseits und der jeweils in Frage stehenden Erbprätendent/in andererseits[381]. Handelt es sich bei beiden um Verwandte gerader Linie, so ist nur ein Arm besetzt, indem der/die Ältere von beiden im Haupt steht und seine/ihre Nach-

377 Im Gegenteil, die Formulierung *De sik naer to der sibbe gestubben mach, de nimt dat erve to voren* scheint eher für ein Abstellen auf die kürzere Linie zu sprechen.

378 Wenn v. Amira, GGA 1884,1 (1884) S. 43 die Vorstellung seiner These – die er bewusst einschränkend im Konjunktiv und lediglich als Alternative zu derjenigen Schanz' formuliert – mit dem Hinweis beschließt, es handele „sich bei der Annahme dieser Komputation nicht um moderne Tüftelei", verweist er bereits selbst indirekt auf diesen Umstand.

379 Oben Anm. 364.

380 Oben Anm. 362.

381 Schanz, Erbfolgeprinzip S. 50 f.; Meuten, Erbfolgeordnung S. 49.

komm/innen bis zum/zur anderen herab im Hals, gegebenenfalls auch der Schulter und den Gelenken des Arms und der Hand angeordnet sind. Gleiches gilt für Verwandte der zweiten Parentel. Die Erblasser/in oder aber die Erbprätendent/in steht im Hals, gemeinsam mit seiner/ihrer Schwester oder seinem/ihrem Bruder, die/der die Verwandtschaft zur Erbprätendent/in oder aber zur Erblasser/in vermittelt, dieser/diese steht im Arm oder an der Hand des einen beschriebenen Arms. Handelt es sich dagegen um entferntere Seitenverwandte, so sind beide Arme besetzt. Im Haupt steht in diesem Fall das gemeinsame Stammelternpaar von Erblasser/in und Erbprätendent/in. Gemeinsam im Hals sind – wenn es sich bei ihnen um Vollgeschwister handelt – diejenigen zwei Kinder des Stammelternpaares angeordnet, die die Verwandtschaft zur Erblasser/in einerseits und zur Erbprätendent/in andererseits vermitteln[382]. Dann können an einem Arm hinab, soweit vorhanden, die weiteren Vorfahr/innen der Erblasser/in abgezählt werden, am anderen Arm die der Prätendent/in.

Ist auf diese Weise die Stellung der Erblasser/in und der Erbprätendent/in auf der jeweiligen Seite des Gliederbildes festgelegt, so müssen zur Bestimmung des Verwandtschaftsgrades zwischen beiden lediglich alle besetzten Gelenke zusammengezählt werden[383]. Nicht gezählt wird der Kopf[384], der kein Gelenk ist[385]. Aus diesem Umstand ergeben sich gegenüber der römischen Komputation im Ergebnis keine Unterschiede[386].

---

382 Bzw. die Erblasser/in und/oder die Erbprätendent/in selbst, wenn es sich bei dem Stammelternpaar um die Eltern von einem oder beiden handelt.

383 Schanz, Erbfolgeprinzip S. 50 f.; Meijers, TRG 6 (1925) S. 16; Meuten, Erbfolgeordnung S. 49 f.

384 Schanz, Erbfolgeprinzip S. 50 f.; Meijers, TRG 6 (1925) S. 16, 18; Meuten, Erbfolgeordnung S. 114, 116. Keine Aussage dazu trifft v. Ficker, Untersuchungen zur Erbenfolge II, der im Gliederbild vorzugweise eine Darstellung der Erbrechtsgrenze sieht und selbiges daher im Zusammenhang mit der Gliederzählung nicht thematisiert. Aus seiner Begründung für die charakteristische Verschiebung der Seitenverwandten gegenüber den Verwandten gerader Linie lässt sich aber schließen, dass er den Kopf wohl bei Verwandten gerader Linie mitzählt, nicht aber bei Seitenverwandten, dazu unten Anm. 387.

385 Auch die Vertreter*innen der anderen Ansichten bezüglich der Komputation, insbesondere die Vertreter*innen von „germanischer" und kanonischer Komputation, zählen den Kopf als Ausgangspunkt ihrer Zählung nicht mit. Dies legt in der Tat auch Ldr. I 3 § 3 Satz 14 nahe (Hervorhebung der Vf.): *Die t v i s c h e n deme nagele unde deme hovede sik to der sibbe gestuppen mogen an geliker stat, de nemet dat erve gelike.*

386 Die römische Komputation zählt nach heutiger Ansicht die vermittelnden Geburten, also gewissermaßen nicht die verwandten Personen selbst, sondern die Verbindung zwischen ihnen, oder, im Gliederbild gesprochen, nicht die Gelenke, sondern die Knochen. Die Anzahl der vermittelnden Geburten ist aber stets um eins geringer als die Anzahl der Personen, die durch diese vermittelnden Geburten verbunden werden. Im Bild des gelehrten Rechts: für das erste Fenster einer Arkadenreihe braucht man zwei Säulen, für alle folgenden aber nur noch eine weitere, oben Anm. 223. Dieser Umstand gleicht die Tatsache aus, dass nach der Gliederzählung von den Verwandten (also Erblasser/in, Erbprätendent/in und die die Verwandtschaft

Soweit von Ficker[387] und wohl auch Meuten[388] die charakteristische Verschiebung der Seitenverwandten im Verhältnis zu Verwandten gerader Linie gegenüber der römischen Komputation auf diesen Umstand zurückführen, ist dem nicht zuzustimmen[389].

---

zwischen beiden vermittelnden Personen) „eine“ Person (nämlich das im Haupte stehende Stammelternpaar, das auch nach römischer Komputation nur einmal gezählt wird, denn betrachtet werden nur die Anzahl der vermittelnden Geburten und diese ist unabhängig davon, dass hier zwei vermittelnde Verwandte, Stammvater und Stammmutter in Betracht kommen) nicht berücksichtigt wird. – Mit anderen Worten: Die römische Zählung der vermittelnden Geburten lässt sich in eine auf die Verwandten selbst abstellende Zählweise in der Form übersetzten, dass vom Erblasser/in zur Erbprätendent/in alle Verwandten abgezählt werden, dabei der/die erstgenannte aber als Ausgangspunkt der Zählung unberücksichtigt bleibt. Die römische Komputation würde also zwar das im Haupt stehende Stammelternpaar mit einem Zählwert (es wird also wahlweise die Stammmutter oder der Stammvater gezählt) berücksichtigen, das bei der Gliederzählung ungezählt bleibt, dafür lässt sie aber die Erblasser/in als Ausgangspunkt der Zählung unberücksichtigt, der/die nach der Gliederzählung grundsätzlich mitgezählt wird – wenn er/sie nicht selbst im Haupt steht, in diesem Fall sind beide Zählweisen identisch. Im Ergebnis unterscheiden sich beide Komputationen daher nicht.

387 V. FICKER, Untersuchungen zur Erbenfolge II S. 22: „Dieses Zurückbleiben ergibt sich daraus, dass zwar in der geraden absteigenden und aufsteigenden Linie nach römischer Weise gezählt wurde, dagegen bei Zählung in der Seitenlinie der gemeinsame Stammvater nicht berücksichtigt, sondern von einem Geschwister unmittelbar auf das andere und dann von diesem abwärts gezählt wird“.

388 In diese Richtung deutet seine Formulierung in MEUTEN, Erbfolgeordnung S. 113: „Die Lösung kann jetzt nur darin bestehen, alle Glieder vom Erblasser bis hin zum Erbprätendenten oder umgekehrt durchgehend zu zählen. Dabei ist aber nicht, wie in der römischen Komputation, eine Seite bis zum Stammvater hinauf und dann die andere Gliederreihe hinab zu zählen, sondern der Scheitelpunkt der Zählung findet sich am Hals der Gliederfigur. Die dort stehenden Kinder des Stammvaters fließen als Geschwister gemeinsam mit nur einer Ziffer in die Zählung mit ein. Der Gradabstand zwischen Geschwistern beträgt mithin eins, da direkt von Geschwister zu Geschwister gezählt wird und nicht wie im römischen Recht vom Bruder oder von der Schwester einen Grad hinauf zum Stammvater und von diesem einen weiteren Grad wieder hinab zum Bruder oder zur Schwester.“ Doch hält er an anderer Stelle ausdrücklich fest, dass das Haupt in die Zählung nicht einzubeziehen ist, oben Anm. 343, insoweit ergeben sich also keine Unterschiede zwischen Verwandten gerader Linie und Seitenverwandten. Möglicherweise sind also seine Darlegungen im m. E. zutreffenden Sinne MEIJERS, unten Anm. 390, auszulegen. Anknüpfungspunkte dafür könnten die Formulierungen MEUTEN, ebenda S. 113 f. sein: „Die dort stehenden Kinder des Stammvaters fließen als Geschwister gemeinsam mit nur einer Ziffer in die Zählung mit ein. (…) Da aber nur ein Halsglied vorhanden ist, kann auch nur eins gezählt werden“.

389 Zwar kommt eine Zählung, die entsprechend der römischen Komputation den Ausgangspunkt der Zählung nicht mit einbezieht und dann bei Verwandten aufsteigender gerader Linie das Stammelternpaar als einen Zählwert mit einbezieht, bei Seitenverwandten aber direkt von der einen direkten Nachkomm/in des Stammelternpaars auf den/die andere/n zählt, im Ergebnis zu den gleichen Verwandtschaftsgraden, wie die Gliederzählung, und es

Es ergibt sich die der Gliederzählung charakteristische Verschiebung vielmehr entsprechend der Ansicht Meijers[390] aus einem andern Umstand: Entscheidend ist die Tatsache, dass die unmittelbaren Nachkomm/innen des gemeinsamen Stammelternpaares – solange sie Vollgeschwister sind – gemeinsam im Hals stehen.

Bei der konkreten Zählung lassen sich dabei die zwei angesprochenen Auslegungsvarianten unterscheiden, ohne dass diese aber – sieht man von der Benennung der Verwandtschaftsgrade einmal ab – zu unterschiedlichen Ergebnissen führen würden[391]. Meijers und Meuten beziehen den Hals in die Zählung mit ein, addieren zur Ermittlung der Verwandtschaftsnähe also alle mit Verwandten besetzten Gelenke einschließlich des Halses[392]. Bei der Ermittlung des Verwandtschaftsgrades von Verwandten gerader Linie ist jedes Gelenk mit genau einer Person besetzt, dadurch werden außer der im Haupt stehenden Erblasser/in oder aber Erbprätendent/in alle Personen berücksichtigt. Die so ermittelten Verwandtschaftsgrade entsprechen denen nach römischer Komputation. Handelt es sich bei Erblasser/in und Erbprätendent/in dagegen um vollbürtig verwandte Seitenverwandte, dann stehen im Hals – und nur dort – zwei Personen, nämlich die beiden unmittelbaren Nachkomm/innen des gemeinsamen Stammelternpaares. Dadurch bleibt bei der Ermittlung der Verwandtschaftsnähe von Seitenverwandten nicht nur das im Haupte stehenden Stammelternpaar[393], sondern stets auch eine weitere Person unberücksichtigt, sodass sich hier im Vergleich zur römischen Komputation ein um einen Zählwert geringerer Verwandt-

---

ist keinesfalls ausgeschlossen, dass diese Zählweise in der Rechtspraxis durchaus verwendet wurde. Der Sachsenspiegel stellt jedoch mit dem Gliederbild eine andere Zählweise dar. Der Kopf wird danach in keinem Fall gezählt, oben Anm. 385, es ergeben sich also insoweit keine Unterschiede zwischen Seitenverwandten und Verwandten gerader Linie.

390 Meijers, TRG 6 (1925) S. 18. Zwar formuliert auch er, ebenda S. 4 im Sinne v. Fickers und Meutens: „Die (…) <Gliederzählung> zählt in der rechten aufsteigenden und absteigenden Linie grade wie die römische und kanonische Zählung. In der Seitenlinie bleibt sie jedoch immer einen Grad hinter dem römischen zurück, weil man nicht zum gemeinsamen Stammvater aufsteigt, vielmehr von einem Bruder auf den anderen übergeht.“, doch führt er konkret in Bezug auf den Sachsenspiegel aus: „Und dabei gebe man nun auf diesen Punkt acht: der Unterschied zwischen dem Autor der Summa und dem Sachsenspiegel ist nur, dass der erste die zwei Brüder, zu denen man aufsteigt, jeden an eine Seite in ein Gelenk stellt, der Sachsenspiegel dagegen beide zusammen ins Halsgelenk. Und der Erfolg, wenn man alle Gelenke zusammenzählt? Dass unsere Summa bei Verwandten in der Seitenlinie rein römisch komputiert, der Sachsenspiegel jedoch in der Seitenlinie um einen Grad hinter der römischen Zählung zurückbleibt“.

391 Auf diesen Umstand weist auch v. Ficker, Untersuchungen zur Erbenfolge II S. 56 hin, der aber im Gliederbild vorzugsweise eine Darstellung der Erbrechtsgrenze sieht und selbiges daher nicht im Zusammenhang mit der Gliederzählung thematisiert. Unterschiede ergeben sich aber bei halbbürtig verwandten Seitenverwandten, dazu sogleich S. 97.

392 Beachtlich ist dabei die Anzahl der Gelenke, unerheblich ist, wie viele Personen in ihnen jeweils angeordnet sind. Meijers, TRG 6 (1925) S. 16, 18, 18 Anm. 1; Meuten, Erbfolgeordnung S. 113–116.

393 Vgl. oben Anm. 389.

schaftsgrad ergibt. Eben durch die gemeinsame Anordnung der unmittelbaren Nachkomm/innen des Stammelternpaares im Hals illustriert das Gliederbild also die der Gliederzählung charakteristische Verschiebung der Seitenverwandten im Verhältnis zu Verwandten gerader Linie gegenüber der römischen Komputation.

Anders zählt Schanz. Er geht – insoweit in Übereinstimmung mit den Vertreter*innen von „germanischer" und modifizierter kanonischer Komputation[394] – davon aus, dass der Hals wie das Haupt bei der Addition der mit Verwandten besetzten Gelenke nicht mitzuzählen sei[395]. Bei dieser Zählung ergibt sich ebenfalls die beschriebene charakteristische Verschiebung, darüber hinaus ist die Benennung der Verwandtschaftsgrade gegenüber der römischen Komputation um einen Grad geringer[396]. Dies resultiert daraus, dass bei Verwandten gerader Linie eine Person nicht gezählt wird, die nach römischer Komputation beachtlich wäre – außer der auch nach römischer Komputation unbeachtlichen, im Haupt stehenden Person der Erblasser/in bzw. der Erbprätendent/in würde nämlich die im Hals stehende Person der unmittelbaren Nachkomm/in der vorgenannten Person nicht gezählt –, bei Seitenverwandten dagegen zwei – nämlich beide gemeinsam im Hals stehenden unmittelbaren Nachkomm/innen der im Haupt stehenden Person.

Gegenüber dieser Ansicht Schanz' ist jedoch die Ansicht von Meijers und Meuten aus drei Gründen vorzuziehen. Zum einen wird der Hals in Ldr. I 3 § 3 Satz 3 und 4 als Gelenk bezeichnet, daher scheint es wenig wahrscheinlich, dass er bei der Zählung abweichend von den übrigen Gelenken behandelt wird[397]. Dass er wie diese vielmehr mitzuzählen ist, legt zum anderen die Formulierung von Ldr. I 3 § 3 Satz 14 nahe: *die tvischen deme nagele unde deme hovede*[398] *sik to der sibbe gestuppen mogen*[399]. Zum dritten spricht dafür auch die Anwendung des Gliederbilds auf die Fälle der Halbbürtigkeit:

Anders als die römische Komputation[400] unterscheidet die Gliederzählung[401] die Fälle halbbürtiger Verwandtschaft[402] von den Fällen vollbürtiger Verwandtschaft. Eike

394 Oben Anm. 310, gleicher Ansicht auch v. Amira, Erbenfolge S. 130.

395 Schanz, Erbfolgeprinzip S. 50 f.

396 Der nächste Verwandtschaftsgrad ist nach Schanz also unbenannt, oben Anm. 334.

397 Ldr. I 3 § 3 Satz 3 und 4 (Hervorhebungen der Vf.): *In des halses lede die kindere, die ane tveinge vader unde muder geboren sin. Is dar tveinge an, die ne mogen an eime lede nicht bestan unde scricket an ein ander let.*

398 Hervorhebungen der Vf.

399 So gegen v. Amira und Schanz Stutz, Verwandtschaftsbild S. 21.

400 Zwar unterscheidet auch im römischen Recht die Erbfolgeordnung zwischen vollbürtiger und halbbürtiger Verwandtschaft, vgl. etwa Nov. 118, 3, oben S. 56, doch hat die Halbbürtigkeit keine Auswirkung auf den Verwandtschaftsgrad, da nach römischer Komputation die vermittelnden Geburten gezählt werden.

401 Jedenfalls, wenn es sich bei dem in Ldr. I 3 § 3 beschriebenen Gliederbild um eine Darstellung der Verwandtschaftsgrade und nicht allein der Erbfolgeordnung handelt, so zu Recht die ganz herrschende Meinung, vgl. oben S. 77 ff.

402 Also Seitenverwandte, bei denen die im Hals stehenden unmittelbaren Nachkomm/innen der gemeinsamen Stammmutter oder des gemeinsamen Stammvaters – im Haupt steht in diesem

von Repgow betont schon in Ldr. I 3 § 3 Satz 3, dass es sich bei dem im Hals stehenden Geschwisterpaar um Vollgeschwister handeln muss. Im folgenden Satz führt er dann aus, was andernfalls die Konsequenz ist: In diesem Fall können die Geschwister nicht gemeinsam in einem Gelenk, dem des Halses, stehen bleiben, vielmehr *scricket*[403] – beide[404] – *an ein ander let.* Im Hals steht damit niemand mehr, die Geschwister besetzten dann entweder das Schultergelenk, indem ihre Nachkomm/innen jeweils ein Gelenk herabwandern, oder aber es wird auf jedem Arm an der Schulter ein „zweites", fiktives Gelenk eingefügt. Dies ist, wie zu zeigen sein wird, das Verständnis der Bilderhandschriften zum Sachsenspiegel und wird daher im folgenden Text und der graphischen Umsetzung auf S. 102 f. zugrunde gelegt. Addiert man nun die besetzten Gelenke, dann ergibt sich im Vergleich zu vollbürtigen Verwandten des nach römischer Komputation selben Verwandtschaftsgrades nach der Zählweise von Meijers und Meuten eine Abweichung von einem Grad: Da die beiden unmittelbaren Nachkomm/innen der gemeinsamen Stammmutter oder des gemeinsamen Stammvaters – also die nunmehr nicht im Hals stehenden Halbgeschwister – auf dem Arm eingeordnet sind und es zwei Arme gibt, werden beide gezählt, nicht gezählt wird aber der dergestalt nicht besetzte Hals. Nach der Zählweise von Schanz ergibt sich dagegen eine Abweichung von zwei Graden. Weil er den Hals auch bei vollbürtigen Seitenverwandten nicht zählt, kommen die beiden zweiten fiktiven Schultergelenke hinzu[405], ohne dass der nunmehr unbesetzte Hals in Abzug zu bringen wäre. Dass das Erstgenannte der Zählweise des Sachsenspiegels entspricht, zeigt sich in Ldr. II 20 § 1 Satz 2: *Ungetveide broder kint sin ok gelike na deme getveiden brudere an dem erve to nemene.* Damit ist der Ansicht Meijers' und Meutens der Vorzug zu geben.

Fall gerade kein gemeinsames Stammelternpaar –, Halbgeschwister sind. Bei Verwandten gerader Linie gibt es naturgemäß keine halbbürtigen Verwandten, weil in direkter Linie, sieht man einmal von Fällen der Mehrfachverwandtschaft ab, die Verwandtschaft stets über Einzelpersonen vermittelt wird. Aus diesem Grunde muss der Sachsenspiegel für die Darstellung halbbürtiger Verwandtschaft sich auch allein auf Kopf und Hals beziehen, weil nur im Kopf entweder eine Einzelperson oder ein gemeinsames Stammelternpaar stehen kann, alle weiteren Verwandten in Bezug auf diese aber Verwandte gerader Linie sind.

403 Walther/Lübben, Mittelniederdeutsches Handwörterbuch S. 335 bieten für *schricken* die Bedeutungen „Hände ober Füße rasch bewegen: klatschen, in die Hände schlagen, *plaudere*; springen; tanzen".

404 *Scricket* ist sowohl der Singular oder auch als Plural der 3. Person Indikativ, vgl. Lasch, Mittelniederdeutsche Grammatik S. 224. Jedoch legt die Tatsache, dass im ersten Halbsatz eindeutig eine Pluralform steht und im zweiten Halbsatz kein neues Subjekt benannt ist, nahe, dass es sich auch bei *scricket* um einen Plural handelt, dass also beide Geschwister an ein „zweites" oder „anderes" Gelenk springen.

405 Bzw. die zwei Gelenke, an die Erblasser/in und Erbprätendent/in aufgrund der Verschiebung bei halbbürtigen Verwandten herabgewandert sind, wenn man keine fiktiven Gelenke annimmt.

Ergänzend ist in diesem Zusammenhang festzuhalten, dass halbbürtige Verwandtschaft sich nicht, wie gelegentlich angenommen[406], allein im Verwandtschaftsverhältnis von Geschwistern und deren Nachkomm/innen auswirkt. Die entsprechende Verschiebung ist auch bei entfernteren Verwandtschaftsgraden zu beobachten. Dies lässt sich aus der Formulierung von Ldr. I 3 § 3 Satz 6 schließen, in dem auch in Bezug auf die Enkel/innen des Stammelternpaares das Erfordernis einer vollbürtigen Verwandtschaft festgehalten wird: *Ungetveider brüder kindere de stat an deme lede, dar scülderen unde arm to samene gat; also dut de süster kindere.* Handelt es sich also um halbbürtig verwandte Cousins und/oder Cousinen, dann stehen entweder beide am Ellenbogen – wenn von einem Herabwandernder Verwandten auf dem Arm ausgegangen wird[407] – oder aber jeweils in einem von den beiden (fiktiven) zweiten Schultergelenken[408].

Neben einer vom Grundfall unterschiedlichen Zählweise bei halbbürtiger Verwandtschaft, die wie soeben gezeigt im Ergebnis der römischen Komputation entspricht, nehmen die Vertreter*innen der Gliederzählung noch in einem weiteren Fall eine besondere Zählweise an, nämlich für die Ermittlung der Erbgrenze. Hier soll der Sachsenspiegel von einer Komputation ausgehen, die im Ergebnis mit der klassischen kanonischen Komputation übereinstimmt[409]. Zweifelhaft scheint, ob sich auch diese These am Sachsenspiegeltext, namentlich dem Gliederbild, festmachen lässt, wurde doch bereits bei der Auseinandersetzung mit der Ansicht Siegels festgestellt, dass das Gliederbild wenig Anhaltspunkte für die klassische kanonische Komputation enthält. Dieser Befund gilt aber allein für eine Ansicht, welche die Rangfolge der Verwandten anhand der kanonischen Komputation bestimmt und daher im Sachsenspiegel alle Verwandtschaftsgrade dargestellt sehen muss. Soweit nur ein Verwandtschaftsgrad nach kanonischer Komputation beachtlich ist, nämlich derjenige, der die Erbschaftsgrenze bildet, lässt sich dieser sehr wohl anhand des Gliederbilds bestimmen. Er ergibt sich zwanglos daraus, dass sowohl die Erblasser/in als auch die Erbprätendent/in im Verhältnis zum Haupt einen bestimmten Abstand nicht überschreiten dürfen, andernfalls finden sie an den Gliedern des Körpers keinen Platz mehr. Sobald also entweder die Linie der Erblasser/in oder aber die Linie der Erbprätendent/in zum gemeinsamen Stammelternpaar acht[410] Verwandtschaftsgrade übersteigt – beachtlich ist damit die jeweils längere Linie –, lassen sich Erblasser/in, Erbprätendent/in und die die Verwandtschaft zwischen ihnen vermittelnden Verwandten nicht mehr wie in

406 So v. Sydow, Erbrecht S. 111; Wasserschleben, Successionsordnung S. 61.

407 Zu diesen Alternativen oben S. 98.

408 Die Frage, ob sich die halbbürtige Verwandtschaft allein bei den Erblassergeschwistern und deren Nachkomm/innen auswirkt, war bereits im 15. und 16. Jahrhundert umstritten und wurde bis in die Zeit des sächsischen Privatrechts im 19. Jahrhundert kontrovers diskutiert, jedoch mit Hinweis aus den Sachsenspiegel überwiegend im hier vertretenen Sinne entschieden, Meuten, Erbfolge S. 128.

409 Oben S. 85 f.

410 Oder sieben, je nachdem, ob bei einer Stellung der Erblasser/in und/oder der Erbprätendent/in im Nagel ein Erbrecht noch besteht, oben Anm. 261.

Ldr. I 3 § 3 beschrieben auf den Gelenken des menschlichen Körpers verorten. Das Gliederbild lässt also ohne weiteres das Überschreiten der Erbrechtsgrenze erkennen. Ein getrennter Rechenschritt muss dabei nicht vollzogen werden[411].

Legt man also das in Ldr. I 3 § 3 dargestellte Gliederbild im Sinne der Gliederzählung aus, dann beinhaltet es – in Satz 1–3 und Satz 6–13 – eine Darstellung der charakteristischen Verschiebung der Seitenverwandten in Verhältnis zu Verwandten gerader Linie gegenüber der römischen Komputation. Eben aus dem Grund, weil der Körper nur einen Hals, aber zwei Arme hat und weil damit die unmittelbaren Nachkomm/innen des Stammelternpaares gemeinsam in einem Gelenk, dem Hals, stehen, nicht aber die weiteren, die Verwandtschaft vermittelnden Verwandten, ist der Körper so besonders geeignet zur Darstellung der Gliederzählung.

Daneben enthält Ldr. I 3 § 3, in Satz 4, eine Darstellung des Sonderfalls halbbürtiger Verwandtschaft, in dem die charakteristische Verschiebung nicht besteht, sodass halbbürtig verwandte Seitenverwandte jeweils um einen Grad entfernter verwandt sind als die entsprechenden vollbürtigen Seitenverwandten. Hier ist das Gliederbild mit der Maßgabe anzuwenden, dass die unmittelbaren Nachkomm/innen der gemeinsamen Stammmutter bzw. des gemeinsamen Stammvaters nicht im Hals, sondern auf den Armen anzuordnen sind[412]. Eike von Repgow weist in diesem

411 Unnötig scheint daher die scharfe Unterscheidung Meutens, Erbfolgeordnung S. 111, 113 zwischen der Bestimmung der Erbrechtsgrenze und der Bestimmung der Verwandtschaftsnähe. Zwar gehorchen beide im Ergebnis unterschiedlichen Rechenprinzipien. Der Sachsenspiegel stellt beide jedoch anhand eines einheitlichen Bildes dar, nämlich dem des menschlichen Körpers. Ob die Erbschaftsgrenze überschritten ist, zeigt sich bei der Anordnung der Verwandten in den Gelenken, eine eigene „Berechnung" ist nicht erforderlich. Die Verwandtschaftsnähe wird dann anhand einer Addition der besetzten Gelenke ermittelt. – Aufgrund dieser Tatsache, dass sich die Erbgrenze bereits zwanglos aus der Anordnung der Verwandten auf den Gelenken des Körpers ergibt, verliert auch das gegen eine Ermittlung der Erbgrenze nach eigenständigen Grundsätzen vorgebrachte Argument einer verkünstelten und unwahrscheinlich komplizierten Unterscheidung an Gewicht, so schon Schanz, oben Anm. 345.

412 Diese Anwendung des Gliederbildes ist etwa im Schwabenspiegel die einzig dargestellte, vgl. Swsp. Ldr. 3 Satz 3, 6, 9–17, 20–24: *In dem hovbet ist bezeichnett man vnd wip. (...) div reht vnd redelichen zer ê chomen sint. da ist niht zweivnge an. si sint wan ein lip. die chraft hant si von der heiligen ê. (...) vnd sint och bezeichent an daz eine lit des libes. daz heizet daz hovpt. vnd swenne si chint gewinnent elichen div sint och bezeichen an div nehsten gelider bidem hovpte. da ist da die arme an die schvlteren stozent. daz heizent die ahsel. vnd heizent div chint geswistrige. vnd hebent die ersten sippe zal die man zemagen rechent. daz wider stritent vngelerte livte. vnd mvs ez doch war sin vor den rehten maistern, (...), vnd also hebent geswistride die erste sippe. div elichen von vater vnd von mvter azwaivnge sint geborn. Ist aber zwaivnge an den chinden. so mvgen si an einem lide niht gesten. vnd srenchent an ein ander*, zitiert nach Lassberg, Schwabenspiegel S. 7. Der Schwabenspiegel geht also möglicherweise von der römischen Komputation aus, indem er sich bewusst von einer anderslautenden, als nicht gelehrt geltenden Meinung abgrenzt. Indes verweist auch er darauf, dass nur vollbürtige Geschwister in einem Glied stehen können – was seinen Ausführungen, die gemeinsame Stellung der Eheleute in einem Glied beruhe auf dem Ehebund, widerspricht –, sondern *srenchent an ein ander*. Nach diesen, offensichtlich an den Sachsenspiegel angelehnten, aber bewusst veränderten Ausführungen könnte für halbbürtige

Zusammenhang in Satz 5 durchaus folgerichtig – auch hier stellt sich die Frage, wie Haupt und Hals zu besetzen sind[413] – auch auf den gegenteiligen Fall der Doppelverwandtschaft hin und stellt fest, dieser habe auf die Komputation und damit die Anwendung des Gliederbildes keinen Einfluss. Schließlich lässt sich anhand des Gliederbildes auch die Erbgrenze nach der siebten Sippezahl bestimmen.

Die Anordnung der Verwandten auf dem Körper hat nach dieser Ansicht also einen über die bloße Vereinfachung des Abzählens hinausgehenden Zweck. Wie ein Abzählen der Monate auf den Fingerknöcheln bis zum heutigen Tag zur Ermittlung der Monatslänge herangezogen wird, weil es nicht nur illustriert, dass das Jahr mit einem langen, 31-tägigen Monat beginnt, sondern auch, dass mit dem siebten und dem achten Monat zwei lange, 31-tägige Monate aufeinander folgen, so dient das Abzählen der Verwandtschaftsnähe anhand von Kopf, Hals und den Gelenken der Seitenglieder der Ermittlung der Verwandtschaftsnähe, weil es nicht nur die Verwandtschaftsgrenze, sondern auch die herausgearbeitete charakteristische Verschiebung von Seitenverwandten im Verhältnis zu Verwandten gerader Linie nach der Gliederzählung zu illustrieren vermag. Es hat bei dieser Auslegung also eine weit höhere Bedeutung als die Abzählhilfe, die es nach den Vertreter*innen der Parentelordnung ist[414].

Nun lassen sich gegen die vorgestellte Deutung des Gliederbildes als Darstellung der Gliederzählung zwei Argumente anführen. Zum einen ist dies die bereits mehrfach angesprochene Tatsache, dass nach dem Text des Sachsenspiegels alle Verwandten auf nur einem Arm angeordnet werden. Zum anderen ist zur Bestimmung der Verwandtschaftsnähe beachtlich, wer *tvischen deme nagele unde deme hovede* sich zur Sippe zählen kann, nicht etwa *tvischen den nagelen* oder *tvischen den nagelen unde deme hovede*. Beides könnte darauf verweisen, dass schon die Grundannahme, es seien beide Linien beachtlich – die zwischen Erblasser/in und gemeinsamem Stammelternpaar und die zwischen selbigem und der Erbprätendent/in – fehlgeht. Einer solchen Argumentation lässt sich jedoch entgegenhalten, dass bei der nach überwie-

---

Seitenverwandte danach ebenfalls eine Verschiebung gegenüber den Verwandten gerader Linie gegolten haben, allerdings um einen Grad mehr im Vergleich zum römischen Recht. Das Körperbild würde also gewissermaßen entgegen seiner Funktion verwendet, möglicherweise, weil diese Funktion nicht mehr bekannt oder mit dem gelehrten Recht nicht vereinbar war.

413 Stutz, Verwandtschaftsbild S. 37 muss dagegen sowohl die Ausführungen zur Halbgeburt als auch die zur Doppelverwandtschaft als „Einschiebsel in die ganze Darstellung" sehen, ähnlich spricht Schadt, FmSt 10 (1976) S. 409 von einem „assoziativen Zwischenschieben". Hüpper, Ehe, Familie, Verwandtschaft S. 138 sieht die Ausführungen zur Schwippschwägerschaft geradezu als Interpolation.

414 Nach den Vertreter*innen der Parentelordnung dient das Gliederbild als echte Merkhilfe nur für die praktisch wenig relevante Erbrechtsgrenze, will man nicht in der Zusammenfassung aller Angehöriger einer Parentel in einem Körper mit einem einheitlichen Kopf eine Illustration der Einteilung der Verwandtschaft in Parentelen erblicken. Dies ist möglich, indes weist im übrigen Text des Sachsenspiegels nichts darauf – und schon gar nicht auf einen Vorrang näherer Parentelen vor entfernteren – hin.

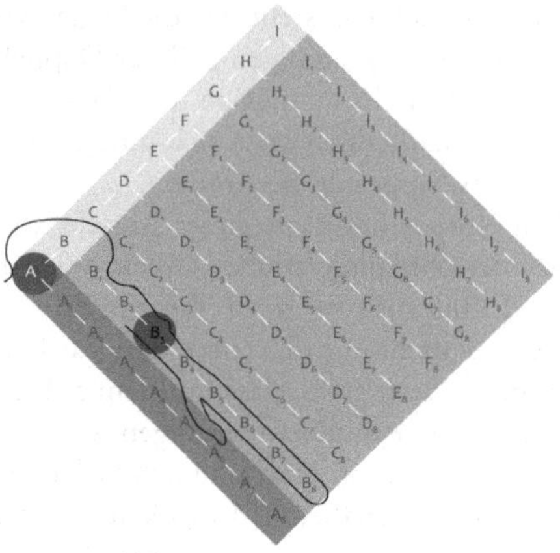

Fig. 12: Gliederzählung, zweite Parentel Gliederbild bei der Bestimmung der Verwandtschaftsnähe zwischen der Erblasser/in (A) und seinen/ihren Geschwisterenkel/innen (B_3). Besetzt sind hier drei Gelenke (der Hals mit der Erblasser/in und seiner/ihrer Schwester oder seinem/ihrem Bruder, die rechte Schulter mit dem Geschwisterkind und der rechte Ellenbogen mit der Geschwisterenkel/in) A und B_3 sind damit miteinander im dritten Grad verwandt.

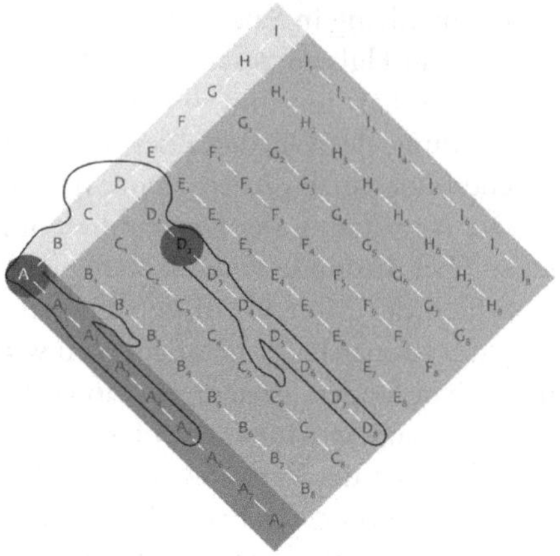

Fig. 13: Gliederzählung, vierte Parentel Gliederbild bei der Bestimmung der Verwandtschaftsnähe zwischen Erblasser/in (A) und Großelterngeschwisterkindern (D_2). Besetzt sind hier vier Gelenke (der linke Ellenbogen, die linke Schulter, der Hals und die rechte Schulter) A und D_2 sind zueinander im vierten Grad verwandt.

gender Ansicht im Gliederbild beispielhaft dargestellten zweiten Parentel tatsächlich nur Kopf, Hals und ein Arm besetzt sind. Zudem wählt Eike von Repgow bei seiner Darstellung der Bestimmung von Verwandtschaftsgraden mit den Gelenken an Armen und Händen gerade solche Körperstellen, die im menschlichen Körper je zweimal vorkommen. Als weiteres, gewichtiges Argument lassen sich schließlich die Bilderhandschriften zum Sachsenspiegel heranziehen[415]. Denn bei allen Handschriften[416] weisen die Darstellungen zu Ldr. I 3 § 3 Punkte auf beiden Armen auf. Als Darstellung der „germanischen" Komputation lassen sich diese Darstellungen damit schwerlich verstehen[417].

415 V. Amira, Dresdener Bilderhandschrift II, 1 S. 156.

416 Bzw. bei allen, bei denen eine entsprechende Darstellung erhalten ist, dies ist nicht der Fall bei der Heidelberger Handschrift.

417 So stellt auch Stutz, ZRG GA 47 (1927) S. 703 fest, in Bezug auf das Gliederbild sei „für <s>eine <eigenen> Lehren aus der Illustration nichts zu holen". Er hält die entsprechenden Darstellungen für „rein ‚akademisch', man könnte auch sagen, eine Spielerei". Stattdessen

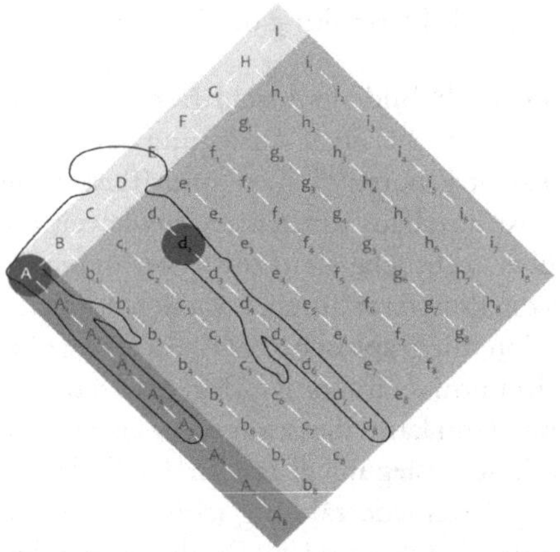

Fig. 14: Gliederzählung, halbbürtige Verwandtschaft Gliederbild bei der Bestimmung der Verwandtschaftsnähe zwischen Erblasser/in (A) und Großelterngeschwisterkindern (d_2), wenn A und d_2 halbbürtig verwandt, die unmittelbaren Nachkomm/innen (C und d_1) der nächsten gemeinsamen Vorfahr/in (D) also Halbgeschwister sind. In diesem Fall stehen die beiden letztgenannten nicht gemeinsam im Hals, sondern springen jeweils an ein zweites, fiktives Glied an der Schulter. Besetzt sind hier fünf Gelenke (der linke Ellenbogen, die linke Schulter, das fiktive zweite linke Schultergelenk, die rechte Schulter und das fiktive zweite rechte Schultergelenk) A und d_2 sind zueinander im daher nicht wie vollbürtige verwandte Angehörige derselben Generationen im vierten, sondern im fünften Grad verwandt.

Fig. 15: Gliederzählung, Erbgrenze Gliederbild bei der Bestimmung der Verwandtschaftsnähe der Erblasser/in (A) mit dem/der entferntesten erbberechtigten Verwandten (I_8) Besetzt sind hier alle 15 Gelenke bzw. Nägel, A und I_8 sind damit zueinander im 15. Grad verwandt. Vorausgesetzt sei hier, dass der Nagelmage noch erbberechtig ist. Andernfalls wäre H das letzte Stammelternpaar, dessen Nachkommenschaft erbberechtigt ist, und H_7 der/die entfernteste erbberechtigte Verwandte.

verweist Stutz, ZRG GA 24 = 37 (1903) S. 413, ZRG GA 47 (1927) S. 703–705 vorrangig auf die Illustrationen zu Ldr. I 3 § 3 a. E. und zu Ldr. I 19 § 1, zumal dort das Abzählen vor Gericht insofern lebensnaher dargestellt werde, dass die Personen bekleidet seien. – Dieser Verweis überzeugt indes nicht. Schon die zentrale Darstellung zur Bestimmung der Verwandtschaftsnähe schlicht außer Acht zu lassen, erscheint nach wissenschaftlichen Grundsätzen ein zweifelhaftes Vorgehen. Zudem bezieht sich die Darstellung zu Ldr. I 19 § 1 auf die Verwandtschaftsgrenze und die Darstellung zu Ldr. I 3 § 3 a. E. auf das kanonische Eheverbot, die beide kanonisch, also aufgrund einer bei Seitenverwandten nur eine, nämlich die längere Linie beachtende Zählweise, ermittelt wurden, oben S. 56 f.

b. Das Gliederbild in den Bilderhandschriften als Darstellung der Komputation

Die im Laufe des 14. Jahrhunderts entstandenen[418] Bilderhandschriften sind deutlich jünger als der Text des Sachsenspiegels, somit ist bei einer Auslegung des Textes anhand der Bilderhandschriften größte Vorsicht geboten[419]. Text und Illustration können nicht gleichgesetzt werden. Zudem ist durchaus umstritten, inwieweit die Illustrator*innen der Bilderhandschriften über rechtliche Kenntnisse verfügten[420]. Zeigen die Bilderhandschriften jedoch, dass die Illustrator*innen etwa den durchaus komplizierten Gedankengang der Komputation mit graphischen Mitteln eigenständig umsetzen, so spricht das für rechtliche Kenntnisse ihrerseits. Begegnet dann in den Darstellungen eine bestimmte Auslegung, dann kann dies zwar nicht als Beweis, aber durchaus als gewichtiges Argument für diese Auslegung gelten. In der Tat lassen sich die Darstellungen unter Zugrundelegung der Gliederzählung schlüssig deuten, in einer von allen bisherigen Deutungen abweichenden und m. E. überzeugenden Weise.

Alle drei Bilderhandschriften, die Illustrationen zu Ldr. I 3 § 3 enthalten[421], geben zur Darstellung des Gliederbildes zwei Figuren wieder, eine einköpfige und

418 Die Heidelberger Handschrift (Cod. Pal. Germ. 164, Heidelberg, Universitätsbibliothek) wird auf 1295–1304 datiert, die Dresdner (Mscr. Dresd. M. 32, Dresden, Sächsische Landesbibliothek – Staats- und Universitätsbibliothek) auf 1308–1330 und die Wolfenbütteler (Cod. Guelf. 3.1 Aug. 2°, Wolfenbüttel, Herzog August Bibliothek) auf das dritte Viertel des 14. Jahrhunderts. Die Oldenburger (CIM I 410, Oldenburg, Landesbibliothek) gibt im Kolophon das Jahr 1336 an. Für die Urhandschrift wird eine Entstehungszeit zwischen 1291 und 1295 angenommen, Schmidt-Wiegand, Wolfenbütteler Bilderhandschrift im Kreis der Codices picturati S. 6; Nass; Wappen in den Bilderhandschriften S. 252, 254; Weinert, Zur Schreibsprache der Dresdner Bilderhandschrift S. 84; Milde, Kodikologische und paläographische Einführung S. 17 f.

419 Stutz, ZRG GA 47 (1927) S. 702; Schadt, FmSt 10 (1976) S. 413–416, 433–435; Meuten, Erbfolgeordnung S. 67 f.

420 Dies verneint etwa aufgrund einer Untersuchung zum Scheltegestus und den Urteilsrosen König, ZRG GA 127 (2010) S. 50, skeptisch in Bezug auf die Darstellung der Gliederbilder auch Stutz, ZRG GA 47 (1927) S. 703, oben Anm. 417. Anderer Ansicht Benna, Art. Bilderhandschriften, in: HRG[1] I Sp. 423, für die die Illuminatoren „zweifellos rechtskundige Männer" waren, so wohl auch Koschorreck, Heidelberger Bilderhandschrift II S. 16–19, der in den Illustrationen zwar vorrangig eine Gedächtnisstütze sieht, doch verschiedentlich mit Erklärungen und Interpretationen, Schmidt-Wiegand, Text und Bild in den Codices picturati S. 11 f., die sogar eine Veränderung der Bildersprache im Laufe der Überlieferungsgeschichte feststellt, Ott, Vorläufige Bemerkungen S. 43, der den Illustrationen die Funktion einer bildlichen Glosse zuschreibt, und Munzel-Everling, Signa Ivris 2 (2008) S. 120, nach der es dem Illustrator jedenfalls der Heidelberger Handschrift in den meisten Fällen gelungen sei, die Aussage des Rechtstextes ins Bild zu transportieren und nach der darum die Bilderhandschriften Hinweise auf die zeitgenössische Interpretation geben.

421 Die Heidelberger Handschrift enthält Darstellungen zum Landrecht erst ab Ldr. II 20.

Abb. 4: Gliederbild, Dresdner Bilderhandschrift des Sachsenspiegels Darstellung des Gliederbildes in der Dresdner Bilderhandschrift, SLUB Dresden, Mscr. Dresd. M. 32, fol. 5[r], 1. Bildzeile

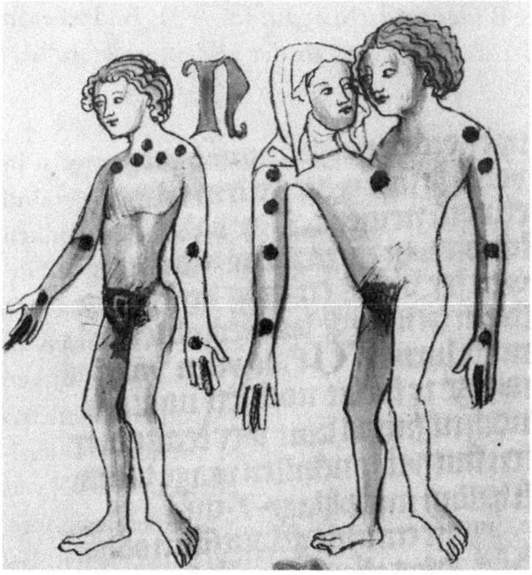

Abb. 5: Gliederbild, Wolfenbütteler Bilderhandschrift des Sachsenspiegels Darstellung des Gliederbildes in der Wolfenbütteler Bilderhandschrift, Herzog August Bibliothek Wolfenbüttel, Cod. Guelf. 3.1 Aug. 2°, fol. 11[r], 1. Bildzeile

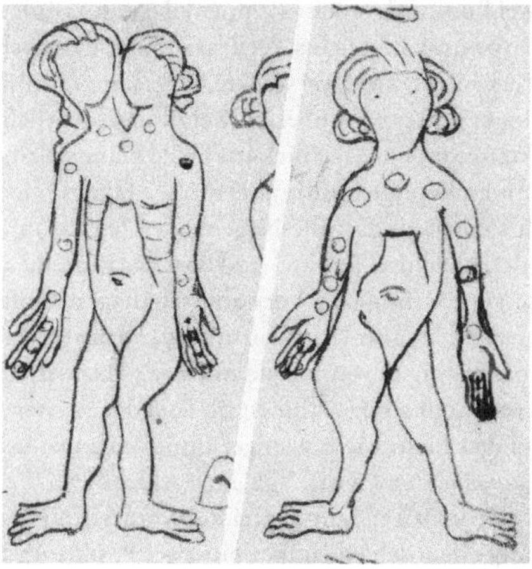

Abb. 6: Gliederbild, Oldenburger Bilderhandschrift des Sachsenspiegels Darstellung des Gliederbildes in der Oldenburger Bilderhandschrift, Landesbibliothek Oldenburg, Cim 410 I, fol. 8r, 1. und 2. Bildzeile

eine zweiköpfige[422]. Betrachtet werden sollen zunächst die Dresdner und die nach deren Vorbild geschaffene[423] Wolfenbütteler Bilderhandschrift. In diesen beiden Handschriften hat die jeweils linke, die einköpfige Figur die Punkte an den Armen entsprechend der im Text bezeichneten Gelenke[424]. Dagegen hat die jeweils rechte, die zweiköpfige Figur an beiden Armen je einen zusätzlichen Punkt. An *deme lede, dar scülderen unde arm to samene gat* befindet sich nämlich je ein Punkt auf Höhe der Schulter und einer auf Höhe der Achsel (oder leicht darunter). Außer den Punkten an den Armen und Händen sind dann bei der jeweils linken Figur drei weitere Punkte markiert, zwar nicht in Kopf und Hals, wie im Text beschrieben, aber in entsprechender Anordnung in der Körpermitte. Bei der jeweils rechten Figur findet sich dagegen in der Körpermitte nur ein Punkt. Gegensätzlich verhält es sich bei der Oldenburger Handschrift. Hier findet sich bei der einköpfigen Figur neben den im Text bezeichneten Gelenken[425] je ein zusätzlicher Punkt im Schultergelenk und le-

---

422 Die Darstellungen finden sich in der Dresdner Bilderhandschrift auf fol. 5ʳ, 1. Bildzeile, in der Wolfenbütteler Bilderhandschrift fol. 11ʳ, 1. Bildzeile und in der Oldenburger Bilderhandschrift fol. 8ʳ, 1. und 2. Bildzeile.

423 V. Amira, Genealogie S. 342, 348.

424 Teilweise schlecht erkennbar sind die Punkte in den Fingern. Die einköpfige Figur weist in der Dresdner Handschrift links drei oder vier Punkte auf, die Punkte des rechten Finger sind aufgrund des Wasserschadens nicht mehr erkennbar. Die zweiköpfige Figur trägt am linken Finger deutlich erkennbar vier Punkte, ebenso, wenn auch weniger deutlich, am rechten Finger. In der Wolfenbütteler Handschrift ist die Anzahl der Punkte sehr undeutlich. Dagegen schreibt v. Amira, Dresdener Bilderhandschrift II, 1 S. 156, die Punkte befänden sich an den im Text bezeichneten Stellen einschließlich der Nagelmagen wobei „nur an den linken Mittelfinger der zweiköpfigen Figur zu viele Punkte geraten" seien, fast wortgleich Schadt, FmSt 10 (1976) S. 432 Anm. 145. Bei der einköpfigen Figur scheinen sich im linken Mittelfinger drei Punkte zu finden, allerdings befindet sich unter dem Finger noch rote Farbe, was auf einen vierten, versehentlich nicht mehr im Finger platzierten Punkt hindeuten könnte. Im rechten Mittelfinger lassen sich, aber ebenfalls undeutlich, vier Punkte ausmachen. Bei der zweiköpfigen Figur lassen sich links nur zwei Punkte deutlich erkennen, darunter findet sich aber eindeutig bis zur Fingerspitze rote Farbe und angesichts der Platzierung der zwei deutlichen Punkte nahe gedrängt bei der Hand lassen sich hier zwei weitere, insgesamt mithin vier Punkte erahnen. Auch am rechten Mittelfinger sind nur die oberen zwei Punkte deutlich erkennbar, doch auch hier lassen sich vier Punkte vermuten. Mit Blick auf beide Handschriften scheint damit am wahrscheinlichsten, dass die einköpfige wie die zweiköpfige Figur je vier Punkte auf den Fingern tragen. Dies lässt sich so deuten, dass die Nagelmagen jeweils mit einem Punkt repräsentiert sind (es finden sich vier, nicht drei Punkte) und dass das Einreihen halbbürtiger Geschwister auf den Arm, das eine Verschiebung der Verwandtschaftsgrade mit sich bringt, keine Auswirkungen auf die Erbgrenze hat, also Ururururururenkel/innen des Stammelternpaares die Nagelmagen bilden unabhängig davon, ob sie mit der Erblasser/in (oder Erbprätendent/in) voll- oder halbbürtig verwandt sind (es finden sich bei der zweiten, die halbbürtigen Verwandtschaft repräsentierenden Figur nicht weniger Punkte als bei der einköpfigen, die vollbürtige Verwandtschaft darstellenden Figur). Vgl. auch Anm. 425.

425 Bei der Oldenburger Bilderhandschrift hat die zweiköpfige Figur je drei Punkte an den Fingern, die einköpfige Figur jedoch am linken Finger deutlich erkennbar nur zwei Punkte und

diglich ein Punkt in der Körpermitte[426]. Bei der zweiköpfigen Figur sind die Punkte dagegen an den im Text genannten Stellen angeordnet und im Körper wiederum drei Punkte positioniert. Allerdings weicht deren Anordnung von derjenigen bei den einköpfigen Figuren in der Dresdner und der Wolfenbütteler Handschrift ab. Zwei Punkte stehen in den beiden Hälsen, der dritte nicht darüber, sondern darunter an der Stelle, wo die Hälse zusammentreffen. In der Oldenburger Handschrift stehen dabei beide Figuren nicht nebeneinander, vielmehr steht die doppelköpfige Figur in der Bildzeile über der einköpfigen.

Der Deutung der Darstellungen werden ganz überwiegend nur die Dresdner und die Wolfenbütteler Handschrift zugrunde gelegt. Als Grund hierfür drängt sich auf, dass die älteren Überlegungen – angesichts der Tatsache, dass sich die Oldenburger Bilderhandschrift bis 1991 in Privatbesitz befand[427], – auf fehlerhaften Umzeichnungen wie der äußerst misslungenen Umzeichnung bei Spangenberg[428] beruhen dürften[429]. Bei der Deutung lassen sich in der Literatur zwei Hauptströmungen ausmachen[430] – neben einer dritten Gruppe von Autor*innen, die den Darstellungen kaum rechtliche Relevanz zusprechen und von außerrechtlichen Vorbildern wie

am rechten entweder drei Punkte oder ebenfalls zwei. Dies mag damit zusammenhängen, dass der Illustrator der Oldenburger Bilderhandschrift zum einen davon ausgeht, dass die Nagelmagen nicht mehr erbberechtigt sind, und daher in der zweiköpfige Figur, die den Fall der vollbürtigen Verwandtschaft darstellt, unten S. 113, lediglich die drei Fingergelenke mit Punkten bezeichnet. Bei der einköpfigen Figur dagegen könnte die Bildersprache eine Mischform aus den zwei oben S. 98 vorgestellten Auslegungsmöglichkeiten zu Ldr. I 3 § 3 Satz 4 enthalten: Zwar setzt die Illustrator*in an jede Schulter einen zusätzlichen Punkt – dies könnte er aus einer mit Dresdner und Wolfenbütteler Bilderhandschrift gemeinsamen Mutterhandschrift übernommen haben – doch sieht er dann entsprechend der Erbrechtsgrenze nach der sechsten Sippezahl die im zweiten Glied des Mittelfingers stehenden Verwandten als die letzten erbberechtigten.

426 Zwar ist in der Oldenburger Bilderhandschrift bei der einköpfigen Figur die Unterscheidung von Punkten in der Körpermitte und in den Armen weit weniger deutlich als in den beiden anderen Handschriften. Der Vergleich mit diesen legt aber nahe, dass eine ähnliche Platzierung der Punkte wie bei deren zweiköpfigen Figuren beabsichtigt war. Wie bei diesen befindet sich bei der einköpfigen Figur der Oldenburger Handschrift je ein Punkt etwas unter der Höhe der Achseln, sodass der jeweilige Punkt darüber die Schulter bezeichnet und nicht die Körpermitte.

427 Koolmann, Besitzgeschichte S. 36 f.

428 Spangenberg, Beyträge Tafel VII.

429 Jedenfalls formulieren v. Amira, Dresdener Sachsenspiegel S. 155 und Schadt, FmSt 10 (1976) S. 430, die Punkte in der Oldenburger Bilderhandschrift seien „undeutlich und verständnislos" eingezeichnet. Hüpper, Ehe, Familie, Verwandtschaft S. 137, 139 nennt sie „unvollständig und fehlerhaft reproduziert" und spricht von „Punkten auch auf dem Oberschenkel", sie hat, ebenda S. 135 Anm. 51, auf Nachzeichnungen durch Georg Sello, verwahrt Staatsarchiv Oldenburg Best. 271–25, Nr. 51, zurückgegriffen.

430 Eine eigenständige, allerdings anhand der Oldenburger Handschriften entwickelte Deutung wird in den Bildleistenkommentaren zu den beiden von Ruth Schmidt-Wiegand herausgegebenen Faksimile-Ausgaben des Oldenburger Sachsenspiegels vertreten, unten Anm. 455.

astronomischen Darstellungen, Aderlassmännchen oder Darstellungen der Erschaffung Evas ausgehen[431].

α. Deutung Hüppers

Die jüngere, auf Dagmar Hüpper zurückgehende Ansicht sieht in der doppelköpfigen Figur die Fälle von vollbürtiger wie von halbbürtiger Verwandtschaft veranschaulicht, während die einköpfige Figur das Problem der Doppelverwandtschaft darstelle[432]. Der einzelne Punkt in der Körpermitte der doppelköpfigen Figur bezeichne den Erblasser mit seinen vollbürtigen Geschwistern, von den beiden Punkten in der Schulter der obere die Halbgeschwister und der tiefere die Vollgeschwisterkinder, die nebeneinander erbten. Die einköpfige Figur dagegen stelle den Fall der Doppelverwandtschaft dar[433], indem die drei Punkte in der Körpermitte die Nachkommen der drei Brüder aus Ldr. I 3 § 3 Satz 5 repräsentierten[434].

431 Diese Neigung, von einer Auslegung der Darstellungen abzusehen und diese von nichtrechtlichen Vorbildern inspiriert zu sehen, bildet gewissermaßen die dritte Hauptströmung. So folgt Schadt, FmSt 10 (1976) S. 432 f. zwar im wesentlichen der im folgenden als zweite Hauptströmung vorgestellten Ansicht v. Amiras, unten Anm. 438. Die so gewonnene Deutung erscheint Schadt, ebenda S. 432 jedoch gerade in Bezug auf die doppelköpfige Figur wenig befriedigend: „Im Grunde genommen ist die bildliche Formulierung nicht geeignet, den angesprochenen Sachverhalt darzustellen". Unstimmigkeiten mit dem Text ergäben sich vor allem aus dem Fehlen der im Text genannten Eltern, der Nacktheit der Figuren und aus der Doppelköpfigkeit der zweiten Figur. Zudem seien die Verwandten im Unterschied zu zeitgenössischen Verwandtschaftsschemata nicht mit ihrer Bezeichnung, sondern allein mit Punkten eingezeichnet. Daher nimmt er aufgrund seiner Ansicht, die im Sachsenspiegeltext dargestellte Verwandtschaftsgliederung sei bei der Schaffung der Illustrationen bereits veraltet gewesen, an, dass der Illustrator weniger auf zeitgenössische Verwandtschaftsschemata, sondern vielmehr auf zeitgenössische astronomische Darstellungen des Sternbildes Zwillinge zurückgegriffen habe. In ähnlicher Weise führt Schott, Wiedergabe abstrakter Textstellen S. 197 die Illustrationen auf Darstellungen der Erschaffung Evas zurück: „Das Bild wurde also seines ursprünglichen Sinns entkleidet und lediglich als Zeichenvorlage für einen anderen oder doch entfernteren Zweck genutzt." Eine außerrechtliche Anregung sieht schließlich Hüpper, Ehe, Familie Verwandtschaft S. 137 f. für die Darstellung in der Oldenburger Handschrift gegeben, allerdings gestützt auf eine fehlerhaften Umzeichnung, oben Anm. 429. Der Kopist der Oldenburger Bilderhandschrift habe die Magenzählung nicht verstanden und angesichts der Punkte auf dem Oberschenkel auf zeitgenössische Darstellungen von „Aderlassmännchen" rekurriert.

432 Hüpper, Ehe, Familie, Verwandtschaft S. 139; Lade-Messerschmied, Articuli reprobati S. 180; Schmidt-Wiegand, Text-Bildleisten-Kommentar Wolfenbütteler Bilderhandschrift S. 99; Meuten, Erbfolgeordnung S. 114–116.

433 Hüpper, Ehe, Familie, Verwandtschaft S. 137–139, 152; Schmidt-Wiegand, Text-Bildleisten-Kommentar Wolfenbütteler Bilderhandschrift S. 99; Meuten, Erbfolgeordnung S. 114–116. Als Grund für die Kennzeichnung beider Arme denkt Hüpper, ebenda S. 152 einen Zusammenhang mit agnatischen und cognatischen Verwandten an.

434 Hüpper, Ehe, Familie, Verwandtschaft S. 139.

Gegen diese Ansicht sprechen vor allem drei Argumente[435]. Zum einen ist unverständlich, warum der Fall der Doppelverwandtschaft, der keine Auswirkungen auf die Verwandtschaftsnähe hat, mit einer eigenständigen, die Verwandtschaftsbestimmung darstellenden Illustration versehen worden sein sollte. Zum anderen erscheint es widersprüchlich, dass in der ersten Figur die Erblasser/in – noch dazu mit nur einem Punkt gemeinsam mit ihren Geschwistern bezeichnet – den Platz in der Körpermitte einnimmt, in der zweiten Figur dagegen die Erbprätendent/innen – ohne dass die Erblasser/in überhaupt durch einen Punkt repräsentiert würde. Zum dritten schließlich folgt auf die Bildzeile mit den zwei Gliederfiguren eine ausführliche, sich über zwei Zeilen erstreckende Illustration zum Problem der Doppelverwandtschaft, wobei die einköpfige Figur nach Auslegung Hüppers eine über den Gehalt dieser dann zweiten Darstellung der Doppelverwandtschaft hinausgehende Aussage nicht enthalten würde[436].

β. Deutung von Amiras

Nach der älteren, auf von Amira zurückgehenden Ansicht dagegen stellt die linke, die einköpfige Figur den Fall der vollbürtigen Verwandtschaft dar, während die rechte, die zweiköpfige Figur die Fälle der Halbbürtigkeit betrifft[437]. Dabei bezeichne der oberste Punkt der einköpfigen Figur sowie der Punkt am Zusammentreffen der Hälse bei der zweiköpfigen den Erblasser, die zwei weiteren Punkte in der Körpermitte der einköpfigen Figur seine Geschwister. Bei der zweiköpfigen Figur dagegen seien die (Halb-)Geschwister durch die zusätzlichen Punkte in der Schulter dargestellt, da sie im selben Verwandtschaftsgrad stünden wie die mit dem jeweils zweiten Punkt in der Schulter gekennzeichneten Geschwisterkinder[438]. Die

435 Neben der fixen Stellung der Erblasser/in, die auch gegen die Ansicht v. Amiras spricht, unten S. 110.

436 Vgl. dazu Hüppers Auslegung dieser Illustration, Ehe, Familie, Verwandtschaft S. 138 f.

437 V. Amira, Dresdener Bilderhandschrift II, 1 S. 156; Stutz, ZRG GA 24 = 37 (1903) S. 413, ZRG GA 47 (1927) S. 703; Schadt, FmSt 10 (1976) S. 432; Margadant, illustrations S. 16; Lück/Perrin/Weinert, Text und Bildbeschreibung [Dresdner Bilderhandschrift] S. 51.

438 V. Amira, Dresdener Bilderhandschrift II, 1 S. 156; Lück/Perrin/Weinert, Text und Bildbeschreibung [Dresdner Bilderhandschrift] S. 51; Margadant, illustrations S. 16; zustimmend in Bezug auf die doppelköpfige Figur auch Hüpper, Ehe, Familie, Verwandtschaft S. 152. Schadt, FmSt 10 (1976) S. 432–434 stimmt im wesentlichen mit v. Amira überein, Abweichungen ergeben sich allerdings in kleineren Details; so geht er davon aus, dass der oberste Punkt in beiden Figuren den Kopf bezeichnet, der Erblasser also nicht den Hals, sondern, da im Sachsenspiegeltext nicht genannt, die Stellung der dort genannten und in den Illustrationen nicht repräsentierten Eltern einnimmt; außerdem weist er bei der doppelköpfigen Figur den Geschwisterkindern die Stellung an der Schulter und den Halbgeschwistern die Stellung an der Achsel zu. Die so gewonnene Deutung scheint Schadt, ebenda S. 432 jedoch gerade in Bezug auf die doppelköpfige Figur wenig befriedigend, oben Anm. 431.

weiteren Verwandten einschließlich der Nagelmagen seien dann in den Armen platziert[439].

Doch auch die Deutung von Amiras überzeugt nicht. Zum einen hätte sich die Bildaussage von Amiras, wie es Hüpper annimmt, ebenso gut anhand einer Figur darstellen lassen, bei der neben drei Punkten in der Körpermitte für den Erblasser und seine Vollgeschwister an den Schultern zusätzlich Punkte für die Halbgeschwister bezeichnet sind[440]. Wichtiger noch ist ein zweites Argument. Nach dem Text des Sachsenspiegels steht im Haupt des Gliederbildes ein Ehepaar, im Hals und am Arm herab sind dessen Nachkomm/innen angeordnet. Vor dem Hintergrund dieser Aussage sieht von Amira in den Illustrationen eine Darstellung der zweiten Parentel, in der der Erblasser und seine Geschwister dem gemeinsamen Stammelternpaar im Hals stehen[441]. Dann stellt sich jedoch die Frage, warum bei allen Darstellungen beide Arme jeder Figur mit Punkten belegt sind, ist doch bei der zweiten Parentel nur ein Arm besetzt. Zudem führt auch von Amira selbst die Tatsache, dass beide Arme mit Punkten versehen sind, als Beleg für eine Beachtlichkeit beider Linien bei Seitenverwandten an, der vom Erblasser zum Stammelternpaar wie der vom Erbprätendenten zum Stammelternpaar[442]. Ist aber auf einem Arm die Linie von Erbprätendent/in zum Stammelternpaar, auf dem anderen Arm aber die Linie von der Erblasser/in zum Stammelternpaar abzuzählen, dann kann die Erblasser/in keinen fixen Platz in der Körpermitte haben. Vielmehr variiert seine/ihre Stellung in Abhängigkeit davon, welches Stammelternpaar in den Blick genommen wird.

γ. Deutung im Sinne der Gliederzählung

Plausibler scheint daher eine Deutung, die den Punkt im Zentrum der Darstellung nicht der Erblasser/in, sondern dem Stammelternpaar zuweist – bzw., bei halbbürtiger Verwandtschaft, der gemeinsamen Stammmutter oder dem gemeinsamen Stammvater. Stammeltern oder nächste gemeinsame Vorfahr/in nehmen also, wie die anderen zur Verwandtschaftsbestimmung heranzuziehenden Verwandten, einen Punkt ein[443]. Tatsächlich lassen sich bei einer solchen Deutung die beiden Figuren

---

439 V. Amira, Dresdener Bilderhandschrift II, 1 S. 156. Angesichts dieser Deutung erstaunt indes seine Feststellung, es seien an den linken Mittelfinger der zweiköpfigen Figur zu viele Punkte geraten, oben Anm. 424.

440 Hüpper, Ehe, Familie, Verwandtschaft S. 138.

441 V. Amira, Dresdener Bilderhandschrift II, 1 S. 156.

442 V. Amira, Dresdener Bilderhandschrift II, 1 S. 156.

443 V. Amira, Dresdener Bilderhandschrift II, 1 S. 156 muss dagegen entweder davon ausgehen, das Stammelternpaar bzw. die nächste gemeinsame Vorfahr/in sei in der Illustration nicht berücksichtigt – so explizit Schadt, FmSt 10 (1976) S. 432 – oder er muss ihnen einen Platz in den ausgemalten Häuptern zuweisen – so explizit Meuten, Erbfolgeordnung S. 114. Gegen die letztgenannte Ansicht spricht aber, dass in diesem Fall das aus zwei Personen bestehende Stammelternpaar durch ein Haupt repräsentiert wird, der einzelne nächste gemeinsame Vorfahr aber durch zwei Häupter. Überzeugender scheint es daher, die Häupter

in den Bilderhandschriften ausgezeichnet als Darstellung der Gliederzählung bei vollbürtigen Verwandten einerseits und der im Ergebnis römischen Komputation bei halbbürtigen Verwandten andererseits verstehen.

Betrachtet werden sollen hier zunächst die auch durch von Amira zugrunde gelegte Dresdner Bilderhandschrift und deren Tochterhandschrift, die Wolfenbütteler Bilderhandschrift. Die bei der Dresdner und der Wolfenbütteler Bilderhandschrift einköpfige Figur mit den drei Punkten in der Körpermitte stellt die vollbürtige Verwandtschaft dar. Den obersten Punkt nimmt dabei das im Haupt stehende gemeinsame Stammelternpaar ein, die beiden darunter angeordneten Punkte in der Körpermitte bezeichnen die gemeinsam im Hals stehenden beiden Kinder des Stammelternpaars, die Vorfahr/in der Erblasser/in[444] einerseits und die Vorfahr/in der Erbprätendent/in[445] andererseits. Zwar sind diese Punkte nicht in Haupt und Hals der Figur angeordnet, aber in entsprechender Anordnung in der Körpermitte[446]. An den beiden Armen herab sind dann auf einer Seite die weiteren Vorfahr/innen der Erblasser/in und dieser/diese selbst verortet, auf der anderen Seite diejenigen der Erbprätendent/in und die Erbprätendent/in selbst. Werden nun zur Ermittlung der Verwandtschaftsnähe alle besetzten Gelenke addiert, so werden die gemeinsam im Hals stehenden unmittelbaren Nachkomm/innen des Stammelternpaares mit nur einer Ziffer berücksichtigt, es ergibt sich die Gliederzählung[447]. Besonders deutlich wird dies bei der – älteren – Dresdner Handschrift, bei der von den für die Geschwister stehenden zwei Punkten nur einer ausgemalt ist. Die zweite[448], die zweiköpfige Figur illustriert dagegen den Fall der halbbürtigen Verwandtschaft. Der zentrale

lediglich als symbolische Darstellung der vollbürtigen und der halbbürtigen Verwandtschaft zu sehen. – Die erstgenannte Annahme wäre dagegen nach der auch von mir vertretenen Ansicht in Bezug auf die Komputation durchaus naheliegend. Wie oben beschrieben wird der Kopf bei der Addition der besetzten Gelenke grundsätzlich nicht mitgezählt. Dass er in der graphischen Umsetzung des Gliederbildes dennoch mit einem Punkt vertreten ist, lässt sich aber entweder damit erklären, dass die Illustrator*in die Anordnung der Verwandten im Gliederbild erleichtern wollte, indem er auch dem Stammelternpaar respektive der nächsten gemeinsamen Vorfahr/in einen Ort zuwies, ohne dass dieser Punkt später zu zählen wäre. Oder aber er ging, inspiriert von der römischen Komputation, von einem Durchzählen unter Nichtberücksichtigung des Ausgangspunktes aus, bei dem auch das Stammelternpaar bzw. die nächste gemeinsame Vorfahr/in zu berücksichtigen ist – und zwar, entsprechend der Kennzeichnung mit nur einem Punkt, mit nur einem Zählwert, vgl. oben Anm. 386.

444 Oder die Erblasser/in selbst, wenn er/sie eine Tochter oder ein Sohn des mit der Erbprätendent/in gemeinsamen Stammelternpaars ist.

445 Oder die Erbprätendent/in selbst, wenn er/sie eine Tochter oder ein Sohn des mit der Erblasser/in gemeinsamen Stammelternpaars ist.

446 Dies möglicherweise, weil ein in einem ausgemalten Haupt platzierter Punkt schlecht erkennbar gewesen wäre, zu denken ist an dieser Stelle möglicherweise aber auch an den Begriff Busen für die Beziehung zwischen Eltern und Kindern.

447 Oben S. 87 ff.

448 Dazu unten S. 114 f.

Punkt symbolisiert wiederum den Punkt der gemeinsamen Abstammung, bei halbbürtiger Verwandtschaft also die gemeinsame Stammmutter oder den gemeinsamen Stammvater. Weitere Punkte in der Körpermitte finden sich bei dieser Figur nicht. Vielmehr sind die beiden für die unmittelbaren Nachkomm/innen der nächsten gemeinsamen Vorfahr/in stehenden Punkte hier in die Arme gerückt, sodass an der Stelle, *dar scülderen unde arm to samene gat*, zwei Gelenke stehen, neben der Schulter je ein weiteres, fiktives Schultergelenk. Das obere wird dabei von den beiden Kindern der nächsten gemeinsamen Vorfahr/in eingenommen, das darunter stehende von seinen beiden Enkel/innen, nämlich den Kindern der beiden Halbgeschwister[449]. Werden nunmehr die besetzen Gelenke addiert, ist der nicht besetzte Hals nicht zu zählen, dafür sind aber die beiden – fiktiven – zusätzlichen Schultergelenke zu berücksichtigen. Im Ergebnis ergibt sich so die römische Komputation, halbbürtige Seitenverwandten sind gegenüber vollbürtigen Seitenverwandten derselben Generation um einen Zählwert verschoben, wie es Ldr. I 3 § 3 und Ldr. II 20 § 1 entspricht[450].

Bei dieser Deutung ist auch verständlich, warum alle Bilderhandschriften zwei Versionen des Gliederbildes bieten, bei denen die Anzahl der Punkte dieselbe ist, bei denen sich aber die Anordnung der Punkte unterscheidet. Gerade diese unterschiedliche Anordnung illustriert die unterschiedliche Zählung und ist daher für die Aussage der Darstellungen entscheidend. Zudem ist die Darstellung auf diese Weise übertragbar: Es lässt sich nicht nur die Verwandtschaftsnähe aller vollbürtigen Verwandten ermitteln, sondern auch die Verwandtschaftsnähe aller halbbürtigen Verwandten[451].

Es stellt sich sodann die Frage, ob sich meine Deutung auch auf die Oldenburger Handschrift übertragen lässt. Wie oben beschrieben, ist hier die Anordnung der

449 Die beiden Punkte an der Schulter stehen also nicht für die Halbgeschwister und die Vollgeschwisterenkel/innen, die im selben Gelenk stehen. Vielmehr sind im Gliederbild wiederum nur diejenigen Verwandten dargestellt, die die Verwandtschaft zwischen einer bestimmten Erbprätendent/in und der Erblasser/in vermitteln. Weil zur Illustration der im Ergebnis römischen Komputation bei halbbürtiger Verwandtschaft die Kinder des nächsten gemeinsamen Verwandten mit in die Arme eingereiht werden, die Illustrator*in aber offensichtlich von einer gleichbleibenden Erbgrenze bei den Urururururenkel/innen der nächsten gemeinsamen Vorfahr/in ausgeht, rücken die weiteren Nachkomm/innen der nächsten gemeinsamen Vorfahr/in nicht einfach jeweils ein Gelenk herab. Stattdessen zeichnen die Illustrator*innen auf den Armen jeweils ein zusätzliches, ein fiktives Gelenk, dass aber nichtsdestoweniger als eigenes Gelenk zu zählen ist, vgl. oben S. 98.

450 Oben S. 98.

451 Dies ist freilich kein zwingendes Argument. Ebenso gut ist möglich, dass die Illustrator*innen mit der Annahme v. Amiras bei der vollbürtigen Verwandtschaft allein eine Darstellung der zweiten Parentel beabsichtigten und bei der halbbürtigen Verwandtschaft sogar allein den Fall halbbürtiger Geschwister – obwohl die halbbürtige Verwandtschaft auch in entfernteren Verwandtschaftsverhältnissen zu berücksichtigen ist, oben Anm. 408. Für eine Deutung als übertragbare Darstellung sprechen aber m. E. die Sorgfalt und die Detailtreue, mit der die Darstellungen des Gliederbildes ausgeführt sind. Sie sprechen für eine höhere Bedeutung der Figuren als bloß der Veranschaulichung eines Einzelfalles.

Punkte umgekehrt[452]. Bei der zweiköpfigen Figur, die in der Oldenburger Handschrift die erste ist[453], finden sich drei Punkte in der Körpermitte – wenn auch in anderer Anordnung[454] –, bei der einköpfigen Figur dagegen nur ein Punkt und jeweils ein zusätzliches Gelenk auf den Armen. Wenn die soeben vorgestellte Deutung auch für die Oldenburger Handschrift gelten soll, muss in ihr also die zweiköpfige Figur für vollbürtige Verwandtschaft stehen und die einköpfige für Halbbürtigkeit[455]. Es müsste sich in diesem Punkt die Bildersprache der Dresdner bzw. Wolfenbütteler Handschrift und die der Oldenburger Handschrift unterscheiden. Diese These bestätigt nun in der Tat ein Vergleich mit der Illustration zu Ldr. II 20 § 1[456], in der vollbürtige und halbbürtige Geschwister einander gegenübergestellt werden[457]. In der Oldenburger Handschrift – wie auch in der Heidelberger Handschrift – erscheinen dort für vollbürtige Geschwister doppelköpfige Figuren, während die kleiner gezeichneten Halbgeschwister nur einen Kopf aufweisen[458]. Der Dresdner und der Wolfenbütteler Handschrift dagegen ist diese Bildersprache fremd, bei ihnen erscheinen für die vollbürtigen Geschwister statt der doppelköpfigen Figur zwei dicht

452 V. Amira, Dresdener Bilderhandschrift II, 1 S. 155 sieht die Figuren, allerdings wohl in Hinblick auf die Anordnung, ebenfalls „in verkehrter Ordnung".

453 Oben Anm. 448.

454 Die beiden für die unmittelbaren Nachkomm/innen stehenden Punkte sind in der Oldenburger Handschrift in den beiden Hälsen der zweiköpfigen Figur platziert. Dies stützt die These, dass mit diesen zwei Punkten, nicht aber dem zentralen Punkt, die Kinder des nächsten gemeinsamen Stammelternpaars bzw. der nächsten gemeinsamen Vorfahr/in bezeichnet werden. Allerdings spricht gegen die hier vorgestellte Deutung die Tatsache, dass die gemeinsam zu zählende Kinder hier gerade nicht in einem nur einmal zu zählenden Hals stehen, sondern in zwei unterschiedlichen Hälsen und dass der für das Haupt stehende Punkt nunmehr unter den Punkten in den Hälsen angeordnet ist.

455 Anderer Ansicht Schmidt-Wiegand (Hg.), Bildleistenkommentar Oldenburger Sachsenspiegel 1996 S. 182, gleichlautend Schmidt-Wiegand u. a., Bildleistenkommentar Oldenburger Sachsenspiegel 2006 S. 43. In der doppelköpfigen Figur sei ein Elternpaar zu sehen, das neben gemeinsamen Kindern auch Kinder aus einer früheren Ehe habe. Neben den Vollgeschwistern seien damit auch Halbgeschwister erbberechtigt, was der Illustrator durch die drei Punkte in der Körpermitte der zweiköpfigen Figur ausdrücke.

456 Schmidt-Wiegand, Wolfenbütteler Bilderhandschrift und ihr Verhältnis S. 23–26.

457 Die Illustration zu Ldr. II 20 § 1 Satz 1 findet sich in der Heidelberger Bilderhandschrift fol. 7r, 1. Bildzeile; Oldenburger Bilderhandschrift, fol. 46r, 4. Bildzeile; Dresdner Bilderhandschrift, fol. 27r, 1. Bildzeile; Wolfenbütteler Bilderhandschrift, fol. 31r, 1. Bildzeile. In der jeweiligen Bildersprache übereinstimmend ist auch die Illustration zu Satz 2 in der jeweils darauffolgenden Bildzeile.

458 Schmidt-Wiegand, Wolfenbütteler Bilderhandschrift und ihr Verhältnis S. 26; Munzel-Everling, Signa Ivris 2 (2008) S. 146; Kocher/Munzel-Everling (Hg.), Bildbeschreibung Heidelberger Bilderhandschrift S. 41; anderer Ansicht Hüpper, Ehe, Familie, Verwandtschaft S. 152, die in der Doppelköpfigkeit der Figur keinen Verweis auf die Vollbürtigkeit sieht.

beieinander stehende Figuren mit jeweils einem Kopf[459], die Halbgeschwister unterscheiden sich hier nur durch ihre geringere Größe[460].

Tatsächlich scheint die Bildersprache der Heidelberger und der Oldenburger Handschrift einleuchtender, wird durch den männlichen und den weiblichen Kopf[461] doch die gemeinsame Abstammung sowohl von Vater als auch von Mutter verdeutlicht[462]. Dass die Dresdner und die Wolfenbütteler Handschrift umgekehrt die doppelköpfige Figur in Ldr. I 3 § 3 zur Kennzeichnung der halbbürtigen Verwandtschaft einsetzen – eine Bildersprache, die in Ldr. II 20 § 1 nicht übernommen wird –, mag sich daraus erklären, dass bei ihnen die Doppelköpfigkeit die im Sachsenspiegeltext verwendete Formulierung der *tveinge* aufnehmen soll[463].

Gegen meine Deutung könnte freilich die Leserichtung hinsichtlich der Darstellungen in den Bilderhandschriften sprechen. So gibt es nach Hüpper[464] Anhaltspunkte dafür, dass die intendierte Reihenfolge in der Binnenkomposition der Bildzeilen die Bildleser*in von der Seitenmitte zum Seitenrand führen sollte[465].

---

459 Dass dabei hier eine männliche und eine weibliche Figur erscheint, lässt vermuten, dass sich in der Urhandschrift sowohl in der Illustration zu Ldr. I 3 § 3 auch in Ldr. II 20 § 1 eine doppelköpfige Figur mit den Häuptern eines Ehepaares fand, obwohl sowohl in der Heidelberger wie auch in der Oldenburger Bilderhandschrift beide Köpfe männlichen Geschlechts sind. Durch die Darstellung einer weiblichen und einer männlichen Figur wird die Bildaussage in der Dresdner und der Wolfenbütteler Bilderhandschrift um die Nuance ergänzt, dass der Vorrang vollbürtiger Geschwistern sowohl für Vollbrüder als auch für Vollschwestern gilt.

460 V. Amira, Dresdener Bilderhandschrift II, 1 S. 364 f.; Schmidt-Wiegand, Wolfenbütteler Bilderhandschrift und ihr Verhältnis S. 23–26; Hüpper, Ehe, Familie, Verwandtschaft S. 152, die die Unterscheidung indes wesentlich in der räumlichen Trennung symbolisiert sieht; Munzel-Everling, Signa Ivris 2 (2008) S. 146.

461 In der Dresdner und der Wolfenbütteler Bilderhandschrift trägt der weibliche Kopf den Schleier der verheirateten Frau, vgl. v. Amira, Dresdener Sachsenspiegel S. 14 f., was zusammen mit dem Vergleich der Illustrationen zu Ldr. II 20 vermuten lässt, dass in der Urhandschrift die doppelköpfige Figur für die vollbürtige Verwandtschaft stand und die Häupter eines verheirateten Paares aufwies. In der Oldenburger Bilderhandschrift allerdings trägt der weibliche Kopf bei der Illustration von Ldr. I 3 § 3 das offene Haar einer Unverheirateten, bei der Illustration zu Ldr. II 20 tragen beide Köpfe das kurze Haar von Männern.

462 Schmidt-Wiegand, Wolfenbütteler Bilderhandschrift und ihr Verhältnis S. 26; Hüpper, Ehe, Familie, Verwandtschaft S. 152.

463 Schadt, FmSt 10 (1976) S. 432.

464 Hüpper, Ehe, Familie, Verwandtschaft S. 140. Dies fügt sich unmittelbar in die Argumentation Hüppers ein, die bei der Dresdner und Wolfenbütteler Bilderhandschrift in den rechten, den zweiköpfigen Figuren den Grundfall der voll- und halbbürtigen Verwandtschaft dargestellt sieht und in den linken Figuren den Sonderfall der Schwippschwägerschaft. Auch die Bildleistenkommentierung in der Faksimile-Ausgabe der Dresdner Bilderhandschrift von 2006, die erstmals bei jedem Bild die Leserichtung angibt, geht von einer Leserichtung von rechts nach links aus, sieht allerdings in der linken Figur den Normalfall, Kocher/Munzel-Everling (Hg.), Bildbeschreibung Heidelberger Bilderhandschrift S. 51.

465 In der Tat ist bei zwei in einer Bildzeile stehenden, von einander unabhängigen und jeweils mit einer eigenen Kapitale gekennzeichneten Darstellungen die sich auf einen früheren Text-

Danach ergibt sich für die Darstellungen der Gliederbilder bei der Dresdner und Wolfenbütteler Handschrift eine Leserichtung von rechts nach links, für die Oldenburger Handschrift aber von links nach rechts[466]. Ist auch in der Oldenburger Handschrift die zweiköpfige, die vollbürtige Verwandtschaft darstellende Figur in der Bilderzeile über der einköpfigen, die halbbürtige Verwandtschaft darstellenden Figur angeordnet und damit eindeutig die erste, wäre nach dieser Leserichtung in der Dresdner und Wolfenbütteler Handschrift ebenfalls die doppelköpfige Figur als die erste zu lesen – die nach hiesiger Deutung aber gerade nicht die erste, nämlich die den Grundfall der vollbürtigen Verwandtschaft darstellende ist, sondern für die halbbürtige Verwandtschaft steht. Jedoch kann dieses Argument die hier vertretene Deutung aus zwei Gründen nicht ausschließen. Zum einen ist die Leserichtung von der Seitenmitte zum Seitenrand bei der Dresdner und der Wolfenbütteler Handschrift nicht konsequent durchgehalten[467]. Zum anderen ist auch zu berücksichtigen, dass nach

---

abschnitt beziehende Darstellung gewöhnlich neben dem Text, die sich auf einen späteren Abschnitt beziehende Darstellung aber am Seitenrand angeordnet, vgl. etwa die Darstellung der jeweils ein Zeitalter beendenden biblischen Gestalten zu Ldr. I 3 § 1 (Oldenburger Bilderhandschrift, fol. 7ᵛ, 1.–3. Bildzeile, Dresdner Bilderhandschrift, fol. 4ᵛ, 2.–3. Bildzeile, Wolfenbütteler Bilderhandschrift, fol. 10ᵛ, 2.–3. Bildzeile). Selbiges gilt vielfach auch innerhalb einer einheitlichen Darstellung, so steht etwa bei der Illustration zu Ldr. I 17 § 1 der zunächst erbende Vater in der Bildmitte, die danach erbende Mutter aber am Bildrand (Oldenburger Bilderhandschrift, fol. 14ᵛ, 1. Bildzeile, Dresdner Bilderhandschrift, fol. 8ᵛ, 2. Bildzeile, Wolfenbütteler Bilderhandschrift, fol. 14ᵛ, 2. Bildzeile), ebenso sind die im Text abgezählten verstorbenen Vater, Mutter, Bruder und Schwester in der Illustration zu Ldr. I 17 § 1 Satz 2 von rechts nach links angeordnet (Oldenburger Bilderhandschrift, fol. 14ᵛ, 2. Bildzeile, Dresdner Bilderhandschrift, fol. 8ᵛ, 3. Bildzeile, Wolfenbütteler Bilderhandschrift fol. 14ᵛ, 3. Bildzeile).

466 Bei der Heidelberger, der Dresdner und der Wolfenbütteler Bilderhandschrift steht der Text stets rechts der Bilder, sodass eine Leserichtung von der Seitenmitte zum Seitenrand stets von rechts nach links geht. Bei der Oldenburger Bilderhandschrift dagegen findet sich der Text in der Bildmitte. Die Leserichtung wäre hier also bei den Vorderseiten eines Blattes – und auf einer solchen finden sich die Darstellungen des Gliederbildes, oben Anm. 422 – von links nach rechts, bei den Rückseiten dagegen von rechts nach links.

467 So steht in beiden Handschriften die Darstellung zu Ldr. I 5 § 3 Satz 2 am Seitenrand, die zu Satz 3 aber neben dem Text (Dresdner Bilderhandschrift, fol. 6ʳ, 3. Bildzeile, Wolfenbütteler Bilderhandschrift, fol. 12ʳ, 3. Bildzeile, bei der Oldenburger Bilderhandschrift findet sich hier nur eine einheitliche Darstellung, Oldenburger Bilderhandschrift, fol. 10ʳ, 3. Bildzeile), ebenso ist es etwa bei den Illustrationen zu Ldr. I 25 §§ 4, 5 und zu Ldr. I 29 Satz 1, 2 (Dresdner Bilderhandschrift, fol. 11ᵛ, 4. Bildzeile, Heidelberger Bilderhandschrift, fol. 12ʳ, 3. Bildzeile, Wolfenbütteler Bilderhandschrift, fol. 17ᵛ, Bildzeile 4, fol. 18ʳ, Bildzeile 3, Oldenburger Bilderhandschrift, fol. 20ʳ, 1. Bildzeile, fol. 20ᵛ, 3. Bildzeile). Auch innerhalb einer Illustration findet sich die Leserichtung vom Seitenrand zur Seitenmitte, so sind etwa bei den Darstellungen der Heerschildordnung in Ldr. I 3 § 2, (Dresdner Bilderhandschrift fol. 4ᵛ, 5. und 6. Bildzeile, Wolfenbütteler Bilderhandschrift, fol. 10ᵛ, 5. und 6. Bildzeile) die einzelnen Schilde vom linken Seitenrand zur Seitenmitte hin angeordnet, vgl. v. Amira, Dresdener Bilderhandschrift II, 1 S. 150 f., hierin abweichend von der Oldenburger Bilderhandschrift (Oldenburger Bilderhandschrift, fol. 7ᵛ, 4. Bildzeile), deren Darstellungen aber

der hier vorgestellten Deutung die Bildersprache hinsichtlich der Doppelköpfigkeit bei der Dresdner und der Wolfenbütteler Bilderhandschrift im Vergleich zu der Oldenburger Bilderhandschrift umgekehrt ist. Dabei spricht einiges dafür, dass die in der Dresdner und der Wolfenbütteler Bilderhandschrift gebrauchte Form die jüngere ist[468]. Gut möglich also, dass die Illustrator*in der Dresdner Bilderhandschrift oder einer Mutterhandschrift bei der Illustration zu Ldr. I 3 § 3 den Bedeutungsgehalt der Symbolik in Bezug auf die Doppelköpfigkeit umkehrte, ohne auch die Anordnung der beiden Figuren zu ändern.

Als weiteres Argument gegen meine Auslegung spricht schließlich hinsichtlich der Oldenburger Handschrift, dass dort bei der Darstellung der vollblütigen Verwandtschaft die beiden Punkte für die gemeinsam im Hals stehenden Vollgeschwister, die Kinder des gemeinsamen Stammelternpaares, nicht in der Körpermitte, sondern in den beiden Hälsen der doppelköpfigen Figur angeordnet sind. Hier wird also nicht deutlich, dass die Vollgeschwister in nur einem Gelenk stehen und daher nur einmal zu zählen sind. Dieses Argument kann sicher als das gewichtigste Gegenargument gelten, bezieht sich aber nur auf eine Handschrift – nämlich die Oldenburger – die bei den übrigen Deutungen schon gar nicht einbezogen wurde. Zudem könnte diese Anordnung abweichend von der Urhandschrift der Bilderhandschriften durch eine Kopist*in vorgenommen worden sein, in der Dresdner und der Wolfenbütteler Bilderhandschrift findet sie sich jedenfalls nicht. Schließlich illustriert auch die Oldenburger Handschrift die Gliederzählung, wenn man, zwar entgegen dem in der Illustration Nahegelegten, aber mit dem im Sachsenspiegeltext eindeutig Ausgesprochenen die Vollgeschwister als g e m e i n s a m im Hals stehend betrachtet und daher beide Hälse der Darstellung nur einmal zählt.

Demnach lassen sich alle drei Illustrationen als eine Darstellung der Gliederzählung verstehen. Dabei setzen die Illustrationen den Text durchaus eigenständig um, insbesondere sind beide Arme mit Markierungen versehen. Auch bleiben die Illustrator*innen ihrer jeweiligen Bildersprache in Bezug auf die Halb- bzw. Vollbürtigkeit treu. Beides spricht dafür, dass der Illustrator*in der Urhandschrift, aber auch noch der Schöpfer*in der – wohl jüngeren – Variante in der Dresdener und der Wolfenbütteler Bilderhandschrift der rechtliche Gehalt des Sachsenspiegeltextes jedenfalls an dieser Stelle bekannt war. Mit den Darstellungen geben sie der Benutzer*in ein Hilfsmittel an die Hand, mit dem dieser*diese die Verwandtschaftsnähe in allen Fällen sowohl der vollbürtigen als auch der halbbürtigen Verwandtschaft bestimmen kann.

---

häufig gespiegelt sind, wohl weil sie mittels Pausen aus einer anderen Handschrift übertragen wurden, v. Amira, Genealogie S. 368; Nass, Wappen in den Bilderhandschriften S. 235 f.; Goydke, FS OLG Oldenburg S. 616. Möglicherweise hat die Illustrator*in der Dresdner Bilderhandschrift die Illustrationen aus einer Vorlage mit Illustrationen jeweils am Seitenrand übernommen, die dann teilweise von rechts nach links zu lesen waren und teilweise von links nach rechts, ohne sie stets bei Bedarf zu spiegeln.

468 Unten Anm. 461, so auch v. Amira, Dresdener Bilderhandschrift II, 1 S. 364 f.

4. Die Prinzipien der Erbfolgeordnung

Die bisherigen Untersuchungen haben ergeben, dass die der Erbfolge nach den Vertreter*innen der Parentelordnung wie nach dem Vertreter der Drei-Linien-Ordnung jeweils zugrundeliegenden Prinzipien[469] im Sachsenspiegeltext nicht explizit ausgesprochen werden, auch wenn sie sich durchaus mit ihm vereinbaren lassen. Sie ergeben sich auch nicht zwangsläufig per Ausschlussverfahren aus dem Text, die Argumentation Wasserschlebens erweist sich insoweit als zirkelschlüssig, während die Vertreter*innen der Parentelordnung als zentrales Argument die Komputation des Sachsenspiegels anführen – ein Argument, dass mit der Richtigkeit ihrer diesbezüglichen Annahmen steht und fällt. Demgegenüber formuliert Eike von Repgow ausdrücklich sowohl das Prinzip der Verwandtschaftsnähe, nämlich in Ldr. I 3 § 3 Satz 15 sowie Ldr. I 17 § 1 Satz 3, als auch das Prinzip einer Unterscheidung zwischen einem engeren, unbenannten[470] Erbenkreis und einem weiteren Erbenkreis, den Ganerben, ebenfalls in Ldr. I 17 § 1 Satz 3.

In Bezug auf die Komputation zeigen die bisherigen Ausführungen, dass sich das Gliederbild des Sachsenspiegeltextes sowohl als Darstellung der „germanischen" Komputation als auch als Darstellung der Gliederzählung verstehen lässt. Eine Auslegung im Sinne Wasserschlebens dagegen überzeugt ebenso wenig, wie eine Auslegung im Sinne der kanonischen Komputation. Das Gliederbild in der Darstellung der Bilderhandschriften dagegen lässt sich – will man es als Darstellung einer Komputation verstehen – lediglich im Sinne der Gliederzählung auslegen, nicht auch als Darstellung der „germanischen" Komputation.

Diese Befunde aus einer Analyse des Sachsenspiegeltextes sowie der einschlägigen Illustrationen in den Bilderhandschriften sprechen also bereits dafür, der Meinung Schanz' und Meutens zu folgen. Betrachtet man den Sachsenspiegeltext nun vor dem Hintergrund einer Untersuchung der überlieferten rechtstatsächlichen Quellen, nämlich der Magdeburger Schöffensprüche, so lässt sich diese begründete Annahme zu einer äußerst hohen Wahrscheinlichkeit verdichten[471].

Bereits Otto Stobbe hatte in einer 1865 veröffentlichten Untersuchung über die Erbfolge nach Magdeburger Recht festgestellt, dass dieser keineswegs das Parentelprinzip zugrunde gelegen haben kann[472]. Eine umfangreiche Auswertung der Schöffensprüche haben Schanz und Meuten vorgenommen, beide arbeiten eine Konkurrenz derer heraus, die nach der Gliederzählung im selben Verwandtschaftsgrad stehen. Dabei erben Nachfahr/innen, Seitenverwandte und Vorfahr/innen sowie die

469 Also bei ersteren der Vorrang aller Angehörigen einer näheren Parentel vor den Angehörigen einer entfernteren Parentel und bei den letzteren der Vorrang aller Nachfahr/innen vor allen Vorfahr/innen und Seitenverwandten und der Vorrang aller Vorfahr/innen vor allen Seitenverwandten.

470 Meijers, TRG 6 (1925) S. 18 Anm. 1 setzt diesen engeren Erbenkreis begrifflich mit dem Busen gleich.

471 Schanz, Erbfolgeprinzip S. 122 f.; Meuten, Erbfolgeordnung S. 304.

472 Stobbe, Erbfolge nach Magdeburger Recht S. 55, vgl. oben Anm. 330.

Angehörigen unterschiedlicher Parentelen nebeneinander, der erste Verwandtschaftsgrad ist im Schöffenrecht wie im Sachsenspiegel noch einmal unterteilt.

Die von Meuten[473] für das Magdeburger Schöffenrecht herausgearbeitete Erbentafel – aufgeführt sind nur die aufgrund der vom ihm ausgewerteten Schöffensprüchen zu verortenden Verwandtschaftsgrade – lautet wie folgt:

I. Kinder (A1) und Kinder eines unabgesonderten Sohnes (A2)
II. Eltern (B) unter Vorrang des Vaters vor der Mutter; in manchen Sprüchen gehen Enkel (A2) vor
III. Geschwister (B1), in manchen Sprüchen gehen Enkel (A2) vor
IV. Halbgeschwister (b1), in manchen Sprüchen gehen Enkel (A2) vor
V. Großeltern (C), Elterngeschwister (C1), Geschwisterkinder (B2), Enkelkinder (A2)
VI. Elternhalbgeschwister (c1) und Halbgeschwisterkinder (b2)
VII. Urgroßeltern (D), Großelterngeschwister (D1), Elterngeschwisterkinder (C2), Geschwisterenkel (B3)
VIII. Großelternhalbgeschwister (d1), Elternhalbgeschwisterkinder (c2), Halbgeschwisterenkel (b3)
IX. Großelterngeschwisterkinder (D2), Elterngeschwisterenkel (C3), Geschwisterurenkel (B4)
X. Elternhalbgeschwisterenkel (c3), Großelternhalbgeschwisterkinder (d2)
XI. Urgroßvaterbruderkind (E2)

Nachdem der erste Verwandtschaftsgrad in mehrere Erbengruppen unterteilt ist, entsprechen die weiteren Erbengruppen – sieht man von den halbbürtig Verwandten einmal ab – unmittelbar den Verwandtschaftsgraden der Gliederzählung. Eine Ausnahme bildet nur die Stellung der Enkel/innen, die sich in den Schöffensprüchen unterschiedlich darstellt – wohl, weil sie umstritten war oder einer geschichtlichen Entwicklung unterlag. Unterschiede zwischen dem Schöffenrecht und dem Sachsenspiegellandrecht ergeben sich nach der Ansicht Meutens[474] und

473 Meuten, Erbfolgeordnung S. 270 f. Mit der Erbentafel Meutens im Ergebnis im wesentlichen übereinstimmend ist die Erbentafel bei Schanz, Erbfolgeprinzip S. 116. Unterschiede ergeben sich bei der Stellung der Enkel und Enkelinnen, die nach Ansicht Schanz' grundsätzlich neben Großeltern, Vollgeschwisterkindern und Elternvollgeschwistern erben, Kindern unabgesonderter Söhne stehe aber neben Erblasserkindern ein Repräsentationsrecht zu, außerdem erbten diese bei Nichtvorhandensein von Erblasserkindern nach den Eltern und vor den Vollgeschwistern. Ein weiterer Unterschied ergibt sich hinsichtlich der Erbfolge der Eltern, nach Ansicht Schanz', Erbfolgeprinzip S. 87 Anm. 226, erben beide gleichrangig.

474 Im Vergleich zur Erbfolge des Sachsenspiegelrechts stellt Meuten, Erbfolgeordnung S. 305–307 über die Stellung der Enkel/innen hinaus folgende Unterschiede fest: Zum einen habe das Magdeburger Recht den Vorrang männlicher Prätendenten vor weiblichen nur bei den Eltern gekannt, Töchter hätten neben Söhnen und Schwestern neben Brüdern geerbt. Auch in Bezug auf das Repräsentationsrecht hätten die Magdeburger Schöffen die Unterscheidung nach Geschlechtern abgemildert. Nach Magdeburger Recht hätten ein Repräsentationsrecht neben überlebenden Erblasserkindern nicht allein die Söhne unabgesonderter

Schanz'[475] hinsichtlich der Stellung halbbürtiger Verwandter, bei dem Geschlechtsvorzug im ersten Verwandtschaftsgrad und beim Repräsentationsrecht von Enkel/innen. Der erstgenannte Unterschied zum Sachsenspiegel, die unterschiedliche Stellung halbbürtiger Verwandter, wird dabei in diversen Schöffensprüchen in der Tat ausdrücklich ausgesprochen[476]. Die Ablehnung des Geschlechtsvorrangs dagegen

---

Söhne gehabt, sondern zunächst weder deren Söhne noch Töchter, ab der 2. Hälfte des 14. Jahrhunderts jedoch Söhne wie Töchter, nach dem Recht des Leipziger Schöffenstuhls überdies auch die Kinder einer unabgesonderten Tochter. Schließlich erbten die halbbürtig verwandten Seitenverwandten nicht neben den vollbürtig Verwandten des nächsten Verwandtschaftsgrades, sondern vor ihnen, wenn auch nach den vollbürtig verwandten desselben Verwandtschaftsgrades. Weitere Unterschiede im Erbrecht zeigten sich darin, dass der Begriff Busen im Magdeburger Recht ausdrücklich nur Eltern und Kinder umfasst habe, nach dem Sachsenspiegel aber auch Kindeskinder, und dass ein Einwerfungsrecht eines abgesonderten Erblasserkindes, das der Sachsenspiegel in Ldr. I 13 § 1 bestätige, nach Magdeburgischem Recht nicht bestanden habe.

475 Schanz, Erbfolgeprinzip S. 117 f. sieht die Unterschiede darin, dass der Geschlechtsvorrang innerhalb des ersten Verwandtschaftsgrades dem Magdeburger Recht gänzlich unbekannt sei, dass der Sachsenspiegel den Söhnen vorverstorbener Söhne ein Repräsentationsrecht einräume, während das Magdeburger Recht ein solches nur für die Söhne vorverstorbener unabgesonderter Söhne kenne, dass die Enkel im Magdeburger Recht nicht generell vor Eltern und Geschwistern erbten, sondern grundsätzlich nach ihnen, vor den Geschwistern erbten nur die Kinder vorverstorbener unabgesonderter Söhne, dass halbbürtige Verwandtschaft die Erbprätendenten nicht um einen Verwandtschaftsgrad, sondern gleichsam nur um einen halben zurücktreten lasse, und schließlich, dass das Magdeburger Recht keine Verwandtschaftsgrenze kenne.

476 Es finden sich diverse Schöffensprüche, in denen die Rechtslage nach *wykbelde rechte* und nach *lantrechte* unterschieden wird. Eine Gruppe dieser Sprüche betrifft dabei das Erbrecht halbbürtig verwandter Erbprätendent/innen, vgl. als Beispiele die Ausschnitte aus folgenden, bei Ebel, Magdeburger Recht I S. 1 f., 3 abgedruckten Sprüchen Nr. 1 und Nr. 2: Nr. 1: *Hir vpp spreken wy scheppen to Magdeburch eyn recht: Nach magdeburschem wykbelde rechte so scrikket de halue bort nicht, so ist des doden halue sustersone des doden erue neger to nemende wen de vruwen twe, vnde de dode dede weren broder vnde suster kinder van vullerbort. Von rechtes wegen. Sunder nach bescreuen sasseschen lantrechte so kan de halue bort in eynem lede nicht bestan, so ist des doden halue sustersone vnde de twe vruwen, de vnde de dode weren broder vnde suster kindere van vullerbort des doden erue alle dre like na.* Übersetzung: Hierzu sprechen wir Schöffen zu Magdeburg ein Recht: Nach Magdeburger Weichbildrecht springt die halbe Geburt nicht zurück, so ist des Toten Halbschwesternsohn <= halbbürtiger Neffe> besser erbberechtigt: Denn die zwei Frauen und der Tote, die waren vollbürtige Bruder- und Schwesterkinder <= vollbürtige Cousinen>. Von Rechts wegen. Aber nach geschriebenem sächsischen Landrecht da kann der Halbbürtige in einem Gelenk nicht stehen bleiben, so sind des Toten Halbschwesternsohn und die zwei Frauen – die und der Tote waren vollbürtige Bruder- und Schwesterkinder – dem Erbe des Toten alle drei gleich nah. – Nr. 2: *Hir upp spreke wy schepen to Magdeburch ein recht: Nach magdeburgisschem wikbilde rechte so is des doden haluesuster neger vnd mit betherem rechte sin erue vnde gud to nemende wenn siner ander vulsuster. Auer na sasseschem lantrechte so is dy halue suster von vader wegen vnd der moder vulsuster dem doden like na.* Übersetzung: Hierzu sprechen wir Schöffen zu Magdeburg ein Recht: Nach Magdeburger Weichbildrecht, da ist

wird, soweit ersichtlich, in den Schöffensprüchen nicht thematisiert. Auffällig sind insoweit aber die Regelungen in verschiedenen Rechtsmitteilungen, die hier abweichend vom Sachsenspiegel formulieren[477], während bei anderen erbrechtliche Regelungen durchaus Formulierungen des Sachsenspiegels übernommen werden.

Diese Erkenntnisse lassen nun zwar keine zwingenden Schlüsse in Bezug auf die Rechtsansichten Eike von Repgows zu. Zum einen urteilt der Magdeburger Schöffenstuhl nach eigener Aussage nach dem *magdeburgisschem wikbelde*-Recht, das er vom *sasseschem landrecht* unterschieden wissen wollte[478]. Zum anderen sind die Rechtsmitteilungen und die überlieferten Schöffensprüche ganz überwiegend jüngeren Datums. Friedrich Ebel nennt als Rechtsaufzeichnungen neben dem Privileg Wichmanns II. von Magdeburg von 1188 und der Aufzeichnung für vielleicht Goldberg[479] von 1211–1241 – deren beider Einfluss auf den „später doch recht festgefügten Corpus des älteren Magdeburger Rechts" er für gering bis bedeutungslos erachtet – als mittelbare Quelle das Halle-Neumarkter Recht von 1235, sowie die Rechtsweisungen von 1261 und von 1295 für Breslau, eine wohl schon im 13. Jahrhundert vernichtete Rechtsweisung für Leitmeritz Böhmen, die Rechtsweisung für Görlitz

---

die Halbschwester des Toten näher und hat ein besseres Recht, sein Erbe und Gut zu nehmen, als die Über-Vollschwester <=vollbürtige Tante>. Aber nach sächsischem Landrecht, da sind die Halbschwester väterlicherseits und Vollschwester der Mutter dem Toten gleich nah. – Vgl. zur Illustration, dass halbbürtige Verwandtschaft bei Verwandten des gleichen Verwandtschaftsverhältnisses dennoch beachtlich war, auch Ebel, Magdeburger Recht I S. 16, Spruch Nr. 11: *Hirauff sprechen wir vor recht: zu des todten kindes guth hat recht sein vetter, der seines vaters bruder war von vater vnd mutter, vndt des kindes vetter bruder war von halber geburt mag darzu nicht kommen*. Übersetzung: Hierzu erkennen wir für Recht: Auf das Gut des toten Kindes hat sein Vaterbruder, der der Bruder seines Vaters war vom Vater und der Mutter her <= vollbürtiger Onkel>, das Recht und der, der halbbürtiger Bruder des Vaterbruders des Kindes <= halbbürtiger Onkel> war, kann dies nicht erhalten.

477 Vgl. etwa § 15 und § 48 des Magdeburger Weistums von 1261 einerseits und § 20 und § 58 derselben Rechtsweisung andererseits, Ebel, Magdeburger Recht II, 1, Nr. 1 S. 4, 8 f., 10 f.

478 Es gibt jedoch auch Sprüche, in denen sowohl die Rechtslage nach „Weichbild" als auch nach „Landrecht" dargestellt wird, vgl. die Beispiele oben Anm. 476. Dabei wird wohl davon auszugehen sein, dass unter dem *bescreuen sasseschen lantrechte* das Sachsenspiegelrecht zu verstehen ist, während das *magdeburschem wykbelde rechte* das Magdeburger Stadtrecht bezeichnet. Beide Rechte unterscheiden sich nach den Ausführungen des Magdeburger Schöffenstuhls, worauf dieser in seinen Sprüchen hinweist. Diese Unterschiede beziehen sich jedoch auf ein spezielles Detail wie die Stellung der Halbgeschwister oder die Konkurrenz zwischen Erblasserkindern und Enkel/innen. Eine unterschiedliche Berechnungsweise oder Unterschiede in den grundlegenden Prinzipien dagegen werden meines Wissens in den Sprüchen an keiner Stelle angesprochen. Unterschiede sich aber das Erbrecht nach „Landrecht" und nach „Weichbildrecht" schon im Grundsatz, würden kaum die Unterschiede im Detail betont und die grundlegenden Unterschiede unerwähnt gelassen, Schanz, Erbfolgeprinzip S. 119; Meuten, Erbfolgeordnung S. 303.

479 Den magdeburger Ursprung dieser Rechtsaufzeichnung stellt Ebel, Des spreke wy S. 430, zudem in Frage.

von 1304 und eine zeitlich davor anzusetzende Fassung des Weichbildrechts, die am besten in der Breslauer Handschrift II Q 3 überliefert sei, außerdem die kumulative Zusammenfassung von Einzelanfragen in den Weistümern für Kulm 1363, Halle 1364 und Jüterbog 1367; erst seit dem Anfang des 14. Jahrhunderts träten neben diese Rechtsmitteilungen die Schöffensprüche als Antworten auf Einzelanfragen, die später vielfach von den Empfängern in eigenen Sammlungen zusammengefasst worden seien[480].

Aufgrund des räumlichen Zusammenhangs, der Tatsache, dass die Schöffenstühle der Magdeburger Stadtrechtfamilie in ihren Rechtsmitteilungen vielfach Formulierungen aus dem Sachsenspiegel aufnahmen[481] und auch aufgrund der späteren vielfach gemeinsamen Überlieferung[482] sind die Erkenntnisse aus dem Schöffenrecht aber dennoch ein starker Anhaltspunkt für die Rechtslage nach Sachsenspiegel[483]. Es kann damit jedenfalls als erwiesen gelten, dass es sich bei der Komputation der Gliederzählung um ein historisches Faktum handelt, dass diese Komputation jedenfalls in den Jahrhunderten nach der Entstehung des Sachsenspiegels die im sächsischen Raum jedenfalls nach Weichbildrecht gebräuchliche war, und dass jedenfalls im Weichbildrecht, von einer Unterteilung des ersten Verwandtschaftsgrades einmal abgesehen, das Gradnäheprinzip das grundlegende Prinzip der Erbfolgeordnung war. Demgegenüber ist das Prinzip der Parentelordnung erst im 18. Jahrhundert formuliert worden[484]. Aus dem sächsischen Raum und dem Spätmittelalter finden sich

---

480 Ebel, Des spreke wy S. 430–435.

481 Gaupp, Das alte Magdeburgische und Hallische Recht S. 107; Schanz, Erbfolgeprinzip S. 120 f.; Meuten, Erbfolgeordnung S. 32.

482 Lieberwirth, Privileg S. 27; Meuten, Erbfolgeordnung S. 34 f.

483 So ist unumstritten, dass zwischen dem Magdeburger Schöffenrecht und dem im Sachsenspiegel geschilderten Landrecht ein enger örtlicher, zeitlicher und auch inhaltlicher Zusammenhang besteht. Unterschiedlich beurteilt wird allein das Verhältnis beider Rechte zueinander. Während die ältere Literatur überwiegend davon ausgeht, dass sich das Stadtrecht durch Anpassung an die wirtschaftlichen Verhältnisse aus dem Landrecht entwickelt habe, Schröder/v. Künssberg, Lehrbuch S. 741; v. Kauffungen, FS Dobenecker S. 192; Ebel, Lübisches Recht S. 24, so auch Ebel, Des spreke wy S. 460 oder dass umgekehrt der Sachsenspiegel auf dem Magdeburger Recht beruhe, v. Lauhn, Alter des Magdeburgischen Rechts S. 29–32, nimmt die neuere Literatur mehrheitlich an, dass sich das städtische Recht als zeitliches und sachliches Pendant parallel zum Landrecht entwickelt habe und beide aus diesem Grunde jedenfalls teilweise übereinstimmten, Buchda, Art. Magdeburger Recht, in: HRG[1] III Sp. 134; Timm, Magdeburger Recht S. 83; Weitzel, Rechtsbegriff S. 66 f.; Meuten, Erbfolgeordnung S. 31–34; Kümper, Sachsenrecht S. 392–398; Lieberwirth, Privileg S. 25–27; Schmidt-Recla, Kalte oder warme Hand S. 470; Lück, Sachsen und Anhalt 27 (2015) S. 180, 82, ähnlich schon früher Gaupp, Das alte Magdeburgische und Hallische Recht S. 105 f., 114 f.

484 Die Literatur des 19. Jahrhunderts geht gemeinhin davon aus, dass dieses den Quellen immanente Prinzip im Jahre 1798 erstmals Johann Christian Majer formuliert habe, der meines Wissens den Begriff der Parentelen erstmals verwendet. Mertens, ZRG GA 90 (1973) S. 159 f. hat indes herausgearbeitet, dass das Prinzip tatsächlich durch Vertreter des Natur-

keinerlei Quellen, die das Prinzip der Parentelordnung als grundlegendes Prinzip der Erbfolgeordnung explizit festhalten würden.

Bei einer Zusammenschau dieser Untersuchungen aus dem Schöffenrecht mit den Anhaltspunkten aus der Untersuchung des Sachsenspiegeltext und der Untersuchung der Bilderhandschriften ergibt sich m. E. mit an Sicherheit grenzender Wahrscheinlichkeit, dass Eike von Repgow bei seiner Darstellung des Gliederbildes und der Erbfolgeordnung von der Gliederzählung als Komputation und vom Gradnäheprinzip als dem grundlegenden Prinzip ausgeht und Gradnäheprinzip und Gliederzählung in der zeitgenössischen Rechtspraxis gebräuchlich waren[485]. Eike von Repgow spiegelt in Bezug auf die Erbfolgeordnung, insbesondere bei der Darstellung des Gliederbildes, also tatsächliche Rechtsgegebenheiten. Er wird an dieser Stelle möglicherweise in der Form und durch die Einbettung des Gedankens in ältere Vorlagen, nicht aber in der rechtlichen Aussage schöpferisch tätig[486]. Es lassen sich in Bezug auf die Erbfolgeordnung des Sachsenspiegels damit folgende Thesen aufstellen.

---

rechts, namentlich Christian Wolff und dessen Schüler Joachim Georg Darjes entwickelt worden sein dürfte, unabhängig von historischen Quellen und gestützt auf den mutmaßlichen Willen des Erblassers bzw. den Gedanken, dass erbe, wen der Verstorbene am meisten hätte lieben müssen. Während v. Wolff, Jus naturae methodo scientifica pertractatum S. 748–751 seiner Erbfolge noch eine Dreilinienordnung zugrunde legt und lediglich die Seitenverwandten in Parentelen einteilt, entspricht die von Darjes, Institutiones jurisprudentiae universalis S. 363–370 veröffentlichte Erbfolge gänzlich der Parentelordnung. Das abstrakt entwickelte Prinzip – das im Erbfolgepatent Josefs II. von 1786 sowie im Lehnrecht des ALR von 1794 auch Eingang in die Naturrechtskodifikationen gefunden hat – wurde sodann ab dem letzten Viertel des 18. Jahrhunderts zunehmend auch in historische Quellen hineingelesen, v. a. durch die Germanistik, Mertens, ZRG GA 90 (1973) S. 161 f., 163 f. Vor Majer sieht es als historisches deutsches Rechtsprinzip bereits 1778 Friedrich Christoph Jonathan Fischer, oben Anm. 295, als Erbfolgeordnung des Sachsenspiegels bereits 1793 Wilhelm August Friedrich Danz, oben Anm. 264. Mertens, ZRG GA 90 (1973) S. 157, 162–164 lässt freilich offen, ob das Parentelprinzip, ohne dort formuliert zu sein, nicht doch auch älteren Quellen zugrunde gelegen haben könnte, jedenfalls griffen die Vertreter des Naturrechts ältere Gedanken wie die Gliederung der Verwandtschaft in Linien und das Repräsentationsrecht auf und verbänden diese zu einem umfassenden Ordnungsmodell, zustimmend Lipp, Art. Erbfolgeordnung, in: HRG^2 I Sp. 1363.

485 Zwar sind die Schöffensprüche jünger als die Darstellung des Gliederbildes durch Eike von Repgow, jedoch erscheint aufgrund der weiten Auslegungsfähigkeit der Eike'schen Formulierung äußerst unwahrscheinlich, dass sich die Gliederzählung erst aufgrund des Sachsenspiegels im sächsischen Raum durchgesetzt hat.

486 Insoweit darf der Einfluss der Etymologien des Isidor von Sevilla sowie deren Wiedergabe in den Dekreten Burchards von Worms, den insbesondere Stutz, Verwandtschaftsbild S. 25–36; Schadt, FmSt 10 (1976) S. 410–429, vor allem aufgrund der Zusammenstellung mit der Weltalterlehre hervorheben, nicht überbetont werden, auch wenn er sicherlich nicht zu leugnen ist. Das Gliederbild beruht nicht auf der unreflektierten Übernahme älterer Vorbilder, es enthält eine konkrete Darstellung der zeitgenössischen Komputation.

a. Das Gradnäheprinzip nach der Gliederzählung als Grundlage der Erbfolge

Die Grundlagen der Erbfolge werden in Ldr. I 3 § 3 behandelt. Deutend übersetzt lautet der Paragraph wie folgt:

> Ldr. I 3 § 3
>
> Nun verstehen wir auch, wo die Sippe beginnt und wo sie endet. In dem Haupt zu stehen ist beschieden Mann und Frau, die ehelich und rechtmäßig zusammen gekommen sind. Im Gelenk des Halses die Kinder, die ohne Halbbürtigkeit von Vater und Mutter geboren sind. Liegt Halbbürtigkeit vor, können die <Kinder> nicht weiter an einem Gelenk stehen, sondern springen <jeweils> in ein zweites <fiktives> Gelenk <in der Schulter>. Heiraten <umgekehrt> zwei Brüder zwei Schwestern und der dritte Bruder eine fremde Frau, ihre Kinder sind <trotz der Doppelverwandtschaft> doch gleich nah, ein jedes des anderen Erbe zu nehmen, wenn sie ebenbürtig sind. Die Kinder von Vollbrüdern stehen an dem Gelenk, wo die Schulter und der Arm zusammentreffen, ebenso das Kind der Schwester. Das ist die erste Sippezahl, die man zu den Verwandten rechnet: Bruderkind und Schwesterkind. In dem Ellenbogen steht die zweite, in dem Handgelenk die dritte, in dem ersten Gelenk des Mittelfingers die vierte, im zweiten Gelenk die fünfte, in dem dritten Gelenk desselben Fingers die sechste <Sippezahl>. In der siebten <Sippezahl> steht ein Nagel und kein Gelenk, darum endet dort die Sippe und es heißt <dieser Verwandtschaftsgrad> Nagelverwandter. Die zwischen Nagel und Haupt sich an gleicher Stelle zur Sippe abzählen können, die nehmen das Erbe gleichrangig. Wer sich näher zur Sippe zählen kann, der nimmt das Erbe vorrangig. Die Sippe endet in der siebten <Sippezahl hinsichtlich des Rechts>, Erbe zu nehmen, auch wenn der Papst erlaubt hat, eine Frau in der fünften zu heiraten, denn der Papst darf kein Recht setzten, mit dem er unser Landrecht oder Lehnrecht beeinträchtigen würde.

Hier stellt Eike von Repgow zunächst die Verwandtschaftsbestimmung anhand des Gliederbildes dar, und zwar in Bezug auf vollbürtig – auch über zwei Linien – verwandte Personen die Komputation der Gliederzählung[487], für halbbürtig verwandte Personen dagegen eine im Ergebnis der römischen entsprechenden Komputation[488]. Nachdem damit die Ermittlung des Verwandtschaftsgrades erklärt ist, stellt er die grundlegende Bedeutung desselben für die Erbfolge fest: Personen, die jeweils im gleichen Verwandtschaftsgrad mit der Erblasser/in verwandt sind, erben nebeneinander, wer aber näher mit der Erblasser/in verwandt ist, schließt eine entfernter verwandte Person aus[489]. Zuletzt spricht Eike von Repgow in Ldr. I 3 § 3 die Erbrechtsgrenze an, die bei der siebten Sippezahl liegt – also unabhängig vom Verwandtschaftsgrad immer dann, wenn sich entweder die Erblasser/in oder aber die Erbprä-

487 Oben S. 96 f.

488 Oben S. 98 f., dabei wird die aus dieser Tatsache folgende erbrechtliche Gleichstellung von Halbbrüdern und Halbgeschwisterkindern auch in Ldr. II 20 § 1 festgestellt.

489 Oben S. 76.

tendent/in nicht mehr an den Gelenken des Gliederbildes anordnen lassen[490]. Dabei lässt Eike von Repgow[491] nicht unerwähnt, dass die Verwandtschaftsgrenze durch das vierte Laterankonzil[492] in Bezug auf das kanonischen Eheverbot abweichend normiert wurde, sieht dadurch aber die Erbgrenze unberührt[493] – wohl weil sich das Erbrecht nach Land- bzw. Lehnrecht, also nach weltlichem Recht richtet[494], das der Papst seiner Ansicht nach nicht verändern kann[495].

Dabei bezeichnet er den fünften Verwandtschaftsgrad als den ersten, ab dem eine Ehe erlaubt ist, er gibt die Neuregelung des Laterankonzils also nur zutreffend wieder, wenn er die Verwandtschaftsgrade hier nach der kanonischen Komputation benennt[496]. Ob ihm aber bewusst ist, dass die kanonischen Regelung nicht nur

490 Oben S. 99.

491 Der Satz findet sich ausweislich des Kursivdrucks in der Homeyer'schen Ausgabe in den Kurzformen des Sachsenspiegels nicht, Homeyer, Sachsenspiegel I S. 159; zur Bedeutung des Kursivdrucks Homeyer, ebenda S. 104. Er wird teilweise als Interpolation gedeutet, Gaupp, Grundzüge S. 69 f. Anm. 1; v. Amira, Dresdener Bilderhandschrift II, 1 S. 160, anderer Ansicht etwa Stutz, Verwandtschaftsbild S. 11; Hugelmann, ZRG KA 13 (1924) S. 461; Meuten, Erbfolgeordnung S. 62.

492 c. 50 conc. Lat. IV, bei Wohlmuth, Dekrete der ökumenischen Konzilien II S. 257 f. (= c. 8 X 4, 14). Zur Entwicklung des Ehehindernisses der Blutverwandtschaft, insbesondere der vom Verbot umfassten Verwandtschaftsgrade, Freisen, Geschichte des kanonischen Eherechts S. 374–405.

493 V. Sydow, Erbrecht S. 134; Hugelmann, ZRG KA 13 (1924) S. 444; Kullmann, Klenkok S. 27 f.; Meuten, Erbfolgeordnung S. 61.

494 Oben S. 62.

495 Ein Nachsatz, der denn auch zu der bekannten Reaktion vonseiten der Kurie geführt hat, vgl. Lade-Messerschmied, Art. articuli reprobati, in: HRG² I Sp. 311 f., und auch von Johann von Buch ausführlich diskutiert wird, BG I 3 § 3 *De paues en mach doch*, wiedergegeben unten Anm. 1174.

496 Dass er damit innerhalb von Ldr. I 3 § 3 unterschiedliche Zählweisen anwendet, ist, soweit es thematisiert wird, unbestritten, Stutz, Verwandtschaftsbild S. 12–14; v. Amira, Dresdener Bilderhandschrift II, 1 S. 160; Meuten, Erbfolgeordnung S. 61 f. und wird teilweise als Beleg für eine nach-Eike'sche Interpolation der Stelle angesehen, dazu oben Anm. 491. Im Einzelnen gehen hier die Meinungen aber durchaus auseinander. Während Stutz eine bei den Geschwisterkindern beginnenden Zählung während der Darstellung des Gliederbildes und der ersten Satzhälfte von Ldr. I 3 § 3 Satz 16: *De sibbe lendet in deme sevenden erve to nemen* feststellt und erst bei der Darstellung der Eheverbotsgrenze eine bei den Geschwistern beginnende Zählung annimmt, eine Zählung, die sich seiner Ansicht nach auch in Ldr. I 19 § 1 findet, sieht Meuten die bei den Geschwisterkindern beginnende Zählung der Sippezahlen nur bei der Darstellung des Gliederbildes verwendet, während in Ldr. I 3 § 3 Satz 16 in beiden Satzteilen wie auch in Ldr. I 19 § 1 von den Geschwistern aus gezählt werde, vgl. oben Anm. 261, 311. Nach hier vertretener Ansicht spricht mehr dafür, dass Eike von Repgow die Erbrechtsgrenze stets mittels einer bei den in der Schulter stehenden Verwandten, in der zweiten Parentel also den Geschwisterkindern, beginnenden Zählung der Sippezahlen ermittelt und dabei die siebte Sippezahl, also die Nagelmagen, als letzten erb-

einen anderen Verwandtschaftsgrad als die Grenze der rechtlich beachtlichen Verwandtschaft konstituiert – nämlich den vierten statt den siebten –, sondern darüber hinaus in der Zuordnung einzelner Verwandter zur den Verwandtschaftsgraden – indem der vierte Verwandtschaftsgrad kanonischer Komputation Ururgroßeltern, Ururgroßelternkinder, Ururgroßelternenkel/innen, Ururgroßelternurenkel/innen, Ururgroßelternururenkel/innen, Urgroßelternururenkel/innen, Großelternururenkel/innen, Elternururenkel/innen sowie Ururenkel/innen umfasst, der vierte Verwandtschaftsgrad nach Sippenzählung aber Ururgroßeltern, Ururgroßelternkinder, Urgroßelternenkel/innen, Großelternurenkel/innen, Elternururenkel/innen und Ururenkel/innen –, sowie hinsichtlich der Sippezahlen auch in der Benennung der Verwandtschaftsgrade abweicht – indem in der zweiten Parentel der vierte Grad nach kanonischer Zählung der dritten Sippezahl entspricht –, wird aus dem Text nicht deutlich[497].

b. Zwei Erbenkreise

Nachdem damit in Ldr. I 3 § 3 die Grundlagen angesprochen sind, findet sich die konkrete Darstellung der Erbfolgeordnung in Ldr. I 17 § 1. Deutend übersetzt lautet der Paragraph wie folgt:

> Ldr. I 17 § 1
>
> Stirbt der Mann ohne <ihn überlebendes> Kind, nimmt sein Vater das Erbe; hat er keinen Vater, nimmt es die Mutter mit größerem Recht als sein Bruder. Das Erbe von Vater und Mutter, <und von> Bruder und Schwester nimmt der Sohn und nicht die Tochter <bzw. der Bruder und nicht die Schwester>, außer, es gibt keinen Sohn <bzw. keinen Bruder>, so nimmt es die Tochter <bzw. die Schwester>. Wenn aber ein Erbe an entferntere Verwandte als Schwestern oder Brüder fällt, nehmen alle, die sich gleich nah zur Sippe zählen können, gleichen Teil daran, unabhängig davon, ob es ein Mann oder eine Frau sei; diese nennen die Sachsen Ganerben. Doch nimmt das Kind von Sohn und Tochter das Erbe vor Vater und vor Mutter und vor Bruder und vor Schwester darum: es geht nicht aus dem engsten Familienkreis, solange es engsten Familienkreis gibt.

---

berechtigten Verwandtschaftsgrad ansieht, oben Anm. 261. Diese Zählung wird in Ldr. I 3 § 3 bei der Darstellung des Gliederbildes, in Ldr. I 3 § 3 Satz 16 Hs. 1 und auch in Ldr. I 19 § 1 verwendet. In Ldr. I 3 § 3 Satz 16 Hs. 2 übernimmt er dagegen die Eheverbotsgrenze aus der kanonischen Literatur und damit auch die kanonische, bei den Geschwistern beginnende Zählweise.

497 Möglicherweise setzte er den aus der kanonischen Literatur übernommenen vierten Verwandtschaftsgrad auch mit der vierten Sippezahl gleich, sodass er irrtümlich erst einer Cousine und einem Cousin fünften Grades und nicht einer Cousine und einem Cousin vierten Grades die Ehe erlaubt hätte.

Hier benennt Eike von Repgow zunächst im ersten Satz die Rangfolge Kinder – Vater – Mutter – Bruder, zu ergänzen wäre hier die Schwester[498]. Er unterteilt damit die Verwandten des ersten Verwandtschaftsgrades noch einmal, und zwar in Nachkomm/innen, Vorfahr/innen und Seitenverwandte. Sodann folgt eine weitere Unterteilung, die bei den Eltern und auch den Geschwistern im vorhergehenden Satz bereits anklingt: Jeweils innerhalb der Gruppen der Kinder, Eltern und Geschwister schließen Prätendenten Prätendentinnen aus. Den bisher behandelten Verwandten des ersten Verwandtschaftsgrades werden dann die Ganerben gegenübergestellt, wie das einleitende *aver* zeigt. Diese erben allein nach dem Verwandtschaftsgrad. Eine Unterteilung erfolgt bei ihnen nicht, und zwar weder, wie Eike von Repgow explizit ausführt, in Bezug auf das Geschlecht, noch, was er unerwähnt lässt, in Bezug auf die Linien der Nachkomm/innen, Vorfahr/innen und Seitenverwandten. Auf diesen Umstand dürfte auch der Begriff *ganerve* zurückgehen, der etymologisch in der Regel als Miterbe gedeutet wird[499]. Es lässt sich also durchaus von zwei Erbenkreisen sprechen, wie es sich in der Forschung eingebürgert hat[500]. Jedoch ist Meuten zuzustimmen, dass es sich bei dieser Einteilung nicht um das grundlegende Prinzip handelt, indem das Gradnäheprinzip nur innerhalb des weiteren Erbenkreises gelten würde[501]. Grundlegendes Prinzip bleibt das in Ldr. I 3 § 3 vorgestellte Gradnäheprinzip, es erben (mit Ausnahme der sogleich zu thematisierenden Erblasserenkel/innen) in keinem Fall entfernter verwandte Personen vor näher verwandten Personen. Das Gradnäheprinzip gilt lediglich im ersten Verwandtschaftsgrad insoweit nicht uneingeschränkt, als dieser noch einmal unterteilt wird, also gleich nah verwandte Personen nicht in jedem Fall nebeneinander erben[502].

c. Die Stellung der Enkel/innen als Ausnahme

In Ldr. I 17 § 1 Satz 4 folgt schließlich eine wirkliche Ausnahme vom Prinzip der Gradnähe, die dabei durch das einleitende *doch* auch deutlich als eine solche Ausnahme gekennzeichnet ist[503]: Kindeskinder werden den Eltern und Geschwistern vorangestellt, sie erben also neben oder nach den Kindern der Erblasser/in[504]. Begründet wird dies mit dem Merksatz, dass das Erbe nicht aus dem Busen, also dem innersten Familienkreis gehe, solange dieser vorhanden sei[505]. Diese Ausnahme gilt

498 Dies ergibt sich aus Ldr. I 17 § 1 Satz 2, 4, oben Anm. 239, 240.
499 Oben Anm. 242.
500 Oben S. 75 ff.
501 Oben S. 76 f., insbesondere Anm. 302.
502 Aus diesem Grund wird das Gradnäheprinzip in der diesen Aspekt betonenden Formulierung in Ldr. I 17 § 1 Satz 3 nur auf die Ganerb/innen bezogen und mit einem *aver* der vorangehenden Gruppe gegenübergestellt.
503 Oben Anm. 244.
504 Oben S. 66.
505 Oben S. 67.

dabei aber – wahrscheinlich[506] – nur für die Enkel/innen der Erblasser/in, die übrigen Nachkomm/innen erben entsprechend ihres Verwandtschaftsgrades neben den Vorfahr/innen und Seitenverwandten. Bezeichnend ist dabei, dass bei den Enkel/innen der Vorrang der Prätendenten vor Prätendentinnen nicht gilt. Sie werden damit zwar in der Rangfolge bei den Verwandten des engeren Erbenkreises eingeordnet, es gilt für sie aber mit der Gleichordnung beider Geschlechter dieselbe Regelung wie für die Ganerben. Das könnte ebenfalls darauf hindeuten, dass sie ursprünglich unter die Ganerben fielen und ihr – auch noch im Sachsenspiegel als Ausnahme dargestelltes – besseres Erbrecht sich erst später entwickelt hat.

d. Repräsentationsrecht der Söhne unabgesonderter Söhne

Das Verhältnis zwischen Erblasserkindern und Erblasserenkel/innen schließlich wird schon in Ldr. I 17 § 1 angedeutet, indem die Enkel/innen den Eltern der Erblasser/in vorgezogen werden, nicht aber seinen/ihren Kindern. Bestätigt wird dies durch einen Gegenschluss aus Ldr. I 5 § 1, der ein Repräsentationsrecht (nur) für die Söhne vorverstorbener unabgesonderter Söhne enthält[507].

5. Die Erbentafel nach dem Sachsenspiegel

Damit lässt sich die Erbfolgeordnung des Sachsenspiegels wie folgt in wenigen Sätzen zusammenfassen: Der Erbfolge liegt eine Rangfolge nach Verwandtschaftsgraden, bestimmt anhand der Gliederzählung, zugrunde. Gegenüber der römischen Komputation sind nach dieser Komputation Seitenverwandte im Vergleich zu Verwandten in gerader Linie um einen Grad besser gestellt. Diese Besserstellung gilt allerdings nur für vollbürtig verwandte Personen, bei Halbbürtigkeit gilt eine im Ergebnis der

---

506 Oben S. 67. Es lässt sich jedoch nicht ausschließen, dass auch Eike von Repgow den Begriff Busen schon weit im Sinne der gesamten Nachkommenschaft verstand, zumal er die Enkel/innen in den Busen mit einbezieht und den Begriff damit jedenfalls weiter versteht als der Magdeburger Schöffenstuhl. In diesem Fall würden tatsächlich alle Nachfahr/innen vorrangig erben, ihr Erbrecht würde dabei allerdings lediglich auf einer Ausnahme vom Prinzip der Verwandtschaftsnähe beruhen, nicht dem Erbrechtssystem gewissermaßen systemimmanent sein. Wahrscheinlicher ist jedoch angesichts der engen Formulierung im einleitenden Satz *sones unde dochter kint*, dass allein die Enkel/innen den Eltern vorgezogen wurden, und dass Eike von Repgow den Begriff Busen zwar weiter als der Magdeburger Schöffenstuhl verstand, aber enger als die spätere Begriffsbedeutung. Dafür spricht auch, dass die Tendenz späterer Quellen und Urteile, alle Nachkomm/innen in die Ausnahmeregelung einzubeziehen, sich auf den Einfluss des gelehrten Rechts zurückführen lässt, insbesondere auf den Einfluss der Buch'schen Glosse, dazu unten S. 139 ff., insbesondere S. 140 f. Die Fragestellung dürfte allerdings eher von theoretischer Bedeutung sein, so befasst sich von den bei Meuten untersuchten Schöffensprüchen nicht einer mit der erbrechtlichen Stellung eines Urenkelkindes.

507 Oben S. 68.

römischen entsprechende Komputation. Abweichend vom Prinzip der Verwandtschaftsnähe sind die Verwandten des ersten Verwandtschaftsgrades noch einmal unterteilt in Erblasserkinder, -eltern und -geschwister, die ihrerseits ein weiteres Mal in männliche und weibliche Prätendent/innen unterteilt sind. Enkel/innen werden durch eine Ausnahme bessergestellt, sie erben – ohne geschlechtsspezifischen Vorrang der Enkel – nach den Erblassertöchtern und vor dem Erblasservater. Söhne von vorverstorbenen unabgesonderten Erblassersöhnen erben daneben auch neben Erblassersöhnen, allerdings nur den Anteil, den ihr Vater geerbt hätte. Sie haben also ein Repräsentationsrecht.

Es gilt folgende Erbentafel[508]:

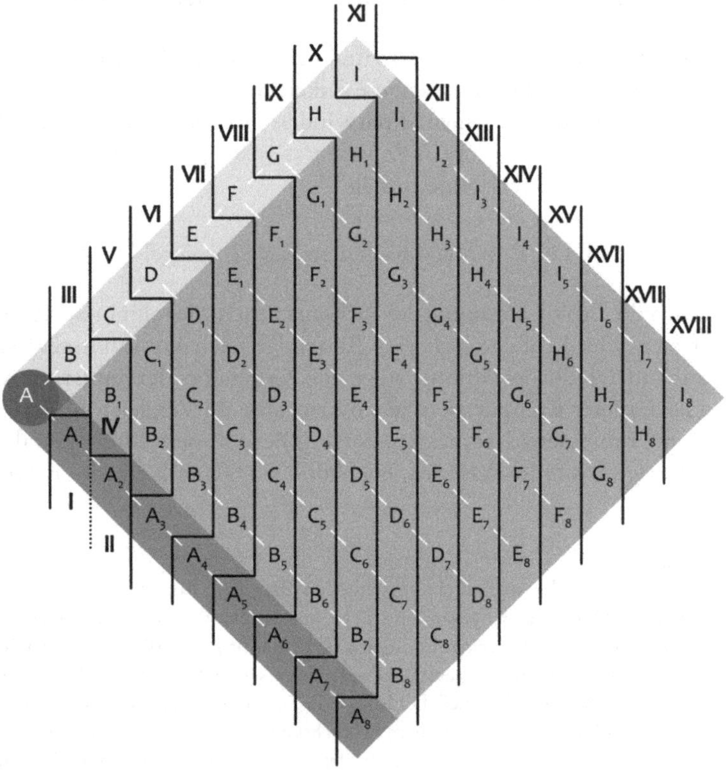

Fig. 16: Erbentafel nach Sachsenspiegel Erbentafel nach dem Sachsenspiegel, die Darstellung berücksichtigt nur die vollbürtig verwandten Erbprätendent/innen.

508 SCHANZ, Erbfolgeprinzip S. 53; MEUTEN, Erbfolgeordnung S. 129.

Engerer Erbenkreis: erster Verwandtschaftsgrad sowie Enkel/innen

I. Kinder (A_1) unter Vorrang der Söhne vor den Töchtern
ggf. neben Söhnen vorverstorbener, nicht abgesonderter Söhne (A_2)

II. Enkel/innen (A_2) ohne geschlechtsspezifischen Vorrang

III. Eltern (B) unter Vorrang des Vaters vor der Mutter

IV. Geschwister (B_1) unter Vorrang der Brüder vor den Schwestern

Weiterer Erbenkreis: Ganerben

V. Großeltern (C), Elterngeschwister (C_1), Geschwisterkinder (B_2)
sowie: Halbgeschwister (b_1)

VI. Urgroßeltern (D), Großelterngeschwister (D_1), Elterngeschwisterkinder (C_2), Geschwisterenkel/innen (B_3) Urenkel/innen (A_3)
sowie: Elternhalbgeschwister (c_1), Halbgeschwisterkinder (b_2)

VII. Ururgroßeltern (E), Urgroßelterngeschwister (E_1), Großelterngeschwisterkinder (D_2), Elterngeschwisterenkel/innen (C_3), Geschwisterurenkel/innen (B_4), Ururenkel/innen (A_4)
sowie: Großelternhalbgeschwister (d_1), Elternhalbgeschwisterkinder (c_2), Halbgeschwisterenkel/innen (b_3)

VIII. F, F_1, E_2, D_3, C_4, B_5, A_5 sowie: e_1, d_2, c_3, b_4

IX. G, G_1, F_2, E_3, D_4, C_5, B_6, A_6 sowie: f_1, e_2, d_3, c_4, b_5

X. H, H_1, G_2, F_3, E_4, D_5, C_6, B_7, A_7 sowie: g_1, f_2, e3, d_4, c_5, b_6

XI. I[509], I_1, H_2, G_3, F_4, E_5, D_6, C_7, B_8, A_8 sowie: h_1[510], g_2, f_3, e_4, d_5, c_6, b_7

XII. I_2, H_3, G_4, F_5, E_6, D_7, C_8 sowie: i_1[511], h_2, g_3, f_4, e_5, d_6, c_7, b_8

XIII. I_3, H_4, G_5, F_6, E_7, D_8 sowie: i_2, h_3, g_4, f_5, e_6, d_7, c_8

XIV. I_4, H_5, G_6, F_7, E_8 sowie: i_3, h_4, g_5, f_6, e_7, d_8

XV. I_5, H_6, G_7, F_8 sowie: i_4, h_5, g_6, f_7, e_8

XVI. I_6, H_7, G_8 sowie i_5, h_6, g_7, f_8

XVII. I_7, H_8 sowie: i_6, h_7, g_8

XVIII. I_8, sowie: i_7, h_8

XIX. i_8

509 Alle mit einem I und oder einer 8 gekennzeichneten Verwandten sind nur dann erbberechtigt, wenn die Nagelmagen und die Personen, für die die Erblasser/in Nagelmage ist, noch erbberechtigt sind, vgl. oben Anm. 261.

510 Alle mit einem h oder einer 7 gekennzeichneten halbbürtig verwandten Personen sind nur dann erbberechtigt, wenn alternativ die in der vorhergehenden Anmerkung genannte Annahme oder aber die Annahme zutrifft, dass die halbbürtigen unmittelbaren Nachfahr/innen des Stammelternpaares an einem fiktiven zusätzlichen Gelenk an der Schuler angeordnet werden und die Erbgrenze auch nicht entsprechend ein Gelenk heraufgesetzt wird, vgl. oben S. 98.

511 Alle mit einer mit einem i oder einer 8 gekennzeichneten halbbürtig verwandten Personen sind nur dann erbberechtigt, wenn beide in der vorhergehenden Anmerkung genannten Annahmen kumulativ zutreffen.

III. Die Erbfolgeordnung der Buch'schen Glosse

Die aufgrund der vorangegangenen Untersuchungen aufgestellte Erbentafel macht deutlich, dass sich die Erbfolgeordnung nach Sachsenspiegel erheblich und schon in den Grundlagen von der nach Nov. 118 bestimmten und damit im gelehrten Recht geltenden Erbfolgeordnung unterscheidet. Da die einschlägigen Regelungen im Sachsenspiegel vor allem in Ldr. I 3 § 3 und Ldr. I 17 § 1 dargestellt werden, finden sich Ausführungen Johanns von Buch zur Thematik im wesentlichen in der Glossierung zu diesen beiden Stellen. Die Glossierung zu Ldr. I 3 § 3 und diejenige zu Ldr. I 17 § 1 sei daher an dieser Stelle auszugsweise wiedergegeben:

BG I 3 § 3 <*Nv merke ouk*>[512], S. 150–153

Mageschapp[513] *is drierleie. Ene de komet van bort. De andere van swagerschap. De drudde van vadderschop. Na geborner mageschop nympt me erue vnd wert voremunde. Swagerschap auer vnd vadderschop schelen in deme echte. Jn geborner machscop, dat hire lede heten, dat heten in legibus grade, ut* [Inst. 3, 6 pr.]. *Desser grade geit en vpwert, alse vader, elderuader vnd vort, wo ho du ze gerekenen konst. Nedderwerd zone vnd zones kint vnd vort nedderwerd, wo verne du rekenen konst. Desse nedderwerden nemet der vpwerden erue vor alle den, de van zidhaluen dar to geboren sint, ut.* [Ldr. I 10; Ldr. I 5; Ldr. I 17 § 1; Ldr. I 27; Ldr. I 28; Ldr. I 30; Ldr. II 20 § 1; Ldr. II 30; Ldr. II 31[514]; Cod. 6, 61, 1; Cod. 6, 61, 2;

512 Der Codex Hecht und die Wolfenbütteler Handschrift, fol. 25^{v} weisen kein Stichwort auf, dieses ist von der Heidelberger Handschrift übernommen. Doch beginnt an dieser Stelle eindeutig die Glossierung zu Ldr. I 3 § 3.

513 Übersetzung: Verwandtschaft ist dreierlei. Eine, die von der Geburt herrührt. Die zweite von der Schwägerschaft. Die dritte von Patenschaft. Nach geborener Verwandtschaft nimmt man Erbe und wird Vormund. Schwägerschaft aber und Patenschaft bilden ein Hindernis für die Ehe. Bei geborener Verwandtschaft heißt in den *leges* das, was hier <in Ldr. I 3 § 3> Gelenke heißt, Grade, wie in [Inst. 3, 6 pr.]. Von diesen Graden gehen die einen aufwärts, wie Vater, Großvater und weiter, so hoch du sie abzählen kannst. <Und die anderen> abwärts Sohn und Sohneskind und weiter abwärts, so weit du zählen kannst. Diese Absteigenden nehmen das Erbe der Aufsteigenden vor allen, die von der Seite her dazu geboren sind, wie [Ldr. I 10; Ldr. I 5; Ldr. I 17 § 1; Ldr. I 27; Ldr. I 28; Ldr. I 30; Ldr. II 20 § 1; Ldr. II 30; Ldr. II 31; Cod. 6, 61, 1; Cod. 6, 61, 2; Inst. 3, 1, 2]. Zwischen diesen <nämlich den Verwandten der absteigenden und aufsteigenden, also geraden Linie> kann auch niemals mehr <wie weit auch der Abstand ist> eine Ehe geschlossen werden, wie [Inst. 1, 10, 1]. Sodass, wenn Adam noch lebte, er keine Ehefrau nehmen könnte, wie es gesagt wird in [Dig. 23, 2, 53]. Darum sagt er: „In dem ersten Glied stehen Mann und Frau, die ehelich zusammengekommen sind", und dass von diesen vorgenannten weiter keiner darunter sei, wie [Inst. 1, 10, 1]. Patenschaft ist geistliche Verwandtschaft (…). Schwägerschaft hindert die Ehe (…).

514 Eigentlich lauten die Remissionen wie folgt: *ut jnfra ar. X, et jnfra ar. V, et XVI, et XXVI, et XXVIII, et XXX, li. II ar. XX, XXX, XXXI,* was nach der Einteilung des Codex Hecht vulgat Ldr. I 11; Ldr. I 5 § 1 – Ldr. I 6 § 1; Ldr. I 16 § 2 – Ldr. I 17 § 2; Ldr. I 27; Ldr. I 29; Ldr. I 31; Ldr. II 20 § 1; Ldr. II 30; Ldr. II 31 entspricht. Von KAUFMANN, Buch'sche Glosse S. 151 aufgrund inhaltlicher Überlegungen teilweise korrigiert.

Inst. 3, 1, 2]. *Vnder dessen ne mach ok nummer mer nen echt werden, ut* [Inst. 1, 10, 1]. *Alze off Adam noch leuede, dat he nen wiff mochte nemen, alze dat gesecht wert* [Dig. 23, 2, 53]. *Dar vmme secht he: In deme ersten lede sta man vnd wiff, de eliken to zamende komen sint, vnd dat desse vorbenomde hinder dar nicht vnder en sy, ut* [Inst. 1, 10, 12]. *Vadderschop, dat is geistlik mageschap* (...). *Swagerschap erret dat echt* (...)[515].

BG I 3 § 3 *Suster vnde broder*, S. 153 f.

Dit[516] *is dat andere leth na leges, ut* [Inst. 3, 6, 2][517]. *An geistlikem rechte is id anders, wente vnder en is suster vnd broder dat erste let, ut* [c. 4 C. 35 q. 5][518]. *Se rekenen beyde*

---

515 Es folgt eine Reihe von Allegationen sowie in lateinischer Sprache ein im gelehrten Recht bekannter Vers zu den Ehehindernissen, der auf die Summa de matrimonio des Tankred und damit das frühe 13. Jahrhundert zurückgeht und im kanonischen Recht bis in die Neuzeit hinein verbreitet war, wenn er auch keinen Eingang in die Glossa Ordinaria zu pr. C. 27 q. 1 gefunden hat, Freisen, Geschichte des kanonischen Eherechts S. 226 f. Aufgezählt werden darin zwölf Ehehindernisse: *Error condicio votum cognacio crimen / Cultus disparitas vis ordo ligamen honestas / Si sit affinis si forte coire nequibis / Hec socianda vetant connubia iuncta retractant.* Kaufmann, Buch'sche Glosse S. 153 Anm. 65, macht als Quelle die Summa brevissima super libro quarto decretalium des Johannes Andreae aus, die den Vers wiedergibt. Dies liegt angesichts der teilweisen Überschneidung der Lehrtätigkeit Johannes Andreaes in Bologna mit der Studienzeit Johanns von Buch, Lange/Kriechbaum, Römisches Recht im Mittelalter II S. 293, durchaus nahe. So ist die Summa super libro quatro decretalium des Johannes Andreae in der Tzerstedischen Glosse als Quelle zu den Versen allegiert, Steffenhagen, Tzerstedische Glosse S. 163. In der Buch'schen Glosse findet sich an anderer Stelle auch eine deutsche Form des Verses, nämlich in BG III 28 § 2 *Sprikt auer* Satz 3–5, die allerdings inhaltlich leicht abweicht. Zudem findet sich in der Glosse BG III 27 *Swe en wiff* eine ausführliche Aufzählung der Gründe, unterteilt nach der jeweiligen Auswirkung auf die Gültigkeit der Ehe, die jedoch weder mit dem lateinischen Vers noch mit dem deutschen Vers übereinstimmt.

516 Übersetzung: Das ist das zweite Gelenk nach den *leges*, wie in [Inst. 3, 6, 2]. In geistlichem Recht ist es anders, denn unter ihnen sind Schwester und Bruder das erste Gelenk, wie in [c. 4 C. 35 q. 5]. Sie zählen beide gut: Die Dekretisten verkürzen die Verwandtschaft, damit die Ehe desto eher möglich sei; und die Sachsen verlängern die Verwandtschaft, damit man umso weiter erben könne. Gibt es aber eine „Teilung", so sind sie Halbbrüder, dann nehmen sie Erbe von einer Seite, immer so, dass die Kinder von Vollbrüdern dem Erbe so nahe stehen wie der Halbbruder, wie [Ldr. II 20 § 1].

517 So von Kaufmann, Buch'sche Glosse S. 153 aufgrund des Zusammenhangs korrigiert, eigentlich nach allen drei Handschriften Inst. 3, 6, 3.

518 Die Heidelberger Handschrift bietet folgende Lesart: *Dit is daz eirste let, alse leges seget, ut* (...). *Abir in gestlichem rechte sint dusse in deme anderen gelede,* jedoch scheint dies fehlerhaft, denn die Heidelberger Handschrift fährt sogleich in sich widersprüchlich fort: *wenne vnder en ist swester vnde broder daz eirste gelet, ut* (...). Übersetzung: Dies <Bruder und Schwester> ist das erste Gelenk, wie es die *leges* sagen, wie (...). Aber im kanonischen Recht sind diese im zweiten Gelenk, denn bei ihnen sind Bruder und Schwester das erste Gelenk, wie (...). – Widersprüchlich auch die Wolfenbütteler Handschrift, fol. 26r: *Dit is dat erste let na leges, ut* (...). *Oder an* <darüber: *na*> *geystlikeme rechte sin disse inme anderen* <durchgestrichen, darüber: *ersten*> *lede, wen vnder en is sůster vnde broder dat erste let, ut* (...). Übersetzung: Dies <Bruder

wol: De decretisten korten de machschop, up dat dat echt deste eer to gha; vnd de Sassen[519] *lengen de machschop, vppe dat me deste vorder erue neme. Js dar auer tweyent ane, so sin se halff brodere, so nemen se erue van ener syden, yo dat vngetweyder broder kint also na deme erue sin alze de halff broder, ut* [Ldr. II 20 § 1].

BG I 3 § 3 *Vorscricken an der syden*, S. 154 f.

Wente[520] *dar wardet en islik siner sunderliken elderen erue, ut* [Nov. 84, 1; Cod. 6, 59, 11] *Auer en vulbroder nympt sines vulbroders erue to uoren, ut* [Nov. 84, 1 pr. Satz 2 mit Nov. 84, 1, 1 Satz 1; Authentika „Itaque" nach Cod. 6, 59, 11; Cod. 6, 61, 4; Cod. 6, 58, 13].

BG I 3 § 3 *Nemet*, S. 155

En[521] *islik is gelike na deme anderen erue to nemende van vedderschap wegene. Edder de de suster kint weren, de weren neger van moder haluen, erer en des anderen erue to nemende van kuntschapp wegene, ut* [Ldr. I 17 § 1[522]; Inst. 3, 2, 4].

---

und Schwester> ist das erste Glied nach den *leges*, ut (...). Oder im kanonischen Recht sind diese im zweiten <bzw. ersten> Gelenk, denn unter ihnen ist Bruder und Schwester das erste Gelenk, wie (...).

519 Die Wolfenbütteler Handschrift enthält folgende Lesart: *leges segken, ůp dat me der vedderen erue neme*, Übersetzung: die *leges* sprechen <so>, damit man das Erbe der Vettern nehme, in der Heidelberger Handschrift fehlt der Halbsatz.

520 Übersetzung: Denn da hat ein jeder ein Erbrecht an dem Erbe seiner jeweils eigenen Eltern, wie [Nov. 84, 1; Cod. 6, 59, 11] Aber ein Vollbruder erbt das Erbe seines Vollbruders vorrangig [Nov. 84, 1 pr. Satz 2 mit Nov. 84, 1, 1 Satz 1; Authentika „Itaque" nach Codex 6, 59, 11; Cod. 6, 61, 4; Cod. 6, 58, 13].

521 Übersetzung: Ein jeder <von ihnen> ist gleich nah, das Erbe des anderen zu nehmen, von den Onkeln väterlicherseits her. Aber die die Kinder der Schwestern wären, die wären von der Mutterseite her näher, einer des anderen Erbe zu nehmen aufgrund der *kuntschapp*, wie [Ldr. I 17 § 1, wie Inst. 3, 2, 4.] – Fraglich ist die Übersetzung von *kuntschapp*. Walther/Lübben, Mittelniederdeutsches Handwörterbuch S. 194 bieten hier: „1. Kenntnis, Kenntnisnahme; Bekanntschaft, Freundschaft, Umgang; Kundschaft im kaufm. Sinn. 2. mündl. und schriftl. Zeugnis über eine Sache, von der man Kunde hat, Bekundung, Beglaubigung. 3. concr. die Gesamtheit der (erfahrenen) Leute, die etwas bezeugen. 4. Gerichtsgebühr, Recognition (für ein gerichtl.) Zeugnis." Möglich wäre hier also eine Übersetzung mit: „aufgrund von Bekanntschaft" oder mit „nach Beglaubigung <von glaubhafter Stelle>", beides scheint aber wenig befriedigend. Vor dem Hintergrund, dass *kunte* die Vulva bezeichnet, Walther/Lübben, Mittelniederdeutsches Handwörterbuch S. 194: „weibliche Scham; Hure", liegt daher eine Deutung von *van vedderschapp wegene* und *van kuntschapp wegene* als eine Bezugnahme auf die lateinischen Rechtsbegriffe *consanguineus* und *uterinus* nahe. Das Begriffspaar wird u. a. in Nov. 84, 1 genannt, die von Johann von Buch in der vorhergehenden Glosse allegiert wird, auszugsweise wiedergegeben unten Anm. 587, und bezeichnet dort die Geschwister väterlicherseits einerseits und die Geschwister mütterlicherseits andererseits. *Van vedderschapp wegene* und *van kuntschapp wegene* wäre dann also zu übersetzen mit „aufgrund der durch den Vater vermittelten Verwandtschaft" und „aufgrund der durch die Mutter vermittelten Verwandtschaft".

522 Die Passage lautet im Codex Hecht: *ut jnfra ar. XIII § IIII Wor en erue sterfft et cetera ut Instit. de legitima agnatorum successione § hoc eciam*. Kaufmann, Buch'sche Glosse S. 155 deutet

BG I 3 § 3 *De sik der zibbe neger stippen mach*, S. 155

ut [Inst. 3, 2, 4; Inst. 3, 2, 5; Inst. 3, 7, 3 Satz 4].

BG I 3 § 3 *Al hebbe de paues georleuet*, S. 155 f.

Jt[523] *was, dat nemend moste wiff nemen wente in dat zeuede leth, ut* [c. 1. C. 35 q. 3]. *Dit is gewandelet in ener nyen settinge, de sette Jnnocencius de drudde, ut* [c. 8 X 4, 14]. *De swagerschop is ok also, ut* [c. 3 C. 35 q. 3].

BG I 3 § 3 *De paues en mach doch*, S. 156–163

(...)[524]

BG I 17 § 1 *Sterfft de man ane kint*, S. 220

Vore[525] *in deme drudden artikele zede he, wo men erue nedderwerd nympt. Hire secht he, wo id vpwerd genomen werd, vnd secht, dat de vader vnd de moder nemet erue vor deme brodere vnd vor alle den, de van siithaluen dar to geboren sin. Hire is yegen: We negest deme manne sy, dat he negest deme erue sy. Min broder vnd ik syn neger wen myn ouerelderuader vnd ik sin. Dat is doch dar vmme, dat mynes ouerelderuaders erue, wen he sterft, vellet wedder vp minen broder. Nu mochstu spreken, mines ouerelderuader erue velle ere vppe sin kint wen vppe mynen broder. Des en is nicht. Wente mines ouerelderuaders sone, de neme nicht men enes mannes deel, vnd myn broder neme sines vnd mines elderuaders del, ut* [Nov. 118, 2; Inst. 3, 1, 6].

---

das *Wor en erue sterfft* als neues Stichwort, das sich indes nicht dem Text zuordnen lässt, so legt es auch der Text der Heidelberger Handschrift nahe, der stattdessen das Stichwort *De twischen deme na* bietet. Jedoch scheint überzeugender, dass es sich um eine Ergänzung der Remission handelt, indem der entsprechende Satzanfang von Ldr. I 17 § 1: *Sven aver en erve versüsteret* zitiert wird. Zwar fügt sich auch hier das *sterfft* nicht ein, doch stimmt auch die Glosse zu Ldr. I 17 § 1 nicht mit dem vulgaten Sachsenspiegeltext überein, indem dort das entsprechende Stichwort *Swar en erue gestippen* lautet.

523 Übersetzung: Einst war es so, dass bis in das siebte Glied niemand eine Ehefrau nehmen durfte, wie [c. 1 C. 35 q. 3]. Das ist geändert worden in einer neuen Satzung Innozenz' III., wie [c. 8 X 4, 14]. Bei der Schwägerschaft verhält es sich ebenso, wie [c. 3 C. 35 q. 3].

524 Um den Gedankengang der Glossierung erkennbar zu machen, sind Auslassungen als solche gekennzeichnet. Die hier ausgesparte Glossierung ist teilweise angesprochen unten S. 164 Anm. 627, S. 294, 384 f.

525 Übersetzung: Oben im dritten Artikel sagte er, wie man abwärts Erbe nimmt. Hier sagt er, wie es aufwärts genommen wird, und sagt, dass Vater und Mutter Erbe nehmen vor dem Bruder und vor all denen, die von der Seite her dazu geboren sind. Dem widerspricht: Wer dem Mann am nächsten sei, dass er dem Erbe am nächsten sei. Mein Bruder und ich sind einander näher als mein Urgroßvater und ich es sind. Aber es ist dennoch so aus dem Grund, dass das Erbe meines Urgroßvaters, wenn er <dann später> stirbt, wieder an meinen Bruder fällt. Nun könntest du sagen, dass das Erbe meines Urgroßvaters eher an sein Kind fällt als an meinen Bruder. Das ist nicht der Fall. Denn der Sohn meines Urgroßvaters, der nimmt nicht mehr als den Teil eines Mannes und mein Bruder nimmt den Teil seines und meines Großvaters, wie in [Nov. 118, 2; Inst. 3, 1, 6].

BG I 17 § 1 *Doch nympt sones kint erue vor vader*, S. 221 f.

ut[526] *in* [Nov. 118 pr. letzter Satz]. *Wo is dat, dat de dochter nen erue nympt, of dar en sone is? Na desseme rechte so weren alle dochtere eruelos, also hire vnd in deme negesten artikele. Segge, dat were by oldeme rechte vnd sy affgelecht, ut* [Cod. 6, 55, 12[527]; Nov. 118, 1]. *Wente dit auer vnder den Sassen recht is, des wille ik hire in deme negesten artikel dy berichten vnd ok* [Ldr. I 18 § 1[528]].

BG I 17 § 1 *Swar en erue gestippen*, S. 222

Dat[529] *is rekenen, vppe dat du wetest vnderscheyt alles erue nemendes. So wete, dat de vppwarden dat sin de elderen, vnder dessen nympt dat de negeste allene. Nedderwart nympt men it na den wortelen, dat is, enes broder kindere, wo vele der sy, de nemen, dat ere wortele scholde genomen hebben, dat is ere vader. Wan id auer vthe den susteren vnd bruderen kumpt, so nympt men dat na den telghen, dat is, malk nympt like vele, ut* [Inst. 3, 1, 6; Nov. 118, 1 letzter Satz Mitte; Nov. 118, 3 pr. Satz 3[530]; Inst. 3, 2, 4 a. E.].

BG I 17 § 1 *Ghaneruen*, S. 223

Alsus[531] *heten se dorch dat, dat dat erue an se nedderwerd gheit. Wente egentliken to sprekende: Wat nedderwart kumpt, dat geit, dat ůpwart kumpt, dat steit.*

---

526 Übersetzung: <Doch nimmt das Sohneskind Erbe vor dem Vater> wie in Nov. 118 pr. letzter Satz. Wo/Wie ist das, dass die Tochter kein Erbe nimmt, wenn es einen Sohn gibt? Nach diesem Recht wären alle Frauen vom Erbrecht ausgeschlossen, sowohl hier als auch im nächsten Artikel. Sage, so sei es <tatsächlich> nach altem Recht gewesen und es sei dies abgelegt, wie in [Cod. 6, 55, 12; Nov. 118, 1]. Wann es aber unter den Sachsen Recht ist, davon will ich dir im folgenden Paragraphen <eigentlich: Artikel > berichten und in [Ldr. I 18 § 1].

527 Anderer Ansicht KAUFMANN, Buch'sche Glosse S. 221, der Cod. 6, 58, 15 angibt, dazu unten Anm. 621.

528 Anderer Ansicht KAUFMANN, Buch'sche Glosse S. 222, der Ldr. I 3 § 3 remittiert sieht. Vgl. unten S. 172 ff.

529 Übersetzung: Das heißt zählen, damit du den Unterschied in allem Erben weißt. So wisse, dass die Aufsteigenden, das sind die Vorfahren, unter denen nimmt es der Nächste alleine. Abwärts nimmt man es nach Wurzeln, das heißt, dass die Kinder eines Bruders, so viele ihrer auch seien, nehmen, was ihre Wurzel hätte nehmen sollen, das heißt ihr Vater. Wenn es aber aus den Schwestern und Brüdern kommt, dann nimmt man es nach Zweigen, das heißt, jeder Beliebige nimmt gleich viel, wie in [Inst. 3, 1, 6; Nov. 118, 1 letzter Satz Mitte; Nov. 118, 2 dritter Satz; Inst. 3, 2, 4 a. E.]. (…).

530 Anderer Ansicht KAUFMANN, Buch'sche Glosse S. 222, der die Allegation *e. ti.* <= *auttent. de heredibus que ab intestato deferuntur*> *§ si autem* als Nov. 118, 2 dritter Satz auflöst. Das Incipit *si autem* findet sich in Nov. 118 mehrmals, nämlich bei Nov. 118, 2 Satz 2 (sowie dem von Kaufmann angenommenen Satz 3 und Satz 6, die aber beide in der hier benutzten Handschrift nicht durch ein vorangehendes Alinea herausgehoben sind); Nov. 118, 3 pr. Satz 3; Nov. 118, 3 pr. Satz 8 und Nov. 118, 5 Satz 7. Weil sich die Allegation auf die Erbfolge in der Gruppe der Seitenverwandten bezieht, liegt eine Auflösung als Nov. 118, 3 pr. Satz 3 näher. Dafür sprechen auch die weiteren Allegationen, vgl. unten Anm. 568 f.

531 Übersetzung: So heißen sie aus dem Grund, dass das Erbe an sie abwärts geht. Denn um es genau zu sagen: Was abwärts kommt, das geht, was aufwärts kommt, das steht.

BG I 17 § 1 *Euenbordich*, S. 223

(...)

BG I 17 § 2 *De Swauee*, S. 223

(...)[532]

BG I 17 § 1 *Wente jd ne geit nicht vte dem bosmen*, S. 224

Wente[533] *id is naturliker, dat erue nedderwert gan wen vpwert, ut* [Dig. 48, 20, 7; Dig. 38, 6, 7; Dig. 5, 2, 15]. (...)

Schon die erste Lektüre der Glossen zeigt, dass Johann von Buch in Bezug auf die Erbfolge keine in sich geschlossene, systematische Darstellung beabsichtigt, wie sie Nov. 118 bietet. Er setzt die Grundlagen der Erbfolgeordnung voraus und geht lediglich erklärend und ergänzend auf den Sachsenspiegeltext ein. Indes sind die Ausführungen umfangreich genug, um unter Berücksichtigung der in Bologna gelehrten Erbfolgeordnung der Nov. 118, des vom Glossator kommentierten Sachsenspiegeltextes und der ihm möglicherweise aus der zeitgenössischen Rechtspraxis bekannten Erbfolgeordnung des Sachsenspiegels sowie der nach Magdeburger Recht entscheidenden Schöffenhöfe verschiedene Aussagen zu den Ansichten Johanns von Buch in Bezug auf die Erbfolge des vermeintlichen Privilegs Karls des Großen zu treffen. So finden sich in beiden Glossierungen sowohl Bemerkungen zu den Grundprinzipien der Erbfolge als auch Ausführungen zu speziellen Probleme wie der halbbürtigen Verwandtschaft oder dem Erbrecht von Frauen.

1. Die Drei-Linien-Ordnung aus Nov. 118 und Nov. 127 als Grundlage der Erbfolge

Johann von Buch beginnt die Glossierung zu Ldr. I 3 § 3 zunächst einmal mit dem Begriff der *magescapp*, der Verwandtschaft, den er hier im weiteren Sinne versteht. Von dieser gebe es drei Arten, nämlich die durch Geburt entstehende Blutsverwandtschaft, die durch die Ehe vermittelte Schwägerschaft und die durch die Taufe geschaffene Verbindung der Gevatternschaft[534]. Die hier wiedergegebene Einteilung findet sich in der dazu allegierten Stelle, nämlich Inst. 3, 6 pr., nicht, weder im Text noch in der Accursischen Glosse hierzu[535]. Eine ganz ähnliche Zusammenstellung

532 Vgl. unten S. 160 f.

533 Übersetzung: Denn das ist natürlicher, dass Erbe abwärts geht als dass es aufwärts geht, wie in [Dig. 48, 20, 7; Dig. 38 6, 7; Dig. 5, 2, 15]. (...).

534 Nach den oben ausgelassenen Ausführungen in BG I 3 § 3 <*Nv merke ouk*> Satz 14 wirkt die geistliche Verwandtschaft nicht allein zwischen dem Täufling und seiner Pat/in, einbezogen sind auch die Eltern des Täuflings und die Ehegatt/in der Pat/in.

535 Auch in den übrigen Allegationen in BG I 3 § 3 <*Nv merke ouk*> aus dem weltlichen Recht sowie der entsprechenden Glossierung in der Accursischen Glosse findet sich die Unterteilung nicht.

findet sich jedoch in der eherechtlichen Literatur des gelehrten Rechts, etwa der Summa super quatro libro decretalium[536] des Johannes Andreae[537], die auch einen im weiteren Verlauf der Glosse wiedergegebenen Merkvers zu den Ehehindernissen enthält[538]. Trotz der Entlehnung aus dem Eherecht bezieht Johann von Buch aber sogleich die erbrechtliche Komponente mit ein: Nach der Blutsverwandtschaft erbe man und werde Vormund, Schwägerschaft und Gevatternschaft aber bildeten (lediglich) Ehehindernisse.

Nach dieser grundsätzlichen Einordnung wendet er sich der Blutsverwandtschaft zu. Er führt dazu zunächst einmal den Begriff des Verwandtschaftsgrades ein. Dabei stellt er die unterschiedliche Begrifflichkeit des Sachsenspiegels und des gelehrten

---

536 Der Text wird alternativ als Summa super quatro libro decretalium und als Summa de sponsalibus et matrimoniis bezeichnet, v. SCHULTE, Geschichte der Quellen II S. 214 f. Daneben sind Verkleinerungsformen wie Summa brevissima oder Summula brevis gebräuchlich.

537 Johannes Andreae gibt den auch in die Buch'sche Glosse übernommenen lateinischen Merkvers wieder und geht dann der Reihe nach auf die dort genannten Ehehindernisse ein. In Bezug auf die *cognatio* erläutert er *Cognatio est triplex. Scilicet spiritualis, carnalis et legalis. Spiritualis est attinencia proueniens ex sacramenti datione.* (...) *Cognatio legalis, que est proximitas per adoptionem proueniens,* (...). (...) *Cognatio carnalis in iiij gradu consanguinitatis et affinitatis vel citeriori dirimit matrimonium* (...). (...) In Bezug auf den Hinderungsgrund *si sit affinis* merkt er dann im weiteren Verlauf der Summa an: *Affinitas est quedam personarum proximitas proueniens ex coitu* (...), zitiert nach dem Druck Leipzig, ca. 1492/95, dort fol. 5r, 5v. Die Unterteilung des Ehehindernisses der *cognatio* in Blutsverwandtschaft und Schwägerschaft, Verwandtschaft durch Taufpatenschaft und Verwandtschaft durch Adoption ist relativ verbreitet, FREISEN, Geschichte des kanonischen Eherechts S. 226. Sie findet sich wie der Vers zu den Ehehindernissen bereits in der Summa de matrimonio des Tankred, Titel 20 Satz 2: *Ad quod sciendum, quod cognatio triplex est, carnalis, spiritualis, et legalis,* zitiert nach WUNDERLICH, Tancredi summa S. 25, und erscheint auch in der auf Johannes Teutonicus zurückgehenden Glossa Ordinaria zum Decretum Gratiani in der Glossierung zu C. 30 q. 3: TG C. 30 q. 3 *Qvod autem* Satz 1: *Ad intelligentiam huius questionis, no. quod triplex est cognatio: scilicet carnalis, de qua agitur infra xxxv cau. per totam* [= C. 35 q. 1 im Ganzen]. *Legalis, & spiritualis, de quibus hic agitur.* (...), zitiert nach der Ausgabe Lyon 1559 S. 1025. – Sollte der Text der Buch'schen Glosse bezüglich der drei Arten der Verwandtschaft auf diesen eherechtlichen Vorlagen beruhen, was aufgrund der Übernahme des lateinischen Merkverses zu den Ehehindernissen in derselben Glosse nicht unwahrscheinlich erscheint, so ist hier eine wesentliche Änderung durch Johann von Buch zu verzeichnen. Statt der rechtlichen Verwandtschaft durch Adoption nennt er als dritte Form der Verwandtschaft die Schwägerschaft. Dies fügt sich durchaus in das Gesamtbild der Buch'schen Glosse ein. Wie zu zeigen sein wird, unten S. 242 ff., hält Johann von Buch die Ablehnung der Adoption für eine Besonderheit des sächsischen Privilegs. Es könnte vorliegend also eine bewusste Anpassung eines Lehrsatzes des gelehrten Rechts an das vermeintliche Privileg Karls des Großen gegeben sein. Die Einfügung der Schwägerschaft in die durch die Eliminierung der Adoption entstandene Lücke ist dabei durchaus naheliegend, wird die Schwägerschaft doch von Johannes Andreae zum einen bereits bei der *cognatio* als Unterfall der *cognatio carnalis* angesprochen und zum anderen wie die *cognatio legalis* als eine *proximitas* folgend aus einem bestimmten Umstand definiert.

538 Oben Anm. 515.

Rechts – diese in eingedeutschter Version[539] – einander ausdrücklich gegenüber. Wenn Eike von Repgow von *leden* rede, dann meine er damit das, was im weltlichen gelehrten Recht mit *graden* bezeichnet werde. Dies ist durchaus ungewöhnlich, üblicherweise verwendet der Glossator für die lateinischen Begriffe schlicht deutsche Entsprechungen, ohne dies zu thematisieren[540].

Von diesen Verwandtschaftsgraden nun, führt er dann aus, gingen die einen aufwärts, wie Vater, Großvater und so fort und die anderen abwärts, wie Sohn und Sohneskind und so fort. Diese *nedderwerden* nähmen das Erbe der *vpwerden* vor allen, die *van zidhaluen dar to geboren* seien. Es tritt uns an dieser Stelle also eine grundsätzliche Unterteilung der Blutsverwandten in drei Gruppen gegenüber. Ganz ähnlich formuliert er auch zu Beginn der Glossierung von Ldr. I 17 § 1, in dem er beide Artikel zueinander ins Verhältnis setzt: Weiter vorn in Ldr. I 3 § 3 sei das Erbrecht der *nedderwerden* behandelt, nun aber, nämlich in Ldr. I 17 § 1, wende Eike von Repgow sich der Frage zu, wie das Erbe *vpwerd* genommen werde. Und zwar nähmen Vater und Mutter das Erbe vor dem Bruder und allen, die *van siithaluen dar to geboren* seien[541]. Überhaupt bildet die Gegenüberstellung der *vpwerden*, der *nedderwerden* und derer, die *van zidhaluen dar to geboren* sind, ein wiederkehrendes Motiv in der Buch'schen Glosse[542].

Unschwer sind in diesen etwas ungelenk wirkenden Begriffen[543] die lateinischen Vorlagen zu erkennen: die *descendentes*, die *ascendentes* und die *ex latere venientes* der

539 *Gerade* lässt sich sowohl als eingedeutschte Version des lateinischen Wortes *gradus*, aber auch als das mittelniederdeutsche Wort *grade* lesen. Während sich ersteres mit „Schritt", „Stufe, Staffel einer Treppe", „übertr. die Stufe, Staffel, Abstufung" übersetzten lässt, Georges, LDHW I Sp. 2954–2956, hat letzteres die Bedeutung „Gräte", „Knochen", Walther/Lübben, Mittelniederdeutsches Handwörterbuch S. 127. Aus dem Zusammenhang ergibt sich allerdings relativ eindeutig, dass ersteres gemeint ist, indem Johann von Buch seinen Leser*innen hier die lateinische Begrifflichkeit nahebringen will, nicht die dieser Begrifflichkeit zugrundeliegenden bildlichen Vorstellungen. Denn die Darstellung der Verwandtschaft anhand von Körpergliedern findet sich gerade nicht im Corpus Iuris Civilis, sondern im Sachsenspiegel. Tatsächlich hat sich in der heutigen (Rechts-)Sprache der eingedeutschte Begriff Verwandtschaftsgrad durchgesetzt.

540 Teilweise verwendet er dabei inhaltlich ähnliche oder übereinstimmende deutsche Rechtsbegriffe, teilweise wörtliche Übersetzungen, die verschiedentlich auch eigene Wortschöpfungen sein mögen, vgl. unten Anm. 543. Ein weiteres Beispiel für die unübersetzte Wiedergabe eines lateinischen Begrifflichkeit ist der Begriff der *donatio propter nuptias*, unten S. 356, 360 f., 363 ff.

541 BG I 17 § 1 *Sterfft de man ane kint* Satz 1 f.

542 Diese Unterscheidung begegnet des weiteren in BG I 5 § 1 *Dit mach den dochter kinderen* Satz 3; BG I 17 § 1 *Swar en erue gestippen* Satz 2–4; BG I 17 § 1 *Ghaneruen* Satz 1; BG I 17 § 1 *Wente jd ne geit nicht vte dem bosmen* Satz 1.

543 Walther/Lübben, Mittelniederdeutsches Handwörterbuch S. 244, 455; Schiller/Lübben, Mittelniederdeutsches Wörterbuch III S. 168, 138 und Möhn, Mittelniederdeutsches Handwörterbuch II, 1 Sp. 1082, kennen weder die *nedderwerden* noch die *vpwerden* als feststehende Begriffe. Bei Schiller/Lübben wird unter dem Stichwort *vpwart* ausdrücklich die – nach dortiger Ansicht – adjektivische Verwendung der *vpwarden* als Besonderheit der

Nov. 118. Dabei zeigt die Erläuterung der Begriffe durch die Angabe von Beispielen, die Johann von Buch sowohl für die *vpwerden* als auch für die *nedderwerden* in der Glossierung zu Ldr. I 3 § 3 gibt, dass es sich bei diesen Begriffen um Neuschöpfungen seinerseits oder zeitgenössischer gelehrter Jurist*innen handelt, nicht um etablierte Rechtsbegriffe der sächsischen Rechtssprache. Noch deutlicher wird dies an späterer Stelle, wenn der Glossator erklärend formuliert *de vppwarden dat sin de elderen*[544]. Dass eine entsprechende Begrifflichkeit mit Bezeichnungen für die Nachfahr/innen, die Vorfahr/innen und die Seitenverwandten in der sächsischen Rechtssprache nicht existiert, kann nach den Ergebnissen zur Erbfolgeordnung im Sachsenspiegel nicht verwundern. Entscheidendes Kriterium ist dort der Verwandtschaftsgrad; Nachfahr/innen, Vorfahr/innen und Seitenverwandte treten als geschlossene Gruppen nicht auf. So kann Johann von Buch die entsprechende Unterteilung auch nicht ohne weiteres am Sachsenspiegeltext belegen. Dennoch bemüht er sich um eine Bezugnahme auf den Text des vermeintlichen Privilegs. Angedeutet sieht er die angesprochene Unterteilung in der Formulierung Eikes von Repgow, im Haupt stünden Mann und Frau, die ehelich zusammengekommen seien. Er legt diese aus als einen Verweis auf das Eheverbot zwischen Verwandten der geraden Linie, das, anders als das Eheverbot zwischen Seitenverwandten, nicht auf einen bestimmten Verwandtschaftsgrad beschränkt sei[545]. Mit einigen kurzen Sätzen hierzu schließt er dann auch in der ersten Glosse zu Ldr. I 3 § 3 seine Ausführungen zur Blutsverwandtschaft und wendet sich Schwägerschaft und Gevatternschaft zu.

Johann von Buch erwähnt die Unterscheidung in Nachfahr/innen, Vorfahr/innen und Seitenverwandten nicht allein sehr häufig, er sieht darüber hinaus die Darstellung der Erbfolgeordnung im Sachsenspiegel nach diesem Aspekt gegliedert. Eine dahingehende Aussage findet sich in dem bereits thematisierten Beginn der Glossierung zu Ldr. I 17 § 1. Demnach versteht Johann von Buch Ldr. I 3 § 3 als Sedes Materiae für das Erbrecht der Nachkomm/innen, Ldr. I 17 § 1 dagegen als Sedes Materiae für das Erbrecht der Vorfahr/innen und Seitenverwandten. Dies liegt nach dem Wortlaut des Sachsenspiegeltextes auch durchaus nahe, wird in Ldr. I 3 § 3 mit

---

Buch'schen Glosse aufgeführt. Es handelt sich bei beiden Wendungen damit offensichtlich um Übersetzungen der lateinischen Begrifflichkeit durch – m. E. – eine Substantivierung von *vpwart* und *ned(d)erwart.*

544 BG I 17 § 1 *Swar en erue gestippen* Satz 2.

545 Das in diesem Zusammenhang erwähnte Beispiel, dass Adam, lebte er noch heute, niemanden zur Frau nehmen dürfte – weil nach der Schöpfungsgeschichte der Bibel alle Menschen von ihm abstammen und damit in gerader Linie mit ihm verwandt sind – übernimmt Johann von Buch unmittelbar aus der Accursischen Glosse zu den von ihm allegierten Stellen, Kaufmann, Buch'sche Glosse S. 151; Steffenhagen, Accursische Glosse S. 31 f. So lautet AG Inst. 1, 10, 1 *In infinitum*: *adeo vt si Adam hodie viueret, non posset habere uxorem, secundum Ioannem: ut ff. de ritu nupt. l. nuptiae consistere* [= Dig. 23, 2, 53] (…), zitiert nach dem Druck Lyon 1558–1560, VP, Inst. Sp. 43 und AG Dig. 23, 2, 53 *Nuptiae ad infinitum: adeo vt si Adam hodie viueret, nullam accipere posset: ut & instit. de nupt. § 1* [= Inst. 1, 10, 1] *ACCURSIUS*, zitiert nach dem Druck Lyon 1558–1560, DV Sp. 1742.

dem Gliederbild doch von einem Ehepaar und seinen Nachkomm/innen gesprochen, während Ldr. I 17 § 1 mit den Worten *Stirft de man ane kint* beginnt[546]. Gerade diese Tatsache aber, dass Johann von Buch den Sachsenspiegel nach der im Studium erlernten Aufteilung der Verwandtschaft in Vorfahr/innen, Nachfahr/innen und Seitenverwandte gegliedert sieht, lässt erkennen, dass er dieser Unterscheidung unmittelbare Bedeutung für die Erbfolge des Sachsenspiegels zumisst. Er gibt sie nicht lediglich als Hintergrundinformation wieder, um seine Gelehrsamkeit unter Beweis zu stellen, er betrachtet sie als ein grundlegendes Prinzip auch der Erbfolge des vermeintlichen Privilegs Karls des Großen.

Alle diese Befunde deuten darauf hin, dass Johann von Buch im Sachsenspiegel als einem kaiserlichen Privileg die Erbfolgeordnung der Nov. 118 dargestellt sieht, die aus seiner Perspektive das geltende Recht der römischen Kaiser enthält[547]. Für diese Vermutung sprechen auch die Allegationen. In Bezug auf das Erbrecht der Vorfahr/innen und Seitenverwandten ist Nov. 118 die am häufigsten allegierte Stelle[548].

a. Die Deszendent/innen als erste Erbenordnung

Die aufgestellte These ist nunmehr durch eine umfassende Untersuchung aller einschlägigen Stellen zu prüfen. Zu untersuchen bleibt zudem, ob Johann von Buch die Erbfolgeregelung der Novelle als Ganzes einschließlich aller Einzelheiten übernimmt oder ob er, entsprechend seiner Einordnung des Sachsenspiegels als Privileg, von Abweichungen in bestimmten Punkten ausgeht.

Nach Nov. 118, 2 haben alle Nachkomm/innen Vorrang vor allen Vorfahr/innen und vor allen Seitenverwandten, während nach der Erbfolge des Sachsenspiegels jeden-

546 Nicht mit dieser Deutung vereinbaren lassen sich indes die Ausführungen des Sachsenspiegels in Ldr. I 3 § 3 zum Problem der halbbürtigen Verwandtschaft, auf die in der Folge auch Johann von Buch eingeht, kann diese doch allein bei Seitenverwandten auftreten. Johann von Buch mag sie als Ergänzung zu der Darstellung der Verwandtschaftsberechnung verstanden haben. Insgesamt jedoch ist festzustellen, dass die Darstellung der Erbfolge in der Glossierung zu Ldr. I 3 § 3 unvollständig ist, sich im wesentlichen auf den Vorrang der Nachfahr/innen und Erläuterungen zur Bestimmung der Verwandtschaftsgrade beschränkt, die Glossierung zu Ldr. I 17 § 1 dagegen umfangreiche Ausführungen zur Erbfolgeordnung enthält.

547 Dass sich der Wortlaut des Sachsenspiegels in diesem Sinne auslegen lässt, zeigen die Ausführungen Wasserschlebens, oben S. 74 ff., der eben diese Auslegung vertritt.

548 Johann von Buch allegiert bei den Sachsenspiegelartikeln zur Erbfolge – Ldr. I 3 § 3, Ldr. I 5 § 1 und Ldr. I 17 § 1 – vor allem zwei Stellen: Zum einen ist dies das dritten Buch der Institutionen, das sich mit dem Rechtserwerb, u. a. dem durch Erbschaft, befasst, zum zweiten aber Nov. 118. Dabei erscheint letztere zwar nicht in der Glossierung zu Ldr. I 3 § 3. Da diese Stelle jedoch nach Ansicht Johanns von Buch lediglich die Erbfolge innerhalb der Nachkommenschaft regelt, ist dies nicht weiter verwunderlich. In der Glossierung zu Ldr. I 17 § 1, der nach Ansicht des Glossators den *underscheyt alles erue nemendes* darstellt, ist Nov. 118 dagegen die am häufigsten allegierte Stelle. Daneben verweist hier auch die Allegierung von Dig. 48, 20, 7; Dig. 38, 6, 7 und Dig. 5, 2, 15 auf Nov. 118, weil in der Accursischen Glosse zu Nov. 118 diese drei Stellen zur Stützung derselben Aussage herangezogen werden, unten Anm. 553.

falls prinzipiell gradnähere Vorfahr/innen und Seitenverwandte gradferneren Nachkomm/innen vorgehen. Eine Untersuchung aller einschlägigen Glossenstellen belegt nun, dass die Buch'sche Glosse in dieser Frage mit der Sichtweise der Novelle übereinstimmt, wie ja auch in der Entwicklung des Magdeburger Schöffenrechts[549] eine Entwicklung hin zu einer Privilegierung der Nachkomm/innen zu beobachten ist[550].

Der Vorrang aller Nachkomm/innen wird schon zu dem bereits thematisierten Beginn der Glossierung von Ldr. I 3 § 3 angerissen, wenn Johann von Buch feststellt: *Desse nedderwerden nemet der vpwerden erue vor alle den, de van zidhaluen dar to geboren sint.* Zwar ergibt sich aus diesem Satz dem Wortlaut nach nur ein Vorrang der Nachkomm/innen vor den Seitenverwandten, nicht aber vor den Vorfahr/innen. Doch lässt das Ansprechen der Nachfahr/innen als geschlossene Gruppe vermuten, dass Vorfahr/innen nicht neben Nachfahr/innen erben. Dass dies tatsächlich der Fall ist, wird durch die Glossierung zu Ldr. I 17 § 1 bestätigt. Der Sachsenspiegelsatz *Doch nimt sones unde dochter kint erve vor vader unde vor muder unde vor bruder unde vor süster, durch dat: it ne geit nicht ut dem busmen, de wile de evenburdige busmen dar is* kommentiert Johann von Buch zunächst schlicht mit einem Hinweis auf den letzten Satz von Nov. 118 pr. Dieser Novellensatz enthält aber die Aussage, dass von den drei Linien der Verwandtschaft die der Nachkomm/innen als erste erbberechtigt ist[551]. Danach wendet sich Johann von Buch der Problematik weiblicher Erbprätendentinnen zu, bei dem ihm der Sachsenspiegeltext missverständlich erscheint: *Wo is dat, dat de dochter nen erue nympt, of dar en sone is? Na desseme recht so were alle dochtere eruelos.* Auf diese, seiner Ansicht nach landläufig falsch ausgelegte Stelle geht er sodann näher ein[552]. Die Tatsache aber, dass Enkelinnen und Enkel vor den Eltern und Geschwistern erben – m. E. nach der Sachsenspiegelregelung eine Ausnahme vom Grundprinzip der Gradnähe –, scheint ihm nicht erklärungsbedürftig.

Eine weitere Glosse folgt dann zum zweiten Halbsatz der angesprochenen Sachsenspiegelstelle: *it ne geit nicht ut dem busmen, de wile de evenburdige busmen dar is.* Diesen Halbsatz versieht Johann von Buch in BG I 17 § 1 *Wente jd ne geit nicht vte dem bosmen* mit der Begründung, es sei natürlicher, wenn ein Erbe niederwärts als wenn es aufwärts gehe[553]. Diese Begründung zeigt, dass er den Begriff Busen, der

549 Eine Privilegierung der Nachkomm/innen ist mit der Einbeziehung der Enkel/innen in den Busen und deren systemwidrigem Vorrang vor Eltern und Geschwistern bereits im Sachsenspiegel selbst zu beobachten, oben S. 126 f.

550 Oben S. 118.

551 Nov. 118 pr. Satz 2, S. 567: *Quia igitur omnis generis ab intestato successio tribus cognoscitur gradibus, hoc est ascendentium et descendentium et ex latere, quae in agnatos cognatosque dividitur, primam esse disponimus descendentium successionem.*

552 Unten S. 160, 162 ff.

553 Dieser Satz ist einschließlich der angeführten Allegationen der Accursischen Glosse zu Nov. 118 entnommen. AG Nov. 118, 1 *parentibus* Satz 2 f.: *Sed cum pater sit in primo gradu, vt filius:quare non sic cito admittitur vt filius? Respondeo propter commune votum naturae quod vult potius descendere quam ascendere, ut ff. de bo. dam. l. cum ratio* [= Dig. 48, 20, 7] *& ff. si ta. te. nullae ex. l. j* [= Dig. 38, 6, 1] *& unde lib. l scripto haerede. in fi.* [= Dig. 38, 7, 6 a. E.] *& ff.*

im älteren engen Sinne nur den engsten Familienkreis umfasst, im jüngeren weiten Sinne aber die gesamte Nachkommenschaft, im weiten Sinne versteht. Nur wenn er den Begriff Busen in diesem weiten Sinne versteht, werden seine Ausführungen verständlich. Bei dieser Auslegung lässt sich in der Tat ein Vorrang aller Nachkomm/innen direkt aus dem Sachsenspiegel herauslesen. Damit zeigt sich gerade an dieser Stelle, dass Johann von Buch den Sachsenspiegeltext aus der Perspektive eines im gelehrten Recht geschulten Juristen liest. Für ihn ist es so selbstverständlich, dass Nachfahr/innen unabhängig vom Verwandtschaftsgrad vor Vorfahr/innen und Seitenverwandten erben, dass Ldr. I 17 § 1 Satz 4 für ihn keine Ausnahme darstellen kann, obwohl er mit einem *doch* beginnt.

Ob Johann von Buch eine anderslautende Ansicht zur Erbfolge nach Sachsenspiegel bekannt war, wie sie sich nachweislich in den zeitgenössischen Schöffensprüchen und auch in den zeitgenössischen Illustrationen der Bilderhandschriften findet, bleibt ungewiss. Er setzt sich argumentativ mit ihr nicht auseinander. Allerdings fallen die Allegationen und Remissionen zur Feststellung *Desse nedderwerden nemet der vpwerden erue vor alle den, de van zidhaluen dar to geboren sint* auf, denn Johann von Buch stellt hierzu nicht weniger als 12 Belegstellen zusammen, von denen, auch das ungewöhnlich, neun aus dem Sachsenspiegellandrecht[554] stammen. Diese ausführliche Stützung mit ihrer Schwerpunktsetzung auf dem Sachsenspiegeltext spricht doch sehr dafür, dass Johann von Buch die Gegenansicht der Rechtspraxis nicht unbekannt war[555].

---

de inof. test. l. nam & si parentibus [= Dig. 5, 2, 15]. zitiert nach dem Druck Lyon 1558–1560, VP, AC Sp. 375 f. Eine Begründung, die nach Ansicht Johanns von Buch offensichtlich ohne Weiteres auf den Sachsenspiegel Anwendung finden kann.

554 Da der Sachsenspiegel nach m. E. zutreffender Ansicht keineswegs von einem Vorrang aller Nachkomm/innen in der Erbfolge ausgeht, handelt es sich bei den remittierten Stellen allgemein um Sachsenspiegelartikel, in denen das Verhältnis der Nachkomm/innen untereinander behandelt wird, etwa die (nicht bestehende) Einwerfungspflicht in Ldr. I 10, das Eintrittsrecht von Erblasserenkeln für ihre vorverstorbenen Väter in Ldr. I 5 und die Aufspaltung des Nachlasses in *erve* und Gerade bzw. Heergewäte in Ldr. I 27, oder noch allgemeiner um Stellen zu Grundsätzen des Erbrechts, wie die Bestimmung, dass Erbrechtssachen in Bezug auf *erve* sich in Sachsen unabhängig von der Herkunft von Erb/in und Erblasser/in nach Sächsischem Recht richten in Ldr. I 30, dass das Erbe eines/einer Verurteilten und einer Selbstmörder/in seinen/ihren Erb/innen verbleibt in Ldr. II 31 und dass der Richter ein nicht beanspruchtes Erbe zunächst aufbewahren muss und dann einziehen kann, Ldr. I 28, schließlich die Handhabung von Rechtsgeschäften von Todes wegen in Ldr. II 30 und die weiteren Bestimmungen zur Erbfolge in Ldr. I 17 § 1.

555 Dagegen scheint Johann von Buch das Konzept eines weiteren und eines engeren Erbenkreises unbekannt, wenn er in BG I 17 § 1 *Ghaneruen* den Begriff der Ganerben mit dem Wort *gan* in Verbindung bringt und mit den Erben aus dem Kreis der Nachkomm/innen gleichsetzt. Diese Auslegung kann auch nach seiner Deutung des Sachsenspiegels nicht überzeugen. Laut Sachsenspiegeltext werden Ganerben die Erb/innen in dem Fall genannt, dass das Erbe *versusteret unde verbroderet.* Diese Wendung bezeichnet aber nach der Ansicht Johanns von Buch nicht den Fall, das die Erbschaft an die Nachkomm/innen fällt, sondern den, dass sie an die Seitenverwandten gelangt, unten Anm. 567.

b. Die Aszendent/innen als zweite und die Seitenverwandten als dritte Erbenordnung

Indem nunmehr die Nachkommenschaft als erste Erbengruppe feststehen, bleibt weiterhin das Verhältnis der Vorfahr/innen und Seitenverwandten zueinander zu untersuchen. Dass die Ausführungen Johanns von Buch in Bezug auf die Nachkomm/innen mit der Novellenregelung übereinstimmen, muss nicht auch für diese Erbprätendent/innen gelten. Insbesondere unterscheidet sich in Hinsicht auf die Nachkomm/innen die Regelung des Sachsenspiegels in den praxisrelevanten Fällen kaum von der Regelung der Novelle, da der Fall eines möglicherweise erbberechtigten – also als einzige Nachkomm/in seines/ihres Stammes die Erblasser/in überlebenden – Urenkelkindes praktisch selten vorkommen dürfte. In Bezug auf Vorfahr/innen und Seitenverwandte bestehen dagegen zwischen beiden Erbfolgeordnungen erhebliche Unterschiede. Schließen nach Nov. 118 alle Vorfahr/innen alle Seitenverwandten mit Ausnahme der Vollgeschwister – sowie nach Nov. 127 der eintrittsberechtigten Vollgeschwisterkinder – aus, erben nach der Regelung des Sachsenspiegels Vorfahr/innen und Seitenverwandte nebeneinander, entscheidend ist hier der Verwandtschaftsgrad.

Entsprechend seiner Annahme, dass sich Ldr. I 3 § 3 auf das Erbrecht der Nachfahr/innen beziehe, befasst sich Johann von Buch mit dem Erbrecht der Vorfahr/innen und Seitenverwandten vor allem in der Glossierung zu Ldr. I 17 § 1. So gibt er zu Beginn von BG I 17 § 1 *Sterfft de man ane kint*, nachdem er das Verhältnis beider Sachsenspiegelartikel angesprochen hat, die Aussage Eikes von Repgow wieder: *Hire secht he, wo id vpwerd genomen werd, vnd secht, dat de vader vnd de moder nemet erue vor deme brodere vnd vor alle den, de van siithaluen dar to geboren sin.* Seine Formulierung orientiert sich dabei durchaus am Wortlaut des Sachsenspiegels, wenn er die Bezeichnungen *vader, moder* und *broder* in dieser Reihenfolge übernimmt. Doch ergeben sich inhaltlich zwei Änderungen. Zum einen erscheinen in der Glosse Vater und Mutter gleichgestellt, während der Sachsenspiegel ausdrücklich bestimmt: *Stirft de man ane kint; sin vader nimt sin erve; ne hevet he des vader nicht, it nimt sin muder mit mereme rechte, dan sin bruder.* Zum anderen fügt Johann von Buch nach der Nennung des Bruders hinzu: und vor allen anderen Seitenverwandten. Dass für ihn dabei Vater und Mutter pars pro toto für alle Vorfahr/innen stehen, seiner Ansicht nach ein Vorrang also nicht nur für die Vorfahr/innen ersten Grades besteht, wird aus den folgenden Ausführungen deutlich.

Dabei wirft Johann von Buch zunächst einmal einen auflösungsbedürftigen Widerspruch auf: *Hire is yegen: We negest deme manne sy, dat he negest deme erue sy.* Es wird also eine mögliche Diskrepanz zwischen der soeben getätigten Aussage und dem Grundsatz, dass der Gradnächste erbe, ausgemacht. Sodann folgt ein Fallbeispiel: *Min broder vnd ik syn neger wen myn ouerelderuader vnd ik sin.*

Sein Bruder sei dem Glossator – der gedacht werden muss als potentieller Erblasser – näher als sein Urgroßvater. Das Beispiel macht deutlich, dass Johann von Buch in der Tat von einem Vorrang aller Vorfahr/innen ausgeht. Nur wenn der Urgroß-

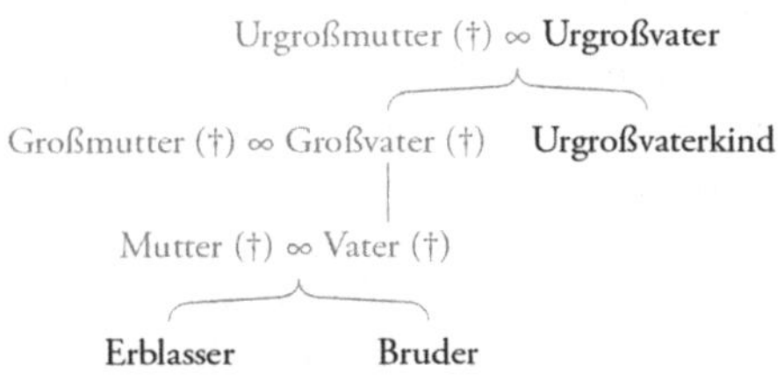

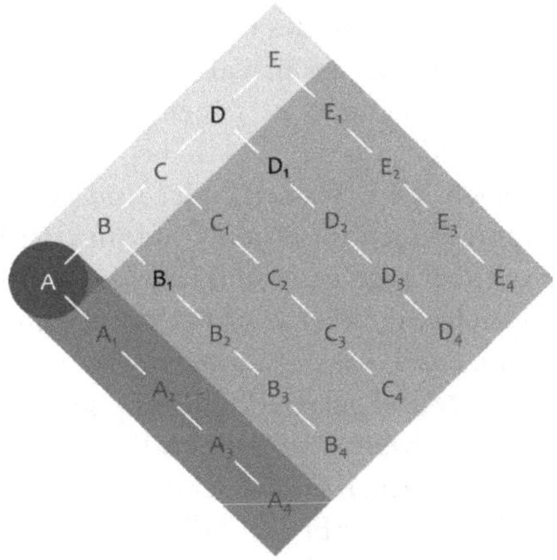

Fig. 17: Fallbeispiel BG I 17 § 1 *Sterfft de man ane kint*, Klassischer Stammbaum Graphische Darstellung des Fallbeispiels durch einen klassischen Stammbaum Verwandtschaftsschema (rechts). Die im Zeitpunkt des Todesfalls bereits verstorbenen Vorfahr/innen des Erblassers sind grau und mit Kreuz gekennzeichnet.

Fig. 18: Fallbeispiel BG I 17 § 1 *Sterfft de man ane kint*, Verwandtschaftsschema Graphische Darstellung des Fallbeispiels durch das mehrfach verwendete Verwandtschaftsschema. Verwandtschaftsgrad und Zugehörigkeit in die Gruppe der Vorfahr/innen, Seitenverwandten und Nachfahr/innen sind hier unmittelbar ablesbar.

vater als Aszendent vor dem Bruder als Seitenverwandten erbt, ergibt sich ein Widerspruch zum Prinzip der Gradnähe, nach dem der Bruder hätte erben müssen. Dieses dem Gradnähprinzip widersprechende Ergebnis bestätigt Johann von Buch: *Dat is doch,* er begründet dies mit der Feststellung, dass das Erbe des Urgroßvaters wiederum an den Erblasserbruder falle. Dieser Argumentation zugrunde liegt wohl die Überlegung, dass sich die praktischen Auswirkungen beider Lösungen nicht wesentlich unterscheiden. Denn das Erbe des Erblassers falle beim Tod des – naturgemäß deutlich älteren und daher in absehbarer Zeit ebenfalls versterbenden – Urgroßvaters an den Erblasserbruder, der, wie der Erblasser auch, dessen Urenkel ist. Gegen diese Argumentation wird nun wiederum ein mögliches Gegenargument vorgestellt: *Nu mochstu spreken, mines ouerelderuader erue velle ere vppe sin kint wen vppe mynen broder.* Johann von Buch bildet also zum zweiten Todesfall in dem vorgestellten Fallbeispiel eine Variante: Nicht nur der Bruder des Erblassers hat seinen Urgroßvater überlebt, sondern auch eines von dessen Kindern. Bei diesem überlebenden Urgroßvaterkind muss es sich um eine Großtante oder einen Großonkel des Erblassers und des Erblasserbruders handeln, nicht um deren Großvater. Denn dieser muss, wie auch die Eltern von Erblasser und Erblasserbruder, vorverstorben sein, andernfalls wäre das Erbe beim Tod des ursprünglichen Erblassers an sie und nicht an den Urgroßvater gefallen. Als Lösung für die aufgeworfene Fallvariante legt Johann von Buch nun seiner in der 2. Personen angesprochenen Leser*in in den Mund, dass in diesem

Fall der Nachlass des Urgroßvaters – und damit auch der vom Urgroßvater zuvor geerbte Nachlass des sich als Beispiel nennenden Glossators – an das Urgroßvaterkind, seine Großtante oder seinen Großonkel, fallen würde. Dieser Lösungsmöglichkeit liegt wiederum das Gradnäheprinzip zugrunde, denn sowohl das Urgroßvaterkind als auch der Erblasserbruder sind Nachkomm/innen des Urgroßvaters, das erstgenannte jedoch im ersten Grad und der letztgenannte im dritten[556]. Da Johann von Buch aber auch in diesem Fall das Gradnäheprinzip nicht anwendbar sieht, wendet er sogleich ein: *Des en is nicht. Wente mines ouerelderuaders sone, de neme nicht men enes mannes deel, vnd myn broder neme sines vnd mines elderuaders del.* Die der Leser*in in den Mund gelegte Falllösung sei fehlerhaft, vielmehr erbe der überlebende Sohn des Urgroßvaters nur eine Hälfte der Erbschaft, während die andere Hälfte, die dem vorverstorbenen Großvater des Erblasser und des Erblasserbruders zugestanden hätte, an den Erblasserbruder falle.

Insgesamt wird also die Lösung für den ersten Todesfall in beiden Fallvarianten bestätigt: Der Urgroßvater des Erblassers als Aszendent schließt den Erblasserbruder als Seitenverwandten von der Erbschaft aus. Dem Widerspruch zu dem Gradnäheprinzip begegnet Johann von Buch allein durch den Hinweis, dass sich beide Lösungsmöglichkeiten in praktischer Hinsicht wenig unterschieden, weil das Erbe angesichts des zu erwartenden baldigen Todes des Urgroßvaters in naher Zukunft ganz oder wenigstens teilweise wieder an den Bruder zurückfalle – eine für heutige Begriffe durchaus fragwürdige Argumentation, wird der ursprüngliche Widerspruch durch sie doch keinesfalls aufgelöst.

c. Die Stellung der Vollgeschwister

Die bisher vorgestellten Stellen bestätigen, dass Johann von Buch in den Sachsenspiegeltext die Drei-Linien-Ordnung der Nov. 118 hineinliest. Alle Nachfahr/innen erben vor allen Vorfahr/innen, die ihrerseits allen Seitenverwandten vorgehen. Nun enthält Nov. 118, 2 von diesem Prinzip aber eine ausdrücklich als solche gekennzeichnete Ausnahme. Vollbürtigen Geschwistern wird neben Vorfahr/innen ein Erbrecht zuerkannt, in diesem einen Fall erben Seitenverwandte neben Vorfahr/innen[557] – Kindern vorerstorbener Vollgeschwister steht dabei nach Nov. 127 ein Eintrittsrecht zu. Sind die Eltern vorverstorben, erben vollbürtige Geschwister neben der jeweils gradnächsten Agnat/in oder den jeweils gradnächsten Agnat/innen[558]. Diese Regelung lässt sich jedoch nicht mit dem Sachsenspiegeltext vereinbaren, in dem der Bruder eindeutig nach Vater und nach Mutter erbt: *Stirft de man ane kint, sin vader nimt sin erve; ne hevet he des vader nicht, it nimt sin muder mit mereme rechte, dan sin*

556 Da es sich um Verwandtschaft in gerader Linie handelt, stimmen hier römische, kanonische und Gliederzählung überein.

557 Oben S. 54 ff.

558 Dies ist indes in der Literatur umstritten, oben Anm. 206.

bruder. Eine Auslegung des Textes im Sinne des Novellenrechts ist also nicht – jedenfalls nicht ohne weiteres – möglich.

Wie das soeben untersuchte Fallbeispiel gezeigt hat, weicht Johann von Buch für diesen Fall in der Tat von der Regelung der Novelle ab: Der Erblasserbruder wird von dessen Urgroßvater ausgeschlossen und nicht umgekehrt. Diese Lösung widerspricht nun sowohl dem Sachsenspiegelrecht, nach dem der Bruder als gradnäherer Verwandter den Urgroßvater ausgeschlossen hätte, als auch der Novellenregelung, nach der der Bruder zur Hälfte neben dem Urgroßvater geerbt hätte[559]. Da Johann von Buch jedoch die Drei-Linien-Ordnung der Novelle in den Sachsenspiegeltext hineinliest, indem er *vader* und *moder* im zitierten Sachsenspiegelsatz pars pro toto für alle Vorfahr/innen stehen lässt, muss er ihn so verstehen, dass demnach nicht nur Eltern die vollbürtigen Geschwister ausschließen, sondern darüber hinaus alle Vorfahr/innen. In der Tat beruft er sich nicht zuletzt auf den Wortlaut des Sachsenspiegels, wenn er zu Beginn der Glosse feststellt: *Hire secht he, wo id vpwerd genomen wird, vnd secht, dat de vader vnd de moder nemet erue vor deme brodere.* Dass er entgegen der Novellenregelung diese Konsequenz zieht, zeigt eine durchaus vorhandene Bereitschaft, die Besonderheiten des Sachsenspiegelrechts als eines vom gemeinen Recht abweichenden Privilegs aufrecht zu erhalten. Dass sich die Besserstellung der vollbürtigen Geschwister auch nach dem Novellenrecht lediglich als eine Ausnahme vom System der Drei-Linien-Ordnung darstellt, dürfte ihm dies durchaus erleichtert haben. Angesichts seiner durch das gelehrte Recht geprägten Auslegung des Sachsenspiegeltextes führt diese Bereitschaft allerdings im Ergebnis dazu, dass hier in Bezug auf die Stellung der Vollgeschwister eine beiden Rechtsordnungen widersprechende Rangfolge angenommen wird.

2. Die Erbfolge innerhalb der Linien

Kann nun als gesichert gelten, dass Johann von Buch von einer Erbfolge basierend auf den drei Linien der Nov. 118 ausging, so bleibt – soweit vorhanden – die weitere Einteilung innerhalb der Linien zu ermitteln. Dabei ist es durchaus möglich, dass sich die Rangfolge bei den verschiedenen Linien nach unterschiedlichen Grundsätzen richtet. So erben nach Nov. 118 die Nachfahr/innen nach Stämmen, die Seitenverwandten nach Köpfen und die Vorfahr/innen nach einer Mischform aus beiden Prinzipien[560].

a. Das Erben nach Stamm, Wurzeln und Ästen

Über die angesprochene Thematik äußert sich Johann von Buch in BG I 17 § 1 *Swar en erue gestippen*. Darin erklärt er zunächst die Wortbedeutung von *gestippen*, indem

559 Dieser Widerspruch zur Erbfolge der Novelle, nicht so sehr der Widerspruch zum Gradnäheprinzip, könnte auch der eigentliche Grund für die ausführliche Besprechung des Fallbeispiels gewesen sein.

560 Oben S. 54 ff.

er es mit dem Wort *rekenen* übersetzt, das im Mittelniederdeutschen „rechnen", aber auch „zählen" bezeichnet[561]. Mit dem angesprochenen Sachsenspiegelsatz sei der *vnderscheyt alles erue nemendes* bezeichnet, und zwar versteht, wie die folgenden Ausführungen zeigen, Johann von Buch darunter die unterschiedliche Art und Weise, wie innerhalb der Linien die Rangfolge der erbberechtigten Verwandten ermittelt wird. Seine Auskunft darüber lautet wie folgt: *So wete, dat de vppwarden dat sin die elderen, vnder dessen nympt dat de negeste allene. Nedderwart nympt men it na den wortelen, dat is, enes broder kindere, wo vele der sy, de nemen, dat ere wortele scholde genomen hebben, dat is ere vader. Wan id auer vthe den susteren vnd bruderen kumpt, so nympt men dat na den telghen, dat is, malk nympt like vele.*

Zuerst werden die Vorfahr/innen angesprochen, die *elderen,* bei diesen nehme es der/die Nächste allein. Der Begriff der *elderen* lässt sich dabei im Mittelniederdeutschen sowohl als die direkten Vorfahr/innen im Sinne von „Vater und Mutter" verstehen, aber auch allgemeiner, wie ausweislich der Gleichstellung mit den *vppwarden*, die den *ascendentes* entsprechen dürften, hier, als „Vorfahr/innen" überhaupt[562]. Aussage des Satzes ist demnach, dass, gibt es einen gradnächsten Vorfahren oder eine gradnächste Vorfahrin, dieser oder diese das Erbe allein nimmt. Eine Aufteilung in den väterlichen und mütterlichen Stamm erfolgt in diesem Fall nicht. Es drängt sich allerdings die Frage auf, wie bei gradgleichen Vorfahr/innen zu verfahren wäre. Die Antwort auf diese Frage bleibt Johann von Buch an dieser Stelle schuldig. Allerdings lässt sich aus dem mehrfach angesprochenen ersten Satz von BG I 17 § 1 *Sterfft de man ane kint* schließen, dass jedenfalls Vater und Mutter nebeneinander erben[563].

Bei den Nachkommen dagegen, fährt Johann von Buch dann fort, nehme man es nach Wurzeln, das heiße, die Kinder eines Bruders nähmen so viel, wie ihre Wurzel, wie ihr Vater, hätte nehmen sollen. Diese Aussage scheint zunächst befremdlich, erscheint doch der Begriff *brodere* bei einer Regelung der Erbfolge unter den Nachfahr/innen. Aus dem Zusammenhang muss allerdings geschlossen werden, dass hier mit dem *broder* kein Erblasserbruder bezeichnet ist, sondern ein vorverstorbenes Erblasserkind[564]. Die Bezeichnung als *broder* leitet sich davon ab, dass das vorverstorbene Erblasserkind ein Bruder der überlebenden Erblasserkinder gewesen ist, die nunmehr

---

561 Walther/Lübben, Mittelniederdeutsches Handwörterbuch S. 298.

562 Lasch/Borchling, Mittelniederdeutsches Handwörterbuch I Sp. 525, in diesem Sinne wird es eindeutig auch gebraucht in BG I 51 § 3 *Welk man* und BG I 51 § 4 *Swelk schepenbare vrye.*

563 Oben S. 142.

564 Dies ergibt sich erstens aus der Tatsache, dass es sich offensichtlich um eine Erläuterung der Erbfolge unter Nachkomm/innen handelt, wie die Einleitung mit *nedderwarts* und die Gegenüberstellung mit den *vppwarden* und dem Fall des *versusteren* und *verbroderen* zeigt, zum zweiten aus der Tatsache, dass der betreffende *broder* offensichtlich schon vorverstorben ist, womit der klassische Fall eines Erbrechts nach Stämmen angesprochen ist. – Zwar wäre auch die gegenteilige Auslegung mit dem Wortlaut der Glosse vereinbar, indem es tatsächlich um das Eintrittsrecht der Kinder eines vorverstorbenen Erblasserbruders neben weiteren Erblasserbrüdern geht. Bei dieser Auslegung enthielte die Glosse BG I 17 § 1 *Swar en erve gestippen,*

zur Erbschaft berufen sind. Die Kinder eines solchen vorverstorbenen Bruders sind laut der Glosse neben den übrigen Erblasserkindern zur Erbschaft berufen, allerdings würden sie lediglich den Anteil erben, den ihr verstorbener Vater geerbt hätte, wäre er noch am Leben.

Diese Ausführungen lassen sich nun in zweierlei Weise verstehen. Johann von Buch könnte hier von einem Eintrittsrecht nur der Söhne vorverstorbener Söhne ausgehen, wie es auch der Sachsenspiegel in Ldr. I 5 § 1 vorsieht. Er könnte aber auch annehmen, dass die Nachkomm/innen jeder vorverstorbenen Erblassernachkomm/in für diesen/diese in die Erbschaft eintreten, unabhängig vom Verwandtschaftsgrad. Dass letzteres der Fall ist, zeigt das in BG I 17 § 1 *Sterfft de man ane kint* wiedergegebene, bereits angesprochene Fallbeispiel. In der Fallvariante erbt der Bruder des ursprünglichen Erblassers beim Tod seines zunächst erbberechtigten Urgroßvaters neben dessen Sohn. Er ist hier also nicht als Enkel des zweiten Erblassers, des Urgroßvaters, für seinen verstorbenen Vater eingetreten, vielmehr erhält er als Urenkel, als einziger überlebender Nachkomme des vorverstorbenen Erblasserkindes, seines Großvaters, dessen Anteil. Damit bezeichnet das Erben nach Wurzeln das, was auch Nov. 118 für Nachkomm/innen vorsieht, wobei diese Art der Verteilung dort mit einem Verweis auf die alte Zeit als ein Erbrecht nach *stirpes* bezeichnet wird[565]. Das lateinische *stirps* lässt sich mit „Stamm“ übersetzten, wie in der heutigen Terminologie diesbezüglich von einem Erbrecht nach Stämmen die Rede ist. Möglich ist jedoch auch eine Übersetzung mit „Wurzel“, wie es der Terminologie der Buch'schen Glosse zugrunde liegt[566].

Zuletzt wendet sich Johann von Buch dem Fall zu, dass das Erbe *vthe den susteren vnd bruderen kumpt*. Er versteht unter einem *versusteren unde verbruderen* den Fall, dass Geschwister nicht mehr vorhanden sind[567]. In diesem Fall nehme man das Erbe nach Zweigen, es nehme also jeder gleich viel. Da dieser Satz konsequent angewendet bedeuten würde, dass bei Seitenverwandten eine Erbschaft unabhängig vom Verwandtschaftsgrad zwischen allen bekannten Seitenverwandten aufzuteilen ist, wird man wiederum von einer verkürzten Darstellungsweise ausgehen müssen. Wie Johann von Buch bei der Vorstellung des Erbens nach Wurzeln voraussetzt, dass die Wurzel, die das Erbe hätte nehmen sollen, vorverstorben ist, so muss er hier über den Wortlaut des Textes hinaus davon ausgehen, dass es sich bei den erbberechtigten Seitenverwandten sämtlich um gradgleiche Verwandte handelt. Für Seitenverwandte gilt damit nach heutiger Terminologie ein Erbrecht nach Köpfen. Auch in dieser Hinsicht stimmt die Buch'sche Glosse also mit der Novellenregelung überein. Auffällig ist da-

die den *vnderscheyt alles erue nemendes* aufzeigen soll, jedoch keinerlei Angaben zur Aufteilung des Erbes unter Nachkomm/innen, was doch eine erhebliche Lücke darstellen würde.

565 Nov. 118, 1 Satz 3 a. E., S. 568: *quam successionem in stirpes vocavit antiquitas.*

566 Georges, LDHW II S. 2806f.

567 Dies ergibt sich nicht allein aus der Verwendung in der Buch'schen Glosse, sondern auch aus der Definition im Richtsteig Landrechts, cap. 23 § 6 Satz 5: (...) *na deme dat dat erue vorsusteret unde vorbruderet si, dat is dat dar nen suster noch broder en si,* (...), zitiert nach Homeyer, Richtsteig Landrechts S. 172.

bei, dass nicht wie bei den übrigen die drei Linien betreffenden Stellen den *vppwarden* und den *nedderwarden* alle Erben *van sijthaluen* gegenübergestellt werden, vielmehr spricht Johann von Buch davon, dass das Erbe *vthe den susteren vnd bruderen* komme. Mit dieser Formulierung knüpft er sicherlich an den Sachsenspiegelwortlaut an. Die Allegationen deuten allerdings darauf hin[568], dass er hier den Umstand mitdenkt, dass nach dem Verständnis des gelehrten Rechts ein Erbrecht nach Köpfen gerade nicht bei allen Seitenverwandten gilt, sondern erst bei entfernteren Verwandten als Geschwistern[569]. Gerade diese Aussage scheint er in die Sachsenspiegelformulierung *versusteret unde verbruderet* hineingelesen zu haben.

Damit übernimmt Johann von Buch auch innerhalb der Linien weitgehend die Rangfolge des gelehrten Rechts. Nachkomm/innen erben in beiden Fällen nach Stämmen, von Johann von Buch als Erbrecht nach Wurzeln bezeichnet. Seitenverwandte erben dagegen sowohl im gelehrten Recht[570] wie nach Johann von Buch nach Köpfen, in seiner Terminologie nach Zweigen. Die Terminologie entspricht

---

568 Allegiert sind neben Nov. 118, 1, letzter Satz Mitte die drei im gelehrten Recht mit der Problematik assoziierten Stellen Inst. 3, 1, 6; Nov. 118, 3 pr. Satz 3 – oben Anm. 530 – und Inst. 3, 2, 4 – bei letzterem ausdrücklich der Schluss, vgl. unten Anm. 569.

569 Wie oben angesprochen gilt nach Nov. 118, 3, 1 Satz 2 bei Seitenverwandten grundsätzlich ein Erbrecht nach Köpfen, erben aber Brüdern und Schwestern, dann haben die Kinder vorverstorbener Geschwister nach Nov. 118, 3 pr. Satz 3 ein Eintrittsrecht in den Anteil ihres Vaters oder ihrer Mutter, vgl. oben S. 54ff. – Bei den Nachkomm/innen der Erblassergeschwister gilt also gewissermaßen ein Erbrecht nach Stämmen, erst bei entfernteren Seitenverwandten gilt das Erbrecht nach Köpfen, so versteht es jedenfalls die Accursische Glosse, vgl. AG Nov. 118, 3, pr. *Fratres fuerint. Not. si fuerint fratres, per hoc notatur quod filij fratris defuncti vocantur in stirpes, quando cum patruis succedunt suo patruo. Si vero nullus frater superest defuncto sed filij fratrum. hi forte in capita vocabuntur. Azo. Sed contra dico: vt argumen. infra e. § si vero in principio* [= Nov. 118, 3, 1 Satz 1 a.A.]. *nam innuit idem esse, si soli sunt fratrum filij in eo quod dicitur, si vero neque. & c* [= Nov. 118, 3, 1 Satz 1], zitiert nach dem Druck Lyon 1558–1560, VP, AC Sp. 377. Dagegen sieht Inst. 3, 2, 4 a. E. für die Erbfolge von Geschwistern ein Erbrecht nach Köpfen vor, sodass Geschwisterkinder ausgeschlossen sind. Die Glossator*innen erkannten nun einen Widerspruch zwischen beiden Stellen, den sie bei der Glossierung jeweils bezugnehmend auf die jeweils andere Stelle dahingehend auflösten, dass sie in Nov. 118, 3 pr. Satz 3 als der jüngeren die gültige Regelung erkannten, vgl. AG Nov. 118, 1 *Antiquitas: vt insti. de hae. quae ab inte. § cum fili.* [= Inst. 3, 1, 6] *& de suis & le. l. ij* [= Dig. 38, 17, 2 oder Cod. 6, 55, 2] *& sic in stirpes inter descendentes diuiditur haereditas: sed inter transuersales non: sed in capita: ut inst. de le. ag. suc. § hoc etiam in fi. §. & hoc iure veteri* [= Inst. 3, 2, 4 a. E.]. *Hodie vero usque ad fratres, & filios eorum in stirpes diuiditur, vltra in capita, & seruatur ius antiquum: ut infra e. § sin autem defuncto* [= Nov. 118, 3 pr. Satz 3], zitiert nach dem Druck Lyon 1558–1560, VP, AC Sp. 376 – AG Nov. 118, 3, pr. *Parentum: & ita in stirpes. Sed contra institu. de leg. agna. succe. § hoc etiam. in fi* [= Inst. 3, 2, 4 a. E.]. *ubi dicit in capita. So. haec corrigit illam & c*, zitiert nach dem Druck Lyon 1558–1560, VP, AC Sp. 377 – AG Inst. 3, 2, 4 *In capita: supra tit. j in fi* [= Inst. 3, 1 a. E.] *contra. vide gloss. j § huiusmodi, in aut. de haere. ab intesta.* [= AG 118, 3, pr. *Parentum*], zitiert nach dem Druck Lyon 1558–1560, VP, Inst. Sp. 261.

570 Oben S. 56.

dabei durchaus der Vorstellung des Arbor Consanguinitatis des gelehrten Rechts, wobei dort aber die Anordnung der Nachfahr/innen in den Wurzeln mindestens nicht deutlich wird, eher scheinen diese wie die Vorfahr/innen im Stamm angeordnet zu sein[571]. Beim Erbrecht der Vorfahr/innen schließlich gilt im gelehrten Recht eine komplizierte Mischform aus Erbrecht nach Köpfen und Erbrecht nach Stämmen. Erbberechtigt ist nur der/die Gradnächste, bei Gradgleichen wird das Erbe aber zwischen dem väterlichen und dem mütterlichen Stamm aufgeteilt, wobei innerhalb dieser Stämme dann wieder ein Erbrecht nach Köpfen gilt. Erben vollbürtige Geschwister oder eintrittsberechtigte Geschwisterkinder neben Aszendent/innen, wie es ihnen das Novellenrecht als Ausnahme zur Drei-Linien-Ordnung zugesteht, erfolgt wohl keine Aufteilung in väterlichen und mütterlichen Stamm, der Novellentext ist hier allerdings keineswegs eindeutig[572]. Johann von Buch nun hat das Erbrecht der Geschwister neben Vorfahr/innen nicht übernommen. Der letztgenannte Fall kann bei ihm also nicht eintreten. In Bezug auf die Rangfolge von Vorfahr/innen untereinander begnügt er sich mit dem Hinweis, dass hier der Gradnächste alleine erbe – möglicherweise um eine Wiedergabe der komplexen Novellenregelung zu vermeiden. Darüber hinaus fügt sich dies aber auch sehr gut in das Bild des Baumes ein, das er, in einer Variante zur Bildersprache des gelehrten Rechts, von der Verwandtschaft zeichnet: Wenn Nachfahr/innen die Wurzeln besetzen und Seitenverwandte die Zweige, stehen die Vorfahr/innen im Stamm. Der Stamm zeichnet sich aber dadurch aus, dass er eben nicht „verzweigt" ist, dass sich kein „Wurzelgeflecht" bildet, sondern nur ein Stamm vorhanden ist. So mag der Verweis, bei den Vorfahr/innen erbe der nächste allein, auch diesem Bild geschuldet sein.

b. Zur Frage der Komputation

Durch die Übernahme der Drei-Linien-Ordnung und dem Erbrecht nach Stämmen jedenfalls bei Nachfahr/innen hat die Frage nach der Bestimmung des Verwandtschaftsgrades für die Erbfolgeordnung der Buch'schen Glosse lediglich untergeordnete Bedeutung. Auswirkungen hat sie allein bei der Erbfolge von Seitenverwandten, eingeschränkt auch bei der Erbfolge von Vorfahr/innen. Entsprechend sind die Ausführungen Johanns von Buch zur Frage der Komputation relativ kurz, sie finden sich zudem nicht in der Glossierung zu Ldr. I 17 § 1, sondern bei der Erläuterung des Gliederbildes, in der Glosse BG I 3 § 3 *Suster vnde broder*. Das Stichwort *Suster vnde broder* verwundert zunächst einmal, findet sich im Text von Ldr. I 3 § 3 doch keine entsprechende Passage.

Die Glossierung beginnt mit den Worten *Dit* – angesprochen sind damit die das Stichwort bezeichnenden Geschwister – *is dat andere leth na leges, ut* [Inst. 3, 6, 2]. *An geistlikem rechte is id anders, wente vnder en is suster vnd broder dat erste let, ut* [c. 4 C. 35 q. 5]. Johann von Buch unterscheidet also zwei Arten der Komputation, näm-

571 Vgl. die Darstellungen oben S. 61.
572 Vgl. zum Streitstand oben Anm. 206.

lich die Komputation *na leges* und die Komputation *na geistlikem rechte*, wobei nach ersterer die Geschwister zueinander im zweiten Grad – er verwendet mit dem Begriff *lede* die Diktion des Sachsenspiegels – verwandt seien, nach der letztgenannten aber im ersten Grad. In diesen beiden Berechnungsweisen lassen sich ohne Probleme diejenigen des gelehrten Rechts erkennen, wie sie etwa in der Lectura super arboribus consanguinitatis et affinitatis des Johannes Andreae einander gegenübergestellt werden[573]. In der Tat haben nach der in der Legistik verwendeten römischen Komputation die Geschwister den zweiten Verwandtschaftsgrad inne, nach der kanonischen Komputation dagegen den ersten[574].

Zu untersuchen ist aber, wie Johann von Buch beide Zählweisen mit dem Sachsenspiegel in Verbindung bringt. Aus der Stellung der Glosse innerhalb der Glossierung zu Ldr. I 3 § 3[575] und ihrem Inhalt[576] lässt sich schließen, dass sich Johann von Buch auf Ldr. I 3 § 3 Satz 2 bezieht: *In des halses lede die kindere, die ane tveinge vader unde muder geboren sin*[577]. Wenn er nun zu diesem Satz feststellt, nach *leges* hätten Geschwister den zweiten Verwandtschaftsgrad inne, und dies der kanonischen Komputation gegenüberstellt, dann liest er in den glossierten Sachsenspiegelsatz eine Darstellung der römischen Komputation hinein. In der Tat ist im Sachsenspiegel der Hals nach dem Kopf das zweite mit einem Verwandtschaftsgrad besetzte Körperteil[578]. Die im Sachsenspiegel tatsächlich dargestellte Komputation, die Gliederzählung, nach der Geschwister wie in der kanonischen Komputation zueinander im ersten Verwandtschaftsgrad stehen, scheint ihm dagegen nicht bekannt zu sein, sie wird von ihm jedenfalls nicht thematisiert[579].

573 Oben Anm. 227, vgl. auch S. 61.

574 Ein weiteres Mal angesprochen wird die kanonische Komputation in der Buch'schen Glosse im Zusammenhang mit den Ehehindernissen, dort wird die alte, beide Linien bezeichnende Benennung, oben S. 59, verwendet: BG III 27 *Swe en wiff* Satz 55, S. 1095: *Wente id en mod nement en wiff negher nemen wenne vppe ene halff in deme verden vnde vppe ander halff in deme vefften lede, ut* [c. 3 C. 35 q. 3]. Übersetzung: Denn es darf niemand eine näher verwandte Frau heiraten als auf der einen Hälfte im vierten und auf der anderen Hälfte im fünften Glied wie [c. 3 C. 35 q. 3].

575 Die Glosse findet sich zwischen der Glosse BG I 3 § 3 <*Nv merke ouk*> zu Ldr. I 3 § 3 Satz 1 und der Glosse BG I 3 § 3 *Vorscricken an der syden* zu Ldr. I 3 § 3 Satz 3, zudem findet sich innerhalb der Glosse die Formulierung *Js dar aver tweyent ane, so sin se halff brodere*, (...).

576 Die Glosse bezieht sich auf die Bestimmung der Verwandtschaft zwischen Geschwistern.

577 So findet sich im Codex Hecht bei diesem Satz über dem Wort *kindere* ein Verweiszeichen, und am Rand nach einem korrespondierenden Zeichen die Bemerkung: *dat sint sustere vnde brodere, dit is dat andere let, ut in glosa*. Entsprechend findet sich zu den Worten *man vnd wiff* am Rand der Hinweis *dat is vader vnde moder* (...) *dit is dat erste led*. Kaufmann, Buch'sche Glosse S. 144 Var. m, n.

578 So auch die Randbemerkung im Codex Hecht, vgl. die vorige Anmerkung.

579 Aber auch dann, wenn er der Gliederzählung begegnet sein sollte, könnte ihm der Unterschied zur römischen Komputation vernachlässigbar erschienen sein. Da sowohl die römische Komputation als auch die Gliederzählung bei den Seitenverwandten beide Linien – die zwischen gemeinsamer Vorfahr/in zum/zur einen Seitenverwandten und die zwischen gemeinsa-

Dass Johann von Buch die Komputation des Sachsenspiegels und der Legistik gleichsetzt, zeigt sich auch im folgenden Satz: *Se rekenen beyde wol: De decretisten korten de machschop, up dat dat echt deste eer to gha; vnd de Sassen lengen de machschop, vppe dat me deste vorder erue neme.* Als Gegenbegriff zu den Dekretisten nennt er an dieser Stelle nicht die Legisten, sondern die Sachsen. Dennoch handelt es sich bei den beiden Komputationsarten um die in vorhergehenden Satz vorgestellten, wie die Überleitung mit *Se rekenen beyde wol* zeigt[580]. Johann von Buch benutzt also das *rekenen na leges* und dasjenige der *Sassen* synonym. In Bezug auf die beiden von ihm unterschiedenen Komputationsarten stellt er dabei fest, dass beide ihre Berechtigung hätten. Im geistlichen Recht werde die Verwandtschaft verkürzt, damit die Ehe umso eher möglich sei, im weltlichen Recht bzw. bei den Sachsen werde dagegen die Verwandtschaft verlängert, damit es länger möglich sei, einen Verwandten zu beerben. Diesen Ausführungen liegen die unterschiedlichen Anwendungsbereiche von kanonischer und römischer Komputation im gelehrten Recht zugrunde, indem dort erstere im Zusammenhang mit dem kanonischen Ehehindernis der Verwandtschaft herangezogen wird, letztere aber im weltlichen Erbrecht[581]. Da Johann von Buch im Sachsenspiegel ein Privileg Kaiser Karls des Großen für die Sachsen und Sächsinnen, also weltliches Recht sieht, muss es für ihn nur folgerichtig erscheinen, dass hier die römische Komputation wiedergegeben wird, und zwar im Zusammenhang mit dem Erbrecht. Die Aussage, beide Zählungen seien *wol*, weil sie in unterschiedlichen Zusammenhängen Verwendung fänden[582], erinnert dabei in-

mer Vorfahr/in zum/zur anderen Seitenverwandten – berücksichtigen, stimmt das Verhältnis der Seitenverwandten zueinander bei beiden überein, lediglich die Benennung unterscheidet sich hier. Die Verwandtschaftsgrade der Verwandten gerader Linie sind ohnedies dieselben. Ein Unterschied zwischen beiden Komputationsarten besteht lediglich beim Verhältnis der Seitenverwandten zu den Verwandten gerader Linie, denn nach Gliederzählung sind die erstgenannten jeweils um einen Grad bessergestellt. Da die Buch'sche Glosse jedoch beim Erbrecht die Drei-Linien-Ordnung des gelehrten Rechts übernimmt, verliert auch dieser Unterschied jegliche Bedeutung. Denn Verwandte der Seitenlinie konkurrieren hier in keinem Fall mit Verwandten der geraden Linie.

580 In den Lesarten der Heidelberger und der Wolfenbütteler Handschrift erscheint der Begriff der *Sassen* nicht, die Heidelberger Handschrift beschränkt sich auf die Nennung der Dekretisten: BG I 3 § 3 *suster vnde broder* Satz 3, S. 154: *Rechene beide wol: De decretisten kortzen de magescaft, vp daz daz echt deste eir tzo ge*; während die Wolfenbütteler Handschrift, fol. 26r die Dekretisten den *leges* gegenüberstellt: BG I 3 § 3 *suster vnde broder* Satz 3 Hs. 2: *vnde de leges segken, ůp dat me der vedderen erue neme.*

581 Oben S. 62.

582 Johann von Buch geht allerdings über diese Zuweisung unterschiedlicher Geltungsbereiche hinaus, er begründet die unterschiedlichen Zählweisen darüber hinaus mit der Motivation, die Eheverbote restriktiv auszulegen, die Grenze des Erbrechts aber möglichst spät eintreten zu lassen. Diese Erklärung findet sich jedenfalls in den von Johann von Buch allegierten Stellen des gelehrten Rechts nicht. Sie beruht, wenn sie mit dem *lengen* und *korten* die unterschiedlichen Komputationsweisen ansprechen sollte, letztlich auch auf einem Denkfehler. Die unterschiedliche Zählweise bewirkt, dass der/dieselbe Verwandte mit der Erblasser/in

haltlich wie in der Formulierung an eine ganz ähnliche Wendung in der Accursischen Glosse[583].

Damit ist nach Ansicht des Glossators bei der Erbfolge das Verhältnis der Seitenverwandten untereinander, möglicherweise auch das der Vorfahr/innen untereinander, nach Köpfen auf Grundlage der römischen Komputation zu ermitteln.

3. Kollisionsfälle

Die bisherige Untersuchung der einschlägigen Glossierungen hat ergeben, dass Johann von Buch grundsätzlich der in Bologna gelehrten Novellenregelung folgt, in deren Sinne sich der Sachsenspiegeltext durchaus auslegen lässt. In Bezug auf die Stellung der Vollgeschwister in der Erbfolgeordnung weicht er jedoch von der Regelung der Nov. 118 ab. Er weist dabei den Geschwistern aber keineswegs die Stellung zu, die sie nach dem Recht des Sachsenspiegels und auch nach der zeitgenössischen Rechtspraxis, namentlich der nach Magdeburger Recht entscheidenden Schöffenhöfe, haben, sondern diejenige Stellung, die sich für sie nach seiner Auslegung des Sachsenspiegeltextes aus diesem selbst ergibt. Vor diesem Hintergrund scheint eine nähere Betrachtung solcher Rechtsfragen geboten, bei denen sich der Sachsenspiegel seinem Wortlaut nach nicht oder nicht ohne weiteres im Sinne des Novellenrechts auslegen lässt.

a. Die Stellung der Halbgeschwister und der Vollgeschwisterkinder

Ein solcher Kollisionsfall zwischen dem Sachsenspiegeltext und der Regelung des gelehrten Rechts ergibt sich weiterhin bei der Stellung von Halbgeschwistern in der Erbfolgeordnung. Zwar schließen im Novellenrecht wie im Recht des Sachsenspie-

---

nach kanonischer Zählung einen nominell bis zu halb so geringem Verwandtschaftsgrad stehen kann, wie bei römischer Zählung. Würde die Verwandtschaftsgrenze also bei dem nominell selben Wert gezogen, wären nach kanonischer Komputation sehr viel mehr Personen umfasst als nach römischer Komputation. Johann von Buch könnte sich mit dem *korten* und *lengen* jedoch auch auf die Tatsache beziehen, dass die Grenze des Eheverbots im kanonischen Recht beim vierten Verwandtschaftsgrad endet, die Erbrechtsgrenze im Sachsenspiegel aber beim siebten Gelenk liegt. Insofern liegt gerade in Bezug auf das geistliche Recht der Begriff *korten* nahe, wurde die Grenze des Eheverbotes doch erst durch das vierte Laterankonzil von 1215 auf den vierten Verwandtschaftsgrad festgelegt, Freisen, Geschichte des kanonischen Eherechts S. 405, eine Tatsache, die auch Eike von Repgow in Ldr. I 3 § 3 und Johann von Buch in der entsprechenden Glossierung BG I 3 § 3 *Al hebbe de paues georleuet* ansprechen. Auch in diesem Falle ist die Begründung Johanns von Buch jedoch angreifbar, erfordern die unterschiedlichen Grenzziehungen doch keineswegs eine unterschiedliche Zählweise.

583 Vgl. etwa AG Inst. 3, 6, 7 *Generata* Satz 4: *Sed fuit eorum* <d. h. der Dekretist*innen> *consideratio bona propter matrimonia: nostra* <d. h. der Legist*innen> *etiam bona propter haereditates: quae per gradus deferuntur: vt infra de bon. pos. § quos autem* [= Inst. 3, 9, 2] *& ff. eo. l. iurisconsultus. in princip.* [= Dig. 38, 10, 10 pr.].

gels Vollgeschwister Halbgeschwister aus[584]. Unterschiede ergeben sich aber bei der Begründung für diese Tatsache und beim Verhältnis der Halbgeschwister zu den Kindern von Vollgeschwistern.

Nach der Regelung des Sachsenspiegels folgt die Schlechterstellung der Halbgeschwister gegenüber Vollgeschwistern unmittelbar aus der Bestimmung der Verwandtschaftsgrade. Bei der Gliederzählung stehen Halbgeschwister nicht gemeinsam im Hals, der unbesetzt bleibt, sondern jeweils auf einem fiktiven zusätzlichen Gelenk auf den beiden Armen[585]. Resultat dieser Zählung ist, dass die für die Gliederzählung charakteristische Verschiebung der Verwandtschaftsgrade von Seitenverwandten nicht eintritt, im Ergebnis also römisch komputiert wird. Dadurch ist nach der Gliederzählung etwa eine Vollschwester mit der Erblasser/in im ersten Grad verwandt, eine Halbschwester aber wie bei der römischen Komputation im zweiten Grad. Dies hält der Sachsenspiegel bei der Beschreibung des Gliederbildes in Ldr. I 3 § 3 Satz 3 ausdrücklich fest: *Is dar tveinge an, die ne mogen an eime lede nicht bestan unde scricket an ein ander let.* Da der Verwandtschaftsgrad der Halbgeschwister damit dem der Vollgeschwisterkinder gleicht, erben Halbgeschwister neben Vollgeschwisterkindern. Auch dies wird im Sachsenspiegeltext, in Ldr. II 20 § 1 unmissverständlich formuliert: *Brudere unde sustere nemt ires ungetveider broder unde süster erve vor den bruder unde vor die süster, die getveiet von vader unde von muder sin. Ungetveide broder kint sin ok gelike na deme getveiden brudere an dem erve to nemene.*

Im gelehrten Recht schließen Vollgeschwister der Erblasser/in dessen/deren Halbgeschwister ebenfalls aus, dies gründet sich jedoch nicht auf die Verwandtschaftsnähe[586]. Der Vorrang von Vollgeschwistern vor Halbgeschwistern wird – dem Novellentext zufolge erstmals – in Nov. 84 festgestellt[587]. Als Begründung führt die Novelle aus, dass Vollgeschwister ihr Erbrecht sowohl von ihrer Verwandtschaft über den Vater als auch von ihrer Verwandtschaft über die Mutter ableiten könnten und so

584 Oben S. 56, 128, vgl. auch S. 118. Dagegen erben im geltenden Recht Halbgeschwister neben Vollgeschwistern. Da die Erbschaft jedoch zur Hälfte unter den Nachkomm/innen der Erblassermutter und zur Hälfte unter den Nachkomm/innen des Erblasservaters geteilt wird, Halbgeschwister aber anders als Vollgeschwister einen Erbteil lediglich aus einer dieser beiden Hälften erhalten, ist ihre Erbquote entsprechend geringer.

585 Oben S. 98.

586 Der Verwandtschaftsgrad ändert sich durch halbbürtige Verwandtschaft nicht, so wird in Nov. 118, 3 pr. Satz 4 ausdrücklich festgehalten, Vollgeschwisterkinder würden vor Halbgeschwistern erben, obwohl sie im dritten Grad stünden, unten Anm. 591.

587 Nov. 84 pr. letzter Satz; Nov. 84, 1 pr. Satz 1 Hs. 1 und Nov. 84, 1, 1 Satz 1, S. 412: *Quaestio igitur illa erat, si ad mortui fratris hereditatem oporteret omnes vocari, et consanguineos et uterinos et simul quidem consanguineos simul autem uterinos fratres. Quia igitur considerantes leges omnes quas congregavimus et veteres et nostras huiusmodi non invenimus emersisse quaestionem, congruum est eam sero tandem refrenare lege (...). (...) Vult autem haec lex et utroque decoratos et simul quidem consanguineos simul autem uterinos fratres ad successionem morientis meliores esse quam illi qui solummodo consanguinei aut solummodo uterini sunt.*

gewissermaßen ein doppeltes Recht hätten[588]. In Nov. 118 wird der Vorrang der Vollgeschwister vor den Halbgeschwistern aufrechterhalten[589]. Darüber hinaus bezieht diese Novelle die Kinder der Vollgeschwister, die in Nov. 84 nicht erwähnt werden, in die Privilegierung mit ein, indem sie ihnen ein Eintrittsrecht im Falle des Vorversterbens ihrer Eltern gewährt[590]. Folge dieser Regelung ist, dass Vollgeschwisterkinder zwar nach römischer Komputation einen entfernteren Verwandtschaftsgrad haben als Halbgeschwister, aber nicht lediglich wie im Sachsenspiegel neben diesen erben, sondern sogar vor ihnen. Auch die Novelle formuliert dabei unmissverständlich: *Unde consequens est, ut si forte praemortuus frater, cuius filii vivunt, per utrumque parentem nunc defunctae personae iungebatur, superstites autem fratres per patrem solum forsan aut matrem ei iungebantur: praeponantur istius filii* (...)[591].

α. Ausführungen zum Verhältnis von Halbgeschwistern und Vollgeschwistern

Johann von Buch geht zunächst einmal, wie es sowohl der Regelung des Sachsenspiegels als auch dem Novellenrecht entspricht, von einem Vorrang der Vollgeschwister vor den Halbgeschwistern aus. Dies zeigt sich schon in der eingangs wiedergegebenen Glossierung zu Ldr. I 3 § 3. In der Glosse BG I 3 § 3 *suster vnde broder* zu den zwei Komputationsarten fügt er in Bezug auf Halbgeschwister hinzu: Sei da *tweiung* an, dann seien sie Halbbrüder, sodass sie das Erbe nur von einer Seite nähmen und daher dem Erbe ebenso nah seien, wie Halbbrüderkinder. Es begegnet an dieser Stelle also die Begründung der Nov. 84 für das bessere Erbrecht der Vollgeschwister, nämlich die Verwandtschaft über zwei Linien. Es klingt jedoch auch die Argumentationslinie des Sachsenspiegels an, die auf den näheren Verwandtschaftsgrad abstellt, wenn Johann von Buch die Stellung der Halbgeschwister in einer Glosse zur Komputation anspricht. In der folgenden Glosse BG I 3 § 3 *Vorscricken an der syden* erklärt er den glossierten Ausdruck mit der Bemerkung, es sei in diesem Fall jeder bei seinen jewei-

---

588 Nov. 84, 1 pr. Satz 1 Hs. 2 und Nov. 84, 1, 2 letzter Hs., S. 412 f.: (...) *congruum est eam sero tandem refrenare lege et considerare, quia fratribus sunt ad defunctum aliis quidem cognationis iura quae nos legitimis copulavimus, aliis autem hoc ipso legitima (communicabant enim aliqui ei circa paternam prolem, sicut alii circa maternam), alii autem illud pure habebant, et lege et natura iuvante se, eo quod ex eisdem erant procentes matrum sinibus eratque eis patris semen unum et undique veluti quoddam signum eis germanitatis resplendebat.* (...) *et excludant duplici utentes iure eos qui uno solo uti possunt.*

589 Die Privilegierung der Vollgeschwister besteht in zweierlei Hinsicht. Zum einen erben Vollgeschwister, nicht aber Halbgeschwister neben den Eltern und den übrigen Aszendent/innen, zum zweiten bilden die Vollgeschwister innerhalb der Seitenlinie die erste Erbenordnung und schließen hier die Halbgeschwister als zweite Erbenordnung aus, oben S. 55 f.

590 Oben S. 55 f.

591 Nov. 118, 3 pr. Satz 4 1. HS, S. 570, es folgen sodann die Worte *propiis thiis, licet tertio sint gradu (sive a patre sive a matre sint thii, et sive masculi sive feminae), sicut eorum parens praeponebatur, si viveret.*

ligen Eltern erbberechtigt[592]. Ein Vollbruder aber nähme das Erbe seines Vollbruders vorrangig – wie aus dem Zusammenhang[593] und den Allegationen[594] zu schließen ist, vor einem Halbbruder.

Ausführlicher als in der Glossierung zu Ldr. I 3 § 3 wird diese Thematik in der bisher nicht thematisierten Glossierung zu Ldr. II 20 § 1 behandelt. Die erste Glosse hierzu lautet dabei wie folgt:

> BG II 20 § 1 *Broder vnde suster*, S. 647 f.
>
> *Wente*[595] *he hir vore gesecht hefft van der schedinge, de mit willen schud, also twisschen vadere vnde zone. Dar vmme sad he billiken dar neyst dessen ar., de dar secht van der schedinge, de de nature dod twisschen brodere vnde sustere, vnde is syn meninge, dat he hir dut, dat he hir vore zede* [Ldr. I 3 § 3], *dar zede he: Jn des halses lede et cetera. Wo se schricken in en ander leth? Dat is, dat du nympst dines vullenbroders erue vor deme haluenbrodere, wente we vullebroder is, de is in der zibbe neger wen de haffbroder is. Vnde we in der zibbe neger ys, de is deme erue neger, ut* [Ldr. I 17 § 1; Inst. 3, 2, 3b]. *Desse, de vulbroder is, de hefft to sines vulbroders erue twyerleye recht, vnde dar vmme nympt he dat billiker, wen de enerleye recht hefft, ut* [Inst. 1, 11, 2 Satz 2; Cod. 6, 33, 3; Inst. 3, 2, 3b].

Nach der Einordnung der Materie – nach der willkürlichen Teilung, nämlich durch die von Johann von Buch mit der römischen *emancipatio* gleichgesetzten Absonderung[596], behandele Eike von Repgow nun die Teilung durch die Natur, nämlich

---

592 Voll- und Halbbrüder erben also von ihrem gemeinsamen Elternteil gleichberechtigt nebeneinander.

593 Dies ergibt sich nicht allein aus der doppelten Verwendung des Begriffs Vollbruder, sondern vor allem aus der Tatsache, dass sich die Glosse BG I 3 § 3 *Vorscricken an der syden* mittels des Wortes *dar* auf die vorhergehende Glosse bezieht. Auch betrifft der glossierte Satz die Stellung der Halbbrüder in der Erbfolge.

594 Alle allegierten Stellen weisen einen Bezug zu einem Vorzug von Vollgeschwistern gegenüber Halbgeschwistern beim Erhalt einer Erbschaft auf, die Rangfolge von Eltern und Halbgeschwistern wird dagegen nur in Cod. 6, 61, 4 und Cod. 6, 58, 13 angesprochen.

595 Übersetzung: Weil er zuvor gesagt hat von der Teilung, die durch den Willen geschieht, wie zwischen Vater und Sohn <bei der *emancipatio* bzw. der Absonderung>. Darum lässt er billig darauf diesen Artikel folgen, der von der Teilung spricht, die die Natur zwischen Brüdern und Schwestern <durch halbbürtige Verwandtschaft> setzt, und es ist seine Absicht, dass er hier deutet, was er schon zuvor sagte in [Ldr. I 3 § 3], dort sagte er: „Im Gelenk des Halses" und so weiter. Wie springen sie in ein zweites Gelenk? Das bedeutet, dass du das Erbe deines Vollbruders vor dem Halbbruder nimmst, denn wer Vollbruder ist, der ist in der Sippe näher als der Halbbruder. Und wer in der Sippe näher ist, der ist dem Erbe näher, ut [Ldr. I 17 § 1; Inst. 3, 2, 3b]. Dieser, der ein Vollbruder ist, der hat auf das Erbe seines Vollbrüders ein zweifaches Recht, und darum nimmt er das <= das Erbe> billiger als wer ein einfaches Recht hat, wie [Inst. 1, 11, 2 Satz 2; Cod. 6, 33, 3; Inst. 3, 2, 3b].

596 Vgl. dazu BG II 19 § 1 *De vader* Satz 1 f., S. 643: *Hir bouen zede he van deme sone, de noch vngesunderet was van deme vadere. Nu secht he, wor affsunderynge schen scholle, vnde roret hire dat keyserrecht, dat dar sprickt, welker wijs dat recht der vaderliken walt geloset werde, ut*

zwischen Halbgeschwistern – verweist Johann von Buch wiederum auf Ldr. I 3 § 3. Danach wendet er sich der Formulierung *schricken in en ander leth* zu, die in Ldr. I 3 § 3, nicht aber in Ldr. II 20 § 1 verwendet wird. Diese Formulierung meine, dass ein Vollbruder vor einem Halbbruder erbberechtigt sei, denn er sei ihm näher verwandt, und wer näher verwandt sei, der erbe vorrangig. Johann von Buch übernimmt an dieser Stelle also deutlicher noch als in der Glossierung von Ldr. I 3 § 3 die Begründung des Sachsenspiegels für den Vorrang der Vollgeschwister, nämlich die nähere Verwandtschaft. Er zieht aber wiederum daneben auch die Begründung der Novelle heran, wenn er im nächsten Satz hinzufügt, der Vollbruder habe zum Erbe seines Vollbruders zweierlei Recht und nehme es darum vorrangig[597]. Beide Begründungslinien stehen dabei unverbunden nebeneinander, ohne dass eine verworfen oder einer von beiden die tragende Bedeutung zugewiesen würde[598].

β. Ausführungen zum Verhältnis von Halbgeschwistern und Vollgeschwisterkindern

Nach diesen Ausführungen zum Verhältnis von Halbgeschwistern zu Vollgeschwistern wendet sich Johann von Buch in der Glossierung zu Ldr. II 20 § 1 dem Verhältnis von Halbgeschwistern zu Vollgeschwisterkindern zu. Die entsprechende Glosse lautet wie folgt:

[Inst. 1, 12, 6]. Übersetzung: Weiter oben sprach er von dem Sohn, der noch unabgesondert war von dem Vater. Nun sagt er, wie die Absonderung geschehen solle und behandelt hier das Kaiserrecht, das regelt, in welcher Weise das Recht der väterlichen Gewalt gelöst wird, ut [Inst. 1, 12, 6].

597 Die zu diesem Satz angegebenen Allegationen, nämlich Inst. 1, 11, 2 Satz 2, Cod. 6, 33, 3 und Inst. 3, 2, 3b, verweisen deutlich auf die Accursische Glosse zu Nov. 84, indem die zwei ersten dort im Zusammenhang mit der Begründung der Novellenregelung durch den Gedanken des doppelten Rechtes aufgeführt werden, Steffenhagen, Accursische Glosse S. 48, Kaufmann, Buch'sche Glosse S. 648: AG Nov. 84, 1, 1 *Meliores*: (…) *quibus tribus casibus praeferuntur, qui duplici iure vtuntur, vt hic* [= Nov. 84, 1, 1], *& infra eo. § si ibi, excludant & c.* [= Nov. 84, 1, 2 a. E.]. *Sic no. quod duae rationes vincunt unam, vt institu. de adop. § sed hodie* [= Inst. 1, 11, 2 Satz 2] *& C. de edic. di. Adri. tol. l. si ibi potiora iura & c.* [= Cod. 6, 33, 3], zitiert nach dem Druck Lyon 1558–1560, VP, AC Sp. 282. Vgl. auch die Accursische Glosse zu Inst. 1, 11, 2: AG Inst. 1, 11, 2 *Iura*: *unde praeferendus est ei, in quem vnum ius tantum concurrit. & sic duae rationes, vel plures praeualent vni. vt in auth. de consan. & vter. fra. § quia igitur vers. vult autem in gl. meliores col. vj.* [= AG Nov. 84, 1, 1 *Meliores*] *& C. de eddi. adr. tol l. si* [= Cod. 6, 33, 3] (…), zitiert nach dem Druck Lyon 1558–1560, VP, Inst. Sp. 52.

598 Dies könnte darauf hindeuten, dass Johann von Buch in Bezug auf Halbgeschwister für den Sachsenspiegel die römische Komputation ablehnt, etwa weil er in der Passage *verscricket an en ander leth etc* eine eigenständige Festlegung des Verwandtschaftsgrades sieht. Möglicherweise ist er in der Komputation aber auch nicht so sicher, dass ihm die Regelung der römischen Komputation in Bezug auf Halbgeschwister präsent wäre, er also irrtümlich davon ausgeht, dass auch hier die Halbgeschwister einen entfernteren Verwandtschaftsgrad einnehmen als die Vollgeschwister.

BG II 20 § 1 *Vnghetweyeder* Satz 1–3, S. 648 f

Nu[599] *hefft he gesecht, dat de vullebroder neger sy deme erue wen de haluebroder, ut* [Nov. 84, 1 pr. Satz 2 mit Nov. 84, 1, 1 Satz 1]. *Nu secht he, dat vngetweyder broder kindere syn also na eres vedderen erue alse de haluebroder. Alse*[600] *storue ik, mines broder kindere vnde myn halffbroder de weren myneme erue like na, dat is, dat he secht* [Ldr. I 3 § 3]: *Ghetweyede brodere ne stan nicht mit deme vullenbrodere an eneme lede, se schricken in en ander let, supra* [Ldr. I 3 § 3], *ut* [Nov. 118, 3 pr. Satz 3].

Nachdem er – Eike von Repgow – zuvor den Vorrang der Vollbrüder vor den Halbbrüdern festgehalten habe, sage er nun, dass die Kinder von Vollbrüdern dem Erbe ihres Onkels väterlicherseits, des Vollbruders ihres verstorbenen Vaters, ebenso nahe seien, wie dessen Halbbruder. Er gibt für diese Konstellation auch ein Beispiel: Wenn er sterbe, dann seien die Kinder seines (Voll-)Bruders und sein Halbbruder dem Erbe gleich nah, dies sei mit der Formulierung *schricken in en ander let* in Ldr. I 3 § 3 gemeint. Johann von Buch folgt an dieser Stelle also in der Abkehr der Regelung von Nov. 118, 3 dem Wortlaut des Sachsenspiegels. Er verweist dazu auf Ldr. I 3 § 3, und tatsächlich hatte er auch in der Glossierung zu diesem Sachsenspiegelartikel, umgekehrt mit Verweis auf Ldr. II 20 § 1, schon festgestellt: *Js dar auer tweyent ane, so sin se halff brodere, so nemen se erue van ener syden, yo dat vngetweyder broder kint also na deme erue sin alze halff broder.* Auch in dieser Glossierung war Johann von Buch also von einer Gleichrangigkeit von Vollgeschwisterkindern und Halbgeschwistern ausgegangen. Seine Ansicht zur Thematik scheint damit festzustehen.

Der Glossentext zu Ldr. II 20 § 1 setzt sich dann jedoch wie folgt fort:

BG II 20 § 1 *Vnghetweyeder* Satz 4–8, S. 649

Vppe dat du id rechte vornemest: Mineme erue is myn vader negher wen myn haluebroder. Min halffbroder van mynes vader wegene vnde myn halffbroder van miner moder wegene sin myneme erue like na. Min vedder auer, mynes broder sone, de is myneme erue neger wen myn halffbroder. Dit hefstu in [Nov. 84, 1; Nov. 118, 3 pr. Satz 4; Nov. 118, 2 letzter Satz; Nov. 118, 3 pr. Satz 3].

599 Übersetzung: Nun hat er gesagt, dass der Vollbruder dem Erbe näher sei als der Halbbruder, wie in [Nov. 84, 1 pr. zweiter Satz mit Nov. 84, 1, 1 erster Satz]. Nun sagt er, dass die Kinder von Vollbrüdern dem Erbe ihres Vaterbruders ebenso nahe sind, wie der Halbbruder. Wenn ich etwa sterbe, dann wären die Kinder meines Bruders und mein Halbbruder meinem Erbe gleich nah, das ist es, was er in [Ldr. I 3 § 3] sagt: „Halbbrüdern stehen nicht mit dem Vollbruder in einem Gelenk, sie springen in ein anderes Gelenk", oben in [Ldr. I 3 § 3], wie in [118, 3 pr. dritter Satz].

600 In der Heidelberger Handschrift lautet dieser Satz ausführlicher: *Wisse, storue ich, mines broder kindere vnde min haluebroder weren gelike na mineme erue, daz ist, daz der halueborder nicht mit den anderen in eineme gelede ne steit, danne her tred an ein ander geled, ut supra* [Ldr. I 3 § 3], *ut* [118, 3 pr. dritter Satz]. Übersetzung: Wisse, stürbe ich, die Kinder meines Bruders und mein Halbbruder wären meinem Erbe gleich nah, das heißt, dass der Habbruder nicht mit den anderen <Brüder> in einem Gelenk steht, denn er tritt in eine anderes Gelenk, wie oben [Ldr. I 3 § 3], wie [Nov. 118, 3 pr. Satz 3].

Damit es die in der 2. Person angesprochene Leser*in recht verstehe folgen weitere Beispiele: Der Vater sei vorrangig vor einem Halbbruder. Der Halbbruder von Vatersseite und der Halbbruder von Mutterseite seien gleich nah. Der Neffe aber, der Sohn eines Bruders, sei dem Erbe näher als ein Halbbruder, all dies sei in Nov. 84 und Nov. 118 angeordnet.

Bei diesem letzten Absatz der Glossierung zu Ldr. II 20 § 1 weicht der Text der Buch'schen Glosse also von der zuvor vertretenen Meinung ab, dass Halbbrüder und Kinder von Vollbrüdern nebeneinander erben. Das letzte Beispiel spricht deutlich von einem Vorrang der Vollgeschwisterkinder vor Halbgeschwistern und folgt damit der Auffassung des gelehrten Rechts.

γ. BG II 20 § 1 *Vnghetweyeder* Satz 4–8 als spätere Ergänzung

Diese plötzliche Umkehr scheint kaum erklärlich. Eine harmonierende Auslegung mittels einer Unterscheidung zwischen Verwandtschaftsgrad und Rangfolge in der Erbfolge, indem in BG I 3 § 3 *Suster vnde broder* Satz 3 und BG II 20 § 1 *Vnghetweyeder* S. 3 zunächst der gleiche Verwandtschaftsgrad festgestellt würde, in Satz 6 der letztgenannten Glosse bezüglich der Erbfolge aber ein Vorrang der Geschwisterkinder, scheitert an der Tatsache, dass in allen drei Sätzen die Formulierung *is dem erue neger* bzw. *like/also na* verwendet wird. Daher liegt es wenig nahe, dass in einem Fall der Verwandtschaftsgrad und in dem anderen Fall die Rangstellung in der Erbfolge gemeint ist. Es besteht innerhalb der Buch'schen Glosse also in dieser Frage ein Widerspruch, der zuletzt vorgestellte Abschnitt widerspricht den beiden erstgenannten Stellen.

Angesichts des unmittelbaren Aufeinanderfolgens der divergierenden Ansichten zur Stellung der Halbgeschwister innerhalb einer Glosse scheint es eher unwahrscheinlich, dass Johann von Buch versehentlich zunächst der einen und später der anderen Ansicht folgt, wie es bei einem größeren räumlichen Abstand zwischen beiden Stellen und damit mutmaßlich auch einem zeitlichen Abstand zwischen dem Verfassen derselben zu vermuten wäre.

Daher liegt es nahe, dass es sich bei dem letzten Absatz nicht um Ausführungen Johanns von Buch, sondern um eine spätere Ergänzung handelt. Dafür spricht neben dem inhaltlichen Widerspruch innerhalb von BG II 20 § 1 *Vnghetweyeder* auch ein formales Argument. Denn dem fraglichen Absatz mit den Beispielen war schon ein Beispiel vorangegangen, das den Inhalt der Glosse zutreffend illustriert hatte. Vor diesem Hintergrund wirken die dann folgenden Beispiele wie ein Fremdkörper, zumal sie mit dem Verhältnis von Vater und Halbbruder und dem Verhältnis von Halbbrüdern väterlicherseits und Halbbrüdern mütterlicherseits auch über den vorangehenden Glossentext, den sie veranschaulichen sollen, hinausreichen[601]. Für die

601 Gerade auch das Beispiel des Vergleichs von Halbbrüdern väterlicherseits und den Halbbrüdern mütterlicherseits verrät dabei die Prägung durch das gelehrte Recht, wird die Konstellation doch in Nov. 84, 2 angesprochen, nicht jedoch in der vorhergehenden Glosse, obwohl

These einer späteren Einfügung spricht des weiteren ganz entscheidend auch die Verwendung des Wortes *vedder* im letzten, möglicherweise ergänzten Absatz.[602] Bezeichnet es gewöhnlich in der Buch'schen Glosse den Vaterbruder[603], so steht es an dieser Stelle – und nur an dieser Stelle – für den Brudersohn.

Johann von Buch ist damit mit einiger Sicherheit dem unmissverständlichen Wortlaut des Sachsenspiegels gefolgt und geht von einer Konkurrenz von Halbgeschwistern und Vollgeschwisterkindern aus[604]. Eine spätere Kopist*in aber hielt die anderslautende Novellenregelung für die richtige und fügte diese mittels eines Absatzes mit klarstellenden Beispielen am Ende der Glosse ein, möglicherweise zusammen mit der Allegation von Nov. 118 am Ende des vorhergehenden Satzes[605].

b. Die Stellung von Prätendentinnen

Ein weiterer relativ eindeutiger Kollisionsfall ist die Frage, ob das Geschlecht einer Erbprätendent/in für seine/ihre Stellung in der Erbfolge beachtlich sein kann. Der Sachsenspiegel setzt in Ldr. I 17 § 1 für die drei Verwandtschaftsverhältnisse des ers-

---

dort durchaus ausführlich auf die Stellung des Halbbruders zu seinen Geschwistern eingegangen wird.

602 Vgl. hierzu schon Güldemund, Rezension Kaufmann/Neumeister S. 2 f.

603 Eindeutig auf den Vaterbruder bezogen wird der Ausdruck verwendet in BG Prolog Vers 151 f., in den auf die eigenen Vaterbrüder bezogenen Anreden in BG I 8 § 3 *Sone auer vnde orueyde* – erste Glosse zu diesem Stichwort – Satz 1 S. 185, BG I 11 *Holt ok de vader* Satz 4, S. 196, BG I 20 § 1 *Ridders art* Satz 8, S. 239, BG I 29 *An egene* Satz 4, S. 290, BG II 31 § 1 *Swe van gerichtes haluen* Satz 1, S. 720, BG III 63 § 2 *Ban schadet der zele* Satz 42, S. 1350, außerdem in BG I 3 § 3 *Nemet* Satz 1, S. 155 und BG II 20 § 1 *Vnghetweyeder* Satz 2, S. 649 in dieser Verwendung erscheint es auch im Sachsenspiegel in Ldr. I 5 § 1. Nicht eindeutig ist die Verwendung einzig in BG II 16 § 1 *Vnde vor swertmage* Satz 1, S. 627, an dieser Stelle steht der Begriff aber jedenfalls eindeutig als Beispiel für einen Schwertmagen.

604 Diese Ansicht findet sich auch im Richtsteig Landrechts cap. 23 § 6 Satz 3, Homeyer, Richtsteig Landrechts S. 171 f. *Werstu aver des doden vulle broder sone unde were jene sin half bruder, so vrag, oft tu icht also na sist dines vullen vedderen erve als sin halfbruder. Dat vintme.* Übersetzung: Wärst du aber der Sohn von einem Vollbruder des Toten und jener <andere Erbprätendent> wäre sein Halbbruder, so frage, ob du etwa ebenso nah dem Erbe deines vollbürtigen Vaterbruders wärest, wie sein Halbbruder. Das befindet man <für richtig>. – Anders bescheidet eine im Variantenapparat aufgeführte Handschrift, bei der der Sachverhalt aber auch in wenig nachzuvollziehender Weise verändert ist: *Werstu du aber des toden gancze bruder son vnd wer yenre syn halbe bruder, so frage, ab du icht also na dynes vollen vnd ganzcen vettern sones eygene sist zcu nemen, als syn halbe bruder. So vint man der vettere si ys ner.* Übersetzung: Wärst du aber der Sohn des Vollbruders des Toten, und wäre jener sein Halbbruder, so frage, ob du etwa ebenso nah seist dem Erbe des Sohnes deines vollbürtigen und ganzen Vaterbruders/Brudersohns/Vetters als sein Halbbruder. So befindet man, der Vaterbruder/Brudersohn/Vetter sei näher.

605 Sollte es sich tatsächlich um eine spätere Ergänzung handeln, muss diese allerdings bereits sehr früh eingefügt worden sein, denn sie findet sich in allen drei von Kaufmann edierten Handschriften, eine Tatsache, die durchaus gegen die Einfügungsthese spricht.

ten Verwandtschaftsgrades, also Kinder, Eltern und Geschwister, unmissverständlich einen Vorrang jeweils der männlichen vor den weiblichen Vertreter/innen des entsprechenden Verwandtschaftsverhältnisses fest: *Vader unde muder, suster unde bruder erve nimt de sone unde nicht de dochter, it ne si dat dar nen sone ne si, so nimt it de dochter*[606]. Demgegenüber fordert Nov. 118 in Bezug auf alle drei Linien ebenso unmissverständlich eine Gleichbehandlung von Prätendenten und Prätendentinnen ein, eine Ungleichbehandlung nach dem Geschlecht wird ausdrücklich als *non iuste* bezeichnet[607].

Die Einstellung Johanns von Buch zu dieser Frage ist in Bezug auf die Eltern bereits angeklungen: Wie sich aus BG I 17 § 1 *Sterfft de man ane kint* ergibt, lässt er diese entgegen dem Sachsenspiegeltext nebeneinander erben[608]. An dieser Stelle begründet er dies jedoch nicht. Ausdrücklich angesprochen wird die Thematik zuerst in kurzer Form in der darauffolgenden Glosse BG I 17 § 1 *Doch nympt sones kint erue vor vader*, ausführlicher noch beschäftigt er sich mit ihr jedoch in der Glossierung zu Ldr. 17 § 2[609] und zu Ldr. I 18 § 1[610] – ein Umstand, der seiner Ansicht zur Rechtsfrage geschuldet ist:

BG I 17 § 1 *Doch nympt sones kint erue vor vader*, S. 221 f.

ut[611] *in* [Nov. 118 pr. letzter Satz]. *Wo is dat, dat de dochter nen erue nympt, of dar en sone is? Na desseme rechte so weren alle dochtere eruelos, also hire vnd in deme negesten artikele. Segge, dat were by oldeme rechte vnd sy affgelecht, u*t [Cod. 6, 55, 12[612]; Nov. 118, 1]. *Wente dit auer vnder den Sassen recht is, des wille ik hire in deme negesten artikel dy berichten vnd ok* [Ldr. I 18 § 1][613].

BG I 17 § 2 *De Swauee*, S. 223

Dit[614] *sint de, der modere vthe deme lande voren mit den Swauen, do Esternus wedder quam mit den Sassen van Engelant, do he dat bedwungen hadde. De wile he dare was, do quemen*

606 Ldr. I 17 § 1 Satz 2, der allerdings nur den Vorrang von Söhnen vor Töchtern und Brüdern vor Schwestern betrifft. Der Vorrang des Vaters vor der Mutter war schon im vorhergehenden Satz ausgesprochen worden, wiedergegeben oben S. 64.

607 Oben Anm. 199, zwar bezieht sich diese Aussage auf eine Unterscheidung zwischen Verwandten der weiblichen und der männlichen Linie, doch scheint sie übertragbar, weil in beiden Fällen eine Unterscheidung nach dem Geschlecht getroffen wird.

608 Oben S. 145.

609 Ldr. I 17 § 2, S. 173: *Die Svave ne mach ok von wifhalven nen erve nemen, wende de wif in irme slechte al ervelos sint gemaket dur ir vorvaren missedat.*

610 Ldr. I 18 § 1, S. 174: *Drierhande recht behelden de sassen wider karles willen: Dat svevische recht dur der wive hat.*

611 Zur Übersetzung oben Anm. 232.

612 Anderer Ansicht Kaufmann, Buch'sche Glosse S. 221, der Cod. 6, 58, 15 allegiert sieht, oben Anm. 527 und unten Anm. 621.

613 Anderer Ansicht Kaufmann, Buch'sche Glosse S. 222, der Ldr. I 3 § 3 remittiert sieht. Vgl. unten S. 172 ff.

614 Übersetzung: Das sind die, deren <Stamm->Mütter aus dem Land zogen mit den Schwaben, als Esternus mit den Sachsen aus England zurückkam, als er es bezwungen hatte. Während

de Swauen vnd wunnen Sassen land vnd nemen der Sassen wiff; do de do wedder quemen, der wiue kindere, de mit den Swauen to lande toghen, de hete men Swauee. Sustu nu, wat in alden boken steit, dat de wiff eruelos sin, dat menet he yo in desseme slechte, wente hire ynne sint se eruelos vnd anders nerghen, vnd wor he secht, dat vrouwen erue nemen mogen, dar menet he andere lude mede, de desses slechtes nicht en syn. Alsus entwere des rechtes twedracht. We desses geslechtes sin, dat zee in der vorrede.

BG I 18 § 1 *Daz Swebesche recht*, S. 227

Dat[615] *alle wiff sin eruelos dorch ere missedat, dat is ok valsch, wente wiff nemet erue in deme lande to Sassen, alze hire vore in* [Ldr. I 3 § 3; Ldr. I 5 § 2; Ldr. I 13 § 1; Ldr. I 17 § 1]. *Dar spreckt dat recht, dat de wiff erue nemen, et in* [Nov. 118, 2].

BG I 18 § 3 *Dat drudde: Dat nen ordel* Satz 4, 7 f., S. 229

Doch[616] *wete, dat dat en boze glose is, de den text confunderet.* (...) *Dat van den wiuen, dat de eruelos sin, dat en is nicht vnder allen Sassen, wen allene vnder den Sassen, de Swauee sin. Dit is hir enbouen vtgelecht in dem negesten artikele.*

Bei den drei glossierten Stellen, Ldr. I 17 § 1; Ldr. I 17 § 2 und Ldr. I 18 § 1, legt Johann von Buch den Sachsenspiegeltext dahin aus, dass dieser Frauen allgemein das Erbrecht abspreche[617]. Er unterscheidet nicht zwischen einer bloßen Benachteiligung von Prätendentinnen bei der Erbfolge[618] und einem gänzlichen Ausschluss ihres

er dort war, kamen die Schwaben und eroberten sächsisches Land und nahmen die <Ehe->Frauen der Sachsen; die Kinder der Frauen, die mit den Schwaben nach <deren> Land zogen, als die <Sachsen> zurückkamen, die nannte man „*Swavee*". Jetzt verstehst du <auch>, was in all den Büchern steht, dass die Frauen nicht erben können, das meint er immer in diesem Geschlecht, denn darin können sie nicht erben, und sonst nirgendwo, und wo er sagt, dass Frauen erben können, da meint er die anderen Leute mit, die diesem Geschlecht nicht angehören. Auf diese Weise löse den Widerspruch des Rechtes. Wer <aber> zu diesem Geschlecht gehört, das erfahre in der Vorrede <von der Herren Geburt>.

615 Übersetzung: Dass keine Frau erben kann aufgrund ihrer Missetat, das ist auch falsch, denn Frauen erben im Lande Sachsen, wie vor dieser Stelle in [Ldr. I 3 § 3; Ldr. I 5 § 2; Ldr. I 13 § 1; Ldr. I 17 § 1]. Da sagt das Recht, dass Frauen erben, und in [Nov. 118, 2].

616 Übersetzung: Doch verstehe, dass das eine schlechte Glosse ist, die den Text verwirrt. (...) Das von den Frauen, dass sie nicht erben können, das ist nicht unter allen Sachsen <der Fall>, sondern nur unter den Sachsen, die *Swauee* sind. Das ist oben ausgelegt, im vorhergehenden Artikel.

617 So formuliert er beinahe gleichlautend: *Na desseme rechte so weren alle dochter eruelos*, in der Glossierung zu Ldr. I 17 § 1, *dat de wiff eruelos sin* in Bezug auf Ldr. I 17 § 2 und *Dat alle wiff sin eruelos* sowie *Dat van den wiuen, dat de eruelos sin* in Bezug auf Ldr. I 18 § 1.

618 Nach übereinstimmender Meinung in der Literatur legt Ldr. I 17 § 1 Satz 2 für die Verwandten des ersten Verwandtschaftsgrades einen Vorrang männlicher Prätendenten innerhalb der jeweiligen Erbenordnung fest. Söhne schließen Töchter aus, der Vater die Mutter und Brüder Schwestern. Frauen erben jedoch durchaus bei Nichtvorhandensein männlicher Prätendenten in derselben Erbenordnung und schließen auch männliche Prätendenten einer entfernteren Erbenordnung aus, oben S. 127 ff.

Erbrechtes[619]. Dadurch ergibt sich für ihn nicht lediglich ein Widerspruch zwischen Sachsenspiegel und Novellenregelung. Er stellt darüber hinaus einen Widerspruch innerhalb des vermeintlichen Privilegs fest, nämlich zwischen den drei genannten Stellen und anderen Sachsenspiegelartikeln, in denen von einem Erbrecht der Frauen die Rede ist. Beispiele für solche Stellen nennt er in der Glossierung zu Ldr. 18 § 1: Dass alle Frauen vom Erbrecht ausgeschlossen seien aufgrund ihrer Missetat, das sei auch falsch, denn Frauen würden in Sachsen erben, *alze hire vore in deme drudden, V, XIII vnd XVI ar*[620].

α. Ausführungen in BG I 17 § 1 *Doch nympt sones kint erue vor vader*

Betrachtet werden soll zunächst die erste Glossierung, in der dieser aufzulösende Widerspruch zwischen Stellen, nach denen Frauen erben und Stellen, nach denen Frauen nicht erben, angesprochen wird, nämlich die Glossierung zu Ldr. 17 § 1. Bereits hier lässt Johann von Buch seine Position erkennen. So klingt es eher nach einer rhetorischen Frage, wenn er formuliert: *Wo is dat, dat de dochter nen erue nympt, of dar en sone is?* Nach diesem Rechtssatz, so fährt er fort, wären alle Töchter vom Erbe ausgeschlossen, hier wie im nächsten Artikel.

Auf den aufgeworfenen Widerspruch folgt sodann die Wiedergabe einer geschichtlichen Entwicklung: *Segge, dat were by oldeme rechte vnd sy affgelecht*, dazu allegiert Johann von Buch Cod. 6, 55, 12[621] und Nov. 118, 1. In beiden allegierten Stellen wird ausgeführt, dass nach römischem Recht ursprünglich sowohl zwischen weiblichen und männlichen Prätendent/innen als auch zwischen der weiblichen und der männlichen Linie Unterschiede bestanden haben, dass diese Unterschiede aber durch die spätantiken Kaiser abgeschafft wurden[622]. Es stellt sich damit die Frage,

619 Wie es wohl Inhalt des *Swauesschen rechtes* in Ldr. I 17 § 2 und Ldr. I 18 § 1 ist.

620 Die genannten Artikel nach der Artikeleinteilung des Codex entsprechen vulgat Ldr. I 3; Ldr. I 5; Ldr. I 14 und Ldr. I 17. In Ldr. I 14 wird tatsächlich keine erbende Frau genannt, von Kaufmann, Buch'sche Gosse S. 227 daher in Ldr. I 13 § 1 korrigiert.

621 Kaufmann, Buch'sche Gosse S. 221, löst die entsprechende Allegation (*C. de filijs et legittimis heredibus l. ult.*) als Cod. 6, 58, 15 (*Codex de legitimis heredibus*) auf. Jedoch scheint die Auflösung als Cod. 6, 55, 12 (*Codex de suis et legitimis liberis*) dem Zusammenhang nach überzeugender, unten Anm. 622, zumal die Wolfenbütteler Handschrift, fol. 32r die Lesart *C. de filijs et leg. liber. l. ult.* bietet und die Heidelberger Handschrift *Cod. de filijs et legit. liberis l. ult.*

622 In Cod. 6, 55, 12 spricht Justinian unter Hinweis auf eine vorher abweichende Rechtslage allen Deszendent/innen, ausdrücklich unabhängig von ihrem Geschlecht und der Verwandtschaft über männliche oder weibliche Linie, zu, alle – auch agnatische – Seitenverwandte gänzlich vom Erbe auszuschließen; am Ende des Konstitutionentextes findet sich dabei in den Handschriften der Accursischen Glosse ein Verweis auf die (spätere) Nov. 118. In Nov. 118 wird schon im ersten Satz die Unterscheidung alter Gesetze in Agnat/innen und Cognat/innen ausdrücklich als *non iuste* bezeichnet und damit die Neuregelung begründet, die dann ihrerseits auch eine Unterscheidung zwischen männlichen und weiblichen Prätendent/innen ausdrücklich ausschließt.

was Johann von Buch mit diesem Satz bezweckt. Gerade die Einleitung mit *segge*[623] lässt vermuten, dass es sich um einen Erklärungsansatz für den aufgeworfenen Widerspruch handelt. Johann von Buch könnte also gemeint haben, dass Ldr. I 17 § 1 durch die allegierten Kaisergesetze abgeschafft wurde. In diesem Sinne legt den Satz Kannowski aus, der ihn an zwei Stellen seiner Habilitationsschrift thematisiert[624].

Eine solche Argumentation würde allerdings dem Verständnis Johanns von Buch vom Sachsenspiegel als einem Privileg Karls des Großen zuwiderlaufen. Stammt der Sachsenspiegel aus der Zeit Karls des Großen, dann kann eine seiner Bestimmungen nicht durch die Novelle eines spätantiken Kaisers abgeschafft worden sein. Zwar könnte an dieser Stelle zu berücksichtigen sein, dass Johann von Buch die zeitlichen Abläufe nicht präsent waren[625], oder für ihn zeitliche Erwägungen hierbei keine Rolle spielten[626]. Doch wäre auch in diesem Fall zu bedenken, dass er im Sachsenspiegel ein Privileg sieht, das nach seiner Ansicht als Sonderrecht durch eine zeitlich nachfolgende Bestimmung des gemeinen Rechts nur dann geändert werden kann, wenn die Bestimmung des gemeinen Rechts ausdrücklich auf das entsprechende Pri-

623 Entsprechend dem *responde* oder *respondeo* in den Glossen des gelehrten Rechts, vgl. etwa Anm. 223, 553, 1275, 1279.

624 Kannowski, Buch'sche Glosse S. 457, 553, erwähnt wird die Glosse außerdem auf S. 549.

625 Dagegen spricht aber, dass Justinian für Johann von Buch einerseits als (ost-)römischer Kaiser erkennbar ist, er spricht von ihm in BG III 42 § 3 *Cam besatte / Alsus bleff er nen* Satz 3, S. 1195 als dem *eddele<n> keyser von Rome* und allegiert dazu § 1 der Constitutio „Imperatoriam" –, und er andererseits nach der Vorstellung der Translatio imperii von einem Übergang der Königswürde von römischen Königen bzw. Kaisern auf solche von deutscher Herkunft ausgeht. Letzteres wird in den Glossen BG III 52 § 1 *De Dudeschen* und BG III 54 § 2 *Alse men den koningh kezet* deutlich: BG III 52 § 1 *De Dudeschen* Satz 2 Hs. 2 ff., S. 1251: *De Dudeschen schollen dorch recht den koningh kezen. Dit recht gafft en koningh Karl de grote. Wente vore koren den koningh de senatores to Rome. Dar na koren den koningh de herlude,* (...). Übersetzung: Die Deutschen sollen nach dem Recht den König wählen. Dieses Recht gab ihnen Karl der Große. Denn davor wählten ihn die Senatoren von Rom. <Und> danach wählten den König die Heerleute (...). – BG III 54 § 2 *Alse men den koningh kezet* Satz 2 ff., S. 1274: *Dit hefft her Eyke nomen van Karls zettingen, do he dat ryke gaff den Dudeschen. Dat olde recht auer, dat dar sprickt van dem keysere vnde was des rykes, des en hebbe wy in keyserrechte nicht, alse Accursius secht* [AG Inst. 1, 2, 6 *Lege regina*]. Übersetzung: Dies hat Herr Eike genommen aus den Gesetzen Karls, als der den Deutschen das Königtum gab. Das alte Recht aber, das da spricht von dem Kaiser und war des Königtums, davon haben wir im weltlichen gemeinen Recht <s. u. Anm. 690> nicht, wie es Accursius sagt bei [AG Inst. 1, 2, 6 *Lege regina*]. – Mithin ist Johann von Buch durchaus bekannt, dass Karl der Große zeitlich auf Justinian folgt; auch wenn er beide nicht historisch einordnet, sondern sie in eine vereinheitlichende Traditionslinie biblischer Figuren, römischer Kaiser und mittelalterlicher Könige stellt, Kannowski, Buch'sche Glosse S. 557 Anm. 532.

626 So Kannowski, Buch'sche Glosse S. 553. Dagegen spricht aber, dass er jedenfalls in der Theorie von dem Grundsatz ausgeht, dass ein jüngeres Gesetz ein älteres bricht, vgl. BG III 78 § 3 *De man mot ok wol helpen volgen* Satz 13, S. 1461: *Wente en nye recht lecht en elder aff.* Übersetzung: Denn ein neues Recht legt ein älteres ab.

vileg Bezug nimmt[627]. Wenn Johann von Buch den glossierten Sachsenspiegelartikel Ldr. I 17 § 1 also durch die allegierten Kaisergesetze abgelegt sähe, dann wäre das ein Beleg dafür, dass er nicht gewillt oder im Stande ist, seine theoretischen Ansichten über das Verhältnis unterschiedlicher Rechtsquellen zueinander auch praktisch umzusetzen.

Jedoch kommt neben der Deutung des Satzes *Segge, dat were by oldeme rechte vnd sy affgelecht, ut* [Cod. 6, 55, 12[628]; Nov. 118, 1] dahingehend, dass nach ihm der Sachsenspiegeltext aufgrund der allegierten Stellen aus dem Corpus Iuris veraltet sei, auch eine andere Auslegung in Betracht. Johann von Buch könnte mit ihm nämlich lediglich die Rechtslage nach gemeinem Recht wiedergeben, gewissermaßen als maßgebliches Hintergrundwissen zum Thema. Für diese Auslegung spricht nicht allein, dass sie sich mit den theoretischen Ansätzen Johanns von Buch vereinbaren ließe. Sie wird auch bestätigt vom weiteren Fortgang des Glossentextes: *Wente dit auer vnder den Sassen recht is, des wille ik hire in deme negesten artikel dy berichten vnd ok c. III.* In welchen Fällen dies – nämlich ein Ausschluss der Frauen vom Erbrecht – aber unter den Sachsen Recht sei[629], das wolle er, Johann von Buch, der in der 2. Person

627 Vgl. hierzu BG I 3 § 3 *De paues en mach doch* Satz 15 Hs. 1, Satz 30, S. 159, 162: *Vnd dor dat mach vnse privilegium de paues edder de keyser vmmekeren vnd mach dat wedder setten,* (...). *Hedde ok de paues wol wat gesat, dat wedder vns were, dat en hinderde vns nicht, he en benomede vns be namen, ut* [c. 1 in VI° 1, 2]. Übersetzung: Und darum kann der Papst oder der Kaiser unser Privileg umkehren und kann dagegen <einen Rechtssatz> setzen, (...) Hätte aber auch der Papst etwas festgesetzt, das gegen uns<er Privileg> wäre, das würde nicht gegen uns wirken, wenn er uns nicht namentlich benannt hätte, ut [c. 1 in VI° 1, 2]. – Ebenso BG III 44 § 3 *De laten hebben* Satz 19 f., S. 1221: *Wente wy sind ghenomen vthe ghemenem keyserrechte, vnde wat de keyser zettet, des en dorue wy nicht holden, he en nome vns sunderlike in siner zettinge. Wente we wat beholt wedder enes anderen privilegium, dat en schadet deme ersten nicht, jd en nome enkede dat erste, ut* [Glosse zu Ldr. I 3 § 3; Cod. 6, 36, 1; Dig. 32, 22; c. 1 C. 25 q. 2; c. 21 Gratian C. 25 q. 2; c. 57 X 2, 28; c. 3 X 1, 3; c. 2 X 1, 3; c. 16 X 1, 3]. Übersetzung: Denn wir sind ausgenommen vom gemeinen Kaiserrecht und was der Kaiser festsetzt, das brauchen wir nicht einzuhalten, wenn er uns in seiner Satzung nicht gesondert benennt. Denn wer etwas erhält gegen das Privileg eines anderen, das schadet dem ersten nicht, wenn es nicht ausdrücklich das erste benennt, ut [Ldr. I 3 § 3; Cod. 6, 36, 1; Dig. 32, 22; c. 1 C. 25 q. 2; c. 21 Gratian C. 25 q. 2; c. 57 X 2, 28; c. 3 X 1, 3; c. 2 X 1, 3; c. 16 X 1, 3]. – Eine solche ausdrückliche Bezugnahme ist dagegen gegenüber Rechtssätzen des gemeinen Rechtes nicht notwendig, BG I 14 § 1 *Al sy lenrecht* Satz 4, S. 204: *Vorthmer, war dy pawes oder dy keyser setten ein recht, dat wedder en ander recht were, so were dat oldeste affgeleget, allene dat he van siner afflegunge nicht en spreke, ut* [c. 1 in VI° 1, 2]. Übersetzung: Weiterhin, wenn der Papst oder der Kaiser einen Rechtssatz festsetzen, das gegen einen anderen Rechtssatz wäre, dann wäre der älteste abgelegt, auch wenn er von dessen Ablegung nichts sagen würde, wie [c. 1 in VI° 1, 2]. – Allerdings ist anzumerken, dass die letztgenannte Glosse in den von Kaufmann edierten Handschriften fehlt.

628 Anderer Ansicht Kaufmann, Buch'sche Glosse S. 221, oben Anm. 527 und unten Anm. 621

629 Der einleitende Nebensatz lässt sich zwar nicht nur mit „In welchen Fällen / Wann dies unter den Sachsen Recht ist" übersetzen, sondern auch mit „Weil es unter den Sachsen Recht ist". Bei dieser Übersetzung fehlt dem folgenden Satzteil *des wille ik hire in deme negesten artikel*

angesprochenen Leserschaft im nächsten Artikel berichten und auch in *„c. III*". Aus diesem Satz ergibt sich, dass der vorhergehende Hinweis auf Nov. 118 nicht der Auflösung des Widerspruchs dient, indem Ldr. I 17 § 1 als veraltet bezeichnet wird, denn die Ausführungen zur Rechtslage in Sachsen sollen erst in einer späteren Glosse folgen. Dies macht auch das *auer* deutlich, das sich auf den Gegensatz zwischen der zuvor dargestellten Rechtslage nach gemeinem Recht und der erst später folgenden Rechtslage nach sächsischem Privileg bezieht. Johann von Buch geht mithin keineswegs davon aus, dass Ldr. I 17 § 1 durch die allegierten Kaisergesetze abgeschafft worden sei. Er lässt die Rechtslage vielmehr an dieser Stelle offen und verweist auf die noch folgende Glossierung.

β. Ausführungen in BG I 17 § 2 *De Swauee*

Tatsächlich wird das Problem in der Glossierung zu Ldr. I 17 § 2 wieder aufgenommen. Ldr. I 17 § 2 lautet nach der Wolfenbütteler Handschrift[630], fol. 31^v wie folgt: *De Swauee ne mach van wifhaluen nen erue nemen, wante de wif in orme slechte al eruelos ghemaket sint dorch ir vorvaren missedat. Swauee* können also über die weibliche Linie nicht erben, weil bei diesem Geschlecht schon die Frauen selbst nicht erben können[631]. Johann von Buch findet hier die Erklärung für den von ihm zu lösenden Widerspruch zwischen Sachsenspiegelstellen, nach denen Frauen erben können, und Sachsenspiegelstellen, nach denen ihnen dies nicht möglich ist. In seiner Glossierung zu Ldr. I 17 § 2 hält er fest: *Sustu nu wat in alden boken steit, dat de wiff eruelos sin, dat menet he yo in desseme slechte, wente hire ynne sint se eruelos vnd anders nerghen, vnd wor he secht, dat vrouwen erue nemen mogen, dar menet he andere lude mede, de desses slechtes nicht en syn. Alsus entwere des rechtes twedracht.* Stellen des Sachsenspiegels, nach denen die Frauen kein Erbrecht hätten, bezögen sich immer auf die Geschlechter der *Swauee*, denn bei diesem hätten die Frauen kein Erbrecht. Stellen

dy berichten allerdings der Bezug, weil bei dieser Übersetzung der Nebensatz einen kausalen Adverbialsatz bilden würde und keinen Subjektsatz.

630 Im Codex Hecht steht für *Swauee Swaue*, doch hat Kaufmann die Wiedergabe der Leithandschrift an dieser Stelle durch die Lesart der Wolfenbütteler korrigiert, m. E. zu Recht, wie sich aus der Glossierung zu Ldr. I 19 § 1 ergibt, wiedergegeben unten Anm. 634, vgl. auch unten S. 515 f.

631 Das *ervelos* wird in Übersetzungen üblicherweise als „erblos" übersetzt, etwa HIRSCH, Sachsenspiegel S. 12; ROTERMUND, Sachsenspiegel S. 26; SCHMIDT-WIEGAND in SCHOTT, Sachsenspiegel S. 50; KALLER, Sachsenspiegel S. 28, gemeint ist damit ein Ausschluss vom Erbrecht, HIRSCH, Sachsenspiegel S. 124 Anm. 3. *Ervelos* und erblos können zwar nicht nur mit „vom Erbrecht ausgeschlossen", sondern auch mit „ohne erbende Nachkomm/in" übersetzt werden, DRW III Sp. 106, s. v. erblos. Doch ist im letzteren Fall ein Fehlen von Erb/innen aus tatsächlichen Gründen gemeint, nicht, dass die entsprechende Person ihr Erbe schon rechtlich nicht an eigene Nachkomm/innen vererben kann, wie es etwa bei Frauen nach dem klassischen römischen Recht zunächst der Fall war, oben S. 53.

dagegen, nach denen Frauen erben können, beträfen die übrigen Leute, die diesem Geschlecht nicht angehörten.

Um wen es sich bei den *Swauee* handelt[632], thematisiert er ebenfalls in BG I 17 § 2 *De Swauee.* Nicht gemeint ist die Bevölkerung Schwabens, dies wird später in der Glossierung zu Ldr. I 19 § 1 sehr deutlich, in dem es um besondere Rechtssätze der *Swauen* geht[633]. In Bezug auf den letztgenannten Artikel weist Johann von Buch seine Leser*innen darauf hin, dass hier einige Sachsenspiegelhandschriften *Swauee* läsen, dies sei jedoch falsch: *wente Swauen sint geboren und Swauee sint geworden*[634].

632 Unter dieser in den Sachsenspiegel- und Landrechtsglossenhandschriften manchmal, allerdings nicht durchgehend, vgl. unten Anm. 633 als *Swauee* von den *Swauen* abgegrenzten Bevölkerungsgruppe, wie sie insbesondere in Ldr. I 19 § 1 (dies nach der Edition Homeyers, der die ältere Forschung gemeinhin folgt, die Buch'sche Glosse geht hier, unten Anm. 634, von einer anderen Lesart aus) und der Vorrede von der Herren Geburt begegnet, wird in der Literatur des 19. Jahrhunderts gemeinhin die Bevölkerung des sächsischen sogenannten Schwabengaues, die auf den seit dem Frühmittelalter ansässigen Stamm der Sueben zurückgehe, verstanden. Nach Ldr. I 19 hätten diese sogenannten Nordschwaben erbrechtliche Besonderheiten und einen Rechtszug nach Schwaben behalten, Gaupp, Gesetz der Thüringer S. 346 f.; Weiske, Zeitschrift für deutsches Recht und deutsche Rechtswissenschaft 1 (1839) S. 84 f.; Homeyer, Sachsenspiegel I S. 476, anderer Ansicht Kraut, Vormundschaft I S. 195 Anm. 17, der Ldr. I 19 wie Johann von Buch auf die Schwaben bezieht. – Denkbar ist allerdings auch, dass sich der Begriff auf die im Rahmen des hochmittelalterlichen Landesausbaus östlich von Elbe und Saale nach Sachsen eingewanderte, aus schwäbischen Gebieten stammende Bevölkerung bezieht, für die der Sachsenspiegel erbrechtliche Besonderheiten und einen Rechtszug nach Schwaben anerkennt. Kaufmann, Buch'sche Glosse S. 1621 übersetzt *Swauee* in Anlehnung an die Ausführungen der Buch'schen Glosse als „Schwaben minderen Rechts".

633 Ldr. I 19 nach dem Codex Hecht, S. 233 f: [§ 1] *De Swaue nympt wol herwede vnd erue bouen der zeueden zibbe also verne, zo he vmber gereden kan, dat eme de man van swerthaluen to geboren sy, edder also verne, so he getugen mach, dat en sin voreuare iennis vorvaren <oder iennis vorvaren> sines voreuaren herwede geuorderet hebbe vor gerichte edder genomen.* [§ 2] *De Swaue scheldet wol ordel vnder en suluen bynnen Swauescher art, vnd thet des an den elderen Swauen, den moten se benomen, vnd an de mereren meninge to echtem dinge an de hogesten dinghstad. Swauesch recht en tweyet van Sasseschem rechte nicht, wen an erue to nemende vnd ordelen to scheldende.* Dagegen lautet der Artikel in der von Homeyer, Sachsenspiegel I S. 476 wiedergegebenen Version: *De svavee nimt* (...) § 2: *Die Svavee sceldet* (...) *binnen Svavischer art* (...) *an den elderen svaf* (...). *Svevisch recht* (...). und auch die Wolfenbütteler Handschrift verwendet in diesem Artikel die Form *Swauee.* Jedoch hält Johann von Buch die im Codex Hecht gewählte Variante für zutreffend, wie sich aus seiner Glossierung ergibt, Anm. 634, weshalb sie an dieser Stelle zugrunde gelegt wurde.

634 BG I 19 § 1 *De Swaue nimpt wol*, S. 234 f.: *Jtlike boke hebben „Swauee", dat is vnrecht, wente Swauen sint geboren vnd Swauee sint geworden, alze hir vore gesecht is. Dat hire steit, dat en horet nicht to deme privilegio der Sassen. Wente dit sint Eyken wort, des rechtuerdigen mannes, vnd settet se hire to ener liknisse, offt he scholde spreken: Jk bewisede der Sassen recht gerne wor mede. Nu ne darn ik nicht dor ere stumpheit. Dat sulue vruchtet ok de keyser, ut* [Inst. 1, 1, 2; Cod. 7, 25, 1 l. un.]. *Nu mochtestu spreken: Wor vmme deystu dat denne? Des antwerde ik dik dat Eyken*

Johann von Buch unterscheidet also zwischen *Swauee* und *Swauen*, eine Unterscheidung, die sich durchaus auch außerhalb des Sachsenspiegels und seiner Glosse[635]

---

word: Dat was der Sassen vnuornemelicheit. Nu sint se auer vornumpftich geworden, den wente en ding vorgeit, dar en sake aff is, so vorgeit de sake mede, ut [Dig. 50, 17, 178; Cod. 1, 14, 5]. *Jk do id ok dor dat, <dath> bose lude mit valscher dudinge hebben gheselwit dat recht, alze de hitte dat krut. Des wil ik mit godes helpe id mit desseme watere begheten. Zo blifft Eyke des rechtes planter vnd ik en begheter. Got auer is de wasdomes gheuer. Van Swauen rechte segge ik nicht mer. Dat wil ik eren Swauen beualen. Ij wil buwen vnd leggen in myn nest, alzo do he in dat sin.* Übersetzung: Manche Handschriften (eigentlich: Bücher) haben „*Swavee*", das ist unrichtig, denn „Schwaben" sind geboren und „*Swavee*" sind geworden, wie zuvor <in der Glosse zu Ldr. I 17 § 2> gesagt wurde. Was hier <in Ldr. I 19> steht, das gehört nicht zum Privileg der Sachsen. Denn dies sind Worte Eikes, des rechtschaffenden Mannes, und er setzt sie hierhin als Vergleich, als wollte er sagen: Ich würde das Recht der Sachsen gern anhand von etwas <anderem> nachweisen. Ich wage es <aber> nicht, wegen ihres Stumpfsinns. Dasselbe fürchtet auch der Kaiser, wie in [Inst. 1, 1, 2; Cod. 7, 25, 1 l. un.]. Nun könntest du sprechen: Warum tust dann du <Johann von Buch in deiner Glosse> es? Darauf antworte ich dir mit dem Worten Eikes: Das war die Unverständigkeit der Sachsen. Nun <zu Zeiten Johanns von Buch> sind sie aber vernünftig geworden, denn wenn ein Grund vergeht, aus dem eine Sache folgt, dann vergeht die Sache mit ihm, wie [Dig. 50, 17, 178; Cod. 1, 14, 5]. Ich mache es auch aus dem Grund, dass schlechte Menschen mit falscher Deutung das Recht haben verdorren lassen, wie die Hitze das Kraut. Deshalb will ich es mit Gottes Hilfe mit diesem Wasser <nämlich den Vergleichen mit dem römischen Recht> begießen. So bleibt Eike der Pflanzer des Rechts und ich ein Begießer. Gott aber ist der Geber des Wachstums. Vom Recht der Schwaben sage ich nichts mehr. Das will ich ihren Schwaben anempfehlen. Ich will bauen und legen in mein Nest, ebenso <lege> er in das seine.

635 Die von Homeyer zugrunde gelegte Handschrift des Sachsenspiegels von 1369 spricht in der Vorrede von der Herren Geburt, in Ldr. I 17 § 2; Ldr. I 19 §§ 1, 2; Ldr. I 29; Ldr. II 12 § 12 von *Svavee* oder *Svave*, in Ldr. I 19 § 1 a. E. und Ldr. I 30 aber von *Svaf.* Homeyer, Sachsenspiegel I S. 376 stellt daher fest, dass in dieser Handschrift die Unterscheidung durchgehalten sei, indem sich der Begriff *Svavee* (oder *Svave*) stets auf die Nordschwaben beziehe, der Begriff *svaf* aber auf die Schwaben. Doch sei die Unterscheidung in späteren Handschriften verwischt. So sich diese Unterscheidung also tatsächlich in der Urform des Sachsenspiegels gefunden haben sollte, ist sie jedenfalls nicht bei allen Handschriften konsequent durchgehalten worden, in der Tat berichtet bereits Johann von Buch von Sachsenspiegelhandschriften mit abweichender Lesart, oben Anm. 634. Möglich ist indes auch, dass sich die begriffliche Unterscheidung in *Swauee* und *Swauen* in den Sachsenspiegelhandschriften erst durch die Buch'sche Glosse verbreitet hat. Nicht konsequent durchgehalten ist die Unterscheidung allerdings auch in den hier zugrundegelegten Handschriften der Buch'schen Glosse selbst. Zwar ist die Unterscheidung im Glossentext in allen drei Handschriften korrekt wiedergegeben, vgl. unten Anm. 2159. Dagegen verwendet die Wolfenbütteler Handschrift bei der Wiedergabe des Sachsenspiegeltextes stets *Swauee*, während der Codex Hecht stets *Swaue* verwendet, die Heidelberger Handschrift als reine Glossenhandschrift weist keine fehlerhafte Wiedergabe des Sachsenspiegeltextes auf, gibt aber doch bei den Glossenstichpunkten nicht durchgehend die richtige Unterscheidung wieder, vgl. unten S. 515 f., insbesondere Anm. 2160. Dies deutet darauf hin, dass die begriffliche Unterscheidung zwischen *Swauee* und *Swauen* jedenfall nicht während des gesamten Spätmittelalters allgemein bekannt war.

findet. Homeyer[636] weist insofern auf folgende Beschreibung Heinrichs V. des Älteren von Braunschweig in der aus dem 13. Jahrhundert stammenden[637] Gothaer Handschrift der Sächsischen Weltchronik hin, die die Unterscheidung ebenfalls in erbrechtlicher Hinsicht thematisiert:

Sächsische Weltchronik cap. 360 Satz 4–6[638]

Do[639] spraken ettelike lude, dat he't nicht don ne machte ane erven lof, ettelike, dat he't don mochte sunder erven lof. Dar ward enes ordeles umbe gevraget; do vant men to rechte: were he en Swavei, he mocht'it wol don. Dat is wol witlic, dat he nen Swavei ne was, wane en recht Swaf van allen sinen alderen.

Die *Swauee* gehören nach Ansicht Johanns von Buch zu den Sachsen und Sächsinnen, wie seine Formulierung *Sassen, de Swauee sint*[640] in der Glossierung zu Ldr. I 18 deutlich macht. Keine Sachsen oder Sächsinnen sind dagegen die *Swauen*. Ldr. I 19 ist für Johann von Buch, wie er in der Glossierung zu diesem Artikel weiter ausführt, daher kein Teil des Privilegs, vielmehr handele es sich um Worte Eikes von Repgow, die dieser als Vergleich eingefügt habe. Aus diesem Grunde äußert sich Johann von Buch auch nicht inhaltlich zu dem Artikel, denn das Recht der *Swauen* zu erläutern wolle er den *Swauen* überlassen. Mit den *Swauen* ist daher ganz offensichtlich die Bevölkerung Schwabens gemeint[641], während die *Swauee* ein Teil der sächsischen Bevölkerung sind[642].

Die Erklärung Johanns von Buch, wie Sachsen/Sächsinnen *Swauee sint geworden* erläutert er im weiteren Verlauf von BG I 17 § 2 *De Swauee* wie folgt: Als die Sachsen unter Esternus[643] auf einem Feldzug in England gewesen seien, hätten die Schwaben das Land besetzt und sich die Frauen der Sachsen – gemeint ist als Lebensgefährtinnen – genommen. Nach der Rückkehr der Sachsen seien die Schwaben dann wieder vertrieben worden, von den sächsischen Frauen seien aber einige mit den Schwaben

---

636 Homeyer, Sachsenspiegel I S. 476.

637 Weiland, Deutsche Chroniken II S. 24; Herkommer, Art. Sächsische Weltchronik, in VL Sp. 485.

638 Zitiert nach Weiland, Deutsche Chroniken II S. 242.

639 Übersetzung: Da sprachen manche Menschen, dass er es <d. h. die Übertragung aller Dienstleute und allen *egens* in der Grafschaft Stade an die Bremer Kirche> nicht tun könne ohne Erbenlaub, manche, dass er es ohne Erbenlaub tun könne. Da wurde ein Urteil erfragt, da erkannte man für Recht: Wäre er ein *Swavei*, dann könnte er es wohl tun. Das ist wohl bekannt, dass er kein *Swavei* war, sondern ein richtiger Schwabe von allen seinen Vorfahren her.

640 BG I 18 § 3 *Dat drudde: Dat nen ordel* Satz 6.

641 So auch Kannowski, Buch'sche Glosse S. 66 Anm. 370, S. 541.

642 Oben Anm. 632.

643 Gemeint ist möglicherweise Hengest, der Überlieferung nach einer der angelsächsischen Anführer bei der Eroberung Britanniens, vgl. Honegger, Art. Hengest und Finn, Horsa, in: RGA XIV S. 386 ff., so Grimm/Grimm, Sagen II S. 70; Grupen, Observatio de Nordo-Suavis S. 415 f.

fort gezogen. Deren Kinder habe man *Swauee* genannt. Johann von Buch nimmt an dieser Stelle[644], worauf schon Grupen hinweist[645], eine bestehende Sage zur Erklärung der erbrechtlichen Besonderheit der *Swauee* auf. Eine ganz ähnliche Herleitung des sogenannten schwäbischen Rechtes[646] findet sich auch in der kurz nach 1292 im Kloster St. Blasius in Braunschweig entstandenen[647] Cronica ducum de Brunswik[648].

Cronica ducum de Brunswik c. 16[649] Satz 3–5

Mulieres <Irmgard und Agnes, die Töchter Heinrichs V. des Älteren von Braunschweig> *autem quedam Saxonie patribus suis in tota hereditate totaliter non succedunt propter obprobrium iuris quod Suavey dicitur, quod incurrunt ex eo, quod dum Saxones 12 annis ad expugnandam Angliam defuissent, Suavey Saxoniam intraverunt et quorundam uxoribus sunt abusi. Saxonibus post 12 annos redeuntibus, quedam mulieres ad Saxones viros pristinos redierunt, alie Suevis adulteris adheserunt. Unde statuerunt, quod mulieres ad viros pristinos non redeuntes tam in se, quam in filiabus suis secundum ius, quod Suavey dicitur, exheredarentur.*

Die Buch'sche Glosse sieht dabei, wie auch die Cronica ducum de Brunswik, die im Sachsenspiegeltext erwähnte Missetat nicht darin, dass die verheirateten Frauen mit den Schwaben Verhältnisse eingehen – wohl, weil sie insofern nicht von Freiwilligkeit ausgehen –, sondern darin, dass die Frauen ihre Ehemänner nach deren Rückkehr zugunsten der eingefallenen Schwaben verlassen[650]. Nur die Nachkomminnen der

644 Daneben verwendet er sie in anderem Zusammenhang auch an einer späteren Stelle, nämlich in BG II 12 § 12 *Schilt de Swaue*<*e*, so die Wolfenbütteler Handschrift, vgl. oben Anm. 630>, S. 593 f., zur Erklärung dafür, dass das Urteil eines Sachsen, das von einem *Swauee* gescholten wird – ebenso im umgekehrten Fall – vom König zu entscheiden ist: *Dit is dor den olden had, dat de Swauen der Sassen wiff beslepen, do ze Engeland bekrechtigeden vnde dar weren by Esternusse, alze wy dy zeden supra* [Ldr. I 17 § 2]. Übersetzung: Dies ist so wegen des alten Hasses, dass die Schwaben die Frauen der Sachsen beschliefen, als diese England angriffen, und dort waren mit Esternus, wie wir es dir oben gesagt haben bei [Ldr. I 17 § 2].

645 Grupen, Observatio de Nordo-Suavis S. 415 f.

646 Diesen Begriff verwendet etwa der Sachsenspiegel in Ldr. I 18 § 1, demgemäß die Sachsen und Sächsinnen das *svevische recht* beibehalten hätten, er findet sich auch in der Cronica ducum de Brunswik, die vom *iuris quod Suavey dicitur* spricht.

647 Holder-Egger, NA 17 (1892) S. 167 f.

648 Die Cronica ducum de Brunswik schöpft in den Kapiteln 6 bis einschließlich 16 sowie einigen Teilen von 17 aus der zwischen 1269 und 1277 verfassten, in der Trierer Handschrift 1999/129 in Teilen überlieferten Chronica principum Brunsvicensium, die sie fast wörtlich, wenn auch gekürzt wiedergibt; bei der sagenhaften Erklärung für das Schwäbische Recht handelt es sich jedoch um einen von wenigen Zusätzen, Holder-Egger, NA 17 (1892) S. 163, insbesondere Anm. 1.

649 Zitiert nach Weiland, Deutsche Chroniken II S. 583.

650 Es fehlt bei der Cronica ducum de Brunswik der Verweis auf Hengest/Esternus, im Übrigen stimmt die Schilderung jedoch mit derjenigen Johanns von Buch überein.

fortgezogenen Frauen werden vom Erbrecht ausgeschlossen[651]. Vor diesem Hintergrund ist auch die Unterscheidung in BG I 19 § 1 *De Swaue nimpt wol* zu verstehen: *wente Swauen sint geboren vnd Swauee sint geworden*. Bei den *Swauee* handelt es sich nach Ansicht Johanns von Buch gerade nicht um schwäbischstämmige Geschlechter, sondern um sächsische Familien, die durch ein bestimmtes Ereignis, das als Fehltritt verstandene Handeln ihrer Stammmütter, zu *Swauee* geworden sind. Welche Familien zu dieser Gruppe zählen, wird nach seinem Verständnis in der Vorrede Von der Herren Geburt aufgezählt, mit einem Verweis auf diese Vorrede schließt er die Glossierung zu Ldr. I 17 § 2.

Zugleich wird dadurch verständlich, warum sich das Recht des *Swauee* im vermeintlichen Privileg der Sachsen und Sächsinnen findet. Anders als Ldr. I 19 § 1 betrachtet Johann von Buch die Darstellung des Schwäbische Recht in Ldr. I 17 § 2 nicht als einen Vergleich mit fremdem Recht, den zu glossieren er unterlässt, sondern als ein Sonderrecht innerhalb des Privilegs. Daher können sich nach seiner Ansicht auch weitere Stellen des Sachsenspiegels auf dieses Sonderrecht beziehen, auch ohne dass dies kenntlich gemacht würde, ja sie müssen es sogar, da sich andernfalls ein Widerspruch innerhalb des vermeintlichen Privilegs ergeben würde.

Indem er aber die Sachsenspiegelstellen, in denen seiner Auslegung nach Frauen das Erbrecht abgesprochen wird, auf die Familien der *Swauee* bezieht, gelingt es ihm, den in Ldr. I 17 § 1 manifestierten Vorrang der Prätendenten vor den Prätendentinnen für die übrige sächsische Bevölkerung abzulehnen. Durch diese Unterscheidung erreicht er in Bezug auf die Mehrheit der Sachsen und Sächsinnen ein Ergebnis, wie es auch Nov. 118 vorsieht: Frauen sind Männern in der Erbfolge gleichgestellt.

Diese Novelle wird denn auch sowohl in der Glossierung zu Ldr. I 17 § 1 als auch in der Glossierung zu Ldr. I 18 § 1 allegiert. Dennoch argumentiert er letztlich nicht mit Nov. 118. Die Lösung erfolgt entsprechend der Vorstellung Johanns von Buch vom Sachsenspiegel als einem das Novellenrecht verdrängenden Privileg aus dem Sachsenspiegel selbst heraus, durch eine Distinktion in Bezug auf die Adressat/innen der Regelung. Johann übergeht den Wortlaut des Sachsenspiegels, insbesondere den von Ldr. I 17 § 1 Satz 2, nicht, hält hier aber eine Auslegung für geboten, die dieser Wortlaut nicht eben nahelegt[652]. Grund für die weite Auslegung an dieser Stelle könnte dabei sein Rechtsempfinden gewesen sein: Eine Benachteiligung von Frauen

651 Ob es sich bei den zurückgelassenen Kindern dabei um solche aus den Verbindungen mit den Schwaben handelt, wird nicht deutlich, scheint aber angesichts ihres Zurückbleibens unwahrscheinlich. Damit beruht die Bezeichnung als *Swauee* nach den Vorstellungen Johanns von Buch nicht auf einer schwäbischen Abstammung.

652 Zum einen behandelt Ldr. I 17 § 1 allgemein die Erbfolge und bezieht sich an keiner Stelle ausdrücklich auf die *Swauee*. Zum anderen spricht er auch keineswegs allen Frauen das Erbrecht ab, vielmehr erben sie nur nachrangig. Johann von Buch hebelt diese Nachrangigkeit also gewissermaßen durch einen doppelten Kunstgriff aus: indem er in Ldr. I 17 § 1 Satz 2 zunächst hineinliest, er spreche allen Frauen gänzlich das Erbrecht ab und dann feststellt, dass diese evident anderen Sachsenspiegelstellen widersprechende Aussage nur auf die *Swauee* bezogen sein könne.

im Erbrecht wird im gelehrten Recht als *non iuste* verstanden[653]. Dass der Sachsenspiegel einen solchen ungerechten Rechtssatz enthalten könnte, muss für ihn höchst unwahrscheinlich erscheinen. Dabei mag die Gleichstellung von Prätendenten und Prätendentinnen auch der zeitgenössischen Rechtspraxis im sächsischen Raum entsprochen haben. In den Magdeburger Schöffensprüchen[654] sind Sohn und Tochter sowie Bruder und Schwester gleichgestellt[655].

γ. Ausführungen in BG I 18 § 1 *Daz Swebesche recht* und BG I 18 § 3 *Dat drudde: Dat nen ordel*

Ein drittes Mal aufgenommen wird die Problematik einer Benachteiligung von Erbprätendentinnen gegenüber Erbprätendenten und der Unterscheidung zwischen *Swauen* und *Swauee* schließlich in der Glossierung des nächsten Artikels, Ldr. I 18. Diese Glossierung ist sehr umfangreich, da sich Johann von Buch in ihr argumentativ mit dem Einleitungssatz und allen drei Paragraphen des Landrechtartikels auseinandersetzt. Dazu glossiert er Einleitungssatz sowie jeden Paragraphen zunächst einmal, indem er den Sachsenspiegeltext sehr harsch als *valsch* oder gar *by not valssch* bezeichnet. Auf die vier ablehnenden Glossen folgt dann der vielbesprochene Satz: *Doch wete, dat dat en boze glose is, de den text confunderet.* Im Anschluss folgt eine zweite Glossierung des Einleitungssatzes und aller drei Paragraphen. Die Glosse ist aufgrund des Aufbaus und des zitierten Satzes ein wichtiges Argument der Vertreter*innen der sogenannten Schichtentheorie, die von einer Entstehung der Glosse durch Kompilation mehrerer Einzelglossen ausgehen. Beide Glossierungen sollen von unterschiedlichen Personen stammen, wobei die zweite Person die Aussage der ersten als eine *boze glose* verworfen und sodann ihre eigenen Anmerkungen hinzugefügt habe. Demgegenüber geht Kannowski in seiner Habilitationsschrift bei beiden Glossierungen von einer Autorschaft Johanns von Buch aus, der zunächst die Position des Advocatus diaboli einnehme und sich dann selbst korrigiere[656].

---

653 Oben Anm. 199.

654 Allerdings könnte die Rechtspraxis im Landrecht entsprechend der Regelung im Sachsenspiegel eine andere gewesen sein. So fragen zwei Brüder in einem Schöffenspruch um 1400, wiedergegeben bei Friese/Liesegang, Magdeburger Schöffensprüche I S. 664 f., dort Spruch III, B, No. 182 und zitiert bei Meuten, Erbfolgeordnung S. 161; Wasserschleben, Successionsordnung S. 172, ob sie nicht gegenüber ihren Schwestern in Bezug auf ein Erbzinsgut, *gelegen bussen wichbilde, icht neher sint vorczutretene unde czu behaldene nach lantrechte.* Sie werden damit allerdings nicht gehört, wohl weil die Parteien selbst *bynnen wichbilden gesessen sint*, was sie und ihre Schwestern zur Absonderung erhalten hatten, müssen sie *nach wichbilde unde nach Magdeburseme rechte* nicht einwerfen, das Erbgut ihres Vaters müssen sie aber mit ihren Schwestern zu gleichen Teilen teilen.

655 Meuten, Erbfolgeordnung S. 161, 208; Schanz, Erbfolgeprinzip S. 85 Anm. 217, S. 88. Schanz, ebenda S. 87 Anm. 226 geht darüber hinaus von einer Gleichstellung auch bei den Eltern aus, während Meuten, Erbfolgeordnung S. 198 hier den Vorrang des Vaters vor der Mutter aufrechterhalten sieht.

656 Zum Verständnis der Wendung *boze glose* unten S. 467 ff.

Die umfangreiche Glossierung soll im Rahmen dieses Kapitels lediglich insoweit untersucht werden, wie sie sich mit der Frage der Erbberechtigung von Frauen befasst. Entsprechend wurden bei der obigen Wiedergabe nur die in diesem Zusammenhang erheblichen Ausschnitte gewählt. In BG I 18 § 1 *Daz Swebesche recht*, der ersten Glossierung zu Ldr. I 18 § 1, bezeichnet Johann von Buch die von ihm aus dem Sachsenspiegeltext abgeleitete Aussage, dass alle Frauen vom Erbrecht ausgeschlossen seien um ihrer Missetat willen, als falsch. Wie bei der Glossierung zu Ldr. I 17 § 1 und zu Ldr. I 17 § 2 interpretiert er den Sachsenspiegeltext also dahingehend, dass dieser den Frauen alles Erbrecht absprechen[657]. Als Beleg für die Unrichtigkeit dieser Aussage zählt er sodann die bereits angesprochenen Beispiele anderer Sachsenspiegelstellen auf, in denen von erbenden Frauen die Rede ist, außerdem verweist er auf Nov. 118, 2. Auf die ablehnenden Glossen und den Satz: *Doch wete, dat dat en boze glose is, de den text confunderet* folgt sodann die zweite Glossierung. In Bezug auf das *Swebesche recht* stellt Johann von Buch hierzu fest, dass die Aussage über Frauen, dass sie vom Erbrecht ausgeschlossen seien, nicht unter allen Sachsen gelte, sondern allein unter den Sachsen, die *Swauee* seien. Dies sei im vorhergehenden Artikel ausgelegt worden. Im Einklang mit seinen Ausführungen bei BG I 17 § 2, auf die er auch verweist, bezieht diese Glosse das im Sachsenspiegeltext genannte *Swebesche recht* allein auf die *Swauee*.

δ. Zu den Verweisen in der Glossierung

Durch die Glossierung zu Ldr. I 18 § 1 werden die bisher gefundenen Ergebnisse in Bezug auf die rechtliche Einstellung Johanns von Buch gegenüber dem Erbrecht von Frauen bestätigt. Wiederum lehnt Johann von Buch einen umfassenden Ausschluss aller sächsischen Frauen vom Erbrecht ab und deutet eine Sachsenspiegelstelle, die sich in diesem Sinne verstehen lässt, als eine Bezugnahme auf Ldr. I 17 § 2. Dieser Paragraph, Ldr. 17 § 2, stellt für Johann von Buch also die zentrale Stelle für die Frage nach der Benachteiligung von Prätendentinnen gegenüber Prätendenten dar. Inhaltlich übernimmt er aus ihm die Lösung für den von ihm festgestellten Widerspruch zwischen Sachsenspiegelstellen, die ein Erbrecht der Frauen verneinen, und solchen Stellen, die ein solches Erbrecht voraussetzen. Systematisch wählt er ihn zur Darstellung der Distinktion aus, hier wird sie allgemein formuliert, an den übrigen Stellen verweist er auf diese Glosse. Ein solcher Verweis findet sich nicht nur in der Glossierung zu Ldr. I 17 § 1 und Ldr. I 18 § 1, sondern wohl auch in der Glossierung zu Ldr. I 27 § 1[658].

---

657 In der Tat legt die Formulierung nahe, dass das *Swebesche recht* unter allen Sachsen und Sächsinnen beibehalten worden sei, nicht allein innerhalb einer bestimmten Bevölkerungsgruppe.

658 BG I 27 § 1 *Yewelik wif eruet* Satz 1, S. 283: *Hir is yegen hir enbouen de XVIII arti., de de secht, dat alle wiff eruelos sint. Mer segge hire, alze ik dar gesecht hebbe.* Übersetzung: Dem widerspricht oben der achtzehnte Artikel, der der sagt, dass keine Frau vererbt. Aber sage hier, wie ich dort gesagt habe. – Nach Zählung des Codex Hecht entspricht Artikel XVIII zwar vulgat

Allerdings ist noch einmal auf die Verweise in der Glossierung zu Ldr. I 17 § 1 und Ldr. I 18 § 1 zurückzukommen. Der Rückverweis in der Glossierung zu Ldr. I 18 § 1 fügt sich unmittelbar in das zuvor Gesagte ein. Johann von Buch formuliert dort: *Dit is hir enbouen vtgelecht in deme negesten artikele,* sodass mit dem „vorigen Artikel" ohne weiteres Ldr. I 17 § 2 bezeichnet sein kann. Anders ist es bei dem Verweis auf die nachfolgende Glossierung in der Glosse zu Ldr. I 17 § 1. Hier lautet die Formulierung im Codex Hecht: *des wille ik hire in deme negesten artikel dy berichten vnd ok c. III,* nahezu übereinstimmend in der Wolfenbütteler Handschrift[659]: *des wil ik di hir inme neysten ar. berichten vnde och cap. III.* Die Heidelberger Handschrift dagegen belässt es bei dem Verweis auf den *negesten artikel.* Aus der Perspektive von Ldr. I 17 § 1 ist der nächste Artikel nach vulgater Zählung wie auch nach der Artikeleinteilung des Codex Hecht jedoch Ldr. I 18 § 1[660] und nicht Ldr. I 17 § 2, der m. E. die zentralen Ausführungen enthält, die Remission von „*c. III*" fügt sich gänzlich nicht ins Bild ein[661].

Doch ist auffällig, dass in Ldr. I 17 § 1 auf zwei spätere Glossierungen hingewiesen wird und tatsächlich kurz danach zwei Glossierungen zum Thema folgen. In diesem Zusammenhang ist zudem der Verweis auf „*c. III*" näher zu untersuchen. Bei diesem Verweis fehlt zum einen die Angabe des Buches, sodass unklar bleibt, ob der dritte Artikel des ersten, des zweiten oder des dritten Buches gemeint ist. Ausführungen zum Erbrecht von Prätendentinnen findet sich in der Glossierung keiner dieser Artikel. Zudem fügt sich die Allegation auch in der Form nicht in den Sprachgebrauch des Glossators ein. Johann von Buch bezeichnet – wie es auch der heutigen Begriffsverwendung entspricht – die Unterteilung unterhalb der Ebene der Bücher als *artikel* oder *articulus,* nicht als *c<apitulum>*. Beide Begriffsformen werden – gemeinsam mit den Abkürzungen *ar.*, *arti.* und *artik.* – an über hundert Stellen der Buch'schen Glosse[662] verwendet[663]. Dieser Sprachgebrauch wird von Johann von Buch im

---

Ldr. I 19. Da dieser sich aber nicht mit dem Erbrecht befasst, ist wohl Ldr. I 17 § 2 oder Ldr. I 18 § 1 gemeint, so auch Kaufmann, Buch'sche Glosse S. 283.

659 Wolfenbütteler Handschrift, fol. 32r.

660 In diesem Sinne löst denn auch Kaufmann, Buch'sche Glosse S. 222 die Remission auf.

661 Es fehlt bei dieser Remission die Angabe des Buches. Gemeint sein kann eigentlich nur Ldr. I 3 § 3, denn Ldr. II 3 und Ldr. III 3 betreffen nicht einmal erbrechtliche Bestimmungen. So löst auch Kaufmann, Buch'sche Glosse S. 223 die Remission auf. Doch wird in der Glossierung zu Ldr. I 3 § 3 die Stellung der Frauen nicht gesondert thematisiert. Zudem verwundert dann das Futur der Remission: *wille ik* (...) *dy berichten.*

662 Das meint die Sachsenspiegelglosse einschließlich des Sachsenspiegeltextes, aber ohne Register, ohne Glossenprolog und ohne die im Urtext nach allgemeiner Meinung nicht enthaltene Vorrede von der Herren Geburt mit Glosse, wie sie im Leittext der Kaufmann'schen Edition wiedergegeben wird.

663 Kaufmann/Neumeister, Glossar S. 66 f. Diese sehen mit dem Begriff zwar insbesondere Artikel des Sachsenspiegels bezeichnet, übersetzen aber auch allgemeiner mit „der Abschnitt, der Artikel, das Kapitel, der Paragraph". Eine stichprobenartige Überprüfung von 25 Belegstellen ergab aber, dass bei diesen Stellen stets eindeutig Sachsenspiegelartikel gemeint waren. – Der Begriff *capitulum* dagegen wird ausweislich des Glossars lediglich bei der Be-

Glossenprolog auch ausdrücklich als zutreffend bezeichnet[664]. Die Bezeichnung als *capitulum* findet sich in den von Kaufmann edierten Handschriften allerdings sehr wohl, und zwar in der Artikelnummerierung.[665] Vor diesem Hintergrund muss die Remission „*c. III*" später verändert worden sein[666]. Spekulationen über die ursprüngliche Fassung führen dann angesichts der fehlenden Nennung eines Buches am naheliegendsten zu der Formulierung *wille ik hire in deme negesten artikel dy berichten vnd ok in deme drudden*[667]. Diese Formulierung lässt sich aber ohne weiteres als ein Verweis auf Ldr. I 17 § 2 und Ldr. I 18 § 1 verstehen und zwar dann, wenn Ldr. I 17 § 2 nach der vom Glossator zugrunde gelegten Artikeleinteilung ein eigenständiger Artikel war[668].

Zwar handelt es sich bei der hier vorgestellten These lediglich um eine Vermutung. Sie hat jedoch für sich, dass sich nach ihr eine inhaltlich stimmige Remission ergibt.

---

zeichnung von Num. 27 bei der Glossierung zu Ldr. I 16 § 1, wiedergegeben unten S. 184, verwendet, Kaufmann/Neumeister, Glossar S. 571. Dies gilt auch für den Begriff *capit(t)el*, soweit hiermit nicht ein geistliches Gremium gemeint ist, Kaufmann/Neumeister, Glossar S. 571 zu *capittel*. Die Abkürzung *c. III* wird als reine Allegation im Glossar nicht aufgeführt, Kaufmann/Neumeister, Glossar S. XVII.

664 BG Prolog Vers 225 f., S. 104: *Merke, dat capitula in paves rechte numet sint,/ So heitet dat articula hir, dar en recht an begint.* Übersetzung: Merke, was im geistlichen Recht *capitula* genannt wird, die heißen hier *articula*, wo ein Recht beginnt. In der lateinischen Fassung: *Nota, quae capitula in canonibus dicuntur / In textu particula articuli vocabuntur.* – Homeyer, Prolog S. 20, sieht hier den deutschen Text ungenau, und stellt auf den lateinischen ab, nach dem den *capitula* die *particula articuli* entsprächen, mithin die Paragraphen. In jedem Fall bezeichnet der Begriff *articulum* nach Ansicht Johanns von Buch aber einen Sachsenspiegelartikel nach heutigem Sprachgebrauch.

665 Im Codex Hecht und in der Wolfenbütteler Handschrift sind die einzelnen Artikel und ihre Glossierung jeweils mit *Capitulum* sowie der jeweiligen Ziffer überschrieben, teilweise auch einer Abkürzung hierzu, vgl. Kaufmann, Einleitung Glosse, Fototafeln zwischen S. LXIV und S. LXV. Auch in der Heidelberger Handschrift, die die Glosse ohne den Text enthält, wird der Beginn der Glossierung eines Artikels mit *Capitulum* und Ziffer überschrieben, diese Zwischenüberschriften scheinen allerdings aufgrund ihrer Anordnung in und neben den bestehenden Textzeilen nach Abfassung des Textes eingefügt.

666 Insoweit ist anzumerken, dass in der Literatur grundsätzlich Übereinstimmung darin besteht, dass jedenfalls die Allegationen des Codex Hecht aus einer fehlerhaften Vorlage später korrigiert worden sind, Sinauer, Studien S. 561, insbesondere Anm. 2; Kaufmann, Einleitung S. LXI. Hier muss die Veränderung der Remission allerdings zu einem früheren Zeitpunkt erfolgt sein, da sich die Remission in derselben Form auch in der Wolfenbütteler Handschrift findet.

667 Übersetzung: <Wann es aber unter den Sachsen Recht ist> werde ich dir im nächsten Artikel berichten und auch im übernächsten / dritten.

668 Mit dem *negesten artikel* wäre damit nicht Ldr. I 18 § 1 in Bezug genommen, sondern Ldr. I 17 § 2, dessen Glossierung die zentrale Argumentation zur Thematik enthält. Der Zusatz *vnd ok c. III* würde dann auf Ldr. I 18 § 1 verweisen. *In deme drudden* wurde später – z. B. im Codex Hecht und der Wolfenbütteler Handschrift – zu *c. III*, was wiederum andere Handschriften – wie die Heidelberger Handschrift – als unkorrekte Remission fortließen.

Hinzu kommt – und darauf wird an späterer Stelle zurück zu kommen sein[669] – dass sich tatsächlich deutliche Indizien dafür finden, dass die in den von Kaufmann edierten Handschriften zu beobachtende Artikeleinteilung nicht derjenigen entspricht, von der Johann von Buch ausgeht[670].

c. Die Stellung von Prätendent/innen aus der weiblichen Linie

Von der Unterscheidung zwischen weiblichen und männlichen Erbprätendent/innen ist die Unterscheidung zwischen Prätendent/innen aus der männlichen Linie und Prätendent/innen aus der weiblichen Linie zu trennen. Während die erstgenannte Unterscheidung das Recht von Frauen betrifft, selbst zu erben, hängt die letztgenannte Unterscheidung mit der Frage zusammen, inwieweit Frauen ein Erbrecht vermitteln können. Zwischen beiden Problemfeldern besteht zwar ein Zusammenhang – beide werden maßgeblich davon geprägt, welche Vorstellung von der gesellschaftlichen Stellung der weiblichen Bevölkerung vorherrscht, außerdem bestehen zwischen beiden Wechselwirkungen – jedoch muss innerhalb einer Rechtsordnung eine Differenzierung in der einen Frage nicht zwingend eine Differenzierung in der anderen Frage nach sich ziehen[671].

Die Unterscheidung zwischen Prätendent/innen aus der weiblichen Linie und Prätendent/innen aus der männlichen Linie ist nun nach der Stellung der Vollgeschwister, der Stellung der Halbgeschwister und der Stellung von Prätendentinnen ein vierter Fall, in dem sich die Regelung nach dem gelehrten Recht mit dem Wortlaut des Sachsenspiegels nicht vereinbaren lässt. Während das gelehrte Recht die Unterscheidung nach Cognat/innen und Agnat/innen wie bereits mehrfach angesprochen ausdrücklich als *non iuste* bezeichnet[672], sieht der Sachsenspiegel ebenso ausdrücklich Unterscheidungen nach männlicher und weiblicher Linie vor.

Dies betrifft zum einen die Vererbung der Sondermassen (Niftel-)gerade und Heergewäte. Da sich das erste Kapitel dieser Arbeit vorrangig mit der Erbfolge in Bezug auf das *erve* befasst, die Sondermassen und das Ehegüterrecht im Todesfall aber im dritten Kapitel behandelt werden, soll auf diese Thematik an späterer Stelle eingegangen werden[673].

Daneben kennt der Sachsenspiegel aber auch eine Konstellation, in der weibliche und männliche Linie in Bezug auf das *erve* selbst unterschiedlich behandelt werden. Dargestellt ist diese Konstellation in Ldr. I 5 § 1.

---

669 Dazu unten S. 501 ff.

670 Für eine Veränderung der Artikeleinteilung in Bezug auf Ldr. I 17 § 2 spricht zudem, dass die Glossierung zu Ldr. I 17 § 2 in allen drei von Kaufmann edierten Handschriften in die Glossierung zu Ldr. I 17 § 1 eingeschoben ist, bei der ihrerseits die Stichworte nicht ohne weiteres mit dem in den Handschriften wiedergegebenen Sachsenspiegeltext übereinstimmen und auch eine andere Reihenfolge aufweisen.

671 Vgl. etwa die Regelung im vorjustinianischen römischen Recht, oben S. 51 ff.

672 Oben Anm. 199.

673 Unten S. 435 ff.

Ldr. I 5 § 1 Satz 1 und 2, S. 161

Nimt de sone wif bi des vader live de eme evenburdich is, unde wint sone bi ire, unde stirft he dar na er sineme vadere umbedelet von dem erve, sine sone nemet dele in ires eldervader erve, gelike irme veddern in ires vader stat. Alle nemet se aver enes mannes deil. Disses ne mach den dochter kinderen nicht geshin, dat se gelike dele nemen der dochter in des eldervader oder in der eldermuder erve.

Ldr. I 5 § 1 spricht den Söhnen vorverstorbener, zu Lebzeiten nicht abgesonderter Söhne eines männlichen Erblassers ein Repräsentationsrecht für ihre verstorbenen Väter zu. Es erben in diesem Fall also entgegen dem Gradnäheprinzip des Sachsenspiegels Erblasserenkel neben den nicht vorverstorbenen Erblassersöhnen[674]. Dieses Eintrittsrecht gilt aber ausdrücklich nicht für die Kinder von Töchtern eines Erblassers. Enkel/innen, die über eine Frau mit dem Erblasser verwandt sind, werden jedenfalls bei männlichen Erblassern also gegenüber solchen Enkeln schlechter gestellt, die mit dem Erblasser über einen Mann verwandt sind[675].

Allerdings ist bei der Untersuchung der Glossierung zu beachten, dass sich Ldr. I 5 § 1 für Johann von Buch in anderer Weise darstellt als aus der Perspektive der hier wie in der ganz überwiegenden Literatur vertretenen Meinung. Dass es sich bei dem Eintrittsrecht um eine Ausnahmeregelung zugunsten der Sohnessöhne handelt, ist nur bei einer Erbfolgeregelung der Fall, die für Nachkomm/innen das Gradnäheprinzip vorsieht, sei es aufgrund eines allgemeinen Prinzips oder weil es innerhalb der Parentelen oder Linien gilt. Liegt der Erbfolge dagegen ein Erbrecht nach Stämmen zugrunde, wie es Johann von Buch für die Nachkomm/innen einer Erblasser/in annimmt, dann haben Kinder eines vorverstorbenen Erblasserkindes selbstverständlich ein Erbrecht. Vor diesem Hintergrund muss Johann von Buch den ersten Satz von Ldr. I 5 § 1, die Darstellung des Eintrittsrechts, als die Feststellung einer Selbstverständlichkeit lesen. Dagegen muss ihm der zweite Satz, dass das Eintrittsrecht für Tochterkinder nicht gelte, als eine Ausnahme zuungunsten der Nachkomm/innen aus der weiblichen Linie erscheinen. Ldr. I 5 § 1 legt nach diesem Verständnis also vor allem fest, dass die Kinder einer vorverstorbenen Tochter entgegen dem Prinzip der Erbfolge nach Stämmen nicht den Erbteil ihrer verstorbenen Mutter erhalten.

---

674 Vgl. oben S. 68.

675 Der Sachsenspiegelartikel unterscheidet allerdings nicht nur zwischen männlicher und weiblicher Linie, sonders zusätzlich zwischen männlichen und weiblichen Erbanwärter/innen, indes ohne dies in gleicher Weise zu betonen. – In der Beschreibung der Fallkonstellation in Ldr. I 5 § 1 Satz 1 ist nur von Söhnen eines vorverstorbenen Erblassersohnes die Rede, es gilt das Repräsentationsrecht also nicht für seine Töchter. Diese Einschränkung wird von Johann von Buch allerdings nicht thematisiert. Vielmehr spricht er in der Glossierung ganz selbstverständlich von *soneskinderen* einerseits und *dochterkinderen* andererseits, die weitere Unterscheidung in Sohnessöhne und Sohnestöchter übergeht er stillschweigend. Dies mag damit zusammenhängen, dass Johann von Buch Ldr. I 5 § 1 Satz 1 als die beispielhafte Darstellung des Grundfalles lesen muss. Daher wird er der engen Formulierung in diesem Satz kaum Gewicht beigemessen haben.

α. Vier Erklärungsansätze in BG I 5 § 1 *Dit mach den dochterkinderen*

Die im fraglichen Zusammenhang erhebliche[676] Glossierung zu Ldr. I 5 § 1 Satz 1 und 2 lautet wie folgt:

BG I 5 § 1 *Sin zone*, S. 167

ut [Inst. 3, 1, 15 letzter Satz[677]].

BG I 5 § 1 *Dit mach den dochterkinderen*, S. 167–169

Hir[678] *is yegen vpwart in* [Ldr. I 3 § 3 Satz 10], *et infra* [Ldr. I 17 § 1 Satz 3]. *Solucio. Vpwart dar secht he van den, de van sydhaluen dar to geboren sin. Hir secht he van dem stammen. Edder he secht, des ne mach den dochterkinderen nicht schen also alze id den soneskinderen schut, wente der dochter kindere de moten inbringen, dat ere moder vthbrachte, do ze beraden wart, ut infra* [Ldr. I 13 § 1; Ldr. II 19 § 1]. *Edder he secht van oldeme keyserrecht, dat wolde, dat de van swert haluen scholden beter recht hebben to deme erue wen de van wiff haluen dar to geboren weren, ut* [Inst. 3, 1, 15; Nov. 118 pr.; Ldr. I 19] *Auer dit recht is afgelecht, ut* [Nov. 18, 4]. *Edder he secht van den wiuen der Swauee*[679], *wente de sin alle eruelos van wiff haluen, ut infra* [Ldr. I 18 § 1].

Johann von Buch remittiert zum Eintrittsrecht der Sohnessöhne in Ldr. I 5 § 1 Satz 1 – für ihn der Grundfall des Erbrechts nach Stämmen – schlicht Inst. 3, 1, 15 letzter Satz[680]. Danach wendet er sich der vermeintlichen Ausnahme zu, dem Aus-

676 Nicht wiedergegeben wird hier die erste Glosse BG I 5 § 1 *Nympt de zone wiff. Euenbordich*, die Ausführungen zum Erfordernis der Ebenbürtigkeit enthält.

677 So in der Wolfenbütteler und der Heidelberger Handschrift, anders im Codex Hecht, unten Anm. 680, und damit in der Kaufmann'schen Edition, die Inst. 3, 1, 13 angibt.

678 Übersetzung: Dem widerspricht oben [Ldr. I 3 § 3 Satz 10] und unten [Ldr. I 17 § 1 Satz 3]. Lösung. Oben spricht er von denen, die von der Seite her dazu geboren sind. Hier spricht er vom Stamm. Oder er sagt, es kann den Tochterkinder nicht <genau> so geschehen, wie es den Sohneskindern geschieht, denn die Kinder der Tochter müssen einbringen, was ihre Mutter herausbrachte, als sie ihre Aussteuer erhielt, wie unten [Ldr. I 13 § 1 und Ldr. II 19 § 1]. Oder er spricht von altem Kaiserrecht, das wollte, dass die von der Schwertseite ein besseres Recht am Erbe haben sollten als diejenigen, die von Frauenseite her dazu geboren waren, wie [Inst. 3, 1, 15 und Nov. 118 pr. und Ldr. I 19]. Aber dieses Recht ist abgelegt, wie [Nov. 18, 4]. Oder er spricht von den Frauen der *Swauee*, denn die <*Swauee*> können über Frauen nicht erben, wie unten [Ldr. I 18 § 1].

679 So die Wolfenbütteler Handschrift, der Codex Hecht hat *de Swaues sint*, vgl. dazu unten S. 515 f.

680 Nach hier vertretener Meinung. Im Codex Hecht wird *Instit. de hereditatibus que ab intestato deferuntur § admonendi tamen* = Inst. 3, 1, 13 allegiert, der sich aber auf das Erbrecht Emanzipierter bezieht und damit keinen Zusammenhang erkennen lässt. In der Wolfenbütteler, fol. 27v und der Heidelberger Handschrift, Kaufmann, Buch'sche Glosse S. 165 lautet die Allegation dagegen übereinstimmend *Ist. de suc. que ab intesta. defe. § quemadmodum* (Wolfenbütteler Handschrift) bzw. *Institu. de succ. que ab* <doppelt> *intest. deferuntur § quemadmodum* (Heidelberger Handschrift). In Inst. 3, 1 – der wohl trotz des *successione* statt des *her-*

schluss der Tochterkinder vom Erbrecht nach Stämmen in Ldr. I 5 § 1 Satz 2. Hier stellt er zunächst einen Widerspruch zu Ldr. I 3 § 3 Satz 10 und Ldr. I 17 § 1 Satz 3 fest: *Die tvischen deme nagele unde deme hovede sik to der sibbe gestuppen mogen an geliker stat, de nemet dat erve gelike* bzw. *Sven aver en erve versüsteret unde verbruderet, alle de sik gelike na to der sibbe gestuppen mogen, de nemet gelike dele dar an, it si man oder wif.* Außer dem Prinzip der Gradnähe lässt sich aus diesen Sätzen der Grundsatz ableiten, dass eine Unterscheidung nach Verwandtschaft über die weiblichen Linie und nach Verwandtschaft über die männlichen Linie nicht getroffen wird: Wer im gleichen Verwandtschaftsgrad steht, erbt gleich[681]. Zur *solucio* des aufgeworfenen Widerspruchs bietet er sodann vier Erklärungsansätze, die sprachlich zueinander in einem Alternativverhältnis angeordnet, nämlich mit einem *edder* verbunden sind. Sie werden in sehr kurzer Form dargestellt, in jeweils einem oder zwei Sätzen.

Der erste Ansatz löst den Widerspruch dahingehend auf, dass die genannten Sachsenspiegelstellen unterschiedliche Verwandte betreffen, nämlich Ldr. I 3 § 3 Satz 10 und Ldr. I 17 § 1 Satz 3 die Seitenverwandten und Ldr. I 5 § 1 den Stamm, also die Verwandten gerader Linie[682]. Bei gesonderter Betrachtung nur dieses Erklärungsansatzes ließe sich daraus durchaus folgern, dass Johann von Buch den Ausschluss der Tochterkinder vom Repräsentationsrecht bestätigt. Ein Widerspruch zwischen Ldr. I 5 § 1 und den remittierten Sachsenspiegelstellen besteht nach diesem Erklärungsansatz schon deshalb nicht, weil in beiden ein anderer Adressatenkreis betroffen ist.

Soweit die remittierten Sachsenspiegelstellen das Gradnäheprinzip beinhalten, scheint diese Argumentation zunächst durchaus eine nachvollziehbare Erklärung zu bieten: Bei Seitenverwandten gilt das Gradnäheprinzip, also ein Erbrecht nach Köpfen, bei Verwandten gerader Linie dagegen ein Erbrecht nach Stämmen. Allerdings wäre bei Ldr. I 5 § 1 Satz 2, auf den sich die Glosse bezieht, der Grundsatz der Gradnähe – im Widerspruch zu seinem Erklärungsansatz auch bei Nachkomm/in-

---

editatibus gemeint ist – kommt *quemadmodum* an zwei Stellen vor, die allerdings in dem hier benutzten Druck beide nicht durch ein Aliena gekennzeichnet sind. Jedoch ergibt sich aus dem Zusammenhang, dass die Allegation sich tatsächlich auf die zweite dieser beiden Stellen bezieht, nämlich Inst. 3, 1, 15 letzter Satz, S. 31 f., der wie folgt lautet: *Et quemadmodum lex duodecim tabularum filio mortuo nepotes vel neptes vel pronepotes et proneptes in locum patris sui ad successionem avi vocat: ita et principalis dispositio in locum matris suae vel aviae eos cum iam designata partis tertiae deminutione vocat.* Dafür spricht auch, dass Inst. 3, 1, 15 in der folgenden Glosse, nämlich der zu Ldr. I 5 § 1 Satz 2, ebenfalls allegiert wird. Die Allegation soll also wohl darauf hinweisen, dass das Eintrittsrecht der Sohnessöhne bereits nach den Zwölf Tafeln bestanden habe.

681 Auffällig ist allerdings, dass Johann von Buch den Grundsatz, dass Verwandte aus der männlichen und der weiblichen Linie gleichgestellt sind, nicht ausdrücklich anspricht und auch entsprechende Allegationen aus dem gelehrten Recht nicht anführt, sondern es bei der Remission der Sachsenspiegelstellen belässt.

682 Möglicherweise sind mit dem *stammen* auch nur die Vorfahr/innen gemeint entsprechend dem Bild des Baumes mit Wurzeln, Stamm und Ästen. Allerdings ist dies unwahrscheinlich deswegen, weil Ldr. I 5 § 1 das Eintrittsrecht von Enkeln betrifft, also von Erblassernachkommen.

nen – gerade eingehalten, diesem Grundsatz widerspricht vielmehr Ldr. I 5 § 1 Satz 1 mit dem Repräsentationsrecht der Söhne. Der glossierte Satz widerspricht allein dem Grundsatz, dass Verwandte der weiblichen Linie Verwandten der männlichen Linie gleichzustellen sind. Wollte Johann von Buch aber auch diesen Grundsatz allein auf die Seitenverwandten begrenzen, so würde er sich hiermit jedenfalls in einen Gegensatz zum gelehrten Recht begeben.

Der zweite Erklärungsansatz legt Ldr. I 5 § 1 Satz 2 dahingehend aus, dass in ihm lediglich die völlige rechtliche Gleichbehandlung von Tochterkindern und Sohneskindern verneint, nicht aber den Tochterkindern ein Eintrittsrecht versagt werde. Er verweist dazu auf Ldr. I 13 § 1, nach dem eine Tochter neben einer nicht ausgesteuerten Tochter nur erben kann, wenn sie ihre Aussteuer mit Ausnahme der Geradegegenstände in die Erbmasse einbringt[683], und Ldr. II 19 § 1, nach dem ein Vater seinen Sohn mit noch so geringen Gütern absondern kann[684]. Aus der erstgenannten Stelle schließt die Glosse, dass auch die Kinder einer vorverstorbenen Tochter deren Aussteuer einbringen müssten. In diesem Umstand sieht sie eine Ungleichbehandlung zwischen Sohneskindern und Tochterkindern begründet, und legt das *dat mach den dochterkinderen nicht geshin* in Ldr. I 5 § 1 S. 2 dahingehend aus, dass es ihnen nicht *schen <mach> also alze id den soneskinderen schut*, also nicht genau gleich wie den Sohneskindern, denn die Tochterkinder würden einwerfen müssen, was ihre Mutter erhalten habe. Gleichzeitig zeigt diese Einwerfungspflicht aber auch, dass grundsätzlich sehr wohl ein Erbrecht von Tochterkindern besteht.

Bejaht wird ein Eintrittsrecht der Kinder einer vorverstorbenen Erblassertochter auch nach dem dritten Erklärungsansatz. Danach spricht Eike von Repgow in Ldr. I 5 § 1 S. 2 von *oldeme keyserrechte*, das bestimmt habe, dass die Verwandten von der Schwertseite, also die über Männer verwandten Personen, ein besseres Erbrecht haben sollten als die über Frauen verwandten Personen. Dieses Recht sei aber inzwischen durch Nov. 18, 4 abgelegt worden[685]. Jedenfalls in diesem Erklärungsansatz bezieht sich Johann von Buch also auf das Problem, dass Ldr. I 5 § 1 Satz 2 dem Grundsatz der Gleichbehandlung von Verwandten aus der weiblichen und

683 Ldr. I 13 § 1, S. 169: *Sundert vader unde muder enen iren sone oder ene ire dochter van in mit irme gude, se tvein sik mit der kost oder ne dun, willet se na des vader dode oder na der muder dode an ir erve deil spreken, die bruder an der brüdere, oder de gemannede dochter an der umbestadeden süster; se muten in de dele bringen mit irme ede al dat gut, dar se mede afgesundert waren, of it is varende gut, sunder rade. Is it aver andere gut, dat man bewisen mach, dar ne mogen se nicht vore sveren.*

684 Ldr. II 19 § 1, S. 248: *Die vader mach wol den sone sunderen von ime vor gerichte mit iewelkem gude, dat die sone annamen wel, svo kleine is si.*

685 Nov. 18, 4 hatte nach Ansicht des gelehrten Rechts schon vor dem Erlass von Nov. 118 Nachkomm/innen aus der weiblichen Linie mit Nachkomm/innen aus der männlichen Linie gleichgestellt, vgl. AG Nov. 118 pr. *Plurimas. Introducta:* Satz 2: *Item qui erant nepotes ex filiabus succedebant cum deminutione: vt C. de col. l. illa.* [= Cod. 6, 20, 19] *licet hoc etiam ante hanc sit correctum: vt supra de trien. & se. § neque coll. iij* [= Nov. 18, 4], zitiert nach dem Druck Lyon 1558–1560, VP, AC Sp. 375.

Verwandten aus der männlichen Linie widerspricht. Wie bei der Glossierung zu Ldr. 17 § 1, die im vorangehenden Abschnitt thematisiert wurde, stellt sich auch hier die Frage, ob Johann von Buch den glossierten Sachsenspiegelartikel als durch die justinianische Novelle abgelegt sieht. In diesem Zusammenhang ist jedoch der Begriff *keyserrecht* zu beachten. Johann von Buch verwendet ihn an keiner Stelle zur Bezeichnung des vermeintlichen Privilegs Karls des Großen[686]. Vielmehr bezeichnet der Begriff bei ihm[687] in der Regel[688] das gemeine weltliche Recht[689] und steht häufig als Gegenbegriff zum *privilegium* als einem (weltlichen) Sonderrecht[690], an

---

686 Dies gilt jedenfalls, soweit sich aus dem Zusammenhang diesbezügliche Aussagen treffen lassen.

687 Im Codex Hecht und der Wolfenbütteler Handschrift finden sich am Seitenrand zudem Verweise auf Artikel des *keyserrechts*, die dem jeweiligen Sachsenspiegelartikel entsprechen sollen. Gemeint ist hier der Schwabenspiegel, Kaufmann, Buch'sche Glosse S. 1599. Diese Begriffsbedeutung lässt sich im Glossentext selbst aber nicht erkennen.

688 Möglicherweise eine Ausnahme könnte hier die Verwendung in BG I 52 § 1 *Ane eruen geloff* darstellen, in denen der Begriff *keyserrecht* dem *naturliken rechte* und dem *gesatteme rechte* gegenübergestellt wird, vgl. auch BG I 51 § 2 *Echte kindere*. Hier bezeichnet das Kaiserrecht wohl im Besonderen das von Kaisern erlassene Recht im Unterschied zu dem natürlichen Recht (im Sinne eines als natürlich verstandenen Zustandes) und dem auf andere Weise als durch die Kaiser erlassenen Recht. Allerdings könnte der Begriff *keyserrecht* auch als Gegenbegriff zu geistlichem Recht einerseits und weltlichem Sonderrecht andererseits stets als das durch Kaiser bzw. Könige erlassene Recht gedacht sein, unten Anm. 947.

689 Diese enge Begriffsverwendung durch Johann von Buch wird hier aufgrund der im folgenden, insbesondere Anm. 690, 691, aufzuzeigenden Gegenüberstellungen angenommen. Nach Ansicht Kannowskis, Buch'sche Glosse S. 199, versteht Johann von Buch den Begriff des Kaiserrechts weiter als das qua kaiserlicher Autorität geltende Recht des Mittelalters, also die gegenwärtige Form des römischen Rechts, im Gegensatz insbesondere zum Begriff des römischen Rechts, den Johann von Buch zur Bezeichnung des Rechts der antiken Römer verwende. Ihm folgend Huneke, Iurisprudentia romano-saxonica S. 664, 704, insbesondere Anm. 1007 die hinsichtlich der Begriffsverwendung Johanns von Buch vom Kaiserrecht als dem rezipierten römischen Recht spricht.

690 Vgl. insbesondere BG III 33 § 1 *Yewelk man hefft sin recht* Satz 4 f., S. 1136: *Dit is dar vmme, dat de koninge hebben ghegheuen en ghemene recht alle der werlde, dat hetet keyserrecht. Vthe deme rechte sind itlike lude van deme koninge ghenomen, alse de Dudeschen, vnde by namen de Sassen,* (…). Übersetzung: Das ist deshalb <so>, weil die Könige der ganzen Welt ein gemeines Recht gegeben haben, das Heißt Kaiserrecht. Aus dem Recht sind manche Leute von dem König herausgenommen, wie die Deutschen und namentlich die Sachsen, (…). – Ebenso in BG I 16 § 2 *Js auer de vader edder moder denstman,* S. 220; BG I 20 § 1 *Thunete vnd tymber,* S. 241; BG I 62 § 4 *He blifft is ane schaden,* S. 446; BG I 62 § 7 *Vnde schal ordele vragen,* S. 448; BG I 63 § 1 *Kempliken groten,* S. 455; BG I 66 § 1 *Swene men in der hanthaften dat veyt,* S. 47; BG I 68 § 2 *Swe auer den anderen,* S. 484 f.; BG I 71 *Edder de belenede richter,* S. 505; BG II 3 § 3 *Vmme alle andere zake,* S. 528; BG II 12 § 4 *Dar schal de richter,* S. 586; BG II 5 § 1 *Swe so egenes,* S. 536; BG II 13 § 2 *Vmme mer penninge edder varende haue,* S. 606; BG II 17 § 2 *De vader,* S. 638; BG II 34 § 1 *Dat he it deme heren,* S. 730; BG III 4 § 1 *Swe so wedder esschet,* S. 933; BG III 7 § 1 *De yode, de ne mod,* S. 968; BG III 9 § 1 *Swe borge wert,* S. 979 f.; BG III 44 § 3 *De laten hebben,* S. 1221 f.; BG III 45 § 1 *Nu vornemet,* S. 1227 f.;

vier Stellen daneben auch als Gegenbegriff zu *geistlikem rechte* als dem kanonischen Recht.[691] Johann von Buch geht also auch an dieser Stelle nicht davon aus, dass ein Teil des vermeintlichen Privilegs Karls des Großen durch eine justinianische Novelle abgelegt worden sei. Vielmehr erwägt er, dass Ldr. I 5 § 1 möglicherweise kein Teil des sächsischen Privilegs sein könnte, sondern Ausführungen zum gemeinen Recht enthält, ähnlich wie er in Ldr. I 19 – den er denn auch remittiert[692] – Ausführungen Eikes von Repgow zum Recht der Schwaben und Schwäbinnen sieht.

Als vierten Erklärungsansatz schließlich nimmt Johann von Buch den Gedanken einer Unterscheidung in Sachsen und Sächsinnen, die *Swauee* sind, und in die übrigen Sachsen und Sächsinnen auf. In Ldr. I 5 § 1 seien die *Swauee* gemeint, denn diese könnten von der Frauenseite her nicht erben. Diese Argumentation, die er an späterer Stelle zentral in Bezug auf das Erbrecht von Frauen anwenden wird, lässt sich deshalb auch an dieser Stelle heranziehen, weil in Ldr. I 17 § 1 für das Geschlecht der *Swauee* sowohl ein Erbrecht der Frauen verneint wird als auch – daraus abgeleitet – eine Erbfolge über die weibliche Linie[693]. Dass Johann beide Problemfelder voneinander trennt, zeigt seine Formulierung: Er spricht in der Glossierung zu Ldr. I 5 § 1 nicht davon, dass *alle wiff eruelos* seien[694], sondern davon, dass man bei den *Swauee eruelos van wiff haluen* sei. Wie auch bei der Glossierung von Ldr. I 17 § 1 führt er die Thematik der *Swauee* nicht näher aus, sondern verweist insofern nach unten, hier auf

---

BG III 69 § 3 *Vnde vinden,* S. 1390; BG III 71 § 1 *Alse id de kleger vnde de richtere vornemen,* S. 1403 f.; BG III 78 § 1 *Mod wol richten,* S. 1454, 1456.

691 BG II 3 § 1 *Beklaget,* S. 522; BG II 6 § 4 *Edder welk ordel,* S. 545; BG II 12 § 4 *To lesten vor den koning,* S. 585; BG III 21 § 1 *Dessen tuch,* S. 1051; BG III 32 § 5 *Mach he auer syn vry sulf zeuede behalden siner maghe,* S. 1128, 1202; BG III 47 § 1 *Na yennes werderinge,* S. 1246, 1247. Als Gegenbegriff nur zum kanonischen Recht steht der Begriff in BG I 45 § 1 *Al ne sy en man,* S. 346; BG II 10 § 3 *Bynnen gebundenen daghen,* S. 563; BG II 11 § 2 *Dest he is getuch heft,* S. 570.

692 So Kaufmann, Buch'sche Glosse S. 168. Allerdings ist einschränkend darauf hinzuweisen, dass sich die Remissionen im Codex Hecht, in dem offensichtlich jedenfalls die Allegationen bei einem Abschreibevorgang korrigiert worden sind, oben Anm. 666, vgl. etwa in der vorhergehenden Glosse, Anm. 680, häufig als fehlerbehaftet erwiesen haben, vgl. unten S. 512 f. Dies könnte darauf zurückzuführen sein, dass die Kopist*in, der*die die Korrekturen vorgenommen hat, im gelehrten Recht, nicht aber im Sachsenspiegel bewandert war. Die Remission lautet im Codex Hecht *jnfra ar. XVIII* und in der Wolfenbütteler Handschrift, fol. 27v *li I ar. XVIII,* in der Heidelberger Handschrift fehlt sie. Diese Zitierweise ohne Wortanfang muss sich dabei als besonders fehleranfällig erweisen, zumal wenn die Zählweise in unterschiedlichen Sachsenspiegelhandschriften differiert. Hinzu kommt, dass die Artikelzählung in den von Kaufmann edierten Handschriften von der Johanns von Buch abweicht, unten S. 501 ff. Vor diesem Hintergrund kann in der Remission von Ldr. I 19 kein allzu deutlicher Hinweis auf eine Ergänzung Eikes von Repgow an dieser Stelle gesehen werden. Ebenso gut möglich ist, dass eigentlich Ldr. I 17 § 1 gemeint ist, in dessen Glosse *Doch nympt sones kint* Johann von Buch die Entwicklung des römischen Rechtes von einer erbrechtlichen Unterscheidung der Geschlechter hin zu einer Gleichbehandlung beider Geschlechter schildert.

693 Wiedergegeben oben S. 232.

694 So in der Glossierung zu Ldr. I 17 § 1; Ldr. I 17 § 2 und Ldr. I 18 § 1, oben Anm. 617.

Ldr. I 18 § 1[695]. Auch nach dem vierten Erklärungsansatz ergibt sich für die Mehrheit der Sachsen und Sächsinnen, für alle außer den *Swauee*, auch für die Kinder von vorverstorbenen Erblassertöchtern ein Eintrittsrecht.

β. Zum Verhältnis der Erklärungsansätze zueinander

Soweit sich der erste Erklärungsansatz also dahingehend verstehen lässt, dass Johann von Buch den in Ldr. I 5 § 1 Satz 2 festgesetzten Ausschluss der Erblassertöchter vom Repräsentationsrecht bestätigt, muss dieser Eindruck vor dem Hintergrund der Erklärungsansätze zwei bis vier korrigiert werden. Dafür spricht auch, dass Johann von Buch bei der Glossierung zu Ldr. I 17 § 1, bei der er für die Nachkomm/innen ein Erbrecht nach Stämmen annimmt, nicht auf Ldr. I 5 § 1 verweist und auch keine Ausnahme für die Kinder einer Tochter erwähnt. Zudem enthält auch der erste Erklärungsansatz nicht positiv die Aussage, dass das Erbrecht nach Stämmen für die Nachkomm/innen von Töchtern nicht gilt. Vor diesem Hintergrund ist davon auszugehen, dass Johann von Buch den im Sachsenspiegel relativ deutlich ausgesprochenen Ausschluss eines Erbrechts von Tochterkindern der Erblasser/in durch Töchter der Erblasser/in nicht folgt. Vielmehr geht er in Übereinstimmung mit dem gelehrten Recht von einem Erbrecht nach Stämmen bei allen Erblassernachkomm/innen aus. Die fehlende Bereitschaft, an dieser Stelle aufgrund des Wortlautes des Sachsenspiegels eine Sonderreglung des vermeintlichen Privilegs anzunehmen, mag wie seine Haltung in Bezug auf die Stellung von Prätendentinnen gegenüber Prätendenten auf seinem Rechtsgefühl beruhen. Schon der Novellentext bezeichnet eine Unterscheidung zwischen Verwandten der männlichen und Verwandten der weiblichen Linie ja als *non iuste*[696].

Eine inhaltlich überzeugende Auslegung bieten alle vier Erklärungsansätze jedoch nicht. Die Ausführungen sind ganz offensichtlich vom Ergebnis her gedacht. Nach dem ersten Erklärungsansatz wird nur der Widerspruch zum Gradnäheprinzip aufgelöst – und dies nicht überzeugend –, nicht aber der Widerspruch zum Grundsatz, dass Verwandtschaft über Männer nicht von Verwandtschaft über Frauen unter-

695 Allerdings ist auffällig, dass die Ausführungen hier bereits sehr viel ausführlicher sind als bei der ebenfalls vor Ldr. I 17 § 2 angesiedelten Glossierung zu Ldr. I 17 § 1. Insbesondere wird bereits das Geschlecht der *Swauee* angesprochen, während die Glossierung zu Ldr. I 17 § 1 lediglich nach unten verweist. Zudem ist Bezugspunkt hier Ldr. I 18 und nicht Ldr. I 17 § 2. Dies könnte darauf hindeuten, dass die Glossierung zu Ldr. I 5 § 1 oder wenigsten einige der vier Erklärungsansätze nachträglich entstanden sind, entweder von einer anderen Autor*in oder von Johann von Buch selbst bei einer späteren Überarbeitung. Dafür spricht auch, dass sich der erste Erklärungsansatz nicht mit den Ausführungen Johanns von Buch zu Ldr. I 3 § 3 an anderer Stelle vereinbaren lässt, und dass dieser Erklärungsansatz auffällig einer Glosse aus der Accursischen Glosse zum Corpus Iuris ähnelt, dazu sogleich S. 183. Allerdings bewegen sich solche Überlegungen im Bereich der Spekulation.

696 Oben Anm. 199.

schieden wird. Zudem fügt sich dieser Erklärungsansatz nicht in die Ausführungen Johanns von Buch an anderer Stelle ein. Er bezieht Ldr. I 3 § 3 nämlich ausdrücklich nicht auf die Seitenverwandten, sondern sieht hier das Erbrecht der Nachkomm/innen dargestellt[697]. Vielmehr weist dieser Erklärungsansatz eine auffällige Ähnlichkeit zu Ausführungen der Accursischen Glosse zum Problem der Abgrenzung zwischen dem Erbrecht nach Köpfen und dem Erbrecht nach Stämmen auf[698]. Er könnte daher dieser Glosse entnommen sei, ohne dass er entsprechend angepasst worden wäre. Auch der zweite Erklärungsansatz kann nur bedingt überzeugen. Er muss zum einen den Sachsenspiegeltext erheblich umdeuten. Zum anderen sieht Ldr. I 13 § 1 auch in Bezug auf Söhne eine Einwerfungspflicht vor, soweit diese bereits abgesondert waren, dass dieses Gut mit Ldr. II 19 möglicherweise wirtschaftlich weniger bedeutend war, begründet keine rechtliche Unterscheidung. Bei dem dritten Erklärungsansatz stellt sich die Frage, warum Eike von Repgow einen Rechtssatz des gemeinen Rechts hätte wiedergeben sollen, der zu seiner Zeit bereits veraltet war, noch dazu, ohne diesen als nicht dem Privileg zugehörig zu kennzeichnen. An einer solchen fehlenden Kennzeichnung krankt schließlich auch der vierte Erklärungsansatz, findet sich im Sachsenspiegeltext doch keinerlei Bezugnahme auf die *Swauee*[699]. Diese mangelnde Überzeugungskraft der einzelnen Ansätze mag dazu beigetragen haben, dass sich Johann von Buch nicht mit der Darstellung eines Ansatzes begnügt, sondern vier verschiedene Ansätze bietet, obwohl diese sich in der rechtlichen Einordnung des glossierten Satzes widersprechen[700]. Johann von Buch setzt die unterschiedlichen Erklärungsansätze auch nicht zueinander ins Verhältnis, indem einer als der zutreffende dargestellt würde, vielmehr stehen sie gleichberechtigt nebeneinander, mit einem *edder* verbunden. Es kommt ihm also vorrangig auf die Begründung eines praktischen Ergebnisses an, nicht auf die dogmatisch korrekte Einordnung der Sachsenspiegelstelle. Möglicherweise handelt es sich um bestehende

---

697 Oben S. 138.

698 In AG Inst. 3, 2, 4 *In capita* wird ein Widerspruch zwischen Inst. 3, 2, 4 a.E, der für Geschwister ein Erbrecht nach Köpfen vorsieht, und Inst. 3, 1 a.E, der unter Nachkomm/innen ein Erbrecht nach Stämmen festlegt, zunächst dahingehend aufgelöst, dass ersterer sich auf die Seitenverwandten beziehe, der zweitgenannte aber auf die Nachkomm/innen. Danach verweist die Glosse aber auf die Glossierung zu Nov. 118, denn das gelehrte Recht sah die in Inst. 3, 2, 4 getätigte Aussage durch die jüngere Novelle darüber hinaus bereits dahingehend aufgehoben, dass auch in Bezug auf Erblassergeschwister ein Erbrecht nach Stämmen gelte, vgl. oben Anm. 569. – AG Inst. 3, 2, 4 *In capita*: *supra tit. j in fi* [= Inst. 3, 1 a. E.] *contra vide gloss. j § huiusmodi, in aut. de haere. ab intesta.* [= AG 118, 3, pr. *Parentum*], zitiert nach dem Druck Lyon 1558–1560, VP, Inst. Sp. 261.

699 Eine solche fehlt allerdings auch in Ldr. I 17 § 1 Satz 3, den Johann von Buch ebenfalls auf die *Swauee* bezieht.

700 Während der Satz nach dem ersten und dem zweiten Ansatz ein für alle Sachsen und Sächsinnen geltender Teil des vermeintlichen Privilegs Karls des Großen ist, ist er nach dem vierten Erklärungsansatz zwar ein Teil des Privilegs, aber nur auf die *Swauee* bezogen, und nach dem dritten Erklärungsansatz ein Hinweis auf das gemeine Recht und gerade kein Teil des Privilegs.

Erklärungsansätze, die durch akademisch gebildete Jurist*innen entwickelt und bis zu ihrem Eingang in die Glosse mündlich oder in rechtspraktischen Texten tradiert worden sind, und die Johann von Buch nunmehr im Bemühen um eine vollständige Wiedergabe des Rechtsstoffes wiedergibt.[701]

Festzuhalten ist aber auch an dieser Stelle, dass Johann von Buch zwar im Ergebnis der Regelung der Nov. 118 folgt – ein Erbrecht nach Köpfen gilt bei Nachkomm/innen von Erblassertöchtern wie von Erblassersöhnen –, dass er sich aber argumentativ mit dem entgegenstehenden Wortlaut des Sachsenspiegeltextes auseinandersetzt und diesen entsprechend auslegt. Er begründet seine Ansicht also wiederum nicht aus den justinianischen Novellen, sondern aus dem Sachsenspiegel selbst.

4. Die Wiedergabe von Num. 27, 8–11 in BG I 16 § 1 *De beholden vryer lantsetenen recht* im Codex Hecht

Ergibt sich aus den bisher thematisierten Stellen zur Erbfolge ein einheitliches Bild – nämlich dass Johann von Buch im Sachsenspiegel grundsätzlich die Erbfolge von Nov. 118 dargestellt sieht und dessen Text in diesem Sinne auslegt, soweit eine solche Auslegung nicht am Wortlaut des Sachsenspiegels scheitert – findet sich im Codex Hecht am Ende der Glossierung zu Ldr. I 16 § 1 eine Stelle, die hiervon inhaltlich wie auch sprachlich abweicht.

BG I 16 § 1 *De beholden vryer lantsetenen recht* Satz 19 nach dem Codex Hecht[702], S. 217

Numeri capitulo XXVII habetur: Homo cum mortuus fuerit absque filio, ad filiam eius transibit hereditas; si filiam non habuerit habebit successores fratres suos; quod si fratres non fuerint dabitis hereditatem fratribus patris eius; sin autem non patrui fuerint dabitur hereditas hijs qui ei proximi sunt, eritque hoc filijs Israhel sanccitum lege perpetua sicud precepit Moyses.

Nach Num. 27 vererbt ein Mann, der ohne Sohn verstirbt, sein Erbe an seine Tochter; wenn er keine Tochter habe, an seine Brüder; wenn er keine Brüder habe, an die Vaterbrüder; wenn er keine Vaterbrüder habe, an die, die ihm die nächsten sind; dies solle den Kindern Israel heilig sein als ewiges Gesetz, wie es der Herr Moses befohlen habe. Es handelt sich bei dem Absatz – abgesehen von der einleitenden Quellenangabe – um eine wörtliche, leicht fehlerhafte Wiedergabe von Num. 27, 8–11 nach der Bibelvulgata[703].

701 Möglicherweise handelt es sich jedoch auch, ganz oder teilweise, um die Einfügung einer späteren Autor*in, oben Anm. 695.

702 Wiedergegeben ist der Wortlaut des Codex Hecht, nicht der Editionstext, indem die dort vorgenommenen Korrekturen aus der Wolfenbütteler Handschrift nicht übernommen werden.

703 Num. 27, 8–11 [8] *homo cum mortuus fuerit absque filio ad filiam eius transibit hereditas* [9] *si filiam non habuerit habebit successores fratres suos* [10] *quod si et fratres non fuerint dabitis*

Mit welcher Zielrichtung die Bibelverse eingefügt sind, ob sie rechtsvergleichend die Situation nach jüdischem Recht darstellen sollen oder ob für die Erbfolgeordnung der Bibel auch Geltung unter Christen beansprucht wird, bleibt ungewiss. Allerdings mag dies im Ergebnis auch dahingestellt bleiben. Ein Vergleich der bei Kaufmann wiedergegebenen Handschriften zeigt, dass die Verse sich in der Wolfenbütteler Handschrift – dort mit weniger Abweichungen von der Fassung der Bibelvulgata[704] – mit einem Verweiszeichen in einer Randkolumne unter dem Text finden[705], nach Einschätzung Kaufmanns von einer Hand des 15. Jahrhunderts[706] und in der Heidelberger Handschrift gänzlich fehlen. Lediglich im Codex Hecht sind sie in die Glossierung eingefügt, allerdings nicht bei Ldr. I 17 § 1, wo sie thematisch passen würden[707], sondern nach der Glossierung zu Ldr. I 16 § 1, in der es zuvor um das Erbrecht eines/einer Freilassenden am Erbe des/der Freigelassen, um die Gründe von dessen Ausschluss, um den Ausschluss des Freilassens und um notwendige Gründe für das Freilassen ging. Dies sind deutliche Anzeichen dafür, dass es sich bei der Wiedergabe von Num. 27, 8–11 um eine nachträgliche, nicht auf Johann von Buch zurückgehende Randglosse handelt, die im Codex Hecht in den Haupttext eingerückt wurde.

Zwar wäre theoretisch auch denkbar, dass die Schreiber*in des Codex Hecht, der*die nach Einschätzung Sinauers mehrere Vorlagen nutzte[708], hier über einen vollständigeren Text verfügte und die Ergänzung in den Text seiner*ihrer Hauptvorlage lediglich fehlerhaft ausführte. Dagegen sprechen aber zum einen inhaltliche Erwägungen. Die in Num. 27 dargestellte Erbenordnung weicht von der durch den Glossator angenommenen Erbenordnung erheblich ab. Eine Drei-Linien-Ordnung

---

hereditatem fratribus patris eius [11] *sin autem nec patruos habuerit dabitur hereditas his qui ei proximi sunt eritque hoc filiis Israhel sanctum lege perpetua sicut praecepit Dominus Mosi*, zitiert nach Weber/Gryson (Hg.), Biblia Sacra Vulgata S. 219.

704 Wolfenbütteler Handschrift, fol. 31v: Numeri XXVII cap.: *Homo cum mortuus fuerit absque filio, ad filiam eius transibit hereditas; si filiam non habuerit habebit successores fratres suos; quod si fratres non fuerint dabitis hereditatem fratribus patris eius; sin autem nec patrui fuerint dabitur hereditas hijs qui ei proximi sunt, eritque hoc filijs Ysrahel sanctum lege perpetua sicut precepit* <nachgetragen: *dominus*> *Moyses*. Der Wortlaut der Wolfenbütteler Handschrift weicht in der Schreibung der Eigennamen und der Verwendung von *j* bei Verdopplung eines *i*, in dem Fehlen des grammatikalisch oder inhaltlich nicht notwendigen *et* in Vers 10, in der Formulierung *nec patrui fuerint* statt *nec patruos habuerit* in Vers 11, der fehlerhaften Schreibweise des Pronomens *hijs* statt *his* in Vers 11 sowie in der Schreibweise *precepit* statt *praecepit* in Vers 11 von der Bibelvulgata ab. Der Codex Hecht übernimmt die vorgenannten Abweichungen, ersetzt darüber hinaus aber in Vers 11 das *nec* durch ein *non*, und gibt *sanctum* und *sicut* fälschlich als *sanccitum* und *sicud* wieder.

705 Kaufmann, Buch'sche Glosse S. 217, insbesondere Var. a.

706 Kaufmann, Einleitung S. LXVI.

707 So auch Kaufmann, Buch'sche Glosse S. 217 Var. a.

708 Sinauer, NA 1935 S. 561

ist nicht erkennbar, außerdem werden Töchter gegenüber Söhnen benachteiligt. Dennoch ist keinerlei inhaltliche Auseinandersetzung erkennbar, die die Bibelverse zu den übrigen Ausführungen in Beziehung setzen würde. Zum anderen fehlen die Verse auch im Augsburger Primärdruck von 1516[709] und werden damit lediglich in einer von vier einbezogenen Texten als Teil der Landrechtsglosse verstanden. Nach alledem kann als gesichert gelten, dass es sich bei der Einfügung der Bibelverse um die spätere Ergänzung aus einer nachträglichen Randglosse handelt.

5. Die Erbentafel nach der Buch'schen Glosse

Nach dieser Untersuchung verschiedener Einzelfragen kann als erwiesen gelten, dass Johann von Buch im Sachsenspiegel im wesentlichen die Erbenordnung der Nov. 118 hineinliest, diese jedoch in einigen Punkten modifiziert. Dabei leitet der Glossator die Drei-Linien-Ordnung aus dem Sachsenspiegeltext selbst ab. Zu ähnlichen Ergebnissen kommt im Übrigen Marek Wejwoda bei der Untersuchung der Bocksdorf'schen „Sippzahlregeln"[710], wobei er die Entwicklung der Drei-Linien-Ordnung aus dem Sachsenspiegeltext allerdings fälschlich Dietrich von Bocksdorf zuschreibt[711]. Wo sich bei Beachtung dessen, was in der heutigen Jurisprudenz als Wortlautgrenze bezeichnet würde, der Sachsenspiegeltext jedoch nicht im Sinne der Novellenregelung auslegen lässt, folgt der Glossator dem Sachsenspiegel, genauer gesagt: dem Sachsenspiegelwortlaut, wie er bei seiner Auslegung des Sachsenspiegels zu verstehen ist. Ausnahmen hiervon ergeben sich lediglich für Stellen, die die Gleichbehandlung von Prätendentinnen und Prätendenten bzw. der weiblichen und der männlichen Linie betreffen – möglicherweise, weil eine Ungleichbehandlung hier im gelehrten Recht ausdrücklich als *non iuste* verstanden wird. In diesen Fällen legt der Glossator den Sachsenspiegeltext auch jenseits der Wortlautgrenze so aus, dass eine Gleichbehandlung im Ergebnis jedenfalls für einen Großteil der Bevölkerung gegeben ist.

---

709 Augsburger Druck von 1516, fol. 19^{v} – 21^{r}.

710 Bei den Sippzahlregeln handelt es sich um eine Monographie zu Erbfolge und Verwandtschaftsbestimmung, die nach aktuellem Forschungsstand Dietrich von Bocksdorf zugeschrieben wird und relativ breit überliefert ist: Es lassen sich 28–30 Textzeugen ermitteln (davon 7–9 heute verschollen), deren erster vollständiger auf das Jahr 1448 datiert, Wejwoda, Sächsische Rechtspraxis S. 103–116.

711 Wejwoda, Sächsische Rechtspraxis S. 109–111, Spätmittelalterliche Jurisprudenz S. 334–337 beschreibt ebenfalls, dass die Drei-Linien-Ordnung von Nov. 118 aus den Sachsenspiegeltext selbst entwickelt werde. Ein Abweichen zugunsten des Sachsenspiegelwortlauts beobachtet er nicht. Den Grund für das – bewusste – Abweichen Bocksdorfs von überlieferten Schöffensprüchen sieht er nicht in einer abweichenden Erbfolgeordnung der Schöffen, sondern darin, dass sich das Schöffenrecht als uneinheitliche Kasuistik darstelle.

Es bleibt noch, die Ergebnisse dieses Kapitels bezüglich der Erbenfolge nach der Buch'schen Glosse in folgender Erbentafel zusammenzufassen:

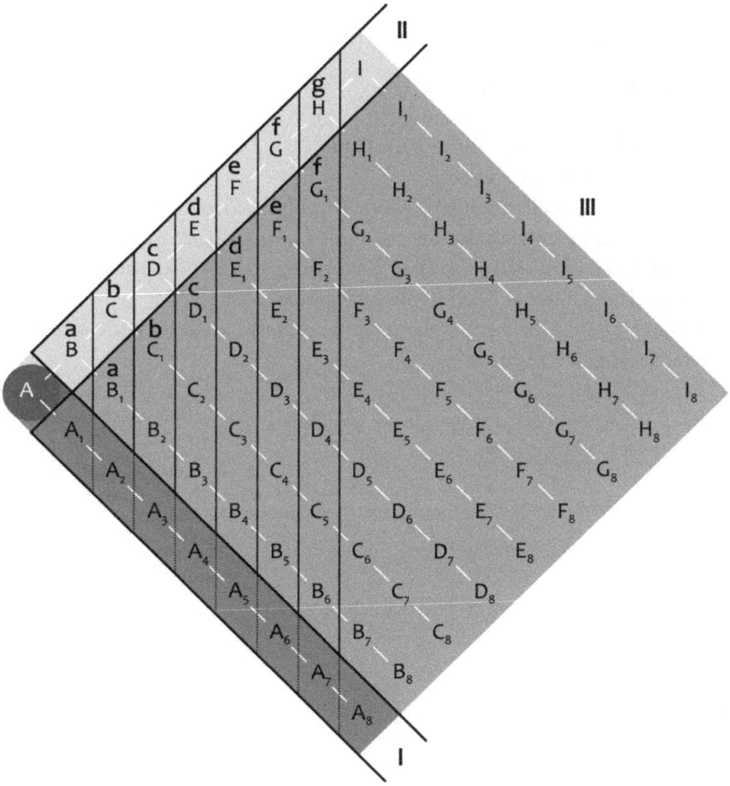

Fig. 19: Erbentafel Buch'sche Glosse Erbentafel nach der Buch'schen Glosse. Erfasst sind nur die vollbürtig Verwandten.

I. Nachkomm/innen nach Stämmen

Kinder (A_1)
(ggf.[712] neben) Enkel/innen (A_2)
(ggf. neben) Urenkel/innen (A_3)
(ggf. neben) Ururenkel/innen (A_4)
(ggf. neben) (A_5), (A_6), (A_7) usw.

712 Wenn diese durch eine oder mehrere vorverstorbene Erblassernachkomm/innen mit der Erblasser/in verwandt sind, es gilt mithin ein Erbrecht nach Stämmen.

II. Vorfahr/innen wohl nach Köpfen

a. Eltern (B)
b. Großeltern (C)
c. Urgroßeltern (D)
d.–g. (E), (F), (G), (H)

III. Seitenverwandte nach Köpfen

a. Geschwister (B_1)
b. Nichten/Neffen (B_2), Tanten/Onkel (C_1)
sowie: Halbgeschwister (b_1)
c. Geschwisterenkel/innen (B_3), Cousin/en (C_2), Großtanten/Großonkel (D_1)
sowie: Halbgeschwisterkinder (b_2) und Elternhalbgeschwister (c_1)
d. Geschwisterurenkel/innen (B_4), Elterngeschwisterenkel/innen (C_3), Großelterngeschwisterkinder (D_2), Urgroßelterngeschwister (E_1)
sowie: Halbgeschwisterenkel/innen (b_3), Elternhalbgeschwisterkinder (c_2), Großelternhalbgeschwister (d_1)
e. B_5, C_4, D_3, E_2, F_1 sowie: b_4, c_3, d_2, e_1
f. B_6, C_5, D_4, E_3, F_2, G_1 sowie: b_5, c_4, d_3, e_2, f_1.

B. Rechtsgeschäfte von Todes wegen

In vielen Erbrechtssystemen hat die künftige Erblasser*in die Möglichkeit, auf die Vermögensverteilung nach seinem*ihrem Tod Einfluss zu nehmen. Er, sie oder they kann die jeweils durch Gesetz oder Rechtsgewohnheit vorgesehene Erbfolgeordnung nach seinen*ihren Vorstellungen verändern, sodass seine*ihre erbberechtigten Verwandten nicht, nicht allein oder nach anderer Quote in seinen*ihren Nachlass nachfolgen.

I. Begrifflichkeit und Forschungsgegenstand

Als Oberbegriff für einen solchen willkürlichen Eingriff in die Vermögensnachfolge bietet sich der Begriff der Verfügung von Todes wegen an[713]. Er umfasst ein- wie mehrseitige und letztwillige[714] wie bindende Einwirkungen auf die Erbfolge. Allerdings ist dieser Begriff für die soeben angesprochene Fragestellung nur bedingt ergiebig, wenn man ihn entsprechend dem geltendrechtlichen Begriffsverständnis verwendet. Dieter Leipold als ein führender zeitgenössischer Erbrechtler etwa definiert die Verfügung von Todes wegen als „rechtsgeschäftliche Anordnung des Erblassers, die erst mit dessen Tod Wirkung erlangen soll und in spezifisch erbrechtlichen Formen erfolgt"[715]. Die Verfügung von Todes wegen unterscheidet sich von der sachenrechtlichen Verfügung unter Lebenden also nicht durch den Zeitpunkt ihrer rechtlichen Wirksamkeit. Zwar tritt die Rechtsfolge einer Verfügung von Todes wegen stets erst beim Tod des*der Verfügenden ein, aber dies kann auch bei einer Verfügung unter Lebenden der Fall sein[716]. Die Verfügung von Todes wegen zeichnet sich vor allem durch ihre juristische Konstruktion aus, eine Definition allein vom sachlichen

---

713 Diesen Begriff stellte jüngst Schmidt-Recla, Kalte oder warme Hand S. 40 ff. in den Mittelpunkt seiner Untersuchung.

714 In dieser Arbeit soll der Begriff „letztwillig" nicht im weiteren Sinne als „den Todesfall betreffend", vgl. etwa DRW VIII Sp. 1248, s. v. letztwillig, verwendet werden, sondern stets im engeren Sinne des geltenden Rechts als „den Todesfall betreffend und widerruflich (Hervorhebung der Vf.)", vgl. Leipold, MüKo BGB, § 1937 Rn. 7 S. 192.

715 Leipold, MüKo BGB, § 1937 Rn. 4 S. 191.

716 So kann eine Verfügung (unter Lebenden) grundsätzlich aufschiebend bedingt oder befristet vorgenommen werden, wenn auch einzelne Verfügungsgeschäfte bedingungsfeindlich sind, Westermann, MüKo BGB, § 158 Rn. 24 ff., 1699 f. Als solche aufschiebende Befristung ist die Befristung auf den Todeszeitpunkt des*der Verfügenden denkbar, als aufschiebende Bedingung die Erlebensbedingung. Auch bei einer Schenkung von Todes wegen im Sinne des § 2301 BGB verliert die Erlebensbedingung erst durch die gesetzliche Festlegung ihren Charakter als Bedingung im Sinne des § 158 BGB, Musielak, MüKo BGB, § 2301 Rn. 10 S. 1644, und dient nur aufgrund der gesetzlichen Festsetzung ausnahmsweise als Abgrenzungskriterium zu einer Schenkung unter Lebenden im Sinne von § 516 BGB.

Inhalt ist nicht möglich[717]. Schon der Verfügungsbegriff der Verfügung von Todes wegen ist ein anderer als bei der Verfügung unter Lebenden[718].

Die Unterscheidung nach der juristischen Konstruktion[719] jedoch birgt für die rechtsgeschichtliche – wie auch für die rechtsvergleichende – Forschung einige Schwierigkeiten. Für das geltende deutsche Recht ist diese relativ leicht auszumachen: Erbrechtlich konstruiert ist ein Rechtsgeschäft, wenn es sich der im fünften Buch des BGB zur Verfügung gestellten Formen bedient[720]. Welche Formen jedoch in einer anderen, zeitgenössischen oder historischen Rechtsordnung spezifisch erbrechtlich sind, ist weniger leicht zu bestimmen. Als Unterscheidungskriterium lässt sich mit Schmidt-Recla[721] die Erlebensbedingung heranziehen. Die Erlebensbedingung bietet ein klares und auf andere Rechtsordnungen übertragbares Abgrenzungskriterium.

---

717 Leipold, MüKo BGB, § 1937 Rn. 4 S. 191 f.

718 Im Sachenrecht werden Verfügungen üblicherweise definiert als Rechtsgeschäfte, durch die bestehende Rechte mit unmittelbarer Wirkung aufgehoben, übertragen, belastet oder inhaltlich verändert werden, vgl. BGHZ 1, 295, 304. Unter diese Definition lassen sich die Verfügungen von Todes wegen jedoch nicht subsumieren. Leipold, MüKo BGB, § 1937 Rn. 5 S. 192 formuliert hierzu wie folgt: „Verfügungen von Todes wegen sind kein Unterfall der Verfügung in dem außerhalb des Erbrechts gewohnten bürgerlich-rechtlichen Sprachgebrauch. Es müsste sich dann nämlich um ein Rechtsgeschäft handeln, das unmittelbar auf die bestehende Rechtslage an einem Gegenstand einwirkt, sei es durch Übertragung, inhaltliche Änderung, Belastung oder Aufhebung eines bestehenden Rechts. Die Verfügungen von Todes wegen lassen aber, obgleich wirksam errichtet, die Rechtslage zu Lebzeiten des Erblassers unberührt. Soweit es um Erbeinsetzungen geht, besteht eine gewisse Ähnlichkeit mit aufschiebend bedingten Verfügungen; aber bei anderen Verfügungen von Todes wegen passt auch diese Parallele nicht, da sie selbst beim Erbfall nicht auf ein bestehendes Recht einwirken, sondern Rechte oder Pflichten neu begründen, so z. B. das Vermächtnis, die Auflage, die Ernennung eines Testamentsvollstreckers. Außerdem enthalten die Verfügungen von Todes wegen zugleich den Rechtsgrund (die causa) für eine auf diese Weise erfolgte Zuwendung aus dem Vermögen des Erblassers. Es bedarf, anders als bei Verfügungen unter Lebenden, nicht noch eines Verpflichtungsgeschäfts als Rechtsgrund, um bereicherungsrechtliche Rückforderungsansprüche (…) auszuschließen".

719 Abgrenzungsschwierigkeiten ergeben sich freilich nur zwischen Verfügungen von Todes wegen, die entsprechend dem sachenrechtlichen Verfügungsbegriff auf ein bestehendes Recht einwirken, und Verfügungen unter Lebenden, die entsprechend der rechtlichen Wirksamkeit einer Verfügung von Todes wegen auf den Todeszeitpunkt des Verfügenden befristet oder durch das Überleben des Bedachten bedingt sind, also etwa zwischen einer Erbeinsetzung oder einem Vermächtnis und der dinglichen Übertragung einer Sache oder einer Vermögensmasse, die erst mit dem Todeszeitpunkt des Übertragenden rechtlich wirksam werden soll, vgl. oben Anm. 716, 718.

720 So verzichtet Weidlich, Palandt, § 1937 Rn. 2 S. 2321 auf eine inhaltliche Definition der Verfügung von Todes wegen und stellt stattdessen fest, es handele sich hierbei um den Oberbegriff für die beiden Formen Testament und Erbvertrag.

721 So schon in Schmidt-Recla, Frühmittelalterliche Verfügungen von Todes wegen S. 45 ff., ebenso in: Kalte oder warme Hand S. 100 ff., 123 f., 126 f. Dabei stellt er einen Verfügungsvorbehalt einer ausdrücklichen Erlebensbedingung gleich.

Zwar wird dieses Kriterium im geltenden Recht – außer bei der Abgrenzung der Schenkung von Todes wegen von der gewöhnlichen Schenkung – nicht herangezogen[722]. Dies schließt aber nicht aus, sie in einer rechtshistorischen Arbeit zu nutzen. Es stellt sich allerdings die Frage, *warum* gerade die Erlebensbedingung das entscheidende Unterscheidungskriterium bilden soll[723]. Denkbar ist daneben auch ein Abstellen auf die Einordnung der (juristisch gebildeten) Zeitgenoss*innen – die jedoch ihrerseits diesbezüglich keineswegs überhaupt eine, geschweige denn eine einheitliche Meinung ausgebildet haben müssen.

Es stellt sich in diesem Zusammenhang aber auch die Frage nach dem Erkenntnisinteresse. Möglicherweise begegnen in einer Rechtsordnung Rechtsgeschäfte, die aus heutiger Sicht juristisch eindeutig als Verfügungen unter Lebenden konstruiert sind, aber regelmäßig zur Gestaltung der Vermögensnachfolge nach dem Tod des*der Verfügenden benutzt werden. Denkbar sind hier vor allem Geschäfte, deren rechtliche Folgen sofort eintreten, deren tatsächliche Folgen aber erst mit dem Tod des*der Verfügenden spürbar werden. Dies kann etwa bei einer unmittelbar wirksamen sachenrechtlichen Übertragung der Fall sein, wenn sich der*die Verfügende zugleich den lebenslangen Nießbrauch vorbehält. Unmittelbar spürbar ist hier allenfalls die nunmehr beschränkte oder nicht weiter vorhandene Verfügungsmacht des*der Übertragenden in Bezug auf den Gegenstand. Solche Rechtsgeschäfte müssen bei einer Arbeit, die am Auftreten gerade der juristischen Idee einer Verfügung „von kalter Hand" interessiert ist, klar von den juristisch als Verfügung von Todes wegen konstruierten Geschäften unterschieden werden[724]. Klammert man solche Rechtsgeschäfte aber bei einer weniger spezifischen erbrechtlichen Untersuchung aus, so kann sich ein schiefes Bild dessen ergeben, was die fraglichen Quellen über die Gestaltungsmöglichkeit einer Erblasser*in aussagen. Zielsetzung dieses Kapitels

---

722 Auch sachenrechtliche Verfügungen können durch das Überleben des*der Bedachten aufschiebend bedingt sein, oben Anm. 716. Umgekehrt können auch Verfügungen von Todes wegen nach geltendem Recht dahingehend auszulegen sein, dass diese ersatzweise für die Nachkomm*innen des*der Bedachten gelten sollen.

723 Dies gilt insbesondere in dem soeben, Anm. 722, an zweiter Stelle angesprochenen Fall: Nach heutigem Recht sind etwa testamentarische Erbeinsetzungen oder Vermächtnisse auszulegen, ob sie nur für den Begünstigte*n oder auch für dessen*deren Nachkomm*innen gelten sollen, falls der*die Begünstigte vorverstorben ist. Gerade bei Testamenten, mit denen die Erblasser*in die Erbquote unter seinen Nachkomm*innen verändern will, wird regelmäßig letzteres der Fall sein. Rein juristisch lässt sich hier zwar durchaus von einer Überlebensbedingung sprechen (indem die auf das Überleben bedingte Erbeinsetzung getrennt betrachtet wird von einer konkludenten Ersatzerbeneinsetzung), nach den tatsächlichen Folgen dieses Rechtsgeschäfts – und nur auf diese kann es bei einer nicht auf die juristische Konstruktion abstellenden Unterscheidung ankommen – ist es dagegen unerheblich, ob der*die Bedachte die Testator*in überlebt. Warum eine solche testamentarische Bestimmung aber nicht als eine Verfügung von Todes wegen einzuordnen sein sollte, ist nicht ersichtlich. Die Testator*in wirkt in diesem Fall ohne Zweifel auf die Aufteilung seines*ihres Vermögens nach seinem*ihrem Tod ein und regelt diese abweichend von den allgemeinen Regelungen.

724 Wie etwa in der bereits erwähnten Habilitationsschrift von Schmidt-Recla.

meiner Arbeit ist es, eben diesen Gestaltungsspielraum in den Blick zu nehmen. Dabei kann auch ein rechtlich als Verfügung unter Lebenden konstruiertes Geschäft erheblich sein, wenn es sich funktional zur Regelung der Vermögensnachfolge von Todes wegen einsetzen lässt.

Bei einer so verstandenen Fragestellung tritt die Frage nach der juristischen Konstruktion eines zur Vermögensnachfolge eingesetzten Geschäfts in den Hintergrund. Zwar wird sich eine rechtshistorische Arbeit immer auch mit den juristischen Ideen auseinandersetzen, die in den Quellen erkennbar sind. Zunächst einmal muss aber untersucht werden, welche Rechtsgeschäfte zur Regelung der Vermögensnachfolge überhaupt zur Verfügung stehen, unter welchen Voraussetzungen, mit welchen Beschränkungen und in welcher Form die künftige Erblasser*in also verfügen kann. Angesprochen ist damit das Spannungsfeld zwischen Testierfreiheit und Verwandtenerbfolge, zwischen der Verfügungsfreiheit der Erblasser*in und dem Schutz der grundsätzlich erbberechtigten Verwandten[725]. Jede Rechtsordnung – und auch jede juristische Autor*in – wird sich dabei in einem Kontinuum verorten, das von unbegrenzter Verfügungsfreiheit einerseits zu keinerlei Einflussmöglichkeiten andererseits reicht[726]. Eine reine Umsetzung dieser beiden theoretischen Extreme dürfte dabei die Ausnahme darstellen. Zu untersuchen ist also der Grad der Verfügungsfreiheit anhand der konkreten Rechtsgeschäfte zur Regelung der Vermögensnachfolge sowie der konkreten Instrumente des Erbenschutzes, die sich in ihrer Ausgestaltung in verschiedenen Rechtsordnungen durchaus erheblich unterscheiden.

Wird der Untersuchungsgegenstand dergestalt nicht mehr durch die juristische Einordnung – Verfügung von Todes wegen und nicht unter Lebenden – eingeschränkt, droht er sich allerdings ins Uferlose zu erweitern. Denn tatsächlich behält jedes in seiner zeitlichen Dauer unbeschränkte Rechtsgeschäft seine Wirkung auch nach dem Tod des*der Verfügenden. So kann jede Verfügung über einen Vermögensgegenstand auch als eine Einwirkung auf die Vermögensnachfolge nach dem eigenen Tod beschrieben werden. Jedoch lässt sich ein funktionaler Unterschied ausmachen zwischen einem Rechtsgeschäft, bei dem die künftige Erblasser*in selbst auf einen Vermögensgegenstand verzichten will, etwa aufgrund eines Kaufvertrages oder einer Schenkung, und einem Rechtsgeschäft, bei dem die künftige Erblasser*in einen Vermögensgegenstand zeit seines*ihres Lebens behalten will, und dieser erst nach seinem*ihrem Tod dem*der Bedachten zugute kommen soll. Die letztgenannten Rechtsgeschäfte ließen sich funktional als „Rechtsgeschäfte von Todes wegen" beschreiben[727]. Sie sind jedenfalls immer dann gegeben, wenn die Rechtsfolgen

725 Klippel, Herrschaft, Testament und Familie S. 17 ff. benennt diese Problematik neben den Themenfeldern „Der Nachlass", „Erbe und Nichterbe", „Kirche und Staat als Bedachte", „Der Erbschaftserwerb", „Die Erbfähigkeit" und „Verfügungen unter Lebenden" als eines der Grundprobleme des Erbrechts.

726 Schmidt-Recla, Kalte oder warme Hand S. 2 f. Ähnlich Klippel, ZRG GA 101 (1984) S. 118.

727 In ähnlicher Weise spricht Werkmüller, Rechtsgeschäfte S. 255 von „Rechtsgeschäften auf den Todesfall" für die Fälle, in denen ein Mensch Einfluss auf die Verhältnisse nach seinem

eines Geschäfts erst mit dem Tod des*der Verfügenden eintreten sollen. Jedoch können hierzu auch Rechtsgeschäfte gezählt werden, die sofortige Rechtswirkungen entfalten, wenn diese Rechtsfolgen für die Beteiligten zunächst nicht oder kaum spürbar sind, wie bei der oben angesprochenen Übertragung unter Vorbehalt eines lebenslangen Nießbrauchs. Nicht hierzu gezählt werden können dagegen grundsätzlich solche Rechtsgeschäfte, deren Rechtsfolgen und deren tatsächliche Folgen sofort oder jedenfalls unabhängig vom Tod des*der Verfügenden eintreten[728]. Die angesprochene Gruppe von Rechtsgeschäften bedient dabei unabhängig von ihrer juristischen Konstruktion funktional dasselbe Interesse, nämlich auf die Vermögensnachfolge nach dem eigenen Tod einzuwirken. Diese funktionale Wirkung soll in der vorliegenden Arbeit den Untersuchungsgegenstand definieren.

Inwieweit – und in welcher Weise – die hier untersuchten Quellen die Thematik dabei dogmatisch durchdrungen haben, wird sich erst aus dem Studium der Quellen ergeben. Möglicherweise findet sich dabei eine Unterscheidung zwischen Rechtsgeschäften unter Lebenden einerseits und Rechtsgeschäften von Todes wegen andererseits. Dies muss aber keineswegs zwingend der Fall sein[729]. Unabhängig von der Sicht der Zeitgenoss*innen werden sich daneben die einzelnen Rechtsgeschäfte aus heutiger Sicht juristisch als Verfügungen von Todes wegen oder Verfügungen unter Lebenden einordnen lassen[730] – sofern sich in den Quellen ausreichend An-

---

Tod nehmen will, allerdings ohne die hergebrachte Einteilungen in Vergabungen auf den Todesfall als Schenkungen unter Lebenden und Testamenten und Erbverträgen als letztwillige Verfügungen in Frage zu stellen.

728 Zwar können selbst sofort wirksame Verfügungen im Einzelfall der Regelung der Vermögensnachfolge dienen, wenn sie kurz vor dem Tod des*der Verfügenden vorgenommen werden. Daher kennen viele Rechtsordnungen besondere Bestimmungen für Verfügungen in Todesnähe, um eine Umgehung der für Rechtsgeschäfte von Todes wegen geltenden Regelungen zu vermeiden. Beispiele sind hier die vielzitierte archaische Kraftprobe aus Ldr. I 52 § 2, aber auch § 2325 BGB, nach dem sich bei Schenkungen in den letzten zehn Lebensjahren gegebenenfalls Pflichtteilsergänzungsansprüche ergeben. Die entsprechenden Regelungen dienen durchaus dem Erbenschutz, auch wenn sie sich weniger in den hier behandelten Themenkomplex Familienerbrecht und Testierfreiheit als vielmehr in den Themenkomplex Familienerbrecht und Rechtsgeschäfte unter Lebenden eingliedern, vgl. oben Anm. 732. Sie werden daher im folgenden Kapitel durchaus zu berücksichtigen sein. Die zugrundeliegenden Geschäfte haben jedoch keine spezifisch erbrechtliche Funktion und können daher unberücksichtigt bleiben.

729 Gerade mit Blick auf das Erbrecht warnt Klippel, Herrschaft, Testament und Familie S. 16 zu Recht davor, entsprechend der von Mayer-Maly, JZ 26 (1971) S. 1 ff. geprägten Formel von einer „Wiederkehr von Rechtsfiguren“ auszugehen, einem begrenzten Arsenal von Begriffen und Denkmodellen, deren „Wiederkehr“ in verschiedenen Epochen herauszuarbeiten sei.

730 Da aber die heutigen juristischen Kategorien und Gesetzmäßigkeiten keineswegs Geltung für das Mittelalter beanspruchen können, werden sich aus einer solchermaßen vorgenommenen Einordnung eines mittelalterlichen Rechtsgeschäfts in die heutige Kategorie „Verfügung von Todes wegen“ keinesfalls Schlussfolgerungen auf die konkreten Rechtsfolgen des jeweiligen Geschäfts ziehen lassen, wie dies in der Literatur des 19. Jahrhunderts vielfach vorkommt. Insofern kann der Einordnung lediglich eine beschreibende Funktion zukommen.

haltspunkte für ihre juristische Konstruktion finden lassen[731]. Diese Einordnung bildet aber nicht die Zielsetzung und den Schwerpunkt der Untersuchung, es soll funktional um „Rechtsgeschäfte von Todes wegen" gehen, nicht allein juristisch um „Verfügungen von Todes wegen".

II. Rechtsgeschäfte von Todes wegen nach römischem und gelehrtem Recht

Das klassische römische Recht sieht an Rechtsgeschäften von Todes wegen vor allem das *testamentum* vor, das nach heutigen wie zeitgenössischen[732] Begriffen als Verfügung von Todes wegen konstruiert ist. Das Testament des römischen Rechts ist wie das Testament des BGBs eine einseitige, letztwillige Verfügung, es setzt aber darüber hinaus begrifflich eine Erbeinsetzung voraus[733]. Unwiderrufliche Verfügungen von Todes wegen sind dagegen nicht möglich[734]. Der Erbvertrag ist unbekannt und eine Stipulation mit der Verpflichtung zur Erbeinsetzung oder zu einem Erbverzicht wird

---

731 Vielfach lassen die Quellen die ihnen zugrundeliegenden Gedanken kaum erkennen, Schmidt-Recla, Kalte oder warme Hand S. 62. Selbst wenn die juristischen Vorstellungen eines Rechtsgeschäfts aber als gegeben gedacht werden, muss sich dieses nicht zwingend in den Dualismus sachenrechtliche Verfügung – Verfügung von Todes wegen einfügen lassen. Dies gilt insbesondere bei Rechtsgeschäften, die nach dem heutigen Rechtssystem nicht möglich wären. So finden sich in den spätmittelalterlichen Quellen vielfach Rechtsgeschäfte, die wohl als Übertragungen unter Zurückbehaltung eines lebenslangen Nießbrauchs gedacht waren, bei denen sich der/die Verfügende aber zugleich die freie Verfügungsmacht – einschließlich der Übertragung an einen Dritte/n – vorbehielt. Ein solches Geschäft wäre in Bezug auf Grundstücke nach dem BGB nicht möglich, weil danach die Auflassung bedingungsfeindlich ist, § 925 II BGB. Die Auflassung muss aber nicht zwingend in allen Rechtsordnungen bedingungsfeindlich sein – schon der Eigentumsbegriff kann sich von dem heutigen unterscheiden. In den Rechtsfolgen hätte sich dieses Geschäft einer testamentarischen Verfügung von Todes wegen gänzlich angeglichen. Schmidt-Recla, ebenda S. 108 ff. sieht daher im Verfügungsvorbehalt eine solche rechtliche Neuerung, dass er entsprechende Geschäfte bei den Verfügungen von Todes wegen einordnet, während er eine Übertragung unter Vorbehalt eines Nießbrauchs selbstverständlich als Verfügung unter Lebenden sieht. Anderer Ansicht ist diesbezüglich Müller, ThSZs 1 (1911) S. 73, 77, 83, für den beide Geschäfte einen sachenrechtlichen Charakter haben.

732 Dies gilt jedenfalls ab der klassischen Zeit für das *testamentum per aes et libram*, während die altrömischen *testamenta calatis comitiis* und *in procinctu* wohl vor allem bei Fehlen eines Hauserben einen solchen schaffen sollten, und damit der familienrechtlichen Arrogation nahestanden, unten Anm. 737.

733 Fehlt die Erbeinsetzung, können die entsprechenden Bestimmungen allenfalls als Kodizille Wirksamkeit entfalten.

734 Die drei Testamentsformen der Frühzeit sind zwar noch unwiderruflich, doch wird die Letztwilligkeit bereits in vorklassischer Zeit als Wesensmerkmal des Testaments gesehen, Kaser, Privatrecht I S. 108, 691. Auch die *donatio mortis causa* kann wohl bereits nach klassischem, jedenfalls aber nach nachklassischem Recht widerrufen werden, Honsell in: Honsell/

als ebenso *contra bonos mores* angesehen, wie Verträge über die Erbschaft einer noch lebenden Person[735]. Allerdings sind in der oströmischen Rechtspraxis, zurückgehend auf das griechische Recht, Erbverträge verbreitet[736].

1. Die Entwicklung des Testaments und Testamentsformen

Von den drei altrömischen Testamenten[737] setzt sich das *testamentum per aes et libram* durch, ein nachgeformtes Rechtsgeschäft, das auf die *mancipatio* zurückgeht[738]. Beim Libraltestament überträgt die Erblasser/in vor fünf Zeugen[739] und einem Waaghalter sein Vermögen *nummo uno*[740] auf einen Treuhänder und fügt dabei in einseitiger Erklärung die Bestimmung bei, wem dieses Vermögen nach seinem/ihrem Tod zufallen soll[741]. Allerdings erstarrt der Manzipationsakt bereits im Laufe der Republik zur bloßen Förmlichkeit. Das größere Gewicht liegt nunmehr auf der Erklä-

---

Mayer-Maly/Selb, Römisches Recht S. 505; Kaser/Knütel, Römisches Privatrecht S. 427.

735 Kaser, Privatrecht I S. 251, 677 f.; Weimar, Erbvertrag S. 233 ff. geht dagegen davon aus, dass ein heute als Erbvertrag bezeichnetes Geschäft, in dem der Bedachte unmittelbar als Erbe eingesetzt wird, nicht wegen Sittenwidrigkeit unwirksam gewesen sei, sondern weil es weder als obligatorischer Kontrakt noch als letztwillige Verfügung gezählt habe, und so aufgrund des Numerus clausus der Rechtsgeschäfte keine Wirkung habe entfalten können. Denkbar sei dann allerdings eine Konstruktion, bei der sich der Erblasser mittels Stipulation zur Erbeinsetzung und zum Verzicht auf eine anderslautende Erbeinsetzung verpflichtet und dies mittels einer (unechten) Vertragsstrafe absichert habe. Auf eine solche Konstruktion bezögen sich alle die Sittenwidrigkeit feststellenden Stellen, denn eine solche Vertragsstrafe wäre stets erst beim Eintritt des Erbfalls verfallen, hätte damit die Erben getroffen und wäre so ein Vertrag zu Lasten eines Dritten. Die Ansicht, dass ein Erbvertrag aufgrund seiner Beschränkung der Testierfreiheit sittenwidrig sei, habe sich erst im gelehrten Recht entwickelt.

736 Mitteis, Papyruskunde II, 1 S. 241; Kaser/Knütel, Römisches Privatrecht S. 378.

737 Das *testamentum calatis comitiis* und das *testamentum in procintu* erfolgen durch einen öffentlichen Akt, sollen ähnlich der Arrogation wohl dem nachkommenlosen Erblasser einen Hauserben schaffen und kommen im Laufe der jüngeren Republik außer Übung, Kaser, Privatrecht I S. 92 f., 567.

738 Die Manzipationsformel wird dabei dahingehend gedeutet, dass der Treuhänder der Erblasser/in zu Lebzeiten die Verfügungsgewalt belässt, aber die Schutzgewalt übernimmt, um so nach dessen/deren Tod in seinem/ihrem Sinne verfügen zu können, Kaser, Privatrecht I S. 94. Diese Deutung ist allerdings nicht unumstritten, da der/die testamentarisch Bedachte im Erbfall ohne ein Zutun des Treuhänders Eigentümer/in des Vermögens wird, Kaser/Knütel, Römisches Privatrecht S. 386.

739 Ob auch Frauen als Zeuginnen, Waaghalterin und Treuhänderin akzeptiert wurden, lässt sich jedenfalls der hier verwendeten Handbuchliteratur nicht entnehmen, Kaser, Privatrecht I S. 107 f., 678 f.; Honsell in: Honsell/Mayer-Maly/Selb, Römisches Recht S. 449 und kann m. E. auch nicht ohne weiteres unterstellt werden.

740 Das heißt zu einem nur symbolischen Preis.

741 Kaser, Privatrecht I S. 107, 679; Honsell in: Honsell/Mayer-Maly/Selb, Römisches Recht S. 449.

rung, wobei die einzelnen Bestimmungen in der Regel schriftlich abgefasst werden und mündlich nur noch so verfügt wird[742], *haec ita, ut in his tabulis cerisque scripta sunt*[743]. Das prätorische Edikt verzichtet daher auf den Manzipationsakt, sofern der/die testamentarisch Bedachte eine gültig errichtete und von sieben Zeugen[744] gesiegelte Testamentsurkunde vorweisen kann[745]. Das nachklassische Vulgarrecht sieht in beidem unterschiedliche Testamentsformen und stellt neben dem Siebenzeugentestament, das es dem prätorischen Recht zuschreibt, das Fünfzeugentestament zur Verfügung, das es im Ius Civile geregelt sieht[746]. Theodosius I. anerkennt als ordentliches Testament nur noch das Siebenzeugentestament, Justinian behält diese Regelung bei[747]. Das eigenhändig geschriebene und unterschriebene Testament wird unter Valentinian III. eingeführt, bleibt aber auf Westrom beschränkt[748]. Neben den ordentlichen Testamenten gibt es seit der Kaiserzeit für Angehörige des römischen Heeres das Soldatentestament, das in beliebiger, mündlicher wie schriftlicher Form errichtet werden kann[749].

2. *Querela inofficiosi testamenti* und Pflichtteilsrecht

Dem Erbenschutz diente im klassischen Recht zunächst die Formvorschrift, dass *sui heredes* im Testament ausdrücklich zu enterben sind[750]. Darüber hinaus können die übergangenen Intestaterb/innen seit der späten Republik mit der *querela inoffi-*

742 Kaser, Privatrecht I S. 568; Honsell in: Honsell/Mayer-Maly/Selb, Römisches Recht S. 449f.

743 Gai 2, 104, wiedergegeben nach Manthe, Institutionen S. 146.

744 Die wohl zurückgehen auf die sieben neben der Erblasser/in am Manzipationsakt beteiligten Personen: fünf Zeugen, ein Waaghalter und ein Treuhänder, so schon AG Inst. 2, 10, 3 *Quodammodo*, unten Anm. 766.

745 Die zunächst als Beweisumkehr – das Vorliegen des Manzipationsaktes muss nicht mehr nachgewiesen werden – konzipierte Regelung gilt später auch bei nachweislich nicht erfolgter *mancipatio*, Kaser, Privatrecht I S. 680; Honsell in. Honsell/Mayer-Maly/Selb, Römisches Recht S. 450f.

746 Dulckeit, ZRG RA, 70 (1953), 186ff.; Kaser, Privatrecht II S. 478f.; Honsell in: Honsell/Mayer-Maly/Selb, Römisches Recht S. 451.

747 Cod. 6, 23, 21 pr.; Inst. 2, 10, 3. Doch kennt die Praxis im Westen wie im Osten andere Testamentsformen, Kaser, Privatrecht II S. 480ff.; Honsell in: Honsell/Mayer-Maly/Selb, Römisches Recht S. 449.

748 Daneben bleiben im Westen wie im Osten mündliche Testamente möglich, in der Nachklassik treten außerdem öffentliche Testamente durch Einreichung zu den Akten des Gerichts oder der Gemeindebehörde oder durch Überreichung an den Kaiser hinzu, Kaser, Privatrecht II S. 481f.; Weimar, Art. Testament Unterabschnitt A. Recht Unterabschnitt I. Römisches und Gemeines Recht, in: Lex.MA VIII Sp. 563f.

749 Kaser, Privatrecht I S. 680f., Privatrecht II S. 486 f; Honsell in: Honsell/Mayer-Maly/Selb, Römisches Recht S. 453.

750 Inst. 2, 13 pr., Kaser, Privatrecht I S. 703f., Privatrecht II S. 512f.; Honsell in: Honsell/Mayer-Maly/Selb, Römisches Recht S. 463f.

ciosi testamenti ein Testament anfechten, wenn sie darin pflichtwidrig übergangen worden sind[751]. Ob Pflichtwidrigkeit vorliegt, wird zunächst im Einzelfall nach der sozialen Sitte ermittelt. Im Laufe der Zeit entwickeln sich aber durch Juristenschriften und Kaisererlasse feste Grundsätze[752]. Demnach sind jedenfalls die Nachkomm/innen zur Testamentsanfechtung berechtigt[753]. Pflichtwidrig übergangen sind sie dann, wenn ihnen nicht ein als angemessen angesehener Anteil am Vermögen der Erblasser/in verbleibt. Als Richtwert bürgert sich, wohl in Anlehnung an die Lex Falcidia[754], ein Viertel des Intestaterbteils ein[755]. Justinian erhöht diesen „Pflichtteil"[756] in Nov. 18 für Nachkomm/innen auf ein Drittel des Intestaterbteils, wenn die Erblasser/in bis zu vier Kindern hat, bei fünf oder mehr Kindern auf die Hälfte[757]. Außerdem ist nach justinianischem Recht eine Anfechtung des Testaments nur noch möglich, wenn ein Pflichtteilsberechtigte/r gänzlich übergangen wurde; ist ihm/ihr lediglich ein zu geringer Anteil zugedacht, erhält er oder sie einen Ergänzungsanspruch[758].

3. Einschränkung des Erbenschutzes und Enterbungsgründe

Jedoch ist es der Erblasser/in schon in klassischer Zeit erlaubt, ein Kind gänzlich zu übergehen, wenn es sich größerer Verfehlungen schuldig gemacht hat. Unter welchen Umständen dies anzunehmen ist, bleibt zunächst ebenfalls eine Einzelfallentscheidung[759]. Als Gründe anerkannt werden schwere Fälle eines als ehrlos verstandenen Lebenswandels und Vergehen gegen die Testator/in[760].

Justinian führt in Nov. 115 eine abschließende Zusammenstellung von hinreichenden Gründen ein, die vierzehn Fallgruppen umfasst, bei denen Eltern ihre

751 Hellwig, Erbrechtsfeststellung S. 54; Kaser, Privatrecht I S. 710.

752 Hellwig, Erbrechtsfeststellung S. 9 f.; Kaser, Privatrecht I S. 710 f.

753 Kaser, Privatrecht I S. 711. Möglicherweise auch die Vorfahr/innen und cognatischen Seitenverwandten. Nach justinianischem Recht sind die Nachkomm/innen und die Vorfahr/innen berechtigt, außerdem Geschwister, wenn ihnen eine ehrlose Person vorgezogen wird, Cod. 3, 28, 27 f., Kaser, Privatrecht II S. 365 ff.

754 Gemäß der Lex Falcidia von 40 v. Chr. kann die Erblasser/in die Erbschaft nur zu drei Vierteln mit Legaten belasten, das letzte Viertel muss den Erb/innen bleiben, Dig. 35, 2, 1 pr., Kaser, Privatrecht I S. 756; Honsell in: Honsell/Mayer-Maly/Selb, Römisches Recht S. 495.

755 Kaser, Privatrecht I S. 711; Honsell in: Honsell/Mayer-Maly/Selb, Römisches Recht S. 466.

756 Die *legitima portio liberorum*.

757 Nov. 18, 1. Kaser, Privatrecht II S. 519; Honsell in: Honsell/Mayer-Maly/Selb, Römisches Recht S. 466.

758 Cod. 3, 28, 30 pr./1; Inst. 2, 18, 3; Dig. 5, 2, 25 pr. Kaser, Privatrecht II S. 519.

759 So noch in Cod. 3, 28. Kaser, Privatrecht I S. 711, Privatrecht II S. 521.

760 Vgl. die Kasuistik in Cod. 3, 28, 11 f.; Cod. 3, 28, 18–20; Cod. 3, 28, 23. Kaser, Privatrecht I S. 711 Anm. 17.

Kinder und weitere Nachkomm/innen gänzlich enterben können[761], und acht Fallgruppen, bei denen einer Erblasser/in dies umgekehrt bei seinen/ihren Eltern und weiteren Vorfahr/innen möglich ist[762]. Enterbungsgründe in Bezug auf Geschwister[763] sieht Nov. 115 nicht vor. Jedenfalls das gelehrte Recht zieht hier Nov. 22, 47 pr. heran, in dem – obiter dictum – drei ebenfalls als abschließend bezeichnete Enterbungsgründe unter Geschwistern genannt werden[764]. Da die Enterbungsgründe durch Johann von Buch mehrfach angesprochen werden, soll der besseren Lesbarkeit wegen erst an späterer Stelle ausführlicher auf sie eingegangen werden.

4. Verständnis des gelehrten Rechts

Durch seine Beschäftigung mit dem Corpus Iuris kennt das gelehrte Recht zur Zeit Johanns von Buch das Testament. Als geltende Testamentsform wird die in Inst. 2, 10, 3 beschriebene justinianische Form des schriftlichen Siebenzeugentestaments angesehen[765]. Da dort aber ein geschichtlicher Abriss der Rechtsentwicklung gegeben wird, ist dem gelehrten Recht als abgelegte Form auch das *testamentum per aes et libram* bekannt[766]. Nach kanonischem Recht werden bei Klerikertestamenten und Testamenten zugunsten der Kirche statt der sieben oder fünf Zeugen des weltlichen Rechts zwei oder drei Zeugen gefordert[767].

761 Nov. 115, 3, wiedergegeben unten Anm. 1127.

762 Nov. 115, 4.

763 Die nach justinianischem Recht gegenüber bestimmten, als ehrlos empfundenen Personengruppen ebenfalls einen Pflichtteilsanspruch hatten, Kaser, Privatrecht II S. 369.

764 Unten S. 199 , insbesondere Anm. 771 f.

765 Jedenfalls lässt die Kommentierung in der Accursischen Glosse keine Ablehnung der dort beschriebenen Testamentsform erkennen, AG Inst. 2, 10, 3 *Testamentum. Casus*, Lyon 1558–1560, VP, Inst. Sp. 161 f. Auch wenn die sogenannten Casus erst ab Beginn des 15. Jahrhunderts in die Drucke der Accursischen Glosse eingefügt wurden, sind sie selbst wohl überwiegend deutlich älter, Lange, Römisches Recht im Mittelalter I S. 369 f. Allerdings geht die Forschung davon aus, dass die Rezeption der justinianischen Testamentsformen durch die Rechtslehre zunächst kaum Auswirkungen auf die Praxis hatte, Coing, Europäisches Privatrecht I S. 571–573; Wacke, Art. Testament, Unterabschnitt A. Recht, Unterabschnitt II Rechte einzelner Länder Europas, Unterabschnitt [1] Deutsches Recht, in: Lex.MA VIII Sp. 565; Ogris, Art. Testament, in: HRG[1] V Sp. 158; Schmidt-Recla, Verfügungen S. 38.

766 AG Inst. 2, 10, 3 *Testamentum. Casus*, Lyon 1558–1560, VP, Inst. Sp. 161 f. So wird die Siebenzahl der Zeugen in der justinianischen Testamentsform auf die fünf Zeugen, den Treuhänder und den Waaghalter des *testamentum per aes et libram* zurückgeführt, AG Inst. 2, 10, 3 *Quodammodo*: *quia computato libripende & emptore, septem erant. Accur.*, zitiert nach dem Druck Lyon 1558–1560, VP, Inst. Sp. 162.

767 c. 11 X 3, 26. Coing, Europäisches Privatrecht I S. 571; Wacke, Art. Testament, Unterabschnitt A. Recht, Unterabschnitt II Rechte einzelner Länder Europas, Unterabschnitt [1] Deutsches Recht, in: Lex.MA VIII Sp. 565; Ogris, Art. Testament, in: HRG[1] V Sp. 154 f.

Auch das Pflichtteilsrecht übernimmt das gelehrte Recht in der justinianischen Form, also mit der erhöhten Quote aus Nov. 18[768], den verbindlich festgesetzten Enterbungsgründen aus Nov. 115[769] und dem Pflichtteilsergänzungsanspruch statt der Testamentsanfechtung, wenn die Berechtigten nicht gänzlich übergangen wurden, aus Cod. 3, 28, 30 pr./1[770]. Die Enterbungsgründe in Bezug auf Kinder, Eltern und Geschwister sieht die Accursische Glosse dabei als Sinneinheit, obwohl sich nur die beiden erstgenannten in Nov. 115 finden[771], sie stellt sie an verschiedenen Stellen nebeneinander[772]. Die Enterbungsgründe sind für den Rechtsunterricht so gewichtig, dass in der Accursischen Glosse am Ende des Institutionentitels zur *querela inofficiosi testamenti* ein Merkvers mit einer kurzen Aufzählung aller Enterbungsgründe enthalten ist[773]. Auch in Bezug auf das Pflichtteilsrecht und dessen Einschränkungen hat das gelehrte Recht aufgrund des Corpus Iuris einen Einblick in die geschichtliche Entwicklung. Bei Stellen, die die Regelung vor der justinianischen Neuordnung enthalten, finden sich in der Accursischen Glosse entsprechende Verweise auf die als geltendes Recht angesehenen Novellenstellen[774].

768 AG Nov. 18 *De triente,* Lyon 1558–1560, VP, AC Sp. 113 und AG Nov. 18, 1 *Octouncium,* Lyon 1558–1560, VP, AC Sp. 115.

769 AG Nov. 115 *Esse decernim* mit Verweis auf Nov. 22, 47 pr. in Bezug auf die Enterbungsgründe unter Brüdern, deren es drei gebe. Lyon 1558–1560, VP, AC Sp. 357 f.

770 AG Cod. 3, 28, 30 *Omnimodo. Casus,* Lyon 1558–1560, Cod. Sp. 436, zur Einfügung der sogenannten Casus oben Anm. 765.

771 Ob die ältere Regelung der Enterbungsgründe in Bezug auf Geschwister in Nov. 22, 47 pr. nach der Vorstellung Justinians von Nov. 115 unberührt gelassen werden sollte, bleibt unklar, Kaser Privatrecht II S. 520. Das gelehrte Recht geht jedenfalls davon aus, vgl. Anm. 773.

772 Etwa AG Nov. 115 *Esse decernim,* Lyon 1558–1560, VP, AC Sp. 357 f.; AG Inst. 2, 18, 7 *Pro virili portione* a. E., Lyon 1558–1560, VP, Inst. Sp. 203 f.; AG Inst. 2, 18, 7 *Pro virili portione ADDITIO,* Lyon 1558–1560, VP, Inst. Sp. 204; AG Nov. 22, 47 pr. *Ingratos,* Lyon 1558–1560, VP, AC Sp. 164.

773 AG Inst. 2, 18, 7, *Pro virili portione ADDITIO Istae omnes causae facile habentur per hos versus: Bis septem causis exhaeres filius esto. Si patrem feriat, vel maledicat ei: Carcere detrusum si negligit, ac furiosum: Criminis accuset, aut paret insidias. Si dederit grauia sibi damna: nec hoste redemit. Testari prohibet: aut dat arena Iocum, Si prauos sequitur: vel amat genitoris amicam. Non orthodoxus, filia quando coit. Sed pater ex septem: si nati spernet honorem. Hunc accusabit: dira venena dabit. Testari vetat: aut uxorem diligit eius. Non redimit captum: dum furit, odit eum. Pellitur a fratre frater causis tribus: vt si Arguit hunc sceleris, vel ei vult tollere vitam. Vel si iacturam rerum sibi mouerit vnquam,* Lyon 1558–1560, VP, Inst. Sp. 204. Die Accursische Glosse gibt in Bezug auf Vorfahr/innen also nur sieben Enterbungsgründe wieder, fortgefallen sind der Tötungsversuch gegen die Ehepartner/in und die Häresie, dafür tritt als allgemeiner Grund die Ehrverletzung hinzu. Nach Merkel, Enterbungsgründe S. 35 Anm. 2 ist der Vers sehr verbreitet, so finde sich sein erster Teil auch in der kanonischen Glosse.

774 Vgl. etwa AG Inst. 2, 18, 7 *Pro virilis portione* Satz 2 ff. und a. E.: *Hoc tamen est hodie iure authenticorum mutatum, scilicet vt tertia detur, si sunt quatuor, vel pauciores. Si vero plures sunt filii exhaeredati habent dimidiam: vt in aut. de trien. & semis. § j col. iij* [= Nov. 18, 1] *quae est C. eod aut. novissima* [= Authentica Novissima nach Cod. 3, 28, 6 mit Verweis auf Nov. 18]. *Vnde versus. Quatuor aut infra dant natis iura trientem. Semissem vero dant natis quinque vel vltra.*

Den Erbvertrag hält das gelehrte Recht als Verletzung der persönlichen Testierfreiheit für sittenwidrig[775], gleichzeitig lassen sich bei einzelnen Autor*innen aber auch Bemühungen erkennen, die entsprechenden Rechtsfolgen durch Umgehungsgeschäfte zu erreichen[776].

III. Rechtsgeschäfte von Todes wegen im Sachsenspiegel

Der Sachsenspiegel kennt die Testamentsformen des gelehrten Rechts nicht, weder das Siebenzeugentestament der Legistik noch das kanonische Testament. Anders als in der Glosse[777] erscheint schon der Begriff *testament* an keiner Stelle. Auch ein dem Testament inhaltlich entsprechendes Rechtsgeschäft – eine Erbeinsetzung durch ein-

---

(...) Item olim quarta dabatur: hodie triens, vel semis: vt dictum est (...), Lyon 1558–1560, VP, Inst. Sp. 203 zur Pflichtteilsquote – AG Inst. 2, 18, 7 *Pro virilis portione* a. E.: *Item olim filij se gratos esse probabant: hodie haeredes probant ingratos: vt C. eo. l. omnimodo in glo. arguantur* [= AG Cod. 3, 28, 30 *Arguantur*]. *Item no. hunc tit. loqui de gratis filiis. Si enim essent ingrati, nihil teneretur pater eis dimittere: ut in aut. de haered. & fal. § exhaeredatos col. j. glo. iuste* [= AG Nov. 1, 1, 4 *Iuste*] *ibi ut quia. & in aut. de immen. do. in fi § fi* [= Nov. 92, 1, 1 a. E.]. *Et sunt causae ingratitudinis xiiij quibus filij exhaeredantur: vt* <sic> *vij quibus pater a filiis: vt in aut. vt cum de ap. cog. § causas* [= Nov. 115, 3 pr. a. E.] *Et tres quibus frater a fratre: vt in aut. de nup. § ingratitudinem.* [= Nov. 22, 47], Lyon 1558–1560, VP, Inst. Sp. 203 f. zu den enumerativen Enterbungsgründen – AG Nov. 18 *Ex necessitate*: *s. consecutiva. nam nisi haec faciant, rumpetur test. per querelam inofficiosi sic inst. de exhae. li. § posthumorum* [= Inst. 2, 13, 2], & ff. *de iniu. testa. l. posthumorum in fi.* [= Dig. 28, 3, 13 a. E.]. *hodie vero ad supplementum agitur, si aliquid relinquitur: vt C. de inoffi. testa. l. omnimodo* [= Cod. 3, 28, 30], Lyon 1558–1560, VP, AC Sp. 114, in Bezug auf den allerdings vor Schaffung des Corpus Iuris Civilis eingeführten Pflichtteilsergänzungsanspruch.

775 Weimar, FS Domenico Maffei S. 236 arbeitet dabei heraus, dass diese Begründung nicht schon im antiken römischen Recht, sondern erst im gelehrten Recht herangezogen wurde.

776 Weimar, Erbvertrag S. 237 ff. nennt folgende Überlegungen bei Autor*innen des gelehrten Recht: Azo schlage vor, bei Erbverträgen über den Nachlass eines noch lebenden Dritten statt dessen Namen den Namen desjenigen zu nennen, von dem dieser seinerseits das Gut geerbt habe, denn Erbverträge über den Nachlass eines Verstorbenen seien möglich. Die Wirkung eines Erbeinsetzungsvertrags könne hingegen durch eine *donatio mortis causa* erreicht werden. Nach der Ansicht von Dinus Mugellanus könne sich der Erblasser den Widerruf eines Testaments erschweren, indem er diesen an bestimmte Formerfordernisse knüpft. Auch könne der Erblasser sich so verpflichten, dass bei Widerruf des Testaments dem Bedachten das Vermögen aufgrund eines Rechtsgeschäfts unter Lebenden zufalle. Nach Cino de Pistoia und Bartolus de Sassoferrato seien Schenkungen unter Lebenden möglich, wenn sie sich lediglich auf das gegenwärtige Vermögen beziehen, oder wenn sie sich auch das künftige Vermögen mit einbeziehen, aber ein Bruchteil oder einzelne Objekte vorbehalten werden. Auch ein Verkauf der Erbschaft sei möglich, da dem künftigen Erblasser dann der Kaufpreis verbleibe. Vgl. auch Beseler, Erbverträge II, 1 S. 9 f.; Coing, Europäisches Privatrecht I S. 590 f.

777 BG I 8 § 1 *Wor men auer eygen*; BG I 16 § 1 *De beholden vryer lantsetenen recht*; BG III 76 § 3 *Nympt en man.*

seitige, letztwillige Verfügung in schriftlicher Form oder vor Zeug/innen – findet sich nicht[778].

1. Zulässigkeit und Voraussetzungen eines Rechtsgeschäfts von Todes wegen

Allerdings gibt es durchaus eine Stelle, die möglicherweise ein Rechtsgeschäft von Todes wegen, verstanden funktional im oben beschriebenen Sinne, voraussetzt. Es handelt sich dabei um Ldr. II 30, der wie folgt lautet:

Ldr. II 30, S. 259 f.

Sve so ime erve to seget nicht von sibbe halven, denne von gelovedes halven, dat hebbe man vor unrecht; man ne moge getügen, dat dat gelovede vor gerichte gestedeget si.

Indes ist diese Stelle sehr unterschiedlich verstanden worden, was insbesondere aus dem vielschichtigen Begriff *erve*, aber auch aus unterschiedlichen Annahmen in Bezug auf die Grundsätze des „Deutschen Privatrechts" im Allgemeinen und des Sachsenspiegelrechts im Besonderen resultiert. In Verbindung mit dieser Stelle wird überwiegend ein weiterer Sachsenspiegelartikel herangezogen.

Ldr. I 52 § 1 Satz 1, § 2 Satz 1 Hs. 1, S. 204

[§ 1] *Ane erven gelof unde ane echt ding ne mut nieman sin egen noch sine lüde geven.* (...)
[§ 2] *Alle varende have gift de man ane erven gelof in allen steden, und let unde liet gut, al de wile he sik so vermach, dat he begort mit eme sverde unde mit eme scilde up en ors komen mach,* (...)[779].

Diese zweite Stelle lässt einen Zusammenhang mit Rechtsgeschäften von Todes wegen nicht ohne weiteres erkennen, vielmehr scheint sie sich mit dem Erbenschutz bei Rechtsgeschäften unter Lebenden zu befassen. Jedoch könnten durch diesen Sach-

---

778 So über die Grenzen aller Forschungsansätze hinweg die ganz einhellige Meinung, etwa Hasse, RheinMJ 2 (1828) S. 187; v. Sydow, Erbrecht S. 304; Beseler, Erbverträge I S. 243, 250 f.; Siegel, Erbrecht S. 133 ff.; Landau, ZRG GA 114 (1997) S. 59; Schmidt-Recla, Kalte oder warme Hand S. 400 f. Zweifel äußert allerdings in funktionaler Hinsicht Müssig, ZRG GA 122 (2005) S. 90, der zufolge sich die Vergabung des Sachsenspiegels jedenfalls in der Buch'schen Glosse und der Spruchpraxis der Magdeburger Schöffen dem Testament soweit angenähert habe, dass eine Unterscheidung schwerfalle.

779 Der Übersichtlichkeit wegen ausgeklammert wurden bei der Wiedergabe Ldr. I 52 § 1 Satz 2, S. 204: *Doch weslet die herren ire dinstman wol ane gerichte, of man de wederwesle bewisen unde getügen mach. Gift he't weder rechte sunder erven gelof, die erve underwinde's sik mit ordelen, als of he dot si jene de't dar gaf, so he's nicht geven ne mochte.* und Ldr. I 52 § 2 Satz 1 Hs. 2, Satz 2, S. 204: (...) *von enem stene oder stocke ener dum elne ho, sunder mannes helpe, deste man ime dat ors unde den stegerep halde. Svenne he disses nicht dun ne mach, so ne mach he geven noch laten noch lien, dar he't jeneme mede geverne, de is na sineme dode wardende is.*

senspiegelartikel auch oder nur Rechtsgeschäfte von Todes wegen dann thematisiert sein, wenn diese auch oder ausschließlich durch den Begriff *geven* erfasst werden.

a. Zum Begriff *erve* im Sachsenspiegel

Aufgrund der zentralen Bedeutung des Begriffs *erve* für die Auslegung der einschlägigen Sachsenspiegelstellen und seiner außerordentlichen Vielschichtigkeit in der mittelalterlichen Rechtssprache[780] soll der Darstellung des Forschungsstandes zu den Rechtsgeschäften von Todes wegen ein kurzer Überblick über die verschiedenen Bedeutungsebenen dieses Begriffs insbesondere im Sachsenspiegel vorangestellt werden[781]. Sein Bedeutungsspektrum lässt sich in zwei Untergruppen aufspalten.

Zum einen ist in mehr oder weniger engem Sinne der Nachlass, das Erbe gemeint[782]. Dabei kann *erve* in einem weiten Sinn den gesamten Nachlass bezeichnen, in dieser Bedeutung wird der Begriff nach verbreiteter Ansicht in Ldr. I 6 § 1 in der Definition *Mit svelkeme gude de man bestirft, dat het allet erve*[783] verwen-

780 So umfassen die Ausführungen des Deutschen Rechtswörterbuchs zu Erbe[1] (im Gegensatz zu Erbe[2] = Person des Erben und Erbe[3] = Wappen) mehr als acht Spalten. Dabei werden die einzelnen Bedeutungen in vier Untergruppen geteilt, nämlich „II. Erbschaft, Nachlaß, Erbteil", „III. (ererbter und) vererbbarer Grundbesitz; Liegenschaft im Ggs. z. Fahrhabe. Trennung von IV fließend", „IV. gegen erblichen Zins verliehener Grundbesitz, Erblehen, Erbpachtgut, Erbzinsgut" sowie „V. Freies Eigen, Allod", daneben finden sich noch die formal orientierten Unterpunkte „I. Glossen" und „VI. Paarformeln", DRW III Sp. 40–48, s. v. Erbe[1].

781 Ähnliche Überblicke speziell für den Sachsenspiegel finden sich verschiedentlich. Im folgenden seien die Darstellungen bei Homeyer und von Sydow wiedergegeben, außerdem die Begriffsauflösung im Glossar zur Buch'schen Glosse. – Homeyer, Sachsenspiegel I S. 418 f. unterscheidet für den Sachsenspiegel folgende Bedeutungen: „1.) Erbschaft und zwar a) der Nachlass überhaupt I 6 § 1, wenigstens mit keiner ausdrücklichen Ausschließung einzelner Gegenstände, z. B. I 5 § 1, I 17 § 1, I 29, I 30, I 33, II 31 § 1, II 41 § 2, III 72, III 73 § 1 etc. (…) b) im Gegensatz des Lehns z. B. I 4, c) mit Ausschließung der Gerade, Heergeräthe, Morgengabe, I 5 § 2, 3, I 19 § 1, I 28 i.A. II 15 § 2, III 15 § 2. (…) Was gehört dazu I 24 § 3. (…) I 5 § 3, (…) I 27 § 2, (…) I 27 § 1 d) Im Gegensatz zu Eigen I 5 § 3 egen und erve; I 15 § 1 erve gud für geerbte Fahrende Habe. 2.) Das Grundstück (…) II 12 § 2 (…), I 61 §§ 1, 4 (…), III 79 § 2. (…) II 56 § 1." – v. Sydow, Erbrecht S. 32 ff., der das Bedeutungsfeld Grundbesitz als engste Form des Bedeutungsfeldes Nachlass sieht, unterscheidet für den Sprachgebrauch des Sachsenspiegels: „Erbe im weitesten Sinne" im Gegensatz nur zum Lehens-Vermögen, bestehend aus „1. (…) Erbe im zweiten, (…) im engeren Sinne" – das wiederum aus „a) Erbe im engsten Sinne, also Eigen" und aus „b) Fahrender Habe" besteht – und „2. Aus besonderen Inbegriffen von Sachen", nämlich „a) (…) Heergewäte", „b) (…) Gerade", „c) Morgengabe", „d) (…) Mustheil" und „e) Wittum" als „Leibzucht meist ein Nießbrauchsrecht". – Kaufmann/Neumeister, Glossar S. 335–340 zählen für die Buch'sche Glosse folgende Bedeutungen auf: „1. das Erbe, das Grundstück, das Gut, der Nachlaß", „2. der Erbe", „3. das Vermögen", „4. das Grundstück, besonders das Haus zu Erbrecht".

782 Im DRW Untergruppe „I", vgl. Anm. 780, bei Homeyer „2.", bei von Sydow Erbe im weitesten und im engeren Sinne, vgl. Anm. 781.

783 Ldr. I 6 § 1, S. 163.

det[784]. Wohl in etwas engerer Bedeutung begegnet er in dem Merkreim in Ldr. I 4: *Uppe altvile unde uppe dverge ne irstirft weder len noch erve,* (...)[785]. *Erve* ist hier alles, was nicht Lehen ist, also nach Landrecht vererbt wird[786]. Im engsten Sinne schließlich bezeichnet *erve* dann das, was nach Landrecht vererbt[787] wird und was nicht in die sogenannten Sondermassen (Niftel-)Gerade und Heergewäte fällt, auf die im folgenden Kapitel einzugehen sein wird. In dieser spezifischen Bedeutung erscheint er an nicht weniger als sieben Artikeln des Sachsenspiegels[788], ein Beispiel ist Ldr. I 28: *Svat süsgedanes dinges ervelos irstirft, herwede oder erve oder rade, dat sal man antwerden deme richtere* (...)[789].

An anderen Stellen im Sachsenspiegel ist dagegen nicht der Nachlass eines/einer Verstorbenen gemeint, sondern, mit der zweiten Untergruppe des Bedeutungsspektrums, bestimmte Liegenschaften eines/einer Lebenden. Ein Beispiel ist hier etwa die Verwendung in Ldr. I 61 § 4: Zwar könne ein Mann grundsätzlich überall in Sachsen gerichtlicher Fürsprech sein, in einer anderen prozessualen Fragestellung gebe es aber örtliche Einschränkungen: *Burgen mut aver he setten, dar he nen erve ne hevet* (...)[790].

Die Bezeichnung als *erve* lässt erkennen, dass sich diese Liegenschaften durch ihre Vererblichkeit auszeichnen. Teilweise wird der Begriff *erve* an den entsprechenden Sachsenspiegelstellen mit *egen* gleichgesetzt[791], andere Autor*innen legen sich nicht fest[792]. In anderen Quellen lässt sich innerhalb des Bedeutungsfeldes „Grundstück" auch umgekehrt die Bedeutung als erblicher, aber gerade nicht originärer Grundbesitz ausmachen, also Erblehen, Erbpachtgut oder Erbzinsgut[793]. Diese Bedeutung

784 So etwa Siegel, Erbrecht S. 73; Homeyer, Sachsenspiegel I S. 418. Anderer Ansicht v. Sydow, Erbrecht S. 32, der *erve* an dieser Stelle im Sinne des nach Landrecht vererbten Nachlasses versteht. Die Aussage ließe sich zudem auf den nicht ritterbürtigen unverheirateten Mann beziehen, so Schulte-Beckhausen, Ehe- und Familienrecht S. 115. Dann könnte *erve* auch hier den Nachlass im Gegensatz zu Gerade und Heergewäte meinen, zumal der Begriff unmittelbar zuvor, in Ldr. I 5, in dieser Bedeutung erscheint. – Als zweites Beispiel für die umfassende Bedeutung als gesamter Nachlass (teilweise aber auch verstanden im Sinne des nach Landrecht vererbten Nachlasses) wird Ldr. I 22 § 2 Satz 1 Hs. 1, S. 179: *Van dem erve sal man aller irst gelden dem ingesinde ir verdenede lon,* (...) genannt. Da Geld nicht zu Heergewäte und Gerade zählt, ließe sich allerdings auch an dieser Stelle *erve* im engeren Sinne, als Gegenbegriff zu Gerade und Heergewäte, verstehen, so Behre, Eigentumsverhältnisse S. 15.

785 Ldr. I 4 Satz 1 Hs. 1, S. 160.

786 So Homeyer unter „ 1. b)", oben Anm. 781, allerdings könnte auch *erve* im engeren Sinne, als Gegenbegriff zu Gerade und Heergewäte gemeint sein.

787 Also auch nicht aufgrund des ehegüterrechtlichen Ausgleichs oder zur Entlohnung des Gesindes aus dem Nachlass herausfällt, dazu unten S. 318 ff.

788 Vgl. die Auflistung bei Homeyer unter „1. c)", oben Anm. 781.

789 Ldr. I 28 Satz 1 Hs. 1, S. 187.

790 Ldr. I 61 § 4 Satz 2 Hs. 1, S. 214.

791 So etwa v. Sydow, Erbrecht S. 33; Siegel, Erbrecht S. 69; vgl. im DRW die Bedeutungsebene „V", oben Anm. 780.

792 Homeyer unter „2.)", oben Anm. 781, spricht ohne nähere Bestimmung von Grundstücken.

793 Vgl. oben Anm. 780, hier „IV".

könnte auch im Sachsenspiegel an einigen Stellen gemeint sein[794], etwa in Ldr. I 5 § 3: *De pape nimt gelike dele der süster in der muder rade, unde gelike dele den bruderen an egen unde an erve*[795]. An anderen Stellen könnte *erve* dagegen als Oberbegriff für alle erblichen Liegenschaften[796] stehen, etwa in der soeben aufgeführten prozessualen Regelung zur Bürgensetzung[797].

Für den Begriff *erve* findet sich schließlich noch eine weitere Bedeutungsebene, sich innerhalb des Bedeutungsfeldes „Grundstück" verorten lässt: *erve*(*gut*) kann auch ererbte Liegenschaften bezeichnen, im Gegensatz zu Liegenschaften, die ihre Inhaber/in auf andere Weise – unterstelltermaßen also durch eigene Leistung – erworben hat[798]. Eine solche Unterscheidung zwischen den Vermögensmassen einer potentiellen Erblasser/in sehen verschiedene Stadtrechte vor[799], etwa das Lübische[800], das Hamburgische[801] und das Bremer[802]. Auch das Magdeburger Recht

794 Es könnte sich freilich auch um eine Paarformel aus zwei sich überschneidenden Begriffen handeln, vgl. oben Anm. 780, unter „VI", oder aber der Gegenbegriff zu Gerade und Heergewäte gemeint sein.

795 Ldr. I 5 § 3 Satz 1, S. 161.

796 Vgl. oben Anm. 780, hier III.

797 Für ein weites Verständnis des Begriffs *erve* an dieser Stelle spricht, dass die Ratio der Regelungen keine Einengung von *erve* auf *egen* einerseits oder Erblehen/Erbpachtgut/Erbzinsgut andererseits erfordert: Die Erleichterung bei der Bürgenbestellung dürfte dem Gedanken folgen, dass die Fluchtneigung eines Menschen mit erblichem Grundbesitz im jeweiligen Gerichtsbezirk niedriger ist. Dabei ist unerheblich, ob es sich bei diesem Gut um *egen*, Erblehen, Erbpachtgut oder Erbzinsgut handelt.

798 Im DRW III Sp. 46, s. v. Erbe[1] „VI Paarformeln: 1. Eigen und Erbe".

799 Heusler, Institutionen II S. 58; Neschwara, Art. Gewonnenes Gut, in: HRG[2] II Sp. 375; Ebel, Bürgerliches Rechtsleben S. 32; Landau, ZRG GA 114 (1997) S. 61 f.

800 Vgl. schon im sogenannten Lübecker Fragment von 1225: c. I: *Vir liberum habet arbitrium, jmpignorandi. vendendi. dandi cuicunque vult proprietates sibi conquisitarum facultatum.* c. IV: *Hereditaria bona id est torfhacheigen nemo potest impignorare uendere uel dare sine heredum conniuentiam.* Wiedergegeben nach Hach, Das alte Lübische Recht S. 185, 186.

801 Vgl. etwa im Hamburgische Stadtrecht von 1270: I, 8: *So wor een man vnde een vrouwe in desser stad erue kopet, des synt se weldich to geuende vnde to sellende so weme se willet, de wile dat se beide leuet. Men were dat erer een storue, so het it eruegud. Aller hande erue, dat enen manne edder ener vrouwen an vallen mach van eren elderen* (…) *dat hetet eruegud. Alsodan erue also hyr bescreuen is, dat ne mach nen man wedder setten ofte sellen ane erue loff,* (…), wiedergegeben nach Lappenberg, Stadt-, Schiff- und Landrechte Hamburgs S. 5. Übersetzung: Ebenso, wenn ein Mann und eine Frau in dieser Stadt *erve* kaufen, das können sie geben und verkaufen, an wen sie wollen, solange sie beide leben. Aber wäre es so, dass einer von ihnen stürbe, dann heißt es <= das Grundstück> „Erbgut". Allerlei *erve*, das einem Mann oder einer Frau von ihren Eltern anfallen kann, das heißt „Erbgut". Ein solches *erve*, wie es hier beschrieben ist, das kann man weder verpfänden noch verkaufen ohne Erbenlaub.

802 Vgl. etwa die Bremer Statuten von 1303: IV 53: *So weme en erve besterft dhe erven heft, man edher vrowen, dhe ne mach dhat nicht laten, he ne dot mit erven love, it ne were also, dhat her afdelt si.* IV 68: *So we sin erve verkopen wil, that binnen dhesser stat unde binnen thessen wicbelde beleghen is, dhe scal beden twen sinen naghesten vrinden, dhar sin erve up vallen mach; unde ne*

kennt die Unterscheidung[803]. Der Sachsenspiegel dagegen unterscheidet in Bezug auf das Erbenlaub[804] nach ganz überwiegender Ansicht nicht zwischen ererbtem und erworbenem Gut und verwendet auch den Begriff *erve* nicht in diesem Sinne[805].

b. Der Forschungsstand

Eine Monographie über die Haltung des Sachsenspiegels zu den Gestaltungsmöglichkeiten einer künftigen Erblasser/in bei der Vermögensnachfolge nach seinem/ihrem Tod fehlt[806]. Allerdings befasst sich die Forschung des 19. Jahrhunderts im Rahmen allgemeiner Untersuchungen zu den Erbverträgen bzw. den sogenannten Vergabungen von Todes wegen auch und nicht zuletzt mit den angesprochenen Sachsenspiegelstellen. Die Ergebnisse dieser Forschungen werden bis in die neueste Zeit als gültig angesehen. In jüngster Zeit lässt sich allerdings ein Bemühen erkennen, sich von der Lehrmeinung des 19. Jahrhunderts zu emanzipieren.

α. Erbvertragsthese

Die ältere Forschung, insbesondere Johann Christian Hasse in einem einflussreichen Aufsatz aus dem Jahre 1828/29, versteht Ldr. II 30 relativ unproblematisch als Darstellung eines Erbvertrags[807]. Bei dem angesprochenen *gelovede* handele es sich um einen Erbeinsetzungsvertrag, wie der Sachsenspiegel in Ldr. I 13 § 2[808] auch einen

wil it erer nen kopen, so mot he sin erve wol verkopen dheme, dhe eme dhar aller mest umme gheven wil, ane gestliken luden. Wiedergegeben nach Eckhardt, Rechtsquellen der Stadt Bremen S. 87, 90. Übersetzung: IV 53: Ebenso, wer ein *erve* erbt, der Erben hat, ein Mann oder eine Frau, der kann es nicht aufgeben, wenn er es nicht mit Erbenlaub tut, es seie denn, er ist abgefunden. IV 68: Ebenso, wer sein *erve* verkaufen will, das innerhalb dieser Stadt und innerhalb <des Geltungsbereichs dieses> Weichbilds gelegen ist, der soll es zweien seiner nächsten Blutsfreunde anbieten, an die sein Erbe fallen kann, und will es keiner von ihnen kaufen, dann darf er sein *erve* dem verkaufen, der ihm dafür am meisten geben will mit Ausnahme von Geistlichen.

803 Albrecht, Gewere S. 207; Müller, ThSZs 1 (1911) S. 201 f.; Loening, Testament S. 61, 69 f.; Müssig, ZRG GA 122 (2005) S. 94 Anm. 25, vgl. auch unten Anm. 1021.

804 Unten Anm. 933.

805 Vgl. etwa Albrecht, Gewere S. 188; v. Sydow, Erbrecht S. 32 ff.; Siegel, Erbrecht S. 69; Homeyer, Sachsenspiegel I S. 418 f.; Heusler, Institutionen II S. 58, 199; Landau, ZRG GA 114 (1997) S. 59; Schmidt-Recla, Kalte oder warme Hand S. 384 f., 388. Anderer Ansicht Müssig, ZRG GA 122 (2005) S. 92 ff.

806 So auch Schmidt-Recla, Kalte oder warme Hand S. 376.

807 Hasse, RheinMJ 2 (1828) S. 186; Albrecht, Gewere S. 188; v. Sydow, Erbrecht S. 306; Homeyer, Sachsenspiegel I S. 259, 421.

808 Ldr. I 13 § 2 Satz 1 f., S. 169: *Hadden aver se ir ervedelunge dar an verloft, der solen se umberen, se ne untsegen't uppen hilgen. Verlofden se't aver vor gerichte, so mut men's se bat vertügen, den se's unscüldich muten werden.*

Erbverzichtsvertrag kenne[809]. Die in Ldr. II 30 beschriebene Situation ist nach diesem Verständnis also die nach dem Tod der Person, der das *erve* vorher zugehört hat. Voraussetzung für eine gültige Erbeinsetzung sei dabei zunächst einmal gemäß dem Sachsenspiegeltext, dass diese vor Gericht *gestedeget* sei[810]. Die Wortwahl „bestätigt" und nicht „beglaubigt" deute dabei darauf hin, dass dies keine rein formale Anforderung sei, sondern dass das Gericht dafür weitere, in Ldr. II 30 nicht ausgeführte materielle Voraussetzungen prüfen müsse[811]. Bei Liegenschaften ist dies nach übereinstimmender Auffassung der älteren Forschung das Erbenlaub. Bei Fahrender Habe dagegen unterscheiden sich die Ansichten. Nach Hasse lassen sich die Voraussetzungen nur erahnen, aufgrund eines Erst-Recht-Schlusses aus Ldr. I 52 § 2 seien weitere Voraussetzungen sehr wahrscheinlich. Er wendet diesen Artikel dabei ausdrücklich nicht unmittelbar an, da dieser die Schenkung unter Lebenden regele[812]. Rudolf von Sydow dagegen denkt an, dass bei Fahrnis aufgrund eines allgemeinen Grundsatzes im „Deutschen Privatrecht" die sofortige Übergabe des Gegenstandes erforderlich sei – womit der Erbvertrag bei Fahrender Habe letztlich in der Schenkung unter Lebenden aufgeht[813]. Wilhelm Eduard Albrecht nimmt dies als sicher an[814]. Die Unterscheidung in Erbverträge über Liegenschaften und Erbverträge über Fahrende Habe in der älteren Literatur lässt erkennen, dass diese vor allem auf konkrete, schon vorhandene Liegenschaften oder Gegenstände der Fahrhabe bezogen gedacht werden. Allerdings ist jedenfalls nach Albrecht auch ein Erbvertrag über ein Vermögen als Ganzes – inklusive künftiger Erwerbungen – möglich[815]. Über

809 Hasse, RheinMJ 2 (1828) S. 186 f., in Abkehr der älteren Ansicht Heineccius', Elementa Iuris Germanici S. 484, der in Ldr. II 30 den Vertrag über die Erbschaft eines noch lebenden Dritten sieht, beansprucht werde das *erve* also aufgrund eines *gelovedes* des zukünftigen Erben und nicht des Erblassers. Wie Hasse v. Sydow, Erbrecht S. 306, 308.

810 Albrecht, Gewere S. 189, wohl auch Hasse, RheinMJ 2 (1828) S. 185, verstehen darunter die gerichtliche Auflassung, während v. Sydow, Erbrecht S. 306 f.; Homeyer, Sachsenspiegels I S. 419 sich nicht näher äußern.

811 Hasse, RheinMJ 2 (1828) S. 188.

812 Hasse, RheinMJ 2 (1828) S. 185 f., 188 f.

813 V. Sydow, Erbrecht S. 307 Anm. 956. Eine gerichtliche Einigung sei beim Erbvertrag über Fahrnis nicht notwendig, sondern lediglich die in Ldr. I 52 § 2 beschriebene körperliche Gesundheit.

814 Albrecht, Gewere S. 188, 201 ff. Gültig sei ein Erbvertrag über Fahrnis aber bei Einwilligung der nächsten Erben.

815 Angesprochen ist damit die Deutung des Begriffs *erve* in Ldr. II 30. Wird der Erbvertrag auf einen bestimmten Vermögensgegenstand bezogen gedacht, mit von Sydow und Albrecht vor allem oder allein auf eine Liegenschaft, liegt dem das Verständnis von *erve* als einem bestimmtes Grundstück zugrunde. Doch legt die vorausgesetzte Situation nach einem Erbfall auch die Bedeutung als „Nachlass (inklusive oder exklusive Gerade und Heergewäte)" nahe, nach der sich der Erbvertrag dann auf ein ganzes Vermögen (inklusive oder exklusive von Gerade und Heergewäte) beziehen würde. Albrecht lässt insoweit ausdrücklich offen, welche Bedeutung gemeint ist, da Erbverträge in Bezug auf Liegenschaften und in Bezug auf ein Vermögen in der Form übereinstimmten, Albrecht, Gewere S. 218 f., 188.

die rechtliche Wirkung des Erbvertrags besteht Uneinigkeit. Nach Hasse stellt der Erbvertrag eine Erbernennung dar, der Bedachte erhalte in Bezug auf den Vermögensgegenstand die Stellung eines Erben. Albrecht dagegen nimmt eine sofortige dingliche Wirkung an. Beim Erbvertrag über eine bestimmte Immobilie erwerbe der Bedachte Eigentum[816]. Bei einem Erbvertrag über ein Vermögen als Ganzes nimmt Albrecht ebenfalls eine dingliche Wirkung an, die allerdings die Rechtsstellung eines Erben beinhalte[817]. Von Sydow dagegen hebt hervor, dass eine sofortige dingliche Wirkung, wie sie sich bei anderen Rechtsquellen ausmachen lasse, im Sachsenspiegel nicht erkennbar sei[818]. Angesichts der Einordnung als Vertrag werden die entsprechenden Verfügungen übereinstimmend als unwiderruflich angesehen[819]. Einigkeit besteht auch darin, dass der Erbvertrag von den Zeitgenossen eher kritisch betrachtet worden sei[820].

β. „Sachenrechtsthese"

In seinem grundlegenden Werk über die Erbverträge nimmt Georg Beseler den bereits bei Albrecht anklingende Gedanken von einer dinglichen Wirkung des in Ldr. II 30 vorausgesetzten Rechtsgeschäfts wie auch aller anderen mittelalterlichen Rechtsgeschäfte von Todes wegen auf. Er entwickelt ihn weiter und prägt mit dieser Annahme wie seiner Begrifflichkeit die einschlägige rechtshistorische Forschung bis in die jüngste Zeit.

In den Mittelpunkt seiner Überlegungen stellt Beseler die These, dass ein Mensch nach den Grundsätzen des „Deutschen Rechts" nur zu Lebzeiten rechtlich wirken könne, der Tod schließe die Sphäre seiner rechtlichen Tätigkeit[821]. Eine Verfügung, die sich auf den eigenen Nachlass oder Nachlassgegenstände beziehe, sei dementsprechend rechtlich nicht möglich. Das deutsche Erbrecht habe als Grund für die Erbfolge allein die Zugehörigkeit zur Sippe gekannt. Da aber bisweilen das Bedürf-

816 Albrecht, Gewere S. 190. Dieses Eigentum sei allerdings zunächst beschränkt. Auf Seiten des Veräußerers sei dann ein bloßer Nießbrauch denkbar, oder aber ein Gesamteigentum mit dem Erwerber, Albrecht neigt dazu, ersteres anzunehmen.

817 Albrecht, Gewere S. 221 f. Der Erwerber erwerbe nicht die Gewere an den einzelnen Vermögensbestandteilen, sondern am Vermögen als Universitas. Sein Recht richte sich dann auf den Nachlass, das Vermögen des Erblassers im Todeszeitpunkt. Daher habe er zu Lebzeiten des Erblassers die Rechte des nächsten Erben und hafte nach dessen Tod auch für seine Schulden.

818 v. Sydow, Erbrecht S. 308.

819 Albrecht, Gewere S. 222 weist jedoch darauf hin, dass ein Widerrufsvorbehalt möglich gewesen sei.

820 Hasse, RheinMJ 2 (1828) S. 189; v. Sydow, Erbrecht S. 303 f. Dagegen spricht Albrecht, Gewere S. 188 diesen Gedanken nicht an.

821 Bisweilen werde darüber hinaus eine gewisse körperliche Kraft gefordert, sodass schon Verfügungen auf dem Totenbett ausgeschlossen seien, Beseler, Erbverträge I S. 1 f.

nis bestanden habe, die Vermögensnachfolge anderweitig zu gestalten[822], habe das Deutsche Recht außerhalb des Erbrechts Formen entwickelt, die dieses Bedürfnis ausgefüllt hätten[823]. Allen diesen Formen gemein sei, dass es sich bei ihnen juristisch um sofort wirksame Eigentumsübertragungen handele, durch die in der Regel ein dem Deutschen Recht spezifisches Gesamteigentum[824] begründet worden sei[825]. Zur Unterscheidung von den Verfügungen von Todes wegen bezeichnet Beseler diese Rechtsgeschäfte mit dem – auch schon von Albrecht, aber in einem weiteren Sinne gebrauchten – Begriff der „Vergabung von Todes wegen“[826]. Der Erbeinsetzungsvertrag sei demgegenüber erst nach der Rezeption des römischen Rechts durch die Rechtswissenschaft anerkannt worden[827].

In Bezug auf den Sachsenspiegel lässt Beseler wie Albrecht offen, ob das *erve* in Ldr. II 30 im Sinne von Nachlass zu verstehen ist oder aber im Sinne einer bestimmten Liegenschaft, ob sich der Artikel also auf ein *gelove* über ein gesamtes Vermögen oder über ein bestimmtes Grundstück bezieht[828]. Ldr. II 30 regele – wie auch er annimmt – die Situation, dass der Bedachte den Nachlass oder das Grundstück nach dem Tod des Gelobenden herausverlange[829]. Jedenfalls die Vergabung eines einzelnen Grundstücks sei demnach durch die Auflassung vor Gericht möglich gewesen[830],

---

822 Dies sei insbesondere der Fall, wenn der künftige Erblasser keine Nachkommen hinterlasse, Beseler, Erbverträge I S. 3 f.

823 Beseler, Erbverträge I S. 3 f.

824 Nach heutiger Terminologie Gesamthandseigentum, ein Institut, das auf die Überlegungen Beselers im Rahmen seiner „Erbverträge“ zurückgeht, Kern, Beseler S. 310.

825 Bei diesem Gesamteigentum sei das Eigentumsrecht des Bedachten zunächst durch das Eigentumsrecht des Übertragenden beschränkt gewesen, aufgrund dessen dieser ein lebenslanges Nutzungsrecht behalten habe. Nach dem Tod des Übertragenden sei das Eigentum des Bedachten dann zu einem unbeschränkten (Allein-)Eigentum geworden. Daneben sei es auch möglich gewesen, dass sich der Übertragende lediglich ein Nießbrauchsrecht vorbehielt. Neben diesen beiden Formen einer Übertragung an den später Bedachten habe das deutsche Recht auch die treuhänderische Übertragung an einen Dritten genutzt, Beseler, Erbverträge I S. 4 f., 145 f.

826 Gierke, ZRG GA 10 (1889) S. 5 schreibt in einem Nachruf auf Beseler, dieser habe den „verschütteten Begriff der Vergabung von Todes wegen (…) recht eigentlich neu entdeckt“.

827 Beseler, Erbverträge II, 1 S. 126 ff. Er habe sich nicht etwa organisch aus dem etwa im Sachsenspiegel beschriebenen Rechtsgeschäft entwickelt, ebenda S. 172, 199 f. Dementsprechend sieht Beseler den Geltungsgrund für den Erbvertrag seines zeitgenössischen Rechts in der Communis Doctorum Opinio, ebenda S. 203.

828 Beseler, Erbverträge I S. 132 f.

829 Dies zeige der Vergleich mit der Beanspruchung des Erbes *von sibbe halven*, aufgrund von Verwandtschaft, Beseler, Erbverträge I S. 133. *Von sibbe halven* lässt sich in der Tat ein Nachlass wie ein einzelnes Grundstück nur bei einem Erbfall beanspruchen. Ähnlich argumentiert auch Hasse, RheinMJ 2 (1828) S. 188, allerdings gegen die Ansicht Heineccius’, es handele sich bei Ldr. II 30 um die Regelung eines Erbvertrags über einen fremden Nachlass, oben Anm. 809.

830 Beseler, Erbverträge S. 133.

wenn die nächsten Erben zugestimmt hätten[831]. Da Beseler zum einen die sofortige Wirkung der Vergabung von Todes wegen betont und zum anderen eine Vergabung von Fahrnis für in der Zeit des Sachsenspiegels rechtlich nicht möglich hält[832], ist für ihn eine Vergabung in Bezug auf das gesamte Vermögen – einschließlich der Fahrnis und möglicherweise auch späterer Erwerbungen – sehr problematisch[833]. Angesichts verschiedener Beispiele in den Rechtstatsachen bejaht aber auch er diese Möglichkeit, allerdings grundsätzlich lediglich mit Wirkung für das im Zeitpunkt der Vergabung vorhandene Vermögen[834]. Zudem habe die erwerbende Person nicht die Stellung eines (Testaments-)Erben gehabt, sie habe nicht für eventuelle Erblasserschulden gehaftet[835], und ihr Anspruch sei ohne weiteres vererbbar gewesen[836].

Obwohl die Meinung Beselers zur Entstehung der Erbverträge umstritten bleibt[837], setzte sich seine Vorstellung von den „Vergabungen von Todes" wegen als einer auf

---

831 Allerdings wendet er sich gegen die damals herrschende Auffassung, dass das Erbenlaub schon zur Zeit der Volksrechte bekannt und insoweit ein Überrest einer ursprünglich strikten Familienbindung des Gutes war. Vielmehr habe zunächst eine nur durch die Sitte eingeschränkte Verfügungsfreiheit bestanden, erst nach der Verbreitung des Christentums und der damit verbundenen sittlichen Billigung von Zuwendungen für das Seelenheil zugunsten der Kirche habe sich u. a. das Institut des Erbenlaubs entwickelt. Gänzlich entwickelt finde sich das Erbenlaub erst im Sachsenspiegel, Beseler, Erbverträge I S. 51 ff.

832 Diese Möglichkeit habe sich erst später, im städtischen Bereich entwickelt, allerdings fänden sich in Ldr. III 74 erste Spuren einer Vergabung von Fahrnis auf den Todesfall, nämlich unter Ehegatten, Beseler, Erbverträge I S. 152 ff.

833 Beseler, Erbverträge I S. 161 f., 172 f.

834 Beseler, Erbverträge I S. 161 f. Dabei sei die Fahrnis ihrer untergeordneten Bedeutung in einer agrarisch geprägten Gesellschaft wegen als Zubehör zu den unproblematisch übertragbaren Grundstücken verstanden worden, ebenda S. 162, 169. Die Vergabung eines Vermögens stellt sich demnach als die zusammen vorgenommene Vergabung mehrerer Grundstücke mit deren Zubehör dar, wobei dann allerdings auch Fahrnisgegenstände mitumfasst gewesen seien, die streng genommen kein Zubehör einer Liegenschaft bildeten, ebenda S. 167. Die Vorstellung eines Vermögens im Sinne einer *universitas* habe sich entgegen der Ansicht Albrechts erst später entwickelt, ebenda S. 162. Dementsprechend habe sich die Vergabung eines Vermögens zur Entstehungszeit des Sachsenspiegels lediglich auf bereits vorhandene Grundstücke bezogen, später erworbene Liegenschaften seien nicht umfasst gewesen. Demgegenüber sei hinzugekommene Fahrnis als Zubehör der übertragenen Grundstücke sehr wohl inbegriffen gewesen, ebenda S. 173 f.

835 Beseler, Erbverträge I S. 150 f. Indes erscheint ihm diese Rechtsfolge bei der Vergabung ganzer Vermögen unbillig, verblieben dann doch die Schulden entweder beim nächsten Verwandten, oder sie würden erlöschen. Die gegenteilige Rechtsfolge, die Gleichstellung des Bedachten mit einem Erben scheint ihm dagegen mit der von ihm angenommenen dinglichen, nicht erbrechtlichen Wirkung der Vergabung von Todes wegen nicht vereinbar. Er geht daher davon aus, dass der Bedachte in der Regel jeweils durch Rechtsgeschäft in den die Verbindlichkeiten begründenden Vertrag mit aufgenommen worden sei. Beseler, Erbverträge I S. 171 f.

836 Beseler, Erbverträge I S. 150 f.

837 Zu dieser Forschungskontroverse die Übersicht bei Sellert, Art. Erbvertrag, in: HRG[1] I Sp. 981.

einen bestimmten Vermögensgegenstand gerichtete Übertragung mit sofortiger dinglicher Wirkung in der Forschung des 19. und frühen 20. Jahrhunderts allgemein durch[838]. Zwar findet seine Ansicht, diese habe im Regelfall zu einem Gesamteigentum von vergabender und bedachter Person geführt, keine Zustimmung[839]. Es überwiegt die Ansicht, die in den Vergabungen grundsätzlich eine Eigentumsübertragung mit Nießbrauchsvorbehalt sieht[840]. Eine erbrechtliche Wirkung aber, wie sie die ältere Forschung angenommen hatte, wird dem in Ldr. II 30 beschriebenen Rechtsgeschäft seither nicht mehr zugesprochen. Zum einen mache es den Bedachten nicht zum Erben, sondern berechtige ihn lediglich zu dem übertragenen Vermögen oder den übertragenen Vermögensgegenständen[841]. Zum anderen habe es eine unmittelbare dingliche Wirkung, entfalte seine rechtliche Wirkung also nicht erst mit dem Tod der vergabenden Person[842]. Insbesondere könne der Vergabende nicht mehr ohne weiteres über den Gegenstand der Vergabung verfügen[843]. Die Vergabung von Todes wegen stellt sich dabei rechtlich gesehen als Übertragung unter Lebenden dar[844], die Bezeichnung als von Todes wegen sei allein ihrer funktionellen Verwendung, ihrer ökonomisch durchaus erbrechtlichen Wirkung geschuldet[845]. Dementsprechend wird Ldr. II 30 nun viel stärker im Zusammenhang mit solchen Artikeln gesehen, die sich allgemein mit Übertragungen befassen[846]. So werden etwa

---

838 Pauli, Erbrecht S. 157 f.; Weiske, Luther S. 35; Siegel, Erbrecht S. 98 ff.; Stobbe, Privatrecht V S. 171 f., 179, 195; Heusler, Institutionen II S. 117 f., 639 f.; Loening, Testament S. 22, 26; Hübner, Grundzüge S. 782 ff.; Sellert, Art. Erbvertrag, in: HRG[1] I Sp. 984; Ogris, Art. Testament, in: HRG[1] V Sp. 154.

839 Ablehnend schon Albrecht, GGA 1835,1 (1835) S. 535 ff.

840 Weiske, Luther S. 35; Heusler, Institutionen II S. 118, 639; Loening, Testament S. 24; Sellert, Art. Erbvertrag, in: HRG[1] I Sp. 983 f., differenzierend nach dem Parteiwillen Siegel, Erbrecht S. 102 ff.; Hübner, Grundzüge S. 786.

841 Weiske, Luther S. 41 f., 86 f.; Siegel, Erbrecht S. 98; Loening, Testament S. 22, 60 f.; Hübner, Grundzüge S. 785, 788,

842 Weiske, Luther S. 35; Siegel, Erbrecht S. 98; Heusler, Institutionen II S. 117 f.; Loening, Testament S. 24, 60 f.; Hübner, Grundzüge S. 785 f.; Sellert, Art. Erbvertrag, in: HRG[1] I Sp. 984; Ogris Art. Testament, in: HRG[1] V Sp. 154. Anderer Ansicht Piper, Testament und Vergabung S. 95 ff., der differenziert, wohl auch Trummer, Das hamburgische Erbrecht II S. 175 f., 192.

843 Weiske, Luther S. 36; Siegel, Erbrecht S. 102 f.; Heusler, Institutionen II S. 120, 639 f.; Hübner, Grundzüge S. 786; Piper, Testament und Vergabung S. 96 f. mit im Detail unterschiedlichen Ansichten.

844 Weiske, Luther S. 35, 41; Heusler, Institutionen II S. 117 f., 120; Loening, Testament S. 22, 60 f.; Hübner, Grundzüge S. 785 f.; Piper, Testament und Vergabung S. 96; Sellert, Art. Erbvertrag, in: HRG[1] I Sp. 984; Ogris, Art. Testament, in: HRG[1] V Sp. 154.

845 Weiske, Luther S. 34 f.; Heusler, Institutionen II S. 117 f.; Hübner, Grundzüge S. 782 f., 787 f.; Piper, Testament und Vergabung S. 95 f.; Sellert, Art. Erbvertrag, in: HRG[1] I Sp. 984; Ogris, Art. Testament, in: HRG[1] V Sp. 154.

846 Insbesondere Ldr. I 52, wiedergegeben oben S. 201. Diesen Artikel ziehen zusammen mit Ldr. II 30 heran etwa Weiske, Luther S. 35 ff.; Siegel, Erbrecht S. 94; Loening, Testament S. 60 f.; Sellert, Art. Erbvertrag, in: HRG[1] I Sp. 983.

die Erfordernisse des Erbenlaubs und der Auflassung nunmehr bisweilen direkt aus Ldr. I 52 § 1 herausgelesen[847]. Auch die bereits bei Beseler anklingende Skepsis, ob die Vergabung eines gesamten Vermögens bereits zu Zeiten Eikes von Repgow möglich gewesen sei, besteht weiter, Siegel etwa verneint die Frage gänzlich[848]. Andere Autor*innen sehen hier dagegen keinerlei rechtliche Schwierigkeiten[849], vereinzelt wird darüber hinaus schon für diese Zeit von einer Gebräuchlichkeit der Vergabung von Fahrender Habe auf den Todesfall ausgegangen[850].

Von der bei Beseler in den Vordergrund gestellten Begründung für die Einordnung der Vergabung von Todes wegen als Übertragung unter Lebenden – der Annahme, nach deutschem Recht habe die Verfügungsgewalt nicht über den Tod hinaus gewirkt[851] – verlagert sich der Schwerpunkt der Begründung auf die Vorstellung eines starken Familienverbandes und der Bindung vor allem des Grundvermögens an diesen Familienverband[852]. Die Ablehnung von Testamenten sei also nicht so sehr rechtlichen, sondern vor allem sittlichen Vorstellungen geschuldet. Es sei das „Römische Erbrecht auf den wirklichen oder mutmaßlichen Willen des Verstorbenen, das Deutsche aber auf das Familienrecht"[853] gestützt.

Kennzeichen der deutschrechtlichen Vergabung von Todes wegen sei damit, dass sie grundsätzlich zweiseitig sei, dinglich unmittelbar wirksam und damit unwiderruflich sowie abhängig von der Zustimmung der Erben[854]. Damit unterscheide sie

---

847 Loening, Testament S. 60; Sellert, Art. Erbvertrag, in: HRG[1] I Sp. 983; Wacke, Art. Testament A. Recht II Rechte einzelner Länder Europas [1] Deutsches Recht, in: Lex.MA VIII Sp. 565, wohl auch Siegel, Erbrecht S. 110.

848 Siegel, Erbrecht S. 99, ebenso v. Martitz, Güterrecht des Sachsenspiegels S. 246 f., wohl auch Müller, ThSZs 1 (1911) S. 86, der dies jedenfalls für das ältere Magdeburgische Recht annimmt und Schott, Kindesannahme S. 139, der unter *erve* in Ldr. II 30 Erbgut und Stammgut versteht, auf Fahrende Habe beziehe sich der Artikel nicht.

849 Weiske, Luther S. 36; Heusler, Institutionen II S. 630 f.; Hübner, Grundzüge S. 787; Sellert, Art. Erbvertrag, in: HRG[1] I Sp. 983.

850 Pauli, Erbrecht S. 161 f.; Schott, Kindesannahme S. 139, anderer Ansicht Siegel, Erbrecht S. 109; Loening, Testament S. 61; Müller, ThSZs 1 (1911) S. 86; Sellert, Art. Erbvertrag, in: HRG[1] I Sp. 983.

851 So auch Pauli, Erbrecht S. 161; Siegel, Erbrecht S. 109; Loening, Testament S. 45 f., 46 Anm. 1. Dem widerspricht ausdrücklich Trummer, Das hamburgische Erbrecht II S. 176 f.

852 Pauli, Erbrecht S. 156; Trummer, Das hamburgische Erbrecht II S. 178, 195; Loening, Testament S. 44; Hübner, Grundzüge S. 736 f., 780 f., 783 f.; Piper, Testament und Vergabung S. 30 f.; Ogris, Art. Testament, in: HRG[1] V Sp. 153 f., vgl. für die Forschung zum Frühmittelalter auch den Überblick bei Schmidt-Recla, Kalte oder warme Hand S. 30 ff.

853 Trummer, Das hamburgische Erbrecht II S. 178.

854 Weiske, Luther S. 35 f.; Siegel, Erbrecht S. 98 ff.; Heusler, Institutionen II S. 117 f., 630 f.; Loening, Testament S. 22, 24. Ähnlich Trummer, Das hamburgische Erbrecht II S. 175, der die unmittelbare dingliche Wirkung verneint, Hübner, Grundzüge S. 783 ff., der bei der Vergabung kein Erbenlaub voraussetzt.

sich in ihrem Grundansatz von den römischen Testamenten[855], die einseitig seien, letztwillig, rechtlich wirksam erst mit dem Tod des Testierenden und in ihrer Errichtung unbeschränkt. Indes ist in der Literatur des 19. und 20. Jahrhunderts durchaus anerkannt, dass in der Rechtspraxis keineswegs nur diese beiden Grundformen vorkamen[856]. Für das Gebiet des Magdeburger Rechts etwa arbeitet Otto Loening heraus, dass durch Urkunde errichtete Verfügungen durch eine Widerrufsverzichtsklausel bindend und gerichtliche Übertragungen von Todes wegen durch das Ausbedingen eines Widerrufsvorbehalts letztwillig ausgestaltet wurden[857]. Auch dass die Terminologie der mittelalterlichen Rechtssprache nicht einheitlich gewesen sei, wird betont[858]. Umstritten ist im 19. und 20. Jahrhundert, ob die deutschrechtliche Vergabung und das römisch-kanonische Testament getrennt nebeneinander bestanden hätten, bis letzteres ungebräuchlich worden sei[859], oder ob sich aus der Vergabung – nicht ohne den Einfluss der Rezeption – das vom römisch-kanonischen durchaus verschiedene Testament des zeitgenössischen Rechts entwickelt habe[860]. Für den Sachsenspiegel aber herrscht Übereinstimmung, dass hier die Vergabung von Todes wegen in ihrer Grundform gegenübertrete, also als eine (zweiseitige) gerichtliche Auflassung mit sofortiger dinglicher Wirkung, die Erbenlaub erfordert und dem bzw. der Vergabenden die weitere (alleinige) Verfügungsgewalt entzieht[861].

855 Pauli, Erbrecht S. 157 f.; Siegel, Erbrecht S. 134; Loening, Testament S. 23 f., 30 f.; Müller, ThSZs 1 (1911) S. 76; Hübner, Grundzüge S. 780.

856 Pauli, Erbrecht S. 163, 178; Trummer, Das hamburgische Erbrecht II S. 175 f.; Heusler, Institutionen II S. 634 f., 648 f.; Hübner, Grundzüge S. 780; Piper, Testament und Vergabung S. 33, 81, 96 f.; Ogris, Art. Testament, in: HRG[1] V Sp. 152, 162.

857 Loening, Testament S. 28 f.

858 Loening, Testament S. 32; Müller, ThSZs 1 (1911) S. 76, 77 ff.; Piper, Testament und Vergabung S. 35 ff., 98 f.; Ogris, Art. Testament, in: HRG[1] V Sp. 156.

859 Demnach sind alle Testamente von römisch-kanonischem Wesen, zunächst aus der Spätantike überliefert und später auch durch die Rezeption – nicht zuletzt aufgrund entsprechender Bemühungen seitens der Kirche – aufgenommen. Auch bei der Möglichkeit einer Angleichung der Rechtsfolgen und einer wenig einheitlichen Terminologie sei dabei ein Bewusstsein für die unterschiedliche juristische Konstruktion, einmal als dinglich sofort wirksam und andererseits als wirksam erst mit dem Tod, erhalten geblieben, Beseler, Erbverträge I S. 253; Pauli, Erbrecht S. 172; Siegel, Erbrecht S. 136 f.; Loening, Testament S. 30, 36 f.

860 Albrecht, Gewere, 208 f.; Heusler, Institutionen II S. 648 ff.; Stobbe, Privatrecht V S. 195 ff.; Hübner, Grundzüge S. 788; Piper, Testament und Vergabung S. 33 ff.; Ogris, Art. Testament, in: HRG[1] V Sp. 152, 155 f., 164.

861 Siegel, Erbrecht S. 98 f.; Heusler, Institutionen II S. 630 f.; Loening, Testament S. 60 f.; Hübner, Grundzüge S. 787 Anm. 1; Sellert, Art. Erbvertrag, in: HRG[1] I Sp. 983, ähnlich Weiske, Luther S. 31, 35, 86, der die Auflassung als Voraussetzung einer Grundstücksübertragung für den Sachsenspiegel ablehnt, Trummer, Das hamburgische Erbrecht II S. 175 f., 192, 195, der wohl durchaus ein Aufschieben der rechtlichen Wirkung bis zum Tod des Vergabenden je nach Parteiwillen für möglich hält.

γ. Neuere Ansätze

In der neueren Literatur lässt sich indes das Bemühen erkennen, sich von der soeben beschriebenen „Sachenrechtsthese“[862] des 19. und 20. Jahrhunderts zu lösen[863]. Über dieses gemeinsame Bemühen hinaus unterscheiden sich die Ansätze aber erheblich.

So zieht Müßig in einem Aufsatz aus den Jahren 2005, einer erweiterten Fassung ihres Vortrages auf dem 34. Deutschen Rechtshistorikertag 2002 in Würzburg[864], in Zweifel, ob die mittelalterlichen Vergabungen tatsächlich wesensverschieden von den römischrechtlichen Testamenten sind[865]. In drei Aufsätzen aus den Jahren 2012, 2014 und 2015 ergänzt sie ihre diesbezüglichen Überlegungen[866]. Müßigs Fragestellung richtet sich auf die bereits angesprochene Diskussion, ob die gewillkürte Erbfolge und das Testamentsrecht allein auf der Rezeption des römisch-kanonischen Rechts beruhen oder daneben auch aus den deutschrechtlichen Vergabungen entstanden sind. Dabei wählt sie aber, abweichend von älterer Literatur, eine funktionale Betrachtungsweise[867]. In Bezug auf den Sachsenspiegel geht Müßig, vor allem aufgrund ihrer Auslegung der Glossierung Johanns von Buch und der Spruchpraxis der nach Magdeburger Recht entscheidenden Schöffenhöfe, von einer Unterscheidung in Erbgut und erworbenes Gut aus: über ersteres habe nach Ldr. I 52 § 1 nur mit Erbenlaub, über letzteres aber nach Ldr. II 30 frei, wenn auch gerichtlich, verfügt werden dürfen[868]. Sie legt den Begriff *erve* in Ldr. II 30 also abweichend von der bisherigen Forschung weder im Sinne von Nachlass noch im Sinne von Grundstück aus,

---

862 So die einprägsame Bezeichnung bei Schmidt-Recla, Kalte oder warme Hand S. 47.

863 Entsprechende Lösungsbemühungen hin zu einer die erbrechtliche Funktion der entsprechenden Geschäfte betonenden Sichtweise stellt Schmidt-Recla vor allem bei mit dem Frühmittelalter befassten Arbeiten von Landau, Dilcher und Kasten, aber auch bei den hier zu thematisierenden Untersuchungen von Wehlisch und Müßig fest, Schmidt-Recla, Kalte oder warme Hand S. 49 ff.

864 Müssig, ZRG GA 122 (2005) S. 87 Anm. *.

865 Müssig, ZRG GA 122 (2005) S. 90.

866 Oben Anm. 155. Die Aufsätze aus den Jahren 2014 und 2015 sind nahezu wortgleich.

867 Müssig, ZRG GA 122 (2005) S. 89 f., Verfügungen von Todes wegen in den Hallischen Schöffenbüchern S. 132, unter Bezugnahme auf den Verfügungsbegriff Schmidt-Reclas – dazu sogleich – FS Weitzel S. 170, 176, Verfügungen von Todes wegen in mittelalterlichen Rechts- und Schöffenbüchern S. 239, 244. Hinsichtlich ihrer Fragestellung kommt sie zu dem Ergebnis, dass das Recht der gewillkürten Erbfolge keineswegs einheitlich und in den Testamentsformen wie in der Reichweite der materiellen Verfügungsfreiheit von lokalem Recht geprägt gewesen sei, ZRG GA 122 (2005) S. 110 f. Die Ausgestaltung der Verfügung von Todes wegen habe sich bereits vor der Rezeption des gelehrten Rechts auf dem Weg zum Testament befunden, römisch-kanonisches Recht und einheimisches Recht hätten sodann entsprechend dem zeitgenössischen Rechtsdenken eine Synthese gebildet, ZRG GA 122 (2005) S. 111, FS Weitzel S. 203, Verfügungen von Todes wegen in mittelalterlichen Rechts- und Schöffenbüchern S. 266.

868 Müssig, ZRG GA 122 (2005) S. 94, Verfügungen von Todes wegen in den Hallischen Schöffenbüchern S. 133, FS Weitzel S. 178 f., Verfügungen von Todes wegen in mittelalterlichen Rechts- und Schöffenbüchern S. 245 f.

sondern sieht in ihm den Gegensatz zwischen ererbtem und gewonnenen Gut angesprochen. Ebenfalls mit Verweis auf die Rechtspraxis weicht sie darüber hinaus auch in Bezug auf die Verfügungsfreiheit und den Zeitpunkt der rechtlichen Wirkung des in Ldr. II 30 beschriebenen Rechtsgeschäfts von der bis dahin herrschenden Lehre ab: In den Schöffensprüchen fänden sich so viele Vergabungen mit *underscheid*, d. h. mit Widerrufsvorbehalt – bzw. in den späteren Aufsätzen Verfügungsvorbehalt[869] –, dass diese Klauseln wohl bereits bei Entstehung des Sachsenspiegels möglich gewesen seien[870]. Zudem habe die Vergabung auch keine unmittelbare dingliche Wirkung gehabt, ihre Rechtswirkung trete erst mit dem Todesfall ein[871]. Die Annahme der älteren Forschung über die Vergabung von Todes wegen, insbesondere ihre Wesensverschiedenheit von den Testamenten nach römischem Recht, seien insofern nicht aufrecht zu erhalten[872].

Auch Schmidt-Recla wendet sich in seiner Habilitationsschrift von der herrschenden Lehre ab. Zwar ist sein Ansatz auf ein rechtliches Phänomen gerichtet, nämlich

---

869 Aufgrund der Ergebnisse Schmidt-Reclas – dazu sogleich – korrigiert sie die Deutung des Vergebens mit *underscheid* als Widerrufsvorbehalt in den ergänzenden Aufsätzen aus den Jahren 2014 und 2015 und sieht hierin nunmehr lediglich einen Verfügungsvorbehalt. Der Verfügende könne also zu Lebzeiten über das Gut verfügen, nicht aber einen anderen von Todes wegen bedenken. Müssig, Verfügungen von Todes wegen in den Hallischen Schöffenbüchern S. 137, FS Weitzel S. 184, Verfügungen von Todes wegen in mittelalterlichen Rechts- und Schöffenbüchern S. 251.

870 Müssig, ZRG GA 122 (2005) S. 98, Verfügungen von Todes wegen in den Hallischen Schöffenbüchern S. 137, FS Weitzel 184, Verfügungen von Todes wegen in mittelalterlichen Rechts- und Schöffenbüchern S. 250.

871 Zwar fordere die Vergabung von Todes wegen nach Ldr. II 30 eine gerichtliche Fertigung wie eine Übertragung unter Lebenden. Allerdings belege eine Einbeziehung der in den Schöffensprüchen dokumentierten Rechtspraxis, dass die Rechtswirkung bei einer Vergabung nach sächsischem Recht erst mit dem Todesfall eintrete. Erstens sei die Vergabung von Vermögen ausdrücklich einschließlich künftiger Erwerbungen möglich gewesen, was eine sofortige dingliche Wirkung ausschließe. Zweitens zeigten Formulierungen wie *na sim live, na sim tode, erblich nach seyme tode czu besiczczen*, dass man sich der erbrechtlichen Wirkung der Vergabungen durchaus bewusst war. Drittens sei nach dem Recht der Magdeburger Schöffen die Vergabung nicht auch für den Erben des Bedachten wirksam gewesen, wenn dieser den Vergabenden nicht überlebt hatte, Müssig, ZRG GA 122 (2005) S. 99–101, Verfügungen von Todes wegen in den Hallischen Schöffenbüchern S. 138 f., FS Weitzel 185 f., Verfügungen von Todes wegen in mittelalterlichen Rechts- und Schöffenbüchern S. 251 f.

872 Jedenfalls in der Buch'schen Glosse und der Rechtspraxis hätten sich die Rechtsfolgen der Vergabung von Todes wegen so angenähert, dass eine Unterscheidung schwerfalle, Müssig, ZRG GA 122 (2005) S. 90, 101, Verfügungen von Todes wegen in den Hallischen Schöffenbüchern S. 142. Gerade auch die Untersuchungen Schmidt-Reclas würden belegen, dass mittelalterliche Rechtsaufzeichnungen fortschrittliche Elemente letztwilliger Verfügungen zeigen würden und sich gewillkürte Erbfolge und Testamente im deutschen Recht nicht erst unter dem Einfluss des römisch-kanonischen Rechts entwickelt hätten, Festschrift Weitzel S. 167, Verfügungen von Todes wegen in mittelalterlichen Rechts- und Schöffenbüchern S. 237.

einer Verfügung, die rechtlich erst mit dem Tod des/der Verfügenden wirksam wird, bildlich gesprochen einer Verfügung von kalter Hand[873]. Insofern steht bei ihm wie in der Literatur des 19. und 20. Jahrhunderts die rechtliche, nicht die funktionale Betrachtung im Vordergrund. Allerdings trifft er die Abgrenzung zwischen einer Verfügung unter Lebenden und einer Verfügung von Todes wegen in anderer Weise. Entscheidend ist für ihn, ob das fragliche Rechtsgeschäft unter einer Erlebensbedingung geschlossen ist, wobei er einen Verfügungsvorbehalt einer ausdrücklichen Erlebensbedingung gleichstellt[874]. Insofern lehnt er auch den Begriff der Vergabung von Todes wegen ab, der[875] gerade das Gegenteil des von Schmidt-Recla untersuchten Phänomens, nämlich Verfügungen von warmer Hand beschreibt[876]. Er stellt stattdessen den – abweichend von der älteren Forschung, aber auch abweichend von dem geltenden Recht definierten[877] – Begriff der Verfügung von Todes wegen in den Mittelpunkt seiner Untersuchung[878].

Entsprechend der bisher herrschenden Lehre sieht auch Schmidt-Recla in Ldr. I 52 und Ldr. II 30 die zentralen Artikel, aus deren Kombination sich die Rechtslage nach Sachsenspiegel ergebe. Zunächst einmal sei festzuhalten, dass sich Ldr. II 30 trotz des malerischen Ausdrucks *dat hebbe man vor unrecht* nicht auf das Ob einer Verfügung beziehe, sondern allein auf das Wie[879]. Fraglich sei aber der Verfügungsgegenstand[880]. Richte sich Ldr. I 52 § 1 auf *eigen* und abhängige Leute und Ldr. I 52 § 2 auf Fahrende Habe, finde sich in Ldr. II 30 der Begriff *erve*. Schmidt-Recla denkt nun an, dass sich entsprechend der verbreiteten Paarformel von *eigen und erve* Ldr. I 52 § 1 auf gewonnenes Gut beziehen könnte und Ldr. II 30 auf ererbtes. Jedoch sei das *egen* in Ldr. I 52 § 1 klar als Gegensatz zu der in Ldr. I 52 § 2 angesprochenen Fahrenden Habe zu erkennen, dies sei im Sachsenspiegel die zentrale Unterscheidung. Ldr. I 52 § 1 beziehe sich also allgemein auf Liegenschaften, unabhängig von deren Erwerbs-

873 Schmidt-Recla, Kalte oder warme Hand S. 2.

874 Schmidt-Recla, Kalte oder warme Hand S. 100 ff., 123 f., 126 f.

875 Verstanden im Sinne Beselers, oben Anm. 826.

876 Der Begriff entspreche nicht den Quellen und werde in seiner inhaltlichen Festlegung den mittelalterlichen Phänomenen nicht gerecht, Schmidt-Recla, Kalte oder warme Hand S. 81 ff.

877 Oben Anm. 722.

878 Schmidt-Recla, Kalte oder warme Hand S. 88 ff., 99 ff. Neben der Fragestellung, ob eine Verfügung von Todes wegen überhaupt möglich ist, thematisiert er auch, wie weit die inhaltliche Verfügungsfreiheit reicht und wie dabei der Erbenschutzgedanke umgesetzt wird, in welcher Form verfügt werden kann und was Gegenstand der Verfügung ist, eine personenrechtliche Einsetzung als Erb/in oder eine vermögensrechtliche Zuwendung des Nachlasses, Schmidt-Recla, ebenda S. 2 f.

879 Schmidt-Recla, Kalte oder warme Hand S. 378.

880 Mit der bisher herrschenden Lehre sei die Verfügung jedenfalls nicht auf eine Erbeinsetzung, sondern auf eine Zuwendung von Vermögensgegenständen gerichtet, Schmidt-Recla, Kalte oder warme Hand S. 378 f. Er bezieht diese Aussage aber vor allem auf den Befund, dass nach dem spätmittelalterlichen Erbrecht auch bei der Verwandtenerbfolge der Nachlass im Mittelpunkt des Erbrechts gestanden habe.

grund[881]. Fraglich sei aber der Begriff *erve* in Ldr. II 30. Insofern kämen drei Bedeutungsebenen in Betracht: *erve* könnte als Unterbegriff zu *egen* im weiteren Sinne[882] verstanden werden, indem mit der Auslegung Müßigs innerhalb der Liegenschaften nach dem Erwerbsgrund zwischen gewonnenen und ererbten Liegenschaften unterschieden werde. Möglich sei aber auch die Bedeutung von *erve* als Nachlass ohne Gerade, Heergewäte und Musteil. Bei dieser Bedeutung sei von *erve* also auch Fahrende Habe umfasst. Die dritte Möglichkeit schließlich, *erve* im Sinne eines bestimmten Grundstückes, verwirft er sogleich[883]. Bezüglich der ersten beiden Bedeutungen, *erve* im Sinne von ererbten Liegenschaften und *erve* im Sinne von Nachlass ohne Gerade und Heergewäte sei Ldr. II 30 aber mehrdeutig[884]. Näher liege die zweitgenannte, indem Ldr. II 30 dann eine Spezialregel für die Verfügung über Vermögensgesamtheiten sei[885]. Allerdings sei ungewiss, inwieweit sich diese Vorstellungen Eikes von Repgow mit dessen zeitgenössischer Rechtswirklichkeit gedeckt hätten[886]. Schließlich wendet sich Schmidt-Recla der Frage zu, ob die im Sachsenspiegel beschriebenen Verfügungen auch unter Erlebensbedingung vorgenommen werden konnten, nach seinem Verständnis entscheidend für eine Einordnung als Verfügungen von Todes wegen. Da der Sachsenspiegel diese nicht ausschließe, obwohl sie in der Rechtspraxis seit 1255 häufig bezeugt und daher wohl bereits zur Entstehungszeit des Sachsenspiegels in Gebrauch gewesen seien, sei die Frage zu bejahen[887]. Der Sachsenspiegel kenne damit entgegen der älteren Forschung Verfügungen von Todes wegen.

Schließlich hat sich Markus Wehlisch in seiner Dissertation zu den Erbrechten thüringischer Staaten mit der Thematik befasst. Er geht in seiner allerdings we-

---

881 Schmidt-Recla, Kalte oder warme Hand S. 379.

882 Umfasst sind nach Ansicht Schmidt-Reclas mit dem Begriff *eigen* auch solche Liegenschaften, an denen der Berechtigte kein originäres Recht hat, etwa Erbzinsgut.

883 Es gehe in Ldr. I 52 und Ldr. II 30 nicht um individuelle Grundstücke, sondern um abstrakte Vermögensbegriffe.

884 Schmidt-Recla, Kalte oder warme Hand S. 384.

885 Nach Ldr. I 52 § 1 sei für die Verfügung über Liegenschaften und abhängige Leute also eine gerichtliche Vornahme und Erbenlaub erforderlich, nach Ldr. I 52 § 2 bei der Verfügung von Fahrender Habe dagegen nur körperliche Gesundheit. Werde Fahrende Habe aber als Teil eines Gesamtvermögens übertragen, so sei nach Ldr. II 30 auch hier eine gerichtliche Vornahme erforderlich gewesen. Ldr. II 30 enthalte also eine Verschärfung der Übertragungsvoraussetzungen von Fahrender Habe bei Verfügungen, die erst mit dem Tod des Übertragenden rechtlich wirksam werden, Schmidt-Recla, Kalte oder warme Hand S. 384 ff. Eine – allerdings wohl nur theoretisch – denkbare Erleichterung der Übertragungsvoraussetzungen in Bezug auf Liegenschaften, indem diese dann abweichend von Ldr. I 52 § 1 kein Erbenlaub mehr erforderten, diskutiert er nicht, dazu unten S. 227 f.

886 Insbesondere weist Schmidt-Recla darauf hin, dass der Sachsenspiegel die früheste normative, wenn auch nicht rechtstatsächliche, Quelle sei, in der sich das Erbenlaub finde. Zudem ließen Ldr. I 51 § 1 Satz 3 und Ldr. I 52 § 4 den Schluss zu, dass Eike von Repgow die Beachtung des Erbenlaubs keineswegs für selbstverständlich halte, Schmidt-Recla, Kalte oder warme Hand S. 377, 388 f., 390 ff.

887 Schmidt-Recla, Kalte oder warme Hand S. 389 f.

nig überzeugenden Darstellung des Sachsenspiegelerbrechts davon aus, dass nach Ldr. II 30 eine Verfügung mittels eines Erbvertrags möglich gewesen sei[888].

c. Überlegungen zu Ldr. I 52

In der Tat scheint sich die Rechtslage nach den Vorstellungen Eikes von Repgow aus einer Zusammenschau der Artikel Ldr. I 52 und Ldr. II 30 zu ergeben[889]. Wie bereits angesprochen lässt die erste Stelle einen Zusammenhang mit Rechtsgeschäften von Todes wegen nicht ohne weiteres erkennen. Nach Ldr. I 52 § 1 kann niemand *egen* und Eigenleute ohne Erbenlaub und einem Echten Ding[890] *geven*. Demgegenüber kann gemäß Ldr. I 52 § 2 ein Mann[891] Fahrende Habe überall[892] und ohne Erben-

---

888 Wehlisch, Erbrechte S. 20. Er folgt der Erbvertragsthese des frühen 19. Jahrhunderts, ohne eine Auseinandersetzung mit der Theorie von der dinglichen Vergabung von Todes wegen erkennen zu lassen. Auch sein Verweis auf Ldr. I 9 § 6 überzeugt nicht, so auch Schmidt-Recla, Kalte oder warme Hand S. 376 Anm. 88.

889 Im Interesse der besseren Lesbarkeit seien beide an dieser Stelle noch einmal widergegeben: Ldr. II 30, S. 259 f.: *Sve so ime erve to seget nicht von sibbe halven, denne von gelovedes halven, dat hebbe man vor unrecht; man ne moge getügen, dat dat gelovede vor gerichte gestedeget si.* – Ldr. I 52, S. 204: [§ 1] *Ane erven gelof unde ane echt ding ne mut nieman sin egen noch sine lüde geven. Doch weslet die herren ire dinstman wol ane gerichte, of man de wederwesle bewisen unde getügen mach. Gift he't weder rechte sunder erven gelof, die erve underwinde's sik mit ordelen, als of he dot si jene de't dar gaf, so he's nicht geven ne mochte.* [§ 2] *Alle varende have gift de man ane erven gelof in allen steden, und let unde liet gut, al de wile he sik so vermach, dat he begort mit eme sverde unde mit eme scilde up en ors komen mach, von enem stene oder stocke ener dum elne ho, sunder mannes helpe, deste man ime dat ors unde den stegerep halde. Svenne he disses nicht dun ne mach, so ne mach he geven noch laten noch lien, dar he't jeneme mede geverne, de is na sineme dode wardende is.*

890 Das *Echt Ding* ist dadurch gekennzeichnet, dass es an ein für alle Mal feststehenden Terminen, an einem bestimmten Ort und grundsätzlich unter Vorsitz des Grafen stattfindet, Weitzel, Art. Ding, in: HRG^2 I Sp. 1069; Homeyer, Sachsenspiegel I S. 429.

891 Dass dieser Paragraph nur auf Männer beschränkt ist, kann durchaus absichtsvoll sein. Jedenfalls verheiratete Frauen können möglicherweise nicht ohne weiteres über ihre Fahrende Habe verfügen, unten S. 321 f. Müller, ThSZs 1 (1911) S. 96 verneint die Verfügungsbefugnis aufgrund von Ldr. I 45 § 2. Ob aber unverheiratete Frauen und Witwen ihre Fahrende Habe geben können, bleibt ungewiss. Die Kraftprobe mittels des Erklimmens eines Pferdes scheint für sie jedenfalls wenig geeignet. Dies gilt aber auch für Männer, die nicht dem Ritterstand angehören. Johann von Buch bietet aus diesem Grund alternative Kraftproben für Bauern und Frauen an, dazu unten Anm. 966. Schmidt-Recla, Kalte oder warme Hand S. 400 f. weist zudem darauf hin, dass die Kraftprobe sich in den rechtstatsächlichen Quellen kaum nachweisen lässt. Dies alles könnte darauf hindeuten, dass die konkrete Ausgestaltung der Kraftprobe keineswegs ein Allgemeingut der sächsischen Rechtsgewohnheit darstellt, sondern Eike von Repgow hier rechtsschöpferisch tätig wird.

892 Da der Gerichtsplatz für ein Echtes Ding festgelegt ist, bildet das *in allen steden* einen direkten Gegensatz zum Erfordernis eines Echten Dings. Das „an allen Orten“ muss dabei nicht beinhalten, dass eine gerichtliche Übertragung nicht erforderlich wäre. So sieht der Sachsen-

laub *geven*, solange er nur eine wohl auf den Ritterstand zugeschnittene Probe seiner körperlichen Kräfte besteht, auf diese Weise *let und liet* ein Mann auch *gut*.

Ob diese Stelle auch oder nur auf Rechtsgeschäfte von Todes wegen bezogen ist, hängt davon ab, wie der Begriff *geven* zu verstehen ist. Für sich genommen hat er eine sehr weite Bedeutung entsprechend dem heutigen „geben“[893]. Anhaltspunkte für die Verwendung an der vorliegenden Stelle könnte aber der Zusammenhang ergeben. In Ldr. I 52 wird das *geven* von *egen* einerseits dem *geven* von Fahrender Habe gegenübergestellt, zum anderen aber auch[894] dem *laten*[895] und *lien*[896] von *gut*[897]. Auf die Auslegung von Ldr. I 52 wird in der Literatur wenig intensiv eingegangen, offensichtlich, weil der Artikel für unproblematisch gehalten wird. Indes kann die Gegenüberstellung in unterschiedlicher Weise verstanden werden, und unterschiedliche Sichtweisen begegnen – ohne dass dies thematisiert würde – auch in der Literatur.

---

spiegel für verschiedene Klagen in Ldr. I 59 vor, dass der Richter sie *binnen sinem richte, wo he is* richten kann, ausgenommen sind ausdrücklich Klagen auf *egen*, vgl. auch Ldr. I 62 § 10.

893 Walther/Lübben, Mittelniederdeutsches Handwörterbuch S. 121. Im DRW III Sp. 1224–1232, s. v. geben, findet sich eine Aufschlüsselung der Bedeutungsebenen, die folgende Kategorien umfasst: „I einem etwas hinreichen, übergeben, 1, <-> 2 schenken, vergaben, 3 vermachen, stiften, 4 anweisen, 5 beim Verkauf, 6 eine Forderung abtreten, 7 als Lehen verleihen, 8 anvertrauen, 9 zu Pfande geben, 10 auf Borg geben, 11 erlauben, 12 Burg übergeben, 13 Urkunde erteilen, 14 ausmessen, anzeigen, II (an-, be-, aus-)zahlen, leisten, III mit der Hand versprechen, geloben, zusichern, IV [mit persönlichem Objekt], 1 zu eigen, 2 zur Ehe geben, antrauen, 3 zur Hut übergeben, 4 dem Gericht, zur Strafe übergeben, 5 zur Rachevollstreckung ausliefern, 6 Geisel oder Bürgen stellen, 7 bestimmen, freigeben, 9 zur Feststellung der Vaterschaft, sich ergeben, sich begeben, V <-> 1 Recht geben 2 Worte aussprechen 3 Urteil abgeben, 4 Auskunft, Zeugnis geben, 5 beschuldigen, 6 Rechenschaft geben 7 Frist, Termin bestimmen, 8 Rechte und Freiheiten verleihen, 9 Vollmacht geben, Gültigkeit verleihen, als volljährig erklären, 12 einführen, 13 Vertrauen schenken, 14 Unterstützung geben, 15 Flucht geben, fliehen, 16 zur Schlichtung vorlegen“.

894 Diese zweite Gegenüberstellung wird in der Literatur selten thematisiert, was Weiske, Luther S. 37 m. E. zu Recht kritisiert.

895 Walther/Lübben, Mittelniederdeutsches Handwörterbuch S. 199 „2. trans. Lassen. Loslassen; verlassen; unterlassen; nicht thun; zulassen, einräumen; ablassen, von etwas, aufgeben; hinter- zurücklassen; überlassen (besonders zur Entscheidung); um Schlusse festsetzen, beschliessen; (it laten) eine Sache wohin bringen oder unterbringen, etwas mit ihr anfangen; die Rechtsansprüche aufgeben; veräußern ohne Vorbehalt von Eigentumsrechten, zur Ader lassen“.

896 Walther/Lübben, Mittelniederdeutsches Handwörterbuch S. 206: „1. leihen 2. zu Lehen geben“

897 Die Bedeutungen nach Walther/Lübben, Mittelniederdeutsches Handwörterbuch S. 132: „das Gute: Gut, Vermögen, Besitz bes. Vieh.“ weisen darauf hin, dass das Wort zumeist in wenig spezifischem Sinne verwendet wird. Doch kann es auch engere Bedeutungen haben, DRW IV Sp. 1286 ff., s. v. gut: „(…) II liegendes, unbewegliches Gut 1 liegendes, unbewegliches Gut 2 Gebiet 3 Grundstück, Anwesen 4 Eigengut, Privatbesitz 5 öffentliches Gut 6 Lehngut 7 geistlicher Besitz, Kirchengut 8 verpfändet, mit Beschlag belegt 9 zinsbar oder frei III bewegliches Gut, Fahrhabe (…)“.

α. *Geven* als unentgeltliche Übertragung sowie Unterscheidung zwischen formlosem *geven* und förmlichen *laten*

Anzusprechen sind zunächst zwei theoretisch denkbare, aber in der Literatur für den Text von Ldr. I 52 nicht vertretene Auslegungsmöglichkeiten. Zum einen könnte *laten* im Sinne einer förmlichen Auflassung im Gegensatz zu *geven* im Sinne einer formlosen tatsächlichen Übergabe zu verstehen sein[898]. Diese Auslegung überzeugt schon deshalb nicht, da das *geven* von *egen* in Ldr. I 52 § 1 bei einem Echten Ding vorgenommen werden soll.

Zum zweiten könnte *geven* im engen Sinne für eine unentgeltliche Übertragung stehen, also eine Schenkung oder ein Rechtsgeschäft von Todes wegen[899]. Erbenlaub bzw. körperliche Gesundheit wären demnach nur erforderlich, wenn das Gut den Erb/innen ohne einen Gegenwert entzogen wird. Diese zunächst sehr naheliegend erscheinende Auslegung wird jedoch dadurch unwahrscheinlich, dass die Gegenbegriffe zu *geven*, nämlich *laten* und *lien*, keinerlei Bezug zu einer Entgeltlichkeit aufweisen. Diese Aussage aber allein aus dem Begriff *geven* abzuleiten, erscheint angesichts der Bedeutungsfülle des Begriffs wenig überzeugend. So wird *geven* etwa in Ldr. I 9 § 1 eindeutig im Sinne einer entgeltlichen Übertragung verwendet. Vor diesem Hintergrund wäre eine Klarstellung zu erwarten, wenn mit dem *geven* eine unentgeltliche Übertragung gemeint wäre.

In der Literatur begegnen vor diesem Hintergrund drei Auslegungsmöglichkeiten, von denen die erste eher unterschwellig anklingt, die zweite wohl herrschende Meinung in der Literatur ist und die dritte meiner Meinung nach am überzeugendsten erscheint und – wie zu zeigen sein wird – auch von Johann von Buch geteilt wird.

β. Unterscheidung *geven* mit Vorbehalt von Eigentumsrechten – *laten* ohne Vorbehalt von Eigentumsrechten – *lien*

Zum einen kann *geven* im Sinne einer Verg a b ung entsprechend der hergebrachten Lehre ausgelegt werden, als „Übertragung mit einem Vorbehalt von Eigentumsrechten“[900], *laten* dann als „Übertragung ohne Vorbehalt von Eigentumsrechten“[901] und *lien* als „Leihe“. Nach dieser Auslegung würde das *geven* also ausschließlich Rechtsgeschäfte von Todes wegen bezeichnen. Schon die Existenz von Ldr. I 52 würde beweisen, dass der Sachsenspiegel Rechtsgeschäfte mit Wirkung für den Todesfall kennt. Aussage des Artikels wäre demnach, dass Rechtsgeschäfte von Todes wegen über Grundstücke Erbenlaub und ein Echtes Ding erfordern, während Rechtsgeschäfte von Todes wegen über Fahrnis *in allen steden* und ohne Erbenlaub möglich

898 Die Wortbedeutungen nimmt Homeyer, Sachsenspiegel I S. 425 für Ldr. III 83 § 3 an.
899 Das DRW III Sp. 1225, s. v. geben, führt diese Bedeutung unter I 2.
900 Diese Bedeutung kann *geven* in der Tat haben, oben Anm. 893.
901 So Homeyer, Sachsenspiegel I S. 452 ausdrücklich in Bezug auf Ldr. I 52, wobei er allerdings den Gegensatz zu leihen und nicht den zu *geven* betont.

sind, solange die beschriebene Kraftprobe bestanden wird, desgleichen eine Übertragung mit sofortiger Wirkung und ein bloßes Verleihen sowohl in Bezug auf Grundstücke als auch in Bezug auf Fahrnis[902]. Diese Auslegung scheint in der Literatur in einigen lapidaren Feststellungen zum Erbrecht des Sachsenspiegels anzuklingen[903]. Sie legt dem Begriff *geven* jedoch eine sehr spezifische Bedeutung bei, die sich sonst an keiner Stelle des Sachsenspiegels findet[904]. Auch enthält Ldr. II 30 den Begriff *geven* nicht, was doch erstaunt, wenn Eike von Repgow diesen tatsächlich als speziellen Begriff für ein Rechtsgeschäft von Todes wegen verwendet hätte.

γ. Unterscheidung *geven* von Grundstücken – *geven* von Fahrnis

Nach der wohl überwiegenden Ansicht in der Literatur wird dem Einschub *unde let unde liet gut* nur untergeordnete Bedeutung zugewiesen[905] und *geven* umfassend im Sinne jeglicher Übertragung gedeutet, sowohl bei Geschäften unter Lebenden als auch bei Geschäften von Todes wegen. Der zentrale Gegensatz ist dann der zwischen der Übertragung von Grundstücken und der Übertragung von Fahrnis[906].

Problematisch an dieser Auslegung ist aber, dass unklar bleibt, was das *laten* von *gut* sein soll, das nach Ldr. I 52 § 2 ebenfalls ohne Erbenlaub möglich ist. Denkbar wäre, dass *laten* die Aufgabe eines Vermögensgegenstandes ist, ohne dass dieser einem/einer anderen übertragen wird, entweder im Sinne einer Dereliktion oder im Sinne eines Anerkennens eines fremden Rechtes an dem betreffenden Vermögens-

902 Ratio der Norm könnte dann sein, dass die künftigen Erb/innen bei der (wirtschaftlich weniger wertvollen) Fahrnis, bei der (auch die Erblasser/in treffenden und deshalb weniger attraktiven) Übertragung mit sofortiger Wirkung und der (vorübergehenden) Leihe weniger schützenswert sind als bei der Übertragung von Grundstücken mit Wirkung für den Todesfall, weshalb bei letzterer strengere Anforderungen gegeben sind.

903 Auf eine solche Auslegung könnte es zurückzuführen sein, wenn Haarländer, Letztwillige Verfügungen S. 606 knapp feststellt, der Sachsenspiegel verlange in Ldr. I 52 „als Beweis der Testierfähigkeit vom Testator das Besteigen eines Pferdes mit Schwert und Schild und ohne fremde Hilfe", ähnlich etwa Wacke, Art. Testament, Unterabschnitt A. Recht, Unterabschnitt II Rechte einzelner Länder Europas, Unterabschnitt [1] Deutsches Recht, in: Lex.MA VIII Sp. 565; Erler, Art. Siechbett, in: HRG[1] IV Sp. 1660, allerdings wird hier möglicherweise auch nur die im Zusammenhang allein erhebliche Funktion von Ldr. I 52 in den Vordergrund gestellt, ohne eine Aussage zur Anwendbarkeit auf Rechtsgeschäfte unter Lebenden treffen zu wollen.

904 Jedenfalls findet sich keine weitere Verwendung, deren Zusammenhang eine entsprechende Auslegung nahelegen würde. Dagegen finden sich sehr wohl Stellen, bei denen *geven* eindeutig ein Rechtsgeschäft (bzw. im zweiten Falle wohl eine schlichte Handlung) mit sofortigen tatsächlichen Folgen bezeichnet, Ldr. I 9 § 1; Ldr. I 10.

905 Oben Anm. 894.

906 Ein Beispiel ist die oben näher vorgestellte Auslegung Schmidt-Reclas, oben S. 215 f. Aber auch der bisher herrschenden Lehre, die Ldr. I 52 § 1 nicht nur, aber nicht zuletzt auf die „Vergabungen" anwendet, dürfte eine solche Auslegung zugrunde liegen.

gegenstand. Jedoch wird der zweite Fall, das Anerkennen, in Ldr. I 52 § 3 erfasst. Und auch beim ersten Fall bleibt unverständlich, warum die Erb/innen weniger schützenswert sein sollten als bei einer Übertragung. Daneben könnte *laten* im Sinne einer Auflassung verstanden werden, einer Rechtshandlung, die nach hergebrachter Ansicht bei der Übertragung eines *egen* vonnöten ist[907]. Doch ist nicht ersichtlich, warum für eine formale Handlung, die Teil einer Übertragung von Grundstücken ist, eigene materielle Voraussetzungen gelten sollten, noch dazu abweichende von denen der Grundstücksübertragung selbst. Schließlich könnte das *laten* und *lien* von *gut* gleichbedeutend sein mit dem *geven* von *egen*, sodass der Einschub dazu dient, die Pferdeprobe neben den in Ldr. II 30 festgelegten Voraussetzungen auch für die Übertragung von Grundstücken festzusetzen[908]. Hier wäre die Diskrepanz in der Wortwahl allerdings mindestens sehr auffällig.

δ. Unterscheidung *geven* von *egen* – *geven* von Fahrnis – *laten*/*lien* von Grundstücken aus abgeleitetem Recht

Am überzeugendsten wirkt daher eine selten vertretene dritte Möglichkeit der Auslegung[909]. *Lien* verweist mit seiner zweiten Bedeutung „als Lehen verleihen" auf das Gebiet des Lehnsrechtes[910], in das sich auch der Begriff *laten* einordnen lässt. Nach dem Recht des Sachsenspiegels ist es möglich, dass ein Lehnsmann – ob dies auch für eine Lehnsfrau gilt, wird aus dem Sachsenspiegeltext nicht eindeutig deutlich, wird aber auch nicht ausdrücklich ausgeschlossen – sein/ihr Lehen entgeltlich veräußert[911], eine dem Grundgedanken des Lehnswesens durchaus fremde Vorstellung.

---

907 Vgl. aber unten S. 223.

908 So SCHMIDT-RECLA, Kalte oder warme Hand S. 397 f.

909 Vertreten wird sie meines Wissens in der Literatur des 19. – 21. Jahrhunderts allein von WEISKE, Luther S. 36 f. und auch hier lediglich mittels einer kurzen Bemerkung.

910 Oben Anm. 896.

911 Lr. 36, S. 211: *Let en man sime herren gut up also bescedenlike dat he't eneme anderen lie, wel't de herre selve behalden unde ne liet he's jeneme nicht, he ne hevet dar nen recht to, wende't n'is ime nicht upgelaten wen also dat hie't jeneme lien sal.* – Vgl. auch Lr. 16, S. 174: *Nieman ne darf anderwerve untvan gut dat ime sin herre gelegen hevet, of he't uplet oder verkoft unde it aver weder untveit, he ne darve der gewere dar an ses weken unde en jar.* – Lr. 26 § 10, S. 198 f.: *Let man aver en verlegen gut eneme kinde up, also besceidenlike dat he't eneme anderen lie, liet he't danne, unde halt he't stede svenne he to sinen jaren kumt, so is die lenunge recht. Brict aver dat kint die lenunge mit rechte sven it to sinen jaren kumt, so sal it behalden de't gelaten hevet, wende he't also bescedenlike lit dat man't jeneme lege unde anderes nicht; durch dat, svenne die lenunge mit rechte gebroken wert die man do dede, so n'is dat laten ok nicht dat jene do dede, wende he't anderes nicht ne let, wen also besceidenlike dat he't jeneme lege.* Zur Veräußerung von Lehen GANSHOF, Lehnswesen S. 157 ff. – Dass zu einer Veräußerung nach dem Sachsenspiegel die Erlaubnis der Erben erforderlich gewesen wäre, ist nicht ersichtlich. Die Erlaubnis der Söhne und damit Lehnserben eines Mannes wird allein für den Fall angesprochen, dass ein Mann seiner Frau sein Lehen als Leibgedinge verleihen lässt, vgl. unten Anm. 1392.

Dem Leihegedanken des Lehnswesens trägt der Sachsenspiegel aber insoweit Rechnung, dass nach seinen Bestimmungen der Lehnsmann bzw. die Lehnsfrau sein/ihr Lehen nicht selbst an seine/ihre Vertragspartner/in überträgt. Vielmehr verzichtet er/sie vor der Lehnsherr/in auf seine/ihre Ansprüche an dem Lehen – für diesen Vorgang ist (*up*) *laten* der im Sachsenspiegel geläufige Begriff[912] – und diese/r verleiht das nunmehr freigewordene Lehen der Vertragspartner/in. Dieser Vorgang erfolgt im Rahmen der Lehnsgerichtsbarkeit und damit nicht auf einem – örtlich festgelegten – Echten Ding, er kann vielmehr *in allen steden* vorgenommen werden[913].

Vor diesem Hintergrund lohnt noch einmal ein Blick auf die in Bezug genommenen Verfügungsgegenstände. Versteht man *egen* nämlich im engeren Sinne, als originär in der Hand des oder der Gebenden befindliche Liegenschaften, dann ergibt sich neben der Fahrenden Habe noch eine dritte Gruppe an Vermögensgegenständen: Liegenschaften, an denen jemand ein abgeleitetes Recht hat. Für solche Liegenschaften verwendet der Sachsenspiegel häufig den Begriff *gut*[914], der sich in einer spezielleren Bedeutung auch allein auf Grundstücke beziehen kann[915]. Auch nach dieser Auslegung wird also *geven* umfassend als Übertragung verstanden, doch unterscheidet Ldr. I 52 danach nicht nur zwei, sondern drei Verfügungsgegenstände, nämlich erstens *egen* im engeren Sinne, zweitens Fahrnis und drittens Grundstücke, an denen der/die Verfügende ein abgeleitetes Recht überträgt oder bei denen er/sie auf ein solches verzichtet. Ein solches abgeleitetes Recht kann ein Lehen sein, aber auch ein Erbzinsgut[916] oder eine Leibzucht[917]. Tatsächlich verwendet der Sachsenspiegel auch

912 Vgl. etwa Lr. 2 § 3; Lr. 8 § 1; Lr. 14 § 3; Lr. 16; Lr. 20 § 2; Lr. 25 § 5; Lr. 26 §§ 9, 10; Lr. 36; Lr. 37 § 1; Lr. 39 §§ 1, 3; Lr. 44 § 1 für *uplaten* und Lr. 26 § 10; Lr. 28 §§ 1, 2; Lr. 29 § 5; Lr. 30 § 1; Lr. 32 § 3; Lr. 39 §§ 1, 2, 3; Lr. 57 § 5 für *laten*.

913 Lr. 36, wiedergegeben oben Anm. 911, insgesamt hat sich die Lehnsgerichtsbarkeit im Reich verselbständigt. Das Lehnsgericht ist ein Gebotenes Ding, erfolgt also aufgrund einer Ladung und ist in seiner Örtlichkeit nicht dauerhaft festgelegt, Spiess, Art. Lehngericht, in: HRG[1] II Sp. 1715.

914 Vgl. im Sachsenspiegellehnrecht schon Lr. 2 §§ 2–6; Lr. 3; Lr. 4 §§ 3, 5; Lr. 5 §§ 1, 2. Aber auch im Landrecht kann sich *gut* auf Grundstücke, insbesondere solche aus abgeleitetem Recht, beziehen, etwa Ldr. I 9 §§ 2, 4–6.

915 Oben Anm. 897.

916 Zinsgut ist nach der Erklärung von Schott, Sachsenspiegel S. 403 ein „Leiheverhältnis niederer Ordnung, das durch seine wirtschaftliche Abhängigkeit von einem Herrenhof und durch die Art der Zinsen und Dienste gekennzeichnet ist. Das Zinsgut darf nicht weiterverliehen werden. Soweit Zinsgut auf Seiten des Zinsmannes vererblich ist, heißt es auch Erbzinsgut".

917 Die Leibzucht ist freilich nicht übertragbar und auch nicht vererbbar. Insofern ist fraglich, ob auch sie von Ldr. I 52 umfasst ist. Das Verleihen einer Leibzucht an einem *egen* i. e. S. ist es nach dem Wortlaut von Ldr. I 52 jedenfalls nicht, und in Bezug auf diesen Fall bestimmt der Sachsenspiegel in Ldr. I 21 § 1, S. 178, dass die Zustimmung der Erb/innen erforderlich ist, nicht aber ein Echtes Ding, vielmehr kann die Leibzucht bestellt werden *binnen deme gerichte dar't egen inne leget, in iewelker stat, deste dar koninges ban si.*

für die Aufgabe einer Leibzucht oder von Erbzinsgut den Begriff *laten*[918]. Dagegen wird dieser Begriff – entgegen der herrschenden Lehre – im Sachsenspiegel nicht an einer einzigen Stelle auf ein *egen* bezogen[919]. Für diese dritte Auslegungsmöglichkeit spricht zudem, dass auch das Verleihen eines Lehens als die Übertragung eines abgeleiteten Rechtes an einem Grundstück verstanden werden kann. *Laten* (als Übertragung eines abgeleiteten Rechts an einem fremden Grundstück) und *lien* (als Übertragung eines abgeleiteten Rechts an einem eigenen Grundstück) bilden damit ein Gegensatzpaar, was die parallele Nennung von *let und liet*[920] erklären würde.

ε. Schlussfolgerungen zur Zulässigkeit funktionaler Rechtsgeschäfte von Todes wegen

So verstanden enthält Ldr. I 52 zum einen Aussagen über die zuständige Gerichtsbarkeit der unterschiedlichen Verfügungsobjekte: *Egen* i. e. S. wird auf einem Echten Ding übertragen. Fahrende Habe, Lehen und Zinsgüter[921] kann man dagegen *in allen steden*, also auf einem Gebotenen Ding oder ohne Gericht[922], übertragen oder *(up)laten*[923]. Zum anderen stellt der Artikel materielle Voraussetzungen für die Übertragung von Bestandteilen des eigenen Vermögens dar. Bei *egen* ist demnach die Zustimmung der Erb/innen erforderlich[924]. Bei Lehen und

918 Vgl. die Belege in der folgenden Anmerkung.

919 Worauf Weiske, Luther S. 31 zutreffend hinweist. Wenn als rechtliche Handlung und bezogen auf eine Sache gemeint bezieht er sich entweder ausdrücklich auf ein abgeleitetes Recht, vgl. etwa Ldr. I 9 §§ 2, 4–6, (bezogen auf ein Lehen); Ldr. I 45 § 2 (bezogen auf eine Leibzucht) und Ldr. II 59 § 1; Ldr. III 77 § 1 (bezogen auf Erbzinsgut) oder unspezifisch formuliert auf ein *gut*. Ein *egen* ist entgegen Homeyer, Sachsenspiegel I S. 488 auch in Ldr. II 24 § 2 nicht in Bezug genommen. (Allein) Auf Fahrende Habe bezogen erscheint *laten* an keiner Stelle. – Unabhängig von diesem sprachlichen Befund ist die Frage, ob die Übertragung eines *egens* nach dem Sachsenspiegel einer bestimmten gerichtlichen oder öffentlichen Handlung, einer Auflassung nach der heutigen, offensichtlich vom Begriff *(up)laten* geprägten Terminologie bedarf. Zum Streitstand Loening, Testament S. 60 Anm. 4. Diese muss keineswegs mit dem Begriff *laten* verbunden sein, in Betracht kommt etwa der Begriff *gestedeget*, wie er in Ldr. II 30 verwendet wird.

920 Diese Parallelstellung findet sich auch an weiteren Stellen des Sachsenspiegels, etwa unten Anm. 963, 2294.

921 Möglicherweise auch eine Leibzucht, vgl. oben Anm. 917.

922 Oben Anm. 913.

923 Diese Aussage deckt sich zum einen mit der Tatsache, dass die sächsische Lehnsgerichtsbarkeit auf einem Gebotenen Ding ausgeübt wird, und zum zweiten mit den Sachsenspiegelstellen, die eine Bindung von Klagen in Bezug auf *egen* dem Echten Ding vorbehalten, oben Anm. 890, 913.

924 Dass diese Form des Erbenschutzes als allgemeine Voraussetzung dabei auf der rechtsschöpferischen Tätigkeit Eikes von Repgow beruht, ist dabei keineswegs ausgeschlossen, ist der Sachsenspiegel doch nach der Untersuchung Schmidt-Reclas, Kalte oder warme Hand S. 377, die früheste normative – wenn auch nicht rechtstatsächliche – Quelle, die sie anwendet.

Zinsgut[925] bedarf es des Erbenlaubs nicht, allerdings der Kraftprobe. Diese Voraussetzungen gelten dabei für jegliche Übertragung, also jedenfalls für alle Übertragungen unter Lebenden. Sollte der Sachsenspiegel Übertragungen mit Wirkung auf den Todesfall anerkannt haben, dann würden die Übertragungsvoraussetzungen auch für diese gelten. Ob er diese anerkennt lässt sich aber nicht schon aus der Existenz von Ldr. I 52 schließen.

Ebenso wenig lässt sich andererseits aus dem Erfordernis der Kraftprobe von Ldr. I 52 eine Ablehnung solcher Rechtsgeschäfte durch Eike von Repgow ableiten[926]. Die Kraftprobe verhindert zwar Rechtsgeschäfte, wenn aufgrund von Alter oder Krankheit der Tod unmittelbar absehbar ist. Doch ist ein Rechtsgeschäft mit Wirkung für den Todesfall, das bei guter Gesundheit vorgenommen wird, dadurch keineswegs ausgeschlossen. Zwar ließe sich argumentieren, Eike von Repgow habe eine Verfügung in unmittelbarer Todesnähe deswegen verboten, weil eine solche im Ergebnis einer Einwirkung auf die Vermögensnachfolge gleichkomme, sodass er Geschäfte, die von vornherein nur der Regelung der Vermögensnachfolge dienen, a maiore ad minus ebenfalls ablehnen müsse. Doch ist es ebenso plausibel, dass die Ratio der Kraftprobe spezifisch darin liegt, Rechtsgeschäfte von Todes wegen in unmittelbarer Todesnähe zu verhindern. Gründe für die Ablehnung von Rechtsgeschäften von Todes wegen nur bei einer Vornahme in unmittelbarer Todesnähe sind ohne weiteres vorstellbar[927]. Der angesprochene Erst-Recht-Schluss ist damit nicht überzeugend. Eine Aussage über die Möglichkeit eines Rechtsgeschäfts von Todes wegen lässt sich dadurch aus Ldr. I 52 allein weder in positiver noch in negativer Hinsicht treffen.

---

925 Sowie möglicherweise dem Verzicht auf eine Leibzucht, oben Anm. 917.

926 Insofern ist Kannowski nicht zuzustimmen, wenn er in: Kannowski, Germanisches Erbrecht S. 134 f. einen entsprechenden Schluss nahelegt.

927 Gründe für die Ablehnung einer solchen Vornahme ohne eine grundsätzliche Missbilligung von Rechtsgeschäften von Todes wegen könnte die Überlegung sein, dass bei Verfügungen auf dem Totenbett die unmittelbare Angst vor dem Jenseits für die Erb/innen ruinöse Stiftungen zugunsten der Kirche begünstigen könnte, möglicherweise unterstützt durch Geistliche, die während der Sterbebegleitung mittels Drohungen mit Verweigerung der Absolution oder der Sterbesakramente oder mittels guten Zuredens entsprechend auf den Sterbende/n einwirken – möglicherweise nicht einmal aus Habgier, sondern aus Sorge um dessen/deren Seelenheil. Doch muss diese immer wieder geäußerte Vermutung mit Kannowski, Germanisches Erbrecht S. 135 Spekulation bleiben. Als weiterer Grund für die Ablehnung einer Verfügung erst in Todesnähe kommt zudem in Betracht, dass von der körperlichen auf die geistige Gesundheit geschlossen wurde, sodass sich Ldr. I 52 gegen Verfügungen in geistiger Umnachtung wenden könnte. Schließlich könnte der Artikel dadurch motiviert sein, dass die Beeinflussung eines auf körperliche Pflege angewiesenen Menschen durch die ihn versorgende Person ausgeschlossen werden soll.

d. Überlegungen zu Ldr. II 30

Eine solche Aussage könnte sich indes aus Ldr. II 30 ableiten lassen. Dass Ldr. II 30 auf eine Situation bezogen ist, in der jemand ein *erve* nach dem Tod der bisherigen Inhaber/in beansprucht, ist wie gezeigt ganz herrschende Ansicht. In der Tat lässt sich dies aus der Gegenüberstellung der Beanspruchung eines *erve* aufgrund von *gelovede* mit der Beanspruchung *von sibbe halven* ableiten: Auch wenn ein *erve* eine bestimmte Vermögensmasse eines/einer Lebenden bezeichnen kann, aufgrund von Verwandtschaft lässt sich ein Gut nur bei einem Erbfall beanspruchen[928]. Auch dass der Bedachte das *erve* aufgrund des *geloves* in Ldr. II 30 erst nach dem Tod des/der Versprechenden erhalten soll, ist in der Literatur unbestritten[929]. Schon an dieser Stelle kann also festgehalten werden, dass die in Ldr. II 30 beschriebene Situation jedenfalls ein Rechtsgeschäft von Todes wegen, verstanden in funktionalem Sinne, voraussetzt[930].

Worauf sich dieses Rechtsgeschäft von Todes wegen, das *gelove*, bezieht, hängt dabei von der Wortbedeutung des Begriffs *erve* in Ldr. II 30 ab. Von den in der Literatur diesbezüglich vorgeschlagenen Bedeutungsebenen, erstens der Nachlass (mit oder ohne Gerade und Heergewäte), zweitens ein bestimmtes (vererbbares) Grundstück und drittens das ererbte im Gegensatz zum gewonnenen Vermögen, ist meiner Meinung nach die erstgenannte am wahrscheinlichsten, doch auch die zweite nicht auszuschließen. Als wenig überzeugend erweist sich dagegen bei näherer Betrachtung der von Müßig vertretene dritte Ansatz[931]. Denn dieser müsste *erve* entgegengesetzt

928 Oben Anm. 829.

929 Dies ist keineswegs zwingend. Denkbar wäre auch, dass Ldr. II 30 eine Konstellation wie auch Ldr. I 9 § 1, S. 165 f. beschreibt: *Sve aver dem anderen lovet en egen to gevene vor gerichte, unde jene sin silver oder ander sin gut dar up gift, stirft jene danne, er ime de gave gestedeget werde, man sal't sime erven lesten, also man jenem solde, deste he't jeneme vulgelde. Dit selve sal man ok dun umme iewelke varende have.* – Bei einer solchen Auslegung von Ldr. II 30 hatte der/die Verstorbene vor seinem/ihrem Tod also ein *erve* – verstanden dann als bestimmtes Grundstück – durch Rechtsgeschäft unter Lebenden übertragen wollen und vor Gericht ein entsprechendes *gelove* geleistet, war aber gestorben, bevor das Geschäft vor Gericht *gestedeget* worden war. Doch liest eine solche Auslegung sehr viel in den Text hinein, zudem widerspräche Ldr. II 30 dann Ldr. I 9 § 1, der das *gelove* ausreichen lässt, wenn die Gegenleistung bereits erfolgt ist. Ein weiteres Gegenargument ist hier wiederum die Gegenüberstellung mit der Beanspruchung aufgrund von Verwandtschaft, die als Begründung gerade auf den Tod der bisherigen Inhaber/in des *erve* abhebt. Schließlich weist auch, worauf Schmidt-Recla, Kalte oder warme Hand S. 400 hinweist, der Begriff *gelove* in die Zukunft und spricht damit für eine Wirkung des Rechtsgeschäfts erst im Todesfall.

930 Soweit festgestellt wird, der Sachsenspiegel habe allein die Erbfolge aufgrund von Verwandtschaft gekannt, Landau, ZRG GA 114 (1997) S. 59; Gottschalk, Eigentum, Geschlecht, Gerechtigkeit S. 38, ähnlich Kannowski, Buch'sche Glosse S. 462, kann dem nur insoweit zugestimmt werden, wie sich die Aussage auf eine vom Erbenlaub unabhängige Verfügung über das eigene Vermögen im Sinne eines Testaments bezieht.

931 Oben S. 213 f., ablehnend auch Schmidt-Recla, Kalte oder warme Hand S. 388. Landau, ZRG GA 114 (1997) S. 59 ff. nimmt die angesprochene Unterscheidung für das Lübische,

zu dem Sprachgebrauch in anderen Rechtsquellen verstehen. Die Formulierung *Sve so ime erve to seget* kann entsprechend der Auslegung Müßigs nur dann eine Ausnahmeregelung für die Verfügung über gewonnenes Gut enthalten, wenn *erve* hier das gewonnene Gut bezeichnet[932]. Gegen die Ansicht Müßigs spricht auch, dass der Sachsenspiegel in Bezug auf die Form der Übertragung an keiner anderen Stelle eine Unterscheidung von gewonnenem Gut und ererbtem Gut erkennen lässt[933].

Sowohl die erste als auch die zweite Ansicht – also eine Auslegung des Begriffs *erve* entweder im Sinne von „Nachlass" oder im Sinne von „vererbliches Grundstück" – lassen sich aber ohne weiteres mit dem Wortlaut von Ldr. II 30 vereinbaren. Für die erstgenannte spricht indes der Zusammenhang. Da die Situation unstreitig diejenige eines Erbfalles ist, liegt die Bedeutung als Nachlass näher als diejenige als (vererbbares) Grundstück. Die Neigung des 19. Jahrhunderts zu einer Auslegung nur

---

nicht aber das Magdeburger Recht oder das Sachsenspiegelrecht an. Auf Müßigs Ausführungen zu den Schöffensprüchen und zur Buch'schen Glosse wird indes zurück zu kommen sein, unten S. 252 ff.

932 Sieht man in Ldr. II 30 eine Sonderregel für gewonnenes Gut dergestalt, dass bei diesem abweichend von Ldr. I 52 § 1 kein Erbenlaub erforderlich ist, dann kann der Begriff *erve* in diesem Artikel nicht etwa das ererbte, sondern muss im Gegenteil das gewonnene Gut bezeichnen; eine Auslegung, die im Gegensatz zum Sprachgebrauch aller anderen Quellen stünde, unten Anm. 1021. Legt man aber entsprechend dem üblichen Sprachgebrauch *erve* im Sinne des ererbten Gutes aus, dann ließe sich aus Ldr. II 30 allenfalls eine Verfügungsfreiheit ohne Erbenlaub für ererbtes Gut, nicht aber für gewonnenes Gut ableiten, was wiederum im Gegensatz zu der inhaltlichen Regelung aller anderen Rechtsquellen mit einer entsprechenden Unterscheidung steht. – Allenfalls wäre zu überlegen, ob sich die ersten Hälfte von Ldr. II 30: *Sve so ime erve to seget nicht von sibbe halven, denne von gelovedes halven, dat hebbe man vor unrecht* auf ererbtes Gut bezieht, während die zweite Hälfte: *man ne moge getügen, dat dat gelovede vor gerichte gestedeget si* die vom Erbenlaub unabhängige Verfügungsfreiheit für gewonnenes Gut festsetzt. Diese Überlegung könnte in der Formulierung „die im zweiten Halbsatz verankerte Verfügungsfreiheit über gewonnenes Gut und über Fahrende Habe", Müssig ZRG GA 122 (2005) S. 93, Verfügungen von Todes wegen in den Hallischen Schöffenbüchern S. 134, Festschrift Weitzel S. 93, Verfügungen von Todes wegen in mittelalterlichen Rechts- und Schöffenbüchern S. 245 angesprochen sein. Doch wird ein Wechsel des Bezugspunktes vom ersten zum zweiten Halbsatz sprachlich in keiner Weise deutlich. Vielmehr ist Ldr. II 30 ersichtlich als Regel – Ausnahmeverhältnis konstruiert, das ein *gelove* grundsätzlich nicht anerkennt, außer, wenn es vor Gericht *gestedeget* worden ist, Schmidt-Recla, Kalte oder warme Hand S. 378.

933 Eine Unterscheidung zwischen gekauftem Gut und ererbten Gut trifft der Sachsenspiegel zwar in Bezug auf das Beweisrecht, Ldr. II 43 § 2. Wer ein *egen* beansprucht, das er/sie geerbt zu haben angibt, hat gegenüber einem/einer anderen, der/die dasselbe *egen* nur als gekauftes beansprucht, das Recht auf den Beweis, wohl wie im vorhergehenden Artikel durch zwei Zeugen. Aus dieser Regelung lässt sich eine auch die Verfügungsfreiheit erfassende, grundsätzliche Unterscheidung zwischen beiden Erwerbsarten aber kaum ableiten. Insbesondere unterscheidet Ldr. I 52 § 1 nicht zwischen beidem, indem für jede Verfügung über *egen* die Zustimmung der Erb/innen vorausgesetzt wird, Schmidt-Recla, Kalte oder warme Hand S. 381, 388.

oder vor allem im zweiten Sinne dürfte nicht zuletzt auf der Voránnahme beruhen, es handele sich bei dem beschriebenen Geschäft um ein solches sachenrechtlicher Natur, sodass ein konkreter Vermögensgegenstand als Bezugspunkt der Übertragung erforderlich erscheint.

Je nach Auslegung des *erve* bezieht sich Ldr. II 30 also mit der von mir favorisierten ersten Ansicht auf ein Gelöbnis, dass die bedachte Person nach dem Tod der gelobenden Person deren gesamten Nachlass (möglicherweise mit Ausnahme von Gerade bzw. Heergewäte) erhalten soll; oder aber er bezieht sich mit der zweiten Ansicht auf ein Gelöbnis, dass die bedachte Person ein bestimmtes Grundstück aus dem Vermögen des/der Gelobenden erhalten soll.

e. Verhältnis von Ldr. I 52 und Ldr. II 30

Nach der Einzelbetrachtung sowohl von Ldr. I 52 als auch Ldr. II 30 ist schließlich auf den Zusammenhang beider Artikel einzugehen. Da der Sachsenspiegel, wie sich aus Ldr. II 30 ergibt, funktional gesehen Rechtsgeschäfte auf den Todesfall kennt, stellt sich die Frage, ob für diese auch die in Ldr. I 52 festgehaltenen formalen und materiellen Voraussetzungen gelten. Da der Begriff *geven* in Ldr. I 52 umfassend zu verstehen ist, liegt dies grundsätzlich nahe. Allerdings wird in Ldr. II 30 wohl vorausgesetzt, dass das Gelöbnis gerichtlich *gestedeget* ist, das Erbenlaub wird jedoch ebenso wenig erwähnt wie die Kraftprobe. Dies ließe sich dahingehend auslegen, dass Ldr. II 30 gewissermaßen eine Spezialregel für Übertragungen eines gesamten Nachlasses ist und die Voraussetzungen insoweit gegenüber Ldr. I 52 erleichtert. Indes würde bei diesem Verständnis der Zweck des Erbenlauberfordernisses völlig ausgehöhlt, der ersichtlich die Erb/innen vor einem Verlust oder einer Schmälerung ihres zukünftigen Erbrechts schützen soll. Zudem ist Ldr. I 52 § 1 so umfassend formuliert: *Ane erven gelof* (…) *ne mut nieman sin egen* (…) *geven*, dass eine davon abweichende Spezialregel unwahrscheinlich erscheint. Zum dritten spricht gegen ein solches Verständnis auch, dass die Rechtspraxis, wie sich aus den Schöffensprüchen ergibt, bei Rechtsgeschäften von Todes wegen in Bezug auf Liegenschaften die Erlaubnis der Erb/innen voraussetzte[934]. All dies lässt es als wahrscheinlich erscheinen, dass auch Rechtsgeschäfte von Todes wegen die Voraussetzungen des Ldr. I 52 erfüllen müssen. Beziehen sie sich ausschließlich oder auch auf *egen* i. e. S., dann ist Erbenlaub

934 Dabei unterscheiden die Magdeburger Schöffen bald zwischen angestorbenem Gut und wohlgewonnenem Gut, Albrecht, Gewere S. 207; Müller, ThSZs 1 (1911) S. 201 f.; Loening, Testament S. 61, 69 f.; Müssig, ZRG GA 122 (2005) S. 94 Anm. 25, Festschrift Weitzel S. 179 Anm. 52, Verfügungen von Todes wegen in mittelalterlichen Rechts- und Schöffenbüchern S. 247 Anm. 53, eine Unterscheidung, die sich wie gezeigt im Sachsenspiegel nicht ausmachen lässt. Nach Landau, ZRG GA 114 (1997) S. 60 gilt das Erbenlauberfordernis aber zunächst für jegliche testamentarische Verfügung von Todes wegen, und zwar auch für solche, die sich (was zunächst allein möglich gewesen sei) auf Fahrnis bezogen hätten.

erforderlich[935], außerdem wird mittels der Kraftprobe bei Rechtsgeschäften in Bezug auf Lehen, Zinsgut und Fahrende Habe eine Vornahme in unmittelbarer Todesnähe verhindert. Ob bei den Übertragungsvoraussetzungen in Ldr. I 52 zwei oder drei Übertragungsvoraussetzungen unterschieden werden und ob sich das in Ldr. II 30 angesprochene Gelöbnis nur auf einzelne Vermögensgegenstände oder aber den gesamten Nachlass beziehen kann, ist nicht zweifelsfrei ermittelbar, m. E. erscheint aber die jeweils letztgenannte Alternative am wahrscheinlichsten.

f. Zum juristischen Charakter der Rechtsgeschäfte von Todes wegen

Kurz ist zu den Aussagen zum juristischen Charakter der Rechtsgeschäfte von Todes wegen Stellung zu nehmen. Hierzu ist zunächst einmal festzustellen, dass der Sachsenspiegel selbst eine Unterscheidung zwischen Rechtsgeschäften unter Lebenden und Rechtsgeschäften von Todes wegen nicht erkennen lässt. Ldr. I 52 gilt wohl, ohne sie gegeneinander abzugrenzen, für beide. Einzig eine Unterscheidung zwischen Rechtsgeschäften in Todesnähe und Rechtsgeschäften bei guter Gesundheit lässt sich im Sachsenspiegeltext feststellen.

Daraus lässt sich jedoch keinesfalls folgern, dass die im Sachsenspiegel beschriebenen Geschäfte von Todes wegen nach heutigen Maßstäben juristisch sachenrechtlicher Natur sind. Diese Annahme ist – m. E. zu Recht – von Müßig und Schmidt-Recla bezweifelt worden. Funktional jedenfalls handelt es sich, wie auch die Vertreter*innen der „Sachenrechtsthese" betonen[936], um Geschäfte, die der Einflussnahme auf die Vermögensnachfolge nach dem Tod dienen. Das *gelove* ist also darauf gerichtet, dass der/die durch das Versprechen Berechtigte das *erve* erhalten soll, aber erst nach dem Tod des/der Versprechenden.

Genauere Aussagen lassen sich dem knappen Sachsenspiegeltext weder in Bezug auf die rechtliche Konstruktion des Geschäfts noch auf seine rechtlichen und tatsächlichen Wirkungen im Einzelnen entnehmen[937]. Zwar spricht die Bezeichnung als *gelove* in der Tat für ein zweiseitiges, unwiderrufliches Geschäft. Zudem entspricht die Form der Übertragung derjenigen eines Rechtsgeschäfts unter Lebenden[938].

---

935 Das Erfordernis des Erbenlaubs ist in praktischer Hinsicht von überaus großer Wichtigkeit: Gilt es auch für das in Ldr. II 30 beschriebene Rechtsgeschäft, dann ließ sich dieses nicht ohne weiteres dazu einsetzen, die eigentlich erbberechtigten Personen zu übergehen oder ihr Recht zu verkürzen, müssen diese doch zustimmen. Doch führt das Erfordernis des Erbenlaubs nicht dazu, dass das in Ldr. II 30 beschriebene Rechtsgeschäft praktisch bedeutungslos gewesen wäre. Zum einen ist es jedenfalls dann möglich, wenn keine Erb/innen vorhanden sind, und das *erve* an den Richter fallen würde. Zum zweiten kann es aber auch dazu dienen, die Vermögensnachfolge zusammen mit den künftigen Erb/innen etwa durch Abfindungen gütlich zu regeln.

936 Oben Anm. 845.

937 Oben Anm. 730, vgl. auch Anm. 729.

938 Auch bei einer Übertragung von *egen* unter Lebenden muss das gerichtliche *gelove* grundsätzlich gerichtlich *gestedeget* werden, Ldr. I 9 § 1, wiedergegeben oben Anm. 929.

Diese Indizien rechtfertigen die Annahme einer juristischen Konstruktion als Verfügung unter Lebenden indes nicht. Eben so gut kann es sich bei dem in Ldr. II 30 beschriebenen Geschäft wie beim Manzipationstestament des römischen Rechts um ein nachgeformtes Rechtsgeschäft handeln[939], das zwar in seiner Form auf einer Übertragung unter Lebenden beruht, in seiner rechtlichen Konstruktion wie in seinen Wirkungen aber bereits weiterentwickelt ist[940].

2. Verlust des Erbrechts bei Verfehlungen der potentiellen Erb/in

Zuletzt ist noch auf den Verlust des Erbrechts bei Verfehlungen der potentiellen Erb/in einzugehen. Wie das römische Recht bei schweren Verfehlungen der künftigen Erb/in gegen die künftige Erblasser/in den Erbenschutz einschränkt, so kennt auch der Sachsenspiegel den Gedanken, dass eine solche Handlung nachteilige Auswirkungen auf das Erbrecht haben kann. Während aber nach römischem Recht die künftige Erblasser/in die künftige Erb/in bei Vorliegen der Enterbungsgründe grundsätzlich[941] – als Ausnahme zum Pflichtteilsrecht gänzlich – enterben kann, sehen die Regelungen des Sachsenspiegel einen Erbrechtsverlust ipso iure vor[942].

---

939 Diesen Gedanken spricht wohl auch KASTEN, ZRG GA 121 (2004) S. 182 an, wenn sie formuliert: „Zur Karolingerzeit fand man im 9. Jahrhundert mit der lebzeitigen, erbrechtlichen Treuhandschenkung auf den Todesfall eine Konstruktion, die überdies zeitweilig auch im römischen Recht vorgesehen war".

940 Daher ist Müßig und Schmidt-Recla zuzustimmen, wenn sie die freie Widerruflichkeit oder wenigstens die Möglichkeit eines Widerrufsvorbehalts schon nach der Vorstellung Eikes von Repgow für nicht ausgeschlossen halten. Auch in Bezug auf die Verfügungsfreiheit durch Geschäfte unter Lebenden ist nicht gesagt, dass der/die Versprechende durch das in Ldr. II 30 beschriebenen Rechtsgeschäft die Verfügungsgewalt über sein/ihr Vermögen verliert. Legt man das *erve* in Ldr. II 30 als Nachlass (ohne Gerade und Heergewäte) aus, liegt mindestens ebenso nahe, dass sich das beschriebene Rechtsgeschäft allein auf die beim Tod noch vorhandenen Vermögenswerte, das *erve* im erbrechtlichen Sinne eben, bezieht.

941 Nur einzelne Regelungen sehen einen Erbrechtsverlust ipso iure vor. So wird beim neunten Enterbungsgrund – der Hinderung an der Testamentserrichtung – für den Fall, dass die Erblasser/in ohne (neues) Testament verstirbt, auf die entsprechenden Gesetze verwiesen; nach Dig. 29, 6 ist hier ein Erbrechtsverlust ipso iure vorgesehen. Auch beim zwölften Enterbungsgrund, der Vernachlässigung eines geistig verwirrten Elternteils, kann ein Erbrechtsverlust ohne eine Enterbung eintreten, wenn ein andere/r anstelle der Kinder die Pflege übernimmt. Ein Erbrechtsverlust ipso iure tritt schließlich beim dreizehnten Enterbungsgrund ein, wenn die Erblasser/in aufgrund des unterlassenen Loskaufens in Gefangenschaft verstirbt.

942 SYDOW Erbrecht S. 60 f. bezeichnet diese beiden Gründe als Fälle der Indignität, ähnlich RIEDL, Bilderhandschriften S. 57, der von Erbunwürdigkeit spricht, während etwa SIEGEL Erbrecht S. 128 f.; MERKEL, Enterbungsgründe S. 46 Anm. 3 neutraler von einem „Verlust des Erbrechts (...) durch Gesetz" sprechen. – Zwar begründet die Literatur einen Erbrechtsverlust ipso iure nicht zuletzt mit dem Hinweis, dass der Sachsenspiegel die Testierfreiheit nicht gekannt habe und eine Enterbung daher nicht möglich gewesen sei, so SYDOW Erbrecht S. 61 – eine Ansicht, die in dieser Reichweite in dieser Arbeit nicht geteilt wird. Dennoch ist der Aussage zuzustimmen. Zwar könnte die Formulierung ***alle recht hevet he an deme gude verlorn***

Anders als die Enterbungsgründe der Nov. 115 erweitern sie also nicht die Möglichkeit der Erblasser/in, Rechtsgeschäfte von Todes wegen vorzunehmen. Mit dem Themenkreis „Rechtsgeschäfte von Todes wegen" haben sie daher nur bedingt zu tun. Dennoch sollen sie an dieser Stelle kurz vorgestellt werden, weil es naheläge, wenn der Glossator einen Zusammenhang zu den Enterbungsgründen der Nov. 115 herstellen würde. Die entsprechenden Regelungen lauten wie folgt:

Ldr. III 84 §§ 1, 3, S. 381, 382

[§ 1] *Svie deme anderen gut geweldichliken nimt bit an jenes dot, alle recht hevet he an deme gude verlorn, dat ime an deme gude irsterven mochte na jenes dode.* [§ 2] (...)[943] [§ 3] *Dodet ok en man sinen vader oder sinen bruder oder sinen mach oder iemanne, des egenes oder lenes he wardende is, al sine wardunge hevet he verloren; he ne du't in notwerunge sins lives, unde die not uppe den doden beredet werde, oder he ne du't unwetene, so dat it geschi ane sinen dank.*

Wer also einer anderen Person über deren Lebensende hinaus ein Gut gewaltsam entzieht oder wer einer anderen Person, an deren *egen* oder Lehen er eine Anwartschaft hat, wissentlich und ohne in Notwehr zu handeln tötet, verliert alles Recht an diesem Gut bzw. verliert alle Anwartschaften.

IV. Rechtsgeschäfte von Todes wegen in der Buch'schen Glosse

Vor diesem Hintergrund ist nun das Verhältnis der Buch'schen Glosse zu den Rechtsgeschäften von Todes wegen zu untersuchen. Aus dem gelehrten Recht kennt Johann von Buch die Testierfreiheit, beschränkt durch das Pflichtteilsrecht, das seinerseits durch die Enterbungsgründe der Nov. 115 beschränkt wird. Außerdem ist ihm das – von den Rechtslehrer*innen Bolognas allerdings teilweise durchaus eng ausgelegte – Verbot einer die Testierfreiheit beschränkenden, bindenden Verfügung von Todes wegen bekannt. Das sächsische Recht dagegen kennt soweit ersichtlich die dogmatische Trennung zwischen Verfügungen von Todes wegen und Verfügungen unter Lebenden nicht. Auch nach dem Sachsenspiegel sind funktional Rechtsgeschäfte mit tatsächlicher Wirkung für den Todesfall bekannt. Jedenfalls bei Verfügungen (auch) über *egen* ist dabei aber Erbenlaub erforderlich. Ob die Übertragung eines Vermögens

bzw. *al sine wardunge hevet he verloren* auch dahin ausgelegt werden, dass die Erb/in lediglich das Recht verliert, ein Rechtsgeschäft (von Todes wegen) der künftigen Erblasser/in durch Verweigerung des Erbenlaubes zu verhindern. Dagegen spricht aber, dass beide Tatbestände eine Situation schildern, in der die Erblasser/in bereits verstorben ist – im ersten Fall ist ihm das Gut bis zu seinem Tod entzogen worden, im zweiten ist er von seiner potentiellen Erb/in getötet worden. Vor diesem Hintergrund kann mit dem Recht am Gut, das die potentielle Erb/in verliert, nur das Erbrecht gemeint sein.

943 Ldr. III 84 § 2 bezieht sich auf den Rechtsverlust bei Tötungsdelikten zwischen Lehnsherr/in und Lehnsmann/Lehnsfrau.

als Ganzes möglich ist, lässt sich aus dem Wortlaut des Sachsenspiegels ebenso wenig ermitteln, wie eine Antwort auf die Frage, ob letztwillige Rechtsgeschäfte möglich sind. In den Rechtstatsachen kommen aber jedenfalls im Magdeburger Stadtrecht sowohl Rechtsgeschäfte von Todes wegen über ein Vermögen als Ganzes, inklusive künftiger Erwerbungen, als auch Rechtsgeschäfte von Todes wegen mit einem Verfügungs- und/oder Widerrufsvorbehalt vor.

1. Zulässigkeit und Voraussetzungen eines Rechtsgeschäfts von Todes wegen

Johann von Buch berührt die Thematik an verschiedenen Stellen. Auf die Frage nach der Zulässigkeit der Rechtsgeschäfte von Todes wegen gerichtet sind Ausführungen in den Glossen BG I 52 § 1 *Ane eruen geloff*, BG II 30 *Swe zo eme erue* und BG II 30 *Men en moge tugen, dat dit ghelouede* zu den oben untersuchten Sachsenspiegelartikeln sowie in der Glosse BG III 76 § 3 *Nympt en man*. In weiteren Stellen erscheint der Begriff *testament* oder inhaltlich ein Rechtsgeschäft von Todes wegen, ohne dass die Zulässigkeit derselben thematisiert würde.

a. Die Übertragungsvoraussetzungen aus Ldr. I 52 als Erbenschutzinstrument in BG I 52 § 1 *Ane eruen geloff*

Die erste Stelle, an der Johann von Buch die Zulässigkeit einer Einwirkung auf die Vermögensnachfolge nach dem eigenen Tod anspricht, ist BG I 52 § 1 *Ane eruen geloff*.

BG I 52 § 1 *Ane eruen geloff* Satz 1 f., 9–19, S. 372, 374 f.

Alze[944] *ik hire vore zede, dat dat keyserrecht euen to hulpe kumpt deme naturliken rechte, wor eme de zettinge wedderstreuich synd. Nů schaltu wetten, dat dre stücke sin van ge-*

944 Übersetzung: Wie ich zuvor <in BG I 51 § 2 *Echte kindere*> gesagt habe, dass das Kaiserrecht gerade da dem natürlichen Recht zur Hilfe kommt, wo ihm die Satzungen zuwider laufen. <So> sollst du nun wissen, dass es drei Fälle im gesetzten Recht gibt, die gegen das natürliche Recht sind. (…) Das dritte war, dass ein jeder Mann sein Gut vergeben konnte in seinem Sterbebett und ließ seine Kinder betteln gehen, wie in [Nov. 22, 2 pr. Satz 2]. Und darum, dass das wider die Natur war, darum sind viele Rechtsätze dagegen gesetzt, die anordnen, dass man den Erben etwas lassen muss, wie [Inst. 2, 22 pr.; Nov. 1, 2, 1; Dig. 5, 2, 2]. Und darum haben die Sachsen unter sich das Recht, dass, wer etwas vergeben will, der soll es vergeben, solange er es benutzen kann. Denn wer ein Gut vergibt, wenn er es nicht mehr benutzen kann, der vergibt nicht, was das seine ist, sondern er vergibt, was seinen Erben gehört. Und es ist verwunderlich, dass sie das tun, dass sie ihre Erben übergehen, und geben es fremden Leuten, wie in [Nov. 18 pr. Satz 3]. Aus diesem Grund sind die Sachsen davon abgewichen und haben dreierlei Recht an dreierlei Gut. Das erste ist *egen*, und darauf darf er nicht verzichten ohne Erbenlaub, wie er es hier in [Ldr. I 52 § 1] sagt. Das andere ist Lehen, darauf kann er verzichten, wenn er es möchte, wenn er nur nicht deshalb darauf verzichte, weil er es nicht länger benutzen kann, wie in [Lib. feud.]. Das dritte ist Fahrende Habe, die ist <weiter unterteilt in> zweierlei. Ein Eigenmann, das ist die erste Fahrende Habe, die können sie jederzeit untereinander tauschen, damit sich die Eigenleute <mit ihren Ehepartnern> nicht

satteme rechte, de wedder naturlik recht sint. (…) *Dat drudde was, dat en islik man sin gud vorgeuen mochtę in syneme sukebedde vnd lete sine kindere vmme brot gan, ut* [Nov. 22, 2 pr. Satz 2]. *Vnd dar vmme, dat dit wedder de nature was, so sind vele recht hire wedder sat, de dar beden, dat men den eruen wat laten mot, ut* [Inst. 2, 22 pr.; Nov. 1, 2, 1; Dig. 5, 2, 2]. *Vnde dar vmme hebben de Sassen vnder sik dat recht, dat, we wat vorgeuen wel, de schal vorgeuen, de wile he des gebruken mach. Wente we sin gud vorgift, alze he des nicht mer gebruken ne mach, de vorgift nicht dat sin is, mer he gifft dat siner eruen is, ut* [Nov. 17, 12]. *Vnd is wunder, dat se dat don, dat se ere eruen vnderwegen laten vnd geuen dat vromeden luden, ut* [Nov. 18 pr. Satz 3]. *Vmme desse rede so sint des de Sassen afgegan vnd hebben drierleie recht an drierleie gude. Jd erste is egen, vnd dat moten ze nicht laten ane eruen geloff, alze he hire secht. Dat andere is leen, dat mach he laten, wenne he wel, dest he dat ok dor des willen nicht en late, dat he des nicht lenger bruken mach, ut* [Lib. feud.[945]]. *Dat drudde is varende haue, de is twyerleye. En egen man, dat is de erste haue, de mogen ze wesselen to aller tijt, vppe dat sik de egenen nicht tweyen, wen zo weren de kindere eruelos, ut* [Ldr. III 81 § 2[946]]. *De andere varende haue ys allerleye gud, de gifft en man, de wile he sik begord et cetera.*

Zu Beginn der Glosse knüpft Johann von Buch an seine Ausführungen zum vorangegangenen Artikel an. Wie er dort ausgeführt habe, komme in Fällen, wo das durch Rechtssetzung entstandene Recht dem natürlichen Recht widerspreche, das Kaiserrecht dem natürlichen Recht zur Hilfe[947].

<in Bezug auf ihre Herr/in> unterscheiden, denn dann wären die <d. h. ihre> Kinder nicht erbberechtigt, wie unten [Ldr. III 81 § 2]. Die andere Fahrende Habe ist allerlei Gut, die gibt der Mann „solange er gegürtet etc.".

945 Die Allegation an dieser Stelle lautet in der Wolfenbütteler Handschrift, fol. 50^{v}, *aut. coll. X.* Kaufmann, Buch'sche Glosse S. 375 überträgt dies als Lib. feud. 1, 1. Um aber zu verdeutlichen, dass nicht konkret der Anfang der Libri feudorum in Bezug genommen ist, sondern die Allegation sich in einem Verweis auf die Libri feudorum insgesamt erschöpft, wurde hier davon abgewichen. Im Codex Hecht lautet die Allegation wohl fehlerhaft *autent. collacione IX*, in der Heidelberger Handschrift fehlt sie gänzlich, unten Anm. 962.

946 Aufgrund des Zusammenhangs korrigiert aus *arti. LXX li. III,* dieser entspricht nach der Artikelzählung des Codex Hecht vulgat Ldr. III 78, vgl. unten Anm. 965. Anderer Ansicht Kaufmann, Buch'sche Glosse S. 375, er korrigiert die Allegation ebenfalls, aber als Ldr. III 73 § 2.

947 Kannowski, Buch'sche Glosse S. 463. Der Begriff Kaiserrecht erscheint hier also nicht als Gegenbegriff zum geistlichen Recht einerseits und dem weltlichen Sonderrecht andererseits, wie gewöhnlich in der Buch'schen Glosse, oben Anm. 690, 691. Vielmehr wird es dem *naturliken rechte* und dem *gesatteme rechte* gegenübergestellt. Nach Ansicht Johanns von Buch mildert dabei das Kaiserrecht die Auswirkungen des – folglich zeitlich früheren – gesetzten Rechtes ab, indem es seine Anwendung einschränkt oder Sonderregeln schafft, die eine dem natürlichen Recht entsprechende Regelung zur Folge haben. Unterschieden werden damit natürliches Recht (wohl nicht im Sinne Ulpians, vgl. Inst. 1, 2 pr., als allen Lebewesen gemeines Recht, sondern eher im Sinne des kanonischen Rechts als göttliches Recht, vgl. Huneke, Iurisprudentia romano-saxonica S. 668, 669 oder im Sinne eines Naturzustands, so Kannowski, Buch'sche Glosse S. 552), gesetztes Recht (entweder das Ius Civile und das

Von diesen Fällen gebe es drei, jeder wird im folgenden weiter ausgeführt. Neben der Unfreiheit und der Unehelichkeit – die Ausführungen zu beiden sind in der obigen Wiedergabe der Glosse fortgelassen – sei der dritte Fall die Bestimmung des gesetzten Rechts, dass jeder Mann sein Gut auf seinem Sterbe- oder Krankenbett vergeben und seine Kinder so an den Bettelstab bringen könne.

Den Überlegungen Johanns von Buch liegt damit die Annahme zugrunde, dass das Verwandtenerbrecht insbesondere der Nachkomm/innen dem natürlichen Recht entspreche und eine davon abweichende Regelung erst durch Rechtssatzungen ermöglicht worden sei[948]. Nach seiner Formulierung stellt sich die abweichende Regelung des gesetzten Rechts allerdings nicht als die Anerkennung der Testierfreiheit dar. Vielmehr spricht er von einem Vergeben auf dem *sukebedde*, dem Kranken- oder Sterbelager, also in unmittelbarer Todesnähe oder wenigstens -gefahr. Wann dabei die Übergabe des vergebenen Guts erfolgen soll[949], bleibt zunächst ebenso ungewiss, wie die Frage, ob seiner Ansicht nach auch Rechtsgeschäfte bei guter Gesundheit, aber mit Wirkung auf den Todesfall dem natürlichen Recht widersprechen. Jedoch zeigt der folgende Satz, dass der Glossator sich an dieser Stelle allgemein auf Rechtsgeschäfte mit Wirkung auf den Todesfall bezieht: Weil eine solche Handlung gegen die Natur sei, hätten die Kaiser dagegen viele Rechtssätze erlassen. Bei diesen ange-

---

Honorarrecht, oder aber alles Recht, das sich nicht aufgrund seiner Stellung in Codex und Novellen als Kaiserrecht identifizieren lässt) und das Kaiserrecht das die alten Satzungen zwar nicht aufhebt, aber in ihrer Wirkung einschränkt. Die Begriffsverwendung der Begriffe natürliches Recht, Gewohnheit, gesetztes Recht und Kaiserrecht ist freilich, nicht zuletzt wegen der vielschichtigen Verwendung der Begriffe im gelehrten Recht, nicht einheitlich, wie insbesondere Huneke, Iurisprudentia romano-saxonica S. 656–739 herausarbeitet, sodass eine weitergehende Untersuchung den Rahmen dieser Arbeit sprengen würde. Möglicherweise werden durch den Glossator mehrere Begriffsbedeutungen jeweils mitgedacht. – Huneke erwähnt BG I 52 § 1 *Ane eruen geloff* bei ihrer ausführlichen Untersuchung der Rechtsquellenlehre des Glossators des Lehnrechts, bei der sie die entsprechenden Ausführungen Johanns von Buch einbezieht, Huneke, ebenda S. 670, 681, ihre Ausführungen hierzu sind allerdings kurz. Auch sie betont den Gedanken, dass das Kaiserrecht das gesetzte Recht, wo es dem Naturrecht entgegensteht, abmildere. Nach ihrer Untersuchung erscheint diese Idee bei Johann von Buch aber überwiegend in der Form, dass das Kaiserrecht, als gleichbedeutend mit dem gesetzten Recht verstanden, dem Naturrecht gegenüber böser Gewohnheit zur Geltung verhelfe, ebenda S. 659, 670, 687. Ein Vorbild hierfür im gelehrten Recht ist ihr nicht gegenwärtig, möglicherweise stamme der Gedanke von Johann von Buch selbst, ebenda S. 659.

948 Gerade auch diese Aussage ist es, die der zu diesem Satz allegierte Nov. 22, 2 pr. Satz 2, S. 148 f. belegt. Denn die Formulierung der Novellenstelle, dass schon die Zwölf Tafeln *prima paene reipublicae Romanorum* die Testierfreiheit ausgesprochen hätten, kommentiert die Accursische Glosse, AG Nov. 22, 2 pr. *pene,* mit den Worten: *ideo dicit pene: quia aliae leges fuerant ante legem XII tabulorum*: (…), Lyon 1558–1560, VP, AC Sp. 131. Vgl. unten Anm. 985.

949 Möglicherweise ist auch ein Rechtsgeschäft mit sofortiger Wirkung gemeint, das nur durch die Vornahme in Todesnähe eine erbrechtliche Funktion erhält.

sprochenen kaiserlichen Rechtssätzen handelt es sich ausweislich der Allegationen[950] um verschiedene Gesetze im Zusammenhang mit der Lex Falcidia und dem Pflichtteilsrecht[951]. Diese aber beziehen sich keinesfalls allein auf Rechtsgeschäfte, die in unmittelbarer Todesnähe vorgenommen werden.

Nach diesen Ausführungen zur Rechtslage im römischen Recht wendet sich der Glossator dem sächsischen Recht zu: Darum[952] hätten die Sachsen unter sich das Recht, dass, wer etwas weggeben wolle, das tun solle, solange er es auch gebrauchen könne. Diese Feststellung wirft Fragen auf: Spricht Johann von Buch hier von dem Zeitpunkt der Vornahme eines entsprechenden Geschäfts oder von seiner rechtlichen und/oder tatsächlichen Wirkung? Verstanden im ersten Sinne würden dadurch – wie im Sachsenspiegel bei Fahrender Habe und *gut* – allein Rechtsgeschäfte auf dem Totenbett ausgeschlossen, im zweiten Sinne aber jegliches Rechtsgeschäft von Todes wegen. Johann von Buch fährt mit einer Begründung für die angesprochene Feststellung fort: Wer sein Gut vergebe, wenn er es nicht mehr benutzen könne, der gebe nicht das seine, sondern er vergebe die Habe seiner Erben.

Der Wortlaut dieses Satzes orientiert sich durchaus an einer Formulierung des glossierten Sachsenspiegelartikel, nämlich der von Ldr. I 52 § 2 Satz 2[953]. Zusammen mit dem vorangegangenen Nennung des Siechbetts und der Anforderung, jeder dürfe nur vergeben, was er noch gebrauchen könne, lässt sich diese Formulierung aber auch

950 Allegiert sind zu diesem Satz Inst. 2, 22 pr.; Nov. 1, 2, 1 und Dig. 5, 2, 2. Inst. 2, 22 pr. enthält die Aussage, dass die nach den Zwölf Tafeln unbegrenzte Testierfreiheit – nach verschiedenen Vorläufern – durch die Lex Falcidia beschränkt worden sei und gibt deren Regelung kurz wieder; Nov. 1, 2, 1 enthält Einzelheiten zur Inventarerstellung nach der Lex Falcidia, und nach Dig. 5, 2, 2 wird der Wahnsinn bei der *querela inofficiosi testamenti* lediglich fingiert. Darauf deutet auch schon die Allegation zu dem vorhergehenden Satz, dass man sein Gut nach gesetztem Recht habe vergeben und die Kinder an den Bettelstab bringen können. Dort ist Nov. 22, 2 pr. zweiter Satz allegiert, der die Anerkennung der Testierfreiheit schon durch die Zwölf Tafeln erwähnt und keinen Bezug zu einer Verfügung in Todesnähe enthält.

951 Wie oben S. 58, insbesondere Anm. 215 angesprochen, hat das gelehrte Recht Einblicke in die historische Entwicklung dieses Rechtsgebietes. Ob Johann von Buch unterscheidet zwischen der Lex Falcidia, die die Belastung einer Testamentserb/in durch Vermächtnisse beschränkt, und dem Pflichtteilsrecht, das die Übergehung der Intestaterb/innen betrifft, lässt sich nicht erkennen.

952 Gemeint ist grammatikalisch gesehen wohl derselbe Grund, aus dem seiner Meinung nach die Kaiser die Lex Falcidia und das Pflichtteilsrecht eingeführt haben, also das Auseinanderfallen von natürlichem Recht und gesetztem Recht: Auch der Sachsenspiegel ist nach der Vorstellung Johanns von Buch als Privileg Karls des Großen durch einen Kaiser erlassenes Recht. Allerdings könnte Johann von Buch auch die in der Glossierung von Ldr. II 30 herangezogene Überlegung mit im Blick haben, dass die im gemeinen Recht geltende Regelung sehr komplex ist, um zu erklären, warum die Sachsen und Sächsinnen das Auseinanderfallen von gesetztem und natürlichem Recht abweichend geregelt haben.

953 Ldr. I 52 § 2, S. 204: *Svenne he disses* <nämlich das Besteigen eines Pferdes in voller Kampfausrüstung> *nicht dun ne mach, so ne mach he geven noch laten noch lien, dar he't jeneme mede geverne, de is na sineme dode wardende is.*

als Entlehnung aus dem Sachsenspiegellehnrecht verstehen, indem der Glossator die in Lr. 58 § 2[954] angesprochene Ratio für das Verbot einer als *vluchtsale* bezeichneten Verfügung in Todesgefahr und mit der Abrede einer Rückgabe für den Fall des Überleben wiedergibt. Beides spricht dafür, den Satz im Sinne eines Verbotes nur der Verfügung auf dem Totenbett zu deuten. Doch ist Nov. 17, 12[955] allegiert, aus dem sich unabhängig von einem unmittelbar bevorstehenden Tod der Erblasser/in ein gewisses Recht der Intestaterb/innen am Nachlass ableiten lässt. Dass sich jedenfalls die Missbilligung Johanns von Buch nicht allein auf die Vornahme eines Rechtsgeschäfts in unmittelbarer Todesnähe beschränkt, sondern allgemein auf Rechtsgeschäfte von Todes wegen gerichtet ist, zeigt der folgende Satz: *Unde is wunder*[956], dass sie das tun, dass sie ihre Erben übergehen und das Gut Fremden geben.

Zitiert Johann von Buch mit den beiden Sätzen *Vnde dar vmme hebben de Sassen vnder sik dat recht, dat, we wat vorgeuen wel, de schal vorgeuen, de wile he des gebruken mach. Wente we sin gud vorgift, alze he des nicht mer gebruken ne mach, de vorgift nicht dat sin is, mer he gifft dat siner eruen is* aber Lr. 58 § 2[957]: *Vluchtsale het svat die man liet an tvivele sines lives binnen süke, oder als he't lant rumen wel, unde of he geneset oder weder kumt dat he dat gut weder hebben wel. Svie't gut alsüs liet, de liet it* (...) *weder rechte* (...). *He ne liet nicht dat sin is, he liet dat* (...) *enes anderen is na sime dode,* und belässt er es dabei bei einer allgemeinen Zusammenfassung und der Ratio, dann stellt sich darüber hinaus die Frage, inwieweit er mit den Sätzen überhaupt einen konkreten Rechtssatz wiedergeben und nicht lediglich Vorüberlegungen zu den folgenden Ausführungen zu Ldr. I 52 anstellen will. Zur Beantwortung dieser Fragen ist der weitere Glossenverlauf zu beachten.

Aus diesem Grunde, fährt Johann von Buch fort, seien die Sachsen davon abgewichen und hätten stattdessen dreierlei Recht an dreierlei Gut. Diese drei Arten an Gut werden im folgenden, zusammen mit den jeweiligen Übertragungsvoraussetzun-

954 Lr. 58 § 2, S. 244: *Svie gut to vluchtsale liet, he mut dar umme wedden sime herren, he ne moge's sik untscüldegen na rechte, unde mut binnen ses weken die lenunge jeneme breken mit rechte, oder man verdelt ime selven dat gut. Vluchtsale het svat die man liet an tvivele sines lives binnen süke, oder als he't lant rumen wel, unde of he geneset oder weder kumt dat he dat gut weder hebben wel. Svie't gut alsüs liet, de liet it weder gode unde weder rechte unde weder sine trüwe, wende he sime herren plichtich is getrüwe unde holt to wesene. He ne liet nicht dat sin is, he liet dat sines herren oder enes anderen is na sime dode, wende he's selve bi sime live nicht untberen ne wel.*

955 Nov. 17, 12 ermahnt die Vorsteher einer Provinz dazu, einen Schuldige/n nicht durch die Einziehung seines/ihres Vermögens zu bestrafen, sondern dieses den Intestaterb/innen des/der Verurteilten auszuhändigen. Denn wer einen Schuldigen entlasse, aber das Vermögen an sich reiße, der handele rechtswidrig und verurteile letztlich die zur Erbschaft Berufenen.

956 Die Formulierung ist an den allegierten Novellensatz Nov. 18 pr. Satz 3, S. 128 angelehnt: *Frequenter igitur et alia vice mirati sumus,* dass das Pflichtteil der ehelichen und den Eltern angenehmen Kindern nur ein Viertel betrage, das übrige den Eltern aber zur freien Verfügung überlassen sei. – Schärfer noch als der Codex Hecht formuliert die Heidelberger Handschrift, S. 374: *Vnde is wunder, daz se is doin doren,* (...). Übersetzung: Und es ist verwunderlich, dass sie es zu tun wagen, (...).

957 Vollständig wiedergegeben oben Anm. 954.

gen, genannt: *egen*, Lehen und Fahrende Habe, wobei Fahrende Habe sich weiter in Eigenleute und sonstige Fahrnis unterteilen lasse. Als Übertragungsvoraussetzungen nennt der Glossator bei *egen* die Erlaubnis der Erben – so sei es in dem glossierten Artikel gesagt. Lehen könne man *laten*, aufgeben, wann immer man das wolle, solange man es nicht aus dem Grunde aufgebe, dass man es nicht länger gebrauchen könne. Eigenleute könne man jederzeit austauschen, damit sich die Eigenleute[958] nicht unterschieden[959], denn dann wären ihre Kinder nicht erbberechtigt[960]. Die übrige Fahrende Habe könne man geben, solange man die im glossierten Satz beschriebene Kraftprobe bestehe.

Nach dem Verständnis der herrschenden Lehre von Ldr. I 52 müssen diese Ausführungen erstaunen, geht diese doch von einer Unterscheidung zwischen lediglich zwei Arten von Vermögensgegenständen aus, nämlich *egen* (im weiteren Sinne als jedes Grundstück) und Fahrender Habe. Legt man aber die oben vorgestellte alternative Auslegung zugrunde, der zufolge Ldr. I 52 zwischen *egen* (im engeren Sinne als Grundstück in Eigenbesitz), sonstigen Grundstücken (d. h. aus abgeleitetem Recht) und Fahrender Habe unterscheidet, so ist die Passage in weiten Teilen eine zutreffende Paraphrase des glossierten Artikels: Für die Übertragung von *egen* ist demnach Erbenlaub erforderlich – die in Sachsenspiegel vorausgesetzte Vornahme auf einem Echten Ding spricht Johann von Buch nicht an. Die Bestellung und die Aufgabe von Lehen wie auch die Aufgabe sonstiger abgeleiteter Rechte setzt nach der oben vorgestellten Auslegung des Sachsenspiegeltextes lediglich den Krafttest mittels Besteigens eines Pferdes voraus, die Zustimmung der Erben ist nicht erforderlich. Entsprechend stellt Johann von Buch fest, dass man Lehen grundsätzlich aufgeben könne, ausgenommen sei nur der Fall, dass man es allein deshalb aufgebe, weil man es nicht mehr nutzen könne. Die „Pferdeprobe" nimmt er nicht in Bezug[961] – vielleicht, weil sie sich in dieser Form weder in den Libri feudorum[962] noch im Lehnrecht des Sachsen-

958 Gemeint sein dürften zwei miteinander verheiratete Eigenleute, unten Anm. 965.

959 Gemeint sein dürfte darin, dass sie unterschiedliche Herr/innen haben, unten Anm. 965.

960 Vgl. hierzu unten Anm. 965.

961 Schmidt-Recla, Kalte oder warme Hand S. 398 f., weist darauf hin, dass die Pferdeprobe, aber auch die „Ersatzproben" des Johann von Buch einen gewissen Gebrauch der Güter erfordern. Doch geht auch er davon aus, dass die Proben letztlich nur einen Nachweis für die von den während der Proben vorzunehmenden Handlungen zu unterscheidende Fähigkeit zu einem Gebrauchen der Sache darstellen. Damit handelt es sich bei dem Satz nicht um eine Umschreibung für die Kraftprobe. So auch v. Salza und Lichtenau, Signa Iuris VI (2010) S. 153, für den Johann von Buch die Pferdeprobe allein für Fahrende Habe vorsieht.

962 Auffällig ist insoweit auch die unspezifische Allegation. In der Wolfenbütteler Handschrift fol. 50^{v} wird *aut. coll. X* allegiert, also die Libri feudorum, die in einigen, wenn auch nicht allen mittelalterlichen Handschriften als zehnte Sammlung in das Authenticum eingefügt sind, unten Anm. 1833. In Bezug genommen wird die ganze Sammlung, eine konkrete Textstelle nennt Johann von Buch nicht. Im Codex Hecht wird auf die neunte Sammlung verwiesen, vielleicht, weil der Kopist*in, der*die die Korrekturen an den Allegationen vornahm, die Einfügung der Libri feudorum in das Authenticum nicht geläufig war oder aufgrund eines

spiegels[963] findet, die nach seiner Vorstellung die einschlägigen Rechtsquellen für das Lehnrecht sind[964]. Inhaltlich dürfte seine Formulierung aber in dieselbe Richtung wie der Sachsenspiegel weisen: Als Grund für das Unvermögen, ein Lehen selbst zu brauchen, kommt vor allem alters- oder krankheitsbedingte körperliche Schwäche in Betracht. Deren Nichtvorliegen soll durch die im Sachsenspiegellandrecht genannte Kraftprobe gerade nachgewiesen werden. Die in der Glosse genannten Voraussetzungen für Fahrende Habe schließlich beruhen wie die Voraussetzungen zum *egen* auf Ldr. I 52. Bei den Ausführungen zu den Eigenleuten nimmt der Glossator Ldr. I 52 § 1 auf[965], auch die für sonstige Fahrnis geschilderte Kraftprobe ist diejenige

---

Abschreibefehlers. In der Heidelberger Handschrift ist die Allegation gänzlich fortgelassen worden.

963 Dagegen findet sich dort sehr wohl eine Bestimmung mit Bezug auf eine Verfügung im Siechbett: Wer ein Lehen abweichend von der eigentlichen Erbfolge vergeben will, der darf die Gewere daran nicht erst im Siechbett aufgeben: Lr. 30 § 1, S. 204: *Svie sime herren oder sime kinde oder jemanne die is wardende is sin len vernen wel, of he't liet oder let, nicht ne mach it jeneme scaden, of he't weder nimt unde it in geweren behalt went in sin sukebedde dar he binnen stirft.* – Vgl. auch das Verbot der *vluchtsale*, d. h. der Verleihung eines Lehens in Todesgefahr im Siechbett oder bei Verlassen des Landes dergestalt, dass man das Lehen bei Genesung oder Rückkehr zurückerhalten will, in Lr. 58 § 2, wiedergegeben oben Anm. 954.

964 Gut möglich ist auch, dass Johann von Buch neben Ldr. I 52 an dieser Stelle ergänzend die entsprechenden Bestimmungen des Sachsenspiegellehnrechts, oben Anm. 954, 963, heranzieht, die ein Verfügen auf dem Siechbett oder beim Verlassen des Landes ausschließen sollen. Zwar werden diese nicht allegiert, doch ist das Lehnrecht des Sachsenspiegels in der Glossierung zu den ersten zwei Büchern Landrechts äußerst selten mit einer genauen Stellenangabe allegiert, nämlich im beiden Büchern insgesamt an drei Stellen: BG I 3 § 2 *Van den herschilden. To der suluen wijs*, S. 147; BG I 26 *Wert en monik*, S. 303 und BG II 22 § 3 *Dit mach he vp ene tugen zulff zeuede siner genoten*, S. 663. Erst im dritten Buch finden sich häufiger Allegationen aus dem Sachsenspiegellehnrecht. Dennoch lassen die Formulierungen Johanns von Buch in den ersten beiden Büchern an mindestens zwei weiteren Stellen eine Bezugnahme auf das Lehnrecht des Sachsenspiegels erkennen. In BG I 9 § 3 *Dat sulue schal de here don*, S. 192 formuliert der Glossator: *Wente dat lenrecht sprickt*, und gibt im folgenden die Regelung von Lr. 59 § 1 wieder; in BG I 44 *Vrsale* <nach der Kaufmann'schen Edition die zweite Glosse zu diesem Stichpunkt, vgl. unten Anm. 1614>, S. 342 formuliert er: *Dar vmme hefstu in deme lenrechte vluchtsale*, dieser Begriff wird in Lr. 7 § 1 und in Lr. 58 § 2 verwendet. Eine ähnliche Bezugnahme dürfte in der Übernahme des Begriffs *sukebedde* liegen, der im Lehnrecht des Sachsenspiegels etwa in Lr. 7 § 1; Lr. 30 § 1; Lr. 58 § 2 (wie auch weiteren spätmittelalterlichen Rechtstexten), nicht aber in Ldr. I 52 erscheint, außerdem in dem Hinweis, wer etwas vergebe, das er nicht mehr gebrauchen könne, vergebe das Gut seiner Erben. Johann von Buch könnte Lr. 58 § 2 also zu Beginn der Glossierung nicht nur ansprechen, weil er ihm die Ratio für die Bestimmungen von Ldr. I 52 entnimmt, sondern weil er den Lehnrechtsartikel als die – eigentliche – Regelung für eine Übertragung von Lehen sieht.

965 Im Sachsenspiegel werden die Eigenleute dem *egen* gleichgestellt, der spätere Einschub bezieht sich wohl nur auf einen Wechsel dergestalt, dass zwei Eigenleute gegeneinander ausgetauscht werden: Hier ist weder Erbenlaub noch Echtes Ding vonnöten, weil sich die Zusammensetzung des Vermögens gewissermaßen nicht nennenswert ändert. Johann von Buch sieht die Eigenleute dagegen als Teil der Fahrnis, er liest den Einschub als Befreiung von der Kraft-

des Sachsenspiegels. Im weiteren – oben nicht wiedergegebenen – Verlauf der Glossierung beschränkt er diese Kraftprobe allerdings auf Ritter, für Bauern und Frauen nennt er je eine alternative Art der Kraftprobe[966], für die sich keine Anhaltspunkte im Sachsenspiegeltext finden. Die Glossierung zu Ldr. I 52 schließt er sodann mit einem kurzen Eingehen auf Ldr. I 52 § 3[967].

---

probe bei jeglichem Wechsel eines Eigenmannes oder einer Eigenfrau an eine andere Herr/in aufgrund einer Heirat. Begründet sieht er diese Befreiung wohl in der Tatsache, dass Eigenleute entsprechend der Bestimmung für Dienstleute in Ldr. III 81 § 2 – welche er allerdings an anderer Stelle scharf von den Eigenleuten trennt, etwa in BG III 42 § 3 *Vnde weren alle lude vry*, vgl. dazu Kannowski, Buch'sche Glosse S. 295 ff. – nur im Herrschaftsgebiet der eigenen Herr/in erben, denn er formuliert: *vppe dat sik de egenen nicht tweyen, wen zo weren de kindere eruelos*. Der Gedanke ist also, dass bei Eigenleuten Eheleute derselben Herr/in angehören sollen, damit ihre Kinder von beiden Eltern erben können. Daher ist die hierzu angeführte Remission *infra arti. LXX li III* – was im Codex Hecht vulgat Ldr. III 78 § 1–5 entspricht – wohl korrigierend als Ldr. III 81 § 2 zu lesen, und nicht, wie Kaufmann, Buch'sche Glosse S. 376 ebenfalls korrigierend auflöst, als Ldr. III 73 § 2. – Letzterer liegt zwar insofern ebenfalls nahe, weil in Ldr. III 73 § 2, S. 369 der *wesele under den dinstmannen* erwähnt wird. Doch nennt der Glossator in BG III 73 § 2 *Dit zulue recht* Satz 7, S. 1411 mit *infra ar. LXX* dieselbe Remission, an dieser Stelle kann damit aber nicht der glossierte Ldr. III 73 § 2 selbst gemeint sein. Sehr viel näher liegt, dass mit der gleichlautenden Remission in beiden Glossen Ldr. III 81 § 2 bezeichnet ist; wie es Kaufmann, Buch'sche Glosse S. 1411 für BG III 73 § 2 *Dit zulue recht* Satz 7 auch annimmt.

966 BG I 52 § 1 *Ane eruen geloff* Satz 20–28, S. 375 f.: *Dit wonen manige lude, dat dit gemenliken van allen luden gesproken sy. Des ys nicht. Wen id en ys van nemende sproken wenne van ridderen. Dat prof dar bi, dat he seght: Mit eme schilde vnde mit eme swerde. Wenne dat borit to der ridderscap. He sat ok ir recht vor dor erhafticheyt willen, ut* [Inst. 1, 1, 2]. *En bur mach dat vorgeuen, alze he enen vmmeghangh plogen mach enes morgens lang. En vrouwe, wen ze to der kerken ghan mach, alze ze dar van is XX rode. Wen se des nicht don en mogen, so hefft me id dar vore, dat se dat eren eruen entvernen willen.* Übersetzung: Davon glauben viele Leute, dass es allgemein von allen Leuten gesprochen sei. Das ist nicht der Fall. Denn es ist von niemandem gesprochen als von Rittern. Das beweise damit, dass er sagt: „mit einem Schild und einem Schwert". Denn das gehört zur Ritterschaft. Er zieht auch ihr Recht <d. h. das der Ritter> vor, um <ihrer> Ehrenhaftigkeit willen, wie in [Inst. 1, 1, 2]. Ein Bauer kann das vergeben, wenn er einen Umgang pflügen kann <um ein Feld> von einem Morgen Länge. Eine Frau, wenn sie zur Kirche gehen kann, wenn sie 20 Ruten davon entfernt ist. Wenn sie dieses nicht tun können, dann nimmt man an, dass sie das ihren Erben entfernen wollen. – Zur Umrechnung der Maßeinheiten Schmidt-Recla, Kalte oder warme Hand S. 398 Anm. 180 f. Ob mit v. Salza und Lichtenau, Signa Iuris VI (2010) S. 154 die Ersatzregelungen für die ritterliche Pferdeprobe tatsächlich leichtere Kraftproben enthielten, darf jedenfalls in Bezug auf die bäuerliche Kraftprobe angezweifelt werden. Soweit dieser als weitere Kraftprobe ein Herüberreichen aus dem Siechbett über das Bettbrett anspricht, kann er sich damit nicht auf die wohl älteste überlieferte Form der Buch'schen Glosse, die von Kaufmann edierten Handschriften berufen, obwohl sich diese Probe in jüngeren Handschriften der Landrechtsglosse durchaus findet, vgl. etwa die Ausgabe Gärtner, Leipzig 1732, 111.

967 BG I 52 § 1 *Ane eruen geloff* Satz 29 f., S. 376: *Hefft he auer weme wat genomen, wente dat sin nicht en ys, dat en mach he nicht eruen, ut* [Dig. 50, 17, 29; Cod. 9, 33, 2; Cod. 9, 32, 1 oder 2

Bei einer Betrachtung der Glosse in ihrer Gesamtheit nun wird deutlich, wie der missverständliche Satz *Vnde dar vmme hebben de Sassen under sik dat recht, dat, we wat vorgeuen wel, de schal vorgeuen, de wile he des gebruken mach* zu verstehen ist. Es handelt sich nicht um einen eigenständigen Rechtssatz, sondern lediglich um die Ratio[968] für den in der Folge wiedergegebenen Inhalt von Ldr. I 52[969]. Der Gedankengang lässt sich wie folgt zusammenfassen: Weil die Testierfreiheit dem natürlichen Recht zuwiderläuft, schränken die Sachsen und Sächsinnen – in ihrem als kaiserliches Privileg verstandenen Recht – die Testierfreiheit dahingehend ein, dass eine Person ihr Vermögen nur solange vergeben kann, wie sie es selbst zu nutzen in der Lage ist. Um dies zu erreichen, unterscheiden sie in der in Ldr. I 52 beschriebenen Weise.

Eine darüber hinausgehende Regelung will Johann von Buch nicht schaffen[970]. Zwar missbilligt er jegliches Rechtsgeschäft von Todes wegen, durch das die eigenen Nachkomm/innen übergangen werden. Doch wie das gemeine Kaiserrecht die Testierfreiheit nicht aufhebt, sondern sie allein durch das Pflichtteilsrecht einschränkt, so schränken auch die Bestimmungen des Sachsenspiegels die Testierfreiheit lediglich ein, ohne alle Rechtsgeschäfte von Todes wegen auszuschließen. Weil damit Ldr. I 52 vor allem dem Erbenschutz dient, betont er bei der Wiedergabe die materiellen Voraussetzungen, während die Aussagen des Sachsenspiegels über die Gerichtsbarkeit wenig Beachtung finden. Daneben ist Ldr. I 52 aber auch für Rechtsgeschäfte unter Lebenden anwendbar. Nach der Formulierung des Glossators gilt die Regelung für jeden und jede, *we wat vorgeuen wel*. Nach dem Verständnis der Buch'schen Glosse unterscheidet der Sachsenspiegel also nicht zwischen beidem. Der Erbenschutz wird demnach im sächsischen Recht nicht wie im gelehrten Recht durch eine Unterschei-

---

oder 6]. *Dat en is nen gaue, wen id is en wedderlatinge.* Übersetzung: Wenn er aber jemandem etwas genommen hat, weil es nicht das seine ist, kann er das nicht vererben, wie in [Dig. 50, 17, 29; Cod. 9, 33, 2; Cod. 9, 32, 1 oder 2 oder 6]. Das ist nicht „eine Gabe", sondern eine Rückgabe. – Der Satz bezieht sich offensichtlich auf Ldr. I 52 § 3, S. 204: *Svat aver he iemanne genomen hevet mit unrechte, dat mut he ime wol weder laten in sine gewere, dar ne mach jene denne nene gave anspreken, mer so gedan recht, alse he dar an hadde, er't ime genomen wurde.*

968 Als „Motiv" für die folgende Regel sieht den Satz auch v. Sydow, Erbrecht S. 307 Anm. 956, S. 188. Allerdings nimmt er an, dass Ldr. I 52 diesem Motiv nur dann entspreche, wenn bei einem Rechtsgeschäft über Fahrnis sofortige Tradition erforderlich sei, weil nur dann schon das Verbot einer Siechbettverfügung jegliches Rechtsgeschäft von Todes wegen gegen den Willen der Erben ausschließen könne.

969 Auch Müssig, ZRG GA 122 (2005) S. 95, Festschrift Weitzel S. 180, Verfügungen von Todes wegen in mittelalterlichen Rechts- und Schöffenbüchern S. 247 f. und Kannowski, Buch'sche Glosse S. 463 sehen durch BG I 52 *Ane eruen geloff* allein Rechtsgeschäfte auf dem Totenbett, nicht aber mit Wirkung für den Todesfall ausgeschlossen.

970 Allerdings wäre möglich, dass Johann von Buch Ldr. I 52 – strenger noch als die Vertreter*innen der „Sachenrechtsthese" – als einen Ausschluss jeglichen Rechtsgeschäfts von Todes wegen liest, indem er bei jeder Übertragung die sofortige tatsächliche Übergabe fordert. Dass das jedenfalls in Bezug auf *egen* und Zinsgut, vermutlich aber auch in Bezug auf Fahrende Habe, nicht der Fall ist, zeigen aber seine Ausführungen in den weiteren Glossen, vgl. insbesondere unten S. 240 ff., insbesondere S. 266, 272 ff.

dung in Verfügungen unter Lebenden und Verfügungen von Todes wegen und eine Begrenzung der letztgenannten durch das Pflichtteilsrecht realisiert. Das sächsische Recht löst den Interessenkonflikt vielmehr dadurch, dass für jegliches Rechtsgeschäft die in Ldr. I 52 vorgesehenen Voraussetzungen gelten.

b. Die Übertragungsvoraussetzungen aus Ldr. I 52 als Erbenschutzinstrument in BG II 30 *Swe zo eme erue* und BG II 30 *Men en moge tugen, dat dit ghelouede*

Ein zweites Mal, ausführlicher noch, befasst sich Johann von Buch in der Glossierung zu Ldr. II 30 mit den Rechtsgeschäften von Todes wegen. Dabei geht er in zwei Schritten vor. In der Glosse BG II 30 *Swe zo eme erue* behandelt er den ersten Halbsatz des Sachsenspiegelartikels und in der Glosse BG II 30 *Men en moge tugen, dat dit ghelouede* den zweiten. Mit dieser Einteilung setzt er, wie sich zeigen wird, auch eine inhaltliche Zäsur bei der Auslegung des Artikels.

BG II 30 *Swe zo eme erue*, S. 717 f.

Hir[971] *roret Eyke enerleye keyserrecht, dat hetet de adopcionibus, van gewillekorden erffnamen. Dat was aldus, dat en yslik mochte willekoren enen zone edder ene dochter, wene he wolde, vnde de weren in siner gewalt vnde beeruede se mit sinem gude, ut* [Inst. 1, 11, 1; Dig. 1, 7, 1]. *Dit was to gnaden gedan den, de nene kindere en hadden, vnde ok dor de, de se in striden vorloren hadden. Synd wart dit also wijt, dat en islik sik to zonen kos vnde zatte sik enen eruen, wene he wolde, ut* [Nov. 22, 2 pr. Satz 2; Dig. 35, 2, 1]. *Dit begonde sik to wandelende in en ouel, wente itlike vorgheuen al ere gud vnde leten ere kindere vmme dat brot gan, ut* [Nov. 18 pr. Satz 3]. *Dar klaget dit de keyser vnde rechtigede dit recht vnde zatte, dat men den kinderen by plicht laten scholde dat drudde del des vader gudes,*

971 Übersetzung: Hier behandelt Eike ein Kaiserrecht, das *de adoptionibus* heißt, von gewillkürtem Erben. Das war so, dass ein jeder sich einen Sohn oder eine Tochter bestimmen konnte, wenn er wollte, und die waren in seiner Gewalt und <er> vererbte ihnen sein Gut, wie in [Inst. 1, 11, 1; Dig. 1, 7, 1]. Das war als Vergünstigung für die bestimmt, die keine Kinder hatten, oder auch für die, die sie in Kriegen verloren hatten. Später erstreckte sich das so weit, dass jeder sich als Söhne wählte und setzte sich einen Erben, wenn er wollte, wie in [Nov. 22, 2 pr. Satz 2; Dig. 35, 2, 1]. Das begann sich in ein Übel zu wandeln, weil manche all ihr Gut verschenkten und ihre Kinder betteln gehen ließen, wie in [Nov. 18 pr. Satz 3]. Da beklagte dies der Kaiser und korrigierte dieses Recht und bestimmte, dass man den Kindern verpflichtend den dritten Teil des väterlichen Gutes lassen sollte, wie in [Nov. 18, 1]. Du findest aber vielfach, wo das noch geringer steht, die sind alle abgelegt durch dieses Gesetz. Über dieses Recht gab es viele Prozesse und viel Verwirrung. Hiervon sprechen die Leges ab [Inst. 2, 9]. Nutze das ganze <restliche 2.> Buch. Diese Verwirrung haben die Sachsen alle abgelegt und halten es eigenmächtig, dass ihr Erbe niemand aufgrund von Wahl noch aufgrund von Versprechen nimmt, sondern nach der Sippezahl. Das sagt er hier, wie oben [Ldr. I 3 § 3] und in [Nov. 118, 3, 1]. – Vgl. auch die Übersetzung bei Schott, ZNR 33 (2011) S. 2 f., Kindesannahme S. 138. Abschnitte der Glosse sind auch bei Müssig, ZRG GA 122 (2005) S. 92 f., Festschrift Weitzel S. 178, Verfügungen von Todes wegen in mittelalterlichen Rechts- und Schöffenbüchern S. 245 übersetzt.

ut [Nov. 18, 1]. *Du vindest auer maniger wegene*[972], *dar dat noch <mynre>*[973] *steit, de sind al aff gelecht in desser lege. Vppe dit recht ghing vele rechtes vnde vele ghewornes. Hir zeggen leges aff* [Inst. 2, 9]. *Bute dat bok al vth. Desse bewornicheid hebben de Sassen al aff gelecht vnde holden waldichliken, dat ere erue nemend van kore noch van ghelouede nemet, mer nach zibbetale. Dat secht he hire, ut*[974] *supra* [Ldr. I 3 § 3[975]], *et in* [Nov. 118, 3, 1].

BG II 30 *Men en moge tugen, dat dit gheloude*, S. 719

Wo[976], *offt men dit tugen mochte, dat ik dy loued hedde vor gherichte, dat du myn erue nemen scholdest, mochtes du dat denne nemen? Ya. Yo steit dat hir, vnde wat dat recht wel, dar en scholle wy nicht wedder, wente der keyser wel, alze dat recht wel, ut* [Nov. 113 pr.]. *Hir is doch yegen dat recht, dat secht, wat en man vorgeuen wel, dat schal he bynnen yare vnde dage van sik don, edder de gaue en helpet nicht. Vnderschede dat, so vindestu, dat id*

---

972 Schmidt-Recla, Kalte oder warme Hand S. 386 Anm. 128 überliefert zu diesem Wort einen Hinweis Gero Dolezaleks, dass es eigentlich *wettene* heißen müsse, da sich Johann von Buch hier auf die Rechtslage im Codex und den Digesten beziehe. Angesprochen ist damit die Bedeutung „Gesetz" des mittelniederdeutschen, „*wette*", dass allerdings nach Walther/Lübben, Mittelniederdeutsches Handwörterbuch S. 579 „mehr ndl. als ndd." ist. Doch scheint auch das *maniger wegene* im Sinne eines „häufig, oft" durchaus nachvollziehbar, zumal, wie Schmidt-Recla feststellt, alle drei von Kaufmann edierten Handschriften diese Lesart enthalten.

973 So von Kaufmann, Buch'sche Glosse S. 718 aus dem Augsburger Druck von 1516 ergänzt, fehlt im Codex Hecht und der Wolfenbütteler Handschrift, in der Heidelberger Handschrift fehlt der gesamte Halbsatz.

974 Kaufmann, Buch'sche Glosse S. 718 ersetzt bei der Wiedergabe der Leithandschrift das *ut* des Codex Hecht durch ein *et*, wie es sich in der Wolfenbütteler findet. Doch scheint das *ut* passender, lässt sich doch das Novellenzitat nicht als eine Aussage Eikes von Repgow in den Satzzusammenhang einordnen. Daher sind Allegation und Remission auf die Erläuterung der Erbfolge aufgrund von Verwandtschaftsnähe bezogen und nicht mit der Bezugnahme auf Ldr. II 30 (durch das *hire*) in eine Reihe zu setzen.

975 Die Remission lautet *li. I ar. III*, was im Codex Hecht vulgat Ldr. I 3 entspricht, von Kaufmann, Buch'sche Glosse S. 718 aufgrund des Inhalts ergänzt.

976 Übersetzung: Wie, wenn man das bezeugen könnte, dass ich dir vor Gericht gelobt hätte, dass du mein Erbe nehmen solltest, dürftest du das dann nehmen? Ja. Unzweifelhaft steht das hier, und was das Recht will, da sollen wir nicht widersprechen, denn der Kaiser will, wie es das Recht will, wie in [Nov. 113 pr.]. Dem widerspricht jedoch das Recht, das sagt, was ein Mann vergeben will, das soll er binnen Jahr und Tag von sich tun, oder die Übertragung ist unwirksam. Unterscheide hier, so findest du, dass es sich nicht widerspricht. Ist es Fahrende Habe, die kann er geben, solange er beweglich ist, wie in [Ldr. I 52 § 2]; ist es ein erbliches Grundstück, das soll er räumen Jahr und Tag; ist es ein Grundstück in originärem Besitz, das soll er mit Erbenlaub geben, wie in [Ldr. I 52 § 1]. Diese drei Übertragungen unterscheidet er, wenn er hier sagt: „Vor Gericht bestätigt sei". Das heißt, diese Übertragung sei, wie sie sein soll. Das hast du in [Inst. 2, 1, 40]. – Vgl. auch die Übersetzung bei Schott, Kindesannahme S. 138, ZNR 33 (2011) S. 2 f. Abschnitte der Glosse sind auch bei Müssig, ZRG GA 122 (2005) S. 92 f., Festschrift Weitzel S. 178, Verfügungen von Todes wegen in mittelalterlichen Rechts- und Schöffenbüchern S. 246 übersetzt.

nicht in sik en schelet. Is id varende haue, de mach he geuen, de wile he rorich is, ut supra [Ldr. I 52 § 2[977]]; *js dat erue, dat schal he rumen yar vnde dach; js id egen, dat schal he mit eruen geloue geuen, ut supra* [Ldr. I 52 § 1[978]]. *Desse dre gaue schedet he, dar he hire secht: Vor gherichte ghestediget zy. Dat is, desse gaue sy, alze se wesen schal. Dit hefstu* [Inst. 2, 1, 40].

α. Der Gedankengang von BG II 30 *Swe zo eme erue*

Die erste Glosse zu Ldr. II 30 beginnt mit einer Einordnung der Materie: Eike beziehe sich hier auf einen Rechtssatz des gemeinen Rechts[979], *dat hetet de adopcionibus, van gewillekorden erffnamen.* Diese Einordnung, die für die Beurteilung der Zulässigkeit einer Adoption im sächsischen Recht großen Einfluss gewinnen sollte[980], muss vom römischen Recht geprägte Leser*innen erstaunen. Einen Bezug zur Adoption im Sinne des römischen Rechtes, also einer umfassenden, über die erbrechtlichen Folgen weit hinausgehenden Aufnahme in den Familienverband, lässt Ldr. II 30 für sich genommen nicht erkennen[981].

Nach dieser Einleitung folgt ein Abriss der Entwicklung im römischen Recht[982]. Damals habe sich jeder einen Sohn oder eine Tochter wählen können, und die seien

977 Die Remission lautet *li. I ar. LI*, was im Codex Hecht vulgat Ldr. I 52 entspricht, von KAUFMANN, Buch'sche Glosse S. 719 aufgrund des Inhalts ergänzt.

978 Die Remission lautet *li. I ar. LI*, was im Codex Hecht vulgat Ldr. I 52 entspricht, von KAUFMANN, Buch'sche Glosse S. 719 aufgrund des Inhalts ergänzt.

979 Vgl. zum Begriff *keyserrecht* als Gegenbegriff zum weltliche sächsischen Sonderrecht einerseits und zum geistlichen Rechts andererseits oben Anm. 690, 691. Auch an anderen Stellen nimmt Johann von Buch mit einer fast gleichlautenden Formulierung an, ein Sachsenspiegelartikel beziehe sich thematisch auf ein bestimmtes Institut des gemeinen, des römischen Rechtes. So stellt er in BG II 17 § 2 *De vader* Satz 1 Hs. 2, S. 636 fest: (...) *vnde roret hire dat keyserrecht, dat dar het de noxialibus accionibus,* (...), Übersetzung: (...) und behandelt hier ein weltliches gemeines Recht, das heißt De noxalibus actionibus, (...). – Ohne Verwendung des lateinischen Begriffs der *patria potestas* formuliert er in BG II 19 § 1 *De vader* Satz 2 Hs. 2, S. 643: (...) *vnde roret hire dat keyserrecht, dat dar sprickt, welker wijs dat recht der vaderliken walt geloset werde* (...), Übersetzung: (...) und behandelt hier das weltliche gemeine Recht, das ausführt, in welcher Weise die väterliche Gewalt aufgehoben wird (...). – Das *roren* ist an dieser Stelle entsprechend der von WALTHER/LÜBBEN, Mittelniederdeutsches Handwörterbuch S. 306 als vierte Wortbedeutung angegebenen Bedeutungsebene „Bildl.: mit Worten berühren, besprechen, anführen" zu übersetzen. Dies ist jedoch nicht dahingehend zu verstehen, dass der genannte Rechtssatz im Sachsenspiegel wiedergegeben werde, besprochen wird nach Ansicht Johanns von Buch vielmehr die Haltung des Privilegs zu dem entsprechenden Rechtssatz. So ist er in Bezug auf die Adoption der Ansicht, dass diese vom sächsischen Sonderrecht nicht anerkannt werde, dazu sogleich.

980 Dazu SCHOTT, ZNR 33 (2011) S. 2 ff.

981 SCHOTT, ZNR 33 (2011) S. 2.

982 KANNOWSKI, Buch'sche Glosse S. 462 f.; SCHMIDT-RECLA, Kalte oder warme Hand S. 387; SCHOTT, ZNR 33 (2011) S. 2 f., anderer Ansicht in Bezug auf den Satz *Dat was aldus* etc. wohl MÜSSIG, ZRG GA 122 (2005) S. 92, FS Weitzel S. 178, Verfügungen von Todes wegen

dann in der eigenen väterlichen Gewalt gewesen und man habe sie auch mit seinem Vermögen beerbt. Wie die Allegationen zeigen, spricht Johann von Buch hier von dem Rechtsinstitut der Adoption[983]. Diese Regelung sei eine Vergünstigung für diejenigen gewesen, die kinderlos geblieben oder deren Kinder im Krieg getötet worden seien[984]. In späterer Zeit habe sich dann jeder einen Erben setzen können, wenn er gewollt habe. Wiederum ausweislich der Allegationen[985] bezieht sich Johann von Buch mit diesem Satz auf die Schaffung der Testierfreiheit.

---

in mittelalterlichen Rechts- und Schöffenbüchern S. 245, die hier das Adoptionsrecht eines kinderlosen Erblassers bestätigt sieht.

983 Allegiert sind der Beginn eines Titels zu Adoption i. w. S. (d. h. Adoption i. e. S. und Arrogation) in den Institutionen und der Beginn eines ebensolchen Artikels in den Digesten.

984 Ob es sich bei diesem Satz um die Darstellung eines bloßen Zwecks handelt, oder ob Johann von einer Beschränkung der Adoption zumindest in ihrem Beginn auf Kinderlose ausgeht, so Müssig, ZRG GA 122 (2005), FS Weitzel S. 178, Verfügungen von Todes wegen in mittelalterlichen Rechts- und Schöffenbüchern S. 245; Schott, ZNR 33 (2011) S. 2, wohl auch Kannowski, Buch'sche Glosse S. 462, wird nicht zweifelsfrei deutlich. Letzteres wird durch den Begriff der *gnade* nahegelegt, der allgemein eine Vergünstigung meinen kann, aber auch spezieller ein rechtliches Privileg, unten Anm. 1750. In der Accursischen Glosse finden sich folgende Ausführungen: AG Inst. 1, 11, 1 *Adoptio: est autem adoptio secundum Pla. & Ioan. legalis actio ad solatium eorum qui liberos non habent: pene, id est fere naturam imitans. Sed certe, & ab iis qui liberos habent, fit adoptio, vt ff. eo. l. nec ei. § praeterea.* [= Dig. 1, 7, 17, 3] *& infra eo. § licet.* [= Inst. 1, 11, 5] (...), Lyon 1558–1560, VP, Inst. Sp. 51, die eine Sondermeinung des Placentinus und des Johannes (Bassianus?) wiedergeben. Die Glosse beruht an dieser Stelle auf einem Abschnitt aus der Institutionenparaphrase des Antecessor Theophilus, Schott, ZNR 33 (2011) S. 4, die hier in der Übersetzung Wüstemanns, Paraphrase I S. 116 f. wie folgt lautet: „Und was ist die Adoption? eine civilrechtliche Handlung, welche die Natur nachahmt, erfunden zum Trost der Kinderlosen. Es hatte Jemand vielleicht keine Kinder, weil er entweder nicht zur Ehe schritt, oder zwar schritt, aber keine Kinder erzeugte, oder zwar erzeugte, aber sie wieder verlor. (...) Dieß ist [aber mit der Einschränkung] gesagt, daß nicht allein Die in Adoption nehmen, welche keine Kinder haben; denn auch Jene werden ungehindert adoptiren, welche [derer] haben, (...) Ich habe aber [deswegen] hier gesagt, die Adoption sei zum Trost Kinderloser erfunden, um anzuzeigen, was meistentheils geschieht". Jedenfalls in der Paraphrase stellt die Kinderlosigkeit die bloße Ratio der Adoption dar, ohne dass diese auf Kinderlose beschränkt wäre. Bei der Accursischen Glosse scheint der Abschnitt *Sed certe & ab iis* etc. eher die herrschende Gegenmeinung zu enthalten, könnte aber auch eine Fortführung der Meinung Placentinus' und Johannes' sein. Johann von Buch lehnt sich mit seiner Formulierung *to gnaden gedan den, de nene kindere en hadden* unverkennbar an das *ad solatium eorum qui liberos non habent* an, doch bezieht er im vorhergehenden Satz die Adoption ausdrücklich auf *en isliken*. Möglicherweise ist insofern nicht (allein) die Accursische Glosse seine Quelle, sondern (auch) ein weiterer Text, der auf der Paraphrase beruht. Dafür spricht auch die Erwähnung der vorverstorbenen Kinder, die im Text der Accursischen Glosse fehlen.

985 Wie bei der Glossierung zu Ldr. I 52 allegiert er an dieser Stelle Nov. 22, 2 pr. Satz 2, der nach Ansicht des gelehrten Rechts die Einführung der Testierfreiheit durch die Zwölf Tafeln erkennen lässt, oben Anm. 948, außerdem Dig. 35, 2, 1, der als Beschreibung der Schaffung

Wie genau sich die geschichtliche Entwicklung in den Augen Johanns von Buch vollzogen hat, lässt sich an dieser Stelle auf zweierlei Art und Weise verstehen, abhängig auch davon, ob man der Lesart im Codex Hecht und der Wolfenbütteler Handschrift oder der Lesart der Heidelberger Handschrift folgt. Zum einen könnte Johann von Buch davon ausgegangen sein, dass die Adoption zunächst auf Kinderlose beschränkt war – *dit was to gnaden gedan* –, und dann später – *synd wart dir also wijt* – auch auf Kinderlose erweitert wurde, sodass sich dadurch im Ergebnis ein jeder eine Erb/in setzen konnte. Dieser Gedankengang liegt offensichtlich der Lesart des Codex Hecht und der Wolfenbütteler Handschrift[986] zugrunde, die im letztgenannten Satz formulieren: *dat en islik sik to sonen kos vnde zatte sik enen eruen* (Codex Hecht) bzw. *dat en islik man*[987] *sik to sonen kos vnde satte sik enen eruen* (Wolfenbütteler Handschrift). Schott merkt zu Recht an, dass damit „in dogmatisch wenig subtiler, jedoch sachlich nicht ganz abwegiger Vereinfachung das Adoptionsrecht mit dem Testierrecht <verknüpft>“[988] wird. Will man Johann von Buch eine solche Vereinfachung nicht unterstellen, bietet sich jedoch noch eine weitere Verständnismöglichkeit an, die der Lesart der Heidelberger Handschrift zugrunde liegen könnte. Möglicherweise stellt Johann von Buch nämlich zunächst die vermeintliche Rechtslage vor den Zwölf Tafeln vor[989], in der eine Person nur mittels Adoption auf die Vermögensnachfolge nach dem eigenen Tod einwirken konnte. Der Zweck sei dabei der Trost der Kinderlosen gewesen – ohne dass die Adoption aber auf Kinderlose beschränkt war. In der Tat war dies das Verständnis des gelehrten Rechts[990]. Später sei dann ein weiteres Mittel der Einflussnahme hinzugekommen, nämlich sich direkt – d. h. durch Testament – eine Erb/in zu schaffen. Der betreffende Satz lautet bei der Heidelberger Handschrift: *Sint wart dit so wit, dat ein itlich man to erue kos, wen her wolde.* Der/die Bedachte wird hier nicht als Sohn, sondern als Erbe bezeichnet, was bei der Darstellung der Adoption gerade nicht der Fall war. In der Tat spricht nicht wenig für dieses zweite Verständnis. Zum einen entspricht es eher dem gelehrten Recht, das erstens deutlich zwischen Adoption und Testament trennte, zweitens die Adoption durch den Trost der Kinderlosen motiviert, aber Kinderlosigkeit keineswegs als Voraussetzung der Adoption, und drittens die Testierfreiheit als

der Testierfreiheit durch die Lex Falcidia verstanden werden kann, was wiederum durch die Accursische Glosse im Sinne einer Schaffung durch die Zwölf Tafeln korrigiert wird: AG Dig. 35, 2, 1 *Facultatem dedit*: *id est datam confirmauit, vt infra de verbo signifi. l. lege obuenire* [= Dig. 50, 16, 130]. *ab initio enim per l. xij tabu. data fuit haec facultas, vt instit. eo. in princ.* [= Inst. 2, 22 pr.] *& in authen. de nupt. § disponat* [= Nov. 22, 2 pr. Satz 2], Lyon 1558–1560, Infor. Sp. 1332.

986 Wolfenbütteler Handschrift, fol. 91^{r}.

987 Geändert aus *nam*.

988 Schott, ZNR 33 (2011) S. 3.

989 *Aldus* wäre dann, mit Schott, ZNR 33 (2011) S. 2 als „vor Zeiten“, „damals“ zu übersetzen.

990 Oben Anm. 984.

durch die Zwölf Tafeln geschaffen ansah. Zum anderen spricht dafür, wie bereits angesprochen, die deutliche Unterscheidung bei den Allegationen[991].

Dies, fährt der Glossator dann fort, habe sich jedoch in ein Übel gewandelt, weil manche ihr gesamtes Gut vergeben und so ihre Kinder zum Betteln verurteilt hätten. Die Missbilligung Johanns von Buch über ein solches Übergehen der Erb/innen wird, wie schon in der Glossierung zu Ldr. I 52, sehr deutlich: *Dit begonde sik to wandelende in en ouel*[992]. Daher hätten die Kaiser als Pflichtteil den Kindern den dritten Teil des väterlichen Vermögens zugesprochen, durch Nov. 18. Doch fände die in der 2. Person angesprochene Leserschaft es häufig, dass es noch anders stehe[993]. Insgesamt habe es zu diesem Recht viele Prozesse gegeben und es habe viel Verwirrung hervorgerufen. Hiervon sprächen die Leges ab Inst. 2, 9 bis an das Ende des zweiten Buches.

Die folgende Anweisung, das gesamte Buch auszunutzen, dürfte ursprünglich ein Teil der Allegation gewesen sein. In diesem Sinne lässt sich noch die Lesart der Wolfenbütteler wie auch der Heidelberger Handschrift verstehen: *Hir segken leges af Ist. per quas personas nobis aquiritur. Bit dat bo̊k al vth* – so die Wolfenbütteler Hand-

---

991 Beim ersten Satz, dem, der nach der zweiten Lesart die Adoption vorstellen soll, finden sich nur solche zur Adoption, nicht aber solche zum Testament. Der zweite Satz, der demnach den Zweck der Adoption enthält und daher lediglich den ersten ergänzt, nicht aber eine gegenüber diesem ersten und dem zweiten Satz eigenständige Entwicklungsstufe beschreibt, weist keine Allegation auf. Und im dritten Satz, der sich nach der zweiten Lesart auf die Einführung des Testaments bezieht, sind nur Stellen zum Testament allegiert, und zwar solche, die sich relativ eindeutig auf dessen vermeintliche Schaffung durch die Zwölf Tafeln beziehen, oben Anm. 985. – Im Übrigen spricht für das zweite Verständnis auch die Formulierung des ersten Satzes: *Dat was aldus, dat en ylik mochte willekoren* (...). Jedenfalls in diesem Satz geht Johann von Buch eindeutig von einer Unbeschränktheit der Adoption aus.

992 Wie auch in Ldr. I 52 glossiert er wiederum Nov. 18 pr. Satz 3, in dem die rhetorische Verwunderung Justinians über die bisherige Höhe des Pflichtteils ausgedrückt wird, wiedergegeben oben Anm. 956. Auf diese Novellenstelle bezogen ist seine Formulierung, wenn er fortfährt: *Dar klaget dit de keyser* (...).

993 Die Lesart von Codex Hecht und der Wolfenbütteler Handschrift, fol. 91ʳ lautet an dieser Stelle *Du vindest auer maniger wegene, dar dat noch steit* (Codex Hecht) bzw. *Du vinst auer mennegher weghene, dar men steyt* (Wolfenbütteler Handschrift). Übersetzung: Du findest es aber häufig, wo das noch steht, bzw.: wo falsches steht. Kaufmann, Buch'sche Glosse S. 718 ergänzt aus dem Augsburger Druck von 1516 ein *mynre*, übersetzt also: „wo es noch geringer steht". In der Heidelberger Handschrift fehlt der letzte Halbsatz gänzlich. – Gemeint sein dürfte beim Codex Hecht wohl, dass es an vielen Stellen des Corpus Iuris noch stehe, wie es – nach Auffassung des Glossators – vor der Setzung von Nov. 18 war, nämlich dass eine Enterbung unbeschränkt möglich war, ebenso wohl auch in der Heidelberger Handschrift. Die Lesart des Augsburger Drucks mit dem *mynre* bezieht sich dagegen wohl auf die Entwicklung innerhalb des Pflichtteilrechtes, das erst mit Nov. 18 endgültig als ein Drittel festgesetzt wird, während es zuvor verschiedene geringere Quoten betrug, oben S. 197, ein Verständnis, das vor dem Hintergrund des nachfolgenden Hinweis auf die durch das Pflichtteilrecht verursachte Verwirrung durchaus nachzuvollziehen ist.

schrift[994] – bzw. *Hir segen leges abe Institu. per quas personas nobis acquiritur. Wenne dat bouk al ut* – so die Heidelberger Handschrift. Werden beide Sätze zusammengezogen, lautet die Übersetzung in beiden Fällen: Hier<von> sprechen <die> Leges ab Inst. 2, 9 bis zum Ende des Buches[995]. Dafür spricht der Inhalt der allegierten Institutionenstelle: Inst. 2, 9 selbst befasst sich mit dem Rechtserwerb des Hausvaters durch Dritte[996], erst die nachfolgenden Titel des zweiten Buches – und diese ausnahmelos – enthalten Ausführungen zur gewillkürten Erbfolge[997]. Beim Codex Hecht dagegen liest sich die Stelle wie folgt: *Hir zeggen leges aff Instit. per quas personas nobis aquiritur §* <in einer Lücke nachgetragen: *per totum*>. *Bute dat bok al vth.* Statt des *bit* bzw. *wenne* der beiden Schwesterhandschriften steht der Imperativ *bute*, außerdem hat die Kopist*in nach dem Institutionentitel eine Lücke gelassen, in die später ein *per totum* eingefügt wurde[998].

Wie auch bei der Glossierung zu Ldr. I 52 teilt Johann von Buch vor dem Hintergrund der römischen Rechtsgeschichte dann die Rechtslage in Sachsen mit: Diese

---

994 Wolfenbütteler Handschrift, fol. 91[r].

995 Anderer Ansicht wohl Kaufmann/Neumeister, Glossar S. 1158, die die Aufforderung, das Buch zur Gänze zu nutzen, auf Inst. 2, 9 beziehen. In dem Satz: *Hir zeggen leges aff* [Inst. 2, 9] ziehen sie entsprechend das *aff* zu dem *hir* und übersetzen beides mit „hiervon", Kaufmann/Neumeister, Glossar S. 508. M. E. liegt es jedoch näher, das *aff* als Teil der Allegation zu lesen, im Sinne von „ab [Inst. 2, 9]". Zwar klingt der Satz so etwas ungelenk. Dafür spricht aber zum einen die in allen drei Handschriften verwendete Bezeichnung als *bok/bouk* bei der Aufforderung, das gesamte Buch auszunutzen. Bei der Auslegung Kaufmanns und Neumeisters würde sich diese fälschlicherweise auf einen Institutionentitel beziehen, bei der hier vertretenen Auslegung aber tatsächlich auf ein Buch, nämlich das gesamte zweite Buch der Institutionen ab Inst. 2, 9. Zum zweiten spricht dafür auch der Inhalt des allegierten Institutionentitels, dazu sogleich.

996 Also die nicht vermögensfähigen Hauskinder und Sklav/innen.

997 Die behandelten Thematiken lassen die Titel des zweiten Buchs erkennen, die ab Inst. 2, 9 wie folgt lauten: 9. *Per quas personas nobis adquiritur*, 10. *De testamentis ordinandis*, 11. *De militari testamento*, 12. *Quibus non est permissum testamenta facere*, 13. *De exheredatione liberorum*, 14. *De heredibus instituendis*, 15. *De vulgari substitutione*, 16. *De pupillari substitutione*, 17. *Quibus modis testamenta infirmantur*, 18. *De inofficioso testamento*, 19. *De heredum qualitate et differentia*, 20. *De legatis*, 21. *De ademptione legatorum*, 22. *De lege Falcidia*, 23. *De fideicommissariis hereditatibus*, 24. *De singulis rebus per fideicommissum relictis*, 25. *De codicillis*.

998 Aufgrund dieses Befundes wird man annehmen können, dass in einer der Mutterhandschriften ein *bit/bet/bat/bette* stand, das in der Wolfenbütteler Handschrift erhalten blieb, in der Heidelberger Handschrift – inhaltsgleich – zu einem *wenne* wurde und im Codex Hecht – aufgrund eines Irrtums der Kopist*in – zu einem *bute*. Entsprechend hat die Kopist*in des Codex Hecht nach dem Institutionentitel eine Lücke gelassen, um den konkreten Paragraphen nachtragen zu können, da er*sie den weiteren Satz nicht als Teil der Allegation verstand und ihm*ihr diese so unvollständig erschien. Eine spätere Hand hat dann *per totum* nachgetragen, das nicht als Paragraphenangabe – ein entsprechender Satzbeginn ist in Inst. 2, 9 nicht vorhanden –, sondern als Hinweis auf das gesamte restliche zweite Buch zu verstehen ist.

Verwirrung[999] hätten die Sachsen abgelegt. Sie hielten es eigenmächtig[1000] so, dass niemand ihr *erue* aufgrund von *kore*, also Wahl, oder *gheloucde*, also Versprechen, nehme, sondern nur aufgrund von Verwandtschaftsnähe. *Dat* (so fährt der Glossator fort) *secht he* (Eike von Repgow) *hire* (also in Ldr. II 30), im Einzelnen beschrieben[1001] sei dies in Ldr. I 3 § 3 und in Nov. 118, 3, 1[1002].

Wenn Johann von Buch lapidar formuliert: *dat secht he hire,* stellt sich jedoch die Frage, wo er in Ldr. II 30 eine solche Aussage liest. Hier bietet die Tatsache einen Anhaltspunkt, dass er die Glossierung des Artikels in zwei Abschnitte aufteilt. Die bisher untersuchte, erste Glosse zu Ldr. II 30 bezieht sich also lediglich auf dessen ersten Halbsatz: *Sve so ime erve to seget nicht von sibbe halven, wan von gelovedes halven, dat hebbe man vor unrecht.* Diesen ersten Halbsatz liest Johann von Buch als Abschaffung der im römischen, im gemeinen Recht bestehenden Möglichkeit, einer anderen Person durch *kore* – gemeint ist wohl die Adoption – oder *gheloucde* – gemeint ist wohl das Testament – den gesamten Nachlass zuzuwenden[1003].

β. Der Gedankengang von BG II 30 *Men en moge tugen*

In einer zweiten Glosse wendet er sich dann dem zweiten Halbsatz von Ldr. II 30 zu: *man ne moge getügen, dat dat gelovede vor gerichte gestedeget si.* Dazu wirft er zunächst eine Frage auf: Wie der Fall zu beurteilen sei, dass man das Versprechen einer Person bezeugen könne, dass eine andere ihr *erve* nehmen solle? Dürfe diese Person dann

999 Müssig, ZRG GA 122 (2005) S. 93, FS Weitzel S. 178, Verfügungen von Todes wegen in mittelalterlichen Rechts- und Schöffenbüchern S. 245; anderer Ansicht Kannowski, Buch'sche Glosse S. 462 Anm. 332, der die Verwirrung nicht auf die unterschiedlichen Entwicklungsstufen des Pflichtteilsrechts bezieht, sondern auf die Möglichkeit der Eltern, ihre Kinder zu übergehen. Für diese Ansicht spricht in der Tat, dass Johann von Buch die Verwirrung dadurch abgelegt sieht, dass niemand ein *erve* aufgrund von Versprechen oder Wahl nehmen dürfe. Allerdings ist ebenso denkbar, dass Johann von Buch dieses Verbot als Erbenschutzinstrument einordnet und damit das Pflichtteilsrecht als überflüssig ansieht. Im Ergebnis unterscheiden sich die Ansichten kaum. Dass Johann von Buch sowohl in BG II 30 *Swe zo en erue* als auch in BG I 52 *Ane erven geloff* die unterschiedlichen Entwicklungsstufen des Pflichtteilsrechts anspricht, bleibt unbestritten.

1000 Walther/Lübben, Mittelniederdeutsches Handwörterbuch S. 570 geben für *weldich-*, *waldich-*, bzw. *woldichlike(n)* „mit Gewalt, gewaltsam, eigenmächtig" an. Kaufmann/Neumeister, Glossar S. 1317, 1352 übersetzten es an dieser Stelle mit „eigenmächtig", während sie für andere Stellen – dort für *weldichliken* – die Bedeutungen „ausdrücklich, mit Nachdruck", „gewaltsam, mit Gewalt" angeben. Das Adverb soll wohl ein rabiates, gewissermaßen gewalttätiges Vorgehen anzeigen, ob im Sinne eines eigenmächtigen, im Sinne eines nachdrücklichen oder im Sinne eines konsequenten Abweichens, bleibt offen. Die Unterschiede in der Bedeutung fallen hier auch kaum ins Gewicht.

1001 Oben Anm. 974.

1002 Beide Stellen regeln nach Ansicht Johanns von Buch die Erbfolge der Verwandten, oben S. 135 ff.

1003 Vgl. Schott, ZNR 33 (2011) S. 3.

das *erve* nehmen? Die Antwort fällt klar aus: Ja. Denn so stehe es hier – im glossierten zweiten Halbsatz von Ldr. II 30 –, und *wat dat recht wel, dar en scholle wy nicht wedder*. Diese Antwort verwundert, scheint sie doch in deutlichem Widerspruch zu der soeben getroffenen Aussage über die Rechtslage in Sachsen zu stehen. Auch Johann von Buch ist dies bewusst, wenn er seine Leserschaft ausdrücklich ermahnt, sich an den Sachsenspiegeltext zu halten. Nach dieser vorgeblichen Ermahnung gelingt es ihm jedoch durch eine kunstreiche Gedankenführung, das aus dem zweiten Halbsatz von Ldr. II 30 abgeleitete Ergebnis so weit zu relativieren, dass dieses ohne weiteres mit dem Schlusssatz der ersten Glosse vereinbar ist.

Dazu wirft er im folgenden die Frage auf, ob die glossierte Stelle nicht der Bestimmung zuwiderlaufe, dass man für die Übertragung ein Gut Jahr und Tag von sich tun müsse. Da sich keine Allegation bzw. Remission findet, bleibt ungewiss, auf welchen Rechtssatz sich Johann von Buch hier bezieht. In Betracht kommen Ldr. I 34 § 2, Lr. 16 und Ldr. III 83 § 2:

> Ldr. I 34 § 2, S. 191
>
> *Svelk man sin gut gift unde dat weder to lene untveit, dem herren hilpt de gave nicht, he ne behalde dat gut in sinen ledichliken geweren jar unde dach. Sint mach he't sekerliken jeneme weder lien, so dat he, noch nen sin erve, nen egen dar an bereden mach.*

Für diese Stelle spricht sicherlich, dass hier das Räumen eines *guts* für Jahr und Tag gefordert wird, vor allem aber der Zusatz: *dem herren hilpt de gave nicht*, der sich in ähnlicher Form auch in der Buch'schen Glosse findet: *edder de gaue en helpet nicht*. Allerdings bezieht sich dieser Sachsenspiegelartikel auf die Übertagung eines *egen* i. e. S., das der/die Übertragende dann als Lehen zurückempfängt. In der Glosse wird der Rechtssatz aber in weiteren Verlauf noch einmal aufgegriffen und hier, wiederum ohne Allegation oder Remission, auf das *erve* bezogen, das *egen* und Fahrender Habe gegenüber gestellt wird. Das Räumen für Jahr und Tag wird in der Glosse also gerade nicht für ein *egen* postuliert, sondern für eine Vermögensgruppe neben *egen* und Fahrender Habe.

> Lr. 16, S. 174
>
> *Nieman ne darf anderwerve untvan gut dat ime sin herre gelegen hevet, of he't uplet oder verkoft unde it aver weder untveit, he ne darve der gewere dar an ses weken unde en jar.*

Homeyer[1004] weist in seiner Sachsenspiegelausgabe darauf hin, dass in der Literatur wie in den historischen Quellen unterschiedlich beurteilt werde, ob eine Auflassung und ein Verkauf durch den dort angesprochenen Herrn gemeint sind – sodass Aussage der Stelle ist, dass eine erneute Belehnung des genannten Lehns-

1004 Homeyer, Sachsenspiegel II, 1 S. 174 f. Die Bilderhandschriften nehmen letzteres an, vgl. Heidelberger Bilderhandschrift fol. 4^{v}, 2. Bildzeile; Dresdner Bilderhandschrift fol. 62^{v}, 2. Bildzeile; Wolfenbütteler Bilderhandschrift fol. 66^{v}, 2. Bildzeile.

manns[1005] durch den neuen Herrn, gleiches dürfte bei einer neuen Herrin gelten, nur notwendig ist, wenn die Herr/in das Gut Jahr und Tag nicht in der Gewere hatte – oder eine Auflassung und ein Verkauf durch den dort genannten Lehnsmann – in diesem Fall würde die Stelle eine Sperrfrist für den Wiedererwerb enthalten. Die Aussage des Glossators, dass ein Räumen von Jahr und Tag erforderlich sei, lässt sich bei beiden Auslegungen aus der Stelle ableiten. Im ersten Fall könnte Johann von Buch davon ausgegangen sein, dass die Rechtsposition eines künftigen Lehnserben[1006] ebenso wenig beeinträchtigt wird, wie die des im Sachsenspiegelartikel genannten Lehnsmannes, wenn nicht die Gewere an dem Lehen Jahr und Tag aufgegeben wurde. Im zweiten Fall könnte er das Räumen deshalb für erforderlich gehalten haben, weil ein Verbot des Wiedererwerbes der Gewere für Jahr und Tag gilt. Allerdings finden sich zwei andere Lehnrechtsartikel, bei deren konsequenter Anwendung ein Rechtsgeschäft von Todes wegen im Lehnrecht gänzlich ausgeschlossen ist. Nach Lr. 30 § 1[1007] wird die Rechtsstellung des Lehnserben durch *laten* und *lien* nicht beeinträchtigt, wenn der/die Veräußernde das Lehen zurückerhält und bis zu seinem/ihrem Siechbett in der Gewere behält. Nach Lr. 58 § 2[1008] wird auch ein *laten* und *lien* im Siechbett ausgeschlossen sowie bedingt auf den Fall des Todes in einer lebensbedrohlichen Situation. Nur wenn Lr. 16 als Ausnahme zu Lr. 30 § 1 gesehen würde und die Übertragung für Jahr und Tag gewissermaßen als Umgehungsgeschäft anerkannt war, wäre ein Rechtsgeschäft von Todes wegen möglich. Doch wird ein solches jedenfalls in der Längeren Glosse bei keinem der drei Artikel angesprochen[1009]. Johann von Buch kann den Lehnrechtsartikel also nur in Unkenntnis – oder bei einer abweichenden Auslegung – dieser beiden Bestimmungen herangezogen haben, oder aber dann, wenn er in ihm einen allgemeinen Grundsatz für die Übertragung von Grundstücken aus abgeleitetem Recht und nicht allein auf Lehen bezogen sieht.

Ldr. III 83 § 2 nach der Leithandschrift der Homeyer'schen Ausgabe, S. 381

Svie en gut liet oder let enem anderen, die sal is im geweren jar unde dach.

Ldr. III 83 § 2 nach der Görlitzer Handschrift von 1387, S. 381 Anm. 7

Wer aber ein gut verkaufet odir manz im uflezet odir ufgelazen wirt von eim andern, er sol iz in geweren habin jar u. tag, ab er doran eine rechte were habin wil.

Ldr. III 83 § 2 nach der Wolfenbütteler Handschrift von 1365–1367, fol. 182v[1010]

Swat he auer koft, dat schal he besitten iar vnde dach, of he ene were dar an hebben wel.

1005 Ob diese Regelung auch für Lehnsfrauen gilt, erscheint zweifelhaft, da diese nicht in allen Fällen ein Recht auf Lehnserneuerung haben, unten Anm. 1527.

1006 Frauen sind im Lehnsrecht nicht erbberechtigt, oben Anm. 180.

1007 Wiedergegeben oben Anm. 963.

1008 Wiedergegeben oben Anm. 954.

1009 Kaufmann, Glossen Lehnrecht, Längere Glosse S. 313 ff., 497 ff., 792.

1010 Wiedergegeben auch Kaufmann, Buch'sche Glosse S. 1492 Var. v-v.

Ldr. III 83 § 2 bezieht sich in der Leithandschrift der Homeyer'schen Ausgabe darauf, wie lange die veräußernde Person für ein Gut Gewährsmann/frau sein soll. Daneben wird bei Homeyer im Variantenapparat aber auch die Lesart einer Görlitzer Glossenhandschrift aus dem Jahr 1387 mitgeteilt, außerdem die Lesart der von Kaufmann edierten Wolfenbütteler Handschrift und die vierer weiterer, hier gleichlautender Glossenhandschriften[1011]. Nach deren Lesart findet sich in Ldr. III 83 § 2 der Gedanke, dass zum Erwerb einer gesicherten Rechtsposition das Innehaben von Jahr und Tag erforderlich ist. Zwar wird in diesem Artikel nicht ein Wiedererwerb durch die ursprünglich veräußernde Person angesprochen. Johann von Buch könnte aber davon ausgegangen sein, dass eine wirksame Übertragung erst nach Erwerb der rechten Gewere abgeschlossen ist, und dass darum erst dann eine Wieder-Inbesitznahme der Wirksamkeit des Rechtsgeschäfts von Todes wegen nicht im Wege steht[1012]. Wel-

---

1011 Homeyer, Sachsenspiegel I S. 381 Anm. 7, vgl. auch Anm. 9, 10.

1012 Die Überlegung, dass zum Erwerb der rechten Gewere die Gewere für Jahr und Tag erforderlich ist, begegnet auch in der Buch'schen Glosse an einer weiteren Stelle, dort in Bezug auf Lehen, nämlich in BG I 70 § 1 *Bynnen der yartal*. – BG I 70 § 1 *Bynnen der yartal* Satz 1–5, 7 Hs. 1, Satz 9, S. 495 f.: *Wo, offt de inghewisede man besete sunder weddersprake lengh wen yar vnde dach, mochte he dat gud dar na vntreden? Dit mochtestu mit manigem vnderschede vornemen, wente en islik vnderschet maket yo hire ene andere vorneminge. To deme ersten zee vmme dat gud, wer is dat eghen, edder is dat leen, jss dat varende gud, edder is id, dat de klegher des gheweldiget is van erues rechte edder van anevanges rechte, ut jnfra* [Ldr. II 36 § 8]. *Jn deme ersten vorweret id de ynghewisede bynnen enem yare. Wert he auer dar ghewiset an dor anevanges willen, so vorweret he id alto hand dor dat, dat id eme dat ordel thoghedelet hefft.* (…) *Js id auer egen, dar mach sik de erue nicht an vorswigen yegen den anderen, de dar ok van erue rechte in gewiset is, wen bynnen drittich yaren vnde yar unde daghe,* (…) *Js id auer leen, dar beholt he id en yar ane wedersprake, ut in* [Lib. feud.]. Übersetzung: Wie, wenn der <gerichtlich> eingewiesene Mann länger als ein Jahr ohne <gerichtlichen> Widerspruch besäße, könnte er dann danach das Gut verteidigen? Das solltest du mit vielen Unterschieden verstehen, denn ein jeder Unterschied bewirkt hier eine andere Auslegung. Zum ersten schaue auf das Gut, entweder ist das *egen* oder ist es Lehen <oder> ist es Fahrende Habe, <und> entweder ist es, dass der Kläger dazu ermächtigt wurde aufgrund des Erbrechtes oder aufgrund des Rechtes einer gerichtlichen Beanspruchung <aufgrund Raubes oder Diebstahls>, wie unten [Ldr. II 36 § 8]. In dem ersten <Fall, nämlich aufgrund eines Erbrechtes> erwirbt es der eingewiesene Mann binnen Jahr und Tag. Wird er aber eingewiesen aufgrund einer gerichtlichen Beanspruchung, so erwirbt er es sofort deswegen, weil es ihm das Urteil zugesprochen hat. (…) Ist es aber *egen*, daran kann sich der Erbe nicht verschweigen gegen den anderen, der darin auch aufgrund des Erbrechtes eingewiesen worden ist, als binnen dreißig Jahren und Jahr und Tag, (…). Ist es aber Lehen, da behält er es <nach> ein<em> Jahr ohne Widerspruch, wie in [Lib. feud.]. – Die zweite Allegation lautet im Codex Hecht *in auten.* <in einer Lücke nachgetragen: *libro feudorum*> *collacione X* und ist deshalb hier mit Lib. feud. wiedergegeben. Kaufmann, Buch'sche Glosse S. 496 löst dies mit Verweis auch auf Ldr. III 83 § 2 als Lib. feud. 1, 25 pr. auf. Die Bestimmung aus den Libri feudorum enthält aber – anders als Ldr. III 83 § 2 in der oben wiedergegebenen Variantenlesart – die angesprochene Regelung nicht. Sie setzt vielmehr fest, dass ein Lehen nur durch Investitur geschaffen werden kann; wer ohne dies Land mit Einwilligung von dessen Eigentümer/in

che Gruppe von Vermögensgegenständen dabei gemeint ist, wird insbesondere durch einen Vergleich mit der Lesart der Leithandschrift deutlich, *Svie en gut liet oder let enem anderen,* klingt aber auch in der ersten alternativen Lesart an *oder manz <gut> im uflezet odir ufgelazen wirt von eim andern.* Es handelt sich um das *laten* und *lien* von *gut*, also die Übertragungsart, die nach dem Verständnis von Johann von Buch in Ldr. I 52 neben dem *geven* von *egen* und Fahrender Habe die dritte Gruppe von Übertragungen ausmacht[1013].

Neben den genannten Sachsenspiegelstellen, insbesondere der letztgenannten, kommt schließlich auch in Betracht, dass der Glossator eine im Rechtsleben verbreitete, aber nicht im Sachsenspiegel festgeschriebene Rechtsregel wiedergibt. Dafür spricht insbesondere, dass eine Remission oder Allegation gerade fehlt.

Um diesen vermeintlichen Widerspruch zu lösen, fordert er seine in der 2. Person angesprochene Leser*innen sodann auf, die verschiedenen Übertragungsvoraussetzungen für verschiedene Güter zu unterscheiden. Denn wenn man es unterscheide, so ergebe sich kein Widerspruch. Sei ein Gut Fahrende Habe, so könne man es vergeben, solange man rüstig sei, remittiert ist Ldr. I 52. Sei es *erve*, so solle man es Jahr und Tag räumen – angesprochen ist der den vermeintlichen Widerspruch begründende Rechtssatz und auch hier fehlt eine Allegation bzw. Remission. Sei es schließlich *egen*, so solle man es mit Erbenlaub geben. Diese drei Gaben unterscheide er – Eike von Repgow –, wenn er formuliere, dass das Versprechen *vor gerichte ghestediget sy.* Denn das – also die Formulierung *vor gerichte ghestediget*[1014] – bedeute, dass die Gabe[1015] so erfolgen solle, wie es ihre Voraussetzungen erfordern würden.

---

als Lehen besitzt, erwirbt zwar ein lebenslanges Besitzrecht *quasi feudi nomine*, dieses Recht ist aber nicht erblich. Ein konkreter Zeitraum für den hierfür erforderlichen Besitz wird in dem Lehnrechtsartikel nicht genannt. – In der Wolfenbütteler Handschrift, fol. 65ᵛ lautet die Allegation *in auten. coll. X*, am Rand ist ergänzt *li. III ar. LXXXIII, XXII lenrecht*, in der Heidelberger Handschrift lautet die Allegation *in auten. de possessionibus coll. X.*

1013 Gegen die Annahme, dass der in BG II 30 *Men en moge tugen* angesprochene Rechtssatz Ldr. III 83 § 2 sein könnte, spricht zwar, dass in der Glossierung zu Ldr. III 83 der Artikel im Sinne der vulgaten Lesart verstanden wird, vgl. BG III 83 § 2 *We ein gut lyet.* Dieses Argument ist jedoch keineswegs zwingend, da Ldr. III 83 in den von Kaufmann edierten Handschriften nicht glossiert und der dort abgedruckte Text aus dem wesentlich jüngeren Augsburger Druck von 1516 geschöpft ist. Die in den von Kaufmann edierten Handschriften vorhandene Wiedergabe von Ldr. III 83 lautet im Codex Hecht im vulgaten Sinne, in der Wolfenbütteler Handschrift aber in der oben wiedergegebenen Variantenlesart. Auch hieraus lassen sich indes kaum Schlussfolgerungen ziehen, da einiges dafür spricht, dass die Sachsenspiegelartikel in den von Kaufmann edierten Handschriften nicht unverändert auf die Urglosse zurückgehen, sondern später verändert oder nach einem Fortfallen in einer Abschrift nachträglich wieder ergänzt wurden, unten S. 501 ff. Daher spricht nichts dagegen, dass die von Johann von Buch benutzte Handschrift eine Lesart im zweiten Sinne aufwies.

1014 Vgl. Schott, ZNR 33 (2011) S. 3.

1015 Gemeint sein dürfte aufgrund der Allegation eine dem Versprechen nachgelagerte Übergabe im Sinne der römischen *traditio*: Allegiert ist Inst. 2, 1, 40, S. 14: *Per traditionem quoque iure naturali res nobis adquiruntur: nihil enim tam conveniens est naturali aequitati, quam*

Wie schon bei der Glossierung zu Ldr. I 52 spricht Johann von Buch also die besonderen Voraussetzungen einer Übertragung nach sächsischem Recht an, die nach seinem Verständnis vor allem dem Erbenschutz dienen. Wie dort werden auch in der Glossierung zu Ldr. II 30 drei Arten der Übertragung unterschieden. Allerdings stimmen beide Stellen nicht gänzlich überein. Während in BG I 52 § 1 *Ane eruen geloff* neben *egen* und Fahrender Habe als dritte Kategorie Lehen genannt wird, erscheint in BG II 30 *Men en moge tugen* der Begriff *erve*. Es stellt sich also die Frage, ob Johann von Buch tatsächlich in beiden Stellen eine inhaltlich übereinstimmende Aussage tätigt, ob er also an beiden Stellen den Inhalt von Ldr. I 52 wiedergibt[1016].

γ. Der Begriff *erve* in BG II 30 *Men en moge tugen*

Zur Beantwortung dieser Frage ist zu untersuchen, was der Begriff *erve* im fraglichen Zusammenhang bezeichnet: Ob damit die dritte in Ldr. I 52 angesprochene Vermögensmasse gemeint sein könnte, nämlich Lehen oder – weiter gefasst – die von den Gegenkategorien *egen* und Fahrende Habe nicht erfassten Grundstücke, an denen der Übertragende ein abgeleitetes Recht hat. Die wichtigsten Bedeutungsebenen des Begriffs *erve* sind in einem Exkurs am Beginn dieses Kapitels bereits thematisiert worden. Zum einen kann er den Nachlass (vor allem abzüglich der sogenannten Sondermassen Gerade und Heergewäte) bezeichnen, zum anderen ein bestimmtes, ererbtes und/oder vererbbares Grundstück – Unterfall dieser Kategorie bildet er zudem einen Gegensatz zu einem auf andere Weise erworbenen, sogenannten „gewonnenen Gut“[1017]. In BG II 30 *men en moge tugen* erscheint das *erve* als Gegenbegriff zu *egen* und Fahrender Habe. Damit scheinen die beiden zuerst genannten Bedeutungsebenen zunächst wenig wahrscheinlich. Der Nachlass umfasst das gesamte Vermögen eines/einer Verstorbenen (gegebenenfalls abzüglich der Sondermassen), auch *egen* und Fahrende Habe. Und auch das *erve* im Sinne eines vererbbaren Grundstücks ist kein Gegenbegriff zu *egen*, sondern fungiert als Oberbegriff.

---

voluntatem domini, volentis rem suam in alium transferre, ratam haberi. et ideo cuiuscumque generis sit corporalis res, tradi potest et a domino tradita alienatur, (...) die Accursische Glosse betont dazu: AG Inst. 2, 1, 40 *Per traditionem quoque*: *non solum inuentione, vt supra § proxi.* [= Inst. 2, 1, 41], sowie in Bezug auf die Übertragungsgegenstände: AG Inst. 2, 1, 40 *Cuiuscunque: id est, siue mobilis, siue soli*; AG Inst. 2, 1, 40 *Corporalis: incorporales enim tradi non possunt, ut ff. de acqui. rerum do. l. seruus. § incorporales* [= Dig. 41, 1, 43, 1], Lyon 1558–1560, VP, Inst. Sp. 126.

1016 Dagegen spricht nicht, dass er bei der Glossierung von Ldr. II 30 bei *egen* und Fahrender Habe Ldr. I 52 glossiert, nicht aber bei *erve*. Denn er verweist er auch schon in BG I 52 § 1 *Ane eruen geloff* allein bei *egen* und Fahrender Habe auf Ldr. I 52, in Bezug auf das Lehen aber auf die Libri feudorum. Er geht also offenbar davon aus, dass Ldr. I 52 zwar drei Arten der Übertragung unterscheidet, aber zentrale Stelle allein für die Übertragung von *egen* und Fahrender Habe ist. Das *laten unde lien* von *gut* wird dagegen nur kurz angesprochen – wohl weil sich dessen genauen Voraussetzungen an anderer Stelle finden.

1017 Oben S. 204 f.

Die Bedeutung als ererbte Grundstücke im Gegensatz zu gewonnenen Grundstücken, die in BG II 30 *Men en moge tugen* dann mit *egen* bezeichnet wären, liegt damit zunächst einmal nahe. Tatsächlich stützt Müßig ihre Auslegung des Sachsenspiegelartikels Ldr. II 30 nicht zuletzt auf die Ausführungen Johanns von Buch, die sie in diesem Sinne versteht[1018]. Für eine solche Auslegung spricht, dass sich in den Magdeburger Schöffensprüchen tatsächlich eine Unterscheidung in ererbte und gewonnene Grundstücke nachweisen lässt[1019]. Dennoch kann diese Auslegung aus dem gleichen Grund wie in Bezug auf den Sachsenspiegel nicht überzeugen[1020]. Denn nach dem Glossentext ist für die Übertragung von *erve* ein Räumen für Jahr und Tag erforderlich, die Übertragung von *egen* bedarf dagegen der Zustimmung der Erben. Die Verfügungsfreiheit über gewonnenes Gut kann diese Stelle damit nur beschreiben, wenn *erve* gewonnenes Gut und *egen* ererbtes Gut bezeichnet. Dass Johann von Buch jedoch die Begrifflichkeiten im umgekehrten Sinne wie die zeitgenössischen Quellen benutzt[1021] ist ebenso unwahrscheinlich, wie dass er von einer gegenüber diesen Quellen entgegengesetzten Rechtsfolge ausgeht[1022].

Daher bleiben entgegen dem ersten Anschein nur die oben angesprochenen Bedeutungen „Nachlass" oder „vererbliches Grundstück". Wenig wahrscheinlich erscheint, dass *erve* hier den Nachlass bezeichnet, da es als Gegenbegriff zu *egen* und Fahrender Habe fungiert. Dies wäre zwar durchaus denkbar dergestalt, dass nach der Buch'schen Glosse die Übertragung eines gesamten Vermögens von Todes wegen möglich ist, aber – im Gegensatz zu der Übertragung von *egen*/Einzelgrundstücken oder Fahrender Habe/einzelnen Fahrnisgegenständen – der besonderen Voraussetzung einer Räumung für Jahr und Tag unterliegt. Indes ist dieses Verständnis des Glossentextes aus drei Gründen unwahrscheinlich. Zum einen ist die Räumung von Jahr und Tag eine Voraussetzung, die auf ein bestimmtes Grundstück ausgelegt ist. Wie ein Vermögen als Ganzes für Jahr und Tag geräumt werden sollte, ist nicht er-

---

1018 Müssig, ZRG GA 122 (2005) S. 93, Verfügungen von Todes wegen in den Hallischen Schöffenbüchern S. 133 f., FS Weitzel S. 178 f., Verfügungen von Todes wegen in mittelalterlichen Rechts- und Schöffenbüchern S. 245 f.

1019 Oben Anm. 803.

1020 Oben Anm. 932.

1021 In den Magdeburger Schöffensprüchen wird meist kein Gegensatzpaar gebildet, sondern darauf abgestellt, ob *erve* und/oder *gut* der betreffenden Person *anirstorben* ist, vgl. die Sprüche Nr. IV 3, 4, 10, 12 in Laband, Das Magdeburg-Breslauer systematische Schöffenrecht S. 125 ff.; Nr. 74, 77, 594 in Kisch, Leipziger Schöffenspruchsammlung S. 120 ff., 409 ff.; Nr. II 14, 28, 42 in Goerlitz, Magdeburger Schöffensprüche Posen S. 88 ff., 104 f., 123 f.; Nr. 70, 77a in Ebel, Magdeburger Recht II, 1 S. 51, 54. – Soweit aber die Begriffe *egen* und *erve(gut)* in diesem Zusammenhang als Gegensatzpaar verwendet werden, bezeichnet *egen* gewonnenes Gut und *erve* ererbtes, DRW II Sp. 1322, s. v. [1]eigen, unter „II d)".

1022 Auch wird in der Buch'schen Glosse an keiner weiteren Stelle *erve* in der Bedeutung von ererbtem im Gegensatz zu erworbenem Gut verwendet. Das gilt insbesondere auch für die Glossierung von Ldr. II 43 § 2, oben Anm. 933, der an eine Unterscheidung von *egen* nach Erwerbsgrund anknüpft.

sichtlich. Zum anderen glossiert Johann von Buch abschließend zu den drei Übertragungsarten eine Institutionenstelle, die sich mit der Übertragung bestimmter körperlicher Sachen befasst, diese bezieht sich dabei ausdrücklich sowohl auf bewegliches als auch auf liegendes Gut[1023]. Zum dritten tritt gerade bei der Übertragung eines gesamten Nachlasses die Folge auf, dass die Kinder, ohne sich dagegen wehren zu können, ihre wirtschaftliche Grundlage verlieren, eine Folge, die Johann von Buch in beiden bisher untersuchten Glossen heftig kritisiert. Näher liegt eine Bedeutung aus dem Bedeutungsspektrum „vererbliches Grundstück". Wird der Begriff hier im weitesten Sinne verstanden, als jegliches vererbliches Grundstück, ergibt sich zwar – wie bereits angesprochen – keinen Gegenbegriff zu *egen*. Doch ähnlich, wie der im Verhältnis zum Begriff der Agnat/innen zunächst als Oberbegriff für alle Verwandten fungierende Begriff Cognat/innen mit der Zeit eine engere Bedeutung als Gegenbegriff zu den Agnat/innen erhalten hat, so wird auch der Begriff *erve* in der mittelalterlichen Rechtssprache nicht selten in einem engeren Sinne verstanden: als vererbliches Grundstück, das kein *egen* ist[1024]. In dieser engeren Bedeutung bezeichnet er dann häufig – wenn auch nicht immer – Grundstücke, die nicht gegen Lehnsmannschaft, sondern gegen die Zahlung eines Zinses vergeben werden. Im Sachsenspiegel werden solche Grundstücke gewöhnlich als (*erve*) *tinsgut*[1025] bezeichnet, in der Buch'schen Glosse gewöhnlich als *ghemedet gut*, (*erue*) *tinsgut* oder (*erue*) *pachtgut*[1026].

1023 Oben Anm. 1015.

1024 Vgl. DRW III, oben Anm. 780, s. v. [1]erve, dort findet sich als eine Bedeutungsebene „IV gegen erblichen Zins verliehener Grundbesitz, Erblehen, Erbpachtgut, Erbzinsgut".

1025 Vgl. Homeyer, Sachsenspiegel I S. 507.

1026 Johann von Buch unterteilt – bezogen offenbar auf Männer, dazu sogleich – Grundstücke nach dem Recht, das man an ihnen hat, in drei Gruppen. Dies ist zum einen *egen*, das man ohne jedes Recht eines/einer Dritten originär im Besitz hat; zum zweiten Lehen, das man als Ritter innehat und bei dem man die Berechtigung von seiner Herr/in ableitet, dem/der man dafür Dienste erbringen muss; und zum dritten schließlich gemietetes Gut, das man als Bauer aufgrund eines einfachen Vertrages zwischen zwei Freien innehat und für das man Geld oder andere Sachleistungen geben muss. Dieses gemietete Gut bezeichnet Johann von Buch dabei als *ghemedet gut*, als *tinsgut*, bisweilen auch als *pachtgud*. Die Unterscheidung begegnet etwa in BG II 59 § 1 *Wel en here* Satz 5–7, 9 f., 11 Hs. 1, 12, 13 Hs. 1, 14 f., 16 Hs. 1, 20, S. 856–858: (...) *Des wete, dat alle gulde ys dryerleye. Entwer id is eghen edder len eder medet. Eghen is ghekomen, dat we en gud van anbeghynne erst besette, des wart dat, alze id ok noch worde.* (...) *Hir van gift men nemende nicht, noch en dot hir van nicht. Len is de gulde, de van des rikes edder der heren egene velt, de ghelenet wert der ridderschop dorch erer werdicheit willen. Hir van mot men to rechte denen,* (...). *Ghemedet gud is, alze wenne ik eneme vorhure myn eghene edder myn len vmme besched. Dit moghen ze vnder sik bescheden, wo ze willen, vnde so wert id recht,* (...). *Hir wete, dat an medinge is zeuenleye dingh. Dat erste is dat, dat, we vppe mededem gude zittet, de schal nicht sin van rydders ard. Wente he vorlore sine ridderschopp,* (...). *Wenne vmme len ouede he de wapene vnde bleue by der ridderschop, vmme tinsgud vernet he de ridderschop vnde wert en bur,* (...). Übersetzung: Dazu merke, dass alle Anrechte <eigentlich: Einnahmen> sind dreierlei: Entweder ist es *egen* oder Lehen oder gemietet. *Egen* ist dadurch entstanden, dass jemand ein Gut von Anbeginn als erster in Besitz nahm,

Als allgemeiner Begriff für erbliche Grundstücke nutzt der Glossator bezogen auf Zinsgut auch *eruegud*[1027].

Nimmt man eine dieser Bedeutungen an – *erve* als Oberbegriff für alle Grundstücke aus abgeleiteten Recht oder enger *erve* als Begriff nur für Zinsgut – bildet der Begriff sehr wohl einen Gegenbegriff zu *egen* einerseits und zu Fahrender Habe andererseits. In diesem Zusammenhang kommt auch noch eine dritte Bedeutung in Betracht, die sich als Besonderheit der Glosse darstellt. Johann von Buch geht an mehreren Stellen der Glossierung davon aus, dass in Bezug auf Zinsgut in der Mark Brandenburg eine besondere Rechtslage bestehe. Die entsprechenden Glossierungen lauten wie folgt:

BG II 59 § 1 *Wel en here* Satz 25–33[1028], S. 859 f.

Dat[1029] *drudde is, dat jtlik vormedinge waret erffliken. Dar vmme secht he hire: De tho deme gude nicht gheboren is. Dat men to gude gheboren wert, da schedet an Sassech recht*

---

dessen wurde es, wie es auch <später> noch würde <wohl in Hinblick auf die Besitzverhältnisse, d. h. ein späteres Verleihen als Lehen oder Zinsgut, aber auch verbotene Eigenmacht ändert daran nichts>. (…) Lehen ist das Anrecht <eigentlich: Einnahme>, das vom *egen* des Königs oder der Herren abfällt, das der Ritterschaft wegen ihres Ansehens geliehen wird. Dafür muss man zu Recht dienen, (…). Gemietetes Gut ist, wenn ich jemandem mein *egen* oder mein Lehen verliehe um eine Gegenleistung. Dass können sie vereinbaren und dann wird es Recht. (…) Davon merke, dass es zur Miete siebenerlei Dinge <zu wissen> gibt. (…) Das erste ist das, dass wer auf gemietetem Gut sitzt, der soll nicht von Ritters Art sein. Denn er verlöre seine Ritterschaft, (…). Denn <als Gegenleistung> für ein Lehn bedient er sich seiner Waffen und bleibt in der Ritterschaft, für Zinsgut verlässt er die Ritterschaft und wird ein Bauer, (…). – Vgl. auch unten Anm. 1028. – Ähnlich unterscheidet er in der sogleich, unten S. 261 ff. zu thematisierenden Glossierung zu Ldr. III 76 § 3. Dort spricht er zwar von viererlei Gut, dies aber in Bezug auf Frauen, auch folgt die Einteilung der Glossen einem Dreierschema: BG III 76 § 3 *Nympt en man* enthält eine Einleitung und befasst sich mit *egen*, BG III 76 § 3 *Edder len edder liffgeding* thematisiert die nach Ansicht Johanns von Buch verwechselbaren Begriffe Lehn und Leibgedinge und die Glosse BG III 76 § 3 *Edder tinsgud* enthält Erläuterungen zum Zinsgut.

1027 So in BG I 54 § 5 *Nen tinsman*, S. 394: *Dit* <die in Ldr. I 54 § 5 festgelegte Tatsache, dass ein Zinsmann ohne die Erlaubnis seines Herrn auf dem Gut keinen Steinbruch und keine Lehmgrube betreiben und kein Holz hauen oder Wald roden dürfe, es sei denn sein Erbzinsgut> *is dar vmme, dat he dat nicht ergheren en mod, jd en sy syn eruegud, ut* [Cod. 4, 65, 3; Inst. 2, 4 pr.; Dig. 7, 1, 1; Dig. 7, 1, 2]. Übersetzt: Dies ist so aus dem Grund, dass er das nicht verschlechtern darf, es sei denn, es sei sein Erbgut, wie [Cod. 4, 65, 3; Inst. 2, 4 pr.; Dig. 7, 1, 1; Dig. 7, 1, 2].

1028 Weitere Teile der Glossierung sind wiedergegeben oben Anm. 1026.

1029 Übersetzung: Das dritte ist, dass manche Vermietung erblich währt. Darum sagt er hier: „Der zu dem Gut nicht geboren ist". Dass man zu einem Gut geboren wird, darin unterscheidet sich sächsisches Recht und märkisches. Wer in Sachsen zu einem Zinsgut geboren ist, der ist ein Late, der darf ohne die Erlaubnis seines Herrn nicht darauf verzichten. (…) Bei uns aber haben die Bauern Pachtgut als vererbbares Gut, wie unten [Ldr. III 79 § 1], und können ihr Recht daran aufgeben, wann sie wollen. Das kommt daher, dass unser Land besiedelt

vnde markesch. We in Sassen to tinsgude gheboren is, dat is en late, de en mach des gudes ane sines heren orleff nicht vortygen. (...) Mit vns auer hebben de bure erue an pachtgude, ut jnfra [Ldr. III 79 § 1[1030]], *vnde moghen dat laten, wan ze willen. Dat is dar van, dat vnse land mote besad sin. Do me ze besatte, do dede men de hůven den buren wilde; des denne de hůven nu beter worden syn mit ereme arbeyde, dat vorkopen ze, wan ze willen. Dit hetet burerue*[1031], *dat id vorbeteret is vorder wen de pacht, ut* [Cod. 4, 66, 1; Cod. 4, 66, 2; Cod. 4, 66, 3].

BG III 79 § 1 *Swar ghebur* Satz 9 f., 12–18, 23–29[1032], S. 1475–1477

Dar vmme[1033]: *De en nye dorp bezat van wilder wortelen, de mach dar den buren erue-tinsgud an gheuen, offt wol de walt syn len were. Dit is dar vmme, vppe dat de beteringe*

---

werden musste. Als man sie ansiedelte, da gab man die Hufen den Bauern noch nicht urbar gemacht; um was die Hufe jetzt verbessert worden sind durch ihre Arbeit, das verkaufen sie, wann sie wollen. Das heißt Bauernerbe, um was es über die Pacht hinaus verbessert ist, wie ut [Cod. 4, 66, 1; Cod. 4, 66, 2; Cod. 4, 66, 3].

1030 Die Remission lautet eigentlich *li. III ar. LXIX*, was im Codex Hecht vulgat Ldr. III 77 entspricht, von Kaufmann, Buch'sche Glosse S. 859 aus inhaltlichen Aspekten korrigiert.

1031 In der Heidelberger Handschrift: *gebur erue.*

1032 Vgl. hierzu auch BG III 76 § 3 *Edder tinsgud*, in dem die Besonderheit der Mark nicht ausdrücklich genannt, aber von zwei Arten des Zinsgutes gesprochen und auf Ldr. III 79 § 1 Bezug genommen wird: BG III 76 § 3 *Edder tinsgud* Satz 1–3, 5, S. 1436: *Tinsgud is ok twyerleye, dat is, id kumpt den luden twyerleye wijs an. Entwer id werd en vor erue, edder men ghifft dat en. Den id van erue wert, de schollen dar to gheboren sin, dat hetet in vseme rechte, dat he dar to hore. (...) To deme anderen wert id en so, dat men en dat gifft to tinsrechte, ut infra* [Ldr. III 79 § 1]. Übersetzung: Zinsgut ist auch zweierlei, das heißt, es kommt an die Leute auf zweierlei Art. Entweder erhalten sie es als *erue*, oder man überträgt es ihnen. Die es ererben, die sollen dazu geboren sein, das nennt man in unserem Recht, dass „er dazu gehört". Zum anderen erhalten sie es so, dass man es ihnen nach Zinsrecht gibt, wie [Ldr. III 79 § 1]. – Die Remission lautet eigentlich *infra ar. LXIX.*, was im Codex Hecht vulgat Ldr. III 77 entspricht, von Kaufmann, Buch'sche Glosse S. 1436 aus inhaltlichen Aspekten korrigiert. Auffällig dabei, dass die Remission gleichlautend ist mit der Remission von Ldr. III 79 § 1 in BG II 59 § 1 *Wel en here*, vgl. oben Anm. 1030.

1033 Übersetzung: Darum: Der „ein neues Dorf besiedelt hat von wilder Wurzel", der kann es den Bauern als Erbzinsgut geben, auch wenn seine Berechtigung <an dem Grundstück lediglich> sein Lehen wäre. Das ist deshalb so, damit die <sogenannte> Verbesserung über die Zinsleistung hinaus ihr Lohn für ihre Besiedlung ist. (...) Dazu merke viererlei Dinge zu Zinsleuten und Zinsgut. Denn Zinsgut ist weder *egen* noch *erve* noch Lehen. Dennoch belehnt man damit im Lande Sachsen ohne Mannschaft <d. h. ein lehnsrechtliches Rechte- und Pflichtenverhältnis zu vereinbaren> denjenigen, der das kauft. Das <d. h. die Belehnung> ist aber nicht mehr als ein Zeichen dafür, dass das <d. h. der Verkauf> der Wille des Lehnsherrn sei. Zinsgut ist darum kein *egen*, weil man den Zinsherren dafür Zins gibt, wie oben [Ldr. III 76 § 3]. Es ist darum auch kein *erve*, weil es der Richter nicht zusprechen kann. Es ist deswegen auch kein Lehen, weil man dafür Zins gibt, wie [Lr. 13 § 3]. (...) Wisse auch, das Zinsgut zweierlei ist. Das eine ist solcherart, dass es der, der es innehabt, nicht verkaufen noch aufgeben kann. Die das innehaben, die sind dazu geboren. Und wer das <einmal>

bouen den tins sy ere lon vor ere besettinge. (...) *Des merke verleye stucke van tinslude vnde tinsgude. Wente tinsgud ys wer eghen edder erue edder len. Yodoch so lenet me dat in deme lande to Sassen ane manschop deme, de dat kofft. Dat is auer nicht wen en teken, dat dat des heren wille sy. Tinsgud en ys dar vmme nen eghen, dat me dar den heren tins aff gifft, ut supra* [Ldr. III 76 § 3[1034]]. *Jd en ys ok dar vmme nen erue, dat dat de richter nicht vpgheuen en mach. Dat en ys ok nen len dor dat, dat men dar tins aff gifft, ut* [Lr. 13 § 3[1035]]. (...) *Wete ok, dat tinsgud is twyerleye. Dat ene ys sodane, dat id de, de dat hefft nicht vorkopen noch vorlaten ne mach. De dit hebben, de synd dar to gheboren. Vnde vppe wene dat eruen schal, de mod dar tho gheboren sin. Desse sin alze mer alse eghen, ut* [Cod. 11, 48, 24]. *Dit heten plechafften. De anderen, de tins gheuen, de sin alze bure, de eruen dat gud, dat bouen eren tins ys, vnde dat, dat beter is wen de pleghe is, vppe eren negesten, vnde vorkopen dat, wan ze willen, dest se dat eren heren erst beden. Dit, dat se an deme gude hebben, dat hetet de beteringe, dat is, dat zik dat gud mit ereme arbeyde vorbeteret hefft. Vnde ze heten vrye landseten, ut* [Cod. 4, 66, 3].

Während Zinsgut grundsätzlich von quasi-eigenen Pfleghaften bestellt werde, die es nicht verkaufen oder aufgeben könnten, werde es in der Mark – zumindest teilweise – von sogenannten freien Landsassen bestellt. Diese könnten es nicht nur verkaufen, sondern auch frei vererben. Hintergrund der Regelung sei der Umstand, dass die Mark zunächst nicht besiedelt gewesen sei und von den ersten Inhabern des Zinsgutes habe urbar gemacht werden müssen. Da diese dadurch den Wert des Landes verbessert hätten und damit über die übliche Zinsleistung hinaus eine Leistung für den Zinsherrn erbracht hätten, hätten sie als Lohn eine besondere Berechtigung an dem Land erhalten. Dieses Berechtigung könnten sie verkaufen und vererben. Johann von Buch nennt sie teilweise *beteringe*, in BG II 59 § 1 *Wel en here* aber auch *(ge)bur erue.*

Legt man den Begriff *erve* im Sinne der drei vorgenannten Auslegungen aus, dann gibt Johann von Buch auch in BG II 30 *Men en moge tugen* etc. die Regelung von Ldr. I 52 wieder: es gibt drei Arten von Gütern – nämlich *egen*, Fahrende Habe und das abgeleitete Recht an einem Grundstück – die unterschiedlichen Übertragungsvoraussetzungen folgen[1036]. Allerdings spricht er von den Grundstücken abgeleiteten Rechts in der Glosse zu Ldr. I 52 nur das Lehen an, während er in der Glosse

---

ererben soll, der soll dazu geboren sein. Diese sind eher wie Eigene, wie [Cod. 11, 48, 24]. Die heißen „Pfleghafte". Die anderen, die Zins geben, die sind wie Bauern, die vererben das Gut, das ihren Zins übersteigt und das, was es verbessert ist über die Abgabe hinaus, auf ihren nächsten <Verwandten, unabhängig von dessen Grundherrn> und verkaufen es, wenn sie wollen, wenn sie es dem Herrn nur zuerst anbieten. Das <d. h. die Berechtigung>, das sie an dem Gut haben, das heißt die „Verbesserung", das bedeutet, dass sich das Gut durch ihre Arbeit verbessert hat. Und sie heißen „Freie Landsassen", wie [Cod. 4, 66, 3].

1034 Die Remission lautet eigentlich *supra ar. LXV,* was im Codex Hecht vulgat Ldr. III 74 entspricht, von Kaufmann, Buch'sche Glosse S. 1475 aus inhaltlichen Aspekten korrigiert

1035 Die Allegation lautet eigentlich *in libro feudorum ar. XCVIII.*, von Kaufmann, Buch'sche Glosse S. 1476 aus inhaltlichen Aspekten ausdrücklich korrigiert

1036 Vgl. oben S. 221 ff. und oben S. 231 ff.

zu Ldr. II 30 auch[1037] oder – was wahrscheinlicher erscheint[1038] – nur[1039] auf das (Erb-)Zinsgut eingeht. Aus diesem Grund finden sich in beiden Glossen unterschiedliche Übertragungsvoraussetzungen für diese Gruppe von Vermögensgegenständen[1040]. Für diese Auslegung spricht ganz erheblich, dass danach der Gedankengang in der Glossierung zu Ldr. II 30 mit dem der Glossierung zu Ldr. I 52 übereinstimmt, wenn er auch wesentlich breiter ausgeführt wird[1041].

Gewiss muss sich diese Auslegung fragen lassen, warum Johann von Buch denn nicht zumindest auch die von ihm üblicherweise verwendeten Bezeichnungen *gut*,

---

1037 Dies, wenn er *erve* als Oberbegriff für Grundstücke aus abgeleitetem, aber erblichen Recht gebraucht. Dagegen spricht aber, dass Rechtsgeschäfte von Todes wegen im funktionellen Sinne im Lehnrecht wohl ausgeschlossen sind, unten S. 249.

1038 Vgl. Anm. 1037, 1040.

1039 Dies, wenn er *erve* im Sinne von Erbzinsgut gebraucht. – Zwar findet sich keine Sachsenspiegelstelle, die das Räumen von Jahr und Tag in Bezug auf Erbpachtgut festsetzen würde. Johann von Buch könnte die oben genannten Stellen – oder eine davon – aber als allgemeinen Grundsatz für alle Grundstücke verstanden haben, bei *egen* aber wegen Ldr. I 52 das Erbenlaub für notwendig erachtet und für Lehen Rechtsgeschäfte von Todes wegen gänzlich ausgeschlossen gesehen haben, sodass der eigentlich allgemeine Grundsatz der Notwendigkeit eines Räumens von Jahr und Tag bei Rechtsgeschäften von Todes wegen nur bei Zinsgut Anwendung fände. Außerdem könnte er von einem ungeschriebenen, aber mündlich tradierten und allgemein anerkannten Rechtssatz ausgehen. – Möglicherweise könnte er dabei auch nicht sämtliches Zinsgut gemeint haben, sondern lediglich das Sonderrecht der freien Landsassen in der Mark, dies, wenn er *erve* im Sinne von *gebur erve* gebraucht. Hier läge die Annahme eines ungeschriebenen Rechtssatzes noch näher. Dafür könnte auch sprechen, dass er Zinsgut in BG III 79 § 1 *Swar ghebur,* wiedergegeben oben S. 256 f., ausdrücklich von *erve* abgrenzt und damit lediglich das gewöhnliche Zinsgut meinen könnte. Da diese Stelle jedoch sehr knapp ist, lässt sich weder die Bedeutung von *tinsgut* noch von *erve* in der entsprechenden Abgrenzung eindeutig klären.

1040 Wenn sich der Begriff *erve* auch auf Lehen beziehen sollte, stellt sich allerdings die Frage, warum der Glossator die dann auch für Lehen geltende Voraussetzung eines Räumens von Jahr und Tag nicht schon in der Glossierung zu Ldr. II 30 angesprochen hat. Auch dies spricht dafür, dass mit dem Begriff *erve* nicht auch das Lehen gemeint ist, weil in Bezug auf Lehen Rechtsgeschäfte von Todes wegen auch im Wege eines Umgehungsgeschäftes nicht möglich sind, oben S. 249. In diesem Fall ließen sich die unterschiedlichen Übertragungsvoraussetzungen damit erklären, das der Glossator bei der Glossierung zu Ldr. I 52, der – aus seiner Sicht – die Übertragungsvoraussetzungen im Zusammenhang mit Rechtsgeschäften unter Lebenden anspricht, von den Grundstücken aus abgeleitetem Recht nur auf das Lehen als das wirtschaftlich wichtigste aus dieser Gruppe eingeht, während er bei der Glossierung zu Ldr. II 30, der – aus seiner Sicht – die Übertragungsvoraussetzungen im Zusammenhang mit Rechtsgeschäften von Todes wegen erwähnt, aus dieser Gruppe von Grundstücken allein das Erbzinsgut nennt, als das einzige, über das Rechtsgeschäfte von Todes wegen rechtlich möglich sind.

1041 In beiden Glossen folgt nach einem Abriss der Entwicklung im römischen Recht und der Feststellung, dass die Sachsen und Sächsinnen bezüglich der gewillkürten Erbfolge eigene Regelungen hätten, eine Wiedergabe von Ldr. I 52 als sächsische Lösung des Problems.

len, ghemedet gud oder *tinsgut*[1042] benutzt. Für diese untypische Begriffsverwendung gibt es jedoch eine schlüssige Erklärung. Die Wahl gerade des Begriffs *erve* dürfte nämlich einen ganz bestimmten Zweck verfolgen.

Dieser Zweck ergibt sich aus einer Gesamtbetrachtung der Glossierung zu Ldr. II 30. Johann von Buch versteht den ersten Halbsatz dergestalt, dass durch ihn die Beanspruchung eines *erves* im Sinne eines Nachlasses aufgrund von Wahl oder Versprechen für das sächsische Recht ausgeschlossen wird. Mit dieser Feststellung schließt seine Glossierung zum ersten Halbsatz. Doch endet Ldr. II 30 nicht an dieser Stelle, es folgt der zweite Halbsatz: Die Beanspruchung eines *erves* aufgrund von Versprechen halte man für Unrecht, *man ne moge getügen, dat dat gelovede vor gerichte gestedeget si.* Diese Aussage kehrt die Aussage des ersten Halbsatzes um und widerspricht damit dem Rechtsverständnis Johanns von Buch. Er kann sie als Teil des Sachsenspiegeltextes jedoch nicht schlicht ignorieren, sondern muss ihr eine mit seiner Rechtsauffassung vereinbare Bedeutung beilegen. So paraphrasiert er sie zunächst – *Wo offt men dit tugen mochte, dat ik dy loued hedde vor gherichte, dat du myn erue nemen scholdest, mochtes du dat denne nemen?* – und bestätigt sie mit dem Hinweis, dass es so klar im Sachsenspiegel stehe. Im weiteren Verlauf der Glosse legt er sie jedoch in doppelter Hinsicht einschränkend aus – einmal explizit und zum anderen implizit, eben durch die Verwendung des Begriffes *erve* im Sinne von (Erb-)Zinsgut. Die erste, explizit einschränkende Auslegung nimmt er vor, indem er in die Sachsenspiegelformulierung *vor gerichte gestedeget* die einzelnen Übertragungsvoraussetzungen des Ldr. I 52 hineinliest.

Eine solche Übertragung bezieht sich dann aber nicht mehr auf einen Nachlass als Ganzes, sondern auf konkrete Vermögensgegenstände. Diese Auslegung scheint also eher wenig naheliegend, da in Ldr. II 30 – wie auch in der Paraphrase durch Johann von Buch – der Begriff *erve* verwendet wird. Um seine Auslegung zu stützen, muss Johann von Buch daher auch den Begriff *erve* auslegen, und zwar abweichend von der gewöhnlichen Bedeutung als Nachlass im Sinne eines bestimmten Vermögensgegenstandes. Diese Auslegung erfolgt nun implizit, indem er in der Darstellung der Unterscheidung von Ldr. I 52 neben *egen* und Fahrender Habe für erbliche Grundstücke abgeleiteten Rechts nicht den Begriff *len* bzw. *(erve) tinsgut* verwendet, sondern eben den Begriff *erve.* Nunmehr lässt sich der zweiten Halbsatz wie auch seine Paraphrase ohne weiteres mit seiner Rechtsauffassung vereinbaren: Es wird darin nur die Übertragung eines *erves* im Sinne eines bestimmten Grundstückes erlaubt – selbstverständlich nur dann, wenn diese Übertragung vor Gericht bestätigt wurde, also die Voraussetzung einer Räumung für Jahr und Tag vorliegt[1043]. Aus dieser impliziten Auslegung erklärt sich auch, warum Johann von Buch zu Beginn

1042 Oben Anm. 1026.

1043 Dass diese Auslegung des Begriffes *erve* letztlich mit der Auslegung desselben Begriffs im ersten Halbsatz kollidiert – wobei dieser im zweiten Halbsatz nicht einmal erneut genannt wird, sondern aus dem ersten Halbsatz ergänzt werden muss – mag ein Grund dafür gewesen sein, dass Johann von Buch diese Auslegung lediglich implizit vornimmt.

der Glosse den Sachsenspiegeltext lediglich im Widerspruch zum Erfordernis des Räumens gesehen hatte, nicht auch im Widerspruch zum Erfordernis des Erbenlaubes und der Kraftprobe.

δ. Zusammenschau der Glossierungen zu Ldr. II 30

Aus der Zusammenschau beider Glossen zu Ldr. II 30 ergibt sich damit, dass Johann von Buch weder sämtliche Rechtsgeschäfte von Todes wegen ablehnt, wie es die Feststellung *de Sassen (...) holden waldichliken, dat ere erue nemend van kore noch van gheelouede nemet, mer nach zibbetale* am Ende der Glossierung zum ersten Halbsatz nahelegt, noch Rechtsgeschäfte von Todes wegen unbegrenzt bejaht, wie es der Beginn der Glossierung zum zweiten Halbsatz *Wo, offt men dit tugen mochte, dat ik dy loued hedde vor gherichte, dat du myn erue nemen scholdest, mochtes du dat denne nemen? Ya* auszusagen scheint. Wie auch bei der Glossierung zu Ldr. I 52 geht Johann von Buch davon aus, dass die Sachsen und Sächsinnen den Konflikt zwischen der Verfügungsfreiheit der Erblasser/in und dem Verwandtenerbrecht nicht wie das gemeine Recht dadurch lösen, dass zwischen Verfügungen von Todes wegen und Verfügungen unter Lebenden unterschieden wird und für letztere das Pflichtteilsrecht gilt, sondern dadurch, dass für alle Rechtsgeschäfte, unter Lebenden wie von Todes wegen, die Voraussetzungen des Ldr. I 52 gelten.

Nicht zuzustimmen ist daher Schmidt-Recla[1044], wenn er in seinem umfassenden Werk über die Verfügung von Todes wegen im fränkischen und im sächsischen Recht aus der Glossierung zum zweiten Halbsatz eine umfassende Anerkennung der Verfügung von Todes wegen durch die Buch'sche Glosse ableitet. Er begründet dies damit, dass Johann von Buch Ldr. II 30 eine erbrechtliche Deutung gebe, wenn er in der Glossierung zum ersten Halbsatz die durch ein Versprechen begünstigte Person mit dem Erben aufgrund von Verwandtschaft vergleiche, und dass diese Deutung auch für den zweiten Halbsatz gelten müsse. Daher sei in dem zitierten Satz *erve* im Sinne von Nachlass (abzüglich der Sondermassen) gemeint, Johann von Buch erkenne Verfügungen von Todes wegen also an. Jedoch bezieht Schmidt-Recla in seine Überlegungen weder die scharfe Ablehnung des *erve nemen* aufgrund von Versprechen oder Wahl am Ende der Glosse zum ersten Halbsatz noch die Einordnung von *erve* neben *egen* und Fahrender Habe am Ende der Glosse zum zweiten Halbsatz ein[1045]. Gerade die letztgenannte Einordnung zeigt jedoch, dass Johann von Buch

---

1044 Schmidt-Recla, Kalte oder warme Hand S. 387 f.

1045 Den letztgenannten Abschnitt thematisiert Schmidt-Recla, Kalte oder warme Hand S. 389 allerdings durchaus. Johann von Buch gehe hier auf ein Missverständnis ein, nach dem jede Verfügung das Räumen des betreffenden Gutes voraussetze. Hier verweise er auf den Terminus *gestedeget sy*, der die Unterscheidung der Verfügungsgegenstände enthalte, sodass das Räumen nur für *erve* erforderlich sei. Woher Johann von Buch diese Voraussetzung ableite, sei nicht ersichtlich. Diese Ausführungen bezieht Schmidt-Recla aber nicht in seine Deutung der Ansicht Johanns von Buch zu den Verfügungen von Todes wegen mit ein. Er

den Begriff *erve* keineswegs in der gesamten Glossierung einheitlich, im Sinne von Nachlass, verwendet.

Nicht zuzustimmen ist umgekehrt aber auch Kannowski, soweit er aus der Glossierung zum ersten Halbsatz sowie der Glossierung zu Ldr. I 52 ableitet, dass Testamente nach Ansicht Johanns von Buch nach dem sächsischen Privileg unzulässig seien[1046]. Kannowski geht zwar davon aus, dass der Glossator Testamente nicht als Fremdkörper ansehe, meint aber, dass dieser dabei lediglich das aus dem römischen Recht übernommene Soldatentestament vor Augen habe[1047], außerdem möglicherweise die Errichtung eines Testaments nach gemeinem Recht vor einem nach Sachsenspiegel urteilenden Gericht[1048]. Das sächsische Recht kenne dagegen grundsätzlich nur Verfügungen unter Lebenden, wie sie Ldr. I 52 vorsehe[1049]. Johann von Buch unterscheidet m. E. für das sächsische Recht gerade nicht zwischen Rechtsgeschäften unter Lebenden und Rechtsgeschäften mit rechtlicher oder tatsächlicher Wirkung für den Todesfall, sondern wendet Ldr. I 52 bewusst für beide an. Dabei sieht der Glossator Ldr. I 52 als sächsischen Ersatz für das Pflichtteilsrecht an, seiner Ratio nach ist dieser Landrechtsartikel demnach nicht zuletzt für – funktional betrachtet – Rechtsgeschäfte von Todes wegen konzipiert[1050].

c. Die Übertragungsvoraussetzungen aus Ldr. I 52 als Erbenschutzinstrument in BG III 76 § 3 *Nympt en man*

Die dritte Stelle, an der sich der Glossator mit Rechtsgeschäften von Todes wegen befasst, ist BG III 76 § 3 *Nympt en man*. Das ist durchaus überraschend, denn der zugrundeliegende Sachsenspiegelartikel lässt einen solchen Zusammenhang nicht erkennen. Vielmehr wird erläutert, welche Rechte ein Mann nach dem Tod seiner Frau an dem Ackerland hat, das diese als *egen*, Lehen, Leibgedinge oder Zinsgut in die Ehe eingebracht hatte[1051]. Dies nimmt Johann von Buch zum Anlass, in einer Folge von drei komplex aufgebauten Glossen auf die unterschiedlichen Rechte einzugehen, die

---

erwähnt sie lediglich – nach der Einordnung seiner Ergebnisse in den Forschungsstand – als Nachtrag. Zudem stellt sich bei der Auslegung Schmidt-Reclas die Frage, ob er auch bei der Unterscheidung *egen* – *erve* – Fahrende Habe *erve* als Nachlass versteht.

1046 Kannowski, Buch'sche Glosse S. 462 f.

1047 In der Herausnahme der Ritter aus dem allgemeinen Recht sieht er in Anschluss an BG I 20 § 1 *Nu uornemet* und BG III 32 § 4 *Sprickt ene en* eine Ausnahme auch vom Testierverbot des Sachsenspiegels, und weist hierbei auf die Parallele zu den Soldatentestamenten des römischen Rechtes hin, dazu sogleich, unten S. 275 ff.

1048 Kannowski, Buch'sche Glosse S. 463 f.

1049 Kannowski, Buch'sche Glosse S. 463.

1050 Hierfür spricht neben der Einordnung von Ldr. I 52 als sächsische Parallelvorschrift zum Pflichtteilsrecht auch das Publizitätserfordernis bei der Übertragung von *erve*: Das Grundstück abgeleiteten Rechts soll für Jahr und Tag geräumt werden, danach soll es aber offensichtlich in die Sachherrschaft des/der Übertragenden zurückkehren.

1051 Hierzu oben Anm. 1026.

Frauen seiner Ansicht nach an Grundstücken innehaben können. Besonderes Interesse widmet er dabei der Rechtslage zu Lebzeiten der Frau, die im Sachsenspiegeltext kcinc Rolle spielt.

Johann von Buch geht davon aus, dass Frauen auf die vier im Sachsenspiegeltext genannten Arten berechtigt sein können, sie könnten ein Grundstück also als *egen* haben (dazu äußert er sich in der ersten Glosse BG III 76 § 3 *Nympt en man*), als Lehen oder Leibgedinge (beides sieht er eng verbunden und thematisiert es daher zusammen in BG III 76 § 3 *Edder len edder liffgeding*)[1052] oder als Zinsgut (behandelt in BG III 76 § 3 *Edder tinsgud*)[1053]. Im Zusammenhang mit den Rechtsgeschäften von Todes wegen ist allein die erste Glosse von Interesse. Ihre in diesem Zusammenhang erheblichen Abschnitte lauten wie folgt:

> BG III 76 § 3 *Nympt en man* Satz 7, 9–18, 20, 22 Hs. 1, 24, 28, 30 f., 33, 34 Hs. 1, 36, S. 1425–1430
>
> *Dit*[1054] *is dat eghen, dat se hebben van erues rechte. (...) Wo moghen ze dit icht vorgheuen? Vnderschede dit: Wer wel se dat eneme vromeden gheuen, edder wel ze dat eneme eruen*

1052 Dazu unten S. 364 ff.

1053 Teilweise wiedergegeben oben Anm. 1028.

1054 Übersetzung: Dies ist das *egen*, das sie aufgrund von Erbrecht innehaben. (...) Wie, können sie das auf irgendeine Weise vergeben? Unterscheide das: Entweder will sie das einem Fremden geben oder sie will das einem Erben geben oder sie will das ihrem Mann geben. Will sie das einem Fremden geben, so unterscheide das <weiter>: Entweder gibt sie ihm das um einer Gunst willen oder um Gottes willen. Gibt sie ihm das um einer Gunst willen, das darf sie tun mit der Zustimmung ihres Mannes und mit der Zustimmung ihrer Erben, wie oben [Ldr. I 31 § 2; Ldr. I 52 § 1]. Wie <ist die Rechtslage>, wenn sie das gäbe mit der Zustimmung ihres Mannes, aber nicht mit der Zustimmung der Erben? Antworte, der Mann und sie müssten darauf verzichten und die Erben würden sich dessen bemächtigen, und <es> wäre ihr <richtig: ihnen> freigeworden, oben [Ldr. I 52 § 1]. Wie, wenn sie es ihm gäbe mit der Zustimmung ihrer Erben, aber ohne die Zustimmung ihres Mannes? Antworte <als erste Lösungsmöglichkeit>, die Gabe hätte Bestand, aber sie nützt demjenigen, dem gegeben wurde, nicht, bevor die Frau stirbt, und die Nutzung würde ihrem Mann verbleiben, solange sie lebt. Und wenn sie stirbt, so gehört es dem, dem es gegeben wurde, und nicht den Erben deswegen, weil sie es genehmigt hatten. (...) So hättest du <den Fall>, dass ein Ding später wirksam würde, das anfangs unwirksam war. (...) Dem würde die *regula* widersprechen, die sagt: was anfangs unwirksam ist, das wird nicht durch Zeitablauf wirksam, (...). Aber löse dies und antworte: Diese Gabe wird vielleicht nicht deswegen hinausgeschoben, weil sie nicht sein darf, sondern vielleicht deswegen hinausgeschoben, weil es dem Mann schaden würde, wenn die Frau ihr Gut vergeben würde und er sie ernähren müsste. (...) Vielmehr antworte <als zweite, richtige Lösungsmöglichkeit>: Diese Gabe war von Anbeginn unwirksam, weil der Mann der Vormund der Frau ist, wie oben [Ldr. I 45 §§ 1, 2]. (...) Und darum, weil er nicht zugestimmt hat, darum durfte die Gabe rechtlich nicht geschehen. Darum dürfen die Erben selbst auch davon zurücktreten, außer wenn sie so versprochen haben, dass es von ihnen geschehen solle, wenn sie <die Frau> stürbe. (...) Will sie das aber ihren Erben geben, (...). Will sie das aber ihrem Mann geben, (...). Wollte sie das um Gottes willen geben wie/ nämlich als Testament, das darf sie nicht tun ohne Erbenlaub nach unserem Recht, oben

gheuen, edder wel ze dat ereme manne gheuen. Wel ze dat eneme vromeden gheuen, so vnderschede dit: Weder ghifft ze dat eme dor gunst edder dor god. Ghifft ze dat eme dor gunst, dat mot ze don myd eres mannes willen vnde mit erer eruen willen, ut supra [Ldr. I 31 § 2[1055]; Ldr. I 52 § 1]. *Wo offt ze dat gheue myd eres mannes willen vnde <nicht> mit erer eruen willen? Segge, de man vnde ze mosten des enberen, vnde de eruen vnderwinden des sik vnde were ere leddich supra* [Ldr. I 52 § 1[1056]]. *Wo, offt se dat eme gifft mit erer eruen willen ane eres mannes willen? Segge, de ghaue sy stede, se en vromet auer deme ze ghegheuen was nicht, er dat wiff steruet, vnde de <nut bliuet> des mannes, de wile se leuit. Vnde wen se steruet, so is dat sin, deme ze ghegheuen was, vnde nicht deme eruen, dor dat se dat ghevulbordet hadden.* (...) *Sus heddestu, dat en dingh na dogende mochte werden, dat to deme ersten nicht en dochte.* (...) *Hir were weder de regule, de secht: Wat tho deme ersten nicht en doch, dat en wert van nener tijd doghende,* (...). *Mer loze dit vnde zegge: Desse ghaue wart dar vmme lichte nicht ghetoget, dat ze nicht sin en mochte, men ze wart dar vmme lichte ghetoget, dat deme manne schadede, off dat wiff ir gud vorgheue vnde he ze voden moste.* (...) *Mer zegge: Desse ghaue en dochte van ersten nicht, dor dat de man is vormunder des wiues, ut supra* [Ldr. I 45 §§ 1, 2[1057]]. (...) *Vnde dar vmme, do dat sin wille nicht en was, do mochte mit rechte de ghaue nicht schen. Dar vmme moghen des de eruen ok zuluen wedderkommen, se en hedden dat denne gheredet, dat dat van en schen scholde, alse se storue.* (...) *Wolde se dat dor god gheuen alse to testamente, des en mochte ze nicht don ane eruen gheloff na vnseme rechte, supra* [Ldr. I 52 § 1[1058]]. *Auer na leges mach he dat don ane*

[Ldr. I 52 § 1]. Aber nach den Leges kann er <richtig: sie> das tun ohne ihren Willen, vorausgesetzt er <richtig: sie> lässt den dritten Teil seines <richtig: ihres> Gutes unangetastet, wie in [Nov 18,1; Nov. 117, 1].

1055 Remittiert ist *li. I ar. XXX § II*, was im Codex Hecht vulgat Ldr. I 31 § 2 entspricht. Kaufmann, Buch'sche Glosse S. 1426 korrigiert dies aufgrund des dort genannten Zustimmungsvorbehaltes, vgl. Ldr. I 31 § 1 Satz 3, S. 189: *Wif ne mach ok ires gudes nicht vergeven ane ires mannes willen, dar he't dur recht dulen durve,* in Ldr. I 31 § 1. Ebenso ist allerdings möglich, dass Johann von Buch tatsächlich Ldr. I 31 § 2 aufgrund der dort genannten Vormundschaft des Ehemannes über die Ehefrau in Ldr. I 31 § 2 Hs. 1, wiedergegeben oben S. 322, remittiert hat. Daher wurde die Remission hier abweichend von der Kaufmann'schen Edition nicht korrigiert.

1056 Remittiert ist *li. I ar. LI*, was im Codex Hecht vulgat Ldr. I 52 entspricht, von Kaufmann, Buch'sche Glosse S. 1426 aufgrund des Inhalts ergänzt.

1057 Remittiert ist *li. I ar. XLIIII § I et III*, was im Codex Hecht vulgat Ldr. I 45 entspricht, der aber nur zwei Paragraphen hat. Möglicherweise liegt eine abweichende Artikeleinteilung zugrunde, unten S. 501 ff. Inhaltlich sind wohl Ldr. I 45 § 1 am Anfang und § 2 gemeint. Kaufmann, Buch'sche Glosse S. 1426 löst die Allegation als Ldr. I 45 auf.

1058 Eigentlich lautet die entsprechende Remission *li. I ar. LI § penult*, zu Deutsch also den vorletzten Paragraphen, vgl. Georges, LDHW II Sp. 1436, s. v. penultimus. Im Codex Hecht entspricht dies Ldr. I 52 § 3 vulgat. Doch ergibt sich aus dem Inhalt, dass Ldr. I 52 § 1 gemeint ist. Möglicherweise liegt hier eine abweichende Artikeleinteilung Johanns von Buch zugrunde. Zwar weist die Glossierung von Ldr. I 52 § 1 mit der Verortung der Rechtsmaterie im Sachsenspiegel, die auf die *continuationes titulorum* des gelehrten Rechts verweist, vgl. unten Anm. 2120, Anzeichen für einen Artikelbeginn auf; dass aber der erste Paragraph

eren willen, dest he en late sines gudes den drudden del vmbeschuldiget, ut in [Nov. 18, 1; Nov. 117, 1]. *Wel ze dat auer den eruen gheuen,* (...). *Wel ze dat euer ereme manne gheuen,* (...).

α. Der Gedankengang von BG III 76 § 3 *Nympt en man*

Johann von Buch unterscheidet zunächst danach, wem eine Frau ihr *egen* geben wolle, einem Familienfremden, ihrem Ehemann oder ihren Erben. Dann wendet er sich dem ersten Fall zu und unterscheidet hier weiter, ob sie es *dor gunst* geben wolle oder *dor god*.

Wolle sie es *dor gunst* geben, sei die Zustimmung von Ehemann und Erben Voraussetzung. Das Erfordernis einer Zustimmung der Erb/innen ergibt sich dabei ausweislich der Remission aus Ldr. I 52, das der Zustimmung des Ehemanns aus Ldr. I 31 § 2[1059]. Im folgenden setzt sich Johann von Buch dann mit den Fallkonstellationen auseinander, bei denen eine Übertragung mit nur einer der beiden erforderlichen Zustimmungen erfolgt ist. Habe die Zustimmung der Erben gefehlt, so trete die Rechtsfolge von Ldr. I 52 § 1 a. E. ein[1060], die Erben könnten das *egen* herausverlangen und Ehemann und Ehefrau hätten ihre Rechte daran verloren. Problematischer stellt sich der Fall dar, dass zwar die Erb/innen zugestimmt haben, nicht aber der Ehemann. Als eine Lösungsmöglichkeit stellt Johann von Buch hier zunächst die Ansicht vor, dass die Übertragung wirksam sei und die Erben an ihre Zustimmung gebunden blieben, die erwerbende Person die Herrschaft über das *egen* aber erst mit dem Tod der Frau erlange, weil aufgrund von Ldr. I 31 § 2 dem Ehemann so lange die Nutzung am *egen* seiner Frau gebühre. Gegen diese Lösungsmöglichkeit wirft er sodann ein, dass dadurch entgegen dem Rechtssatz, dass Zeit keine Unwirksamkeit heile, ein Geschäft Wirksamkeit erhalte, das zunächst nicht wirksam gewesen sei. Diesen Einwand kontert er jedoch sogleich: Aufgrund von Ldr. I 31 § 2 werde die Übertragung nicht unwirksam, es werde lediglich zur Vermeidung eines Schadens beim Ehemann der Vollzug herausgeschoben. Denn ihm würde ein Schaden entstehen, wenn er seine Ehefrau – entsprechend der im römischen Recht vorausgesetzten Verpflichtung[1061] – ernähren müsse, sie aber ihr Gut vergebe – gemeint ist hier, dass der Ehemann so nicht zum Ausgleich sein aus Ldr. I 31 § 1 abgeleitetes Fruchtziehungsrecht an ihren Grundstücken ausüben kann[1062]. Nach dieser Verteidigung

---

eines Artikels mit „vorletzter Paragraph“ umschrieben wird, liegt, auch wenn es sich bei ihm tatsächlich um den vorletzten Paragraphen handelt, nicht eben nahe. Möglicherweise ist aber auch die Remission nachträglich ergänzt oder verändert.

1059 Bzw. aus Ldr. I 31 § 1 Satz 3, oben Anm. 1055.

1060 Wiedergeben oben Anm. 779.

1061 Hierzu unten S. 307.

1062 Zur Vereinfachung ist die Glosse oben verkürzt wiedergegen. In den nicht aufgenommenen Sätzen 25–27 führt Johann von Buch den Gedanken noch etwas breiter aus, indem er darauf hinweist, dass der Hinderungsgrund mit dem Tod der Frau wegfalle und nun billig

des Lösungsansatzes gegen den ersten Einwand stellt er einen zweiten Einwand in den Raum: Die Übertragung sei von Anfang an unwirksam, weil der Mann der Vormund seiner Frau sei und kein Mündel ohne die Zustimmung seines Vormunds etwas übertragen könne. Der Übertragung eines Grundstücks durch eine verheiratete Frau steht damit nicht nur das ehegüterrechtliche Recht des Ehemanns an ihren Grundstücken entgegen, sondern auch dessen eherechtliche Stellung als Vormund der Frau. Da nur das erstgenannte Hindernis bei der Lösungsmöglichkeit über einen Aufschub der Rechtswirkungen einer Übertragung berücksichtigt ist, schlägt dieser Einwand durch: Weil die Übertragung damit von Anfang widerrechtlich sei, seien auch die Erben nicht an ihre Zustimmung gebunden. Als Ausnahme fügt Johann von Buch jedoch hinzu, dies gelte nicht, wenn die Erben in der Form versprochen hätten, dass der Familienfremde das *egen* erst nach dem Tod der Frau von ihnen erhalten solle.

Nach diesen umfassenden Erörterungen zu einem Geben *dor gunst* wendet sich Johann von Buch sodann einem Geben *dor god* zu, *alze to testamente*. Diese Ausführungen sind vergleichsweise kurz. Hier unterscheide sich das sächsische Recht von den Leges. Nach sächsischem Recht sei dies der Frau ohne Erbenlaub nicht möglich, nach den Leges aber könne er – in allen drei von Kaufmann edierten Handschriften steht hier wie im weiteren Satzverlauf fälschlicherweise das männliche Pronomen[1063] – dies ohne die Zustimmung der Erben tun, solange er den dritten Teil seines Vermögens unangetastet lasse[1064].

sein könne, was zuvor nicht sein konnte. Denn wenn eine Sache, auf der ein Ding beruhe, vergehe, so vergehe auch das Ding mit ihr. Vgl. zu dieser allgemeinen Rechtsregel unten Anm. 1176.

1063 Ein Grund für diesen Befund ist nicht ersichtlich. Naheliegend wäre, dass es sich bei dem Satz um die spätere Ergänzung einer Kopist*in handelte, der*die den Bezug zur Rechtslage einer verheirateten Frau übersehen haben könnte. Dagegen spricht aber ganz entscheidend, dass zu dem Satz auch Nov. 117, 1 allegiert wird, der gerade der Anknüpfung an eine (weibliche) Erblasserin dient, dazu die folgende Anmerkung. Es spricht daher wohl mehr dafür, dass Satz und Allegation ursprünglich sind und die männlichen Pronomen auf der fehlerhaften Abschrift durch eine Kopist*in beruhen. Es stellt sich bei dieser Annahme allerdings die Frage, warum die Kopist*in in diesem einen Satz sämtliche Pronomen durch die männliche Form ersetzt hat, nicht aber in anderen Sätzen. Ein versehentlicher Abschreibefehler kann dem kaum bei allen drei Pronomen zugrunde liegen. Möglicherweise ist der Kopist*in beim ersten Pronomen ein Fehler unterlaufen, sodass er*sie die übrigen Pronomen des Satzes meinte anpassen zu müssen.

1064 Allegiert ist zunächst die justinianische Nov. 18 zur Erhöhung des Pflichtteilsrechts, des weiteren aber auch Nov. 117, die sich weder bei der Glossierung zu Ldr. I 52 noch der zu Ldr. II 30 findet. In Nov. 117, 1 wird den Müttern, Großmüttern und weiteren Aszendentinnen gestattet, ihren Nachlass in der Weise an ihre minderjährigen Nachkomm/innen zu vererben, dass deren Väter – entgegen der gewöhnlichen Regelung – nicht den Nießbrauch an dem Gut erwerben, sondern dass ein gesonderter Vormund das Gut verwaltet. Voraussetzung hierfür ist, dass sie entsprechend der Gesetze ein Drittel auf gewöhnliche Weise vererben. Johann von Buch dürfte die Novelle hier wegen der ausdrücklichen Bezugnahme sowohl auf das Pflichtteilsrecht als auch auf (weibliche) Erblasserinnen allegiert haben.

β. Beiläufige Schilderung eines Rechtsgeschäftes von Todes wegen

Die skizzierten Ausführungen[1065] sind im Zusammenhang mit den Rechtsgeschäften von Todes wegen in zweierlei Hinsicht aufschlussreich. Dies gilt zum einen für den Vorschlag zur Rechtsgestaltung eines Geben *dor gunst* mit Zustimmung der Erb/innen, aber ohne Zustimmung des Ehemannes. Johann von Buch anerkennt hier eine Übertragung, wenn die Erb/innen versprochen haben, *dat dat von en schen scholde, alse se storue*. Wenn die Erb/innen sich also selbst verpflichten, das Gut zu geben, und zwar zum Todeszeitpunkt der Frau, dann sind sie an diese Vereinbarung gebunden. Zwar liegt hier juristisch keinesfalls eine Verfügung von Todes wegen vor, nicht die Frau, sondern ihre Erb/innen übertragen rechtlich gesehen das *egen*. Das geschilderte Geschäft ist jedoch funktional darauf ausgerichtet, die Vermögensnachfolge nach dem Tod der Frau zu regeln. Die Frau soll ihr *egen* bis zum Tode innehaben, danach aber soll es der/die Familienfremde erhalten. Die Passage zeigt zum einen, dass Johann von Buch jedenfalls in Bezug auf *egen* Geschäfte kennt, die ihre Rechtswirkungen erst im Zeitpunkt eines Todesfalls[1066] entfalten. Zum anderen offenbart sie, dass er Verträge über einen Gegenstand aus der Erbschaft eines/einer noch lebenden Dritten anerkennt – im gelehrten Recht nicht unumstritten[1067]. Zum dritten schließlich schlägt Johann von Buch selbst hier ein Rechtsgeschäft vor, das funktional ein Rechtsgeschäft von Todes wegen darstellt, er erkennt solche Rechtsgeschäfte also durchaus an. Aus der Sicht der Frau ergibt sich auf diese Weise eine Möglichkeit, ein bestimmtes *egen* einer beliebigen Person zuwenden, ohne dass ihr Ehemann und Vormund dies verhindern könnte. Auf die Mitwirkung der Erb/innen ist sie jedoch bei diesem Geschäft wie bei allen anderen Geschäften über *egen* – unter Lebenden und von Todes wegen – angewiesen.

1065 Im weiteren Glossenverlauf wendet sich Johann von Buch dann einem Geben an den Ehemann und an den oder die Erb/innen zu, im Ergebnis erkennt er beide an, solange die Zustimmung des jeweils anderen vorliegt. Außerdem geht er auf die zweite Weise ein, wie Frauen *egen* innehaben könnten. Dies sei aus abgeleitetem Recht, sodass es für die Frau selbst kein *egen* sei, von ihr nicht vergeben werden könne und darum zu Unrecht ihr *egen* genannt werde.

1066 Zwar lehnt Johann von Buch es vorliegend ab, dass die Frau selbst ein Rechtsgeschäft auf den Zeitpunkt ihres eigenen Todes abschließen kann. Daraus lässt sich jedoch nicht schließen, dass er entsprechend dem von Beseler zugrunde gelegten Grundsatz, oben S. 207, eine Begrenzung der Verfügungsmacht auf die Lebenszeit annimmt. Der Grund, warum sich die Frau nicht selbst verpflichten kann, ist die fehlende Zustimmung ihres Ehemanns und Vormundes.

1067 Oben Anm. 776.

γ. Verwendung des Begriffs *testament* und der Gegensatz *geven dor gunst – geven dor god*

Unmittelbarer noch mit dem Thema der Rechtsgeschäfte von Todes wegen verbunden ist zum anderen die Aussage zu dem Geben *dor god, alze to testamente.* Hier stellt sich zunächst einmal die Frage, was sich hinter dem Gegensatz *dor gunst* und *dor god* verbirgt. *Gunst* bezeichnet im mittelniederdeutschen die „Gunst“, auch die „Erlaubnis“[1068]. *Dor god* bedeutet wörtlich übersetzt „um Gottes willen“, „durch Gott“[1069]. Es wird bei Rechtstexten mit Gaben an die Kirche in Zusammenhang gebracht[1070], vor allem aber mit einem unentgeltlichen Handeln, einem Handeln um Gotteslohn und zur Ehre Gottes also[1071]. Ein *testament,* lässt sich aus der Formulierung der Glosse schließen, kann ein Geben *dor god* sein, ob es aber ein Synonym oder ein Beispiel ist, ergibt sich aus ihr nicht[1072]. Auch der Begriff *testament* ist vieldeutig, er umfasst in spätmittelalterlichen Rechtstexten ein Bedeutungsspektrum von allgemein einer „Geschäftsurkunde“ über eine „Stiftung zum Heil der Seele“ bis zu einem „Rechtsgeschäft von Todes wegen“[1073].

Aus diesen Vorüberlegungen ergeben sich nun drei Möglichkeiten, den Gegensatz *dor gunst – dor god* zu verstehen. Zum einen könnte nach der Empfänger/in unterschieden werden, bei einem Geben *dor god* wäre damit die Kirche begünstigt, dagegen ein Mitmensch bei dem Geben *dor gunst.* Anknüpfungspunkt könnte bei dem Geben *dor god* mit der verbreiteten weiten Bedeutung des Ausdrucks aber auch die Unentgeltlichkeit sein, sodass ein Geben *dor gunst* dann eine entgeltliche Über-

---

1068 Walther/Lübben, Mittelniederdeutsches Handwörterbuch S. 131. Vgl. DRW IV Sp. 1273 ff., s. v. [1]Gunst: „I Wohlwollen, Gnade, II Förderung, Unterstützung, III Vorrecht, Vergünstigung, IV Einverständnis, Zustimmung, V Ergebenheit, VI Titel, VII Höflichkeitsformel, VIII Abgabe?“. Die Bedeutung „mit Zustimmung“ liegt allerdings wenig nahe, da nach dem Glosseninhalt jedenfalls nach sächsischem Recht auch bei einem Geben *dor god* die Erlaubnis der Erb/innen erforderlich ist. *Dor gunst* übersetzen Kaufmann/Neumeister, Glossar S. 255 mit „als Gunstbeweis“.

1069 Vgl. die Bedeutungen bei Walther/Lübben, Mittelniederdeutsches Handwörterbuch S. 81 für *dor,* im erstgenannten Sinne übersetzen die Stelle auch Kaufmann/Neumeister, Glossar S. 255.

1070 Trummer, Das hamburgische Erbrecht II S. 188 f.

1071 DRW IV Sp. 108 f., s. v. Gott: „II zur Ehre Gottes, um Gottes willen werden gute Werke getan, wird etwas unentgeltlich getan“.

1072 Das mittelniederdeutsche *alze* bedeutet erst einmal nur „wie“, Walther/Lübben, Mittelniederdeutsches Handwörterbuch S. 12, und kann im Sinne von „wie zum Beispiel“ ein Beispiel einleiten, aber auch im Sinne von „nämlich“ einen den Vorsatz erläuternden oder spezifizierenden Nebensatz, Kaufmann/Neumeister, Glossar S. 25.

1073 Loening, Testament S. 32 ff., der folgende Bedeutungsebenen herausarbeitet: „1. Allgemein eine Urkunde, und zwar eine Geschäftsurkunde, 2. Stiftung zum Heil der Seele, 3. Verfügung von Todes wegen, und zwar einseitige wie zweiseitige“.

tragung bezeichnet[1074]. Schließlich könnte sich aus dem Zusammenhang eine dritte Auslegung ergeben. Johann von Buch stellt bei dem Geben *dor god* wie bei den soeben untersuchten Glossen zu Ldr. I 52 und Ldr. II 30 sächsisches und gemeines, also römisches Recht einander gegenüber, wobei die Regelung im römischen Recht mit der Bezugnahme auf das Pflichtteilsrecht klar auf Rechtsgeschäfte von Todes wegen bezogen ist. Auch bei der Darstellung des sächsischen Rechts erscheint mit der Voraussetzung des Erbenlaubs und der Remission von Ldr. I 52 das in den genannten Stellen für *egen* einschlägige Erbenschutzinstrument, das freilich nach der Vorstellung Johanns von Buch bei Rechtsgeschäften unter Lebenden wie von Todes wegen gilt. Zudem ist der Begriff *testament* zu beachten, der vorliegend ein Rechtsgeschäft von Todes wegen bezeichnen könnte. Als dritte Auslegungsmöglichkeit könnte das Geben *dor god* damit allgemein ein Ausdruck für ein Rechtsgeschäft von Todes wegen sein, indem die Bezugnahme auf Gott mit dem Sterben in Zusammenhang steht – der/die Gebende leistet gewissermaßen erst dann, wenn er/sie bereits bei Gott ist –, während die Formulierung *dor gunst* verdeutlichen soll, dass der/die Gebende dem/der Bedachten durch den schon lebzeitigen Verzicht auf das *egen* eine Gunst erweist. Für diese letzte Auslegung spricht vor allem, dass Johann von Buch für diese Übertragung die Zustimmung des Ehemannes nicht erwähnt, da dieser nach seiner Ansicht nur zu Lebzeiten der Frau ein Anrecht auf die Nutzung ihrer Güter hat[1075]. Zudem deuten die Ausführungen zu einer Übertragung *dor gunst* auf eine Übertragung mit sofortiger Wirkung hin. Johann von Buch denkt lediglich an, dass bei fehlender Zustimmung des Ehemannes die Wirksamkeit des Geschäftes bis zum Tod der Frau aufgeschoben werden könnte, um diese Lösungsmöglichkeit aber letztendlich zu verwerfen und nur durch ein Umgehungsgeschäft zu ermöglichen. Versteht man das Geben *dor god* im letztgenannten Sinne, als Rechtsgeschäft von Todes wegen, dann erkennt Johann von Buch damit solche Rechtsgeschäfte ohne weiteres an, wenn nur die bei allen Rechtsgeschäften über *egen* nach sächsischem Recht erforderliche Zustimmung der Erb/innen vorliegt.

Wenn das Geben *dor god* mit der zweiten Auslegung weiter zu verstehen ist als jegliches unentgeltliches Geben, das *testament* also lediglich ein Beispiel ist, ändert dies nichts an dem im Zusammenhang dieser Arbeit allein erheblichen Befund, dass Johann von Buch das *testament* als ein Rechtsgeschäft von Todes wegen anerkennt, solange Erbenlaub vorliegt[1076]. Anders wäre dies lediglich, wenn der Begriff *testament*

1074 Die in Bezug genommene Gunst ist dann nicht die Gunst gegenüber dem/der Bedachten, sondern diejenige, die der/die Bedachte dem/der Gebenden im Gegenzug zu erweisen hat.

1075 Allerdings gründet sich das Zustimmungserfordernis beim Ehemann der Frau nach den vorhergehenden Ausführungen zu einem Geben *dor gunst* nicht allein auf sein Nutzungsrecht aus Ldr. I 31 § 2, sondern v. a. auf seine Stellung als Vormund. Insofern kann der fehlenden Erwähnung nicht allzu großes Gewicht beigemessen werden.

1076 Zwar formuliert er negativ, *des en mochte ze nicht don ane eruen geloff.* Im Umkehrschluss folgt daraus aber, dass ein Testament mit Erbenlaub nach der Ansicht Johanns von Buch möglich ist, zumal er als Gegensatz formuliert, nach Leges könne man das ohne die Zustimmung der Erben.

im Sinne von „Urkunde“ zu verstehen wäre. Dies ist aber aus zwei Gründe nicht anzunehmen: Zum einen gebraucht er den Begriff Testament an zwei weiteren Stellen der Glosse relativ eindeutig im Sinne eines Rechtsgeschäfts von Todes wegen[1077], zum anderen verweist auch die Erwähnung des Pflichtteilsanspruches für das römische Recht auf ein Rechtsgeschäft von Todes wegen.

Ein Unterschied könnte sich allerdings bei der zuerst angesprochenen Auslegung von *geven dor god* ergeben, wenn dies eine Verfügung zugunsten der Kirche bezeichnet. Dann ergäbe sich aus dieser Stelle lediglich, dass Johann von Buch Testamente zugunsten der Kirche anerkennt, eine weiterreichende Aussage würde sie nicht enthalten. Dagegen sprechen aber zum einen die Allegationen zur Rechtslage im gemeinen Recht. Ein Bezug zur Kirche als Begünstigter oder zum kanonischen Recht lässt sich nicht erkennen, obwohl die Allegation spezifisch gewählt ist, indem sie sich auf eine (weibliche) Testatorin bezieht[1078]. Zum anderen lässt sich an den beiden weiteren Stellen, in denen der Glossator den Begriff *testament* verwendet, ein Zusammenhang mit Stiftungen zugunsten der Kirche nicht erkennen[1079]. Schließlich ist die Parallele zu der Glossierung von Ldr. I 52 und Ldr. II 30[1080] zu beachten. In allen drei Glossierungen wird auf einen Unterschied zwischen sächsischem Recht und römischem Recht Bezug genommen, wobei dem römischen Pflichtteilsrecht auf sächsischer Seite die Übertragungsvoraussetzungen des Ldr. I 52[1081] gegenübergestellt werden. Dies legt nahe, dass Johann von Buch an allen drei Stellen dieselbe Thematik behandelt. In den beiden anderen Glossen ist die Kirche als Begünstigte jedoch nicht vorausgesetzt. Dies schließt zwar nicht aus, dass Johann von Buch bei dem Geben *dor god* und bei dem von ihm genannten *testament* auch oder vor allem an ein Rechtsgeschäft von Todes wegen zugunsten der Kirche denkt. Dass er nur solche Rechtsgeschäfte von Todes wegen anerkennt, lässt sich daraus jedoch nicht ableiten[1082].

1077 In BG I 8 § 1 *Wor men auer eygen* und BG I 16 § 1 *De beholden vryer lantsetenen recht*, dazu unten S. 272, 273 f.

1078 Oben Anm. 1064.

1079 In BG I 8 § 1 *Wor men auer eygen* und BG I 16 § 1 *De beholden vryer lantsetenen recht*, dazu unten S. 272, 273 f.

1080 Nämlich die Feststellung einer besonderen Rechtslage in Sachsen, die Voraussetzung des Erbenlaubs und die Remission von Ldr. I 52.

1081 In Bezug auf *egen* und Fahrende Habe, möglicherweise auch in Bezug auf Lehen; in Bezug auf *erve* außerdem ein nicht identifizierbarer Rechtssatz, oben S. 248.

1082 Soweit Johann von Buch den Begriff *testament* allgemein, als ein Rechtsgeschäft von Todes wegen, verwendet, ist damit allerdings nicht das Testament der Legistik, für das eine mündliche oder schriftliche Errichtung vor sieben Zeugen ausreicht, oder gar das Zweizeugentestament der Kanonistik gemeint. Er verweist vielmehr darauf, dass für ein solches *testament* im sächsischen Recht das in Ldr. I 52 § 1 vorausgesetzte Erbenlaub erforderlich sei. Dieser Verweis auf Ldr. I 52 lässt es als wahrscheinlich erscheinen, dass das Testament nach Ansicht Johanns von Buch gerichtlich *gestediget* werden muss. Für dieses Erfordernis spricht auch die Verwendung des Begriffs in BG I 8 § 1 *Wor men auer eygen*, unten S. 272. Johann von Buch verwendet den Begriff also – durchaus im Sinne seiner Zeit – als Bezeichnung für ein Rechtsgeschäft von Todes wegen, ohne sich auf die Formen des römischen Rechts zu beschränken.

d. Zusammenschau: Missbilligung der Rechtsgeschäfte von Todes wegen und Übertragungsvoraussetzungen als sächsische Alternative zum römischen Pflichtteilsrecht

Johann von Buch lebt in einer Welt, in der Rechtsgeschäfte von Todes wegen im Gebiet des sächsischen Rechts jedenfalls im Stadtrecht praktiziert werden – wie die Urkunden und Schöffensprüche jener Zeit belegen. In den bisher untersuchten Stellen der Buch'schen Glosse wird jedoch deutlich, dass er diesen Rechtsgeschäften nicht ohne Vorbehalte gegenübersteht. Jedenfalls Rechtsgeschäfte, bei denen eine künftige Erblasser/in seine/ihre Nachkomm/innen von der Vermögensnachfolge nach dem eigenen Tod gänzlich ausschließt, bewertet er höchst negativ[1083]. Dass er sowohl in der Glossierung zu Ldr. I 52 als auch der zu Ldr. II 30 diesen extremen Fall thematisiert, kann durchaus als rhetorisches Mittel verstanden werden, um Rechtsgeschäfte von Todes wegen überhaupt als problematisch darzustellen. Seine Missbilligung untermauert er dabei in theoretischer Hinsicht durch die These, dass es der künftigen Erblasser/in nach natürlichem Recht nicht möglich sei, seine Nachkomm/innen gänzlich zu enterben. Diese Möglichkeit ist seiner Ansicht nach erst durch das gesetzte Recht geschaffen worden. Naturrecht und gesetztes Recht fallen demnach in dieser Hinsicht auseinander, und darum hat das Kaiserrecht das gesetzte Recht zwar nicht aufgehoben, wohl aber eingeschränkt.

In diesem Punkt jedoch, der Art und Weise, wie die nach gesetztem Recht unbegrenzte Testierfreiheit eingeschränkt wird, besteht nach seiner Ansicht ein Unterschied zwischen gemeinem Recht und dem vermeintlichen Privileg Kaiser Karls des Großen, dem Sachsenspiegel. Diesen Unterschied zwischen gemeinem Recht und sächsischem Recht spricht Johann von Buch in allen drei der untersuchten Glossen an. Demnach sind Rechtsgeschäfte von Todes wegen im gemeinen Recht ohne weitere Voraussetzung möglich, solange den Nachkomm/innen nur ein bestimmter Pflichtteil bleibt[1084]. Diese Lösung des Interessenkonfliktes erscheint Johann von Buch jedoch unpraktikabel, weil sie seiner Ansicht nach sehr komplex ist und zu viel Verwirrung geführt hat[1085]. Nach sächsischem Recht bestimme sich die Rechtslage vielmehr nach Ldr. I 52 und Ldr. II 30. Zwar sind dadurch Rechtsgeschäfte mit tatsächlicher Wirkung für den Todesfall jedenfalls in Bezug auf *egen* und *erve* nicht ausgeschlossen, wie die Glossen zu Ldr. II 30 und Ldr. III 76 zeigen. Diese müssen

1083 In BG I 52 § 1 *Ane eruen geloff* und BG II 30 Swe *zo eme erue* wird diese Missbilligung ausdrücklich geäußert, in BG III 76 § 3 *Nympt en man* klingt sie durch die negative Formulierung bei der Anerkennung der Testamente an.

1084 Dass Johann von Buch sowohl in der Glossierung zu Ldr. I 52 wie auch in der Glossierung zu Ldr. II 30 die unterschiedlichen Entwicklungsstufen des Pflichtteilsrechts anspricht, kann durchaus als eine unterschwellige Kritik des gemeinrechtlichen Erbenschutzinstruments verstanden werden, das dadurch verwirrend und inkohärent wirkt.

1085 Aus diesem Grund muss sie nach seiner Ansicht über die Sachsen und Sächsinnen zur Zeit Karls des Großen noch ungeeigneter gewesen sein, da er diesen nur beschränkte geistige Fähigkeiten zuzusprechen scheint, vgl. oben Anm. 634.

sich jedoch in den Formen des Ldr. I 52 (sowie bezüglich *erve* den Formen eines nicht zweifelsfrei identifizierbaren Rechtssatzes) vollziehen. Das bedeutet im Ergebnis zum einen, dass sie sich auf einen konkreten, körperlichen Vermögensgegenstand beziehen müssen. Zum anderen hat dies zur Folge, dass bei einem Rechtsgeschäft in Bezug auf das wirtschaftlich besonders wichtige *egen* Erbenlaub erforderlich ist, Rechtsgeschäfte über Grundstücke in abgeleitetem Recht und Fahrnis nicht mehr in Todesnähe vorgenommen werden können, und bei *erve* – das wohl Erbzinsgut bezeichnet – zusätzlich ein Räumen von Jahr und Tag erfolgen muss. Bei Verfügungen über Grundstücke[1086] ist der von Johann von Buch angenommene Schutzmechanismus damit tatsächlich sehr viel stärker als der des römischen Rechts. Bei *egen* können die künftigen Erb/innen jede Vergabe gänzlich verhindern, bei Erbzinsgut muss der/die Vergebende wirtschaftlich in der Lage sein, Jahr und Tag auf das Gut zu verzichten. Bei Lehen dürften Rechtgeschäfte von Todes wegen ohnehin gänzlich ausgeschlossen sein[1087]. Eine Verfügung über ein Vermögen als Ganzes ist nach Ansicht des Glossators in keinem Fall möglich. Letzteres sieht Johann von Buch nicht allein in Ldr. I 52 bestimmt, sondern vor allem im ersten Halbsatz von Ldr. II 30[1088].

Die Formulierungen Johanns von Buch scheinen verschiedentlich darauf hin zu deuten, dass er durch die Regelung des Sachsenspiegels nicht allein das Erbenschutzinstrument des Pflichtteilsrechts durch das des Ldr. I 52 ersetzt sieht, sondern überhaupt die Testierfreiheit des römischen Rechts aufgehoben[1089]. Da er jedoch Rechtsgeschäfte mit tatsächlicher Wirkung für den Todesfall anerkennt und für solche Rechtsgeschäfte den der lateinischen Rechtssprache entlehnten Begriff *testament* benutzt, kann dies nicht seinem Verständnis entsprechen. Es widerspräche auch seiner Vorstellung vom Verhältnis unter den Rechtsquellen, nach dem bei einer

1086 Mit Ausnahme der Lehen, über die nach BG I 52 § 1 *Ane eruen geloff* lediglich nicht mehr in Todesnähe verfügt werden darf. Doch scheint nach Lehnrecht eine Verfügung mit Wirkung erst für den Todesfall gänzlich ausgeschlossen zu sein, oben S. 249, sodass das Verbot der Siechbettverfügung jegliches Rechtsgeschäft von Todes wegen auszuschließen geeignet ist. – Bei Fahrender Habe würde das gleiche Ergebnis erzielt, wenn auch hier zur Übertragung eine sofortige Übergabe des Gegenstandes nach dem oft zitieren Prinzip „Hand wahre Hand" erforderlich ist. Doch lässt sich dieses Prinzip weder im Sachsenspiegel noch in der Buch'schen Glosse nachweisen. Umgekehrt wird allerdings auch kein Rechtsgeschäft über Fahrnis thematisiert, dessen Rechtswirkungen erst mit dem Todesfall eintreten sollen.

1087 Dazu oben Anm. 1004.

1088 Insofern ist seine Einordnung des Sachsenspiegelartikels als ein Verbot der Adoption weniger überraschend als sie auf den ersten Blick scheinen mag: Während in einem Testament die Intestaterb/innen neben weiteren Personen bedacht sein können, ist bei einer Adoption für die bisherigen Intestaterb/innen kein Raum – ausgenommen es handelte sich dabei um eheliche Nachkomm/innen der Erblasser/in. Der/die Adoptierte erhält also, wenn er/sie die einzige (adoptierte) Nachkomm/in der Erblasser/in ist, den gesamten Nachlass des/der Adoptierenden. Gerade diese Möglichkeit aber, dass jemand den Nachlass (ohne Gerade und Heergewäte) eines Sachsen oder einer Sächsin aufgrund von Wahl oder Versprechen nehme, ist nach Ansicht Johanns von Buch im ersten Halbsatz von Ldr. II 30 ausgeschlossen

1089 Oben Anm. 999.

Differenz zwischen natürlichem und gesetztem Recht das Kaiserrecht – und auch der Sachsenspiegel ist nach seiner Vorstellung von einem Kaiser erlassenes Recht – zwar ersterem zur Hilfe kommen, letzteres aber nicht umfänglich aufheben soll.

e. Absicherung des Befundes: Verwendung von Begriffen für Rechtsgeschäfte von Todes wegen

Dieser Befund, dass Johann von Buch Rechtsgeschäfte mit tatsächlicher Wirkung für den Todesfall anerkennt – solange sie sich auf einen konkreten Vermögensgegenstand beziehen und den Voraussetzungen des Ldr. I 52 (sowie eines nicht zweifelsfrei ermittelbaren Rechtssatzes) entsprechen – und dass er diese Rechtsgeschäfte auch durchaus als Rechtsgeschäfte von Todes wegen versteht, lässt sich durch fünf weitere Stellen der Buch'schen Glosse stützen, in denen die Begriffe *testament, bescheden an sinem lesten ende* oder *zeelgerede* verwendet werden. Die entsprechenden Stellen lauten wie folgt:

BG I 8 § 1 *Wor men auer eygen*, S. 184

Desses[1090] *artikels vtlegginge steit dar uppe, alze de text sprickt, dat me in dessen stucken zulff zeuede mit deme richtere ouertugen schulle, also ouertuget men ok en testament mit zeuen mannen, ut* [Cod. 6, 23, 21].

BG I 16 § 1 *De beholden vryer lantsetenen recht* Satz 5, S. 215

To[1091] *dem sesten, sterfft de vriglatene man ane eruen vnd ane testament, sin here beholt al sin gud, ut* [Inst. 3, 7, 3].

BG III 7 § 1 *De yode, de ne mod* Satz 23 ; S. 966

Dat[1092] *neghede is, dat nen cristene eneme yoden wat bescheden mach in sineme lesten ende,* [Cod. 1, 9, 1; Cod. 1, 5, 22].

BG I 20 *Ridders art* Satz 2, S. 238

An[1093] *ridderschop ys vrome, zo dat se to gemenem rechte nicht en horen, wente ze mogen zeelgerede don, offt ere elderen wol leuen, van deme, dat se in ridderschopp irworuen hebben, ut* [Inst. 2, 11, 1].

1090 Übersetzung: Die Auslegung dieses Artikels gründet sich darauf, wie der Sachsenspiegeltext spricht, dass man in diesen Fällen selbsiebt mit dem Richter den Zeugenbeweis erbringen soll, ebenso beweist man auch ein Testament mit sieben Männern, wie [Cod. 6, 23, 21].

1091 Übersetzung: Sechstens: stirbt der freigelassene Mann ohne Erben und ohne Testament, dann behält sein Herr all sein Gut, wie [Inst. 3, 7, 3].

1092 Übersetzung: Das neunte ist, dass kein Christ einem Juden etwas vermachen kann von seinem letzten Ende, [Cod. 1, 9, 1; Cod. 1, 5, 22].

1093 Übersetzung: Die Ritterschaft bringt Vorteile, wie dass sie nicht dem gemeinen Recht unterliegen, denn sie dürfen Seelgeräte tun, auch wenn ihre Eltern noch leben, von dem, was sie durch die Ritterschaft erworben haben.

BG III 32 § 4 *Sprickt ene en* Satz 8, S. 1128

De[1094] *erste ys, de vader vnde en islik mach mach tughen in des zones zelegherede, ut* [Dig. 28, 1, 20, 2][1095].

α. Verwendung des Begriffs *testament*

Der Begriff *testament* wird erstmals in der Glosse BG I 8 § 1 *Wor men auer eygen* verwendet. Es wird hier das Testament genannt, ohne es allerdings konkret im Sachsenspiegeltext zu verankern. Dies könnte so auszulegen sein, dass Johann von Buch Testamente in der in Cod. 6, 23, 21 beschriebenen Form des justinianischen Siebenzeugentestaments anerkennt, wenn sie vor einem sächsischen Gericht errichtet worden sind[1096]. Es könnte aber auch bedeuten, dass Johann von Buch das Beweisverfahren aus Ldr. I 8 auf das Testament überträgt. Wie sich aus den Glossen zu Ldr. I 52, Ldr. II 30 und Ldr. III 76 ergibt, muss seiner Ansicht nach eine Gabe gerichtlich *gestedeget* sein, sie ist also vor einem wie auch immer gearteten Gericht vollzogen worden. Damit liegt der Nachweis eines solchen Rechtsgeschäfts mittels der in Ldr. I 8 geschilderten Weise durchaus nahe, also durch Bezeugung durch den Richter und sieben weiterer Personen, die bei der gerichtlichen Vornahme zugegen gewesen sind. Kannowski hat jedoch zu Recht darauf hingewiesen, dass Johann von Buch ebenso gut lediglich eine Absicherung des in Ldr. I 8 beschriebenen Beweisverfahrens durch den Verweis auf eine ähnlich Beweisform im römischen Recht beabsichtigt haben könnte, ohne zugleich auch eine Aussage über die Zulässigkeit oder den Nachweis von Testamenten nach sächsischem Recht zu treffen[1097].

Zum anderen findet der Begriff Testament Erwähnung in BG I 16 § 1 *De behol-den vryer lantsetenen recht*. In dieser Glosse befasst sich Johann von Buch mit dem Verhältnis eines freigelassenen Eigenmannes zu seinem einstigen Herrn, das er offensichtlich mit dem eines Freigelassenen zu seinem Patron nach römischem Recht gleichsetzt. Dabei übernimmt er auch das Intestaterbrecht der Freilasser/in, der/die zur Erbfolge nach seiner/ihrer ehemaligen Sklav/in berufen ist, wenn dieser/diese

1094 Übersetzung: Das erste ist, dass der Vater und ein jeder Verwandter in Bezug auf das Seelgeräte des Sohnes Zeugnis leisten kann, [Dig 28, 1, 20, 2].

1095 Die Allegation lautet eigentlich ff. *de testamentis l. quj testamento § 1* [= Dig. 28, 1, 20, 1], von Kaufmann, Buch'sche Glosse S. 1128 aufgrund des Inhalts korrigiert. Dig. 28, 1, 20 pr. – § 2 stehen in dem – in dieser Arbeit verwendeten – Druck Lyon 1558–1560 zudem nicht getrennt.

1096 Kannowski, Buch'sche Glosse S. 463 denkt dies an, zumal im Augsburger Druck von 1516 nicht allein von einem *testament,* sondern einem *testament na leges* die Rede ist. Schmidt-Recla, Kalte oder warme Hand S. 387 weist darauf hin, dass sich ein vor Gericht vollzogenes Testament in der justinianischen Form nicht unter den von ihm untersuchten Rechtstatsachen befunden habe, hält es aber durchaus für möglich, dass Johann von Buch von der Zulässigkeit eines solchen ausgeht. Ablehnend Schott, ZNR 33 (2011) S. 3 Anm. 9.

1097 Kannowski, Buch'sche Glosse S. 463; Schott, ZNR 33 (2011) S. 3 Anm. 9.

keine Hauserb/innen und auch kein Testament hinterlässt[1098]. So stellt er fest: Stirbt der Freigelassene ohne Erben und ohne Testament, so erhält der Herr all sein Gut. Diese Aussage ist nun klar aus dem römischen Recht übernommen, sie soll aber auch für das Verhältnis der sächsischen ehemaligen Eigenleute zu ihren ehemaligen Herr/innen gelten. Die Zulässigkeit eines Testaments wird dabei wiederum nicht in Frage gestellt.

β. Verwendung der Wendung *bescheden an sinem lesten ende*

Nicht der Ausdruck *testament*, der Sache nach aber ein Rechtsgeschäft von Todes wegen begegnet in BG III 7 § 1 *De yode, de ne mod*. Auch hier befasst sich Johann von Buch mit dem Recht einer bestimmten Personengruppe, nämlich dem der Juden und Jüdinnen. Obwohl er diese grundsätzlich als dem sächsischen Recht zugehörig betrachtet, hätten sie in zwölferlei Hinsicht von Christenleuten unterschiedliches Recht[1099]. Das neunte sei, dass kein Christ einem Juden etwas zuwenden könne *in sime lesten ende*. Unter einer solchen Zuwendung dürfte dabei ein Rechtsgeschäft von Todes wegen zu verstehen sein[1100]. Diese Aussage lässt im Umkehrschluss die Annahme zu, dass eine Christ/in einer anderen Christ/in sehr wohl etwas von seinem/ihrem letzten Ende zuweisen kann.

Zwar lautet der Satz in der Heidelberger Handschrift umgekehrt: *dat nen iode ene(m) cristen wat bescheden mach an sinem lesten ende*. Nach dieser Lesart könnte auch eine Bestimmung des jüdischen Rechts zugrunde liegen, nach dem diese untereinander testieren dürfen, wobei sich dieses Recht aber nicht auf das Hinterlassen an eine Christ/in erstreckt. Ein Rückschluss auf das sächsische Recht ließe sich daraus nicht ziehen. Doch findet sich die Lesart des Codex Hecht auch in der Wolfenbütteler Handschrift[1101]. Zudem stützen die Allegationen sie[1102]. In der Heidelberger Handschrift liegt wohl eine – möglicherweise bewusste[1103] – Veränderung vor.

1098 Inst. 3, 7, 3; Cod. 6, 4, 4. KASER, Privatrecht I S. 697, 701, Privatrecht II S. 508 f.

1099 Der einschlägige, oben nicht wiedergegeben Satz, BG III 7 § 1 *De yode, de ne mod* Satz 3, S. 963, lautet wie folgt: *Vnde settet id dor dad, dat du merken scholt, dat yoden wat sunderlikes rechtes hebben wenne cristene lude in twolfleye stucken*. Übersetzung: Und er setzt dies darum, damit du bemerken sollst, dass Juden besonderes Recht haben in zwölferlei Fällen.

1100 So auch KAUFMANN/NEUMEISTER, Glossar S. 110.

1101 In der Wolfenbütteler Handschrift, fol. 121r lautet der Satz wie folgt: *Dat neghede is, dat eneme ioden nen cristene wat bescheden mach in sime lesten ende*.

1102 Das in Cod. 1, 9, 1 überlieferte Reskript erklärt die testamentarischen Verfügungen einer – dem Namen (Cornelia Salvia) nach römischstämmigen – Frau zugunsten der jüdischen Gemeinde von Antiochia für unwirksam, und in Cod. 1, 5, 22 findet sich eine Erweiterung des Verbots von Testamenten zugunsten von Ketzern auch auf Soldatentestamente. Auch scheint Johann von Buch nach der Einleitung der Thematik in BG III 7 § 1 *De yode de ne mod*, teilweise wiedergegeben oben Anm. 1643, davon auszugehen, dass Juden grundsätzlich nach sächsischem Recht leben, und nur in 12 Fällen für sie besondere Rechtssätze gelten.

1103 Überhaupt hat die Heidelberger Handschrift nicht wie der Codex Hecht an drei Stellen den Begriff *testament*, sondern nur an einer einzigen, was auf eine kritische Einstellung

γ. Verwendung des Begriffs *zeelgerede*

Weiter ist in diesem Zusammenhang auf BG I 20 § 1 *Ridders art* einzugehen. In dieser Glosse zählt Johann von Buch die Vorteile der Ritterschaft auf, die sich daraus ergäben, dass Ritter nicht dem gemeinen Recht unterlägen. Als erstes Beispiel[1104] dafür führt er an, dass Ritter schon zu Lebzeiten ihrer Eltern *zeelgerede don* könnten, aus dem Vermögen, das sie durch die Ritterschaft erworben hätten. Ein weiteres Mal bezieht sich der Glossator auf das Recht einer bestimmten Personengruppe, wobei er eine Regelung des römischen Rechts auf seine sächsische Gegenwart überträgt. In diesem Falle wendet er die Vergünstigungen für die antiken *milites*[1105] auf die *milites* seiner Zeit – die Ritter – an[1106].

Kannowski schließt in seinen Ausführungen zu Testamenten und gewillkürter Erbfolge, dass das angesprochene gemeine Recht in diesem Fall das sächsische Recht nach dem Sachsenspiegel sei, dass also das dort geltende Testamentsverbot für Ritter nicht gelte[1107]. Anknüpfungspunkt im römischen Recht bildet für ihn dabei der Umstand, dass bei den Soldatentestamenten der Grundsatz *nemo pro parte testatus pro parte intestatus decedere potest* nicht gelte[1108]. Doch spricht die Anerkennung von Rechtsgeschäften von Todes wegen an den bisher untersuchten Stellen gegen diese Auslegung. Sehr viel näher liegt, auch aufgrund der Formulierung des Satzes, dass sich Johann von Buch nicht auf die formellen Sonderregeln des Soldatentestaments

der entsprechenden Kopist*in gegenüber den Testamenten hindeutet. So findet sich in der Heidelberger Handschrift der Begriff Testament weder in BG I 16 § 1 *De beholden vryer lantsetenen recht* Satz 5, dieser lautet in der Heidelberger Handschrift: *To deme sesten, steruet der vriegelatene man ane eruen* etc, noch in Bezug auf Ldr. I 8, der in der Heidelberger Handschrift nicht glossiert ist, sondern allein in der Glossierung zu Ldr. III 76 § 3 mit der dortigen Einschränkung durch das Erbenlaub.

1104 Weitere Beispiele sind, dass Ritter sich durch Unkenntnis nicht an einem Recht verschweigen können, außerdem dass Ritter für einen überschuldeten Nachlass nicht haften – in diesem Zusammenhang nutzt er *erue* wiederum im Sinne von Nachlass. Schließlich könnten sie dagegen vorgehen, wenn während ihrer (kriegsdienstbedingten?) Abwesenheit ein Vermögensgegenstand oder Recht gepfändet wird, verjährt oder verkauft wird.

1105 Während *miles* im klassischen Latein „Krieger, Soldaten" und in einer engeren Bedeutung die „Gemeinen (ohne Rang)" bezeichnet, ist es im Mittellateinischen die Bezeichnung für „Ritter", Stowasser S. 316.

1106 Kannowski, Buch'sche Glosse S. 464.

1107 Kannowski, Buch'sche Glosse S. 464, ihm folgend Huneke, Iurisprudentia romano-saxonica S. 625.

1108 Kannowski, Buch'sche Glosse S. 464. Bei Soldaten könne also gleichzeitig testamentarische und gesetzliche Erbfolge eintreten. In der Tat wäre genau dies die Rechtsfolge bei einer Seelgerätstiftung. Aufgrund der Formulierung *offt ere elderen wol leuen* ist m. E. nicht die Ausnahme von dem Grundsatz *nemo pro parte*, sondern die Ausnahme von den Regeln zur Erwerbung von Vermögen durch Hauskinder Bezugspunkt der Ausführungen Johanns von Buch.

bezieht, sondern auf das *peculium castrense*[1109]. Tatsächlich stellt auch Kannowski an einer anderen Stelle seiner Arbeit einen Zusammenhang zwischen BG I 20 § 1 *Ridders art* und dem *peculium castrense* her[1110].

Nach römischem Recht kann ein Militärangehöriger über das Vermögen, das er im Rahmen des Militärdienstes erworben hat – das *peculium castrense* –, testamentarisch wie unter Lebenden auch dann verfügen, wenn er gewaltunterworfen und damit grundsätzlich nicht vermögensfähig ist[1111]. Demgegenüber bestimmt das allgemeine Recht, dass nicht emanzipierte Söhne und Töchter zu Lebzeiten ihres Vaters nicht vermögensfähig sind und daher ihre Erwerbungen grundsätzlich in dessen Vermögen fallen. Diesen Grundsatz erkennt Johann von Buch auch für das sächsische Recht an[1112]. Vor diesem Hintergrund übernimmt er für die Ritter seiner

1109 Allegiert ist der Einleitungssatz zur Regelung der Soldatentestamente, Inst. 2, 11, 1, S. 20: *Plane de militum testamentis divus Traianus Statilio Severo ita rescipsit:* (…). Im weiteren Verlauf dieser Institutionenstelle wird auch das *peculium castrense* angesprochen, über dieses dürften gewaltunterworfene Militärangehörige auch außerhalb des Lagers in den Formen des ordentlichen Testaments verfügen.

1110 Kannowski, Buch'sche Glosse S. 157 f. Die Stelle befasst sich mit dem Fürsprech. Für diese würde nach Ansicht des Glossators das Recht der Ritter gelten, und diese dürften über das im ritterlichen Dienst erworbene frei verfügen, auch testamentarisch – wie sich aus BG I 20 § 1 *Nu uornemet* ergebe. Ebenso dürfe nach Ansicht des Glossators auch der Fürsprech das durch den Prozess Erworbene behalten, ohne dass Vater oder Brüder ein Recht daran hätten. Als mögliches Vorbild der Glossenregelung sieht Kannowski Cod. 2, 7, 4, in dem das *peculium castrense ad exemplum militum* angesprochen ist.

1111 Kaser, Privatrecht I S. 344, Privatrecht II S. 215 f. Neben dem *peculium castrense* der Soldaten, das die einzige klassische Fallgruppe bildet, kennt das nachklassische römische Recht weitere Sondermassen, über die – grundsätzlich nicht vermögensfähige – Hauskinder unter Lebenden wie testamentarisch – dann allerdings im ordentlichen Testament – selbst verfügen können. So dürfen nach Cod. 2, 7, 4, S. 98 Advocaten bei den östlichen Gerichten das im Zusammenhang mit ihrem Amt Erworbene *veluti peculium castrense ad exemplum militum*, „wie ein *peculium castrense*, nach dem Beispiel der Soldaten" behalten. Justinian fasst diese Tatbestände, die vor allem Beamte und Geistliche begünstigen, unter dem einheitlichen Begriff *peculium quasi castrense* zusammen. – Die Accursische Glosse bezieht die Bestimmung aus Cod. 2, 7, 4 allerdings ausdrücklich nicht auf Honorare: AG Cod. 2, 7, 4 *Castrense* Satz 1 Teilsatz 1, letzter Teilsatz, Satz 2: *hoc forte non erit hodie, cum aduocati non habeant salarium de publico:* (…) *sed* (…), & *sic erit quasi castrense. secus si alium de forte, & a clientulis*, Lyon 1558–1560, Cod. Sp. 229.

1112 Johann von Buch – zur Autorschaft an dieser Stelle unten S. 522 ff. – sieht diese im Sachsenspiegel etwa in Ldr. I 10 angesprochen, BG I 10 *Gifft de vader sineme zone* Satz 3 f., S. 194: *Nu scholtu hire sunderliken weten, dat alle dat gud, dat de kindere irweruen van eres vader wegene, dat is des vaders, vnd he mach dar genszliken mede don, wat he wel, ut* [Inst. 2, 9 pr.]. *Des wete vortmer, dat hire vtgenomen is zeuenleye gud, dat ghewinnen de kindere en suluen vnd nicht eren vederen.* Übersetzung: Nun sollst du hier insbesondere wissen, dass alles das Gut, was die Kinder von ihrem Vater her erwerben, dem Vater gehört, und er kann damit uneingeschränkt tun, was er will, ut [Inst. 2, 9 pr.]. Davon wisse weiter, dass hiervon ausgenommen ist siebenerlei Gut, das erwerben die Kinder sich selbst und nicht ihren

Zeit auch die Regelung des *peculium castrense*, wenn er formuliert, Ritter dürften *zeelgerede don*[1113], und zwar auch *offt ere elderen wol leuen* über das, *dat se in ridderschopp irworuen hebben*[1114].

Vätern. – Im römischen Recht gilt alles als vom Vater her erworben, was nicht in bestimmte Fallgruppen fällt, oben Anm. 1111. Diese Fallgruppen werden auch von Johann von Buch im weiteren Verlauf der Glosse zu Ldr. I 10 angesprochen. – Dass Johann von Buch die väterliche Gewalt als Teil auch des vermeintlichen Privilegs Karls des Großen betrachtet, wird insbesondere in BG I 13 § 1 *Sundert de vader* und BG II 19 § 1 *De vader* deutlich. BG I 13 § 1 *Sundert de vader* Satz 2; S. 201: *Nu wel he ok des sulues rechtes en del roren, vnde des vornemen vele lude dessen artikel nicht wol vnd dunket en gar slicht, vnd doch so is he gar kort geroret, dar he sprak van der vaderliken walt, dar de leges gar langseme van segget, ut* [Cod. 8, 48; Inst. 1, 12; Nov. 81]. Übersetzung: Nun will er auch einen Teil von demselben Recht behandeln, und deshalb verstehen viele Leute diesen Artikel nicht recht und <er> erscheint ihnen gar schlicht, und doch ist hier sehr kurz behandelt, wo er von der väterlichen Gewalt spricht, wovon die Leges sehr ausführlich sprechen, wie [Cod. 8, 48; Inst. 1, 12; Nov. 81]. – BG II 19 § 1 *De vader* Satz 2, S. 643: *Nu secht he, wor affsunderynge schen scholle, vnde roret hire dat keyserrecht, dat dar sprickt, welker wijs dat recht der vaderliken walt geloset werde, ut* [Inst. 1, 12, 6]. Übersetzung: Nun sagt er, wie die Absonderung geschehen soll und behandelt hier das Kaiserrecht, das da spricht, auf welche Weise das Recht der väterlichen Gewalt gelöst werde, ut [Inst. 1, 12, 6]. Vgl. zu dieser Stelle oben Anm. 979 a. E.

1113 Seelgeräte bezeichnen in der spätmittelalterlichen Rechtssprache Güterübertragungen an die Kirche, vor allem solche mit Wirkung für den Todesfall; im Gegenzug soll die bedachte Einrichtung für den Gebende/n Fürbitte halten, Kroeschell, Art. Seelgeräte, in: Lex.MA VII Sp. 1680. Loening, Testament S. 33 stellt für den sächsischen Raum eine parallele Verwendung mit dem Begriff *testamentum* in den deutschsprachigen Urkunden fest.

1114 Gestützt wird diese Annahme durch die Glossierung von Ldr. I 10, nach der ebenfalls nicht in das Vermögen des Vaters fällt, was Haussöhne aus Kriegshandlungen erwerben. BG I 10 *Gifft de vader sineme zone* Satz 9; S. 194 f.: *Dat drudde gud* <was nicht in das Vermögen des Vaters fällt, oben Anm. 1112> *is, dat de kindere en suluen irkrigen, dat is, dat ze in orlogen edder in hereuarden vnd ok in openbaren striden vorweruen*. Übersetzung: Das dritte Gut ist, was die Kinder sich selbst erstreiten, das heißt, was sie im Krieg und auf Heerfahrt und auch in öffentlichen Kämpfen erwerben. – Ähnliches gilt nach Ansicht des Glossators für den gerichtlichen Fürsprech, der ein Ritter des Rechtes heiße: BG I 60 § 2 *Vorspreken ne mach* Satz 3, 6, S. 429: *Van vorsprekende hefstu de nuth, dat du hetest des richtes ridder.* (…) *Dat he hir ok mede wynd, des en darff he mit nemande delen, ut* [Cod. 2, 7, 4]. Übersetzung: Von dem Fürsprechen hast du den Nutzen, dass du ein Ritter des Gerichts heißt. (…) Was er auch hiermit erwirbt, das braucht er mit niemandem zu teilen, wie [Cod. 2, 7, 4]. – Johann von Buch bezieht sich hier ausweislich der Allegation auf das *peculium quasi castrense* der Advocaten, oben Anm. 1111. Einen Zusammenhang mit Cod. 2, 7, 4 nimmt auch Kannowski, Buch'sche Glosse S. 157 f. an; warum er davon ausgeht, diese Stelle sei nicht allegiert, ist nicht ersichtlich. – Da das *peculium quasi castrense* der Advocaten nach dem Vorbild des *peculium castrense* der Soldaten geschaffen wurde, liegt der Hinweis im Zusammenhang mit der zuvor thematisierten Benennung des Fürsprechs als „Ritter des Rechtes" besonders nahe. Johann von Buch folgert aus der Benennung aber keineswegs, dass das *peculium castrense* direkt auf den gerichtlichen Fürsprech anzuwenden wäre.

Das von ihm angesprochene gemeine Recht ist damit die Vermögensunfähigkeit von Hauskindern im römischen wie im sächsischen Recht, das Sonderrecht für *milites* die Verfügungsfreiheit über das *peculium castrense*[1115]. Dass Johann von Buch darüber hinaus Ritter bei Rechtsgeschäften von Todes wegen von den Voraussetzungen des Ldr. I 52 (sowie des nicht zweifelsfrei identifizierbaren Rechtssatzes) ausgenommen sieht, ist eher unwahrscheinlich, da diese Thematik bei der Glosse BG I 20 § 1 *Ridders art* in keiner Weise angesprochen wird.

Im Zusammenhang mit dem *peculium castrense* erscheint der Begriff *zeelgerede* schließlich auch an der zweiten Stelle, in der Johann von Buch ihn benutzt. In BG III 32 § 4 *Sprickt ene en* stellt er die Fälle dar, in denen Verwandte entgegen der allgemeinen Rechtsregel als Zeugen auftreten könnten. Der erste Fall sei der, dass ein Vater oder ein Verwandter als Zeuge für eine Seelgerätstiftung auftrete. Der hierzu allegierte Dig. 28, 1, 20, 2 bezieht sich ebenfalls auf das Testament eines Soldaten über das *peculium castrense*: Bei einem solchen Testament sind die Beweisregeln gelockert[1116]. Eine Befreiung von den Voraussetzungen des Ldr. I 52 im sächsischen Recht wird jedoch auch hier nicht thematisiert – was aus der Perspektive des Glossators auch fern liegen würde, weil diese Voraussetzungen nach seiner Vorstellung das römische Pflichtteilsrecht ersetzen und damit keinen Bezug zu bloßen Beweisregeln haben.

2. Einschränkung des Erbenschutzes durch die Enterbungsgründe

Damit steht fest, dass Johann von Buch Rechtsgeschäfte von Todes wegen für das sächsische Recht anerkennt und sie auch als solche versteht. Den sich damit ergebenden Interessenkonflikt zwischen Erblasser/in und Erb/innen, den Konflikt zwischen Testierfreiheit und Verwandtenerbrecht, sieht er im sächsischen Recht allerdings abweichend vom gemeinen Recht gelöst. Statt Rechtsgeschäfte von Todes wegen und Rechtsgeschäfte unter Lebenden zu unterscheiden und auf letztere das Pflichtteilsrecht anzuwenden, würde das sächsische Recht im Interesse des Erbenschutzes die Übertragungsvoraussetzungen des Ldr. I 52 (sowie eines nicht identifizierbaren Rechtssatzes) für Rechtsgeschäfte unter Lebenden wie für Rechtsgeschäfte von Todes wegen vorsehen.

Die Einschränkung der Testierfreiheit durch das Pflichtteilsrecht erfährt im justinianischen Recht aber ihrerseits eine Einschränkung: durch die sogenannten Enterbungsgründe. Liegt einer dieser enumerativ aufgeführten Gründe vor, so kann

1115 Dies wird insbesondere durch die Allegation bestätigt, denn dem *testamentum militum* in Inst. 2, 11, 1 wird in Inst. 2, 11 pr. sowie in Inst. 2, 11, 2 das Testieren *iure communi* bzw. *communi omnium civium Romanorum iure* gegenübergestellt, das dann die ordentliche Testamentsform bezeichnet.

1116 In Dig. 28, 1, 20, 2 erkennt Ulpian mit Verweis auf Marcellus die Möglichkeit eines Vaters an, für das Testament eines Sohnes Zeuge zu sein, das dieser über sein *peculium castrense* errichtet hatte, dies nimmt er zudem auch für den Bruder des Testators an.

die Erblasser/in den grundsätzlich Pflichtteilsberechtigte/n gänzlich enterben – in bestimmten Fällen tritt der Verlust des Erbrechts auch ipso iure ein[1117]. Obwohl der Glossator das Pflichtteilsrecht als Erbenschutzinstrument nicht übernimmt, gilt dies nicht auch für die Enterbungsgründe. Diese begegnen in der Buch'schen Glosse mehrfach. Allerdings werden von den Enterbungsgründen in Bezug auf Eltern, Kinder und Geschwister der künftigen Erblasser/in nur die Enterbungsgründe gegenüber eigenen Nachkomm/innen angesprochen. Johann von Buch ist dabei keineswegs der erste, der sie im transalpinen Gebiet rezipiert hat. Einige der Gründe finden sich etwa im Schwabenspiegel und in den auf ihn zurückgehenden Rechtsbüchern, auch in späterer Zeit erscheinen sie in einer großen Zahl von Rechtstexten[1118]. Johann von Buch ist jedoch der erste, der sie vollständig und in derselben Reihenfolge wie Nov. 115 aufführt[1119].

Die Enterbungsgründe werden an zwei Stellen der Buch'schen Glosse vollzählig oder nahezu vollzählig wiedergegeben, einmal relativ weit vorn, in der Glossierung zu Ldr. I 17 § 1, das zweite Mal am Ende der Glosse, bei der Glossierung zu Ldr. III 84 § 3. An weiteren Stellen werden einzelne Enterbungsgründe erwähnt.

a. Darstellung der Enterbungsgründe in BG I 17 § 1 *Wente jd ne geit nicht vte dem bosmen*

Die bereits im Rahmen des Kapitels zur Erbfolge angesprochene Glosse BG I 17 § 1 *Wente jd ne geit nicht vte dem bosmen* wendet sich zunächst der Aussage des Sachsenspiegels zu, dass das Erbe nicht aus dem Busen gehe. Sie erklärt diesen Satz mit dem Hinweis, dass ein Erbe natürlicher abwärts, das heiße an die Nachkommen gehe, als aufwärts an die Vorfahren[1120]. Diese Feststellung nimmt Johann von Buch dann zum Anlass, losgelöst vom Sachsenspiegeltext die Ausnahmen zu dem soeben vorgestellten Grundsatz aufzulisten.

BG I 17 § 1 *Wente jd ne geit nicht vte dem bosmen* ab Satz 2, S. 224 f.

Doch[1121] *sint sake, dor de de vader sin gud nicht darff eruen vp sin kint. De erste is, of dat kint den vader stotet edder sleyt. De andere, offt id ene mit groten vnrechte vneret. To*

1117 Dazu oben Anm. 941. Ihrer Formulierung nach erscheint Nov. 115 dabei dem Schutz der Testierfreiheit zu dienen, da sie die Möglichkeit der Enterbung wegen der sogenannten Undankbarkeit auf eine enumerativ genannte Zahl an Gründen beschränkt.

1118 Dazu Merkel, Enterbungsgründe S. 46 ff.

1119 Merkel, Enterbungsgründe S. 67 geht von einer Textgrundlage aus, bei der der achte und der neunte Enterbungsgrund vertauscht sind, und kommt daher zu einem anderen Ergebnis; die korrekte Reihenfolge weisen aber die von Kaufmann edierten und hier zugrunde gelegten Handschriften auf.

1120 Vgl. oben S. 140 f.

1121 Übersetzung: Doch gibt es Gründe, um derentwillen ein Vater sein Gut nicht an sein Kind zu vererben braucht. Das erste ist, wenn das Kind den Vater stößt oder schlägt <oder: erschlägt>. Das zweite, wenn es ihn mit großem Unrecht entehrt. Zum dritten, wenn es ihn

deme drudden, offt id en wroget vppe dat liff. To dem verden, oft id mit touere eder[1122] *mit touereren vmme geit*[1123]*. To deme veften, oft id des vaders dodes ramet. To dem sesten, oft id beslapet syne stefmoder eder des vader amygen. To deme zeueden, oft id ene mit aneuechtinge vppe grote koste toghe. To deme achteden, oft de vader gevangen were vnd ene de sone nicht losen*[1124] *wolde. De neghede, off de sone vorbode deme vadere almissen to geuende. To deme teynden, offt he en spelman worde. To deme elfften, oft he em vorbode sine dochter to beradene. To deme twolfften, offt de vader synlos worde vnd he siner nene roke ne hedde. To deme drittegeden, offt zen <n>icht*[1125] *loseden*[1126]*. To dem verteynden, off se vnlouich weren. Ut in* [Nov. 115, 3 pr. letzter Satz].

Es lässt sich in dieser Stelle unschwer eine Wiedergabe der Enterbungsgründe aus Nov. 115, 3[1127] erkennen[1128]. Der Text der Buch'schen Glosse ist knapper gehalten als

auf den Leib <also einer mit Körperstrafe bewehrten Tat> anklagt. Zum vierten, wenn er mit Zauberei oder Zauberern Umgang hat. Zum fünften, wenn es des Vaters Tod anstrebt. Zum sechsten, wenn es mit seiner Stiefmutter oder der Geliebten seines Vaters schläft. Zum siebten, wenn es ihn mit einem Angriff große Kosten verursacht. Zum achten, wenn der Vater gefangen wird und ihn der Sohn nicht lösen will. Der neunte, wenn der Sohn dem Vater verböte, Almosen zu geben. Zum zehnten, wenn er ein Spielmann würde. Zum elften, wenn er ihm verböte, seine Tochter auszusteuern. Zum zwölften, wenn der Vater den Verstand verlöre und er ihn nicht versorgen würde. Zum dreizehnten, wenn sie ihn nicht auslösen. Zum vierzehnten, wenn sie ungläubig wären. Wie in [Nov. 115, 3 pr. letzter Satz].

1122 Im Codex Hecht stehen anstelle der Worte *touere eder* die Worte *thorende offt*, Übersetzung: Zerstörern (?) oder; von KAUFMANN, Buch'sche Glosse S. 224 aus der Wolfenbütteler Handschrift korrigiert.

1123 In der Heidelberger Handschrift: *met roubere edder mit rouberige*. Übersetzung: mit Räuberei und Räubern.

1124 In der Wolfenbütteler, fol. 32v und der Heidelberger Handschrift: *borghen* (Wolfenbütteler Handschrift) bzw. *borgen* (Heidelberger Handschrift).

1125 Korrigiert, eigentlich *offt zen icht*, Übersetzung: wenn sie ihn irgendwie. Doch scheint hier der Codex Hecht eine verfälschte Lesart zu bieten, indem statt *zen icht* ursprünglich *ze nicht* oder *zen nicht* gestanden hatte. Dies entspricht dem Novellentext, während bei der Lesart des Codex Hecht kein vorwerfbares Verhalten erkennbar ist. Bei der Heidelberger Handschrift wird in dem Satz ein anderer Grund genannt, unten Anm. 1126, die Wolfenbütteler Handschrift, fol. 32v gibt gleichlautend mit dem Codex Hecht *of sen icht loseden* an.

1126 In der Heidelberger Handschrift: *ab der sone des vater gud mer wenne half vortede mit vnvore*, Übersetzung: Wenn der Sohn des Vaters Gut zu mehr als der Hälfte vertäte mit schlechter Lebensweise.

1127 Nov. 115, 3 pr. – Nov. 115, 3, 14, S. 537–541: [pr.] (...) *Causas autem iustas ingratitudinis has esse decernimus* [1] *Si quis parentibus suis manus intulerit.* [2] *Si gravem et inhonestam iniuriam eis ingesserit.* [3] *Si eos in criminalibus causis accusaverit, quae non sunt adversus principem seu rempublicam.* [4] *Si cum maleficis ut maleficus versatur,* [5] *vel vitae parentum suorum per venenum aut alio modo insidiari temptaverit.* [6] *Si novercae suae aut concubinae patris filius sese miscuerit.* [7] *Si delator contra parentes filius extiterit et per suam delationem gravia eos dispendia fecerit sustinere.* [8] *Si quemlibet de praedictis parentibus inclusum esse contigerit, et liberi qui possunt ab intestato ad eius successionem venire, petiti ab eo, vel unus ex his in sua eum noluerit fideiussione suscipere vel pro persona vel debito, in quantum esse qui petitur probatur idoneus. Hoc tamen quod de fideiussione censuimus ad masculos tantummodo*

der Novellentext[1129], fortgefallen sind insbesondere Bestimmungen für den Fall, dass die Erblasser/in aufgrund der die Enterbung ermöglichenden Handlung nicht mehr in der Lage gewesen ist, entsprechend zu testieren[1130]. Außerdem ergeben sich bei der Übersetzung ins Mittelniederdeutsche bisweilen leichte Bedeutungsverschiebungen, die den Text an die mittelalterliche Lebensrealität anpassen. So wird im sechsten Enterbungsgrund der Rechtsbegriff *concubina* aus der Novelle zum allgemeineren Begriff *amygen*. Aus den *arenarii* und *mimi* des zehnten Enterbungsgrundes in der Novelle wird der *spelman*. Der vierzehnte Enterbungsgrund der Novelle richtet sich gegen nichtorthodoxe christliche Glaubensrichtungen, etwa die Nestorianer/innen und die Acephaler/innen[1131], während die Buch'sche Glosse allgemein von Unglauben spricht[1132]. Schließlich nennt er als zur Enterbung berechtigten lediglich den Vater und bei den undankbaren Kindern ab dem achten und jedenfalls bis zum 12. Enterbungsgrund lediglich Sohn oder Söhne, während die Novelle die Mehrzahl der Enterbungsgründe auf beide Eltern und Kinder beiderlei Geschlechts anwendet. Dennoch besteht inhaltlich und vielfach sogar in den Formulierungen eine große

---

liberos volumus pertinere. [9] *Si convictus fuerit aliquis liberorum, quia prohibuit parentes suos condere testamentum,* (...) [10] *Si praeter voluntatem parentum inter arenarios aut mimos sese filius sociaverit et in hac professione permanserit, nisi forsitan etiam parentes eius professionis fuerunt.* [11] *Si alicui ex praedictis parentibus volenti filiae suae vel nepti maritum dare et dotem secundum vires substantiae suae pro ea praestare illa non consenserit, sed luxuriosam degere vitam elegerit. Si vero usque ad viginti quinque annorum aetatem pervenerit filia et parentes distulerint eam marito copulare, et forsitan ex hoc contigerit in suum corpus eam peccare aut sine consensu parentum marito se, libero tamen, coniungere, hoc ad ingratitudinem filiae nolumus imputari, quia non sua culpa sed parentum id comisisse cognoscitur.* [12] *Si quis de praedictis parentibus furiosus fuerit et eius liberi,* (...) *obsequium ei et curam competentem non praebuerint,* (...). [13] *Si unum de praedictis parentibus in captivitate detineri contigerit et eius liberi sive omnes sive unus non festinaverint eum redimere,* (...) [14] *Si quis de praedictis parentibus orthodoxus constitutus senserit suum filium vel liberos non esse catholicae fidei* (...) *seu recitare noscuntur,* ****** *licentiam pro hac maxime causa ingratos eos et exheredes in suo scribere testamento.* (...).

1128 Steffenhagen, Kanonische Glosse S. 28 ff. verweist in Bezug auf diesen Absatz zudem auf die Glosse des Bernhard de Botone Parmensis zum Liber Extra, die zwar den letzten Enterbungsgrund übergehe und auch in der Begriffswahl (etwa *uxor* in der kanonischen Glosse und *novercae* bzw. *stefmoder* im Novellentext und der Buch'schen Glosse) leicht von der Novelle und der Buch'schen Glosse abweiche, aber in ihrer Kürze dem Text der Buch'schen Glosse näher komme als die wortreiche Nov. 115. Kaufmann, Buch'sche Glosse S. 224, Anm. 27 gibt die Glosse BPG 23 X 2, 24 *exhaeredaret*, auszugsweise wieder und verweist auf Steffenhagen, Huneke, Iurisprudentia romano-saxonica S. 365 sieht daher die Glosse als Quelle Johanns von Buch an.

1129 Steffenhagen, Kanonische Glosse S. 29.

1130 Die entsprechenden Passagen sind auch in der obigen Wiedergabe des Novellentextes in Anm. 1127 fortgelassen.

1131 Wie sich aus einem in Anm. 1127 ausgesparten Satz im weiteren Verlauf des Novellentextes ergibt.

1132 Die entsprechenden leichten Abwandlungen finden sich allerdings teilweise auch in der Accursischen Glosse, die ebenfalls von der *amica* spricht, Anm. 774.

Übereinstimmung mit dem Text der Novelle. Der erste bis siebte und der zwölfte Enterbungsgrund entsprechen im wesentlichen der römischen Vorlage[1133]. Auch die Nennung nur der Väter sowie der Söhne in einigen Enterbungsgründen dürfte nicht im Sinne einer Beschränkung der Enterbungsgründe auf Männer zu verstehen sein. Dagegen spricht, dass der Glossator im einleitenden Satz und bis zum siebten Enterbungsgrund stets geschlechtsneutral vom *kint* bzw. *id* spricht und die Gründe auch nicht ausdrücklich als anwendbar nur auf Männer bezeichnet[1134]. Größere Abweichungen ergeben sich allerdings an drei Punkten, die näher betrachtet werden sollen.

1133 Keine bewusste Änderung der Novellenregelung dürfte beim vierten Enterbungsgrund vorliegen. Der Novellentext spricht hier vom Kind, das *cum maleficis ut maleficus versatur*. Die im Variantenapparat der Kaufmann'schen Edition wiedergegebene Wolfenbütteler Handschrift, fol. 32^{r}, 32^{v} der Augsburger Druck von 1516, fol. 21^{r} und die Berliner Schwesterhandschrift zu dessen Vorlage Ms. germ. fol. 284, fol. 21^{r} übertragen dies dahingehend, dass das Kind mit Zauberei oder mit Zauberern Umgang hat – *oft id mit touere eder mit tourereren vmme gheyt* (Wolfenbütteler Handschrift), *offt yd mit toucreye edder mit toucreren vmme geith* (Augsburger Druck) bzw. *offt yd met touerie edder met touereren vmme geyt* (Berliner Handschrift Ms. germ. fol. 284) –, ähnlich der Codex Hecht, der von „Zerstörern und Zauberern" spricht, oben Anm. 1122. Die in der Edition verwendete Heidelberger Handschrift enthält dagegen „mit Räubern und Raub"; ebenso der Augsburger Druck von 1516, fol. 193^{v} und Ms. germ. fol. 284, fol. 234^{r} bei der Parallelstelle BG III 84 § 3 *Dodet ein man synen vader*. – Das Adjektiv *maleficus* bedeutet im klassischen Latein zwar in einem weiteren Sinne „übel handelnd, etwas Böses tuend, gottlos", etwa „schädlich" und „missgünstig", im engeren Sinne aber insbesondere „zauberisch", Georges, LDHW II Sp. 779. So werden der *maleficus* des Novellentextes allgemein, auch mit Blick auf die griechische Fassung, als „Giftmischer" und/oder „Zauberer" übersetzt, Bluntschli, Erbfolge gegen den Willen S. 225; Schneider in: Otto/Schilling/Sintenis, Corpus Iuris Civilis VII S. 534; Merkel, Enterbungsgründe S. 12. Dieses Begriffsverständnis entspricht auch der mittellateinischen Wortbedeutung, demnach bedeutet *maleficus* „*Incantator, divinus, mathematicus, magus*", Du Cange/Favre, Glossarium IV S. 194. Damit dürfte die wörtliche Übersetzung mit *touere* die ursprüngliche Version darstellen, die auch in den meisten untersuchten Handschriften bei der ersten Wiedergabe der Enterbungsgründe erscheint. Dafür spricht auch, dass die Wendung *met roubere edder mit rouberige* eher ungelenk wirkt. Aus *touere* mag dann das fast gleichlautende *rouere* (Augsburger Druck in er Parallelstelle) bzw. *roubere* (Heidelberger Handschrift) geworden sein, möglicherweise unter dem Einfluss des Mainzer Landfriedens, der u. a. bei Raub gegenüber dem Vater einen Erbrechtsverlust vorsieht, unten S. 299. Eine Weiterentwicklung könnte auch der Schwabenspiegel sein, der in einer ähnlichen Formel formuliert: Swsp. Ldr. 15 (IV): *Daz vierde ist. ob er ein divp ist. oder suz mit bötzen livten wizzentlichen wont. die vnvertic vnd versprochen sint*, Lassberg, Schwabenspiegel S. 11.

1134 Dass er gerade im achten Enterbungsgrund in die männliche Form wechselt, könnte dadurch begründet sein, dass der achte Enterbungsgrund laut Nov. 115 mit besonderer Betonung nur für (männliche) Nachkommen gelten soll. Dass der Glossator aber abweichend von der Novellenregelung auch die folgenden Enterbungsgründe allein auf Männer bezieht, wird sich allein aus der Verwendung der männlichen Form angesichts der Tatsache, dass er für beide Geschlechter geltende Regelung häufig in der männlichen Form darstellt, kaum schließen lassen.

α. Die Wiedergabe des achten und des dreizehnten Enterbungsgrundes

Zum einen findet sich ein Unterschied bei der Wiedergabe des achten und des dreizehnten Enterbungsgrundes. An achter Stelle wird in Nov. 115 der Fall behandelt, dass Vater oder Mutter nach einem rechtlichen Verfahren festgesetzt worden sind und die Kinder sie nicht durch eine Bürgschaft auslösen, während beim dreizehnten Enterbungsgrund eine Kriegsgefangenschaft und das Unterlassen eines Loskaufens angesprochen sind[1135]. Der Glossator vollzieht diese Unterscheidung nicht nach[1136]. Dadurch lauten im Codex Hecht beide Enterbungsgründe fast gleich: *oft de vader gevangen were vnd ene de sone nicht losen* zum einen und *offt zen <n>icht*[1137] *loseden*. Die in der Kaufmann'schen Edition als Textus minor verwendete Heidelberger Handschrift dagegen gibt den achten Enterbungsgrund einigermaßen zutreffend mit *ab der vater gevangen were vnde on der sone nicht borgen ne wolde*[1138] wieder und fügt an Stelle des dreizehnten Grundes eine nicht in Nov. 115 enthaltene Fallkonstellation ein, dass nämlich der Sohn mehr als die Hälfte des väterlichen Gutes vertan habe[1139].

Welche Version die ursprüngliche ist, lässt sich nicht mit abschließender Sicherheit bestimmen: Hinsichtlich des dreizehnten Enterbungsgrundes könnte die Heidelberger Handschrift die Ergänzung einer Kopist*in enthalten, dem*der die Übereinstimmung aufgefallen war; aber auch umgekehrt der Codex Hecht die Korrektur einer Kopist*in, der*die den Text von Nov. 115 kannte. Für die Version des Codex Hecht hinsichtlich des dreizehnten Enterbungsgrundes spricht allerdings, dass sie sich auch in der bei Kaufmann im Variantenapparat berücksichtigten Wolfenbütteler Hand-

1135 Merkel, Enterbungsgründe S. 11; Bluntschli, Erbfolge gegen den letzten Willen S. 225 ff.

1136 Dies erstaunt insofern, als auch der Sachsenspiegel den von Rechts wegen angeordneten Freiheitsentzug kennt. Nach Ldr. I 61 § 1 Satz 2 muss sich in die Gewalt des Fronboten begeben, wer wegen eines Verbrechens klagt oder beklagt wird und entweder in dem entsprechenden Gerichtsbezirk nicht über *erve* verfügt und darum keinen Bürgen setzen darf, oder aber wer zwar über *erve* verfügt, aber keinen Bürgen findet. Nach Ldr. III 39 § 1 wird überdies in die Gewalt seiner Gläubiger/in überantwortet, wer eine Schuld nicht begleichen und keinen Bürgen setzen kann, Bressler, Personalexekution S. 60 ff. – Allerdings scheint Johann von Buch keinen Zusammenhang zwischen dem achten Enterbungsgrund und diesen Stelle zu sehen, remittiert er doch weder Ldr. I 61 § 1; Ldr. III 39 § 1 bei den Enterbungsgründen noch umgekehrt Stellen zu den Enterbungsgründen bei der Glossierung zu Ldr. I 61 § 1; Ldr. III 39 § 1. – Auch bei der Wiedergabe der Enterbungsgründe durch den Schwabenspiegel wird der Unterschied zwischen beiden Enterbungsgründen nicht deutlich. Der Schwabenspiegel übernimmt aus dem achten Grund lediglich die Verweigerung einer Bürgschaft, ohne eine (drohende) Festsetzung dessen, für den zu bürgen ist, zu erwähnen, Swsp. Ldr. 15 (X): *Daz zehende ist. ob er vmbe zitlich gelt des vater bvrge niht werden wil*, zitiert nach Lassberg, Schwabenspiegel S. 11. Die Verweigerung einer Auslösung aus der Kriegsgefangenschaft begegnet nicht.

1137 Korrigiert, oben Anm. 1125.

1138 Ähnlich auch in der von Kaufmann verwendeten Wolfenbütteler Handschrift, fol. 32v: *of de vader ghevanghen were, of en de sone nicht borghen wolde.*

1139 Vgl. oben Anm. 1126.

schrift findet, außerdem im Augsburger Druck von 1516[1140], und zwar sowohl bei BG I 17 § 1 *Wente jd ne geit nicht vte dem bosmen* als auch der Parallelstelle BG III 84 § 3 *Dodet ein man synen vader*[1141]. Zudem findet sich der dreizehnte Enterbungsgrund der Heidelberger Handschrift fast gleichlautend im Schwabenspiegel, sodass er von dort oder aus einem auf diesen zurückgehenden Rechtsbuch ergänzt worden sein könnte[1142]. Daher spricht vieles dafür, dass auf Johann von Buch die Version des Codex Hecht zurückgeht. Gleiches dürfte für die Wiedergabe des achten Enterbungsgrundes gelten[1143]. Damit hat sich der Glossator an dieser Stelle durchaus bemüht, seine Vorlage unverändert ins Deutsche zu übertragen, er übersieht allerdings die Feinheiten.

β. Die Wiedergabe des elften Enterbungsgrundes

Eine größere inhaltliche Abweichung zwischen Glossentext und Novellentext zeigt sich beim elften Enterbungsgrund. Während die Novelle die Ablehnung der eigenen Verheiratung durch eine Tochter sanktioniert, nennt die Buch'sche Glosse den Fall, dass ein Sohn die bei einer Heirat anstehende Aussteuerung seiner Schwester ver-

---

1140 Fol. 21r, und fol. 193v. Gleiches gilt für die Schwesterhandschrift von dessen Vorlage, unten Anm. 1160, Ms. germ. fol. 284, dort auf fol. 21r und fol. 234r.

1141 Dort ausführlicher als: *Dy twelfte, oft he gefangen were vnde sy eme nicht losen wolden*, vgl. unten S. 288 ff.

1142 Vgl. den Wortlaut der Heidelberger Handschrift: *Daz dritteinde, ab der sone des vater gud mer wenne half vortede mit vnvore* und Swsp. Ldr. 15 (XIII): *Daz drizehende ist. ob der svn dem vater sin gvt me danne halbez vertut. mit unrehter wise,* wiedergegeben nach Lassberg, Schwabenspiegel S. 12, noch ähnlicher: *daz drezegede, so der son den vater me den halp sin gût vortan hat mit vnvore,* wiedergegeben nach Grosse, Schwabenspiegel Kurzform S. 55. Dass Johann von Buch selbst den Grund aus dem Schwabenspiegel übernommen hat, scheint dagegen wenig wahrscheinlich, da er diesen an keiner einzigen Stelle allegiert. Dass er ihn gekannt hat, lässt sich – entgegen verbreiteter anderer Meinung – auch an keiner anderen Stelle nachweisen, Steffenhagen, Kanonische Glosse S. 28 f. Anm. 3.

1143 Dies scheint zwar insofern unsicherer, weil sich die Lesart des Codex Hecht in den hier untersuchten Texten nur in diesem findet, die Lesart der von Kaufmann edierten Heidelberger Handschrift dagegen auch in der Wolfenbütteler Handschrift von 1365–1367, im Augsburger Druck von 1516 (dort als neunter Grund) und in Ms. germ. fol. 284, Staatsbibliothek Berlin, Preußischer Kulturbesitz. – Für die Lesart des Codex Hecht beim achten Enterbungsgrund spricht aber zum einen, dass der Codex Hecht wohl auch beim dreizehnten Enterbungsgrund die ursprüngliche Version enthält. Zum zweiten lässt sich die Fassung der anderen Handschriften naheliegend als Korrektur anhand des Novellentextes erklären, umgekehrt ist nicht ersichtlich, worauf die Fassung des Codex Hecht beruhen sollte. Zum dritten erscheint die Fassung des Codex Hecht inhaltlich eher in sich geschlossen, die Vokabel *g(h)evang(h)en* – die sich in allen Lesarten findet – verweist eher auf ein Verständnis im Sinne eines Festsetzen durch feindliche Kräfte, als auf ein Festsetzen im Rahmen eines rechtlichen Verfahrens, und bei einem solchen Festsetzen ist ein *losen* erforderlich und nicht ein *borgen*.

hindert. Johann von Buch könnte hier die Vorlage bewusst verändert haben, etwa weil er in der Ablehnung eines potentiellen Ehemannes durch eine Tochter aufgrund veränderter gesellschaftlicher Vorstellungen keinen schwerwiegenden Sittenverstoß sieht[1144]. Jedenfalls in der Accursischen Glosse wird dieser Enterbungsgrund aber nicht problematisiert[1145]. Eine weitere Erklärung könnte die Überlegung sein, dass Johann von Buch bei den Enterbungsgründen, wie sich schon aus seinen Formulierungen ergibt, vorrangig an die Söhne denkt und daher den Enterbungsgrund auf einen männlichen Adressaten zuschneidet. Dagegen spricht allerdings, dass er m. E. wie oben ausgeführt die Enterbungsgründe wohl nicht ausschließlich auf Männer anwendbar sieht.

Am überzeugendsten scheint daher die Überlegung Steffenhagens[1146]. Er geht davon aus, dass Johann von Buch Nov. 115 aufgrund eines Lesefehlers[1147], *ille* statt *illa*, missverstanden habe[1148]. In der Tat lässt sich auch bei einer solchen Verwechslung der Novellentext schlüssig lesen[1149], indem dann dem Sohn die Heirat seiner Schwester oder Nichte wegen der im vorigen Satz angesprochenen Mitgift – die sein Erbe schmälern würde – ablehnt und lieber ein ausschweifendes, finanziell dergestalt

---

1144 Nach Prevenier/De Hemptinne, Art. Ehe, Unterabschnitt C. Ehe in der Gesellschaft des Mittelalters, in: Lex.MA III Sp. 1639 f. m. w. N. sind Liebe und Zuneigung als Grundlage der Partnerwahl auch gegen den Willen der Eltern im 14.–15. Jahrhundert nicht nur eine Fiktion, sondern eine verbreitete Realität. Dies entspricht auch der Vorstellung des kanonischen Rechts, nach der der Ehewille beider Eheleute für die Ehe unabdingbar, eine Zustimmung der Eltern dagegen nicht notwendig ist.

1145 Die Accursische Glosse, AG Nov. 115, 3 *Si aliqui*, Lyon 1558–1560, VP, AC Sp. 358, bezeichnet lediglich den Enterbungsgrund als den elften und verweist auf Cod. 3, 28, 15. Dieser bestätigt, dass eine von der Mutter übergangene Tochter nur mittels der *querela inofficiosi testamenti*, dazu oben S. 196 f., zur Erbfolge gelangen könne. Die Accursische Glosse bezieht den Enterbungsgrund also zutreffend auf die zu verheiratende Tochter und nicht wie – sogleich zu thematisieren – Johann von Buch auf deren Bruder.

1146 Steffenhagen, Kanonische Glosse S. 28 Anm. 3.

1147 Ebenso möglich ist ein Auf- oder Abschreibefehlers. So könnte Johann von Buch bei der Abfassung der Landrechtsglosse eine fehlerhafte Handschrift des Corpus Iuris verwendet haben. Möglich ist insbesondere auch, dass er eine eigene oder fremde Schülernachschrift nutzte, wie sie im Rahmen des Rechtsunterrichts im spätmittelalterlichen Bologna erstellt werden konnte, dazu Lange/Kriechbaum, Römisches Recht im Mittelalter II S. 59.

1148 Ein Missverständnis vermutet auch Merkel, Enterbungsgründe S. 68. Seiner Ansicht nach hatte Johann von Buch möglicherweise den Ausdruck „ungeratene Tochter" in dem gleichfalls auf Nov. 115 beruhenden Swsp. Ldr. 15 (XIV) mit dem Begriff der *rade* in Verbindung gebracht. Jedoch erklärt das kaum die Bezugnahme auf den Bruder der zu verheiratenden Tochter anstatt auf ihre Eltern. Zudem ist keineswegs sicher, dass Johann von Buch den Schwabenspiegel gekannt hat, vgl. oben Anm. 1142.

1149 Der Satz würde also wie folgt lauten (Hervorhebung der Vf.): *Si alicui ex praedictis parentibus volenti filiae suae vel nepti maritum dare et dotem secundum vires substantiae suae pro ea praestare: i l l e non consenserit, sed luxuriosam degere vitam elegerit.*

besser abgesichertes Leben wählt[1150]. Dies würde auch erklären, warum nach der Formulierung der Buch'schen Glosse die Vorwerfbarkeit nicht in der Ablehnung der Heirat begründet ist, sondern in der Ablehnung der Aussteuerung. Das Missverständnis kann dabei dadurch begünstigt worden sein, dass Johann von Buch in der Ablehnung eines Ehemanns kein Vergehen sieht, und als Adressaten der Regelung vorwiegend männliche Nachkommen. Eine bewusste Änderung der Novellenregelung scheint aber auch hier wenig wahrscheinlich.

γ. Die Wiedergabe des neunten Enterbungsgrundes

Anders stellt sich die Situation jedoch beim neunten Enterbungsgrund dar. Hier hat Johann von Buch wohl tatsächlich bewusst seine Vorlage verändert. Der neunte Enterbungsgrund sanktioniert nach Nov. 115 die Verhinderung einer Testamentserrichtung durch die Eltern. Als Rechtsfolge einer solchen Handlung können diese, sollte ihnen später dennoch die Errichtung eines Testaments gelingen, ihr Kind enterben. Darüber hinaus verliert das entsprechende Kind auch dann, wenn die Eltern ohne ein (neues) Testament versterben sollten, alle erbrechtlichen Ansprüche. Diese Regelung zeigt den besonderen Schutz der Testierfreiheit im römischen Recht. Johann

1150 Zwar folgen im Novellentext auf den fraglichen Satz Ausführungen zu dem Fall, dass die Tochter eine Heirat nicht verweigert, sondern umgekehrt wegen fehlender Verheiratung nach ihrem 25. Lebensjahr gegen den Willen der Eltern heiratet oder eine uneheliche Beziehung führt, dies wird als Enterbungsgrund ausdrücklich ausgeschlossen. Der Satz macht aber eine Auslegung dahingehend, dass auch im vorigen Satz die Tochter gemeint sein müsse, keineswegs zwingend. Vielmehr könnte Johann von Buch den Satz so verstanden haben, dass jedenfalls der Tochter, die aufgrund des Widerstandes ihres Bruders nicht verheiratet wurde, kein Vorwurf zu machen ist. – Dafür spricht, dass Johann von Buch Nov. 115, 3, 11 Satz 2 ausweislich einer anderen Glossenstelle vor allem als Schutzbestimmung für Töchter liest. Die Sachsenspiegelbestimmung Ldr. I 5 § 2 Satz 3, S. 161: *Wif mach mit unkuschheit irs lives ire wifliken ere krenken; ire recht ne verlüst se dar mede nicht noch ir erve*, die einen Erbrechtsverlust wegen unkeuschen Lebenswandels ausschließt, kommentiert er mit der Begründung, dass die betroffene Frau andernfalls gezwungen sei, für ihren Lebensunterhalt weiter zu sündigen und dass die Regelung zudem die Eltern motivieren solle, sie umso früher auszustatten, und allegiert dazu den fraglichen Novellensatz: BG I 5 § 2 *Wiff mach*, S. 169 f.: *Dat is dar vmme, breken ze enes vnde vorloren ze dat erue mede, so mosten ze dorch armot vortan sundigen, vnde dat de elderen ok deste ere to erer beradinge denken, ut* [Nov. 115, 3, 11 Satz 2]. Übersetzung: Das <= dass sie ihr Erbrecht durch Unkeuschheit nicht verlieren> ist <so> deswegen, weil sie, wenn sie einmal <die Regeln des Anstandes> brechen und damit das Erbe verlieren würden, aufgrund von Armut weiter sündigen müssten; und auch <deswegen,> damit die Eltern auch umso eher an ihre Ausradung denken, wie [Nov. 115, 3, 11 Satz 2]. – Demgegenüber schließt die Accursische Glosse als Gegenschluss aus dem Satz, dass bei einer Frau unter 25 Jahren sehr wohl ein Enterbungsgrund vorliegt: AG Nov. 115 *Usque ad xxv*: *ergo econtra si fuerit minor, & peccat in suum corpus: iusta est exhaeredationis eam. (...) Accur*, Lyon 1558–1560, VP, AC Sp. 358. Dieser Gegenschluss, der dem Wortlaut des Sachsenspiegels widerspricht, findet in der Buch'schen Glosse keinerlei Erwähnung.

von Buch aber ist Testamenten gegenüber nicht eben wohlmeinend eingestellt, er kritisiert insbesondere die Enterbung der eigenen Kinder. Für das sächsische Recht geht er – wie gezeigt – davon aus, dass Rechtsgeschäfte von Todes wegen nur bezogen auf konkrete Gegenstände und bei *egen* nur mit der Zustimmung der Erb/innen möglich sind.

An diese Besonderheit scheint er auch die Enterbungsgründe der Nov. 115 angepasst zu haben: Ein Enterbungsgrund zum Schutz der Testierfreiheit kann nach seinem Verständnis im sächsischen Recht nicht gelten. Es ist vielmehr das gute Recht der Erb/innen, das Erbenlaub zu verweigern. Daher nennt Johann von Buch als neunten Enterbungsgrund den Umstand, dass der Sohn dem Vater verbietet, *almissen* zu geben.

Es stellt sich die Frage, was mit *almissen* gemeint ist. Im Mittelniederdeutschen Handwörterbuch von Christoph Walther und August Lübben[1151] wird das Wort mit „Almosen", „kirchliche Stiftung" sowie, hier wohl nicht gemeint „Scheibe Brot"[1152] übersetzt. Während ersteres karitative Werke zu Lebzeiten anspricht, sind mit der zweiten Bedeutungsebene möglicherweise auch (Seelgerät-)Stiftungen von Todes wegen umfasst. Johann von Buch orientiert sich also an der Vorlage, verlagert den Schwerpunkt der Regelung aber in Richtung der sofort wirksamen Rechtsgeschäfte unter Lebenden. Zudem wird man unter *almissen* kaum größere, möglicherweise das gesamte Vermögen umfassende Stiftungen verstehen können. Damit ergibt sich aus diesem Enterbungsgrund zwar eine Einschränkung des Erbenlaubs. Ein Kind darf demnach seine Eltern nicht an kleineren Spenden für die Armen oder die Kirche hindern. Dennoch ist die Regelung bei weitem weniger testamentsfreundlich als die der Nov. 115. Kinder müssen nicht, wie im römischen Recht, grundsätzlich jegliche Verfügung von Todes wegen hinnehmen[1153].

1151 Walther/Lübben, Mittelniederdeutsches Handwörterbuch S. 12 führt auf: „1. Almosen. 2. kirchliche Stiftung. 3. Scheibe Brot (erst als Teller, Serviette, gebraucht und dann den Armen gegeben)".

1152 Im DRW I Sp. 503 ff., s. v. Almosen, wird genannt: „I Erbarmen, Barmherzigkeit, Mildtätigkeit, II Gabe zu mildem oder frommen Zwecke, III Milde oder fromme Stiftung, Stiftungskapital, IV Vikarei, überhaupt Pfründe, V Geistlichkeit, VI Klostereinkünfte, VII Öffentliche (kirchl. o. weltl.) Wohltätigkeitseinrichtungen, VIII Scheibe Brot, als Teller benutzt und sodann den Armen gegeben".

1153 Die Abweichung von der Vorlage geht dabei auch weiter als bei der Rezeption des Grundes durch den Schwabenspiegel, der den Bezug zur Verfügung von Todes wegen erhält, Swsp. Ldr. 15 VIII: *Daz ahtode ist. ob er den vater an sinen geschefede geirret hat. daz er die tvr zu sloz. so der vater an sinem totbete lac.* (…), Lassberg, Schwabenspiegel S. 11.

b. Darstellung der Enterbungsgründe in BG III 84 § 3 *Dodet ein man synen vader*

Ein zweites Mal werden die Enterbungsgründe in der Glosse *Dodet ein man synen vader* zu Ldr. III 84 § 3[1154] aufgezählt.

BG III 84 § 3 *Dodet ein man synen vader* nach dem Augsburger Druck von 1516, S. 1502 f.

Hir[1155] *merke twelf saken, dar dy kinder erflosz vmme werden eres vader erue. Dy erste is, oft he ene anuerdiget met synen henden, alse offt he ene schluge oder hilde edder stotte. Dy andere is, oft he eme ein schwerlick vnde en vnerlick recht dede. Dy drüdde, offt he den vader pinlike wrugede, alse offt dy vader ant ryke geraden hedde. Dy virde, offt he met roueren vmmeginge. Dy vefte, eft he syner olderen dot ramede. Dy seszte, efft* <he> *syne stiefmůder edder syne thumůder beschlipe. Dy seuende, oft he sick wedder dy olderen sette vnde sy dar groten schaden an nemen. Dy achte, offt der olderen welck gefangen were, vnde offt sy ene nicht borgen wolden. Dy negende, oft* <he> *vorbode den olderen, dat sy nene almissen musten geuen. Dy teinde, oft sy sick nicht thu echte helpen wolden laten, mer dat sy wolden in vnkuscheit leuen. Dy elften, oft dy olderen vnwittich weren, offt dy denne dy kindere ane ruke laten leuen. Dy twelfte, oft he gefangen were vnde sy eme nicht losen wolden. Dit hest*u [Nov 115, 3 pr. letzter Satz] *et supra* [Ldr. I 17 § 1[1156]].

1154 Wiedergegeben unten Anm. 2295

1155 Übersetzung: Hier verstehe zwölf Gründe, aus denen die Kinder das Erbrecht am Erbe ihres Vaters verlieren. Der erste ist, wenn er ihn angreift mit seinen Händen, wie wenn er ihn schlüge oder festhielte oder stieße. Der zweite ist, wenn er ihm ein schweres und ein unehrenhaftes <Un->Recht täte. Der dritte, wenn er den Vater körperlich <d. h. einer mit körperlicher Strafe bewehrten Tat> beschuldige, wie wenn der Vater nach der Königsherrschaft getrachtet hätte. Der vierte, wenn er mit Räubern Umgang pflegte. Der fünfte, wenn er den Tod seiner Eltern anstrebte. Der sechste, wenn er mit seiner Stiefmutter oder seiner Ziehmutter schliefe. Der siebte, wenn er sich gegen die Eltern wandte und sie dadurch großen Schaden nähmen. Der achte, wenn einer der Eltern gefangen wäre und wenn sie dann nicht für ihn bürgen wollten. Der neunte, wenn er den Eltern verböte, dass sie keine Almosen geben dürften. Der zehnte, wenn sie sich nicht zur Ehe verhelfen lassen wollten, sondern dass sie in Unkeuschheit leben wollten. Der elfte, wenn die Eltern den Verstand verlören, wenn sie dann die Kinder ohne Pflege leben lassen. Der zwölfte, wenn er gefangen wäre und sie ihn nicht loskaufen wollten. Dies findest du in [Nov 115, 3 pr. letzter Satz] und oben in [Ldr. I 17 § 1].

1156 Die Remission lautet eigentlich *supra libro I arti. XLIII in fi.*, was im Codex Hecht vulgat Ldr. I 44 a. E. entspricht, von Kaufmann, Buch'sche Glosse S. 1503 aus inhaltlichen Aspekten korrigiert – wahrscheinlich liegt ein Abschreibefehler *l* statt *v* vor – wobei Kaufmann weitergehend die Remission als einen Verweis auf die Glosse zu Ldr. I 17 § 1 korrigiert.

α. Zur Überlieferung von BG III 84 § 3 *Dodet ein man synen vader*

Dieser Sachsenspiegelartikel ist, wie alle Artikel ab Ldr. III 81 § 2, in den von Kaufmann edierten Handschriften[1157] nicht glossiert. Die Kaufmann'sche Edition gibt an dieser Stelle den Augsburger Druck von 1516 wieder. Zwar wird auch die zweite Aufzählung der Enterbungsgründe nach aktuellem Forschungsstand Johann von Buch zugeschrieben, der zunächst eine kürzere, bis Ldr. III 81 § 1 reichende Glosse des Sachsenspiegels verfasst, nach deren Abschluss in einer Rezension seines Werkes die Glossierung aber bis Ldr. III 87 fortgesetzt habe[1158]. Diese Annahme muss jedoch nicht zutreffen, zumal die Frage nach dem Ende der ursprünglichen Glossierung in der Literatur unterschiedlich beurteilt wird[1159]. Bei der Auslegung der Stelle muss außerdem beachtet werden, dass der Augsburger Druck etwa 150 Jahre nach der bei Kaufmann wiedergegebenen Wolfenbütteler Handschrift und der dort wiedergegebenen Heidelberger Handschrift entstanden ist. Zwar relativiert sich dies etwas dadurch, dass die Glosse nahezu wortgleich in der Handschrift Ms. germ. fol. 284 der Staatsbibliothek zu Berlin – Preußischer Kulturbesitz[1160] wiedergegeben wird[1161]. Diese Handschrift wird auf das 15. Jahrhundert datiert[1162], sie könnte um die Jahr-

---

1157 Klasse I nach Oppitz, Rechtsbücher S. 72 f.

1158 So Kannowski, Buch'sche Glosse S. 590 f., für wahrscheinlich hält dies Oppitz, Rechtsbücher I S. 72, für möglich Sinauer, NA 1935 S. 570; Lieberwirth, Einleitung S. XXVIII. Steffenhagen, Überlieferung der Buch'schen Glosse S. 731 führt den Artikel ebenfalls auf Johann von Buch zurück, weil er eine durchgehende Glossierung bis zu Ldr. III 91 und die Überlieferung derselben in der Petrinischen Glosse annimmt.

1159 Dazu unten S. 531 ff.

1160 Bei Oppitz, Rechtsbücher II S. 368 die Handschrift mit der Nummer 116. Nach der Ansicht Steffenhagens handelt es sich um die Vorlage für den Augsburger Druck von 1516, Steffenhagen, Verzeichnis S. 7, 58; so auch Oppitz, Rechtsbücher II S. 368. Kannowski konnte dagegen zeigen, dass die Berliner Handschrift Ms. germ. fol. 284 vielmehr eine Schwesterhandschrift zu der handschriftlichen Vorlage des Augsburger Druckes ist, Kannowski, Buch'sche Glosse S. 52–60, so auch Kaufmann, Buch'sche Glosse S. 1524.

1161 In der Handschrift Ms. germ. fol. 284, fol. 234r lautet die Glosse wie folgt: BG III 84 § 3 *Dodet eyn man synen vader: Hir merke twelff sake dar dy kynder erfflos vmme werden eres vader erues. dat irste is offt hene anverdiget met synen henden alze offt he ne sluge edder hilde edder stotte. Dat andere offt he em* <in rot neben der Zeile ergänzt: *eyn*> *swerlik und* <in rot über der Zeile ergänzt: *en*> *vnerlik recht dede. dy drudde offt he den vader pynlike wrugede al<z>e offt dy vader ant rike geraden hedde. Dy virde offt he met roveren vmme ghinghe. dy veffte offt he syner olderen dod ramede. dy seste offt he syne styfmuder edder syne tumuder beslype. dy sevende offt he sik weder dy olderen sette vnd sy dar groden schaden ane nemen. dy achte offt der olderen welk gefanghen were vnd offt sy en nicht borghen wolden. dy negende oft he verbode den olderen dat sy neyne almûsen musten gheuen. dy teynde offt sy syk nicht to echte helpen wolden laten mer dat sy wolden <in> unkuscheit leven. dy elffte offt dy olderen unwittich weren offt dy denne dy kyndere ane ruke laten leuen. Dy twelffte offt he gevangen were vnd sy en nicht losen wolden. Dit hestu in auten cum de appellacone cognoscetur § cas coll. viij* [= Nov. 115, 3 pr. letzter Satz] *et supra l. i. ar. xliij in fi* [richtig wohl Ldr. I 17 § 1 a. E.].

1162 Oppitz, Rechtsbücher II S. 368; Kaufmann, Buch'sche Glosse S. 1524.

hundertmitte entstanden sein[1163]. Doch auch diese Handschrift ist gegenüber der Heidelberger und der Wolfenbütteler Handschrift um 50 bis 150 Jahre jünger.

β. BG I 17 § 1 *Wente jd ne geit nicht vte dem bosmen* als Vorlage

Beide Aufzählungen der Enterbungsgründe in der Buch'schen Glosse zeigen eine hohe Übereinstimmung bis hin zur Wortwahl, wie die folgende Auflistung ähnlicher Formulierungen erkennen lässt:

Formulierungen in BG I 17 § 1 *Wente jd ne geit nicht vte dem bosmen* (Codex Hecht):	Formulierungen in BG III 84 § 3 *Dodet ein man synen vader* (Augsburger Druck):
1. *of dat kint den vader stotet edder sleyt*	1. *oft he ene anuerdiget met synen henden, alse offt he ene schluge oder hilde edder stotte*
3. *offt id en wroget vppe dat liff*	3. *offt he den vader pinlike wrugede, alse offt dy vader ant ryke geraden hedde*
4. *oft id mit touere eder mit touereren vmme geit*	4. *met roueren vmmeginge*
5. *oft id des vaders dodes ramet*	5. *eft he syner olderen dot ramede*
6. *oft id beslapet syne stefmoder eder des vader amygen*	6. *syne stefmuder edder syne thumuder beschlipe*
8. *oft de vader gevangen were vnd ene de sone nicht losen*	8. *offt der olderen welck gefangen were vnde offt sy ene nicht borgen wolde*
9. *off de sone vorbode deme vadere almissen to geuende*	9. *oft <he> vorbode den olderen, dat sy nene almissen musten geuen*
12. *offt de vader synlos worde vnd he siner nene roke ne hedde*	11. *oft dy olderen vnwittich weren, offt dy denne dy kindere ane ruke laten leuen ane ruke laten leuen*

Die hohe Übereinstimmung im mittelniederdeutschen Vokabular und vor allem die inhaltliche Kongruenz beim neunten Enterbungsgrund, der nur lose an die Novelle angelehnt ist, lässt es relativ sicher erscheinen, dass Vorlage für BG III 84 § 3 *Dodet ein man synen vader* nicht allein der – lateinische – Text von Nov. 115

1163 Dies liegt jedenfalls dann nahe, wenn die bei Oppitz, Rechtsbücher II S. 368 enthaltene Annahme zutrifft, dass die Schreiber*in der Handschrift auch die Handschrift Ms. germ. fol. 285 aus derselben Bibliothek geschrieben hat, sowie die Datierung dieser Handschrift auf Mitte des 15. Jahrhunderts. Freilich könnten zwischen der Entstehung beider Handschriften auch viele Jahrzehnte liegen.

war, sondern auch der Text von BG I 17 § 1 *Wente jd ne geit nicht vte dem bosmen.* Dafür spricht auch, dass Ldr. I 17 § 1 in der Glosse zu Ldr. III 84 § 3 remittiert wird.

γ. Überarbeitung im Sinne der Novelle 115

Dennoch ergeben sich auch charakteristische Abweichungen im Vergleich zum Text von BG I 17 § 1 *Wente jd ne geit nicht vte dem bosmen,* indem BG III 84 § 3 *Dodet ein man synen vader* eine größere Nähe zum Novellentext aufweist. Dies betrifft zum einen Formulierungen, wie die folgende Übersicht zeigt:

Formulierungen in BG I 17 § 1 *Wente jd ne geit nicht vte dem bosmen* (Codex Hecht):	Formulierungen in BG III 84 § 3 *Dodet ein man synen vader* (Augsburger Druck):	Formulierungen in Nov. 115:
1. *of dat kint den vader stotet edder sleyt*	1. *oft he ene anuerdiget met synen henden, alse offt he ene schluge oder hilde oder stotte*	1. *Si quis parentibus suis manus intulerit*
2. *offt id ene mit groten vnrechte vneret*	2. *oft he eme ein schwerlick vnde en vnerlick recht dede*	2. *Si gravem et inhonestam iniuriam eis ingesserit*
3. *offt id en wroget vppe dat liff*	3. *offt he den vader pinlike wrugede, alse offt dy vader ant ryke geraden hedde*[1164]	3. *Si eos in criminalibus causis accusaverit, quae non sunt adversus principem seu rempublicam*
5. *oft id des vaders dodes ramet*	5. *eft he syner olderen dot ramede*	5. *<si> vitae parentum suorum per venenum aut alio modo insidiari temptaverit*
7. *oft id ene mit aneuechtinge vppe grote koste toghe*	7. *oft he sick wedder dy olderen sette vnde sy dar groten schaden an nemen*	7. *Si delator contra parentes filius extiterit et per suam delationem gravia eos dispendia fecerit sustinere*

1164 Hier missversteht der Glossator zwar Nov. 115, die den Landesverrat gerade ausnimmt – wohl weil die Aufdeckung eines solchen Verbrechens aus Sicht des kaiserlichen Gesetzgebers wünschenswert erscheint. Dennoch verweist die Ergänzung in BG III 84 § 3 *Dodet ein man synen vader* unverkennbar auf die Ausnahme der Novelle.

Formulierungen in BG I 17 § 1 *Wente jd ne geit nicht vte dem bosmen* (Codex Hecht):	Formulierungen in BG III 84 § 3 *Dodet ein man synen vader* (Augsburger Druck):	Formulierungen in Nov. 115:
8. *oft de vader gevangen were vnd ene de sone nicht losen*	8. *offt der olderen welck gefangen were, vnde offt sy ene nicht borgen wolde*	8. *Si quemlibet de praedictis parentibus inclusum esse contigerit, et liberi* (...), *in sua eum noluerit fideiussione suscipere vel pro persona vel debito*
9. *off de sone vorbode deme vadere almissen to geuende*	9. *oft* <*he*> *vorbode den olderen, dat sy nene almissen musten geuen*	9. *Si convictus fuerit aliquis liberorum, quia prohibuit parentes suos condere testamentum*
12. *offt de vader synlos worde vnd he siner nene roke ne hedde*	11. *oft dy olderen vnwittich weren, offt dy denne dy kindere ane ruke laten leuen*	12. *Si quis de praedictis parentibus furiosus fuerit et eius liberi,* (...) *obsequium ei et curam competentem non praebuerint*

Eine höhere Übereinstimmung zeigt sich aber auch bei inhaltlichen Gesichtspunkten. Dies betrifft insbesondere den elften[1165] Enterbungsgrund. Anders als bei der Glossierung zu Ldr. I 17 § 1 ist er hier korrekt wiedergeben, indem die Ablehnung der Ehe und ein unkeusches Leben sanktioniert wird[1166], dabei ist die Formulierung des zweiten Halbsatzes deutlich an die der Novelle angelehnt.

11. *To deme elfften, oft he em vorbode sine dochter to beradene*	10. *oft sy sick nicht thu echte helpen wolden laten, mer dat sy wolden in vnkuscheit leuen*	11. *Si alicui ex praedictis parentibus volenti filiae suae vel nepti maritum dare et dotem secundum vires subwstantiae suae pro ea praestare illa non consenserit, sed luxuriosam degere vitam elegerit*

Auch die Unterscheidung in die Verweigerung einer Bürgschaft bei Festsetzung im Rahmen eines Rechtsverfahrens im achten Enterbungsgrund und eines Loskaufens aufgrund einer Kriegsgefangenschaft im dreizehnten, wie sie die Novelle trifft, wird bei der zweiten Aufzählung der Enterbungsgründe deutlicher.

1165 Des zehnten in BG III 84 § 3 *Dodet ein man synen vader.*

1166 Allerdings ist der Enterbungsgrund abweichend von Nov. 115 nicht allein auf Töchter, sondern auf alle Nachkomm/innen bezogen.

8. *oft de vader gevangen were vnd ene de sone nicht losen*	8. *offt der olderen welck gefangen were, vnde offt sy ene nicht borgen wolde*	8. *Si quemlibet de praedictis parentibus inclusum esse contigerit, et liberi (...), in sua eum noluerit fideiussione suscipere vel pro persona vel debito*
13. *offt zen <n>icht*[1167] *loseden*	12. *oft he gefangen were vnde sy eme nicht losen wolden*	13. *Si unum de praedictis parentibus in captivitate detineri contigerit et eius liberi sive omnes sive unus non festinaverint eum redimere*

Alle diese Befunde deuten darauf hin, dass der zweiten Darstellung der Enterbungsgründe in der im Augsburger Druck wiedergegebenen Form nicht allein BG I 17 § 1 *Wente jd ne geit nicht vte dem bosmen* zugrunde liegt, sondern die dortige Darstellung anhand des Novellentextes überarbeitet wurde. In welcher Form und zu welcher Zeit dies geschah, ob also Johann von Buch bei der Abfassung der Stelle neben seiner früheren Glossierung den Text von Nov. 115 heranzog, ob eine spätere Kopist*in diese zweite Darstellung der Enterbungsgründe anhand des Novellentextes überarbeitete oder ob diese – in den von Kaufmann edierten Handschriften nicht enthaltene – Darstellung der Enterbungsgründe gänzlich von einer anderen Person stammt, die neben der früheren Glossierung auch die Novelle heranzog, darüber lassen sich nur Mutmaßungen anstellen[1168]. Bereits an dieser Stelle lässt sich aber aufgrund der vielen Unterschiede auch im Verständnis der Enterbungsgründe festhalten, dass die erste Variante am wenigsten wahrscheinlich erscheint.

δ. Fehlen des zehnten und des vierzehnten Enterbungsgrundes

Neben einer größeren Nähe zum Novellentext unterscheidet sich BG III 84 § 3 *Dodet ein man synen vader et cetera* auch in einem weiteren wesentlichen Punkt von BG I 17 § 1 *Wente jd ne geit nicht vte dem bosmen*. Bei der zweiten Wiedergabe der Enterbungsgründe sind zwei Gründe fortgelassen worden, sodass sich deren Zahl an dieser Stelle auf zwölf beläuft.

Es handelt sich dabei um diejenigen Enterbungsgründe, bei denen der Glossator bei der ersten Wiedergabe den Novellentext am stärksten an die sächsische Lebenswirklichkeit angepasst hat. Als zehnten Enterbungsgrund führt die Novelle auf, dass der Sohn gegen den Willen der Eltern unter die *arenarii* oder *mimi* gegangen ist, die Gladiatoren oder Komödienschauspieler, als vierzehnten Enterbungsgrund ein Ab-

1167 Oben Anm. 1125.
1168 Überlegungen hierzu finden sich unten S. 531 ff.

fallen des Sohns oder der weiteren Nachkomm/innen vom orthodoxen Glauben, namentlich genannt werden im weiteren Textverlauf die Glaubensrichtungen der Nestorianer/innen und Acephaler/innen. Beide Enterbungsgründe sind im sächsisches Raum nicht ohne weiteres anwendbar, weil dort Gladiatoren und Nestorianer/innen wie Acephaler/innen nicht vorhanden sind, und auch nicht das Theater im antiken Sinne mit seiner Unterscheidung verschiedener Schauspielerarten[1169]. Bei der ersten Wiedergabe der Enterbungsgründe werden die Gründe daher an die sächsischen Verhältnisse angepasst. Aus den *arenarii* und *mimi* wird der *spelman,* statt der Zuwendung zum nicht-orthodoxen Christentum nennt der Glossator ein *vnlouich werden.* Eine andere Überlegung dürfte der Fassung von BG III 84 § 3 *Dodet ein man synen vader* zugrunde liegen. Statt die für die sächsische Lebenswirklichkeit nicht unmittelbar anwendbaren Enterbungsgründe an diese anzupassen, werden beide Enterbungsgründe als für den sächsischen Raum nicht einschlägig fortgelassen.

c. Weitere Erwähnungen der Enterbungsgründe

An verschiedenen weiteren Stellen werden die Enterbungsgründe kurz angesprochen, ohne dass der gesamte Katalog wiedergegeben würde. Die Stellen lauten wie folgt:

BG I 3 § 3 *De paues en mach doch* Satz 19 f., S. 160 f.

Alze[1170] *dat is recht, dat de vader sinem kinde sines gudes wat erue dor der zibbe willen, wente deme vadere ne is nemend mer gebunden to truwe vnd to denste vnd to eruen wen sin kint is. Wente denne itlike kindere den elderen der truwe vnd denstes vnd eren nicht ne wisen, dor der willen se dat erue hebben schollen, dar vmme sint de nyen rechte gesat, dat de vader dat kint mach eruelos maken*[1171]*, ut* [Nov. 92, 1, 1; Nov. 115, 3 pr. letzter Satz] *vnd in der nyen settinge, de beghinnet: We Albrecht* [= MGH Const. IV, 1, Nr. 33].

1169 Zur Unterscheidung zwischen den niederen Mimi/ae und den hochartifiziellen Pantomimi/ae in der römischen Kaiserzeit Blume, Art. Theater, Unterabschnitt III. Kulturgeschichte des antiken Theaters, in: DNP XII, 1 Sp. 273.

1170 Übersetzung: Wie es Recht ist, dass der Vater seinem Kind von seinem Gut um der Verwandtschaft willen vererbe, denn dem Vater ist niemand mehr verpflichtet zur Treue und zum Dienst und zum Erben als es sein Kind ist. Weil nun einige Kinder den Eltern keine Treue und Gefolgschaft und Ehre erweisen, um derentwillen sie das Erbe haben sollen, darum sind die neuen Rechte gesetzt, dass der Vater das Kind enterben kann, wie [Nov. 92, 1, 1; Nov. 115, 3 pr. letzter Satz] und die neue Satzung, die beginnt mit: Wir Albrecht [= MGH Const. IV, 1 Nr. 33].

1171 Nach der Heidelberger Handschrift: *daz der vater daz kint erueloz mach maken mit veirzen stucken. Daz eirste is, ab der sone bi des vater wibe lit suntlichen vnde witlichen, de des sones stefmoter ist, de sin vater elichen edder ledichlike hat edder hat gehat, dar mede hat he vorworch alle sines vater erue, des he van ome wartende is et cetera, ut* (…). Übersetzung: dass der Vater das Kind aus vierzehn Gründen enterben kann. Der erste ist, wenn der Sohn bei der Frau des Vaters, die die Stiefmutter des Sohnes ist, die seinem Vater ehelich oder unehelich verbunden ist, in sündiger Weise und in vollem Bewusstsein liegt, damit hat er jegliches Erbe von seinem Vater, auf das er eine Anwartschaft hat, verwirkt et cetera, wie (…).

BG I 53 § 2 *Spreket en man gud an* Satz 15 f., S. 383

To[1172] *deme veften schollen horsam sin de kindere den elderen; don ze des nicht, se werden dar eruelos mede vnde anrochtich, off de zake grote is, ut* [Nov. 1, 1, 4; Nov. 18 pr. Satz 3; Nov. 92, 1, 1 Satz 2]. *Dit sulue hefstu ok in der settinge, de beghint: We Albrecht van der gnade godes* [= MGH Const. IV, 1, Nr. 33].

BG III 84 § 1 *We deme anderen* nach dem Augsburger Druck von 1516, S. 1499

Sus[1173] *worde ock ein erflos, oft he syme vadere syn gut nyme, alse in koningk Albrechtes settinge, dy begint: Wy Albrecht* [= MGH Const. IV, 1, Nr. 33]. *Wan yt is vnbillick, dat dy wat synes gudes by leuende edder an dode an de(m) anderen let, dat he van deme ennich vngelick lyde, ut* [Inst. 2, 7, 2 letzter Satz; Cod. 8, 55, 10].

α. Erwähnung der Enterbungsgründe in BG I 3 § 3 *De paues en mach doch*

Das erste Mal finden die Enterbungsgründe bereits zu Beginn der Glossierung Erwähnung, in einer Glosse zu Ldr. I 3 § 3. Dort verwendet Johann von Buch sie als Beispiel für einen Grundsatz, der in seinem Rechtsdenken und seiner Argumentationsstruktur eine erhebliche Rolle spielt. Anlässlich der Frage, ob der Papst das sächsische Recht ändern könne, erläutert er, wann neues Recht gesetzt werden dürfe[1174].

1172 Übersetzung: Zum fünften sollen die Kinder den Eltern gehorsam sein: sind sie das nicht, verlieren sie dadurch das Erbrecht und werden ehrlos, wenn die Sache bedeutend ist, wie in [Nov. 1, 1, 4; Nov. 18 pr. Satz 3; Nov. 92, 1, 1 Satz 2]. Dasselbe hast du auch in der Satzung, die beginnt „Wir Albrecht von Gnaden Gottes" [= MGH Const. IV, 1 Nr. 33].

1173 Übersetzung: So verlöre er auch das Erbrecht, wenn er dem Vater sein Gut nehmen würde, wie in der Satzung König Albrechts, die beginnt: „Wir Albrecht" [= MGH Const. IV, 1 Nr. 33]. Denn es ist unbillig, dass wer von seinem Gut zu Lebzeiten oder auf den Tod dem anderen etwas lässt, dass der von demjenigen ein Unrecht erleide, wie [Inst. 2, 7, 2 letzter Satz; Cod. 8, 55, 10].

1174 BG I 3 § 3 *De paues en mach doch* Satz 1, 3 Hs. 1, 5, 7, 8 Hs. 1, 13, 15–17, 21, 23 Hs. 1, 26 Hs. 1, 27 Hs. 1, 28, 29 Hs. 1, 30 Hs. 1, S. 156–162: *Dit is dar wedder, dat steit in ewangelio: Quodcumque ligaveris et cetera* (...) *Segge, de paues mochte id wol don, id en voget eme auer nicht to donde. Wente wat ens eme behaget hefft, dat mishaget eme nu nicht mer,* (...). *Dat hire steit, dat eme enes behaget hebbe, dat eme dat na nicht mishagen scholde, dat is gesproken van gesunderden luden, de wat meden edder wat lyen edder wat don.* (...) *Dit is auer van den pauesen so nicht gesecht, offt eme der Sassen recht ens wol behaget hedde, eme ne mochte dat nu nicht missehagen, wente liker wijs, alse de mynscheit vorwandelet is, also sint ok vorwandeled de werk der mynscheit, dar dat recht vppe sat is. Wente denne dat recht is gesat vppe mynschlike werke, de sik wandelen mogen, so mogen sik ok rechte wandelen, vnd dor der vorwandelinge willen so is vnderwilen mer settinge not* (...). *Wente sik denne de rechte vorwandelen mogen vnd de paues allet vormach, vnd dar na, dat alle recht in sinem herten besloten is, dar vmme mach he wol recht setten wedder vnse recht.* (...) *Vnd dor dat mach vnse privilegium de paues edder de keyser vmmekeren vnd mach dat wedder setten, dar vmme is dat valsch, dat hir steit: He mach doch. Hir antwerde wij to vnd seggen: Alleyn dat de lude sin vorwandelet, dar so recht vppe sat is, yodoch is der lude vorwandelinge nen vorwandelinge des rechtes. Des rechtes vorwandelinge, de so is, dar men nye recht vmme setten mot, de komet to dryerleye wijs. To deme ersten vorwandelet sik en recht, wan sik en sake*

Aus dem gelehrten Recht übernimmt er dazu den Grundsatz, dass sich ein Recht ändere, wenn sich der Grund ändere, um dessentwillen das Recht gesetzt sei[1175]. Die-

---

vorwandelet, dar dat recht vmme gesat is. (...) *Hir vmme dat de sake vnses rechtes was de geloue, sint we denne noch louich sin, so steit vnses rechtes sake noch.* (...) *To deme anderen wert en nye recht gesat dor des willen, dat dat olde recht, dat dor gud gesettet was, wert gekeret to arghe,* (...). *To dem drudden male zettet men nye recht dor mer zake willen,* (...). *Wente wij denne de sake vnses rechtes noch hebben vnde vnse recht nicht en is gekeret in bosheit vnde went id ok wedder de cristenheit nicht en ys, dar vmme en mach id vns de paues nicht breken,* (...). *Vortmer mach de paues vnse recht nicht delghen, wente id en dript an ene nicht. Wente id dript an den keyser, he en mochte dar sunde ane bewisen,* (...). *Hedde ok den paues wol wat gesat, dat wedder vns were, dat en hinderde vns nicht, he en benomede vns be namen,* (...). Übersetzung: Dies <dass der Papst das sächsische Land- und Lehnrecht nicht einschränken könne> widerspricht dem, was im Evangelium steht: „*Quodcumque ligaveris etc.*" (...). Sage <als erste Lösungsmöglichkeit>, der Papst könnte es wohl tun, es schickt sich aber nicht für ihn, dies zu tun. Denn was ihm einmal behagt hat, das missfällt ihm nun nicht mehr. (...) Was hier steht, dass ihm das später nicht missfallen soll, was ihm zuerst behagt hat, das ist gesagt von besonderen Menschen, die etwas gemietet oder geliehen oder was getan haben. (...) Es ist aber nicht so vom Papst gesagt, dass wenn ihm das Recht der Sachsen einmal wohl behagt hat, dass ihm das nun nicht mehr missfallen kann, denn in gleicher Weise, wie die Menschheit sich verändert hat, so sind auch die Werke der Menschheit verändert, auf die das Recht gegründet ist. Weil nun das Recht auf menschliche Werke gegründet ist, die sich ändern können, so können sich auch die Rechte ändern, und um dieser Veränderung willen sind bisweilen weitere Rechtssetzungen notwendig. (...) Weil sich nun die Rechte ändern können und der Papst alles kann, und deswegen, weil alles Recht in seinem Herzen beschlossen ist, darum kann er sehr wohl entgegen unserem Recht Recht setzen. Und deswegen kann der Papst oder der Kaiser unser Privileg umkehren und kann <etwas> dem entgegen<-stehendes> festsetzen, darum ist <entgegen der ersten Lösungsmöglichkeit> das falsch, was hier steht: „Er kann doch". Darauf antworten wir <als zweite Lösungsmöglichkeit> und sagen: Nur weil die Menschen verändert sind, auf die das Recht sich gründet, so ist doch die Veränderung der Menschen noch keine Veränderung des Rechts. Eine Veränderung des Rechts, die so ist, dass man neues Recht deswegen setzen kann, die kommt auf dreierlei Weise. Zum ersten ändert sich ein Recht, wenn sich ein Grund ändert, um derentwillen das Recht (...) <Der hier fortgelassene Abschnitt der Glosse ist oben im Haupttext wiedergegeben>. Deswegen, weil der Grund unseres Rechtes der Glauben war, weil wir nun noch gläubig sind, so besteht der Grund unseres Rechts noch. (...) Zum zweiten wird ein neues Recht gesetzt deswegen, dass das alte Recht, das um etwas guten willen gesetzt worden war, in ein Übel gekehrt wird. (...) Zum dritten setzt man neues Recht wegen weiterer Gründe. Weil wir also den Grund unseres Rechts noch haben und unser Recht nicht in Bosheit verkehrt ist und weil es auch der Christenheit nicht zuwiderläuft, darum kann es uns der Papst nicht brechen. (...) Weiter kann der Papst unser Recht nicht ungültig machen, weil es nicht in seinen Bereich fällt. Denn es fällt in den Bereich des Kaisers, außer, wenn er daran eine Sünde beweisen könnte, (...). Wenn der Papst auch etwas festgesetzt hätte, das uns<-erem Recht> widerspricht, das schränkt uns nicht ein, wenn er uns nicht namentlich <in dem Gesetzestext> aufführt. (...).

1175 BG I 3 § 3 *De paues en mach doch* Satz 18, S. 160: *To deme ersten vorwandelet sik en recht, wan sik en sake vorwandelet, dar dat recht vmme gesat is,* Übersetzung: Zum ersten ändert sich eine Recht, wenn sich eine Sache ändert, um derentwillen das Recht gesetzt ist.

ser Merksatz begegnet, wenn auch sonst allgemeiner formuliert, an nicht weniger als sieben Stellen der Buch'schen Glosse und gehört damit zu den Standartargumenten Johanns von Buch[1176].

Als Beispiel für diesen Grundsatz dienen die Enterbungsgründe. Dem Recht, dass Väter ihren Kindern etwas vererben müssten, liege zugrunde, dass niemand dem Vater so zu Treue, zum Dienst und zum Erben verbunden sei, wie sein Kind. Weil aber nunmehr nicht alle Kinder den Eltern die nötige Treue und Gefolgschaft erweisen würden, die ja der Grund für ihr Erbrecht sei, darum könne man sie nach neuerem Recht enterben.

Johann von Buch lässt an dieser Stelle erkennen, worin er das Erbrecht der Nachkomm/innen begründet sieht und in welchen Fällen er es ausschließt. Kinder sind ihrem Vater – wohl auch der Mutter[1177] – zu *truwe* und *denste* verpflichtet sowie dazu, ihnen *ere* zu erweisen. Die Wortwahl lässt an ein Lehns- oder Dienstverhältnis denken, bei denen die Eltern an der Stelle des bzw. der Lehnsherr/in stehen. Ihre Gegenleistung für die Treue, Gefolgschaft und Ehrerbietung auch noch im Erwachsenenalter ist dabei, neben der Versorgung in der Kindheit, die Erbschaft. Erfüllen die Kinder ihre Pflichten aus dem Verhältnis nicht, dann sind auch die Eltern nicht verpflichtet, ihnen ihr Gut zu vererben. Dieser Gedanken lässt sich auch aus dem römischen Recht ableiten, in dem das Pflichtteilsrecht für die *ingrati*[1178]

1176 Vgl. BG I 19 § 1 *De Swaue nimpt wol* Satz 8 Hs. 2, S. 234 f.: (…) *den wente en ding vorgeit, dar en sake aff is, so vorgeit de sake mede, ut* [Dig. 50, 17, 178; Cod. 1, 14, 5]. Übersetzung: (…) denn wenn ein Ding vergeht, auf der eine Sache beruht, so vergeht diese Sache mit <ihm>, wie [Dig. 50, 17, 178; Cod. 1, 14, 5]. – BG I 56 *Jd en breken eme de lantlude* Satz 3, S. 404: *Wente alse en sake vorgheit, dar en dingh vmme gheschen is, so vorgheid ok dat, dar vmme dat geschach, ut* [Dig. 50, 17, 178; Cod. 1, 14, 5]. Übersetzung: Denn ebenso, wie eine Sache vergeht, um derentwillen ein Ding geschehen ist, ebenso vergeht dann auch das, was um derentwillen geschah, wie [Dig. 50, 17, 178; Cod. 1, 14, 5]. – BG I 58 § 2 *Swen de greue* Satz 3 Hs. 2, S. 412: (…) *so is vorghan de sake, dar vmme vorgeid ere gerichte, dat de dor der sake willen hadden, ut* [c. 60 X 2, 28; Dig. 50, 17, 178]. Übersetzung: (…) daher ist die Sache vergangen, darum vergeht ihre Gerichtsbarkeit, die sie um der Sache willen hatten, wie [c. 60 X 2, 28; Dig. 50, 17, 178]. – BG II 58 § 1 *Offt de man nene leneruen* Satz 6, S. 854: *Den wenne de sake vorgeid, so vorgheid dat, dat vmme de sake schen was, ut* [Cod. 1, 3, 51]. Übersetzung: Denn wenn die Sache vergeht, so vergeht <auch> das, was um der Sache willen geschehen ist, [Cod. 1, 3, 51]. – BG III 57 § 2 *De koningh van Bemen* Satz 2, S. 1300: *Wente alse en dingh vorgheit, dar en sake van kumpt, so vorgheit dat dar van quam, ut* [Dig. 50, 17, 178; Cod. 1, 14, 5]. Übersetzung: Denn ebenso wie ein Ding vergeht, von dem eine Sache herrührt, so vergeht es, was daher rührte, wie [Dig. 50, 17, 178; Cod. 1, 14, 5]. – BG III 76 § 3 *Nympt en man* Satz 27, S. 1428: *Denne wan en sake vorgheid, so schal mede vorghan, dar de sake vmme was, ut* [Dig. 50, 17, 178]. Übersetzung: Denn wenn eine Sache vergeht, so soll mit <ihr> vergehen <das>, um dessentwillen die Sache war, [Dig. 50, 17, 178].

1177 Für die Mutter dürfte gleiches gelten, wie sich aus dem folgenden, sich allgemein auf die Eltern beziehenden Satz der Glossierung ergibt.

1178 Der Ausdruck war zunächst für Freigelassene gebraucht worden, die sich gegenüber ihrer Freilasser/in ungebührlich verhalten hatten, Merkel, Enterbungsgründe S. 4.

eingeschränkt ist[1179], wobei in Nov. 115 die Fälle der Undankbarkeit abschließend aufgeführt werden[1180]. Auch nach dem Verständnis der Novelle verletzen die Kinder ihre besondere Pflichtenstellung gegenüber den Eltern[1181] und können aus diesem Grund gänzlich enterbt werden.

Die Glosse belässt es an dieser Stelle ohne Aufzählung der einzelnen Enterbungsgründe bei der allgemeinen Formulierung,[1182] und allegiert dazu Nov. 115, Nov. 92, 1, 1 und die Erneuerung des Mainzer Landfriedens von 1235[1183] durch König Albrecht I. 1298 in Nürnberg[1184]. Nov. 92 enthält Bestimmungen zur übermäßigen Schenkung[1185] gegenüber den wohlgeratenen Kindern[1186], nach dem konkret allegierten Satz werden die übrigen Kinder dagegen weiter nach den *leges de ingratis* behandelt. Der Verweis auf den Landfrieden bezieht sich wohl vor allem auf dessen erste Bestimmung[1187].

1179 Oben S. 197 f.

1180 Vgl. Nov. 115, 3 pr. Satz 2, S. 536: *Sancimus igitur non licere penitus patri vel matri, avo vel aviae, proavo vel proaviae suum filium vel filiam vel ceteros liberos praeterire aut exheredes in suo facere testamento,* (...) *nisi forsitan probabuntur ingrati* (...), sowie Nov. 115, 3 pr. letzter Satz, S. 537: *Causas autem iustas ingratitudinis has esse decernimus.*

1181 Die Enterbungsgründe enthalten vor allem ehrverletzende Handlungen gegenüber den Eltern (Enterbungsgründe 1, 2, 6. Auch Enterbungsgrund 3, die Anzeige einer Straftat, gilt gegenüber den Eltern als ehrverletzend, Merkel Enterbungsgründe S. 7), Verweigerung des Gehorsams (Enterbungsgründe 10, 11), unterlassenes Einstehen für die Eltern (Enterbungsgründe 8, 12, 13) und eigene Schädigung der Eltern (Enterbungsgründe 1, 2, 3, 5, 6, 7, 9). Weitere Enterbungsgründe zielen auf eine als unziemlich verstandene Lebensweise ab (Enterbungsgründe 4, 6, 10, 11, 14). Dabei formuliert die Novelle etwa in Bezug auf Enterbungsgrund 14 ausdrücklich, dass dies ein Fall der Undankbarkeit sei, oben Anm. 1127.

1182 Jedenfalls in der Fassung von Codex Hecht und Wolfenbütteler Handschrift, während die Heidelberger Handschrift die 14 Enterbungsgründe von Nov. 115 nennt und dann als Beispiel den sechsten Enterbungsgrund darstellt, vgl. oben Anm. 1171.

1183 Der Mainzer Landfrieden von 1235 von Friedrich II. [= MGH Const. II Nr. 196, 196a] wurde von Rudolf I. im Juli 1281 in Nürnberg [= MGH Const. III Nr. 279, 280], im Dezember 1281 in Mainz [= MGH Const. III Nr. 281], und 1287 in Würzburg [= MGH Const. III Nr. 399] erneuert, ebenso von Adolf 1292 in Köln [= MGH Const. III Nr. 489] und ein letztes Mal von Albrecht I. in Nürnberg 1298 [= MGH Const. IV, 1 Nr. 33].

1184 MGH Const. IV, 1 Nr. 33.

1185 Bei übermäßigen Schenkungen an ein Kind bemisst sich das Pflichtteil der anderen nach dem Vermögensstand vor der Schenkung; das beschenkte Kind muss gegebenenfalls die Geschwister entschädigen.

1186 Gemäß Nov. 92, 1, 1 Satz 1, S. 458 gelten die Bestimmungen allein *de filiis gratis existentibus eis, non de ingratis et quibus pater iustam et legitimam ingratitudinem infert.*

1187 Möglicherweise ist außerdem MGH Const. IV, 1 Nr. 33, S. 26, Kap. 2, in Bezug genommen: *Swelch sun uf sinez vater lip ratet oder in urliuclichen angriffet mit untriuwen oder mit vanknůzze oder in in kain pant leget daz vanknůzze haizzet, wirt er dez vor sinem rihter ůberziugt, alz vor geschriben ist, der selb sun sol sin elôz und rehtlôz ewiclichen, also daz er nimmer wider komen mag ze sinem rehte mit kainen dingen.*

Erneuerung des Mainzer Landfriedens durch Albrecht I. [= MGH Const. IV, 1 Nr. 33, S. 26] Kap. 1

Swelch sun sinen vater von sinen bůrgen oder von anderm sinem gůt verstozzet, brennet oder raubet oder sich zů sinez vaterz vinden machet mit aiden oder mit triuwen, daz ez uff sinez vaterz ere gat oder uf sin verderbnůzze, beziuget in dez sin vater bi den hailigen vor sinem rihter mit zwain sentbern mannen, die nieman mit reht verwerfen mag, der sun sol sin vertailt aigens und lehens und varendez guotez [und genzliche allez des guotez] ewiclichen, daz er von vater und von můter erben solt, also daz im weder rihter noch vater noch můter nimmerme wider gehelfen mag, daz er kain reht zů dem [gůte] nimmer me gewinne.

Diese besagt, dass ein Sohn das Erbrecht nach Vater und Mutter verliert, wenn er den Vater von seiner Burg oder dessen Gut vertreibt, dort[1188] brandschatzt oder raubt oder sich mit dessen Feinden gegen ihn dazu verschwört, seine Ehre anzugreifen oder sein Verderbnis zu bewirken. Auch in der Erneuerung des Mainzer Landfriedens von 1298 findet sich also der Gedanke, dass ein Sohn, der seine besonderen Treuepflichten seinem Vater gegenüber verletzt, sein Recht auf das Erbe verliert. Zwar werden auch hier konkrete Beispiele für einen Verstoß genannt, diese werden im Gegensatz zum Text der Novelle aber nicht ausdrücklich als enumerativ bezeichnet.

β. Erwähnung der Enterbungsgründe in BG I 53 § 2 *Spreket en man gud an*

Die Erneuerung des Landfriedens von 1298 allegiert Johann von Buch auch an den beiden weiteren Stellen, an denen er einen Enterbungsgrund erwähnt. In BG I 53 § 2 *Spreket en man gud an* werden unterschiedliche Arten der weltlichen Gehorsamspflicht aufgelistet. Als fünftes Beispiel wird genannt, dass Kinder den Eltern gehorsam sein sollten, andernfalls würden sie *eruelos* und *anrochtich*[1189]. Allegiert ist hier neben Nov. 1 und Nov. 18, beide gehen an den konkret allegierten Stellen auf die enterbten bzw. die pflichtteilsberechtigten Kinder ein[1190], wiederum derselbe Satz

1188 Grammatikalisch ist auch eine Auslegung dahingehend möglich, dass jede Brandstiftung und jeder Raub ausreichend sind, der Zusammenhang legt aber näher, dass sich alle genannten Taten gegen den Vater richten müssen. Wie hier auch Merkel, Enterbungsgründe S. 47 in Bezug auf den Text des Mainzer Landfriedens von 1235.

1189 DRW I Sp. 705, s. v. anrüch(t)ig: „I beschimpfend, II 1. übel beleumundet, 2. ehrlos, rechtlos." Gemeint ist wohl letzteres, vgl. das zweite Kapitel der Erneuerung des Mainzer Landfriedens von 1298, oben Anm. 1187.

1190 Allegiert sind Nov. 1, 1, 4 und Nov. 18 pr. Satz 3. – Nov. 1, 1 befasst sich mit Fällen, in denen die testamentarisch eingesetzte Erb/in eine Auflage der Erblasser/in nicht erfüllt und die Erbschaft darum an einen andere/n fällt; Nov. 1, 1, 4 stellt hier klar, dass die rechtmäßig enterbten Kinder die Erbschaft nicht erhalten können. – In Nov. 18 pr. wird dem Kaiser in den Mund gelegt, dass er stets nach der Verbesserung der Gesetze strebe, im durch Johann

aus Nov. 92, 1, 1. Dasselbe, so schließt die Glosse, finde die in der 2. Person angesprochene Leser*in auch in der Erneuerung des Mainzer Landfriedens von 1298.

γ. Erwähnung der Enterbungsgründe in BG III 84 § 1 *We deme anderen*

Eine letzte beiläufige Erwähnung der Enterbungsgründe findet sich schließlich in BG III 84 § 1 *We deme anderen,* wenige Zeilen, bevor die Enterbungsgründe in der Glosse zu Ldr. III 84 § 3 ein zweites Mal aufgezählt werden. Auch diese Glosse findet sich in den von Kaufmann edierten Handschriften nicht. Sie ist wiedergegeben nach dem Augsburger Druck[1191].

Die Glossierung bezieht sich auf eine Sachsenspiegelbestimmung, die einen Erbrechtsverlust vorsieht. Nach Ldr. III 84 § 1 verliert alle Rechte an einem Gut, das er/sie[1192] später möglicherweise erben würde, wer der potentiellen Erblasser/in dieses Gut schon zu Lebzeiten gewaltsam nimmt[1193]. Dies, ergänzt der Glossator, gelte auch zwischen Vater und Sohn, wie es im Landfrieden bestimmt sei. Weitere Allegationen zu den Enterbungsgründen fehlen hier. In der Glosse folgt sodann eine Begründung für die Landfriedensregelung. Es sei unbillig, dass jemand ein Unrecht ausgerechnet von der Person erleide, der er unter Lebenden oder auf seinen Tod etwas lasse, die beiden hierzu allegierten Stellen betreffen Rückforderungen wegen Undankbarkeit bei Schenkungen unter Lebenden[1194].

d. Zum Verhältnis von Novellenrecht, Landfrieden und Sachsenspiegel bei den Enterbungsgründen

Zusammenfassend lässt sich feststellen, dass Johann von Buch ganz selbstverständlich von der Geltung der Enterbungsgründe aus Nov. 115 für das sächsische Recht ausgeht, obwohl diese im Sachsenspiegel nicht erscheinen. Allerdings verändert er den neunten Enterbungsgrund, die Verhinderung eines Testamentes, in die Ver-

---

von Buch allegierten Satz wird der Verwunderung Ausdruck verliehen, dass das Pflichtteil der ehelichen, angenehmen Kinder lediglich ein Viertel betrage, zu diesem Satz oben Anm. 956.

1191 Die Glosse findet sich nahezu gleichlautend auch in der Schwesterhandschrift zu der Vorlage des Augsburger Drucks von 1516, Ms. germ. fol. 284, Staatsbibliothek Berlin, Preußischer Kulturbesitz, fol. 233r.

1192 Der Artikel ist in männlicher Form formuliert und bezieht sich auf die Anwendung körperlicher Gewalt, dürfte aber mangels anderer Regelung genauso für Erbinnen gelten.

1193 Wiedergegeben oben S. 230.

1194 Allegiert sind Inst. 2, 7, 2 letzter Satz und Cod. 8, 55, 10. Inst. 2, 7, 2 geht auf die Schenkung unter Lebenden ein – im Gegensatz zur Schenkung von Todes wegen und zur *donatio propter nuptias* – der allegierte Satz betrifft die Möglichkeit einer Rückforderung wegen Undankbarkeit. Cod. 8, 55, 10 führt Beispiele für eine zur Rückforderung einer Schenkung unter Lebenden berechtigenden Undankbarkeit auf und beschreibt das Verfahren zur Rückforderung.

hinderung eines Almosens. Er passt damit die Novellenregelung wohl gezielt an das sächsische Recht an, wie es sich für ihn darstellt. Jedenfalls sind alle anderen Enterbungsgründe – mit Ausnahme von Abweichungen, die sich auf Missverständnisse zurückführen lassen – auffällig nah an der Vorlage, während der neunte Enterbungsgrund der Novelle, der dem Erbenlauberfordernis des sächsischen Recht und damit der dortigen Berechtigung der Erb/innen, die Zustimmung zu einem Rechtsgeschäft von Todes wegen über ein *egen* zu verweigern, widersprechen würde, in die Buch'schen Glosse mit deutlichen Abweichungen übernommen wird.

Allerdings ist Nov. 115 für Johann von Buch nicht die einzige Quelle in Bezug auf die Enterbungsgründe. An den beiden Stellen, an denen er die Enterbungsgründe nur beiläufig im Zusammenhang mit dem hinter ihnen stehenden Rechtsgedanken eines Pflichtenverstoßes gegenüber den Eltern anspricht und die relativ sicher auf ihn zurückgehen, allegiert er daneben oder allein Nov. 92, 1, 1 und die Erneuerung des Mainzer Landfriedens von 1298[1195].

Die Zusammenschau von Novellenrecht und Landfriedensbestimmungen findet sich bereits im Schwabenspiegel und in weiteren, durch diesen geprägten Rechtsbüchern. Abweichend von deren Praxis verbindet Johann von Buch die Enterbungsgründe aus Nov. 115 und die Enterbungsgründe aus der Erneuerung des Landfriedens von 1289 nicht, indem er aus beiden Rechtsquellen einzelne Enterbungstatbestände aufnimmt. Vielmehr gibt er in BG I 17 § 1 *Wente jd ne geit nicht vte dem bosmen* die Enterbungsgründe der Novelle vollzählig und in übereinstimmender Reihenfolge wieder. Die Bestimmung der Landfriedenserneuerung erscheint dagegen zusammen mit Nov. 92, 1, 1 bei der Umschreibung des den Enterbungsgründen zugrundeliegenden Gedankens der Undankbarkeit, wobei Nov. 115 an einer dieser Stellen zusätzlich allegiert wird.

Die Sachsenspiegelstellen, die einen Erbrechtsverlust wegen einer Verfehlung gegen die Erblasser/in festsetzen, finden in den relativ eindeutig Johann von Buch

1195 Diese *nye settinge* König Albrechts ist der einzige Reichstagsbeschluss, den Johann von Buch in seiner Glossierung heranzieht, vgl. KAUFMANN, Buch'sche Glosse S. 1696. Als weitere Rechtssetzung eines mittelalterlichen Kaisers erscheint daneben an zwei Stellen die Authentika Habita, das sogenannte Scholarenprivileg Friedrichs I., das allerdings in den mittelalterlichen Handschriften nach Cod. 4, 13 in das Corpus Iuris Civilis eingefügt ist und von Johann von Buch stets als Teil desselben allegiert wird. Die Erneuerung des Landfriedens von 1289 wird auch bei weitem häufiger genannt, nämlich an fünf Stellen. Neben den oben genannten zu den Enterbungsgründen beziehen sich diese auf Veränderungen bei Verfahrensbestimmungen, so in BG I 63 § 1 *De mod bydden den richter* und in BG III 32 § 10 *Vorderen wel.* Die besondere Beachtung, die die Erneuerung des Mainzer Landfriedens von 1289 genießt, fällt damit zunächst einmal auf. Jedoch scheint die Landfriedenserneuerung allgemein ein besonderes Ansehen unter den Rechtskundigen des 14. Jahrhunderts genossen zu haben, jedenfalls wird sie noch in diesem Jahrhundert, wie sonst nur das Sachsenspiegellandrecht, das Sachsenspiegellehnrecht und das Magdeburger Weichbildrecht, mit einer Glosse versehen, vgl. HUNEKE, Iurisprudentia romano-saxonica S. 60, insbesondere Anm. 211, S. 349, 558.

zuzuordnenden Glossen keine Beachtung. Sie werden nicht inhaltlich in Bezug genommen und auch nicht remittiert.

Ein – allerdings nur leicht – abweichendes Bild ergibt sich, wenn man auch die in den von Kaufmann edierten Handschriften nicht enthaltenen Glossen BG III 84 § 1 *We deme anderen* und BG III 84 § 3 *Dodet ein man synen vader* in die Untersuchung mit einbezieht. Bei der beiläufigen Erwähnung der Enterbungsgründe wird Nov. 92, 1, 1 nicht allegiert, sondern lediglich die Erneuerung des Mainzer Landfriedens von 1298. Bei der Wiedergabe der Enterbungsgründe der Novelle werden nicht alle Gründe aufgeführt, sondern zwei von ihnen fortgelassen. Außerdem werden die Sachsenspiegelbestimmungen insoweit in Bezug genommen, als sie Anknüpfungspunkte für die Glossierung bilden.

Der Befund, dass die einschlägigen Sachsenspiegelbestimmungen keine oder nur wenig Beachtung finden, könnte darauf beruhen, dass Johann von Buch sie durch die – in ihrer ersten Form tatsächlich älteren, aber in seinen Augen gegenüber dem vermeintlichen Privileg Karls des Großen erheblich jüngeren – Landfriedensbestimmungen, deren Erneuerung im Jahre 1298 nur wenige Jahrzehnte vor der Abfassung der Landrechtsglosse erfolgte, abgelegt sieht. Als nicht abgelegt betrachtet er allerdings die auch in seinen Augen ältere Nov. 115.

Eine näher liegende Erklärung ist also, dass der Glossator in den Bestimmungen des Sachsenspiegels und der Landfriedenserneuerung eine beispielhafte Nennung einzelner Enterbungsgründe sieht, durch die der Katalog aus Nov. 115, 3 nicht verdrängt wird. Dies mag sich darauf gründen, dass die Landfriedenserneuerung wie auch der Sachsenspiegel nicht in Anspruch nimmt, die Enterbungsgründe abschließend aufzuführen. Die dort genannten Gründe lassen sich durchaus auch in die in Nov. 115 aufgeführten Enterbungsgründe einordnen. Dafür spricht auch, dass er die Erneuerung des Landfriedens von 1289 regelmäßig zusammen mit Nov. 92, 1, 1 allegiert, der den allgemeinen Gedanken der Undankbarkeit enthält.

Keine Aufmerksamkeit widmet Johann von Buch dem Unterschied in der Rechtsfolge, die sich zwischen den Enterbungsgründen der Novelle, den Bestimmungen des Mainzer Landfriedens und den einschlägigen Sachsenspiegelbestimmungen ergeben. Die Novelle sieht grundsätzlich die Möglichkeit vor, die Erb/in – über die Grenzen des Pflichtteilsrechts hinaus – zu enterben. Nach dem Sachsenspiegel tritt der Erbrechtsverlust dagegen ipso iure ein. Einen dritten Weg schließlich geht der Landfrieden. Hier tritt nach dem Nachweis der Enterbungsgründe die Enterbung ebenfalls ipso iure ein, die Eltern können das Kind danach nicht mehr bedenken. Nach der Formulierung der Bestimmung scheint es dem Vater aber freizustehen, das Verfahren anzustrengen, er kann auch darauf verzichten. In der Glossierung wird der Unterschied nicht ausdrücklich thematisiert[1196]. Die Formulierungen deuten in

1196 Der Gedanke, dass das Recht zur Enterbung nach dem Rechtsdenken des Glossators im sächsischen Recht keine Ausnahme vom Pflichtteilsrecht zur Folge hätte, sondern eine Ausnahme von den Übertragungsvoraussetzungen von Ldr. I 52 darstellen würde, wird in der Glosse schon gar nicht erörtert.

verschiedene Richtungen. Während die Formulierungen in den ersten beiden relativ sicher von Johann von Buch stammenden Stellen auf ein Recht zur Enterbung hindeuten[1197], lassen die letzte von diesen sowie die beiden Glossen zu Ldr. III 84 eher an einen Erbrechtsverlust ipso iure denken[1198].

1197 Vgl. die Wendungen *sake, dor de de vader sin gud nicht darff eruen vp sin kint* in BG I 17 § 1 *Wente jd ne geit nicht vte dem bosmen*, S. 224 sowie *dar vmme sint de nyen rechte gesat, dat de vader dat kint mach eruelos maken* in BG I 3 § 3 *De paues en mach doch*, S. 160.

1198 Vgl. die Wendungen *don ze des nicht, se werden da eruelos mede vnde anrochtich* in BG I 53 § 2 *Spreket en man gud an*, S. 383; *dar dy kinder erflosz vmme werden eres vader erue* in BG III 84 § 3 *Dodet ein man synen vader*, S. 1502 und *Sus worde ock ein erflos* in BG III 84 § 1 *We deme anderen*, S. 1499.

C. Ehegüterrecht im Todesfall und Sondermassen

Im dritten Teil der Arbeit soll auf die unterschiedlichen Vermögensmassen eingegangen werden, in die das Vermögen eines*einer Verstorbenen zerfällt, und die nach unterschiedlichen Gesichtspunkten an möglicherweise unterschiedliche Personenkreise fallen. Diese Gesichtspunkte, unter denen bestimmte Personen Teile aus dem Vermögen des*der Verstorbenen erhalten, müssen nach heutiger Rechtsdogmatik nicht unbedingt erbrechtlicher Natur sein. Angesprochen sind damit insbesondere die ehegüterrechtlichen Regelungen für den Fall, dass eine*r der Verheirateten verstirbt. Dennoch sind auch diese Regelungen insofern mit dem Erbrecht verbunden, als sie die Situation nach dem Tod eines Menschen betreffen. Weitere besondere Vermögensmassen in den hier untersuchten Rechtsordnungen sind demgegenüber (auch) nach heutiger Dogmatik wohl erbrechtlich zu qualifizieren. So kennt der Sachsenspiegel mit den sogenannten Sondermassen Gerade und Heergewäte Vermögenswerte, die getrennt vom zentralen *erve* vererbt werden. Dagegen geht das römische Recht von der Universalsukzession aus, neben der *hereditas* bestehen also keine besonders vererbten Teile des Nachlasses[1199].

Die Einbeziehung dieses Themenkomplexes erscheint, trotz der nach heutiger Sicht teilweise über das Erbrecht hinausgehenden Fragestellungen, im Rahmen der vorliegenden Arbeit deswegen geboten, weil er sich strukturell in mehreren Punkten von den bisher untersuchten Themenkomplexen unterscheidet. Anders als die Erbfolgeordnung und die Frage nach der Möglichkeit einer gewillkürten Erbfolge ist das Ehegüterrecht (von Todes wegen) durch eine Vielzahl unterschiedlicher, aber eng miteinander verknüpfter Rechtsinstitute gekennzeichnet, wobei es für die Institute des Sachsenspiegels nicht notwendigerweise Entsprechungen im römischen Rechts geben muss – und umgekehrt. Zudem ist in diesen Fragen die Sachsenspiegelregelung sehr viel ausführlicher und aussagekräftiger als in den bisher thematisierten Rechtsfragen. Damit ist eine weitgehende Auslegung des Sachsenspiegeltextes im Sinne des gelehrten Rechtes, wie sie Johann von Buch bei der Erbfolgeordnung und in Grenzen auch bei der gewillkürten Erbfolge vorgenommen hat, sehr viel weniger naheliegend. Eine Analyse des Umgangs Johanns von Buch mit dem Ehegüterrecht im Todesfall und den sogenannten Sondermassen des Sachsenspiegels kann den Erkenntnisgewinn der Arbeit also erheblich erweitern.

1199 Als Ausnahme können hier allenfalls die bei testamentarischer Erbfolge möglichen Vindikationslegate gesehen werden. Bei diesen erwirbt die Vermächtnisnehmer/in nicht allein einen schuldrechtlichen Anspruch gegen die Erb/in, sondern ist mit dem Erbfall dinglich an dem Vermächtnis berechtigt, KASER, Privatrecht I S. 743.

I. Das Ehegüterrecht im Todesfall nach römischem und nach gelehrtem Recht

An den Beginn der Untersuchungen ist wiederum ein kurzer Überblick über die Situation im antiken römischen und im gelehrten Recht zu stellen. In den Blick genommen werden soll zunächst das antike Ehegüterrecht, allerdings vorrangig in Bezug auf die jeweiligen Regelungen für den Tod einer Ehegatt/in.

1. Grundsätze des Ehegüterrechts

In der romanistischen Handbuchliteratur wird die Darstellung zum Ehegüterrecht allgemein mit dem Grundsatz eingeleitet, dass die Eheschließung seit dem Außergebrauchkommen der *manus*-Ehe in der späten Republik zunächst keine unmittelbaren vermögensrechtlichen Folgen gezeitigt, nach heutiger rechtlicher Einordnung also reine Gütertrennung bestanden habe[1200]. Diese Feststellung bezieht sich insbesondere auf die Tatsache, dass nach römischem Recht allein durch die Eheschließung keine vermögensrechtlichen Folgen begründet werden, also keine unmittelbare (Mit-)Berechtigung am derzeitigen oder künftigen Vermögen des/der jeweils anderen Ehepartner/in entsteht[1201].

Diesem Grundsatz entspricht auch das sogenannte „Schenkungsverbot unter Ehegatten"[1202]. Der von den römischen Juristen erstmals unter Augustus erwähnte, aber bereits auf altes Herkommen zurückgeführte Rechtssatz erklärt Schenkungen[1203] unter Eheleuten wie auch allen Angehörigen ihrer beiden Hausverbände für nichtig[1204]. Sein Zweck wird von den zeitgenössischen Jurist*innen darin gesehen, dass die Eheleute von gefühlsgeleiteten und unwirtschaftlichen Verfügungen abgehalten werden sollen, insbesondere der oder die eine Ehegatt/in nicht den Verbleib des/der

---

1200 Jolowicz, Roman Law S. 246; Kaser, Privatrecht I S. 80, 32; Honsell in: Honsell/Mayer-Maly/Selb, Römisches Recht S. 402.

1201 Honsell in: Honsell/Mayer-Maly/Selb, Römisches Recht S. 402 f. betont zudem, dass nach klassischem Recht weder ein rechtlicher Anspruch des Mannes auf die Verwaltung des Frauengutes besteht, noch eine rechtliche Unterhaltspflicht. Ein Erbrecht haben Ehegatte und Ehegattin erst nach allen anderen Verwandten.

1202 Kaser, Privatrecht I S. 331; Honsell in: Honsell/Mayer-Maly/Selb, Römisches Recht S. 402.

1203 Klassiker erkennen hiervon Ausnahmen an, zulässig sind demnach Schenkungen für den Unterhalt, aus anderen sittlichen Pflichten und Schenkungen von Todes wegen, für den Fall der Scheidung oder für den Fall der sonstigen Eheauflösung, Kaser, Privatrecht I S. 332.

1204 Kaser, Privatrecht I S. 331; Honsell in: Honsell/Mayer-Maly/Selb, Römisches Recht S. 347 f.

anderen in der Ehe erkaufen soll[1205]. Das Schenkungsverbot besteht, obwohl zunehmend unbeliebt und eingeschränkt, im justinianischen Recht fort[1206].

Entgegen diesen grundsätzlichen Ausführungen wird in der Literatur jedoch auch betont, dass eine strikte Trennung der Vermögensmassen kaum den praktischen Gepflogenheiten entsprochen habe, indem die Frau ihr Vermögen regelmäßig dem Mann zur Verwaltung übertragen und der Mann der Frau Unterhalt im gemeinsamen Haushalt gewährt habe[1207], letzteres aufgrund einer jedenfalls sittlichen Pflicht[1208]. Der Grundsatz der Vermögenstrennung wird zudem durchbrochen durch ein – in jüngerer Zeit zwei – ehegüterrechtliche Rechtsinstitute vertraglicher Natur, aufgrund derer die Vermögensinteressen der Eheleute eng miteinander verknüpft sind: die *dos* und später auch die *donatio propter nuptias*[1209].

2. Die *dos*

Das wichtigste ehegüterrechtliche Institut des klassischen römischen Rechtes ist die *dos*, die Mitgift, eine Gabe der Familie der Frau an den Ehemann. Den Zweck der *dos* sieht die Literatur darin, die Vermögenslage des Mannes zu verbessern, als Beitrag der Frau zu den ehelichen Lasten zu dienen, die Ehe durch beiderseitige Vermögensinteressen zu stabilisieren und schließlich der Versorgung der Frau nach dem Ende der Ehe durch Scheidung wie auch den Tod des Mannes zu dienen[1210]. Sie umfasst seit altrömischer Zeit jedenfalls bei wohlhabenderen Familien Grundstücke, Geld und andere Vermögenswerte[1211]. In klassischer Zeit sind auch nichtkörperliche Sachen Gegenstand der *dos*, etwa Nießbrauchsrechte, Forderungen gegen Dritte oder der

1205 Dig. 24, 1, 1–3 pr.; JOLOWICZ, Roman Law S. 244, insbesondere Anm. 8; KASER, Privatrecht I S. 331. Letztgenannter sieht den Zweck zudem darin, die Vermögensmassen beider Familien klar auseinander zu halten.

1206 KASER, Privatrecht II S. 172; HONSELL in: HONSELL/MAYER-MALY/SELB, Römisches Recht S. 347 f.

1207 KASER, Privatrecht I S. 329 f.; HONSELL in: HONSELL/MAYER-MALY/SELB, Römisches Recht S. 403 spricht dies lediglich als Möglichkeit an und verneint einen Unterhaltsanspruch der Frau ausdrücklich.

1208 KASER, Privatrecht I S. 332; HONSELL in: HONSELL/MAYER-MALY/SELB, Römisches Recht S. 403 verneint einen Unterhaltsanspruch der Frau, ohne auf das Bestehen einer sittlichen Verpflichtung einzugehen.

1209 KASER, Privatrecht I S. 330; HONSELL in: HONSELL/MAYER-MALY/SELB, Römisches Recht S. 403.

1210 KASER, Privatrecht I S. 330; WACKE, TRG 43 (1975) S. 241, 246; KNÜTEL, Zum pactum de lucranda S. 48. Für das altrömische Recht nennt KASER, ebenda S. 80 f. den Beitrag zu den ehelichen Lasten und die Versorgung der Frau nach Eheende; HONSELL in: HONSELL/MAYER-MALY/SELB, Römisches Recht S. 403 dagegen einen Ausgleich der *uxor in manu* für den Verlust des Erbrechtes in der elterlichen Familie.

1211 KASER, Privatrecht I S. 80.

Erlass von Verbindlichkeiten[1212]. Untersuchungen zu der senatorischen Oberschicht für die Zeit des Prinzipats zeigen, dass die *dos* hier regelmäßig dem Jahreseinkommen einer Familie entsprach[1213].

Die *dos* wird durch ihre Bestellung im klassischen Recht Eigentum des Mannes – wobei sie allerdings aufgrund ihrer Zweckbestimmung als Absicherung der Frau in wirtschaftlicher Hinsicht durchaus als Frauengut gilt[1214]. Inwieweit sie nach Beendigung der Ehe im Scheidungsfall einerseits und im Fall des Versterbens einer Ehepartner/in andererseits herauszugeben ist, richtet sich nach den Umständen ihrer Bestellung. Das römische Recht unterscheidet insoweit zwischen der vom *pater familias*[1215] bestellten Mitgift, der *dos profecticia*, der von einem/einer Hausfremden oder der Frau selbst bestellten gewöhnlichen Mitgift, der *dos adventicia*, und der von einem/einer Hausfremden oder der Frau selbst mit Rückgewährsabrede bestellten Mitgift, der *dos recepticia*[1216]. Außerdem wird die geschätzte *dos*, die *dos aestimata*, von der *dos inaestimata* unterschieden. Bei der *dos aestimata* wird für den Fall der Rückgabe die Herausgabe des Schätzwertes bzw. wahlweise der Dotalgegenstände oder des Schätzwertes vereinbart, sodass der Mann außer der unabdingbar bei jeder *dos* bestehenden Haftung für *dolus* und *culpa* sowie der Gefahrtragung bezüglich des Untergangs vertretbarer Sachen auch die Gefahr für den Untergang unvertretbare Dotalsachen trägt[1217]. Zur Sicherung der *dos* verbietet nach Gaius die *lex Iulia de fundo dotali* – gemeint ist wohl die *lex Iulia de adulteriis* von 18 v. Chr.[1218] – dem Ehemann die Veräußerung von italischen Dotalgrundstücken ohne Zustimmung seiner Frau, die Zulässigkeit einer Veräußerung von Provinzialgrundstücken bleibt umstritten[1219].

Stirbt der Ehemann während bestehender Ehe, ist die *dos* seit altrömischer Zeit von seinen Erb/innen der Ehefrau herauszugeben[1220]. Hat der Ehemann seiner

---

1212 Kaser, Privatrecht I S. 335; Honsell in: Honsell/Mayer-Maly/Selb, Römisches Recht S. 405.

1213 Saller, Classical Quarterly 34, 1 (1984) S. 201 f. Jedenfalls seit dem Prinzipat ist die Bestellung einer Mitgift jedoch nicht auf die wohlhabenden Schichten beschränkt, Stagl, favor dotis S. 10.

1214 Kaser, Privatrecht I S. 333 f.; Honsell in: Honsell/Mayer-Maly/Selb, Römisches Recht S. 404.

1215 Wenn die Braut gewaltfrei ist, gilt auch jedenfalls die von einem männlichen agnatischen Vorfahren der Frau bestellte Mitgift als *dos profecticia*.

1216 Kaser, Privatrecht I S. 334 f.; Honsell in: Honsell/Mayer-Maly/Selb, Römisches Recht S. 403 f.; Stagl, favor dotis S. 12 f.

1217 Kaser, Privatrecht I S. 340; Stagl, favor dotis S. 16 f. Zu den Untergruppen der *dos aestimata* Wacke, TRG 43 (1975) S. 250–252, zum Umfang der Gefahrtragung Wacke, ebenda S. 252–256.

1218 Kaser, Privatrecht I S. 334.

1219 Gai 2, 63, Manthe, Institutionen S. 132 f.; Dig. 23, 5, 4; Kaser, Privatrecht I S. 334; Honsell in: Honsell/Mayer-Maly/Selb, Römisches Recht S. 404.

1220 Vgl. Dig. 24, 3, 66; Dig. 24, 3, 44; Kaser, Privatrecht I S. 339; Honsell in: Honsell/Mayer-Maly/Selb, Römisches Recht S. 408.

Ehefrau testamentarisch ein Vermächtnis oder einen Erbteil zur Abgeltung der *dos* zugewandt, hat die Ehefrau nach prätorischem Recht – aufgrund des *edictum de alterutro* – ein Wahlrecht zwischen der Herausgabe der *dos* und der testamentarischen Zuwendung, sie kann aber nicht beides beanspruchen[1221].

Stirbt dagegen die Ehefrau bei bestehender Ehe, verbleibt die *dos* grundsätzlich dem Mann[1222]. Etwas anderes gilt bei der *dos recepticia,* da deren Rückgewähr bei der Bestellung für den Fall des Vorversterbens der Frau vertraglich ausbedungen ist[1223]. Etwas anderes gilt auch bei der *dos profecticia*, jedoch nur dann, wenn der Besteller der *dos* beim Tod der Ehefrau noch lebt und die *dos* so selbst herausverlangen kann[1224]. Doch kann der Witwer in diesem Fall für jedes der Ehe entstammende Kind ein Fünftel der *dos* zurückbehalten[1225]. Andere Regelungen gelten bei der Scheidung[1226].

In nachklassischer Zeit, vor allem im justinianischen Recht, wird der Zweck der *dos* nunmehr primär darin gesehen, der Absicherung der Frau nach Beendigung der Ehe zu dienen[1227]. Zudem soll die *dos* auch den aus der Ehe hervorgegangenen Kindern zugute kommen[1228]. Die nachklassischen Kaiser[1229] und insbesondere Justinian – v. a. in Cod. 5, 13, 1 – gestalten das Recht der *dos* daher weitgehend um, um die Berechtigung der Frau und der gemeinsamen Kinder zu stärken.

So besteht für den Vater nunmehr nicht wie in klassischer Zeit eine bloße sittliche Pflicht, der Tochter eine Mitgift zu bestellen[1230]. Justinian verstärkt diese Verpflichtung zur Rechtspflicht[1231]. Außerdem schwächt er die Berechtigung des Ehemannes

1221 Vgl. Dig. 31, 53 pr.; Cod. 5, 13, 1, 3 Satz 2; Kaser, Privatrecht I S. 339; Honsell in: Honsell/Mayer-Maly/Selb, Römisches Recht S. 407.

1222 Kaser, Privatrecht I S. 339; Honsell in: Honsell/Mayer-Maly/Selb, Römisches Recht S. 407; Knütel, Zum pactum de lucranda S. 61.

1223 Vgl. Dig. 23, 3, 5, 9; Kaser, Privatrecht I S. 335; Honsell in: Honsell/Mayer-Maly/Selb, Römisches Recht S. 407.

1224 Vgl. Dig. 24, 3, 10; Kaser, Privatrecht I S. 339; Honsell in: Honsell/Mayer-Maly/Selb, Römisches Recht S. 407; Knütel, Zum pactum de lucranda S. 61 f.

1225 Daneben kann der Mann, wie auch bei der Scheidung, Retentionsrechte geltend machen, etwa wenn die Frau durch nichtige Eheschenkungen bereichert ist, wenn sie, etwa zur Absicherung ihrer *dos*, dem Mann Gegenstände entwendet hat, oder wenn der Mann notwendige oder nützliche Verwendungen für die *dos* gemacht hat, Kaser, Privatrecht I S. 339; Honsell in: Honsell/Mayer-Maly/Selb, Römisches Recht S. 407; Stagl, favor dotis S. 20 f.

1226 Dazu Kaser, Privatrecht I S. 338. Zur den Wirkungen der Scheidung *bona gratia* auf die *dos* und die *donatio propter nuptias* im justinianischen Recht unten S. 391 ff.

1227 Kaser, Privatrecht II S. 188, 185, 190; Honsell in: Honsell/Mayer-Maly/Selb, Römisches Recht S. 408.

1228 Kaser, Privatrecht II S. 185.

1229 Mitteis, Reichsrecht S. 230; Kaser, Privatrecht II S. 188–190.

1230 Kaser, Privatrecht I S. 335.

1231 Kaser, Privatrecht II S. 185.

an der *dos* zu einem bloßen formalen Eigentum ab, das praktisch einem bloßen Nießbrauch gleichkommt[1232]. Das Veräußerungsverbot in Bezug auf Dotalgrundstücke erweitert er in Cod. 5, 13, 1, 15 l. un. dahingehend, dass eine Veräußerung wie auch eine Verpfändung von italischen wie in der Provinz gelegenen Grundstücken nicht möglich ist, selbst dann nicht, wenn die Ehefrau zugestimmt haben sollte[1233]. Zusätzlich privilegiert Justinian die Frau auch beim Konkurs ihres Mannes, indem er ihr eine gesetzliche stillschweigende Generalhypothek am Vermögen ihres Mannes zuspricht, die allen anderen, auch älteren Pfandrechten vorgeht[1234].

Endet die Ehe mit dem Tod des Mannes, fällt die *dos* weiterhin an die Frau, um ihrer Versorgung als Witwe zu dienen. Justinian beseitigt für diesen Fall das *edictum de alterutro*, indem die Frau grundsätzlich sowohl testamentarische Zuwendung wie auch ihre *dos* erhält, wenn im Testament nicht ausdrücklich anderes angeordnet ist[1235]. Verstirbt die Frau bei bestehender Ehe und sind Kinder aus dieser Ehe vorhanden, fällt die *dos* nach Nov. 98, 1 in das Eigentum der Kinder; der überlebende Ehemann erhält allerdings den lebenslangen Nießbrauch[1236]. Sind keine Kinder vorhanden und ist der *pater familias* der Frau als Besteller einer *dos profecticia* noch am Leben, so fällt die *dos* an ihn zurück[1237]. Im Übrigen erhalten – abgesehen von den Fällen abweichender Vereinbarungen[1238] – die Erb/innen der Frau die Mitgift[1239]. Solche abweichenden Vereinbarungen, nach der die *dos* dem Ehemann nach dem Tod

1232 Vgl. Cod. 5, 12, 30 pr.; Kaser, Privatrecht II S. 186; Honsell in: Honsell/Mayer-Maly/Selb, Römisches Recht S. 408.

1233 Cod. 5, 13, 1, 15 l. un.; Kaser, Privatrecht II S. 188; Honsell in: Honsell/Mayer-Maly/Selb, Römisches Recht S. 409. Nov. 61, 1, 1–3 sieht gleiches für die *donatio ante nuptias* vor, unten S. 387, allerdings wird hier eine Genehmigung durch die Frau im Ergebnis anerkannt, wenn sie nach zwei Jahren wiederholt wird und zudem das Vermögen des Mannes eine ausreichende Sicherheit für die wertmäßige Herausgabe der *donatio propter nuptias* bietet. Indem Justinian in Nov. 61, 1, 3 a. E. die Novelle auch für die *dos* für anwendbar erklärt, mögen diese Einschränkungen damit auch auf die *dos* anwendbar sein, so Kaser, Privatrecht II S. 188.

1234 Cod. 5, 12, 30; Cod. 5, 13, 1, 1; Cod. 8, 18, 12, 1; Inst. 4, 6, 29. Vorrangig sind allein ältere Dotalansprüche, Nov. 91 pr.–1; Kaser, Privatrecht II S. 193; Honsell in: Honsell/Mayer-Maly/Selb, Römisches Recht S. 409.

1235 Cod. 5, 13, 1, 3; Kaser, Privatrecht II S. 192; Honsell in: Honsell/Mayer-Maly/Selb, Römisches Recht S. 409.

1236 Nov. 98, 1; Kaser, Privatrecht II S. 190.

1237 Vgl. Cod. 5, 13, 1, 13; Mitteis, Reichsrecht S. 254 Anm. 2; Kaser, Privatrecht II S. 190, insbesondere Anm. 22.

1238 Vereinbarungen zur Gestaltung von Bestellung und Rückgewähr der *dos* sind seit klassischer Zeit üblich, allerdings ist hier die Vertragsfreiheit stark eingeschränkt. Regelmäßig kann von den allgemeinen Regelungen zugunsten der Frau, nicht aber zu ihren Ungunsten abgewichen werden, Knütel, Zum pactum de lucranda S. 50.

1239 Cod. 5, 13, 1, 6; Mitteis, Reichsrecht S. 254; Kaser, Privatrecht II S. 190.

der Frau ganz oder teilweise verbleiben soll, sind in der Praxis allerding verbreitet[1240] und werden als *pacta de lucranda dote* bezeichnet[1241].

3. Die *donatio propter nuptias*

Im justinianischen Recht tritt neben die *dos* die *donatio propter nuptias*. Der Ursprung dieses Rechtsinstituts liegt im Dunkeln und ist daher umstritten[1242]. „Unbekannt sind die Quellen, welchen dieser eigenthümliche Rechtsgebrauch entsprungen ist; unbekannt ist die Entwicklung, welche derselbe im römischen Rechtsbewusstsein bis zu dem Moment zurückgelegt haben mag, wo er uns zum ersten Mal unter seinem gegenwärtigen Namen als allbekannte Einrichtung entgegentritt"[1243] formuliert Ludwig Mitteis in seiner – auf Quellen außerhalb des Corpus Iuris gestützten – Untersuchung zur Geschichte der *donatio propter nuptias*. Fassbar wird die *donatio propter nuptias* erst im nachklassischen, insbesondere im justinianischen Recht. Hier stellt sie sich als Spiegelbild zur *dos* dar, eine Gabe des Mannes an die Frau, die den gleichen Zwecken dient[1244] und bald weitgehend den für die *dos* geltenden Regelungen unterstellt wird[1245]. Wie die *dos* steht auch die *donatio propter nuptias* bis zum Eheende regelmäßig unter der Verwaltung des Ehemannes[1246].

Im vorjustinianischen Kaiserrecht muss die Bestellung der *donatio* wegen des Schenkungsverbots unter Eheleuten vor der Ehe vorgenommen werden, das im Einzelnen noch wenig ausgebildete Institut heißt in dieser Zeit *donatio ante nuptias*[1247]. Alternative Bezeichnungen lauten *largitas sponsalicia* oder *donatio sponsalicia*[1248]. Stirbt die Frau bei bestehender Ehe, ist die Schenkung zurückzugeben. Sind jedoch Kinder vorhanden, erwerben diese das Eigentum, der Witwer erhält lediglich ein Nutzungsrecht[1249]. Endet die Ehe dagegen mit dem Tod des Mannes, verbleibt die

---

1240 V. Tigerström, Dotalrecht II S. 444 f.; Kaser, Privatrecht II S. 189 Anm. 4; Knütel, Zum pactum de lucranda S. 76 f.

1241 Kaser, Privatrecht II S. 197 Anm. 34, S. 476 Anm. 12.

1242 Kaser, Privatrecht II S. 194. Zum Streitstand Mitteis, Reichsrecht S. 257–264.

1243 Mitteis, Reichsrecht S. 256. Gemeint ist eine Konstitution von Valentinian II., Theodosius I. und Arcadius in Cod. 5, 5, 4, Mitteis, ebenda S. 256 Anm. 2.

1244 Wie die *dos* zielt sie auf die Bestreitung des Unterhalts, die Stabilisierung der Ehe und die Versorgung der Ehefrau nach Eheende ab, außerdem – was bei ihr stärker im Vordergrund steht – die Versorgung gemeinsamer Kinder nach der Ehe.

1245 Schott, Donatio propter nuptias S. 4, 25; Mitteis, Reichsrecht S. 258; Kaser, Privatrecht II S. 197–199.

1246 Bei der Verarmung des Mannes kann die Ehefrau die *donatio propter nuptias* wie die *dos* herausverlangen, muss die Erträge dann aber zum gemeinsamen Unterhalt verwenden, Kaser, Privatrecht II S. 201.

1247 Inst. 2, 7, 3; Kaser, Privatrecht II S. 193.

1248 Kaser, Privatrecht II S. 193.

1249 Bei der gewaltunterworfenen Ehefrau fällt die *donatio propter nuptias* dagegen wohl grundsätzlich an ihren *pater familias*, sind gemeinsame Kinder vorhanden, erhält der *pater familias* lediglich den Nießbrauch, Cod. 6, 61, 3; Kaser, Römisches Privatrecht II S. 196.

donatio ante nuptias zunächst der Frau. Verheiratet diese sich aber ein weiteres Mal, fällt die *donatio ante nuptias* an die gemeinsamen Kinder aus der vorangegangenen Ehe[1250].

Justinian verbessert auch bei der *donatio ante nuptias* die Rechtsstellung der Ehefrau und der gemeinsamen Kinder[1251]. Wie der Vater einer Frau zur Bestellung einer *dos*, so ist nun auch der Bräutigam zur Bestellung einer *donatio ante nuptias* rechtlich verpflichtet[1252]. Die Höhe der *donatio propter nuptias* muss dabei nach Nov. 97 pr.–2 der Höhe der *dos* entsprechen[1253]. Außerdem nimmt Justinian die *donatio ante nuptias* vom Verbot der Schenkung unter Eheleuten aus und benennt sie aus diesem Grunde – da sie nunmehr auch während bestehender Ehe bestellt werden kann – in *donatio propter nuptias* um[1254]. Die der Sicherung der *dos* dienenden Regelungen, insbesondere das Veräußerungs- und Verpfändungsverbot und die stillschweigende Generalhypothek, erstreckt Justinian in Nov. 61 auch auf die *donatio propter nuptias*[1255]. Bei der Generalhypothek genießt die Ehefrau allerdings abweichend von der Regelung bei der *dos* kein Rangprivileg[1256].

Beim Tod der Ehefrau fällt die *donatio propter nuptias* weiterhin an die gemeinsamen Kinder[1257]. Bei kinderloser Ehe verbleibt sie wohl weiterhin dem Ehemann[1258]. Stirbt dagegen der Mann bei bestehender Ehe, stärkt Justinian durch eine Novelle die Stellung der Kinder. Nach Nov. 98, 1 erhält die Witwe unabhängig von einer erneuten Heirat lediglich den Nießbrauch an der *donatio propter nuptias*, das Eigentum geht auf die gemeinsamen Kinder über[1259]. Bei einer kinderlosen Ehe erwirbt die Witwe dagegen selbst Eigentum an der *donatio propter nuptias*[1260].

1250 Die Witwe hat dabei ein Wahlrecht, welchem ihrer Kinder die *donatio ante nuptias* zufallen soll, dieses beseitigt Justinian später, vgl. Cod. 5, 9, 3; Nov. 22, 25; Kaser, Privatrecht II S. 196f.

1251 Kaser, Privatrecht II S. 198, 199f.

1252 Vgl. Cod. 5, 11, 7; Kaser, Privatrecht II S. 199.

1253 Kaser, Privatrecht II S. 199, insbesondere Anm. 54.

1254 Inst. 2, 7, 3; Kaser, Privatrecht II S. 198f.

1255 Nov. 61; Kaser, Privatrecht II S. 201.

1256 Vgl. Cod. 8, 17, 12, 8; Nov. 109, 1; Kaser, Privatrecht II S. 201 Anm. 70.

1257 Cod. 6, 61, 3; Kaser, Privatrecht II S. 198.

1258 Kaser, Privatrecht II S. 198 Anm. 56.

1259 Kaser, Privatrecht II S. 199f. Nov. 127, 3 ändert diese Regelung ab, indem die Ehefrau daneben das Eigentum in Höhe eines Kindsteils erhält.

1260 Dies gilt jedenfalls kraft der regelmäßigen vertraglichen Abrede, möglicherweise aber auch stillschweigend, Kaser, Römisches Privatrecht II S. 198.

4. Weitere ehegüterrechtliche Rechtsinstitute

Weitere ehegüterrechtliche Institute sind demgegenüber von untergeordneter Bedeutung. Zu nennen sind hier etwa die *parapherna* des justinianischen Rechts, eine weitere Vermögensmasse, die von der Frau in die Ehe eingebrachtes Gut enthält[1261]. Der Begriff bezieht sich in einer weiteren Bedeutung auf alles Frauengut, das nicht in die *dos* zählt, in einer engeren Bedeutung auf persönliche Ausstattungsstücke wie Kleider und Schmuck und auf Hausratsgegenstände[1262]. Sie bleiben im Eigentum der Frau, werden allerdings vom Mann verwaltet.

Erwähnenswert, wenn auch der Ehe vorgelagert, sind zudem die Verlobungsgeschenke. Auch sie finden eine rechtliche Regelung erst im nachklassischen Recht[1263]. Um dem frei löslichen Verlöbnis eine gewisse Verbindlichkeit zu verleihen, werden die *arrae sponsaliciae* verwendet. Sie gehen auf außerrömische Rechtstraditionen zurück und finden sich ab dem 4. Jahrhundert in verschiedenen Kaiserkonstitutionen[1264] Erwähnung. Es handelt sich bei ihnen um Geschenke des Bräutigams an die Braut, deren Schicksal mit dem Zustandekommen der Ehe verknüpft ist. Wird die Ehe vereinbarungsgemäß geschlossen, verbleiben die Geschenke bei der Braut. Kommt die Ehe nicht zustande, kann der Schenker die *arra sponsalicia* grundsätzlich nicht herausverlangen, wenn die Auflösung des Verlöbnisses durch ihn erfolgt[1265]. Dagegen hat die Braut die *arra sponsalicia* doppelt herauszugeben, wenn sie oder ihr *pater familias* das Nichtzustandekommen der Ehe zu verantworten hat[1266].

5. Erbrecht unter Ehegatten

Das Erbrecht des Witwers bzw. der Witwe ist im Zusammenhang mit der Erbfolge bereits angesprochen worden. Nach Ius Civile beerben sich die Ehegatte und Ehegattin grundsätzlich nicht. Wenn die Frau allerdings in die *manus*-Gewalt ihres Ehemannes oder dessen Gewalthaber übergegangen ist, so steht sie auch erbrechtlich *filiae loco*[1267]. Nach prätorischem Recht dagegen erlangen Ehefrau und Ehemann

1261 Vgl. etwa Dig. 23, 3, 9, 3.

1262 Gerner, Recht der Parapherna S. 56–58; Kaser, Privatrecht II S. 201.

1263 Kaser, Privatrecht II S. 195.

1264 Kaser, Privatrecht II S. 160 f.

1265 Eine geschlechtsunabhängige Regelung enthält, allerdings ohne den Begriff der *arra sponsalicia* zu erwähnen, Cod. 5, 3, 15, vgl. dazu unten Anm. 1510. Spätere Regelungen sehen vor, dass die *arra sponsalicia* zurückzugeben ist, wenn ein Ehehindernis oder ein wichtiger Grund für die Auflösung des Verlöbnisses besteht, Cod. 5, 1, 5, 2 ff.; Cod. 1, 3, 54, 2 ff.

1266 Nach Cod. 5, 1, 3 ist das Vierfache herauszugeben; ist die Braut jünger als 10 Jahre und beim Tod der Braut jedoch lediglich das Einfache. Leo I. setzt die Rückgabepflicht auf das Doppelte herab; ist die Braut minderjährig, oder hat sie allein oder durch Vormünder oder sonstige Dritte die *arra* entgegengenommen, auf das Einfache, Cod. 5, 1, 5 pr.–1; Kaser, Privatrecht II S. 161, 195.

1267 Oben Anm. 187, Kaser, Privatrecht I S. 330.

beim Tod ihres/ihrer aktuellen Ehegatt/in den Nachlassbesitz, allerdings erst in der vierten Klasse ***unde vir et uxor***[1268]. In der Neuregelung der Erbfolge durch Justinian in Nov. 118 ist ein Erbrecht der Ehegatt/in nicht vorgesehen[1269]. Die Forschung geht insoweit allerdings überwiegend davon aus, dass die Novelle sich allein auf das Verwandtenerbrecht beziehe und das Erbrecht der Ehegatt/in bei einem Fehlen von Verwandten unberührt lasse[1270].

Einzugehen ist allerdings noch auf ein besonderes Rechtsinstitut des justinianischen Rechtes, in dem sich Ehegüterrecht und Erbrecht vermischen: die sogenannten Quart der armen Witwe. Mit Nov. 53, 6 aus dem Jahre 537 erhält die Witwe, die weder eine *dos* eingebracht noch eine *donatio propter nuptias* erhalten hat und selbst über keine ausreichenden Vermögenswerte verfügt, ein Erbrecht nach ihrem Mann[1271]. Wie eine Frau, die keine *dos* erhalten habe, nach einem früheren Gesetz – gemeint ist Nov. 22, 18[1272] – ein Viertel des Vermögens ihres Ehemannes erhalte, wenn dieser sie verstoße, so solle auch eine Frau, die weder durch eine *dos* noch eine *donatio propter nuptias* abgesichert sei, unabhängig von der Anzahl der Kinder ein Viertel der Erbschaft[1273] erhalten[1274].

6. Verständnis des gelehrten Rechts

Das gelehrte Recht übernimmt ausgehend vom Grundsatz der Gütertrennung den justinianischen Dualismus zwischen der *dos* und der *donatio propter nuptias*. Dabei ist den Jurist*innen des gelehrten Rechts durchaus bewusst, dass die *donatio propter nuptias* nach der *dos* eingeführt wurde und die Geschichte beider Rechtsinstitute eine gewisse Entwicklung durchlaufen hat[1275]. So wird in vielen Glossen betont, dass die

1268 Oben S. 52.

1269 Oben S. 54 ff.

1270 Oben Anm. 201.

1271 Kaser, Privatrecht II S. 507; Honsell in: Honsell/Mayer-Maly/Selb, Römisches Recht S. 446 Anm. 3.

1272 Freiesleben in: Otto/Schilling/Sintenis, Corpus Iuris Civilis VII S. 298.

1273 Nov. 117, 5 beschränkt dies später auf 100 Aurei und spricht der Frau überdies lediglich einen Kindsteil zu, wenn der Mann mehr als drei Kinder hinterlassen hat, Kaser, Privatrecht II S. 507 Anm. 75.

1274 Die Novelle sieht ausdrücklich vor, dass diese Regel auch umgekehrt für Männer gelten solle, dies hebt Nov. 117, 5 a. E. auf, Kaser, Privatrecht II S. 507 Anm. 75.

1275 Vgl. etwa AG Inst. 2, 7, 3 *Est & aliud CASUS: Domine, iam vidi de donat. simplici, quae appellatur do. inter viuos. nunquid est aliquod aliud genus don. inter viuos? Ad hoc respon. quod sic. Est enim quoddam aliud genus donationum, quod veteribus iurisconsultis penitus erat incognitum, sed postea a iunioribus principibus fuit introductum, & secundum eos donatio ante nuptias appellabatur, & in se habebat tacitam conditionem, vt videlicet tunc rata esset haec donatio, & effectum haberet, cum matrimonium esset subsecutum. Sed domine, quare appellabatur ante nup. Respon. quod ideo quia semper ante nup. fiebat, licet effectum non haberet nisi nuptiis subsecutis, & nunquam post nup. celebratas talis donatio potuit inchoari. sed postea diuus*

donatio propter nuptias abweichend von der älteren Rechtslage nunmehr auch nach der Eheschließung bestellt werden könne[1276] und dass sich *dos* und *donatio propter nuptias* nunmehr in der Höhe wie auch in den jeweils geschlossenen *pacta de lucranda* entsprechen sollten[1277].

Mitteis geht dagegen in seinem Aufsatz zur Geschichte der *donatio propter nuptias* in Anschluss an Hermann Schott davon aus, dass das gelehrte Recht die *donatio propter nuptias* fälschlicherweise für ein bloßes Sicherungsmittel bezüglich der *dos* gehalten habe[1278]. Dem ist jedoch nicht zuzustimmen. Zwar findet sich in der Accursischen Glosse durchaus die Aussage, die *donatio propter nuptias* sei ein Sicherungsmittel für die *dos*[1279]. Diese Aussage ist jedoch jeweils auf den Fall der Schei-

---

Iustinus pater meus huiusmodi obseruationem semiplene correxit. Nam cum permissum fuerat dotes constante matrimonio posse augeri, permisit in constitutione sua huiusmodi don. ante nup. & post nup. celebratas ad similitudinem dotium posse augeri. sed tamen nomen inconueniens penitus remanebat. (...) in nostra constitutione statuimus, vt huiusmodi dona. non solum post celebratas nup. augmentum suscipiant, sed etiam initium suscipere possint. & in hoc dotibus parificantur: vt quemadmodum dotes constante matrimo. non solum augeri, sed etiam de nouo fieri possunt, ita huiusmodi dona. quae propter nup. introductae sunt, non solum constante matrimo. contracto augeri, sed etiam de nouo constitui possunt. & haec dicuntur vsque ad illum § erat olim [= Inst. 2, 7, 4], Lyon 1558–1560, VP, Inst. Sp. 149.

1276 Vgl. etwa AG Inst. 2, 7, 3 *Est & aliud CASUS*, oben Anm. 1275.

1277 Vgl. etwa AG Inst. 2, 7, 3 *Exaequentur* Satz 3 f.: *Si ante matrimonium, poterat esse inaequalitas: vt C. de pac. con. l. ex morte. in princ.* [= Cod. 5, 14, 9 pr.] *Sed hodie aequalitas est ante, & post in constituendo, & in pactis lucrorum: vt quantum dat vxor in dotem, tantum det in donationem propter nuptias maritus*, Lyon 1558–1560, VP, Inst. Sp. 150. – AG Cod. 5, 3, 20 *Quantitatem non excedant*: *immo videtur posse excedere: vt infra de pac. do. l. ex morte.* [= Cod. 5, 14, 9] *quam & confirmat infra ea. l. § ita tamen, &c.* [= Cod. 5, 3, 20, 7] *Sol. vbi a principio constituuntur dos & donatio, possunt inaequaliter constitui: vt ibi* [= Cod. 5, 14, 9; Cod. 5, 3, 20, 7]. *vbi ex postfacto constituitur alterum secus: vt hic* [= Cod. 5, 3, 20]. *Sed hodie semper aequaliter: vt in authent. aequalitas.* [= Nov. 97] *quae est super l. contrariam*, Lyon 1558–1560, Cod. Sp. 796.

1278 Schott, Donatio propter nuptias S. 5; Mitteis, Reichsrecht S. 256 f., insbesondere Anm. 3. Beide verweisen hierzu pauschal auf die Glossen zu Inst. 2, 7, 3; Cod. 5, 3 und Nov. 119, außerdem auf eine Stelle aus den Scholien zu Harmenopoulos. Die Ansicht sei mit Ausnahme der großen französischen Juristen allgemein anerkannt gewesen. Die Nachweise Schotts hierzu beziehen sich allerdings erst auf Juristen ab dem 16. Jahrhundert, Mitteis verweist lediglich auf Schott.

1279 Entsprechende Ausführungen enthält eine Glosse zu dem nach Cod. 5, 3, 20 eingefügten Ausschnitt aus Nov. 91, 2: AG Cod. 5, 3, 20 Ausschnitt Nov. 91, 2 *Meretur*: *Id est, debebit eam mulier lucrari soluto matrimonio: (...) & sicut dos ad mulierem soluto matrimonio redit, nisi pactum sit de lucrando. vt infra de rei vxo. act. § illo proculdubio* [= Cod. 5, 13, 1, 6]. *sic & donatio redit ad maritum: cum lex ista cum multae* [= Cod. 5, 3, 20], *dicat dotem & donationem propter nuptias aequis passibus ambulare. sed cur meretur vxor, cum ipsa non lucretur eam, nisi ex pacto speciali: vt d. § illo* [= Cod. 5, 13, 1, 6] *nec fructus habeat? Respon. vt securior sit in dote. nam res suas vir alienat consentiente vxore, ut supra ad Velleia. l. etiam*[= Cod. 4,

dung bezogen. Das gelehrte Recht nimmt – insoweit wohl abweichend vom antiken römischen Recht[1280] – an, dass bei einer Scheidung der an ihr schuldlose Ehemann die *donatio propter nuptias* zurückerhält[1281]. In diesen Fällen hat die *donatio propter nuptias* daher für das gelehrte Recht in der Tat lediglich die Funktion eines Sicherungsmittels. Anderes gilt aber, wenn die Ehe nicht durch Scheidung, sondern durch den Tod des Ehemannes beendet wird. In diesem Fall erhält die Ehefrau nach dem Novellenrecht die *donatio propter nuptias* heraus, sind Kinder vorhanden, erhält sie nach Nov. 98, 1 den Nießbrauch an der gesamten *donatio propter nuptias* und nach Nov. 127, 3 einen Kindsteil zu Eigentum. Diese Berechtigung der Frau an der *donatio propter nuptias* wird auch vom gelehrten Recht nicht in Frage gestellt, wobei es hinsichtlich der zuletzt genannten Konstellation der jüngeren Novelle folgt[1282].

Insgesamt bemüht sich das gelehrte Recht bei den Ehegeschenken um eine klare Abgrenzung zwischen den verschiedenen Schenkungen im Zusammenhang mit der Eheschließung, die in den Quellen aufgrund der geschichtlichen Entwicklung nicht immer gegeben ist. Das gelehrte Recht unterscheidet insoweit zwischen der *arra sponsalicia*, der *donatio propter nuptias* und sonstigen Geschenken unter Verlobten[1283]. Das grundsätzliche Schenkungsverbot unter Eheleuten wird dabei in der Accursischen Glosse als geltendes gemeines Recht anerkannt[1284].

29, 11], *quod non es in donatione vt in authen. ibi posita sive a me & c.* [= Nov. 61, 1], Lyon 1558–1560, Cod. Sp. 797 – AG Inst. 2, 7, 3 *Exaequentur* Satz 8: *Cum tantumdem reddatur vxori. ex qua donatione consulitur mulieri soluto matrimonio si res dotales non existant: & quia non potuit alienare maritus, etiam ea consentiente: vt infra titu. proximo. in princip.* [= Inst. 2, 8 pr.], Lyon 1558–1560, VP, Inst. Sp. 150.

1280 Kaser, Privatrecht II S. 200, insbesondere Anm. 62 geht dagegen davon aus, dass die Frau die *donatio propter nuptias* nur dann verliere, wenn die Ehe aufgrund ihres Verschuldens geschieden wird, nicht also bei der einverständlichen Scheidung oder der Scheidung *bona gratia*. Zu den Formen der Scheidung unten S. 391 ff.

1281 Vgl. etwa AG Cod. 5, 3, 20 Ausschnitt Nov. 91, 2 *Meretur*, oben Anm. 1279 – AG Inst. 2, 7, 3 *Exaequentur* Satz 11: *Et sicut dos vxori: sic & talis donatio iure redditur viro soluto matrimonio, cum sit aequalitas: vt in authen. de aequa. do. § j col. vij* [= Nov. 97, 1], Lyon 1558–1560, VP, Inst. Sp. 150.

1282 Vgl. AG Nov. 98, 1 *Siue etiam: sed hodie conceditur viro & vxori virilis portio secundum numerum liberorum: vt aliquid amplius sit ei, quae non nubit. quam ei quae nubit. & sic ista per aliam determinatur & corrigit: vt infra vt frat. filij § quia vero. col. ix* [= Nov. 127, 3] *quae est contra*, Lyon 1558–1560, VP, AC Sp. 334 f. – AG Nov. 127, 3 *Videatur: corrigitur ergo quod est supra neque virum. § praeterea.* [= Nov. 98, 1] *vbi non distinguebat*, Lyon 1558–1560, VP, AC Sp. 405.

1283 Hierzu unten S. 358 f.

1284 So ordnet die Accursische Glosse das Schenkungsverbot als Teil des Ius Civile ein, wenn es den ersten Satz von Dig. 24, 1, 1, S. 311: *Moribus apud nos receptum est, ne inter virum et uxorem donationes valerent* mit den Worten glossiert AG Dig. 24, 1, 1 *Moribus: id est, iure ciuili, quod moribus est receptum, vt institu. de iure natu. § non ineleganter* [= Inst. 1, 2, 10], Lyon 1558–1560, DV Sp. 1798. – Auch die übrige Glossierung deutet nicht darauf hin, dass das Schenkungsverbot als abgelegt betrachtet worden wäre. Es wird an verschiedenen Stellen der Glosse erwähnt, etwa verschiedentlich bei der Glossierung zu Cod. 5, 3, der sich v. a. mit

In Bezug auf das Erbrecht der Ehegatt/innen in der Klasse *unde vir et uxor* sieht das gelehrte Recht das prätorische Recht neben Nov. 118 anwendbar und anerkennt das nachrangige Erbrecht des Witwers und der Witwe damit als geltendes Recht an[1285]. Auch die Quart der armen Witwe übernimmt das gelehrte Recht[1286]. Bei einer testamentarischen Zuwendung an die Ehefrau geht es zwar von einer Abschaffung des *edictum de alterutro* durch Justinian aus, doch weist die Accursische Glosse auch ausdrücklich darauf hin, dass ein Wahlrecht weiterhin bestehe, wenn ein Ehemann die testamentarische Zuwendung ausdrücklich alternativ zur Rückforderung der *dos* ausgestaltet habe[1287].

Allerdings ist in Bezug auf das Ehegüterrecht allgemein zu bemerken, dass das Spätmittelalter hier – stärker als in anderen Bereichen –, zahlreiche abweichende lokale Regelungen kennt. Gerade der Güterstand der Gütertrennung wird in vielen lokalen Rechtsordnungen nicht übernommen[1288]. Auch die Einzelheiten bei den Ehe- und Verlobungsgeschenken sind häufig Gegenstand lokaler Gesetzgebung[1289].

Schenkungen unter Verlobten befasst, etwa AG Cod. 5, 3, 4 *Sine effectu*, Lyon 1558–1560, Cod. Sp. 788; AG Cod. 5, 3, 6 *Retrahi*, Lyon 1558–1560, Cod. Sp. 789; AG Cod. 5, 3, 19 *Interdictas esse*, Lyon 1558–1560, Cod. Sp. 793.

1285 So betont die Accursische Glosse, dass das ältere Recht durch Nov. 118 nur abgelegt sei, soweit es deren Regelung widerspreche, AG Nov. 118 pr. *Vacantibus: scilicet quae contra hanc legem facerent nec enim alias corrigit quae saluari possunt: vt supra qui. mo. na. effi. sui. §. tribus.* [= Nov. 89, 7] *Ac*, Lyon 1558–1560, VP, AC Sp. 375, vgl. oben Anm. 216, 217.

1286 So wird in der Glossierung zu Nov. 53, 6 zwar auf spätere Änderungen in Nov. 117, 5 wie den Ausschluss der Männer aus der Regelung, AG Nov. 53, 6 *Similiter autem in mulieribus*: *& hoc corrigitur infra vt lic. ma. & auiae § quia vero legem* [= Nov. 117, 5], Lyon 1558–1560, VP, AC Sp. 203, und die Berücksichtigung der Anzahl der Kinder, AG Nov. 53, 6 *Filii fuerint: hic aliter distinguitur: vt infra vt lic. ma. & auiae § quia vero legem coll. ix* [= Nov. 117, 5], Lyon 1558–1560, VP, AC Sp. 203, hingewiesen, nicht aber die Geltung der Regelung als solche in Frage gestellt.

1287 AG Dig. 31, 53 *Compensandi animo*: *alioquin vtrumque consequi posset sublato interdicto de alterutro: vt C. de rei vxo. act. § sciendum* [= Cod. 5, 13, 1, 3 Satz 2], Lyon 1558–1560, Infor. Sp. 816 – AG Cod. 5, 13, 1, 3 *Edictum: Quod non habemus: sed cauebatur in eo, vt si maritus vxori aliquid in vltima reliquerit voluntate esset contenta alterutro s. vel dote vel legato: quod in actione ex stipulatu non erat,* Lyon 1558–1560, Cod. Sp. 864.

1288 Coing, Europäisches Privatrecht I S. 239 f.

1289 Vgl. etwa zum Florentinischen Recht, Kirshner, Maritus lecretur S. 111–155; Witthoft, Artibus et Historiae 5 (1982) S. 43–59, auf das sich auch der von Lepsius verfasste Lehrbuch-Fall „Die Ehe, die Mitgift und der Tod“ zum gelehrten Recht in: Falk/Luminati/Schmoeckel, Fälle aus der Rechtsgeschichte S. 129–147 bezieht.

II. Ehegüterrecht im Todesfall und Sondermassen im Sachsenspiegel

In Ldr. I 22–24 beschreibt Eike von Repgow in einem drei Artikel umspannenden Abschnitt die Vorgänge nach dem Tod eines verheirateten Mannes:

Ldr. I 22 § 1, § 2 Satz 1 Hs. 1, § 3 Satz 1, § 4 Satz 1 Hs. 1, S. 179 f.

[§ 1] *Die erve mut wol varen to der wedewen in dat gut er deme drittegesten, durch dat he beware, dat des icht verloren werde, des an in gedrepe. Mit sime rade sal ok die vrowe bigraft unde drittegesten dun; anders ne sal he nene gewalt hebben an'me gude bit an den drittegesten.* [§ 2] *Van dem erve sal man aller irst gelden dem ingesinde ir verdenede lon,* (...). [§ 3] *Dar na mut de vrowe jegen den erven musdelen alle hovede spise, die na dem drittegesten overblift* (...). [§ 4] *So sal de vrowe to herwede irs mannes sverd geven, unde* (...).

Ldr. I 24 § 1 Hs. 1, § 3 Satz 1 Hs. 1, Satz 5, S. 182–184

[§ 1] *Na deme herwede sal dat wif nemen ire morgengave;* (...) [§ 3] *So nimt se allet dat to der rade hort, dat sin* (...). *Svat so boven dit benomde ding is, dat hort al to'me erve.*

Es beziehen sich diese Ausführungen nicht allein auf den Nachlass des verstorbenen Ehemannes. Beschrieben wird vielmehr, wie der eheliche Haushalt des verstorbenen Mannes und der überlebenden Ehefrau aufgelöst wird[1290]. Zunächst einmal besteht der gemeinsame Haushalt fort, während des noch heute im BGB[1291] vorgesehenen Dreißigsten[1292]. Die Aufteilung der Güter erfolgt erst dreißig Tage nach dem Tod des Mannes. Während dieser Zeit kann die Erb/in des Mannes – hier offensichtlich als eine bisher nicht im Haushalt lebende Person gedacht – zu der Witwe ziehen, um den Verlust von ihm/ihr zustehenden Gegenständen zu verhindern, aber auch, um sie bei der Ausrichtung der Beerdigung zu beraten. Er/sie hat jedoch zunächst keine weitergehenden Befugnisse an seinem/ihrem Erbe.

Nach den Ausführungen zum Dreißigsten wendet sich Eike von Repgow der Aufteilung des Haushaltes zu. Aufgezählt werden verschiedene Vermögensmassen, bei

1290 V. Martiz, Güterrecht des Sachsenspiegels S. 103; Schröder, Geschichte des ehelichen Güterrechts II, Abt. 3 S. 10; Heukamp, Gerade S. 33 ff.; Schulte-Beckhausen, Ehe- und Familienrecht S. 107. Anderer Ansicht Agricola, Gewere S. 214 f., 441 f. Anm. 2; Behre, Eigentumsverhältnisse S. 14, die in Ldr. I 22 ff. nur den Nachlass des Mannes aufgeteilt sehen. Dagegen sprechen aber insbesondere der (auch nach der Gegenmeinung) alle Geradegegenstände des Haushalts umfassende Geradekatalog und die Nennung der Morgengabe, Schulte-Beckhausen, ebenda S. 107 ff.

1291 Gemäß § 1969 BGB ist die Erb*in verpflichtet, Familienangehörigen der Erblasser*in, die im Zeitpunkt von dessen*deren Tod zu dessen*deren Hausstand gehört und von ihm*ihr Unterhalt bezogen haben, in den ersten 30 Tagen nach Eintritt des Erbfalls in demselben Umfang wie zuvor die Erblasser*in Unterhalt zu gewähren und die Benutzung der Wohnung und der Haushaltsgegenstände zu gestatten.

1292 Zur geschichtlichen Entwicklung des Dreißigsten und dem Dreißigsten des Sachsenspiegels Homeyer, Der Dreissigste, insbesondere S. 164 ff.

denen jeweils erläutert wird, was sie enthalten und – meistens – an wen sie herauszugeben sind[1293]. Dabei findet allerdings nur die im Haushalt vorhandene Fahrende Habe[1294] Erwähnung, nicht aber die Liegenschaften der Eheleute[1295].

Als erstes ist demnach dem Gesinde der Lohn auszuzahlen. Danach werden die übriggebliebenen Speisevorräte zwischen der Witwe und der Erb/in *musdelet.* Als drittes gibt die Witwe das Heergewäte heraus. Wer das Heergewäte erhält, wird an dieser Stelle nicht deutlich, es ergibt sich aber aus einem anderen Artikel[1296]: die Schwertmagen. Schließlich nimmt die Witwe ihre Morgengabe an sich und auch ihre Gerade und verlässt den ehemals gemeinsamen Wohnsitz. Alle übrigen Gegenstände verbleiben den Erb/innen des Mannes.

Anders wird dagegen beim Tod einer verheirateten Frau die Fahrende Habe aufgeteilt.

Ldr. I 31 § 1 Satz 2, S. 189

Stirft aver dat wif bi des mannes live, se ne erft nene varende have wenne rade, unde egen, of se dat hevet, in den nesten.

Ldr. III 38 § 3, S. 329

Musdele unde morgengave ne erft nen wif bi ires mannes live, sie ne hebbe[1297] *se untvangen na ires mannes dode.*

1293 Teilweise wird diese Aufzählung unterbrochen durch thematisch sich anschließende Fragestellungen wie solchen zur Entlohnung des Gesindes (Ldr. I 22 § 2), zum Beweisrecht und der Aufteilung beim Heergewäte (Ldr. I 22 §§ 4, 5) und der Vormundschaft über unmündige Erb/innen (Ldr. I 23).

1294 Ogris, Art. Fahrnis, Fahrhabe, in: HRG² I Sp. 1474 definiert die Fahrende Habe als „bewegliche Sachen, d. h. Sachen, die ohne Beeinträchtigung ihrer Substanz von einer Stelle zur anderen versetzt werden können (…). Das Gegenteil sind unbewegliche Sachen (…). Zur F. zählen daher allgemein alle nicht fest mit dem Boden verbundenen leblosen Sachkörper, dann Tiere (…) u. (in älterer Zeit) die (zumindest in mancher Beziehung) als Sachen behandelten Menschen wie Sklaven u. Unfreie. Als F. galten/gelten meist auch die nicht ‚grundfest' gebauten u. daher leicht verlegbaren Baulichkeiten wie Marktbuden, Windmühlen, aber auch die aus Holz gezimmerten Häuser, wie sie im 13. u. 14. Jh., vereinzelt noch bis in das 16. Jh. üblich waren".

1295 Schröder, Geschichte des ehelichen Güterrechts II, Abt. 3 S. 9; Behre, Eigentumsverhältnisse S. 15 Anm. 2, S. 27 Anm. 1; Haff, ZHG 41 (1951) S. 50. Anderer Ansicht v. Martitz, Güterrecht des Sachsenspiegels S. 103, der die Liegenschaften des Mannes unter das *erve* fasst, die Liegenschaften der Frau dagegen nicht erwähnt sieht.

1296 In Ldr. I 27 § 2, wiedergegeben unten S. 347.

1297 *Se ne hebbe* bezeichnet hier wohl keine Ausnahmeregelung (indem sich *na ires mannes dode* dann auf einen vorherigen Mann beziehen muss), wie dies Rummel, Rechtliche Stellung S. 149 f. und wohl auch Kaller, Sachsenspiegel S. 114 annehmen, sondern ist als Gegensatz zu verstehen, Rotermund, Sachsenspiegel S. 104; Schmidt-Wiegand in Schott, Sachsenspiegel S. 185 f.; Behre, Eigentumsverhältnisse S. 24; Janz, Rechtssprichwörter S. 151. Dies ergibt sich aus der Zusammenschau mit dem zuvor genannten Ldr. I 31 § 1, nach dem eine verheiratete Frau an Fahrender Habe allein die Gerade vererbt.

Eine verheiratete Frau vererbt[1298] an Fahrender Habe also nur die Gerade, außerdem – Eike von Repgow schränkt ein: wenn sie solches hat[1299] – ihr *egen*, die ihr originär zugeordneten Liegenschaften[1300]. Anders als beim Tod des Mannes werden Speisevorräte nicht zwischen dem überlebenden Ehegatten und den Erb/innen der verstorbenen Ehegattin geteilt. Auch die Morgengabe fällt nicht an die Erb/innen der Frau, sondern verbleibt beim Mann.

Die bisher angesprochenen Stellen verdeutlichen, dass beim Tod einer verheirateten Erblasser/in die überlebende Ehegatt/in einen Teil von dessen/deren Vermögen behält. Zugleich geht aus ihnen aber hervor, dass dies nicht für das gesamte Vermögen des/der Verstorbenen gilt. Was nicht an die Ehepartner/in des/der Verstorbenen fällt, erhalten die Erb/innen des/der Verstorbenen, also seine/ihre Blutsverwandten. Wie bereits in den zitierten Stellen anklingt[1301], wird dieser Nachlass noch einmal aufgeteilt: ein Teil fällt als Heergewäte bzw. als Gerade an besondere Personen(-gruppen). Auf diese sogenannten „Sondermassen" wird im nächsten Unterkapitel einzugehen sein. Zunächst soll aber untersucht werden, welche Teile des ehelichen Vermögens der überlebenden Ehegatt/in verbleiben. Diese Frage ist eng verbunden mit dem Ehegüterrecht des Sachsenspiegels, in dessen Zusammenhang sie denn auch diskutiert wird, es handelt sich gewissermaßen um das Ehegüterrecht im Todesfall.

1. Das Ehegüterrecht im Todesfall

„Man kann nicht sagen, dass das sächsische eheliche Güterrecht des Mittelalters von der Literatur stiefmütterlich behandelt worden ist"[1302], leitet 1904 Ernst Behre seine Abhandlung über das Ehegüterrecht des Sachsenspiegels ein. 70 Jahre später stellt

1298 Das mittelniederdeutsche *erven* bezeichnet anders als das heutige „erben" nicht das Empfangen einer Erbschaft (*erve nemen*), sondern, transitiv gebraucht, „vererben; beerben, als Erbteil geben", Walther/Lübben, Mittelniederdeutsches Handwörterbuch S. 105.

1299 Der Einschub deutet darauf hin, dass dies keineswegs bei jeder Frau der Fall ist, v. Martitz, Güterrecht des Sachsenspiegels S. 90 Anm. 1; Rummel, Rechtliche Stellung S. 138.

1300 Lipp, Art. Eigen, in: HRG² I, 1265 f. definiert den Begriff als „sowohl (...) einer Person dinglich zugeordneten, konkreten Gegenstand als auch die dingliche Berechtigung selbst. (...) Inhaltlich ist der Begriff E. äußerst vielschichtig. (...) Bis zum 14. Jh. verstehen die ma Qu. unter E. regelmäßig das liegende Gut, aber auch z. T. die Leibeigenschaft (Vergleiche Ssp Ldr. III 42 § 3). E. steht insoweit konträr zur Fahrnis (...) Spezifischer fassbar wird der E.-Begriff seit dem 13. Jh. in Lehn-, Leihe und Nutzungsverhältnissen. E. bezeichnet hier die Stellung desjenigen, der sein Recht als originär eigenes, nicht weiter abgeleitetes innehat (...)". Die drei hier wiedergegebenen Bedeutungen sieht auch Homeyer, Sachsenspiegel I S. 415 f. als die im Sachsenspiegel vertretenen, er führt in seinem Glossar folgende Stichworte auf: „Eigen <1>, Grundstück im Gegensatz zur Fahrenden Habe, (...)"; „Eigen <2>, zu vollem Rechte besessenes Grundstück, oder auch das volle Recht am Grundstück"; „Eigen <3> (leibeigen)".

1301 In Ldr. I 22 § 4, oben S. 318, bei der Erwähnung des Heergewätes und in Ldr. I 31 § 1, oben S. 319, bei der Erwähnung der Gerade.

1302 Behre, Eigentumsverhältnisse S. 1.

Wilhelm Ebel fest, „dass während des ganzen 19. Jahrhunderts in einer kaum übersehbaren Literatur fast ebenso viele unterschiedliche Meinungen über Gestalt und Wesen des altostfälischen Ehegüterstandes vertreten <worden>, wie Monographien und Lehrbücher zu zählen <seien>“[1303]. In der Tat mussten die ehegüterrechtlichen Bestimmungen für die Germanistik des 19. Jahrhunderts in ihrem Bemühen um ein systematisches, allgemeines und zur Rechtsanwendung geeignetes „Deutsches Privatrecht“[1304] von hoher Bedeutung sein. Dabei standen naturgemäß solche Fragen im Mittelpunkt, die sich Eike von Repgow offensichtlich gar nicht stellten und die sich deswegen aus dem Sachsenspiegel nicht ohne weiteres beantworten lassen[1305]. Insbesondere das materielle Eigentum der Eheleute an den eingebrachten und erworbenen Gütern und ihre jeweiligen Verfügungsrechte während der Ehe waren sehr umstritten[1306]. Diese Fragen sind jedoch für eine erbrechtlich ausgerichtete Untersuchung von untergeordneter Bedeutung – unabhängig davon, dass sich zudem insbesondere die Frage nach dem Eigentum aus neuerer Forschungsperspektive als methodisch bedenklich und für das historische Erkenntnisinteresse wenig ergiebig darstellt[1307]. In Bezug auf das Eherecht unter Lebenden sollen im Rahmen dieser Arbeit daher lediglich überblicksartig die unstrittigen Grundlagen dargestellt werden.

a. Die Verbindung der Güter während bestehender Ehe

Insofern stimmen die verschiedenen Auffassungen darin überein, dass das Gut der Eheleute während bestehender Ehe eine Einheit bildet, die in der Gewere[1308] des

1303 Ebel, ZRG GA 92 (1975) S. 184.

1304 Luig, Art. Deutsches Privatrecht, in: HRG^{2} I Sp. 993 ff.

1305 Einerseits müssen auch diese Fragen zur Schaffung eines umfassenden Privatrechtssystems beantwortet werden, andererseits muss es gerade hier angesichts der nicht eindeutigen Quellenlage zu Kontroversen kommen.

1306 Etwa v. Martitz, Güterrecht des Sachsenspiegels S. 130 ff.; Agricola, Gewere S. 200 ff., 292 ff.; Schröder, Geschichte des ehelichen Güterrechts II, Abt. 3 S. 218 ff.; Behre, Eigentumsverhältnisse S. 1 ff. Die Frage wird auch in neueren Arbeiten diskutiert, etwa in den Dissertationen von Schulte-Beckhausen, Ehe- und Familienrecht S. 65 ff. aus dem Jahr 1957, von Fricke, Eherecht S. 14 ff. aus dem Jahr 1978, und von Rummel, Rechtliche Stellung S. 130 ff. aus dem Jahr 1987. Die beiden erstgenannten äußern sich allerdings der Fragestellung gegenüber kritisch.

1307 Ebel, ZRG GA 92 (1975) S. 184; Rummel, Rechtliche Stellung S. 160.

1308 Der Inhalt des Begriffs Gewere lässt sich schwer fassen und ist umstritten; er bezeichnet nach der herrschenden Lehre die die Übertragung der Sachherrschaft versinnbildlichende Handlung sowie später auch und vor allem die – formalisierte und rechtlich aufgeladene – Sachherrschaft selbst. Zur Zeit der Rechtsbücher wird darunter nach der Definition Gierkes, Deutsches Privatrecht II S. 188 ein Rechtsverhältnis verstanden, das „vorliegt, wo eine äußerlich wahrnehmbare Herrschaftsbeziehung zu einer Sache als formelle Sachherrschaft anerkannt und gewährleistet wird“, Ogris, Art. Gewere, in: HRG^{2} II Sp. 347 f.

Ehemannes[1309] steht, dass sich diese Einheit aber mit dem Ende der Ehe – gewöhnlich also dem Tod des Ehemanns oder der Ehefrau – auflöst. Letzteres ergibt sich aus den zu Beginn dieses Kapitels zitierten Stellen, ersteres aus Ldr. I 31 § 1.

> Ldr. I 31 § 1 Satz 1, § 2 Hs. 1, S. 189
>
> [§ 1] *Man unde wif ne hebbet nein getveiet gut to irme live*[1310]. (...) [§ 2] *Svenne en man wif nimt, so nimt he in sine gewere al ir gut to rechter vormuntscap*; (...).

Die Literatur des 19. Jahrhunderts hat für diesen Güterstand vor allem den Begriff der Verwaltungsgemeinschaft[1311] geprägt, sie spricht aber auch – anhängig von den jeweiligen Vorstellungen im Detail – von Gütereinheit[1312] oder Güterverbindung[1313], in jüngerer Zeit wird verschiedentlich der Begriff der „Gütertrennung mit Verwaltungsgewere des Mannes am Frauengut" befürwortet[1314]. Unabhängig von dieser begrifflichen Einordnung ist jedenfalls festzuhalten, dass der Sachsenspiegel keine Gütergemeinschaft im Sinne der heutigen juristischen Terminologie vorsieht; nach dem Tod des Ehemanns oder der Ehefrau löst sich die Verbindung der Güter

---

1309 Jedenfalls auch. In Bezug auf das Gut der Frau geht die herrschende Meinung dabei aufgrund von Ldr. I 45 § 2, S. 199: *En wif ne mach ok ane irs mannes gelof nicht ires gudes vergeven, noch egen verkopen, noch liftucht uplaten, durch dat he mit ir in den geweren sit*, von einer gemeinsamen Gewere aus. Diese sei allerdings bei den Eheleuten unterschiedlich begründet; bei der Frau gehe sie darauf zurück, dass es sich um ihr Gut handele, bei dem Mann dagegen auf die eheliche Vormundschaft, Heusler, Institutionen II S. 387 f.; Rummel, Rechtliche Stellung S. 138. V. Martiz, Güterrecht des Sachsenspiegels S. 130 f. geht von einer gemeinsamen Gewere der Eheleute am vereinten Gut aus. Anderer Ansicht Kiesel, Bedeutung der Gewere S. 13, der eine Gewere nur des Mannes annimmt.

1310 Ebel, ZRG GA 92 (1975) S. 186 f. übersetzt *to irme live* abweichend von der bisherigen Deutung „zu Lebzeiten" mit „für ihren Lebensunterhalt". Er sieht damit in Ldr. I 31 § 1 die Aussage, dass zwischen den Eheleuten kein Ausgleich stattfindet, wenn eingebrachtes Gut für den Lebensunterhalt verkauft oder verbraucht worden ist, ihm folgend Altenkirch/Kuntschke, FS Lieberwirth 1991 S. 32. Diese Deutung ist allerdings angesichts der Verwendung von *to irme live* in Ldr. III 75 § 3, dort eindeutig in der Bedeutung von „zu Lebzeiten", keineswegs zwingend, Rummel, Rechtliche Stellung S. 135 Anm. 26, und wird auch in den neueren Übersetzungen nicht übernommen, Schmidt-Wiegand in Schott, Sachsenspiegel S. 61; Kaller, Sachsenspiegel S. 36.

1311 Zuerst Schröder, ZRG 10 (1872) S. 448. Cosack in v. Gerber/Cosack, Deutsches Privatrecht S. 461 stellt 1895 fest, dass sich „das Wort Verwaltungsgemeinschaft neuerdings so eingebürgert [habe], dass es auch im Text Erwähnung finden" müsse. In neuerer Zeit Fricke, Eherecht S. 25. Fester, Recht des Mannes S. 1, 133 spricht in ähnlicher Terminologie von „Verwaltungseinheit".

1312 V. Gerber, Deutsches Privatrecht S. 548; v. Martitz, Güterrecht des Sachsenspiegels S. 81.

1313 Heusler, Institutionen II S. 387. Ebenso Rummel, Rechtliche Stellung S. 134, unter allerdings irrtümlichem Verweis auf Ogris, Art. Güterrecht, Eheliches, in: HRG[1] I Sp. 1875.

1314 Ogris, Art. Güterrecht, Eheliches, in: HRG[1] I Sp. 1875; Gottschalk, ZRG GA 114 (1997) S. 183 f. Anm. 4, S. 232.

wieder. Allerdings enthält der Sachsenspiegel auch keine strikte Gütertrennung im heutigen Sinne. Wie zu zeigen sein wird, fallen nicht in jedem Fall die einzelnen Vermögensbestandteile an diejenige Ehegatt/in (bzw. dessen Erb/innen), der/die sie eingebracht hatte. Dabei gelten beim Tod des Mannes und dem der Frau unterschiedliche Regelungen. Unerheblich ist dagegen – im Unterschied zu anderen spätmittelalterlichen Rechtsquellen – nach dem Recht des Sachsenspiegels, ob es sich um eine (von Nachkomm/innen) beerbte oder unbeerbte Ehe handelt[1315].

b. Vorversterben des Ehemannes

Es soll zunächst die Situation beim Vorversterben des Manns betrachtet werden. Es sei in diesem Zusammenhang noch einmal auf die schon oben zitierten Ldr. I 22 und Ldr I 24 verwiesen. Aus diesen Artikeln ergibt sich – im Zusammenhang mit anderen – folgendes Bild: Nach dem Tod ihres Ehemanns steht der Witwe aus dem vormals gemeinsamen Gut Gerade und Musteil zu. Diese Vermögensmassen werden vom Sachsenspiegel jeder Frau zuerkannt, die Literatur des 19. Jahrhunderts spricht daher in einprägsamer aber – da auf den Sachsenspiegel als Rechtsbuch bezogen – problematischer Weise von „gesetzlichem Ehegüterrecht“[1316]. Der Begriff soll Gerade und Musteil vom sogenannten „vertragsmäßigen Ehegüterrecht“[1317] abgrenzen, nämlich Morgengabe, Leibzucht und sogenannter „Ursale“, die nach dem Verständnis des Sachsenspiegels fakultative Gaben des Mannes an die Ehefrau darstellen. Außerdem hat die Witwe mit dem Dreißigsten gewissermaßen ein vorübergehendes Nutzungsrecht an dem vormals gemeinsamen Haushalt.

α. Der Dreißigste

Wie bereits eingangs ausgeführt, besteht gemäß Ldr. I 22 § 1 der vormals gemeinsame Haushalt nach dem Vorversterben des Mannes zunächst fort[1318]. Bis zum dreißigsten Tag nach dem Tod ihres Mannes darf die Witwe in dem vormals ehelichen

---

1315 Schröder, Geschichte des ehelichen Güterrechts II, Abt. 3 S. 104; Rummel, Rechtliche Stellung S. 136.

1316 Schröder, Geschichte des ehelichen Güterrechts II, Abt. 3 S. 1. V. Sydow, Erbrecht S. 264 spricht von „gesetzlicher Succession“; im 20. Jahrhundert Behre, Eigentumsverhältnisse S. 7; Fricke, Eherecht S. 29; Gottschalk, ZRG GA 114 (1997) S. 183. Vorteilhafter scheint die Terminologie Agricolas, Gewere S. 420 ff., der von – seiner Ansicht nach erbrechtlichen – „Vorteilen von Rechts wegen“ spricht.

1317 Schröder, Geschichte des ehelichen Güterrechts II, Abt. 3 S. 329; Behre, Eigentumsverhältnisse S. 67; Schulte-Beckhausen, Ehe- und Familienrecht S. 137. V. Martiz, Güterrecht des Sachsenspiegels S. 175 spricht von „gewillkürtem ehelichen Güterrecht“, ebenso Fricke, Eherecht S. 29.

1318 V. Sydow, Erbrecht S. 317; Homeyer, Der Dreissigste S. 204 f., 208; v. Martitz, Güterrecht des Sachsenspiegels S. 165; Heusler, Institutionen II S. 576; Rummel, Rechtliche Stellung S. 169 f.

Haushalt verbleiben. Die Formulierung des Sachsenspiegels lässt dabei vermuten, dass die Witwe in dieser Zeit dem Haushalt vorsteht[1319]. Von dem Erben wird gesagt – gleiches gilt mangels abweichender Regelungen m. E. für die Erbin –, dass er sich zu der Witwe in das von ihm geerbte Gut begeben darf – damit keine ihm zustehenden Gegenstände entfernt werden und um der Witwe bei der Organisation des Begräbnisses zu helfen – darüber hinaus habe er aber zunächst keine weitergehenden Befugnisse. Die Organisation von Begräbnis und die Aufteilung des Haushaltes stehen vielmehr im Verantwortungsbereich der Witwe[1320]. Außer an der eingangs genannten Stelle wird der Dreißigste mehrfach erwähnt[1321].

β. Gerade und Musteil

Die Gerade begegnet in zwei der bereits vorgestellten Stellen, allerdings in unterschiedlicher Funktion. Stirbt der Ehemann, nimmt nach Ldr. I 22–24 die Witwe Musteil, Gerade und ihre Morgengabe und verlässt den ehemals gemeinsamen Haushalt. Ist dagegen die Ehefrau vorverstorben, vererbt sie selbst nach Ldr. I 31 § 1 ihre Gerade und zwar, wie Ldr. I 27[1322] zeigt, an die geradeberechtigte *nichtele*. Der Sachsenspiegel unterscheidet zwischen beiden Fällen nicht sprachlich, er spricht stets von der *rade*. Die Literatur verwendet dagegen zur Verdeutlichung häufig die Begriffe Witwengerade und Niftelgerade[1323]. Auf letztere wird später zurückzukommen sein[1324], da sie nicht das Verhältnis der Eheleute zueinander betrifft. An dieser Stelle ist nur die Gerade der Witwe zu behandeln.

Was unter *rade* zu verstehen ist, wird in einem oben ausgeklammerten Absatz von Ldr. I 24 § 3 aufgezählt.

Ldr. I 24 § 3 Satz 1–4, S. 183

So nimt se allet dat to der rade hort, dat sin alle scap unde gense unde kasten mit upgehavenen leden, al garn, bedde, pole, küssene, lilakene, dischlakene, dvelen, badelakene, beckene, lüchtere, lin unde alle wiflike kledere, vingerne, armgolt, tzapel, saltere unde alle büke die to godes deneste horet, de vrowen pleget to lesene, sedelen, lade, teppede, ummehange, rücgelakene unde al gebende. Dit is dat to vrowen rade hort. Noch is mangerhande klenode dat

1319 Homeyer, Der Dreissigste S. 202 f.; v. Martitz, Güterrecht des Sachsenspiegels S. 165, wohl auch v. Sydow, Erbrecht S. 317. Anderer Ansicht Heusler, Institutionen II S. 576; Rummel, Rechtliche Stellung S. 169 f.; Herold, Der Dreißigste S. 215; wohl auch Riedl, Bilderhandschriften S. 22 f.

1320 V. Sydow, Erbrecht S. 317; Homeyer, Der Dreissigste S. 202 f.; v. Martitz, Güterrecht des Sachsenspiegels S. 165; anderer Ansicht Heusler, Institutionen II S. 576.

1321 In Ldr. I 20 § 2; Ldr. I 22 § 2; Ldr. I 28; Ldr. I 33 und Ldr. III 15 §§ 1 f.

1322 Vgl. unten S. 347, 350 ff.

1323 Etwa Schröder, Geschichte des ehelichen Güterrechts II, Abt. 3 S. 4; Hradil, ZRG GA 31 (1910) S. 68; Heukamp, Gerade S. 41, 47; Rummel, Rechtliche Stellung S. 139.

1324 Unten S. 350 ff.

in gehort, al ne nenne ik is nicht sunderliken, als borste, schere, spegele. Al laken ungesneden to vrowen kleidere, unde golt unde silver ungewercht, dat ne hort den vrowen nicht. (...)

In sie fallen alle weiblichen Kleider, Schmuck und Toilettenartikel sowie Psalter und solche Bücher für den Gottesdienst, wie sie Frauen benutzen, außerdem verschiedene Textilien zur Haushaltsführung und als Einrichtung, Aufbewahrungsmöbel, Waschbecken[1325], Leuchter, Betten und Sessel[1326] und schließlich alle Schafe und Gänse[1327], nicht jedoch unverarbeitete Stoffe, unverarbeitetes Silber oder unverarbeitetes Gold. Die Gegenstände sind zum Teil[1328] zum persönlichen Gebrauch von Frauen bestimmt[1329]. Als Charakteristikum der übrigen Geradegegenstände wird häufig ausgemacht, dass sie mit der weiblichen Tätigkeit im spätmittelalterlichen Haushalt zusammenhängen würden[1330]. Jedoch umfasst die Gerade einerseits nicht

---

1325 Schmidt-Wiegand in Schott, Sachsenspiegel S. 57. Walther/Lübben, Mittelniederdeutsches Handwörterbuch S. 28 enthält für *„becken"* die weniger spezifische Bedeutungen: „Becken, Schüssel".

1326 Da in der Dresdner und Wolfenbütteler Bilderhandschrift die aufeinanderfolgenden Worte *„sedelen"* und *„laden"* (dort *„sidiln"* und *„laden"*) nicht durch ein Satzzeichen getrennt sind und aufgrund von Überlegungen zu den Geradedarstellungen in den Bilderhandschriften schlägt Ottenjann, „Gerade" sowie Kiste und Lade S. 394 f. vor, beide Worte nicht entsprechend der herrschenden Meinung mit „Sessel" und „Lade" zu übersetzen, sondern zusammenhängend als „Zettellade", „Brieflade". Dies widerspräche allerdings der Annahme, dass es sich bei den Geradegegenständen vor allem um solche im Zusammenhang mit Haushaltstextilien handelt, unten S. 326.

1327 Teuchert, Theutonista 3 (1926/1927) S. 225 und Teske, WuS 14 (1932) S. 86 halten die im Sachsenspiegeltext genannten *scap unde gense* für einen Überlieferungsfehler, wobei ersteres auf *scap* = „Schrank" und letzteres auf einer späteren Ergänzung beruhe, Teske folgend Bischoff, FS Möllenberg S. 86. Für Krogmann, PBB 77 (1955) S. 296 ff., 305, 309 ist die Stelle ein Verderbnis bereits im Archetypus, wobei sie nach ihm auf *scap* = „Schrank" und *ganse* = „ganz" zurückgeht. Für die traditionelle Auslegung im Sinne von „Schafe und Gänse" argumentieren Eckhardt, Rechtsbücherstudien III S. 65 Anm. 2 und Haff, ZHG 41 (1951) S. 52 f. Auch in den neueren Übersetzungen wird diese verwendet, Schmidt-Wiegand in Schott, Sachsenspiegel S. 57; Kaller, Sachsenspiegel S. 33, zumal sich die genannten Tiere (wie auch der in der vorigen Anmerkung thematisierte Sessel) durchaus mit den der Gerade zugehörenden Textilien in Verbindung bringen lassen, Rummel, Rechtliche Stellung S. 141 f. Die – nach der Gegenansicht auf einem bereits verderbten Text beruhenden – Bilderhandschriften zeigen Schafe und Gänse, Oldenburger Bilderhandschrift fol. 19r, Wolfenbütteler Bilderhandschrift fol. 17r, Dresdner Bilderhandschrift fol. 11r. Unentschieden Bungenstock, Heergewäte und Gerade S. 48 ff.

1328 Nämlich die weibliche Kleidung, Schmuck und Toilettenartikel sowie Psalter und von Frauen benutzte Bücher für den Gottesdienst.

1329 v. Martiz, Güterrecht des Sachsenspiegels S. 93; Heukamp, Gerade S. 42; Schulte-Beckhausen, Ehe- und Familienrecht S. 75; Fricke, Eherecht S. 24.

1330 Schröder, Geschichte des ehelichen Güterrechts II, Abt. 3 S. 4; Schulte-Beckhausen, Ehe- und Familienrecht S. 75; Fricke, Eherecht S. 24.

alle für die Haushaltsführung erforderlichen Arbeitsgeräte[1331], andererseits enthält sie über Arbeitsgeräte hinaus bestimmte Einrichtungsgegenstände[1332]. Vielmehr liegt das verbindende Element bei den übrigen Geradegegenständen des Sachsenspiegels wohl darin, dass es sich um Haushaltstextilien und mit diesen in Zusammenhang stehende Gegenstände und Tiere[1333] handelt[1334].

In der Diskussion um das Ehegüterrecht des Sachsenspiegels war insbesondere auch die Gerade umstritten. Diskutiert wurde zum einen, ob sie bereits bei bestehender Ehe ein abgrenzbares Sondervermögen sei[1335] und in wessen Eigentum dieses respektive die einzelnen Geradegegenstände während der Ehe stünden[1336] – Fragen, die, wie bereits angesprochen, im erbrechtlichen Zusammenhang nicht von Interesse und in methodischer Hinsicht zweifelhaft sind. In diesem Zusammenhang sehr wohl von Interesse ist aber die ebenfalls diskutierte Frage, ob die Gerade mit der Aussteuer gleichzusetzen ist. Denn hier entscheidet sich, ob die Witwe mit der Gerade lediglich die von ihr eingebrachten Güter zurücknimmt oder ob sie – mit der m. E. zutreffenden Meinung – unabhängig von der Herkunft der einzelnen Gegenstände einen bestimmten Teil des ehelichen Vermögens erhält.

Dass der Sachsenspiegel die Aussteuer[1337] kennt, zeigt eine Stelle zur sogenannten Niftelgerade: Eine Tochter, die *umbestadet in me huse* lebt, teilt die Gerade ihrer

---

1331 Agricola, Gewere S. 428. So werden entgegen Heukamp, Gerade S. 41, aber auch Agricola, Gewere S. 431, keine Küchen- und, mit Ausnahme vielleicht der Becken, keine sonstigen Arbeitsgeräte genannt.

1332 Nämlich Teppiche, Wandteppiche, Betten, Sessel und verschiedene Aufbewahrungsmöbel, außerdem nicht der Hausarbeit dienende Textilien wie Kissen, Bettlaken, Tischdecken oder Badelaken.

1333 Möbel zur Aufbewahrung von Textilien (Truhen und Kisten), textile oder teilweise textile Möbel (Betten, Sessel, Teppiche) und Tiere, die zur Textilgewinnung dienen (Schafe für Wolle, Gänse für Daunen).

1334 V. Martiz, Güterrecht des Sachsenspiegels S. 94; Heukamp, Gerade S. 41; Rummel, Rechtliche Stellung S. 141 f.; Gottschalk, Art. Gerade, in: HRG² II Sp. 114.

1335 So Behre, Eigentumsverhältnisse S. 5, ihm folgend Schulte-Beckhausen, Ehe- und Familienrecht S. 75 ebenso wohl Rummel, Rechtliche Stellung S. 142, die aber betont, dass sich daraus keine rechtlichen Konsequenzen ergäben. Dagegen geht die wohl herrschende Meinung davon aus, dass sich die Gerade als eigenständige Vermögensmasse erst durch den Teilungsfall konstituiert, v. Martitz, Güterrecht des Sachsenspiegels S. 103 f.; Agricola, Gewere S. 451; entgegen Schulte-Beckhausen, Ehe- und Familienrecht S. 73 ist dieser Ansicht auch Schröder, Geschichte des ehelichen Güterrechts II, Abt. 3 S. 4 f., 322 f.

1336 Nach Gaupp, Grundzüge S. 82; Heusler, Institutionen II S. 390; Schröder, Geschichte des ehelichen Güterrechts II, Abt. 3 S. 323; Heukamp, Gerade S. 26 stehen schon während der Ehe alle Geradegegenstände im Eigentum der Frau. Demgegenüber gehen v. Martitz, Güterrecht des Sachsenspiegels S. 81; Agricola, Gewere S. 320 ff. davon aus, dass die Geradegegenstände zunächst im Eigentum desjenigen, der sie eingebracht hat.

1337 Unter Aussteuer versteht die rechthistorische Forschung eine Form der Ausstattung einer Tochter, die der Erstausstattung im Haushalt anlässlich einer Eheschließung dient. Der Begriff kann dabei nicht ohne weiteres mit dem der Mitgift gleichgesetzt werden, die nicht die Frau, sondern der Mann erhält und die vorrangig auf die Witwenversorgung ausgerichtet ist,

Mutter nicht mit der Tochter, die *utgeradet* ist[1338]. *Utgeradet* kann hier nicht meinen, dass die entsprechende Tochter bereits von anderer Stelle eine (Niftel-)Gerade empfangen hatte. Da beide Töchter von derselben Mutter abstammen, sind sie, wie zu zeigen sein wird, stets in gleicher Weise geradeberechtigt[1339]. Vielmehr ist *utgeradet* mit „ausgesteuert“ zu übersetzten[1340], angesprochen ist also eine Tochter, die bei ihrer Heirat von ihren Eltern eine Erstausstattung an Geradegegenständen für die Einrichtung ihres neugegründeten Haushaltes erhalten hat, während die andere Tochter noch *umbestadet*, das bedeutet unausgestattet[1341], *in me huse*, nämlich dem Haushalt ihrer Eltern, lebt.

Vor diesem Hintergrund geht vor allem Paul Hradil davon aus, dass die Gerade, die beim Tod des Mannes an die Witwe fällt und beim Tod der Frau an die geradeberechtigte Niftel, nur die von der Frau als Aussteuer eingebrachten Gegenstände meinen könne – bzw. solche, die zum Ersatz von während der Ehe verbrauchten oder zerstörten Aussteuergegenständen erworben worden seien[1342]. Dagegen nimmt die Mehrheit in der Literatur an, dass die Gerade des Sachsenspiegels alle im ehelichen Haushalt vorhandenen Gegenstände von der Art umfasst, wie sie in Ldr. I 24 I § 3 aufgezählt sind, auch solche, die ursprünglich vom Mann herrühren oder über den Bestand der ursprünglichen Aussteuer hinaus während bestehender Ehe erworben wurden[1343]. Eine sehr eigenwillige Meinung in Bezug auf die Gerade vertritt schließlich als dritte Literaturansicht Behre, demzufolge die vom Mann eingebrachten Gegenstände eine eigene, eine Männergerade bilden würden, im ehelichen Haushalt also zwei Gerademassen vorhanden seien. Beim Tod des Mannes fielen beide an die Witwe, beim Tod der Frau dagegen erhalte die geradeberechtigte Niftel nur

v. Martitz, Güterrecht des Sachsenspiegels S. 95; Heukamp, Gerade S. 15; Olechowski, „Aussteuer“, HRG² I Sp. 384.

1338 Ldr. I 5 § 2 Satz 1, S. 161: *De dochter, de in me huse is umbestadet, de ne delet san nicht irer muder rade mit der dochter, de utgeradet is.*

1339 Mit Ausnahme selbstverständlich des gerade in Ldr. I 5 § 2 geregelten Falls, dass eine Tochter ausgesteuert wurde.

1340 Walther/Lübben, Mittelniederdeutsches Handwörterbuch S. 461; Frommhold, Gerade S. 8.

1341 Walther/Lübben, Mittelniederdeutsches Handwörterbuch S. 429.

1342 Hradil, ZRG GA 31 (1910) S. 116. Ihm folgend Heukamp, Gerade S. 41. Dieser formuliert zwar etwas weiter: „Aussteuer in dem Zustande wie sie sich während der Ehe gestaltete hatte“ und ließe sich auch im Sinne der herrschenden Meinung auslegen. Er bezieht sich aber ausdrücklich auf Hradil. Schon früher Gaupp, Grundzüge S. 63; ähnlich wohl auch Kraut, Vormundschaft II S. 360, demzufolge Männer kaum Geradesachen in die Ehe eingebracht hätten und von ihnen erworbene Geradegegenstände ganz überwiegend als Geschenk für die Frau oder Ersatz für untergegangene Aussteuergegenstände gedacht gewesen seien.

1343 Agricola, Gewere II S. 420 f.; v. Martitz, Güterrecht des Sachsenspiegels S. 100 f.; Schröder, Geschichte des ehelichen Güterrechts II, Abt. 3 S. 4 f.; Frommhold, Gerade S. 6 (allerdings unter starker Betonung des Zusammenhangs mit der Aussteuer); Schulte-Beckhausen, Ehe- und Familienrecht S. 116; Rummel, Rechtliche Stellung S. 143; Gottschalk, ZRG GA 114 (1997) S. 193; Obladen, Magdeburger Recht S. 61.

die weibliche Gerade[1344]. Diese Ansicht Behres stützt sich jedoch hauptsächlich auf seine sehr angreifbare Auslegung einer Sachsenspiegelstelle[1345] und seine juristische Konstruktion der Gerade[1346], findet in weiteren Sachsenspiegelstellen aber keine Bestätigung und ist daher zu Recht einhellig abgelehnt worden[1347].

Für die Ansicht Hradils spricht vor allem, dass *rade* und *utraden* ganz offensichtlich auf denselben Wortstamm zurückgehen[1348]. Diese Tatsache lässt sich jedoch ebenso gut mit der Annahme erklären, als dass sich die Gerade aus der Aussteuer entwickelt hat oder jedenfalls mit ihr in Verbindung gebracht worden ist[1349]. Gegen die Gleichsetzung der Gerade mit der eingebrachten Aussteuer der Frau spricht da-

1344 Behre, Eigentumsverhältnisse S. 5.

1345 Und zwar legt er Ldr. I 13 § 1 Satz 1, S. 169: *Sundert vader unde muder enen iren sone oder ene ire dochter van in mit irme gude, se tvein sik mit der kost oder ne dun, willet se na des vader dode oder na der muder dode an ir erve deil spreken, die bruder an der brüdere, oder de gemannede dochter an der umbestadeden süster; se muten in de dele bringen mit irme ede al dat gut, dar se mede afgesundert waren, of it is varende gut, sunder rade*, dahingehend aus, dass sich die Erwähnung der *rade* auf die Söhne wie die Töchter beziehe, dass dementsprechend auch Söhne Geradegegenstände besäßen und dass diese Geradegegenstände einen eigenständigen Vermögenskomplex in den ehelichen Gütern bildeten, Behre, Eigentumsverhältnisse S. 9 f.

1346 Behre, Eigentumsverhältnisse S. 5, 14 ff. geht davon aus, dass die Aufzählung in Ldr. I 22–24 nur die Aufteilung des männlichen Nachlasses regele und nicht die des ehelichen Vermögens, vgl. oben Anm. 1290. Die hier genannte Gerade könne also nur die männliche Gerade sein, die der Witwe kraft eherechtlichen Anspruchs zufalle, während sie ihre eigene Gerade kraft ihres Eigentums an sich nehme. Demgegenüber sei das Recht der geradeberechtigten Niftel ein Erbrecht und könne sich daher nur auf die im Eigentum der Frau stehende weibliche Gerade beziehen.

1347 Insbesondere Rosin, ZRG GA 26 (1905) S. 295 f.; Heukamp, Gerade S. 14 ff.; Hradil, ZRG GA 31 (1910) S. 112.

1348 Gaupp, Grundzüge S. 75; Hradil, ZRG GA 31 (1910) S. 123; Heukamp, Gerade S. 11.

1349 Für die Gleichsetzung von Gerade und Aussteuer wird zudem auf Ldr. I 13 § 1, oben Anm. 683, verwiesen, nach dem die ausgestattete Tochter bei der Erbteilung die empfangene Fahrende Habe *sunder rade* einbringen muss, Gaupp, Grundzüge S. 63. Die Wendung *rade* bezeichne hier also als Aussteuer gegebene Geradestücke. Dieser Artikel lässt sich jedoch ebenso gut für die Gegenmeinung anführen, zeigt er doch, dass die Tochter bei der Ausstattung über die Geradegegenstände hinaus auch weitere Fahrende Habe erhielt. – Dass dann die Ausstattung in eine (der Erstausstattung des neuen Haushalts dienende) Aussteuer im Sinne von Geradegegenständen und eine darüber hinausgehende (der Absonderung dienende) Ausstattung mit weiterer Fahrender Habe unterschieden wurde, wie dies Gaupp folgert, ist durchaus möglich. Ebenso möglich ist aber auch, dass eine einheitliche Ausstattung erfolgte, in der die beiden Bereiche nicht getrennt waren, und dass bei der Einbringungspflicht anhand der Geradequalität der als Ausstattung gegebenen Gegenstände unterschieden wurde, so auch v. Martitz, Güterrecht des Sachsenspiegels S. 95. Für diese Auslegung spricht, dass in Ldr. I 5 § 2, wiedergegeben oben Anm. 1338, *umbestadet* als Gegenbegriff zu *utgeradet* erscheint. Die Formulierung *sunder rade* würde dann also nicht an die Zweckbestimmung als Aussteuer anknüpfen, sondern an die Geradequalität der fraglichen Gegenstände.

gegen der Geradekatalog in Ldr. I 24 § 3, der überflüssig erscheint, wenn die Geradegegenstände nach ihrer Herkunft verteilt werden[1350]. Geht man zudem mit der herrschenden Literaturmeinung[1351] davon aus, dass die Artikel Ldr. I 22–24 die Aufteilung des gesamten ehelichen Haushaltes darstellen, dann verweist auch die im Geradekatalog vielfach verwendete Formulierung *al/alle*[1352] darauf, dass die Gerade von den genannten Gegenständen alle im Haushalt vorhandenen enthält[1353]. Schließlich sprechen nicht zuletzt die Regelungen in Ldr. I 20 § 4 zu der Situation, dass das Geraderecht einer unabgesondert im Haushalt lebenden Witwe mit dem ihrer frisch verwitweten Schwiegertochter kollidiert[1354], gegen die Ansicht Hradils[1355]. Eine solche Regelung erscheint nur dann erforderlich, wenn beider Gerade dieselben Gegenstände umfasst, nämlich alle im Haushalt vorhandenen und eben nicht die jeweils als Aussteuer eingebrachten Geradegegenstände[1356]. Damit kann die Gerade entgegen der Ansicht Hradils nicht mit der Aussteuer gleichgesetzt werden, wenn auch zwischen beiden in der Tat ein enger Zusammenhang besteht. Am Ende der Ehe entnimmt die Witwe mit der Gerade nicht lediglich die von ihr eingebrachte

1350 Schröder, Geschichte des ehelichen Güterrechts II, Abt. 3 S. 5; Gottschalk, Art. Gerade, in: HRG² II Sp. 114.

1351 Oben Anm. 1290.

1352 Diese Formulierung lässt sich dabei, wenn auch nicht in jedem Fall grammatikalisch, so doch sinngemäß auf alle aufgezählten Gegenstände beziehen. Für ein solches Textverständnis spricht, dass stets, wenn der Aufzählungsfluss etwa durch ein *unde* unterbrochen wurde, die nachfolgende Aufzählung wieder mit einem *al* oder *alle* anhebt.

1353 Gegen die Ansicht Hradils spricht des weiteren, dass die geradeberechtigte *nichtele* dem Witwer gewissermaßen eine Grundausstattung an Haushaltstextilien zurücklassen muss: Ldr. III 38 § 5, S. 329: *Stirft des mannes wif, svelk ire nichtele ire rade nimt, die sal von der rade dem manne berichten sin bedde, als it stunt do sin wif levede, sinen disch mit enem dischlakene, sinen bank mit enem pole, sinen stul mit enem küssene.* Dies kann als Indiz dafür gelten, dass der Witwer aus dem ehelichen Haushalt weiter keine Textilien erhält und damit ohne diese sogenannte „Berichtungspflicht" in einer gänzlich kargen Wohnstatt zurückbliebe, v. Martitz, Güterrecht des Sachsenspiegels S. 99; Frommhold, Gerade S. 21; Schulte-Beckhausen, Ehe- und Familienrecht S. 122.

1354 Ldr. I 20 §§ 4, 5, S. 177: [§ 4] *Blift aver de wedewe na irs mannes dode mit iren kinderen in der kindere gude, dat ire nicht n'is, unde ungesceiden van deme gude, unde nemet ire sone wif bi irme live, stervet ire sone dar na, des sones wif nemet mit mereme rechte ires mannes morgengave unde müsdele unde ire rade an ires mannes gude, dan sin muder, of se irs mannes unde irs selves umbesculdenen were dar an getügen mogen.* [§ 5] *Bestirft aver de sone in der muder gude, so is't de muder nar to behaldene mit getüge, dan irs sones wedewe.*

1355 So auch Behre, Eigentumsverhältnisse S. 30 f. zur Untermauerung seiner Lehre von den zwei Geraden. Seine Ausführungen können indes nicht überzeugen. Nach der Ansicht Behres bestände hier gerade keine Konkurrenzsituation: die Schwiegermutter erhielte die von ihr und ihrem Ehemann eingebrachten Gegenstände, die Schwiegertochter diejenigen, die sie selbst eingebracht hatte. Dem Mann der Schwiegertochter ließen sich keine Gegenstände zuordnen, wenn er nicht welche während der Ehe erworben hätte.

1356 V. Martiz, Güterrecht des Sachsenspiegels S. 105.

Aussteuer. Das eheliche Vermögen wird vielmehr unabhängig von der Herkunft der einzelnen Geradegegenstände aufgeteilt.

Wesentlich weniger umstritten als die Gerade ist die zweite jeder Witwe zustehende Vermögensmasse, das Musteil. Aus den Ausführungen in Ldr. I 22 § 3[1357] ergibt sich relativ eindeutig, dass es sich dabei um einen Anteil an den nach dem Dreißigsten übriggebliebenen Speisevorräten in allen Höfen des Verstorbenen handelt – die Literatur geht mangels anderslautender Angaben und der Formulierung in anderen Rechtstexten übereinstimmend von der Hälfte aus[1358]. Auch bei den Speisevorräten ist also unerheblich, wer sie ursprünglich eingebracht hatte. Da sich Speisevorräte aber naturgemäß relativ schnell verbrauchen, wird es sich bei ihnen in den meisten Fällen um während der Ehe erworbene Güter handeln[1359].

γ. Morgengabe, Leibzucht und „Ursale“

Über die von Rechts wegen jeder Frau zustehende Gerade und das Musteil hinaus sieht der Sachsenspiegel zusätzlich die Möglichkeit vor, eine Frau auf freiwilliger Basis für den Fall der Witwenschaft abzusichern. Hierzu dienen die Morgengabe und die Bestellung einer Leibzucht. In beiden Fällen erhält die Ehefrau beim Tod des Mannes bestimmte Rechte an seinem Gut[1360]. Die Morgengabe bezieht sich – wie die Gerade – auf bestimmte Gegenstände aus der Fahrenden Habe sowie auf Eigenleute[1361], die Leibzucht dagegen auf Liegenschaften. Als drittes Institut der Witwensicherung zählt vor allem die ältere Literatur zudem die sogenannte „Ursale“, die sich ebenfalls auf Liegenschaften beziehe.

1357 Ldr. I 22 § 3, S. 180 lautet vollständig: *Dar na mut de vrowe jegen den erven musdelen alle hovede spise, die na dem drittegesten overblift in iewelkeme hove irs mannes, oder svar he se hadde binnen sinen geweren.* Vgl. auch Ldr. I 24 § 2, S. 183: *Meste svin aver horet to der musdele, unde alle gehovet spise in iewelkeme hove irs mannes.*

1358 Etwa v. Martitz, Güterrecht des Sachsenspiegels S. 107; Schröder, Geschichte des ehelichen Güterrechts II, Abt. 3 S. 5; Rummel, Rechtliche Stellung S. 175. Eine Bezifferung des Anteils vermeidet dagegen Erler, Art. Musteil, in: HRG[1] III S. 798 f.

1359 Dies ist jedoch nicht zwingend, da die Ehe nur sehr kurz bestanden haben kann, Heukamp, Gerade S. 34; Schulte-Beckhausen, Ehe- und Familienrecht S. 11.

1360 Bzw. am ehelichen Gut. Da die Witwe nach ganz herrschender Meinung ihre Liegenschaften beim Vorversterben ihres Ehemannes zurückerhält, kann sich eine Leibzuchtsbestellung nur auf vom Mann eingebrachte oder während der Ehe erworbene Grundstücke beziehen. Bei der Morgengabe ist allerdings daran zu denken, dass diese auch von der Frau eingebrachte Gegenstände erhalten könnte, geht man mit der heute herrschenden Meinung davon aus, dass die Fahrende Habe der Frau beim Tod des Mannes grundsätzlich an dessen Erb/innen fällt. Dazu unten S. 339 ff.

1361 Der Sachsenspiegel spricht von *knecht* und *maget*, Begriffe, die an anderer Stelle nicht notwendig Eigenleute bezeichnen, vgl. etwa Ldr. II 33; er verwendet nicht den Begriff *egen man*. Allerdings wird aus der Tatsache des Vergebens in der Literatur m. E. zu Recht geschlossen, dass es sich um Eigenleute handeln muss, Homeyer, Sachsenspiegel I S. 416, s. v. „Eigen<3> (leibeigen)“.

Die Morgengabe des Sachsenspiegels ist eine Gabe des Mannes an seine Frau[1362]. Wie es der Name andeutet, wird sie nach Ldr. I 20 § 1 am Morgen nach der Hochzeitsnacht bestellt[1363]. In diesem Artikel führt Eike von Repgow zudem auf, welche Gegenstände ein Mann von Ritterstand – ohne dabei der Mitwirkung der Erb/innen zu bedürfen – seiner Frau als Morgengabe geben darf:

Ldr. I 20 § 1 Satz 2, S. 176

Des morgens, alse he mit ir to dische gat vor etene, ane erven gelof, so mach he ire geven enen knecht oder ene maget, die binnen iren jaren sin, unde tünete unde timber unde veltgande ve.

Einen Knecht oder eine Magd also, die noch nicht erwachsen[1364] sind, feldgängiges Vieh[1365], außerdem *tünete und timber*. Letzteres lässt sich wörtlich mit Zaun und Zimmerwerk[1366] übertragen, gemeint sind wohl Holzgebäude, die sich abbauen und versetzen lassen und darum zur Fahrenden Habe zählen[1367]. Weniger umfangreich ist dagegen die Morgengabe in den übrigen Ehen:

1362 Der Begriff der Morgengabe begegnet in den Quellen seit den Leges („Barbarorum") und ist begrifflich nicht eindeutig fassbar. Es verbergen sich dahinter nach Funktion, Umfang, Gegenstand und den Bestellenden verschiedenartige Zuwendungen; bisweilen bezeichnet der Begriff auch eine Gabe der Frau oder Frauenseite an den Mann. Ursprüngliche Bedeutung des Begriffs ist wohl wie im Sachsenspiegel ein Geschenk von Fahrnisgegenständen an die Frau, entweder zur Auszeichnung als Braut oder Ehefrau oder als Pretium virginitatis. Daneben dient die Morgengabe zunehmend als Witwensicherung. Ogris, Art. Morgengabe, in: Lex.MA VI Sp. 837 f.

1363 V. Martiz, Güterrecht des Sachsenspiegels S. 216; Heusler, Institutionen II S. 296 f.; Rummel, Rechtliche Stellung S. 145.

1364 Schmidt-Wiegand in Schott, Sachsenspiegel S. 52. Kaller, Sachsenspiegel S. 30 übersetzt inhaltlich übereinstimmend mit „unter ihren Jahren"; Rotermund, Sachsenspiegel S. 27 dagegen entgegengesetzt „die zu ihren Jahren gekommen sind".

1365 Vgl. Ldr. I 24 § 1, S. 182 f.: *Na deme herwede sal dat wif nemen ire morgengave; dar hort to alle veltperde unde rindere unde czegen unde svin, die vor den hirde gat, unde tünete unde timber.* Nicht in die Morgengabe fallen demnach Reitpferde, ebenso wenig Schafe und Geflügel, außerdem nicht die in Ldr. I 24 § 2 die dem Musteil zugerechneten gemästeten Schweine.

1366 Walther/Lübben, Mittelniederdeutsches Handwörterbuch S. 404, 420 bietet für *tûn* „1. Geflecht aus (Hage)dorn, Weiden oder anderen Gesträuchen, bes. als Einfriedung des Eigentums, Hecke der Gärten. 2. Zaun als Befestigung von Schlössern, Dörfern, Städten etc., auch aus Planken u. Pallisaden. 3. das von einem Zaune umschlossene, Garten, Gehege" und für *timber* „1. Bauholz, Baumaterial. 2. Zimmerwerk, von Holz aufgeführtes Bauwerk". Nach v. Martitz, Güterrecht des Sachsenspiegels S. 219 Anm. 12 ist der Ausdruck sprichwörtlich.

1367 Vgl. den auf die oben zitierte Stelle unmittelbar folgenden Satz Ldr. I 20 § 2 Satz 1, S. 176: *Svar der vrowen die stat nicht n'is mit deme gebu, als ir man stirft, binnen ses weken na dem drittegesten sal se mit dem gebu rumen, so dat se de erde nicht ne wunde.* Das erwähnte Gebäude ist wohl gleichzusetzen mit dem im ersten Paragraphen genannten *tünete unde timber.* Vgl. auch Ldr. II 21 § 1, S. 249: *Die tinsman, sve he si, die erft sin gebu uppe sinen erven uppe tinsgude; it ne si en man von ridderes art, die't sime wive to morgengave hebbe gegeven*, ebenda

Ldr. I 20 § 8, S. 177

Alle de von ridders art nicht ne sin, die ne mogen iren wiven nicht geven to morgengave wen dat beste perd oder ve, dat se hebbet.

In beiden Stellen fällt auf, dass dem Mann die Bestellung einer Morgengabe nach dem Wortlaut[1368] freigestellt wird. Eine Frau hat nicht schon von Rechts wegen einen Anspruch auf die Morgengabe, es fallen auch nicht ohne weiteres alle betreffenden Gegenstände hinein[1369]. Jedenfalls in Bezug auf die Eigenleute muss der Ehemann konkret festlegen, welchen von möglicherweise mehreren minderjährigen Knechten oder welche von mehreren minderjährigen Mägden die Frau erhalten soll[1370]. Anders lautet die Formulierung in Ldr. I 24 § 1: (...) *morgengave; dar hort to alle veltperde unde rindere unde czegen unde svin, die vor den hirde gat, unde tünete unde timber*[1371], jedoch ist der zweite Halbsatz ab *dar to hort* nach ganz überwiegender Ansicht in der Literatur eine jüngere Ergänzung wohl noch aus dem 13. Jahrhundert, die auf eine spätere Entwicklung hin zu einer feststehenden Morgengabe jedenfalls bei adligen Frauen zurückgehe[1372]. Nach dem Tod der Witwe fallen die als Morgengabe erhaltenen Güter an die Erb/innen der Witwe und nicht an die des Mannes[1373]. Auch bei einer Scheidung – gemeint sein dürfte damit eine Eheannullierung oder

---

S. 249, in dem ebenfalls ein Holzgebäude als Teil der Morgengabe eines dem Ritterstand angehörenden Mannes begegnet, v. Martitz, Güterrecht des Sachsenspiegels S. 219, insbesondere Anm. 12.

1368 *So m a c h he ire geven* in Ldr. I 20 § 1 Satz 2 bzw. *die n e m o g e n iren wiven nicht geven to morgengave wen* in Ldr. I 20 § 8, (Hervorhebungen jeweils der Vf.).

1369 V. Martiz, Güterrecht S. 217; Schulte-Beckhausen, Ehe- und Familienrecht S. 140 f.; Rummel, Rechtliche Stellung S. 147.

1370 Möglicherweise kann er ihr auch nur einen Teil des feldgängigen Viehs und der vorhandenen Holzgebäude als Morgengabe übertragen, v. Martitz, Güterrecht des Sachsenspiegels S. 220; Rummel, Rechtliche Stellung S. 147; Schulte-Beckhausen, Ehe- und Familienrecht S. 143.

1371 Vgl. oben Anm. 1365.

1372 Die Literatur benutzt dafür die Begriffe der gesetzlichen Morgengabe einerseits und der vertraglichen oder tradierten Morgengabe andererseits. Außerdem sei in den Städten später eine gelobte Morgengabe auf eine Geldsumme aufgekommen. Eike von Repgow habe aber nur die tradierte Morgengabe gekannt; Ldr. I 24 § 1 Hs. 2 sei eine spätere Ergänzung, v. Martitz, Güterrecht S. 225; Schröder, Geschichte des ehelichen Güterrechts II, Abt. 3 S. 335; Schulte-Beckhausen, Ehe- und Familienrecht S. 146; Rummel, Rechtliche Stellung S. 147. Anderer Ansicht Behre, Eigentumsverhältnisse S. 20, 68, 94, 98 für den schon Eike von Repgow zwischen den drei Arten der Morgengabe unterschied, in Ldr. I 20 § 1 und Ldr. II 21 sei die tradierte Morgengabe behandelt, in Ldr. I 20 § 4, Ldr. I 24 § 1, Ldr. III 38 § 3, Ldr. III 74 und Ldr. III 76 § 1 die gesetzliche, die gelobte schließlich finde sich etwa in Ldr. I 20 § 6 und Ldr. III 74.

1373 Wie sich aus dem zweiten Halbsatz des oben zitierten Ldr. III 38 § 3 ergibt. Agricola Gewere S. 473; Schröder Geschichte des ehelichen Güterrechts II Abt. 3 S. 333; Rummel Rechtliche Stellung S. 149.

eine formale Trennung von Tisch und Bett bei fortbestehender Ehe[1374] – behält die Ehefrau nach selten vertretener, aber überzeugender Auffassung grundsätzlich ihre Morgengabe[1375]. Die überwiegende Meinung[1376] in der Literatur geht hier, ohne dies zu problematisieren, vom Gegenteil aus und beruft sich dabei auf Ldr. III 74.

Ldr. III 74 Satz 1, 2, S. 370

Wirt en wif mit rechte von irme manne gesceiden, sie behalt doch ire lifgetucht, die he ir gaf an sinem egene, unde ire gebu dat dar uppe stat. Dat ne mut aver sie nicht upbreken noch dannen vören; anderes ne blift ire nen gebu, noch nicht der morgengave.

Vertreter*innen dieser Meinung übersetzen also *anderes* mit „sonst; darüber hinaus" und nehmen daher an, dass die Morgengabe eine gewissermaßen auflösend bedingte Übereignung darstelle. Wenn die Frau vorverstirbt oder der Scheidungsfall eintritt, werde der alte Rechtszustand wiederhergestellt. Näher liegt aber die Übersetzung mit „sonst; andernfalls". Der Satz beinhaltet demnach nicht, dass der Frau im Scheidungsfall die Leibzucht mitsamt des sich darauf verbliebenen Gebäudes verbleibt, sonst aber keine Gebäude, auch nicht aus der Morgengabe und dass sie zudem das Gebäude auf der Leibzucht nicht abbrechen darf. Vielmehr tritt der Verlust aller Gebäude, auch derjenigen aus der Morgengabe, nur strafweise bei dem unberechtigten Abbrechen eines auf der Leibzucht befindlichen Gebäudes ein. Ähnliche Strafvorschriften beim Beanspruchen eines besseren Rechts als des tatsächlich gegebenen finden sich auch in Ldr. I 32 Satz 2[1377], Ldr. I 16 § 1 Satz 2 und Ldr. II 6 § 1[1378].

1374 Der Sachsenspiegel formuliert in einer Umschreibung, dass *en wif mit rechte von irme manne gesceiden* wird, gemeint ist nach allgemeiner Literaturmeinung dem kanonischen Recht entsprechend entweder die Nichtigkeitserklärung wegen eines Ehehindernisses oder die formale Trennung von Tisch und Bett bei im Übrigen fortbestehender Ehe, die beide *mit rechte* erfolgten, also gerichtlich festgestellt wurden, v. MARTITZ Güterrecht des Sachsenspiegels S. 127 f.; FRICKE Eherecht S. 12 f.

1375 So wohl auch HASSE, ZGR 4 (1820) S. 83; ROTERMUND, Sachsenspiegel S. 123.

1376 V. MARTIZ, Güterrecht S. 129 f., 222; SCHRÖDER, Geschichte des ehelichen Güterrechts II, Abt. 3 S. 333; BEHRE, Eigentumsverhältnisse S. 36; SCHULTE-BECKHAUSEN, Ehe- und Familienrecht S. 144; RUMMEL, Rechtliche Stellung S. 148; FRICKE, Eherecht S. 39.

1377 Wiedergegeben unten Anm. 1386.

1378 Für diese Deutung spricht, dass sich Ldr. III 74 auch nach der Gegenmeinung nur auf Morgengabegebäude bezieht, und nicht auf die übrigen Morgengabegegenstände – SCHMIDT-WIEGAND in SCHOTT, Sachsenspiegel S. 221 etwa übersetzt: „Sonst bleibt ihr kein Gebäude, auch nicht von der Morgengabe" –, eine Stelle aber, die eine Rückgabe der (gesamten) Morgengabe für den Scheidungsfall erkennen lassen würde, fehlt. V. SYDOW, Erbrecht S. 293 Anm. 902 geht daher davon aus, dass der Ehefrau die Morgengabe mit Ausnahme des Gebäudes verbleibt. – Jedoch scheint im Vergleich zu einer solchen Unterscheidung nach verschiedenen Morgengabegegenständen die Deutung als Strafvorschrift naheliegender. Einer Rückgabepflicht für den Scheidungsfall widerspricht auch der Charakter der Morgengabe als Geschenk, das der Auszeichnung als Braut oder Ehefrau und/oder als Pretium virgini-

Wie die Morgengabe ist auch die Leibzucht eine Möglichkeit, eine Witwe über die Gerade und das Musteil hinaus weiter abzusichern. Die häufige Nennung der Leibzucht im Sachsenspiegel zeigt auf, dass diese Möglichkeit von hoher praktischer Bedeutung ist, zudem bezieht sie sich auf wirtschaftlich bedeutsame Güter, sodass sie nicht selten als die „eigentliche Witwenversorgung" des Sachsenspiegels bezeichnet wird[1379]. Eike von Repgow stellt die Leibzucht in Anschluss an die Morgengabe vor, in Ldr. I 21 § 1:

Ldr. I 21 § 1 Hs. 1, S. 178

Man mut ok wol den vrowen geven egen to irme live mit erven gelove, svo jung se sin, (...).

Gegenstand der Leibzucht ist hier ein *egen*, aus anderer Stelle wird jedoch deutlich, dass ein Mann eine Leibzucht auch an Lehensgrundstücken bestellen kann[1380]. Anders als die Morgengabe richtet die Leibzucht sich also auf Liegenschaften[1381], Mobilien sind aber umfasst, wenn sie gewissermaßen als Zubehör[1382] zum Leibzuchtsgrundstück gehören[1383].

---

tatis dienen soll, vgl. oben Anm. 1362. Zudem ist eine auflösende Bedingung eine durchaus komplexe rechtliche Konstruktion, die für den Sachsenspiegel eher unwahrscheinlich erscheint. Schließlich spricht für die hier vertretene Deutung ein Schluss a maiore ad minus aus dem Vergleich zum Leibgedinge, das zwar beim Tod des Mannes an die Erb/innen des Mannes fällt, der Ehefrau im Scheidungsfall aber verbleibt. – Als Gegenargument ließen sich die Bilderhandschriften anführen. Die Illustrationen zu Ldr. III 74 finden sich in der Heidelberger Bilderhandschrift auf fol. 25ʳ, in der Dresdner Bilderhandschrift auf fol. 51ʳ, in der Wolfenbütteler Bilderhandschrift auf fol. 55ʳ und in der Oldenburger Bilderhandschrift auf fol. 85ʳ. Zu sehen ist ein Geistlicher, der Mann und Frau voneinander trennt, wobei sich auf Seiten der Frau ein Gebäude (als Zeichen für die Leibzucht) und eine Schere (als Zeichen für die Gerade) befindet, nicht aber feldgängiges Vieh (als Zeichen für die Morgengabe), Hüpper, Ehe, Familie, Verwandtschaft S. 147. Allerdings wird im Bild auch nicht das Musteil dargestellt, das nach dem Text der Frau sicher verbleibt. Zudem wird nach der hier vertretenen Deutung die Morgengabe in Ldr. III 74 nicht vorrangig thematisiert, sodass ihr Fehlen in den Bilderhandschriften auch auf dieser nachrangigen Bedeutung für die Textaussage beruhen kann.

1379 V. Martiz, Güterrecht des Sachsenspiegels S. 193; Schulte-Beckhausen, Ehe- und Familienrecht S. 148.

1380 Vgl. etwa Ldr. II 21 § 3, wiedergegeben unten Anm. 1387.

1381 Jedenfalls wird an keiner Stelle des Sachsenspiegels von einem Grundstück unabhängige Fahrende Habe als Gegenstand einer Leibzucht erwähnt.

1382 Ldr. I 21 § 2 Satz 1 Hs. 1, S. 178: *Liftucht ne kan den vrowen neman breken, neweder naborne erve, noch neman uppe den dat gut irstirft, se ne verwerke't selve; so dat se ovetbome uphowe, oder lüde van deme gude verwise, die to deme gude geboren sin, oder to swelker wis se ire liftucht ut van iren weren let.*

1383 V. Martiz, Güterrecht des Sachsenspiegels S. 193 f.; Schulte-Beckhausen, Ehe- und Familienrecht S. 149; Rummel, Rechtliche Stellung S. 154.

Auch in einer anderen Hinsicht unterscheidet sich die Leibzucht von der Morgengabe, denn sie wird einer Frau *to irme live*, nur auf Lebenszeit[1384] bestellt. Nach dem Tod der Witwe fällt das entsprechende Gut daher nicht an ihre Erb/innen, sondern an die Erb/innen des Mannes[1385]. Auch zu ihren Lebzeiten wird das Grundstück kein *egen* der Frau, sie darf es lediglich als Leibzucht beanspruchen[1386]. Dennoch haben die Erb/innen des Grundstückes keine Möglichkeit, es der Witwe zu entziehen, wenn es diese nicht missbräuchlich über die Gebühr hinaus nutzt[1387] oder es als ihr *egen* bezeichnet[1388]. Auch bei einer Scheidung behält die Ehefrau ihre Leibzucht[1389].

Eine Leibzucht kann sowohl an *egen* als auch an Lehen bestellt werden, doch hält Eike von Repgow die Bestellung an einem *egen* für vorteilhafter.

Ldr. III 75 § 1, S. 371

An egene is recht lifgetucht der vrowen, wende it in nieman gebreken mach to irme lieve, unde an lene nicht, wende it in to maneger wis gebroken mach werden.

Diese Aussage Eikes von Repgow lässt sich damit erklären, dass sich die Leibzucht an einem Lehen ursprünglich lediglich gegen den Lehnserben durchsetzen lässt, nicht aber gegen die Lehnsherr/in, wenn das Lehen an diesen/diese zurückfallen sollte[1390].

1384 *To irme live* lässt sich mit „auf Lebenszeit“, aber auch mit „für ihren Lebensunterhalt“ übersetzen, vgl. Anm. 1310, jedoch dürfte dies an der vorliegenden Stelle keinen Unterschied machen, zumal sich auch aus anderen Stellen ergibt, dass eine Frau ihre Leibzucht nicht vererbt, etwa Ldr. I 32 unten Anm. 1386.

1385 V. Martiz, Güterrecht des Sachsenspiegels S. 193, 201; Schulte-Beckhausen, Ehe- und Familienrecht S. 151; Rummel, Rechtliche Stellung S. 153.

1386 Ldr. I 32, S. 189: *Nein wif ne mach ok to egene behalden ire liftucht, noch ir erve na ireme dode, de wile man dat getügen mach, dat it ire to irme live gegeven si. Sprikt se, dat it ir egen si, unde wirt se dar af gewiset mit rechte; se hevet beide egen unde liftucht dar an verlorn.*

1387 Dies ist der Fall, wenn die Witwe besonders schwerwiegende Eingriffe in das Grundstück, wie das Fällen von Obstbäumen oder das Verweisen von Eigenleuten, vornimmt oder wenn sie die Gewere am Grundstück oder seinem Zubehör aufgibt, Ldr. I 21 § 2, wiedergegeben oben Anm. 1382. Nicht jede Verbesserung oder Verschlechterung ist indes missbräuchlich, Ldr. II 21 § 3, S. 249 f.: *Hevet ok en wif lifgetucht an egene oder an lene, svat se gebuwes dar uppe hevet svenne sie stift, dat ne erft se nicht an iren nesten mach, it nimt die, deme dat gut ledich wirt; wende iewelk man mut wol sin gebu beteren unde ergeren uppe sime lene weder sines herren willen; also mut die vrowe up irer lifgetucht,* insbesondere kann die Witwe ein auf dem Grundstück befindliches Holzgebäude abbrechen lassen, Ldr. III 38 § 4, S. 329: *Dat wif ne erft ok nen gebu up iren erven, dat up irer lifgetucht stat, si ne slite't af bi irme live unde sette't up ire egen oder uppe ire len.*

1388 Ldr. I 32, oben Anm. 1386.

1389 Ldr. I 21 § 2 Satz 2, S. 178: *Wirt san en man mit rechte van sime wive gesceiden, se behalt doch ir lifgetucht, de he ir gegeven hevet an sinem egene,* allerdings darf sie in diesem Fall etwaige Holzgebäude nicht abbrechen, Ldr. III 74, wiedergegeben unten Anm. 1677.

1390 V. Martiz, Güterrecht des Sachsenspiegels S. 203 f.; Schulte-Beckhausen, Ehe- und Familienrecht S. 153, aus der Überlegung heraus, dass der Ehemann als Besteller der Leibzucht ein Recht nur soweit gewähren kann, wie es ihm selbst zusteht. Die insoweit die Frau

Sie wird bisweilen aber auch so ausgelegt, dass an dieser und an anderen Stellen dem Ehemann nach der Leibzuchtsbestellung das Verfügungsrecht über das entsprechende Grundstück abgesprochen wird[1391]. Ein dritter Ansatzpunkt ist die Überlegung, dass im Lehnrecht ein von Minderjährigen erteiltes Erbenlaub von diesen zurückgenommen werden kann, wenn sie volljährig geworden sind, im Landrecht dagegen nicht[1392].

Als dritte Form, die ehelichen Vermögensverhältnisse auf freiwilliger Basis zu gestalten, wird in der Literatur vielfach die sogenannte „Ursale" ausgemacht, die in Ldr. I 44 begegne.

Ldr. I 44 Hs. 2, S. 198

(...) *to der klage sal se dat gerichte vormunden, unde dar ir ire man gift egen in ursale, oder to irme live.*

Zur Übertragung von *egen* vom Ehemann auf die Frau bedarf diese eines anderen Vormundes als ihres Mannes, als Möglichkeiten der Übertragung werden dabei *in ursale* und *to irme live* genannt. Letzteres meint eine Leibzuchtsbestellung[1393], ersteres offenbar eine davon zu unterscheidende Art der Übertragung. Diese Art der Übertragung wird in der Literatur, vor allem der älteren[1394], ganz überwiegend als eigenständiges eherechtliches Institut namens „Ursal(e)" verstanden[1395]. Ldr. I 44 ist jedoch die einzige Stelle, in der der Sachsenspiegel den Begriff *in ursale* benutzt. Daraus folgerte die Literatur vor allem des 19. Jahrhunderts, dass es sich um ein in früherer Zeit bedeutsames Institut handele, das zur Zeit Eikes von Repgow bereits

---

besserstellende Regelung in Lr. 2 § 3 ist erst später dem Urtext des Sachsenspiegels hinzugefügt worden, unten Anm. 1559, 1603.

1391 Agricola, Gewere S. 491 Anm. 40 mit Verweis auf Ldr. III 75 und Ldr. I 21 § 2, diese wiedergegeben oben Anm. 1389 bzw. unten 1586; Schröder, Geschichte des ehelichen Güterrechts II, Abt. 3 S. 391; Schulte-Beckhausen, Ehe- und Familienrecht S. 152. Anderer Ansicht v. Martitz, Güterrecht des Sachsenspiegels S. 199, für den ein Ehemann zeit seines Lebens über seine Grundstücke wie auch die seiner Frau frei verfügen kann, ebenso Rummel, Rechtliche Stellung S. 156; Fricke, Eherecht S. 30.

1392 Lr. 31, S. 205: *Dinget en man sime wive gut mit siner sone gelove die to iren jaren komen sin, dat ne kan weder die herre noch die kindere breken, of sie's getüch hevet. Lovet it die kindere binnen iren jaren, dat mogen sie breken, unde nicht die herre*, bzw. Ldr. I 21 § 1, teilweise wiedergegeben oben S. 334, v. Martitz, Güterrecht des Sachsenspiegels S. 204; Rummel, Rechtliche Stellung S. 154; Janz, Frauen S. 125.

1393 V. Martiz, Güterrecht des Sachsenspiegels S. 181; Schröder, Geschichte des ehelichen Güterrechts II, Abt. 3 S. 358; Rummel, Rechtliche Stellung S. 151.

1394 Zu den Zweifeln in der neueren Literatur unten Anm. 1404.

1395 Etwa v. Martitz, Güterrecht des Sachsenspiegels S. 182 f.; Schröder, Geschichte des ehelichen Güterrechts II, Abt. 3 S. 356; Heusler, Institutionen II S. 357 f.; Schulte-Beckhausen, Ehe- und Familienrecht S. 153; Rummel, Rechtliche Stellung S. 150; Fricke, Eherecht S. 31 f.; Altenkirch/Kuntschke, FS Lieberwirth 1991 S. 34.

seine Bedeutung verloren habe[1396]. Als Zweck dieses Instituts wird überwiegend[1397] angenommen, dass es sich um eine Ersatzleistung handele[1398], für veräußerte Liegenschaften der Frau[1399], für veräußertes Leibzuchtsgut[1400] oder für von ihr in die Ehe eingebrachte Fahrnis, insbesondere Kapital[1401], das nach den Vertreter*innen dieser Ansicht beim Vorversterben des Mannes als gewöhnliche Fahrende Habe an seine Erb/innen fällt[1402]. Vor allem die letztgenannte Ansicht stellt dabei einen Zusammenhang zu Ldr. III 74 Satz 4 her:

Ldr. III 74 Satz 4 ausschnittweise, S. 370

Man sal ir ok (...) geven (...) also vele des mannes gudes als ir gelovet wart, do sie to samene quamen.

Jedoch entbehrt dieser Zusammenhang jeglicher Grundlage, zumal in Ldr. I 44 keineswegs ein Bezug zur Eheschließung hergestellt wird, Mann und Frau sind vielmehr bereits verheiratet.

In älteren oder zeitgenössischen Rechtsquellen, insbesondere dem Magdeburger Recht, begegnet der Begriff *ursale* nicht, erst spätere Rechtsquellen, vor allem die Glossen zum Sachsenspiegel, greifen ihn auf[1403]. So ist auch die Literatur zunehmend zurückhaltend in ihren Aussagen zur sogenannten „Ursale"[1404]. Aus Ldr. I 44 lässt

---

1396 V. Martiz, Güterrecht des Sachsenspiegels S. 182 f.; Heusler, Institutionen II S. 357 f.; Fricke, Eherecht S. 31 f.

1397 Heusler, Institutionen II S. 346, 357 f. sieht in ihr eine Zuwendung des Mannes an seine Frau, entsprechend der *dos* in der Lex Salica, die aber zu Zeiten des Sachsenspiegels kaum mehr in Gebrauch und mit seinen übrigen eherechtlichen Instituten schwer in Einklang zu bringen sei.

1398 Diese Ansicht findet sich dabei, wie zu zeigen sein wird, bereits in der Buch'schen Glosse, unten S. 388. Johann von Buch meint in der Ursale jedoch ein römischrechtliches Institut erkennen zu können, sodass seine Ausführungen an dieser Stelle nur geringe Aussagekraft für die Rechtsansichten Eikes von Repgow haben.

1399 Schulte-Beckhausen, Ehe- und Familienrecht S. 155; Rummel, Rechtliche Stellung S. 152.

1400 Kraut, Vormundschaft II S. 426.

1401 Schröder, Geschichte des ehelichen Güterrechts II, Abt. 3 S. 359; Schulte-Beckhausen, Ehe- und Familienrecht S. 154; Rummel, Rechtliche Stellung S. 152; Fricke, Eherecht S. 31.

1402 Unten S. 339 ff.

1403 Agricola, Gewere S. 471; v. Martitz, Güterrecht des Sachsenspiegels S. 182 Anm. 1.

1404 Schulte-Beckhausen, Ehe- und Familienrecht S. 154 weist darauf hin, dass sich der Sachsenspiegel nicht über den Zweck der Ursale ausspreche, sondern dass diesen nur jüngeren Quellen erkennen ließen. Rummel, Rechtliche Stellung S. 152 stellt denselben Umstand fest; man könne nur „vermuten, dass es sich um eine Abfindung" handele. Im Gegensatz dazu lässt Fricke, Eherecht S. 31 – entsprechend dem Charakter seiner Arbeit als kurze systematische Zusammenstellung des nach herrschender Lehre geltenden Eherechts des Sachsenspiegels – keinerlei diesbezüglichen Bedenken erkennen. – Schon v. Martitz,

sich lediglich entnehmen, dass es um eine Übertragung von *egen* geht und dass diese Übertragung nicht *to irme live,* sondern, wie sich aus etymologischen Überlegungen schließen lässt[1405], dauerhaft erfolgt. Das entsprechende Grundstück fällt nach dem Tod der Ehefrau also an ihre Erb/innen und nicht, wie ein Leibzuchtgrundstück, an die Erb/innen des Mannes[1406]. Weitere Aussagen, insbesondere zum Zweck der Übertragung, lassen sich aus dem Sachsenspiegel dagegen begründeterweise nicht treffen[1407]. Ob Eike von Repgow ein eigenständiges, womöglich dem Eherecht eigentümliches Rechtsinstitut mit der Bezeichnung *ursale* kennt, ist entgegen der hergebrachten Literaturmeinung sehr zweifelhaft. Wahrscheinlicher bezeichnet die Formulierung *in ursale* einfach jede dauerhafte im Gegensatz zu einer zeitlich begrenzten Übertragung[1408].

Güterrecht des Sachsenspiegels S. 184 hatte die in der Literatur zuvor unbestrittenen Feststellungen zum Zweck der „Ursale" angezweifelt. Der Wunsch, die Ehefrau aus einem der genannten Gründe zu entschädigen, könne „wol <sic> Motiv einer solchen sein, aber niemals ihren Charakter ausmachen", da es keine entsprechende Ersatzpflicht des Mannes gebe. Skeptisch in Bezug auf die herrschende Lehre ist auch Agricola, Gewere S. 471 f. Anm. 2, aufgrund der Unsicherheit von auf den Zweck bezogenen Aussagen und der geringen praktischen Bedeutung der Bestellung *in ursale* jedenfalls zu Eikes von Repgow Zeiten könne diese „als besonderes Institut füglich ausser Acht gelassen werden".

1405 Denkbar wäre auch eine andere Auslegung, etwa eine Übertragung nur bis zu einer erneuten Eheschließung. Dagegen spricht aber, dass das Wort *sale* in älteren Quellen die feierliche Übertragung von Grundstücken und das entsprechend begründete Recht selbst bezeichnet, es wird in diesen Quellen etwa gleichgesetzt mit *proprietas*, Kraut, Vormundschaft II S. 426 Anm. 1; v. Martitz, Güterrecht des Sachsenspiegels S. 184; Rummel, Rechtliche Stellung S. 150 Anm. 82.

1406 Rummel, Rechtliche Stellung S. 151.

1407 Diese ergeben sich entgegen Kraut, Vormundschaft I S. 426 Anm. 1 insbesondere nicht aus etymologischen Überlegungen. Das Präfix *ur* lässt sich auf die Bedeutung „aus, heraus" oder eine Verstärkung des Grundbegriffs zurückführen, v. Martitz, Güterrecht des Sachsenspiegels S. 184. Dagegen nimmt Kraut an, dass das *ur* auf *ir* = *er* zurückgeht, welches häufig im Sinne von „wieder" verwendet worden sei. Das *ur* verweise also auf die Erstattungsfunktion der Mitgift. Jedoch erscheint die von Kraut aufgeführte Bedeutung anders als die von v. Martitz angenommene nach BMZ III Sp. 194a–195a nicht bei Substantiven, sondern nur bei Verben, bei denen zudem das tonlose *er* an die Stelle von *ur* tritt. – Auch das Verständnis späterer Quellen kann hier nicht als Indiz herangezogen werden. Das Verständnis als Ersatzleistung begegnet, wie zu zeigen sein wird, bereits in der Buch'schen Glosse, wobei Johann von Buch entsprechend seines Umgangs mit dem sächsischen Ehegüterrecht einen Begriff des Sachsenspiegels als Bezeichnung für ein römischrechtliches Institut auslegt. Insofern ergeben sich hier deutliche Anhaltspunkte dafür, dass das Verständnis der Ursale als Ersatzleistung nicht der ursprünglichen Bedeutung entspricht, sondern auf die Rezeption des römischen Rechts zurückgeht, die sich dann auch in anderen Quellen niedergeschlagen haben dürfte.

1408 Aber auch, wenn es sich tatsächlich um eine spezielle Form der Witwensicherung handelt, legt die bloß einmalige Nennung doch nahe, dass diese Form jedenfalls in der Zeit Eikes von Repgow im Vergleich zur Morgengabe und zur Leibzucht von untergeordneter Bedeutung ist.

δ. Vom Mann eingebrachte Güter, von der Frau eingebrachte Güter, erworbenes Gut

Die bisherigen Überlegungen haben ergeben, dass die Frau beim Tod ihres Ehemannes alle im gemeinsamen Haushalt vorhandenen Geradegegenstände und die Hälfte aller nach dem Dreißigsten übriggebliebenen Speisevorräte erhält. Dabei ist unerheblich, ob die einzelnen Gegenstände ursprünglich vom Mann stammen, von der Frau oder ob sie erst während der Ehe erworben worden sind.

Von der übrigen Fahrenden Habe erhält die Ehefrau dasjenige, das ihr der Ehemann als Morgengabe geschenkt hat. Von den Grundstücken bleiben ihr auf Lebenszeit diejenigen, welche ihr Mann ihr als Leibzucht, und vererblich jene, welche er ihr *to ursale* übertragen hat. Darüber hinaus erwähnt der Sachsenspiegel an keiner Stelle, dass die Ehefrau nach dem Tod ihres Ehemannes Anspruch auf Güter aus dem gemeinsamen Haushalt gehabt hätte. Daraus lässt sich folgern, dass jedenfalls die vom Mann eingebrachten übrigen Güter an seine Erb/innen fallen[1409]. Diese Erb/innen werden an verschiedenen Stellen als von der Witwe unterschiedlich angesprochen[1410]. Insbesondere der nicht als Leibzucht bestellte Grundbesitz des Mannes fällt sogleich an seine Erb/innen, nämlich an seine Kinder oder weiteren Nachfahr/innen, an seine Vorfahr/innen oder an seine Seitenverwandten.

Diese können die Witwe, wenn das Ehepaar auf einem Grundstück des Mannes gelebt hat, grundsätzlich aus dem von den Eheleuten bewohnten Haus verweisen[1411]. Allerdings besteht auch die Möglichkeit, dass die Witwe mit den Erb/innen des Mannes *ungetveiet*[1412], also ohne Teilung, im vormals ehelichen Haushalt verbleibt. Vor allem, wenn die Erb/innen des Mannes die gemeinsamen Kinder des verstorbenen Ehemanns und der Witwe sind, ist dies in der Rechtspraxis wohl nicht ungewöhnlich[1413]. Dies lässt jedenfalls die Tatsache vermuten, dass diese Konstella-

---

1409 Dies ist meines Wissens unbestritten, etwa v. Sydow, Erbrecht S. 262; v. Martitz, Güterrecht des Sachsenspiegels S. 101; Schröder, Geschichte des ehelichen Güterrechts II, Abt. 3 S. 7; Schulte-Beckhausen, Ehe- und Familienrecht S. 118; Fricke, Eherecht S. 35 f.; Rummel, Rechtliche Stellung S. 136 ff.

1410 Vgl. etwa Ldr. I 20 § 1; Ldr. I 21 § 2; Ldr. I 22 § 1.

1411 Ldr. III 38 § 2, S. 329: *Dat wif ne sal men nicht verwisen ut ires mannes gude, als he stirft, de dar kint dreget, er sie's geneset* enthält eine besondere Schutzvorschrift für schwangere Witwen, aus der sich folgern lässt, dass man nach Ansicht Eikes von Repgow eine nicht schwangere Witwe sehr wohl verweisen kann, v. Martitz, Güterrecht des Sachsenspiegels S. 167; Schröder, Geschichte des ehelichen Güterrechts II, Abt. 3 S. 104 f.; Schulte-Beckhausen, Ehe- und Familienrecht S. 131; Rummel, Rechtliche Stellung S. 179. Anderer Ansicht v. Sydow, Erbrecht S. 282 f. mit der Begründung, dass sich aus diesem Artikel nur Schlussfolgerungen für eine unbeerbte Ehe ziehen ließen. Dagegen aber die herrschende Meinung, die eine solche Unterscheidung im Sachsenspiegel nicht gegeben sieht, oben Anm. 1315.

1412 Etwa Ldr. I 20 § 3.

1413 v. Sydow, Erbrecht S. 278 ff.; v. Martitz, Güterrecht des Sachsenspiegels S. 167 ff.; Schulte-Beckhausen, Ehe- und Familienrecht S. 132; Rummel, Rechtliche Stellung

tion im Sachsenspiegel mehrfach thematisiert wird[1414]. Es kann aber nach Eike von Repgow keine der beiden Seiten eine solche Regelung gegen den Willen der anderen durchsetzen[1415].

Jedenfalls in Bezug auf das vom Mann eingebrachte Gut, Liegenschaften wie Fahrende Habe, hat die Frau über die bisher angesprochenen Fälle hinaus also kein Recht. Zu klären bleibt aber, ob die Witwe die von ihr in die Ehe eingebrachten Güter zurückerhält und bei wem die während der Ehe erworbene Habe verbleiben, soweit diese jeweils nicht unter Gerade, Heergewäte oder Musteil fallen. Es findet sich hierzu keine ausdrückliche Regelung im Sachsenspiegel, allerdings lassen sich aus Sachsenspiegelartikeln mit anderer Zielrichtung einige Folgerungen ziehen.

Das von der Ehefrau eingebrachte *egen* erhält sie nach ganz einhelliger Meinung zurück, wenn die Ehe durch den Tod des Mannes ihr Ende findet[1416]. In der Tat lässt sich dem Sachsenspiegel entnehmen, dass die Grundstücke der Frau im umgekehrten Fall, dem ihres Vorversterbens, an ihre Erb/innen fallen[1417]. Daher kann a maiore ad minus wohl relativ unproblematisch geschlossen werden, dass diese ihr beim Tod des Mannes bleiben[1418]. Sehr umstritten ist dagegen die Frage nach der von der Ehefrau eingebrachten Fahrende Habe. Eine Ansicht – vertreten vor allem von älteren Autor*innen – nimmt hier an, dass die Witwe die von ihr eingebrachten Gegenstände zurückerhält[1419]. Demgegenüber verbleiben nach der Gegenansicht – die sich seit Mitte des 19. Jahrhunderts durchzusetzen beginnt – alle von der Frau eingebrachten Gegenstände bei den Erb/innen des Mannes, soweit es sich nicht um Geradegegenstände, Speisevorräte oder Teile der Morgengabe handelt[1420]. Für diese zweite Meinung sprechen die Ausführungen in Ldr. I 22–24.[1421] Es wird dort nach ganz überwiegender Ansicht die Aufteilung der im gemeinsamen Haushalt vorhandenen Fahrnis geregelt, und, so ist dort formuliert: *Svat so boven dit benomde ding* <nämlich dem verdienten Lohn des Gesindes, dem Musteil der Witwe, ihrer Mor-

---

S. 176. In der Literatur vor allem des 19. Jahrhunderts wird dies oft als „Beisitz der Witwe" bezeichnet, vgl. Ogris, Art. Beisitz der Witwe, in: HRG[2] I Sp. 510 f.

1414 Ldr. I 20 §§ 3, 4; Ldr. III 76 §§ 1, 2.

1415 Anderer Ansicht v. Sydow, Erbrecht S. 278, 283, der derjenigen Witwe, deren Kinder den Mann beerben, ein Wahlrecht zuspricht, nicht aber der Witwe gegenüber anderen Erben.

1416 V. Sydow, Erbrecht S. 262; v. Martitz, Güterrecht des Sachsenspiegels S. 101; Schröder, Geschichte des ehelichen Güterrechts II, Abt. 3 S. 7; Fricke, Eherecht S. 35; Rummel, Rechtliche Stellung S. 175.

1417 Ldr. I 31 § 1 Satz 2, wiedergegeben oben S. 319.

1418 Rummel, Rechtliche Stellung S. 138, 175.

1419 Hasse, ZGR 4 (1820) S. 80; v. Sydow, Erbrecht S. 262; Agricola, Gewere S. 214 ff.

1420 Albrecht, Gewere S. 263; v. Martitz, Güterrecht des Sachsenspiegels S. 102 ff.; Schröder, Geschichte des ehelichen Güterrechts II, Abt. 3 S. 11; Behre, Eigentumsverhältnisse S. 46 ff.; Schulte-Beckhausen, Ehe- und Familienrecht S. 117 f.; Fricke, Eherecht S. 36; Rummel, Rechtliche Stellung S. 136.

1421 Ausschnittsweise wiedergegeben oben S. 318.

gengabe, ihrer Gerade und dem Heergewäte> *is, dat hort al to'me erve*[1422]. Dagegen spricht allerdings folgende Formulierung in Ldr. I 31 § 2:

Ldr. I 31 § 2 Hs. 2, S. 189

(…), *dar umme ne mach nen wif ireme manne nene gave geven an irme egene, noch an irer varende have, dar se't iren rechten erven mede verne na irme dode; wende die man ne mach an sines wives gude nene andere were gewinnen, wen alse he to dem irsten mit ire untvieng in vormuntscap.*

Eine Frau kann demnach ihrem Mann keine Fahrende Habe schenken, wodurch sie diese ihren Erb/innen entfernen würde. Dann muss es theoretisch möglich sein, dass die Fahrende Habe einer verheiraten Frau an ihre Erb/innen fällt. Beim Vorversterben der Ehefrau ist dies, wie zu zeigen sein wird, nicht der Fall[1423]. Daher kann nur gemeint sein, dass die Ehefrau ihren Mann überlebt, ihre eingebrachte Fahrende Habe nach seinem Tod behält und später, bei ihrem eigenen Tod, an ihre Erb/innen vererbt[1424]. Es scheinen also beide Meinungen begründbar. So bleibt nur festzu-

1422 Albrecht, Gewere S. 263; v. Martitz, Güterrecht des Sachsenspiegels S. 103; Schröder, Geschichte des ehelichen Güterrechts II, Abt. 3 S. 19; Behre, Eigentumsverhältnisse S. 50. – V. Martiz, Güterrecht des Sachsenspiegels S. 103 ff. führt als Argument außerdem die Feststellung an, dass nach Ldr. I 24 § 3 ungewirktes Gold und Silber und unverarbeitete Laken nicht den Frauen gehören würden, obwohl sie solches Gut eingebracht haben könnten. Zudem würden in Ldr. III 76 §§ 1, 2 bei dem, was die Witwe nach Beendigung des sogenannten Beisitzes, vgl. Anm. 1413, an sich nehmen darf Morgengabe, Musteil und Gerade erwähnt, nicht aber die von ihr eingebrachte Fahrende Habe. Schließlich führt er die Konkurrenzvorschriften in Ldr. I 20 §§ 3–5 an, da es hier unabhängig von der Herkunft der Gegenstände nur eine Gerade, ein Musteil und eine Morgengabe gebe. Dass anderswo die Herkunft entscheidend sei, werde dagegen an keiner Stelle erwähnt. – Schröder, Geschichte des ehelichen Güterrechts II, Abt. 3 S. 19 ff. weist außerdem auf entsprechende, schon von Agricola mitgeteilte Schöffensprüche und einen Ehevertrag von 1447 hin. – Behre, Eigentumsverhältnisse S. 50 führt zudem Ldr. I 12 Satz 2, S. 168 an: *svat aver en man mit sime wive nimt,* könne nur die von ihm sogenannte „Ungerade" meinen. Dieses Argument scheint jedoch wenig überzeugend, da sich dies möglicherweise auch auf die gemeinsame Gewere der Eheleute oder gar ein Recht eines Ehemannes zur Fruchtziehung aus dem Gut seiner Frau bezieht. Albrecht, ebenda S. 264 f. schließlich weist insbesondere darauf hin, dass sich aus der Regelung zur Scheidung in Ldr. III 76, bei der die Wiedererlangung aller eingebrachten Habe durch die Frau ausdrücklich ausgesprochen wird, der Gegenschluss für den Fall des Vorversterben des Mannes ziehen lasse. Indes lässt sich hier auch umgekehrt eine Analogie annehmen, so v. Sydow, Erbrecht S. 265.

1423 Dazu unten S. 343 ff.

1424 V. Sydow, Erbrecht S. 248 f. Anm. 774; Agricola, Gewere S. 216 ff., insbesondere Anm. 4. – Vertreter*innen der Gegenmeinung, nach der eine Witwe beim Versterben ihres Mannes die von ihr eingebrachte Fahrende Habe nicht zurückerhält, verstehen Ldr. I 31 § 2 Hs. 2 teilweise dahingehend, dass der Einschub *dar se't iren rechten erven* etc. als Einschränkung gemeint sei, die Witwe also nur solche Fahrende Habe nicht verschenken könne, die sie damit ihren Erben entfernen würde. Dies könne die Gerade sein, so Kraut, Vormund-

stellen, dass m. E. jedenfalls die moderne Leser*in dem Sachsenspiegel in dieser Frage keine eindeutige Aussage zu entnehmen vermag.

Die während der Ehe erworbenen Güter schließlich werden nach überwiegender Ansicht den Erb/innen des Ehemanns zugeordnet: Aus der Gewere des Mannes am Frauengut folge ein Fruchtziehungsrecht, sodass alle aus dem gemeinsamen Gut erworbene[1425] Habe nach dem Ende der Ehe dem Mann bzw. seinen Erb/innen zustehe[1426]. In der Tat spricht hierfür wiederum eine Stelle in Bezug auf den umgekehrten Fall, also dem Vorversterben der Ehefrau. In Ldr. III 76 §§ 3–5 wird ausführlich geregelt, welche Fristen für die weitere Nutzung eines Witwers an einem Grundstück der Ehefrau gelten – nicht nur in Bezug auf die Bestellung des Ackers, sondern auch in Bezug auf die Einziehung des Zinses von Zinsleuten[1427]. Dem Ehemann verbleiben in diesem Fall also sogar die Früchte von allein der Frau zugeordneten Grundstücken. Allerdings ist zu bedenken, dass die Frau von dem Hinzugewonnenen alle Geradegegenstände und die Hälfte der Speisevorräte erhält, außerdem gegebenenfalls die Gegenstände, die in ihre Morgengabe fallen – was nach der Vorstellung Eikes von Repgow durchaus der Hälfte oder auch mehr der vorhandenen wirtschaftlichen Werte entsprochen haben mag[1428].

---

schaft II S. 428; Schröder, Geschichte des ehelichen Güterrechts II, Abt. 3 S. 10 Anm. 23; Heusler, Institutionen II S. 390. Allerdings entspricht diese Auslegung kaum dem Sprachgebrauch des Sachsenspiegels, v. Sydow, Erbrecht S. 248 f. Anm. 774. Sie wirkt konstruiert, da die Umschreibung *varende have, dar se't iren rechten erven mede verne na irme dode* als bloßes Synonym für „Gerade“ doch sehr aufwendig ist. Zudem wird als *erve* vorzugsweise die Empfänger/in des *erve* bezeichnet und nicht die Geradeempfängerin. Des weiteren widerspricht ein solches Verständnis auch dem Zusammenhang. In Ldr. I 31 § 1 ist mit *varende have* unzweifelhaft nicht allein die Gerade gemeint. Schließlich ergibt sich die weitere Bedeutung auch aus der Regelung selbst. Wenn eine Frau die Gegenstände der Fahrenden Habe nicht an ihren Mann übertragen soll, um sie ihren Erb/innen nicht zu entfernen, kann sich dies nicht auf die Gerade beziehen, weil die Geradegegenstände des gemeinsamen Haushaltes, also auch solche des Mannes, in jedem Fall an die geradeberechtigte Niftel fielen. Die Regelung wäre also überflüssig, Agricola, Gewere S. 217 f. Anm. 4. – Möglich bleibt allerdings, dass Eike von Repgow in Ldr. I 31 § 2 das Schenkungsverbot zwischen Eheleuten aus dem gelehrten Recht übernimmt, oben S. 306 f., und es auf ungeschickte, letztlich nur beim *egen* stichhaltige Weise, zu begründen sucht. Bei dieser Annahme lässt sich dem Artikel keine Aussage zum Verbleib der von der Ehefrau eingebrachten Fahrenden Habe beim Tod ihres Ehemannes entnehmen.

1425 Dies gilt wohl nicht für während der Ehe etwa durch Erbschaft, Schenkung oder Tausch erworbenes Gut, Fricke, Eherecht S. 23; Rummel, Rechtliche Stellung S. 138.

1426 V. Sydow, Erbrecht S. 264; v. Martitz, Güterrecht des Sachsenspiegels S. 116 ff.; Fricke, Eherecht S. 36 f.; Rummel, Rechtliche Stellung S. 159.

1427 Wiedergegeben unten S. 344.

1428 V. Sydow, Erbrecht S. 266 f.

c. Vorversterben der Ehefrau

Weit einfacher zu beantworten und in der Literatur weit weniger umstritten ist die Frage, welche Gegenstände aus dem ehelichen Haushalt dem Witwer beim Vorversterben der Ehefrau verbleiben.

α. Fahrende Habe

Die wesentlichen Stellen hierzu sind bereits angesprochen worden.

Ldr. I 31 § 1 Satz 2, S. 189

Stirft aver dat wif bi des mannes live, se ne erft nene varende have wenne rade, unde egen, of se dat hevet, in den nesten.

Ldr. III 38 § 3, S. 329

Musdele unde morgengave ne erft nen wif bi ires mannes live, sie ne hebbe se untvangen na ires mannes dode.

Aus der Formulierung, dass die genannten Vermögensmassen von der Frau zu Lebzeiten ihres Mannes nicht vererbt werden, lässt sich schließen, dass diese bleiben, wo sie sind: nämlich im vom Mann weiter bewohnten, ehemals gemeinsamen Haushalt[1429]. Stirbt also eine verheiratete Frau, fällt ihr *egen* – wenn sie solche Grundstücke hat – an ihren nächsten Verwandten, auch die Gerade wird vererbt. Alle übrige Fahrende Habe aber bleibt bei ihrem Mann, auch alle Speisevorräte und die Gegenstände, die er ihr einst als Morgengabe gegeben hat[1430]. Dies ist sogar dann der Fall, wenn die Eheleute nicht im Gut des Mannes gelebt haben, der Mann also nach dem Tod der Frau den ehemals gemeinsamen Haushalt verlässt, wie es Ldr. III 76 § 2 für den Fall einer wiederverheirateten Witwe zeigt[1431].

β. Vorübergehende Nutzungsrechte an Ackerland und Dreißigster

Ldr. III 76 lässt daneben noch ein zweites Recht des Ehemannes am Gut seiner verstorbenen Ehefrau erkennen. Wie die Witwe im Rahmen des Dreißigsten zunächst im vormals gemeinsamen Haushalt verbleiben darf, ihr also vorübergehend die Nut-

1429 V. Martiz, Güterrecht des Sachsenspiegels S. 90 ff.; Schröder, Geschichte des ehelichen Güterrechts II, Abt. 3 S. 7; Schulte-Beckhausen, Ehe- und Familienrecht S. 123; Fricke, Eherecht S. 33 f.

1430 Schulte-Beckhausen, Ehe- und Familienrecht S. 111.

1431 Ldr. III 76 § 2, S. 372: *Hadde aver die vrowe* <d. h. die Witwe, die mit ihren Kindern, den Erb/innen ihres Mannes, ungeteilt in deren Gut, d. h. dem ehemals gemeinsamen Haushalt mit ihrem ersten Mann, geblieben ist> *man genomen, unde was he to ire unde to den kinderen in dat ungetveide gut gevaren, unde stirft denne dat wif, die man behalt al des wives recht in der varender have, sunder dat gebu unde sunder die rade.*

zung von Haus und Hof ihres verstorbenen Ehemannes zusteht – die Erb/in darf zu der Witwe fahren, hat aber zunächst keine weitere Berechtigung an seinem/ihrem Erbe –, so kennt der Sachsenspiegel auch zugunsten des Witwers eine Regelung zur vorübergehenden Nutzung des Erbes seiner verstorbenen Frau. Der einschlägige Teil des Artikels lautet wie folgt:

Ldr. III 76 §§ 3–5, S. 372

[§ 3] *Nimt en man ene wedewen, die egen oder len oder liftucht oder san tinsgut hevet, svat so he in deme gude mit sinem pluge arbeidet, stirft sin wif er der sat, he sal't vul arbeiden unde seien unde afsniden, unde tins oder plege sal he dar af geven jenen, uppe den it gut irstirft.* [§ 4] *Stirft aver die vrowe na der sat, als die egede dat lant began hevet, die sat is ires mannes, unde he n'is dar nemanne nicht plichtich af to geldene plege noch tins, dar sie nen tinsgelde af ne was.* [§ 5] *Svat ok tinses oder plege in der vrowen gude was, dar man ire af gelden solde, stirft sie na den rechten tinsdagen, dat gut is des mannes vordende gut, als it der erven wesen solde, of sie ane man were.*

Hat der Ehemann im Zeitpunkt des Todes der Frau also das von ihr als *egen*, als Lehen, als Leibzucht oder als Zinsgut in die Ehe eingebrachte Ackerland bereits gepflügt, aber noch nicht eingesät, so darf er es bis zur Ernte weiter bearbeiten, muss aber den Erb/innen des Landes dafür eine Abgabe zahlen[1432]. Hat er dagegen im Zeitpunkt des Todes das Land bereits eingesät und geeggt, dann darf er das Land bis zur Ernte bearbeiten, ohne dafür eine zusätzliche Abgabe zu zahlen – er muss nur den Zins geben, den auch die Frau geschuldet hätte[1433]. Eine Berechtigung besteht auch an den Zinseinkünften aus dem von der Frau eingebrachten Land: Stirbt die Frau nach dem Fälligkeitsdatum für Zinsen, dann darf der Witwer die (noch nicht gezahlten) Zinsen einziehen, wie es auch die Erb/innen dürften, wenn die verstorbene Frau unverheiratet war – die Zinspflichtigen werden durch den Tod der Frau also nicht von der Zinspflicht frei[1434]. Ob die genannten Berechtigungen nur für den Witwer einer zum zweiten Mal verheirateten Frau oder für alle Witwer gelten, ergibt sich aus dem Wortlaut des Sachsenspiegels nicht. Er bezieht sich ausdrücklich nur auf eine wiederverheiratete Witwe. Dies mag aber auch dem Zusammenhang in Ldr. III 76 geschuldet sein, zumal es sich bei dem eingebrachten Acker nicht nur um ein Leibgedinge handeln kann – das nur eine wiederverheiratete Frau einbringen kann – sondern auch *egen*, Lehen und Zinsgut[1435].

Neben diesen in Ldr. III 76 aufgeführten Nutzungsrechten dürften auch für den Witwer die Regelungen des Dreißigsten gelten, wenn dieser zuvor zusammen

1432 v. Sydow, Erbrecht S. 286; v. Martitz, Güterrecht des Sachsenspiegels S. 119; Schröder, Geschichte des ehelichen Güterrechts II, Abt. 3 S. 15.

1433 v. Sydow, Erbrecht S. 286; v. Martitz, Güterrecht des Sachsenspiegels S. 118.

1434 v. Sydow, Erbrecht S. 286; v. Martitz, Güterrecht des Sachsenspiegels S. 119 f.; Rummel, Rechtliche Stellung S. 181.

1435 Rummel, Rechtliche Stellung S. 159 geht von einer Anwendbarkeit der Regelungen auch bei der ersten Ehe aus.

mit seiner Frau auf deren Anwesen gelebt hat. Dies gibt sich zwar nicht eindeutig aus dem Sachsenspiegeltext, indem an keiner Stelle der Dreißigste ausdrücklich im Zusammenhang mit dem Tod einer Frau angesprochen wird. Zwei Stellen deuten aber in diese Richtung, und in der Literatur wird diese Frage, soweit angesprochen, regelmäßig bejaht[1436].

d. Ehegüterrechtlicher Charakter der Rechtsinstitute

Zusammenfassend ist festzuhalten, dass bei verheirateten Erblasser/innen Teile der von ihnen in die Ehe eingebrachten Habe bei dem Witwer oder der Witwe verbleiben. Von vielen, vor allem den älteren Autor*innen werden diese Vermögensvorteile als ein Erbrecht der Ehegatten bezeichnet. Der Witwer e r b t demnach nach dem Tod seiner Ehefrau deren Fahrende Habe[1437], die Witwe e r b t die Geradegegenstände und die Hälfte der Speisevorräte[1438], und auch die Morgengabe und sogar Leibzucht werden bisweilen als erbrechtliche Institute verstanden[1439]. Hierin zeigt sich die Denkweise der modernen Jurist*in: Wenn ein Gegenstand während der Ehe bei der ursprünglichen Eigentümer/in verblieben ist, aber nach dem Tod an dessen/deren Ehegattin fällt, muss der Grund eine irgendwie geartete *mortis causa capio* sein[1440]. Andere Autor*innen wählen, um – nach heutigen Maßstäben – juristisch korrekt zu konstruieren, den Weg über einen Eigentumswechsel von Geradegegenständen[1441] bei der Eheschließung und von Morgengabegegenständen bei der Bestellung[1442]. Beide Ansätze sind darauf gerichtet, den Eigentumsübergang an den einzelnen Gegenständen möglichst genau zu fixieren. Für das Spätmittelalter hat der Begriff Eigentum jedoch eine untergeordnete Bedeutung, Eike von Repgow jedenfalls bemüht sich nicht um ihn[1443]. Er stellt lediglich fest, dass die Eheleute während bestehender Ehe *nein getveiet* Gut haben, dass der Ehemann das Gut der Frau in *sine gewere* nimmt und dass nach dem Tod eines/einer Verheirateten bestimmte Stücke an bestimmte Personen fallen.

1436 V. Martiz, Güterrecht des Sachsenspiegels S. 164, wohl auch Homeyer, Der Dreissigste S. 220. – Rummel, Rechtliche Stellung S. 170 lässt die Frage offen; Herold, Der Dreißigste S. 217 bejaht die Frage wohl nur für spätere Rechtsquellen.

1437 V. Sydow, Erbrecht S. 284 f.; Agricola, Gewere S. 219; v. Martitz, Güterrecht des Sachsenspiegels S. 124.

1438 V. Sydow, Erbrecht S. 262 f.; Agricola, Gewere S. 214 f. Anm. 2, S. 438 ff., 461; v. Martitz, Güterrecht des Sachsenspiegels S. 125.

1439 V. Sydow, Erbrecht S. 263. Agricola, Gewere S. 497 f., in Bezug auf die Leibzucht, anders für die Morgengabe, ebenda S. 516 ff.

1440 Agricola, Gewere S. 438, 465; v. Martitz, Güterrecht des Sachsenspiegels S. 125 f.

1441 Bzw. „Ungerade“-Stücken, so Behre, oben S. 327 f., insbesondere Anm. 1346.

1442 Albrecht, Gewere S. 262 ff.; Kraut, Vormundschaft II S. 354 f.; Schröder, Geschichte des ehelichen Güterrechts II, Abt. 3 S. 322 f., 333.

1443 Ebel, ZRG GA 92 (1975) S. 184; Rummel, Rechtliche Stellung S. 160.

Dies unternimmt Andreas Heusler juristisch so zu beschreiben, dass während der Ehe an der Fahrenden Habe Gütereinheit bestehe, die nach der Ehe nicht nach Quoten, sondern nach Sachgattungen aufgelöst werde[1444], diese Beschreibung käme den Vorstellungen des Sachsenspiegelrechts am nächsten[1445]. Dieser Einschätzung ist m. E. zuzustimmen, soweit man sie nicht als Beschreibung von Eigentumsverhältnissen im Sinne des römischen absoluten Eigentumsbegriffes versteht, sondern weniger spezifisch als Beschreibung einer rechtlichen Zuordnung[1446]. Eike von Repgow dürfte den gleichen Grundgedanken verfolgen: dass das eheliche Gut während der Ehe eine Einheit bildet, die nach der Ehe zwischen der überlebenden Ehegatt/in und den Erb/innen des/der verstorbenen aufzuteilen ist. Der Anteil des/der Überlebenden ist nicht sein/ihr Erbrecht, sondern sein/ihr Anteil an der gemeinsamen Habe[1447]. Für eine solche Auffassung spricht, dass der Sachsenspiegel die Vokabeln *erve*[1448], *erven* und *erve nemen* an keiner Stelle für die überlebende Ehegatt/in gebraucht. Ein Indiz dafür ist auch Ldr. I 31 § 1[1449]. Wenn eine Frau zu Lebzeiten ihres Mannes *nene varende have wenne rade ervet*, dann versteht Eike von Repgow das Verbleiben der Fahrenden Habe beim Mann wohl nicht als einen erbrechtlichen Vorgang[1450]. In der neueren Literatur ist daher nicht von erbrechtlichen, sondern von

1444 Heusler, Institutionen II S. 391 f.

1445 Heusler, Institutionen II S. 391.

1446 So handelt es sich bei der Gütereinheit, wie Heusler selber andeutet, um eine moderne Konstruktion, die dem Sachsenspiegel nicht ohne weiteres unterstellt werden kann.

1447 Dass dies der modernen Jurist*in mit seiner*ihrer Prägung durch den römischen, absoluten Eigentumsbegriff und durch ein Erbrecht mit einem einheitlichen, alle Güter eines*einer Verstorbenen umfassenden Nachlassbegriff unsauber erscheinen muss, ist dabei unerheblich, so auch Schulte-Beckhausen, Ehe- und Familienrecht S. 114.

1448 Mit Ausnahme vielleicht von Ldr. I 22 § 2 und Ldr. I 6 § 1, v. Martitz, Güterrecht des Sachsenspiegels S. 123 ff. Allerdings ist *erve*, wie gezeigt, ein vielschichtiger Begriff, oben S. 202 ff. An den genannten Stellen werden die an den Ehegatten und die Ehegattin übergehenden Vermögensmassen zwar nicht direkt ausgenommen, es lässt sich aus ihnen aber kaum folgern, dass der Übergang als ein Erbrecht verstanden wurde, Behre, Eigentumsverhältnisse S. 15; Schulte-Beckhausen, Ehe- und Familienrecht S. 115.

1449 Wiedergegeben oben S. 319.

1450 Zwar will v. Martitz, Güterrecht des Sachsenspiegels S. 124 als Argument für seine Ansicht – nämlich einem erbrechtlichen Charakter der Vermögensvorteile beim Tod eines Ehegatten – Ldr. I 31 § 1, wiedergegeben oben S. 319, heranziehen. Er legt den Artikel so aus, dass eine verheiratete Frau nur Gerade und *egen* „an den nächsten" vererbe, die übrige Fahrende Habe aber an ihren Mann. Dies überzeugt jedoch wenig. Denn der Einschub *in den nesten* dürfte sich nur auf das *egen* beziehen, die Gerade fällt gerade nicht an den nächsten Verwandten, sondern an die geradeberechtigte Niftel. Legt man „den nächsten" aber nicht als nächsten Verwandten aus, sondern als nächsten Erbberechtigten, so ist nicht einzusehen, warum nicht auch der Ehemann „der nächste" in Bezug auf die Fahrende Habe sein sollte, Behre, Eigentumsverhältnisse S. 46. Auch in dem sogleich zu untersuchenden Sachsenspiegelartikel Ldr. I 27, in dem die verschiedenen Vermögensmassen aufgeführt werden, die Männer und Frauen *erven*, werden die bei dem oder der Ehepartner/in verbleibenden Vermögensteile nicht erwähnt, Behre, Eigentumsverhältnisse S. 47.

eherechtlichen[1451] oder güterrechtlichen[1452] Ansprüchen die Rede, was den Vorstellungen Eikes von Repgow näher kommen dürfte.

2. Die Sondermassen

Von den Vermögensteilen, die beim überlebenden Ehemann oder der überlebenden Ehefrau eines/einer Verstorbenen verbleiben, soll nun der Blick auf das übrige Vermögen des/der Verstorbenen gerichtet werden: das Vermögen also, das er/sie *ervet*. Ist eine Erblasser/in nicht oder nicht mehr verheiratet, betrifft dies entsprechend sein/ihr gesamtes Vermögen. Die einschlägige Sachsenspiegelstelle zu diesem Thema findet sich in Ldr. I 27:

Ldr. I 27, S. 186f.

[§ 1] *Iewelk wif erft tvier wegene: ir rade an ir nesten nichtelen, de ir von wifhalven is besvas, unde dat erve an den nesten, it si wif oder man.* [§ 2] *Iewelk man von ridderes art erft ok tvier wegene: dat erve an den nesten evenbürdigen mach, sve de is, unde it herwede an den nesten svert mach. Svelk man von ridderes art nicht n'is, an deme to stat des herschildes, de let hinder ime erve to nemene, svenne he stirft, unde nein herwede.*

Auch das Vermögen, das vererbt wird, ist demnach noch einmal aufzuteilen. Der Nachlass einer Frau zerfällt in Gerade und *erve*, der Nachlass eines Mannes von Ritterstand dagegen in Heergewäte[1453] und *erve*. Während das *erve* in beiden Fällen

1451 Behre, Eigentumsverhältnisse S. 17, 25f. in Bezug auf das Musteil, die gesetzliche Morgengabe und den Teil der Witwengerade, der zur von ihm angenommenen „männlichen Gerade" gehört. Die tradierte Morgengabe und der Teil der Witwengerade, der zur „weiblichen Gerade" gehören, verbleiben seiner Ansicht dagegen kraft Eigentums bei der Witwe, Behre, ebenda S. 22f.

1452 Schulte-Beckhausen, Ehe- und Familienrecht S. 115f.

1453 In der rechtshistorischen Literatur finden sich als hochdeutsche Übertragung für *herwede* auch die Begriffe „Heergewette", etwa Deiters, De civili cognatione S. 96; Kannowski, Umgestaltung S. 457 sowie „Heergeräte", etwa v. Sydow, Erbrecht S. 152; Nitzsch, Heergeräte S. 1, die in dieser Arbeit gewählte Schreibweise „Heergewäte" entspricht aber der gebräuchlichsten. – Sie gründet sich darauf, dass *herwede* als eine Zusammensetzung aus *her* = „Heer" und *gevat/wât* = ursprünglich „Gewand", später „Ausrüstung" gedeutet wird, Grimm, Rechtaltertümer II S. 101; Schiller/Lübben, Mittelniederdeutsches Wörterbuch II S. 258; Klatt, Heergewäte S. 190f.; Bungenstock, Heergewäte und Gerade S. 140f. – Demgegenüber geht eine ältere Wortdeutung von einer Zusammensetzung von „Heergeräth" und „Wedde" im Sinne einer „Löse des Heergeräths", also einer Abgabe an den Herrn aus, Kindlinger, Hörigkeit S. 129. Jedoch deuten die älteren Quellen eher auf einen langen Vokal hin (*gewede, -weide, -wade*), während der kurze Vokal (*-wette, -wedde*) eher in neuzeitlichen Quellen vorherrscht, Klatt, Heergewäte S. 192; Bungenstock, Heergewäte und Gerade S. 140f. Dies spricht auch gegen eine mögliche Deutung, die „her" im Sinne von „Herr" auslegt, wiederum als Abgabe an den Herrn, Bungenstock, ebenda S. 141. – „Heergeräte" ist nach Klatt, Heergewäte S. 191f. eine jüngere Form, die sich seit der Rechtsbücherzeit von Mittel- und Oberdeutschland aus auch in den norddeutschen Ge-

der *neste (mach)* – d. h. der oder die nächste Verwandte – erhält, fällt die Gerade der Frau an *ir nesten nichtelen, de ir von wifhalven is besvas*, das Heergewäte des Mannes dagegen an den *nesten swert mach*. Gerade und Heergewäte des Sachsenspiegels[1454] sind also besondere, getrennt vererbte Vermögensmassen, sie werden daher in der Literatur als „Sondermassen" bezeichnet[1455]. Bei einem Mann, der nicht von Ritterstand ist, zerfällt der Nachlass dagegen nicht weiter, all sein Vermögen zählt als *erve*.

a. Das Heergewäte

Wie die Bestandteile der Gerade führt Eike von Repgow in den eingangs wiedergegebenen Ldr. I 22–24 auch die Bestandteile des Heergewätes katalogartig auf[1456]. Umfasst ist demnach das Schwert des Mannes, sein bestes Streitross oder sonstiges Pferd, die beste Rüstung und ein Heerpfühl – bestehend aus einem Bett, einem Kissen und einem Bettlaken[1457] – außerdem[1458] ein Tischtuch, ein Handtuch und zwei Becken. Anders als die Gerade umfasst das Heergewäte von den genannten Gegenständen nicht alle im Haushalt vorhandenen, sondern jeweils nur ein oder zwei Exemplare. Zudem ist der Heergewätekatalog anders als der Geradekatalog abschließend[1459].

---

bieten ausbreitet, nach BUNGENSTOCK, Art. Heergewäte, Heergeräte, in: HRG² II, Sp. 858 dagegen findet sich diese Form lediglich in der Literatur.

1454 Nach BUNGENSTOCK, Art. Heergewäte, Heergeräte, in: HRG² II Sp. 858 bezeichnet das Heergewäte in verschiedenen mittelalterlichen Quellen auch eine Abgabe an den Grundherrn oder andere Herren (etwa bei Lehnsmännern oder Dienstleuten). Möglicherweise gehe sowohl die erbrechtliche Sonderstellung als auch die Abgabe auf den Gedanken zurück, dass die Waffen den Verstorbenen repräsentierten und darum dem männlichen Nachfolger oder aber dem persönlichen Schutzherrn zukommen.

1455 BUNGENSTOCK, Heergewäte und Gerade S. 128; RUMMEL, Rechtliche Stellung S. 172; KANNOWSKI, Umgestaltung S. 460.

1456 Ldr. I 22 § 4 Satz 1 S. 180: *So sal de vrowe to herwede irs mannes sverd geven, unde dat beste ors oder perd gesadelet, unde dat beste harnasch, dat he hadde to enes mannes live, do he starf, binnen sinen weren; dar to sal se geven enen herpole, dat is ein bedde unde ein küssen unde ein lilaken, en dischlaken, tvei beckene unde en dvelen.*

1457 SCHMIDT-WIEGAND in SCHOTT, Sachsenspiegel S. 55 und KALLER, Sachsenspiegel S. 32 übersetzen *lilaken* mit Leinenlaken, enger WALTHER/LÜBBEN, Mittelniederdeutsches Handwörterbuch S. 207: „das Betttuch, auf dem man liegt".

1458 Ob Tischtuch, Handtuch und Becken zum *herpole* gehören, ist grammatikalisch aus Ldr. I 22 § 4 Satz 1 nicht zweifelsfrei abzuleiten. BUNGENSTOCK, Heergewäte und Gerade S. 1 scheint davon auszugehen, dagegen spricht, dass Bett, Kissen und Bettlaken mit einem „und" untereinander verbunden sind, nicht aber das folgende Tischlaken, außerdem, dass *pole* nach WALTHER/LÜBBEN, Mittelniederdeutsches Handwörterbuch S. 281 mit „Pfühl, *pulvinar*" übersetzt wird, also eine gepolsterten Sitz- bzw. Schlafgelegenheit bezeichnet, und *herpole*, WALTHER/LÜBBEN, ebenda S. 143, mit „Heerpfühl, Feldbett".

1459 Vgl. Ldr. I 22 § 4 Satz 2, S. 180: *Dit is ein gemene herwede to gevene unde recht, al settet de lüde dar mangerhande ding to, dat dar nicht to ne hort*; sowie Ldr. I 24 § 3 Satz 2 f., S. 183: *Dit is dat to vrowen rade hort. Noch is mangerhande klenode dat in gehort, al ne nenne ik is nicht sunderliken, als borste, schere, spegele.*

Wie bei der Gerade ist aber die Herkunft der einzelnen Bestandteile unerheblich[1460]. Vermutlich sind die Heergewätegegenstände als Teile einer kriegerischen Ausstattung zu verstehen, der Heerpfühl und Tischtuch, Handtuch und Becken dienen also der potentiellen Benutzung bei einem Feldzug[1461]. Allerdings umfasst die Aufzählung nicht alle Objekte, die man bei einer ritterlichen Ausrüstung zur Zeit Eikes von Repgow erwarten würde[1462].

Das Heergewäte fällt an den *nesten swert mach*. Gleich nahe Schwertmagen teilen das Heergewäte unter sich auf, jedoch erhält der Älteste unter ihnen das Schwert als Voraus[1463]. Was ein Schwertmage ist, erhellt Ldr. III 15 § 4

Ldr. III 15 § 4 Satz 1, S. 313

Sve so herwede vorderet, die sal al ut von sverd halven dar to geboren sin.

Das Schwert steht hier nach einhelliger Auffassung wie in vielen anderen mittelalterlichen Rechtsquellen als Symbol für das Männliche, für den Verwandten männlichen Geschlechts und/oder die männliche Linie[1464]. In Bezug auf die genaue Bedeutung des Begriffs finden sich in der Literatur allerdings unterschiedliche Ansichten. Bisweilen werden unter Schwertmagen alle (männlichen) Verwandten von der Vaterseite her gefasst[1465]. Angesichts der Formulierung in Ldr. III 15 § 4 *a l u t von svert halven*[1466], also „g a n z u n d g a r, n u r von der Männerseite“[1467], scheint aber jedenfalls in Bezug auf den Sachsenspiegel[1468] ein anderes[1469] Verständnis des Begriffs

1460 Schröder, Geschichte des ehelichen Güterrechts II, Abt. 3 S. 3 Anm. 3; Schulte-Beckhausen, Ehe- und Familienrecht S. 111; Rummel, Rechtliche Stellung S. 172.

1461 Auf den kriegerischen Ursprung verweist neben den Begriffen *her-wede* und *her-pole* auch die Tatsache, dass das Heergewäte vor allem eine militärische Ausrüstung enthält, v. Martitz, Güterrecht des Sachsenspiegels S. 112; Klatt, Heergewäte S. 190 f.; Bungenstock, Heergewäte und Gerade S. 1. Allerdings zeigen spätere Heergewätekataloge eine Entwicklung hin zu einer Sammlung nützlicher Gegenstände des täglichen Gebrauchs, Bungenstock, ebenda S. 43 ff., 59.

1462 Nicht umfasst sind etwa Schild und Speer, v. Martitz, Güterrecht des Sachsenspiegels S. 112.

1463 Vgl. Ldr. I 22 § 5, S. 180: *Svar tvene man oder dre to eneme herwede geboren sin, de eldeste nimt dat svert to voren, dat andere delet se gelike under sik.* Nach der Ansicht Klatts, Heergewäte S. 227 entwickelt sich daraus in späterer Zeit ein Anerbenrecht.

1464 Vgl. Schröder, ZRG GA 4 (1883) S. 2.

1465 Deiters, De civili cognatione S. 98, ihm folgend Gaupp, Recht und Verfassung S. 157, ebenso Hüpper in Art. Schwertmage in: HRG[1] IV Sp. 1577.

1466 Hervorhebung der Vf.

1467 Rosin, Schwertmagen S. 18.

1468 Davon unabhängig ist die Frage nach der späteren Entwicklung des Begriffs oder nach ähnlichen Begriffen wie dem des *vatermac* etwa im Schwabenspiegel, vgl. Rosin, Schwertmagen S. 3 Anm. 12 m. w. N.

1469 Beide Definitionen unterscheiden sich, weil nach der letztgenannten Ansicht auch solche Verwandte umfasst sein können, deren Verwandtschaft nicht allein durch Männer ver-

überzeugender[1470]: dass nur solche Verwandten gemeint sind, die ihre Verwandtschaft zum Erblasser durch eine ununterbrochene Kette männlicher Verwandter herleiten können[1471]. Außerdem müssen sie, was nicht ausdrücklich festgehalten wird, aber sich aus dem Zusammenhang ergibt[1472], selbst männlichen Geschlechts sein[1473].

b. Die Gerade

Die zweite in Ldr. I 27 angesprochene Sondermasse ist die Gerade. Sie begegnet an dieser Stelle in ihrer zweiten Funktion, nicht als Witwensicherung beim Tod eines Mannes, sondern als besonders vererbte Vermögensmasse beim Tod einer Frau: die in der Literatur sogenannte Niftelgerade[1474].

Inhaltlich handelt es sich im Sachsenspiegel[1475] in beiden Fällen wohl um dieselbe Gruppe von Gegenständen, nämlich alle im Haushalt der jeweiligen Frau vorhandenen Geradegegenstände[1476]. Die Gerade fällt nach Ldr. I 27 § 1 an die *neste*

---

mittelt wird, solange sie nur aus der väterlichen Familie stammen; beispielsweise die Söhne einer Vaterschwester. Zudem darf bezweifelt werden, ob nach dieser Definition auch Deszendenten zu den Schwertmagen zählen, die nach der ersten Ansicht problemlos umfasst sind, Rosin, Schwertmagen S. 16 ff. – In der Literatur werden beide Begriffsverständnisse allerdings sehr häufig nicht klar unterschieden, Rosin, ebenda S. 2 f. m. w. N. So setzt noch Hüpper in Ehe, Familie, Verwandtschaft S. 142, 152 Schwertmagen mit den Agnat/innen des römischen Rechts gleich, während sie in Art. Schwertmage, in: HRG[1] IV Sp. 1577 einen Schwertmagen als „männlichen Verwandten väterlicherseits" definiert, beide Male mit Blick auf den Sachsenspiegel.

1470 Gegen die Auslegung als Verwandter von der Vaterseite her spricht zum zweiten, dass der Sachsenspiegel in Ldr. III 32 § 5 die Verwandten von der Vaterseite anspricht, dort aber nicht den Begriff Schwertmage verwendet, sowie drittens die Gegenüberstellung des Begriffs der Schwertmagen mit dem der *niftele, de ir von wifhalven* – und nicht etwa *van moder halven – is besvas* in Ldr. I 27, Rosin, Schwertmagen S. 8, 23.

1471 V. Sydow, Erbrecht S. 42; Kraut, Vormundschaft I S. 166; Schröder, ZRG GA 4 (1883) S. 3; Rosin, Schwertmagen S. 20 f.

1472 So fällt an die Schwertmagen neben dem Heergewäte die Vormundschaft über eine Witwe, Ldr. I 23 § 2, Ldr. I 45, und auch die Nachfolge auf den Schöffenstuhl, Ldr. III 26 § 3, Bereiche, von denen im Spätmittelalter Frauen ausgeschlossen sind. Da der Sachsenspiegel an diesen Stellen generell von Schwertmagen und nicht von männlichen Schwertmagen spricht, scheint es sich bei Schwertmagen per definitionem um männliche Personen zu handeln, Rosin, Schwertmagen S. 30.

1473 V. Sydow, Erbrecht S. 42; Schröder, ZRG GA 4 (1883) S. 3, 20 f.; Rosin, Schwertmagen S. 23; Hüpper, Art. Schwertmage, in: HRG[1] IV Sp. 1577, anderer Ansicht Gaupp, Recht und Verfassung S. 157.

1474 Vgl. oben S. 324.

1475 In den meisten anderen Rechtsaufzeichnungen mit Geraderecht ist die Gerade der Witwe umfangreicher als das Sondererbrecht der geradeberechtigten Niftel, Hradil, ZRG GA 31 (1910) S. 114 f.; Gottschalk, ZRG GA 114 (1997) S. 184 Anm. 7.

1476 V. Sydow, Erbrecht S. 172, insbesondere Anm. 527; Hradil, ZRG GA 31 (1910) S. 126; Heukamp, Gerade S. 48; Frommhold, Gerade S. 36; Gottschalk, ZRG GA 114 (1997)

nichtele, die der Erblasserin *von wifhalven* verwandt ist. Der Ausdruck *nichtele,* der sich heute ausschließlich auf die Bruder – oder Schwestertochter bezieht[1477], kann im Mittelniederdeutschen jegliche weibliche Verwandte bezeichnen[1478] und in dieser Bedeutung verwendet ihn auch der Sachsenspiegel[1479]. Die Einschränkung *van wifhalven besvas* heißt wörtlich „von der Frauenseite her verwandt"[1480]. Parallel zu der Problematik um den Begriff Schwertmage ist auch hier fraglich, ob die Ver-

---

S. 184, Anderer Ansicht Behre, Eigentumsverhältnisse S. 26, 45, vgl. oben S. 327 f. – Allerdings stellt sich die Frage, was die Gerade einer Frau umfasst, die in einem fremden Haushalt gelebt hat, etwa als unverheiratete Tochter im Haushalt ihrer Eltern. In den meisten dieser Fälle wird auch die geradeberechtigte *nichtele* im selben Haushalt leben – etwa ihre Mutter oder ihre Schwestern – sodass sich das Problem nicht stellt. Durchaus denkbar ist aber etwa der Fall, dass eine Waise im Haushalt ihres Onkels untergekommen und dann verstorben ist. In diesem Fall ist kaum vorstellbar, dass alle Geradegegenstände aus dem Haushalt des Onkels und seiner Frau an die nächste weibliche Verwandte der verstorbenen Waise fallen. Möglicherweise hinterlässt also nur eine solche Frau eine Gerade, die im jeweiligen Haushalt die Hausfrau ist. Der Sachsenspiegel enthält keine solche Einschränkung, allerdings lassen die bereits angesprochenen Kollisionsregeln zwischen Schwiegermutter und Schwiegertochter – die sich allerdings auf die sogenannte Witwengerade beziehen – erkennen, dass die Gerade nur einer Frau des Haushalts zugeordnet wird.

1477 Das Duden Bedeutungswörterbuch S. 679 bezieht auch die Schwägerkinder mit ein: Nichte sei die „Tochter von jms. Schwester, Bruder, Schwägerin oder Schwager".

1478 Walther/Lübben, Mittelniederdeutsches Handwörterbuch S. 247 weist für *nichtele* folgende Bedeutungen aus: „1. Bruders- Schwestertochter 2. Enkelin 3. Base 4. überhaupt weibliche Anverwandte".

1479 V. Martiz, Güterrecht des Sachsenspiegels S. 98; Homeyer, Sachsenspiegel I S. 462; Rosin, Schwertmagen S. 21; Hüpper, Ehe, Familie, Verwandtschaft S. 148 f. – In der Literatur wird unter der Niftel häufig die geradeberechtigte, das heißt die nächste nur durch Frauen verwandte weibliche Verwandte verstanden, etwa v. Sydow, Erbrecht S. 43; Siegel, Erbrecht S. 20 f.; Schröder, Geschichte des ehelichen Güterrechts II, Abt. 3 S. 4; Frommhold, Gerade S. 17; Rummel, Rechtliche Stellung S. 172. Jedoch spricht der Relativsatz in der oben zitierten Stelle gegen diese Wortbedeutung schon im Sachsenspiegel, dieser wäre dann überflüssig. Zudem begegnet in Ldr. II 44 § 3 *nichtele* in Bezug auf einen männlichen Verwandten, kann hier also nicht eine geradeberechtigte Verwandte bezeichnen, Rosin, Schwertmagen S. 22, 25. – Gegen die hier vertretene Meinung spricht zwar, dass in Ldr. I 20 § 7 der nicht weiter eingeschränkte Begriff *nichtel* als Bezeichnung für eine geradeberechtigte Verwandte gebraucht wird. Doch fehlt dieser Satz zum einen ausweislich seiner Wiedergabe durch Kursivdruck in der Homeyer'schen Sachsenspiegelausgabe in der ersten Klasse der Sachsenspiegelhandschriften; zur Bedeutung des Kursivdrucks Homeyer, Sachsenspiegel I S. 104, zum anderen liegt der Schwerpunkt der Aussage hier darin, dass alle Verwandten der Frau in Bezug auf ihre Gerade ihrer Schwiegermutter – die ihr Recht nicht von der Frau als Niftelgerade, sondern von dem verstorbenen Schwiegervater der Frau als Witwengerade ableiten würde – vorgezogen werden.

1480 Walther/Lübben, Mittelniederdeutsches Handwörterbuch S. 580, 48 übersetzen *wifhalve* mit „die weibliche Seite, Linie" und *beswâs, -swês* mit „nahe; bildl. verwandt, *propinquus*".

wandten von der mütterlichen Seite gemeint sind[1481] oder ob es sich um durch eine ununterbrochene Kette von Frauen mit der Erblasserin verwandte Frauen handeln muss[1482]. Es tritt an dieser Stelle jedoch noch eine dritte Deutungsmöglichkeit hinzu: nämlich die aller Verwandten, die nicht zu den Schwertmagen zählen[1483]. Diese letzte Auslegungsmöglichkeit entspricht der römischrechtlichen Begrifflichkeit von Agnat/innen und Cognat/innen. Sie lässt sich dadurch stützen, dass nach der Leithandschrift der Homeyer'schen Sachsenspiegelausgabe in der Parallelstelle zu Ldr. I 27 § 1, nämlich in Ldr. III 15 § 4, die Gerade fordern soll, wer *ut von wif halven* dazu geboren ist[1484], nicht wie bei dem Heergewäte im unmittelbar vorhergehenden Satz *al ut von sverd halven*[1485]. Jedoch findet sich das fehlende *al* in verschiedenen Variantenhandschriften[1486]. Daher muss dieses *al* entweder bei der Leithandschrift weggefallen oder bei den Variantenhandschriften hinzugetreten sein. Angesichts der Tatsache, dass das *ut* im Satz der Leithandschrift überflüssig scheint, sowie der naheliegenden Überlegung, dass das Fortfallen auf einem sogenannten Augensprung beruhen könnte – dem *al* geht unmittelbar das gleichendende Wort *sal* voraus – ist letzteres wahrscheinlicher[1487]. Demnach scheint es wahrscheinlicher, dass nur solche weiblichen Verwandten zur Gerade berufen sind, die ihre Verwandtschaft zur Erblasserin durch eine ununterbrochene Kette von Frauen herleiten können. Die geradeberechtigte *nichtele*, die der Verstorbenen *al ut van wif halven* verwandt sind, bilden also gewissermaßen das Spiegelbild zu den heergewäteberechtigten Schwertmagen. Beide müssen ihre Verwandtschaft allein über die weibliche respektive die männliche Linie herleiten können. Während diese Anforderung aber bereits im

1481 Gaupp, Recht und Verfassung S. 156 f., wobei er zwar die Verwandtschaft grundsätzlich in väterliche Verwandte und mütterliche Verwandte aufteilt, aber in Bezug auf die Gerade ebenfalls die Formulierung „Weiber, welche durch Weiber verwandt sind" verwendet, Gaupp, Grundzüge S. 89; Rummel, Rechtliche Stellung S. 171.

1482 V. Sydow, Erbrecht S. 174; Rosin, Schwertmagen S. 22; Heusler, Institutionen II S. 619; Gottschalk, Frauenbesitz S. 184 Anm. 6. Nicht eindeutig v. Martitz, Güterrecht des Sachsenspiegels S. 98 Anm. 19: „Niftel ist die Schwestertochter, dann die Verwandte der Weiberseite überhaupt".

1483 Nach dieser Deutung fallen auch solche Frauen darunter, deren Verwandtschaft nicht durch eine ununterbrochene Kette von Frauen vermittelt wird, etwa die Tochter eines Bruders oder eine Tante väterlicherseits. So wohl Erler, Art. Spindelmagen, in: HRG[1] IV Sp. 1772, der die Umschreibung *von wifhalven dar to geboren* mit dem Begriff der Spindelmagen gleichsetzt und diesen als „sämtliche Verwandte weiblichen Geschlechts und die von solchen abstammenden Männer" definiert. Im Ergebnis ebenso Agricola, Gewere S. 422, der jede weibliche Verwandte geradeberechtigt sieht.

1484 Ldr. III 15 § 4 Satz 2, S. 313: *Sve so rade vorderet, die sal ut von wif halven dar to geboren sin.*

1485 Ldr. III 15 § 4 Satz 1, S. 313, vollständig wiedergegeben oben S. 349.

1486 Homeyer, Sachsenspiegel I S. 313 Anm. 21 bezeichnet diese nicht genauer. Er führt weiterhin die beiden Zobel'schen Ausgaben von 1535 und 1582 an, die gleichbedeutend mit *al ut* die Formulierung *volkömlich* haben. *Al ut* findet sich auch in der Eckhardt'schen Edition, Eckhardt, Sachsenspiegel I S. 204.

1487 Rosin, Schwertmagen S. 17.

Begriff Schwertmage enthalten ist, gilt dies nicht für den Begriff der *nichtel.* Er bezeichnet allgemein eine weibliche Verwandte und wird erst durch den Zusatz *al ut van wif halven* konkretisiert. Einen Begriff für über Frauen verwandte Frauen kennt der Sachsenspiegel nicht[1488].

Von den über Frauen verwandten Frauen nimmt die Gerade die *nechste,* die am nächsten verwandte, im Normalfall also die Tochter der Verstorbenen[1489]. Mehrere Töchter teilen die Gerade grundsätzlich[1490]. Daneben gibt es einen Sonderfall, in dem auch Männer geradeberechtigt sind: Weltgeistliche, d.h. Geistliche, die keine Mönche sind, erhalten neben ihren Schwestern einen Teil der mütterlichen Gerade[1491].

c. Das *erve*

Der Gegenbegriff zur Gerade bei den Frauen und zum Heergewäte bei den ritterbürtigen Männern bildet das *erve.* Es fällt nach Ldr. I 27 an denjenigen oder diejenige, der oder die mit dem/der Verstorbenen am nächsten verwandt ist. Unerheblich sind ausdrücklich sein/ihr Geschlecht und die Verwandtschaft über die weibliche oder die männliche Linie. Die potentielle Erb/in muss dem/der Verstorbenen allerdings ebenbürtig sein[1492].

1488 Insbesondere der Begriff der Spindelmagen erscheint im Sachsenspiegel nicht, Erler, Art. Spindelmagen, in: HRG[1] IV Sp. 1772.

1489 V. Sydow, Erbrecht S. 174; Heukamp, Gerade S. 48; Rummel, Rechtliche Stellung S. 171. Dass die Töchter als die nächsten Berechtigten zählten, lässt die Tatsache vermuten, dass sie im Sachsenspiegel (mit Ausnahme der Söhne weltgeistlichen Standes) als einzige konkrete Gradeempfängerinnen thematisiert werden, etwa in Ldr. I 5. Es gilt wohl die gleiche Rangfolge wie in Bezug auf das *erve.*

1490 Allerdings sieht der bereits bei der Untersuchung zur Witwengerade angesprochene Ldr. I 5 vor, dass eine Tochter, die – anlässlich ihrer Hochzeit – ausgestattet worden ist und damit bereits Geradegegenstände aus dem Haushalt ihrer Mutter erhalten hat, neben einer unausgestatteten Tochter nicht zur Gerade berufen ist, vgl. oben Anm. 1338.

1491 Ldr. I 5 § 3 Satz 1 Hs. 1, S. 161: *De pape nimt gelike dele der süster in der muder rade.* Ähnlich dem Gedanken, dass eine nicht ausgestattete Schwester nicht mit einer ausgestatteten Schwester teilen muss, wird eine nicht ausgestattete Schwester auch gegenüber ihrem weltgeistlichen Bruder bevorzugt, wenn dieser Kirchen oder Pfründe hat, Ldr. I 5 § 3 Satz 5.

1492 In Ldr. I 27 enthält diese Einschränkung nur Ldr. I 27 § 2 in Bezug auf Männer, sie gilt jedoch auch für Frauen, Ldr. I 17 § 1 a.E., Ldr. I 51 § 1. Außerdem beerben ehelich und unehelich geborene Menschen einander nicht, Ldr. I 51 § 1 Satz 2, Ldr. II 23, Ldr. III 72. Bei den Dienstleuten schließlich gibt es eine weitere Einschränkung: Die Dienstleute unterschiedlicher Herr/innen können einander nicht beerben, Ldr. III 81 § 2. Kein Erbe empfangen Klostergeistliche, Ldr. I 25 § 1, sowie bestimmte von der Norm abweichende Menschen: *altvile* (der Begriff ist umstritten und wird teilweise als Bezeichnung für Menschen mit geistiger Behinderung, teilweise als Bezeichnung für Intersexualität gedeutet, DRW I Sp. 536, s.v. altvil), Kleinwüchsige, Menschen mit körperlicher Behinderung und an Aussatz erkrankte Menschen, Ldr. I 4. v. Sydow, Erbrecht S. 46, 53, 58, 63.

Was in das *erve* fällt, hängt ganz von der persönlichen Situation eines/einer Verstorbenen ab. Eine verheiratete Frau vererbt, wie oben festgestellt, keine Fahrende Habe. Diese verbleibt bei ihrem Ehemann, soweit sie nicht als Gerade auf die geradeberechtigte *nichtele* übergeht. In das *erve* einer verheirateten Frau fallen daher nur Liegenschaften – wenn sie diese hat. Demgegenüber enthält das *erve* einer nicht verheirateten oder verwitweten Frau neben eventuellen Liegenschaften sehr wohl Fahrende Habe: nämlich alle Gegenstände, die bei einer verheirateten Frau bei ihrem Mann verbleiben würden. Auch bei einem Mann hängt die Zusammensetzung des *erves* von seinem (Familien-)Stand ab. Ist er verheiratetet, fallen alle Geradegegenstände aus dem gemeinsamen Haushalt und die Hälfte der Speisevorräte an seine Witwe. Möglicherweise hat er ihr auch eine Morgengabe und/oder eine Leibzucht bestellt. In sein *erve* fallen dann seine übrige Fahrende Habe sowie nach umstrittener Ansicht die übrige Fahrende Habe seiner Frau[1493], außerdem seine Liegenschaften, auch wenn diese gegebenenfalls zunächst ganz oder teilweise als Leibzucht von der Witwe genutzt werden. Ist der verheiratete Mann von Ritterstand, fällt zudem das Heergewäte aus dem *erve* heraus. Demgegenüber umfasst das *erve* eines nicht verheirateten oder verwitweten Mannes alle seine Fahrende Habe – gegebenenfalls unter Ausschluss des Heergewätes – und alle seine Liegenschaften. Hat er Geradegegenstände in seinem Besitz, sind diese ebenso vom *erve* umfasst, wie dies bei einer ledigen Frau Heergewätegegenstände sind[1494]. Das *erve* lässt sich also nur negativ beschreiben: als dasjenige Vermögen, das nach dem Tod eines Menschen weder bei seiner Ehepartner/in verbleibt, noch in die Gerade bzw. das Heergewäte fällt[1495].

3. Überblick über die Vermögensmassen nach dem Tod eines Menschen

Zusammenfassend ist festzuhalten, dass bei verheirateten Erblasser/innen bei der Aufteilung des bisher gemeinsamen Haushaltes ein Teil der von ihnen in die Ehe eingebrachten Habe bei dem Witwer oder der Witwe verbleibt. Beim Vorversterben der Frau ist dies deren gesamte Fahrende Habe mit Ausnahme der Gerade. Beim Vorversterben des Mannes erhält die Frau alle im Haushalt vorhandenen Geradegegenstände und die Hälfte der nach dem Dreißigsten übriggebliebenen Speisevorräte. Unerheblich ist in beiden Fällen, wer die jeweiligen Gegenstände in die Ehe eingebracht hat. Außerdem kann der Mann seiner Ehefrau Teile seiner Fahrenden Habe und einen minderjährigen Leibeigene/n als Morgengabe übertragen und ihr an seinen Grundstücken – *egen* oder Lehen – mit der Leibzucht ein lebenslanges Nutzungsrecht bestellen. Beides wird im Sachsenspiegel mehrfach erwähnt, war also in der zeitgenössischen Rechtspraxis wohl durchaus gebräuchlich. Daneben kann er

1493 Vgl. oben S. 340.

1494 Schröder, Geschichte des ehelichen Güterrechts II, Abt. 3 S. 3.

1495 So hält es auch Eike von Repgow, wenn er in Ldr. I 24 § 3, S. 183 formuliert: *Svat so boven dit benomde ding is, dat hort al to'me erve.*

ihr auch Grundstücke dauerhaft übertragen, was der Sachsenspiegel *in ursale* geben nennt, aber nur an einer Stelle erwähnt.

Unabhängig von diesem Ehegüterrecht im Todesfall ist daneben das Gut, das eine Frau oder ein ritterbürtiger Mann vererbt, weiter aufzuteilen, nämlich in *erve* und Gerade bei einer Frau und in *erve* und Heergewäte bei einem ritterbürtigen Mann.

III. Ehegüterrecht im Todesfall und Sondermassen in der Buch'schen Glosse

Ein Vergleich zwischen dem Ehegüterrecht des Sachsenspiegels und dem des römischen Rechts zeigt erhebliche Unterschiede. Bildet nach dem klassischen römischen Recht mit der *dos* eine Gabe der Familie der Ehefrau an den Mann das wichtigste Instrument der Witwensicherung, kennt der Sachsenspiegel die Mitgift nicht. Vergleichbar mit der *dos* ist allenfalls die (Witwen-)Gerade. Diese bemisst sich jedoch nicht nach einer früheren Gabe der Brautfamilie an den Ehemann, die die Witwe nach dessen Tod erhält. Sie umfasst unabhängig von einer früheren Ausstattung der Braut alle im gemeinsamen Haushalt vorhandenen Geradegegenstände. Zum anderen unterscheiden sich *dos* und Witwengerade auch in ihrer wirtschaftlichen Bedeutung.

Neben die *dos* tritt nach justinianischem Recht die *donatio propter nuptias* als im Wert der *dos* entsprechende Gabe des Mannes an die Ehefrau. Hier lässt sich zwischen Sachsenspiegel und römischem Recht durchaus eine gewisse Übereinstimmung feststellen, sind doch dort mit der Leibzucht und der Morgengabe ebenfalls zwei Gaben des Mannes an die Ehefrau als Instrumente der Witwensicherung vorgesehen. Allerdings fehlt im Sachsenspiegel naturgemäß die Anforderung einer wirtschaftlichen Übereinstimmung zwischen der Gabe der Frauenseite und der Gabe der Männerseite.

1. Grundsätzliche Übereinstimmung von römischem und sächsischem Ehegüterrecht

Johann von Buch gibt in einer sich über zwei Glossen erstreckenden Abhandlung einen systematischen Überblick über seine Vorstellungen zum Ehegüterrecht.

BG I 20 § 6 *Morgengaue*, S. 242 f.

Dryerleye[1496] *gaue wert gegeuen dor des echtes willen. Dat erste het arra, dat ys truwelschat, de gifft men vor deme echte. Dit mot yenne tweuolt weddergeuen, an deme des schelinge ys,*

1496 Übersetzung: Dreierlei Gaben werden um der Ehe willen gegeben. Die erste heißt *arra*, das heißt Treueschatz, die gibt man vor der Ehe. Die muss derjenige zweifach wiedergeben, an dem es scheitert, dass die Ehe geschlossen wird, wie [Cod. 5, 1, 5]. Stirbt aber einer von ihnen <den Brautleuten>, dann gibt man es einfach wieder, wie [Cod. 5, 1, 3]. Die andere

dat dat echt nicht vort en geid, ut [Cod. 5, 1, 5]. *Sterft auer erer en, so gift men id slichtes wedder, ut* [Cod. 5, 1, 3]. *De andere morgengaue, de hetet in legibus sponsalicia largitas, de menet he hire. De beholt en vrouwe vp den hilgen, dat si ere gegeuen sy. Dat kumpt dar van, dat id de Sassen allen vrouwen to ereme ede gelaten hebben, ut* [Inst. 4, 6, 11].

BG I 20 § 6 *De gewere auer* Satz 2–4, S. 243

De[1497] *drudde gaue hetet donatio propter nuptias, dat hetet en gaue dor des echtes willen, ut* [Inst. 2, 7, 3 letzter Satz]. *Desse gaue schal lik sin der medegift. Wes auer an der medegift en brickt, des schal ere an deme lifgedinge en breken, ut* [Nov. 2, 5; Nov. 97, 1].

Aus dieser Stelle ergibt sich zunächst einmal ein deutlicher Hinweis darauf, dass Johann von Buch von einer grundsätzlichen Übereinstimmung zwischen dem sächsischen Ehegüterrecht und dem des Corpus Iuris Civilis ausgeht. Er unternimmt es nämlich, die im Sachsenspiegel genannte Morgengabe im ehegüterrechtliche System des römischen Rechtes zu verorten. Sie wird mit der *sponsalicia largitas* gleichgesetzt und *arra* und *donatio propter nuptias* gegenübergestellt. Daraus ergibt sich, dass Johann von Buch hier nicht etwa das römische Ehegüterrecht beschreibt, sondern das römische und das sächsisches Ehegüterrecht für in den Grundsätzen identisch hält. Die Institute haben seiner Ansicht nach zwar jeweils unterschiedliche Namen, sind aber in beiden Rechten vertreten[1498]. Als Gaben um der Ehe willen sieht Johann von Buch dabei erstens die *arra*, die er mit dem niederdeutschen Begriff *truwelschat* bezeichnet, zweitens führt er die *morgengaue* auf, die lateinisch *sponsalicia largitas* heiße, und drittens die *donatio propter nuptias*, niederdeutsch *gaue dor des echtes willen*.

Das Begriffspaar *arra/truwelschat* erscheint in der Buch'schen Glosse nur an dieser einen Stelle. Beide Begriffe sind dem Sachsenspiegel fremd. Johann von Buch spricht hier zum einen die *arra* des römischen Rechts an. Gemeint ist dabei ganz offensichtlich nicht die schuldrechtliche *arra*[1499], sondern die ehegüterrechtliche *arra sponsa-*

<heißt> Morgengabe, die heißt in den Leges *sponsalicia largitas*, die meint er hier. Die beweist eine Frau durch einen Eid auf den Heiligen, dass sie ihr gegeben wurde. Das liegt daran, dass es die Sachsen allen Frauen auf ihren Eid übertragen haben, wie [Inst. 4, 6, 11].

1497 Übersetzung: Die dritte Gabe heißt *donatio propter nuptias*, das heißt eine Gabe um der Ehe willen, wie [Inst. 2, 7, 3 letzter Satz]. Diese Gabe soll der Mitgift gleich sein. Was <ihm> aber an der Mitgift nicht mangelt, das soll ihr an dem Leibgedinge nicht mangeln, wie [Nov. 2, 5; Nov. 97 1].

1498 Dabei wird in der Aufzählung bei der Morgengabe als einziger der deutsche Begriff als erster genannt, während bei den beiden anderen von insgesamt drei im Einleitungssatz aufgeführten Gaben um der Ehe willen der lateinische Begriff an erster Stelle steht und dann eine deutsche Übersetzung folgt.

1499 *Arr(h)a* bezeichnet ein im Einzelnen umstrittenes Sicherungsmittel im Obligationenrecht, insbesondere beim Kaufvertrag, wohingegen das ehegüterrechtliche Institut der *arra sponsalicia* andere Wurzeln hat und auch abweichenden Regelungen folgt, Kaser, Privatrecht I S. 547, Privatrecht II S. 160–162, 367 f., 387; Honsell in: Honsell/Mayer-Maly/Selb, Römisches Recht S. 305, 393; Olechowski, Art. arrha, in: HRG² I Sp. 309–311.

licia[1500], deren Rückgaberegelung der Glossator denn auch im darauffolgenden Satz etwas vereinfachend, aber im wesentlichen zutreffend darstellt: Diese müsse derjenige zweifach zurückgeben, der die Auflösung der Verlobung verschuldet hat; komme es aber aufgrund eines Todesfalls nicht zur Heirat, sei die *arra* einfach zurückzugeben[1501]. Als deutsche Entsprechung nennt Johann von Buch zum anderen den Begriff *truwelschat,* der sich mit „Treueschatz" oder „Verlobungsschatz" ins Hochdeutsche übertragen lässt[1502]. Er setzt damit die *arra sponsalicia* nicht mit einem im Sachsenspiegel genannten Institut gleich, sondern bietet für den lateinischen Begriff lediglich eine die Funktion des römischen Rechtsinstituts umschreibende mittelniederdeutsche Übersetzung[1503]. Aus der Nennung der *arra* in der Aufzählung, in der er auch

1500 Dazu oben S. 313, 316, zu den Rückgaberegelungen vgl. auch die folgende Anm. 1501.

1501 Nach der Darstellung Johanns von Buch ist die *arra* bei Auflösung der Verlobung zweifach von dem/derjenigen wiederzugeben, der/die die Auflösung verursacht hat; beim Tod von Braut oder Bräutigam vor der Eheschließung ist sie einfach zurückzugeben. Die Regelung nach dem Verständnis des gelehrten Rechts stellt sich wie folgt dar: Cod. 5, 1, 5 pr.–1, bestimmt, dass die *arra* von der Braut grundsätzlich zweifach zurückzugewähren ist, wenn die Auflösung der Verlobung von ihrer Seite erfolgt; in bestimmten Fällen bei einer minderjährigen Braut jedoch einfach. Außerdem ist eine bloße Rückerstattung in den Fällen vorgesehen, dass die Ehe durch ein Eheverbot etwa aufgrund der Person oder aufgrund eines „anderen Grundes" verhindert wird, oben Anm. 1265, 1266. Was das gelehrte Recht unter einem solchen anderen Grund versteht, verdeutlicht AG Cod. 5, 1, 5 *Aliam causam: veluti cognationem vel mortem alterius*, Lyon 1558–1560, Cod. Sp. 785. Umfasst ist also nicht zuletzt der von Johann von Buch (allein) genannte Tod eines der Brautleute. – Ist die Auflösung vonseiten des Bräutigams erfolgt, kann er die *arra sponsalicia* nicht herausverlangen. – Der/diejenige, der die Auflösung verschuldet hat, verliert also den einfachen Betrag der *arra sponsalicia*, die Braut durch die doppelte Erstattung und der Bräutigam, indem er seinen Rückforderungsanspruch verliert, oben S. 313. Insofern stellt auch die Aussage Johanns von Buch, es müsse derjenige die *arra sponsalicia* doppelt zurückgehen, an dem die Eheschließung scheitere, eine ungenaue Wiedergabe der Regelung nach gelehrtem Recht dar.

1502 Das mittelniederdeutsche *truwe* kann neben der „Treue" allgemein auch das „Treugelöbnis", insbesondere die „Verlobung" oder die „Trauung" bezeichnen, WALTHER/LÜBBEN, Mittelniederdeutsches Handwörterbuch S. 418. Insofern kommt als Übersetzung „Treue-", „Verlobungs-" oder „Trauschatz" in Betracht.

1503 Der Begriff Treue- oder Verlobungsschatz ist keine wörtliche Übersetzung, weder von *arra sponsalicia* noch von *pignus*, mit dem der Begriff *arra* in der Accursischen Glosse zu dem von Johann von Buch allegierten Cod. 5, 1, 3 erklärt ist, vgl. AG Cod. 5, 1, 3 *Arrhis: haec autem pignora vocantur, vt infra ti. primo, l. prima* [= Cod. 5, 2 l. un.], Lyon 1558–1560, Cod. Sp. 784. Er umschreibt aber die Funktion sehr anschaulich, gerade vor dem Hintergrund, dass eine wörtliche Übersetzung bei *arra* kaum möglich erscheint. SCHILLER/LÜBBEN, Mittelniederdeutsches Wörterbuch IV S. 622 führen allein die Verwendung in der Buch'schen Glosse auf, insofern scheint fraglich, ob der Begriff *truwelschat* vor der Verwendung durch Johann von Buch gebräuchlich war, und ob er sich später außerhalb der Glosse durchsetzen konnte.

die Morgengabe des Sachsenspiegels einordnet, ergibt sich aber, dass er die Gabe einer *arra sponsalicia* – also eines Treuepfandes zur Sanktionierung der Auflösung eines Verlöbnisses – auch nach sächsischem Recht für möglich hält.

Danach wendet sich Johann von Buch der Morgengabe zu, die in dem glossierten Sachsenspiegelartikel Ldr. I 20 § 6[1504] angesprochen sei. Die *morgengave* heiße in den Leges des gemeinen Rechts *sponsalicia largitas*. Morgengabe und *sponsalicia largitas* bezeichnen damit nach Ansicht Johanns von Buch dasselbe Rechtsinstitut[1505].

Bei dem Begriff der *sponsalicia largitas* handelt es sich nach heutigem Forschungsstand um eine vorjustinianische Bezeichnung für eine Gabe des Mannes an die Ehefrau – der späteren *donatio propter nuptias*[1506] –, die im Corpus Iuris an verschiedenen Stellen verwendet wird[1507]. Anders versteht ihn aber das gelehrte Recht[1508]. In der Accursischen Glosse wird die *sponsalicia largitas* ganz im Gegenteil ausdrücklich von der *donatio propter nuptias* wie auch von der *arra sponsalicia* abgegrenzt. Die *sponsalicia largitas* bezeichnet nach diesem Verständnis ein Geschenk unter Verlobten, bei dem (abweichend von einer gewöhnlichen Schenkung) eine stillschweigende Bedingtheit durch das Zustandekommen der Ehe angenommen wird[1509], das aber nicht

1504 Ldr. I 20 § 6, S. 177: *Morgengave behalt dat wif uppen hilgen, de gewere aver mit getüge.*

1505 So auch v. Schwerin, Aufsatz I S. 8.

1506 Oben S. 311.

1507 Etwa Nov. 22, 29 pr. Satz 3; Nov. 33 Satz 1; Nov. 61, 1 pr. Satz 2; Nov. 61, 1, 1 Satz 2; Nov. 61, 1, 4 Satz 2; Nov. 119 *Titulum*; Nov. 119, 1 Satz 1.

1508 So merkt die Accursische Glosse zur Begriffsverwendung in den zuvor beispielhaft aufgezählten Stellen jeweils an, dass der Begriff hier im uneigentlichen Sinne verwendet werde, und eigentlich die *donatio propter nuptias* gemeint sei: AG Nov. 22, 29 pr. *Largitatem: id est donationem propter nuptias, improprie enim ponitur: sic & improprie sumitur infra vt spon. largi. j. respon. colla. ix* [= Nov. 119, 1] *tamen idem est si proprie ponatur: vt C. de secun. nu. l. iij & l. cum aliis* [= Cod. 5, 10, 3; Cod. 5, 10, 4], Lyon 1558–1560, VP, AC Sp. 151. – AG Nov. 22, 33 *Sponsalitiam* Satz 1: *i. donationem propter nup. sic improprie ponitur infra vt spon. lar. in princ. col ix* [= Nov. 119 pr.], Lyon 1558–1560, VP, AC Sp. 154. – AG Nov. 61, 1 *Sponsalitiae: i. dona. propter nup. improprie enim ponitur: vt infra vt spon. larg. j.respon.* [= Nov. 119, 1], Lyon 1558–1560, VP, AC Sp. 218. – AG Nov. 119, 1 *Sponsalitiam largitam* Satz 1: *Sponsalitias largitas dicitur hic improprie, i. donatio propter nuptias. proprie enim diceretur, quod donaret sponsus sponsae: sed haec sit ad reconpensationem dotis: vt hic subiicit, & supra de aequa. do. § j* [= Nov. 97, 1], Lyon 1558–1560, VP, AC Sp. 379.

1509 AG Inst. 2, 7, 3 *Exaequentur* Satz 6 f.: *Est & sponsalitia largitas quando sponsus sponsae per verba de futuro, vel econtra donat pure non respectu dotis, quae similiter conditionem matrimonij habet: vt C. de do. ante nup. l. cum veterum & l. fi. a sponso* [= Cod. 5, 3, 15; Cod. 5, 3, 16] *Accur. ADDITIO Tu dic, quod aliquando sit mera liberalitate, hoc expresso quod nullo casu repeti possit, & habet locum l. si mater, C. de don. ante nup.* [= Cod. 5, 3, 12] *aliquando sit simpliciter nullo expresso, & tunc olim praesumebatur ex mera liberalitate, & erat irreuocabilis l. ij. l. si filiae. & l. si tibi C. eo.* [= Cod. 5, 3, 2; Cod. 5, 3, 10; Cod. 5, 3, 11] *hodie vero ob causam futuri matrimonij l. cum veterum eo. titu.* [= Cod. 5, 3, 15], Lyon 1558–1560, VP, Inst. Sp. 150.

(wie *dos* und *donatio propter nuptias*) in einem Gegenseitigkeitsverhältnis stehen soll, und das auch nicht (wie die *arra sponsalicia*) je nach Verschulden für die Auflösung der Verlobung – strafweise – entweder doppelt oder gar nicht zurückzugewähren ist. Die *sponsalicia largitas* ist grundsätzlich einfach zurück zu gewähren, wenn die Ehe nicht zustande kommt[1510].

Johann von Buch geht auf diese Bestimmungen zur Rückgabe der *sponsalicia largitas* jedoch nicht ein. Er stellt vielmehr fest, dass eine Frau diese Gabe mit einem Eid auf die Heiligen behalte. Dies begründet er damit, dass die Sachsen ihren Frauen die Morgengabe auf ihren Eid, also in einer den Beweis erleichternden Form, übertragen würden. Dazu allegiert er mit Inst. 4, 6, 11 eine Institutionenstelle, die ein ähnliches Beweisverfahren beschreibt[1511]. Der Verweis auf das Recht der Sachsen und Sächsinnen macht deutlich, warum Johann von Buch nicht die nach gelehrtem Recht vorgesehenen Rückgaberegelungen wiedergibt. Offensichtlich geht er bei dem einheitlich verstandenen Rechtsinstitut Morgengabe/*sponsalicia largitas* in Bezug auf die Rückgabe von einem Unterschied zwischen sächsischem und gemeinem römischen Recht aus. Die Besonderheit des sächsischen Rechts in diesem Punkt dürfte er

1510 Die Accursische Glosse sieht durch Cod. 5, 3, 15 eine Neuregelung geschaffen, aufgrund der die *sponsalicia largitas* abweichend von gewöhnlichen Schenkungen grundsätzlich durch das Zustandekommen der Ehe bedingt ist, nicht aber, wenn die Ehe aufgrund der mangelnden Einwilligung der Eltern des/der Schenkenden zustande kommt. So führt sie in dem wohl erst zu Beginn des 15. Jahrhunderts in die Glosse eingefügten aber selbst wohl älteren, Lange, Römisches Recht im Mittelalter I S. 369 f., sogenannten *Casus* zur Codexstelle aus: AG Cod. 5, 3, 15 *Cvm veterum CASUS: Olim si sponsus dabat sponsae valebat donatio etiam si non fuerit completum matri. hodie si sponsus donat sponsae vel econuerso, semper intelligitur dare sub conditione, si matrimonium sequatur. Sed si sponsus donat sponsae, & parentes sponsi nolunt perficere matrimonium, tunc sponsa non tenetur restituere donationem quam accepit sed promissam petere potest. Si vero pater sponsae* <durch die Vf. korrigiert aus *sponso*, so auch im Druck Lyon 1627, Cod. Sp. 1120, Neudruck 2006, IV Sp. 1120> *noluerit, vt perficiatur matrimonium, tunc sponsus & haeredes sponsi repetere poterunt quod donatum est. Idem obseruetur, quando sponsa donat sponso,* Lyon 1558–1560, Cod. Sp. 791 f. – Besondere Regeln sieht sie in Cod. 5, 3, 16 für den Fall aufgestellt, dass sich Braut und Bräutigam vor Lösung der Verlobung bereits nähergekommen sind, vgl. soeben Anm. 1509. Bei einem Zustandekommen der Ehe ist nach Beendigung der Ehe durch den Tod eines der Eheleute oder durch eine Scheidung zugleich von der Wirksamkeit der Schenkung auszugehen.

1511 Inst. 4, 6, 11 beschreibt ein Beweisverfahren, bei dem die Schuldner/in die Gläubiger/in zur Eidesleistung darüber auffordert, dass ihm/ihr das Geld tatsächlich geschuldet werde. Wird nach einem solchen Eid der Gläubiger/in von der Schuldner/in nicht geleistet, erhält die Gläubiger/in eine Klage, bei der er/sie nicht mehr das Bestehen der Schuld beweisen muss, sondern allein Eidesleistung der Schuldner/in. Dieses Verfahren sieht Johann von Buch bei einer „Übertragung auf den Eid" eröffnet, indem die Übertragung in dieser Form die spätere Aufforderung zum Eid ersetzt. Der Zusammenhang zwischen der Formel *to enes edes laten* und dem Beweisverfahren aus Inst. 4, 6, 11 nach dem Verständnis Johanns von Buch zeigt sich noch deutlicher in der Glosse BG I 18 § 3 *Dat drudde*: *Dat nen ordel*, unten Anm. 1512.

dabei auch – aber nicht nur[1512] – in Ldr. I 20 § 6[1513] festgesetzt sehen, der den Anknüpfungspunkt für die Glossierung bildet[1514].

Als letzte Gabe um der Hochzeit willen nennt Johann von Buch in der darauffolgenden Glosse dann die *donatio propter nuptias*, deren Bezeichnung er mit *gaue dor des echtes willen*, Gabe um der Hochzeit willen, wörtlich ins Mittelniederdeutsche überträgt[1515]. Diese Gabe solle der *medegift* gleich[1516] sein.

1512 Johann von Buch geht bei der Übertragung von Gütern insgesamt – auch bei Männern – von einem Unterschied zwischen sächsischem und römischem Recht aus, vgl. BG I 18 § 3 *Dat drudde*, S. 230: *Dat nen ordel:* Satz 13 f.: *De erste is dar vmme, dat in Sassen lande let id en to des anderen ede, vnd dar vmme en schal men nicht vragen vmme de sake, mer oft he dat mit sinem ede beholden hebbe, dar dat eme to gelaten was. Dat vinstu sus* [Inst. 4, 6, 11; Dig. 12, 2, 5, 4; Cod. 4, 1, 8; Dig. 2, 13, 4, 2; Dig. 4, 8, 13, 4; Cod. 4, 21, 21; Nov. 124, 2 Satz 3]. Übersetzung: Der erste <Grund dafür, dass man vor Gericht etwas mit Eid beweisen darf> ist der, dass es im Sachsenland einer auf den Eid des anderen überträgt, und darum soll man nicht nach dem <Rechts->Grund fragen, sondern ob er das mit seinem Eid bewiesen habe, zu dem es ihm übertragen war. Das findest du so [Inst. 4, 6, 11; Dig. 12, 2, 5, 4; Cod. 4, 1, 8; Dig. 2, 13, 4, 2; Dig. 4, 8, 13, 4; Cod. 4, 21, 21; Nov. 124, 2 Satz 3]. – Auch zu dieser Glosse ist damit – unter anderem – Inst. 4, 6, 11 allegiert, vgl. oben Anm. 1511. Zu der Möglichkeit der Eidesleistung als Teil des Sächsischen Privilegs vgl. BG III 7 § 1 *De yode, de ne mod* Satz 29–33, S. 968: *Hir by merke, dat men in Sassen rechte enen yoden edder enen ketter vortughen mach in aller zake, wen dat de Sasse mit syneme ede vntghan mach. Dat is en keyserlik gnade. Dar vmme ne moghen ze erer nicht hebben, alse hir vore ghesecht is. Vortmer de gnade is ghegheuen Sassesschem slechte, supra* [Ldr. I 18 § 2]. *Wente ze denne nicht Sasseche personen sin, dar vmme helpet en desset privilegium nicht.* Übersetzung: Hieran sehe, dass man im sächsischen Recht einen Juden oder einen Ketzer in allen Sachen überführen kann, die der Sachse mit seinem Eid widerlegen kann. Das ist ein kaiserliches Privileg. Darum dürfen sie sich nicht darauf berufen, wie es zuvor gesagt worden ist. Weiterhin ist das Privileg dem sächsischen Geschlecht gegeben, oben [Ldr. I 18 § 2]. Weil sie denn keine sächsischen Personen sind, darum hilft ihnen das *privilegium* nicht.

1513 Wiedergegeben oben Anm. 1504.

1514 Als Bezug auf Ldr. I 20 § 6 ist auch der oben nicht wiedergegebene Einschub über die Gewere zu sehen. BG I 20 § 6 *De gewere auer* Satz 1, S. 243: *Dat is eres mannes bestoruene were, mit getuge beholt se de.* Übersetzung: Das ist die von ihrem Mann ererbte Gewere, mit Zeugenbeweis beweist sie die. – Nachdem er die Beweisregelung in Bezug auf die Morgengabe vorgestellt hatte, deren Bestellung die Frau – aufgrund der sächsischen Übertragungsform – durch Eid auf die Heiligen beweisen kann, nennt Johann von Buch nunmehr die in Ldr. I 20 § 6 ebenfalls angesprochene Beweisregel in Bezug auf die Gewere, bevor er seine Ausführungen zu den drei Gaben um der Ehe willen mit der *donatio propter nuptias* fortsetzt. Zu dem glossierten Sachsenspiegelartikel oben, Anm. 1504.

1515 Fast wortgleich hatte er im Eingangssatz formuliert: *Dryerleye gaue wert gegeuen dor des echtes willen.* Die dort angesprochenen Gaben, die um der Ehe willen gegeben werden, sind jedoch weiter zu verstehen als die mit der *donatio propter nuptias* gleichgesetzten *gaue dor des echtes willen.*

1516 Walther/Lübben, Mittelniederdeutsches Handwörterbuch S. 206 hat für *like, liken*: „1. In gerader Richtung. 2. Auf gleiche Weise, ebenso, 3. gleichmäßig (…), passen, bequem sein, gefallen, 4. gerecht und billig". Kaufmann/Neumeister, Glossar S. 678 übersetzen

Der Begriff der *gaue dor des echtes willen* ist dem Sachsenspiegel fremd, es scheint damit zunächst so, als würde auch die *donatio propter nuptias* nicht mit einem im Sachsenspiegel genannten Rechtsinstitut gleichgesetzt, sondern wie die *arra sponsalicia* schlicht zusätzlich in das sächsische Recht integriert. Etwas anderes ergibt sich auch nicht aus dem Hinweis, dass *donatio propter nuptias* und *medegift* gleich(wertig) sein sollten. Damit wird nicht etwa die römische *donatio propter nuptias* mit einem sächsischen Institut „Mitgift" gleichgesetzt. Denn auch den Begriff der *medegift* kennt der Sachsenspiegel nicht. Er wird vielmehr jedenfalls seit dem 13. Jahrhundert[1517] allgemein als deutsche Übersetzung für das lateinische *dos* verwendet[1518]. Der Hinweis auf die Mitgift ist damit als Beschreibung der *donatio propter nuptias* zu verstehen: Diese wird definiert als diejenige Gabe, die in einem Gegenseitigkeitsverhältnis zur *dos* steht. Johann von Buch spricht hier also gerade die Eigenschaft der *donatio propter nuptias* an, die diese nach gelehrtem Recht von *sponsalicia largitas* und *arra sponsalicia* abgrenzt[1519].

---

mit „gleich sein". Gemeint ist wohl eine Wertgleichheit oder darüber hinausgehend eine Übereinstimmung der rechtlichen Regelung, vgl. oben S. 315.

1517 Im DRW IX Sp. 761, s. v. Mitgift, findet sich als ältesten Beleg das Hamburgisches Stadtrecht von 1270, wo sich das Wort in der Rubrik zu Artikel III, 1 findet, wiedergeben in Lappenberg, Stadt-, Schiff- und Landrechte Hamburgs S. 14. Dass die Übersetzung der *dos* mit Mitgift dem allgemeinen Sprachgebrauch zu Beginn des 14. Jahrhunderts entsprach, zeigen zwei weitere dort angeführte Belege. So findet sich im Ältesten Kieler Rentenbuch unter dem Jahr 1322 die Formulierung *pro sua dote dicta medeghyft*, wiedergegeben in Reuter, Das älteste Kieler Rentebuch (1300–1487) S. 37, Nr. 355 und in einer Urkunde aus dem Jahre 1345, wiedergegeben in Michelsen, SchleswHUSamml., Diplomatarium des Klosters Prez Nr. 52 S. 239, die Formulierung *titulo dotis seu dotalitii, dicti Medegifft in vulgari.* Johann von Buch verwendet allein das deutsche *medegift*, eine lateinische Übersetzung oder auch eine inhaltliche Erklärung gibt er weder an dieser, noch an einer anderen Stelle seiner Glosse. Dies spricht dafür, dass auch ihm der Wortgebrauch selbstverständlich war.

1518 So wird auch in der modernen romanistischen Literatur der Begriff der Mitgift ganz selbstverständlich als Synonym für die lateinische *dos* verwendet, vgl. etwa Kaser, Privatrecht I S. 332; Honsell in: Honsell/Mayer-Maly/Selb, Römisches Recht S. 403; Kaser/Knütel, Römisches Privatrecht S. 319. Im den Ausführungen zur *dos* im zweiten Band seines Handbuch des Römischen Privatrechtes, Privatrecht II S. 188 ff., vermeidet Kaser zwar den Begriff der Mitgift, er führt ihn aber im entsprechenden Register auf, Privatrecht II S. 633.

1519 Johann von Buch nennt in dieser Definition damit ein viertes Institut, das sich als eine „Gabe um der Ehe willen" bezeichnen ließe, nämlich die *dos*/Mitgift. Die Tatsache, dass die *dos* nicht zu den eingangs genannten drei Gaben gezählt wird, könnte nun darauf hindeuten, dass nach Ansicht Johanns von Buch ein entsprechendes Institut im sächsischen Recht nicht besteht. Aus dem Zusammenhang der Stelle ergibt sich jedoch ein anderes Bild. Sieht er die *donatio propter nuptias* / Gabe um der Hochzeit willen wie die *arra sponsalicia* / Treueschatz und die Morgengabe / *sponsalicia largitas* als Bestandteile des sächsischen Ehegüterrechts und soll die *donatio propter nuptias* im Wert der Mitgift entsprechen, dann muss er auch die Mitgift für anwendbar halten. Dafür spricht zudem die Verwendung des deutschen statt des lateinischen Begriffs. Beides, Begriff und das damit verbundene Institut, werden als selbst-

Johann von Buch setzt seine Ausführungen dann jedoch wie folgt fort: *Wes auer an der medegift en brickt, dat schal ere an deme lifgedinge en breken, ut* [Nov. 2, 5; Nov. 97, 1]. Das einleitende *Wes auer* lässt einen engen Bezug zum zuvor Gesagten erwarten. Tatsächlich wird auch – wie im vorhergehenden Satz – ein Zusammenhang zwischen zwei Rechtsinstituten thematisiert. Doch wird in diesem Satz der *medegift* nicht die *donatio propter nuptias* gegenübergestellt, sondern das *lifgedinge.* Der aus dem Sachsenspiegel stammende Begriff Leibgedinge[1520] findet dabei an dieser Stelle erstmals Verwendung in der Buch'schen Glosse. Insbesondere wurde das Leibgedinge, das sich nach dem Sachsenspiegel eindeutig als ehegüterrechtliche Gabe des Mannes an die Frau darstellt, nicht unter den drei eingangs genannten Gaben um der Ehe willen aufgeführt. Diese Befunde – die Nennung im unmittelbaren Zusammenhang mit der *donatio propter nuptias,* die fehlende Nennung bei den Gaben um der Ehe willen und die Gegenüberstellung mit der *dos*/Mitgift – lassen sich am naheliegendsten damit erklären, dass Johann von Buch den Begriff Leibgedinge für die sächsische Bezeichnung der *donatio propter nuptias* hält. Dafür sprechen auch der Zusammenhang[1521] und vor allem die Allegationen im letztgenannten Satz: Allegiert sind Nov. 2, 5[1522] und Nov. 97, 1[1523], beide Stellen sprechen die übereinstimmende Behandlung von *dos* und *donatio propter nuptias* an.

verständlich vorausgesetzt. Dass die Mitgift nicht unter die drei Gaben um der Ehe willen gezählt wird, dürfte vielmehr daraus resultieren, dass Johann von Buch die Gaben aus der Perspektive des Mannes aufzählt. Dies wird insbesondere bei der *sponsalicia largitas* deutlich, die er mit der Morgengabe gleichsetzt und damit einer Gabe eindeutig des Mannes an die Frau. So ist auch die als Oberbegriff verwendete Wendung *dryerleye gaue wert gegeuen dor des echtes willen* deutlich an die *donatio propter nuptias* bzw. deren mittelniederdeutsche Übersetzung *gaue dor des echtes willen* angelehnt und verweist damit auf die ehegüterrechtlichen Gaben des Bräutigams. Zudem bildet die *dos* das Gegenstück zur *donatio propter nuptias,* folgt im wesentlichen den gleichen Regelungen und unterfällt damit gewissermaßen derselben Kategorie. Johann von Buch könnte eine getrennte Aufzählung daher auch schlicht für überflüssig gehalten haben.

1520 Der Sachsenspiegel nutzt in der von Homeyer edierten Fassung zwar fast ausschließlich den eher norddeutschen Begriff *liftucht*/*lifgetucht*, etwa in Ldr. I 21 § 2; Ldr. I 32; Ldr. I 45 § 2; Ldr. II 21 §§ 1, 3; Ldr. III 38 § 4; an einer Stelle, in Ldr. II 44 § 3, jedoch auch den eher süddeutschen Begriff *lifgedinge.* Beide Begriffe sind synonym genutzt worden, Homeyer, Sachsenspiegel S. 455; Brauneder, Art. Leibzucht, in: HRG² II Sp. 800, und synonym nutzt sie auch Johann von Buch, vgl. Kaufmann/Neumeister, Glossar S. 676 f.

1521 Johann von Buch setzt auch nach der Nennung von *arra sponsalicia* und Morgengabe/*sponsalicia largitas* jeweils einige erklärende Worte hinzu; insofern liegt es nahe, dass der hier untersuchte Satz der Erklärung der zuvor genannten *donatio propter nuptias* dient.

1522 In Nov. 2, 5 wird bestimmt, dass eine Ehefrau, deren *dos* während der Ehezeit nicht tatsächlich ausgezahlt wurde, obwohl ihr Mann ihre Lebenshaltungskosten getragen hat, nach dem Tod ihres Mannes die *donatio propter nuptias* nicht erhalten soll, ist die *dos* der Frau aber teilweise ausgezahlt worden, so erhält sie auch die *donatio propter nuptias* in entsprechender Höhe.

1523 Nov. 97 – überschrieben mit *de aequalitate dotis et donationis propter nuptias* (...) – enthält u. a. verschiedene Regelungen zur Gleichstellung von *dos* und *donatio propter nuptias*;

Gegen eine Gleichsetzung von *donatio propter nuptias* und Leibgedinge durch Johann von Buch lässt sich zwar anführen, dass er die *donatio propter nuptias* eingangs in der Aufzählung mit *gaue dor des echtes willen* in das Deutsche überträgt. Bei dieser Wendung handelt es sich jedoch lediglich um eine wörtliche Übersetzung des lateinischen Begriffs. Johann von Buch könnte also die wörtliche niederdeutsche Übersetzung des lateinischen Begriffs alternativ zu dem seiner Ansicht nach inhaltlich das gleiche Institut bezeichnenden sächsischen Begriff verwendet haben[1524]. Trifft diese These zu – was anhand weiterer Stellen zu untersuchen bleibt – setzt Johann von Buch also nicht nur die Morgengabe des Sachsenspiegel mit der *sponsalicia largitas* des gelehrten Rechts gleich, sondern auch die Leibzucht/das Leibgedinge des Sachsenspiegels mit der *donatio propter nuptias.*

2. Das Leibgedinge als *donatio propter nuptias*

Es ist damit zu untersuchen, ob die aus dieser Stelle abgeleiteten Ergebnisse sich durch andere Stellen der Buch'schen Glosse bestätigen lassen, ob also innerhalb der Buch'schen Glosse eine einheitliche und in sich schlüssige Vorstellung vom sächsischen Ehegüterrecht erkennbar wird. In den Blick genommen werden soll zunächst die Annahme, dass es sich bei der Leibzucht bzw. dem Leibgedinge des Sachsenspiegels nach Ansicht Johanns von Buch um die *donatio propter nuptias* des gelehrten Rechts handelt. In der Tat wird diese Annahme durch weitere Anhaltspunkte an diversen Stellen der Glosse bestätigt.

a. Ausdrückliche Gleichsetzung von *donatio propter nuptias* und *(liff)ghedinge*

Zum ersten setzt Johann von Buch zwar nicht den Begriff Leibgedinge oder Leibzucht, wohl aber den Begriff *ghedinge* – den er versteht als eine besondere Form der Belehnung im Rahmen einer Leibzuchtbestellung – ausdrücklich mit dem Begriff *donatio propter nuptias* gleich, nämlich in der Glossierung zu Ldr. III 76 § 3. In einer anderen Glosse, einer Glosse zu Ldr. III 75 § 1, findet sich dabei der hier dargestellte Gedankengang ein zweites Mal, wobei dort das entsprechende Rechtsinstitut mit den Privilegien für die *lifftucht* in eine Reihe gestellt wird.

Nov. 97, 1 enthält die Bestimmung, dass nicht nur Vereinbarungen bezüglich des Lucrierens von *dos* und *donatio propter nuptias* einander entsprechen, sondern auch *dos* und *donatio propter nuptias* einander wertgleich sein sollen, damit die Vereinbarungen nicht nur in der relativ, sondern auch in der absolut geschuldeten Summe übereinstimmen.

1524 Oder aber, sollte sich erweisen, dass er Leibgedinge und *donatio propter nuptias* für weitgehend, aber nicht gänzlich deckungsgleich hält, den Begriff der *gaue dor der hochtid* für das Institut in seiner gemeinrechtlichen Form und den Begriff Leibgedinge für das Institut in seiner sächsischen Form.

α. Privilegierung der Belehnung im Rahmen der Leibzucht nach BG III 76 § 3 *Edder len edder liffgeding*

Die Gleichsetzung von *ghedinge* und *donatio propter nuptias* nimmt Johann von Buch in BG III 76 § 3 *Edder len edder liffgeding* vor. Die Glosse lautet wie folgt:

BG III 76 § 3 *Edder len edder liffgeding*, S. 1432–1436

Hire[1525] *erret vil mannich, de nicht en wet, wat hir schollen desse twe word len vnde liffghedinge, nach deme, dat almestich der vrouwen liffghedinge len ys, vnde dat aller vrowen len*

1525 Übersetzung: Hier sind diejenigen oft verwirrt, die nicht verstehen, was diese zwei Worte „Lehen und Leibgedinge" hier sollen, weil doch meistens das Leibgedinge der Frauen ein Lehen ist, und weil doch alles Lehen der Frauen Leibgedinge ist, <und zwar> deswegen, weil sie es an niemanden vererben können, wie [Ldr. III 75 § 3; Lr. 2 § 2]. Als Auflösung dieser Verwirrung wisse, dass Frauen viererlei Lehen haben können. Zum ersten können sie ein rechtes Lehen an demjenigen Gut haben, von dem man dem Reich keinen Dienst schuldet, wie an Burglehen, wie [Lr. 2 § 7]. Ebenso können sie zum zweiten Leibgedinge haben, wie wenn sie das auf Lebenszeit kaufen. Zum dritten können sie Angefälle haben, wenn jemand ohne Erben stirbt. Zum vierten können sie ein Gedinge haben. Nun sage den Unterschied zwischen dem Angefälle und dem Leibgedinge und dem Gedinge, denn das ist notwendig. Angefälle ist, was dir ein Herr unter der Bedingung als Lehen verleiht, dass es ihm von seinem Lehensmann frei wird. Siehe, das pflegten manche einst ihren eigenen Frauen verleihen zu lassen als deren Leibgedinge. Das können sie <d. h. die Frauen> auf vielerlei Weise verlieren, denn wenn es geschieht, dass es dem Lehensherrn, der ihnen <d. h. den Frauen> das verliehen hat, nicht frei wird, dann erhalten sie das auch nicht. Von einem solchen Leibgedinge war es, dass Herr Nikolaus von Buch, mein Vater, sagte, dass ein Mann das Leibgedinge seiner Frau ohne ihre Zustimmung veräußern könne. Denn ist auch einer Frau das Angefälle an einem Lehen verliehen, kann es doch jener, der es in der Gewere hat <hier also der Ehemann>, aufgeben, wann er will, wie [Lr. 5 § 1]. Das zweite ist Leibgedinge. Das hat eine Frau selbst und allein in ihrer Gewere und das kann sie übertragen, wann sie will, wenn sie keinen Vormund hat, wie [Lr. 56 §§ 4, 5]. Das dritte heißt Gedinge. Das ist, was ihr übertragen (gedinget) worden ist <als Gegenleistung> gegen ihre Mitgift. Bevor man ihr das verleiht, so soll es ihr Mann auflassen <d. h. förmlich darauf verzichten>, so soll es der Lehnsherr ihr verleihen, und so soll auch ihr Mann mit zugreifen als Zeichen, dass das sein Erblehen ist, und ihr Gedinge zu ihren Lebzeiten. Das ist das, von dem wir vielfach gesagt haben, dass es ihr Mann weder mit dem Willen der Frauen noch ohne ihre Zustimmung übertragen kann. Denn sie streitet das <vor Gericht> einem jeden Käufer ab, außer wenn man die Erstattung beweisen kann, die man Ursal nennt, wie oben [Ldr. I 44]. Dass er das nicht übertragen darf, das hast du [Inst. 2, 8 pr.; Nov. 61, 1; Nov. 134, 8; Cod. 4, 29, 23; Cod. 4, 29, 22; Dig. 24, 1, 1]. Wäre es aber so, dass sie auf ein Einfordern des Gutes unter Eid verzichtete, dann müsste sie es <den Eid> halten, dazu zwingt man sie nach geistlichem Recht ihres Eides wegen, wie [c. 2 in VI° 2, 11]. Daher wisse, dass ich hier nicht gegen meinen Vater spreche. Denn er sprach von dem Gedinge, das Angefälle heißt, und wir sprechen von dem Gedinge, das man den Frauen für ihre Mitgift überträgt, das in dem <gemeinen> Recht *donatio propter nuptias* heißt, das heißt eine Gabe um der Hochzeit willen, wie [Inst. 2, 7, 3 letzter Satz]. So widersprechen wir ihm nicht und nicht jenen, denen wir zu Ehrerbietung verpflichtet sind, wie [Inst. 1, 9, 1; Inst. 1, 10 pr.; Dig. 1, 6, 4; Cod. 5, 4, 18; Dig. 1, 1, 3; Dig. 1, 5, 11].

liffghedinge ys dar vmme, dat se dat nemende eruen en moghen, ut [Ldr. III 75 § 3[1526]; Lr. 2 § 2[1527]]. *To ener vntschedinge desser erringe so wete, dat vrouwen moghen hebben verleyge len. Tom ersten mogen se hebben recht len an deme gude, dar me deme rike nenes denstes aff plichtich en ys, alse an borchlene, ut* [Lr. 2 § 7[1528]]. *So moghen ze to deme anderen hebben liffghedinge, alse dat se to ereme liue kopen. To deme drudden moghen ze hebben angheuelle, offt we ane eruen storue. To deme verden mogen ze hebben ghedinge. Nu zegge dar vnderschedtwisschen deme <angeuelle vnde lyfgedinge vnde gedinge, wan des is not[1529]>. Angheuelle is, dat dy en here lenet also beschedeliken, dest id eme van sineme manne los werde. Zu, dit pleghen itlike wilner eren eghenen wyuen lenen laten vor ere liffghedinge. Dit mach en manigerleye wijs aff ghan, wen wů dat gheschud, dat id deme heren, de en dat lenet, nicht leddich en werd, so en wert dat ere vort nicht. Van zusdanem liffghedinge was dat, dat her Nicolaus van Buk, myn vader, zede, dat en man mochte sines wiues liffghedingh laten ane eren willen. Wente is wol ener vrouwen angheuelle lenet, yenne, de dat in gheweren hefft, let dat doch, wan he wel, ut* [Lr. 5 § 1[1530]]. *Dat andere is liffghedingh. Dat heft en vrouwe zuluen vnde allene in gheweren; dit mach ze laten, wan ze wel, offt ze ane voremundere is, ut in* [Lr. 56 §§ 4, 5[1531]]. *Dat drudde hetet ghedinge. Dat is, dat er ghedinget wart wedder ere medegifft. Eer men ere dit lenet, so schal id er man vplaten, so schal dat er de here lenen, vnde so schal de man mede thogripen to tekene, dat dat sin eruelen sy, vnde ere ghedingh sy*

1526 Die Remission lautet *supra ar. LXIIII,* was im Codex Hecht vulgat Ldr. III 71 §§ 1, 2 entspricht. Kaufmann, Buch'sche Glosse S. 1433 löst die Remission als Ldr. III 75 auf; dem Inhalt nach ist Ldr. III 75 § 3 gemeint.

1527 Kaufmann, Buch'sche Glosse S. 1433 korrigiert die Allegation *in libro feudorum ar. I* als Lr. 2 § 3 – von ihm als jüngere Fassung bezeichnet, dazu unten Anm. 1559. Dem Inhalt nach ist jedoch eher Lr. 2 § 2 gemeint: Nachdem in Lr. 2 § 1 Frauen und weiteren Bevölkerungsgruppen das Lehnrecht abgesprochen wird, regelt Lr. 2 § 2 den Fall, dass einem/einer nicht Lehnsfähigen ein Lehen verliehen wird. Er/sie hat dann ein Lehen an dem Gut, kann es aber weder vererben, noch hat er/sie, etwa beim Tod der Herr/in, das Recht zur Lehnserneuerung, auch im Lehnsgericht kann er/sie nur eingeschränkt auftreten. Lr. 2 § 3 spricht zwar ebenfalls die nicht bestehende Vererblichkeit an, er enthält aber – nach dem Verständnis Johanns von Buch – eine Sonderregelung für die Verleihung eines Lehens im Rahmen einer Leibzuchtbestellung, dazu unten S. 364 ff. Zum Wortlaut der Lehnrechtsartikel unten Anm. 1535, 1536 und S. 382.

1528 Durch Kaufmann, Buch'sche Glosse S. 1433 korrigiert aus *in libro feudorum ar. IIII § 1.*

1529 Im Editionstext durch Kaufmann aus dem Augsburger Druck von 1516 ergänzt.

1530 Die Allegation ist in allen drei Handschriften als *in li. feudorum ar. IX in fi.* bzw. *in libro phaudorum ar. IX in f.* angegeben, wobei aber Lr. 9 inhaltlich keinen Bezug zum Glossentext aufweist und auch bei den vorigen Allegationen die Artikelzählung im Sachsenspiegellehnrecht offensichtlich nicht der vulgaten Einteilung entspricht, vgl. oben Anm. 1527, 1528. Kaufmann, Buch'sche Glosse S. 1434 löst die Allegation mit Lr. 26 § 2; Lr. 58 § 1 auf, wohl weil in diesen Artikeln der Begriff Angefälle verwendet wird. Dies ist aber angesichts des abweichenden Begriffsverständnisses von Johann von Buch, vgl. sogleich S. 373, jedenfalls zu hinterfragen, zumal beide Artikel inhaltlich nicht auf ein Recht zur Auflassung eingehen. Überzeugender scheint m. E., dass Lr. 5 § 1 gemeint ist, wiedergegeben unten Anm. 1547.

1531 Die Allegation ist in allen drei Handschriften mit *li. feudorum ar. in f(i).* angegeben und damit nicht mehr eindeutig aufzulösen. Der Augsburger Druck von 1516, fol. 184r gibt an: *libro feudo. arti. iii in fi.* Kaufmann, Buch'sche Glosse S. 1434 löst die Allegation als „Lr. 2

to ereme liue. Dit is dat, dar wy vele aff ghesecht hebben, dat de man wer mit der vrouwen willen noch ane eren dank laten en mach. Wente ze kriget dat eneme isliken kopere aff, jd en sy, dat men ere wedderstadinge bewisen moghe, dat vrsale hetet, ut supra [Ldr. I 44]. *Dat he des nicht laten en mod, dat hefstu* [Inst. 2, 8 pr.; Nov. 61, 1; Nov. 134, 8; Cod. 4, 29, 23; Cod. 4, 29, 22; Dig. 24, 1, 1]. *Were dat ok, dat se de vorderinge des gudes vorzwore, zo moste ze dat holden, dar dwunge me ze myd gestlikeme rechte to dor des edes willen, ut* [c. 2 in VI° 2, 11[1532]]. *Wen wete, dat ik wedder mynen vader hir nicht en spreke. Wente he zede van ghedinge, dat angheuelle hetet; vnde wy seggen van ghedinge, dat me den vrouwen bedinget vor ere medeghifft, de in deme rechte hetet donacio propter nupcias, dat hetet*[1533] *en ghaue dorch der hochtid, ut* [Inst. 2, 7, 3 letzter Satz]. *Sus sin wy wedder ene nicht, noch wedder de nicht, den wy ere plichtich sind, ut* [Inst. 1, 9, 1; Inst. 1, 10 pr.; Dig. 1, 6, 4; Cod. 5, 4, 18; Dig. 1, 1, 3; Dig. 1, 5, 11].

Ldr. III 76 § 3 enthält Bestimmungen für die Situation, dass ein Mann eine Witwe heiratet, die zum Zeitpunkt der Heirat *eghen edder len edder liffghedinge edder tinsgud* besitzt, und die dann vor ihm stirbt[1534]. Johann von Buch sieht hier begrifflichen Erklärungsbedarf: *Hire erret vil mannich, de nicht en wet, wat hir schollen desse twe word len vnde liffghedinge.* Zur Klärung der Begriffe führt er daher aus, in welchen Fällen Frauen Lehen innehaben können – obwohl ihnen dies nach dem Sachsenspiegellehnrecht grundsätzlich nicht möglich ist[1535] – und unterscheidet hier vier unterschiedliche Formen der Belehnung. Dabei geht er auch auf einen vermeintlichen Widerspruch zwischen den Rechtsansichten seines Vaters Nikolaus von Buch und seinen eigenen Ansichten ein. Die Glossierung ist nicht zuletzt deswegen durchaus schwer zu verstehen, weil sich das Begriffsverständnis insbesondere der Begriffe *liffghedinge* und *ghedinge* im Laufe der Glossierung mehrfach ändert.

Der Gedankengang stellt sich wie folgt dar: Nachdem er, wie angesprochen, eine verbreitete Verwirrung wegen der zwei Begriffe *len* und *liffghedinge* festgestellt hat, nennt Johann von Buch den Grund für diese Verwirrung: Beide Begriffe überschneiden sich nach seiner Ansicht. Das Leibgedinge der Frauen sei meistens ein Lehen und umgekehrt sei alles Lehen der Frauen ein Leibgedinge, denn Frauen könnten

---

§ 3 jüngere Fassung <vgl. unten Anm. 1559>; Lr. 31" auf. Jedoch spricht der Inhalt der Stelle dagegen, hier Lr. 2 § 3 oder Lr. 31 allegiert zu sehen, unten S. 371 f. Überzeugender scheint m. E., dass Lr. 56 §§ 4, 5 gemeint ist.

1532 Korrigiert aus c. 1 in VI° 2, 11, unten Anm. 1608. Anderer Ansicht Kaufmann, Buch'sche Glosse S. 1435, der die Allegation unverändert übernimmt.

1533 Das von Kaufmann, Buch'sche Glosse S. 1436 gesetzte Komma wurde hier fortgelassen, um zu verdeutlichen, dass eine wörtliche Übersetzung folgt, und kein erklärender Zusatz.

1534 Oben S. 344. Die Glossierung zu diesem Artikel ist in Teilen bereits im Kapitel zur willkürlichen Einwirkung auf die Erbfolge angesprochen worden, oben S. 262 ff.

1535 Diese – grundsätzliche – Regelung enthält der Sachsenspiegel in Lr. 2 § 1, S. 142: *Papen wif dorpere koplüde, unde alle die rechtes darvet oder unecht geboren sin, unde alle die nicht ne sin von ridders art von vader unde von eldervader, die solen lenrechtes darven.* Allerdings bestehen hiervon Ausnahmen, vgl. insbesondere Lr. 2 § 2; Lr. 2 § 3 und Lr. 2 § 7, unten Anm. 1536, S. 382 und Anm. 1540, die Johann von Buch denn auch im folgenden anspricht.

ein Lehen niemandem vererben[1536]. Bereits hier begegnet der Begriff *liffghedinge* in zwei unterschiedlichen Bedeutungsvarianten. Während im ersten Halbsatz mit *liffghedinge* wie in der eingangs untersuchten Glosse das spezifisch ehegüterrechtliche Institut gemeint ist, verwendet der Glossator denselben Begriff im zweiten Halbsatz eindeutig weiter. Wenn er alles Lehen von Frauen als Leibgedinge bezeichnet und dafür auf die fehlende Vererblichkeit verweist, dann bezeichnet *liffghedinge* an dieser Stelle nicht ein ehegüterrechtliches Institut, sondern allgemeiner ein auf Lebenszeit beschränktes Nutzungsrecht[1537].

Nachdem solchermaßen das Problem aufgeworfen ist, folgt eine Aufzählung. Johann von Buch leitet sie mit der Feststellung ein, dass Frauen *verleyge len* haben könnten. Diese vier Arten von Lehen sind als Ausnahmeregelungen zu dem Grundsatz zu verstehen, dass Frauen nicht lehnsfähig sind, ein Umstand, der bereits im ersten Satz durch den Verweis auf das fehlende Vererbungsrecht angesprochen ist. Eine Frau könne ein Lehen zum ersten als rechtes Lehen[1538] innehaben, und zwar, wenn sie dem König aus diesem Lehen keinen Dienst schulde[1539]. Als Beispiel nennt

1536 Angesprochen ist hier die Regelung von Lr. 2 § 2 Satz 1, S. 143: *Svelk herre doch disser eneme gut liet, von deme hebbet sie lenrecht in deme gude, unde ne ervent it nicht an ire kindere, unde darvet selve der volge an enen anderen herren*, die denn auch allegiert sein dürfte, oben Anm. 1527.

1537 Vgl. DRW VIII Sp. 1076, s. v. Leib(es)gedin(e), wo als erste Bedeutungsebene definiert ist: „I durch Gedinge (III) begründetes, beschränktes und in der Regel entgeltliches, auf die Lebenszeit des oder der Berechtigten begrenztes Nutzungsrecht an einer fremden Sache; funktionell im Ehegüterrecht zur Versorgung des überlebenden Ehegatten (in der Regel der Frau), im bäuerlichen Rechtskreis ähnlich wie die Erbleihe (bei Vererbbarkeit) und in der städtischen Verkehrswirtschaft wie die Leibrente" und so das ehegüterrechtliche Institut nur als einen möglichen Verwendungszweck eines solchen beschränkten Nutzungsrechts nennt. In diesem Sinne begegnet der Begriff in der Buch'schen Glosse an Stellen, an denen als Bezugspunkt ein männliches Personalpronomen verwendet wird, etwa in BG II 6 § 1 *Swe sine rechten bote* Satz 3, S. 541 und in BG III 38 § 4 *Se en breke id vp*, S. 1160. Entsprechend spricht Johann von Buch an verschiedenen Stellen, etwa in BG I 3 § 3 *De paues en mach doch* Satz 34, S. 161; BG III 75 § 1 *An eghene* Satz 3, 4, S. 1418; BG I 45 § 1/2 *So is ze leddich* Satz 7, 347; BG II 24 § 2 *Edder vorsat* Satz 12, S. 677 präzisierend von *(der) vrouwen liffgheding(h)(e)/ lifftucht*. Kaufmann/Neumeister, Glossar S. 676, unterscheiden in Bezug auf den Begriff Leibgedinge in der vorliegenden Glosse die einzelnen Bedeutungsebenen nicht, sondern geben für alle Fälle beide Bedeutungsebenen an, wenn sie übersetzen: „das Leibgedinge; was mit zeitlicher Begrenzung (d. h. auf Lebenszeit) zur Nutznießung gewährt wird (z. B. ein Gut, dessen Ertrag, eine Geldrente u. dgl.); bes. lebenslängliches Nutzungsrecht (in der Regel der Frau) am Grundeigen (des Mannes)".

1538 Kaufmann/Neumeister, Glossar S. 658 übersetzen „das rechtmäßige Lehen". Gemeint ist im Unterschied zu dem Folgenden wohl eine regelmäßige, also unbeschränkte und unbedingte Inhaberschaft.

1539 Johann von Buch sieht damit als Grund für die eingeschränkte Lehensfähigkeit von Frauen den Umstand, dass das Lehensrecht als Gegenleistung für die Verleihung des Lehens die Leistung von Rat und Hilfe, vor allem militärischer Hilfe, vorsieht, dass Frauen letztere aber nach damaligem Verständnis jedenfalls persönlich nicht erbringen können. – Vgl. zu

Johann von Buch ein Burglehen. Formulierung wie Beispiel verweisen darauf, dass er an dieser Stelle die Ausnahmeregelung von Lr. 2 § 7 anspricht[1540]. Zum anderen könnten Frauen ein *liffghedinge* haben, zum Beispiel[1541] wenn sie das Lehen auf Lebenszeit gekauft hätten. An dieser Stelle begegnet der Begriff *liffghedinge* ein weiteres Mal, wieder in einer anderen Bedeutungsvariante. Da als Erwerbungsgrund des *liffghedinge* der Kauf auf Lebenszeit genannt ist, kann an dieser Stelle nicht das spezifisch ehegüterrechtliche Institut angesprochen sein. Die Rede ist vielmehr, wie oben im zweiten Halbsatz, von einem auf Lebenszeit begrenzten Nutzungsrecht. Da der Begriff an dieser Stelle aber in Abgrenzung zu den übrigen möglichen Belehnungsformen – rechtes Lehen ohne Dienst, Angefälle und Gedinge – verwendet wird, kann mit ihm nicht jedes auf Lebenszeit begrenzte Nutzungsrecht gemeint sein, denn dann wäre jedes Lehen einer Frau umfasst. *Liffghedinge* bezeichnet hier wohl vielmehr eine ausdrücklich auf Lebenszeit begrenzte Übertragung im Rahmen eines gewöhnlichen Vertrages[1542], wie sie nach Johann von Buch auch unter Männern gebräuchlich ist[1543].

---

diesem Gedanken auch die Glossierung zum vorhergehenden Artikel BG III 75 § 3 *Wer man noch wiff*, S. 1423: *Dit* <die Tatsache, dass Männer aber nicht Frauen ein Lehen vererben können> *is dar vmme, dat dat to ridder tzolte hord. Dar vmme erfft dat de man vppe den, de den tzolt vordenen mach. Jodoch synd itlike zettinge in deme alden rechte, de zeggen, dat vrouwen lenghůt eruen sin vnde eruen moghen, alze noch Zwerynes recht is. De syn auer bynnen Sassen al aff ghelecht, ut in* [Lr. 2 § 2]. Übersetzung: Das ist aus dem Grund so, dass das zur Entlohnung der Ritter gehört. Darum vererbt es der Mann an den, der den Lohn verdienen kann. Jedoch gibt es manche Rechtssatzungen in dem alten Recht, die besagten, dass Frauen Lehngut erben und vererben können, wie es noch das Recht Schwerins ist. Die sind aber innerhalb Sachsens abgelegt, wie [Lr. 2 § 2]. – Bezüglich der Allegation wird auch hier im Unterschied zu Kaufmann, Buch'sche Glosse S. 1423, der Lr. 2 § 3 jüngere Fassung – vgl. unten Anm. 1559 – allegiert sieht, von Lr. 2 § 2 ausgegangen, da dieser Paragraph nach Ansicht Johanns von Buch den Grundsatz der eingeschränkten Lehnsfähigkeit von Frauen enthält, Anm. 1527. Wörtlich lautet die Allegation *li. feudorum ar. XI § II.*

1540 Lr. 2 § 7, S. 145: *Burchlen aver unde kercken, unde alle len dar en man deme rike nen dienst plichtich n'is af to done, dat mach lien papen unde wif, al ne hebben sie des herscildes nicht, unde deme mach man volgen an enen anderen herren.* – Nach der Literatur zeichnen sich Burglehen dadurch aus, dass bei ihnen weniger die Pflicht zur Heerfolge, sondern vielmehr die Verpflichtung, eine Burg zu hüten und auf ihr sesshaft zu sein, im Vordergrund steht, Ganshof, Lehnswesen S. 129; Krieger, Art. Burglehen, in: Lex.MA II Sp. 1055; Theuerkauf, Art. Burglehen, in: HRG² I Sp. 768 f.

1541 Das mittelniederdeutsche *alse* kann an dieser Stelle als Einleitung eines erklärenden Zusatzes oder als Hinweis auf ein Beispiel verstanden werden, vgl. oben Anm. 1072.

1542 So nennt Johann von Buch als Beispiel für eine solche Übertragung den Fall, dass Frauen ein Lehnsgut *to irme liue kopen*. Die Einschränkung *to irme liue* ist dann als rechtlich relevante Einschränkung zu verstehen, und nicht als bloßer Hinweis darauf, dass ein Lehenskauf durch eine Frau immer nur ein Kauf auf Lebenszeit ist. Die zeitliche Begrenzung ergibt sich schon aus der Übertragungsabrede und nicht allein aus der fehlenden Vererblichkeit.

1543 Vgl. schon die Nennung des Begriffs *liffgedinge* im Zusammenhang mit männlichen Pronomen, oben Anm. 1537. Der Begriff dürfte dort als Oberbegriff für ein lebenslang beschränk-

Zum dritten, fährt Johann von Buch dann fort, könnten Frauen ein *angheuelle* haben, falls jemand ohne Erben sterbe. Was hier gemeint ist, wird zunächst nicht ohne weiteres deutlich. Das Sachsenspiegellehnrecht kennt zwar den Begriff Angefälle[1544], dieser bezeichnet dort aber das Recht des Lehnsherrn – wohl auch der Lehnsherrin – auf den Genuss des Lehens während der Unmündigkeit seines/ihres Lehnsmannes[1545]. Diese Wortbedeutung scheint jedoch nicht eben nahe zu liegen, da bei dem durch Johann von Buch angesprochenen Fall, dass ein Lehnsmann ohne Erben stirbt, das Lehen nicht mit erhöhter Wahrscheinlichkeit an einen Unmündigen fällt. Eine andere mögliche Wortbedeutung weist Homeyer im Glossar zum zweiten Band seiner Sachsenspiegeledition auf. Er merkt an, dass der Begriff *angevelle* im Richtsteig Lehnrechts wie auch in spätmittelalterlichen Urkunden außerdem für das verwendet wird, was das Sachsenspiegellehnrecht als „Gedinge" bezeichnet[1546]. Gemeint ist die Verleihung eines Lehens, das sich noch in der Gewere eines anderen Lehnsmannes befindet, für den Fall, dass dieser Lehnsmann ohne Erben versterben sollte. Die Rechtsfigur wird in Lr. 5 § 1[1547] vorgestellt, ergänzende Regelungen finden sich aber auch in verschiedenen anderen Lehnrechtsartikeln[1548]. Zum vierten, schließt Johann von Buch dann seine Aufzählung, könnten Frauen *ghedinge* haben. Einen erklärender Zusatz oder ein Beispiel hierfür bietet er nicht. Damit bleibt auch hier zunächst unklar, was gemeint ist.

Johann von Buch setzt seine Glossierung dann aber fort, indem er die Begriffe *angheuelle, liffgedinge* und *ghedinge* aufnimmt und für erklärungsbedürftig erklärt: *Nu zegge dar vndersched twisschen deme <angeuelle vnde lyfgedinge vnde gedinge, wan*

tes Nutzungsrecht dienen. Da bei Männern als Zweck für die Bestellung eines lebenslangen Nutzungsrechts aber nicht das spezifisch ehegüterrechtliche Institut in Betracht kommt, verweisen schon diese Stellen darauf, dass Johann von Buch eine beschränkte Übertragung auch im sonstigen Rechtsverkehr anerkannte. Beschrieben sein dürfte diese Art der Übertragung auch in BG II 44 § 1 *Swe en gud* Satz 35 (Hervorhebung der Vf.), S. 801: *So krichstu ok enes dinges were, offt id we besiit van diner wegene, alse din leenmann, eder de id to liue van diner wegene hefft, edder din tinsman, edder din eghene,* (…). Übersetzung: So bekommst du auch die Gewere an einem Gegenstand, wenn es jemand besitzt <und dabei sein Recht dazu> von dir <ableitet>, wie dein Lehensmann, oder der <oder: die>, der <oder: die> es auf Lebzeiten von dir her hat, oder dein Zinsmann oder dein Eigenmann, (…).

1544 Vgl. Lr. 26 §§ 2, 6–8; Lr. 58 §§ 1, 2; Lr. 71 § 13.

1545 Homeyer, Sachsenspiegel II, 1 S. 561, s. v. anevelle; DRW I Sp. 636 f., s. v. Angefälle.

1546 Homeyer, Sachsenspiegel II, 1 S. 561, s. v. anevelle.

1547 Lr. 5 §§ 1, 2 Satz 2, S. 151 f.: [§ 1] *Tven mannen mach die herre en gut lien, also dat en die gewere dar an hebbe unde die andere dat gedinge, of de ane len erven stervet die dat gut in geweren hevet. An'me gedinge n'is nen volge. Let it ok jene die it in geweren hevet, dat gedinge is gebroken, it ne si dat he't weder untva de't dar gelaten hevet, unde dar an irsterve.* [§ 2] (…) *Die it gedinge dar an hevet, die mut it getügen mit den die it sagen unde horden dat it ime gelegen si, durch dat he der gewere darvet.*

1548 Vgl. etwa Lr. 7 §§ 1, 2, 4; Lr. 20 §§ 1–4; Lr. 76 § 8.

des is not>. Drei der vier zuvor aufgezählten Möglichkeiten für die Belehnung einer Frau sollen also im folgenden umfassender erklärt werden.

Als erstes definiert er, was er unter einem Angefälle versteht. *Angheuelle* sei, was ein Herr unter der Bedingung als Lehen verleihe, dass es ihm von seinem Lehensmann frei werde. Durch diese Erklärung wird deutlich, dass von den oben angesprochenen Bedeutungen des Begriffs Angefälle tatsächlich die zweite gemeint ist, also die Rechtsfigur, die im Sachsenspiegellehnrecht wie auch in der rechtshistorischen Forschung[1549] als *gedinge*/Gedinge bezeichnet wird[1550]. An einer anderen Stelle seiner Glossierung macht Johann von Buch auch deutlich, dass ihm sein vom Sachsenspiegellehnrecht abweichendes Begriffsverständnis bewusst ist[1551].

Im Rahmen der Erklärung des Begriffs Angefälle wendet sich Johann von Buch sodann einer – seiner Darstellung nach nur vermeintlichen – Kontroverse mit seinem Vater Nikolaus von Buch zu. Siehe, fährt er fort, ein solches Angefälle hätten einige Männer einst ihrer eigenen Ehefrau als ihr *liffghedinge* verleihen lassen. Ein sechstes Mal[1552] findet der Begriff Leibgedinge Verwendung; an dieser Stelle wieder in der Bedeutung des spezifisch ehegüterrechtlichen Instituts zur Witwensicherung[1553]. Von einem solchen *liffghedinge* habe sein Vater Nikolaus von Buch gesprochen, wenn er gesagt habe, dass ein Mann das *liffghedinge* seiner Frau ohne deren Einwilligung *laten*, aufgeben, könne. Ein solches Leibgedinge hätten Frauen auf vielerlei Weisen verlieren können, denn sei es dem Lehnsherrn, der es ihnen verliehen habe, nicht frei geworden, dann würden sie es auch nicht erhalten. Sei einer Frau lediglich ein An-

---

1549 Vgl. etwa Schröder/v. Künssberg, Rechtsgeschichte S. 437 f.; DRW III Sp. 1358, s. v. Geding(e), unter „III 2 c"; Hagemann, Art. Gedinge, in: HRG² I Sp. 1981.

1550 So interpretiert diese Passage auch v. Martitz, Güterrecht des Sachsenspiegels S. 148. Anderer Ansicht möglicherweise Kaufmann/Neumeister, Glossar S. 46, die sich nicht festlegen, sondern den Begriff mehrdeutig mit „das Anfallsrecht, die Anwartschaft auf ein Erbe, der Nutzungsanfall" übersetzen.

1551 In BG III 75 § 2 *Wen er ghedinge* führt er aus, dass der Begriff „Gedinge" im (Sachsenspiegel-)Lehnrecht ein „Angefälle" bezeichne, dass derselbe Begriff im glossierten Landrechtsartikel aber anders zu verstehen sei, dazu sogleich, unten S. 369 ff.

1552 Zählt man die Nennung des Begriffs im Überleitungssatz *Nu zegge dar vndersched twisschen deme <angheuelle vnde lyfgedinge vnde gedinge, wan des is not>*, in dem die entsprechende Passage in der Kaufmann'schen Ausgabe aus dem Druck von 1516 ergänzt ist, als fünfte Nennung.

1553 Das weite Begriffsverständnis eines Nutzungsrechtes auf Lebenszeit oder das engere Begriffsverständnis eines spezifisch nicht ehegüterrechtlichen Nutzungsrecht auf Lebenszeit kann nicht gemeint sein. Das Angefälle stellt – soweit es Frauen innehaben, die das als Angefälle erlangte Lehensgut nicht weitervererben können – einen Unterfall eines lebenslangen Nutzungsrecht im weiten Sinne dar und wird als solches vom spezifisch nicht ehegüterrechtlich begründeten lebenslangen Nutzungsrecht abgegrenzt. Darüber hinaus ergibt sich auch aus der geschilderten Situation, dass ein ehegüterrechtliches Geschäft zur Witwensicherung gemeint ist: Der Ehemann lässt durch seinen Lehnsherrn sein Lehen seiner Ehefrau für den Fall verleihen, dass er selbst ohne Lehnserben sterben sollte. Zudem ist nicht die Rede von einer Verleihung „als ein" Leibgedinge, sondern von einer Verleihung „als ihr" Leibgedinge.

gefälle verliehen, dann könne es der, der es in der Gewere habe – bei einer Verleihung im Rahmen des Ehegüterrechts also ihr Ehemann –, aufgeben, wann er wolle. In der Tat gibt Johann von Buch hier die Regelung für das Gedinge des Sachsenspiegellehnrecht wieder. Lr. 5 § 1 setzt ausdrücklich fest, dass das Gedinge an einem Lehnsgut grundsätzlich erlischt, wenn der Lehnsmann, der das Gut in der Gewere hat, dieses aufgibt[1554]. Bereits hier macht Johann von Buch aber deutlich, dass diese Art der Bestellung eines Leibgedinges nicht mehr gebräuchlich sei, wenn er formuliert *wilner*, das heißt: einst, hätten Männer ihren Frauen ein Angefälle verleihen lassen[1555].

Nach diesem Exkurs fährt er sodann in der Erklärung der drei Begriffe *angheuelle*, *liffgedinge* und *ghedinge* fort und wendet sich dazu dem Begriff *liffghedinge* zu. Mit diesem Begriff ist in diesem Satz also wieder das in der Aufzählung an zweiter Stelle genannte Recht auf Lebenszeit gemeint, wie man es etwa durch einen Kauf auf Lebenszeit erwirbt[1556]. Zu diesem *liffghedinge* führt er aus, dass Frauen es allein in der Gewere hätten und es *laten*, aufgeben, könnten, wenn sie keinen Vormund hätten[1557]. Die Allegation ist an dieser Stelle nicht mehr eindeutig aufzulösen[1558]. Kaufmann sieht an dieser Stelle entweder Lr. 2 § 3 jüngere Fassung[1559] oder Lr. 31

1554 Oben Anm. 1547. Als Ausnahme führt Lr. 5 § 1 nur den Fall auf, dass der Lehnsmann, der das Lehnsgut in der Gewere hat, dieses nach der Auflassung zurückerhält und bis zu seinem Tod in seiner Gewere behält.

1555 Die Vorstellung, dass in früherer Zeit die Verleihung eines Gedinges zum Zwecke einer Leibgedingebestellung üblich war, könnte Johann von Buch dabei Lr. 31 entnommen haben, unten Anm. 1605.

1556 Dies ergibt sich daraus, dass er zu Beginn des Absatzes angekündigt hatte, nunmehr in der ersten Aufzählung genannten Begriffe *angheuelle*, *liffghedinge* und *ghedinge* erläutern zu wollen und entsprechend zunächst auf das *angheuelle* eingeht, in der hier angesprochenen Stelle mit den Worten *dat andere is liffghedingh* zu einer Erklärung diese Begriffs überleitet und im weiteren Verlauf der Glosse nach den Worten *dat drudde hetet ghedinge* eine Erklärung des Begriffs *ghedinge* anschließt.

1557 Diese Aussage zur Gewere grenzt das *liffghedinge* durch Kauf auf Lebenszeit zum einen von dem zuvor genannten Angefälle (= Gedinge im Sinne von Lr. 5 § 1) ab, bei dem der Mann das Lehnsgut allein in der Gewere hat, vgl. Lr. 5 § 2, oben Anm. 1547. Zum anderen dürfte aber auch ein Unterschied zu dem im weiteren Verlauf der Glosse beschriebenen *ghedinge* bestehen. Zu diesem merkt Johann von Buch an, dass hier bei der Belehnung der Frau ihr Mann mit zugreifen solle, was auf eine gemeinsame Gewere der Eheleute hindeuten könnte.

1558 Oben Anm. 1531.

1559 Von Lr. 2 § 3 sind zwei Fassungen überliefert. In der Edition Eckhardts, ECKHARDT, Sachsenspiegel II S. 20, stehen beide im Haupttext nebeneinander, wobei die linke Fassung ausweislich der Wiedergabe in Antiqua in spitzen Klammern von Eckhardt als der Ordnung Ic angehörig bzw. als gleichfalls nicht von Eike stammender Zusatz der Ordnungen Ia und Ib verstanden wird, zur Kennzeichnung ECKHARDT, Sachsenspiegel II S. 255. Die rechts daneben wiedergegebene Fassung dagegen versteht Eckhardt ausweislich der Wiedergabe in Kursive und in eckigen Klammern als Zusatz einer jüngeren Fassung, insbesondere der Ordnung IVc. Entsprechend bezeichnet Kaufmann in seiner Glossenedition die letztgenannte Fassung als Lr. 2 § 3 jüngere Fassung. In der Edition Homeyers, HOMEYER, Sach-

allegiert[1560]. Dagegen spricht aber, dass sich diese Lehnrechtsartikel auf das Leibgedinge im Sinne des ehegüterrechtlichen Instituts beziehen[1561]. Daher liegen m. E. Lr. 56 §§ 4, 5 als mögliche Auflösung der Allegation näher. Lr. 56 bezieht sich auf ein Lehen, das wirtschaftlich einer Frau zugeordnet ist, und einem Mann nur deshalb und nur zur Vormundschaft mitverliehen wird, um ein Recht auf Lehenserneuerung zu gewährleisten[1562]. Lr. 56 § 4 spricht dabei das Recht der Frau an, das Lehen auch mit Wirkung für den Mann aufzulassen[1563], Lr. 56 § 5 weist darüber hinaus der Frau Lehen und Gewere an dem Lehnsgut zu, dem Mann dagegen lediglich Lehen und Heerschild[1564]. Es lassen sich aus diesem Artikel also beide in der Glossierung angesprochenen Aussagen herleiten, dass die Frau das Lehen auflassen könne und dass sie

senspiegel II, 1 S. 143 f., dagegen steht im Haupttext nur diese Fassung, während die zweite, nach Eckhardt ältere Fassung lediglich in Anm. 17, S. 143 als Variante wiedergegeben wird. Da in der hiesigen Arbeit der Sachsenspiegeltext nach der Edition Homeyers zugrunde gelegt wird, wird hier die dort im Haupttext wiedergegebene Fassung abweichend von der Kaufmann'schen Glossenedition grundsätzlich schlicht als Lr. 2 § 3 bezeichnet. Lediglich wo die Auflösung einer Lehnrechtsallegation durch Kaufmann mitgeteilt wird, wird diese Fassung dessen Sprachgebrauch entsprechend als Lr. 2 § 3 jüngere Fassung angegeben. Beide Fassungen finden sich im Wortlaut unten, Lr. 2 § 3 <jüngere Fassung> S. 70 im Haupttext, Lr. 2 § 3 ältere Fassung in Anm. 1603.

1560 Kaufmann, Buch'sche Glosse S. 1434.

1561 Lr. 2 § 3 sieht Johann von Buch als Sonderregelung zur Begünstigung der Frauen in Bezug auf ein ihnen als ehegüterrechtliche Leibzucht verliehenes Lehen, unten S. 381 f.; Lr. 31 bezieht sich schon seinem Wortlaut nach relativ eindeutig auf eine Belehnung im Rahmen einer ehegüterrechtlichen Leibzucht. Der Satz, auf den sich die Allegation bezieht, verwendet den Begriff Leibgedinge jedoch gerade nicht als Verleihung im ehegüterrechtlichen Kontext, sondern ganz in Gegenteil in Abgrenzung hierzu. Dass an dieser Stelle Lr. 2 § 3 oder Lr. 31 allegiert wären, ergibt sich auch nicht aus deren Inhalt, weder in dem einen, noch dem anderen Lehnrechtsartikel wird die Aufgabe, das *laten*, eines Lehnsgutes angesprochen.

1562 Lr. 56 §§ 1, 2, S. 238 f.: [§ 1] *Ok mach die man gut untvan mit ener vrowen, so dat he sie an deme gude vorsta, unde volge dar mede an enen anderen herren of ire herre sterve, dat ir der volge tostat, wende sie des herschildes nicht ne hevet. Die man hevet den herschilt, unde die gewere von der vrowen halven an deme gude; durch dat hevet he die volge dar an.* [§ 2] *Stirft aver die vrowe an der he die gewere hevet an'me gude, sin lenunge hevet ende die he to vormuntscap untvieng, ime ne si recht len oder gedinge da an gelegen.*

1563 Lr. 56 § 4, S. 239 f.: *Let ok die vrowe ire gut up oder wert it ir mit lenrechte verdelt, jene ne hevet dar nicht an die't mit ir untvieng. Let aver he't oder wert it ime verdelt mit lenrechte, sie ne verlüset dar mede nicht, durch dat sie in den geweren sit. Lien ne mach he ok dar nicht an weder der vrowen willen, ane dat ine verlegen an kumt unde dar he mit lenrechte to gedw<u>ngen wert. Svat dar ledich an wert dat is der vrowen ledich, unde nicht deme herren noch deme manne, die't mit ir untvieng.*

1564 Lr. 56 § 5, S. 240: *Gedinge an verlegeneme gude mach he wol verlien mit der vrowen willen, unde svat dar ledich ane wert, durch dat sie beide en vulle lenrecht an deme gude hebbet mit samender hant untvangen; he hevet die lenunge unde den herschilt, unde sie hevet die selve lenunge unde die gewere.*

es allein in der Gewere habe[1565]. Auch der Umstand, dass das Lehnsgut wirtschaftlich der Frau zugewiesen ist, trifft auf das zu, was der Glossator an dieser Stelle unter einem Leibgedinge versteht.

Nach diesen beiden Sätzen zum *liffghedinge* definiert Johann von Buch schließlich, was er unter dem Begriff *ghedinge* versteht. Dies sei das, was einer Frau als Gegenleistung für die Mitgift übertragen werde. Werde der Frau dies verliehen, so solle es ihr Mann zunächst auflassen, also förmlich darauf verzichten; danach werde es der Frau verliehen und ihr Ehemann solle mit zugreifen als Zeichen dafür, dass das Lehnsgut sein Erblehen sei und ihr *ghedingh* auf Lebenszeit.

Nicht mit *ghedinge* gemeint ist an dieser Stelle das Gedinge des Sachsenspiegellehnrechts, das Johann von Buch als *angeuelle* bezeichnet und von dem hier genannten *ghedinge* gerade abgrenzt[1566]. Bei der Auslegung der Stelle fällt zunächst einmal der letzte Halbsatz der Glossierung auf, der an Ldr. III 75 § 2 angelehnt sein dürfte. In diesem Sachsenspiegelartikel formuliert Eike von Repgow in Bezug auf das ehegüterrechtliche Leibgedinge:

> Ldr. III 75 § 2, S. 371
>
> *Len bi ires mannes lieve is ire gedinge, na ires mannes dode is it ire rechte len.*

Diese Worte hatte Johann von Buch zuvor wie folgt glossiert:

> BG III 75 § 2 *Wen er ghedinge*, S. 1422
>
> *Ghedinge*[1567] *hetet anuelle yn deme lenrechte. Auer hir hetet dat ghedinge dar vmme, dat id ok yeghen de medeghifft ghedinget wart. Wente de namen schollen bequeme syn deme dinge, dat se nomen, ut* [Inst. 2, 7, 3 letzter Satz; Cod. 1, 3, 26; Cod. 1, 28, 1].

Der Begriff *ghedinge* bedeute im (Sachsenspiegel-)Lehnrecht Angefälle[1568], im glossierten Landrechtsartikel aber meine er das, was als Gegenleistung zur Mitgift verein-

---

1565 Gegen diese Deutung einwenden ließe sich zwar, dass in Lr. 56 §§ 1, 2 auch dem Mann die Gewere zugesprochen wird, vgl. oben Anm. 1562. Doch betont das Sachsenspiegellehnrecht zugleich, dass es sich hierbei lediglich um eine Gewere von der Frau her handelt. Außerdem könnte Johann von Buch auch einen Gegenschluss aus Lr. 56 gezogen haben, dass nämlich eine Verleihung zur Vormundschaft bei der Frau wirtschaftlich allein zugewiesenen Gütern möglich, aber nicht notwendig sei, und andernfalls die Frau die Gewere allein habe. Darauf könnte sich auch die entsprechende Einschränkung, *offt ze ane voremundere is*, beziehen.

1566 Anderer Ansicht Kaufmann/Neumeister, Glossar S. 359, die mit Gedinge in BG III 75 § 2 *Wen er ghedinge* und in BG III 76 *Edder len edder liffgeding* in allen Fällen die bedingte Belehnung im Sinne des Sachsenspiegellehnrechts bezeichnet sehen.

1567 Übersetzung: „Gedinge" bedeutet im Lehnrecht Angefälle. Aber hier heißt es „Gedinge" deswegen, weil es auch gegen die Mitgift gedingt <= vereinbart> wurde. Denn die Namen sollen dem Ding bequem sein, das sie benennen, wie [Inst. 2, 7, 3 letzter Satz; Cod. 1, 3, 26; Cod. 1, 28, 1].

1568 Anderer Ansicht wohl Kaufmann/Neumeister, Glossar S. 46, die übersetzen: „Anwartschaft heißt ‚Angefälle' in dem Lehnrechte" und die Aussage der Stelle damit wohl umgekehrt verstehen.

bart werde. Und zwar leite sich die Benennung als *ghedinge* in diesem Kontext gerade von dem gegenseitigen Vereinbaren – niederdeutsch *ghedingen* – ab, denn die Namen sollten zu den Dingen passen[1569]. Johann von Buch geht also innerhalb des Sachsenspiegels von einer unterschiedlichen Begriffsverwendung aus, eine Bedeutung sei bei der Verwendung im Lehnrecht gemeint, eine andere in der glossierten Stelle, die sich mit dem Ehegüterrecht des Sachsenspiegellandrecht befasst. Die erste, lehnrechtliche Bedeutung begegnet auch bei der Glossierung zu Ldr. I 33[1570], der einzigen weiteren Stelle, an der sich der Begriff Gedinge im Sachsenspiegellandrecht findet. An dieser Stelle ist dem Wortlaut des Sachsenspiegels nach eindeutig das Gedinge im Sinne des Sachsenspiegellehnrechtes gemeint, und auch Johann von Buch versteht den Begriff in diesem Sinne – ohne dies zu problematisieren oder den Begriff Angefälle zu verwenden[1571]. In Ldr. III 75 § 2 sieht Johann von Buch dagegen eine andere Bedeutung gegeben[1572]. Die Erklärung für diese zweite Bedeutung des Begriffs entspricht dabei der Erklärung des Begriffs *ghedinge* in der hier untersuchten Glosse BG III 76 § 3

1569 Vgl. zu dieser Anmerkung folgende kaiserliche Selbstbeschreibung aus dem allegierten Inst. 2, 7, 3 letzter Satz: *consequentia nomina rebus esse studentes.* Die Accursische Glosse merkt hierzu an, dass an anderen Stellen statt des Adjektivs *consequens* das Adjektiv *conveniens* verwendet werde – das auch näher an dem von Johann von Buch gewählten mittelniederdeutschen *bequeme* liegt –, als Argument für *conveniens* werden in der Accursischen Glosse sodann drei Codexstellen aufgeführt, von denen zwei auch die Buch'sche allegiert: AG Inst. 2, 7, 3 *Et consequentia: alias conuenientia. sic C. de epis. & cle. l. decernimus. in fi.* [= Cod. 1, 3, 26 a. E.] *glo. fin.* [= AG Cod. 1, 3, 26 *Nomen*] *& in summario* [= AG Cod. 1, 3, 26 *Summarium*]. *& de offi. praefec. vrb. l. j in fi.* [= Cod. 1, 28, 1 a. E.] *& de defen. ciui. l. defensores.* [= Cod. 1, 55, 2] *ar. contra. C. de constit. pecu. l. ij § pen.* [= Cod. 4, 18, 3, 1 (?)] *& ff. de adimen. leg. l. iij § conditio.* [= Dig. 34, 4, 3, 9], Lyon 1558–1560, VP, Inst. Sp. 149 f.

1570 Ldr. I 33 Satz 1, S. 190 lautet in den hier relevanten Auszügen wie folgt: *Nu vernemet umme en wif die kint dreget na irs mannes dode,* (…): *wirt dat kint levendich geborn,* (…) *dat kint behalt des vader erve;* (…) *unde brict al gedinge an des vader lene, wend'it levede na des vader dode, so werdit de len den herren ledich, of it kint bewist wirt unde gesen also grot, dat it lifhaftich mochte wesen.*

1571 BG I 33 *Vnde brickt alle gedinge,* S. 307: *Wente gedinge vorlyet de here vnder deme beschede, offt sin man ane lenerue sterue. Wente liker wijs, alze he nenen leneruen en hefft, deme se irsteruen er he, also vorsteruet ok ane leneruen de nicht, de en drechtich wiff hefft edder na leth, ut* [Dig. 50, 17, 187]. Übersetzung: Denn Gedinge verleiht der Herr unter der Bedingung, dass sein Lehnsmann <der das Lehngut derzeit in der Gewere hat> ohne Lehnserben sterbe. Denn in gleicher Weise, wie der keinen Lehnserben hat, dem sie <die potentiellen Lehnserben> vor ihm <selbst> versterben, ebenso stirbt der nicht ohne Lehnserben, der eine schwangere Ehefrau hat oder hinterlässt, wie [Dig. 50, 17, 187].

1572 Tatsächlich dürfte im Sachsenspiegellandrecht wie im Sachsenspiegellehnrecht dasselbe gemeint sein, nämlich eine Belehnung ohne Gewere, wie sie in Lr. 5 § 1 beschrieben wird, so etwa Schmidt-Wiegand in Schott, Sachsenspiegel S. 63, 222; Kaller, Sachsenspiegel S. 37, 135 die Gedinge sowohl in Ldr. I 33 als auch in Ldr. III 75 § 2 mit „Anwartschaft" übersetzen.

Edder len edder liffgeding: Im ehegüterrechtlichen Kontext[1573] ist das gemeint, was als Gegengabe zur Mitgift vereinbart wird.

Von diesem Gedinge sei es, fährt der Glossator entsprechend in BG III 76 § 3 *Edder len edder liffgeding* fort, dass sie – Johann von Buch verwendetet hier die1. Person plural, gemeint sein dürften neben dem Glossator seine Meinungsgenoss*innen und/oder Leser*innen – vielfach gesagt hätten, dass es die Männer weder mit noch gegen den Willen ihrer Ehefrauen *laten*, aufgeben, könnten. Es folgen genauere Ausführungen zu diesem Veräußerungsverbot, auf die noch einzugehen sein wird. Abschließend bemerkt Johann von Buch noch einmal, dass er in diesem Punkt seinem Vater nicht widerspreche. Denn dieser beziehe sich auf *ghedinge, de angheuelle hetet* – also auf Gedinge im Sinne des Sachsenspiegellehnrechts, nach Johann von Buch die frühere Form der Bestellung eines Leibzuchtlehens –, er aber auf *ghedinge, dat me den vrouwen bedinget vor ere medeghifft, de in deme rechte hetet donacio propter nupcias, dat hetet en ghaue dorch der hochtid, ut* [Inst. 2, 7, 3 letzter Satz] – also von Gedinge im ehegüterrechtlichen Sinne des Sachsenspiegellandrechtes, nach Johann von Buch die aktuelle Form der Bestellung eines Leibzuchtlehens. Diese zweite Begriffsbedeutung setzt er dabei mit der *donatio propter nuptias* gleich, wenn er weiter ausführt, das Gedinge in diesem Sinne sei das, was im gelehrten Recht eine *donatio propter nuptias* heiße, eine Gabe um der Hochzeit willen[1574].

Als vierte Art, eine Frau mit einem Lehen zu beleihen, nennt Johann von Buch damit eine eigenständige Belehnungsform für eine Verleihung im ehegüterrechtlichen Rahmen. Diese Belehnungsform ist gegenüber einem gewöhnlichen Angefälle besonders privilegiert, insbesondere kann der Ehemann bei einer solchen Belehnung das Lehnsgut nicht ohne weiteres *laten*, aufgeben. Dies spiegelt sich auch bei der Belehnung wider: Der Ehemann gibt hier zunächst seine Rechte an dem Lehnsgut förmlich auf, bevor es seiner Ehefrau von seinem Lehnsherrn verliehen wird. Er greift zwar bei der Belehnung mit zu, allerdings nur als Zeichen dafür, dass das Grundstück sein Erblehen ist. Diese besonders privilegierte Form der Belehnung stellt sich dabei als eine neuere Rechtsentwicklung dar. Nach der Darstellung Johanns von Buch war demnach in früheren Zeiten, bis in die Zeiten seines Vaters hinein, im ehegüterrechtlichen Rahmen eine Belehnung nach den allgemeineren Regeln des Angefälles üblich, zu seinen Zeiten aber habe sich eine später entwickelte, eigenständige Form der Belehnung für diese Zwecke durchgesetzt, bei der die Frau besonders privilegiert ist.

1573 Die Unterscheidung im Begriffsverständnis ist also keine konsequente Unterscheidung zwischen der Verwendung im Sachsenspiegellandrecht und der Verwendung im Sachsenspiegellehnrecht. Inhaltlich bezieht sich die Unterscheidung aber auf eine Verwendung im Kontext des Lehnsrechtes und eine Verwendung im – dem Grunde nach dem Landrecht zugehörigen – ehegüterrechtlichen Kontext.

1574 Entsprechend hatte er auch bei der oben angesprochenen Begriffsbestimmung zu dem Gedinge im Sinne des glossierten Landrechtsartikels u. a. Inst. 2, 7, 3 letzter Satz als die zentrale Institutionenstelle zur *donatio propter nuptias* allegiert. Oben S. 311 f., insbesondere Anm. 1254.

β. Privilegierung der Belehnung im Rahmen der Leibzucht nach BG III 75 § 1 *An egene*

Derselbe Gedankengang, dass bei der Bestellung eines Leibgedinges zunächst die Form des Gedinge/Angefälle benutzt, später aber eine besonders privilegierte Form der Belehnung eingeführt wurde, begegnet auch in der Glossierung zu Ldr. III 75 § 1. Es handelt sich dabei um eine derjenigen Stellen, in denen Johann von Buch sich zunächst sehr entschieden gegen Eike von Repgow stellt. Johann von Buch vertritt hier – möglicherweise auch aus biographisch bedingten Gründen[1575] – die Ansicht, Leibgedinge an *egen* und Lehen seien mindestens gleichwertig.

BG III 75 § 1 *An eghene*, S. 1418–1422

Wente[1576] *he hire vore in deme ambeghinne des neysten ar. zede van der <euenbort*[1577]*>, dar me in den ersten dren saken van erue nemet. Vnde he heft ghesecht, wat de vrouwe behalt,*

1575 Johann von Buch selbst hat seiner Frau Mechthild ein Lehnsleibgedinge bestellt, das ihr am 13.02.1340 von Markgraf Ludwig I. (dem Brandenburger) verliehen wurde, Riedel, Codex diplomaticus Brandenburgensis A, XVII S. 492; Homeyer, Richtsteig Landrechts S. 36; Lieberwirth, Einleitung S. XXV. Vgl. dazu unten S. 403 ff.

1576 Übersetzung: Weil er zuvor zu Beginn des vorhergehenden Artikels von <den verschiedenen Arten> der Ebenbürtigkeit gesprochen hat, deren ersten drei Arten Auswirkungen auf das Erben haben. Und er hat gesagt, was die Frau als Lebensunterhalt behält, die von ihrem Mann geschieden wird. Darum, weil das Leibgedinge der Frauen am häufigsten entweder an *egen* oder an Lehen besteht, darum will er hier sagen, woran sie am besten bestehen und sagt: „An *egen* besteht rechte et cetera". Was hier steht, ist aus drei Gründen falsch. Zum ersten ist es darum falsch: Was das Leibgedinge einer Frau ist, darauf hat sie ein Recht, auch wenn sie zuvor kein Recht darauf hatte. Auch wenn es so ist, dass Frauen auf ein Lehen kein Recht haben; verleiht man es ihnen jedoch auf Lebenszeit, so haben sie gutes Recht dazu, wie [Lr. 2 § 3 jüngere Fassung]. Da steht: Erlangt eine Frau die Gewere an einem Lehensgut, so soll sie <es> damit besitzen und folgt damit <auch> an einen anderen Lehnsherrn. Zum anderen ist es falsch, weil eine Frau ebenso wenig Recht auf ein *egen* hat, wenn es ihr der Richter nicht auflässt, wie sie es an Lehen hat, wenn es ihr der Lehnsherr nicht verleiht. Braucht sie also ebenso den Richter für das *egen*, wie sie für das Lehen den Herrn braucht, dann kann sie beides rechtlich gleich gut erwerben. Zum dritten ist es darum falsch: Ein Mann darf seiner Frau sein *egen* auch auf Lebenszeit ohne die Erlaubnis der Erben nicht geben, wie oben [Ldr. I 21 § 1; Ldr. I 52]. Aber sein Lehen kann er ihr <durch seine Herr/in> verleihen lassen ohne die Erlaubnis der Erben. Darum, was man rechtlich einfacher tun kann, daran hat man das beste Recht. Womit Herr Eike auch beweisen will, dass ein Lehen kein rechtes Leibgedinge ist, das ist dies, dass er sagt, dass die Frauen es verlieren können. Diese Beweisführung ist falsch. Denn *egen* verlieren sie auf mannigfaltigere Weise als Lehen. Denn Lehen können sie nicht verlieren, solange sie selbst das nicht wollen. Aber *egen* verlieren sie, wenn sie die Gewere daran aufgeben, zum zweiten, wenn sie Obstbäume darauf fällen, zum dritten, wenn sie <Eigen>Leute davon verweisen, wie oben [Ldr. I 21 § 2]. Alle diese Argumente, die wir gegen Herrn Eike gesetzt haben, die löse so: Zu Herrn Eikes Zeiten, da war das Recht der Frauen an Lehen nicht besser als das Recht derer war, die Lehen ohne Gewere <als Angefälle> hatten. Solange das so war, solange verloren sie es auf vielerlei

de van ereme manne ghescheden wert, to liffghedinge. Dar vmme, wente aller dickest der vrouwen liffghedingh licht entwer an eghene edder an lene, dar vmme wel he hire zeggen, an welken ze aller ersten zind, vnde zecht: An eghene is recht et cetera. Dat hir steyd, dat is valsch to dryerleye sake. To deme ersten is dat dar vmme valsch: Wat ener vrowen liffghedingh ys, dar hefft ze recht to, allene dat se dar vore nen recht to en hadde. Js id wol, dat de vrouwen to lene nen recht en hebben, jodoch lenet men yd en to ereme lyue, so hebben se dar gud recht to, ut [Lr. 2 § 3[1578]]. *Dar steyd: Kumpt en vrouwe in ene were lengudes, ze schal dar mede besitten, vnde volget dar mede an enen anderen heren. To deme anderen is dat valsch, dor dat en vrouwe hefft also wenich rechtes to deme eghene, de richter en gheuet er vp, alse se to deme lene, de here en lene dat ere. Erdarff se denne also wol to deme eghene des richteres, alse se to deme lene des heren bedarff, so hefft ze beyde like gud to krigende na rechte. To deme drudden is dat dar vmme valsch: En man ne mod sineme wiue sin eghen nicht gheuen, ane eruen loff yoch to ereme liue, ut supra* [Ldr. I 21 § 1; Ldr. I 52[1579]]. *Edder sin len mach he ir lenen laten ane eruen loff. Dar vmme wor men mit rechte lichtliker don kan, dar is dat beste recht an. Dar dat ok her Eyke mede bewisen wel, dat en len nicht recht liffghedingh en sy, dat is dit, dat he secht, dat dat den vrouwen moghe aff ghan. Desse bewisinge de is valsch. Wen eghen gheit en in manigherleye wise aff wen en len dut. Wente len mach en mit nichte aff ghan, de wile se dat zuluen willen hebben. Edder eghen gheid en aff, offt ze dat vte den weren laten; to deme anderen, offt ze ouetbome dar aff houwet; to deme drudden, offt ze lude dar aff wisen, ut supra* [Ldr. I 21 § 2[1580]]. *Wente ze denne likewol vorlezen moghen, so en is ere recht nicht rechter an deme enen wen an deme anderen. Alle desse argumenta, de wy wedder hern Eyken ghesettet hebben, de loze zus: By hern Eyken*

Weise, <z. B.> wenn der Herr starb, der es ihnen verliehen hatte. Denn sie konnten nicht an einen anderen Herrn folgen, wie [Lr. 2]. Sie mussten dafür Heersteuer zahlen, wie [Lr. 34]. Außerdem mussten die, die Zeugen für <die Verleihung> dieses Lehen<-s> sein sollten, das gesehen und gehört haben, wie [Lr. 5 § 2; Lr. 62 § 2]. Dieses Nachteils wegen war es <der Rat>, dass ein Mann das <Lehen> mit der Frau erhalte, wie [Lr. 75 § 1]. Wisse aber, dass alle diese Nachteile Herrn Eike dazu bewegten, dass er hinsichtlich des Lehens eher ein Ratgeber war. Aber dieses <obengenannte> Recht <Lr. 2 § 3> ist von Kaiser Friedrich von Staufen gesetzt, der setzte das Recht, das wir zuvor gegen Herrn Eike allegiert haben. Das tat Herr Friedrich den werten Frauen als Gunst, denen die Leges in Bezug auf die Leibzucht vielerlei Gunst erwiesen haben, die wir dir alle zuvor genannt haben. Brauchst du sie, so habe sie hier <zusammengestellt>, [Inst. 2, 8 pr.; Cod. 5, 13, 1, 15 l. un.; Cod. 5, 12, 5; Cod. 5, 16, 1; Cod. 5, 23, 1; Dig. 23, 5, 3; Dig. 23, 5, 4; Inst. 4, 6, 29; Nov. 97, 3; Nov. 61, 1].

1577 So von Kaufmann, Buch'sche Glosse S. 1418 aufgrund inhaltlicher Überlegungen und der Lesart des Augsburger Drucks von 1516 korrigiert aus *eghenen bord*.

1578 Die Glosse allegiert *in libro feudorum ar. I § ult*, von Kaufmann, Buch'sche Glosse S. 1418 aufgrund des folgenden Satzes, m. E. zutreffend, als Lr. 2 § 3 jüngere Fassung, vgl. oben Anm. 1559, korrigiert.

1579 Codex Hecht und auch Heidelberger Handschrift haben als Remission *ut supra li. I ar. XXI § IIII, et ar. LI § I*, was nach der Einteilung des Codex Hecht vulgat Ldr. I 22 § 4 bzw. Ldr. I 52 § 1 entspricht. Kaufmann, Buch'sche Glosse S. 1419 gibt für ersteres aus inhaltlichen Gründen zurecht Ldr. I 21 § 1 an.

1580 Remittiert ist *ut supra li. I ar. XXI § ult*, Kaufmann, Buch'sche Glosse S. 1420 gibt aus inhaltlichen Gründen Ldr. I 21 § 2 an.

tiden do was der vrouwen recht an lene nicht beter wen der was, de len sunder were hadden. De wile dat was, do nochten ghingh id een mennigherleye wise aff, offt de here starff, de id gheleghen hadde. Wente ze en mochten nicht volghen an enen anderen heren, ut [Lr. 2 § 2[1581]]. *Se mosten dar vt hersture gheuen, ut* [Lr. 34[1582]]. *De ok desses lenes tuch wesen scholden, de mosten dat ghezen vnde ghehoret hebben, ut* [Lr. 5 § 2; Lr. 62 § 2[1583]]. *Dor desser schelinge willen was de dat*[1584]*, dat dat en man mit der vrouwen vntfeng, ut* [Lr. 75 § 1[1585]]. *Wete auer, dat alle desse schelinge de brachten hern Eyken dar tho, dat he to deme lene bet reder sy. Edder dit recht ys ghesat van keyser Vrederike van Stoufen, de satte dat recht, dat we hir vore wedder hern Eyken gheallegeret hebben. Dyt dede keyser Ffrederik to ghunst den werden vrouwen, den de leges an lifftucht vil vele gunst bewiset hebben, de wy dy alle vore ghesecht hebben. Bedarfstu der, so ze dat hire,* [Inst. 2, 8 pr.; Cod. 5, 13, 1, 15 l. un.; Cod. 5, 12, 5; Cod. 5, 16, 1; Cod. 5, 23, 1; Dig. 23, 5, 3; Dig. 23, 5, 4; Inst. 4, 6, 29; Nov. 97, 3; Nov. 61, 1].

Johann von Buch ordnet den glossierten Sachsenspiegelartikel zunächst in den Zusammenhang ein und zitiert dann den Beginn von Ldr. III 75[1586]. Dessen Aussage, dass an *egen* rechtes Leibgedinge[1587] bestehe, an Lehen jedoch nicht, wird von Johann von Buch sodann harsch zurückgewiesen: *Dat hir steyd, dat is valsch to dryerleye sake.*

Die drei Gründe, die der Aussage des Sachsenspiegeltextes widersprechen, werden in der Folge aufgezählt. Jeder einzelne Grund ist dabei mit einem scharfen erstens/zweitens/drittens *is dat (dar vmme) valsch* eingeleitet. Erstens ergebe sich aus Lr. 2

1581 Eigentlich *in libro feudorum ar. I*, von Kaufmann, Buch'sche Glosse S. 1420 entsprechend dem auf Lr. 2 § 2 Satz 2 verweisenden Inhalt etwas allgemeiner in Lr. 2 korrigiert.

1582 Eigentlich *in libro feudorum ar. VI*, von Kaufmann, Buch'sche Glosse S. 1420 aufgrund des Inhalts korrigiert.

1583 Eigentlich *in libro feudorum ar. X, et ar. LXXX*, von Kaufmann, Buch'sche Glosse S. 1421 aufgrund des Inhalts korrigiert.

1584 Der Sinnzusammenhang legt nahe, dass hier ein Abschreibefehler vorliegt, indem aus dem Wort „*rat*" ein „*dat*" wurde, zumal das Wort „*dat*" gleich darauf zweimal folgt. Denn der Wortlaut von Lr. 75 § 1 – *it is gud* – legt nahe, den Paragraph als Ratschlag zu verstehen, nach dem ein Verwandter einer Frau das Lehnsgut mit ihr empfangen soll, um so die Lehenserneuerung nach dem Tod der Herr/in zu gewährleisten.

1585 Eigentlich *in libro feudorum ar. LXXVII*, von Kaufmann, Buch'sche Glosse S. 1421 aufgrund des Inhalts korrigiert.

1586 Ldr. III 75 § 1, S. 371: *An egene is recht lifgetucht der vrowen, wende it in nieman gebreken mach to irme lieve, unde an lene nicht, wende it in to maneger wis gebroken mach werden.*

1587 Kaufmann/Neumeister, Glossar S. 676 führen für den Begriff keine besondere Bedeutung auf und auch in den Sachsenspiegelübersetzungen ist neutral von einer rechten Leibzucht, Rotermund, Sachsenspiegel S. 124, einem rechten Leibgedinge, Kaller, Sachsenspiegel S. 134; bzw. einem rechten Nutzungsrecht auf Lebenszeit, Schmidt-Wiegand in Schott, Sachsenspiegel S. 222 die Rede. Gemeint sein dürfte parallel zu dem rechten Lehen eine ordentliche, regelmäßige, also uneingeschränkte Leibzucht, vgl. oben Anm. 1538. Anderer Ansicht Huneke, Iurisprudentia romano-saxonica S. 570, die durch die Bestimmung die Bestellung eines Lehens als Leibgedinge generell ausgeschlossen sieht.

§ 3, dass Frauen, auch wenn sie sonst keine Lehen innehaben könnten, volles Recht auf ein Lehen hätten, wenn es ihnen *to ereme lyue*[1588] verliehen werde. Sie könnten dann auch beim Tod ihres Herrn Lehnserneuerung verlangen. Zweitens könne eine Frau ein *egen* rechtlich nicht einfacher erwerben als ein Lehen, denn wie sie die für das Lehen auf eine Verleihung durch den Lehnherrn angewiesen sei, so bedürfe sie bei dem *egen* der Zuweisung durch den (Land-)Richter. In dieselbe Richtung weist auch der dritte Grund. Es sei sogar einfacher, ein Lehen als Leibgedinge zu bestellen, als ein *egen*, denn bei dem erstgenannten bedürfe man nicht der Zustimmung der Erben. Und, so argumentiert Johann von Buch, was man leichter bestellen könne, daran habe man ein besseres Recht.

Nach diesen drei Gründen für die Fehlerhaftigkeit der Aussage, an *egen* sei rechte Leibzucht, nicht aber an Lehen, greift der Glossator die Argumentation des Sachsenspiegels auf. In Ldr. III 75 wird die fragliche Aussage damit begründet, dass der Frau ein Lehen im Gegensatz zu einem *egen* auf vielerlei Weisen entzogen werden könne[1589]. Johann von Buch paraphrasiert zunächst den Sachsenspiegeltext: Eike von Repgow wolle beweisen, dass Lehen kein rechtes Leibgedinge sei, indem er sage, Frauen könnten es verlieren. Diese Beweisführung verwirft er sodann ebenfalls mit klaren Worten: *Desse bewisinge de is valsch.* Denn ein *egen* könnten Frauen auf mannigfaltigere Weise verlieren als ein Lehen. Lehen ginge ihnen nicht verloren, solange sie dies nicht wollten, wohl aber *egen*, nämlich wenn einer der drei Verlustgründe – Johann von Buch nennt sie einzeln – aus Ldr. I 21 § 2[1590] vorliege. Damit sieht er die Argumentation des Sachsenspiegels widerlegt: Wenn sie es gleichermaßen verlieren könnten, dann sei ihr Recht an dem einen nicht ordentlicher[1591] als an dem anderen.

Die Feststellung, dass der Sachsenspiegeltext falsch sei, bleibt aber nicht uneingeschränkt stehen. Alle Gegengründe werden im folgenden als bloße *argumenta* bezeichnet: *Alle desse argumenta, de wy wedder hern Eyken ghesettet hebben, de loze zus.* Es tritt der Text als eine scholastische *disputatio* entgegen, bei der dem Sachsenspiegeltext als *positio* zunächst Einwände als *oppositio* entgegengesetzt werden, die schließlich in der *responsio* aufgelöst werden[1592]. Beide Positionen – die des Sachsenspiegels und die in der Glosse zunächst vertretene Gegenposition – werden damit in Einklang gebracht, dass Johann von Buch die Bewertung Eikes von Repgow auf eine abweichende, inzwischen veraltete Rechtslage zurückführt[1593]. Zu dessen Zeiten sei das Recht der Frauen nicht besser gewesen als das Recht derer, die ihr Lehen ohne Gewere innehatten. Vor dem Hintergrund der soeben untersuchten Stelle liegt auf

1588 Vgl. zu dieser Formulierung den Wortlaut von Lr. 2 § 3 und Lr. 31, dazu sogleich. Bei beiden wird die Verleihung ausdrücklich *to irme liue* vorausgesetzt.

1589 Wiedergegeben oben S. 335.

1590 Oben Anm. 1387.

1591 Oben Anm. 1587

1592 Kriechbaum/Lange, Römisches Recht im Mittelalter II S. 369.

1593 Huneke, Iurisprudentia romano-saxonica S. 570 f.

der Hand, was mit dem Lehen ohne Gewere gemeint ist. Johann von Buch bringt auch an dieser Stelle zum Ausdruck, dass ein Leibgedinge an Lehen ursprünglich im Wege des Angefälles/Gedinges im Sinne von Lr. 5 § 1 verliehen worden sei. Entsprechend zählt er im folgenden die im Sachsenspiegellehnrecht vorgesehenen Rechtsfolgen einer solchen Verleihung auf und allegiert jeweils die entsprechenden Stellen[1594]. Die Frauen hätten das Lehen verloren, wenn ihr Herr starb, da sie keine Lehnserneuerung hätten verlangen können[1595]. Auch hätten sie Heersteuer für das Lehen entrichten müssen[1596]. Schließlich sei auch die Beweisregel nachteilig, weil hier Zeugen erforderlich seien, die die Verleihung des Lehens selbst gehört und gesehen hätten[1597]. Mit Ausnahme der Regelung über die Heersteuer, die sich auf Frauen als Lehnsnehmerinnen bezieht[1598], handelt es sich bei diesen Rechtssätzen in der Tat um solche für das Angefälle/Gedinge. Um dieser Nachteile wegen, fährt der Glossator sodann fort, habe der Sachsenspiegel dazu geraten, dass ein Mann das Lehen zusammen mit seiner Frau empfange[1599]. Diese Nachteile nun hätten Eike von Repgow dazu bewogen, eher zu einem *egen* als Leibgedinge zu raten. Kaiser Friedrich von

---

1594 Huneke, Iurisprudentia romano-saxonica S. 571. Allerdings liegt den Allegationen entweder eine andere Zählweise zugrunde – so wird Lr. 2 wird durchgängig als *in libro feudorum I* allegiert, vgl. Anm. 1527, 1578, 1581 – oder die Überlieferung in den von Kaufmann edierten Handschriften ist verfälscht, wahrscheinlich trifft beides zu. Huneke, ebenda S. 571 Anm. 351 schließt auf einen Text, der weder die vulgate Zählweise aufweise, noch die gewöhnliche Textanordnung; solche Textfassungen enthielten verschiedene Handschriften.

1595 Lr. 5 § 1 Satz 2, oben Anm. 1547.

1596 Lr. 34, S. 209: *Belent wif unde maget ne sint nicht plichtich des rikes hervart to dienene, mer herstüre solen sie geven na satteme rechte. Vare solen sie ledich sin binnen lenrechte, dur dat sie des herscildes nicht ne hebbet.*

1597 Lr. 5 § 2 Satz 2, oben Anm. 1547; Lr. 62 § 2 Hs. 1, S. 250: *Liet aver ime die herre gut des he ime sint nicht bekant, dat mut he getügen alse jene die der gewere darvet, mit den die't sagen unde horden,* (...).

1598 Allerdings liegt in der Tat der Gedanke nahe, dass die Verpflichtung zur Heersteuer allein für eine Frau gilt, die ein Lehen unabhängig von ihrem Mann innehat, und nicht für eine Frau, die sich die Gewere an dem Lehensgut mit ihrem Mann teilt. Ein Angefälle/Gedinge wäre damit von der Verpflichtung zur Heersteuer erfasst, nicht aber ein Leibgedinge im Wege des Gedinges im Sinne von Johann von Buch.

1599 Lr. 75 § 1, S. 300 f.: *It is gut, dat en man der vrowen vrünt ire gut mit ire untva, durch dat, of ir herre stirft, unde dar die vrowe nicht volgen ne mach durch dat sie des herscildes darvet, dat die man volge deme gude na sime rechte, wende he den herscilt hevet. Svelk ir dirre tvier den anderen overlevet, die hevet lenrecht an deme gude jegen den herren die't in gelegen hevet. Hevet it aver die man to der vrowen hant untvangen unde anderes nicht, na der vrowen dode ne hevet he dar nicht rechtes an.* – In der Tat scheint diese Regelung für ein Lehen als Leibgedinge überflüssig, da hier Lr. 2 § 3 den Frauen die Lehnserneuerung beim Tod ihrer Herr/in zuspricht. Allerdings hatte Johann von Buch in BG III 75 § 1 *An eghene* im Gegensatz hierzu die gemeinsame Verleihung bei einer Verleihung im Wege des *ghedinges*/als *donatio propter nuptias* für anwendbar erklärt und sie beim Angefälle/Gedinge nicht thematisiert. Letztlich ist Lr. 75 § 1 insofern nur bedingt einschlägig, da er von einem Mann, der der *vrowen vrünt*, also ihr Blutsverwandter ist, spricht.

Staufen – den Johann von Buch zeitlich nach Eike von Repgow, dem vermeintlichen Zeitgenossen Karls des Großen, verortet – habe in dieser Hinsicht aber ein neues Gesetz geschaffen, nämlich dasjenige, das zuvor gegen Eike von Repgow allegiert worden sei. Dieses Recht sei als eine Vergünstigung für die Frauen geschaffen worden, wie auch die Leges den Frauen viele Vergünstigungen in Bezug auf ihre *lifftucht* gewähren würden. Diese Vergünstigungen werden sodann durch die Allegation der einschlägigen Stellen überblicksartig aufgezählt[1600].

Johann von Buch dürfte sich bei dem auf Friedrich von Staufen – gemeint sein dürfte Friedrich I. Barbarossa[1601] – zurückgeführten Rechtssatz[1602] auf zwei Passagen des Sachsenspiegellehnrechts beziehen, die tatsächlich Ergänzungen aus jüngerer

---

1600 Huneke, Iurisprudentia romano-saxonica S. 340 bezeichnet die Zusammenstellung der Allegationen als Fundus, aus dem sich der Leser wie aus einem Werkzeugkasten bedienen könne, allerdings ohne die Verbindung zu den Privilegien der *donatio propter nuptias* anzusprechen. Daneben könnte die Zusammenstellung der Allegationen gerade hier aber auch der verkürzten Darstellung rechtlicher Inhalte dienen, indem für die verschiedenen Rechtsinstitute statt ihrer Nennung die einschlägigen Allegationen aufgeführt werden.

1601 Friedrich von Staufen bezeichnet Friedrich I., wie sich aus dem Prolog des Richtsteigs Landrechts ergibt, Homeyer, Richtsteig Landrechts S. 30 f., 82; Kannowski, Buch'sche Glosse S. 526; Kaufmann, Buch'sche Glosse S. 1615; Huneke, Iurisprudentia romano-saxonica S. 578.

1602 Aus der Formulierung der Glosse ergibt sich nicht eindeutig, ob Johann von Buch das gesamte Sachsenspiegellehnrecht auf Friedrich I. zurückführt, oder allein Lr. 2 § 3 sowie gegebenenfalls Lr. 31 § 2, dazu sogleich S. 382. Insoweit ist aber zu vermerken, dass Johann von Buch das jüngere Alter beider Artikel ohne weiteres bekannt sein könnte, unten folgende Anm. 1603. Entsprechend betont Homeyer, Sachsenspiegel II, 1 S. 50, dass sich die Zuschreibung nur auf einen Artikel beziehe, so wohl auch Kannowski, Buch'sche Glosse S. 552. Huneke, Iurisprudentia romano-saxonica S. 571 f. weist zudem m. E. zu Recht darauf hin, dass Johann von Buch, wenn er die Rechtslage im Lehnrecht durch Lr. 2 § 3 geändert sieht, für die alte Rechtslage zu Zeiten Eikes von Repgow aber ebenfalls Artikel des Sachsenspiegellehnrechts anführt, denklogisch von einer Existenz des Sachsenspiegellehnrechts bereits zu Zeiten Eikes von Repgow ausgehen muss und demnach lediglich Lr. 2 § 3 auf Friedrich I. zurückführt. – Spätestens seit dem 15. Jahrhundert wird aber das gesamte Lehnrecht auf Friedrich I. zurückgeführt, vgl. BG Vorrede Von der Herren Geburt *Dar id an dat lijff edder an de hand nicht en gat* Satz 4 Hs. 2, S. 129: (...) *vnde keyser Frederik van Stouf gaff dat leenrecht, ut* [Glosse zu Ldr. I 14 § 1]. Übersetzung: (...) und Kaiser Friedrich von Staufen gab das Lehnrecht [Glosse zu Ldr. I 14 § 1]; BG I 14 § 1 *Al sy yd lenrecht* Satz 6 Satzmitte, S. 204: (...) *vnde keyser Frederick gaff dat lenrecht*, (...). Übersetzung: (...) und Kaiser Friedrich gab das Lehnrecht (...); die beide der Buch'schen Glosse fremd sind und in der Kaufmann'schen Edition einer Handschrift der 1442 entstandenen Tzerstedischen Glosse bzw. dem Augsburger Druck von 1516 entnommen sind. Gleiches gilt nach Huneke, Iurisprudentia romano-saxonica S. 536 f., 575 f. auch für die Glosse zum Sachsenspiegel Lehnrecht, wobei Huneke den Glossator des Lehnrechts als – wenn auch von Johann von Buch inspirierten – Urheber des Gedankens sieht.

Zeit darstellen[1603]. Dies ist zum einen der Rechtssatz, den er selbst nennt, derjenige, den er zuvor gegen Eike von Repgow allegiert hatte, also Lr. 2 § 3.

Lr. 2 § 3, S. 143 f.

Kumt aver en wif in die gewere des gudes mit rechte oder mit ires herren minnen, na des dode die it ire gedinget hadde to irme lieve, sie sal dar mede besitten to irme lieve, dat it ir mit uplatene noch mit irs herren dode nicht gebroken ne mach werden, deste sie's sinne na ireme rechte, unde hevet volge dar an an jewelken herren, an den dat gut kumt; nicht ne ervet sie it aver na irme dode up ire kindere.

Wenigstens mitgedacht sein dürfte aber auch Lr. 31, der ebenfalls von einer Verleihung *to irme live* spricht[1604], hierfür ebenfalls eine Privilegierung enthält und zudem den Bezug zu einer alternativen Verleihung als Gedinge/Angefälle herstellt[1605]:

Lr. 31 § 2, S. 205

Liet aver en herre ener vrowen gut, nicht na gedinges rechte mer mit den benömeden worden to irme live, dat len dat sal he ir stede halden to irme live, al winne sie ok wol sone dar na, deste ir man mit deme gude in rechten geweren besterve.

1603 Sowohl bei Lr. 2 § 3 als auch bei Lr. 31 § 2 handelt es sich nach Homeyers Einschätzung ausweislich der Kennzeichnung durch Kursivdruck in der Homeyer'schen Ausgabe, Homeyer, Sachsenspiegel II, 1 S. 143 f., 205, um spätere Zusätze, zur Bedeutung des Kursivdrucks Homeyer, Sachsenspiegel II, 1 S. 122, die namentlich in der ältesten Handschriftenklasse fehlten, Homeyer, Sachsenspiegel II, 1 S. 58. Hinsichtlich Lr. 2 § 3 konkretisiert er dies in Homeyer, Sachsenspiegel II, 1 S. 143 Anm. 17 dahingehend, dass der Paragraph in allen von ihm der ältesten Handschriftenklasse zugerechneten Texten fehle, wobei sich in einer Breslauer Handschrift wohl aus dem Jahr 1306 folgende abweichende Lesart finde (Anmerkungen von Homeyer übernommen): *Twiet* (lies: *tüit*) *aver en man gut unde* (lies *ute*) *jeghen sinen herren dat eme verdelet is, oder sinnet he gudes to rechte, dar neman des herren manne to jeghenwardich is, wen de des herschildes darvet, de herre mut den man wol ghedegedinghen mit dem selven manne, unde dat ghedinc seder mit in twinghen* (lies *tüghen*); zu den Variantenangaben vgl. Homeyer, Sachsenspiegel II, 1 S. 6, 57–73, 124, 128, 130. Hinsichtlich Lr. 31 § 2 gibt Homeyer, Sachsenspiegel II, 1 S. 205 Anm. 4 an, dass der Paragraph neun von 14 von ihm der ältesten Handschriftenklasse zugerechneten Handschriften fehle. Gut möglich also, dass Johann von Buch hier in der Tat abweichende Lesarten kennt.

1604 Vgl. zu dieser Wendung auch unten Anm. 1696.

1605 Sollte Johann von Buch auch bei diesem Artikel wie bei Lr. 2 § 3 der Umstand seines jüngeren Alters bekannt sein, dann könnte er ihn ohne weiteres dahingehend verstanden haben, dass die Verleihung eines Lehens als Leibzucht zunächst lediglich in Form eines Gedinges möglich war (sodass die Frau bei der Geburt von Söhnen und damit von Lehnserben für ihren Mann ihre Rechte verlor), und dass erst durch Lr. 2 § 3 und Lr. 31 § 2 eine neue Form der Belehnung geschaffen wurde, bei der die Frau ihr Recht weder durch ein *laten* durch ihren Ehemann und durch die Geburt von Söhnen (dies durch die Regelung von Lr. 31 § 2) noch durch den Tod der Lehnsherr/in oder ein *laten* durch diese/n (dies durch das Recht zur Lehnserneuerung aus Lr. 2 § 3) verliert.

Es begegnet in BG III 75 § 1 *An eghene* damit wiederum die Vorstellung, dass die Rechtslage der Frauen für ihr als Leibzuchtgrundstück verliehene Lehen durch einen späteren, an dieser Stelle Friedrich I. zugeschriebenen Rechtssatz des Sachsenspiegellehnrechts geändert worden sei. Zunächst hätten sie das Lehen als Angefälle erhalten, später sei aber eine privilegierte Form der Belehnung geschaffen worden. Diese Art der Belehnung – so ergibt sich aus der oben untersuchten Glosse – ist möglich, wenn das Lehensgut als Gegenleistung zur Mitgift bestellt werde, also im Rahmen einer *donatio propter nuptias,* und werde im Sachsenspiegellandrecht *ghedinge* genannt. In der zuletzt untersuchten Glosse findet sich der Begriff *ghedinge* dagegen nicht. Es begegnet allein der Begriff der *lifftucht,* wenn die Rechtsänderungen Kaiser Friedrichs I. in eine Reihe gestellt wird mit weiteren Vergünstigungen, die an der Leibzucht bestünden.

Aus alledem lässt sich ableiten, dass Johann von Buch *donatio propter nuptias* und *lifftucht* bzw. *liffghedinge* – verstanden als das ehegüterrechtliche Institut – gleichsetzt, und das *ghedinge* als eine durch das spätere Sachsenspiegellehnrecht geschaffene privilegierte Form der Belehnung für den Fall versteht, dass das Leibgedingegrundstück ein Lehensgut ist. Mit dieser Rechtsänderung durch die Schaffung der Privilegierung erklärt er sowohl seine abweichende Rechtsansicht gegenüber seinem Vater – in Bezug auf das Zustimmungserfordernis bei der Veräußerung eines Leibgedingelehens – als auch gegenüber Eike von Repgow – in Bezug auf dessen Einschätzung, dass ein Leibgedinge an *egen* einem Leibgedinge an Lehen vorzuziehen sei.

b. Anwendung der Privilegien für die *donatio propter nuptias* auf das Leibgedinge

Angesprochen ist in beiden zuletzt untersuchten Glossen ein weiterer Beleg dafür, dass Johann von Buch das ehegüterrechtliche Leibgedinge/die Leibzucht des Sachsenspiegels als die sächsische Bezeichnung für die *donatio propter nuptias* versteht. Er wendet die zur Sicherung der *dos* entwickelten und später auf die *donatio propter nuptias* übertragenen Privilegien, namentlich das Veräußerungs- und Verpfändungsverbot und die Generalhypothek am Vermögen des Mannes, auf das Leibgedinge an[1606]. Dieser Gedanke begegnet dabei nicht nur in den soeben untersuchten Glossen BG III 76 § 3 *Edder len edder liffgeding* und BG III 75 § 1 *An eghene,* sondern auch in dem oben nicht wiedergegebenen weiteren Verlauf der Glosse BG I 20 § 6 *De gewere auer* sowie in weiteren Glossenstellen. Der Wortlaut aller Stellen sei im folgenden (noch einmal) wiedergegeben:

1606 Dabei beziehen sich die Allegationen in der Regel auf die Einführung der Sicherungsmittel für die *donatio propter nuptias*, und nicht auf deren Geltung bei der *dos*.

BG III 76 § 3 *Edder len edder liffgeding et cetera* Satz 15, 18–21, S. 1434 f.

Dat[1607] *drudde hetet ghedinge. (...) Dit is dat, dar wy vele aff ghesecht hebben, dat de man wer mit der vrouwen willen noch ane eren dank laten en mach. Wente ze kriget dat eneme isliken kopere aff, jd en sy, dat men ere wedderstadinge bewisen moghe, dat vrsale hetet, ut supra* [Ldr. I 44]. *Dat he des nicht laten en mod, dat hefstu* [Inst. 2, 8 pr.; Nov. 61, 1; Nov. 134, 8; Cod. 4, 29, 23; Cod. 4, 29, 22; Dig. 24, 1, 1]. *Were dat ok, dat se de vorderinge des gudes vorzwore, zo moste ze dat holden, dar dwunge me ze myd gestlikeme rechte to dor des edes willen, ut* [c. 2 in VI° 2, 11[1608]].

BG III 75 § 1 *An eghene* Satz 27 f., S. 1421

Dyt[1609] *dede keyser Ffrederik to ghunst den werden vrouwen, den de leges an lifftucht vil vele gunst bewiset hebben, de wy dy alle vore ghesecht hebben. Bedarfstu der, so ze dat hire,* [Inst. 2, 8 pr.; Cod. 5, 13, 1, 15 l. un.; Cod. 5, 12, 5; Cod. 5, 16, 1; Cod. 5, 23, 1; Dig. 23, 5, 3; Dig. 23, 5, 4; Inst. 4, 6, 29; Nov. 97, 3; Nov. 61, 1].

BG I 20 § 6 *De gewere auer* Satz 5 f., S. 243 f.

Desses[1610] *ne mach ok de man ne wer mit der vrowen willen noch ane eren willen verkopen, so dat id helpe, me en moge der vrouwen des ghůdes wedderstadinge bewisen, ut* [Inst. 2, 8 pr.; Nov. 61, 1 pr.]. *De vrouwe ne darff ok dar nene schult af gelden, mer ze mot dit vor allen schuldeneren touoren vt then, ut* [Nov. 97, 2].

BG I 3 § 3 *De paues en mach doch* Satz 23–25, S. 161

To[1611] *deme anderen wert en nye recht gesat dor des willen dat dat olde recht, dat dor gud gesettet was, wert gekeret to arghe, ut* [Nov. 111 pr.]. *Alze dat recht was gud, dat men der*

1607 Übersetzung: Vgl. oben 1525.

1608 Korrigiert, vgl. oben Anm. 1532, eigentlich c. 1 in VI° 2, 11, dass c. 2 in VI° 2, 11 gemeint ist, ergibt sich aber zum einen aus dessen Inhalt und zum anderen aus der Allegation von c. 2 in VI° 2, 11 in den Parallelstellen BG I 3 § 3 *De paues en mach doch* und BG I 44 *Vrsale*.

1609 Übersetzung: Vgl. oben Anm. 1576.

1610 Übersetzung: Das <im Vorsatz genannte Leibgedinge> kann der Mann auch weder mit der Zustimmung der Frau noch ohne ihre Zustimmung so verkaufen, dass es wirksam wäre, außer man kann beweisen, dass ihr das Gut ersetzt worden ist, wie [Inst. 2, 8 pr.; Nov. 61, 1 pr.]. Die Frau braucht davon auch keine Schulden <ihres Mannes> begleichen, sondern sie darf das vor allen Gläubigern als Voraus <aus seinem zur Schuldentilgung herangezogenen Vermögen> entnehmen, wie [Nov. 97, 2].

1611 Übersetzung: Zum zweiten wird ein neues Recht darum gesetzt, weil das alte Recht, das um des Guten willen gesetzt worden war, zum Argen gekehrt wird, wie [Nov. 111 pr.]. So war das Recht gut, dass man das Leibgedinge der Frauen nicht übertragen konnte, ohne dass sie das wiederbekommen konnten mit einer Klage, auch wenn sie <der Übertragung> zugestimmt hatten. Dies kehrte man zum Argen, wie wenn die Frauen unter Eid darauf verzichteten, dass sie es fordern würden, dennoch sprach man es ihnen wieder zu, wenn sie forderten, das verbat das neue Recht, wie [c. 2 in VI° 2, 11].

vrowen liffghedingh nicht laten mach, ze en krigen id wedder mit ansprekende, offt ze id wol vulbordet hebben, ut [Nov. 134, 8]. *Dit kerde men in arch, wen alse id de vrouwen vorsworen, dat ze is nicht vorderen en wolden, nochten delede men id en wedder, offt ze id vorderden, dat vorbut dat nye recht, ut* [c. 2 in VI° 2, 11].

BG I 32 *Sprickt ze auer* Satz 3–6, S. 301

Wente[1612] *alle de gnade, de den vrowen gegeuen is an erer lifftucht, alze dat se dar nenen schaden van gelden schollen, ut* [Nov. 97, 3]. *Vnd off eres mannes gud to pande gesat were, dat se doch vthe deme pande to vorne ere liftucht nemet, ut* [Cod. 8, 17, 12]. *Vnde dat me des mit ereme willen noch wedder eren willen nicht laten en mach, ut* [Inst. 2, 8 pr.; Nov. 134, 8; Cod. 4, 29, 23; Cod. 4, 29, 22]. *Dit vorlust dat wiff dryerleye wijs.*

BG I 44 *Vrsale* Satz 1–3, 5–7, S. 342 f.

Dat[1613] *is wedderstadinge, dat is, off he dat gelaten hadde, dat ere bewiset was, ut* [Cod. 4, 29, 21; Nov. 61, 1]. *Vrsale*[1614] *het alzo uele alze irstadet. Wente in oldem Sasseschem rechte hetet ursale alze uele alze stadet.* (…) *We der vrowen gud lenet, de moten en wedder irsaten, edder de kop is vmbewaret. Wente se krighet dat mit rechte wedder, offt ze doch den kopp wol vulbordet hebbet. Men moge desse vrsale bewisen edder ze hebben de ansproke vorsworen, ut* [Nov. 61, 1; Nov. 134, 8; c. 2 in VI° 2, 11].

1612 Übersetzung: Denn alle Privilegien, die den Frauen an ihrer Leibzucht gegeben ist, wie dass sie davon keinen Schaden begleichen sollen, wie [Nov. 97, 3]. Und dass, wenn das Gut ihres Mannes verpfändet wäre, dass sie doch aus dem Verpfändeten zunächst ihre Leibzucht als Voraus nehmen, wie [Cod. 8, 17, 12]. Und dass man das <Leibzuchtsgrundstück> weder mit ihrer Zustimmung noch gegen ihren Willen übertragen kann, wie [Inst. 2, 8 pr.; Nov. 134, 8; Cod. 4, 29, 23; Cod. 4, 29, 22]. Diese verliert die Frau auf dreierlei Weise.

1613 Übersetzung: Das heißt Ersatz, das ist, wenn er etwas übertragen hat, das ihr <als Leibzucht> zugewiesen war, wie [Cod. 4, 29, 21; Nov. 61, 1]. Ursal heißt so viel wie „erstattet". Denn im alten sächsischen Recht heißt „ursale" so viel wie „erstattet". (…) Wer Gut der Frauen als Lehen verleiht, der muss es ihnen ersetzen, oder der Kauf bleibt angreifbar. Denn sie <die Frauen> erstreiten das auf dem Rechtsweg zurück, auch wenn sie dem Kauf zugestimmt haben, außer wenn man die Ursal beweisen kann oder sie mit Eid auf die Beanspruchung verzichtet haben, wie [Nov. 61, 1; Nov. 134, 8; c. 2 in VI° 2, 11].

1614 Abweichend von der Kaufmann'schen Edition werden die dort zwei Glossen mit dem Stichwort *Vrsale* hier als eine Glosse wiedergegeben, da beide jedenfalls einen zusammenhängenden Gedankengang wiedergeben. Zudem wird ausweislich der Kaufmann'schen Edition auch das Wort *vluchtsale* jedenfalls im Codex Hecht und in der Heidelberger Handschrift wie ein Textstichwort gekennzeichnet, sodass das zweite *vrsale* wie das *vluchtsale* eine wörtliche Bezugnahme auf den Sachsenspiegeltext darstellen dürfte und nicht ein Textstichwort zum Glossenbeginn. Solche graphisch abgehobenen Bezugnahmen finden sich in den von Kaufmann edierten Handschriften häufiger, in seiner Wiedergabe wird dies durch Kursivdruck verdeutlicht.

BG I 45 § 1/2 *So is ze leddich* Satz 7–9, S. 347

So[1615] *scholen ok weten de manne, dat se der vrouwen lifftucht nicht vorkopen en mogen, ut* [Inst. 2, 8 pr.; Nov. 61, 1, 3]. *Dar secht he, dat en wiff vulbordet, dat en helpet nicht. Aldus steit ok in* [Cod. 4, 29, 21; Nov. 134, 8].

BG II 24 § 2 *Edder vorsat* Satz 11 f., S. 677

So[1616] *wete, dat me zessleye gud to pande nicht setten ne mach. Dat ene is vrouwen lifftucht,* ut [Inst. 2, 8 pr.].

Das Veräußerungsverbot begegnet in den ersten sieben der wiedergegebenen Stellen. Mit Ausnahme der diesbezüglich kürzer gefassten Glosse BG I 32 *Sprickt ze auer* und der die Privilegierung lediglich in Form der Allegationen nennenden Glosse BG III 75 § 1 *An eghene* formuliert Johann von Buch in allen Stellen den Gedanken, dass man das *liffghedingh* einer Frau grundsätzlich nicht so *laten, lenen* bzw. *verkopen* könne[1617], dass sie es gerichtlich nicht wieder erstreiten könnte[1618]. Ob sie der Übertragung zugestimmt habe, sei unerheblich[1619]. Für diese Grundregel stellt er in drei der Glossen eine erste Ausnahme dar. Dies gelte nicht, wenn der Frau das Gut ersetzt

1615 Übersetzung: So sollen auch die Männer wissen, dass sie die Leibzucht der Frauen nicht verkaufen können, wie [Inst. 2, 8 pr.; Nov. 61, 1, 3]. Dort sagt er, dass eine Frau das <nämlich die Übertragung> erlaubt, das hilft nicht. Ebenso steht es auch in [Cod. 4, 29, 21; Nov. 134, 8].

1616 Übersetzung: So wisse, dass man sechserlei Gut nicht verpfänden kann. Das eine ist die Leibzucht von Frauen, wie [Inst. 2, 8 pr.].

1617 BG III 76 § 3 *Edder len edder liffgeding*: *Dit is dat, dar wy vele aff ghesecht hebben, dat de man wer (...) noch (...) laten en mach. (...) Dat he des nicht laten en mod, (...)*; BG I 20 § 6 *De gewere auer*: *(...) Desses ne mach ok de man ne (...) verkopen, (...)*; BG I 3 § 3 *De paues en mach doch*: *Alze dat recht (...), dat men der vrowen liffghedingh nicht laten mach, (...)*; BG I 32 *Sprickt ze auer*: *(...) Vnde dat me des (...) nicht laten en mach, (...)*; BG I 44 *Vrsale*: *(...) off he dat gelaten hadde, dat ere bewiset was, (...). We der vrowen gud lenet, de moten (...), edder (...)*; BG I 45 § 1/2 *So is ze leddich*: *(...) So scholen ok weten de manne, dat se der vrouwen lifftucht nicht vorkopen en mogen, (...)*.

1618 BG III 76 § 3 *Edder len edder liffgeding*: *Wente ze kriget dat eneme isliken kopere aff, (...)*; BG I 20 § 6 *De gewere auer*: *(...) so dat id helpe, (...)*; BG I 3 § 3 *De paues en mach doch*: *(...) ze en krigen id wedder mit ansprekende, (...)*; BG I 44 *Vrsale*: *(...) edder de kop is vmbewaret. Wente se krighet dat mit rechte wedder, (...)*; BG I 45 § 1/2 *So is ze leddich*: *(...) dat en helpet nicht.*

1619 BG III 76 § 3 *Edder len edder liffgeding*:*(...) wer mit der vrouwen willen noch ane eren dank (...)*; BG I 20 § 6 *De gewere auer*: *(...) wer mit der vrowen willen noch ane eren willen (...)*; BG I 3 § 3 *De paues en mach doch*: *(...) offt ze id wol vulbordet hebben, (...)*; BG I 32 *Sprickt ze auer*: *(...) des mit ereme willen noch wedder eren willen (...)*; BG I 44 *Vrsale*: *(...) offt ze doch den kopp wol vulbordet hebbet. (...)*; BG I 45 § 1/2 *So is ze leddich*: *Dar secht he, dat en wiff vulbordet, (...)*.

worden sei[1620]. Eine weitere Ausnahme begegnet in ebenfalls drei der Glossen[1621]. Wenn die Frau den Verzicht unter Eid erklärt habe, bleibe er wirksam[1622].

Die Gedankenführung ergibt sich bezüglich des Grundsatzes und der ersten Ausnahme aus Nov. 61. Diese Novelle spricht bezüglich einer *donatio propter nuptias*, die Immobiliarvermögen umfasst, zunächst ein Veräußerungs- und Verpfändungsverbot aus[1623], gibt der Frau sodann bei Zuwiderhandlung eine Klage auf Herausgabe der *donatio propter nuptias* von der Erwerber/in – ausdrücklich auch dann, wenn sie der Veräußerung zugestimmt hatte[1624]–, begründet dies damit, dass die Zustimmung nur wirksam sei, wenn sie nach dem Ablauf von zwei Jahren bekräftigt worden sei[1625], und setzt schließlich fest, dass auch eine mit Ablauf von zwei Jahren wiederholte Zustimmung nur dann Wirkung entfaltet, wenn im Vermögen des Mannes andere Gegenstände vorhanden sind, durch die die Ehefrau für die veräußerten entschädigt werden kann[1626]. Mit zwei kleineren Abweichungen[1627] entsprechen die Ausführungen Johanns von Buch zum Leibgedinge damit der Regelungen von Nov. 61. Entsprechend wird diese Novelle ganz überwiegend allegiert[1628], allerdings

---

1620 BG III 76 § 3 *Edder len edder liffgeding: (...) jd en sy, dat men ere wedderstadinge bewisen moghe, dat vrsale hetet,(...)*; BG I 20 § 6 *De gewere auer: (...) me en moge der vrouwen des ghûdes wedderstadinge bewisen, (...)*; BG I 44 *Vrsale: Dat is wedderstadinge, (...) Vrsale het alzo uele alze irstadet. (...), de moten en wedder irsaten, (...) Men moge desse vrsale bewisen (...)*.

1621 Diese drei Stellen stimmen nicht gänzlich mit denen überein, in denen die erste Ausnahme genannt wird, zudem werden die Ausnahmen auch nicht an allen Stellen thematisiert. Dies ist dabei aber nicht dahingehend zu verstehen, dass Johann von Buch an unterschiedlichen Stellen unterschiedliche Ansichten vertritt. Es ergibt sich vielmehr aus den unterschiedlichen Zielrichtungen der Stellen. Während es in BG I 20 § 6 *De gewere auer* lediglich um die kurze Charakterisierung der *donatio propter nuptias* geht, und auch die Ausnahme eines Ersatzes nur kurz angesprochen ist, steht in BG I 3 § 3 *De paues en mach doch* das Beispiel für die Neusetzung eines Rechtes im Vordergrund, sodass die zweite Ausnahme entbehrlich erscheint. In BG I 32 *Sprickt ze auer* wird das Veräußerungsverbot lediglich kurz unter den anderen Sicherungsmitteln angesprochen, in BG I 45 § 1/2 *So is ze leddich* im Zusammenhang mit weiteren ehegüterrechtlichen Regeln.

1622 BG III 76 § 3 *Edder len edder liffgeding: (...) Were dat ok, dat se de vorderinge des gudes vorzwore, zo moste ze dat holden, dar dwunge me ze myd gestlikeme rechte to dor des edes willen, (...)*; BG I 3 § 3 *De paues en mach doch: (...) wen alse id de vrouwen vorsworen, dat ze is nicht vorderen en wolden, nochten delede men id en wedder, offt ze id vorderden, dat vorbut dat nye recht, (...)*; BG I 44 *Vrsale: (...) edder ze hebben de ansproke vorsworen, (...)*.

1623 Nov. 61 pr.

1624 Nov. 61, 1.

1625 Nov. 61, 1 a. E. und Nov. 61, 2.

1626 Nov. 61, 3.

1627 Johann von Buch erwähnt zum einen die Wiederholung der Zustimmung nach einer Zweijahresfrist nicht. Zum zweiten sieht er eine förmliche Ersetzung des Leibgedingegrundstücks vor, während die Novelle die Klage schon dann nicht gewährt, wenn die *donatio propter nuptias* ausreichend durch das übrigen Vermögen des Mannes gesichert ist.

1628 Wo sie nicht genannt wird, besteht über Nov. 134, 8 jedoch ein indirekter Bezug, unten Anm. 1630.

in der Regel zusammen mit Inst. 2, 8 pr.[1629], Nov. 134, 8[1630] und/oder Cod. 4, 29, 21/22/23[1631].

Jedoch ergänzt der Glossator die Novellenregelung in zwei der untersuchten Glossen um eine spezifisch auf das sächsische Recht bezogene Aussage, nämlich dass dieser Ersatz im sächsischen Recht als *Ursale* bezeichnet werde[1632]. Wie in der Untersuchung zum Sachsenspiegel festgestellt, gibt es dafür – wie überhaupt für eine Ersatzpflicht – im Sachsenspiegeltext keinerlei Anhaltspunkte. Johann von Buch führt für diese Gleichsetzung ein etymologisches Argument an. Ursale heiße so viel wie Erstattung, denn im alten sächsischen Recht bedeute *ursal* „erstattet“[1633]. Wiederum integriert er damit ein Rechtsinstitut des Sachsenspiegels in das gelehrte Recht, indem er es als die sächsische Bezeichnung eines römischen Instituts versteht, in diesem Falle eine Bezeichnung für den in Nov. 61 vorgesehenen Ersatz eines veräußerten Gegenstandes aus der *donatio propter nuptias*[1634].

1629 Inst. 2, 8 pr. zeigt auf, dass Justinian das gemäß einem Iulischen Gesetz – der *Lex Iulia de fundo dotali* – für Italische Grundstücke geltende Verbot der Veräußerung eines Mitgiftgrundstückes gegen den Willen der Frau auf Grundstücke in der Provinz und auf eine Veräußerung mit Zustimmung der Frau erweitert hat. Der Institutionentitel bezieht sich damit nicht auf die *donatio propter nuptias*, sondern allein auf die *dos*. Eine Anwendbarkeit auf die *donatio propter nuptias* spricht auch die Accursische Glosse nicht aus. Allerdings könnte Johann von Buch die Stelle als Verweis auf den Ursprung des Veräußerungsverbotes allegiert haben, das sich zunächst auf die *dos* bezog, und später für die *donatio propter nuptias* nachgeformt wurde. Möglicherweise ist auch der Verweis auf c. 2 in VI° 2, 11 in der Accursischen Glosse zu Inst. 2, 8 pr. in Bezug genommen, unten Anm. 1637.

1630 Die allegierte Stelle bezieht sich auf eine Modifikation des Interzessionsgeschäfts. Bei einem Interzessionsgeschäft – einem Geschäft im Interesse eines/einer Dritten –, können sich Frauen grundsätzlich aufgrund des SC Vellaeanum auf eine *exceptio* berufen. Dies wird durch das Justinianische Recht teilweise eingeschränkt, teilweise verschärft, vgl. Kaser, Privatrecht I S. 667; Privatrecht II S. 461 f. Nach Nov. 134, 8 ist eine Interzession zugunsten des Ehemannes dann wirksam, wenn das Geld nachweisbar für die Frau verwendet worden ist.

1631 Cod. 4, 29, 21 bezieht sich auf den Verzicht einer Frau auf eine ihr zustehende Hypothek, nach Wiedergabe des Textes ist in den mittelalterlichen Handschriften ein Verweis auf Nov. 61 in das Corpus Iuris eingefügt, der auf die andere Rechtslage in Bezug auf die *donatio propter nuptias* hinweist. Cod. 4, 29, 22 sieht ein Interzessionsgeschäft einer Frau dann wirksam, wenn sie es nach einer Frist von zwei Jahren genehmigt hat, wiederum ist in den Text ein Verweis auf eine Novelle eingefügt, nämlich auf Nov. 134, 8, dies gelte nicht für eine Interzession zugunsten ihres Mannes. Nach Cod. 4, 29, 23 kann sich eine Frau nicht auf das SC Vellaeanum berufen, wenn sie eine Gegenleistung für die Interzession empfangen hat, zudem werden bestimmte Formvorschriften aufgestellt.

1632 BG III 76 § 3 *Edder len edder liffgeding:* (...) *dat men ere wedderstadinge bewisen moghe, dat vrsale hetet, ut supra* [Ldr. I 44]. (...); BG I 44 *Vrsale: Dat is wedderstadinge,* (...).

1633 Nicht wiedergegeben ist oben dabei auch ein Hinweis auf den Begriff der Fluchtsal, den er als Erstattung der Flucht aus dem Lehensverhältnis deutet.

1634 Johann von Buch erwähnt den Begriff dadurch auch häufiger als der Sachsenspiegel, nämlich neben den bereits genannten Stellen in BG I 44 *Vrsale* und in BG III 76 § 3 *Edder len*

Die zweite Ausnahme für das Veräußerungsverbot ergibt sich, wie Johann von Buch selbst ausführt, aus dem geistlichen Recht, nämlich aus c. 2 in VI° 2, 11[1635]. Nach diesem wenige Jahre vor dem Studienbeginn Johanns von Buch[1636] erlassenen Dekret sollen weltliche Richter dazu angehalten werden, entsprechend dem kanonischen Recht die Eidesleistung beim Verzicht auf *dos* oder *donatio propter nuptias* anzuerkennen[1637].

Relativ kurz im Vergleich zu den Erläuterungen zum Veräußerungsverbot sind die Ausführungen zur Generalhypothek. Johann von Buch spricht sie lediglich in zwei Glossen, nämlich BG I 20 § 6 *De gewere auer* und BG I 32 *Sprickt ze auer* an[1638]. Er beschränkt sich zudem darauf, mitzuteilen, dass eine Frau von ihrem Leibgedinge keine Schulden begleichen müsse, sondern dieses vorrangig – vor allen Gläubigern – entnehmen[1639] dürfe. In BG I 32 *Sprickt ze auer* ergänzt er diese Aussage um den Hinweis, dass auch eine gepfändete Sache vorrangig zur Sicherung des Anspruchs der Frau auf das Leibgedinge herangezogen werden könne, dazu allegiert er Cod. 8, 17, 12[1640]. Weitere Einzelheiten führt er nicht aus. Der Verweis auf

---

edder liffgeding auch in BG I 47 § 2 *To yewelkeme* Satz 3, S. 351: (...) *To deme ersten, offt de voremunden mit sinem mundelin vor gerichte suluen wat gezakende hefft, alze de man, de sinem wiue vrsale gaff, ut* [Ldr. I 44]. Übersetzung: Zum ersten <bekommt eine Frau einen Gerichtsvormund, die bereits einen Vormund hat>, wenn der Vormund selbst mit dem Mündel etwas vor Gericht zu verhandeln hat, wie der Mann, der seiner Frau eine Ursale gab, wie oben [Ldr. I 44].

1635 Diese Allegation nennt er daher auch bei allen Stellen, in denen er auf diese Ausnahme eingeht.

1636 Schilling/Sintenis, Corpus Iuris Canonici II S. 895 geben den Entstehungszeitraum mit um das Jahr 1298 an.

1637 Einen Verweis auf diese Stelle des Liber Sextus enthält zwar die Accursische Glosse zu Nov. 61 nicht. Allerdings findet sich in der Glossierung zu Inst. 2, 8 pr., das sich auf das Veräußerungsverbot in Bezug auf die *dos* bezieht, eine ihre Verfasser*in nicht nennende Additio mit dem entsprechenden, wenn auch weiter eingeschränkten Hinweis. AG Inst. 2, 8 pr. *Dotale praedium*: (...) *ADDITIO Sed iure canonico indistincte valet alienatio vxore consentiente & iurante c. licet mulier de iureiur lib. vj* [= c. 2 in VI° 2, 11], *nisi prius iurasset se nunquam tali alienationi faciendae velle consentire.* Lyon 1558–1560, VP, Inst. Sp. 151.

1638 BG I 20 § 6 *De gewere auer:* (...) *De vrouwe ne darff ok dar nene schult af gelden, mer ze mot dit vor allen schuldeneren touoren vt then, ut* [Nov. 97, 2]. (...); BG I 32 *Sprickt ze auer*: (...) *Wente alle de gnade, de den vrowen gegeuen is an erer lifftucht, alze dat se dar nenen schaden van gelden schollen, ut* [Nov. 97, 3]. (...). – Außerdem wird Nov. 97, 3 auch bei der Aufzählung der in Bezug auf das Leibgedinge bestehenden Vergünstigungen in BG III 75 § 1 *An eghene* allegiert, oben S. 384.

1639 Gemeint ist hier je nachdem, ob Johann von Buch von einem Gesamtvermögen der Eheleute zum Zeitpunkt der Inanspruchnahme ausgeht, entweder eine Entnahme aus dem Vermögen bzw. dem Nachlass des Mannes oder aus dem Gesamtvermögen der Eheleute.

1640 Warum diese die Anwendbarkeit des Privilegs bei der *dos* für die *donatio propter nuptias* feststellende, aber letztlich beschränkende Codexstelle gewählt wurde, bleibt unklar. Cod. 8, 17, 12 bestimmt, dass die Generalhypothek zur Sicherung der *dos* allen anderen, auch älteren Hypotheken vorgeht. Bei der Generalhypothek zur Sicherung der *donatio propter nuptias* gilt

Nov. 97, 3[1641] an beiden Stellen macht aber deutlich, dass sich Johann von Buch auf die Generalhypothek am Vermögen des Mannes zur Sicherung der *donatio propter nuptias* bezieht. Noch kürzer an lediglich einer Stelle wird das Pfändungsverbot behandelt. BG II 24 § 2 *Edder vorsat* zählt die *lifftucht* unter die unpfändbaren Sachen und allegiert dazu Inst. 2, 8 pr.[1642]

Insgesamt wird aus den nunmehr untersuchten Stellen deutlich, dass Johann von Buch die Sicherungsmechanismen des römischen Rechtes für die *donatio propter nuptias* – und zwar ausweislich der Allegationen explizit derjenige der *donatio propter nuptias* und nicht die diesen zugrundeliegenden der *dos* – auf das Leibgedinge des Sachsenspiegels anwendet, obwohl der Sachsenspiegel weder ein Veräußerungs- und Pfändungsverbot noch eine Generalhypothek zur Sicherung des Leibgedinges kennt und obwohl er sich dazu gegen seinen Vater stellen muss, der das Leibgedinge als frei veräußerlich betrachtet. Die entsprechenden Ausführungen finden sich dabei an verschiedenen, weit voneinander entfernten Stellen der Glosse, sodass die Anwendung der Privilegien für die *donatio propter nuptias* auf die Leibzucht als ein sich durch die gesamte Glosse ziehender Gedanke bezeichnet werden kann[1643].

---

dies hingegen nicht, diese wird zwar ebenfalls fingiert, richtet sich aber nach ihrem tatsächlichen Alter – also der Bestellung *der donatio propter nuptias*, vgl. oben S. 312. Auf diese Beschränkung des Rangprivilegs geht er im Text jedenfalls nicht ein. Möglicherweise soll aber die Codexstelle der rechtskundigen Leser*in die Beschränkung vergegenwärtigen.

1641 Das Kapitel der Novelle führt auf, dass die Generalhypothek zur Sicherung der *donatio propter nuptias* auch bestimmten anderen, sonst stets vorrangig zu behandelnden Hypotheken vorgeht.

1642 Oben Anm. 388.

1643 In diese Richtung verweisen auch alle Stellen, die die Leibzucht als eine Gunst beschreiben, und entsprechend einer Regelung aus dem römischen Recht feststellen, dass diese Privilegien nur dann bestehen, wenn sie nicht zu Missbrauch genutzt werden. – BG I 32 *Nen wiff ne mach*, S. 300: *He heft vore gesecht van groter gunst, de de vrowen hebben an erer lifftucht, wen men en vnrecht don wolde. Nu wel he seggen, dat ze weten, offt ze vnrecht don wolden, dat se dar nene gunst to en hebben, alze offt ze mit der were ere liffgedinge to egene sik then wolden. Mer zegge, me schal de vrowen beschermen vor vnrechte, dat id en nicht en sche, doch nicht, dat se de bat vnrecht mogen don, ut* [Dig. 50, 17, 110, 4; Cod. 1, 18, 13]. Übersetzung: Er hat zuvor gesagt von der großen Gunst, die die Frauen an ihrer Leibzucht haben, wenn man ihnen Unrecht tun will. Nun will er sagen, dass sie wissen, wenn sie Unrecht tun wollten, dass sie dafür nicht begünstigt werden, wie wenn sie mit der Gewere ihr Leibgedinge als *egen* beanspruchen wollen. Aber sage, man soll die Frauen <durch rechtliche Vergünstigungen> vor Unrecht beschützen, damit ihnen kein Unrecht geschehe, und nicht, damit sie umso besser Unrecht tun können, wie [Dig. 50, 17, 110, 4; Cod. 1, 18, 13]. – Dieser Gedanke scheint auch am Ende der untersuchten BG I 32 *Sprickt ze auer* a, Satz 10, S. 302 auf: (…) *Dar vmme der vrouwen gunst in deme rechte de is, dat me ze beware, dat me en nen vnrecht en do.* Übersetzung: Denn jede Vergünstigung der Frauen im Recht besteht darum, dass man sie davor bewahre, dass man ihnen Unrecht tut. – Vgl. dazu etwa Dig. 50, 17, 110, 4, S. 871: *Mulieribus tunc succurrendum est, cum defendantur, non ut facilius calumnientur.* Die Privilegien in Bezug auf die Leibzucht werden schließlich auch in BG III 7 § 1 *De yode de ne mod* Satz 28, S. 967 erwähnt: *Dat twolffte is, dat yoden, heydene vnde kettere aller keyserliker sunderliker*

c. Anwendung der Scheidungsregelungen für die *donatio propter nuptias* auf das Leibgedinge

Ein weiteres Argument für die Gleichsetzung von Leibgedinge und *donatio propter nuptias* ist, dass Johann von Buch auch die bei der Scheidung für die *donatio propter nuptias* geltenden Regeln auf das Leibgedinge anwendet. Er unterscheidet dabei zwischen einer Scheidung *mit rechte,* die er als die Scheidung *bona gratia* des römischen Rechtes identifiziert[1644], und der nichtgütlichen Scheidung, bei der einer Seite ein Verschulden zur Last fällt. In beiden Fällen entnimmt er die Rechtsfolgen dem gelehrten Recht: bei der Scheidung aufgrund einer Verfehlungen aus Nov. 117, 8 und Nov. 117, 9; und bei der Scheidung *bona gratia* aus Nov. 22, 5 und Nov. 22, 6.

α. Zu den Formen der Scheidung nach justinianischem Recht

Da bei den obigen Ausführungen zu den eherechtlichen Regeln für den Tod einer Ehegatt/in nach römischen Recht naturgemäß nicht auf die unterschiedlichen Formen der Scheidung eingegangen wurde, sollen an dieser Stelle knappe Ausführungen hierzu mit besonderem Augenmerk auf die Scheidung *bona gratia* ergänzt werden.

Nach klassischem Recht gilt die Freiheit der Scheidung als unantastbarer und aus dem Wesen der Ehe folgender Grundsatz: *libera matrimonia esse antiquitus placuit*[1645]. Der Ehemann hat bei der Scheidung zwar die *dos* herauszugeben – wobei bei einem Verschulden der Frau Retentionsrechte bestehen[1646]. Die Scheidung ist aber weder an bestimmte Gründe gebunden, noch einer gerichtlichen Kontrolle unterworfen[1647]. Mit der Christianisierung des römischen Reiches wirkt sich jedoch das christliche Dogma von der Unscheidbarkeit der Ehe auch auf das römische Recht aus. Die im einzelnen schwankende und von der Einstellung der jeweiligen Kaiser

---

gnade nicht bruken en moghen, vnde by namen ere wiff en hebben nicht liffghedinges recht, ut [Cod. 1, 5, 1; Nov. 109, 1]. Übersetzung: Das zwölfte ist, dass Juden, Heiden und Ketzer sich auf keine kaiserlichen persönlichen Privilegien berufen können, und insbesondere ihre Frauen nicht dem Recht des Leibgedinges unterfallen, wie [Cod. 1, 5, 1; Nov. 109, 1].

1644 Vgl. BG I 21 § 2 *Ghescheden* Satz 1, S. 247 – die Glosse folgt unmittelbar auf BG I 21 § 2 *Wert en man mit rechte van sineme wiue scheden –*: *Desse schedinge, de wij hire vore gesat hebben, de hetet juncciones* <*victiones* in der Heidelberger Handschrift> *bone gracie, dar de schedinge mit gudem willen scheen.* Übersetzung: Diese Scheidung, von der wir zuvor gesprochen haben, die heißt *disiunctio* <korrigiert aus *juncciones* bzw. *victiones*, so auch Kaufmann/Neumeister, Glossar S. 938> *bona gratia*, wo die Scheidungen mit gutem Willen geschehen.

1645 Kunkel, RE XIV, 2 Sp. 2275; Kaser, Römisches Privatrecht I S. 326; Honsell in: Honsell/Mayer-Maly/Selb, Römisches Recht S. 399.

1646 Kaser, Römisches Privatrecht I S. 326; Honsell in: Honsell/Mayer-Maly/Selb, Römisches Recht S. 399, 407.

1647 Kunkel, RE XIV, 2 Sp. 2277; Kaser, Römisches Privatrecht I S. 326; Honsell in: Honsell/Mayer-Maly/Selb, Römisches Recht S. 399; Kaser/Knütel, Römisches Privatrecht S. 316 f.

abhängige Gesetzgebung setzt zunehmend – teilweise abgestufte – Gründe für die Scheidung voraus[1648]. Eine grundlose Scheidung ist zwar wirksam; der sich grundlos scheidende Teil muss aber mit erheblichen wirtschaftlichen und teilweise auch persönlichen Konsequenzen rechnen[1649]. Vor diesem Hintergrund wird verschiedentlich eine Unterscheidung einzelner Scheidungsformen vorgenommen. Justinian regelt die Scheidung, nach Vorläufern in Nov. 22, in Nov. 117 abschließend neu.

Bei ihm lässt sich im wesentlichen folgende Einteilung feststellen[1650]: Zunächst einmal wird die einverständliche Scheidung *communi consensu*[1651] von der einseitigen Scheidung unterschieden. Unter den einseitigen Scheidungen wird weiter zwischen der Scheidung *per occasionem rationabilem*, auch als Scheidung *bona gratia* bezeichnet – einer Scheidung ohne ein Verschulden wegen eines sozial anerkannten Grundes[1652] –, der Scheidung *cum causa rationabili* – der begründeten Scheidung aufgrund eines Verschuldens des Ehepartners bzw. der Ehepartnerin – und der Scheidung *citra omnem causam* – der grundlosen, für den die Scheidung betreibenden Teil mit erheblichen finanziellen und persönlichen Nachteilen verbundenen Scheidung – unterschieden. Der Begriff der Scheidung *bona gratia*, der auch in klassischen Rechtstexten in der Regel die einseitige Ehescheidung ohne böse Absicht, vereinzelt aber auch die Scheidung *communi consensu*[1653] bezeichnet hatte, wird in der Abgrenzung in Nov. 22, 4 eindeutig in diesem Sinne verwendet[1654]. Die Scheidung *bona gratia* umfasst die in Nov. 22, 5 angesprochene Eheauflösung wegen Eintritts in ein

1648 Vgl. hierzu die Übersicht über die wichtigsten Stufen der Gesetzgebung bei Kaser, Römisches Privatrecht II S. 176 f.

1649 In wirtschaftlicher Hinsicht sind insoweit der Verlust von *dos* und/oder der *donatio propter nuptias* vorgesehen, in persönlicher Hinsicht wird die Wiederverheiratung eingeschränkt, außerdem ist in bestimmten Fällen die Verbannung in ein Kloster vorgesehen, vgl. Kaser S. Römisches Privatrecht II S. 176 f.; Honsell in: Honsell/Mayer-Maly/Selb, Römisches Recht S. 399; Kaser/Knütel, Römisches Privatrecht S. 317. Die Nichtigkeit einer grundlosen Scheidung wird erstmals in Nov. 134 angesprochen, Kaser, Römisches Privatrecht II S. 176, 178

1650 Vgl. hierzu insbesondere die Übersicht in Nov. 22, 4, S. 149 f.: *Distrahuntur itaque in vita contrahentium matrimonia alia quidem consentiente utraque parte,* (...), *alia vero per occasionem rationabilem, quae etiam bona gratia vocatur, alia vero citra omnem causam, alia quoque cum causam rationabili.*

1651 Der Begriff *communi consensu* ist aus der Literatur übernommen, vgl. Schneider in: Otto/Schilling/Sintenis, Corpus Iuris Civilis VII S. 557 Anm. 21; Kaser, Römisches Privatrecht II S. 179. Nov. 117, 10 verwendet schlichter die Bezeichnung *ex consensu*.

1652 Schneider in: Otto/Schilling/Sintenis, Corpus Iuris Civilis VII S. 557 Anm. 21; Kaser, Römisches Privatrecht S. 327 Anm. 25, Römisches Privatrecht II S. 174 Anm. 3, S. 178 Anm. 31.

1653 Im Sinne der Scheidung *communi consensu* in Dig. 24, 1, 32, 10, möglicherweise auch in. Dig. 40, 9, 14, 4, Kaser, Römisches Privatrecht I S. 327 Anm. 25, sowie in Cod. 5, 13, 1, 16 b, Kaser, Römisches Privatrecht II S. 179 Anm. 43.

1654 Oben Anm. 1650.

Kloster und die in Nov. 22, 6 angesprochene Scheidung wegen Impotenz. In der Neuregelung der Scheidungsgründe in Nov. 117 wird sie in Nov. 117, 12 auf die genannten Fälle sowie die Kriegsgefangenschaft beschränkt[1655]. Die Scheidungsgründe für eine rechtmäßige Scheidung wegen eines Verschuldens des Ehepartners werden in Nov. 117, 8 und Nov. 117, 9 abschließend geregelt[1656], die Scheidung *communi consensu* in Nov. 117, 10 nahezu vollständig verboten[1657].

β. Scheidung bei Verschulden

Die Regeln über eine Scheidung wegen eines Verschuldens führt Johann von Buch in der Glossierung zu Ldr. I 21 § 2 auf, da er die entsprechenden Scheidungsgründe des Novellenrechts als Regeln über den Verlust des Leibgedinges auffasst und weitere Gründe für einen solchen Verlust in Ldr. I 21 § 2 festgesetzt sieht.

BG I 21 § 2 *Se ne vorwerket suluen*, S. 245 f.

> *Nu*[1658] *wete, dat neghen stucke sin, dar vrowen ere liffgedinge mede vorwerken. Hire hefstu dre. Dat verde, offt ze rede an dat rike. Dat vefte, oft ze ere echt brickt. Nu wenstu by wane, dat hir yegen sy, dat hire vore steit: Wif mach mit vnkusheit et cetera. Dar menet he vngemannede wif, hir menet he echte wiff. Vnd dar secht he, dat se ere erue nicht mede uorlesen; hire secht he, dat se ere liffgedinge vorlese. Dat seste, ofte se eres mannes dodes ramende is. Dat zeuede, offt ze mit vromedem manne badede ane eres mannes willen. Dat achtede, oft ze des nachtes vthe bleue vnerliken, he ne sla ze denne vth. Dat neghede, oft ze loderde wedder sinen willen. Dit hefstu in* [Nov. 117, 8; Nov. 117, 8, 3]. *So sint ok sake sesse, dar de man sine medegift vmme vorlust. Dat erste, ofte de man dat rike vorreth. Dat andere,*

1655 Kaser, Römisches Privatrecht II S. 174 Anm. 3, S. 178 Anm. 31.

1656 Kaser, Römisches Privatrecht II S. 177 f.

1657 Ausgenommen ist eine Scheidung bei beiderseitiger Entscheidung zur Keuschheit, das Verbot bewirkt wohl eine Gleichstellung mit den Rechtsfolgen der grundlosen Scheidung, Kaser, Römisches Privatrecht II S. 179, insbesondere Anm. 46.

1658 Übersetzung: nun wisse, dass es neun Dinge gibt, durch die Frauen ihr Leibgedinge verwirken. Hier hast du drei. Das vierte, wenn sie sich gegen den König verschwört. Das fünfte, wenn sie die Ehe bricht. Nun glaubst du irrtümlich, dass dem widerspreche, was weiter vorn steht: „Eine Frau kann durch Unkeuschheit et cetera“. Damit meint er unverheiratete Frauen, hier meint er verheiratete Frauen. Und dort sagt er, dass sie ihr *erve* nicht verliert und hier sagt er, dass sie ihr Leibgedinge verliert. Das sechste, wenn sie den Tod ihres Mannes anstrebt. Das siebte, wenn sie ohne die Zustimmung ihres Mannes mit einem fremden Mann badet. Das achte, wenn sie des Nachts unehrlich ausbleibt, außer, wenn er sie ausschlägt. Das neunte, wenn sie gegen seinen Willen lottert. Das hast du in [Nov. 117, 8; Nov. 117, 8, 3]. So gibt es auch sechs Gründe, aus denen der Mann die Mitgift verliert. Der erste, wenn sich der Mann gegen den König verschwört. Der zweite, wenn er Mitwisser von einer Schandtat gegen das Reich ist. Der dritte, wenn er ihren Tod anstrebt. Der vierte, wenn er sie prostituieren will. Der fünfte, wenn er sie als unkeusch verleumdet. Der sechste, wenn er außer ihr noch eine andere <als Liebhaberin> in seinem Haus hat und davon nicht ablassen will. Das hast du in [Nov. 117, 9; Nov. 117, 14].

oft he des rikes schande mede beweth. Dat drudde, ot he eres dodes ramet. Das verde, offt he se vnerliken vorlenen wel. Dat vefte, oft he ze mit vnkuscheit belucht. Dat zeste, offte he in sineme huse bouen se ene andere hedde vnd ne des nicht laten en wolde. Dit hefstu in [Nov. 117, 9; Nov. 117,14[1659]].

Johann von Buch zählt insgesamt neun Gründe, mit denen Frauen ihr Leibgedinge verwirken. Drei ergäben sich aus der glossierten Stelle. In Bezug genommen sind damit die drei – dort nicht abschließend formulierten – Beispiele[1660], die der Sachsenspiegel anführt[1661]. Sodann folgen sechs weitere Gründe, die sich, in dieser Reihenfolge, im wesentlichen übereinstimmend in dem anschließend allegierten Nov. 117, 8 finden. Johann von Buch nennt zunächst eine Verschwörung gegen dat *rike*, also Kaiser/König/Reich, während die Novelle etwas ausführlicher von der Kenntnis über eine Verschwörung gegen den Kaiser und der nicht ordnungsgemäßen Anzeige derselben spricht. Als zweites wird in beiden Texten der Ehebruch genannt,

1659 So Kaufmann, Buch'sche Glosse S. 246, die Allegation könnte sich allerdings auch auf Nov. 117, 10 Satz 2 beziehen, unten Anm. 1666.

1660 Auf einen dieser Gründe war er in der vorhergehenden Glosse eingegangen, nämlich den Auffangtatbestand, dass eine Frau die Gewere aufgibt. Hierzu führt er aus: BG I 21 § 2 *Liftucht ut eren weren* Satz 1–2, S. 244: *Dat is, oft ze id eren eruen vntfernen wolde, des en mot se nicht don, ut* [Nov. 2, 1; Nov. 91 pr.; Cod. 1, 18, 13]. *Neme ok en man twe wif, de ersten kindere nemen erer moder medegaue yegen eren vader vnd yeghen alder malke, ut* [Nov. 91, 1 Satz 2; Nov. 98, 1]. Übersetzung: Das heißt, wenn sie es ihren Erben entfernen will, das darf sie nicht tun, wie [Nov. 2, 1; Nov. 91 pr., Cod. 1, 18, 13]. Würde auch ein Mann <nacheinander> zwei Frauen heiraten, die Kinder der ersten können von ihrem Vater und von jedermann die Mitgift ihrer <verstorbenen> Mutter herausverlangen, wie [Nov. 91, 1 Satz 2; Nov. 98, 1]. – Diese Glossierung enthält, wenn auch weniger eindeutig, ein weiteres Argument für die Gleichsetzung von Leibgedinge und *donatio propter nuptias*. Denn es klingt in ihr an, dass Johann von Buch entsprechend dem justinianischen Recht, oben S. 312, von einer besonderen Berechtigung der Kinder an dem Leibgedinge ausgeht. Eine solche besondere Berechtigung besteht nach dem Sachsenspiegel nicht. Zwar fällt auch nach sächsischem Recht das Leibgedinge beim Vorhandensein gemeinsamer Kinder regelmäßig an diese – handelt es sich bei diesen doch um die Landerb/innen des Ehemannes. Der Sachsenspiegel enthält jedoch keinen Hinweis darauf, dass diese gegenüber anderen Erb/innen besondere Rechte hätten oder dass die Kinder aus der gemeinsamen Ehe solche des Vaters aus einer anderen Ehe ausschließen würden. Wenn Johann von Buch nun in der wiedergegebenen Glosse von *eren eruen*, und nicht von *den eruen* (wie es allerdings in der Heidelberger Handschrift formuliert ist) spricht, dann klingt hier der Gedanke an, dass das Leibgedinge nicht zuletzt der Absicherung der gemeinsamen Kinder dient. Dies wird verstärkt durch die Allegationen, von denen sich die ersten beiden auf die Berechtigung der Kinder an der *donatio propter nuptias* beziehen. Die besondere Berechtigung der Kinder an *dos* und *donatio propter nuptias* klingt noch deutlicher im gegensätzlichen Fall an, nämlich für die Berechtigung der Kinder an der Mitgift. Hier weist Johann von Buch darauf hin, dass bei einer Wiederverheiratung eines Mannes die Kinder aus der ersten Ehe Anspruch auf die Herausgabe der Mitgift ihrer Mutter haben – also diese zum einen sofort vom Vater herausverlangen können und zum zweiten auch allen anderen Erb/innen des Vaters wie auch seinen Schuldnern vorgehen.

1661 Ldr. I 21 § 2 Satz 1 Hs. 1, wiedergegeben oben Anm. 1382.

auch hier allerdings in der Novelle in längerer Form. Johann von Buch fügt danach in seine Aufzählung eine Auseinandersetzung mit Ldr. I 5 § 2 Satz 3[1662] ein, der dem soeben Gesagten zu widersprechen scheine. Den Widerspruch löst er durch zwei Argumente auf, die unverbunden nebeneinander stehen. In Ldr. I 5 § 2 seien unverheiratete Frauen gemeint, hier verheiratete. Und in Ldr. I 5 § 2 sei von *erve* die Rede, hier aber von der Leibzucht. Als sechsten Grund nennt Johann von Buch sodann den Umstand, dass eine Frau den Tod ihres Mannes angestrebt habe. Die Novelle kennt diesen Grund ebenfalls, bezieht aber auch das Untätigbleiben bei der Kenntnis von Tötungsabsichten anderer ein. Als siebter Grund folgt in der Buch'schen Glosse, dass die Frau gegen den Willen ihres Mannes mit anderen Männern gebadet habe, die Novelle führt hier neben dem gemeinsamen Baden auch die Teilnahme an einem gemeinsamen Festgelage auf. An achter Stelle folgt, dass die Frau nachts unehrlich außer Hauses bleibt, dies entspricht dem Novellentext. Allerdings fügt Johann von Buch als Ausnahme hinzu: *he ne sla ze denne vth*, außer, wenn er sie ausschlägt[1663]. Diese Ausnahme kennt an dieser Stelle weder die Novelle[1664], noch die Accursische Glosse. Johann von Buch dürfte sich auf die am Ende von Nov. 117, 8 angeführte Ausnahme zu diesem Grund beziehen und diese in die Aufzählung integriert haben[1665]. Den letzten Grund in der Novelle schließlich, wenn eine Frau ohne den Willen ihres Mannes in den *circus*, ins *theatrum* oder ins *amphitheatrum* geht, überträgt Johann von Buch etwas unspezifischer mit „wenn sie *loderde wedder sinen willen*" – wohl weil die in der Novelle genannten Vergnügungsstätten der sächsischen Lebenswirklichkeit fremd waren. Insgesamt ist festzustellen, dass es sich bei der Aufzählung der Buch'schen Glosse um eine durch die im Sachsenspiegel genannten Gründe ergänzte und zusammenfassend formulierte Übertragung der Gründe aus Nov. 117, 8 handelt.

Die Buch'sche Glosse fährt im weiteren Verlauf der Glosse fort, die Gründe aufzuzählen, bei denen umgekehrt ein Mann die Mitgift verliere und folgt damit dem Aufbau der Novelle, in der diese Gründe in Nov. 117, 9[1666] aufgezählt werden. Auch

---

1662 Ldr. I 5 § 2 Satz 3, S. 161: *Wif mach mit unkuschheit irs lives ire wifliken ere krenken; ire recht ne verlüst se dar mede nicht noch ir erve.*

1663 Alternativ ließe sich das *denne* temporal mit „danach" übersetzen. Wird es im Nebensatz verwendet, zeigt es in der Regel jedoch mit und ohne Verneinungspartikel eine Ausnahme an, Walther/Lübben, Mittelniederdeutsches Handwörterbuch S. 73.

1664 Diese nimmt lediglich eine Übernachtung bei den Eltern der Frau aus.

1665 Nov. 117, 8, 7 besagt, dass ein Mann, der seine Ehefrau unberechtigt aus dem Haus gewiesen hatte, sodass diese, weil sie keine Eltern hatte, notwendigerweise außer Hauses übernachten musste, ihr aus diesem Grund nicht berechtigterweise einen Scheidebrief schicken kann.

1666 Dieses Novellenkapitel wird entsprechend in der Buch'schen Glosse auch allegiert. Unklar ist, warum Johann von Buch zusätzlich Nov. 117, 14 nennt. Die Stelle bezieht sich darauf, dass der Ehemann, wenn er seine Frau mit Stock und Peitsche prügelt, zwar eine Entschädigung leisten muss, dies aber keinen Scheidungsgrund darstellt. Die Allegation ließe sich allerdings auch als Nov. 117, 10 Satz 2 auflösen, dieser schränkt die einverständliche Scheidung erheblich ein und spricht auch hier das Eigentum an Mitgift wie *donatio propter nuptias* den gemeinsamen Kindern zu.

bei dieser Wiedergabe hält sich Johann von Buch im wesentlichen an seine Vorlage, die er zusammenfassend übersetzt[1667].

Allerdings gibt es einen wesentlichen Unterschied zwischen Buch'scher Glosse und Nov. 117, nämlich hinsichtlich der Rechtsfolgen der aufgezählten Gründe. Die Verfehlungen der Ehefrau geben dem Ehemann nach der Novelle die Möglichkeit zu einer Scheidung ohne einen Verlust der *dos*[1668], während bei einer Scheidung nach einer der genannten Verfehlungen des Ehemannes die Frau sowohl *dos* als auch *donatio propter nuptias* erhält. Demgegenüber geht Johann von Buch bei den Verfehlungen der Ehefrau von einem Verlust der Leibzucht aus und spricht bei den Verfehlungen des Ehemanns allein den Verlust der Mitgift an. Geht man davon aus, dass Johann von Buch die Novellenstelle korrekt übertragen hat, würde er damit den Begriff Leibgedinge für die Mitgift verwenden. Dagegen spricht jedoch, dass auch die Rechtsfolge bei den Verfehlungen durch den Ehemann nicht zutreffend wiedergegeben wird. Dagegen spricht zudem, dass er dort von einem Verlust der *medegift* spricht. Dass innerhalb einer Stelle die *dos* einmal mit Leibgedinge und einmal mit Mitgift übertragen wird, scheint wenig wahrscheinlich. Es liegt vielmehr nahe, dass die Leibzucht in Übereinstimmung mit dem übrigen Sprachgebrauch innerhalb der Buch'schen Glosse die *donatio propter nuptias* bezeichnet und so gerade den Gegenbegriff zur angesprochenen Mitgift bildet. Johann von Buch geht demnach abweichend vom Novellentext, aber in sich durchaus schlüssig davon aus, dass jeweils der oder die sich fehlverhaltende Ehepartner/in das Geschenk des/der anderen verwirkt. Diese wechselseitige Verlustmöglichkeit entspricht auch – allerdings unter umgekehrten Vorzeichen – dem gelehrten Recht[1669].

1667 Genannt werden in der Novelle eine Verschwörung gegen den Kaiser und Wissen um eine solche Verschwörung, die Johann von Buch beide nennt und dabei als zwei Gründe zählt; Anstreben des Todes der Ehegattin oder Untätigkeit bei dem Ehemann bekannter Tötungsabsicht Dritter, von denen er wiederum nur ersteres nennt; der Keuschheit der Ehefrau nachstellen und diese Dritten zum Ehebruch übergeben, was Johann von Buch als unehrlich vermieten übersetzt; eine erfolglose Ehebruchsklage, wo Johann von Buch weniger technisch von einer Verleumdung als unkeusch spricht; und schließlich der Fall, dass ein Ehemann entweder im gemeinsamen Haus mit einer anderen Frau zusammenlebt oder in derselben Stadt eine dauerhafte Verbindung eingeht und dafür mehrfach von seinen Eltern oder Schwiegereltern getadelt worden ist, Johann von Buch nennt nur das Zusammenleben im eigenen Hause und sieht auch hier das Erfordernis, dass der Ehemann hiervon – hier klingt das Rügeerfordernis der Novelle an – nicht ablassen will.

1668 In Nov. 117, 8, 2 wird auch der Verlust der *donatio propter nuptias* neben dem durch die Verfehlung bewirkten Verlust der *dos* angesprochen, zusätzlich wird bei diesem Scheidungsgrund eine weitere Strafzahlung festgelegt.

1669 Das gelehrte Recht geht grundsätzlich davon aus, dass bei einer Scheidung ohne Verschulden die Ehefrau ihre *dos* zurückerhält, und der Ehemann die *donatio propter nuptias*, oben S. 316. Dadurch ergibt sich für die Scheidung aufgrund einer Verfehlung, dass die Ehefrau bei ihrem Verschulden im Unterschied zu einer Scheidung ohne Verschulden die *dos* verliert und der Ehemann bei seinem Verschulden die *donatio propter nuptias*.

Die wenn auch ungenaue Anwendung von Nov. 117 auf das Leibgedinge bildet damit einen weiteren Beleg für die Gleichsetzung von Leibgedinge und *donatio propter nuptias*[1670]. Die aus Nov. 117, 8 übernommenen Gründe werden an späterer Stelle bestätigt: In der oben bereits angesprochenen Glosse BG I 32 *Sprickt ze auer* wird auf sie verwiesen[1671].

γ. Scheidung *bona gratia*

Aus dem gelehrten Recht übernommen werden von Johann von Buch auch die Rechtsfolgen für eine Scheidung *bona gratia*. Diese thematisiert er in der darauffolgenden Glosse und nimmt sie in der Glossierung zu Ldr. III 74 noch einmal auf.

BG I 21 § 2 *Wert en man mit rechte van sineme wiue scheden* Satz 1–7, S. 246 f.

Dit[1672] *were wedder de rechte, de hire vore screuen stan, de setten, dat se ere liftucht vorlesen. Dit entwere sus. Schedent is dryerleye. En ys, off ze sik scheden, dor dat erer en in en gestlik leuent wolde, so behelde malk, dat he gegeuen hadde, ut* [Nov. 22, 5]. *To deme anderen*

1670 Eine Vorlage für die aufgezählten Verlustgründe findet sich im Sachsenspiegel nicht, im Gegenteil stellt Eike von Repgow im letzten Satz des glossierten Ldr. I 21 § 2, S. 178, fest: *Wirt san en man mit rechte van sime wive gesceiden, se behalt doch ir lifgetucht, de he ir gegeven hevet an sinem egene.* Dies löst Johann von Buch in BG I 21 § 2 *Wert en man mit rechte van sineme wiue scheden* dahingehend, dass er den Satz auf die Scheidung *bona gratia* bezieht, oben S. 316, 391 ff.

1671 Thematisiert werden dort die Gründe für den Verlust der Privilegien in Bezug auf das Leibgedinge, namentlich das Veräußerungs- und Verpfändungsverbot und die Generalhypothek am Vermögen des Ehemannes. Neben den hier genannten Gründen, die den Verlust der Leibzucht und auch den Verlust der entsprechenden Privilegien bewirken, nennt er den Abfall vom Glauben und eine grundlose Scheidung vom Mann. Der entsprechende Ausschnitt lautet wie folgt: BG I 32 *Sprickt ze auer*, Satz 3 Hs. 1, Satz 6–10, S. 301 f.: *Wente alle de gnade, de den vrowen gegeuen is an erer lifftucht,* (...). *Dit vorlust dat wiff dryerleye wijs. To deme ersten, offt ze vngelouich were, ut* [Nov. 109, 1]. *To deme anderen, offt ze sik ane redelike sake schede van ereme echten manne, ut in* [Nov. 22, 15, 3]. *To deme drudden vorlust ze desse gnade, offt ze brickt an den stucken, de wy hire vore in der glosen vppe* [Ldr. I 21 § 2] *gesat hebben, ut* [Nov. 117, 8, 3]. *Dar vmme der vrouwen gunst in deme rechte de is, dat me ze beware, dat me en nen vnrecht en do.* Übersetzung: Denn alle Privilegien, die den Frauen an ihrer Leibzucht gegeben sind, (...). Diese verliert die Frau auf dreierlei Weise. Zum ersten, wenn sie ungläubig wäre, wie [Nov. 109, 1]. Zum zweiten, wenn sie sich ohne hinreichenden Grund von ihrem Ehemann scheiden würde, wie in [Nov. 22, 15, 3]. Zum dritten verliert sie diese Privilegien, wenn sie gegen die Dinge verstößt, die wir zuvor in der Glosse zu [Ldr. I 21 § 2] genannt haben, wie [Nov. 117, 8, 3]. Denn jede Vergünstigung der Frauen im Recht besteht darum, dass man sie davor bewahre, dass man ihnen Unrecht tut.

1672 Übersetzung: Das widerspräche den Rechtssätzen, die zuvor geschrieben stehen, die festsetzen, dass sie ihre Leibzucht verlieren. Das löse so. Scheidungen sind dreierlei. Eine ist, wenn sie sich scheiden lassen, weil einer von ihnen in einem Kloster leben wollte, so behält jeder, was er gegeben hatte, wie [Nov. 22, 5]. Zum zweiten, wenn einer von ihnen impotent wäre, wie [Nov. 22, 6]. Von diesen zweien spricht er hier, denn diese Scheidungen geschehen

male, oft erer en vnmechtich were, ut [Nov. 22, 6]. *Van dessen twen secht he hire, wente desse twe schedinge schen mit rechte, dor dat erer nen deme anderen in deme echte vnrechte gedan heft. De drudde is, alze hire vore gesecht is, vnd de kumpt dar van, dat erer en deme anderen vnrechte mede vor.*

BG III 74 *Wert en wiff*, S. 1405

Dit[1673] *hebbe wy in deme ersten boke vtghelecht.*

BG III 74 *Me schall ere ok wedder laten* Satz 1–4 nach der Wolfenbütteler Handschrift von 1365–1367[1674], fol. 172v, 173r

Hir[1675] *ieghen, dat se id eghen to voren behalden schal, vnde dat se dar to ere medeghift wedder nemen schal, is* [Nov. 22, 6]. *Segke, se behelt hir ir eghen to erme liue vnde nen lifghedinghe. Wen werit eme vromeden ghegheuen, he beheldit. Hir hebbe we di vele hir vore af gheseght.*

„mit Recht“, weil keiner dem anderen in der Ehe Unrecht getan hat. Das dritte ist, wie es hiervor gesagt ist, und die erfolgt, weil einer dem anderen zuvor unrecht daran getan hat.

1673 Übersetzung: Das haben wir im ersten Buch ausgelegt.

1674 Nach dem Codex Hecht lautet die Glosse wie folgt: BG III 74 *Me schall ere ok wedder laten*, Satz 1–4, S. 1405 (Hervorhebungen der Vf.): *Hir enyeghen ys, dat se dat eghen to voren behalden schal, vnde dat se dar tho ere medeghifft mede nemen sschal, ut* [Nov. 22, 6]. *Segge, se beholt hire ere eghen to ereme liue vnde nen liffghedinghe. Wente were id eneme vromeden ghegheuen, de behelde dat. Hir hebbe wy dy vele vore aff ghesecht.* Übersetzung: Dem widerspricht, dass sie das *egen* als Voraus behalten soll, und dass sie dazu ihre Mitgift mitnehmen soll, wie [Nov. 22, 6]. Sage, sie behält nach dieser Stelle ihr *egen* zu ihren Lebzeiten und kein Leibgedinge. Denn wäre es einem Fremden gegeben, der würde es behalten. Davon haben wir dir zuvor viel gesagt. – Der Wortlaut der Heidelberger Handschrift, S. 1405 (Hervorhebungen der Vf.), lautet: *Hir iegen, dat se dat egene to voren beholden scal, vnde dat se dare to ore medegift wedder nemen scal, ut* [Nov. 22, 6]. *Sege, se behilt hire iegen to oreme liue vnde neyn lifgedinge. Wenne were id ome vromede ghegeuen, he behilt dit. Hire hebbe we di vele af geseget.* Übersetzung: Hier gegen, dass sie das als *egen* als Voraus behalten soll, und dass sie dazu ihre Mitgift wiedernehmen soll, wie [Nov. 22, 6]. Sage, sie behält im Gegensatz <oder: als Gegenleistung> hierzu auf Lebenszeit und kein Leibgedinge. Denn wäre es einem Fremden gegeben <oder: wäre es als Nutzen> gegeben, er behielte das. Davon haben wir dir viel gesagt – Die Lesart der Wolfenbütteler Handschrift wurde gewählt, weil sie inhaltlich zutreffend ist. Nicht Nov. 22, 6 sagt aus, dass die Frau das *egen* behalten soll und zusätzlich ihre Mitgift, sondern der Sachsenspiegeltext, liest man ihn unter den Vorannahmen Johanns von Buch, vgl. sogleich S. 399. Die Lesart des Codex Hecht und der Heidelberger Handschrift stimmt zwar im wesentlichen mit der der Wolfenbütteler Handschrift überein, allerdings steht bei beiden vor die Allegation ein *ut* statt ein *is*.

1675 Übersetzung: Dem, dass sie das *egen* vorab behalten soll und dass sie dazu ihre Mitgift zurückerhalten soll, widerspricht [Nov. 22, 6]. Sage, sie behält nach dieser Stelle ihr *egen* als Lebensunterhalt/lebenslanges Nutzungsrecht und kein Leibgedinge. Denn wäre es einem Fremden gegeben, dann würde er es behalten. Davon haben wir dir zuvor viel gesagt.

Johann von Buch deutet die mittelniederdeutsche Wendung *mit rechte* in Ldr. I 21 § 2, die wohl im Sinne einer gerichtlichen Scheidung zu verstehen ist[1676], als eine Bezugnahme auf die in Nov. 22, 4, Nov. 22, 5 und Nov. 22, 6 angesprochene Scheidung *bona gratia*. Daher sieht er im letzten Satz von Ldr. I 21 § 2, demzufolge eine Frau bei einer Scheidung *mit rechte* ihre Leibzucht nicht verliert, keinen Widerspruch zu den von ihm zuvor aufgezählten, zur Verlust der Leibzucht führenden Scheidungsgründen. Der Satz würde sich auf die zwei von drei Arten einer Scheidung beziehen, bei denen der eine dem anderen kein Unrecht angetan hätte und die darum *mit rechte* hießen, nämlich die Scheidung wegen Eintritts in ein Kloster nach Nov. 22, 5 und die Scheidung wegen Impotenz nach Nov. 22, 6.

Er teilt zudem mit, von welchen güterrechtlichen Folgen er bei diesen Scheidungen ausgeht. Diese Rechtsfolgen entnimmt er der allegierten Novelle, wobei ihm allerdings wiederum eine Ungenauigkeit unterläuft. Nov. 22, 6 bestimmt für die Scheidung wegen Impotenz eine Rückgabe sowohl der *dos* als auch der *donatio propter nuptias*, und von dieser Rechtsfolge geht auch Johann von Buch in der Glossierung aus – allerdings bezogen auf die Scheidung wegen Eintritts in ein Kloster. Hierzu führt er aus: *so behelde malk, dat he gegeuen hadde*. Für die Scheidung wegen Eintritts in ein Kloster bestimmt die Novelle demgegenüber eine Anwendung der Regeln über den Tod des oder der entsprechenden Ehegatt/in. Johann von Buch nennt diese Regelung nicht, auch nicht bei der Scheidung wegen Impotenz. Hier verzichtet er auf die Nennung einer Rechtsfolge. Möglicherweise hält er die zuvor genannte auch hier für anwendbar, da er betont, dass es sich bei beiden um eine Scheidung *mit rechte* handele.

Doch ist noch eine weitere Unstimmigkeit zu beobachten. Geht er davon aus, dass jede Ehegatt/in jeweils das von ihm/ihr Eingebrachte zurückerhält, so ergibt sich gerade nicht die im Sachsenspiegeltext genannte Rechtsfolge. Eine Frau verliert in diesem Fall die *donatio propter nuptias*/Leibzucht. Johann von Buch lässt diesen Widerspruch bei der Glossierung zu Ldr. I 21 § 2 unkommentiert. Dass er aber in der Tat von der in der Novelle vorgesehenen Rechtfolge ausgeht, bestätigt die Glossierung zu Ldr. III 74.

In der ersten Glosse zu diesem Artikel verweist er auf seine früheren Ausführungen: *Dit hebben wy in deme ersten boke vtghelecht*. Gemeint sein dürfte die soeben untersuchte Stelle mit ihrer Unterscheidung in die Scheidung *mit rechte* und die Scheidung aufgrund einer Verfehlung. In der zweiten Glosse zu Ldr. III 74 greift er dann den Widerspruch zwischen der von ihm angenommenen Rechtsfolge und der Sachsenspiegelregelung auf. Denn auch nach Ldr. III 74[1677] behält die Ehefrau *ire*

1676 Oben Anm. 1374, so auch Kaller, Sachsenspiegel S. 31, 134, anderer Ansicht Rotermund, Sachsenspiegel S. 29, 123; Schmidt-Wiegand in Schott, Sachsenspiegel S. 54, 221, die, wie Johann von Buch, „zu/mit Recht" oder „rechtmäßig" übersetzen.

1677 Ldr. III 74, S. 370: *Wirt en wif mit rechte von irme manne gesceiden, sie behalt doch ire lifgetucht, die he ir gaf an sinem egene, unde ire gebu dat dar uppe stat. Dat ne mut aver sie nicht upbreken noch dannen vören; anderes ne blift ire nen gebu, noch nicht der morgengave. Ire rade*

lifgetucht, die he ir gaf an sinem egene. Daneben erhält sie auch *svat sie to irme manne brachte, oder also vele des mannes gudes als ir gelovet wart, do sie to samene quamen.* Liest man diese Sachsenspiegelformulierung aus der Perspektive des gelehrten Rechtes, also mit der Annahme, dass grundsätzlich jede Ehefrau zu Beginn der Ehe eine *dos* erhält, dann folgt aus ihm, dass die Frau sowohl die Leibzucht/*donatio propter nuptias* erhält als auch, was sie zu ihm brachte – die *dos* – bzw. was ihr bei der Eheschließung versprochen wurde – nämlich den Gegenwert der *dos* bei einer *dos aestimata*[1678]. Dem widerspricht Johann von Buch: Dagegen, dass sie das *egen* – nämlich das, an dem ihr der Mann laut Sachsenspiegeltext das Leibgedinge bestellt hatte – und zusätzlich ihre Mitgift erhalte, spreche Nov. 22, 6.

Sodann folgt die Auflösung des Widerspruchs: *Segke, se behelt hir ir eghen to erme liue vnde nen lifghedinghe.* Die Ehefrau behält also zwar ein *egen* auf Lebenszeit, aber nicht das Leibgedinge. Aus diesem Satz wird deutlich, dass Johann von Buch in Übereinstimmung mit der Novellenregelung der Frau die *donatio propter nuptias*/das Leibgedinge abspricht. Dies bringt ihn nun in die Lage, die ganz offensichtlich das Gegenteil festsetzende Sachsenspiegelformulierung, die Frau behalte *ire lifgetucht, die he ir gaf an sinem egene,* schlüssig zu erklären. Er nutzt dazu den Umstand, dass der Begriff der Leibzucht/des Leibgedinges mehrere Bedeutungsebenen hat und neben dem ehegüterrechtlichen Institut auch jedes andere Nutzungsrecht auf Lebenszeit bezeichnen kann[1679]. Er deutet in diesem Sinne also den Sachsenspiegeltext dahingehend, dass die Ehefrau ein lebenslanges Nutzungsrecht, das ihr von ihrem Ehemann gerade nicht als Leibgedinge, sondern etwa als einfache Schenkung übertragen wurde, behalten darf[1680]. Denn, so erklärt er weiter: *werit eme vromeden ghegheuen, he beheldit.* Der Ehemann kann also wie jedem/jeder Fremden auch seiner künftigen Ehefrau im Rahmen eines gewöhnlichen, nicht spezifisch ehegüterrechtlichen Vertrages ein auf Lebenszeit begrenztes Nutzungsrecht einräumen, ein solches wird durch die Scheidung nicht betroffen[1681].

---

unde ire musdele behalt sie. Man sal ir ok weder laten unde geven, svat sie to irme manne brachte, oder also vele des mannes gudes als ir gelovet wart, do sie to samene quamen.

1678 Das heißt eine *dos*, bei der für das Eheende nicht die Herausgabe in natura, sondern die Herausgabe eines vereinbarten Schätzwertes festgelegt wurde, oben S. 308.

1679 Vgl. oben Anm. 1537.

1680 Der Begriff der *lifftucht* in der Formulierung des Sachsenspiegels wird also in dem Sinne verstanden, wie Johann von Buch selbst den synonymen Begriff *liffghedinge* in der Aufzählung in BG III 76 § 3 *Edder len edder liffgeding* verwendet, wenn er ihn dort in Abgrenzung zu rechtem Lehen, Angefälle und vor allem *ghedinge* verwendet, oben S. 368. Soweit Johann von Buch dabei von einer unentgeltlichen Übertragung ausgeht, bezieht er sich damit inhaltlich auf die *sponsalicia largitas* des gelehrten Rechtes, eine Schenkung, die nicht im Gegenseitigkeitsverhältnis steht. Daneben könnte aber auch an eine entgeltliche Übertragung gedacht sein.

1681 Für ein solches Verständnis der Glossierung spricht, dass in Nov. 22, 32 der Fall, dass eine Ehepartner/in dem/der anderen den *usufructum* an seinem Vermögen letztwillig oder als Schenkung unter Lebenden übertragen hat, thematisiert wird; eine solche Schenkung solle

Freilich bedarf es zum hier vorgestellten Verständnis der Ausführungen Johanns von Buch einer gewissen Auslegung des Glossentextes. Möglicherweise ist der Satz *Wen werit eme vromeden etc.* anders zu deuten. Auch den zeitgenössischen Leser*innen dürfte der Gedankengang nicht eben leicht verständlich gewesen sein. Die Stelle ist in allen drei Handschriften unterschiedlich wiedergegeben, wobei sich auch inhaltliche Änderungen ergeben[1682]. Fest steht jedenfalls, dass Johann von Buch wie in BG I 21 § 2 *Wert en man mit rechte van sineme wiue scheden* bei einer Scheidung *bona gratia* von einer Rückgewähr der jeweiligen ehegüterrechtlichen Gabe ausgeht[1683]. Er betreibt dabei einen nicht unerheblichen Argumentationsaufwand, um die im Sachsenspiegel für die *lifftucht* vorgesehenen Regelungen mit der auf die *donatio propter nuptias* bezogenen in Nov. 22, 6 in Einklang zu bringen.

d. Gegenüberstellung Leibgedinge – Mitgift

Ein letzter, deutlicher Beleg für die Gleichsetzung von Leibgedinge und *donatio propter nuptias* ist bereits verschiedentlich angeklungen. Wie die *donatio propter nuptias* die Gegengabe zur *dos* bildet, erscheint auch das Leibgedinge häufig im Zusammenhang mit und als Gegensatz zur Mitgift. Sechs der entsprechenden Gegenüberstellungen finden sich in den oben wiedergegeben Stellen[1684]. Eine weitere Gegenüberstellung enthält der unten wiedergegebenen weitere Verlauf von BG I 21 § 2 *Wert en man mit rechte von sineme wiue scheden*[1685].

---

auch im Fall einer Wiederverheiratung fortbestehen. Die entsprechende Regelung wird dabei durch Nov. 22, 32 ausdrücklich auf den Fall der nicht gegenseitigen Schenkung beschränkt und von der Schenkung als *dos* oder *donatio propter nuptias* abgegrenzt. Diese in unmittelbarer Nähe zu den zuvor glossierten Stellen aufgeführten Regelungen stützen also das von Johann von Buch Ausgeführte in Bezug auf eine unentgeltliche Übertragung, auch wenn eine Allegation derselben fehlt. – Als weiteres Argument lässt sich die Einleitung zu BG III 75 § 1 *An eghene* Satz 2 Hs.2, oben S. 376 anführen. Wenn er hier formuliert, Eike von Repgow habe zuvor – nämlich in Ldr. III 74 – gesagt, *wat de vrouwe behalt, de van ereme manne ghescheden wert, to liffghedinge,* dann begegnet auch hier der Begriff nicht im Sinne des ehegüterrechtlichen Instituts – er formuliert nicht: *dat de vrouwe dat liffghedinge behalt, de van ereme manne ghescheden wert* –, sondern entweder als bloße Begriffsbenennung oder im Sinne eines lebenslangen Nutzungsrechtes oder im Sinne des Lebensunterhaltes. Zu übersetzten ist diese Passage also entweder mit: „was die Frau behält, die von ihrem Mann geschieden wird, als Leibgedinge", „was die Frau behält, die von ihrem Mann geschieden wird, als lebenslanges Nutzungsrecht" oder „was die Frau behält, die von ihrem Mann geschieden wird, als Lebensunterhalt".

1682 Oben Anm. 1674.

1683 Der Satz *Segge, se beholt (...) nen liffghedinghe* ist insoweit unmissverständlich.

1684 BG I 20 § 6 *De gewere auer* Satz 3, 4; BG I 21 § 2 *Liftucht ut eren weren* Satz 1 f.; BG III 75 § 2 *Wen er ghedinge* Satz 2; BG III 76 § 2 *Edder len edder liffgeding* Satz 16, 23.

1685 Unten S. 427.

e. Übertragung des Begriffs Leibgedinge in der Sachsenspiegelvulgata und der Leibgedingebestellung Johanns von Buch

Die eingangs aufgestellte These einer Gleichsetzung von der im Sachsenspiegel genannten Leibzucht mit der *donatio propter nuptias* durch Johann von Buch lässt sich somit aufgrund der dargelegten Argumente bestätigen. Sie stellt sich als ein Grundgedanke dar, der sich in verschiedenen Glossenstellen über die gesamte Buch'sche Glosse verteilt nachweisen lässt. Die Gleichsetzung beider Rechtsinstitute ist dabei wohl keineswegs eine Erfindung des Glossators. Sie findet sich bereits in Urkunden des 13. Jahrhunderts[1686]. Auf die lateinische Sachsenspiegelübersetzung, die er für das unbearbeitete Privileg Karls des Großen hält, kann er sich allerdings auch dann, wenn ihm eine solche vorgelegen haben sollte, nur bedingt gestützt haben. Die Versio vulgata des Sachsenspiegels jedenfalls überträgt den Begriff der Leibzucht in der Regel[1687] mit dem Begriff *dotalicium*[1688]. Lediglich an einer Stelle wird der Begriff der

1686 Vgl. dazu die im DRW VIII Sp. 1076f., s. v. Leib(es)gedin(e), mitgeteilten Urkunden. Entsprechende Formulierungen enthalten etwa: Eine Urkunde bei Kyburg 1241: *ut easdem res toto tempore vite sue libere et quiete possideat, sicut possideri solet donum propter nuptias, quod vulgus lipgedinge appellare consuevit*, gedruckt Escher/Schweizer UB Zürich II S. 51 f., dort Nr. 550; eine Urkunde Bern 1248*: dominum H.seniorem de Kiburc, cum consensu et voluntatelibera fratruelis sui H., comitis junioris ejusdem castri, venerabili domine Margarete uxori sue quedam bona nomine donationis propter nuptias contulisse, quod alii dotalicium vocant minus proprie, apud nos autem lipgedinge vulgariter appellatur*, gedruckt in Fontes Rerum Bernensium II S. 292, dort Nr. 276; eine Urkunde Solothurn 1259: *in donationem propter nuptias, quae vulgariter leibgedinge dicitur*, der wiedergegebene Auszug gedruckt in: Matzinger-Pfister, Paarformel S. 180, dort Nr. 710. Es handelt sich allerdings bei allen im DRW aufgeführten Urkunden, die diese Gleichsetzung bereits vor Schaffung der Glosse enthalten, um Schweizer Urkunden, zudem betreffen die ersten beiden Urkunden beide das Geschlecht derer von Kyburg. Daneben enthält das DRW auch Urkunden, in denen das Leibgedinge im Sinne des ehegüterrechtlichen Instituts mit dem lateinischen Begriff *dotalicium*, übersetzt wird, wie dies in der oben genannten Urkunde Bern 1248 erwähnt aber nicht befürwortet wird, dazu unten Anm. 1695, oder sogar mit der *dos* gleichgesetzt wird. Beispiele für letzteres enthalten: Lager von Laa 1260: *dotes que vulgariter lipgedinge nominantur*, gedruckt in: Fichtenau, UB Babenberger in Österreich II, S. 326, dort Nr. 459; Schwerin 1266: *pro dote, quod lifgeding dicitur in volgari*, gedruckt in: MUB II S. 302 f., dort Nr. 1089. Für die Krakauer Schöffensprüche stellt Obladen, Magdeburger Recht S. 85 f. eine weitgehende Übersetzung der Leibzucht, teilweise auch der Morgengabe, mit dem Begriff *dotalicium* fest. Vereinzelt begegne für die Leibzucht auch die Übersetzung mit *donatio propter nuptias* und *vitae provisio*.

1687 So unter Zugrundelegung des Augsburger Drucks von 1516 in vulgat Ldr. I 21 §§ 1–3; Ldr. I 32; Ldr. I 41; Ldr. II 21 § 3; Ldr. II 44 § 3; Ldr. III 38 § 4; Ldr. III 74 und Ldr. III 76 § 3, Augsburger Druck von 1516, fol. 24ʳ, 32ᵛ, 37ᵛ, 82ʳ, 103ʳ, 151ʳ, 182ʳ, 183ʳ. Keinen Zusammenhang zum ehegüterrechtlichen Institut sah die Übersetzer*in offensichtlich bei der Übertragung von Ldr. I 45 § 2, dort übersetzt er*sie Leibgedinge mit *poteste*, Augsburger Druck von 1516, fol. 39ʳ.

1688 Im Corpus Iuris findet dieser Begriff ausweislich einer Überprüfung anhand der nachgenannten Vocabularien keine Verwendung. Ambrosini, Vocabularium Institutionum

Leibzucht schlicht mit *donatio propter nuptias* übersetzt[1689], an einer weiteren Stelle erscheint der Begriff immerhin im Zusammenhang mit der Leibzucht, die dort aber als *donatio* erscheint[1690]. Damit lässt sich in die Versio vulgata des Sachsenspiegels durchaus hereinlesen, dass die *donatio propter nuptias* des gelehrten Rechts und die Leibzucht des Sachsenspiegels einander entsprechen. Sie benutzt beide Begriffe aber nicht als Synonym, sondern betont durch die Verwendung eines abweichenden lateinischen Begriffs vielmehr die Eigenständigkeit des sächsischen Rechtsinstituts[1691].

Aus der bisherigen Untersuchung hat sich zudem ergeben, dass Johann von Buch auch einen zweiten Begriff des Sachsenspiegels im Sinne eines Rechtsinstituts des römischen Rechts interpretiert. Die im Sachsenspiegel in Ldr. I 44 erwähnte Ursal versteht er als den nach Nov. 119 erforderlichen Ersatz beim Verkauf eines Gegenstandes aus der *donatio propter nuptias*. Auch bei dieser Gleichsetzung dürfte er älteren Vorbildern folgen, insbesondere liegt dieses Verständnis bereits der Übersetzung der Sachsenspiegelvulgata zugrunde[1692].

Nicht verschwiegen werden soll an dieser Stelle, dass die Gleichsetzung von Leibgedinge und *donatio propter nuptias* nicht in der Urkunde erkennbar wird, durch die Markgraf Ludwig I. von Brandenburg als Lehnsherr Johanns von Buch dessen Ehefrau Mechthild mit einem Leibgedingelehen beleiht. Der Text der Urkunde lautet wie folgt:

Riedel, Codex diplomaticus Brandenburgensis A, XVII S. 492 f.[1693]

Nouerint[1694] *etc. Quod nos Lvdowicus etc. Contulimus et presentibus conferimus honeste matrone Mechtildi, nobilis viri domini Johannis de buch, capitanei nostri dilecti, conthrali*

Iustiniani Augusti S. 72; Vocabularium Iurisprudentiae Romanae II Sp. 398; v. Mayr/San Nicoló, Vocabularium Codicis Iustiniani I Sp. 898; Archi/Bartoletti Colombo, Legum Iustiniani Imperatoris vocabularium. Novellae. Pars Latina II S. 948.

1689 Ldr. I 44 Hs. 2, oben S. 336, überträgt die Versio vulgata des Sachsenspiegels, wiedergegen nach dem Augsburger Druck von 1516, fol. 38v wie folgt: (…) *vel si maritus vxori suam proprietatem in modum propter nuptias donationis in recompensationem erogaverit* (…).

1690 Ldr. III 75 §§ 1, 2 Satz 1, teilweise wiedergegeben oben Anm. 1586, übersetzt die Versio vulgata des Sachsenspiegels, wiedergegen nach dem Augsburger Druck von 1516 fol. 182r, wie folgt: [§ 1] *In proprietatibus vera donatio et non in pheodo consistit mulierum quod nemo ipsis in proprietate sed in pheodo quis multis modis ipsam poterint vitiare.* [§ 2] *Pheodum marito vivente propter nuptias est mulieris donatio quo mortuo eius pheodum appellatur.* – Der Begriff der *donatio propter nuptias* steht hier also für das „Gedinge".

1691 Hinzu kommt, dass die Versio vulgata des Sachsenspiegels an einer Stelle – möglicherweise irrtümlich – auch für die Morgengabe den Begriff der *donatio propter nuptias* verwendet, auch wenn sie die Morgengabe im Übrigen als *dos* ins Lateinische überträgt, unten S. 414.

1692 Oben Anm. 1689.

1693 Die Hervorhebungen wie auch die erste Einfügung wurden durch mich vorgenommen, die Hervorhebungen der Riedel'schen Wiedergabe sind fortgelassen.

1694 Aufgrund des für den*die im klassischen Latein geschulte Leser*in teilweise ungewöhnlichen Vokabulars soll an dieser Stelle ausnahmsweise auch eine Übersetzung eines lateinischen Textes angeboten werden: <Alle> sollen wissen etc. dass wir Ludwig etc. verliehen

<l>egitime, veri et iusti dotalicii nomine villam dictam grozen magsdorf cum omni iure, vtilitate, honore, vsu, commodo et gracia, cum jure patronatus ecclesie et generaliter cum omnibus pertinenciis dicte ville ex debito vel ex iure pertinentibus, vasallatu et pheodiis <sic> militum et militarium duntaxat exceptis, que predictus dominus Johannes ipse cum heredibus suis capacibus reseruabit, sine inquietacione qualibet, quoad uixerit, pacifice possidendam. Confirmamus, ratificamus, approbamus et ratam habere et haberi volumus graciam siue donacionem prenominate mechthildi in castro, curia siue villa, dicta Buch, sub uniuersis modis, condicionibus et formis coram generoso principe ottone, duce Brunswicensi, auunculo nostro dilecto, sibi factis vasallatu et phoediis eciam exceptis sine lesione qualibet, eciam quoad uixerit, obtinendam. In cuius etc. Testes Güntherus de Swarzburg, Johannes husener, Richardus de Dame, Beringerus Helo, wilhelmus bonbrecht etc. Datum berlin, anno domini M^{o}. CCC.^{o} quadragesimo, dominica qua cantatur Circumdederunt me.

Der Begriff der *donatio propter nuptias* erscheint in dem lateinischen Urkundentext nicht. Stattdessen wird in Bezug auf das Dorf Groß-Mangelsdorf entsprechend der Diktion der Sachsenspiegelvulgata der Begriff *dotalicium* verwendet. Dabei verweist die Formulierung *dotalicii nomine*[1695] auf den Text von

haben und unter Anwesenheit verleihen der ehrenhaften Hausfrau Mechthild, der rechtmäßigen Ehefrau des edlen Mannes Herrn Johann von Buch, unseres geschätzten Hofrichters, unter der Bezeichnung als rechtes und rechtmäßiges Leibgedinge das Groß-Mangelsdorf genannte Dorf, mit allem Recht, Nutzen, Würde, Gebrauch, Vorteil und Gunst, mit dem Patronatsrecht über die Kirche und allgemein mit allen Pertinenzien, die entweder aus einer Schuld oder von Rechts wegen zu dem genannten Dorf gehören, ausgenommen lediglich die Vasallenschaft und die Lehen der Ritter und der Ritterbürtigen, die der vorgenannte Herr Johann selbst mit seinen rechten Erben behalten wird, um es, ohne jegliche Beeinträchtigung, solange sie leben wird, friedlich zu besitzen. Wir bestätigen, ratifizieren, genehmigen und wollen es für gültig halten und auch in Zukunft halten, dass die Gunst oder Schenkung an der Burg, dem Amtsgebäude oder dem Dorf, das Buch genannt wird, von der vorgenannten Mechthild, nachdem sie sie unter allen <notwendigen> Vorgehensweisen, Bestimmungen und Formen in Anwesenheit des edlen Fürsten Otto, Herzog von Braunschweig, meines geschätzten Onkels, sich erworben hat, ebenfalls ausgenommen die Vasallenschaft und die Lehen, ohne irgendeine Beeinträchtigung, ebenfalls solange sie leben wird, besessen werden muss. In <Zeugenschaft> dieser <Angelegenheit> etc. Zeugen Günther von Schwarzburg, Johannes von Hausen, Richard von Dahme, Beringer von Hele, Wilhelm von Bombrecht etc. Gegeben zu Berlin, im Jahre des Herrn 1340, am Sonntag, an dem *Circumdederunt me* <= Ps. 18,5> gesungen wird <= 13. Februar 1340>.

1695 Vgl. zu der Formulierung etwa die im DRW VIII Sp. 1076, s. v. Leib(es)gedin(e), mitgeteilte Urkunden. Den Begriff *dotalicium* in der Wendung *nomine dotalicii* oder ähnlich enthalten etwa eine wenig ältere Urkunde aus Gützkow aus dem Jahr 1330: *sub tytulo dotalicii, quod dicitur lifchedynge,* gedruckt in: MUB VIII S. 144, dort Nr. 5159 und eine Urkunde Herbolzheim 1244: *nomine dotalicii, quod vulgariter dicitur lipgedinge*, gedruckt in: Escher/Schweizer UB Zürich II S. 109, dort Nr. 601. Daneben wird wie im Sachsenspiegel aber auch in der Urkundenpraxis der bloße Begriff *dotalicium* als Bezeichnung der Leibzucht verwendet, vgl. etwa eine Urkunde Bern 1255: *in dotalicio, quod vulgaliter dicitur lippgedinge*, gedruckt in: Fontes Rerum Bernensium II S. 402 f., dort Nr. 381, sowie die oben Anm. 1686

Lr. 31[1696], der von Johann von Buch wohl wie Lr. 2 § 3 als besondere Regelung für Leibgedingelehen verstanden wird[1697]. Auch in Bezug auf Burg und Dorf Buch enthält die Urkunde nicht die Bezeichnung *donatio propter nuptias*, sondern weniger spezifisch die Umschreibung *gracia sive donatio*[1698]. Der Befund lässt sich damit erklären, dass es sich um eine Urkunde Markgraf Ludwigs I. handelt, die zudem im letzten Jahr der Tätigkeit Johanns von Buch als *capitaneus generalis* ausgefertigt wurde[1699]. Die Einflussmöglichkeiten des Glossators auf den Urkundentext mögen daher begrenzt gewesen sein.

3. Die Morgengabe als sächsische Abspaltung von der *donatio propter nuptias*

Nach der Untersuchung des Umgangs Johanns von Buch mit der *donatio propter nuptias* sind nunmehr auch die weiteren in der eingangs untersuchten Glosse BG I 20 § 6 *Morgengaue* genannten Rechtsinstitute in den Blick zu nehmen. Es stellt sich die Frage, ob sich die Gleichsetzung der Morgengabe mit der *sponsalicia largitas* des gelehrten Rechts ebenfalls an weiteren Stellen der Buch'schen Glosse nachweisen lässt. Eine Betrachtung aller einschlägigen Glossenstellen zeigt jedoch, dass dies nicht der Fall ist. Der Begriff der *sponsalicia largitas* findet sich allein in BG I 20 § 6 *Morgengaue*[1700].

---

aufgeführte Urkunde, ebenfalls aus Bern aus dem Jahr 1248, die beide Begriffe, *donatio propter nuptias* und *dotalicium*, nennt, aber den ersten bevorzugt.

1696 Insbesondere Lr. 31, der sich auf Lehen, die *mit den benömeden worden to irme live* verliehen werden, bezieht, kann dahingehend verstanden werden, dass bei der Verleihung eine ausdrückliche Bezeichnung als Leibgedingelehen notwendig ist, etwa indem das Lehen *nomine dotalicii*, „unter der Bezeichnung als *dotalicium*", verliehen wird. Ähnliche Formulierungen enthalten auch andere Urkunden, oben Anm. 1695. Auch Lr. 2 § 3, den Johann von Buch ebenfalls als Sonderregel für die Verleihung eines Leibgedingelehens hält, spricht von einer Verleihung *to irme live*. Da Lehen von Frauen nach dem Sachsenspiegellehnrecht in jedem Fall auf die Lebenszeit der Lehnsnehmerin beschränkt sind, oben Anm. 1384, liegt es nahe, in dem Begriff *to irme live* in beiden Artikeln eine Bezugnahme auf das Leibgedinge zu sehen.

1697 Oben S. 382.

1698 Damit bleibt auch unklar, ob die frühere Belehnung Mechthilds mit Burg und Dorf Buch im Rahmen eines Leibgedinges und in der privilegierten Form erfolgt ist, auch wenn dies angesichts des Verhältnisses der Bedachten zu dem Inhaber des Lehens Buch wahrscheinlich erscheint. Von einem Leibgedinge gehen aus Homeyer, Richtsteig Landrechts S. 36; Lieberwirth, Einleitung S. XXV.

1699 Oben S. 29.

1700 Der dort allegierte Institutionentitel wird zwar an zwei weiteren Stellen der Buch'schen Glosse angeführt. Er bezieht sich aber an diesen Stellen nicht auf die Gleichsetzung von *sponsalicia largitas* und Morgengabe, sondern auf die Beweiserleichterung, die nach Ansicht Johanns von Buch bei Übertragungen in Sachsen allgemein anwendbar ist. Keine der beiden Stellen lässt einen ehegüterrechtlichen Bezug erkennen, ebenso wenig wie der Institutionentitel, vgl. oben Anm. 1511.

a. Überwiegende Einordnung bei der *donatio propter nuptias*

Die Morgengabe wird an den übrigen Stellen der Buch'schen Glosse, soweit sich eine Einordnung in das römische Ehegüterrecht erkennen lässt[1701], wie die Leibzucht mit der *donatio propter nuptias* in Verbindung gebracht. Zwar findet sich an keiner Stelle der Begriff der *donatio propter nuptias* selbst, wohl aber dessen mittelniederdeutsche Übersetzung *ghaue dorch der hochtid*. Zudem verweisen auch die inhaltlichen Ausführungen auf die *donatio propter nuptias.*

BG I 20 § 1 *Morgengaue*, S. 240 f.

het[1702]*, dor dat men ze des morgens gifft, doch mach men ze to enem anderen male wol geuen na leges. Jd hetet allet medegaue, dat des wiues medegift is, vnd dat en man deme wiue gift, dat hetet en ghaue dorch der hochtid, ut* [Inst. 2, 7, 3; Inst. 2, 7, 3 letzter Satz]

BG I 20 § 1 *Thunete vnd tymber*, S. 241

Dat[1703] *mach he geuen na Sassen rechte vnd mach dat laten. Edder na keyserrechte hetet dat alle gaue dor de hochtid beyde en vnd ander, id sy, wat dat sy.*

BG I 20 § 4 *Blift auer de wedewe*, S. 241

Dit[1704]*, dat he hire secht, dat is wedder keiserrecht, wente dar ys de erste an deme vpborende, de de erste was an der gaue, ut in* [Nov. 91, 1 Satz 2]. *Auer dat secht he van gemenem dinge. Hire secht he van tymmere vnd van thunete. Des is des sones wiff naher wen des mannes moder. Also is de moder, offt de sone sterfft in ereme gude, vnd dit maket de were des gudes.*

1701 Die Morgengabe wird weiterhin genannt in BG III 38 § 3 *Musdele vnde morgengaue en eruet nen wiff*, vgl. unten S. 415, sowie in BG I 27 § 1 *Yewelik wif eruet*, der lediglich im Rahmen der Einordnung in der Materie auf die in einem früheren Artikel behandelte Morgengabe verweist.

1702 Übersetzung: <Morgengabe> wird so genannt, weil man sie des Morgens gibt, aber nach den Leges kann man sie auch zu einem anderen Zeitpunkt geben. Es heißt alles Mitgabe, was die Mitgift der Frau ist, und was ein Mann seiner Frau gibt, das heißt eine Gabe um der Hochzeit willen, wie [Inst. 2, 7, 3; Inst. 2, 7, 3 letzter Satz].

1703 Übersetzung: Das kann er nach sächsischem Recht geben oder er kann es lassen. Aber nach Kaiserrecht heißt es alles Gabe um der Hochzeit willen, beides, das eine und das andere, es sei, was es sei.

1704 Übersetzung: Das, was er hier sagt, widerspricht Kaiserrecht, denn dort darf die als erste beanspruchen, die die erste an der Gabe war, wie in [Nov. 91, 1]. Aber dort spricht er von allgemeinen Dingen. Hier spricht er von „Zimmer und Zaun“. Darauf hat die Frau des Sohnes ein besseres Recht als die Mutter dieses Mannes. Umgekehrt hat es die Mutter, wenn ihr Sohn in ihrem Gut stirbt, und das bewirkt die Gewere an dem Gut.

BG III 74 *Dar en mot ze auer nicht vp breken* Satz 2, S. 1405

Vnde[1705] *ze behalt ere morgengaue vnde rade vnde musdele, ut* [Ldr. I 20 § 1; Ldr. I 22 § 3; Ldr. I 24 § 3[1706]; Inst. 2, 7, 3]

Die Einordnung der Morgengabe bei der *donatio propter nuptias* wird insbesondere bei der Untersuchung von BG I 20 § 1 *Morgengaue* deutlich. Johann von Buch beginnt die Glossierung mit einer Erklärung des Begriffs Morgengabe. Diese heiße so, weil man sie am Morgen – gemeint ist dem nach der Hochzeitsnacht – gebe, nach den Leges des Corpus Iuris könne man sie[1707] aber auch zu einem anderen Zeitpunkt geben. Diese Bemerkung verweist unverkennbar auf die zentrale Institutionenstelle zur *donatio propter nuptias*: Inst. 2, 7, 3[1708] bestimmt, dass die *donatio propter nuptias* entgegen der älteren Rechtslage vor und nach der Eheschließung – also zu jedem Zeitpunkt – gegeben werden kann[1709]. Auf diesen Hinweis folgt sodann die Aussage, es heiße alles Mitgabe, was Mitgift der Frau sei, was aber der Mann der Frau gebe, heiße eine *ghaue dorch der hochtid*. Da es sich bei der Morgengabe ausweislich des glossierten Sachsenspiegeltextes eindeutig um eine Gabe des Mannes an die Frau handelt, wird die Morgengabe mit diesem Satz als eine *gaue dor der hochtid* – der

1705 Übersetzung: Und sie behält <bei der Scheidung neben der Leibzucht> ihre Morgengabe und Gerade und Musteil, wie [Ldr. I 20 § 1; Ldr. I 22 § 3; Ldr. I 24 § 3; Inst. 2, 7, 3]

1706 So – mit Ausnahme der Paragraphenangaben bei der ersten und dritten Remission – Kaufmann, Buch'sche Glosse S. 1405. Die Remission lautet wörtlich *supra li. I ar. XX, et XXII § V et XXVIIII*, was nach der Artikeleinteilung des Codex Hecht vulgat Ldr. I 20 § 6 – Ldr. I 21 § 2; Ldr. I 23 (der Paragraph bleibt unklar, eine Unterteilung in fünf Paragraphen aber angesichts der Länge des Artikel unwahrscheinlich) und Ldr. I 30 entspricht.

1707 Da die vereinzelt erwähnte Morgengabe im römischen Recht eine gänzlich untergeordnete Rolle spielt und durch Johann von Buch ausweislich der Allegationen auch nicht angesprochen ist, sind mit dem *ze* hier entweder die nach dem Sachsenspiegel der Morgengabe zugeordneten Gegenstände einer *donatio propter nuptias* gemeint, oder aber die *donatio propter nuptias* als das entsprechende Institut als Ganzes.

1708 Oben S. 312, insbesondere Anm. 1254. Die Ausführungen in Inst. 2, 7, 3 hierzu lauten sinngemäß wie folgt: Zunächst habe es sich bei dem Rechtsinstitut um eine Schenkung unter der stillschweigenden Bedingung der Eheschließung gehandelt, diese sei *donatio ante nuptias* genannt worden. Justinians Vater habe entgegen dem Schenkungsverbot zwischen Ehegattin und Ehegatten die Möglichkeit geschaffen, eine bestehende *donatio ante nuptias* nach der Eheschließung zu vergrößern. Justinian selbst wolle diese Entwicklung zur Vollendung führen, indem diese Schenkung auch gänzlich nach der Eheschließung vorgenommen werden könne. Da solchermaßen der Name *donatio ante nuptias* dem Institut nicht mehr entspreche, bestimme er im Bemühen um eine folgerichtige Benennung der Dinge zugleich eine Änderung des Namens in *donatio propter nuptias*.

1709 Auf diesen Umstand wird in der Institutionenstelle auch die Benennung des Rechtsinstituts als *donatio propter nuptias* statt *donatio ante nuptias* zurückgeführt, oben Anm. 1708, sodass in den Institutionen wie in der Buch'schen Glosse ein Zusammenhang zwischen Übergabezeitpunkt und Benennung des Rechtsinstituts hergestellt wird.

mittelniederdeutschen Übersetzung zu *donatio propter nuptias* – eingeordnet[1710]. Die Glosse endet schließlich mit der der Allegation zweier Sätze aus Inst. 2, 7, 3, der bereits durch den Hinweis auf den Bestellungszeitpunkt angeklungen war[1711].

Der Begriff der *gaue dor der hochtid* begegnet auch in der unmittelbar darauffolgenden Glosse BG I 20 § 1 *thunete und tymber*. Nach Sachsenrecht könne man das geben, müsse es aber nicht[1712]. Nach dem Kaiserrecht aber – also dem weltlichen gelehrten Recht[1713] – heiße alles *gaue dor de hochtid*, beides, das eine wie das andere, es sei, was es sei.

Die Erwähnung des sächsischen Rechtes deutet hier auf einen Unterschied zum römischen Recht hin, und in der Tat besteht im justinianischen Recht eine Verpflichtung zur Bestellung der *donatio propter nuptias*[1714]. Demgegenüber formuliert der Sachsenspiegel die Freiwilligkeit der Morgengabe recht eindeutig: *Nu vernemet, wat iegelik man von ridderes art m o g e geven sime wive to morgengave*[1715], es folgt die Aufzählung von Knecht oder Magd, Feldvieh und *thunete und tymber*. Wenn Johann von Buch nun – in Bezug auf das glossierte Stichwort *thunete und tymber* – feststellt, dieses könne man freiwillig geben, dann folgt er jedenfalls für die zur Morgengabe gehörenden fliegenden Bauten der Regelung des Sachsenspiegels. Da dieser die Frei-

1710 Zwar verwendet Johann von Buch in BG I 20 § 6 *Morgengaue* eine ganz ähnliche Wendung, *gaue* <, die> *gegeuen wert dor des echtes willen*, als Oberbegriff für *donatio propter nuptias, arra sponsalicia* und *sponalicia largitas*. Dass hier aber nicht der Oberbegriff – der auch lediglich umschreibend formuliert ist – gemeint ist, belegen neben der Allegation von Inst. 2, 7, 3 mehrere Gründe. Zum einen bildet die *gaue dor der hochtid* vorliegend den Gegenbegriff zur Mitgift, was allein auf *die donatio propter nuptias* zutrifft. Zum anderen trifft auch allein für die *donatio propter nuptias* die im vorigen Satz getroffene Aussage, dass sie zu einem beliebigen Zeitpunkt gegeben werden kann, zu. – Dass Johann von Buch das, was der Ehemann der Frau gibt, damit als *donatio propter nuptias* bezeichnet, obwohl unter diese Definition durchaus auch die *arra sponsalicia* und *sponsalicia largitas* fallen würden, mag sich daraus erklären, dass beide Rechtsinstitut gegenüber der *donatio propter nuptias* eine lediglich untergeordnete Bedeutung haben. Auffällig ist insofern auch, dass im Gegensatz zum ersten Halbsatz (*id hetet allet medegaue*) das umfassende *allet* fehlt (*vnd dat en man deme wiue gift, dat hetet*).

1711 Allegiert ist Inst. 2, 7, 3 erster und letzter Satz. Der Institutionentitel nennt in Satz 1 die *donatio propter nuptias* als eine besondere Art der Schenkung unter Lebenden. In Satz 2 erfolgt eine geschichtliche Herleitung. Satz 3 führt die hinfort geltenden Bestimmungen bezüglich des Übergabezeitpunktes und der Benennung und damit die wesentlichen Bestimmungen zur *donatio propter nuptias* nach justinianischem Recht auf. Vgl. oben Anm. 1708. Die allegierten Sätze enthalten damit die – dem gelehrten Recht nach – aktuelle Rechtslage unter Aussparung der historischen Ausführungen.

1712 Möglich scheint auch, dass an dieser Stelle nicht die Freiwilligkeit der Gabe betont werden soll, sondern sich *geven* und *laten* vielmehr auf die unterschiedlichen Arten der Übertragung beziehen, durch Übergabe oder durch Auflassung, vgl. oben S. 219. Dagegen spricht aber, dass es sich bei dem Gegenstand der Morgengabe um Fahrende Habe und Eigenleute handelt, *laten* aber ein Begriff zur Übertragen von Liegenschaften ist.

1713 Oben S. 180 f.

1714 Oben S. 312.

1715 Ldr. I 20 § 1, S. 176. Hervorhebung der Vf.

willigkeit aber auf alle Teile der Morgengabe gleichermaßen bezieht, ist auch gut denkbar, dass Johann von Buch den Begriff *thunete vnde tymmere* pars pro toto für die gesamte Morgengabe verwendet[1716]. Bei diesem Textverständnis ergibt sich auch eine stimmige Auslegung des weiteren Glossenverlaufs. Wenn Johann von Buch betont, nach gelehrtem Recht heiße beides *gaue dor der hochtid*, dann meint er mit diesem „beides" nicht Zaun und Zimmer[1717], sondern die beiden sächsischen Entsprechungen der einheitlichen römischen *donatio propter nuptias*[1718]: erstens die Morgengabe, für deren Bestellungszeitpunkt der Sachsenspiegel in der glossierten Stelle eine Sonderregel schafft, und zweiten die übrige *donatio propter nuptias*, für die diese Sonderregelung auch nach Sachsenrecht nicht gilt.

Auf die *donatio propter nuptias* verweist auch die Glosse BG I 20 § 4 *Blift auer de wedewe*. Der glossierte Sachsenspiegelartikel widerspreche dem weltlichen gelehrten Recht, denn nach Nov. 90, 1 habe diejenige Vorrang, die die Gabe zuerst erhalten habe. In der Tat lässt sich Nov. 90, 1 ein Vorrang der früher bestellten *donatio propter nuptias* vor einer später bestellten *donatio propter nuptias* entnehmen[1719]. Nach der glossierten Sachsenspiegelregelung[1720] hat demgegenüber grundsätzlich die Frau mit der später bestellten Morgengabe den vorrangigen Anspruch.[1721] Johann von

---

1716 Dafür spricht neben der Tatsache, dass der Sachsenspiegelwortlaut eine Einschränkung auf Zaun und Zimmer nicht erkennen lässt, auch, wie zu zeigen sein wird, die Verwendung des Begriffs *tymmere und* (…) *thunete* in BG I 20 § 4 *Blift auer de wedewe*, unten S. 410.

1717 Diese Deutung scheint auch deswegen wenig überzeugend, weil es sich gerade nicht um zwei getrennte Vermögensmassen handelt, sondern um eine einheitliche Formel zur Bezeichnung eines versetzbaren Holzgebäudes.

1718 Eine Allegation fehlt an dieser Stelle, jedoch dürfte mit der *gaue dor der hochtid* wie im Vorsatz die *donatio propter nuptias* gemeint sein.

1719 Wenn ein Mann zwei Ehefrauen nacheinander geheiratet und beiden eine *donatio propter nuptias* bestellt hat, nach seinem Tod das von ihm hinterlassene Vermögen aber allein zur Sicherung einer der *donationes* ausreicht, dann erhält jede Ehefrau (bzw. ihre Erb/innen) der Novelle zufolge diejenigen Gegenstände, die aus der jeweiligen *donatio propter nuptias* noch in natura vorhanden sind. Soweit aber das übrigen Vermögen des Mannes aufgrund der Generalhypothek zur Sicherung der *donatio propter nuptias* in Anspruch genommen werden soll, ist die Hypothek der ersten Frau als die ältere vorrangig.

1720 Ldr. I 20 § 4, S. 177: *Blift aver de wedewe na irs mannes dode mit iren kinderen in der kindere gude, dat ire nicht n'is, unde ungesceiden van deme gude, unde nemet ire sone wif bi irme live, stervet ire sone dar na, des sones wif nemet mit mereme rechte ires mannes morgengave unde müsdele unde ire rade an ires mannes gude, dan sin muder, of se irs mannes unde irs selves unbesculdenen were dar an getügen mogen.*

1721 Nach Ldr. I 20 § 4 hat eine Witwe, die nach dem Tod ihres Mannes Morgengabe, Musteil und Gerade nicht entnommen hat, und weiter mit ihren Kindern in dessen (nunmehr deren) Gut lebt, bei dem Tod eines verheirateten Sohnes gegenüber ihrer eben verwitweten Schwiegertochter das Nachsehen, oben Anm. 1720. Da in der Konstellation u. a. der nunmehr verstorbene Sohn Erbe des verstorbenen Mannes geworden ist, kann es sich bei diesem nicht um einen Sohn aus früherer Ehe und nicht um einen unehelichen Sohn gehandelt haben. Die Eheschließung seiner Mutter muss daher vor seiner Geburt erfolgt sein, sodass sie denknotwendig auch vor seiner Eheschließung mit seiner nunmehr ebenfalls die Morgengabe

Buch löst diese Problematik, indem er die Novellenregelung auf *gemene ding* bezieht, während der Sachsenspiegel eine Sonderregel für *tymmere vnde thunete* enthalte. Da der Sachsenspiegel die Ranggregelung aber nicht nur nicht auf die zur Morgengabe gehörenden fliegenden Bauten beschränkt, sondern die Wendung *thunete und tymber* nicht einmal enthält, liegt auch und gerade an dieser Stelle nahe, dass Johann von Buch *tymmere vnde thunete* pars pro toto für die gesamte Morgengabe verwendet[1722]. Auch hier ist das als Gegensatz genannte *gemene ding* dann der übrige Teil der *donatio propter nuptias*, also der Teil, für den die im glossierten Sachsenspiegelartikel festgelegte Sonderregelung zur Rangfolge auch nach sächsischem Recht nicht gilt[1723]. Umgekehrt, schließt Johann von Buch sodann seine Ausführungen, habe entgegen dem glossierten Sachsensenspiegelartikel die Witwe als die Frau mit dem älteren Anspruch Vorrang, wenn die Familie in ihrem Gut gelebt habe. Dies folgert er aber nicht etwa aus der (subsidiären) Anwendung der Novellenregelung, sondern aus dem auf den glossierten Artikel folgenden Sachsenspiegelartikel[1724], wenn er erklärend hinzusetzt: dies bewirke die Gewere an dem Gut[1725].

Eine Einordung der Morgengabe lässt schließlich auch BG III 74 *Dar en mot ze auer nicht vp breken* Satz 2 erkennen, wenn hier u. a. zu der Morgengabe[1726] neben drei Stellen aus dem Sachsenspiegel mit Inst. 2, 7, 3 die zentrale Institutionenstelle zu der *donatio propter nuptias*[1727] allegiert wird.

---

beanspruchenden Ehefrau erfolgt ist. Da die Bestellung der Morgengabe auf den Morgen nach der Hochzeitsnacht beschränkt ist, wurde die Morgengabe der Witwe damit vor der Morgengabe von deren nunmehr ebenfalls verwitweten Schwiegertochter bestellt.

1722 Diese Auslegung ist freilich nicht zwingend. Selbstverständlich bleibt möglich, dass Johann von Buch den Artikel einschränkend auslegt, um den Widerspruch zum Römischen Recht als möglichst gering darzustellen und er die veränderte Rangbestimmung tatsächlich nur auf *thunete und tymber* bezieht. Vgl. aber unten Anm. 1723.

1723 Dieses Verständnis des Begriff *gemene ding* liegt nicht zuletzt deshalb besonders nahe, weil der Ausdruck begrifflich auf das gemeine Recht verweist, das demnach für diesen Teil gilt. Das gelehrte Recht gilt aber uneingeschränkt lediglich für diejenigen Teile der *donatio propter nuptias*, die nicht zur Morgengabe gehören – also vor allem die Leibzucht. Selbst, wenn man den Glossentext in BG I 20 § 1 *Thunete vnd tymber* und BG I 20 § 4 *Blift auer de wedewe* einschränkend dahingehend auslegen möchte, dass die Sonderregelung des Sachsenspiegels in Bezug auf Freiwilligkeit und Rangfolge lediglich für *Thunete vnd tymber* gelten, so bezieht sich doch jedenfalls die Sonderregelung des Sachsenspiegels zum Bestellungszeitpunkt in BG I 20 § 1 *Morgengaue* auf die gesamte Morgengabe.

1724 Ldr. I 20 § 5, S. 177: *Bestirft aver de sone in der muder gude, so is't de muder nar to behaldene mit getüge, dan irs sones wedewe.*

1725 Vgl. dazu Ldr. I 20 § 4 letzter HS, oben Anm. 1720, und Ldr. I 20 § 5, oben Anm. 1724.

1726 Zwar werden hier neben der Morgengabe auch Musteil und Gerade genannt. Da aber bei diesen beiden an keiner anderen Stelle der Glosse ein Zusammenhang zur *donatio propter nuptias* hergestellt wird, wohl aber bei der Morgengabe, dürfte sich die Allegation von Inst. 2, 7, 3 auf diese beziehen.

1727 Oben Anm. 1708.

b. Morgengabe und Leibzucht als *donatio propter nuptias*

Vor dem Hintergrund, dass damit neben dem Leibgedinge auch die Morgengabe der römischen *donatio propter nuptias* zugeordnet wird, ist zu klären, wie sich beide Zuordnungen zueinander verhalten.

Bei der Einordnung der Morgengabe als *donatio propter nuptias* fallen gegenüber der entsprechenden Einordnung des Leibgedinges zwei grundlegende Unterschiede auf. Zum einen lässt sich in Bezug auf das Leibgedinge eine gewisse sprachliche Gleichsetzung mit der *donatio propter nuptias* feststellen. So verwendet Johann von Buch den Begriff Leibgedinge in der eingangs untersuchten Glossierung BG I 20 § 6 *De gewere auer* unvermittelt als ein Synonym zur *donatio propter nuptias*[1728]. Anders verhält es sich bei der Morgengabe. Hier deuten alle Formulierungen[1729] an, dass Johann von Buch die Morgengabe lediglich für einen Teil der *donatio propter nuptias* hält[1730].

Zum anderen sieht Johann von Buch beim Leibgedinge alle angesprochenen Rechtsregeln für die *donatio propter nuptias* anwendbar[1731], wenn auch in einem Punkt ergänzt durch eine Sachsenspiegelregelung[1732]. Dabei entnimmt er diese Regelungen überwiegend aus dem gelehrten Recht, ohne dass sich im Sachsenspiegeltext hierfür Anhaltspunkte finden ließen. In Bezug auf die Morgengabe geht Johann von Buch dagegen an keiner der untersuchten Stellen von einer Anwendbarkeit der Rechtsregeln für die *donatio propter nuptias* aus. Vielmehr sieht er im Sachsenspiegel für die Morgengabe Sonderregelung in Bezug auf den Zeitpunkt der Bestellung, in Bezug auf die Freiwilligkeit und in Bezug auf die Rangregelung bei konkurrierenden Ansprüchen zweier Frauen geschaffen. Für den Fall der Scheidung *bona gratia* wird ein Unterschied zu den Regelungen für die *donatio propter nuptias* zwar nicht explizit angesprochen. Inhaltlich geht Johann von Buch hier aber in Übereinstimmung mit

1728 In gleicher Weise wird in BG III 76 § 3 *Edder len edder liffgheding* formuliert, ein Leibgedingelehen heiße im gelehrten Recht *donatio propter nuptias*, oben S. 366.

1729 Soweit sich die Bezugnahme nicht lediglich in der Allegation von Inst. 2, 7, 3 erschöpft, so bei BG III 74 *Dar en mot ze auer nicht vp breken* Satz 2.

1730 So betont er in der Glosse BG I 20 § 1 *Morgengaue*, dass alles zur *ghaue dorch der hochtid* gehöre, was der Mann der Frau gebe. Diese Definition umfasst neben der Morgengabe aber auch – und in wirtschaftlicher Hinsicht vor allem – das Leibgedinge. In BG I 20 § 1 *Thunete vnd tymber* spricht er von zwei Vermögensmassen, die nach Kaiserrecht b e i d e zu der *gaue dor der hochtid* gehörten, und zwar *id sy, wat dat sy*. In BG I 20 § 4 *Blift auer de wedewe* stellt er *tymmere vnd* (...) *thunete* auf der einen Seite dem *gemenem ding* gegenüber.

1731 Angesprochen sind hier zum einen die Privilegien zur Sicherung der *donatio propter nuptias* – das Veräußerungs- und Verpfändungsverbot und die Generalhypothek am Vermögen des Mannes –, außerdem die Berechtigung der Kinder an der Leibzucht. Für anwendbar hält Johann von Buch zudem die Regeln für den Fall der Scheidung *bona gratia* wie auch der Scheidung bei Verschulden, wenn er auch die sich daraus ergebenden Rechtsfolgen nicht gänzlich zutreffend darstellt. Schließlich erwähnt er auch das Gegenseitigkeitsverhältnis zur der Mitgift.

1732 Nämlich in Bezug auf den Verlust der Leibzucht die Gründe in Ldr. I 21 § 2.

dem Sachsenspiegeltext davon aus, dass die Morgengabe bei der Ehefrau verbleibe, während er für das Leibgedinge, im wesentlichen entsprechend den Regeln für die *donatio propter nuptias*, von einer Rückgabe ausgeht.

Diese Befunde deuten darauf hin, dass Johann von Buch die Morgengabe als eine im sächsischen Recht aus der gemeinrechtlichen *donatio propter nuptias* ausgeschiedene Sondermasse ansieht, für die der Sachsenspiegel eine umfassende eigene Regelung geschaffen hat. Vor diesem Hintergrund wird deutlich, warum er Leibgedinge und *donatio propter nuptias* sprachlich miteinander gleichsetzt, obwohl er auch die Morgengabe mit dem Institut der *donatio propter nuptias* in Verbindung bringt. Bei dem Leibgedinge handelt es sich seiner Ansicht nach um den Teil der *donatio propter nuptias*, für den im sächsischen Recht keine besonderen Regeln gelten, beide sind ihrem Rechtscharakter nach also identisch[1733]. In Bezug auf die Morgengabe weist er dagegen zwar darauf hin, dass die Bestandteile dieser Vermögensmasse im römischen Recht der *donatio propter nuptias* angehören würden, es erfolgt aber gerade keine Gleichsetzung beider Institute. Die Morgengabe stellt sich vielmehr als sächsische Abspaltung aus der *donatio propter nuptias* dar, für die nur – oder doch im wesentlichen[1734] – die Regelungen des Sachsenspiegels gelten.

c. Morgengabe als *donatio propter nuptias* und *sponsalicia largitas*

Zu untersuchen ist schließlich das Verhältnis der beiden unterschiedlichen Einordnungen der Morgengabe, als *sponsalicia largitas* einerseits und als Abspaltung der *donatio propter nuptias* andererseits. Hierzu ist zunächst einmal festzustellen, dass die Einordnung der Morgengabe als *donatio propter nuptias* und als *sponsalicia largitas* zwar – anders als die Benennung der Glossen nach der vulgaten Einteilung vermuten lassen würde – nicht innerhalb der Glossierung zu demselben Sachsenspiegel-

1733 Das Leibgedinge umfasst im Vergleich zur *donatio propter nuptias* lediglich einige Gegenstände weniger.

1734 Ob für die im Sachsenspiegel nicht ausdrücklich geregelten Bereiche subsidiär die Regelungen für die *donatio propter nuptias* gelten, ergibt sich aus der Glossierung nicht eindeutig. Da Johann von Buch mit dem Zeitpunkt der Bestellung, dem Inhalt, der Freiwilligkeit, der Regelung über den Verbleib im Fall des Todes des Mannes (dies in BG I 20 § 6 *Morgengaue*, oben S. 355 f.) und dem der Frau (dies in BG III 38 § 3 *Musdele vnde morgengaue en eruet nen wiff*, unten S. 415), der Regelung über den Verbleib im Fall einer Scheidung *bona gratia* und den Fall einer Konkurrenz der Ansprüche zweier Frauen wesentliche Fragen durch den Sachsenspiegel geregelt sieht, bleibt für eine subsidiäre Anwendung ohnehin wenig Raum. Nicht geregelt ist etwa der Fall einer Scheidung mit Verschulden. Außerdem kommt eine Anwendung der Privilegien zur Sicherung der *donatio propter nuptias* (das Veräußerungs- und Verpfändungsverbot und die Generalhypothek am Vermögen des Mannes) auch auf die Morgengabe in Betracht. Johann von Buch schließt diese zwar nicht explizit aus, er thematisiert die entsprechenden Bestimmungen aber auch an keiner Stelle im Zusammenhang mit der Morgengabe.

artikel[1735] erfolgt, wohl aber in der Glossierung zu zwei unmittelbar aufeinander folgenden Sachsenspiegelartikeln. Dass es sich hierbei um ein Versehen handelt, indem Johann von Buch seine Ausführungen in der ersten Glossierung bei der Abfassung der zweiten nicht mehr gegenwärtig war, ist daher kaum anzunehmen.

Jedoch unterscheiden sich die praktischen Auswirkungen beider Einordnungen weniger als zu erwarten wäre. Bei der Einordnung als Abspaltung der *donatio propter nuptias* geht Johann von Buch von einer umfassenden Neuregelung durch den Sachsenspiegel aus. Eine Sonderregelung durch das sächsische Recht spricht er aber auch in BG I 20 § 6 *De gewere auer* an, in der die Gleichsetzung mit der *sponsalicia largitas* erfolgt. Demnach würden die Frauen laut Ldr. I 20 § 6 die Morgengabe mit einem Eid auf den Heiligen beweisen und in der Tat entspricht die angesprochene Beweiserleichterung weder den römischen Regeln über die *sponsalicia largitas*, noch den Regeln über die *donatio propter nuptias*.

Johann von Buch zieht damit weder aus der Einordnung in die *donatio propter nuptias* noch aus der Gleichsetzung mit der *sponsalicia largitas* rechtliche Konsequenzen. Bei der Rückführung der Morgengabe auf das jeweilige römischrechtliche Institut handelt es sich lediglich um eine dogmatische Herleitung. Soweit Johann von Buch nicht von einer subsidiären Anwendung der Regelungen über die *donatio propter nuptias* bzw. der *sponsalicia largitas*[1736] ausgehen sollte – wofür sich keine Anhaltspunkte finden –, ergibt sich für die Entscheidung konkreter Fallgestaltungen keinerlei Unterschied[1737]. Die beiden dogmatischen Herleitungen widersprechen einander zwar, leisten aber eine Verortung der als sächsische Besonderheit verstandenen Morgengabe im System des gelehrten Rechtes[1738]. Johann von Buch könnte hier zwei existierende Erklärungsansätze aufgegriffen haben. Dass sich für die Einordnung der Morgengabe unterschiedliche Erklärungen herausgebildet haben könnten, liegt vor allem deswegen nahe, weil die Versio vulgata des Sachsenspiegels die Morgengabe zwar ihrerseits im römischen Recht verortet, diese Verortung aber keine mit dem

1735 Nach der Einteilung der von Kaufmann edierten Handschriften umfasst Liber I Capitulum XIX vulgat Ldr. I 20 §§ 1–5 und Liber I Capitulum XX Ldr. I 20 § 6 – Ldr. I 21 § 2.

1736 Da es sich bei der *sponsalicia largitas* nach der Ansicht des gelehrten Rechts um eine Schenkung vor der Eheschließung handelt, die – als einziger Unterschied zu der gewöhnlichen Schenkung – stillschweigend durch die Auflösung der Verlobung (auflösend) bedingt ist, die Morgengabe aber erst nach der Eheschließung bestellt wird, können die Sonderregeln für die *sponsalicia largitas* schon denknotwendig für eine Morgengabe keine Wirkung entfalten. Aus der Einordnung als *sponsalicia largitas* könnte sich so allenfalls die Anwendbarkeit der Regelungen für die schlichte Schenkung ergeben.

1737 Aber auch bei einer solchen Annahme wären die Unterschiede auf wenige Fälle beschränkt, vgl. oben Anm. 1734, 1736.

1738 An dieser Stelle ist damit zum wiederholten Male zu beobachten, dass Johann von Buch wenig Wert auf die dogmatischen Grundlagen seiner Argumentationen legt, sondern der Leser*in mitunter auch einander widersprechende Argumente für die Begründung seines Standpunktes in einer bestimmten Rechtsfrage an die Hand gibt.

römischen Ehegüterrecht vertraute Jurist*in überzeugt haben kann. Mit Ausnahme einer Stelle – an der die Morgengabe wie an anderer Stelle das Leibgedinge mit *donatio propter nuptias* übersetzt wird[1739], steht für Morgengabe in der Versio vulgata stets der Begriff der *dos*[1740]. Aus dem Sachsenspiegeltext ist aber unmittelbar ersichtlich, dass es sich bei der Morgengabe um eine Gabe des Ehemannes an seine Ehefrau und nicht um eine Gabe der Frauenseite an den Ehemann handelt[1741]. In Betracht käme als Erklärung für die Einordnung der Morgengabe einmal als *sponsalicia largitas* und an den übrigen Stellen als Abspaltung der *donatio propter nuptias* freilich auch, dass es sich bei der am Anfang der Überlegungen wiedergegebenen Abhandlung in den Glossen BG I 20 § 6 *Morgengaue* und BG I 20 § 6 *De gewere auer* um eine spätere Einfügung handelt. Außer der inhaltlichen Diskrepanz sind auf Grundlage der hier untersuchten Handschriften aber keine weiteren Anhaltspunkte für eine spätere Einfügung ersichtlich, sodass hiervon nicht ohne weiteres ausgegangen werden kann[1742].

4. Gerade und Musteil als sächsische Privilegien für verheiratete Frauen

In der eingangs vorgestellten systematischen Aufzählung von ehegüterrechtlichen Instituten nicht genannt werden im Gegensatz zu Leibgedinge und Morgengabe die Sachsenspiegelinstitute (Witwen-)Gerade und Musteil. Da es sich hier um zwei Vermögensmassen handelt, die allein durch den Charakter der in sie fallenden Gegenstände definiert sind, die also unabhängig von einer zu Beginn der Ehe erfolgten Schenkung und unabhängig von der Provenienz der Gegenstände jeder Witwe von Rechts wegen zustehen, lassen sich beide nicht ohne weiteres in das durch Gaben und Gegengaben geprägte Ehegüterrecht des Corpus Iuris integrieren.

a. Umgang mit dem Musteil

Das im Sachsenspiegel an sechs Stellen[1743] angesprochene Musteil findet sich in der Buch'schen Glosse an lediglich drei Stellen. Neben der bereits im Zusammenhang mit der Morgengabe angesprochenen Glosse BG III 74 *Dar en mot ze auer nicht vp*

1739 Ldr. III 76 § 1 wird nach dem Augsburger Druck von 1516 wie folgt übersetzt: *Moriatur autem mulieri vir eius et ipsa si cum mariti heredibus permanserit rebus indiuisis si postea diuidere voluerit in omnibus que ibi tunc supersunt rebus suam accipiet propter nuptias donationem domestica cibaria et vtensilia sicut in rebus illis in mariti tempore mortis accepisse debuisset portionem*, Augsburger Druck von 1516, fol. 183ʳ.

1740 So unter Zugrundelegung des Augsburger Drucks von 1516 in vulgat Ldr. I 20 §§ 1, 4, 6, 8, 9; Ldr. I 24 § 1; Ldr. II 21 §§ 1, 2; Ldr. III 38 § 3; Ldr. III 74, Augsburger Druck von 1516, fol. 22ᵛ, 29ʳ, 82ʳ, 182ʳ.

1741 Johann von Buch geht auf die Einordnung der Morgengabe als *dos* in der Versio vulgata des Sachsenspiegels in keiner Weise ein.

1742 Vgl. hierzu auch unten S. 499.

1743 Ldr. I 20 §§ 4, 5; Ldr. I 22 § 3; Ldr. I 24 § 2; Ldr. III 38 § 3; Ldr. III 74; Ldr. III 76.

breken[1744], aus der sich insofern keine weitergehenden Erkenntnisse ergeben[1745], sind dies die folgenden Glossen:

BG I 22 § 3 *Hir na schal de vrowe musdelen*, S. 256

Dat[1746] *is, de spise delen.*

BG III 38 § 3 *Musdele vnde morgengaue en eruet nen wiff*, S. 1159

Wenne[1747] *musdele vnde morghengaue, dat de vrowen nemen, dat wert en van gnaden ghegheuen sunderlike, vnde nemend en eruet sunderlike gnade, ut* [Inst. 1, 2, 6 Satz 3; Cod. 1, 14, 3; c. 17 C. 7 q. 1; c. 39 C. 16 q. 1].

Bei seiner ersten Erwähnung des Musteils, in der Glossierung zu Ldr. I 22 § 3, definiert der Glossator *musdelen* mit den Worten, dies heiße, die Speise zu teilen. Anders als bei Leibzucht und Morgengabe erfolgt die Definition nicht durch eine Gleichsetzung des Musteils mit einem römischen Rechtsinstitut, sondern durch eine inhaltliche Erklärung. Auch eine Allegation bietet Johann von Buch nicht, ebenso wenig wie weitere Ausführungen. Er scheint damit durchaus von der Anwendbarkeit des Musteils auszugehen, widmet ihm aber keine gesteigerte Aufmerksamkeit. Das Vorgehen entspricht hier insofern dem Vorgehen der Sachsenspiegelvulgata, dass diese an keiner einzigen Stelle das Musteil mit einem Institut der römischen Rechts überträgt, sondern eine Übersetzung durch die allgemeinen Umschreibungen *domestica cibaria*[1748] oder *comestibilia*[1749] wählt.

Ein zweites Mal erwähnt er das Musteil erst in der Glossierung zum dritten Buch Landrecht, in BG III 38 § 3 *Musdele vnde morgengaue en eruet nen wiff.* Hier bemüht sich der Glossator um eine Erklärung für die Sachsenspiegelregelung, dass eine Frau Musteil und Morgengabe nicht vererbt, wenn sie zu Lebzeiten ihres Mannes stirbt. Dies sei der Fall, weil es sich bei beidem um eine *sunderlike gnade* handele und diese niemand vererbe.

1744 Oben S. 407.

1745 Der Glossator stellt lediglich fest, dass eine Ehefrau – im Fall einer Scheidung *bona gratia* – neben Morgengabe und Gerade auch das Musteil erhalte und remittiert hierzu zu jedem Rechtsinstitut die Sachsenspiegelstelle, in der es beschrieben wird, außerdem allegiert er, bezogen auf die Morgengabe, Inst. 2, 7, 3, oben S. 410.

1746 Übersetzung: Das heißt, die Speise teilen.

1747 Übersetzung: Denn das Musteil und die Morgengabe, die die Frauen nehmen, das wird ihnen als ein Privileg persönlich gegeben, und niemand vererbt ein persönliches Privileg, wie [Inst. 1, 2, 6 Satz 3; Cod. 1, 14, 3; c. 17 C. 7 q. 1; c. 39 C. 16 q. 1].

1748 So auf Grundlage des Augsburger Drucks von 1516 in Ldr. I 20 § 4; Ldr. I 22 § 3; Ldr. I 24 § 2 und Ldr. III 76 § 1, Augsburger Druck von 1516, fol. 22^v, 25^r, 27^v, 183^r.

1749 So auf Grundlage des Augsburger Drucks von 1516 in Ldr. III 38 § 9; Ldr. III 74, Augsburger Druck von 1516, fol. 151^r, 182^r.

Der Begriff der *gnade* wird im Spätmittelalter und der Frühen Neuzeit als eine deutsche Entsprechung für das lateinische *privilegium* genutzt[1750]. So verwendet Johann von Buch den Begriff der *sunderliken gnade* an anderer Stelle[1751] als Bezeichnung für das Privileg eines Landes[1752]. An der hier untersuchten Stelle ist der privilegierte Personenkreis allerdings nicht mit einem Land bzw. dessen Bewohner/innen bestimmt[1753], sondern mit den Frauen. Der Begriff der *sunderliken gnade* bezeichnet hier also eine Sondernorm für eine bestimmte Bevölkerungsgruppe[1754] – auch dies eine Bedeutungsebene des lateinischen Begriffs *privilegium*[1755]. Als weitere Privile-

---

1750 Walther/Lübben, Mittelniederdeutsches Handwörterbuch S. 126; DRW IV Sp. 969, s. v. Gnade, unter „VI"; Mohnhaupt, Art. Privileg, neuzeitlich, in: HRG[1] II Sp. 2006.

1751 BG III 33 § 1 *Yewelk man hefft sin recht* Satz 6, unten Anm. 1760.

1752 So verstehen es in BG III 33 § 1 *Yewelk man hefft sin recht* wohl auch Kaufmann/Neumeister, Glossar S. 436, die es mit „die besondere Gnade, das Privileg, das Sonderrecht" übersetzten.

1753 Dass mit der *sunderliken gnade* nicht auch an dieser Stelle der Sachsenspiegel als ein dem Land verliehenes Privileg gemeint ist, ergibt sich schon aus dem Hinweis, das Morgengabe und Musteil als persönliches Privileg nicht vererbbar seien. Denn in Bezug auf den Sachsenspiegel betont Johann von Buch mehrfach, dass dieser deshalb dem Land als Privileg verliehen worden, weil er nur so von Dauer sei. – Vgl. BG I 30 *Iewelik inkomen man* Satz 2–4, S. 294: *De erste is, dor dat dit privilegium is gegeuen deme lande vnd nicht den luden. Wente welk privilegium den luden gegeuen wert, dat vorgeit mit den luden, ut* [c. 17 C. 7 q. 1]. *Nu auer id deme lande to Sassen ghegeuen is, nu is id ewich, wente der lande privilegia sind ewich, ut* [c. 39 C. 16 q. 1; c. 10 D. 23; c. 6 X 3, 7; X 1, 8] Übersetzung: Der erste <Grund, warum man in Sachsen nach sächsischem Recht erbt> ist, weil dies *privilegium* dem Land verliehen ist und nicht den Leuten. Denn welches *privilegium* Leuten verliehen wird, das vergeht mit den Leuten, wie [c. 17 C. 7 q. 1]. Weil es aber nun dem Lande Sachsen verliehen ist, ist es nun ewig, denn die *privilegia* der Lande sind ewiglich, wie [c. 39 C. 16 q. 1; c. 10 D. 23; c. 6 X 3, 7; X 1, 8]. – BG III 33 § 5 *De koningh*, S. 1139 f.: *Went de koningh hefft so den Sassen ere recht geuen, dat en islik hefft in deme lande to Sassen des landes recht, vnde nicht sin anghe-borne recht, he sy van wennen he sy, ut* [Ldr. I 30]. *Wente dat privilegium des rykes, dat is deme lande ghegheuen, vnde nicht den luden, de do leuenden. Wan en privilegium den luden ghegheuen wert, dat vorgheit mit den luden, ut* [c. 17 C. 7 q. 1]. *Dat auer eneme lande ghegheuen wert, dat blifft ewelik, ut* [c. 39 C. 16 q. 1; c. 10 D. 23; c. 6 X 3, 7; X 1, 8; Dig. 50, 17, 196; Dig. 50, 15, 1; Dig. 31, 28; Inst. 1, 2, 6 Satz 3]. Übersetzung: Denn der König hat den Sachsen so ihr Recht gegeben, dass ein jeder in dem Lande Sachsen dem Recht des Landes unterliegt, und nicht seinem angeborenen Recht, er sei, von wo er auch sei, ut [Ldr. I 30]. Denn das *privilegium* des Königs, das ist dem Lande gegeben und nicht den Leuten, die dort lebten. Wenn ein *privilegium* den Leuten gegeben wird, das vergeht mit den Leuten, wie [c. 17 C. 7 q. 1]. Das aber einem Land gegeben wird, das bleibt ewig, wie [c. 39 C. 16 q. 1; c. 10 D. 23; c. 6 X 3, 7; X 1, 8; Dig. 50, 17, 196; Dig. 50, 15, 1; Dig. 31, 28; Inst. 1, 2, 6 Satz 3].

1754 So verstehen es in BG III 38 § 3 *Musdele vnde morgengaue en eruet nen wiff* wohl auch Kaufmann/Neumeister, Glossar S. 436, die es mit „die besondere Gnade, das Privileg, das Sonderrecht" übersetzten.

1755 Ähnlich verwendet er den Begriff in BG II 26 § 5 *Nement en mot ok* Satz 8, S. 693 als Sonderrecht für Witwen und Waisen; in BG II 71 § 2 *Bynnen gheswor enen vrede* Satz 7, S. 906 als Sonderrecht für Teilnehmer an einem gerichtlichen Zweikampf; in BG III 7 § 1 *De yode*

gien für verheiratete Frauen begegnen in der Glosse etwa die besonderen Sicherungsmittel in Bezug auf die *donatio propter nuptias* und die privilegierte Verleihung bei Leibgedingelehen[1756]. Parallel zu diesen rechtlichen Vergünstigungen sieht der Glossator wohl den Anspruch der Frauen auf das Musteil. Entsprechend verweist er darauf, dass ein persönliches Privileg nicht vererbbar sei[1757], und erklärt so den Wortlaut des Sachsenspiegels[1758]. Die Allegationen zu dieser Stelle beziehen sich sämtlich auf diese Aussage – dass persönliche Privilegien nicht vererblich seien – und weisen keinen spezifisch ehegüterrechtlichen Bezug auf[1759].

Damit ist zugleich der Rechtsgrund für dieses Rechtsinstitut angedeutet. Da Johann von Buch davon ausgeht, dass ein Privileg nur Bestand haben kann, wenn es

---

de ne mod Satz 28, S. 967 wird das Recht an der Leibzucht als Beispiel für ein kaiserliches Privileg genannt; in BG III 42 § 2 *Nu en latet gik nicht wunderen* Satz 6, S. 1188 verwendet er den Begriff als Sonderrecht unterschiedlicher Dienstmannschaften; in BG III 45 § 1 *Nu vornemet* Satz 7, S. 1226 als Sonderrecht der Ritterschaft, vgl. Kaufmann/Neumeister, Glossar S. 436.

1756 Oben S. 383 ff.

1757 Vgl. oben Anm. 1753. Der Begriff Privileg ist äußerst vielschichtig und zudem mit verschiedenen anderen Begriffen wie etwa dem des *ius singulare* oder der persönlich wirkenden Kaiserkonstitution verknüpft. Definition, Abgrenzung und Unterteilung differieren in der modernen wie der zeitgenössischen Literatur. Der Grundgedanke, dass ein persönlich wirkendes Privileg nicht vererbbar sei, lässt sich allerdings durchaus im gelehrten Recht nachweisen, vgl. etwa die von Johann von Buch in diesem Zusammenhang allegierten Stellen, oben Anm. 1753, insbesondere Dig. 50, 17, 196, wobei dieser Gedanke auch auf Privilegien, die nicht einer Einzelperson, sondern einer durch bestimmte Eigenschaften bestimmten Personengruppe zustehen, bezogen wird, Dig. 31, 28. – Dagegen wird die Überlegung, dass die Verleihung eines Privilegs an ein Land oder eine Körperschaft statt einer bestimmten Personengruppe aufgrund der dadurch bestehenden Unvergänglichkeit vorteilhaft sei, wie sie in diesem Zusammenhang in der Buch'schen Glosse verschiedentlich anklingt, jedenfalls in der jeweiligen Glossa Ordinaria zu den von Johann von Buch allegierten Stellen nicht angestellt. Sie ergibt sich freilich aus der Natur der Sache – m. E. ist auch wahrscheinlich, dass sie sich in der Literatur des gelehrten Rechts außerhalb der Glossae Ordinariae findet.

1758 Diese Erklärung erscheint zunächst durchaus einleuchtend, ist aber nicht geeignet, die Einschränkung der Sachsenspiegelregelung auf den Tod der Ehefrau zu Lebzeiten des Ehemannes zu erklären.

1759 In Inst. 1, 2, 6 Satz 3 spricht er von solchen Konstitutionen, die lediglich eine persönliche Beziehung hätten und daher nach dem Willen des Kaisers auch nicht allgemein gelten würden; Cod. 1, 14, 3, S. 67 bezieht sich ebenfalls auf <Bestimmungen>, *quae specialiter quibusdam concessa sunt civitatibus vel provinciis vel corporibus*, und stellt fest, dass diese keine allgemeine Geltung beanspruchen könnten; in c. 17 C. 7 q. 1 gestattet Papst Zacharias dem „Apostel der Deutschen" Bonifaz, seinen Nachfolger als Bischof von Mainz zu bestimmen, betont aber, dass dieses Vorrecht nur für ihn allein gelte; c. 39 C. 16 q. 1 bezieht sich auf ein einem bestimmten Kloster verliehenes Privileg und enthält insoweit die allgemeine Aussage, dass was einem Einzelnen zugestanden werde, nicht für alle passe. Vgl. zu den Allegationen auch oben Anm. 1753.

vom Kaiser stammt[1760], muss Grundlage ein Kaisergesetz sein. Als solches kommt zuallererst der Sachsenspiegel als vermeintliche Rechtssetzung Karls des Großen in Betracht, da eine Entsprechung im römischen Recht fehlt und der Glossator dementsprechend auch auf eine Herleitung aus dem römischen Recht verzichtet. Dies spricht dafür, dass Johann von Buch das Musteil als ein persönliches Privileg für Ehefrauen innerhalb des vermeintlichen Privilegs der Sachsen und Sächsinnen eingeordnet haben könnte.

b. Umgang mit der (Witwen-)Gerade

Seinem Umgang mit dem Musteil ähnlich ist der Umgang mit der (Witwen-)Gerade. Diese findet an lediglich zwei Stellen[1761] der Glossierung Erwähnung.

BG I 24 § 1 *Na deme herwede* Satz 1–3, 7, S. 265

Nu[1762] *hefft he gesecht van deme, dat de swertmage to uoren nemen. Nu secht he, wat de nemen, de van der spillesyden dar to gheboren sint, den dat hire de erue nympt. Ne were se nicht, so nympt id ere nichtele.* (...) *Also uele is gerade, alse gerede in enes mannes huse.*

BG III 76 § 2 *Hedde auer de vrowe*, S. 1423 f.

Dat[1763] *de man na sines wiues dode de varenden haue beholt, dat is des schult, dat dit den vrouwen to hord van rechte. Dat het buw vnde rade nicht behalt, dat is dar vmme, dat dat den vrouwen is ghegheuen van gnaden. Dar vmme secht he hire: Beholt alle der*

1760 BG III 33 § 1 *Yewelk man hefft sin recht* Satz 6, S. 1136: *Wente denne de keyser itliken landen ghegheuen hebben sunderlike gnade, de gnade were vmme nicht, hedde me se van deme keysere nicht, ut* [Inst. 1, 2, 6 Satz 3]. Übersetzung: Wenn denn die Kaiser manchen Landen ein Privileg verliehen haben, das Privileg wäre vergeblich, wenn man es nicht vom Kaiser verliehen bekommen hat, wie [Inst. 1, 2, 6 Satz 3].

1761 Nämlich in der Glossierung zu Buch I Capitulum XXIII (vulgat Ldr. I 24 §§ 1–4) und derjenigen zu Buch III Capitulum LXVII (vulgat Ldr. III 75 § 1 – Ldr. III 76 § 2). Neben den beiden im Haupttext wiedergegebenen Glossen bezieht sich auch BG I 24 § 3 *Golt noch suluer* auch auf die (Witwen-)Gerade, außerdem wohl auch der Schluss der letzte Glosse zu diesem Artikel, unten Anm. 1766.

1762 Übersetzung: Er hat nun gesprochen von dem, was die Schwertmagen als Voraus nehmen. Nun sagt er, was die nehmen, die von der Spindelseite her dazu geboren sind, bevor der Erbe <das *erve*> nimmt. Denn wäre sie <die Witwe> nicht, so nähme das ihre Niftel. (...) Gerade bedeutet so viel wie Geräte in eines Mannes Haus.

1763 Übersetzung: Dass man nach dem Tod seiner Frau die Fahrende Habe behält, das ist deswegen so, weil diese den Frauen von Rechts wegen gehört. Dass er das Gebäude und die Gerade nicht behält, dass ist darum so, weil das den Frauen als Privileg gegeben ist. Darum sagt er hier: „Behält alles Recht der Frauen". Wie wenn er sagen sollte: Was der Frau von Rechts wegen gebührt, darauf hat der Mann ein Recht. Was ihnen aber als Privileg gegeben ist, das nützt ihm nicht. Und vermerkt hier eine allgemeine und nützliche Regel: dass ein Privileg niemandem nützt, als dem, dem es gewährt ist, wie [Inst. 1, 2, 6 Satz 3; Dig. 50, 17, 196; Dig. 50, 15, 1; Dig. 31, 28; Cod. 1, 14, 6; c. 17 C. 7 q. 1].

> *vrowen recht. Also of he scholde zeggen: War der vrouwen van rechte boret, dar hefft de man recht to. Dat auer en to gnaden ghedan ys, dat en helpet eme nicht. Vnde merket hir ene mene vnde ene nutte regulen, dat gnade nemende en helpet wen deme zee ghedan is, ut* [Inst. 1, 2, 6 Satz 3; Dig. 50, 17, 196; Dig. 50, 15, 1; Dig. 31, 28; Cod. 1, 14, 6; c. 17 C. 7 q. 1].

Im Sachsenspiegel erscheint der Begriff Gerade – im Sinne der Witwengerade – erstmals in Ldr. I 24, und zwar in dessen dritten Paragraphen[1764]. Johann von Buch spricht dagegen bereits in seiner ersten Glosse zu diesem Artikel die (Witwen-)Gerade an. Er beginnt mit einer Einordnung: Er – Eike von Repgow – habe zunächst von dem gesprochen, was die Verwandten der Mannesseite als Voraus nähmen, und komme jetzt zu dem, was das Voraus der Verwandten von Frauenseite sei. Denn gäbe es sie – gemeint ist die Witwe – nicht, dann nähme dies ihre Niftel. Durch den Verweis auf die Niftel ist eindeutig, dass mit „dies" nicht die Morgengabe, sondern die (Witwen-)Gerade gemeint ist. Der Glossator geht aber nicht weiter auf sie ein, im weiteren Verlauf der Glosse folgt eine Auseinandersetzung mit (Niftel-)Gerade und Heergewäte[1765]. Gleichzeitig folgt aus seiner beiläufigen Bemerkung aber durchaus, dass er auch die (Witwen-)Gerade für anwendbar hält. Er schließt die Glosse mit einer ebenfalls inhaltlichen Definition[1766] des Begriffes der Gerade[1767], Gerade sei

---

1764 Vgl. oben S. 324 f.

1765 Dazu unten S. 433 f.

1766 Aus dieser Definition wird in der übernächsten Glosse eine Einzelfrage noch einmal aufgenommen, nämlich die Unterscheidung zwischen bearbeiteten und unbearbeiteten Metallen in BG I 24 § 3 *Golt noch suluer*. Die Glosse unterscheidet danach, ob das Edelmetall bewusst in eine bestimmte Form gebracht wurde, dazu ist Inst. 2, 1, 25 allegiert. Bei der Allegation handelt sich um eine Stelle zum Eigentumserwerb durch Verarbeitung, sie bezieht sich allein auf die Unterscheidung zwischen gewirktem und ungewirktem Metall. Allerdings stimmen die Ausführungen in der Glosse nicht mit der allegierten Stelle überein, da in Inst. 2, 1, 25 im Gegensatz zur Glosse danach unterschieden wird, ob sich das verarbeitete Material in den Ausgangszustand zurückbringen lässt. – BG I 24 § 3 *Golt noch suluer*, S. 266: *Wat golt is vngewracht? Were dat wol en klump, so were dat doch gewracht. Segge, he menet vngeschapen, dar nene bildinge angelecht sin, ut* [Inst. 2, 1, 25]. Übersetzung: Welches Gold ist unbearbeitet? Wäre es auch ein Klumpen, so wäre es doch bearbeitet. Sage, er meint ungestaltet, an dem keine bestimmte Formgebung vorgenommen worden ist, wie [Inst. 2, 1, 25].

1767 Die Definition bezieht sich wie wohl auch die Aufzählung in Ldr. I 24 § 3 sowohl auf die Witwen- wie auch die Niftelgerade, da Johann von Buch beide in BG I 24 § 1 *Na deme herwede* für deckungsgleich hält, wenn er dort formuliert: nähme sie nicht die Frau, erhielten sie die Verwandten von Frauenseite. Die Gegenstände, die nach Ldr. III 38 § 5 beim Witwer zurückzulassen sind, sieht er dementsprechend nicht so sehr als eigentliche Begrenzung der Gerade, denn als verrechtlichtes Gebot des Anstands, wenn er in BG III 38 § 5 *Sterft des mannes wiff*, S. 1160 glossiert: *Dit is dor recht ghesettet. Hir hefstu, dat dat recht ok tucht leret, ut in* [Nov. 71, 1; Cod. 1, 48, 1]. Übersetzung: Dies ist als ein Recht gesetzt. Hier hast du, dass das Recht auch Anstand lehrt, wie in [Nov. 71, 1; Cod. 1, 48, 1].

das *gerede in enes mannes huse*[1768]. Eine Gleichsetzung mit einem römischrechtlichen Institut fehlt auch hier. Insbesondere geht Johann von Buch nicht davon aus, dass es sich bei der Gerade des Sachsenspiegels um die *dos* des römischen Rechts handelt[1769], auch eine Gleichsetzung mit den *parapherna* des justinianischen Rechts[1770] erfolgt nicht. Die Definition weist vielmehr eine große Nähe zur Sachsenspiegelvulgata auf, die die Gerade durchgehend mit *utensilia* übersetzt[1771].

Auch die rechtliche Einordnung der Gerade stellt sich parallel zu derjenigen des Musteil dar. Dies ergibt sich aus BG III 76 § 2 *Hedde auer de vrowe*. Hier weist Johann von Buch darauf hin, dass Holzgebäude[1772] und Gerade deshalb nicht an den Ehemann vererbt würden, weil diese den Frauen *van gnade gegeuen* seien. Eike von Repgow spreche hier eine allgemeine Regel an, dass eine *gnade* niemandem nütze als dem sie getan sei. Dass damit der gleiche Gedanke angesprochen ist, wie in der zuvor untersuchten Glosse BG III 38 § 3 *Musdele vnde morgengaue en eruet nen wiff*, zeigen

1768 Eine fast gleichlautende Definition findet sich auch in BG I 27 § 1 *Rade*, S. 285*: is gerede*. Übersetzung: <Gerade> ist Gerätschaft; wobei sich hier allerdings jedenfalls der Sachsenspiegelartikel auf die (Niftel-)Gerade bezieht. Die Definition ist so weit und ungenau, dass sie neben der Aufzählung der Geradegegenstände in Ldr. I 24 § 3 kaum von praktischer Bedeutung ist. *Gerede* lässt sich in diesem Zusammenhang zudem nicht allein im Sinne von Gerätschaften verstehen, sondern auch im Sinne von Bargeld oder Schmuck. Walther/Lübben Mittelniederdeutsches Handwörterbuch S. 117 bieten: „1. Gerät, Rüstzeug, Schmuck, *apparatus*. 2. Bar Geld, 3. (abstr.) Bereitschaft, Zurüstung". Beabsichtigt ist damit wohl eher entweder eine etymologische Herleitung des Begriffs oder eine mittelniederdeutsche Übersetzung des lateinischen Begriffs der *utensilia*, unten Anm. 1771, als eine zweifelsfreie Identifizierung der Geradegegenstände.

1769 Entsprechende Gleichsetzungen, und sei es auf Ebene der Allegationen, fehlen. In der Tat liegt eine Gleichsetzung deswegen nicht nahe, weil die Bestandteile der Gerade in Ldr. I 24 § 3 im wesentlichen aufgezählt sind und sich diese Aufzählung nicht mit der in den Quellen des römischen Rechtes transportierten Vorstellung einer wirtschaftlich höchst bedeutsamen Gabe vereinbaren lässt, die auch höhere Geldbeträge und/oder Grundstücke enthält, oben S. 307 ff.

1770 Welche durchaus nahegelegen hätte, vgl. oben S. 313.

1771 So unter Zugrundelegung des Augsburger Drucks von 1516, wenn man davon ausgeht, dass die Form *utensilibus* – fälschlich statt *utensiliis* – als Ablativ von *utensilia* verwendet wurde, in vulgat Ldr. I 5 §§ 2, 3; Ldr. I 13 § 1; Ldr. I 20 §§ 4, 7; Ldr. I 24 § 3; Ldr. I 27 § 1; Ldr. I 28; Ldr. I 31 § 1; Ldr. II 15 § 2; Ldr. III 38 § 5; Ldr. III 74; Ldr. III 76 § 1, Augsburger Drucks von 1516, fol. 9ᵛ, 17ʳ, 22ᵛ, 29ᵛ, 30ʳ, 30ᵛ, 32ʳ, 77ᵛ, 151ᵛ, 182ʳ, 183ʳ. Da sich diese Form stets und nur dann findet, wenn der Ablativ von *utensilia* zu erwarten wäre (der Dativ ist m. E. nicht gebraucht), ist dies anzunehmen.

1772 Mit dem Begriff Holzgebäude/*buw* nimmt Johann von Buch an dieser Stelle den Wortlaut des Sachsenspiegels auf, der von *varender have, sunder dat gebu unde sunder die rade* spricht. Nicht unwahrscheinlich, dass er sich mit dem *buw* auf die Morgengabe bezieht, und diese damit ebenfalls als *sunderlike gnade* der Frauen versteht. Denn die Morgengabe umfasst nicht zuletzt *thunete vnd tymber*, also das angesprochene Holzgebäude.

die Allegationen, die in weiten Teilen übereinstimmen[1773]. Die Ausführungen des Glossators überzeugen an dieser Stelle allerdings noch weniger als im Zusammenhang mit dem Musteil[1774].

c. Enge Verbindung von Morgengabe, Musteil und Gerade

Damit ist festzustellen, dass Johann von Buch ein Recht der Witwe sowohl auf das Musteil als auch auf die Gerade anerkennt. Er führt beide nicht auf Rechtsinstitute des römischen Rechtes zurück, sondern betrachtet sie als durch den Sachsenspiegel genuin geschaffen. Sie ähneln darin der Morgengabe, die Johann von Buch allerdings in der Mehrheit der Stellen von der *donatio propter nuptias* herleitet, wenn sie auch als eigenständige Masse erst durch den Sachsenspiegel geformt wird. Musteil und Gerade – und wohl auch Morgengabe[1775] – werden darüber hinaus übereinstimmend als Privilegien für verheiratete Frauen verstanden. Wohl aufgrund dieser übereinstimmenden Einordnung ergibt sich eine gewisse Vermengung der Institute. Zum einen werden sie in der Regel gemeinsam genannt. Zum anderen stellt es eine Ungenauigkeit dar, wenn Johann von Buch die Glossierung zu Ldr. I 24 mit einer Glosse zur Gerade beginnt, obwohl Ldr. I 24 § 1 – auf den sich die Glossierung ausweislich des Stichwortes bezieht[1776] – allein Ausführungen zur Morgengabe enthält. Dies deutet entweder auf eine Verwechslung von Morgengabe und Gerade hin, oder aber darauf, dass Johann von Buch die in Ldr. I 24 § 1 genannte Morgengabe, das in Ldr. I 24 § 2 angesprochene Musteil und die in Ldr. I 24 § 3 folgende Gerade als so eng verbunden betrachtet, dass es gerechtfertigt erscheint, eine Glosse über die

1773 An beiden Stellen finden sich die Allegationen Inst. 1, 2, 6 Satz 3; Cod. 1, 14, 6 und c. 17 C. 7 q. 1, daneben ist in BG III 38 § 3 *Musdele vnde morgengaue en eruet nen wiff* c. 39 C. 16 q. 1 allegiert, in BG III 76 § 2 *Hedde auer de vrowe* Dig. 50, 17, 196; Dig. 50, 15, 1 und Dig. 31, 28.

1774 Der Hinweis auf die fehlende Vererblichkeit der Gerade überzeugt insofern wenig, als die Gerade – als (Niftel-)Gerade – sehr wohl vererblich ist, wenn auch nicht an den Ehemann der Toten. Darüber hinaus geht Johann von Buch an dieser Stelle offenbar von einem Erbrecht des Ehemannes aus, das dem Erbrecht der Blutsverwandten vorgeht, wenn er anmerkt, der Ehemann nehme die Fahrende Habe aufgrund dessen, dass das Recht der Frauen hieran sich nicht als persönliches Privileg darstelle und daher vererblich sei. Ein solches vorrangiges Erbrecht des Ehegatten – oder der Ehegattin – wird dagegen an keiner anderen Stelle angesprochen, vgl. unten S. 454 ff.

1775 Oben Anm. 1772.

1776 Die Glosse bezieht sich in allen drei Handschriften eindeutig auf Ldr. I 24 § 1 und nicht auf Ldr. I 24 § 3, wie es korrekt gewesen wäre. Dies ergibt sich nicht allein aus dem glossierten Stichwort, sondern auch aus der Stellung der Glosse vor derjenigen zu *de vor dem herde gan* und aus der einleitenden Verortung des Sachsenspiegelartikels nach dem Vorbild der *continuationes titulorum* des gelehrten Rechts, vgl. unten Anm. 2120, die typisch für den Beginn der Glossierung eines Artikels ist.

Gerade als der wirtschaftlich bedeutsamsten dieser drei gleichsam auf den gesamten Artikel bezogen an den Anfang der Glossierung zu setzen[1777].

5. Dreißigster und übergangsweise Nutzungsrechte an Ackerland als sächsische Konkretisierungen gemeinrechtlicher Billigkeitsregeln

Einzugehen ist schließlich auf die letzten bisher nicht untersuchten Elemente des Repgow'schen Ehegüterrechts im Todesfall, die übergangsweise Berechtigung eines oder einer Ehegatt/in am Nachlass des/der soeben verstorbenen anderen, also der Dreißigste als Recht der Witwe und wohl auch des Witwers und die Regeln über die Nutzung des Ackerlandes bis zur folgenden Ernte als Recht des Witwers.

a. Anerkennung des Dreißigsten

Der Dreißigste wird in Ldr. I 22 § 1[1778] beschrieben. Johann von Buch versieht diesen Paragraphen mit zwei Glossen.

BG I 22 § 1 *De erue mot wol* Satz 2–5, S. 255

Nu[1779] *wel he zeggen van deme eruen, wanne he sik des erues vnderwinden mote. He wel ok zeggen, wat gewalt he hebben scholle. De erue schal sik des erues vor deme drittigesten nicht vnderwinden. Alsus ne moten ok de klegere, den me schuldich is, vor deme drittigesten de erffschulde nicht klagen. De richter ne mod ok dar nicht ynne panden edder besetten, dor dat de bigrafft mede behindert werde edder de drittigeste, ut* [Nov. 60 pr.].

BG I 22 § 1 *Anders ne schal he nene walt hebben*, S. 255 f.

De[1780] *leges zeggen, dat de erue sy to hant weldich, dat were hire wedder, ut* [Cod. 6, 24, 2]. *Zeet ok, dat dar steit to hant, dat menet he na deme drittigesten, ut* [Dig. 46, 3, 105]. *Dar*

1777 Ein Motiv, bereits zu Beginn der Glossierung zu Ldr. I 24 auf die Gerade einzugehen, dürfte dabei auch der Wunsch sein, den in der Glossierung zu Ldr. I 23 § 1 aufgeworfenen Widerspruch zwischen der Existenz von Gerade und Heergewäte und dem justinianischen Grundsatz einer Gleichbehandlung von Agnat/innen und Cognat/innen möglichst früh umfassend zu lösen, vgl. unten S. 435 ff.

1778 Oben S. 318.

1779 Übersetzung: Nun will er sagen von dem Erben, wann er sich des *erves* bemächtigen darf. Er will auch sagen, welche Gewalt er darüber haben soll. Der Erbe soll sich des *erves* vor dem Dreißigsten nicht bemächtigen. Ebenso dürfen auch die Kläger, denen man etwas schuldig ist, vor dem Dreißigsten Erbschaftsschulden nicht einklagen. Der Richter darf während dieser Zeit auch nicht pfänden oder in Besitz nehmen, sodass das Begräbnis behindert würde oder der Dreißigste, wie [Nov. 60 pr.].

1780 Übersetzung: Die Leges sagen, dass der Erbe sofort dazu ermächtig sei, dass widerspräche dem, wie [Cod. 6, 24, 2]. Sehet auch, wenn da steht „sofort", dann meint er nach dem Dreißigsten, wie [Dig. 46, 3, 105]. Dort sagt der Kaiser: Auch wenn wir sagen, die Erben sollen es sofort herausgeben, was der Tote vereinbart hatte, damit meinen wir doch zu rechter Stunde. Darum sagt er: Niemand braucht sofort mit einem Sack kommen.

> *secht de keyser: Alleyn dat wij seggen, de eruen schollen to hant geuen, dat de dode bescheden heft, dat mene wij vppe redelike stunde. Dar vmme secht he: Jd ne darff nemend to hant mit eneme sacke komen.*

Zunächst verortet Johann von Buch den Artikel thematisch und beschreibt dann dessen Inhalt. Er bestimme, wann der Erbe die Gewalt über das Erbe erlange und lege insoweit fest, dass der Erbe sich des Erbes vor dem Dreißigsten nicht bemächtigen solle[1781]. Diese Aussage des Sachsenspiegeltextes nimmt er sodann zum Anlass, eine Regelung für die Gläubiger/innen eines/einer Verstorbenen vorzustellen, die der Sachsenspiegel nicht kennt. In gleicher Weise könnten Kläger eine Schuld aus dem Nachlass vor dem Dreißigsten nicht einklagen, ebenso könne auch der Richter nicht aus dem Nachlass pfänden, sodass das Begräbnis gestört werde. Grundlage dieser Ausführungen ist die allegierte Nov. 60. Nach der Novelle verliert eine Gläubiger/in[1782], der/die unmittelbar nach dem Tod seines/ihres Schuldners den Nachlass eigenmächtig an sich nimmt, den Witwe/r und Kinder behelligt und möglicherweise auch die Beerdigung stört oder verhindert, die Schuld und unterliegt darüber hinaus hohen Strafen. Will er/sie die Schuld behalten, muss er/sie, statt selbst tätig zu werden, die staatlichen Behörden einschalten. Diese Regelung verbindet Johann von Buch nun mit der Sachsenspiegelregelung, indem er die Frist des Dreißigsten in die Regelung integriert und für Kläger/innen wie für den Richter – den er entsprechend der sächsischen Rechtswirklichkeit anstelle der Behörden setzt – als bindend anerkennt.

Eine Dreißigtagefrist kennt das römische Recht allerdings nicht. Grundsätzlich erlangt dort die Hauserb/in sofort und ohne eigenes Zutun Eigentum und Besitz am Nachlass[1783], ebenso ist eine Nachlassverbindlichkeit sofort geschuldet[1784]. Entsprechend wirft Johann von Buch in der folgenden Glosse einen Widerspruch zu den Leges auf, nach denen der Erbe die Gewalt *to hant*, sofort erlange[1785]. Diesen

1781 Dies entspricht der Aussage des Sachsenspiegels, oben S. 316, 324.

1782 Die Novelle spricht ausdrücklich nur von einem männlichen Gläubiger und einem männlichen Schuldner, gleiches dürfte aber mangels abweichender Anhaltspunkte auch für Frauen gelten.

1783 Kaser, Privatrecht I S. 713 f., Privatrecht II S. 525; Honsell in: Honsell/Mayer-Maly/Selb, Römisches Recht S. 569 f., der Außenerbe muss die Erbschaft antreten, kann dies aber ab Todesfall bzw. ab der Testamentseröffnung, gleiches gilt für die *bonorum possessio*, Kaser, Privatrecht I S. 715 f., 719.

1784 Kaser, Privatrecht I S. 733 f., Privatrecht II S. 541–544; Honsell in: Honsell/Mayer-Maly/Selb, Römisches Recht S. 481–483.

1785 Allegiert ist nach dem Codex Hecht *de heredibus instituendis l. II*, mithin Cod. 6, 24, 2. Diese Allegation enthält allerdings nicht die getroffene Aussage, sondern die Aussage, dass eine auf den Rest eingesetzte Erb/in die gesamte Erbschaft erhält, wenn niemand neben ihm/ihr erbt. In der Heidelberger Handschrift und der Wolfenbütteler Handschrift, fol. 36^{r}, lautet die Allegation übereinstimmend *C. de heredibus § II*, wobei aber in der Wolfenbütteler Handschrift *heredibus § II* durchgestrichen und mit *acqui. heredi. l. licet, et l. puberem* [= Cod. 6, 30, 8; Cod. 6, 30, 12], *ff. de heredi. vel acci. ven. l. II* [= Dig. 18, 4, 2] ergänzt ist. Auch diese enthalten jedoch nicht unmittelbar die in der Glosse angeführte Aussage.

Widerspruch löst er sodann mit einem Verweis auf Dig. 46, 3, 105[1786], der eine Auslegungsregel für das „sofort“ enthält, zu dem Nachlassverbindlichkeiten geschuldet sind. Demnach ist „sofort“ im Sinne einer angemessenen Frist zu verstehen, er – gemeint ist die Erb/in – brauche nicht sofort mit dem Sack kommen[1787]. Diese Digestenstelle gibt Johann von Buch zum Abschluss nahezu wörtlich ins Niederdeutsche übersetzt wieder: *Dar secht de keyser: Alleyn dat wij seggen, de eruen schollen to hant geuen, dat de dode bescheden heft, dat mene wij vppe redelike stunde. Dar vmme secht he: Jd ne darff nemend to hant mit eneme sacke komen.* Der Dreißigste wird damit als Konkretisierung[1788] der auch im Corpus Iuris vorgesehenen Anstandsfrist nach dem Tod eines Menschen[1789] interpretiert, und als solche anerkannt.

b. Anerkennung des Nutzungsrechts am Ackerland

Anerkannt werden von Johann von Buch auch die in Ldr. III 76 §§ 3–4 vorgesehenen übergangsweisen Nutzungsrechte des Ehemanns an dem von seiner Frau in die Ehe eingebrachten Ackerland. Die entsprechende Regelung gibt Johann von Buch in BG III 76 § 3 *He schal dat zeygen vnde aff snyden* wieder.

BG III 76 § 3 *He schal dat zeygen vnde aff snyden*, S. 1437 f.

Dit[1790] *vorneme kortliken zus: Dest he den acker begond hebbe to arbeydende by ereme leuende, zo schal he dat vul arbeyden vnde schal dar aff gheuen pleghe. Heft he auer kost*

1786 Konkret bezieht sich die Stelle auf eine Bürg/in, der/die zuvor eine Schuld des/der nunmehr Verstorbenen beglichen hatte.

1787 Dig. 46, 3, 105, S. 756: *Quod dicimus in eo herede, qui fideiussori testatoris id, quod ante aditam hereditatem ab eo solutum est, debere statim solvere, cum aliquo scilicet temperamento temporis intellegendum est: nec enim cum sacco adire debet.*

1788 Die AG gibt die Frist mit etwa zehn Tagen an: AG Dig. 46, 3, 105 *Intelligendum est* Hs. 1: *decem dierum forte*: (...), Lyon 1558–1560, DN Sp. 1078. Eine konkrete Zehntagesfrist besteht nach dem sogenannten Casus zur Digestenstelle AG Dig. 46, 3, 105 *Quod dicimus CASUS* letzter Hs.: (...) *& est istud temperamentum spatium decem dierum Franciscus,* Lyon 1558–1560, DN Sp. 1078. Der Casus stammt ausweislich des Namensvermerks von dem Sohn des Glossators, Franziskus Accursius, und damit aus dem 13. Jahrhundert, wurde aber wohl erst ab dem Beginn des 15. Jahrhunderts in die Accursische Glosse eingefügten, Lange Römisches Recht im Mittelalter I S. 369 f.

1789 Die Frist gilt grundsätzlich zunächst einmal für die Erbschaftsgläubiger/innen, wird von Johann von Buch jedoch auch auf die Erb/innen selbst bezogen. Dies liegt jedoch insofern nahe, dass die Frist in beiden Fällen als Frist zur Auseinandersetzung des Nachlasses verstanden werden kann.

1790 Übersetzung: Dies verstehe kurzgefasst so: Wenn er den Acker zu ihren Lebzeiten zu bearbeiten begonnen hat, so soll er ihn vollends <bis zur Ernte> bearbeiten und soll dafür einen Pachtzins entrichten. Hat er aber zusätzlich zu seiner geleisteten Arbeit bereits Kosten dafür aufgewendet, wie wenn er das besät hätte, so braucht er dafür nichts zu entrichten. Denn dann ist es verdient, oben [Ldr. II 58 § 1]. Das erhält er für die Arbeit und für die Mühsal. Denn niemand ist verpflichtet, auf eigene Kosten für einen anderen zu arbeiten, wie

to deme arbeyde dar by ereme leuende anghelecht, zo dat he dat beseyget hebbe, zo darff he dar nicht aff gheuen. Wente zo is dat vordenet, supra [Ldr. II 58 § 1[1791]]. *Dit hefft he vor den arbeid vnde vor vnlust. Wente dat en is nemend des plichtich, dat he by syneme eghenen gude eneme anderen arbeyde, ut* [c. 10 X 5, 3]. *Ok mach me dar nemende dar to dwingen, dat he mit deme sineme enen anderen vordere, ut* [c. 4 C. 10 q. 2]. *He is ok werdich der vrucht, de den arbeid deit. Wente wardede he des schaden an der zad, he schal billiken den vromen hebben an der vrucht, ut* [Inst. 1, 17; Dig. 50, 17, 10].

Nach der Formulierung Johanns von Buch erscheint als Grund für das Recht einer weiteren Nutzung gegen Pachtzins vor dem Einsäen die für das Pflügen investierte Arbeitszeit; für die weitere Nutzung ohne einen Pachtzins nach dem Einsäen aber neben der Arbeitszeit die für das Saatgut aufgewendeten Geldmittel. Hierzu führt er zunächst einmal Ldr. II 58 § 1[1792] auf, der ebenfalls von einem Stichtag abhängig macht, ob eine Nutzung als verdient gilt – sodass sie auch beim Tod des/der Nutzungsberechtigten von dessen/deren Erb/in beansprucht werden kann –, in Ldr. II 58 § 2 wird dabei u. a. die Saat des Mannes genannt, die nach dem Eggen verdient sei. Bei dieser Begründung lässt er es jedoch nicht bewenden, sondern fährt fort: dieses – das übergangsweise Nutzungsrecht – habe er – der Witwer – für die Arbeit und die Mühen. Denn niemand sei verpflichtet, beim Dienst für einen anderen sein eigenes Gut aufzuwenden, allegiert ist c. 10 X 5, 3[1793]. Auch könne man niemanden dazu zwingen, dass er durch sein Vermögen einen anderen fördere, c. 4 C. 10 q. 2[1794]. Schließlich sei auch der Frucht würdig, wer die Arbeit gehabt habe. Denn wer die Aufwendungen für die Saat auf sich nehme, würde billigerweise auch den Nutzen an der Frucht haben, allegiert sind Inst. 1, 17[1795] und Dig. 50, 17, 10[1796]. Bei den allegierten Rechtssätzen handelt es sich nicht um Stellen mit ehegüterrechtlichem oder erbrechtlichem Bezug, sondern um allgemeine Billigkeitsregeln. Ähnlich er-

---

[c. 10 X 5, 3]. Auch kann man niemanden dazu zwingen, dass er mit dem seinen einen anderen fördert, wie [c. 4 C. 10 q. 2]. Auch hat, wer die Arbeit tut, die Frucht verdient. Weil er die Aufwendungen für die Saat auf sich nimmt, soll er auch den Nutzen an der Frucht haben, wie [Inst. 1, 17; Dig. 50, 17, 10].

1791 Von Kaufmann, Buch'sche Glosse S. 1438 korrigiert aus *li. II ar. LVIII § 1*, was nach der Einteilung des Codex Hecht vulgat Ldr. II 65 § 1 entsprechen würde.

1792 Ldr. II 58 § 1, § 2 Satz 1, 9, S. 285 f.: [§ 1] *Of en man nenen lenerven ne hevet na sime dode, sve sin erve is na lantrechte, die sal nemen sin verdenede gut in deme lene.* [§ 2] *Nu vernemet wen it verdenet sie. (…) Des mannes sat, die he mit sime pluge wirkt, die is verdenet, als die egede dar over gat, unde die garde, als he geseit unde geharket is.*

1793 Nach c. 10 X 5, 3 darf ein kirchlicher Würdenträger für die Einweihung einer Kirche nichts verlangen, außer der notwendigen Verpflegung.

1794 c. 4 C. 10 q. 2 leitet seine konkrete Regelung aus dem Merkspruch ab, dass niemand wider Willen dazu bestimmt werden könne, aus seinem Vermögen eine Wohltat zu tun.

1795 Inst. 1, 17 leitet den konkreten Rechtssatz aus der Überlegung ab, dass wo der Nutzen sei, auch die Last sein müsse.

1796 Dig. 50, 17, 10 enthält die Rechtsregel, dass nach der Natur dem der Vorteil einer Sache gebührt, der den Nachteil hat.

klärt Johann von Buch in der vorangehenden Glosse schon das Nutzungsrecht gegen Pachtzins beim Tod der Frau vor dem Einsäen[1797] und in der folgenden Glosse die Berechtigung zur Einziehung des Pachtzinses[1798]. Der Glossator sieht das übergangsweise Nutzungsrecht des Mannes am Ackerland seiner verstorbenen Frau also wohl als eine Konkretisierung dieser Billigkeitsregeln des gelehrten Rechts durch den Sachsenspiegel.

6. Die Mitgift des römischen Rechts als theoretischer Bestandteil des sächsischen Rechts

Nachdem somit feststeht, dass Johann von Buch die von ihm allein auf den Sachsenspiegel, nicht aber auf das gemeine römische Recht zurückgeführten Institute der Gerade, des Musteils und der übergangsweisen Nutzungsrechte anerkennt, ist weiterhin kurz darauf einzugehen, ob er umgekehrt die allein im römischen Recht, nicht aber im Sachsenspiegel erscheinende *dos* für im sächsischen Recht anwendbar hält. Aus der eingangs untersuchten Glosse BG I 20 § 6 *Morgengaue* ist dies zu bejahen.

1797 Die untersuchte Glosse bezieht sich primär auf das Nutzungsrecht ohne Entgelt beim Tod der Frau nach dem Einsäen. Im gleichen Sinne begründet Johann von Buch das Nutzungsrecht gegen Entgelt beim Tod der Frau nach dem Pflügen und vor dem Einsäen in der vorhergehenden Glosse durch die in Dig. 50, 17, 206 aufgeführte Rechtsregel, dass es nach dem Naturrecht billig sei, dass sich niemand durch den Schaden des anderen bereichere. BG III 76 § 3 *Wat he zo in deme gude*, S. 1437: *Wen vorlore he dat, offt he dat brakede edder wendede, dat vorlore he. Des en schal nicht syn. Wente sik en schal nemend riken mit enes anderen schaden. Dat scheghe hir, were dat, dat id desse ploghede, vnde dat id yenne zeygede. Des mot nicht syn,* [Dig. 50, 17, 206]. Übersetzung: Denn verlöre er das, wenn er das <den Acker> aufgebrochen und gepflügt hat, das <den Gegenwert für diese Arbeit> verlöre er. Das soll nicht sein. Denn es soll sich niemand auf Kosten des anderen bereichern. Das geschähe hier, wenn es so wäre, dass es dieser pflügt und jener besät. Das darf nicht sein, [Dig. 50, 17, 206].

1798 Er begründet den in Ldr. III 76 § 5 festgesetzten Anspruch des Witwers auf die Einziehung von Zinszahlungen, wenn die Frau nach dem Zinstag stirbt, mit der Überlegung, dass der Ehemann sie bis dahin ernährt habe, und es daher billiger sei, wenn er es erhalte. Die Bestimmung wird dabei als eine Rechtsetzung des Kaisers bezeichnet, die entsprechend der Gerechtigkeit des Kaisers an den Regeln der Billigkeit orientiert sei. Allegiert sind u. a. Nov. 2, 5, oben Anm. 1522; und Nov. 97, 1, oben Anm. 1523. – BG III 76 § 5 *Alze id des eruen wesen scholde*, S. 1439: *Dit is ghelik, wente he ze ghevodet hedde vnde besorget bette to den tinsdagen, dat he dat vpborde billiker den de erue, de se nichtes besorget en hadde. Dit hefft de keyser gar ghelike settet, wente he secht suluen: Der leges vnde des rechtes leffhebbere sin wy. Vnde dar vmme settet he alle dingh ghelike, ut* [Nov. 2, 5; Dig. 2, 12, 1, 2]. *Were des nicht, so mochte men dat recht beschimpen, des en schal nicht sin, ut* [Cod. 6, 61, 8, 6a; Nov. 97, 1; Dig. 12, 6, 26, 13]. Übersetzung: Das ist gerecht, weil er sie bis zum Zinstag ernährt und versorgt hatte, dass er das <den Zins> billiger beansprucht als der Erbe, der sie nicht versorgt hat. Das hat der Kaiser sehr gerecht festgesetzt, denn er sagt selbst: Lieb sind uns die Leges und das Recht. Und darum setzt er alle Dinge gerecht fest, wie [Nov. 2, 5; Dig. 2, 12, 1, 2]. Denn wäre es anders, so könnte man das Recht beschimpfen, das soll nicht sein, wie [Cod. 6, 61, 8, 6a; Nov. 97, 1; Dig. 12, 6, 26, 13].

Dieses Bild wird auch durch alle weiteren Stellen der Buch'schen Glosse bestätigt, in der die Mitgift Erwähnung findet. Die relevanten Stellen sind überwiegend bereits angesprochen[1799]. Daneben erscheint die Mitgift an zwei weiteren Stellen.

BG I 21 § 2 *Wert en man mit rechte von sineme wiue scheden* Satz 7–12, S. 247

De[1800] *drudde is, alze hire vore gesecht is, vnd de kumpt dar van, dat erer en deme anderen vnrechte mede vor. Dor des vnrechtes willen vorlust yenne to rechte an sineme egene. Wo, offt ze id an lene hadde? Segge, ze behelde dat, wor se dat ane hadde, men en gheue ere ere medegift wedder. Wo, off ere nicht medegeuen were? Segge, so beholde se den verden del des erues, ut* [Nov. 53, 6].

BG III 39 § 2 *Vntlopet he* Satz 2, S. 1166

Yodoch[1801] *wete, dat, we wat vor woldat schuldich worde, alse off ik weme wat dor mynen guden willen gheue edder louede, als medeghift edder sodanes wat, dar en mach me eneme nicht hogher mede then wenne alse he id vormach, vnde ok so, dat he syne nottroft beholde, ut* [Dig. 39, 5, 12; Dig. 50, 17, 82[1802]]

Nach BG I 21 § 2 *Wert en man mit rechte von sineme wiue scheden* verliert ein Mann bei einer Scheidung aufgrund seines Verschuldens zu Recht sein *egen* – gemeint ist das *egen*, das er seiner Frau als Leibgedinge gegeben hatte[1803]. Dies gelte auch, wenn das Leibgedingegrundstück ein Lehen sei, auch hier behalte die Ehefrau ihr Leibgedinge. Eine Ausnahme gelte nur dann, wenn man der Ehefrau die Mitgift wiedergebe. Was

1799 BG I 20 § 1 *Morgengaue* Satz 2, oben S. 406; BG I 20 § 6 *De gewere auer* Satz 3, 4, oben S. 356; BG I 21 § 2 *Liftucht ut eren weren* Satz 1–2, oben Anm. 1660; BG I 21 § 2 *Se ne vorwerket suluen* Satz 13, oben S. 393 f.; BG III 74 *Me schall ere ok wedder laten* Satz 1, oben S. 398 f.; BG III 75 § 2 *Wen er ghedinge* Satz 2, oben S. 373 f.; BG III 76 § 3 *Edder len edder liffgeding* Satz 16, 23, oben S. 364.

1800 Übersetzung: Das dritte <d. h. die dritte Art der Scheidung> ist, wie es hiervor gesagt ist, und die erfolgt, weil einer dem anderen Unrecht getan hat. Um dieses Unrechts willen verliert derjenige das Recht an seinem *egen*. Wie, wenn sie es <die Leibzucht> an Lehen hatte? Sage, sie behält es, woran sie es hatte, außer man gibt ihr die Mitgift zurück. Wie, wenn ihr nichts mitgegeben wäre? Sage, dann behielte sie den vierten Teil des *erve*, wie [Nov. 53, 6].

1801 Übersetzung: Jedoch wisse, dass, wer etwas als eine Wohltat schuldig wird, wie wenn ich jemandem etwas aufgrund meines guten Willens gäbe oder verspräche, wie eine Mitgift oder etwas ähnliches, daraus kann man niemanden höher verklagen als er es <zu leisten> vermag, und auch so, dass er seinen Lebensunterhalt behält, wie [Dig. 39, 5, 12; Dig. 50, 17, 173 pr.].

1802 Die Allegation lautet ff. *de regulis iuris l. donator*, gemeint ist wohl Dig. 50, 17, 82, S. 870: *Donari videtur, quod nullo iure cogante concedtur.* KAUFMANN, Buch'sche Glosse S. 1167 weist mit Verweis auf die Accursische Glosse zu Dig. 39, 5, 12, unten Anm. 1809, darauf hin, dass ursprünglich wohl Dig. 50, 17, 173 pr., S. 872: *In condemnatione personarum, quae in id quod facere possunt damnantur, non totum quod habent extorquendum est, sed et ipsarum ratio habenda est, ne egeant*, allegiert war, was sich inhaltlich noch besser einfügen würde.

1803 Vgl. oben S. 400.

aber, so fragt Johann von Buch, wenn sie keine Mitgift erhalten hätte? Dann behalte sie den vierten Teil des *erves*, wie sich aus Nov. 53, 6 ergebe.

Angesprochen ist mit der Allegation die Novelle zur sogenannten Quart der armen Witwe. Danach erhält eine vermögenslose Ehefrau, die weder *dos* noch *donatio propter nuptias* erhalten hat, neben den Kindern ein Viertel der Erbschaft[1804]. Da sich Johann von Buch in der fraglichen Glosse allerdings mit dem Scheidungsfall auseinandersetzt, mag er sich hier auch auf die in Nov. 53, 6 wiedergegebene frühere Novellenregelung[1805] beziehen, nach der eine Frau ohne *dos* und *donatio propter nuptias* bei einer einseitigen unberechtigten Scheidung durch ihren Mann oder bei einer einseitigen Scheidung aufgrund eines Verschuldens seinerseits den vierten Teil seines Vermögens erhält[1806].

In BG III 39 § 2 *Vntlopet he*[1807] nennt er die Mitgift als Beispiel für eine Haftungsbeschränkung durch eine Klage auf Verurteilung allein *in id quod facere potest*[1808]. Beispiel wie zweite Allegationen sind dabei der Accursischen Glosse zur ersten Allegation entnommen[1809].

In allen Fällen – den in den obigen Abschnitten wie den in diesem Abschnitt wiedergegebenen Stellen – wird die Mitgift selbstverständlich vorausgesetzt, ihre Existenz im sächsischen Recht nicht in Abrede gestellt. Allerdings ist auch festzustellen, dass es sich mit einer Ausnahme bei allen Stellen um eine Erwähnung im Zusammenhang mit dem Leibgedinge handelt[1810]. BG III 39 § 2 *Vntlopet he* ist die einzige Stelle, in der die Mitgift unabhängig vom Leibgedinge angesprochen wird, und in dieser Stelle dient die Mitgift als Beispiel, zudem ist ein enger Zusammenhang mit der Accursischen Glosse gegeben. Überwiegend beschränkt sich Johann von Buch dabei auf

1804 Oben S. 314.

1805 Geregelt ursprünglich in Nov. 22, 18, oben S. 314.

1806 Die Verwendung des Begriffes *erue* spricht für eine Bezugnahme auf die Quart der armen Witwe, dieser Begriff kann jedoch auch das vererbliche Vermögen eines Menschen bezeichnen und hier für das Vermögen des bisherigen Mannes stehen.

1807 BG III 39 § 2 *Vntlopet he* Satz 2.

1808 Eine solche Klage richtet sich allein auf eine solche, vom Richter zu schätzende Summe, wie sie aus dem vorhandenen Vermögen der Schuldner/in gedeckt werden kann; seit dem 2. Jahrhundert kann die Schuldner/in zudem in Abzug bringen, was er/sie für den eigenen Lebensunterhalt braucht, Kaser, Privatrecht I S. 482; Honsell in: Honsell/Mayer-Maly/Selb, Römisches Recht S. 214 f. Die Vergünstigung kommt seit klassischer Zeit dem *promissor dotis* jedenfalls dann zu, wenn es sich bei ihm/ihr um die Frau selbst oder ihren *pater familias* handelt, Kaser, Privatrecht I S. 482 Anm. 42 f.; Privatrecht II S. 187 Anm. 19.

1809 Vgl. AG Dig. 39, 5, 12 *Conuenitur: vt & infra de reg. iur. diuus* [= Dig. 50, 17, 29] *& infra de iure do. si extraneus.* [= Dig. 23, 3, 33] *deducto, s. ne egeat: vt in eo. titu. de reg. iur. in condemnatione.* [= Dig. 50, 17, 173 pr.] *& infra de re. iudi. l. cum ex caussa* [= Dig. 42, 1, 30], Lyon 1558–1560, DN Sp. 146. Steffenhagen, Accursische Glosse S. 72; Kaufmann, Buch'sche Glosse S. 72 f.

1810 Bzw. bei BG I 20 § 1 *Morgengaue* Satz 2 um eine Gegenüberstellung mit der *ghaue dor der hochtid* im Rahmen der Erläuterungen zu der Morgengabe.

eine bloße Nennung der Mitgift[1811]. Insbesondere werden die Sicherungsmittel für die *dos* – das Veräußerungs- und Verpfändungsverbot und die Generalhypothek am Vermögen des Mannes – im Gegensatz zu denen der *donatio propter nuptias* an keiner Stelle erwähnt, und dies, obwohl die letzteren von den erstgenannten abgeleitet sind. Im Vergleich zur Leibzucht/*donatio propter nuptias*, deren rechtliche Regelung umfassend dargestellt wird und die häufig ohne eine Bezugnahme auf die *dos* erwähnt wird, erscheint die Mitgift damit in der Buch'schen Glosse von untergeordneter Bedeutung. Dies spricht dafür, dass Johann von Buch zwar grundsätzlich von einer Anwendbarkeit der Regelungen zur Mitgift auch im sächsischen Recht ausgeht, dass die Bestellung einer Mitgift zu seiner Zeit in der sächsischen Rechtspraxis aber wenig bis gar nicht üblich[1812] und ihm dieser Umstand auch bewusst ist.

1811 Ausführungen zu den auf die Mitgift anwendbaren Rechtsregeln finden sich allein bei der Darstellung der Scheidungsgründe und damit verbunden der Darstellung zur Quart der armen Witwe, BG I 21 § 2 *Se ne vorwerket suluen* Satz 13, oben S. 393 f.; BG I 21 § 2 *Wert en man mit rechte van sineme wiue scheden* Satz 10, 11, S. 391, in Bezug auf die Berechtigung der Kinder an der Mitgift, BG I 21 § 2 *Liftucht ut eren weren* Satz 2, oben Anm. 1660, und bei der Nennung der Mitgift als Beispiel für eine Klage *in id quod facere potest,* BG III 39 § 2 *Vntlopet he*, oben S. 427. Dagegen werden die für das Recht der Mitgift zentralen Regelungen über die verschiedenen Arten einer Bestellung der *dos* und die Regeln für den Verbleib der *dos* bei einer Beendigung der Ehe durch den Tod des Ehegatten oder der Ehegattin nicht thematisiert.

1812 In diese Richtung verweist die Tatsache, dass in den Glossaren der gebräuchlichen Editionen der Magdeburger Schöffensprüche das Stichwort Mitgift entweder fehlt – so bei Liesegang/Friese, Magdeburger Schöffensprüche I S. 821; Goerlitz, Magdeburger Schöffensprüche Posen S. 169; Goerlitz/Gantzer, Rechtsdenkmäler Schweidnitz S. 431; Weizsäcker, Magdeburger Schöffensprüche Leitmeritz S. 416 – oder in den unter diesem Stichwort angegebenen Sprüchen zwar eine Gabe von der Familie der Ehefrau thematisiert ist, diese aber nicht ausdrücklich als Mitgift bezeichnet wird – so in Ebel, Magdeburger Recht II, 2 S. 807 in Bezug auf die Sprüche Nr. 419, Nr. 609, Ebel, Magdeburger Recht II, 1 S. 453 f., Ebel, Magdeburger Recht II, 2 S. 294 f. Anders vereinzelt in der, allerdings nur als spätere Abschrift überlieferten Leipziger Schöffenspruchsammlung Sprüche Nr. 56, Nr. 406, Nr. 471, Nr. 507, Nr. 643, Kisch, Leipziger Schöffenspruchsammlung S. 109, 282, 330, 365, 451 und den ebenfalls nur in Abschrift erhaltenen Halleschen Schöffenbüchern, Sprüche II, 271; IV, 1665; V, 2254, Hertel, Hallische Schöffenbücher I S. 176, II S. 204, 522, außerdem in den Sprüchen Nr. 13, Nr. 14, Nr. 19 aus dem 16. Jahrhundert für Empfänger*innen aus Lüneburg, Ebel, Magdeburger Recht I S. 18, 19., 24 f., 362. Zwar sind auch die Begriffe Gerade, Morgengabe und Leibzucht bzw. Leibgedinge selten, für sie finden sich aber durchaus Belege. Vgl. für Sprüche aus dem 14. Jahrhundert Ebel, Magdeburger Recht II, 2 S. 801 f., 806, 807; die (Witwen-)Gerade ist etwa in acht Sprüchen aus dem 14. Jahrhundert erwähnt, Magdeburger Recht II, 1 S. 29, 40, 54 f., 62, 81, 117 f., 131, die Sprüche Nr. 19, Nr. 46, Nr. 77c, Nr. 77e, Nr. 87, Nr. 115, Nr. 185, Nr. 212; das Leibgedinge in drei Sprüchen, Magdeburger Recht II, 1 S. 42, 117, 133, die Sprüche Nr. 50b, Nr. 185, Nr. 218 und die Morgengabe in acht Sprüchen, Magdeburger Recht II, 1 S. 69, 75 f., 78 f., 84, 87, 94 f., 117 die Sprüche Nr. 91, Nr. 105, Nr. 109, Nr. 111, Nr. 121, Nr. 125, Nr. 139, Nr. 185.

7. Kein grundsätzliches Wahlrecht zwischen ehegüterrechtlichem und erbrechtlichem Ausgleich

Weder im Recht des Sachsenspiegels noch nach dem justinianischen Recht besteht ein Erbrecht der Witwe oder des Witwers neben den Erb*innen der ersten Ordnung, das beim Tod eines*einer Verheirateten alternativ zu dem ehegüterrechtlichen Ausgleich geltend gemacht werden könnte – wie es etwa das heutige BGB mit § 1371 I BGB vorsieht[1813]. Vor diesem Hintergrund erstaunen zwei Regelungen in der Buch'schen Glosse, die auf ein Wahlrecht der Witwe zwischen ehegüterrechtlichem Ausgleich und einem Erbteil hinzuweisen scheinen.

BG I 20 § 3 *Blifft ze auer mit*, S. 241

Wor[1814] *de vrouwen dit nemen, dar ne mogen se nen erue nemen. Desses en doruen ze ane ere kindere nicht wenden.*

BG I 24 § 4 *Wat des vte stund, dat loze de deme dat geboret* Satz 7 f., S. 267

Dit[1815] *is gesecht van den vrowen, de nen erue nemen mogen, de nemen dit vnd ere lifftucht vnd ne gelden nene schulde, dest se ridders art sin. Wor ze auer erue nemen mogen, dar hebben ze den kore, welkere ze nemen willen, offt ze nicht Swauee en syn.*

BG I 20 § 3 *Blifft ze auer mit* bezieht sich auf die in der vorhergehenden Glosse thematisierte Morgengabe[1816]. Wo die Frauen diese nähmen, da könnten sie kein *erve* nehmen – was die Frage aufwirft, in welchen Fällen sie *erve* nehmen können.

1813 Die Ehegatt*in hat bei gesetzlicher Erbfolge die Wahl zwischen dem pauschalisierten Zugewinnausgleich gemäß § 1371 I BGB, bei dem seine*ihre Erbquote aus dem Ehegattenerbrecht gemäß § 1931 I BGB – die Quote beträgt bei gesetzlicher Erbfolge neben Nachkomm*innen ein Viertel – um ein weiteres Viertel erhöht wird, und dem rechnerischen Zugewinnausgleich nach § 1371 III BGB, bei dem er*sie sein*ihr Erbteil ausschlägt und so aus dem Ehegattenerbrecht lediglich seinen Pflichtteil gemäß § 2303 II BGB erhält – neben Nachkomm*innen beträgt der nur erbrechtliche, sogenannte kleine Pflichtteil ein Achtel – und zusätzlich die Hälfte des Zugewinns seiner*ihrer verstorbenen Gatt*in abzüglich der Hälfte des eigenen Zugewinns.

1814 Übersetzung: Wo die Frauen das nehmen, da können sie kein *erve* nehmen. Dieses brauchen sie ihren Kindern nicht zuwenden.

1815 Übersetzung: Das ist gesagt von den Frauen, die kein *erve* nehmen können, die nehmen dies und ihre Leibzucht und gelten keine Schulden ab, wenn sie ritterbürtig sind. Wo sie aber *erve* nehmen können, da haben sie die Wahl, welches sie nehmen wollen, wenn sie nicht <aus dem Geschlecht der> *Swauee* sind.

1816 Zwar scheint sich die Glosse ausweislich der zitierten Worte *Blifft ze auer mit* auf Ldr. I 20 § 3 zu beziehen, sodass mit dem *dit* auch der dort angesprochene sogenannte Beisitz der Witwe, oben Anm. 1413, gemeint sein könnte. Jedoch deutet zum einen das *nemen* auf körperliche Gegenstände als Bezugspunkt hin, zum zweiten verweist auch die Parallele zu BG I 24 § 4 *Wat des vte stund, dat loze de, deme dat geboret* auf die Morgengabe. Wie hier auch Kaufmann/Neumeister, Glossar S. 1357.

Ähnlich heißt es in BG I 24 § 4 *Wat des vte stund, dat loze de, deme dat geboret* Satz 7 f.: die Frauen, die kein *erve* nehmen könnten, die nähmen dies – gemeint ist entweder die Morgengabe allein oder Morgengabe, Musteil und Gerade[1817] – und ihre Leibzucht und müssten keine Schulden begleichen. Wenn sie aber *erve* nehmen könnten, dann hätten sie die Wahl, welches von beiden sie nehmen wollten.

Dass mit diesen Stellen entgegen dem ersten Anschein kein grundsätzliches Wahlrecht der Witwen zwischen dem ehegüterrechtlichen und einem erbrechtlichen Ausgleich besteht, lässt jedoch der Vergleich mit anderen Stellen erkennen. So geht Johann von Buch in Übereinstimmung mit dem Sachsenspiegel davon aus, dass die Erb/in die Witwe aus dem von ihm/ihr ererbten Gut verweisen kann – wenn sie nicht schwanger ist[1818]. Kann eine Frau aber gegen ihren Willen aus dem *erve* verwiesen werden, kann sie kein Wahlrecht zwischen einem Erbteil einerseits und Morgengaben und Leibzucht andererseits haben.

Das Wahlrecht wird entsprechend in BG I 24 § 4 *Wat des vte stund, dat loze de, deme dat geboret* auch nicht jeder Frau zuerkannt, sondern nur derjenigen, die erben kann. Es stellt sich daher die Frage, worauf sich diese Einschränkung bezieht. Mög-

1817 Satz 7 und Satz 8 von BG I 24 § 4 *Wat des vte stund, dat loze de deme dat geboret* beziehen sich, anders als die vorhergehenden Sätze, keineswegs auf Ldr. I 24 § 4, sondern entweder auf die in Ldr. I 24 § 1 genannte Morgengabe oder aber auf alle in Ldr. I 24 genannten Institute, nämlich Morgengabe, Musteil und Gerade. Zwar könnte sich der Anschluss *dit is gesecht* auch auf die Regeln über die Auslösung eines Pfandes in Ldr. I 24 § 4 beziehen. Das zweite *dit*, nämlich dasjenige, was sie neben der Leibzucht nehmen, lässt sich jedoch nicht auf diesen Satz beziehen, sondern allein auf eine Vermögensmasse wie die in Ldr. I 24 genannten Morgengabe, Musteil und Gerade. Für einen Bezug allein auf die Morgengabe spricht dabei die Parallele zu BG I 20 § 3 *Blifft ze auer mit,* für einen Bezug auf alle in Ldr. I 24 genannten Vermögensmassen die Stellung der beiden Sätze am Ende der Glossierung.

1818 Vgl. BG III 38 § 2 *Dat wiff* Satz 1–6, S. 1157: *Wente he hir vore in deme ersten boke hefft ghesecht van deme, wo sik dat wiff van des mannes erue scheden schal, ut supra* [Ldr. I 22; Ldr. I 24]. *Wor vmme secht he denne hir: Me en schole se nicht vte deme gude wisen? Segge, dit sy dor der vrucht willlen, de se drecht. Wen is si wol to wisende van dem ghude, idoch de vrůcht, de se dreghet, de is nicht to vorwisene, wente de is erue to deme gude. Wente denne de vrucht, de erue is, nympt sine vodinge van der vrouwen, dar vmme schal men de vrouwen wedder voden van deme erue. Dit boret deme richtere to bewarende, ut* [Cod. 5, 24, 1 l. un.; Cod. 5, 25, 3]. Übersetzung: Denn weil er zuvor in dem ersten Buch davon gesprochen hat, wie sich eine Frau mit dem Erben des Mannes auseinandersetzen soll, wie oben [Ldr. I 22; Ldr. I 24]. Warum sagt er dann hier: Man solle sie nicht aus dem Gut verweisen? Sage, das sei um der Leibesfrucht willen, die sie trägt. Denn auch wenn man sie wohl aus dem Gut verweisen kann, die Leibesfrucht jedoch, die darf man nicht verweisen, denn die ist Erbe des Gutes. Weil aber die Leibesfrucht, die Erbe ist, genährt wird durch die Frau, darum soll man die Frau im Gegenzug ernähren von dem *erve.* Dies hat der Richter sicherzustellen, wie [Cod. 5, 24, 1 l. un; Cod. 5, 25, 3]. – Die Sachsenspiegelremissionen lauten eigentlich *li. I ar. XXII et ar. XXIIII,* was nach der Einteilung des Codex Hecht vulgat Ldr. I 23, Ldr. I 25 §§ 1–4 entsprechen würde. Von Kaufmann, Buch'sche Glosse S. 1157 aufgrund des Inhalts korrigiert.

lich wäre ein Verständnis dahingehend, dass damit die allgemein sächsischen Frauen im Gegensatz zu den sächsischen Frauen aus dem Geschlecht der *Swauee* bezeichnet sind – bei dieser Auslegung würde die Glosse durchaus auf ein allgemeines Wahlrecht hindeuten. In diesem Fall wäre aber die weitere Einschränkung *offt ze nicht Swauee en syn* am Ende der Glosse nicht nachvollziehbar. Mit den Frauen, die erben können, sind daher am naheliegendsten diejenigen Ehefrauen angesprochen, die entsprechend der Erbfolgeordnung als Erbin berufen sind. Nach der Erbfolge des Sachsenspiegels ist – nach heutiger Interpretation – zwar ein solcher Fall nicht denkbar, wohl aber nach dem justinianischen Recht. Hier kann die Ehefrau den Ehemann nicht nur als arme Witwe oder in der Klasse *unde vir et uxor* als gesetzliche Erbin beerben, sondern auch und vor allem aufgrund einer testamentarischen Bestimmung[1819]. Anders als wohl der Sachsenspiegel anerkennt Johann von Buch jedenfalls die Möglichkeit eines Testaments – wenn es unter den Voraussetzungen von Ldr. I 52 errichtet wurde[1820]. Bei dieser Auslegung liegt es nahe, dass mit dem angesprochenen Wahlrecht das *edictum de alterutro* gemeint ist. Zwar sieht das gelehrte Recht das *edictum de alterutro* als eine Vermutung zugunsten einer Alternativität von testamentarischer Zuwendung und ehegüterrechtlichem Ausgleich durch Justinian abgelegt, es betont aber die Möglichkeit einer entsprechenden ausdrücklichen testamentarischen Anordnung[1821].

Freilich lässt sich eine Einschränkung auf die Fälle ausdrücklicher Anordnung in der Buch'schen Glosse nicht erkennen. Zudem wird das Wahlrecht nicht wie im Corpus Iuris auf die *dos*, sondern auf die Morgengabe – möglicherweise auch auf Gerade und Musteil – und auf das Leibgedinge bezogen. Insofern kann Hintergrund des Wahlrechtes durchaus auch eine andere Quelle – etwa aufgrund der Rezeption des *edictum de alterutro* in der Rechtspraxis – sein. Ein generelles Wahlrecht zwischen ehegüterrechtlichem und erbrechtlichem Ausgleich lässt sich aus den angesprochenen Glossen aber nicht ableiten.

8. Die Sondermassen als erbrechtliche Sonderregelung des sächsischen Rechts

Nach diesen Untersuchungen zum Ehegüterrecht im Todesfall ist abschließend auf die Einstellung des Glossators zu den sogenannten Sondermassen Heergewäte und (Niftel-)Gerade einzugehen, Instituten des sächsischen Erbrechts. Entsprechungen für beide finden sich im römischen Recht nicht. Nachdem der Glossator jedoch auch die im gelehrten Recht schwer zu verortenden ehegüterrechtlichen Institute anerkannt hat, überrascht es nicht, dass er an keiner Stelle die Existenz von (Niftel-)Gerade und Heergewäte aufgrund fehlender Anknüpfungspunkte im römischen

1819 Oben S. 52, sowie Anm. 201.

1820 Oben S. 270 f.

1821 Oben S. 317.

Recht in Frage stellt. Die Glossen zu (Niftel-)Gerade und Heergewäte lassen sich im wesentlichen in drei Gruppen einteilen: Glossen zur Definition beider Rechtsinstitute, Glossen, die sich mit ihrer Vereinbarkeit mit dem Grundsatz einer Gleichbehandlung von Agnat/innen und Cognat/innen auseinandersetzen, und Glossen, die Gerade und Heergewäte im Zusammenhang mit einer Herausgabe an den Richter thematisieren[1822].

a. Definitionen von (Niftel-)Gerade und Heergewäte

Das Vorgehen des Glossators bei der Definition beider Rechtsinstitute stimmt nicht im Detail, wohl aber im wesentlichen überein.

α. Definitionen der (Niftel-)Gerade

Eine Definition der Gerade findet sich an zwei Stellen der Glossierung, wobei Johann von Buch die (Niftel-)Gerade nicht von der (Witwen-)Gerade abgrenzt. Die bereits angesprochene Definition des Begriffs der *rade* in BG I 24 § 1 *Na deme herwede* bezieht sich auf beide Ausprägungen der Gerade. Eine fast gleichlautende Definition enthält zudem BG I 27 § 1 *Rade*[1823].

BG I 24 § 1 *Na deme herwede* Satz 1–3, 7, S. 265

Nu[1824] *hefft he gesecht van deme, dat de swertmage to uoren nemen. Nu secht he, wat de nemen, de van der spillesyden dar to gheboren sint, den dat hire de erue nympt. Ne were se nicht, so nympt id ere nichtele.* (...) *Also uele is gerade, alse gerede in enes mannes huse.*

BG I 27 § 1 *Rade*, S. 285

is[1825] *gerede.*

Die Definition der (Niftel-)Gerade erfolgt damit durch eine inhaltliche Erklärung, ohne eine Bezugnahme auf ein Rechtsinstitut des römischen Rechtes oder eine Allegation. Sie erinnert an die Übersetzung des Begriffs der *rade* mit dem allgemeinen

1822 Über die im folgenden aufgeführten Stellen hinaus erscheint die (Niftel-)Gerade lediglich bei der sogenannten Berichtungspflicht der Niftel, die Johann von Buch als verrechtlichte Anstandspflicht versteht, oben Anm. 1353, 1767, das Heergewäte lediglich in einer Stelle zum Verleihen der Ritterwürde an nicht ritterbürtige Personen, bei denen als Argument herangezogen wird, dass den Erb/innen das solchermaßen gesondert vererbte Heergewäte entzogen würde, BG I 27 § 1 *Yewelik wif eruet* Satz 12–14, S. 285, vgl. Kaufmann/Neumeister, Glossar S. 501, 849.

1823 Diese ist, geht man von der glossierten Sachsenspiegelstelle aus, allein auf die (Niftel-)Gerade bezogen. Eine Abgrenzung zur (Witwen-)Gerade enthält aber auch sie nicht.

1824 Übersetzung oben Anm. 1762.

1825 Übersetzung: <Gerade> ist Gerätschaft.

lateinischen Begriff *utensilia* durch die Versio vulgata des Sachsenspiegels, könnte aber auch auf eine etymologische Ableitung abzielen[1826].

β. Definitionen des Heergewätes

Auch das Heergewäte definiert Johann von Buch an zwei Stellen seiner Glosse, und zwar – parallel zu seiner Behandlung der (Niftel-)Gerade – einmal in der Glossierung zur Darstellung der Auflösung eines Haushaltes ab Ldr. I 22 § 1 und ein zweites Mal in der Glossierung zu Ldr. I 27.

BG I 22 § 4 *Herwede*, S. 256

is[1827]*, dat men in heruarden hebben mot.*

BG I 27 § 2 *Herewede*, S. 285

is[1828]*, dat to der hereuard horet, ut* [Dig. 49, 16, 14, 1].

Bei der Definition des Heergewätes wählt der Glossator in der ersten Glosse eine sehr kurze inhaltliche Definition, wenn er das Heergewäte als das bezeichnet, was man bei der Heerfahrt haben müsse. Ähnlich definiert er in der zweiten Stelle Heergewäte als dasjenige, das zur Heerfahrt gehöre. Johann von Buch knüpft hier also nicht an die erbrechtlichen Regelungen des Sachsenspiegellandrechts an, sondern verweist auf die – seit dem 12. Jahrhundert lehnrechtlich verstandene – Pflicht männlicher Vasallen, in militärischer Ausrüstung an der Heeresversammlung sowie an möglichen Kriegszügen des Reiches teilzunehmen[1829]. Die Heergewätegegenstände werden als diejenigen Teile einer militärischen Ausrüstung definiert, die der Vasall zur ordnungsgemäßen Erfüllung seiner Pflicht mindestens benötigt.

Neben dieser inhaltlichen Definition gibt Johann von Buch in BG I 27 § 2 *Herewede* aber auch eine Allegation an, vermittels derer er das Heergewäte auf das römische Recht zurückführt. Allegiert ist Dig. 49, 16, 14, 1[1830]. Die Digestenstelle unterscheidet in Bezug auf das Strafmaß beim Verkauf von militärischen Ausrüstungsgegenständen durch Angehörige des Heeres nach den veräußerten Waffen. Beim Verkauf von Schwert, Brustpanzer, Helm und Schild ist eine höhere Strafe vor-

1826 Vgl. oben Anm. 1768 und Anm. 1771.

1827 Übersetzung: <Heergewäte> ist, was man für die Heerfahrt haben muss.

1828 Übersetzung: <Heergewäte> ist, was zur Heerfahrt gehört [Dig. 49, 16, 14, 1].

1829 Schlinker, Art. Heerfahrt, in: HRG² II Sp. 855, 857.

1830 Dig. 49, 16, 14, 1 behandelt Strafen für den Verkauf militärischer Ausrüstungsgegenstände durch Soldaten des römischen Heeres. Verkauft ein Soldat die gesamte Ausrüstung, wird er gleich einem Deserteur bestraft. Bei einer nur teilweisen Veräußerung richtet sich das Strafmaß nach einer Unterscheidung der Ausrüstungsgegenstände. Während der Verkauf von Beinschienen und Schulterbedeckung lediglich mit Schlägen geahndet wird, steht ebenfalls einem Deserteur gleich, wer den Panzer, den Schild, den Helm oder das Schwert verkauft.

gesehen als beim Verkauf von Beinschienen und Schulterschutz[1831]. Die Allegation weist damit darauf hin, dass auch das römische Recht eine fest umrissene Gruppe an Waffen kennt, für die es besondere Regelungen trifft[1832].

Die hierdurch vorgenommene Rückführung auf das römische Recht unterscheidet sich in ihrem Charakter allerdings erheblich von den entsprechenden Rückführungen in den bisher untersuchten Fällen. Werden die ehegüterrechtlichen Institute des Sachsenspiegels mit ebenfalls ehegüterrechtlichen Instituten des gelehrten Rechts gleichgesetzt oder von ihnen abgeleitet, so wird für das erbrechtliche Institut des Heergewätes nicht auf das römische Erbrecht, sondern lediglich auf das römische Militärstrafrecht verwiesen, außerdem auf das Lehnrecht – das vom gelehrten Recht als Teil des gemeinen Rechts betrachtet wird[1833]. Johann von Buch geht damit nicht davon aus, dass die sächsische Sondererbfolge eine Entsprechung im gemeinen Recht hätte. Nach seiner Vorstellung werden vielmehr für diejenigen Waffen, für die nach gemeinem Recht im militärrechtlichen Zusammenhang – bei der Verpflichtung zur Heerfahrt und im Militärstrafrecht – besondere Regelungen gelten, nach sächsischem Recht zusätzlich besondere erbrechtliche Regelungen getroffen.

b. Vereinbarkeit mit dem justinianischen Grundsatz einer erbrechtlichen Gleichbehandlung von Agnaten und Cognaten

Diese erbrechtlichen Sonderregelungen des sächsischen Rechts in Bezug auf Gerade und vor allem Heergewäte empfindet Johann von Buch als durchaus problematisch, und zwar vor dem Hintergrund, dass nach justinianischem Recht Agnat/innen und Cognat/innen ausdrücklich in gleicher Weise zur Erbfolge berechtigt sind[1834]. Mit dem sich daraus ergebenden Widerspruch setzt er sich ausführlich auseinander.

1831 Die Accursische Glosse erklärt diese Unterscheidung mit der Wichtigkeit der Waffen, vgl. AG Dig. 49, 16, 14, 1 *Gladium* Satz 1: *plus punitur, qui maiora arma alienauit,* Lyon 1558–1560, DN Sp 1532.

1832 Möglicherweise geht Johann von davon aus, dass diese Gruppe an Waffen auch im römischen Recht als eine Einheit gedacht wird, sodass schon die Existenz des Heergewätes als gesonderte Vermögensmasse auf das römische Recht zurückgeführt wird. Aber auch, wenn dies nicht zutrifft, wird durch die Allegation das sächsische Heergewäte zum gewissen Grad im römischen Recht verortet. Durch sie wird darauf hingewiesen, dass auch das römische Recht für die Gruppe der wichtigeren Waffen einheitliche Regelungen geschaffen hat und diese damit von den weniger wichtigen Waffen rechtlich abgrenzt.

1833 Dies gilt jedenfalls für die Lehnrechtssammlung der Libri Feudorum, die in hochmittelalterlichen Handschriften gemeinsam mit den Tres libri (Cod. 10–12) und den Institutionen den fünftem Band der Corpus-Iuris-Ausgaben bildet und in den spätmittelalterlichen und frühneuzeitlichen Handschriften – als Collatio X in das Authenticum inkorporiert – mit Tres libri, Novellen und Institutionen ebenfalls Teil des fünften Bandes ist, MANTHE, Art. Corpus Iuris Civilis, in: HRG^2 I Sp. 903 f.

1834 Oben Anm. 199.

BG I 23 § 1 *De nympt dat herewede*, S. 261 f.

Dit[1835] *nympt de swertmach vor dat arbeit der vormuntschop. Dit ludet, oft id were dar wedder, dat men secht, dat de swertmage nicht mer rechtis en hebben an deme erue wen de anderen mage, ut* [Nov. 118 pr.]. *Dit is war vmme dat erue. Dit is auer nen erue, wente dit hort to der hereuard vnd to der heren denste. Du mochst zeggen, wat du wult, jd hetet yo erue. Steit doch hire <na>, dat id yo erue sy, in ar.: Eyn man van ridders art de eruet twyer wegene: dat herwede vppe den negesten et cetera. Eruet he dat, so is dat ok erue. Nen, id en ys nen erue, allen hetet dat erue, wente in Dudeschem en heft men nicht so vele namen, alze der ding is, ut* [Inst. 3, 6, 7; Dig. 50, 16, 4[1836]] *Aldus hetet ok erue, wat vnder eneme irsteruet, ut* [Ldr. I 6 § 1]. *Doch irsteruet vnder eneme len, dat is doch nen erue.*

BG I 24 § 1 *Na deme herwede*, S. 265

Nu[1837] *hefft he gesecht van deme, dat de swertmage to uoren nemen. Nu secht he, wat de nemen, de van der spillesyden dar to gheboren sint, den dat hire de erue nympt. Ne were se nicht, so nympt id ere nichtele. Vnd hir vmme so schedet sik de leges twidracht, de de secht, dat se like recht schollen hebben, de gelike na sin an der machschop, jd sy de van vader edder van moder, eder id si wiff edder man, ut* [Inst. 3, 3, 4]. *Nu mochstu prouen, dat se like vele nemen. Nemen de swertmage dat herwede, so nemen de spillemagen de rade. Also uele is gerade, alse gerede in enes mannes huse.*

1835 Übersetzung: Das nimmt der Schwertmage für die Mühen der Vormundschaft. Das klingt, als widerspräche es dem, dass man sagt, dass die Schwertmagen nicht mehr Recht an dem Erbe haben als die anderen Verwandten, wie [Nov. 118 pr.]. Das trifft zu in Bezug auf das *erve*. Das ist aber kein *erve*, denn es gehört zur Heerfahrt und dem Dienst für den Lehnsherrn. Du magst sagen, was du willst, es heißt alles *erve*. Steht doch an späterer Stelle, dass es alles *erve* sei, in dem Artikel: „Ein Mann von Ritterart vererbt auf zwei Weisen: Das Heergewäte auf den nächsten et cetera". Vererbt er es, dann ist das auch *erve*. Nein, es ist kein *erve*, es heißt nur *erve*, denn im Deutschen hat man nicht so viele Namen, wie es Dinge gibt, wie [Inst. 3, 6, 7; Dig. 50, 16, 4]. Ebenso heißt auch *erve*, was jemand vererbt, wie [Ldr. I 6 § 1]. Doch vererbt man <auch> Lehen, <und> dennoch ist das kein *erve*.

1836 Gemeint ist Dig. 19, 5, 4, unten Anm. 1853.

1837 Übersetzung: Er hat nun gesprochen von dem, was die Schwertmagen als Voraus nehmen. Nun sagt er, was die nehmen, die von der Spindelseite her dazu geboren sind, bevor der Erbe <das *erve*> nimmt. Denn wäre sie <die Witwe> nicht, so nähme das ihre Niftel. Und aus diesem Grunde löst sich der Widerspruch zu der Lex auf, die sagt, dass diejenigen gleiches Recht haben sollen, die gleich nah verwandt sind, es sei von Vaterseite oder von Mutterseite, oder es sei eine Frau oder ein Mann, wie [Inst. 3, 3, 4]. Nun kannst du beweisen, dass sie gleich viel nehmen. Nehmen die Schwertmagen das Heergewäte, so nehmen die Spindelmagen die Gerade. Gerade bedeutet so viel wie Geräte in eines Mannes Haus.

BG III 15 § 4 *Swe herwede*, S. 1020 f.

Hir[1838] *secht he, dat, we herwede vorderen schal, de schal den doden to horen van vader haluen. Dit hefstu ok supra* [Ldr. I 27 § 2[1839]]. *Hir is wedder dat recht, dat secht, dat de van mannes namen nen beter recht to deme erue hebben scholen wen de, de van vrouwen namen dar to gheboren syn, ut* [Inst. 3, 1, 15; Inst. 3, 1, 15 Satz 2; Nov. 118, 2 Satz 2; Nov. 118, 4[1840]]. *Segge, id en sy hir nicht yeghen. Wen de rechte zeggen, dat de van mannes namen to erue ne scholen nen beter recht hebben, alzo ne don ze ok hire. Wente nemen de swertmaghe dat herwede, zo nemen de vrouwen dar enyeghen de rade, supra* [Ldr. I 27[1841]]. *Edder segge, ze nemen dit vor dat arbeit der vormuntschop, supra* [Ldr. I 23 § 1[1842]]. *Swe mer arbeydes hebben schal, de mot wol mer nuth hebben. Wente id en darff nemend denen by deme syneme,* [c. 16 X 2, 26; Nov. 82, 9; Cod. 1, 24, 1].

α. Auflösung des Widerspruchs in BG I 23 § 1 *De nympt dat herewede*

In BG I 23 § 1 *De nympt dat herewede* stellt Johann von Buch zunächst einen Zusammenhang zwischen Heergewäte und Vormundschaft her. Das Heergewäte nehme der Schwertmage für die Mühe der Vormundschaft. Diese Bemerkung bezieht sich zunächst einmal auf die im glossierten Landrechtsartikel geschilderte Situation, nämlich dass ein Schwertmage der minderjährigen – eigentlich heergewäteberechtigten – Söhne die Vormundschaft über diese übernehmen muss und dafür für die

1838 Übersetzung: Hier sagt er, dass, wer das Heergewäte fordern soll, dem Toten von der Vaterseite her verwandt sein soll. Das hast du auch oben in [Ldr. I 27 § 2]. Dem widerspricht das Recht, das besagt, dass die von der Mannesseite kein besseres Recht an dem *erve* haben sollen als die, die von der Frauenseite dazu geboren sind, wie [Inst. 3, 1, 15; Inst. 3, 1, 15 Satz 2; Nov. 118, 2 Satz 2; Nov. 118, 4]. Sage, es widerspricht <dieser Stelle> hier nicht. Denn die Rechtssätze sagen, dass die von der Männerseite kein besseres Recht auf das *erve* haben sollen, <und> in gleicher Weise haben sie <die Verwandten von Mannesseite> es <ein besseres Recht> auch hier <in Ldr. III 15 § 4> nicht. Denn nehmen die Schwertmagen das Heergewäte, so nehmen demgegenüber die Frauen die Gerade, oben [Ldr. I 27]. Oder sage, sie nehmen es für die Mühen der Vormundschaft, oben [Ldr. I 23 § 1]. Wer mehr Mühen haben soll, der muss auch wohl mehr Nutzen haben. Denn es braucht niemand von dem seinen dienen, [c. 16 X 2, 26; Nov. 82, 9; Cod. 1, 24, 1].

1839 Von Kaufmann, Buch'sche Glosse S. 1020 aufgrund des Inhalts korrigiert aus *li. I ar. XXVII,* dies entspricht im Codex Hecht vulgat Ldr. I 28.

1840 Die Allegation lautet *in autent. de heredibus ab intestato venientibus et de agnatorum iure sublato* (…) *§ cognatorum coll. IX,* da sich das Incipit *cognatorum* in Nov. 118 nicht findet von Kaufmann, Buch'sche Glosse S. 1021 aufgrund des Inhalts korrigiert.

1841 Von Kaufmann, Buch'sche Glosse S. 1021 aufgrund des Inhalts korrigiert aus *li. I ar. XXVII,* dies entspricht im Codex Hecht vulgat Ldr. I 28.

1842 Von Kaufmann, Buch'sche Glosse S. 1021 aufgrund des Inhalts korrigiert aus *li. I ar. XXIII,* dies entspricht im Codex Hecht vulgat Ldr. I 24.

Dauer seiner Tätigkeit das Heergewäte erhält[1843]. Ob sie darüber hinaus auch einen dauerhaften Erwerb des Heergewätes durch die heergewäteberechtigten Erben selbst erklären soll, lässt sich nicht feststellen[1844].

Sodann wirft Johann von Buch einen Widerspruch auf. Das Recht auf das Heergewäte scheine dem Grundsatz zuwider zu laufen, dass die Schwertmagen gegenüber den übrigen Verwandten kein besseres Recht in der Erbfolge hätten. Dazu allegiert er Nov. 118, in der er die Erbfolge des gemeinen Rechts geregelt sieht und die es ausdrücklich als *non iuste* bezeichnet, zwischen Agnat/innen und Cognat/innen zu unterscheiden[1845]. An diese Stelle wird sehr deutlich, dass der Glossator – in Übereinstimmung mit der Versio vulgata des Sachsenspiegels[1846] – den Begriff Schwertmage für die deutsche Übersetzung des lateinischen Begriffs *agnatus* hält und daher das Heergewäte mit dem Grundsatz der Gleichbehandlung von Agnat/innen und Cognat/innen in Konflikt sieht. Diese Gleichsetzung trifft zwar im wesentlichen, nicht aber in allen Einzelheiten zu[1847]. Für Johann von Buch muss es jedoch aufgrund der

1843 Ldr. I 23 § 1 Hs. 1, S. 181: *Svar de sone binnen iren jaren sin, ir eldeste evenburdige svert mach nimt dat herwede al ene, unde is der kindere vormunde dar an, wante se to iren jaren komet, so sal he't in weder geven,* (...).

1844 Bei einem solchen weiteren Verständnis würde sich das Heergewäte allgemein als ein Vorteil darstellen, der den Nachteil ausgleicht, für einen etwa minderjährig verwaisten Schwertmagen die Vormundschaft übernehmen zu müssen.

1845 Oben Anm. 199.

1846 Der Begriff Schwertmage wird hier stets mit *agnatus* – oder *agnatus* als Adjektiv enthaltenden Wendungen – übersetzt, so auf Grundlage des Augsburger Drucks von 1516 in Ldr. I 19 § 1; Ldr. I 23 § 1; Ldr. I 27 § 2; Ldr. I 43; Ldr. I 45 § 1; Ldr. I 48 § 2; Ldr. II 16 § 1; Ldr. III 15 § 4; Ldr. III 26 § 3, Augsburger Druck von 1516, fol. 22^r^, 26^r^, 30^r^, 38^v^, 39^r^, 40^v^, 78^v^, 136^r^, 143^r^. Entsprechend erscheint für den Begriff der Niftel stets der Begriff der *cognata*, so auf Grundlage des Augsburger Drucks von 1516 in Ldr. I 20 § 7; Ldr. I 27 § 1; Ldr. II 44 § 3; Ldr. III 38 § 5, Augsburger Druck von 1516, fol. 22^v^, 30^r^, 103^r^, 151^v^. So auch Rosin, Schwertmagen S. 59–61.

1847 Das römische Recht unterscheidet zwischen Agnat/innen und Cognat/innen. Der erstgenannte Begriff wird seit der Spätklassik mit einer Verwandtschaft vermittelt durch eine ununterbrochene Kette von Zeugungen gleichgesetzt, oben Anm. 193, die Cognat/innen umfassen dann alle Verwandten, deren Verwandtschaft auch oder nur durch Frauen vermittelt wird; als Oberbegriff kann er auch alle Verwandten einschließlich der Agnat/innen umfassen, oben Anm. 191. Der Sachsenspiegel dagegen kennt den Begriff Schwertmage, der eine männliche, durch eine ununterbrochene Kette von Zeugungen verwandte Person bezeichnet, oben S. 53. Gegenstück zu den Schwertmagen ist im Sachsenspiegel die „*nichtele,* die einer verstorbenen Frau *von wifhalven* verwandt" ist. Inhaltlich handelt es sich bei letzterem um weibliche Verwandte, deren Verwandtschaft durch eine ununterbrochene Kette von Abstammungen über Frauen vermittelt wird. Begrifflich aber kennt der Sachsenspiegel, wie die Umschreibung zeigt, keinen Gegenbegriff zum Schwertmagen, der Begriff der Niftel steht jedenfalls in der Zeit Eikes von Repgow für alle weiblichen Verwandten, oben S. 353. Agnat/innen und Cognat/innen und Schwertmagen und (über Frauen verwandte) Niftel sind zudem nicht deckungsgleich. So umfasst der Begriff der Agnat/innen nach dem Ver-

weitgehenden Übereinstimmung durchaus naheliegen, beide Begriffspaare gleichzusetzen. Dabei spricht vieles dafür, dass er von der Begriffsbedeutung der lateinischen Rechtssprache ausgeht – stellt der Sachsenspiegel aus seiner Perspektive doch lediglich die Übersetzung und Erläuterung eines auf dem römischen Recht basierenden Privilegs dar[1848]. In der Tat ist zu beobachten, dass er den im Sachsenspiegel verwendeten Begriff der (geradeberechtigten) Niftel nicht verwendet, sondern sich des Begriffspaares Schwertmage und Spindelmage bedient[1849].

Den Widerspruch löst Johann von Buch zunächst dahingehend auf, dass der Gleichbehandlungsgrundsatz lediglich für das *erve* gelte. Das Heergewäte gehöre jedoch nicht zum *erve*, sondern zur Heerfahrt und zum Heeresdienst. *Erve* bezeichnet in dieser Gegenüberstellung also einen Gegensatz zum Heergewäte und damit

---

ständnis des klassischen römischen wie des gelehrten Rechts Männer wie Frauen, während Schwertmagen stets Personen männlichen Geschlechts sind. Auch der Begriff der (über Frauen verwandten Niftel) ist erheblich enger als der Begriff der Cognat/innen (im engeren Sinne), da Cognat/innen auch Männer und sowohl über Frauen, also auch über Männer verwandte Personen sein können. Während das Begriffspaar Agnat/innen – Cognat/innen im römischen Recht die gesamte Verwandtschaft umfasst, bleiben nach der Diktion des Sachsenspiegels Männer, die auch oder nur über Frauen mit der Erblasser/in verwandt sind, und Frauen, die auch oder ausschließlich über Männer mit der Erblasser/in verwandt sind, unberücksichtigt.

1848 Jedoch ist in den Quellen wie auch der Literatur die Wortbedeutung im Einzelnen, wohl nicht zuletzt aufgrund der Verquickung der lateinischen und der deutschen Begrifflichkeit, unterschiedlich und oft auch unscharf. Häufig – so auch in der Buch'schen Glosse – kommen weitere Begriffe wie etwa das Begriffspaar Vatermagen und Muttermagen hinzu, diese werden in Quellen wie Forschung nicht selten synonym zu den vorgenannten verwendet, Rosin, Schwertmagen S. 1–3. Aus diesem Grunde ist letztlich nicht nachzuvollziehen, mit welchen Vorstellungen Johann von Buch die von ihm benutzte Begrifflichkeit im Einzelnen auffüllt; ob er überhaupt ein einheitliches Begriffsverständnis hat oder allen oder manchen von ihm verwendeten Begriffen mehrere Bedeutungsvarianten zumisst, lässt sich nicht mit Sicherheit sagen. – Anderer Ansicht – sowohl hinsichtlich der Möglichkeit einer zweifelsfreien Begriffsbestimmung wie auch der Vermutung, dass Johann von Buch dem lateinischen Begriffsverständnis folgt – Rosin, Schwertmagen S. 64–66, der den Begriff Schwertmage in der Buch'schen Glosse als deckungsgleich mit dem Sachsenspiegel-Begriff Schwertmage wie auch dem lateinischen Begriff Agnat (im Sinne eines männlichen, allein über Männer verwandten Verwandten) verwendet sieht, und den Begriff Spindelmage sowie der Verwandten, die *van wiff halven beswast* sind, in der Buch'schen Glosse als deckungsgleich mit der (geradeberechtigten) Niftel des Sachsenspiegels (im Sinne einer allein über Frauen verwandten Frau) versteht.

1849 Der Begriff Spindelmagen erscheint auch in späteren Rechtstexten häufig und wird hier in Übereinstimmung mit der lateinischen Begrifflichkeit in der Regel verstanden als „allein über Männer verwandte Männer“ einerseits und „alle Frauen sowie auch oder nur über Frauen verwandte Männer“ andererseits, Schröder, ZRG GA 4 (1883) S. 3 f.; Erler, Art. Spindelmagen, in: HRG[1] IV Sp. 1771 f. definiert Spindelmagen inhaltlich übereinstimmend als „sämtliche Verwandte weiblichen Geschlechts und die von solchen abstammenden Männer“.

wohl den Nachlass im engeren Sinne, das heißt abzüglich der Sondermassen[1850]. Der aufgeworfene Widerspruch wird damit durch eine Distinktion zwischen den unterschiedlichen Teilen des Nachlasses harmonisiert.

Allerdings ist in dieser Arbeit bereits angesprochen worden, dass der Nachlass abzüglich Sondermassen nicht die einzige Bedeutungsebene des Begriffs *erve* ist[1851]. Entsprechend lässt der Glossator sogleich einen denkbaren Einwand gegen die soeben vorgestellte Lösung folgen: Man könne sagen, was man wolle, es heiße alles *erve*. Stehe doch an späterer Stelle – Johann von Buch zitiert den Beginn von Ldr. I 27 § 2 –: „Ein Mann von ritterlicher Geburt vererbt auf zweierlei Weise, das Heergewäte auf den nächsten etc.". Vererbe man das Heergewäte aber, dann sei es auch *erve*. Diesem Einwand begegnet der Glossator dann seinerseits mit einem Gegenargument: Nein, es sei kein *erve*, es heiße lediglich so, weil es im Deutschen weniger Namen als Dinge gebe. Allegiert sind hierzu Inst. 3, 6, 7[1852] sowie Dig. 50, 16, 4 – wohl irrtümlich für Dig. 19, 5, 4[1853]. Nach der letztgenannten Digestenstelle, die von der Accursischen Glosse zu der erstgenannten Institutionenstelle remittiert wird[1854], gibt es naturgemäß mehr Arten von Geschäften als Namen für solche Geschäfte[1855]. Johann von

1850 Dafür spricht, dass *erve* gerade im Zusammenhang mit dem Begriff Heergewäte im Sachsenspiegel als Fachbegriff in diesem Sinne verwendet wird, vgl. vor allem Ldr. I 24 § 3 a. E., oben S. 318 und Ldr. I 27, oben S. 347. Der Begriff könnte allerdings auch in einem weiteren Sinne den nach Landrecht vererbten Nachlass im Gegensatz zu dem nach Lehnrecht vererbten Nachlass bezeichnen, oben S. 203. Dafür spricht der Verweis des Glossators auf die Verbindung des Heergewätes zu Heerfahrt und Dienst für die Lehnsherr/in.

1851 Oben S. 202 ff. So nutzt auch Johann von Buch in BG II 30 Men en moge tugen, dat dit ghelouede die unterschiedlichen Bedeutungsebenen zur Interpretation des Sachsenspiegelwortlautes in seinem Sinne, vgl. oben S. 259.

1852 Inst. 3, 6, 7 enthält den Hinweis, dass angesichts der Unendlichkeit der Verwandtschaft mehr Verwandtschaftsgrade als Verwandtschaftsbezeichnungen bestehen. Die Accursische Glosse versieht dies mit einem Verweis auf Dig. 19, 5, 4, unten Anm. 1853.

1853 Dass statt ff. *de verborum significacione l. IIII* [= Dig. 50, 16, 4] inhaltlich ff. *de praescriptis verbis l. IIII* [= Dig. 19, 5, 4] gemeint ist, entspricht der allgemeinen Meinung in der Glossenforschung, Steffenhagen, Accursische Glosse S. 34; Kaufmann, Buch'sche Glosse S. 262 Anm. 21. Der letztgenannte Digestentitel wird von der Accursischen Glosse zu dem von Johann von Buch ebenfalls allegierten Inst. 3, 6, 7 remittiert, oben Anm. 1852, und enthält die von Johann von Buch leicht abgewandelt wiedergegebene Aussage, dass es naturgemäß mehr Vertragsarten gäbe, als Namen dafür, unten Anm. 1854. In der Tat liegt nahe, dass Dig. 19, 5, 4 gemeint ist, zumal sich zwar Dig. 50, 16 mit der Bedeutung bestimmter Ausdrücke befasst, aber Dig. 50, 16, 4 keinen besonderen Bezug zu dem von Johann von Buch wiedergegebenen Lehrsatz aufweist. Dabei fällt auf, dass Dig. 50, 16, 4 an beiden Stellen der Buch'schen Glosse allegiert wird, in denen das Fehlen der Namen als eine Besonderheit des Deutschen bezeichnet wird, nicht dagegen bei der Stelle, in dem die Aussage allgemein erscheint, unten Anm. 1855. Möglicherweise handelt es sich bei der letztgenannten Stelle um die Ergänzung einer Kopist*in.

1854 Vgl. AG Inst. 3, 6, 7 *Longe facilius*: (...) *& hoc quia sunt plura negotia, quam vocabula: vt ff. de praescrip. ver. l. iiij* [= Dig. 19, 5, 4], Lyon 1558–1560, VP, Inst. Sp. 270.

1855 Dig. 19, 5, 4, S. 257: *Natura enim rerum conditum est, ut plura sint negotia quam vocabula.*

Buch wendet diesen Lehrsatz in seiner Glossierung an, wandelt ihn aber leicht ab. Nach seiner Darstellung handelt es sich um eine Besonderheit der deutschen Sprache, dass es in ihr nicht für alle Rechtsinstitute Namen gibt[1856]. Die Glossierung schließt sodann, indem Johann von Buch ein weiteres Beispiel für die unterschiedlichen Bedeutungen des Begriffs *erve* aufzeigt. So heiße alles *erve*, was von jemandem vererbt werde, zitiert und remittiert ist Ldr. I 6 § 1. Jedoch vererbe man auch Lehen, und das sei kein *erve* – gemeint ist hier wohl kein *erve* im Sinne des nach Landrecht vererbten Nachlasses. Der Einwand gegen die zunächst gefundene Lösung ist damit entkräftet. Johann von Buch löst den Widerspruch zwischen der Existenz des Heergewätes und dem justinianischen Grundsatz einer Gleichbehandlung von Agnat/innen und Cognat/innen im Erbrecht in BG I 23 § 1 *De nympt de herwede* entsprechend dem zuerst Gesagten, indem er diesen Grundsatz auf das *erve* im Sinne des Nachlasses im engeren Sinne beschränkt.

β. Auflösung des Widerspruchs in BG I 24 § 1 *Na deme herwede*

Bei dieser Auflösung belässt es Johann von Buch jedoch nicht. Der Widerspruch wird vielmehr in der Glossierung zum darauffolgenden Artikel wieder aufgegriffen, in der Glosse BG I 24 § 1 *Na deme herwede*. In dieser Glosse, die im Zusammenhang mit der (Witwen-)Gerade bereits angesprochenen worden ist, nutzt Johann von Buch die Erwähnung der (Witwen-)Gerade durch den Sachsenspiegel für Ausführungen zur (Niftel-)Gerade[1857]. Er beginnt dabei die Glossierung mit einer systematischen Einordnung des Sachsenspiegelartikels: Eike von Repgow habe zuvor[1858] von dem gesprochen, was die Schwertmagen als Voraus nähmen. Nun – im glossierten Artikel – spreche er vom Voraus derer, die ihre Erbberechtigung über die Spindelseite herleiten würden. Er zieht damit eine Parallele zwischen Heergewäte und (Niftel-) Gerade, die auch im Sachsenspiegel, allerdings an späterer Stelle[1859], angelegt ist. Dabei führt er mit dem Begriff der Spindelmagen eine im Sachsenspiegel nicht verwendete Bezeichnung ein[1860]. Die Spindelmagen sind seiner Ansicht nach zur Gerade

1856 Diese abgewandelte Form des gemeinrechtlichen Lehrsatzes begegnet auch in BG I 35 § 2 *Jd mot ok nemand suluer* Satz 4, S. 315: *Dit is dar vmme, dat Dudesch so uele namen nicht en heft, alze id dinges hefft, ut* [Dig. 50, 16, 4], Übersetzung: Das ist deshalb so, weil das Deutsche nicht so viele Namen hat, wie es Dinge gibt, wie [Dig. 50, 16, 4]. – In allgemeiner Form erscheint er daneben – mit korrekter Allegation – in BG II 22 § 4 *Wor men mit zeuen mannen tuget, dar schal men en vnde twintich vragen* Satz 3, S. 664: *Wente men vint meer zake wenne word, ut* [Dig. 19, 5, 4], Übersetzung: Denn man findet mehr Sachen als Worte, wie [Dig. 19, 5, 4].

1857 Vgl. oben S. 419.

1858 In Ldr. I 22 § 4 und Ldr. I 23 § 1.

1859 Nämlich in Ldr. I 27, oben S. 347, und in Ldr. III 15 § 4, oben Anm. 1484 f.

1860 Bei Schiller/Lübben, Mittelniederdeutsches Wörterbuch IV S. 327, ist die Verwendung in der Landrechtsglosse die einzig aufgeführte für *Spill(e)mach*. Im DWB XVI (X, 1) Sp. 2488 werden für Spillemage neben der Verwendung in der Glosse lediglich die Überset-

berechtigt; inwieweit er aber den Begriff im Sinne des römischrechtlichen Begriffs der Cognat/innen oder aber im Sinne der geradeberechtigten Niftel versteht, wird aus seinen Ausführungen nicht deutlich[1861].

Anders als die Glossierung vermuten ließe, wird in Ldr. I 24 keineswegs die (Niftel-)Gerade, sondern lediglich die (Witwen-)Gerade thematisiert. Dies ist auch dem Glossator bewusst, wenn er seine Einleitung im darauffolgenden Satz rechtfertigt: Würde es sie – gemeint ist die in Ldr. I 24 angesprochene Witwe – nicht geben, würde es – nämlich ihre (Witwen-)Gerade – ihre *nichtele* nehmen.

Die aufgezeigte Parallele zwischen Heergewäte und (Niftel-)Gerade wird sodann als Erklärung für einen vermeintlichen Widerspruch herangezogen: Aus diesem Grund löse sich der Widerspruch zu der Leges, nach der diejenigen gleiches Recht haben sollten, die gleich nah verwandt seien, es sei über die Vater- oder die Mutterseite und es sei ein Mann oder eine Frau[1862]. Allegiert ist Inst. 3, 3, 4[1863]. Johann von Buch nimmt hier inhaltlich den bereits zuvor thematisierten Widerspruch, der sich aus der Existenz von Heergewäte und (Niftel-)Gerade und dem Grundsatz einer Gleichbehandlung von Agnat/innen und Cognat/innen ergibt, wieder auf. Wenn er im darauffolgenden Satz formuliert *Nu mochstu prouen, dat se like vele nemen*, nimmt er höchstwahrscheinlich auch ausdrücklich auf seine frühere Glossierung zum Thema Bezug. Nunmehr – das heißt anders als noch bei der Lektüre nur bis Ldr. I 23 – könne die in der 2. Person angesprochene Leser*in zeigen, dass beide gleich viel nähmen. Nähmen die Schwertmagen das Heergewäte, so nähmen die Spindelmagen die (Niftel-)Gerade.

---

zung in diversen Wörterbüchern des 17. und 18. Jahrhunderts, außerdem die Verwendung in Schriften des 18. Jahrhunderts genannt.

1861 Beide Begriffe sind nicht deckungsgleich, oben Anm. 1850, auch wenn der Begriff der (geradeberechtigten) Niftel in der Versio vulgata des Sachsenspiegel stets mit *cognata* übertragen wird, oben Anm. 1846. Unklar bleibt, wie Johann von Buch die verschiedenen Begriffe versteht, und ob ihm die inhaltlichen Unterschiede überhaupt bewusst waren.

1862 Die Formulierung bei der Beschreibung des Rechtssatzes erinnert an Ldr. I 17 § 1, allerdings fügt Johann von Buch die bei Heergewäte und (Niftel-)Gerade relevante Unterscheidung in Verwandte von Männer- und von Frauenseite ein. Nov. 118 erwähnt er an dieser Stelle nicht. Dennoch ist inhaltlich derselbe Widerspruch in Bezug genommen, wie in der Glossierung zu Ldr. I 23 § 1.

1863 So Kaufmann Buch'sche Glosse S. 265. Der Institutionentitel bezieht sich auf die Erweiterung des SC Tertullianum (d. h. des Erbrechts einer Mutter, die das Drei- bzw. Vierkinderrecht hat, beim Tod ihres Kindes) auf alle Mütter und befasst sich damit lediglich mit einem sehr speziellen Fall der Besserstellung der weiblichen Linie. Allerdings ist die Allegation nicht eindeutig aufzulösen. Während die Wolfenbütteler Handschrift und die Heidelberger Handschrift den Paragraphen als *sed et nos* angeben, steht im Codex Hecht *sed hoc*. Kaufmann kombiniert dies zu *sed nos* [= Inst. 3, 3, 4]. Möglicherweise liegt aber auch *sed hae* [= Inst. 3, 3, 1] zugrunde. Diese Institutionenstelle besagt, dass die im Einleitungssatz des Institutionentitels genannten, die weibliche Linie benachteiligenden Gesetze – der Ausschluss eines Erbrechtes der Mutter wird lediglich beispielhaft genannt – nunmehr durch Kaisergesetze aufgehoben seien.

Durch den Verweis mittels des *nu* erscheinen die beiden Glossierungen zur Thematik als Sinneinheit. Während in BG I 23 § 1 *De nympt dat herwede* der Widerspruch zunächst gewissermaßen vorläufig mit dem Hinweis gelöst wird, dass der angesprochene Grundsatz sich allein auf das *erve* und nicht auch auf das Heergewäte beziehe, erfolgt in BG I 24 § 1 *Na deme herwede* mit der Einführung der (Niftel-) Gerade die endgültige Lösung: Darüber hinaus werde auch in Bezug auf das Heergewäte der angesprochene Grundsatz nicht verletzt, weil der Heergewäteanspruch der Schwertmagen durch den Geradeanspruch der Spindelmagen ausgeglichen werde[1864]. Die Glosse schließt sodann mit der bereits thematisierten Definition der Gerade[1865].

Vor diesem Hintergrund, dass beide Glossen als Sinneinheit zu verstehen sind und daher ein geringer Abstand vorteilhaft erscheint, ist es auch nicht überraschend, dass Johann von Buch die (Niftel-)Gerade bereits bei der Glossierung von Ldr. I 24 § 1 anspricht, und nicht erst bei der Glossierung von Ldr. I 27, wo der Sachsenspiegel selbst die Parallele zwischen Heergewäte und (Niftel-)Gerade herstellt. Bei Ldr. I 27 nimmt der Glossator das Problem nicht wieder auf, er befasst sich hier zunächst mit Fragen der Adelung von Nichtritterbürtigen und bietet dann lediglich je eine Definition für Heergewäte und Gerade[1866].

γ. Auflösung des Widerspruchs in BG III 15 § 4 *Swe herwede*

Allerdings wird der solchermaßen bereits gelöste Widerspruch in der Glossierung zum dritten Buch Landrecht noch einmal aufgegriffen. Ldr. III 15 § 4 formuliert, dass, wer Heergewäte fordere, *al ut van swerd halven* dazu geboren – d. h. aufgrund von entsprechender Verwandtschaft dazu berechtigt – sein solle, und wer Gerade fordere *<al> ut van wif halven*[1867].

Johann von Buch paraphrasiert in seiner Glossierung zunächst diesen Satz, allerdings allein bezogen auf das Heergewäte, das ihm als Anknüpfungspunkt für die Glosse dient. Wer dies fordere, der solle dem Verstorbenen *van vader haluen*, von

1864 Die Formulierung erinnert an seinen Satz *S u s t u n u , wat in alden boken steit, dat de wiff eruelos sin, dat menet he yo in desseme slechte* etc. (Hervorhebung der Vf.) in BG I 17 § 2 *De Swauee* bei der Erklärung der Gleichbehandlung weiblicher und männlicher Prätendent/innen, oben S. 161. Auch sein Vorgehen an beiden Stellen gleicht sich. Löst er den Widerspruch zwischen dem Gleichbehandlungsgrundsatz und der Existenz von Heergewäte und Gerade in einer ersten Glossierung vorläufig und in einer zweiten, kurz darauf folgenden Glossierung endgültig, so wirft er den Widerspruch zwischen dem Gleichbehandlungsgrundsatz und der Bevorzugung (männlicher) Prätendenten im Sachsenspiegel in einer ersten Glossierung zunächst auf und gibt lediglich die Rechtslage nach römischem Recht wieder, um dann in einer zweiten, kurz darauffolgenden Glossierung auch für das sächsische Recht den Widerspruch aufzulösen.

1865 Oben S. 436.

1866 Oben S. 436.

1867 Oben Anm. 1484 f.

Vatersseite her, verwandt sein. Dies finde die in der 2. Person angesprochene Leser*in auch in Ldr. I 27 § 2[1868]. Sodann wird wiederum der Widerspruch zu dem Grundsatz einer Gleichberechtigung der Verwandten von Männerseite und der Verwandten von Frauenseite aufgeworfen, einschließlich einer umfangreichen Allegationenkette aus dem gelehrten Recht: Dem widerspreche das Recht, das sage, dass die *van mannes namen* – die Verwandten von Männerseite – kein besseres Recht haben sollten als diejenigen, die *van vrouwen namen* – von Frauenseite her – zum Erbe geboren seien[1869]. Die Begriffe *van swerd halven*, *van vader haluen* und *van mannes namen* werden hier synonym verwendet, was dafür spricht, dass Johann von Buch inhaltlich nicht zwischen ihnen unterscheidet.

Für den Widerspruch bietet er seinen Leser*innen sodann zwei Lösungsmöglichkeiten, die beide bereits in den früheren Glossen zum Thema angeklungen sind. Als erste Lösungsmöglichkeit verneint er eine Ungleichbehandlung beider Linien. Dem Anspruch der Schwertmagen auf das Heergewäte stehe der Anspruch der Spindelmagen auf die Gerade gegenüber, wie sich aus Ldr. I 27 ergebe. Diese Erklärung ist auch diejenige, mit der er die Glossierung zu Ldr. I 24 § 1 abgeschlossen hatte. Die zweite Lösungsmöglichkeit schließt sich mit einem *Edder* unmittelbar an die erste an. Oder die in der 2. Person angesprochene Leser*in solle sagen, die Schwertmagen nähmen das Heergewäte für die Mühen der Vormundschaft. Wer mehr Mühen habe, der solle auch billigerweise mehr Nutzen haben. Denn es müsse niemand auf eigene Kosten dienen. Wie bei der Glossierung zum übergangsweisen Nutzungsrecht des Witwers am Ackerland seiner verstorbenen Frau begegnet hier der Gedanke, dass niemand auf eigene Kosten eine Dienstleistung erbringen müsse – allerdings mit anderen Allegationen[1870]. Demnach wird der Vorteil des Heergewätes also durch den Nachteil

1868 Diese sowie die folgende Remission zeigt, dass auch für Johann von Buch Ldr. I 27 der zentrale Artikel zur Gegenüberstellung von Heergewäte und Gerade ist, obwohl seine entsprechenden Ausführungen der Nähe zu Ldr. I 23 § 1 wegen bereits bei Ldr. I 24 erfolgen.

1869 Allegiert sind Inst. 3, 1, 15; Inst. 3, 1, 15 Satz 2; Nov. 118, 2 Satz 2 und Nov. 118, 4. Inst. 3, 1, 15 enthält insoweit Ausführungen zur erbrechtlichen Bevorzugung von Nachkomm/innen nach den Söhnen der Erblasser/in gegenüber Nachkomm/innen von seinen/ihren Töchtern, die allegierten Sätze 1 und 2 besagen hier, dass diese nunmehr durch Kaisergesetzt abgeschafft seien. Die aus Nov. 118 allegierten Sätze besagen zum einen, dass bei den Aszendent/innen die gradnächsten erben, sie seien aus der väterlichen oder aus der mütterlichen Linie, und zum anderen, dass zwischen männlichen und weiblichen Erbprätendent/innen kein Unterschied zu machen sei, sie seien aus der männlichen oder aus der weiblichen Linie, und alle Unterschiede zwischen Agnat/innen und Cognat/innen aufgehoben seien.

1870 Allegiert sind c. 16 X 2, 26, der den Anspruch eines im Rahmen seiner Amtspflichten in der Provinz visitierenden Erzbischofs auf Verpflegung während der Visitation nicht zuletzt mit der rhetorischen Frage begründet, wer jemals auf eigenen Sold in den Krieg gezogen sei; Nov. 82, 9, der die Entlohnung von delegierten Richtern enthält, damit ihre Arbeit nicht ohne Lohn bleibe; und Cod. 1, 24, 1. Die letztgenannte Allegation fügt sich nicht unmittelbar ein, ein Statthalter, der ohne kaiserliche Aufforderung zur eigenen Ehre eine Statue hat errichten lassen, muss das Vierfache der in diesem Amt erlangten Güter herausgeben, möglicherweise sind diese erlangten Güter mit der Allegation in Bezug genommen. Mög-

ausgeglichen, potentiell zur Übernahme der Vormundschaft eines/einer minderjährig verwaisten Verwandten verpflichtet zu sein – was entsprechend der Einschätzung des römischen Rechtes[1871] offenbar als undankbare Aufgabe verstanden wird. Dieser Gedanke ist zuvor in der Glossierung zu Ldr. I 23 § 1 angeklungen, in dem eingangs ein Zusammenhang zwischen Heergewäte und der Verpflichtung zur Übernahme der Vormundschaft hergestellt wird, allerdings ohne dass dort dieser Hinweis zur Auflösung des Widerspruchs herangezogen würde[1872].

Dogmatisch betrachtet widersprechen sich beide in BG III 15 § 4 *Swe herwede* widergegebenen Erklärungsansätze. Während der zunächst vorgestellte Ansatz eine erbrechtliche Bevorzugung der Schwertmagen wegen des Ausgleichs des Heergewätes durch die Gerade verneint, sieht der zweite den Anspruch auf das Heergewäte sehr wohl als Bevorzugung, die lediglich durch die Mühen einer potentiellen Vormundschaft rechtfertigt erscheint. Beide Ansätze überzeugen zudem nach heutigen Maßstäben wenig[1873].

---

licherweise ist auch Cod. 1, 24, 4 gemeint, diese Stelle beginnt mit der Bemerkung, es sei zweckmäßig, Verdienste zu belohnen.

1871 Kaser, Privatrecht I S. 352, 358, Privatrecht II S. 222.

1872 Das mag nicht zuletzt damit zusammenhängen, dass Ldr. I 23 § 1 die Situation beschreibt, dass ein als Vormund bestellter Schwertmage des oder der minderjährigen Söhne vorübergehend das Heergewäte aus dem Nachlass erhält, oben Anm. 1843. Demgegenüber thematisiert Johann von Buch jedenfalls in BG III 15 § 4 *Swe herwede* den endgültigen, den erbrechtlichen Anspruch der Schwertmagen auf das Heergewäte. Er argumentiert dabei, dass aus der Stellung als Schwertmage als Nachteil die Verpflichtung zur Übernahme der Vormundschaft folge und dass daher auch der Vorteil des Anspruches auf das Heergewäte nur recht und billig sei. Eine tatsächliche Ausübung der Vormundschaft ist in den einschlägigen Konstellationen nicht gegeben.

1873 Der erste Ansatz scheint mit der Gegenüberstellung von Gerade und Heergewäte sowie Schwert- und Spindelmagen zwar zunächst naheliegend. Er lässt aber zum einen außer Acht, dass es neben den (männlichen) Schwertmagen und den (weiblichen) Spindelmagen noch weitere Verwandte gibt, nämlich die allein über Männer mit der Erblasser/in verwandten Frauen, die allein über Frauen mit der Erblasser/in verwandten Männer und die sowohl über Frauen als auch über Männer verwandten Personen. Zum zweiten ist er insoweit nicht überzeugend, weil sich bei dem einzelnen Erbfall nur entweder ein Anspruch auf die Gerade bestehen kann – nämlich beim Tod einer Frau – oder ein Anspruch auf das Heergewäte – nämlich beim Tod eines ritterbürtigen Mannes. Auf den einzelnen Erbfall bezogen ergibt sich daher sehr wohl eine Ungleichbehandlung zwischen Schwertmagen und Spindelmagen. Demgegenüber erklärt der zweite Erklärungsansatz mit dem Hinweis auf das Risiko der Schwertmagen, im Falle eines Verwaisens die Vormundschaft übernehmen zu müssen, zwar das Heergewäte durchaus in nachvollziehbarer Weise. Es stellt sich dann aber analog die Frage, inwieweit sich der Anspruch der geradeberechtigten Niftel auf die Gerade mit einer Gleichbehandlung beider Linien vereinbaren lässt.

c. Zur Herausgabe von (Niftel-)Gerade und Heergewäte an den Richter

In einer dritten Gruppe von Glossen schließlich nennt Johann von Buch Heergewäte und (Niftel-)Gerade im Zusammenhang mit einer Herausgabe an den Richter.

BG II 60 § 2 *Edder yegen den richter* Satz 1, S. 866

Wo[1874] *kumpt dit to, dat sik dit yeghen den richter boren mach? Segge, id mach geschen, offt id in de rade horde edder dat herwede, offt id na deme drittigesten deme richtere gheantwordet worde, edder offt id deme eruen ghestolen worde vnde de deff dar mede begrepen worde edder de rouer, ut supra* [Ldr. I 28[1875]; Ldr. II 31 § 2[1876]].

BG III 15 § 1 *Offt twene manne* Satz 1–11, S. 1017 f.

Nu[1877] *he ghesecht hefft, wo sik en man vor schaden bewaren moghe mit deme, de syn wort spreket. Nu wel he zeggen van eneme manne, de wat hedde, dat to herwede horde. Alze offte lichte eneme en ors gheleghen were edder wapene, vnde offte de, de dat vorleghen hedde, storue, quemen denne sine vrund vnde kreghen vmme dat herwede, so en wiste desse lichte*

1874 Übersetzung: Wie kommt es dazu, dass sich das <nämlich das Einfordern eines sich ursprünglich beim Nachlass eines/einer Dritten befindlichen Gegenstandes> gegenüber dem Richter gebühren kann? Sage, es kann geschehen, wenn es zu der Gerade gehört oder zum Heergewäte, wenn es nach dem Dreißigsten dem Richter überantwortet worden ist, oder wenn es dem Erben gestohlen und der Dieb oder der Räuber damit ergriffen worden ist, wie oben [Ldr. I 28; Ldr. II 31 § 2].

1875 Eigentlich *li. I ar. XXVIII,* was in den von Kaufmann edierten Handschriften vulgat Ldr. I 29 entspricht, von Kaufmann, Buch'sche Glosse S. 866 aufgrund des entweder auf Ldr. I 28 oder auf Ldr. III 15 § 3 verweisenden Inhalts in Ldr. I 28 korrigiert.

1876 Eigentlich *li. I (...) ar. XXXVI* (in der Heidelberger und der Wolfenbütteler Handschrift: *XXX*), was in den von Kaufmann edierten Handschriften vulgat Ldr. I 37 und Ldr. I 38 § 1 (in der Heidelberger und Wolfenbütteler Handschrift: Ldr. I 31) entspricht, von Kaufmann, Buch'sche Glosse S. 866 aufgrund des auf Ldr. II 31 § 2 verweisenden Inhalts korrigiert.

1877 Übersetzung: Nachdem er nun gesagt hat, wie sich ein Mann von Schaden bewahren kann durch jemanden, der <vor Gericht als Fürsprech> sein Wort führt. <So> will er nun sprechen von einem Mann, der etwas <in Besitz> hat, das zum Heergewäte gehört. Wie wenn leicht einmal jemandem ein Streitross geliehen worden sein könnte, oder Waffen, und wenn der, der das verliehen hat, sterben würde, kämen dann seine Verwandten und klagten auf das Heergewäte, dann könnte dieser leicht einmal nicht wissen, welcher <von diesen> dazu berechtigt ist. Würde er das dem einen von ihnen vorenthalten und es dem anderen geben, so täte er leicht unrecht. Damit das nicht geschehe, darum setzt er dieses Recht. Darum geht die Lehre des Rechts aller Lehre vor. Denn daher weiß ein Mann die Entscheidung in göttlichen und menschlichen Dingen, wie [Cod. 1, 17, 1, 1]. Diesen Artikel verstehen nicht alle Leute, deute ihn so: „Wenn zwei ein Gut beanspruchen", das verstehe als untereinander <beanspruchen>, wie wenn es der eine <in Besitz> hätte und spräche, er habe ein Recht darauf, und der andere es fordert und spräche <auch>, er habe ein Recht darauf. Würde es der <erste> zu Unrecht dem zweiten verweigern, der es fordert und zu Recht einklagt, wer es so haben sollte, der muss darum das Gewette zahlen.

nicht, welker dar recht to hedde. Vorzede he id denne erer eneme, vnde gheue id deme anderen, so dede he lichte vnrecht. Vppe dat dat nicht en sche, dar vmme zettet he dit recht. Dar vmme gheit des rechtes leringe vor alle lere. Wente dar van weed en man gotliker vnde mynschliker dinge vntschedinge, ut [Cod. 1, 17, 1, 1[1878]]. *Desse ar. vornemen alle lude nicht, dene dude al dus: Offt twene man spreke ůppe en gud. Dat vernem vnder enander, alze offt id de ene hedde vnde spreke, he hedde dar recht to, vnde de andere, de esschet vnde spreke, he hedde dar recht to. Weygherde des de mit vnrechte deme anderen, de dat esschede vnde sik dat mit rechte to sede, de id also hedde, de moste dar vmme wedden.*

BG III 15 § 3 *Js en gud*, S. 1019

Hir[1879] *secht he, dar wy to deme ersten aff zeden, offt zus dan gud en vromet hedde, de sik dar nicht an to ne toghe, wen dat he id gherne dede yenneme, de dar recht to hedde. Deme ret dat recht, dat he id deme richtere antwerde. Dit radet he hir, dar he secht: Vnde yenne sy leddich. Hir bouen auer, dar he secht: Esschet id de richter et cetera, dar menet he dene mede, de dit hefft vnde dat sik mede to thud. Dat men id deme richtere antwerden mod, dat is en ghebot. Alsus dan bod hefstu ok* [Inst. 4, 15, 1 Satz 3; Dig. 43, 1, 1, 1].

BG III 15 § 3 *Went se sik ok dar vmme vntscheden*, S. 1020

Dit[1880] *mochte lange stan, eer se sik vntschededen, dat were dar wedder, dat hire bouen steit, de richter scholde id en yar holden, vnde dar na scholde he id in sine nuth keren, ut supra* [Ldr. I 28[1881]]. *Segge, id en sy hir nicht wedder. Wente he secht dar van herwede vnde rade, de men dar vore hefft, dat dar nene eruen to en horen; vnde secht hir van deme, dar eruen to horen. Dat prouet dar by, dat hire steid: Bette ze sik vntscheden. Dat sint de eruen.*

1878 Eigentlich Cod. 1, 17, 1 pr., von KAUFMANN Buch'sche Glosse S. 866 aufgrund des Inhalts korrigiert.

1879 Übersetzung: Hier sagt er, wovon wir zuerst <in der ersten Glosse zu Ldr. III 15> gesprochen haben, wenn ein solches Gut ein Fremder hätte, der es nicht für sich beansprucht, außer dass er es gerne <nur> an denjenigen herausgäbe, der das Recht darauf hat. Dem rät das Recht, dass er es dem Richter überantworte. Das rät das Recht hier, wo er sagt: „und jener sei frei". Darüber aber, wo er sagt „Wenn es der Richter fordert" etc., damit meint er den, der es hat und das ebenfalls beansprucht. Dass man es dem Richter übergeben muss, das ist ein Gebot. Ein ebensolches Gebot hast du auch in [Inst. 4, 15, 1 Satz 3; Dig. 43, 1, 1, 1].

1880 Übersetzung: Das kann lange dauern, bevor sie sich auseinandersetzen, das widerspräche dem, was weiter oben steht, dass der Richter es <nämlich Gerade, Heergewäte und/oder *erve*> ein Jahr lang vorhalten und danach in seine Nutzung nehmen soll, wie oben [Ldr. I 28]. Sage, dies widerspricht <der Stelle> hier nicht. Denn dort spricht er von Heergewäte und Gerade, bei denen man davon ausgeht, dass es dafür keine Erben gibt, und hier spricht er von dem, für das es Erben gibt. Das beweise dadurch, dass hier steht: bis sie sich auseinandersetzen. Das meint die Erben.

1881 Eigentlich *li. I ar. XXVIII,* was in den von Kaufmann edierten Handschriften vulgat Ldr. I 29 entspricht, von KAUFMANN, Buch'sche Glosse S. 866 aufgrund des Inhalts in Ldr. I 28 korrigiert

Der Sachsenspiegel kennt zwei Konstellationen, in denen Nachlassgegenstände an den Richter gelangen.

α. Herausgabe an den Richter bei unbekannten Erb/innen

Zum einen sind nach Ldr. I 28[1882] Heergewäte, Gerade und *erve*, die von keiner Erb/in beansprucht werden, nach dem Dreißigsten an den Richter herauszugeben. Dieser hat sie für Jahr und Tag aufzubewahren und kann sie danach für sich selbst nutzen, weil das Erbrecht an Fahrender Habe grundsätzlich nach einem Jahr verjährt[1883]. Johann von Buch glossiert dies[1884] – ohne Heergewäte oder Gerade zu erwähnen – schlicht mit einem Verweis auf Nov. 119, 6[1885]. Er erwähnt diese Konstellation ein weiteres Mal konkret bezogen auf Gerade und Heergewäte in der Glossierung zu Ldr. II 60[1886]. Der glossierte Sachsenspiegelartikel bestimmt, dass eine Person, der einer anderen willentlich den Besitz an einem Gegenstand aus der Fahrenden Habe einräumt, gegenüber Dritten keine Herausgaberechte geltend machen kann. Als einzige Ausnahme wird der Fall anerkannt, dass derjenige/diejenige, dem/der der Besitz eingeräumt worden ist, verstirbt. In diesem Fall kann die Eigentümer/in den Gegenstand von den Erb/innen oder dem Richter herausverlangen.

Johann von Buch wirft zu der Ausnahmeregelung die Frage auf, in welchen Fällen man einen Nachlassgegenstand vom Richter herausverlangen könne. Als Antwort

1882 Ldr. I 28, S. 187: *Svat süsgedanes dinges ervelos irstirft, herwede oder erve oder rade, dat sal man antwerden deme richtere oder deme vronen boden, of he't eschet, na deme drittegesten. Dit sal de richter halden jar unde dach unvordan unde warden, of sik ieman dat to tie mit rechte. Sint kere't de richter in sinen nut; it ne si of de erve gevangen si, oder in des rikes denist gevaren, oder in godes denst buten lande. So mut he sin warden mit dem erve, wente he weder kome, wande he ne kan sik an sinem erve de wile nicht versumen; dit is geredet von varender have.*

1883 Die Ausnahmen zu dieser Verjährungsregel werden im Einzelnen aufgeführt; oben Anm. 1882, für Immobilien gilt eine Frist von 30 Jahren, vgl. Ldr. I 30, sodass der Richter diese wohl entsprechend länger vorhalten muss.

1884 BG I 28 *Dat schal me deme richtere antwerden*, S. 288: *ut in* [Nov. 119, 6]. Weitere Glossen befassen sich mit der Verjährungsfrist.

1885 In Nov. 119, 6 wird die Situation geschildert, dass Minderjährige eine Erbschaft, die sie zunächst angenommen hatten, ausschlagen wollen. Die Novelle setzt zum einen fest, auf welche Weise und durch welchen Richter ortsansässige und nicht ortsansässige Nachlassgläubiger/innen zur Ausschlagung geladen werden sollen, zum anderen bestimmt sie – und darauf dürfte sich die Allegation beziehen –, dass der Richter am Ort der Ausschlagung dafür verantwortlich ist, die Nachlassgegenstände für die Gläubiger/innen zu sichern, nämlich indem ein öffentliches Verzeichnis von dessen Umfang zu Protokoll gegeben wird.

1886 Ldr. II 60, S. 288 f.: [§ 1] *Svelk man enen anderen liet oder sat perde, oder en kleid, oder ienegerhande varende have, to svelker wis he die ut von sinen geweren let mit sime willen, verkoft sie die, die sie in geweren hevet, oder versat he sie, oder verspelet he sie, oder wert sie ime verstolen oder afgerovet; jene die sie verlegen oder versat hevet, die ne mach dar nene vorderunge up hebben, ane uppe den, deme he sie leich oder versatte.* [§ 2] *Stirft aver jene rechtes dodes oder unrechtes, so tie he sik to sime gude mit rechte jegen den erven, oder jegen den richtere, of it an in geboret.*

nennt er zwei Fallgruppen: wenn er zur Gerade und dem Heergewäte gehöre und[1887] nach dem Dreißigsten an den Richter herausgegeben worden sei, hierzu remittiert er Ldr. I 28; oder wenn er dem Erben gestohlen und der Dieb oder Räuber damit aufgegriffen worden sei, remittiert ist hierzu wohl[1888] Ldr. II 31 § 2[1889]. Aus der Remission von Ldr. I 28 ergibt sich, dass der Glossator bei dem ersten Beispiel von der Herausgabe wegen unbekannter Erb/innen spricht[1890]. Obwohl in dem von ihm angeführten Landrechtsartikel von Heergewäte, Gerade und *erve* die Rede ist, nennt er selbst lediglich Gerade und Heergewäte.

β. Herausgabe an den Richter bei Streit um den Nachlass

Zum anderen kann eine Herausgabe in der gegenteiligen Konstellation geboten sein, nämlich wenn mehrere Personen ein Heergewäte, eine Gerade oder ein *erve* beanspruchen. Der Sachsenspiegeltext zu dieser Konstellation lautet wie folgt:

Ldr. III 15 §§ 1–3, S. 312 f.

[§ 1] *Of sie tvene up en gut spreken na deme drittegesten, jene de't under ime hevet, die ne sal't ir neneme antwerden, sie ne verenen sik mit minnen, oder ir en ne wise den anderen af vor gerichte mit rechte.* [§ 2] *Sve so herwede oder rade oder erve na'me drittegesten weigeret mit unrechte ut to gevene, scüldeget man in dar umme vor gerichte, he mut dar umme wedden unde bute geven.* [§ 3] *Is en gut von tven mannen ansprakech, unde eschet it die richtere to rechte, man sal it ime antwerden, unde die richtere sal it under ime hebben, wente sie sik dar umme besceiden na rechte, unde jene si ledich dar af, de't deme richtere antwerdede.*

Dies wird gemeinhin so verstanden, dass nach Ldr. III 15 § 1 ein Dritte/r, der/die ein in Heergewäte, Gerade oder *erve* fallenden Gegenstand in seinem/ihrem Besitz

1887 Beide Anforderungen könnten auch getrennt zu lesen sein, indem in der Aufzählung drei Fallgruppen angesprochen werden. Dagegen spricht aber, dass nur zwei Allegationen vorhanden sind, außerdem würde sich dann die erste Fallgruppe auf die Nennung von Gerade und Heergewäte beschränken, was zu der präzisen Beschreibung der dann zweiten und vor allem der dann dritten Fallgruppe kontrastieren würde. Es bleibt schließlich unklar, was mit der dann ersten Fallgruppe gemeint sein könnte, die Nennung der Herausgabe an den Richter im Sinne von Ldr. III 15 § 3 erscheint jedenfalls unwahrscheinlich, vgl. unten Anm. 1890. Für das oben genannte Verständnis spricht zudem, dass Gerade und Heergewäte auch im Sachsenspiegel in Ldr. I 28 genannt werden.

1888 Oben Anm. 1876.

1889 Ldr. II 31 § 2, S. 260: *Düve oder rof die man under ime vint, dat sal die richtere behalden under ime jar unde dach; of sik dar binnen nieman to ne tüt na rechte, die richtere kere't in sine nut.*

1890 Dass diese Konstellation gemeint ist, ist schon deshalb naheliegend, weil bei der Herausgabe eines Gegenstandes an den Richter wegen der Beanspruchung durch mehrere potentielle Erb/innen nach Ldr. III 15 § 3 keiner dieser Erb/innen den Gegenstand formell herausverlangen muss – wie es in Ldr. I 28 und in Ldr. II 31 § 2 vorausgesetzt wird und wie es auch Ldr. II 60 § 1 beschreibt –, sondern der Richter den Gegenstand nach der Entscheidung über den Rechtsstreit ohne weiteres herausgibt.

hat, der von zwei unterschiedlichen Personen beansprucht wird, diesen an keine von ihnen herausgeben soll, bis sich beide geeinigt haben oder eine gerichtliche Entscheidung gefallen ist[1891]. Verweigert er/sie die Herausgabe zu Unrecht – etwa wenn es bereits zu einer Einigung oder Entscheidung gekommen ist – so muss er/sie nach Ldr. III 15 § 2 deswegen dem Richter eine Strafzahlung und dem/der Kläger/in eine Bußzahlung leisten, wenn er/sie vor Gericht in Anspruch genommen wird[1892]. Ldr. III 15 § 3 setzt schließlich fest, dass, sollte in dieser Situation der Richter den Gegenstand herausverlangen, der/die Dritte diesen herausgeben muss und so von jeglicher Haftung frei wird; der Richter soll den Gegenstand dann bis zur gerichtlichen Entscheidung aufbewahren[1893].

Anders legt den Artikel Johann von Buch aus. Er versteht die ersten zwei Paragraphen als Regelung für den Fall, dass zwei Personen einen Gegenstand aus Gerade, Heergewäte oder *erve* beanspruchen, von denen ihn einer in Besitz hat. Erst Ldr. III 15 § 3 sieht er als Regelung für eine Drei-Personen-Konstellation, indem der umstrittene Gegenstand sich im Besitz eines/einer Dritten befindet, der/die selbst keinen Anspruch auf ihn erhebt. Dabei sieht der Glossator hier zwei Arten der Herausgabe an den Richter geregelt: eine freiwillige, um eine mögliche Haftung zu vermeiden, und eine unfreiwillige auf Gebot des Richters – ähnlich dem römischen Interdikt[1894] *Quorum Bonorum*[1895].

Er beginnt seine Glossierung, indem er in einer ersten Glosse den Landrechtsartikel in systematischer Hinsicht im Sachsenspiegel verortet, dessen zentralen Zweck festhält und darauf hinweist, dass dieser Artikel vielfach falsch verstanden werde: Nachdem Eike von Repgow den gerichtlichen Fürsprech behandelt habe, durch dessen Einsatz sich Schaden vermeiden lasse, komme er jetzt zu der Situation, dass ein Mann etwas im Besitz habe, das zum Heergewäte gehöre. Es könne leicht vorkommen, dass jemand ein Pferd oder eine Waffe verliehen habe und dann sterbe und dass das Geliehene danach von mehreren eingefordert werde. Wenn derjenige, dem Pferd oder Waffe geliehen worden seien, diese einer der streitenden Parteien vorenthalte, setze er sich leicht ins Unrecht. Damit das nicht geschehe, sei der glossierte Sachsenspiegelartikel festgesetzt worden. Die Lehre des Rechts – gemeint ist die Lehre über prozesstaktisches Verhalten wie den Einsatz eines Fürsprechs oder

1891 V. Sydow, Erbrecht S. 325; Siegel, Erbrecht S. 196; anderer Ansicht Homeyer, Stellung S. 83, dieser sieht die Situation geregelt, dass sich bei einem Nachlass eine unzweifelhaft einem/einer Dritten gehörende Sache befindet, die von zwei unterschiedlichen Personen beansprucht wird.

1892 V. Sydow, Erbrecht S. 325; Siegel, Erbrecht S. 193.

1893 V. Sydow, Erbrecht S. 325; Siegel, Erbrecht S. 196.

1894 Ein Interdikt ist ein durch das prätorische Recht geschaffenes Rechtsmittel, bei dem an eine bestimmte Person die Anweisung ergeht, eine bestimmte Handlung vorzunehmen oder zu unterlassen. Wie es verschiedene *actiones* gibt, so gibt es auch verschiedene *interdicta*, u. a. solche, die dem Besitzschutz dienen. Kaser, Privatrecht I S. 206, 396–400.

1895 Unten Anm. 1905.

die freiwillige Herausgabe eines streitbefangenen Heergewätegegenstandes, die sich aus dem Gesetzestext selbst ergibt – gehe nämlich aller anderen Lehre – gemeint sind prozesstaktische Ratschläge von Rechtslehrer*innen – vor[1896]. Denn aus dem Gesetz erfahre man die Regelungen aller göttlichen und menschlichen Angelegenheiten. Diese letzte Bemerkung ist eine Wiedergabe eines Teilsatzes[1897] aus der dazu allegierten Codexstelle Cod. 1, 17, 1, 1[1898], schlägt aber auch den Bogen zu den Interdikten, über die an anderer Stelle ähnliches gesagt wird[1899]. Ist damit der aus Sicht des Glossators zentrale Zweck des Artikels herausgearbeitet, weist Johann von Buch darauf hin, dass dieser Artikel vielfach falsch verstanden werde, daher möge die in der 2. Person angesprochene Leser*in es den Unkundigen auslegen: Der Beginn von Ldr. III 15 § 1, „Wenn zwei Männer ein Gut beanspruchen", sei dahingehend zu verstehen, dass sie es untereinander beanspruchen würden, indem es der eine in Besitz habe und gerichtlich für sich beanspruche und der andere es herausverlange und ebenfalls gerichtlich beanspruche. Verweigere es der erste zu Unrecht dem, der es herausverlange und zu Recht beanspruche, dann müsse er dafür die Gerichtsbuße bezahlen. Dieser letztere Satz nimmt unverkennbar den Wortlaut von Ldr. III 15 § 2 auf, den Johann von Buch damit ebenfalls als Regelung für eine Zwei-Personen-Konstellation begreift[1900].

Danach wendet der Glossator sich in einer weiteren Glosse Ldr. III 15 § 3 zu. Hier spreche Eike von Repgow von der Konstellation, von der Johann von Buch bereits am Anfang – nämlich in BG III 15 § 1 *Offt twene manne* – gesprochen habe: den Fall, dass ein solches Gut ein Fremder im Besitz habe, der es nicht für sich beanspruche,

---

1896 Anderer Ansicht Kaufmann/Neumeister, Glossar S. 664, die den Satz dahingehend auslegen, dass die Rechtswissenschaft über allen anderen Wissenschaften stehe. Dagegen spricht aber sowohl der Zusammenhang als auch die Allegation von Cod. 1, 17, 1, 1 im folgenden Satz.

1897 Cod. 1, 17, 1, 1 Satz 1, S. 69: *Cum itaque nihil tam studiosum in omnibus rebus invenitur quam legum auctoritas, quae et divinas et humanas res bene disponit et omnem iniquitatem expellit,* (...).

1898 In Codex 1, 17, 1, 1 wird Justinian in den Mund gelegt, dass es n i c h t s s o L e h r r e i c h e s g ä b e, w i e d i e A u t o r i t ä t d e r G e s e t z e, w e l c h e s o w o h l d i e g ö t t l i c h e n a l s a u c h d i e m e n s c h l i c h e n D i n g e w o h l f e s t s e t z e und jedes Unrecht verhüte, dass aber der Weg der Gesetzgebung seit den Anfängen Roms einen Weg genommen habe, der sich als Irrweg darstelle, dem der menschliche Geist nicht folgen könne, sodass eine geordnete und von Widersprüchen befreite Sammlung der Gesetze angezeigt sei (Hervorhebung der Vf.).

1899 In Dig. 43, 1 pr. wird bei der systematischen Untergliederung der Interdikte aufgeführt, dass diese entweder in Hinsicht auf göttliches oder auf menschliches Recht ergingen. Dig. 43, 1 pr. Satz 2, S. 680: *et sciendum est interdicta aut de divinis rebus aut de humanis competere.*

1900 Die Glosse schließt mit dem Hinweis, dass Buße leisten müsse, wer sich zu Unrecht fremder Habe bemächtige, remittiert sind Ldr. II 15 und Ldr. III 43 § 1 – so von Kaufmann, Buch'sche Glosse S. 1019 korrigiert, eigentlich *infra ar XLII*, was nach der Einteilung des Codex Hecht vulgat Ldr. III 44 entsprechen würde –, außerdem ist Cod. 2, 16, 1 allegiert, BG III 15 § 1 *Offt twene manne* Satz 13, S. 1018 f.

es aber nur dem wahren Berechtigten herausgeben wolle. Einem solchen Dritten rate das (Sachsenspiegel-)Recht: „Und jener sei frei". Johann von Buch entnimmt dem Sachsenspiegeltext also – entgegen dem heute vorherrschenden Verständnis – einen Hinweis auf eine prozesstaktische Möglichkeit, den umstrittenen Gegenstand freiwillig an den Richter herauszugeben, um so einer Haftung wegen unberechtigt verweigerter Herausgabe zu entgehen[1901]. Dann fährt er fort: Weiter oben sage das (Sachsenspiegel-)Recht „Fordert es der Richter" etc. Damit sei der Fall gemeint, dass es derjenige, der es in Besitz habe, für sich beanspruche. Dass man das Gut in diesem Fall dem Richter herausgeben müsse, sei ein Gebot. Ein ebensolches Gebot finde sich auch in Inst. 4, 15, 1 Satz 3[1902] und Dig. 43, 1, 1, 1[1903]. Beide Allegationen verweisen auf das römische Interdikt *Quorum Bonorum*, das sowohl Dritte als auch die – nach Ius Civile, aber nicht nach prätorischem Recht berechtigten[1904] – Erb/innen anweist, den nach prätorischem Recht zur Erbschaft berechtigten sogenannten Nachlassbesitzer/innen den Nachlass herauszugeben[1905]. Wenn Johann von Buch formuliert, diese Herausgabe sei ein *ghebot*, dann dürfte er mit diesem Begriff folglich ein Interdikt im Sinne des römischen Rechts meinen.

1901 Eine ähnliche Möglichkeit sieht etwa das geltende deutsche Zivilprozessrecht mit dem Gläubigerstreit für Forderungen vor, vgl. § 75 ZPO.

1902 Inst. 4, 15, 1 Satz 3 nennt als Beispiel für ein wiedereinsetzendes Interdikt u. a. das Gebot des Prätors an einen Dritte/n, der/die eine Sache aus einem Nachlass in seinem/ihrem Besitz hat, sei es als Erb/in nur nach *ius civile*, sei es als sonstige Besitzer/in, diese an die – nach prätorischen Recht zur Erbschaft berechtigte, vgl. oben S. 52 – Nachlassbesitzer/in herauszugeben.

1903 Die Allegation ist nicht zweifelsfrei aufzulösen. In allen drei Handschriften lautet die Allegation ff. *e. ti.* <*de interdictis*> *l. iuris sui § hec autem*; im Codex Hecht sind Lex und Paragraph jedoch durchgestrichen und durch *l. I § interdictorum* ersetzt. Ersteres könnte Dig. 43, 1, 2, 1 Satz 2 und/oder Dig. 43, 1, 2, 3 Satz 1 bezeichnen, allerdings beginnt in Dig. 43, 1 keine Lex mit *iuris sui*, statt dessen finden sich innerhalb der Lex II (*Interdictorum*) nach einem Alinea sowohl die Worte *iuris sui* (bei Dig. 43, 1, 2, 1 Satz 2) als auch die Worte *haec autem* (bei Dig. 43, 1, 2, 3 Satz 1), wobei in ersterer Stelle die auf das Vermögen bezogenen Interdikte genannt werden, ein Begriff, der in letzterer Stelle unterteilt wird und auch das Interdikt *Quorum Bonorum* umfasst. Die Verbesserung im Codex Hecht lässt sich als Dig. 43, 1, 1, 1, 1 (so Kaufmann, Buch'sche Glosse S. 1019), als Dig. 43, 1, 1, 2 und als Dig. 43, 1, 1, 4 auflösen. Inhaltlich dürfte das auch in der vorhergehenden Allegation angesprochene Interdikt *Quorum Bonorum* gemeint sein, das in Dig. 43, 1, 1, 1 und Dig. 43, 1, 1, 2 jeweils einmal genannt wird, wenn auch nicht in den als Allegation in Frage kommenden Stellen.

1904 Vgl. oben S. 52 ff.

1905 Näher beschrieben wird dieses Interdikt in Dig. 43, 2, insbesondere Dig. 43, 2, 1, S. 681: *Ait praetor: „Quorum Bonorum ex edicto meo illi possessio data est, quod de his bonis pro herede aut pro possessore possides possideresve, si nihil usucaptum esset, quod quidem dolo malo fecisti, uti desineres possidere, id illi restituas". Hoc interdictum restitutorium est et ad universitatem bonorum, non ad singulas res pertinet et appellatur „quorum bonorum" et est apiscendae possessionis universorum bonorum*, vgl. Kaser, Privatrecht I S. 396, insbesondere Anm. 6.

Johann von Buch unterscheidet damit zwei Arten der Herausgabe an den Richter. Die eine erfolgt auf freiwilliger Basis, sie ist geregelt in dem Worten *unde jene si ledich* bis *antwerdede*, die andere aufgrund eines richterlichen Interdikts, sie ist geregelt in den Worten *eschet it die richtere* bis *na rechte*[1906]. Etwas unklar bleibt bei seinen Ausführungen, in welchen Fällen der Richter die Herausgabe anordnen kann; viel spricht dafür, dass Johann von Buch diese Möglichkeit sowohl bei Zwei-Personen-Konstellationen als auch bei Drei-Personen-Konstellationen gegeben sieht[1907].

In einer weiteren Glosse BG III 15 § 3 *Went se sik ok dar vmme vntscheden* grenzt Johann von Buch schließlich den in Ldr. III 15 regelten Fall einer Herausgabe wegen des Vorhandenseins mehrerer potentieller Erb/innen zu dem in Ldr. I 28 geregelten Fall einer Herausgabe wegen des Fehlens potentieller Erb/innen ab. Er wirft hier zunächst einen möglichen Widerspruch zwischen beiden Stellen auf: es könne lange dauern, bevor ein Rechtsstreit um einen Nachlass beigelegt sei, dies widerspreche Ldr. I 28, wo stehe, dass der Richter den Nachlass lediglich ein Jahr vorhalten solle und ihn dann für sich selbst nutzen dürfe. Die in der 2. Person angesprochene Leser*in solle aber antworten, dass sich kein Widerspruch ergebe, denn in Ldr. I 28 spreche Eike von Repgow von Heergewäte und Gerade, von denen man annehme, dass es keine Erben gebe, in Ldr. III 15 spreche er dagegen von dem, bei dem es Erben gebe. Dies ergebe sich aus den Worten „Bis sie sich auseinandersetzen" in Ldr. III 15, das meine die potentiellen Erben. Beide Stellen beschreiben also unterschiedliche Rechtsinstitute, sodass sich kein Widerspruch ergibt.

d. Umgang mit (Niftel-)Gerade und Heergewäte

Insgesamt lässt sich damit feststellen, dass Johann von Buch (Niftel-)Gerade und Heergewäte als Besonderheiten des sächsischen Rechts betrachtet, auch wenn er das Heergewäte mit militärrechtlichen Rechtsinstituten des gemeinen Rechts in Verbindung bringt. Dennoch arbeitet er sorgfältig heraus, dass beide Rechtsinstitute

---

1906 Zu übersetzten wäre Ldr. III 15 § 3 seiner Ansicht nach damit etwa wie folgt: Wird ein Gut noch von zwei Männern beansprucht und fordert es der Richter zu Recht, dann soll man es ihm herausgeben, und der Richter soll das Gut verwahren, bis sie sich gerichtlich auseinandergesetzt haben; und außerdem sei derjenige frei davon, der es <freiwillig> dem Richter herausgibt.

1907 Für ein Zwei-Personen-Verhältnis spricht der erklärende Zusatz zu dieser Art der Herausgabe, dass damit Fälle gemeint seien, in denen der Besitzer ein Recht auf den Gegenstand beanspruche. Andererseits sieht er ausweislich seiner einleitenden Worte bereits zu Beginn von Ldr. III 15 § 3 das Drei-Personen-Verhältnis angesprochen und nicht erst in dessen letzten Halbsatz. Auch die Parallele zum Interdikt *Quorum Bonorum* spricht dafür, dass Johann von Buch wenigstens auch die Drei-Personen-Konstellation angesprochen sieht. Denn das Interdikt richtet sich gegen Dritte und gegen die nur zivilrechtlichen Erb/innen, und lediglich bei letzteren erscheint es naheliegend, dass diese eigene Ansprüche auf den Nachlass geltend machen könnten.

keineswegs den Grundsätzen des gemeinen Rechtes widersprechen, namentlich dem Grundsatz der erbrechtlichen Gleichberechtigung von Agnat/innen und Cognat/innen. Außerdem thematisiert er (Niftel-)Gerade und Heergewäte in Verbindung mit der verfahrensrechtlichen Frage einer Herausgabe an den Richter. Dabei unterscheidet er für die Situation eines streitbefangenen Nachlasses die freiwillige Herausgabe, die er seinen Leser*innen als prozesstaktische Maßnahme ans Herz legt, von der gebotenen Herausgabe, die er als Interdikt im Sinne des römischen Rechts, ähnlich dem *interdictum quorum bonorum,* versteht. (Niftel-)Gerade und Heergewäte sind daneben auch dann an den Richter herauszugeben, wenn sich keine potentielle Erb/in meldet. Hier weist Johann von Buch auf die Parallele zu Nov. 119, 6 hin, demzufolge eine Erbschaft ebenfalls vom Richter aufzubewahren ist, wenn der Nachlass nach der Ausschlagung durch eine minderjährige Erb/in keine Erb/innen hat.

9. Überblick über das Ehegüterrecht im Todesfall und die Sondermassen nach der Buch'schen Glosse

Die Erkenntnisse aus der Untersuchung des Ehegüterrechts im Todesfall und des Umgangs mit den Sondermassen lassen sich wie folgt zusammenfassen: Das Leibgedinge des Sachsenspiegels setzt Johann von Buch mit der *donatio propter nuptias* des gelehrten Rechts gleich und wendet daher die für die *donatio propter nuptias* geltenden Privilegien – das Veräußerungs- und Verpfändungsverbot sowie die Generalhypothek am Vermögen des Mannes – wie auch die Regelungen für den Scheidungsfall auf das Leibgedinge an, ohne dass sich für diese Anhaltspunkte im Sachsenspiegel finden ließen. Die Morgengabe betrachtet er teilweise als sächsische Form der *sponsalicia largitas* im Sinne des gelehrten Rechts, teilweise als sächsische Abspaltung von der *donatio propter nuptias*, geht aber in beiden Fällen davon aus, dass dieses Rechtsinstitut im sächsischen Privileg abweichend vom gemeinen Recht umfassend geregelt ist. (Witwen-)Gerade und Musteil sieht er als zusätzliche Privilegien für verheiratete Frauen an, wie sie auch das römische Recht kennt. Entsprechend sieht er bei ihnen den gemeinrechtlichen Lehrsatz anwendbar, dass Privilegien nicht vererblich seien. Den Dreißigsten und das übergangsweise Nutzungsrecht an Ackerland betrachtet er als Konkretisierungen gemeinrechtlicher Billigkeitsregeln. Die Mitgift des römischen Rechts behandelt er lediglich oberflächlich, ohne sie mit einem im Sachsenspiegel genannten Institut gleichzusetzen; dennoch spricht er ihr keineswegs die Geltung im sächsischen Recht ab. In ähnlicher Weise behandelt er die römische *arra sponsalicia,* die er ebenfalls nicht mit einem im Sachsenspiegel aufgeführten Institut gleichsetzt und lediglich an einer Stelle erwähnt, der er aber ebenfalls nicht die Geltung im sächsischen Recht abspricht. Auch das römische *edictum de alterutro* und die römische Quart der armen Witwe dürfte der Glossator für anwendbar halten. Aussagen zur dogmatischen Gliederung des Ehegüterrechtes finden sich lediglich an einer Stelle, hier wird ein Überblick über die verschiedenen ehegüterrechtlichen Gaben des Mannes an die Frau gegeben, wobei – in Übereinstimmung mit dem gelehrten Recht – *arra sponsalicia, sponsalicia largitas* (die an dieser Stelle mit der Morgengabe des Sachsenspiegels gleichgesetzt wird) und *donatio propter nuptias* (die im Sachsenspiegel als Leibgedinge bezeichnet werde) unterschieden werden.

Hinsichtlich der Sondermassen erkennt Johann von Buch sowohl die Sondererbfolge in Bezug auf die (Niftel-)Gerade als auch in Bezug auf das Heergewäte an. Beide werden nicht mit erbrechtlichen Regelungen des gemeinen Rechts in Verbindung gebracht, allerdings wird das Heergewäte als Vermögensmasse auf militärrechtliche Regelungen des gemeinen Rechts zurückgeführt. Johann von Buch weist außerdem sorgfältig – wenn auch dogmatisch wenig überzeugend – nach, dass die Sondererbfolge bei (Niftel-)Gerade und Heergewäte mit dem justinianischen Grundsatz der Gleichbehandlung von Agnat/innen und Cognat/innen als einem der wichtigen Grundsätze des gemeinen Rechts vereinbar sei. Die im Sachsenspiegel genannten Schwertmagen setzt er dabei mit den Agnat/innen des gelehrten Rechts gleich. Die Vereinbarkeit der sächsischen Sondererbfolge mit dem römischen Grundsatz der Universalsukzession thematisiert er nicht. Angesprochen wird an verschiedenen Stellen die Herausgabe von (Niftel-)Gerade und Heergewäte an den Richter, wobei der Glossator verschiedene Konstellationen unterscheidet. Zum einen erfolgt eine Herausgabe bei einem Fehlen potentieller Erb/innen, diese Herausgabe sieht der Glossator im gemeinen Recht in einer Novellenregelung zum erbenlosen Nachlass nach der Ausschlagung durch einen Minderjährige/n angesprochen. Zum anderen erfolgt eine Herausgabe bei streitbefangenen (Niftel-)Gerade- und Heergewätegegenständen, wobei hier eine Herausgabe auf richterliche Anordnung, die Johann von Buch als Interdikt im Sinne des römischen Rechts betrachtet, von einer freiwillige Herausgabe durch einen Dritte/n, zu der nach dem Verständnis des Glossators im Sachsenspiegeltext geraten wird, zu unterscheiden ist. Dass ein Gesetzestext verfahrenstaktische Ratschläge wie den Rat zu einer freiwilligen Herausgabe an den Richter erteilen kann, sieht er dabei auch im Corpus Iuris Civilis angesprochen.

Insgesamt ist festzustellen, dass Johann von Buch alle ehegüterrechtlichen Institute und alle Regelungen zur Sondererbfolge im Sachsenspiegels anerkennt, auch wenn sich hierfür im gelehrten Recht keinerlei Entsprechungen finden lassen. Dennoch wäre es verfehlt, bei beiden Rechtsgebieten das Recht der Buch'schen Glosse mit dem des Sachsenspiegels gleichzusetzen. Indem Johann von Buch rechtliche Regelungen, die für die vermeintlichen römischen Entsprechungen nach gemeinem Recht gelten, auf die sächsischen Institute anwendet, verändert er deren rechtliche Ausgestaltung teilweise erheblich. Dies gilt im besonderen Maße für das wichtigste ehegüterrechtliche Institut des Sachsenspiegels, das Leibgedinge. Daneben ergänzt er das sächsische Ehegüterrecht um Institute des gemeinen Rechts, für die es im Sachsenspiegel kaum oder keinerlei Anhaltspunkte gibt. Außerdem stellt sich der dogmatische Aufbau des Ehegüterrechts anders dar, Johann von Buch übernimmt hier die Gliederung des gelehrten Rechts. Im eingeschränkten Maße gilt dies auch für das Recht der Sondererbfolge bei (Niftel-)Gerade und Heergewäte. Johann von Buch erkennt beide an, ohne sie mit erbrechtlichen Instituten des gemeinen Rechts gleichzusetzen. Dennoch sieht er den justinianischen erbrechtlichen Grundsatz einer Gleichbehandlung von Agnat/innen und Cognat/innen auf Heergewäte und

(Niftel-)Gerade anwendbar, er geht bei den dogmatischen Grundlagen des Erbrechtes also durchaus vom gelehrten Recht aus. Auch die im Sachsenspiegel angesprochene Herausgabe an den Richter in den unterschiedlichen Konstellationen führt er in den dogmatischen Grundlagen auf das römische Recht zurück. Allerdings ist festzuhalten, dass Johann von Buch im Vergleich zu der Erbfolgeordnung bei Ehegüterrecht im Todesfall und Sondermassen in stärkerem Maße von den Regelungen des gemeinen Rechts abweicht.

D. Fragen der Glossenforschung

Ist damit die Untersuchung der drei erbrechtlichen Themenbereiche Erbfolgeordnung, gewillkürte Erbfolge und Ehegüterrecht im Todesfall abgeschlossen, lassen sich die Erkenntnisse aus der vorliegenden Detailstudie nunmehr für einige in der Literatur kontrovers beurteilte Fragestellungen fruchtbar machen: die sogenannte Schichtentheorie, die Frage nach der Nähe der in der Kaufmann'schen Edition wiedergegebenen Textfassung zum verlorenen Urtext, die Frage nach dem Ende der ursprünglichen Glossierung und die Frage nach dem Verhältnis der Buch'schen Glosse zum sächsischen Recht bzw. zum Sachsenspiegel einerseits und zum römisch-kanonischen Recht bzw. dessen Rechtsquellen andererseits.

I. Zur sogenannten Schichtentheorie

Eine für die Glossenforschung grundlegende Fragestellung ist die Frage nach der Entstehung der Buch'schen Glosse, namentlich die Frage, ob sie mit der sogenannten Schichtentheorie durch eine Kompilation älterer Texte entstanden ist. Die hierzu durch von Schwerin entwickelten und später von seiner ehemaligen Mitarbeiterin Bindewald veröffentlichten Überlegungen werden in der späteren Literatur ohne eine vertiefte Diskussion gelegentlich übernommen, gelegentlich übergangen, und erst von Kannowski kritisch geprüft. Er kommt zu dem Ergebnis, dass die Argumentation Bindewalds und von Schwerins nicht überzeuge.

Weist Kannowski darauf hin, dass die Frage nach der Entstehung der Glosse für seine Fragestellung von geringer Bedeutung sei[1908], so gilt dies nicht auch für meine Arbeit, die nicht zuletzt darauf gerichtet ist, durch eine Zusammenschau der jeweils thematisch einschlägigen Textstellen die rechtlichen Ansichten Johanns von Buch zu bestimmten Rechtsbereichen zu ergründen. Sollte die Landrechtsglosse durch Kompilation entstanden ein, liegen ihrem Text die Schriften möglicherweise ganz unterschiedlicher Autor*innen zugrunde. Deren rechtliche Ansichten wie auch deren Begriffsverwendung müssten keineswegs übereinstimmen, es könnte nicht von der Aussage einer Glossenstelle auf andere Stellen geschlossen werden, letztlich nicht einmal von einem Satz auf den darauffolgenden. Vor diesem Hintergrund wäre es, wie von Schwerin formuliert, in der Tat „von vornherein ein methodischer Fehler"[1909], von d e r Glosse schlechthin zu sprechen und verschiedene Glossenstellen zu einem

1908 KANNOWSKI, Buch'sche Glosse S. 44 ff.

1909 V. SCHWERIN, Aufsatz I S. 8 bezogen darauf, von d e r Glosse schlechthin zu sprechen – soweit dies nicht der Kürze der Ausdrucksweise zuliebe geschehe –, sowie Johann von Buch als der Verfasser der Glosse zu bezeichnen. BINDEWALD, DA 15 (1959) S. 46 übernimmt die Formulierung.

Gesamtbild zusammenzufassen. Eine kritische Auseinandersetzung mit der Schichtentheorie erschien daher im Rahmen der Konzeption dieser Arbeit unumgänglich.

Die Schichtentheorie ist für die vorliegende Arbeit jedoch nicht lediglich als methodische Vorfrage von Relevanz. Die Ergebnisse der hier erstmals durchgeführten detaillierten und umfassenden Untersuchung bestimmter Rechtsbereiche lassen sich vielmehr auch im Rahmen der Diskussion um die Schichtentheorie argumentativ verwerten. Auf dem Boden dieser Untersuchung lässt sich die Argumentation Kannowskis ergänzen, die auf einer möglichst umfassenden und nicht auf Details gerichteten Studie zur Landrechtsglosse beruht. Ein Eingehen auf die sogenannte Schichtentheorie bietet sich daneben auch aus dem Grund an, dass ein zentrales Argument ihrer Vertreter auf die Glossierung zu Ldr. I 18 bezieht, eine Glossierung, die im Rahmen der vorliegenden Arbeit zu untersuchen war und die zudem für die Frage nach dem Vorgehen Johanns von Buch bei der Glossierung insofern von besonderem Interesse ist, weil sie sich auf eine in der bisherigen Literatur nicht erörterten und m. E. naheliegenden Weise verstehen lässt, die den in dieser Arbeit beobachteten Umgang des Glossators mit dem Sachsenspiegeltext weiter stützt.

1. Zum Forschungsstand

Von Schwerin hält seine Gedanken zur Entstehung der Glosse wohl zwischen 1930 und 1933[1910] in zwei Aufsätzen fest[1911]. Im ersten der beiden Texte[1912] macht er in der Landrechtsglosse aufgrund einer Untersuchung des ersten Buchs verschiedene Textgruppen aus und erklärt eine umfassende inhaltliche Analyse des Glossentextes zum Forschungsdesiderat. Der zweite Aufsatz führt die geforderte inhaltliche Untersuchung auf Grundlage von 12 Handschriften und einem Druck[1913] für die Glossierung von Ldr. I 6 durch. Beide Aufsätze wurden nicht veröffentlicht, aber von Bindewald ihrer Studie zur Entstehung der Sachsenspiegelglosse zugrunde gelegt, darin auszugsweise auch wörtlich zitiert worden. Dazu ergänzt Bindewald die Studien von

1910 Kannowski, Buch'sche Glosse S. 40.

1911 In zwei ungedruckten Aufsätzen, die sich heute im Archiv der MGH in München befinden, Kannowski, Buch'sche Glosse S. 40.

1912 Beide Aufsätze tragen mangels Veröffentlichung keine endgültigen Titel. Auf dem ersten, maschinenschriftlichen Aufsatz wurde handschriftlich wahrscheinlich zunächst „Aufsatz/ Leitende Gesichtspunkte für <eingefügt: innere> Analyse der Glosse" vermerkt, das Wort „Aufsatz" später mit der Ziffer „I" ergänzt und noch später der Titel geklammert und durch folgenden Titel ersetzt: „Die Entstehung der Ssp-Glosse auf Grund der Untersuchung ihres Inhalts". Der zweite Aufsatz trägt maschinenschriftlich den Titel „Die Glosse zu I 6", später wurde handschriftlich – mit gleichem Stift wie beim ersten Aufsatz – die Ziffer „II" davorgesetzt, noch später, allerdings in Klammern, der Titel „Innere Analyse des Gl-textes <?>" ergänzt. In meiner Arbeit werden die Texte als „Aufsatz I" und „Aufsatz II" zitiert.

1913 v. Schwerin, Aufsatz I S. 3, umfasst sind u. a. Codex Hecht, dessen Wolfenbütteler und Heidelberger Schwesterhandschriften, der Codex Petrinus und die von Steffenhagen seiner geplanten Ausgabe zugrunde gelegte Amsterdamer Handschrift.

Schwerins um eine Analyse der Glossierung von Ldr. I 6 – Ldr. I 14 auf Grundlage von 40 Handschriften[1914] sowie des Augsburger Drucks von 1516[1915]. Ein zweiter Aufsatz, in dem sie sich mit der Glossierung zu Ldr. I 26; Ldr. II 37 und Ldr. II 38 befasst, wird von der Redaktion des DA als „zu schwer verständlich“ abgelehnt[1916].

Aus den von ihnen vorgenommenen Analysen des Glossentextes folgern von Schwerin und Bindewald, dass eine Entstehung des gesamtes Textbestandes „in einem Zuge“ aller Wahrscheinlichkeit widerspreche[1917]. Es sei vielmehr von einer stufenweisen Entstehung der Glosse auszugehen, wie sie auch die Entstehung der Accursischen Glosse als Glossa Ordinaria zum Corpus Iuris Civilis kennzeichne[1918]. Am Anfang der Entwicklung hätten mindestens zwei Marginal- oder Interlinearglossen gestanden, von denen die eine Wort- und Sacherklärungen, die andere aber kritische Auslassungen enthalten habe. Diese seien kompiliert und auf einer zweiten Stufe in einem einheitlichen Schriftbild zusammengefasst worden. Der solchermaßen entstandene Text habe auf einer dritten Stufe eine Umarbeitung erfahren, bei der Ein- und Überleitungen eingefügt worden seien, außerdem in sich geschlossenen Abhandlungen. Der Autor dieser Überarbeitung sei es, der in der Glosse redend auftrete, sein Werk als die Zusammenfassung älterer Glossen die Glossa Ordinaria zum Sachsenspiegel. Erst diese Stufe der Entwicklung sei heute noch handschriftlich fassbar. Die Buch'sche Glosse habe dann ihrerseits Ergänzungen und Überarbeitungen erfahren, etwa im Codex Petrinus[1919]. Hinsichtlich der Zahl der Autor*innen der kompilierten Texte legt sich von Schwerin nicht fest. Die Tätigkeit Johanns von Buch siedelt er zwar auf der Stufe der Kompilation an, doch hält er es ausdrücklich für möglich, dass auch schon die beiden Ursprungsglossen auf ihn zurückgehen[1920]. Bindewald scheint unterschiedliche Autor*innen anzunehmen[1921].

1914 Umfasst sind u.a. Codex Hecht und dessen Wolfenbütteler und Heidelberger Schwesterhandschriften. Den Codex Hecht legt Bindewald mit Berufung auf von Schwerin als „Vulgattext“ zugrunde, Bindewald, DA 15 (1959) S. 468.

1915 Bindewald, DA 15 (1959) S. 469 f.

1916 Lieberwirth, Einleitung S. LV, insbesondere Anm. 182.

1917 V. Schwerin, Aufsatz II S. 22. Ebenso Bindewald, DA 15 (1959) S. 475, 479 f., 511 f.

1918 V. Schwerin, Aufsatz II S. 23 f. Ebenso Bindewald, DA 15 (1959) S. 514 f.

1919 V. Schwerin, Aufsatz II S. 23 f. Ebenso Bindewald, DA 15 (1959) S. 514 f., wobei sie als fünfte Stufe die Glossenbearbeitung des Nicolaus Wurm bezeichnet.

1920 V. Schwerin, Aufsatz II S. 24.

1921 Wobei sie dies allerdings an keiner Stelle ausdrücklich schreibt, sondern stets einschränkend formuliert, die unterschiedlichen Textschichten könnten nicht von derselben Person „in einem Zuge“ verfasst worden sein, Bindewald, DA 15 (1959) S. 475, 479, 513, ähnlich S. 480, 512. Dass eine einzelne Person in einem ersten Schritt zunächst eine Handschrift mit bloßen Wort- und Sacherklärungen verfasst, dann eine zweite Handschrift mit kritischen Anmerkungen zum Sachsenspiegel und über den Sachsenspiegel hinausgehenden Abhandlungen zum römisch-kanonischen Recht erstellt und in einem dritten Arbeitsschritt beide Werke zu einem Text zusammengefasst hat, erscheint in der Tat wenig naheliegend. Geht man von einem Entstehen der Glosse durch Kompilation aus, liegt eine Mehrzahl von Autor*innen daher sehr viel näher.

Die These von Schwerins und Bindewalds hat in der Literatur der zweiten Hälfte des 20. Jahrhunderts, die der Landrechtsglosse wenig Beachtung schenkt, unterschiedlichen Anklang gefunden. In einigen Texten wird sie übernommen[1922], in anderen übergangen[1923], in beiden Fällen ohne eine Darlegung der Gründe. Eine argumentative Auseinandersetzung mit der nunmehr sogenannten Schichtentheorie unternimmt Kannowski in seiner Habilitationsschrift[1924]. Er kommt zu dem Ergebnis, dass Johann von Buch der alleinige Kompilator, höchstwahrscheinlich auch der alleinige Verfasser der Buch'schen Glosse sei, wenn auch nicht jeder in der Glosse aufgegriffene oder formulierte Gedanke von Johann stammen müsse[1925]. Schärfer formuliert vier Jahre später Kaufmann: „Mittlerweile unterliegt es wohl keinem Zweifel mehr, dass ihr Autor Johann von Buch gewesen ist (...). Seine Glosse begründet eine neue Literaturgattung im deutschen Rechtsbereich"[1926]. Die Ablehnung Kannowskis und Kaufmanns bezieht sich damit selbstredend nicht auf die Aussage, dass die Buch'sche Glosse nach ihrem Entstehen weiterentwickelt worden ist – sodass sich in Bezug auf die jüngeren Fassungen durchaus von einer schichtweisen Entstehung sprechen lässt –, sondern auf die Aussage, dass die Glosse durch Kompilation entstanden sei.

2. Argumentative Auseinandersetzung

Gegen die sogenannte Schichtentheorie lässt sich ganz grundsätzlich einmal einwenden, dass sie sich handschriftlich nicht belegen lässt. Es ist keine Handschrift überliefert, die als Vorlage für die Kompilation in Frage käme[1927]. Diese gänzlich fehlende Überlieferung schließt eine Entstehung der Buch'schen Glosse durch Kom-

---

1922 Etwa Pötschke, Textschichtungen S. 455, 457, FS Schmidt-Wiegand S. 170, vorsichtiger Ebel, Art. Sachsenspiegel, in: HRG[1] IV Sp. 1231. Nehlsen-von Stryk, ZRG GA 117 (2000) S. 28 erwähnt sie, lässt die Frage aber ausdrücklich dahinstehen.

1923 Etwa Buchholz-Johanek, Art. Johann von Buch, in: VL IV Sp. 555; Schlosser, Art. Johann von Buch, in: HRG[1] I Sp. 526; Oppitz, Rechtsbücher I S. 72; Lieberwirth, Einleitung S. XXIII (freilich mit späterer Darstellung der sogenannten Schichtentheorie in der Literaturübersicht), weniger deutlich in: Die geplanten Editionen S. 106 f., 123, und in: Über die Glosse zum Sachsenspiegel S. 7 f., 11, die sogenannte Schichtentheorie (im Sinne einer Entstehung durch Kompilation) bejahend wohl in: Lieberwirth/Kaufmann: Zu grundlegenden Problemen S. 429 f.

1924 Kannowski, Buch'sche Glosse S. 42 ff., 590 f.

1925 Kannowski, Buch'sche Glosse S. 590.

1926 Kaufmann, Glossen zum Sachsenspiegel S. 101. Anders noch in: Bemerkungen S. 167, dort formuliert er „Der Text, den wir gemeinhin Glosse nennen ist kein einheitliches Werk und rührt nicht von einem Verfasser her", allerdings zumindest auch mit Blick auf die spätere Entwicklung der Buch'schen Glosse. Huneke, Iurisprudentia romano-saxonica S. 265 geht aufgrund der Ergebnisse Kannowskis ebenfalls davon aus, dass die Schichtentheorie „heute als weitgehend überholt gelten" könne.

1927 Kannowski, Buch'sche Glosse S. 45.

pilation mehrerer Texte zwar nicht aus. Vor ihrem Hintergrund müssen die aus dem bestehenden Text abgeleiteten Argumente aber umso stichhaltiger sein, um überzeugen zu können[1928].

a. Angreifbarkeit aller Argumente

Eine Auseinandersetzung mit den Argumenten von Schwerins und Bindewalds zeigt indes, dass alle von ihnen vorgebrachten Argumente mindestens angreifbar sind.

α. Beobachtung unterschiedlicher Textgruppen und unterschiedlicher Stile

Von Schwerin und Bindewald begründen die These, dass die Glosse durch Kompilation entstanden sei, zum einen damit, dass sich in der Glossierung unterschiedliche Textgruppen unterscheiden ließen[1929]: Wort- und auf die inhaltliche Erklärung von Rechtssätzen gerichtete Sacherklärungen einerseits, dem Sachsenspiegel gegenüber kritische Auslassungen andererseits, zum dritten Einleitungen und Übersichten über den Artikelinhalt, die die innere Verbindung einzelner Sachsenspiegelartikel aufzeigen sollten, und schließlich längere, in sich geschlossene Abhandlungen[1930]. In ähnlicher Weise seien auch in stilistischer Hinsicht Unterschiede zu beobachten, so fänden sich Ausführungen im Questionenstil einerseits und im Abhandlungsstil andererseits, hinzu träte die Darstellung von Kontroversen, häufig ohne namentliche Nennung[1931].

Diese Beobachtungen treffen zweifellos zu. Sie verweisen jedoch nicht ohne weiteres auf eine Entstehung der Glosse durch Kompilation. Die Argumentation von Schwerins und Bindewalds setzt voraus, dass eine Verbindung unterschiedlicher Textgattungen und Stile des gelehrten Rechts bei der Glosse nicht zu erwarten sei. Vorbild der Buch'schen Glosse sind jedoch die verschiedenen Glossae Ordinariae des

---

1928 So betont v. SCHWERIN, Aufsatz II S. 23 selbst ausdrücklich, dass sich seine Thesen nicht beweisen ließen, Irrtümer deshalb möglich seien. Sicherheitswert der Ergebnisse ließe sich erst aufgrund einer Analyse weiterer Stellen erreichen.

1929 Als Beispiel stellt er hier u. a. die Glossen BG I 20 § 1 *Morgengaue,* wiedergegeben oben S. 406, und BG I 20 § 6 *Morgengaue,* wiedergegeben oben S. 355 f., einander gegenüber. Bei der Abhandlung in BG I 20 § 6 *Morgengaue* und der darauffolgenden Glosse BG I 20 § 6 *De gewere auer,* wiedergegeben oben S. 356, fänden sich zudem Anhaltspunkte für eine schichtweise Entstehung, v. SCHWERIN, Aufsatz I S. 10 f. Dabei hält er die letzten Worte von BG I 20 § 6 *Morgengaue,* nämlich *kumpt dar van, dat id de Sassen allen vrouwen to erem ede gelaten hebben* für eine möglicherweise später in die Abhandlung eingebettete Worterklärung. Jedenfalls der erste Satz der BG I 20 § 6 *De gewere auer* aber könne nicht in einem Zug mit der Abhandlung entstanden sein, da er den Zusammenhang unterbreche. In der Tat unterbricht die durch den Sachsenspiegeltext motivierte Bemerkung zur Gewere die Aufzählung, weshalb sie bei der Wiedergabe oben S. 356 nicht wiedergegeben ist, sie findet sich aber oben Anm. 1514.

1930 V. SCHWERIN, Aufsatz I S. 8, 9, 12. Ebenso BINDEWALD, DA 15 (1959) S. 466.

1931 V. SCHWERIN, Aufsatz I S. 15. Ebenso BINDEWALD, DA 15 (1959) S. 467.

gelehrten Rechts, die in der Tat durch Kompilation entstanden und so durch einen vielfältigen Stil und die Einbeziehung unterschiedlicher Textgattungen gekennzeichnet sind. Wenn die Buch'sche Glosse nun ein ähnliches Erscheinungsbild zeigt, ist dies am naheliegendsten damit zu erklären, dass Johann von Buch den gebrochenen Stil einer gelehrten Glosse imitiert[1932].

β. Beobachtung von Einschüben und Wiederholungen sowie unterschiedlicher Reihenfolgen von Textpassagen

Weiter leiten von Schwerin und Bindewald ihre Thesen aus der Beobachtung von Einschüben und Wiederholungen im Glossentext ab. Von Schwerin verweist hier in seinem ersten Aufsatz hinsichtlich der Einschübe insbesondere auf den Codex Petrinus, hinsichtlich der Wiederholungen u. a. auf die Glossierung zu Ldr. I 6 sowie die zweifache Glossierung zu Ldr. I 18[1933]. In seinem zweiten Aufsatz knüpft er an diese Ausführungen an durch die Analyse der Glossierung zu Ldr. I 6[1934] an. Er stellt dabei fest, dass der Textbestand von Glossen der 3. Ordnung – in der bis heute üblichen Einteilung der Glossentexte nach dem Ende der Glossierung sind das Handschriften und Drucke mit einer Glosse bis Ldr. III 91[1935] – über denjenigen von Glosen der

1932 Im Gegenteil erscheint es kaum vorstellbar, dass Johann von Buch als Jurist des 14. Jahrhunderts eine Glosse allein mit Worterklärungen verfasst, wie sie am Anfang der Glossenliteratur als Textgattung gestanden haben mag. Für die längeren, mehrere Glossen umfassenden Abhandlungen mögen die Werke zeitgenössischer Jurist*innen Pate gestanden haben. Dies setzt aber nicht voraus, dass der Glossator diese Abhandlungen zunächst als Einzeltexte konzipiert oder von früheren Autor*innen übernommen hat. – Dass sich Johann von Buch streng an den unterschiedlichen Literaturgattungen des gelehrten Rechts orientiert haben könnte, ist insbesondere angesichts der Glossierung zu der sogenannten Freiheitsstelle in Ldr. III 42 fernliegend. Hier stellt sich Johann von Buch Eike von Repgow als einen Rechtslehrer vor, der mit seinen Schülern disputiert, und tritt mit den Leser*innen seiner Glosse an die Stelle der Schüler, Kannowski, Buch'sche Glosse S. 292. An dieser Stelle begegnet also gar eine Form der mündlichen universitären Lehrformen, die in der Glosse verschriftlicht wird.

1933 V. Schwerin, Aufsatz I S. 15–19. Weitere von ihm genannte Beispiele sind die Glosse zu Ldr. I 14 § 2; zu Ldr. I 21 (die hier dargestellten Beobachtungen treffen allerdings auf den Text der von Kaufmann zugrunde gelegten Handschriften nicht zu); zu Ldr. I 34; Ldr. I 44; Ldr. I 51; zu Ldr. I 3 und zu Ldr. I 7 (auch die hier zugrunde gelegte Lesart ist nicht die der von Kaufmann zugrunde gelegten Handschriften). Bindewald, DA 15 (1959) S. 467 f. nennt als Beispiele für Einschübe die Wiedergabe der Accursischen Glosse, außerdem die Glosse zu Ldr. I 14 § 2, für Wiederholungen die Glossierung zu Ldr. I 6; Ldr. I 7 und Ldr. I 8.

1934 Diese Stelle wählt er aus, weil sowohl Homeyer als auch Steffenhagen bei der Glossierung zu Ldr. I 7 – Ldr. I 14 Unregelmäßigkeiten festgestellt hätten, indem die Artikel Ldr. I 8 – Ldr. I 14 in vielen Handschriften fehlten, Ldr. I 7 aber häufig in die Glosse zu Ldr. I 6 eingeschoben sei, v. Schwerin, Aufsatz II S. 1.

1935 Dazu unten S. 485 ff.

1. Ordnung – dies sind Glossentexte mit einer Glosse bis Ldr. III 81[1936] – hinausgehe. Außerdem beobachtet er bei Handschriften der 3. Ordnung eine unterschiedliche Reihenfolge von sieben Textpassagen. Im weiteren Verlauf des Aufsatzes unternimmt es von Schwerin, anhand inhaltlicher Gesichtspunkte den ursprünglichen Textbestand und die ursprüngliche Reihenfolge herzustellen – die sich in keiner der untersuchten Handschriften finde. Hieraus schließt von Schwerin, dass die Glosse durch Kompilation mehrerer Texte entstanden sein muss[1937]. Bindewald ergänzt die Studien von Schwerins um eine Analyse der Glossierung zu Ldr. I 7 – Ldr. I 14. Anders als von Schwerin strebt sie nicht die Herstellung einer als ursprünglich verstandenen Textfassung an, um dann die untersuchten Handschriften mit dieser zu vergleichen, sondern vergleicht die Handschriften untereinander[1938].

Auch diese Argumentation von Schwerins und Bindewalds überzeugt jedoch hinsichtlich einer Entstehung der Urglosse durch die Kompilation älterer Texte nicht. Dies betrifft insbesondere die Ausführungen Bindewalds, die mit einem Vergleich unterschiedlicher Fassungen der Landrechtsglosse durch eine Gegenüberstellung verschiedener Handschriften arbeitet[1939]. Ihre Beobachtungen betreffen dadurch

1936 Dazu unten S. 485 ff.

1937 V. Schwerin, Aufsatz II S. 9. Auch ließen sich in der Glosse zu Ldr. I 6 Abschnitte mit Erklärungen des Sachsenspiegeltextes und kritische Auseinandersetzungen mit demselben unterscheiden, v. Schwerin, ebenda S. 16, 20, 22.

1938 In den Blick nimmt sie dabei den Textumfang, die unterschiedlichen Lesarten – insbesondere in Fällen, wo sich mit der Änderung einzelner Worte der Sinn verändert – und die Allegationen. So kann sie nachweisen, dass bestimmte Passagen in Handschriften insbesondere der 2. und 3. Ordnung durch die Ergänzung eines ursprünglich kürzeren Textes in den Handschriften der 1. Ordnung entstanden sind, dass sich hinsichtlich der Lesart Entwicklungslinien und auch Anzeichen der Kompilation nachweisen lassen und dass der Allegationenbestand in einigen Handschriften gegenüber anderen deutlich erweitert erscheint.

1939 Eine Ausnahme ergibt sich hier allerdings bei einigen Beobachtungen Bindewalds, die sie nicht durch einen Vergleich verschiedener Textfassungen der Landrechtsglosse erzielt und in einem Abschnitt im Rahmen einiger abschließender Bemerkungen zum Stil der Glosse, welche wiederum Gedanken von Schwerins aufnehmen, Bindewald, DA 15 (1959) S. 508, darstellt. Hier stellt sie zum einen auf die Artikelfolge im Codex Hecht ab. Ldr. I 14 § 2 sei dort zweifach glossiert, obwohl die Handschrift – anders als viele andere Handschriften, etwa die Wolfenbütteler und die Heidelberger – eine Glossierung der Artikel Ldr. I 8 – Ldr. I 14 enthalte. Dies ließe sich nur durch die allmähliche Entstehung der Glossen und den dadurch bedingten Umbau erklären sowie durch die Kompilierung mehrerer Vorlagen, ebenda S. 511. Eine schichtweise Entstehung zeige sich auch aus der zweifachen Glossierung des Stichwortes *Swe icht borget* aus Ldr. I 7, ebenda S. 512. Schließlich spricht sie die vierfache Glossierung zu Ldr. I 8 § 3 an und stellt hierzu die rhetorische Frage, ob es eines noch deutlicheren Beweises für die schichtweise Entstehung der Glosse bedürfe, ebenda S. 513. Dennoch sind auch dieser Argumente angreifbar. Soweit Bindewald sich auf die Glosse zu Ldr. I 7 bezieht, ist ihre Beobachtung in Bezug auf die Urglosse unerheblich, die mehrfache Glossierung ist etwa im Codex Hecht noch nicht vorhanden. Soweit sie die zweifache Glossierung von Ldr. I 14 § 2 im Codex Hecht heranzieht, ist diese ein Anhaltspunkt für eine Entstehung des Textes aus der Kompilation zweier Fassungen der Buch'schen Land-

lediglich die spätere Entwicklung der Landrechtsglosse – bei der in der Tat von einer schichtweisen Entstehung gesprochen werden kann –, lassen aber keine Aussage darüber zu, ob schon die Urglosse durch Kompilation geschaffen wurde[1940]. Gleiches gilt für die Analyse von Ldr. I 6 durch von Schwerin in seinem zweiten Aufsatz. Zwar arbeitet er – methodisch durchaus angreifbar – nicht lediglich mit bestehenden Texten, sondern ist um die Erstellung einer ursprünglichen Fassung bemüht. Doch handelt es sich bei dieser ursprünglichen Fassung bereits um eine Fassung der Landrechtsglosse, von Schwerin arbeitet nicht etwa zwei getrennte Urfassungen heraus, die als Grundlage für die Kompilation in Frage kämen. Soweit von Schwerin aber die unterschiedliche Reihenfolge der Textpassagen auf verschiedene voneinander unabhängige Kompilationsvorgänge zurückführen sollte, so überzeugt auch das nicht. Denn in diesem Fall wären, wie Kannowski anmerkt, neben den Unterschieden in der Reihenfolge auch größere Unterschiede im Textbestand der Handschriften zu erwarten[1941].

Zudem erscheinen die durch von Schwerin und Bindewald zur Analyse herangezogenen Glossierungen zu Ldr. I 6 – Ldr. I 14 ungünstig gewählt und nicht repräsentativ für den gesamten Glossentext. Denn zum einen stützen beide ihre Beobachtungen dadurch auf wenige, dicht beieinanderstehende Artikel[1942], zum anderen lässt sich bei den Artikeln Ldr. I 8 – Ldr. I 14 bei zahlreichen Handschriften ein Defekt feststellen[1943].

---

rechtsglosse, nicht aber der Kompilation zweier früherer Glossentexte zur Erstellung der Urfassung der Buch'schen Glosse. Soweit Bindewald die Glossierung zu Ldr. I 8 aufführt, sind hier zwar im der Tat drei Stichworte zum Eingang des Sachsenspiegeltextes zu finden, was durchaus ungewöhnlich ist. Doch ist dies allenfalls ein Anhaltspunkt für eine Entstehung durch Kompilation, keineswegs ein Beweis. Denn in der ersten Glosse wird das Schwören als eine Eigentümlichkeit des sächsischen Rechts angesprochen, die auch an anderen Stellen thematisiert wird. In der zweiten Glosse wird eine – als solche bezeichnete – Besonderheit beim Schwören dargestellt. In der dritten Glosse finden sich zwei Herleitungen des Wortes. Insofern ergänzen sich die drei Glossen inhaltlich, auffällig ist lediglich das übereinstimmende Stichwort.

1940 So führt auch v. Schwerin, Aufsatz II, etwa S. 10 f. einige seiner Beobachtungen auf die spätere Entwicklung der Glosse zurück. Bei Bindewald, DA 15 (1959), etwa S. 474 f. wird oft nicht deutlich, ob sie sich nicht auch häufig auf die Weiterentwicklung des Urtextes bezieht.

1941 Kannowski, Buch'sche Glosse S. 43.

1942 Kannowski, Buch'sche Glosse S. 44.

1943 Dazu unten S. 517 ff. Dieser Umstand ist von Schwerin und Bindewald freilich nicht entgangen, sie halten die ausgewählten Passagen vielmehr gerade aus diesem Grund für besonders geeignet, v. Schwerin, Aufsatz II S. 1; Bindewald, DA 15 (1959) S. 468 f. Dem ist hinsichtlich einer Untersuchung zur Überlieferung der Landrechtsglosse sicherlich zuzustimmen, nicht aber hinsichtlich einer Untersuchung zur Entstehung der Landrechtsglosse. Denn als Erklärung für die Befunde aus einer Analyse dieser Artikel liegen Brüche in der Überlieferung sehr viel näher als eine Entstehung durch Kompilation.

Soweit von Schwerin in seinem ersten Aufsatz neben der Glossierung zu Ldr. I 6 auch die Glossierung zu Ldr. I 18 heranzieht, wird darauf an späterer Stelle zurückzukommen sein[1944]. Weitere von ihm in seinem ersten Aufsatz genannte Beispiele für Einschübe in den Glossentext lassen sich etwa im Codex Hecht nicht ausmachen[1945] oder betreffen Stellen, bei denen sich auch andere Hinweise auf eine spätere Einfügung ergeben[1946]. Insgesamt beschränken sich die Beobachtungen von Schwerins damit auf wenige Einschübe, die einer umfassenderen Analyse bedürfen und ebenso gut auf spätere Einfügungen wie auf die durch von Schwerin und Bindewald vermutete Schaffung der Glosse durch Kompilation zurückzuführen sein können.

γ. Beobachtung unterschiedlicher rechtlicher Tendenzen

Einen dritten Anhaltspunkt für die Entstehung der Landrechtsglosse durch die Kompilation älterer Texte sehen von Schwerin und Bindewald darin, dass sich innerhalb der Glosse unterschiedliche Einstellungen gegenüber dem Sachsenspiegel erkennen ließen. An Stellen, wo die Glosse sich kritisch mit dem Sachsenspiegel auseinandersetze, ergäben sich Unterschiede in der rechtlichen Tendenz[1947]. Teilweise hätten diese Ausführungen historischen Charakter[1948], teilweise enthielten sie aber auch materielle Kritik. Dabei zeige sich an vielen Stellen das Bestreben, die Gleichheit von sächsischem und römischem Recht zu erweisen[1949]. Wo ein Unterschied zwischen beiden herausgearbeitet werde, stelle sich die Glosse verschiedentlich auf den Standpunkt des Sachsenspiegels[1950], an anderen Stellen aber „polemisiere“ sie gegen den Sachsenspiegel, indem dieser als inhaltlich falsch und in sich widersprüchlich beschrieben werde. Als Beispiel hierfür nennt von Schwerin wiederum die Glossierung zu Ldr. I 18[1951].

In Bezug auf diese Argumentation ist zu bemerken, dass sich vor dem Hintergrund der Vorstellung Johanns von Buch vom Sachsenspiegel als einem Privileg Karls des Großen Stellen mit historischen Ausführungen, Stellen mit einem Bemü-

1944 Unten S. 467 ff.

1945 Oben Anm. 1933.

1946 Dies betrifft insbesondere die Glossierung zu Ldr. III 51, dazu unten Anm. 2131, 2132, 2133.

1947 V. Schwerin, Aufsatz I S. 13–15, dabei werden die kritischen Abhandlungen wie im Haupttext dargestellt unterschieden. Ebenso Bindewald, DA 15 (1959) S. 466, die neben den im folgenden genannten Kategorien als weitere Kategorie die Zusammenstellung von in bestimmten Fragen einschlägigen Sachsenspiegelstellen nennt.

1948 V. Schwerin, Aufsatz I S. 13; Teile des Textes würden als Ergänzungen Eikes von Repgow, Teile als Satzungen späterer Kaiser verstanden, außerdem würden Teile Sachsenspiegels als veraltet bezeichnet. Ohne Unterscheidung verschiedener historischer Auslassungen Bindewald, DA 15 (1959) S. 466.

1949 V. Schwerin, Aufsatz I S. 13 f.; ebenso Bindewald, DA 15 (1959) S. 467.

1950 V. Schwerin, Aufsatz I S. 14; nur angedeutet bei Bindewald, DA 15 (1959) S. 467.

1951 V. Schwerin, Aufsatz I S. 14 f.; ebenso Bindewald, DA 15 (1959) S. 467.

hen um den Nachweis einer Übereinstimmung mit römischem Recht und Stellen mit einer Herausstellung sächsischer Besonderheiten ohne weiteres miteinander vereinbaren lassen. Lediglich Stellen, die den Sachsenspiegel als unrichtig oder in sich widersprüchlich darstellen, würden aus diesem Rahmen fallen. Doch sind hier die Befunde von Schwerins kritisch zu hinterfragen. Das gilt insbesondere für die von ihm als Beleg angeführte Glossierung zu Ldr. I 18 mit der als zusätzliches Argument herangezogenen Bezeichnung *boze glose*. Hier ist bei einer näheren Untersuchung zu vermerken, dass von Schwerin einen einheitlichen Gedankengang auseinanderreißt und nicht zuletzt aus diesem Grund unterschiedliche Ansichten innerhalb der Glossierung feststellt – dazu sogleich.

b. Inhaltliche Geschlossenheit als Argument gegen die Schichtentheorie

Die durch von Schwerin beobachteten Unterschiede in der rechtlichen Tendenz werden durch spätere Untersuchungen zudem nicht bestätigt, vielmehr weist die Glossierung ein hohes Maß von inhaltlicher Geschlossenheit auf. Hierauf verweisen schon die Erkenntnisse Kannowskis. In seiner den gesamten Glossentext umfassenden Analyse kann er Charakteristika herausarbeiten, die sich durch die gesamte Buch'sche Glosse ziehen[1952]: So finde sich in Bezug auf dieselben Probleme in weit über die Glosse verteilten Stellen eine so ähnliche Gedankenführung, dass jedenfalls diese Textpassagen höchstwahrscheinlich von einer Person stammen müssten. Insbesondere bediene sich der Glossator an wichtigen Stellen einer theologisch begründeten Argumentation und stütze sich vor allem in prozessualen und eherechtlichen Kontexten auffällig weitreichend auf das kanonische Recht. Auch im Stil zeigten sich durch die Glosse hindurch starke Übereinstimmungen. So finde sich in Bezug auf den Rechtsstreit vorwiegend eine der Kampfeskunst entlehnte Metaphorik, wie auch dem Ritterstand einerseits und der Person des Fürsprechs im Gericht andererseits ein besonderes Interesse gelte. Zudem erfolge die Beschreibung eines Rechtssatzes oft ex negativo, indem seine Voraussetzungen anhand der Ausschlussgründe dargestellt würden. Auch in Bezug auf die Allegationen zeigten sich Übereinstimmungen. Allegationenblöcke und höchst eigenwillig gesetzte Allegationen zum Beleg eines bestimmten Gedankens erschienen an unterschiedlichen Stellen, dabei trete in Bezug auf eine Allegation immer wieder derselbe Fehler auf.

Ließe sich gegen diese Argumentation Kannowskis nun noch einwenden, dass seine Erkenntnisse auf einer umfassenden Untersuchung des Glossentextes beruhen, die nicht jeweils alle einschlägigen Glossen eines Rechtsgebietes einbezieht – sodass die von ihm festgestellten Übereinstimmungen jeweils auf dieselbe, durch Johann von Buch bei der Kompilation verwendeten, ältere Vorlage zurückgehen könnten – kann diesem möglichen Einwand durch die Ergebnisse meiner Arbeit begegnet werden. Denn auch bei der hier durchgeführten detaillierten Untersuchung einzelner Rechtsgebiete ließen sich nicht nur an vielen Stellen eine übereinstimmende Gedan-

1952 Hier und im folgenden Kannowski, Buch'sche Glosse S. 590 f.

kenführung und gleichbleibende Rechtsansichten feststellen. Es finden sich darüber hinaus nahezu keine Stellen mit abweichende Rechtsansichten – und bei diesen gibt es in der Regel Anhaltspunkte für ihre spätere Einfügung[1953].

Allenfalls finden sich an mehreren Stellen unterschiedliche und einander aus dogmatischer Sicht widersprechende Erklärungen für dieselbe Rechtsansicht oder es werden vor der Darstellung der eigenen Meinung die Ansichten anderer – überwiegend nicht namentlich genannter – Personen aufgeführt. Jedoch hat bereits Kannowski diese Befunde ohne einen Rückgriff auf die Entstehung der Glosse durch Kompilation selbständiger Glossentexte nachvollziehbar erklärt: Die Darstellung von Streitständen dürfte dem Glossator etwa aus der Accursischen Glosse geläufig sein[1954]. Das Nebeneinanderstellen verschiedener Erklärungen lässt sich auf das Bestreben zurückführen, alle vorhandenen in der Rechtspraxis geläufigen Erklärungsansätze aufzunehmen[1955], nicht zuletzt, um die eigene Meinung in der prozessualen Situation mehrgleisig begründen zu können[1956]. Hinzu kommt, dass sich bei diesen Textstellen nach Einschätzung Kannowskis Hinweise darauf ergeben, dass die alternativen Erklärungsansätze eingerückte Marginalglossen seien, denn bisweilen seien sie an unpassender Stelle eingerückt[1957].

c. Insbesondere: Die Argumentation aus der Glossierung zu Ldr. I 18

Abschließend soll noch einmal genauer auf die Glossierung zu Ldr. I 18 eingegangen werden, die bereits im Rahmen der erbrechtlichen Untersuchung angesprochen wurde. Für die Argumentation von Schwerins ist sie zentral, er zieht sie als Beispiel für Wiederholungen und Unterschiede in der rechtlichen Tendenz heran und sieht in der Wendung *boze glose* zudem einen deutlichen Hinweis auf unterschiedliche Autor*innen der Glossierung.

Der glossierte Sachsenspiegelartikel Ldr. I 18 enthält eine Aufzählung dreier Rechte, die die Sachsen und Sächsinnen gegen den Willen Karls des Großen behalten hätten.

Ldr. I 18, S. 174

[§ 1] *Drierhande recht behelden de sassen wider karles willen. Dat svevische recht dur der wive hat.* [§ 2] *Unde dat andere: svat so de man vor gerichte nicht ne dut, svo wetenlik it si, dat he des mit siner unscult untgeit, unde man's in nicht vertügen ne mach.* [§ 3] *Dat dridde is dit: dat man nen ordel so recht vor me rike binnen sassen ne vint, wel't en sasse scelden, unde tüt he's an sine vorderen hant unde an de merren menie, unde weder vichtet he dat ordel selve sevede weder andere sevene, svar de merre menie geseget, de hevet dat ordel*

1953 Vgl. auch unten S. 610 ff.

1954 Kannowski, Buch'sche Glosse S. 89 f.

1955 Kannowski, Buch'sche Glosse S. 582.

1956 Kannowski, Buch'sche Glosse S. 586.

1957 Kannowski, Buch'sche Glosse S. 63–65.

behalden. – Dar to behelden se al ir alde recht, svar et weder der kristenliker e unde weder deme geloven nicht ne was.

Die Glossierung hierzu lautet wie folgt:

BG I 18 § 1 *Drierhande recht*, S. 226 f.

Nu[1958] *merke dat, dat se nicht ne syn, wente id ne mach nemand nen recht setten wedder des rikes willen, wente de koning is vader des rechtes, ut* [Inst. 2, 17, 7; Nov. 143 pr.; Cod. 1, 14, 1; Dig. 28, 6, 43].

BG I 18 § 1 *Daz Swebesche recht*, S. 227

Dat[1959] *alle wiff sin eruelos dorch ere missedat, dat is ok valsch, wente wiff nemet erue in deme lande to Sassen, alze hire vore in* [Ldr. I 3 § 3; Ldr. I 5 § 2; Ldr. I 13 § 1; Ldr. I 17 § 1[1960]]. *Dar spreckt dat recht, dat de wiff erue nemen, et in* [Nov. 118, 2].

BG I 18 § 2 *Dat andere: Wat en man vor deme richte*, S. 227 f.

De[1961] *is ok valsch, wente men tuget vppe den Sassen na desses bokes rechte. In deme ersten boke* [Ldr. I 6 §§ 2, 3; Ldr. I 7; Ldr. I 8; Ldr. I 13 § 2; Ldr. I 15 § 1; Ldr. I 20 §§ 4, 5; Ldr. I 20 § 6; Ldr. I 25 § 3; Ldr. I 64; Ldr. I 66 §§ 1, 2; Ldr. I 68 § 5; Ldr. I 70 § 3][1962]. *Jn deme anderen boke tuget men vp den Sassen in* [Ldr. II 6 § 2; Ldr. II 18 § 2; Ldr. II 22; Ldr. II 41 § 2; Ldr. II 69][1963]. *Jn deme drudden boke tuget men in* [Ldr. III 7 § 4; Ldr. III

1958 Übersetzung: Nun verstehe das, dass sie das nicht sind <d. h. gegen den Willen Karls>, denn es kann niemand ein Recht setzen gegen den Willen des Königs, denn der König ist der Vater des Rechts, wie [Inst. 2, 17, 7; Nov. 143 pr.; Cod. 1, 14, 1; Dig. 28, 6, 43].

1959 Übersetzung oben Anm. 615.

1960 Die Remissionen lauten *vore in deme drudden, V, XIII, vnd XVI ar.*, was nach der Einteilung des Codex Hecht vulgat Ldr. I 3; Ldr. I 5 § 1 – Ldr. I 6 § 1; Ldr. I 14; Ldr. I 16 § 2 – Ldr. I 17 § 2 entspricht, von Kaufmann, Buch'sche Glosse S. 227 präzisiert bzw. korrigiert.

1961 Übersetzung: Die ist auch falsch, denn man führt den Zeugenbeweis gegen den Sachsen nach dem Recht dieses Buches. In dem ersten Buch [Ldr. I 6 §§ 2, 3; Ldr. I 7; Ldr. I 8; Ldr. I 13 § 2; Ldr. I 15 § 1; Ldr. I 20 §§ 4, 5; Ldr. I 20 § 6; Ldr. I 25 § 3; Ldr. I 64; Ldr. I 66 §§ 1, 2; Ldr. I 68 § 5; Ldr. I 70 § 3]. In dem zweiten Buch führt man den Zeugenbeweis gegen den Sachsen in [Ldr. II 6 § 2; Ldr. II 18 § 2; Ldr. II 22; Ldr. II 41 § 2; Ldr. II 69]. In dem dritten Buch führt man den Zeugenbeweis in [Ldr. III 7 § 4; Ldr. III 10 § 2; Ldr. III 9; Ldr. III 21 § 1; Ldr. III 24 § 2; Ldr. III 25 § 1; Ldr. III 28; Ldr. III 32 §§ 1, 3–6, 9; Ldr. III 37 § 2; Ldr. III 39 § 4; Ldr. III 54 §§ 1, 2; Ldr. III 82 § 1; Ldr. III 88]. Hierdurch beweise, dass das falsch ist.

1962 Eigentlich *ar. VI, VII, VIII, XII, XIII, XIIII, XX, XXV, LXIIII, LXVI, LXVIII, LXX*, was nach der Artikeleinteilung des Codex Hecht vulgat Ldr. I 6 § 2 – Ldr. I 7; Ldr. I 8; Ldr. I 9; Ldr. I 13; Ldr. I 14; Ldr. I 15; Ldr. I 20 § 6 – Ldr. I 21 § 2; Ldr. I 25 § 5; Ldr. I 64; Ldr. I 67 § 1 – Ldr. I 68 § 1; Ldr. I 69; Ldr. I 70 entspricht. Von Kaufmann, Buch'sche Glosse S. 227 f., soweit erforderlich, aufgrund des Inhalts korrigiert.

1963 Eigentlich in *ar. VI, VIII, XXII, XXXIIII, et LXIX*, was nach der Artikeleinteilung des Codex Hecht vulgat Ldr. II 6; Ldr. II 8; Ldr. II 22; Ldr. II 35; Ldr. II 71 §§ 2–5 entspricht. Von Kaufmann, Buch'sche Glosse S. 228, soweit erforderlich, aufgrund des Inhalts korrigiert.

10 § 2; Ldr. III 19; Ldr. III 21 § 1; Ldr. III 24 § 2; Ldr. III 25 § 1; Ldr. III 28; Ldr. III 32 §§ 1, 3–6, 9; Ldr. III 37 § 2; Ldr. III 39 § 4; Ldr. III 54 §§ 1, 2; Ldr. III 82 § 1; Ldr. III 88][1964]. *Hire proue, dat dat valsch is.*

BG I 18 § 3 *Dat drudde: Dat nen ordel,* S. 228–232

Dit[1965] *mot by not valssch sin, wente so were manich man vorseghet, de recht hadde, alze in der richtere boke steit, dat dat slechte van Bennyamin zegeden dryes yegen alle Jsrahel, do*

1964 Eigentlich *in ar. VII, X, XIX, XXI, XXIIII, XXV, XXVII, XXXIII, XXXVI, XXXIX, XLI, LXXXII, LXXXIX,* was nach der Artikeleinteilung des Codex Hecht für die 12 erstgenannten Remissionen vulgat Ldr. III 7; Ldr. III 10; Ldr. III 20; Ldr. III 22; Ldr. III 25; Ldr. III 26; Ldr. III 29; Ldr. III 35; Ldr. III 38; Ldr. III 41; Ldr. III 43; Ldr. III 90 entspricht; ein 89. Artikel des dritten Buchs Landrecht existiert im Codex Hecht nicht. Von Kaufmann, Buch'sche Glosse S. 228, soweit erforderlich, aufgrund des Inhalts korrigiert.

1965 Übersetzung: Das muss notwendigerweise falsch sein, denn so würde mancher Mann besiegt, der im Recht wäre, wie es im Buch der Richter steht, dass das Geschlecht Benjamin dreimal siegte gegen das ganze <übrige> Israel, als die Frau des Leviten vergewaltigt worden war. Doch befahl Gott denen aus Israel zu kämpfen und sie waren im Recht. Und ohne Zweifel: Aus Recht kann durch einen Sieg nicht Unrecht werden, ebenso kann Unrecht durch einen Sieg nicht Recht werden. Doch wisse, dass das eine böse Glosse ist, die den Text verwirrt. Dass da zum ersten steht, dass sie es „gegen den Willen Karls behielten", damit meint er ohne Karls Rat, denn Karl riet den Sachsen zu ihren Recht, wie es im folgenden steht in dem Artikel „Nun hört den alten Frieden". Der Kaiser gab auch seinen Willen dazu, als er das <Privileg> besiegelte. Das von den Frauen, dass sie nicht erben können, das ist nicht unter allen Sachsen <der Fall>, sondern nur unter den Sachsen, die <aus dem Geschlecht der> *Swavee* sind. Das ist oben ausgelegt, im vorhergehenden Artikel. Dass der Sachse schwören darf, das ist für das, für das man keine leibliche Beweisführung durchführen kann<, dass man es> unter ihm <gefunden hat>. Wofür man ihn aber mit Worten belangt, davon befreit er sich mit Worten, und es ist wohl billig, dass man seinen Worten und Eiden, die ihn entlasten, ebenso viel glaubt, als <den Eiden und Worten> dessen, der ihn beschuldigt. Denn die *leges* sind dem Beklagten günstiger als dem Kläger, wie [Dig. 50, 17, 125; Dig. 44, 7, 47]. Dass man zu Recht schwören darf, das kommt aus drei Gründen. Der erste ist darum, dass man es im Sachsenland überträgt auf den Eid des anderen, und darum soll man nicht fragen nach dem Grund <d. h. der rechtlichen Causa>, sondern ob er <der Beklagte> es mit seinem Eid bewiesen hat, zu dem es ihm übertragen worden war. Das findest du ebenso [Inst. 4, 6, 11; Dig. 12, 2, 5, 4; Cod. 4, 1, 8; Dig. 2, 13, 4, 2; Dig. 4, 8, 13, 4; Cod. 4, 21, 21; Nov. 124, 2 Satz 3]. Alle diese *leges* sagen, dass ein Mann durch seinen Eid frei wird. Was sagst du, wenn sein Gegner beweisen will, dass der Eid meineidig sei? Sage, man berücksichtigt es nicht, man befiehlt das <dem Gericht> Gott<-es> an, wie [Dig. 4, 3, 21; Dig. 4, 3, 40; Cod. 4, 1, 2]. Der zweite Grund ist, damit das Recht einfacher sei, denn die Schlichtheit ist der Freund des Rechts, wie [Inst. 2, 23, 7]. Zum dritten, weil es an Arbeit andernfalls allzu viel wäre. Wovon zu viel ist, das ist nicht gut, wie in [Nov. 46 pr.; Nov. 3 pr.; Nov. 22, 20 pr. a. E.]. Wo wir wegen des Fechtens <im gerichtlichen Zweikampf> gesagt haben, dass dies Unrecht sei, das verstehe so, wenn man wegen Unrecht fechte. Wäre aber ein Mann im Recht und fände man ihn unrecht vor dem König<lichen Gerichtshof>, das <Urteil> könnte er nicht anfechten. Weil es keinen höheren Richter gibt, vor den er das ziehen könnte, darum leite er sein Recht auf Gott und setze sein Leben dagegen. Dieses Fechten

des leuiten wiff genodiget was. Doch het got striden de van Jsrahel vnd hadden recht. Vnd ane twiuel: Recht mach mit zeghe nicht vnrecht werden, also mach vnrecht mit zeghe nicht recht werden. Doch wete, dat dat en boze glose is, de den text confunderet. Dat dar steit to dem ersten, dat se id behelden wedder Karolus willen, <dat meynet he>[1966] *ane Karolus rad, wente Karl de red den Sassen to ereme rechte, alze hire benedden in deme artikele: Nu horet den alden vrede*[1967]*, De keyser gaff ok sinen willen dar to, do he dat bezegelde. Dat van den wiuen, dat de eruelos sin, dat en is nicht vnder allen Sassen, wen allene vnder den Sassen, de Swauee sin. Dit is hir enbouen vtgelecht in dem negesten artikele. Dat de Sasse sweren mach, dat is vor dat, dat me vnder eme nicht liffliken bewisen mach. Wat me auer mit worden vppe ene sprickt, des entredet he sik mit worden, vnd is wol billik, dat me sinen worden vnd eden also wol loue, de ene vntschuldigen, alse yennes, de ene schuldiget. Wente leges ghunnet bat deme antwerder wen deme klegere, ut* [Dig. 50, 17, 125; Dig. 44, 7, 47]. *Dat en to rechte sweren mach, dat kumpt dor dryerleye sake. De erste is dar vmme, dat in Sassen lande let id en to des anderen ede, vnd dar vmme en schal men nicht vragen vmme de sake, mer oft he dat mit sinem ede beholden hebbe, dar dat eme to gelaten was. Dat vinstu sus* [Inst. 4, 6, 11; Dig. 12, 2, 5, 4; Cod. 4, 1, 8; Dig. 2, 13, 4, 2; Dig. 4, 8, 13, 4; Cod. 4, 21, 21; Nov. 124, 2 Satz 3]. *Alle desse leges seggen, dat en man mit sinem ede los wert. Wat sechstu, oft sin yegener wolde bewisen, dat de eed menedich were? Segge, me en hort is nicht, men beualet dat gode, ut* [Dig. 4, 3, 21; Dig. 4, 3, 40; Cod. 4, 1, 2]. *De andere sake is, dat id recht slichter sy, wente envaldicheit is vrund des rechtes, ut* [Inst. 2, 23, 7]. *To deme drudden, dat des arbeydes were anders alto vele. Wes to vele is, dat en is nicht gud, alze in* [Nov. 46 pr.; Nov. 3 pr.; Nov. 22, 20 pr. a. E.]. *Dar wij secht hebben vmme dat vechtent, dat dit vnrecht sy, dat vornym, dar me vppe vnrecht vochte. Hedde auer en man recht vnd vunde men eme vnrechte vor deme koninge, des ne mochte he nicht schelden. Wente dat nen hoger richter en were, an den he des then mochte, dar vmme lete he sin recht vppe god vnd sette dar enyegen sin liff. Dit vechtent mach mit rechte sin, wente dat ys van Romeschem rechte komen, ut* [Dig. 9, 2, 7, 4; Dig. 42, 1, 40[1968]; Dig. 3, 2, 4; Cod. 10, 54, 1 l. un.;

---

kann rechtmäßig sein, denn es ist aus dem römischen Recht gekommen, wie [Dig. 9, 2, 7, 4; Dig. 42, 1, 40; Dig. 3, 2, 4; Cod. 10, 54, 1 l. un.; Cod. 8, 16, 5; Dig. 39, 5, 31, 4]. In diesen Rechtssätzen spricht er vom Fechten, das wäre nicht so, wenn sie unrecht wären.

1966 So abweichend vom Editionstext, Kaufmann, Buch'sche Glosse S. 228, durch die Vf. korrigiert aus dem Augsburger Druck von 1516, fol. 21^{v}. Der Codex Hecht weicht an dieser Stelle von seinen Schwesterhandschriften ab, indem er in die obige Passage eine Verneinung einfügt. Diese Verneinung ist in der Wolfenbütteler Handschrift ebenfalls enthalten, dort aber durchgestrichen. In der Heidelberger Handschrift findet sie sich wie im Augsburger Druck nicht. Deren Fassung scheint die zutreffende zu sein, da sich nach ihr eine nachvollziehbare Gedankenführung ergibt, unten S. 472 f. Nach dem Codex Hecht lautet die Passage: *dat ne menet nicht ane Karolus rad*; nach der Wolfenbütteler Handschrift, fol. 32^{v}: *dat menet he nicht ane Karles rat*; nach der Heidelberger Handschrift: *daz menet he, daz is ane koning Karels rad gescach.*

1967 Ldr. II 66 § 1.

1968 Durch Kaufmann, Buch'sche Glosse S. 232 korrigiert, eigentlich ff. *de regulis iuris l. culpa*, was Dig. 50, 17, 36/50 entspräche. Die korrekte Allegation erschließt er aufgrund der Allegation in der der Stelle zugrundeliegenden Passage aus der Accursischen Glosse, unten Anm. 1989. Es handelt es sich offensichtlich um eine irrtümliche Auflösung einer

Cod. 8, 16, 5; Dig. 39, 5, 31, 4]. *Jn dessen rechten secht he van vechten, des en were nicht, weren se vnrecht.*

BG I 18 § 3 *Dar to behelden ze al ere alde recht*, S. 228

dat[1969] *is ere olde wonheit, vnd de Sassen en hadden nen recht, de wile se vmbekeret weren vnd deme rike nicht vnderdanich weren, ut* [Nov. 109 pr.].

Der Glossentext beginnt mit einer Glosse zum Einleitungssatz von Ldr. I 18 und dann je einer Glosse zu den drei in Ldr. I 18 behandelten Rechtssätzen. Innerhalb der Glosse zum dritten Artikel von Ldr. I 18 scheint der Glossator jedoch unvermittelt einen Schritt zurückzutreten, er hebt gewissermaßen neu an: *Doch wete, dat dat en boze glose is, de den text confunderet.* Im folgenden behandelt er den Einleitungssatz sowie alle drei Rechtssätze erneut[1970], um schließlich mit einer Glosse zum Schlusssatz von Ldr. I 18 zu schließen.

α. Argumentation von Schwerins und Argumentation Kannowskis

Von Schwerin führt nun aus, dass die erste Glossierung „gegen deutsches Recht polemisier<e>“, sie stelle „den Text des Ssp.[1971] I 18 nicht nur als unrichtig hin (...), sondern den Ssp. überhaupt als in sich widerspruchsvoll“[1972]. Demgegenüber werde der Sachsenspiegel in der zweiten Glossierung „als durchaus einwandfrei behandelt“[1973], hier werde die vorausgehende Glossierung „bekämpft“[1974]. Die in der Überleitung erwähnte *boze glose* müsse also die erste Glossierung sein, der die zweite Glossierung widerspreche. Wenn dies aber so sei, dann müsse die erste Glossierung zeitlich älter sein und von einem anderen Verfasser stammen als die zweite. Der Glossentext beruhe an dieser Stelle auf der Verbindung einer älteren und einer jüngeren Glosse[1975].

Diese Argumentation überzeugt nicht. Dies gilt schon für die Schlussfolgerung, dass zwei sich widersprechende Ausführungen von unterschiedlichen Autor*innen stammen müssten. Wie Kannowski gegen von Schwerin einwendet, ist der Einsatz eines Advocatus diaboli eine Argumentationsstruktur, die sich an vielen Stellen der

abgekürzten Allegation von Dig. 42, 1, 40 (*ff. de re iudicata l. commodis*). In der Wolfenbütteler Handschrift, fol. 33r lautet die Allegation *ff. de re incommod'*, in der Heidelberger Handschrift *ff. de re iudicata l. incommo.*

1969 Übersetzung: Das heißt ihre alte Gewohnheit, und die Sachsen hatten kein Recht, solange sie unbekehrt und dem König nicht untertan waren, wie [Nov. 109 pr.].

1970 Kaufmann, Buch'sche Glosse S. 229–232 macht dies deutlich, indem er den Text von BG I 18 § 3 *Dat drudde: Dat nen ordel* ab Satz 4 trotz fehlender Stichworte als drei eigenständige Glossen zu Ldr. I 18 § 1; Ldr. I 18 § 2 und Ldr. I 18 § 3 kennzeichnet.

1971 Eigentlich „Sssp“, der Aufsatz wurde allerdings wohl nicht abschließend korrigiert.

1972 v. Schwerin, Aufsatz I S. 14.

1973 v. Schwerin, Aufsatz I S. 17.

1974 v. Schwerin, Aufsatz I S. 18.

1975 v. Schwerin, Aufsatz I S. 18.

Buch'schen Glosse findet: Zunächst werde eine Gegenposition dargestellt, die es dann zu widerlegen gelte[1976]. Die Strukturierung in der Form *positio – contraria – solucio*[1977] sei nicht Folge einer schichtweisen Entstehung, sondern im Gegenteil typisch für das gelehrte Recht[1978]. Vor diesem Hintergrund sei es auch naheliegend, dass Johann von Buch die erste Glossierung, die gerade nicht seinen Standpunkt wiedergebe, als *boze glose* bezeichne[1979].

Indes trifft bereits die von Kannowski nicht in Frage gestellte Grundannahme von Schwerins nicht zu, wie die nachfolgend dargestellte Analyse der Glossierung belegt. Die zweite Glossierung widerspricht keineswegs den rechtlichen Standpunkten der ersten und sie behandelt den Sachsenspiegeltext auch nicht als einwandfrei.

β. Analyse der Glossierung zum Einleitungssatz von Ldr. I 18

Abgelehnt wird in der ersten Glossierung schon der Einleitungssatz von Ldr. I 18, dass die Sachsen dreierlei Recht gegen den Willen Karls behalten hätten. Dies könne, führt Johann von Buch aus, nicht stimmen: niemand könne gegen den Willen eines Königs Recht setzen. Diesen Einwand löst die zweite Glossierung dahin auf, dass der Sachsenspiegel nicht gegen den Willen Karls meine, sondern lediglich ohne seinen Rat[1980]. Denn Karl habe den Sachsen zu ihrem Recht geraten – der Glossator remittiert hierzu Ldr. II 66 § 1 – und er habe es auch bestätigt, als er es habe besiegeln lassen. Diese auf den ersten Blick widersprüchliche Argumentation ist auf den zweiten Blick durchaus nachvollziehbar. Sie zielt darauf ab, dass die in Ldr. I 18 genannten Rechtssätze nicht auf den Rat Karls des Großen, den dieser, wie der Glossator anmerkt, bei Schaffung des Privilegs erteilt habe – gemeint dürfte sein aufgrund der fehlenden Rechtskenntnis der zuvor nicht nach römischem Recht lebenden und eben erst christianisierten Sachsen und Sächsinnen –, sondern auf Wunsch der Sachsen selbst in das vermeintliche Privileg aufgenommen worden seien. In der Tat werden die in Ldr. I 18 angesprochenen Rechtssätze an verschiedenen Stellen als besonderes Recht der Sachsen und Sächsinnen – bzw. der Sachsen und Sächsinnen, die aus dem Geschlecht der *Swauee* sind – bezeichnet[1981]. Damit seien die entsprechen-

1976 Kannowski, Buch'sche Glosse S. 42.

1977 Dabei wäre vorliegend der Sachsenspiegeltext Ldr. I 18 die *positio*, die erste Glossierung bis zum Überleitungssatz *Doch wete etc.* die *contraria* und die zweite Glossierung einschließlich des Überleitungssatzes die *solucio*, Kannowski, Buch'sche Glosse S. 196.

1978 Kannowski, Buch'sche Glosse S. 571 ff.

1979 Kannowski, Buch'sche Glosse S. 42, ebenso Huneke, Iurisprudentia romano-saxonica S. 334 Anm. 371.

1980 Die verneinende Lesart des Codex Hecht im Sinne von „nicht ohne seinen Rat" ist inhaltlich nicht nachzuvollziehen, die Kopist*in des Codex Hechts – oder einer seiner Mutterhandschriften – muss die Gedankenführung an dieser Stelle missverstanden haben.

1981 In Bezug auf das Schwäbische Recht in BG I 17 § 1 *Doch nympt sones kint erue vor vader*, S. 221 f.; BG I 17 § 2 *De Swauee*, S. 223; in Bezug auf den Eid in BG II 34 § 1 *Dat he it deme heren*, S. 730; BG III 7 § 1 *De yode, de ne mod* Satz 25 f., S. 967; in Bezug auf den gericht-

den Rechtssätze durchaus ohne den Rat Karls des Großen entstanden. Der Glossator betont aber, dass sie entgegen der Formulierung des Sachsenspiegels deswegen nicht etwa gegen den Willen des Königs in das Privileg aufgenommen worden seien, denn dieser habe später das gesamte Privileg durch sein Siegel bestätigt. Der Sachsenspiegeltext wird in der zweiten Glossierung also entsprechend dem Einwand in der ersten Glossierung dahingehend korrigiert, dass die dort aufgeführten Rechtssätze nicht *weder Karles willen*, sondern lediglich *ane koning Karels rad* von den Sachsen beibehalten worden seien. Der Sachsenspiegeltext erscheint als ein Text, der zwar grundsätzlich eine zutreffende Aussage enthält, diese aber verfälschend formuliert.

γ. Analyse der Glossierung zu Ldr. I 18 § 1

Ebenso verfährt die Glossierung zum ersten in Ldr. I 18 genannten Rechtssatz: Dass die Sachsen das Schwäbische Recht behalten hätten. Johann von Buch versteht den Sachsenspiegeltext an dieser Stelle dahingehend, dass nach ihm die Frauen von der Erbfolge ausgeschlossen seien. Daher stellt er in der ersten Glossierung fest: Dass alle Frauen von der Erbfolge ausgeschlossen seien, das sei auch falsch. Denn Frauen würden im Lande Sachsen erben, wie verschiedene andere Sachsenspiegelstellen zeigten. In der zweiten Glossierung löst er diesen Widerspruch dahingehend auf, dass die Frauen nicht unter allen Sachsen von der Erbfolge ausgeschlossen seien – wie dies die Formulierung des Sachsenspiegeltextes vermuten lässt –, sondern nur unter den Sachsen aus dem Geschlecht der *Swauee*[1982]. Damit erscheinen auch hier die Ausführungen des Sachsenspiegels als grundsätzlich zutreffend, aber mindestens missverständlich formuliert. Die Wendung *behelden de Sassen* wird in der zweiten Glossierung unter Berücksichtigung der Einwände in der ersten Glossierung einschränkend verstanden als bezogen auf die *Sassen de Swauee sin*.

δ. Analyse der Glossierung zu Ldr. I 18 § 2

Im zweiten von Ldr. I 18 genannten Rechtssatz geht es um den Unschuldseid. Was ein Mann nicht vor Gericht getan habe[1983], das könne er mit dem Unschuldseid leugnen, auch wenn es allgemein bekannt sei, und man könne ihn dessen nicht durch den Zeugenbeweis überführen. Das, führt Johann von Buch in der ersten Glossierung aus, sei auch falsch, denn man könne nach dem Sachsenspiegel gegen einen Sachsen den Zeugenbeweis führen. Im folgenden werden dafür insgesamt 29 Beispiele aus

---

lichen Zweikampf in BG I 49 *Sprickt en gewundet man* Satz 1–3, S. 358; BG I 63 § 1 *Swe kempliken groten*, S. 453, und BG I 63 § 1 *Kempliken groten*, S. 453–456.

1982 Oben S. 159 ff.

1983 Schmidt-Wiegand in Schott, Sachsenspiegel S. 50 übersetzt mit „was ein Mann vor Gericht nicht zugibt". Allerdings erscheint vor dem Hintergrund der Regelung in Ldr. I 7 – dass man bei Rechtshandlungen, die vor Gericht vorgenommen worden sind, deren Nichtvornahme nicht durch Eid beweisen kann – der erste Halbsatz eher eine Ausnahme für die Möglichkeit eines Reinigungseides zu enthalten.

allen drei Büchern des Sachsenspiegel-Landrechts angeführt. Die zweite Glossierung schränkt darum wiederum den Sachsenspiegeltext ein. Der Unschuldseid ist einem Sachsen danach keineswegs in allen Fällen möglich. Er sei aber dann zulässig, wenn man eine Sache nicht *liffliken* nachweisen könne, das heißt wohl durch Indizien körperlicher Natur[1984]. Sei die Klage nämlich lediglich auf Worte gestützt, dann sei es billig, den Worten des Beklagten und seinem Unschuldseid ebenso zu glauben, wie den Worten des Klägers. Allgemein sei im gemeinen Recht der Beklagten gegenüber dem Kläger begünstigt. Im folgenden führt Johann von Buch dann drei Gründe für die Zulässigkeit des Schwörens vor Gericht auf. Damit stellt sich auch hier die Formulierung des Sachsenspiegels, dass, *svat so de man vor gerichte nicht ne dut, svo wetenlik it si, (...) man's in nicht vertügen mach,* als zu weit gefasst heraus, denn wie schon in der ersten Glossierung angemerkt, ist nach der zweiten Glossierung der Zeugenbeweis gegen Sachsen und Sächsinnen sehr wohl möglich, ausgeschlossen sei er mit dem Text des Sachsenspiegels nur in den Fällen, in denen zu dem Zeugenbeweis keinerlei körperlicher Anhaltspunkt hinzutrete.

ε. Analyse der Glossierung zu Ldr. I 18 § 3

Der dritte in Ldr. I 18 genannte Rechtssatz schließlich betrifft – jedenfalls nach Meinung Johanns von Buch[1985] – die Konstellation, die auch in Ldr. II 12 § 8[1986] behandelt wird. Nach Ldr. I 18 § 3 finde man in Sachsen kein Urteil vor dem König, so recht es auch sei, das nicht durch einen Sieg in einem gerichtlichen Zweikampf aufgehoben werden könne. Wenn ein Sachse es schelten wolle und es auf seine rechte Hand und die Mehrheit der Männer ziehe, dann finde ein gerichtlicher Zweikampf zwischen jeweils sieben Männern statt. Die Partei mit den meisten Siegen hierin obsiege vor Gericht.

Dieser Sachsenspiegeltext, heißt es in der ersten Glossierung, müsse jedenfalls falsch sein. Denn so würde mancher Mann, der im Recht sei, besiegt werden. Als Beleg wird hier die höchste aller Autoritäten, die Bibel, angeführt. Johann von Buch gibt eine kurze Zusammenfassung der in Iudic. 19–20[1987] geschilderten Erzählung

1984 Nehlsen-von Stryk, ZRG GA 117 (2000) S. 29; Kannowski, Buch'sche Glosse S. 218 f.

1985 So lautet die lapidare Glossierung zu Ldr. II 12 § 8: BG II 12 § 8 *Schilt en Sasse*, S. 591: *Dit hebbe wy gedudet* [Ldr. I 18]. Übersetzung: Das haben wir ausgelegt bei [Ldr. I 18]. – Die Remission lautet *li. I ar. XVIII,* was nach der Einteilung des Codex Hecht vulgat Ldr. I 19 entspricht, von Kaufmann, Buch'sche Glosse S. 591 korrigiert.

1986 Ldr. II 12 § 8, S. 239: *Schilt en sasse en ordel, unde tiüt he's an sine vorderen hant unde an die meren menie, he mut dar umme vechten selve sevede siner genoten wider andere sevene; svar die mere menie segevichtet, die behalt dat ordel. Iewelk verseget man geweddet deme richtere, unde gift deme bute, die up ine gevuchten hevet. Um ordel ne mut man niergen vechten denne vor deme rike.*

1987 Iudic. 19–20. Zusammengefasst findet sich dort folgende Erzählung: Ein Levit hat eine Nebenfrau genommen aus Bethlehem im Gebiet des Stammes Juda. Nachdem diese ihn im Streit verlassen hat und zu ihren Eltern zurückgekehrt ist, folgt er ihr und kann sie

wieder. In dem Buch der Richter stehe, dass die Angehörigen des Stammes Benjamin dreimal gegen die übrigen Stämme Israels gesiegt hätten, nachdem die Frau des Leviten vergewaltigt worden sei. Und doch habe Gott den Israeliten das Kämpfen befohlen und diese seien im Recht gewesen. Und ohne Zweifel, fährt der Glossator fort, aus Recht könne durch einen Sieg nicht Unrecht werden und umgekehrt.

In der zweiten Glossierung von Ldr. I 18 wird dieser Einwand wieder aufgenommen, allerdings einschränkend ausgelegt. Was in der ersten Glossierung gesagt worden sei – der Glossator formuliert hier in der ersten Person –, dass der gerichtliche Zweikampf unrecht sei, das gelte nur für die Fälle, in denen der Kämpfende im Unrecht sei. Werde aber ein Mann, der im Recht sei, vor dem Königsgericht verurteilt, der könne dieses Urteils mangels eines höheren Richters nicht anfechten und solle daher sein Recht in die Hände Gottes legen und seinen Leib dafür einsetzen. In diesen Fällen dürfe ein gerichtlicher Zweikampf sein, denn bereits im antiken[1988] römischen Recht sei der Zweikampf erwähnt, dies wäre nicht der Fall, wenn er Unrecht wäre. Die Rückführung des gerichtlichen Zweikampfes entnimmt der Glossator nahezu wortwörtlich der Accursischen Glosse[1989]. Er ergänzt sie aber

---

zur Rückreise bewegen. Unterwegs, in einer von Angehörigen des Stammes Benjamin bewohnten Stadt, können beide im Haus eines dort ebenfalls nicht gebürtigen alten Mannes übernachten. Nachts verlangen die Stadtbewohner den Mann heraus, um ihn zu vergewaltigen. Der Mann übergibt ihnen um seines eigenen Wohlergehens willen seine Nebenfrau und die Stadtbewohner vergewaltigen sie brutal. Sie kann sich an die Schwelle des Hauses zurückschleppen, wo sie am nächsten Morgen der Mann – nicht mehr ansprechbar, wohl tot – findet, als er seines Weges ziehen will. Er transportiert sie nach Hause und zerstückelt ihren Körper dort in zwölf Teile. Diese versendet er im ganzen Gebiet der Stämme Israels. Daraufhin versammeln sich alle Stämme und verlangen vom Stamm Benjamin die Schuldigen heraus, was dieser aber verweigert. Die übrigen Stämme Israels ziehen deswegen ein Heer zusammen, befragen am Abend Gott, und ziehen am nächsten Tag vor die Stadt der Schuldigen. Bei einem Ausfall am ersten Tag werden viele tausend Israeliten erschlagen. Am nächsten Tag befragen die Israeliten Gott ein zweites Mal und er befiehlt ihnen wiederum zu kämpfen. Auch an diesem Tag erschlagen die Angehörigen des Stammes Benjamin viele tausend Israeliten. Wieder ziehen sich die Israeliten in ein Heiligtum zurück und befragen Gott, der ihnen wiederum zu kämpfen aufgibt. An diesem Tag locken die Israeliten die Angehörigen des Stammes Benjamin mit einer List von der Stadt fort, können diese so überwältigen, erschlagen viele zehntausend Benjaminiter und zerstören ihren Städte.

1988 Wenn Johann von Buch den Begriff *Romesches recht* benutzt, meint er in historischer Perspektive das römische Recht der Antike, nicht das als geltend verstandene römisch-kanonische Recht, Kannowski, Buch'sche Glosse S. 199, Kaufmann, Brücken S. 73. Johann von Buch geht also davon aus, dass der gerichtliche Zweikampf im antiken römischen Recht vorgesehen war, zwischenzeitlich aber abgelegt worden war, Kannowski, ebenda S. 199.

1989 Steffenhagen, Accursische Glosse S. 103–105; Kaufmann, Buch'sche Glosse S. 232 Anm. 59. AG Inst. 3, 1, 5 *Perduellionis* Satz 2: *Et potest dici hoc & defendi: quia & secundum iura Romana videtur posse fieri debere pugna: & sunt aliqua ar. vt ff. ad leg. aquil. l. qua actione § si quis in colluctatione.* [= Dig. 9, 2, 7, 4] *ff. de re iud. commodis* [= Dig. 42, 1, 40] *& ff. de iis qui not. infa. athletas.* [= Dig. 3, 2, 4] *& C. de athle. l. j.* [= Cod. 10, 54, 1 l. un] *& ff. de excu. tut. l. athletae. in princ.* [= Dig. 21, 1, 8] *& C. quae res pignori ob. pos. l. spem.* [= Cod. 8, 16, 5]

um eine Einschränkung. Ein gerichtlicher Zweikampf sei nur Recht, wenn der den Zweikampf Fordernde im Recht sei[1990]. Zwar wird der gerichtliche Zweikampf nicht ausgeschlossen, weil die Gefahr bestehe, dass ein Mann, der im Recht sei, besiegt werde. Doch wird ein gerichtlicher Zweikampf nur dann als Recht anerkannt, wenn der Kämpfende im Recht sei. Zu verstehen ist dies wohl dahingehend, dass ein Mann, der den gerichtlichen Zweikampf anstrebt, obwohl er (was für den Richter nicht erkennbar ist) nicht für das Recht kämpft, sich vor Gott schuldig macht[1991]. Durch diese Einschränkung wird die Bemerkung am Ende der ersten Glossierung, dass durch einen Sieg aus Recht nicht Unrecht werden könne und umgekehrt, berücksichtigt, auch wird die Aussage der ersten Glossierung, wie sie am Beginn der zweiten zusammengefasst wird, aufrechterhalten. Dagegen wird der Sachsenspiegeltext auch an dieser Stelle einschränkend ausgelegt. Denn nach der Formulierung des Sachsenspiegels wird lediglich bemerkt, dass der Zweikampf bei *nen ordel<,> so recht* es sei, ausgeschlossen sei. Nach der zweiten Glossierung dagegen wird die vorgenannte Aussage um die für eine spätmittelalterliche Partei möglicherweise entscheidende Aspekt dahingehend ergänzt, dass man den gerichtlichen Zweikampf zwar in allen Fällen durchführt, dass sich der Zweikämpfende aber bei ungerechtfertigten Urteilen vor Gott ins Unrecht setzt.

ζ. Der Sachsenspiegeltext als Bezugspunkt der Bezeichnung *boze gloze*

Eine detaillierte Untersuchung der Glossierung zu Ldr. I 18 zeigt damit, dass die zweite Glossierung von Ldr. I 18 der ersten keineswegs widerspricht oder sie bekämpft, wie es von Schwerin formuliert. Vielmehr werden alle in der ersten Glossierung gegen den Sachsenspiegel vorgebrachten Einwände umfassend berücksichtigt und der Sachsenspiegeltext entsprechend eingeschränkt. Die in der ersten Glossierung als Argumente angeführten rechtlichen Ansichten widersprechen keineswegs denen Johanns von Buch[1992]. Vor diesem Hintergrund stellt sich allerdings die Frage,

---

& ff. de donatio l. donatione. in fin. [= Dig. 39, 5, 31, 4] *his enim legibus habetur mentio de tali pugna, quae non fieret nisi de iure esset,* zitiert nach dem Druck Lyon 1558–1560, VP, Inst. Sp. 251 f.

1990 Diese Einschränkung formuliert Johann von Buch auch an anderer Stelle: BG I 63 § 1 *Kempliken groten* Satz 3, S. 453: *So mach kamp mit gode syn, van yennes wegene, de recht hefft.* Übersetzung: So darf ein Kampf mit Gott<es Billigung> sein, um dessentwillen, der Recht hat.

1991 Vgl. auch die Formulierung in BG I 63 § 1 *Kempliken groten,* oben Anm. 1990.

1992 Diese Feststellung wird durch eine Einbeziehung weiterer Glossenstellen bestätigt, denn die entsprechenden Auffassungen werden auch an anderer Stelle vertreten: Dass Frauen in Sachsen erben können, wird auch in BG I 17 § 1 *Doch nympt sones kint erue vor vader* und BG I 17 § 2 *De Swauee* festgestellt, oben S. 159 ff. – Dass es Fälle gibt, in der ein Sachse oder eine Sächsin sich nicht durch den Unschuldseid reinigen kann, wird an mehreren Stellen thematisiert, etwa in BG I 7 *Wel he is auer vorsaken,* S. 180*: Dit wille wy dy openbaren jnfra* [Ldr. I 15; Ldr. I 18 § 2], *mit eneme vnderschede.* Übersetzung: Das will ich dir unten aufdecken [Ldr. I 15; Ldr. I 18 § 2], durch eine Unterscheidung. – BG I 13 § 1 *Is it auer ander*

wie die Überleitung von der ersten zur zweiten Glossierung zu verstehen ist: *Doch wete, dat dat en boze glose is, de den text confunderet.*

---

gut, S. 204: *Hire hefstu, dat men nicht zweren en mach dar vore, dat me lifflikwen bewisen mach.* Übersetzung: Hier hast du, dass man nicht schwören darf für das, was man leiblich beweisen kann. – BG I 15 § 1 *Swe deme anderen*, S. 207: *Nun hefft he gesecht van saken, der de eruen itliker vorsaken mach. Nu wel he seggen, des de erue nicht vorsaken en mach.* Übersetzung: Nun hat er gesagt von Dingen, bei denen jeder der Erben abstreiten kann. Nun will er sagen, was der Erbe nicht abstreiten kann. – BG I 15 § 1 *Edder to behaldene dut, sunder beschet* Satz 2, S. 208: *Nu wete, wat me vnderscheden mach mit der gesteltnisse, vnd dit vnder enem manne liffliken bewisen mach, des ne mach de erue sunder tuch nicht behalden; wes men auer nicht mit vnderschede bewisen mach, dat id also gelijk is vnder en ander, alze penninge, win vnde korn vnd olye, dar mach me vore sweren.* Übersetzung: Nun wisse, was man <bei möglicherweise nicht der Erblasser/in gehörenden Gegenständen in einem Nachlass> unterscheiden kann durch die Gestaltung und <wenn man> dies im Besitz eines Mannes leiblich beweisen kann, das kann der Erbe nicht ohne Zeugen behalten; was man aber mit einem <solchen> Unterschied nicht beweisen kann, weil es so gleich untereinander ist, wie Pfennige, Wein und Getreide und Öl, dafür kann man <d. h. die Erb/in> schwören. – Dass der gerichtliche Zweikampf nur für denjenigen rechtens ist, der für das Recht kämpft, wird ebenfalls betont in BG I 63 § 1 *Kempliken groten* Satz 3, oben Anm. 1990. Überhaupt steht Johann von Buch dem gerichtlichen Zweikampf ablehnend gegenüber, dieser sei größtenteils außer Gebrauch gekommen. BG I 48 § 3 *Alsus mot me enen doden man wol weren* Satz 1, 2 Hs. 1., S. 355: *Dit is almestich vte de wonheit gekomen. Doch sint noch stucke, dar men vmme vechten mot.* Übersetzung: Dies ist größtenteils außer Gebrauch gekommen. Doch gibt es noch Dinge, um die man <gerichtlich> fechten darf. – BG I 48 § 3 *Mit kempen* Satz 4–7, S. 356 f.: *Du scholt weten, dat desse ar., de van kampe spreken, nerghen mer to nutte sin. Wen wor men <wilner> kempen vp leyden mochte, de mach men nu vorwynnen mit zeuen manne tughe. Doch were id vnderscheed twisschen den, de kempen vp eine(n) leyden wel, vnde deme, de suluen vechten wil. Jodoch mach me vmme alle sake nicht vechten, alze men vmme alle sake nicht liff vnd gud vorlesen mach, ut (...).* Übersetzung: Du sollst wissen, dass diese Ar<-tikel>, die vom <gerichtlichen> Zweikampf sprechen, zu nichts mehr nutze sind. Denn wo man <früher> einen Lohnkämpfer einsetzen konnte, dem kann man <es> nun nachweisen mit dem Zeugnis von sieben Männern. Doch gab es einen Unterschied zwischen dem, der Lohnkämpfer einsetzen wollte, und dem, der selber kämpfen wollte. Doch darf man nicht aus allen Gründen fechten, wie man nicht aus allen Gründen Leben und Gut verlieren kann, wie (...). BG I 63 § 1 *De mod bydden den richter* Satz 6–9, S. 456 f.: *Van desseme kampe zegge wy nicht vele, wente id is vorgan vte der wonheit, vnde he is gekomen vppe zeuen manne tughe, dar wynnet de klegher den antwerder mede, ut (...). Nu mochtestu auer straffen vns vnde zeggen, id were en ghemene recht, also wy vore gesecht hebben. Nu zegge wij, jd en is nicht also ghemene alze id was, wente me moste bewilen enen isliken man mit kampe ouerwynnen, wat ok sin broke was. Nu vechtet men auer nicht wen vmme dre sake.* Übersetzung: Von diesem Kampf sagen wir nicht viel, denn er ist außer Gebrauch gekommen, und er ist ersetzt worden durch das Zeugnis von sieben Männern, damit überführt der Kläger den Beklagten, wie (...). Nun könntest du aber uns <Lügen> strafen und sagen, dass es ein gemeines Recht sei, wie wir zuvor gesagt haben. Nun sagen wir, es ist nicht so gemein, wie es war, denn man konnte einst einen jeden Mann durch Kampf überführen, was auch sein Rechtsbruch war. Nun ficht man aber nicht um mehr als um drei Gründe.

Es begegnet in dieser Formulierung ein für den spätmittelalterlichen Sprachgebrauch übliches Gegensatzpaar: *text* und *glose*[1993]. Der Begriff Text bezeichnet dabei nicht im heutigen weiten Wortsinne eine beliebige, schriftlich fixierte Aussage. „Text" ist in diesem Sinne ein relationaler Begriff, er bezeichnet das Auszulegende, zu Deutende, zu Kommentierende, dem in der Regel autoritatives Gewicht beigemessen wird, im Gegensatz zum Begriff Glosse, der die Auslegung, die Deutung, die Kommentierung benennt[1994]. Entsprechend dieser Wortbedeutung bezieht sich in der Buch'schen Glosse der Begriff *text* – mit zwei Ausnahmen[1995] – an allen anderen Stellen auf den Sachsenspiegeltext[1996] und der Begriff *glose* auf eine Auslegung[1997], meist bezogen entweder auf die eigene Glosse oder auf die jeweiligen Glossae Ordinariae des gelehrten Rechts[1998]. Fraglich ist aber, worauf er sich in der hier behandelten Stelle bezieht.

Gemeint sein könnte mit von Schwerin und Kannowski die dem Zwischensatz unmittelbar vorhergehende erste Glossierung von Ldr. I 18. Da die zweite Glossierung der ersten nicht inhaltlich widerspricht, kann die Charakterisierung als *boze* zwar nicht auf die rechtlichen Ausführungen der ersten Glossierung bezogen sein, wie dies von Schwerin annimmt. Allerdings könnte der Ausdruck darauf abzielen, dass die erste Glossierung den Text des Sachsenspiegels in Bezug auf alle drei Rechtssätze umfassend als *valsch* bezeichnet, während die zweite Glossierung den Sachsenspiegel zwar korrigiert, aber nicht gänzlich verwirft. Dem Advocatus diaboli wird nicht in seinen Argumenten widersprochen, aber in seiner Schlussfolgerung. Allerdings

1993 So Schumacher, Wortgebrauch von „Text" und „Glosse" S. 224 ff. für den Wortgebrauch in der deutschen Dichtung des Spätmittelalters.

1994 Schumacher, Wortgebrauch von „Text" und „Glosse" S. 225.

1995 An diesen bezieht er sich auf das Liber Sextus bzw. die Novellen, in BG I 21 § 2 *Ghescheden* Satz 10, S. 249 und BG I 44 *Claget maget* Satz 13, S. 342, außerdem findet er sich in anderer Bedeutung in einigen Allegationen, etwa BG I 27 § 1 *Yewelik wif eruet* Satz 17: (...) *ut extra de decimis c. sugestum [*= c. 9 X 3, 30*] in textu et in glosa,* (...).

1996 Hüpper, Wort und Begriff Text S. 245. Vgl. die Übersicht bei Kaufmann/Neumeister, Glossar S. 1066.

1997 Vgl. die Übersicht bei Kaufmann/Neumeister, Glossar S. 435 f.

1998 Als Verweis auf die jeweilige Glossa Ordinaria des gelehrten Rechts erscheint der Begriff etwa in: BG I 21 § 2 *Ghescheden* Satz 10, S. 249; BG I 33 *Nu vornemet vmme en wif* Satz 5, S. 306; BG I 48 § 3 *Mit kempen* Satz 7, S. 357; BG III 25 § 2 *Wat buten* Satz 4, S. 1077; BG III 54 § 2 *Id ne sy* Satz 2, S. 1275; BG III 57 § 2 *De koningh van Bemen* Satz 4, S. 1301; BG III 63 § 1 *Constantin* Satz 16, S. 1338. Allgemein eine Auslegung eines autoritativen Textes bezeichnet er in BG III 65 § 1 *Dar vint yewelik* Satz 8 Hs. 1, S. 1368: *Dar to zegge: We schollen der rechte afflegginge in den glosen vermyden, wor we iummer moghen, ut* (...). Übersetzung: Dazu sage: Wir sollen das Ablegen von Rechten in den Glossen vermeiden, wo immer wir es können, wie (...). – Die eigene Glosse gemeint ist etwa in BG Prolog Vers 138, S. 99, Vers 170, S. 101, Vers 253, S. 106, Vers 255, S. 106, Vers 265 S. 107, Vers 271, S. 107; BG I 32 *Sprickt ze auer* Satz 9, S. 302; BG II 12 § 15 *Wert en man ghevangen* Satz 1, S. 597; BG II 19 § 1 *De vader* Satz 8, S. 644; BG II 31 § 1 *Swe zik zuluen van dem liue deit* Satz 10, S. 723; BG II 64 § 1 *Wiff vnde maget* Satz 8, S. 884.

ist dafür die Bezeichnung als *boze glose* sehr harsch, an vergleichbaren Stellen[1999] formuliert Johann von Buch bei der Einleitung der Auflösung deutlich zurückhaltender, etwa *hir antwerde wij to vnd seggen*[2000] oder *desse argumenta loze sus*[2001]. Zudem spricht gegen diese Auslegung die Formulierung, dass die *boze glose* den Text *confunderet*[2002]. Denn die erste Glossierung legt den Sachsenspiegeltext im Ergebnis nicht aus – sodass sie ihn entstellen könnte –, sie lehnt ihn gänzlich ab. Die Argumente aber, die zur Ablehnung des Sachsenspiegeltextes führen, sind gerade nicht *boze*, vielmehr teilt Johann von Buch diese rechtlichen Ansichten.

Daher scheint entgegen der Annahme von Schwerins und Kannowskis eine andere Bedeutung der Überleitung wahrscheinlich. Die erste Glossierung stellt eine der schroffsten Ablehnungen des Sachsenspiegeltextes in der Buch'schen Glosse dar. Nicht nur eine einzelne Formulierung[2003], sondern alle drei Paragraphen des Sachsenspiegelartikels werden als *valssch* bezeichnet, der letzte Artikel müsse sogar *by not valssch* sein. Vergleichbar ist nur die Glossierung zur sogenannten Freiheitsstelle in Ldr. III 42[2004], in der Johann von Buch zunächst zwei Aussagen in den Artikel hin-

1999 Herangezogen werden hier Stellen, bei denen ebenfalls ein Sachsenspiegeltext als *valsch* bezeichnet wird mit Ausnahme der sogleich zu thematisierenden Glossierung zur sogenannten Freiheitsstelle, Ldr. III 42 § 2. Dies sind BG I 3 § 3 *De paues en mach doch*; BG III 71 § 1 *Alse id de kleger vnde de richtere vornemen*; BG III 75 § 1 *An eghene*; BG III 77 § 1 *Deyt en man*.

2000 BG I 3 § 3 *De paues en mach doch* Satz 16, S. 160.

2001 So BG III 77 § 1 *Deyt en man* Satz 15, S. 1442, ähnlich in derselben Glosse Satz 23, 24, S. 1444, außerdem in BG III 71 § 1 *Alse id de kleger vnde de richtere vornemen* Satz 9, S. 1402; BG III 75 § 1 *An eghene* Satz 18, S. 1420.

2002 Das Frühmittellateinische Rechtswörterbuch, Köbler, LEX S. 62, weist für *confundere* die Bedeutungen: „zusammengießen, zusammenschütten, vermischen, vermengen, vereinigen, verschmelzen, sich konzentrieren, verwirren, verwischen, entstellen, verstören, bestürzt machen, außer Fassung bringen, sich ergießen" aus.

2003 In den in Anmerkung 2001 genannten vier Stellen wird, wenn auch teilweise in mehrfacher Hinsicht, nur jeweils eine Formulierung des Sachsenspiegeltextes angegriffen.

2004 Von der sehr umfangreichen Glossierung soll an dieser Stelle lediglich der Anfang auszugsweise wiedergegeben werden. BG III 42 § 1 *God hefft den man* Satz 1–5, 7 Hs. 1, 13, 17, 18 Hs. 1, 22 Hs. 1, 28, 31 Hs. 1, 33 Hs. 1, 38, S. 1183–1187: *Alle desse ar. dat sint her Eyken wort, vnde he en sprickt desse wort nicht vor en recht, mer he sprickt se dor disputerendes willen. Vnde wel proberen, dat dor recht nene eghene lude sin en scholen. To deme anderen wel he proberen, dat id allenes sy vmme denstlude vnde vmme eghene lude. Went he denne disputeren wel alse en mester vnder sinen scholeren, des wille wy mit orleue antwerden, nicht dor dat wy ene vorlichtliken willen, alse offt wy weren anvechtere der doden, wen dor dat wille wy dat don, dat id deste mer gleste sin eerbare wisheit, went men dar yeghen hord vnse brodinge dorheit. Dat nement des anderen eghen sin schal, dat wel he bewisen mit dryerleyen stucken.* (…) *Jn desseme argumente* (…). *Dit loze zus.* (…) *Dit anvechtent hadde her Eyke wol bedacht. Vnde dar vmme weddersteit he mynem argumente vnde secht:* (…). *Hir wedderspreke wy vnde zeggen,* (…). *Dit lose zus.* (…) *Dit weddersprickt to deme dridden male her Eyke vnde secht:* (…). *We zeggen:* (…) *Dit loze sus.* Übersetzung: Dieser ganze Artikel, das sind Herrn Eikes Worte, und er spricht diese Worte nicht als einen Rechtssatz, sondern um des Disputierens willen. Und er will beweisen, dass es von Rechts wegen keine unfreien Leute geben solle. Zum zweiten will er

einliest und diese – sowie die vom Sachsenspiegel für sie vorgebrachten Argumente – dann mittels einer aufwändigen Argumentation widerlegt. Die Widerlegung eines Teils des von ihm als deutsche Fassung eines rechtlich verbindlichen lateinischen Privilegiums verstandenen Sachsenspiegels ermöglicht sich Johann von Buch dort durch die Annahme, es handele sich bei der „Freiheitsstelle" gerade nicht um einen Teil des dem Sachsenspiegel zugrundeliegenden Privilegtextes[2005]. Vielmehr handele es sich um die Worte Eikes von Repgow, die dieser um des Disputierens willen eingefügt habe.

In ähnlicher Weise könnte bei der Glossierung zu Ldr. I 18 der Schlüssel zu seiner Argumentation in dem Satz *Doch wete, dat dat en boze glose is, de den text confunderet* enthalten sein. Geht man nämlich davon aus, dass sich dieser Satz nicht auf die erste Glossierung bezieht, sondern auf Ldr. I 18 selbst, dann enthielte er die Aussage, dass Ldr. I 18 eben kein Teil des *textus* sei – unabhängig, ob man darunter das zugrundeliegende lateinische Privileg versteht oder den durch Eike von Repgow verfassten und von Johann von Buch ausgelegten deutschen Text. Vielmehr sei Ldr. I 18 eine *glose*, eine Auslegung des Sachsenspiegeltextes, die nach Eikes Zeiten in die Sachsenspiegelhandschriften geraten sei. Und zwar handele es sich bei dieser späteren Ergänzung um eine *boze glose*, eine Auslegung, die die Aussagen des übrigen, des ursprünglichen Sachsenspiegeltextes verfälsche.

In der Tat ließe sich Ldr. I 18 mit seiner Aufzählung von drei Rechtssätzen, die teilweise nur sehr kurz angesprochen werden, als eine Glossierung lesen. Nach dem Vorbild der *distinctiones* des gelehrten Rechts[2006] finden sich ähnliche durchnummerierte Aufzählungen im Text der Buch'schen Glosse sehr häufig[2007], eingeleitet oft durch eine zusammenfassende Formel[2008] – dem Einleitungssatz von Ldr. I 18 nicht unähnlich –, während sie im Text des Sachsenspiegels die große Ausnahme bilden. Ldr. I 18 ist dabei unter diesen durchnummerierten Aufzählungen des Sachsenspie-

---

beweisen, das Eigenleute und Dienstleute dasselbe seien. Weil er also disputieren will, wie ein Meister unter seinen Schülern, darauf wollen wir mit Erlaubnis antworten, nicht, weil wir ihn erniedrigen wollen, als wenn wir Anfechter der Toten wären, sondern wir wollen es tun, damit umso mehr seine ehrbare Weisheit erstrahle, weil man dagegen unsere gärende Dummheit hört. Dass niemand das Eigentum des anderen sein soll, das will er beweisen mit dreierlei Dingen. (...) An diesem Argument (...). Das löse so. (...) Diesen Einwand hatte Herr Eike wohl bedacht. Und darum widersteht er meinem Argument und sagt: (...). Hier widersprechen wir und sagen, (...) Dies löse so. (...) Dem widerspricht zum dritten Mal Herr Eike und sagt: (...). Wir sagen: (...) Dies löse so.

2005 Vgl. Kannowski, Buch'sche Glosse S. 286, insbesondere Anm. 4, 287 ff.

2006 Vgl. Huneke, Iurisprudentia romano-saxonica S. 464 f.

2007 V. Schwerin, Aufsatz I S. 12; Bindewald, DA 15 (1959) S. 466.

2008 Vgl. schon die Glossierung zu Ldr. I 3: BG I 3 § 2 *Van den herschilden. To der suluen wijs* Satz 2, S. 147 *Ridderschop is twyerleie.* Übersetzung: Ritterschaft ist zweierlei. – BG I 3 § 3 *<Nv merke ouk>* Satz 1, S. 150: *Mageschapp is drierleie.* Übersetzung: Verwandtschaft ist dreierlei. – BG I 3 § 3 *De paues en mach doch* Satz 17, S. 160: *Des rechtes vorwandelinge, (...) de komet to dryerleye wijs.* Übersetzung: Die Änderung des Rechts (...) kommt auf dreierlei Weisen.

gellandrechts[2009] die einzige, in der mehrere, zudem inhaltlich weit auseinanderliegende Rechtssätze unter einem gemeinsamen Einleitungssatz zusammengefasst werden. Es lässt sich bei Ldr. I 18 also von einer gewissermaßen „glossenähnlichen" Gestalt sprechen. Dieser formale Aspekt wird durch die Tatsache verstärkt, dass die in Ldr. I 18 dargestellten Rechtssätze nach Ansicht Johanns von Buch im Sachsenspiegeltext auch – oder möglicherweise: eigentlich – an anderer Stelle dargestellt werden, nämlich in Ldr. I 17 § 2; Ldr. II 12 § 8 und wohl Ldr. I 22 § 1[2010]. Insofern liegt es durchaus nahe, dass der Artikel von Johann von Buch als Fremdkörper, als eine spätere Ergänzung wahrgenommen wurde.

Freilich stände die Glossierung zu Ldr. I 18 damit allein, an keiner anderen Stelle wird ein Teil des Sachsenspiegeltextes als die unsachgemäße Glossierung des eigentlichen Privilegs bezeichnet[2011]. Jedoch sind auch die anderen Fälle, in denen Johann

---

2009 Ldr. I 1; Ldr. I 3 §§ 1–3; Ldr. I 27 §§ 1, 2; Ldr. II 7.

2010 Eindeutig ist dies bei Ldr. I 18 § 1, das „Schwäbische Recht" wird im vorhergehenden Artikel, nämlich Ldr. I 17 § 2 ausgeführt und auf diesen Artikel verweist Johann von Buch auch in BG I 18 § 3 *Dat drudde: Dat nen ordel.* Auch Ldr. I 18 § 3 sieht Johann von Buch ganz offensichtlich als Parallelstelle zu einem anderen Sachsenspiegelartikel, nämlich zu Ldr. II 12 § 8, oben Anm. 1985, 1986. Weniger deutlich ist dies in Bezug auf Ldr. I 18 § 2. Dennoch sieht er wohl auch hier Parallelen zu anderen Stellen. So beginnt die Glosse BG II 22 § 1 *Swat en man* mit den Sätzen BG II 22 § 1 *Swat en man* Satz 1, 2, S. 659: *Hir vore in* [Ldr. I 7; Ldr. I 8 § 1] *seghde id recht: En man mochte versaken, des me eme teghe, weret auer vor ghērichte schen, so vertûghede ene de richter in itliker sake silf seuede vnde in itliker sûlf dridde. Dat sûlue rort he ok in* [Ldr. I 18]. Übersetzung: Zuvor in [Ldr. I 7; Ldr. I 8 § 1] sagte das Recht: ein Mann kann abstreiten, dessen man ihn bezichtigt, wäre es aber vor Gericht geschehen, so beweist es gegen ihn der Richter in manchen Sachen selbsiebt, in manchen selbdritt. Dasselbe behandelt er auch in [Ldr. I 18]. – Die erste Remission spricht nur einen Artikel an: *in deme ersten boke inme VII ar.*, was nach der Einteilung des Codex Hecht vulgat Ldr. I 8 entsprechen würde, von Kaufmann, Buch'sche Glosse S. 659 aufgrund des wiedergegebenen Inhalts korrigiert. Die zweite Remission lautet *in deme siluen boke inme XVII ar.*, was nach der Einteilung des Codex Hecht dem auch inhaltlich passenden vulgaten Ldr. I 18 entspricht.

2011 Hierauf verweisen zwar einige Verse im Glossenprolog, in denen sich der Glossator mit der Konzeption der Glosse auseinandersetzt: BG Prolog Vers 215–218, S. 104: *Doch andirs ittelike dit ok distinguiret han / Unde setten't werlike, wu it in dunket gut gedan, / Se in de handveste scriven, dat dar in nicht scolde stan, / Dat in der scrine bliven scholde, se dat undirslan.* Übersetzung: Doch manche andere haben dies auch distinguiert / Und setzten es <d. h. die Artikelanfänge> in störender Weise, wo es ihnen gut getan erschien, / Sie schrieben in die Handfeste, was nicht darin stehen sollte, / Was <aber> in deren Schrein bleiben sollte, das unterschlugen sie. – In der lateinischen Fassung: *Multi tamen aliter praedicta distinxerunt / Et ponentes, qualiter haec ipsis placuerunt, / Et quae in privilegio non sunt, apposuerunt, / Et quae in eius scrinio erant, subtraxerunt.* Diese Ausführungen beziehen sich zum einen auf die unterschiedliche Artikeleinteilung in unterschiedlichen Handschriften, Johann von Buch spricht hier jedoch auch von Ergänzungen und Kürzungen des Sachsenspiegeltextes, und zwar nicht um solche Eikes von Repgow oder späterer Kaiser, sondern um unautorisierte Kürzungen und Ergänzungen solcher Personen, die den Text ebenfalls *distinguiert*

von Buch Sachsenspiegelartikel aus dem ursprünglichen Privileg ausscheidet, selten. In der Textfassung des Codex Hecht werden lediglich drei Artikel Eike von Repgow zugeordnet[2012], zwei weitere werden als Ergänzung Karls des Großen aus eigenen Gesetzen gesehen[2013] und lediglich ein Artikel – und der nur in einer von zwei an unterschiedlichen Stellen stehenden Glossierungen – wird späteren Kaisern zugeordnet[2014]. Entgegen einer verbreiteten Meinung[2015] kann Johann von Buch bei den drei Eike von Repgow zugeordneten Stellen die Zuordnung aus einem Vergleich des Textbestandes einer lateinischen Handschrift und einer deutschen Handschrift abgeleitet haben, indem er den Mehrbestand des deutschen Textes auf Eike von Repgow zurückführte[2016]. Bei diesen Stellen handelt es sich, wie Kannowski herausgearbeitet hat, nicht um Artikel[2017], die in den lateinischen Formen des Sachsenspiegels fehlen würden. Vielmehr scheint die Zuordnung aufgrund inhaltlicher Kriterien erfolgt zu sein, wie dies schon Homeyer vermutete[2018]. Zeigt der Glossator aber das Selbstbewusstsein, bestimmte Abschnitte des Sachsenspiegeltextes aufgrund inhaltlicher Kriterien Eike von Repgow zuzuordnen – oder waren solche Zuschreibungen

hätten. Jedoch lässt der Glossenprolog erwarten, dass Johann von Buch durch Rückgriff auf das von ihm im folgenden, dazu unten S. 560, erwähnte bullierte Exemplar solche Ergänzungen schlicht ausgeschieden und fortgelassen hat. Allerdings ist auch die Behauptung Johanns von Buch, über ein bulliertes Exemplar zu verfügen, in der Forschung unterschiedlich bewertet worden. Kannowski, Buch'sche Glosse S. 52 urteilt: „Ob dem so war, ob es auf einer Täuschung beruht oder ob Johann uns täuscht, wird sich nicht klären lassen.", ebenso ebenda S. 545 Anm. 437. Offen lässt dies auch Steffenhagen, Glossenprolog S. 37 Anm. 13. Nach der Ansicht Homeyers, Prolog S. 22 f. und ihm folgend Schilling, Sachsenspiegelglosse S. 86 ff. ging Johann von Buch tatsächlich davon aus, Zugriff auf eine kaiserlich beglaubigte Handschrift zu haben. Homeyer mutmaßt, es müsse sich um einen deutschsprachigen Text gehandelt haben, während Schilling von einer lateinischen Handschrift ausgeht, und zwar dem in der Reimvorrede beschriebenen, lateinischen Urtext des Sachsenspiegels. Andere Stellen in der Glossierung, in denen Johann von Buch Artikel des Sachsenspiegels späteren Autoren zuschreibt, finden sich in jedem Falle nicht.

2012 Nämlich Ldr. I 19 in BG I 19 § 1 *De Swaue nimpt wol*, wiedergegeben oben Anm. 634; Ldr. II 61 in BG II 61 § 1 *Do god den mynschen schop* und Ldr. III 42 in BG III 42 § 1 *God hefft den man*, wiedergegeben auszugsweise oben Anm. 2004. Ldr. I 14 § 1 wird in BG I 14 § 1 *Al sy yd lenrecht*, wiedergegeben auszugsweise Anm. 2176, ebenfalls Eike von Repgow zugeordnet, der Codex Hecht enthält diese Glosse jedoch nur bruchstückweise, ihre Autorschaft ist zudem umstritten ist, dazu unten Anm. 2192.

2013 Nämlich Ldr. III 54 § 2 in BG III 54 § 2 *Alse men den koningh kezet*, wohl auch Ldr. III 52 § 1 in BG III 52 § 1 *De Dudeschen*, beide auszugsweise wiedergegeben in Anm. 625.

2014 Nämlich Ldr. I 26 in BG I 26 *Wert en monik*, wiedergegeben unten S. 525 f. Die Glossen zu den Schlussartikeln ab Ldr. I 82 § 2, die in der Glossierung ebenfalls als spätere Kaisergesetze angesehen werden, fehlen im Codex Hecht, dazu unten S.531 ff.

2015 Eckhardt in Eckhardt/Borchling/Gierke, Rechtsbücher S. 10, 49; Oppitz, Rechtsbücher I S. 29, 72; Lieberwirth, Einleitung S. XXVIII.

2016 Kannowski, Buch'sche Glosse S. 66.

2017 Kannowski, Buch'sche Glosse S. 66.

2018 Homeyer, Genealogie S. 113.

bei zeitgenössischen Rechtskundigen verbreitet[2019] –, so erscheint es auch möglich, dass ein Artikel, Ldr. I 18, aufgrund inhaltlicher Überlegungen als Einfügung einer nachträglichen Glossierung des ursprünglichen Privilegs eingeordnet wird. *BG I 18 § 3 Dat drudde: Dat nen ordel steht zudem* in jedem Falle für sich, denn es wird auch an keiner anderen Stelle eine frühere Glossierung als *boze glose* bezeichnet, obwohl anfängliche, teilweise ebenfalls einigermaßen harsche Einwände gegen den Sachsenspiegeltext, die letztlich durch eine vermittelnde Meinung harmonisiert werden, in der Buch'schen Glosse häufig vorkommen.

η. Die Glossierung zu Ldr. I 18 und die sogenannte Schichtentheorie

Eine umfassende Analyse zeigt damit, dass die Glossierung zu Ldr. I 18 keinerlei Anhaltspunkte für eine Entstehung der Landrechtsglosse durch Kompilation enthält. Weder finden sich überflüssige Wiederholungen noch Unterschiede in den rechtlichen Ansätzen, der Text liest sich vielmehr als fortlaufender Gedankenbogen, indem zunächst gegen den Sachsenspiegel vorgebrachte Argumente in einer zweiten Glossierung aufgenommen und vollumfänglich berücksichtigt werden. Auch die Wendung *boze glose* kann nach der hier vertretenen Auslegung nicht als ein Beleg für unterschiedliche Autor*innen der Glossierung herangezogen werden, schon weil sie sich nicht auf die erste Glossierung, sondern auf den Sachsenspiegeltext bezieht. Im Übrigen ist aber auch Kannowski beizupflichten, dass sich die Wendung ohne weiteres als Verwerfung der selbst zuvor als Advocatus diaboli vorgebrachten Argumente deuten lässt und auch bei diesem Verständnis die Schichtentheorie nicht belegt.

d. Unhaltbarkeit der Schichtentheorie

Abschließend ist damit festzuhalten, dass mit Kannowski und Kaufmann die sogenannte Schichtentheorie im Sinne einer Schaffung der Glosse durch die Kompilation älterer Texte als widerlegt angesehen werden kann. Alle Argumente von Schwerins und Bindewalds sind mindestens angreifbar, überwiegend lassen sie keinerlei Rückschluss auf eine Schaffung der Glosse durch Kompilation zu. Damit gibt es für die Schichtentheorie nicht nur keinerlei handschriftliche Textzeugen von Texten, die als Vorlage des Kompilators in Betracht kommen, es finden sich auch keine belast-

---

2019 Die in den Glossen BG III 54 § 2 *Alse men den koningh kezet* und BG III 52 § 1 *De Dudeschen* angesprochene Vorstellung, dass die Königswahl den Deutschen durch Karl den Großen übertragen worden sei, findet sich etwa auch im Schwabenspiegel in Ldr. 118, Satz 1, 2: *Die tv̊schen kiesent den kivnig. daz erwarp in der kivnig karle alse diz bůch seit*, zitiert nach Lassberg, Schwabenspiegel S. 59. Aus den dortigen Ausführungen ergibt sich freilich nicht, auf welche Weise dies geschehen wäre. Jedoch erscheint es aus systematischen Gesichtspunkten aus Perspektive des Glossators und seiner Zeitgenoss*innen naheliegend, dass die die Königswahl betreffenden Artikel Übernahmen gemeiner Kaisergesetze in das Privileg der Sachsen und Sächsinnen sind und dort nicht originär getroffen wurden, da sie alle Deutschen betreffende Regelung enthalten.

baren Argumente für eine Entstehung der Glosse durch Kompilation. Umfassendere Untersuchungen wie diejenige Kannowskis und die in meiner Arbeit vorgenommene zeigen vielmehr Anhaltspunkte dafür, dass der Glossentext im wesentlichen auf nur eine Person zurückgeht.

II. Die Edition und die Urglosse

Mit der These der sogenannten Schichtentheorie verbunden ist eine weitere, eine zentrale Frage insbesondere der früheren Glossenforschung: die Frage nach der Genealogie der Glossenhandschriften. Angesichts der in verschiedenen Handschriften auftretenden unterschiedlichen Fassungen der Landrechtsglosse ist relativ unbestritten, dass der Buch'sche Text nach seiner Entstehung von anderen Autor*innen weiterentwickelt worden ist. Unbestritten ist auch, dass das Autograph nicht überliefert ist und dass der genaue Wortlaut der Urglosse sich jedenfalls nach gegenwärtigem Forschungsstand nicht erschließen lässt.

Welche der überlieferten Textfassungen der Urglosse aber am nächsten kommt, ist unklar. In der Literatur finden sich unterschiedliche Ansätze, was angesichts der noch ungenügenden Kenntnis des Glosseninhalts nicht überrascht. Die Überlegungen knüpfen vor allem an Unterschiede im Artikelbestand der Glossierung an. So richtet sich die von Homeyer entwickelte und in der späteren Literatur zwar kritisierte, aber bis heute nicht wesentlich veränderte Einteilung der Glossenhandschriften nach der Glossierung der Schlussartikel, da die Handschriften hier charakteristische Unterschiede aufweisen.

Die vorliegende Arbeit stützt sich im wesentlichen auf die in der Kaufmann'schen Edition wiedergegebenen Schwesterhandschriften[2020] und bezieht gelegentlich den Augsburger Druck von 1516[2021] mit ein. Einen Beitrag zur Genealogie der Glossenhandschriften kann sie also nicht – oder allenfalls im Verhältnis der verwendeten Handschriften zueinander – leisten. Jedoch sind einige Aussagen zur Nähe der untersuchten Handschriften zur Urglosse möglich, die sich aus inhaltlichen Überlegungen ergeben, insbesondere Hinweise auf spätere Einfügungen und Veränderungen. Da Codex Hecht und die Wolfenbütteler und Heidelberger Handschrift als die in der maßgeblichen Edition zugrunde gelegten Handschriften auch in künftigen Arbeiten zur Buch'schen Glosse Verwendung finden dürften, mögen die hier zusammengetragenen Erkenntnisse durchaus von Interesse sein. Außerdem finden sich, wie zu zeigen sein wird, Anhaltspunkte dafür, dass die Wolfenbütteler Handschrift eine Mutterhandschrift des Codex Hecht ist. Einbezogen werden sollen bei den Überlegungen

---

2020 Die Handschriften Ms. germ. fol. 942, Staatsbibliothek Berlin, Preußischer Kulturbesitz (der sogenannte Codex Hecht); Cod. Guelf. A.d. Extravagantes, Wolfenbüttel, Herzog August Bibliothek; Cod. Pal. Germ. 165, Heidelberg, Universitätsbibliothek.

2021 Sowie gelegentlich eine Schwesterhandschrift zu dessen Vorlage, die Handschrift Ms. germ. fol. 284, Staatsbibliothek Berlin, Preußischer Kulturbesitz.

auch Abschnitte der Glosse, die in der erbrechtlichen Studie nicht oder nur am Rande behandelt worden sind, die aber im fraglichen Zusammenhang ins Auge fallen.

1. Zum Forschungsstand

Eine genealogische Ordnung der Glossenhandschriften nimmt – nach Vorarbeiten Grupens[2022] und Nietzsches[2023] – erstmals Homeyer vor. In einer 1859 veröffentlichten Abhandlung teilt er die ihm bekannten Sachsenspiegelhandschriften in drei Klassen ein[2024] und unterteilt diese weiter, sodass sich dem Text bei den Ausführungen zur II. Klasse, der Klasse der Handschriften mit Glosse, auch die von ihm erarbeitete Einteilung der Glossenhandschriften entnehmen lässt[2025]. Diese stellt sich wie folgt dar[2026]:

II. Klasse: Handschriften mit Glosse und gewöhnlicher Büchereinteilung
1. Ordnung: Handschriften mit Glossenende bei Ldr. III 81
   1. Familie: Handschriften mit Wiedergabe des Sachsenspiegeltextes bis Ldr. III 81
   2. Familie: Handschriften mit vollständigem, ab Ldr. III 81 unglossierten Text
2. Ordnung: Handschriften mit Glosse bis Ldr. III 87
3. Ordnung: Handschriften mit Glosse bis Ldr. III 91

Unterteilung nach Endglossen oder	nach Ähnlichkeit gemeinsamer Glossen
a. Wurmsche Bearbeitung	a. Wurmsche Bearbeitung
b. Glosse u. a. in Handschrift 434[2027]	b. Tzerstedische Form und Handschrift 434
c. Tzerstedische Form	c. Mohringer Form

2022 Grupen bei Spangenberg, Beyträge S. 31 ff.

2023 Nietzsche, ALZ 1827 (1827) Bd. 3 Sp. 736.

2024 Handschriften ohne gewöhnliche Büchereinteilung und ohne Glosse (I. Klasse), Handschriften mit Glosse und gewöhnlicher Büchereinteilung (II. Klasse) und Handschriften ohne Glosse, aber mit gewöhnlicher Büchereinteilung (III. Klasse).

2025 Neben der im folgenden dargestellten Aufteilung findet sich in Homeyer, Verzeichniss S. 4 f. eine nicht nach Ende der Glossierung, sondern nach spezifischen, auf eine Überarbeitung hindeutenden Mehrungen der Glossierung unterscheidende Einteilung. In dieser wird die Vulgata – entsprechend der Einteilung der 3. Ordnung – folgenden Überarbeitungen gegenübergestellt: 1. Brandenburgische Glosse u. a. im Augsburger Druck von 1516, 2. Magdeburger Schöffenglosse, 3. Tzerstedische Glosse, 4. Glosse u. a. in Handschrift 434 (dort 288), 5. Glosse mit Mehrungen des Theodor von Bocksdorf, 6. Glosse des Petrus von Polena <sic>. In Homeyer, Rechtsbücher S. 5–7 – die Rechtbücher von 1856 stellen sich ausweislich des Vorworts als Überarbeitung des 1836 erschienenen Verzeichnis' dar – finden sich neben der Vulgata folgende Überarbeitungen: 1. Wurm'sche, 2. Tzerstedische, 3. Glosse u. a. in Handschrift 434, 4. Glosse des Petrus von Polena (Posena?) <sic>, 5. Form u. a. im Augsburger Druck, 6. Glosse u. a. in Handschrift 30. Die oben Altmärkisch genannte deutsch-lateinische Glosse wird als gänzlich eigenständig aus der Buch'schen Glosse ausgeschieden.

2026 Homeyer, Genealogie S. 91, 92, 98, 110, 117, 119, 126, 133, 146, 148, 154.

2027 Mogunt. II, Mainz, ehemalige Dombibliothek.

d. Altmärkische lateinische Glosse	d. Altmärkische lateinische Glosse
e. Bocksdorfsche Form	e. Bocksdorfsche Form
f. Glosse u. a. im Codex Petrinus[2028]	f. Glosse u. a. im Codex Petrinus

Homeyer ordnet die Glossenhandschriften damit zunächst anhand des Endes der Glossierung drei Ordnungen zu. Die 1. Ordnung unterteilt er sodann weiter nach dem Ende des wiedergegebenen Sachsenspiegeltextes, während er die 3. Ordnung parallel nach zwei Kriterien unterteilt: einmal nach Übereinstimmung der Glossierung zu den Artikeln Ldr. I 1 – Ldr. III 87 und einmal nach Übereinstimmung der Glossierung zu den Schlussartikeln Ldr. III 88 – Ldr. III 91. Dem liegt die Beobachtung zugrunde, dass die Glossierung bis Ldr. III 87 – soweit enthalten – in allen Handschriften im wesentlichen übereinstimmt, dass sich für die Artikel Ldr. III 88 – Ldr. III 91 aber mehrere voneinander unabhängige Glossierungen ausmachen lassen[2029]. Homeyer erhebt nicht den Anspruch, einen umfassenden Stammbaum mit einer Verortung aller Handschriften innerhalb nachvollziehbarer Entwicklungsstränge und einer Rückführung derselben auf jeweils eine Urhandschrift zu erstellen[2030]. Die einzelnen Klassen als Ganze werden von ihm aber zueinander in Beziehung gesetzt[2031], und auch hinsichtlich der Glossenhandschriften geht Homeyer von einer Entwicklung von der 1. Ordnung hin zur 3. Ordnung aus[2032]. Hinsichtlich

2028 II F 7, Breslau/Wrocław, Biblioteka uniwersytecka.

2029 Homeyer, Genealogie S. 135, vgl. zum Textbestand der einzelnen Handschriften unten S. 532 ff.

2030 Homeyer, Genealogie S. 86, 90.

2031 Nach Ansicht Homeyers ist die I. Klasse die älteste Form des Sachsenspiegels, die II. Klasse ist aus der I. Klasse hervorgegangen und die III. Klasse – Homeyer übernimmt hier Annahmen Nietzsches – durch ein Wegfallen der Glosse aus der II. Klasse, Homeyer, Genealogie S. 88, 158 f., 167.

2032 Homeyer, Genealogie S. 112, 116, 120, 126. Aufgrund der Formulierungen im Glossen- und im Richtsteigprolog, die von einer späteren Ergänzung des ursprünglichen Privilegs durch spätere Kaiser wie auch Unbefugte ausgehen und die Absicht einer reinen Wiedergabe des ursprünglichen Privilegs erkennen lassen, sowie der Beobachtung, dass der Artikelbestands der 1. Familie der 1. Ordnung teilweise, aber nicht ausschließlich in seinen Lücken mit der 1. Ordnung der I. Klasse übereinstimmen, schließt HOMEYER, Genealogie S. 112, ähnlich schon Richtsteig Landrechts S. 30 Anm. **, dass Johann von Buch bestimmte Artikel bewusst nicht glossiert habe. Zur Bestimmung des ursprünglichen Umfangs habe er dabei eine Handschrift zugrunde gelegt, die sich in der Entwicklung zwischen 1. und 2. Ordnung der I. Klasse einfüge, Homeyer, Genealogie S. 114. Daher seien u. a. die Artikel Ldr. I 8 § 3 – Ldr. I 14 § 1, der Artikel Ldr. I 26 und die Schlussartikel Ldr. III 82 § 2 – Ldr. III 91 im Buch'schen Text nicht glossiert gewesen, wohl aber – obwohl in vielen Handschriften der 1. Familie der 1. Ordnung der Glossenhandschriften nicht vorhanden – Ldr. III 82 § 2 und Ldr. III 82 § 1, Homeyer, Genealogie S. 113, 115, 130, 132, 167. Jüngere Autoren hätten die Glossierung dann zunächst bis Ldr. III 87, später bis Ldr. III 91 fortgeführt, Homeyer, Genealogie S. 126, 133, 167 f. Die Ausführungen Homeyers zu dem Bestand der einzelnen

der von Kaufmann zugrunde gelegten Handschriften ordnet Homeyer die in der Kaufmann'schen Edition als Textus minor gewählte Heidelberger Handschrift als reine Glossenhandschrift in der 1. Ordnung der 1. Familie zu[2033], die Wolfenbütteler Handschrift in der 1. Ordnung der 2. Familie[2034]. Den Augsburger Druck von 1516 ordnet er in der 3. Ordnung ein[2035].

Steffenhagen widmet sich der Genealogie der Glossenhandschriften in der neunten[2036] seiner in Vorbereitung auf eine Glossenedition erschienenen zwölf Abhandlungen, nachdem er in der achten[2037] bereits ein aktualisiertes Verzeichnis aller bekannten Handschriften vorgelegt hatte. Dabei übernimmt er im wesentlichen die Einteilung Homeyers, modifiziert aber die Unterteilung innerhalb der Ordnungen. Statt der Unterteilung der 1. Ordnung nach dem Umfang des enthaltenen Sachsenspiegeltextes wählt er eine Einteilung nach dem Umfang der Glossierung. Innerhalb der Glossenhandschriften mit Glossenende bei Ldr. III 81 macht er drei Gruppen aus: Einige Handschriften endeten mit einer Glosse zu Ldr. III 81 § 1, andere Handschriften enthielten darüber hinaus eine inmitten eines Satzes abbrechende Glosse zu Ldr. III 81 § 2 und eine dritte Gruppe von Handschriften setze das Glossenbruchstück mit Ausführungen zur Ebenburt fort. Die doppelte Unterteilung der 3. Ordnung ersetzt Steffenhagen durch eine Einteilung allein nach der Rezension der Schlussartikel. Die lateinisch/deutsche Stendaler Glosse[2038] wie auch die Randglossen des Tammo von Bocksdorf und die wohl ebenfalls auf Tammo von Bocksdorf zurückgehenden sogenannten Bocksdorfschen Additionen scheidet er als eigenständige Glossierungen aus der Buch'schen Glosse aus[2039].

1. Ordnung: Handschriften mit Glossenende bei Ldr. III 81
   1. Gruppe: Glossenschluss nach Ldr. III 81 § 1
   2. Gruppe: Glossenschluss nach Glossenbruchstück zu Ldr. III 81 § 2

Glossenhandschriften gehen über die hier angesprochenen Punkte freilich weit hinaus, vgl. dazu auch die Zusammenfassung bei SINAUER, NA 1935 S. 485–497. Zur Argumentation Homeyers zur Schlussglossierung auch unten S. 536 f., 557 ff.

2033 HOMEYER, Genealogie S. 117.

2034 HOMEYER, Genealogie S. 120.

2035 Dabei wird der Druck nur bei der Zuordnung zu der Unterteilung nach Glossenschluss genannt, allerdings hatte Homeyer ihn zuvor als im wesentlichen übereinstimmend mit Handschrift 83 (II F 6, Biblioteka uniwersytecka, Breslau/Wrocław) bezeichnet, diese enthalte zum einen die Glosse wie u. a. in Handschrift 434, zum anderen als Randglosse die Altmärkische Lateinische Glosse. Der Codex Hecht ist in der Untersuchung nicht berücksichtigt, er befindet sich zu dieser Zeit in Leipzig im Antiquariat von Theodor Oswald Weigel, KAUFMANN, Einleitung S. LXII.

2036 Verzeichnis der Handschriften und Drucke (SB Wien, Bd. 114, Heft 2, 1887, mit Nachtrag im Anzeiger der kaiserlichen Akademie der Wissenschaften zu Wien, Phil.-hist. Kl., Jg. 25, 1888).

2037 Die Überlieferung der Buch'schen Glosse (SB Wien, Bd. 114, Heft 2, 1887).

2038 So auch schon HOMEYER, Rechtsbücher S. 5, oben Anm. 2025.

2039 STEFFENHAGEN, Überlieferung der Buch'schen Glosse S. 701–704.

3. Gruppe: Glossenschluss nach Glossenbruchstück Ldr. III 81 § 2 und Ausführungen zur Ebenburt
2. Ordnung: Handschriften mit Glosse bis Ldr. III 87
3. Ordnung: Handschriften mit Glosse bis Ldr. III 91
1. Gruppe: Wurm'sche Umarbeitung
2. Gruppe: Petrinische Glosse
3. Gruppe: Tzerstedische Glosse
4. Gruppe: Bocksdorf'sche Vulgata

Im Unterschied zu Homeyer sieht Steffenhagen die von ihm übernommene Einteilung jedoch nicht als eine Wiedergabe der wesentlichen Entwicklungslinie der Glosse. Mit der ursprünglichen Gestalt der Glosse befasst er sich vielmehr erst nach der Zuordnung der Handschriften und Drucke zu den Ordnungen und Gruppen[2040]. Aufgrund inhaltlicher Überlegungen[2041] sei nicht von einer fortschreiten

2040 Dazu wendet er sich zunächst den Lücken innerhalb der Glossierung zu. Er unterscheidet dabei die bei Homeyer thematisierten Stellen nach der Verbreitung ihres Fehlens in den einzelnen Handschriften nach singulären Lücken – diese rechnet er unbesehen Johann von Buch zu, Steffenhagen, Überlieferung der Buch'schen Glosse S. 721, 722 – und sogenannten Hauptstellen, deren Ursprünglichkeit er sodann anhand inhaltlicher Anhaltspunkte untersucht, unten Anm. 2041. Dem Glossenschluss wendet er sich erst danach zu, Steffenhagen, ebenda S. 729–733.

2041 Steffenhagen, Überlieferung der Buch'schen Glosse S. 722–729 untersucht insgesamt sechs Stellen anhand inhaltlicher Gesichtspunkte auf ihre Ursprünglichkeit, nämlich die Glossierung zu den Vorreden des Sachsenspiegels, zu Ldr. I 7 – Ldr. I 14 § 1, zu Ldr. I 26, zu Ldr. I 36, zu Ldr. III 47 – Ldr. III 51 und zu Ldr. III 74. Im Ergebnis geht er bei der Reimvorrede, dem Prolog und der Vorrede von der Herren davon aus, dass diese Johann von Buch bekannt, von ihm aber wegen ihrer Ungeeignetheit hierzu nicht glossiert worden sind, die Glossierung zu den übrigen Stellen weist er dagegen ausnahmslos dem Glossator zu. Dies begründet er hinsichtlich der Glossierung zu Ldr. I 7 – Ldr. I 14 § 1 bezüglich der Glossen zu Ldr. I 8 und Ldr. I 11 mit der dort verwendeten Wendung *leve veddere* und bezüglich Ldr. I 14 § 1 mit der Wendung *Dit sind her Eiken word*, die dem Verständnis des Sachsenspiegel als ein von Eike von Repgow bearbeitetes Privileg durch Johann von Buch entspreche. Zudem würden sich in beiden Homeyer'schen Familien der 1. Ordnung Handschriften finden, die eine Glossierung der Artikel Ldr. I 7 – Ldr. I 13 enthielten. Weiter sei die Glosse zu Ldr. I 7 in sehr vielen Handschriften, hier auf unterschiedliche Weise häufig in die Glossierung zu Ldr. I 6 eingeschoben, enthalten. Daher trage er keine Bedenken, die Glossierung zu dem gesamten Abschnitt Ldr. I 7 – Ldr. I 14 § 1 als ursprünglich zu betrachten. – Hinsichtlich der Glossierung zu Ldr. I 26 verweist er auf die Ausführungen Homeyers, Genealogie S. 113, 122, 140, der bei den Handschriften der 1. Ordnung der Glossenklasse regelmäßig keine Glossierung zu Ldr. I 26 beobachtet, wo sie aber stehe und insbesondere bei den Handschriften der 3. Ordnung drei Arten der Glossierung unterscheidet – eine ältere Gestalt, eine jüngere Gestalt und eine kombinierte Form. Steffenhagen geht hier davon aus, dass sich die von Homeyer der 3. Ordnung zugewiesene „kombinierte" Form, sich tatsächlich in vielen Handschriften der 1. Ordnung finde und in der 3. Ordnung gleich häufig wie die „ältere" und die „jüngere" Form vorkomme. Daher handele es sich bei dieser „kombinierten" Form

den Entwicklung von einer einfacheren zu einer volleren Form auszugehen, sondern von einem Zurückbleiben der 1. Ordnungen hinter der vollkommenen Gestalt der 3. Ordnung[2042]. Dabei ordnet Steffenhagen die Wolfenbütteler Handschrift und die Heidelberger Handschrift der 1. Ordnung, 1. Gruppe zu[2043], den Augsburger Druck von 1516 nennt er hinsichtlich der Glossierung bis Ldr. III 87 § 4 bei der 2. Ordnung, hinsichtlich der Glossierung zu Ldr. III 88 – Ldr. III 91 außerdem bei der Tzerstedischen Glosse[2044]. In der achten Abhandlung, einem Verzeichnis der Handschriften[2045], ist erstmals auch der Codex Hecht berücksichtigt, den Steffenhagen als eine Schwesterhandschrift zu der von Kaufmann verwendeten Heidelberger Handschrift erkennt[2046], und in der 1. Ordnung, 1. Gruppe zuordnet[2047].

Sinauer setzt sich in ihren Studien zur Entstehungsgeschichte der Sachsenspiegelglosse – nach einem sorgfältigen Überblick über den Forschungsstand[2048] – auf Grundlage einer Untersuchung von 20 Handschriften und Drucken[2049] mit der

wohl tatsächlich um die älteste Form, zumal sich der Inhalt beider Glossen ergänze. – Hinsichtlich der Glossierung zu Ldr. III 47 – Ldr. III 50 verweist er darauf, dass Glossierung zu Ldr. III 47 in den Handschriften aller Ordnungen ganz regelmäßig vorhanden sei, die Glossierung zu Ldr. III 47 – Ldr. III 50 jedenfalls in den Handschriften der 1. Ordnung fast ausnahmslos. Bezüglich der Glossierung zu Ldr. III 51 dagegen argumentiert er, dass diese zwar, von einer kurzen Bezugnahme abgesehen, lediglich in der Bocksdorf'schen Rezension und der Petrinischen Glosse vorhanden sei, dass ihre dortige Form – der Artikel sei zu verstehen *als he lecht vnd na der dudinge der vorscreuen ar.* – aber in ihrem humorischen Ton an den alten Glossator erinnere. Diese letztgenannte Argumentation erscheint äußerst dürftig, zumal der Hinweis viel eher zu einer Kopist*in passt, der*die keine Glosse vorgefunden und darum einen Hinweis auf den Sachsenspiegeltext wie die übrige Glossierung ergänzt hat.

2042 Steffenhagen, Überlieferung der Buch'schen Glosse S. 733. Dem widerspricht allerdings, dass Steffenhagen selbst bei der von ihm begonnenen Glossenedition statt auf den Codex Petrinus auf eine von ihm der Tzerstedischen Glosse zugeordnete, ebenda S. 715, Amsterdamer Handschrift zurückgreift, Steffenhagen, Landrechtsglosse I S. 20, weil diese im Ausdruck näher an der Urglosse sei.

2043 Steffenhagen, Überlieferung der Buch'schen Glosse S. 707 f.

2044 Steffenhagen, Überlieferung der Buch'schen Glosse S. 713, 714.

2045 Das Verzeichnis lehnt sich dabei eng an die von Homeyer in dessen Rechtsbüchern verwandte Methode und Benennungsweise an.

2046 Steffenhagen, Verzeichnis der Handschriften und Drucke S. 318. Er stellt dabei auf charakteristische Lesarten ab, als weitere Schwesterhandschrift trete eine Lüneburger Handschrift hinzu. Allerdings hat Steffenhagen ausweislich einer Kennzeichnung mit * die Wolfenbütteler Handschrift selbst nicht eingesehen; die Heidelberger Handschrift Codex Pal. Germ. 165 ist von ihm eingesehen worden, einen Zusammenhang zu den vorgenannten sieht er nicht, Steffenhagen, ebenda S. 338, 358, ebenso in: Überlieferung der Buch'schen Glosse S. 717.

2047 Steffenhagen, Überlieferung der Buch'schen Glosse S. 707 f.

2048 Sinauer, NA 1935 S. 475–508.

2049 Sinauer, NA 1935 S. 508 f., eine der Handschriften erscheint zwar bei der Zuordnung zu Gruppen nicht, wohl aber bei der späteren Untersuchung des Allegationenbestandes.

Genealogie der Glossenhandschriften auseinander. Dabei weist sie die Ergebnisse Steffenhagens zurück[2050] und schließt sich im wesentlichen der von Homeyer vertretenen Entwicklungslinie an[2051].

Die von ihr untersuchten Handschriften teilt sie in fünf Gruppen ein, die über die Bezifferung hinaus zunächst nicht beschrieben werden, in den ihnen zugeordneten Handschriften aber an die Einteilung Homeyers angelehnt sind[2052]. Alle drei von Kaufmann zugrunde gelegten Handschriften stehen dabei in der II. Gruppe, der Augsburger Druck von 1516 in der III. Gruppe. Als Kriterium zur Absicherung ihrer Einteilung zieht Sinauer zum einen Artikeleinteilung und -bestand heran[2053].

2050 Sinauer, NA 1935 S. 504, ablehnend bereits in: ZRG GA 45 (1925) S. 409 Anm. 2.

2051 Sinauer, NA 1935 S. 581.

2052 So werden alle der I. Gruppe zugeordneten Handschriften von Homeyer – soweit dort berücksichtigt – Klasse II, Ordnung 1, Familie 1 zugeordnet. In der II. Gruppe steht mit der Wolfenbütteler Handschrift eine Handschrift aus Klasse II, Ordnung 1, Familie 2 (zusammen mit ihrer, als reine Glossenhandschrift bei Homeyer in Klasse II, Ordnung 1, Familie 1 fallenden Heidelberger Schwesterhandschrift sowie dem von Homeyer nicht berücksichtigten Codex Hecht) sowie Handschriften, die bei Homeyer in Klasse II, Ordnung 2 stehen, in den Gruppen III.-V. stehen Handschriften, die bei Homeyer in Klasse II, Ordnung 3 stehen, wobei sich dessen Zuordnung bezüglich Glossierungen in der Glossenmitte wie auch der Endglossierung in der Zuordnung widerspiegelt (Gruppe III.: drei Texte, die bei Homeyer unter die Tzerstedische Glosse fallen, Gruppe IV. der Codex Petrinus, Gruppe V. eine Handschrift, die bei Homeyer als Bocksdorfsche Rezension eingeordnet wird).

2053 Sinauer, NA 1935 S. 510 f. Diese berührten zwar nicht spezifisch die Glosse, allgemeine Aufschlüsse über die Entwicklung der Sachsenspiegeltexte seien aber auch für die Glossenforschung nutzbar. Sinauer bemerkt hier zunächst, dass Artikeleinteilung und -bestand einzelner Glossenhandschriften keineswegs so einheitlich seien, wie es die Homeyer'sche Darstellung nahelege und selbst die Artikeleinteilung innerhalb einer Handschrift zwischen Register und Text häufig schwanke, die Artikelbezifferung sei häufig auch nachträglich hinzugefügt. Die von Homeyer erschlossene Artikelzahl einzelner Handschriften sei daher nur begrenzt aussagekräftig. – Innerhalb der Handschriften ihrer Gruppen fänden sich folgende Übereinstimmungen: Den Handschriften der I. Gruppe (mit einer Ausnahme, außerdem einer Handschrift der zweiten) fehle Text und Glossierung zu Ldr. I 7 – Ldr. I 13 und zu Ldr. I 36, Artikel und Glosse zu Ldr. II 38, Ldr. II 39 fehlten zudem in einigen Handschriften. Die Handschriften der II. Gruppe enthielten grundsätzlich den Text zu Ldr. I 7 – Ldr. I 13, teilweise auch eine Glosse hierzu, nicht aber (mit einer Ausnahme) den von Ldr. I 36, Artikel und Glosse zu Ldr. II 38, Ldr. II 39 fehlten zudem in einigen Handschriften. Die Handschriften und Drucke der Gruppe III.–V. enthielten Text und Glosse zu Ldr. I 7 – Ldr. I 14, zu Ldr. I 36, zu Ldr. II 38, Ldr. II 39 sowie zu allen vulgaten Artikeln des dritten Buches. Letzteres ist in den anderen Gruppen nicht der Fall, genauere Ausführungen folgen im Rahmen der Diskussion um das Ende der ursprünglichen Glossierung. – Bei einer Untersuchung der Artikeleinteilung bestätige sich der Befund Homeyers, wonach die Handschriften seiner ersten und teilweise auch seiner zweiten Ordnung der II. (der Glossen-) Klasse mit der I. Klasse zusammenträfen, während die 3. Ordnung der II. (Glossen-)Klasse mit der III. Klasse die vulgate Einteilung aufweise. Auch bei der Veränderung der Textfolge durch vereinzelt auftretende Artikelumstellungen zeigten sich bei der I. und II. Gruppe Übereinstimmungen, während die III. Gruppe weitgehend eine vulgate Textfolge aufweise.

Zum anderen vergleicht sie bei insgesamt 14 Artikeln aus allen drei Büchern die in den verschiedenen Handschriften aufgeführten Allegationen[2054]. Danach wiesen die Handschriften aus den Gruppen II.–V. gegenüber denen der I. Gruppe Mehrungen auf[2055]. Zudem gelingt es Sinauer durch diese Untersuchung, eine enge Verwandtschaft zwischen dem Codex Hecht, der Wolfenbütteler und der Heidelberger Handschrift herauszuarbeiten[2056]. Der Codex Hecht zeichne sich dabei durch auffallend wenige Schreib- und Lesefehler aus, die Lesart sei teilweise nachträglich – wohl von derselben Hand – vermutlich unter Benutzung weiterer Vorlagen überprüft worden[2057]. Dagegen weise der Codex Petrinus überdurchschnittlich viele Schreibfehler auf und zeige zudem Spuren einer Bearbeitung[2058]. Wegen dieses Befundes sei der Argumentation Steffenhagens die Grundlage entzogen.

Besondere Sorgfalt verwendet Sinauer auf die Ermittlung des ursprünglichen Glossenschlusses. Insofern kommt sie zu dem Ergebnis, dass Johann von Buch zwar eine Glossierung bis Ldr. III 82 § 1 beabsichtigt habe, dass die erste in den Verkehr gelangte Fassung der Landrechtsglosse aber bereits mit einem Bruchstück der Glosse zu Ldr. III 81 § 2 geendet sei[2059]. Hinsichtlich der Glossierung zu Ldr. III 82 – Ldr. III 87 sowie den unterschiedlichen Glossierungen zu Ldr. III 88 – Ldr. III 91 legt sie sich nicht fest.

Von Schwerin äußert sich in seinen Aufsätzen zur Entstehung der Landrechtsglosse, die wohl vor der Veröffentlichung des Aufsatzes von Sinauer entstanden, aber nicht veröffentlicht worden sind[2060], auch zu Überlegungen hinsichtlich der Genealogie. Dabei gibt er in seinem ersten Aufsatz zu bedenken, dass sowohl eine Entwicklung von der volleren zu der weniger vollen Form wie auch die umgekehrte Entwicklung denkbar seien[2061]. Aus diesem Grunde hält er die Argumentation aus dem Artikelbestand, wie sie Homeyer und Steffenhagen vornehmen, für ungeeignet. Notwendig sei statt einer quantitativen Analyse eine qualitative Analyse durch die

---

2054 Die hierfür ausgewählten Artikel finden sich Sinauer, NA 1935 S. 520, eine tabellarische Übersicht der Ergebnisse erfolgt Sinauer, ebenda S. 521–558.

2055 Sinauer, NA 1935 S. 559.

2056 Sinauer, NA 1935 S. 561. Auch innerhalb der I. Gruppe kann sie Untergruppierungen und teilweise hierin noch engere Beziehungen bestimmter Handschriften nachweisen.

2057 Sinauer, NA 1935 S. 561.

2058 Sinauer, NA 1935 S. 562–564. Sowohl im Text als auch bei den Allegationen seien Abweichungen von der Mehrzahl der Handschriften zu beobachten. Zudem spreche der Bestand der nicht ergänzten Allegationen dafür, dass Vorlage des Codex Petrinus eine Handschrift sein müsse, die mit einer von Homeyer bezüglich der Glossierung der Ldr. III 88 – Ldr. III 91 der sogenannten Tzerstedischen Glosse, bezüglich der gemeinsamen Glossierung aber einer anderen Gruppe zugerechneten Handschrift (der Handschrift Mogunt. II, Mainz, ehemalige Dombibliothek) eng verwandt sei. Beziehungen zu der sogenannten Bocksdorfschen Rezension seien bereits durch Homeyer nachgewiesen.

2059 Sinauer, NA 1935 S. 570, vgl. hierzu unten S. 564 ff.

2060 Oben Anm. 1911.

2061 V. Schwerin, Aufsatz I S. 2.

Untersuchung von in allen Ordnungen enthaltenen Textstellen[2062]. Von Schwerin geht nach einer oberflächlichen Untersuchung verschiedener Artikel des ersten Buchs Landrecht im ersten Aufsatz sowie einer detaillierten Untersuchung der Glossierung zu Ldr. I 6 auf Grundlage von 12 Handschriften und einem Druck[2063] davon aus, dass die Glosse durch Kompilation entstanden sei. Aufgrund des sich hieraus ergebenden Forschungsbedarfs sieht er von der Entwicklung einer eigenen Genealogie ab[2064]. Seine Analyse der Glossierung zu Ldr. I 6 führt ihn aber zu der Annahme, dass die Ursprünglichkeit zwar bei den Handschriften der 1. Ordnung liege, dass sich aber auch in den Handschriften der 2. und 3. Ordnung in einzelnen Punkten Ursprüngliches bewahrt habe[2065]. Zudem unternimmt von Schwerin in seinem zweiten Aufsatz eine Untersuchung des Allegationenbestandes, aus dem er wie auch Sinauer eine enge Verwandtschaft zwischen Codex Hecht, Wolfenbütteler Handschrift und Heidelberger Handschrift ableitet. Gemeinsam mit Sinauer empfiehlt er als Leithandschrift für die geplante Glossenausgabe den Codex Hecht[2066].

In seiner Neubearbeitung des Verzeichnisses der Rechtsbücher in dem durch Homeyer erstellten Verzeichnis der Rechtsbücher und Handschriften von 1934 gibt Eckhardt, nahezu zeitgleich mit den Arbeiten Sinauers und von Schwerins und von diesen möglicherweise beeinflusst, eine aufgrund der Erkenntnisse Steffenhagens, aber auch aufgrund eigener Vorstellungen überarbeitete Fassung der Homeyer'schen Einteilung wieder, die sich nahezu unverändert auch in der Bearbeitung von Ulrich-Dieter Oppitz aus dem Jahr 1990[2067] findet[2068]:

2062 V. Schwerin, Aufsatz I S. 2.

2063 U. a. den von Kaufmann zugrunde gelegten Handschriften und dem Codex Petrinus.

2064 Im mit Sinauer gemeinsam verfassten Jahresbericht 1934/35 an die Zentraldirektion der MGH wird vielmehr die von Sinauer erarbeitete Einteilung in fünf Gruppen wiedergegeben, wie sich aus einer im Archiv der MGH befindlichen Abschrift Bindewalds vom 5./13. November 1954 ergibt.

2065 V. Schwerin, Aufsatz II S. 10. Die Erkenntnisse erscheinen aufgrund der nach heutigem Forschungsstand unzutreffenden Ausgangsthese – der Entstehung der Glosse durch Kompilation – kaum verwertbar. Dennoch enthalten die Überlegungen einzelne von seiner Ausgangsthese unabhängige und für die Untersuchung der Überlieferung interessante Aspekte. So stellt er fest, dass die Remissionen innerhalb derselben Handschrift häufig unterschiedlichen Artikeleinteilungen folgten, v. Schwerin, Aufsatz I S. 5, und dass der Bestand der Allegationen aus dem Corpus Iuris in der 1. Ordnung gegenüber der 3. Ordnung um ein Drittel geringer sei, v. Schwerin, ebenda S. 6. Er weist zudem darauf hin, dass die Reihenfolge und der Umfang der Glossierung zu Ldr. I 6 in den Handschriften der 1. und 2. Ordnung im wesentlichen übereinstimme, in der 3. Ordnung aber stark von dieser, wie auch untereinander abweiche, v. Schwerin, Aufsatz II S. 2.

2066 Lieberwirth, Einleitung S. LXI, vgl. auch die im Archiv der MGH befindliche Abschrift Bindewalds vom 5./13.November 1954 vom Jahresbericht 1934/35 Sinauers und von Schwerins an die Zentraldirektion der MGH.

2067 Oppitz, Rechtsbücher I S. 72–75.

2068 Eckhardt in Eckhardt/Borchling/Gierke, Rechtsbücher S. 48–52.

Klasse I (Kürzere Glosse): Handschriften mit Glossenende bei Ldr. III 81
- Ordnung Ia: Glossenschluss nach Ldr. III 81 § 1
- Ordnung Ib: Glossenschluss nach Glossenbruchstück zu Ldr. III 81 § 2
- Ordnung Ic: Glossenschluss nach Glossenbruchstück Ldr. III 81 § 2 und Ausführungen zur Ebenburt

Klasse II (Längere Glosse): Handschriften mit Glosse bis Ldr. III 87

Klasse III (Zusatzglossen): Handschriften mit Glosse bis Ldr. III 91
- Ordnung IIIa: Wurm'sche Glosse
- Ordnung IIIb: Tzerstedische Glosse
- Ordnung IIIc: Petrinische Glosse
- Ordnung IIId: Stendaler Glosse
- Ordnung IIIe: Bocksdorf'sche Glosse

Eckhardt übernimmt von Steffenhagen die Unterteilung der 1. Ordnung (bei ihm Klasse I), reiht aber bei der 3. Ordnung (bei ihm Klasse III) die Stendaler Glosse wieder ein, allerdings mit Hinweis darauf, dass es sich um eine eigenständige Glossierung handele.

Bindewald stellt in ihrer Studie zur Entstehung der Sachsenspiegelglosse keine Genealogie der Glossenhandschriften auf, weil ihr hierfür – insbesondere aufgrund der vermuteten schichtweisen Entstehung der Glosse – zunächst eine umfassende inhaltliche Analyse der Handschriften erforderlich erscheint. Dennoch sind auch ihre durch einen Vergleich von 41 Glossentexten ermittelten Erkenntnisse im Zusammenhang einer Untersuchung der Überlieferungsgeschichte der Glosse von Bedeutung[2069]. Insoweit stellt sie hinsichtlich des Textumfangs fest, dass Handschriften der 2. und 3. Ordnung gegenüber Handschriften der 1. Ordnung bisweilen kleinere Ergänzungen aufweisen, die in einen auch ohne sie nachvollziehbaren Gedankengang eingefügt erscheinen[2070]. Hinsichtlich der Lesart[2071] arbeitet sie heraus, dass sich Texte der Buch'schen Glosse abgesehen von einer Umstellung von Satzteilen regelmäßig auf die Veränderung einzelner Wörter beschränkten[2072]. Bei solchen Unterschieden in der Lesart, die eine Veränderung der Textaussage bewirken, stellt sie in mehreren Fällen fest, dass der Codex Hecht gegenüber Handschriften der 2. und 3. Ordnung vorzugswürdig sei[2073]. Allerdings macht sie an einer Stelle auch einen Abschreibefehler aus[2074] und sieht bei anderen Stellen, in denen sie die ur-

2069 Dies gilt umso mehr, als Bindewald im Gegensatz zu Schwerin von der Erstellung eines möglichen Urtextes absieht und Umfang, Lesart und Allegationen in den überlieferten Handschriften untersucht, oben S. 463.

2070 Bindewald, DA 15 (1959) S. 473–481.

2071 Bindewald, DA 15 (1959) S. 481–497.

2072 Bindewald, DA 15 (1959) S. 481.

2073 Bindewald, DA 15 (1959) S. 483–484, 488–490.

2074 Bindewald, DA 15 (1959) S. 490 f.

sprüngliche Fassung anhand der Rechtsentwicklung festmacht, im Codex Hecht und dessen Schwesterhandschriften verschiedentlich die jüngere Form enthalten[2075].

Lieberwirth und Kaufmann stellen angesichts der zurückliegenden gescheiterten Versuche einer Glossenedition Überlegungen zur Genealogie der Sachsenspiegelhandschriften zunächst zurück, um die Fertigstellung einer Edition nicht zu gefährden, allerdings weist Kaufmann darauf hin, dass die bestehende Klassifizierung anhand der Länge der Handschrift unbefriedigend sei, und lediglich vorläufig Geltung beanspruchen könne[2076]. Auch Kannowski macht es sich nicht zur Aufgabe, eine neue Klassifizierung der Handschriften zu erarbeiten. Er überprüft aber die Eignung der von ihm als Grundlage gewählten Kaufmann'schen Edition, indem er den dort erhaltenen Text mit verschiedenen anderen Fassungen vergleicht. Insofern kommt er zu dem Ergebnis, dass die Edition an allen Stellen die relativ älteste Fassung enthalte[2077]. Außerdem wendet er sich der Frage zu, ob die heute erhaltene Glossierung der Artikel ab Ldr. III 82 § 1 auf Johann von Buch zurückgeht, was er im Ergebnis hinsichtlich der gemeinsamen Glossierung bis Ldr. III 87 bejaht, hinsichtlich der einzelnen Glossierungen zu Ldr. III 88 – Ldr. III 91 dagegen verneint[2078].

Die im Codex Hecht und seinen Schwesterhandschriften überlieferte Form wird damit von Homeyer und Sinauer aufgrund einer Untersuchung vor allem des Artikelbestandes und der Allegationen als eine der älteren, nicht aber die älteste greifbare Form der Landrechtsglosse betrachtet, während Kannowski aufgrund inhaltlicher Untersuchungen davon ausgeht, dass diese Handschriften die älteste überlieferte, wenn auch keine unveränderte Fassung des Textes enthalten. Steffenhagen sieht in ihnen eine wenigstens unvollkommene Form. Von Schwerin und Sinauer empfehlen und Lieberwirth und Kaufmann verwenden sie als Leithandschrift einer Glossenedition, ohne sich aber hinsichtlich ihrer Stellung in der Genealogie der Handschriften festzulegen.

2075 Bindewald, DA 15 (1959) S. 485, 487. Bei einer Analyse der Glosse zu Ldr. I 14 § 1, die im Codex Hecht lediglich fragmentarisch enthalten ist, unten S. 519 f., sieht sie zudem in zwei Texten der 3. Ordnung die ursprüngliche Form, Bindewald, DA 15 (1959) S. 486. Dagegen erscheint die Untersuchung der Allegationen weniger nachvollziehbar als die Sinauers, zumal Bindewald auf eine tabellarische Darstellung ihrer Ergebnisse verzichtet und sich auf die Frage konzentriert, inwieweit eine Allegation das im Text Gesagte belegen kann, Bindewald, DA 15 (1959) S. 98.

2076 Kaufmann, Glossen zum Sachsenspiegel S. 104.

2077 Kannowski, Buch'sche Glosse S. 49, 123 ff., 164, 260 ff., 281 ff., 314 ff., 318 f., 431 f., 452 f., 500 ff., 507 ff. Er weist allerdings ausdrücklich darauf hin, dass sein Erkenntnisinteresse nicht in erster Linie ein solches der Handschriftenforschung sei, ebenda S. 50.

2078 Kannowski, Buch'sche Glosse S. 483, 486. Vgl. hierzu unten S. 571 f.

2. Ergänzungen und Veränderungen im Glossentext

Abweichungen der Textfassung im Codex Hecht von der Urglosse lassen sich zum einen bei solchen Stellen erkennen, bei denen sich aufgrund inhaltlicher Überlegungen bestimmte Textpassagen als spätere Ergänzungen erkennen lassen oder bei einzelnen Sätzen oder Allegationen eine ursprünglich abweichende Lesart sehr naheliegt.

Allerdings sind in dieser Arbeit Textveränderungen bewusst nur sehr zurückhaltend und nur bei über inhaltliche Diskrepanzen hinausgehenden Anhaltspunkten angenommen worden, um bloße Spekulation zu vermeiden. Die Zahl der Glossenstellen, an denen sich nach diesem Maßstab Abweichungen der untersuchten Textfassung von der Urglosse feststellen lassen, ist verhältnismäßig gering.

a. Ergänzter Absatz bei BG II 20 § 1 *Vnghetweyeder*

Den deutlichsten Hinweis auf eine spätere Ergänzung enthält die Glosse BG II 20 § 1 *Vnghetweyeder*, die das Verhältnis von Vollgeschwisterkindern und Halbgeschwistern in der Erbfolgeordnung betrifft. Beim letzten Abschnitt der Glossierung handelt es sich m. E. um eine nachträgliche Einfügung durch eine vom Glossator unterschiedliche Person.

Hierfür spricht nicht nur, dass der entsprechende Abschnitt inhaltlich dem vorangegangenen wie auch einer früheren Glossierung zum Thema widerspricht: im vorigen Abschnitt und der früheren Glossenstelle wird das Verhältnis in Übereinstimmung mit dem Sachsenspiegeltext beurteilt, in dem mutmaßlich ergänzten Abschnitt in Übereinstimmung mit der gemeinrechtlichen Regelung in Nov. 118[2079]. Zu dieser inhaltlichen Diskrepanz treten weitere Hinweise auf eine nachträgliche Einfügung. Zum einen scheint der Text mit der Wendung *Vppe dat du id rechte vornemest* gleichsam neu anzusetzen. Im mutmaßlich ergänzten Absatz werden sodann mehrere kurze Beispiele zum Themenkomplex genannt, obwohl der vorhergehende Abschnitt bereits ein Beispiel enthält, sodass insofern der Textaufbau wenig stringent erscheint. Auch geht die Beispielkette des mutmaßlich ergänzten Abschnitts mit der Nennung der Verhältnisse von Vater/Halbbruder und von Halbbrüdern väterlicherseits/Halbbrüdern mütterlicherseits über das im vorangehenden Abschnitt Thematisierte hinaus. Gerade das letztgenannte Beispiel lässt eine besondere Nähe zum Novellentext erkennen, denn diese Konstellation wird in Nov. 84, 2, nicht aber in anderen Stellen des Buch'schen Glossentextes angesprochen. Den wohl stärksten Hinweis auf eine spätere Ergänzung dieses Absatzes bildet aber die Verwendung des Wortes *vedder* im Sinne von „Brudersohn" im mutmaßlich ergänzten Absatz, da sich dieses Begriffsverständnis nicht mit der Begriffsverwendung in der übrigen Glossierung deckt[2080]. Der mutmaßlich ergänzte Abschnitt findet sich nicht ledig-

2079 Oben S. 156ff.
2080 Oben S. 159.

lich im Codex Hecht, sondern im wesentlichen übereinstimmend[2081] auch in der Wolfenbütteler und der Heidelberger Handschrift. Die Einfügung kann also nicht erst durch die Schreiber*in des Codex Hecht erfolgt sein.

b. Einfügung von Bibelversen

Eine weitere Einfügung, die sich in dieser Form allerdings nur im Codex Hecht findet, war im Rahmen der erbrechtlichen Untersuchung hinsichtlich der Wiedergabe von Num. 27, 8–11 im Anschluss an die Glossierung zu Ldr. I 16 § 1 zu beobachten[2082]. Die Wolfenbütteler Handschrift enthält die Bibelverse zwar auch, jedoch lediglich in einer Randkolumne unter dem Text, nach Einschätzung Kaufmanns von einer Hand des 15. Jahrhunderts[2083].

Auch hier sind die Anzeichen für eine spätere Einfügung deutlich. Dies lässt sich schon aus den Unterschieden zwischen den Handschriften schließen. Zwar wäre theoretisch denkbar, dass die Verse bei einer Vorlage der Wolfenbütteler Handschrift fortgefallen und in der Wolfenbütteler Handschrift später aus einer vollständigeren Handschrift als Randglosse ergänzt worden sind. Doch erwecken die Verse auch im Codex Hecht aufgrund ihrer Stellung bei Ldr. I 16 § 1 anstatt – thematisch passend – bei Ldr. I 17 § 1 den Anschein einer nachträglich in den Text eingerückten Randglosse[2084]. In der Heidelberger Handschrift fehlen die Verse ganz, ebenso im Augsburger Druck von 1516[2085]. Für eine spätere Einfügung sprechen gerade an dieser Stelle auch inhaltliche Überlegungen. Num. 27, 8–11 enthalten eine Erbfolgeordnung, die sich mit derjenigen des Glossators nicht vereinbaren lässt. Dennoch enthält die Glosse keinerlei inhaltliche Auseinandersetzung mit den Versen, die diese zu den Regelungen von Sachsenspiegel und gemeinem Recht in Beziehung setzen würden[2086]. Zudem stimmt die Wiedergabe in der Wolfenbütteler Handschrift stärker mit der Wiedergabe in der Bibelvulgata überein, während sich in der Wiedergabe im Codex Hecht neben den schon bei der Wolfenbütteler Handschrift zu beobachtenden Abweichungen weitere kleinere Fehler finden[2087]. Vor diesem Hintergrund lässt sich mit einiger Sicherheit sagen, dass die Bibelverse in der Urglosse nicht enthalten waren und später ergänzt wurden, zunächst als Randglosse, wie es in der Wolfenbütteler Handschrift zu beobachten ist, und im Codex Hecht dann eingefügt in die Glossierung.

Neben der Wiedergabe von Num. 27, 8–11 enthält der Codex Hecht zudem an einer weiteren Stelle Auszüge aus der Bibel, nämlich bei Ldr. I 55 §§ 1, 2. Hier

---

2081 Es ergeben sich lediglich leichte Abweichungen im genauen Wortlaut. Vgl. Kaufmann, Buch'sche Glosse S. 649.

2082 Oben S. 184 ff.

2083 Oben Anm. 706.

2084 Oben S. 185 f.

2085 Oben S. 186.

2086 Oben S. 185 f.

2087 Oben Anm. 704.

sind die Bibelverse allerdings nicht in die Glossierung eingefügt, sondern in den Sachsenspiegeltext.

Ldr. I 55 §§ 1, 2 nach dem Codex Hecht, KAUFMANN, Buch'sche Glosse S. 395

Capitulum LIII
Textus
In exodo c. XVIII ait Yetro ad Moysen: Provide autem de omni plebe viros potentes et timentes deum in quibus sit veritas et qui oderint avariciam et constitue ex eis tribunos et centuriones et quinquagenarios et decanos qui iudicent populum omni tempore quidquid maius fuerit referant ad te et ipsi tantum minora iudicent. Sequitur rubrica: ***Alle werltlik gerichte hefft beghin van kore*** [§ 1] *Alle wertlik gerichte hefft beghin van kore; dor dat ne mach nen gesad man richter sin, noch nen man, he en sy gekoren edder belenet richter.* [§ 2] *Beyeghenet auer en hanthafft dat van duue edder van roue, dar de man mede begrepen wert, dar mot me wol vmme kesen enen gogreuen, to deme mynnesten to dren dorpe, de ghan dat to richtende, offt ze des beleneden richters nicht hebben en mogen. Deutronomio primo Moyses ad tribunos et centuriones: Audite illos quod iustum est iudicate sive civis sit ille sive peregrinus nulla erit distancia personarum ita parvum audietis ut magnum nec accipietis cuiusquam personam quia dei iudicium est.*

Nach Artikelbezeichnung „*Capitulum LIII*" und „*Textus*" folgt zuerst – in lateinischer Sprache – ein Einleitungssatz zu Exod. 18 und die wörtliche Wiedergabe[2088] von Exod. 18, 21–22[2089], sodann die Wendung „*Sequitur rubrica*" und – in deutscher Sprache – die Rubrik und der Text von Ldr. I 55 §§ 1, 2, zuletzt – wieder in lateinischer Sprache – ein Einleitungssatz zu Deut. 1 und die wörtliche Wiedergabe[2090] von Deut. 1, 16–17[2091]. Unter „*Glosa*" folgt danach eine Glossierung, die auf die Bibelverse nicht eingeht[2092]. In der Wolfenbütteler Handschrift sind beide Bibelzitate in Randglossen unter dem Text durch eine andere Hand ergänzt[2093]. In der Heidelberger Handschrift wie auch dem Augsburger Druck von 1516 erscheinen sie nicht[2094]. Dabei ist die Wiedergabe der Verse wie bei Num. 27, 8–11 in der Wolfenbütteler Handschrift sprachlich korrekt und stimmt mit der Wiedergabe in der Bibel-

2088 Von Exod. 18, 22 ist dabei lediglich der erste Halbsatz wiedergegeben.

2089 Exod. 18, 21–22 1. Hs.: [21] *provide autem de omni plebe viros potentes et timentes Deum in quibus sit veritas et qui oderint avaritiam et constitue ex eis tribunos et centuriones et quinquagenarios et decanos* [22] *qui iudicent populum omni tempore quicquid autem maius fuerit referant ad te et ipsi minora tantummodo iudicent,* zitiert nach WEBER/GRYSON (Hg.), Biblia Sacra Vulgata S. 102.

2090 Hier fehlen vom ersten Vers der erste Halbsatz und vom zweiten Vers der letzte.

2091 Deut. 1, 16 2. Hs. – 17 1. Hs.: [16] *audite illos et quod iustum est iudicate sive civis sit ille sive peregrinus* [17] *nulla erit distantia personarum ita parvum audietis ut magnum nec accipietis cuiusquam personam quia Dei iudicium est,* zitiert nach WEBER/GRYSON (Hg.), Biblia Sacra Vulgata S. 234.

2092 Die Glossierung setzt sich mit der Rechtsquellenlehre auseinander, es findet sich lediglich eine Bezugnahme auf die Schöpfungsgeschichte in Gen. 1, 31.

2093 KAUFMANN, Buch'sche Glosse S. 395 Var. b, l.

2094 KAUFMANN, Buch'sche Glosse S. 395, Augsburger Druck von 1516, fol. 46^{v} f.

vulgata nahezu, wenn auch nicht gänzlich, überein, während sich im Codex Hecht neben den mit der Wolfenbütteler Handschrift übereinstimmenden Abweichungen auch einige Fehler finden[2095]. Auch hier spricht ein Vergleich der Handschriften wie auch die Tatsache, dass die Glossierung eine inhaltliche Auseinandersetzung mit den Bibelversen nicht erkennen lässt, dafür, dass diese von einer Kopist*in oder Nutzer*in einer Handschrift als Randglosse ergänzt wurden und von dort im Codex Hecht in den Haupttext aufgenommen worden sind.

Zwei sehr kurze, in der Wolfenbütteler Handschrift unter bzw. neben dem Text wiedergegebene Bibelzitate, die im Codex Hecht in den Text eingefügt worden sind, finden sich schließlich in der Reimvorrede bei den Versen 129/130 und 147/148[2096]. Die Wiedergabe ist dabei in beiden Handschriften leicht fehlerhaft, wobei die Handschriften im Wortlaut nahezu übereinstimmen[2097].

2095 In der Wolfenbütteler Handschrift, fol. 52ᵛ lautet die Wiedergabe Exod. 18, 21–22 1. Hs. wie folgt: *Provide autem de omni plebe viros potentes et timentes deum in quibus sit veritas et qui oderint avariciam et constitue ex eis tribunos et centuriones et quinquagenarios et decanos qui iudicent populum omni tempore quicquid autem maius fuerit referant ad te et ipsi minora tantum iudicent.* Das *tantummodo* ist in der Wolfenbütteler Handschrift also wie im Codex Hecht gegenüber der Bibelvulgata – inhaltsgleich – zu einem *tantum* verkürzt, außerdem ist in beiden Handschriften das *avaritiam* mit einem c geschrieben. Im Codex Hecht fehlt zudem das zweite *autem*, ist das *quicquid* in *quidquid* normalisiert und die Satzstellung hinsichtlich des *minora tantum/modo* vertauscht. In der Wolfenbütteler Handschrift, fol. 52ᵛ lautet die Wiedergabe von Deut. 1, 16 2. Hs. – 17 1. Hs.: *Audite illos et quod iustum est iudicate sive civis sit ille sive peregrinos nulla erit distancia personarum ita parvum audietis ut magnum nec accipietis cuiusquam personam quia dei iudicium est.* Hier stimmt die Wiedergabe in der Wolfenbütteler Handschrift, in der das *distantia* allerdings mit *c* geschrieben ist, mit der Bibelvulgata nahezu überein, im Codex Hecht fehlt neben dieser Abweichung weiterhin ein *et.* Bei der Wiedergabe in der Wolfenbütteler Handschrift findet sich darüber hinaus ein Grammatikfehler bei *peregrinus*, der wiederum im Codex Hecht fehlt.

2096 Kaufmann, Buch'sche Glosse S. 85 Var. g, k, Wolfenbütteler Handschrift, fol. 17ʳ. Vgl. hierzu insbesondere die 3. Fototafel in der Einleitung der Kaufmann'schen Edition.

2097 In der Wolfenbütteler Handschrift finden sich mit Verweiszeichen am unteren Rand die Bemerkungen: *Jn exodo capitulo XXIII: Pauperis non misereberis in iudicio*, das korrespondierende Verweiszeichen ist dabei zwischen Vers 129 und Vers 130 eingefügt, im Codex Hecht ist die Passage nahezu buchstabengleich nach Vers 129 eingefügt; lediglich *capitulo* ist zu *cap.* abgekürzt, auch das Verweiszeichen vor der Einfügung ist beibehalten. Wiedergegeben ist hier, übereinstimmend fehlerhaft, Exod. 23, 3, der nach der Bibelvulgata wie folgt lautet: Exod. 23, 3: *pauperis quoque non misereberis in negotio,* zitiert nach Weber/Gryson (Hg.), Biblia Sacra Vulgata S. 108. – Mit Verweiszeichen, das auf ein korrespondierendes Verweiszeichen zwischen den Versen 147 und 148 verweist, finden sich am seitlichen Rand der Wolfenbütteler Handschrift die Worte *Jn exodo capitulo XXIII: Ne accipies munera ececcant enim prudentes et subvertunt verba iustorum*; im Codex Hecht eingefügt in den Haupttext, aber noch mit Wiedergabe eines Verweiszeichens, die vorgenannten Worte bis *prudentes,* wiederum mit Abkürzung bei *capitulo*, außerdem mit *execant* statt *ececcant*. Es handelt sich um eine – weitgehend übereinstimmend fehlerhafte – Wiedergabe von Exod. 23, 8 Hs. 1, der nach der Bibelvulgata wie folgt lautet: Exod. 23, 8 Hs. 1*: nec accipias munera quae excaecant etiam prudentes,* zitiert nach Weber/Gryson (Hg.), Biblia Sacra Vulgata S. 108.

c. Unterbrechung der Abhandlung zu Ldr. I 20 § 6

Eine mögliche spätere Ergänzung in einer im Rahmen der Ausführungen zum Ehegüterrecht thematisierten Glossenstelle ist im Rahmen der Auseinandersetzung mit der sogenannten Schichtentheorie thematisiert worden. Die Glossen BG I 20 § 6 *Morgengaue* und BG I 20 § 6 *De gewere auer* Satz 2–4 sind zu Beginn der Untersuchung des Ehegüterrechts im Todesfall in der Buch'schen Glosse thematisiert worden. Wie sich aus der Untersuchung beider Glossen ergibt, entwickelt der Glossator hier in einer zwei Glossen umspannenden Abhandlung einen Überblick über die *gaue*, die *wert gegeuen dor des echtes willen.* BG I 20 § 6 *De gewere auer* Satz 1 ist habe ich bei der Wiedergabe oben jedoch fortgelassen, weil dieser Satz den Zusammenhang der Aufzählung unterbricht[2098]. Von Schwerin wertet diese Unterbrechung als Anhaltspunkt dafür, dass der Satz nicht in einem Zuge mit der Abhandlung entstanden sein könne, indem er entweder nachträglich in diese eingeschoben, oder aber die Abhandlung um bestehende Sacherklärungen „herumgebaut" worden sei[2099]. Indes lässt sich der Satz durchaus als Teil der Abhandlung betrachten. Die in der Abhandlung bei der zweiten Gabe, der Morgengabe, dargestellte Vorstellung, dass im sächsischen Recht eine Übertragung auf den Eid des anderen erfolgt und deshalb die Übertragung mit dem Eid des Empfängers nachgewiesen werden kann, erscheint auch an anderen Stellen der Glossierung[2100]. Diese Vorstellung sieht Johann von Buch offenbar im glossierten Text – *Morgengave behalt dat wif uppen hilgen, de gewere aver mit getüge*[2101] – angesprochen, wobei die dort dargestellte Beweisregel für die Morgengabe als Anknüpfungspunkt für die Abhandlung dient. Vor diesem Hintergrund erscheint es aber durchaus naheliegend, nach der ersten im glossierten Text angesprochenen Beweisregel auch auf die zweite einzugehen und dann erst die Abhandlung mit der dritten Gabe fortzusetzen[2102]. Der Satz findet sich in allen drei von Kaufmann seiner Edition zugrunde gelegten Handschriften. Außer dem Unterbrechen der Abhandlung sind auch keine weiteren Anhaltspunkte für eine spätere Ergänzung ersichtlich. Nach den in dieser Arbeit verwendeten Maßstäben bestehen darum entgegen der Ansicht von Schwerins keine hinreichenden Anhaltspunkte für eine nachträgliche Einfügung des Satzes.

d. Sinnverändernde Umformungen von Allegationenteilen in BG II 30 *Swe zo eme erue* und BG I 17 § 1 *Doch nympt sones kint erue vor vader*

An zwei Stellen des Codex Hecht finden sich Hinweise darauf, dass Allegationenteile maßgeblich verändert sind. Dies betrifft zum einen BG II 30 *Swe zo eme erue* Satz 10,

2098 Oben S. 355 f.
2099 V. Schwerin, Aufsatz I S. 11 f.
2100 Oben Anm. 1512.
2101 Ldr. I 20 § 6, S. 177.
2102 Oben Anm. 1514.

der ursprünglich ein Teil der Allegation gewesen sein dürfte. In der Formulierung der Wolfenbütteler Handschrift – *Hir zeggen leges aff Instit. per quas personas nobis aquiritur. Bit dat bok al vth.* – und der Heidelberger Handschrift – *Hir segen leges abe Institu. per quas personas nobis acquiritur. Wenne dat bouk al ut.*[2103] – ist dies noch erkennbar, im Codex Hecht dagegen tritt der ehemalige Allegationenteil als eigenständiger Satz gegenüber, aufgrund der nunmehr unvollständigen Allegation wird vom Schreiber des Codex Hecht zudem eine Lücke gelassen, in der von späterer Hand *per totum* nachgetragen ist:

> BG II 30 *Swe zo eme erue* Satz 9, 10, S. 718
>
> *Hir zeggen leges aff Instit. per quas personas nobis aquiritur § <in einer Lücke nachgetragen: per totum>* [= Inst. 2, 9; nachgetragen: im Ganzen]. *Bute dat bok al vth.*

Dass hier der Codex Hecht nicht die ursprüngliche Fassung enthält, ergibt sich nicht nur aus der solchermaßen unvollständigen Allegation, sondern vor allem aus deren Inhalt. Denn Inst. 2, 9 enthält keine einschlägigen Ausführungen, wohl aber das zweite Buch der Institutionen von Inst. 2, 9 bis zum Ende des Buches. In einer gemeinsamen Mutterhandschrift dürfte damit ein *bit/bet/bat/bette* gestanden haben, das in der Heidelberger Handschrift – inhaltsgleich – zu einem *wenne* wurde, und im Codex Hecht zu einem *bute*.

Ebenfalls eine Veränderung der Allegation dürfte in BG I 17 § 1 *Doch nympt sones kint erue vor vader* Satz 5 vorliegen[2104]. Hier macht der Glossator Ausführungen zu der Stellung von Erbprätendentinnen im römischen Recht und verweist sodann für das sächsische Recht auf spätere Glossierungen. Die entsprechenden Allegationen lauten im Codex Hecht: *des wille ik hire in deme negesten artikel dy berichten vnd ok c. III*[2105], ähnlich in der Wolfenbütteler Handschrift: *des wil ik di hir inme neysten ar. berichten vnde och cap. III*[2106], während es die Heidelberger Handschrift beim Verweis auf den folgenden Artikel belässt: *des wille ich dich in deme negeden artikele bescheiden vnde entrichten*[2107]. Diese Allegation dürfte in der Urglosse – oder jedenfalls einer gemeinsamen Mutterhandschrift – gelautet haben: *des wille ik di hir in deme neysten artikel berichten vnde ok in deme drudden*[2108].

In der Fassung des Codex Hecht ist die Allegation nicht nachvollziehbar. Bei der letztgenannten Fassung würde sich dagegen unter der Voraussetzung, dass die Artikeleinteilung in der Urglosse von der des Codex Hecht abweicht[2109], indem dort Ldr. I 17 § 2 einen eigenständigen Artikel bildet, eine inhaltlich zutreffende Allega-

---

2103 BG II 30 *Wer so eneme erue* Satz 9, 10, S. 718, Wolfenbütteler Handschrift, fol. 91r.

2104 Oben S. 172 ff.

2105 BG I 17 § 1 *Doch nympt sones kint erue vor vader* Satz 5, S. 222.

2106 BG I 17 § 1 *Doch nympt sones kint erue vor vader* Satz 5, Wolfenbütteler Handschrift, fol. 32r.

2107 BG I 17 § 1 *Doch nemet sones kint* Satz 4, S. 222.

2108 Oben S. 174.

2109 Hierzu sogleich S. 501 ff.

tion ergeben. Die Ausführungen zur Stellung der Frau finden sich in der Glossierung zu Ldr. I 17 § 2 sowie der ersten wie zweiten Glossierung zu Ldr. I 18 § 1. Bildet aber Ldr. I 17 § 2 einen eigenständigen Artikel, dann verweist die Allegation in der oben beschriebenen Form auf genau diese Stellen, indem *vnde ok in dem drudden* dann wie die vorhergehende Allegation relativ zu verstehen ist, im Sinne des übernächsten Artikels. Neben dieser inhaltlichen Überlegung spricht dafür auch, dass die Allegation jedenfalls nachträglich verändert – oder aber insgesamt nachträglich ergänzt – worden sein muss. Denn zum einen ist sie nicht vollständig, indem die sonst übliche Buchangabe fehlt. Zum anderen verwendet sie mit der Abkürzung *c.* für *capitulum* eine Bezeichnung für Sachsenspiegelartikel, die nicht dem Sprachgebrauch des Glossators entspricht, der hier von *artikel/articulus* spricht[2110].

Damit sprechen deutliche Anhaltspunkte dafür, dass das *c. III* in der Wolfenbütteler Handschrift wie dem Codex Hecht auf eine Kopist*in zurückgeht, der*die das *in dem drudden* falsch verstanden hatte, dass die fehlerhafte Allegation dann in der Wolfenbütteler Handschrift und dem Codex Hecht übernommen wurde, während sie die Kopist*in der Heidelberger Handschrift[2111] als unzutreffend fortließ.

e. Überschaubare Anzahl der Ergänzungen und Veränderungen im Textbestand

Zusammenfassend lässt sich vermerken, dass sich im Textbestand von Codex Hecht und Wolfenbütteler wie Heidelberger Handschrift nur wenige deutliche Anhaltspunkte für spätere Veränderungen oder spätere Ergänzungen ergeben, wenn auch alle drei Handschriften den Text der Urglosse nicht unverändert wiedergeben.

3. Veränderungen in der Artikeleinteilung

Eine maßgebliche Veränderung der Textfassung im Codex Hecht und der Wolfenbütteler wie Heidelberger Handschrift gegenüber der Urglosse lässt sich jedoch in Bezug auf die Artikeleinteilung beobachten. Alle drei Handschriften weisen eine Artikeleinteilung auf, die von derjenigen Johanns von Buch abweicht.

Dies ist sicherlich keine Besonderheit der Handschriften, die Kaufmann seiner Edition zugrunde legt. Wie sich der Literatur zur Genealogie der Glossenhandschriften[2112] entnehmen lässt, zeigen sich trotz eines relativ statischen Textbestandes hinsichtlich der Artikele i n t e i l u n g starke Unterschiede zwischen den einzelnen Handschriften[2113].

2110 Oben S. 173 f.

2111 Bzw. die Kopist*in einer Mutterhandschrift der Heidelberger Handschrift.

2112 Homeyer, Genealogie S. 118; Sinauer, NA 1935 S. 510, 574.

2113 Vor dem Hintergrund, dass die Artikeleinteilung der Handschriften offensichtlich durch viele Schreiber*innen geändert wurde – möglicherweise nach eigenem Gutdünken, wie es Johann von Buch in seinem Glossenprolog für die Sachsenspiegelhandschriften beschreibt, vgl. S. 97, möglicherweise aber auch unter Heranziehung einer abweichenden, mutmaßlich glossenlosen Vorlage, deren Einteilung die jeweilige Schreiber*in für die korrekte oder in

Dass die Artikeleinteilung des Codex Hecht – die weitgehend mit derjenigen in der Wolfenbütteler Handschrift und derjenigen in der Heidelberger Handschrift übereinstimmt – nicht diejenige der Urglosse sein kann, lässt bereits die soeben angesprochene Untersuchung der nachträglich veränderten Remission in BG I 17 § 1 *Doch nympt sones kint erue vor vader* vermuten. Diese lässt darauf schließen, dass Ldr. I 17 § 2 nach Ansicht Johanns von Buch einen eigenständigen Artikel bildet, ohne dass dies im Codex Hecht, der Wolfenbütteler oder der Heidelberger Handschrift der Fall wäre. Der Befund, dass die Artikeleinteilung der Handschriften von derjenigen der Urglosse abweicht, bestätigt sich bei einer Einbeziehung der Glossenstellen, in denen sich Johann von Buch ausdrücklich zur Artikeleinteilung äußert.

a. Die Ausführungen Johanns von Buch zur Artikeleinteilung

Aus dem Glossenprolog ist ersichtlich, dass die Verbreitung unterschiedlicher Artikeleinteilungen dem Glossator bekannt war[2114]:

BG Prolog Vers 213 f., S. 104

Hic vera articulis capita ponuntur,	*Der*[2115] *artikel recht begin rechtverdich hir vunden wert,*
Et certis particulis libri dividuntur.	*De stat, dar de buk gan in, di genstlik disse text bert.*

Mit der durch Johann von Buch zugrunde gelegten Artikeleinteilung hat sich bereits Nietzsche befasst, seine diesbezüglichen Ausführungen sind allerdings kaum nachvollziehbar[2116]. Konkrete Ausführungen des Glossators zu der von ihm an-

seinem*ihrem Umfeld gebräuchliche hielt – scheint die Artikeleinteilung als maßgeblicher Gesichtspunkt für die Erstellung einer Genealogie der Handschriften nicht geeignet. Es ist vor diesem Hintergrund ohne weiteres möglich, dass eine Abschrift eine gänzlich andere Einteilung als ihre Vorlage aufweist. Dennoch kann ein Vergleich der Artikeleinteilung durchaus als Indiz hinsichtlich der Nähe zweier Handschriften zueinander gewertet werden. Insbesondere, wenn eine Handschrift die Artikeleinteilung aufweist, die Johann von Buch zugrunde gelegt hat, kann dies als Indiz für die Nähe dieser Handschrift zur Urglosse gewertet werden.

2114 Auf dasselbe Problem dürften auch die Verse des Glossenprologs wie des Epilogs zum Richtsteig Landrechts verweisen, die von fehlerhaften Remissionen aufgrund einer von den Schreiber*innen der Handschriften veränderten Zählweise sprechen, nämlich BG Prolog Vers 194, unten S. 605, Epilog zum Richtsteig Landrechts Satz 3: *Darumme wete, dat tu dat in der talwise ganz unde gar vindest, de wi di hir vor gesecht hebben, unde beware dat de scrivere de talwise nicht vorkeren*, Homeyer, Richtsteig Landrechts S. 323 f. Übersetzung: Darum wisse, dass du das gänzlich in der Zählweise findest, die wir dir zuvor gesagt haben, und habe acht darauf, dass die Schreiber die Zählweise nicht verändern.

2115 Übersetzung: Der rechte Artikelbeginn wird hier richtig gefunden / <und> Die Stelle, wo die Bücher enden, die diesem Text gänzlich <oder: häufig, dazu unten Anm. 2154> fehlen.

2116 Nach Nietzsche, ALZ 1827 (1827) Bd. 3 Sp. 725 bemerke die Glosse, dass Ldr. I 49 und Ldr. I 50 sowie Ldr. III 45 und Ldr. III 46 im Privileg der Sachsen einen Artikel gebildet

genommenen Artikeleinteilung des Privilegs finden sich m. E. an drei Stellen der Landrechtsglosse – auffälligerweise alle drei in der Glossierung zum dritten Buch des Landrechts.

BG III 32 § 1 *Welik ynkomen man* Satz 1–4, S. 1121 f.

Dit[2117] *hort to deme artikele, de dar secht van bewisinge der eghenschop. Allene sin itlike boke, de dit vor ene paragraphum hebben des voreghangenen artikeles. Wente he hir vore hefft ghesecht, wat de eruen klaghen moghen vnde wat me vppe de eruen klagen mach. Dar vmme settet he hir van vntrichtinge der eghenschop, <vnde des ys grot not>.*

BG III 47 § 1 *Swe deme anderen icht nympt* Satz 1–3, S. 1242 f.

Hir[2118] *hebben itlike en beghin, alse offt hire en nye lere beghonde. Dat is vnrecht. Wen dyt steit in deme privilegio vor en. Wente dar vmme, dat he de bote vor ghenomet heft, de horet wedder den broke, den en man an zik suluen lidet. Dar vmme wel he hire zetten, dat de bote hore vor dat me an enes mannes dinge dot, vnde secht: Swe deme et cetera.*

BG III 72 *Dat echte kint vnde vryg*, S. 1408

Hir[2119] *beghind in isliken boken en artikel, auer in deme rechten privilegio steit dat vor enen paragraphum.*

---

hätten. Erläuterungen, auf welche Handschriften er sich hier bezieht, fehlen. Allerdings teilt Nietzsche nicht zuletzt anhand des Kriteriums, ob beide Artikelpaare im Sachsenspiegeltext zusammengezogen seien, die Sachsenspiegelhandschriften in drei Ordnungen ein. Ein Vergleich der Handschriften könnte daher weitere Aufschlüsse erbringen. Soweit ersichtlich benutzt er im übrigen Text die vulgaten Artikelbezeichnungen. So spricht er im selben Satz von Ldr. I 14 und Ldr. III 82 – Ldr. III 91 als den Artikeln, die die Glosse als spätere Zusätze bezeichneten, was bei vulgatem Artikelverständnis zutrifft. Den Glossierungen zu Ldr. I 49; Ldr. I 50 und zu Ldr. III 45; Ldr. III 46 lässt sich jedoch keinerlei Hinweis darauf entnehmen, dass der Glossator beide Artikelpaare für einheitliche Artikel des Privilegs halten würde. Möglicherweise beziehen sich Nietzsches Angabe auf die Ausführungen in BG III 47 § 1 *Swe deme anderen icht nympt* Satz 1–3, dazu sogleich, oder auf die Ausführungen in BG III 45 § 1 *Nu vornemet* Satz 22, unten Anm. 2135.

2117 Übersetzung: Das gehört zu dem Artikel, der von dem Beweis der Leibeigenschaft spricht. Dennoch gibt es manche Bücher, die das als einen Paragraphen des vorangegangenen Artikels ansehen. Weil er hiervor gesagt hat, was die Erben einklagen können, und weswegen man gegen die Erben klagen kann. Darum setzt er hier <an diese Stelle Ausführungen> von der Erläuterung der Leibeigenschaft, und dafür besteht eine sehr große Notwendigkeit.

2118 Übersetzung: Hier haben einige einen <Artikel->Anfang, als wenn hier eine neue Lehre begönne. Das ist falsch. Denn es steht in dem *privilegio* als eine Einheit. Denn deswegen, weil er zuvor die Buße genannt hat, die zu der Rechtsverletzung gehört, die ein Mann an sich selbst erleidet. Darum will er hier<-hin> setzen, dass die Buße gehört für das, was man den Dingen eines Mannes antut, und sagt: „Wer dem etc.".

2119 Übersetzung: Hier beginnt in einigen Handschriften ein Artikel, aber in dem echten Privileg steht das als ein Paragraph.

Die ersten Ausführungen Johanns von Buchs zur Artikeleinteilung finden sich in der Glossierung zu Ldr. III 32 § 1. Er beginnt die Glossierung hier mit der Bemerkung, dass der glossierte Abschnitt zu dem Artikel gehöre, der von dem Beweis bei Leibeigenschaft spreche, es gebe aber Handschriften, die ihn als einen Paragraphen des vorangegangenen Artikels sähen. Danach folgt, entsprechend den *continuationes titulorum* des gelehrten Rechts[2120], eine Einordnung des Paragraphen – eindeutig bezogen auf Ldr. III 32 § 1, der sich mit dem angesprochenen Beweisrecht bei Standesfragen befasst – in den Gedankengang des Sachsenspiegels.

Auf die Leibeigenschaft beziehen sich Ldr. III 32 §§ 2–9[2121], der Glossator zieht Ldr. III 32 § 1 also entsprechend der vulgaten Einteilung zu den darauffolgenden Paragraphen. Eine hiervon abweichende Artikeleinteilung zeigen dagegen die drei von Kaufmann wiedergegebenen Handschriften. Bei diesen ist – wie es der Glossator ausdrücklich ablehnt – Ldr. III 32 § 1 zu dem vorhergehenden Ldr. III 31 § 3 gezogen, während bei vulgat Ldr. III 32 § 2 ein neuer Artikel beginnt[2122].

Eine vom Sachsenspiegeltext nach den von Kaufmann verwendeten Handschriften abweichende Artikeleinteilung lässt auch BG III 72 *Dat echte kint vnde vryg* erkennen. Der Glossator merkt hier an, in einigen Handschriften würde bei den glossierten Worten *Dat echte kint vnde vryg* ein neuer Artikel beginnen, in dem ursprünglichen Privileg stehe dies aber als ein Paragraph. Bei den glossierten Worten handelt es sich um den Satzbeginn von vulgat Ldr. III 72[2123], der demnach nach Ansicht Johanns von Buch nicht am Beginn eines Artikels steht. Bei der Wiedergabe des Sachsenspiegeltextes[2124] in den von Kaufmann verwendeten Handschriften bilden

2120 Kannowski, Buch'sche Glosse S. 519, der darum in Bezug auf die Buch'sche Glosse von *continuationes articulorum* spricht. Zu den *continuationes titulorum* im gelehrten Recht vgl. Lange/Kriechbaum, Römisches Recht im Mittelalter II S. 282–284.

2121 Ldr. III 32 §§ 1–3, S. 177: [§ 1] *Svelk inkomen man sik vri seget, den sal men vor vri halden, man ne moge ine mit getüge verlecgen.* [§ 2] *Sve sik vri seget unde en ander seget dat he sin egen si, so dat he sik ime gegeven hebbe, des mut jene wol unscüldich werden, it ne si vor gerichte geschin.* [§ 3] *Sprict he aver dat he sin ingeboren egen si, he mut ine behalden uppe'n hilgen mit tven sinen egenen mannen.* Auch Ldr. III 32 §§ 4–9 betreffen die Leibeigenschaft, Ldr. III 32 § 10 betrifft den Zusammenhang von Buße und Gerichtsbuße. Ausweislich der Kennzeichnung durch Kursivdruck in der Homeyer'schen Sachsenspiegelausgabe fehlt Ldr. III 32 § 1 der ersten Klasse der Sachsenspiegelhandschriften; zur Bedeutung des Kursivdrucks Homeyer, Sachsenspiegel I S. 104.

2122 Im Codex Hecht und der Wolfenbütteler Handschrift werden beide zu *Capitulum XXX* zusammengefasst, Ldr. III 32 §§ 2–10 bilden dann *Capitulum XXXI.* Die Heidelberger Handschrift zeigt dieselbe Artikeleinteilung, allerdings handelt es sich hier um *Capitulum XXXII* und *Capitulum XXXIII.*

2123 Ldr. III 72, S. 368: *Dat echte kint unde vri behalt sines vader schilt, unde nimt sin erve unde der muder also, of it ir evenburdich is oder bat geboren.* Ldr. III 72 fehlt, wie auch Ldr. III 71 und Ldr. III 73, ausweislich der Kennzeichnung durch Kursivdruck in der Homeyer'schen Ausgabe in der ersten Klasse der Sachsenspiegelhandschriften; zur Bedeutung des Kursivdrucks Homeyer, Sachsenspiegel I S. 104.

2124 Bzw. im Fall der Heidelberger Handschrift: bei der Kennzeichnung der Artikelanfänge durch Initialen und Zwischenüberschriften.

jedoch Ldr. III 72 und Ldr. III 73 §§ 1–3 einen Artikel. Bei den glossierten Worten beginnt also – gerade im Gegensatz zu den Ausführungen Johanns von Buch – ein neuer Artikel.

Eine abweichende Artikeleinteilung ergibt sich schließlich auch bei Ldr. III 47 § 1. In der Glossierung zu diesen Worten formuliert Johann von Buch, dass an dieser Stelle einige Handschriften einen Anfang hätten, als wenn hier eine neue Lehre begänne. Dies sei aber falsch, denn im Privileg stünde dies als eines. Im Gegensatz zu den beiden zuvor angesprochenen Glossen ist hier nicht eindeutig von Artikeln und Paragraphen die Rede, sodass sich die Ausführungen auch allgemeiner auf Aspekte der Auslegung beziehen könnten[2125]. Naheliegender scheint aber gerade angesichts der Nähe der Formulierung zu der Formulierung im Prolog *So heitet dat articula hir, dar en recht an begint*[2126], dass Johann von Buch an dieser Stelle wie an den vorgenannten die Artikeleinteilung thematisiert. In diesem Sinne verstehen die Stelle auch Homeyer und Kannowski[2127].

Zu welchem Artikel Ldr. III 47 § 1 nach Ansicht des Glossators zu ziehen ist, wird nicht zweifelsfrei deutlich. Im Codex Hecht und der Wolfenbütteler Handschrift steht vor der Wiedergabe des Textes von Ldr. III 47 – Ldr. III 50[2128] als eigenstän-

2125 Eine weitere Auslegungsmöglichkeit findet sich bei Siegel, Rechtsbücher S. 7. Er deutet die Stelle dahingehend, dass Johann von Buch auf einen in manchen Handschriften befindlichen zusätzlichen Anfangstext hinweise, den er selbst weglasse. Diese Annahme würde aber zwar den ersten Satz der Glossierung ohne einen Widerspruch zu der Artikeleinteilung in den von Kaufmann zugrunde gelegten Handschriften erklären, jedoch stellt sich dann die Frage, was mit der Erläuterung, in dem Privileg stehe dies als Einheit, gemeint ist.

2126 BG Prolog Vers 226, vgl. unten S. 515; Hervorhebungen der Vf.

2127 Homeyer, Prolog S. 20; Kannowski, Buch'sche Glosse S. 516 f., die zwar nicht die sich m. E. hieraus ergebende Folgerung eines Auseinanderfallens der Artikelzählung durch Johanns von Buch und durch die von Kaufmann zugrunde gelegten Handschriften ziehen, aber die Stellen ebenfalls als Ausführungen des Glossators zu der korrekten Artikeleinteilung verstehen.

2128 Ldr. III 47, S. 342 f.: [§ 1] *Svie dem anderen des sines icht nimt mit gewalt, oder ane sine witscap, is si lüttel oder vele, dat sal he weder geven mit bute, oder sveren dat he's nicht weder geven ne moge; so sal he't gelden na der werdunge, dat it jene werderet, die it verloren hevet; jene ne minnere die werderunge mit sinem eide, die it dar gelden sal.* [§ 2] *Singende vogele aver unde klemmende, unde winde unde hessehunde unde bracken mach man wol gelden mit eneme irme geliken, die also gut si, of man't gewerет uppe'n hilgen.* – Ldr. III 48, S. 343 f.: [§ 1] *Svie des anderen ve dodet, dat man't eten mut, dankes oder ane dank, die mut it gelden mit sime gesatten weregelde. Belemet he't, he gilt it mit deme halven dele unde ane bute, dar to behalt jene sin ve, des it er was.* [§ 2] *Sve aver dodet oder belemet en ve in enem vute, dankes unde ane not, dat man't nicht eten ne mut, he sal it gelden mit vulleme weregelde unde mit bute. Lemet he't aver in enem ogen, he gilt it mit deme halven dele.* [§ 3] *Blift aver en ve dot oder lam von enes mannes sculden, unde doch ane sinen willen, unde dut he dar sinen eid to, he gilt it ane bute, alse hir vore geredet is.* [§ 4] *Belemt aver en man enen hunt oder sleit he ine dot, dar he ine biten wel, oder dat he sin ve bit up der strate oder uppe'n velde, he blift is ane wandel, gewerет he't uppe'n hilgen, dat he ime anderes nicht gesturen ne kunde.* – Ldr. III 49, S. 344: *Svelk hunt to velde gat, den sal man in benden halden, durch dat he nemanne ne scade. Dut he aver scaden, den sal die gelden, deme die*

diger[2129], aber unglossierter Artikel Ldr. III 51[2130]. Allerdings deuten die fehlende Glosse[2131] wie auch weitere Anhaltspunkte[2132] darauf hin, dass Ldr. III 51 dem

---

hunt volget to velde, oder sin herre, dar he't nicht gelden ne mach. – Ldr. III 50, S. 344 f.: *Svar die düdesche man sinen lif oder sine hant verwercht mit ungerichte, he lose se oder ne du, dar ne dar he geven noch gewedde noch bute to.* Alle Artikel fehlen ausweislich der Kennzeichnung durch Kursivdruck in der Homeyer'schen Ausgabe in der ersten Klasse der Sachsenspiegelhandschriften; zur Bedeutung des Kursivdrucks Homeyer, Sachsenspiegel I S. 104.

2129 Der Artikel ist im Codex Hecht mit *Capitulum XLIIII* überschrieben, es folgen das Wort *Textus*, Rubrik und Text von Ldr. III 51. – Rubrik und Text zu Ldr. III 47 – Ldr. III 50 folgen danach ihrerseits abgesetzt durch *Capitulum XLV* und *Textus iterum*. In der Wolfenbütteler Handschrift fehlen *Textus* und *Textus iterum*.

2130 Ldr. III 51, S. 345 f.: [§ 1] *Nu vernemet umme vogele unde diere weregelt. Dat hun gilt man mit enem halven penninge, die anet also. Die gans mit enem penninge, die brut gans unde die brut henne mit dren penningen binnen irer brut tiet, unde die stelle anet also; dat selve dut man dat verken unde dat tzickelin binnen irme soge unde die katten. Dat lam vor viere; dat kalf vor sesse. Dat volen vor enen schilling binnen sime soge, unde den hofwart also. Den hunt, den man scuprode het, mit dren schillingen unde dat suert unde dat jarge svin. Dat rint mit vier schillingen. Die soge, die verkene dreget oder tüt, mit vif schillingen. Den vulwassen ber also unde den esel. Den mul mit achte schillingen unde den tochossen und den veltstriken. Andere veltperde, die to vulleme arbeide dogen, mit tvelf schillingen. Die aver beneden iren jaren sin, die gilt man als in na irme aldere geboret. Dat rideperd, dar die rideman sime herren uppe dienen sal, dat gilt man mit eme punde.* [§ 2] *Riddereperde aver, ors unde teldere unde runtziden, den n'is nen weregelt gesat, noch meste svinen; dar umme sal man sie unde alle varende have wedergeven oder gelden na des werderunge, die sie verlos, jene ne minnere sie mit sinem eide, die sie gelden sal.* Der Artikel fehlt ausweislich der Kennzeichnung durch Kursivdruck in der Homeyer'schen Ausgabe in der ersten Klasse der Sachsenspiegelhandschriften, Homeyer, Sachsenspiegel I S. 345 f.; zur Bedeutung des Kursivdrucks Homeyer, ebenda S. 104.

2131 Auf die Wiedergabe des Textes von Ldr. III 51 folgt keine Glossierung, oben Anm. 2129. Allerdings findet sich in allen drei von Kaufmann zugrunde gelegten Handschriften am Ende der Glossierung zu Ldr. III 50 ohne eigenes Stichwort der Hinweis: BG III 50 *Swar de Dudesche man* Satz 4 f., S. 1248: *To desseme ar. wete ok, dat de leste artikel desses bokes de secht van der deere vnde voghele wergelde. Dar vmme is he hir ghedut.* Übersetzung: Zu diesem Artikel wisse auch, dass der letzte Artikel dieses Buches vom „Wergeld der Tiere und Vögel" spricht. Darum ist er hier gedeutet. – Zur Glossierung in anderen Handschriften Kannowski, Buch'sche Glosse S. 508 f. Die Verfasser*in dieser Zeilen kannte Ldr. III 51 also, verortete ihn aber am Schluss des dritten Buchs; eine Stellung, die tatsächlich in einigen Handschriften, nämlich denen der nach gegenwärtigem Forschungsstand als Glossenvorlage angenommenen Ordnung, zu beobachten ist, Oppitz, Rechtsbücher I S. 25. Angesichts der Tatsache, dass es sich um einen bloßen Hinweis zur Existenz des Artikels handelt, ohne dass inhaltliche Ausführungen folgen würden, dass der Verweis auf eine fehlende Glossierung zu diesem Artikel an einer Stelle vor der Niederschrift dieses Artikels erfolgt und der Verweis auch nicht in der ersten Person erfolgt, spricht m. E. einiges dafür, dass diese Stelle nachträglich ergänzt worden ist.

2132 Dafür spricht zu einen, dass der Artikel und seine Glossierung nach den Ausführungen Homeyers, Genealogie S. 96, 122 f. und Sinauers, NA 1935 S. 515 in diversen Glossenhandschriften fehlt. Zum zweiten spricht dafür, dass Johann von Buch in der Glossierung

Glossator unbekannt gewesen sein könnte[2133]. Bezugspunkt der Anknüpfung wäre in diesem Fall also nicht Ldr. III 51, sondern Ldr. III 46, möglicherweise gemeinsam mit Ldr. III 45, der in den von Kaufmann edierten Handschriften mit Ldr. III 46 zusammengefasst wird.

Aus den inhaltlichen Ausführungen lässt sich ebenfalls nicht schließen, zu welchem Artikel Ldr. III 47 § 1 nach Ansicht Johanns von Buch zu ziehen ist. In BG III 47 § 1 *Swe deme anderen icht nympt* findet sich insofern die Begründung, dass in Ldr. III 47 die Buße für die Verletzung des Besitzes eines Menschen thematisiert werde, und dass sich dies an die zuvor thematisierte Buße für die Verletzung eines Menschen selbst anschließe. Dies dürfte sich auf Ldr. III 45 § 1[2134] beziehen, bei dessen Glossierung Johann von Buch umgekehrt Ausführungen zum Wergeld aller Tiere und Vögel als Teil des Artikels bezeichnet hatte[2135], was sich seinerseits sowohl

---

zu Ldr. III 45 § 1, wiedergegeben unten Anm. 2135, alle Artikel des Privilegs aufzählt, die mit *nu vornemet* begännen, da er diesen Worten besondere Bedeutung beimisst. Nun ließe sich die Tatsache, dass Ldr. III 51 in dieser Aufzählung nicht erscheint, zwar entweder damit erklären, dass der Glossator Ldr. III 51 als Paragraphen ansah und damit nicht als Artikelanfang, oder dass er Ldr. III 51 – etwa aufgrund einer Stellung am Sachsenspiegelende, oben Anm. 2131, nicht als einen Teil des ursprünglichen Privilegs, sondern als späteres Kaisergesetz ansieht. Sehr viel näherliegend aber ist, gerade in Verbindung mit den übrigen Indizien, dass er Ldr. III 51 tatsächlich nicht kannte.

2133 Auch Kannowski, Buch'sche Glosse S. 510; Huneke, Iurisprudentia romano-saxonica S. 228 Anm. 651 gehen davon aus, dass Ldr. III 51 kein Bestandteil der Urglosse gewesen sei.

2134 Ldr. III 45 § 1, S. 339: *Nu vernemet aller lüde weregelt unde bute. Vorsten, vrie herren, scepenbare lüde, die sin gelik in bute unde in weregelde. Doch eret man die vorsten unde die vrien herren mit golde to gevene, unde gift in twelf güldene penninge to bute, der sal iegelik en dre penningwichte silveres wegen. Dat penning wichte goldes nam man do vor teine silveres, süs waren die twelf penninge drittich schillinge wert. Den scepenbaren vrien lüden gift man drittich schillinge to bute pündeger penninge, der solen twintich schillinge ene mark wegen. Ire weregelt sin achtein punt pündeger penninge.* Der Artikel ist ausweislich der Kennzeichnung durch Rectedruck in der Homeyer'schen Ausgabe wie auch Ldr. III 46 in der ersten Klasse der Sachsenspiegelhandschriften vertreten, mit Ausnahme der letzten beiden Worte des wiedergegebenen Paragraphen, Homeyer, Sachsenspiegel I S. 339–341; zur Bedeutung des Kursivdrucks Homeyer, ebenda S. 104.

2135 In BG III 45 § 1 *Nu vornemet* Satz 22 spricht der Glossator von dem fünften Artikel, der mit *Nu vornemet* beginnt: Ldr. III 45 § 1. Die Besonderheit dieses Artikels sei, dass abweichend vom gemeinen Recht die Buße für die Verletzung eines Menschen und die Entschädigung für die alle Tiere gesetzlich beziffert seien. BG III 45 § 1 *Nu vornemet* Satz 1–16, 21 f., S. 1225–1228: *Nu de eddele man her Eyke hefft vte deme Latineschen in Dudesche ghebracht, wat bote de man mote dragen, de vnrechtes vorwunnen wert in pinliken saken, ut supra* [Ldr. II 13]. *Nu wel he zeggen van der beteringe des, de vnrechtes vorwunnen wert in borgheliker zake, vnde secht: Nu vornemet. Hir scholtu weten, dat dit word vornemet hefft stedeliken yo wat sunderlikes, des grotter nod to vornemende is wen anders wat. Des wete, dat in al dem privilegio beghinnet nicht wen viff artikele mit dessem worde. De suluen, de zus beghinnen, de hebben yo wat sunderlikes, des not to vornemende is. De erste, de zus beghinnet, den hefstu supra* [Ldr. I 20]. *Dar wel he, dat men vorneme, wat ere vnde nuttes vnde vromen vnde sunderlike*

auf Ldr. III 51[2136] als auch auf Ldr. III 47 § 2 – Ldr. III 48 § 3 beziehen lässt[2137]. Möglicherweise sieht Johann von Buch daher Ldr. III 45 § 1–11; Ldr. III 46 §§ 1, 2;

---

gnade sy an ridderschop. Den anderen, de zus beghinnet, den hefstu supra [Ldr. I 33]. *Dar wel he dat recht des tokumpftigen eruen vnde <wo me> medelidinge scholle hebben mit der bedroueden vnde swangeren wedewen. Den drudden, de sus beghynnet, den hefstu supra* [Ldr. II 13]. *Dar wel he, dat men vorneme dat vndersched twisschen der barmherticheit vnde der rechticheit. Den verden ar., de sus beghinnet, den hefstu supra* [Ldr. II 64]. *Dar wel he, dat men vorneme de nyen recht, de de Sassen annemeden, do se vntfengen den louen der nyen ee. Den vefften hefstu hire, de sus beghinnet. Vnde he wel, dat du vornemest mit danghnamicheit de groten gnade, de de eddelen keysere den werden Sassen ghedan hebben in desser stad. Wente in keyserrechte dar hadden de richtere ghewalt, dat se mochten ordelen, enen man to bote to gheuene, wo ho se wolden, dar na dat ere richte akbare was.* (…) *Dit is den Sassen dor gnade willen affgelecht. Vnde is touoren gheset, wo se vorboten schullen eneme isliken, offt ze an ene breken, vnde wo se islik deer vnde isliken voghel vorgelden schullen.* Übersetzung: Nachdem der edle Mann Herr Eike aus dem Lateinischen ins Deutsche gebracht hat, welche Buße der Mann erbringen muss, der eines Unrechts überführt wird in peinlichen Sachen, wie oben [Ldr. II 13]. <So> will er jetzt sagen von der Wiedergutmachung dessen, der eines Unrechts überführt wird in bürgerlicher Sache, und sagt „Nun versteht". Hier sollst du wissen, dass dieses Wort „versteht" durchgängig immer etwas Besonderes hat, das zu verstehen notwendiger ist als anderes. Davon wisse, dass in dem gesamten Privileg nicht mehr als fünf Artikel mit diesem Wort beginnen. Dieselben, die so beginnen, die haben immer etwas Besonderes, das zu verstehen notwendig ist. Der erste, der so beginnt, den hast du oben [Ldr. I 20]. Dort möchte er, dass man verstehe, was an Ehre und Nutzen und Vorteilen und besonderen Privilegien mit der Ritterschaft einhergehen. Den zweiten, der so beginnt, den hast du oben [Ldr. I 33]. Dort möchte er <hinweisen auf> das Recht des zukünftige Erben und wie man Mitleid haben soll mit der bedürftigen und schwangeren Witwe. Den dritten, der so beginnt, den hast du oben [Ldr. II 13]. Dort will er, dass man verstehe den Unterschied zwischen Gnade und Gerechtigkeit. Den vierten Artikel, der so beginnt, den hast du oben [Ldr. II 64]. Dort will er, dass man die neuen Rechte verstehe, die die Sachsen angenommen haben, als sie den Glauben des neuen Bundes empfingen. Den fünften hast du hier, der so beginnt. Und er will, dass du mit Dankbarkeit verstehst das große Privileg, das der edle Kaiser den ehrenwerten Sachsen an dieser Stelle erteilt hat. Denn im Kaiserrecht hatten die Richter die Befugnis, dass sie einen Mann zum Leisten einer Buße verurteilen konnten, so hoch sie wollten, in dem Maße, wie hochwürdig ihr Gericht war. (…) Das ist für die Sachsen als ein Privileg abgelegt worden. Und es ist vorher festgelegt, welche Buße sie einem jeden auferlegen sollen, wenn er ihre Rechte verletzt hat, und wie sie jegliches Tier und jeglichen Vogel vergelten sollen. – Die Remissionen in den wiedergegebenen Sätze lauten eigentlich *li. II ar. XIII; li. I ar. XIX; li I ar. XXXIII; li II ar. XIII; li II ar. LXVII,* was nach der Einteilung des Codex Hecht vulgat Ldr. II 13, Ldr. I 20 §§ 1–5; Ldr. I 33, Ldr. II 13 und Ldr. II 69 entspricht. Von Kaufmann, Buch'sche Glosse S. 1226 f. wie hier – allerdings mit Angabe von § 1 bei der erstgenannten Remission – angegeben.

2136 Dafür spricht insbesondere die Wendung *wo se islik deer vnde isliken voghel vorgelden* die den Text und die Rubrik (*Nu vornemet vmme vogele vnde dere weregelt*) von Ldr. III 51 aufnimmt.

2137 In den Artikeln finden sich Ausführungen zu den Entschädigungen bei Verletzungen von Singvögeln und Jagdtieren sowie beim Töten und Verletzen von Vieh; dabei findet auch der Begriff Wergeld Verwendung.

Ldr. III 51 §§ 1, 2 und mindestens Ldr. III 47 § 1 als einen Artikel. Wahrscheinlicher erscheint allerdings, dass er Ldr. III 51 nicht kennt, und folglich Ldr. III 45 §§ 1–11; Ldr. III 46 §§ 1, 2; Ldr. III 47 §§ 1, 2; Ldr. III 48 §§ 1–4 und Ldr. III 49 zusammenzieht. Klar ist jedenfalls, dass er bei Ldr. III 47 § 1 keinen Artikelbeginn annimmt.

Eben dies aber ist der Fall in den bei Kaufmann wiedergegebenen Handschriften. Im Codex Hecht und in der Wolfenbütteler Handschrift bilden Ldr. III 45 § 1 – Ldr. III 46 § 2 einen Artikel und werden zusammen glossiert, danach folgen unglossiert Ldr. III 51 §§ 1, 2 als eigenständiger Artikel und schließlich wiederum als einheitlicher Artikel Ldr. III 47 § 1 – Ldr. III 50 mit Glosse. In der Heidelberger Handschrift ist – anhand der glossierten Stichworte – dieselbe Artikeleinteilung zu beobachten[2138].

b. Die Bedeutung der Ausführungen zur Artikeleinteilung

Die bisher untersuchten Stellen belegen, dass Johann von Buch an allen drei Stellen von einer anderen Artikeleinteilung ausgeht als in den von Kaufmann verwendeten Handschriften zu beobachten ist. Es stellt sich daher die Frage, was sich aus diesem Befund schlussfolgern lässt.

Am naheliegendsten erscheint sicherlich, dass die Artikeleinteilung in den von Kaufmann edierten Handschriften von derjenigen des Autographen abweicht. Die beobachtete Artikeleinteilung könnte allerdings auch auf die Urglosse zurückgehen, dann nämlich, wenn der Glossator diese Einteilung aus seiner Textvorlage übernommen und seine abweichende Sichtweise zur Artikeleinteilung lediglich in der Glossierung kenntlich gemacht haben sollte[2139]. Für die letztgenannte Erklärung spricht insbesondere, dass an sämtlichen Stellen, an denen die Artikeleinteilung thematisiert wird, der wiedergegebene Sachsenspiegeltext von dem in der Glosse als ursprünglich bezeichneten abweicht.

2138 Eine Auffälligkeit ergibt sich hier bei der Artikelbezeichnung. Der erstgenannte Glossenblock ist mit *Capitulum XLV* überschrieben, der zweite aber bereits mit *Capitulum LI*, ohne, dass sich dazwischen weitere Initialen fänden. Der darauffolgende Glossenblock setzt die Zählung mit Capitulum LII fort. Allerdings erweckt die Platzierung der Artikelüberschriften mit *Capitulum* und Ziffer den Eindruck, dass diese nachträglich eingefügt worden sind.

2139 Johann von Buch könnte diese Einteilung insbesondere dann in seinen Text übernommen haben, wenn er sie für die Einteilung des Eike'schen Textes hielt, die hier aber von der Einteilung im ursprünglichen Privileg abweicht. Er könnte deshalb an diesen Stellen Ausführungen zur Artikeleinteilung gemacht haben, um auf die Textgestalt des ursprünglichen Privilegs hinzuweisen, ohne aber den Sachsenspiegeltext entsprechend abzuändern. Dies würde durchaus in Einklang zu anderen Stellen stehen, bei denen er einen Unterschied zwischen der Eike'schen Arbeit und dem Privileg annimmt. So werden auch die Artikel Ldr. I 19; Ldr. II 13 § 1 und Ldr. II 61 § 1, wiedergegeben, obwohl Johann von Buch sie nicht für Bestandteile des Privilegs hält. Die Zuordnung an Eike von Repgow erfolgt lediglich durch Ausführungen in der Glosse. Ähnlich ist die Situation bei Ldr. I 18, oben S. 467 ff.

Jedoch lässt sich aus zwei Tatsachen schließen, dass Johann von Buch diejenige Artikeleinteilung, die er in der Glossierung als diejenige des Privilegs angibt, auch in seinem Text wiedergibt. Zum einen formuliert Johann von Buch in allen drei Fällen, dass *itlike* oder *itlike boke* die von ihm abgelehnte Artikeleinteilung aufwiesen. Nicht alle Handschriften haben also diese Einteilung, sondern nur manche[2140]. Zum anderen deutet auch der Glossenbeginn von BG III 75 § 1 *An eghene* darauf hin, dass Johann von Buch die von ihm als richtig beschriebene Artikeleinteilung auch selbst übernommen hat.

Die bereits mehrfach angesprochene Glossierung zu Ldr. III 75 § 1 beginnt nämlich, entsprechend den *continuationes titulorum* des gelehrten Rechts[2141], mit einer Anknüpfung an den vorangegangenen Artikel.

BG III 75 § 1 *An eghene* Satz 1, S. 1418

Wente[2142] he hire vore in deme ambeghinne des neysten ar. zede van der <*euenbort*[2143]>, *dar me in den ersten dren sake van erue nemet.*

Zu Beginn des vorangegangenen Artikels habe er – Eike von Repgow – von der Ebenburt gesprochen, deren erste drei Arten Auswirkungen auf das Erben hätten. Durch diese Einordnung werden Ldr. III 73 §§ 1, 2 als der Beginn des vorangegangenen Artikels gekennzeichnet, wie sich auch eindeutig aus deren Glossierung ergibt[2144].

2140 Nun ist allerdings hier einschränkend zu bemerken, dass *itlik* im Singular mehrdeutig ist, und sowohl „jeder" als auch „irgendein" bezeichnen kann, Walther/Lübben, Mittelniederdeutsches Handwörterbuch. BG III 47 § 1 *Swe deme anderen icht nympt* Satz 1 und BG III 72 *Dat echte kint vnde vryg* Satz 1 ließen sich möglicherweise also auch dahingehend übersetzen, dass sich die kritisierte Einteilung in jeglichen Büchern finde. Kaufmann/Neumeister, Glossar S. 554, deuten den Plural in der Buch'schen Glose aber stets im Sinne von „etliche, manche, viele". Eindeutig in diesem Sinne gebraucht ist das Wort zudem in BG III 32 § 1 *Welik ynkomen man.*

2141 Vgl. oben Anm. 2120.

2142 Übersetzung: Weil er zuvor am Beginn des vorangegangenen Artikels von der Ebenbürtigkeit gesprochen hat, nach der man in den ersten drei Arten erbt.

2143 So von Kaufmann, Buch'sche Glosse S. 1418 aufgrund inhaltlicher Überlegungen und der Lesart des Augsburger Drucks von 1516 korrigiert aus *eghenen bord.*

2144 BG III 73 § 1 *Nemet auer en schepenbare vryg wiff* Satz 1–5, S. 1409: *Hir wel he zeggen van der euenbord, de in deme rechte vele bewornes maket. Des wete, dat euenbord kumpt to verleye wijs. De erste ys van ammechte, van der secht he hir. Went schepenbare vry, dat is dar van vnde secht dar vmme zo, dat se ere eghen dar vmme vryg hebben, dat se schepen ambechtes in ener graueschoppe warden schůln, ut* [Ldr. I 2 §§ 1, 2]. *Dit is der manne ambecht, vnde eruet dat vppe de zone allene edder vppe den negesten swertmach, supra* [Ldr. III 26 § 3]. Übersetzung: Hier will er von der Ebenbürtigkeit sprechen, die in dem Recht viel Verwirrung stiftet. Davon wisse, dass Ebenbürtigkeit auf viererlei Weise entsteht. Die erste kommt von einem Amt, von der spricht er hier. Denn „Schöffenbar Frei", das kommt davon und er spricht deshalb so, weil sie ihr *egen* darum frei <von Abgaben> haben, damit sie das Schöffenamt in einer Grafschaft versehen sollen, wie [Ldr. I 2 §§ 1, 2]. Das ist das Amt der Männer, und er vererbt

Dies entspricht aber gerade nicht der Artikeleinteilung in den von Kaufmann zugrunde gelegten Handschriften. Diese sehen – entgegen den entsprechenden Ausführungen im Glossentext – Ldr. III 72 als den Beginn eines auch Ldr. III 73 §§ 1–3 umfassenden einheitlichen Artikels[2145]. Dass Johann von Buch aber eine Verweisung auf Grundlage einer von ihm selbst nicht verwendeten Artikeleinteilung vornimmt, wird sich aus Praktikabilitätsgründen ausschließen lassen. Ldr. III 72 muss damit entweder – wie in der vulgaten Einteilung – allein gestanden haben oder aber – wie von der Glosse beschrieben – an die vorhergehenden Artikel angeschlossen gewesen sein[2146]. Die im Codex Hecht und seinen Schwesterhandschriften wiedergegebene Einteilung kann nicht derjenigen der Urglosse entsprechen.

---

das nur auf die Söhne oder auf den nächsten Schwertmagen, wie oben [Ldr. III 26 § 3]. – Die Remissionen in den wiedergegebenen Sätzen lauten eigentlich *supra li. I ar. II § III* und *supra ar. XXV*, was nach der Einteilung des Codex Hecht vulgat Ldr. I 2 § 3 und Ldr. III 26 §§ 1–3 entspricht, von Kaufmann, Buch'sche Glosse S. 1409 wie wiedergegeben korrigiert bzw. konkretisiert. – BG III 73 § 2 *Dit zulue recht* Satz 1–6, S. 1410 f.: *Hir settet he dat andere stucke der euenbord. De kumpt van denste, de vppe gude licht. Wente de denstlude hebben dar gud aff, dat ze der vorsten vnde der godeshuze ambachte vorstan schollen, ut in* [Lr. 63]. *Swe denne enes anderen heren denstman is, de en ys deme nicht euenbordich, des gud he to ambechte hefft. Vnde dar vmme mach dit gud an ene nicht komen. Wente were dat, dat dat gud, dar en to Meydeburch denstman aff wesen scholde, mochte dat eruen up den, de to Brunswigh denstman were, so vorghingen der vorsten beleneden ammechte.* Übersetzung: Hier setzt er die zweite Art der Ebenbürtigkeit. Die kommt vom Dienst, der mit einer Liegenschaft verbunden ist. Denn die Dienstleute haben ihre Liegenschaften dafür, dass sie das Amt <im Dienst> der Fürsten und Kirchen versehen sollen, wie [Lr. 63]. Wer also der Dienstmann eines anderen Herrn ist, der ist dem nicht ebenbürtig, dessen Liegenschaften er für ein Amt hat. Und darum kann das Gut <durch Erbschaft> nicht an ihn fallen. Denn wäre es so, dass das Gut, von dem einer zu Magdeburg Dienstmann sein soll, könnte er das vererben auf den, der zu Braunschweig Dienstmann wäre, dann würden die mit Lehen verbundenen Ämter der Fürsten dadurch untergehen. – Die Allegation lautet eigentlich *in libro feudorum ar. LXXXVII* [= Lr. 87], von Kaufmann, Buch'sche Glosse S. 1410 korrigiert. Vgl. zu den Ausführungen dieser Glosse Ldr. III 81 § 2. – BG III 73 § 2 *Van aneghenge* Satz 1–3, S. 1412: *Hir settet he de drudden zake der euenbord. Dat is, de eghen is, de en is nicht euenbordich deme, de vryg is. De eghene mach des vryen erue nicht nemen, wente de vrye sines nicht nemen mod.* Übersetzung: Hier setzt er den dritten Grund der Ebenbürtigkeit. Das heißt, wer ein Eigener <oder: eine Eigene> ist, der <oder: die> ist nicht ebenbürtig dem, der frei ist. Der <oder: die> Eigene kann das Erbe des Freien nicht nehmen, weil der Freie das seine nicht nehmen darf. – BG III 73 § 3 *Na des landes wonheit* Satz 4, S. 1414: *De verde euenbord ys en ridderlik werdicheit, alze yn deme hereschilde, dat wy adel hetet, supra* [Ldr. I 3 § 2]. Übersetzung: Die vierte Ebenbürtigkeit ist eine ritterliche Ehrwürdigkeit, wie in dem Heerschild, die wir den Adel nennen, oben [Ldr. I 3 § 2].

2145 Ldr. III 74 ist in den von Kaufmann zugrunde gelegten Handschriften zwischen Ldr. III 71 und Ldr. III 72 angeordnet.

2146 Vorausgesetzt freilich, dass nicht entgegen der vulgaten Textfolge ein anderer Artikel zwischen Ldr. III 72 und Ldr. III 73 steht, wofür es allerdings ausweislich der Literatur keinerlei handschriftlichen Textzeugen gibt.

c. Die Fehlerhaftigkeit der Sachsenspiegelremissionen als Anhaltspunkt für eine Veränderung der Artikeleinteilung

Als weiterer, deutlicher Hinweis darauf, dass die Artikeleinteilung in den von Kaufmann edierten Handschriften nicht unverändert aus der Urglosse übernommen worden sein kann, sondern hier im Laufe der Überlieferung bei einer oder mehreren Gelegenheiten Veränderungen vorgenommen worden sind, ist die Fehlerhaftigkeit der Sachsenspiegelremissionen.

Die Zitierweise bei den Remissionen beruht – im Gegensatz zu der Zitierweise bei den gemeinrechtlichen Quellen – auf der Bezifferung der Artikel. Regelmäßig wird die remittierte Stelle durch Nennung des Buches, des Artikels und gegebenenfalls des Paragraphen nach dem Muster *li. II ar. XII (§ III)* bezeichnet. Da die remittierten Stellen einen inhaltlichen Zusammenhang mit den Ausführungen in der Glossierung aufweisen dürften, teilweise auch durch ergänzende Zitate aus dem Sachsenspiegelwortlaut eindeutig zu ermitteln sind, lassen sich unabhängig von der in der Remission genannten Artikelzahl Aussagen darüber treffen, welcher Sachsenspiegelartikel mit der Remission gemeint ist – oder wenigstens, welcher Sachsenspiegelartikel nicht gemeint sein dürfte. Auf dieser Grundlage lässt sich nun die Artikelbezeichnung in den Remissionen mit der – nicht vulgaten – Artikelbezeichnung im Codex Hecht und seinen Schwesterhandschriften vergleichen. Bei diesem Vergleich fällt auf, dass die Bezeichnung in den Remissionen ganz überwiegend nicht mit der Bezeichnung in den von Kaufmann verwendeten Handschriften übereinstimmt, wodurch die mit der Remission tatsächlich gemeinte Sachsenspiegelstelle stellenweise kaum mehr zu ermitteln ist[2147]. Dies lässt sich sicherlich teilweise damit erklären, dass eine auf Ziffern basierende Zitierweise sehr viel fehleranfälliger ist als eine auf den Eingangsworten basierende Zitierweise. Der Umfang der Abweichungen ist aber derart hoch, dass er sich kaum allein durch Abschreibefehler erklären lässt. Bei einer stichprobenartigen Überprüfung von 50 Remissionen erwiesen sich etwa zwei Drittel als fehlerhaft bzw. abweichend von der Zählweise im Codex Hecht[2148]. Sehr viel naheliegender als eine

2147 Beispiele finden sich etwa oben Anm. 514, 658, 946, 965, 975, 977 f., 1030, 1032, 1034, 1055–1058, 1156, 1526, 1579, 1706, 1791, 1818, 1839, 1841 f., 1875 f., 1881, 1900, 1960, 1962–1964, 1985, 2010, 2135, 2144, unten Anm. 2284, 2314, 2455 f., 2464, 2472. Entsprechend weist v. Schwerin, Aufsatz I S. 5 zur Untermauerung seiner Theorie darauf hin, dass sich bei den Remissionen auch innerhalb einer Handschrift widersprüchliche Bezeichnungen finden würden.

2148 Stichprobenartig wurden hier jeweils die ersten 17 Remissionen des ersten und des dritten Buches Landrecht untersucht, und die ersten 16 des zweiten Buches. Berücksichtigt wurden nur Remissionen aus dem Landrecht und nur solche Remissionen, bei denen die Zitierweise (auch) auf der Bezifferung beruht und nicht allein Zitate angegeben sind oder auf den nächsten Artikel verwiesen wird. Mehrere Remissionen in einer Remissionenkette wurden getrennt gezählt. Remissionen mit nur unzutreffender Buch oder Paragraphenbezeichnung wurden dennoch als falsch gezählt, dies betraf 3 Remissionen. Unter diesen Voraussetzungen stimmten im ersten Buch bei 4 Remissionen die Benennung in der Remissionen mit der

Erklärung allein über Abschreibefehler ist bei diesem Befund, dass die Artikeleinteilung in den Handschriften später einmal oder mehrfach verändert worden ist[2149] und die in den Remissionen verwendeten Bezeichnungen aus diesem Grunde nicht mit den in der Handschrift verwendeten übereinstimmen[2150].

d. Hinweise auf weitergehende Veränderungen des Sachsenspiegeltextes

Die konkreten Ausführungen Johanns von Buch zur Artikeleinteilung wie auch die fehlerhaften Remissionen lassen damit sicher darauf schließen, dass der im Codex Hecht wie auch der Wolfenbütteler und Heidelberger Handschrift wiedergegebene Sachsenspiegeltext eine andere Artikeleinteilung aufweist als der in der Urglosse wiedergegebene Sachsenspiegeltext. Dabei liegt angesichts der kursierenden reinen Sachsenspiegelhandschriften mit abweichender Einteilung sehr nahe, dass diese Veränderungen in der Artikeleinteilung nicht auf einer freien Willkür der Kopist*innen beruhen, sondern von diesen aus einer abweichenden Vorlage, mutmaßlich einer reinen Sachsenspiegelhandschrift, übernommen worden sind, deren Einteilung der jeweiligen Schreiber*in als die zutreffende oder am Bestimmungsort der Handschrift die gebräuchliche erschien. Da die Urglosse ausweislich des Glossenprologs den Sachsenspiegeltext wiedergab, muss also entweder eine der Mutterhandschriften von Codex Hecht und Wolfenbütteler Handschrift wie die Heidelberger Handschrift eine reine Glossenhandschrift gewesen sein, sodass der Sachsenspiegeltext in diesen Handschriften einschließlich der abweichenden Artikeleinteilung aus einer abweichenden Vorlage ergänzt wurde, oder aber ein bestehender Sachsenspiegeltext wurde anhand einer abweichenden Vorlage jedenfalls hinsichtlich der Artikeleinteilung überarbeitet. Gerade im ersten Fall, aber auch im zweiten Fall erscheint es daher

---

Benennung im Codex Hecht überein, bei 13 Remission war dies nicht der Fall. Im zweiten Buch entsprach die Bezeichnung bei 5 Remissionen derjenigen des Codex Hecht, bei 11 Remissionen war dies nicht der Fall. Im dritten Buch schließlich stimmten 9 Remissionen mit der Bezeichnung im Codex Hecht überein, bei 8 Remissionen wich sie hiervon ab. Es ergeben sich also charakteristische Unterschiede zwischen den Büchern: im ersten Buch stimmte lediglich ein Viertel überein, während es im zweiten Buch etwa ein Drittel war, und im dritten fast die Hälfte. Von den insgesamt 17 Remissionen, bei denen die Benennung in den Remissionen mit derjenigen des Codex Hecht übereinstimmte, ergaben sich darüber hinaus in 7 Fällen keine Abweichung zwischen Codex Hecht und vulgater Zählweise; in einem weiteren Fall war zudem der Artikelbeginn zitiert, in zwei Fällen fand sich ein Verweis auf die Glossierung des betreffenden Artikels und drei Remissionen standen zusammen in einer Remissionenkette.

2149 Möglich erscheint auch, dass die Remissionen gerade wegen ihrer offenkundigen Fehlerhaftigkeit von späteren Kopist*innen nachlässig behandelt oder sogar bewusst verändert worden sind.

2150 V. Schwerin, Aufsatz I S. 6 schließt aus der Gestalt der Remissionen, dass diese sich innerhalb der gleichen Glosse auf verschieden eingeteilte Sachsenspiegeltexte, teilweise auch auf die Versio vulgata beziehen würden. Abweichungen seien nur teilweise durch Schreibfehler zu erklären.

möglich, dass der in den Handschriften wiedergegebene Sachsenspiegeltext nicht nur hinsichtlich der Einteilung, sondern auch hinsichtlich der Textfassung selbst Abweichungen gegenüber der Urglosse enthält. In der Tat finden sich Anhaltspunkte für solche weitergehenden Veränderungen.

α. Veränderung in der Artikelbenennung

Ein erster Anhaltspunkt dafür, dass der Sachsenspiegeltext im Codex Hecht und in der von Kaufmann verwendeten Wolfenbütteler Handschrift einer anderen Vorlage folgt als sie der Glossator zugrunde gelegt hat, ergibt sich daraus, dass die einzelnen Artikel in diesen Handschriften mit *Capitulum* sowie der jeweiligen Ziffer überschrieben werden[2151]. Die Bezeichnung der Artikel mit *capitulum* entspricht nicht dem Sprachgebrauch Johanns von Buch. Er bezeichnet in Übereinstimmung mit der heutigen Begriffsverwendung die Unterteilungen unterhalb der Ebene der Bücher als *artikel* oder *articulus*.

Dies lässt sich zum einen bei den Remissionen im Glossentext beobachten[2152]. Die Bezeichnung als Artikel wird durch Johann von Buch aber auch ausdrücklich als zutreffend beschrieben. In einigen Versen des Glossenprologs verwendet er den Begriff nicht nur mehrfach, sondern bezeichnet das Wort *articulum* für den Sachsenspiegel als Benennung dessen, was im geistlichen Recht als *capitulum* bezeichnet werde, nämlich den Beginn eines Rechtes[2153].

BG Prolog Vers 213 f.[2154], 223–226, S. 104

Hic vera articulis capita ponuntur,	*Der[2155] artikel recht begin rechtverdich hir vunden wert,*

2151 Oben Anm. 665.

2152 Oben S. 173.

2153 Homeyer, Prolog S. 20 sieht hier den deutschen Text ungenau und stellt auf den lateinischen ab, nach dem den *capitula* die *particula articuli* entsprächen, mithin die Paragraphen. In jedem Fall bezeichnet der Begriff *articulum* aber einen Sachsenspiegelartikel nach heutigem Sprachgebrauch. Wie hier Huneke, Iurisprudentia romano-saxonica S. 16.

2154 Der Vers ist umstritten und wird teilweise dahingehend gedeutet, dass Johann von Buch die Einteilung des Sachsenspiegels in Bücher beansprucht, so Nietzsche, ALZ 1827 (1827) Bd. 3 Sp. 730 f. Homeyer, Prolog S. 20, Genealogie S. 111, 158 f., 165 hält bei einem Zugrundelegen des lateinischen Textes für wahrscheinlich, dass der Glossator die Einteilung bereits vorfand, bei einem Zugrundelegen des deutschen Textes wenigstens nicht für ausgeschlossen. Steffenhagen, Glossenprolog S. 36 Anm. 31, Tzerstedischen Glosse S. 223 Anm. 9 lässt die Frage offen. Die lateinische Fassung formuliert lediglich im Passiv, dass die rechten Artikelbeginne festgesetzt und die Bücher in die zutreffenden Teile eingeteilt würden. Ausführlicher ist hier die deutsche Fassung, hier hängt das Verständnis aber von der Übersetzung von *genstlik* ab. Walther/Lübben, Mittelniederdeutsches Handbuch S. 117 übersetzen *gens- (genz-, genst)like* mit „ganz, vollständig" und in diesem Sinne verstehen es auch Kaufmann/Neumeister, Glossar S. 381. Daneben kommt aber auch in Betracht, dass *genstlik* eine Variante von *genclik* ist – oder entsprechend aus dem Urtext abgewandelt

Et certis particulis libri dividuntur.	*De stat, dar de buk gan in, di genstlik disse text bert.*
(…)	(…)
Tunc processus iudicii in ultimo ponuntur,	*To lest des rechtis vortgank mit den krigen anhevet*[2156],
Qui solius speculi articulis texuntur.	*Mit artiklen sunder wank unses rechtes bewevet*[2157].
Nota, quae capitula in canonibus dicuntur,	*Merke, dat capitula in paves rechte numet sint,*
In textu particula articuli vocabuntur.	*So heitet dat articula hir, dar en recht an begint.*

Damit weicht der Sprachgebrauch bei der Wiedergabe des Sachsenspiegeltextes hinsichtlich der Artikelbenennung in allen drei Handschriften, die Kaufmann für seine Ausgabe verwendet, von dem Sprachgebrauch des Glossators ab[2158].

β. Die Schreibweise von *Swaue* und *Swauee* in Text und Glosse

Ein weiterer Anhaltspunkt für eine Veränderung des Sachsenspiegeltextes anhand einer abweichenden Vorlage ist die Schreibweise von *Swauee* und *Swaue* in den Handschriften. Johann von Buch will beide Begriffe unterschieden wissen, dabei muss seiner Ansicht nach in Ldr. I 17 § 2 der Begriff *Swauee* stehen und in Ldr. I 19 § 1 der Begriff *Swaue.* Im Glossentext aller drei von Kaufmann zugrunde gelegten Texte wird die Unterscheidung zwischen *Swauee* und *Swaue* auch ausnahmslos

wurde, vgl. MÖHN, Mittelniederdeutsches Handwörterbuch II, 1 Sp. 70, *genclik* = „gangbar (Münzen), in Umlauf und Geltung".

2155 Übersetzung: Der rechte Artikelbeginn wird hier richtig gefunden / <und> Die Stelle, wo die Bücher enden, die diesem Text gänzlich <oder: häufig, oben Anm. 2154> fehlen. / (…) / Zum Schluss beginnt der Ablauf des Rechtes mit den Prozessführungen <= der Richtsteig Landrechts> / <der> Mit unfehlbaren Artikeln unseres Rechts <= des Sachsenspiegels> verwebt ist. / Merke, was im kanonischen Recht *capitula* genannt wird, / So heißt es *articula* hier, wo ein Recht anfängt. – Die Begriffsverwendung findet sich dabei auch in der lateinischen Fassung des Glossenprologs.

2156 Gemeint ist der Richtsteig Landrechts, GRUPEN bei SPANGENBERG, Beyträge S. 33; HOMEYER, Richtsteig Landrechts S. 29; SINAUER, NA 1935 S. 573; MANUWALD, ZRG GA 130 (2013) S. 358.

2157 Gemeint ist, dass im Gegensatz zu der Landrechtsglosse im Richtsteig Landrechts nur Remissionen auf den Sachsenspiegel, nicht aber Allegationen aus den Quellen des gelehrten Rechts aufgeführt werden.

2158 Anders stellt sich die Artikelbezeichnung etwa im Augsburger Druck dar; dort wird durchgehend die Abkürzung *Arti.* verwendet. In einer Schwesterhandschrift zu der Vorlage des Augsburger Drucks, Ms. germ 284, Staatsbibliothek Berlin, Preußischer Kulturbesitz, sind die Artikelanfänge ab dem zweiten Artikel mit römischen Ziffern überschrieben, die aufgrund ihrer Platzierung aber den Eindruck erwecken, nachträglich eingefügt worden zu sein. Bei den Artikeln sieben bis elf ist die Ziffer mit der Abkürzung *ar.* ergänzt, fol. 15^{r}–17^{r}, ab Artikel 19 teilweise mit einem Alinea-Zeichen.

korrekt wiedergegeben[2159]. Dies gilt aber nicht für die Verwendung beider Wörter im Sachsenspiegeltext. Im Codex Hecht steht hier in beiden Artikeln *Swaue*, in der Wolfenbütteler Handschrift umgekehrt bei beiden Artikeln *Swauee*[2160]. Damit weicht die Schreibweise von *Swaue* und *Swauee* im Sachsenspiegeltext[2161] beider Handschriften vom Verständnis Johanns von Buch ab, nicht aber bei der Wiedergabe der Glossierung.

γ. Fortführung des Sachsenspiegeltextes über glossierte Artikel hinaus

Ein dritter Anhaltspunkt ist schließlich, dass der Codex Hecht und die Wolfenbütteler Handschrift bezüglich des Sachsenspiegeltextes mehrere Artikel aufweisen, die in der Glossierung nicht berücksichtigt sind. Dies betrifft zum einen die Endartikel, Ldr. III 81 § 2 – Ldr. III 91, die in beiden Handschriften ohne Glosse wiedergegeben werden[2162]. Es betrifft aber auch Artikel innerhalb der Landrechtsglosse. So enthält die Wolfenbütteler Handschrift[2163] – wie auch die Heidelberger Handschrift – keine Glossierung zu den Artikeln Ldr. I 8 § 1 – Ldr. I 14 § 1, dennoch ist der Sachsenspiegeltext auch dieser Artikel wiedergegeben. Zudem ist Ldr. III 51[2164] sowohl im Codex Hecht als auch der Wolfenbütteler Handschrift als eigenständiger, aber nicht glossierter Artikel aufgeführt[2165].

2159 In der Glossierung verwendet er die Worte in BG I 17 § 2 *De Swauee* – ohne Berücksichtigung der Nennung im glossierten Stichwort – in der Reihenfolge *Swauen – Swauen – Swauen – Swauee*; in BG I 19 § 1 *De Swaue nimpt wol* in der Reihenfolge *Swauee – Swauen – Swauee – Swauen – Swauen* und in BG I 18 § 3 *Dat drudde: Dat nen ordel* erscheint *Swauee*, wobei sich der zutreffende Begriff aus dem Inhalt der Glossen jeweils zweifelsfrei ergibt.

2160 Als glossierte Stichworte gibt der Codex Hecht bei BG I 17 § 2 *De Swauee* zutreffend *Swauee* und bei BG I 19 § 1 *De Swaue nimpt wol* zutreffend *Swaue* wieder. Bei der Wolfenbütteler Handschrift steht bei BG I 17 § 2 *De Swauee* ebenfalls zutreffend *Swauee*, bei BG I 19 § 1 *De Swaue nimpt wol* dagegen stand zunächst fälschlich *Swauee*, was dann zu *Swaue* korrigiert wurde. Möglicherweise liegt hier ein bloßer Schreibfehler vor, möglicherweise wurde aber auch das Textstichwort an den veränderten Sachsenspiegeltext angepasst. In der Heidelberger Handschrift als reiner Glossenhandschrift ist schließlich bei der Glosse zu Ldr. I 19 § 1 im Textstichwort zutreffend *Swabe* gebraucht, bei der Glosse zu Ldr. I 17 § 2 steht aber ebenfalls dessen Variante *Swaue*.

2161 Bei der Wolfenbütteler Handschrift außerdem in den Glossenstichworten, bei der Heidelberger Handschrift nur hier.

2162 Dazu unten S. 533 ff.

2163 Wolfenbütteler Handschrift, fol. 29ᵛ–30ʳ.

2164 Oben Anm. 2129.

2165 Zwar ist theoretisch möglich, dass Johann von Buch an den genannten Stellen bewusst auf eine Glossierung verzichtet, die Sachsenspiegelartikel aber dennoch wiedergegeben hat. Dies scheint insbesondere in Bezug auf die Endartikel durchaus denkbar, weil er sie für Ergänzungen des Privilegs durch spätere Kaiser angesehen haben dürfte, dazu unten S. 553 ff. – Bei dem zusätzlichen Artikelbestand in der Glossenmitte scheint diese Erklärung aber wenig überzeugend. Dies gilt insbesondere für Ldr. III 51. Der Artikel ist Johann von Buch

e. Zum Verhältnis des Sachsenspiegeltextes zur Urglosse

Bei einer Zusammenschau aller Anhaltspunkte ist mit einiger Sicherheit davon auszugehen, dass der in den von Kaufmann verwendeten Handschriften wiedergegebene Sachsenspiegeltext nicht unverändert die Gestalt aufweist, die der Glossator seiner Arbeit zugrunde gelegt hatte. Dies gilt jedenfalls für die Artikeleinteilung, doch finden sich mit der Schreibweise von *Swaue* und *Swauee* und der Wiedergabe unglossierter Sachsenspiegelartikel auch Indizien für eine Veränderung des Wortlautes. Der Sachsenspiegeltext muss also im Laufe der Überlieferung entweder nach dem Vorbild anderer, möglicherweise glossenloser Vorlagen – die die Kopist*in für zutreffender oder gebräuchlicher hielt – erheblich verändert oder aber gänzlich aus einer anderen Vorlage geschöpft und einer zunächst glossenlosen Handschrift beigefügt worden sein.

4. Defekt der Handschriften bei Ldr. I 8 – Ldr. I 14 und doppelte Glossierung zu Ldr. I 26

Weitere Hinweise auf Abweichungen des Textes, der in den von Kaufmann zugrunde gelegten Handschriften wiedergegebenen wird, vom Text der Urglosse sind die Anzeichen für einen Defekt bei Ldr. I 8 – Ldr. I 14 sowie die zweifache Glossierung zu Ldr. I 26.

a. Defekt bei der Glossierung zu Ldr. I 8 § 1 – Ldr. I 14 § 2

Diverse Handschriften, so auch die Wolfenbütteler und die Heidelberger Handschrift, enthalten keine Glossierung zu Ldr. I 8 § 1 – Ldr. I 14 § 1. In der Literatur wird dies teilweise darauf zurückgeführt, dass Johann von Buch bei der Abfassung der Glosse einen deutschsprachigen und einen lateinischen Sachsenspiegeltext miteinander verglichen und den Mehrbestand der deutschen Handschrift, u. a. Ldr. I 7 –

---

ausweislich seiner abschließenden Aufzählung aller Artikel des Privilegs mit dem Beginn *Nu vornemet* in BG III 45 § 1 *Nu vornemet*, wiedergegeben oben Anm. 2135, entweder nicht bekannt oder er wird von ihm nicht als Artikelbeginn oder als Teil des Privilegs betrachtet. War der Artikel Johann von Buch aber nicht bekannt, kann der Text des Sachsenspiegelartikels nicht bereits in der Urglosse vorhanden gewesen sein. Wurde er von Johann von Buch nicht als Teil des Privilegs betrachtet, wäre es äußerst unwahrscheinlich, dass der Artikel keinerlei Glossierung enthält, da zumindest ein Hinweis auf den Ursprung des Artikels zu erwarten wäre. Allenfalls wenn Johann von Buch den vulgaten Art. Ldr. III 51 als Teil eines anderen Artikels verstand, wäre es denkbar, dass der Sachsenspiegeltext bereits in der Urglosse wiedergegeben wurde, ohne dass er glossiert worden wäre. Angesichts des hohen Stellenwerts, den Johann von Buch der Formulierung *nu vornemet* zumisst, scheint diese Alternative aber wenig wahrscheinlich. Der Text von Ldr. III 51 ist daher mit hoher Wahrscheinlichkeit nachträglich ergänzt worden.

Ldr. I 14, als eigenmächtige Zutaten Eikes angesehen und darum zunächst nicht glossiert habe[2166]. Diese These wird jedoch durch die Beobachtungen Kannowskis widerlegt, dass Johann von Buch durchaus Artikel glossiert, die er Eike von Repgow zuweist, und zwar besonders ausführlich[2167]. Jedenfalls in Bezug auf die Wolfenbütteler Handschrift und den Codex Hecht ergeben sich zudem deutliche Anzeichen für einen Defekt einer gemeinsamen Mutterhandschrift bei der Glossierung zu Ldr. I 8 § 1– Ldr. I 14 § 1.

α. Der Textbestand in den einzelnen Handschriften

Dies zeigt eine genauere Untersuchung des Textbestandes. In der Heidelberger Handschrift folgt auf die Glossierung zu Ldr. I 6 – die sich lediglich auf § 1 und § 2 bezieht, nicht aber auf §§ 3–5 – die Glossierung zu Ldr. I 7 und sodann die Glossierung zu Ldr. I 14 – die sich lediglich auf § 2 bezieht, nicht aber auf § 1 –, jeweils als eigenständiger Artikel voneinander abgesetzt[2168].

Ähnlich, aber nicht genauso, stellt sich die Situation bei der Wolfenbütteler Handschrift dar[2169]. Hier ist zum einen die Glossierung zu Ldr. I 7 in die Glossierung zu Ldr. I 6 § 2 eingerückt. Gegen Ende dieser einheitlichen Glossierung findet sich nun eine Glosse zu Ldr. I 6 § 2, die mit der letzten in der Heidelberger Handschrift zu diesem Artikel aufgeführten übereinstimmt. Danach folgen zwei weitere Glossen mit Stichpunkten aus Ldr. I 6 § 2, die der Heidelberger Handschrift fehlen. Die Glossierung setzt sich danach unmittelbar – ohne Artikelüberschrift und Wiedergabe des

2166 Eckhardt in Eckhardt/Borchling/Gierke, Rechtsbücher S. 10, 49; Oppitz, Rechtsbücher I S. 29, 72; Lieberwirth, Einleitung S. XXVIII.

2167 Kannowski, Buch'sche Glosse S. 66, eine Übersicht findet sich oben Anm. 2012, vgl. auch Anm. 2013, 2014.

2168 In der Heidelberger Handschrift bilden Ldr. I 6 §§ 1, 2 einen Artikel (mit den Glossen BG I 6 § 1 *Mit welkeme gude*; BG I 6 § 2 *Wer daz erue nemet, de scal de scult gelden*; BG I 6 § 2 *Duve noch roub*; BG I 6 § 2 *Noch keine scult, wenne*; BG I 6 § 2 *De alle sceffenbar sint*; BG I 6 § 2 *Wedderstadunge entfeit*; BG I 6 § 2 *Sceffenbar vrien*), ebenso Ldr. I 7 (mit den Glossen BG I 7 *Wer so icht borghet*; BG I 7 *Stede holden*; BG I 7 *Wel he is auer*), Ldr. I 14 § 2 (mit der Glosse BG I 14 § 2 *Claget he ouer on to lantrechte*) und Ldr. I 15 §§ 1, 2 (mit den Glossen BG I 15 § 1 *Wer deme anderen sin varende g. li.*; BG I 15 § 1 *Weme gut liget*; BG I 15 §§ 1, 2 *Edder settet, edder to behaldene tut, sunder bescheit edder met bescheide*; BG I 15 § 2 *Alse daz man bewisen mach*; BG I 15 § 2 *Waz man bewisen mach, da sal men vore antworden ane vnscult*).

2169 In der Wolfenbütteler Handschrift, fol. 28v–29r bildet der Sachsenspiegeltext zu Ldr. I 6 §§ 2–6; Ldr. I 7 und Ldr. I 14 § 2 einen Artikel, die Glossen hierzu erscheinen in folgender Reihenfolge: BG I 6 § 2 *Swe dat erue nimt*; BG I 6 § 2 *Dûue noch rof*; BG I 6 § 2 *Nene schûlt wen der he wederstandûnghe*; BG I 7 *We icht borghet*; BG I 7 *Stede halden*; BG I 7 *Wel he is auer versaken*; BG I 6 § 2 *Schepenbare vry manne*; BG I 6 § 2 *We de stadûnghe vntfeyt*; BG I 6 § 2 *Schepenbare vry*; BG I 6 § 2 *Lathen*; BG I 6 § 2 *Wederstandûnghe*; BG I 14 § 2 *Klaghet he ouer en tho lantrechte he dwinghet one to rechter dele.*

Sachsenspiegeltextes[2170] – mit derjenigen Glosse zu Ldr. I 14 § 2 fort, mit der auch die Heidelberger Handschrift die Glossierung zu Ldr. I 14 beginnt.

Die beiden nicht in der Heidelberger Handschrift aufgeführten Glossen lauten nun wie folgt:

BG I 6 § 2 *Lathen* nach der Wolfenbütteler Handschrift, fol. 29r

sin[2171], *de* <darüber: *ut infra li. III ar. XLIIII*> *vse elderen leten sitten, do se dit lant beghünden, eder de set in ere recht ghewillekoret hebben.*

BG I 6 § 2 *Wederstandünghe* nach der Wolfenbütteler Handschrift, fol. 29r

ut[2172] *supra. Silue sake mach en man alle ghaue breken. Tom seueden, of en man nicht ne deyt, dar ome wat vmme ghelegen oder wat ghegheuen is, ut* [Cod. 8, 55, 10].

Bei der ersten Glossierung handelt es sich um eine Erklärung des Begriffs *Laten*, die sich in ähnlicher Form auch in der Glossierung zu Ldr. III 44 § 3 findet – worauf in einer interlinearen Ergänzung auch hingewiesen wird. Auffällig ist aber die zweite Glosse. Sie beginnt mit einer unvollständigen Allegation oder einer unkonkreten Verweisung nach oben[2173]. Danach folgen zwei Sätze, deren Zusammenhang zu Ldr. I 6 § 2[2174] sich nicht unmittelbar erschließt und die offenbar den Abschluss einer nicht vollständig wiedergegebenen, sieben Punkte umfassenden Aufzählung bilden. Ein Vergleich mit dem Textbestand im Augsburger Druck von 1516 zeigt nun, dass der Augsburger Druck die erste der beiden zusätzlichen Glossen – BG I 6 § 2 *Lathen* – ebenfalls enthält. Die zweite Glosse dagegen kennt er in dieser Form nicht. Dort folgt vielmehr eine weitere Glosse zu Ldr. I 6 § 2 und eine Glosse zu Ldr. I 6 § 3 – die in der Wolfenbütteler Handschrift im Anschluss an die Glossierung zu Ldr. I 7 in die Glossierung zu Ldr. I 6 § 2 eingefügt sind – und schließlich die Glossierung zu

2170 Der Sachsenspiegeltext von Ldr. I 14 § 2 ist vielmehr unmittelbar an den Sachsenspiegeltext zu Ldr. I 7 angefügt, oben Anm. 2169.

2171 Übersetzung: <Laten> sind die, die <darüber: wie unten, Ldr. III 44 [= Ldr. III 44 § 4]> unsere Vorfahren sitzen ließen, als sie dieses Land urbar machten, oder die es in ihrem Recht selbst so festgesetzt haben.

2172 Übersetzung: Wie oben. <Aus dem> Selben Grund kann ein Mann alle Schenkungen widerrufen. Zum siebten, wenn ein Mann nicht tut, um dessentwillen ihm etwas geliehen oder gegeben worden ist, wie [Cod. 8, 55, 10].

2173 So wohl v. Schwerin, Aufsatz II S. 18 und Bindewald, DA 15 (1959) S. 476. Für sie handelt es sich um einen glosseninternen Verweis, das *ut supra* beziehe sich auf die vorhergehende ebenfalls auf das Stichwort *wedderstadige* bezogene Glosse BG I 6 § 2 *Wedderstadinge entfeyt*, Anm. 2168, 2169, 2179.

2174 Ldr. I 6 § 2, S. 163: *Sve so dat erve nimt, die sal dur recht die scult gelden also vern, als it erve geweret an varender have. Düve noch rof noch dobelspel n'is he nicht plichtich to geldene, noch nene scult, wande der he wederstadinge untving, oder bürge was worden; de scult sal de erve gelden, of he is geinnert wirt als recht is mit tven unde seventich mannen, de alle vrie scepenbare sin, oder echt borene late.*

Ldr. I 7 und den darauffolgenden Artikeln. Dennoch sind Teile der auffälligen Glosse dem Augsburger Druck nicht fremd. Denn die Passage nach dem Textstichwort und dem unspezifischen Verweis bilden dort das Ende einer Glosse zu Ldr. I 14 § 1[2175], die tatsächlich eine, wenn auch dort nur sechs Punkte umfassende, Aufzählung enthält[2176]. Danach folgt im Augsburger Druck dieselbe Glosse zu Ldr. I 14 § 2, mit der auch die Heidelberger und die Wolfenbütteler Handschrift die Glossierung fortsetzen.

Dieser Befund aber ist ein nahezu untrügliches Zeichen dafür, dass die Wolfenbütteler Handschrift an dieser Stelle einen Defekt aufweist[2177]. Mindestens der Beginn der Glosse zu Ldr. I 14 § 1 muss fortgefallen sein, indem eine Kopist*in hier entweder seine*ihre Vorlage nicht vollständig übertrug oder aber schon die Vorlage aufgrund einer Beschädigung nicht vollständig war. Jedoch ist auch möglich, dass die

2175 Darauf weist – jedenfalls hinsichtlich des zweiten Satzes – auch Kaufmann, Buch'sche Glosse S. 182, Var. w hin, ebenso schon Bindewald, DA 15 (1959) S. 494 f., die an dieser Stelle eine eingerückte Marginalglosse mit der Wiedergabe der späteren Glossierung zu Ldr. I 14 § 2 vermutet.

2176 BG I 14 § 1 *Al sy yd lenrecht* nach dem Augsburger Druck von 1516, wiedergegeben auch bei Kaufmann, Buch'sche Glosse S. 204 f.: *Dyth sint her Eyken wordt vnde is wunder, wo he dat meynet, dat ein recht wedder id ander sin mach. Wan wat recht is, dat draget mit rechte ouer en, vnde wat mith rechte nicht ouer ein en dreget, dat is vmmer vnrecht. Dregen denne hir lantrecht vnde lenrecht vnttwey, szo mut erer en vnrecht syn. Vorthmer, war dy pawes oder dy keyser setten ein recht, dat wedder en ander recht were, so were dat oldeste affgeleget, allene dat he van siner afflegunge nicht en spreke, ut* [c. 1 in VI° 1, 2]. *Na deme so scholde hir dat landtrecht wiken, wen id is elder wen id lenrecht. Wen dy edelle koning Karl dy grote gaff dat landtrecht, vnde keyser Frederick gaff dat lenrecht, ut* [Lib. feud. 2, 54 pr.]. *Dessen kriech vntwerre sus:* (…) *Nu wete, dat dorch seszley stucke ein man syn leen vorlyset.* (…) *Thom virden, oft he eme vreueliken als vnerliken an lyue, to dem veften, edder an gude groten schaden dede, ut* [Nov. 78, 2 pr.; Dig. 25, 3, 6]. *Vmme desse selue sake mach ein man alle gaue breken. Thom sesten, oft eyn man nicht en duth, dar eme wat vmme gelegen edder wat gegeuen is, ut* [Cod. 8, 55, 10]. Übersetzung: Dies sind die Worte Herrn Eikes und es ist verwunderlich, wie er das meint, dass ein Recht einem anderen widersprechen kann. Denn was Recht ist, das stimmt mit dem Recht überein, und was mit dem Recht nicht übereinstimmt, das ist immer Unrecht. Weichen hier also Landrecht und Lehnrecht voneinander ab, so muss eines von ihnen unrecht sein. Weiterhin: wenn der Papst oder der Kaiser ein Recht setzen, das einem anderen widerspricht, dann wäre das ältere abgelegt, auch wenn das <andere> seine Ablegung nicht <ausdrücklich> bestimmt, wie [c. 1 in VI° 1, 2]. Demnach sollte hier das Landrecht weichen, denn es ist älter als das Lehnrecht. Denn der edle König Karl der Große gab das Landrecht, und Kaiser Friedrich gab das Lehnrecht, wie [Lib. feud. 2, 54 pr.]. Diesen Streit löse so: (…) Nun erkenne, dass aus sechserlei Gründen ein Lehnsmann sein Lehen verliert. (…) Zum vierten, wenn er ihm <dem Lehnsherrn> in frevelhafter Weise als ein unehrlicher an seinem Leib oder – zum fünften – an seinem Gut erheblich schädigen würde, wie [Nov. 78, 2 pr.; Dig. 25, 3, 6]. Aus demselben Grund kann ein Mann jede Schenkung widerrufen. Zum sechsten, wenn ein Lehnsmann nicht tut, um dessentwillen ihm etwas verliehen oder gegeben worden ist, wie [Cod. 8, 55, 10].

2177 Wohl nur theoretisch denkbar erscheint die Alternative, dass eine Kopist*in die unvollständige Aufzählung nachträglich um die fehlenden ersten Punkte ergänzt hat.

Vorlage (ursprünglich) auch zu allen Artikeln zwischen Ldr. I 8 § 1 und Ldr. I 14 § 1 eine Glossierung enthielt und somit ein sehr viel größerer Abschnitt der Glossierung in der Wolfenbütteler und der Heidelberger Handschrift fehlt. Der Umgang der Kopist*innen der Wolfenbütteler Handschrift und der Heidelberger Handschrift mit dem Defekt war dann ein anderer. Während die Kopist*in der Wolfenbütteler Handschrift auch die unvollständige Glossierung zu Ldr. I 14 mit übertrug – angefügt an ein Textstichwort zu Ldr. I 6 – ließ die Kopist*in der Heidelberger Handschrift[2178] das Glossenfragment fort.

Der Text des Codex Hecht weist eine Glossierung zu den Artikeln Ldr. I 8 – Ldr. I 14 auf. Doch sind Spuren des Defektes in der Wolfenbütteler und der Heidelberger Handschrift auch bei ihm erkennbar. Wie in der Wolfenbütteler Handschrift ist die Glossierung zu Ldr. I 7 in die Glossierung zu Ldr. I 6 § 2 eingerückt[2179]. Auch beim Codex Hecht folgt sodann die oben wiedergegebene Glosse BG I 6 § 2 *Laten*, sowie die Glosse BG I 6 § 2 *Wedderstadinge*, die bei näherer Betrachtung überwiegend aus dem Schluss einer umfassenderen Glosse zu Ldr. I 14 § 1 besteht, und schließlich die in allen drei Handschriften enthaltene Glosse zu Ldr. I 14 § 2. Erst danach schließen sich die Artikel Ldr. I 8 § 1 – Ldr. I 14 § 2 mit Glossierung an[2180]. Als Glosse zu Ldr. I 14 § 2 ist dabei die bereits früher wiedergegebene Glosse im wesentlichen, nicht aber buchstabengetreu übereinstimmend, ein zweites Mal enthalten[2181]. Die Glosse zu Ldr. I 14 § 1 dagegen, wie sie der Augsburger Druck vollständig und die Wolfenbütteler Handschrift wie der Codex Hecht an früherer Stelle fragmentarisch enthält, fehlt an dieser Stelle. Eine der Mutterhandschriften des Codex Hecht wies damit offensichtlich den gleichen Defekt auf, wie die Heidelberger und die Wolfenbütteler Handschrift. Die Glossierung zu Ldr. I 8 § 1 – Ldr. I 14 § 1 im Codex Hecht ist entweder durch eine Kopist*in ergänzt worden oder aber sie ist aus einer zweiten, den Defekt nicht enthaltenden Vorlage geschöpft.

2178 Bzw. die Kopist*in einer Mutterhandschrift der Heidelberger Handschrift.

2179 Bei ihm bildet der Sachsenspiegeltext zu Ldr. I 6 §§ 2–6 und Ldr. I 7 einen Artikel, es folgen die Glossen in folgender Reihenfolge: BG I 6 § 2 *Swe dat erue nympt*; BG I 6 § 2 *Duue noch roff*; BG I 6 § 2 *Nene schult, wen, der he wedderstadige*; BG I 7 *We zo icht borget*; BG I 7 *Stede halden*; BG I 7 *Wel he is auer vorsaken*; BG I 6 § 2 *Schepenbare vryge manne*; BG I 6 § 2 *Wedderstadinge entfeyt*; BG I 6 § 2 *Schepenbare vry*; BG I 6 § 2 *Laten*; BG I 6 § 2 *Wedderstadige*; BG I 14 § 2 *Klaget he ene auer to lantrechte, he dwinget ene to rechter dele*.

2180 Es besteht dabei folgende Artikeleinteilung: Ldr. I 8 §§ 1–3 bilden einen Artikel (mit den Glossen BG I 8 § 1 *Wor men auer eygen*; BG I 8 § 2 *Des vronenboden tuch*; BG I 8 § 3 *Sone auer vnde orueyde*; BG I 8 § 3 *Sone auer vnde orueyde* – eine zweite Glosse zu diesem Stichwort –; BG I 8 § 3 *Orueyde*), Ldr. I 9 §§ 1–6 (mit den Glossen BG I 9 § 1 *We auer deme anderen gelouet en egen*; BG I 9 § 3 *Dat suluen schal de here don*), Ldr. I 10 (mit der Glosse BG I 10 *Gifft de vader sineme zone*), Ldr. I 11 (mit den Glossen BG I 11 *Holt ok de vader*; BG I 11 *Dat sulue schal dat wiff don*), Ldr. I 12 (mit der Glosse BG I 12 *Wor brodere edder ander lude*); es folgen, direkt aufeinander, aber durch eine Artikelbezeichnung abgesetzt, Ldr. I 13 §§ 1, 2 sowie Ldr. I 14 §§ 1, 2 (mit den Glossen BG I 13 § 1 *Sundert de vader*; BG I 13 § 1 *Is it auer ander gut*; BG I 13 § 2 *De burmester*; BG I 14 § 2 *Klagen ze auer in lantrechte*).

2181 Kaufmann, Buch'sche Glosse S. 206, Var. z.

β. Die Glossierung zu Ldr. I 8 § 1 – Ldr. I 14 § 1 als Bestandteil der Urglosse

Steht damit fest, dass Codex Hecht, Wolfenbütteler Handschrift und Heidelberger Handschrift bei Ldr. I 8 – Ldr. I 14 einen Defekt enthalten, so ist damit noch nicht beantwortet, ob die im Codex Hecht enthaltene Glossierung zu Ldr. I 8 – Ldr. I 14 auf Johann von Buch zurückgeht. Denkbar sind insoweit drei Alternativen. Erstens könnten die Artikel Ldr. I 8 § 1–14 § 1 in der Urglosse nicht enthalten oder nicht glossiert gewesen sein, der entsprechende Textbestand des Codex Hecht würde dann auf eine spätere Autor*in – die Kopist*in des Codex Hecht oder die Kopist*in einer seiner Vorlagen – zurückgehen. Zweitens könnten die Artikel zunächst glossiert gewesen, der ursprünglich Glossentext aber verloren gegangen und später durch einen anderen Text ersetzt worden sein. Auch dann würde es sich bei dem Textbestand des Codex Hecht um das Werk einer späteren Kopist*in handeln. Drittens könnte der Textbestand aber auf Johann von Buch zurückgehen, indem er einer zweiten, nicht defekten Vorlage entnommen und in nicht ganz fehlerfreier Weise in den Text der defekten Vorlage eingefügt worden wäre.

Dass die Urglosse keine Glossierung zu Ldr. I 8 – Ldr. I 14 § 1 enthielt[2182], kommt insbesondere dann in Betracht, wenn Johann von Buch die Artikel nicht kannte[2183] oder nicht als einen Teil des sächsischen Privilegs ansah[2184]. Dies scheint deswegen durchaus möglich, weil die Sachsenspiegelhandschriften der ersten Klasse an ähnlicher Stelle eine längere Lücke aufweisen, nämlich bei Ldr. I 9 – Ldr. I 15[2185].

Gegen diese Erklärung spricht aber bei einer näheren Betrachtung, dass die nicht glossierten Artikel zwar fast, aber eben nicht ganz mit den in der ersten Klasse der Sachsenspiegelhandschriften nicht enthaltenen Artikeln übereinstimmen. Insbesondere enthalten alle drei Handschriften eine Glossierung zu Ldr. I 14 § 2. Hinzu kommt, dass sowohl die Wolfenbütteler Handschrift als auch der Codex Hecht mit der Glosse BG I 6 § 2 *Wederstandûnghe/Wedderstadinge* eindeutig die Spuren eines

2182 So Nietzsche, unten Anm. 2241, und Homeyer, oben Anm. 2032, anderer Ansicht Steffenhagen, oben Anm. 2041. Sinauer, NA 1935 S. 514 lässt die Frage ausdrücklich offen.

2183 Dies erscheint allerdings insofern unwahrscheinlich, als die Artikel Ldr. I 8 § 1 – Ldr. I 14 § 2 in den übrigen Teilen des Codex Hecht an insgesamt 23 Stellen remittiert werden, Kaufmann, Buch'sche Glosse S. 1680.

2184 Zwar lässt die im Codex Hecht enthaltene Glossierung zu Ldr. I 8 § 1 – Ldr. I 13 § 2 keinerlei Zweifel daran erkennen, dass es sich bei diesen um Bestandteile des vermeintlichen Privilegs handelt. Lediglich Ldr. I 14 § 1 wird in der Glosse, deren Ende Codex Hecht und Wolfenbütteler Handschrift in BG I 6 § 2 *Wederstandûnghe/Wedderstadinge* enthalten, als ein eigenmächtiger Zusatz Eikes von Repgow beschrieben. Wenn diese Glossen aber von einer späteren Kopist*in ergänzt worden sein sollten, dann hätten diese Ausführungen keinerlei Aussagekraft für die Ansichten Johanns von Buch. Dieser könnte anders als die Autor*in der überlieferten Glossen sehr wohl davon ausgegangen sein, dass es sich bei dem Artikelbestand um einen späteren Zusatz handelt.

2185 Homeyer, Genealogie S. 93, 96; Oppitz, Rechtsbücher I S. 22.

Defekts aufweisen. Wenn aber an dieser Stelle fraglos Text verloren gegangen ist, erscheint ein umfassender Defekt als Grund für das Fehlen der Glossierung wahrscheinlicher als ein Zusammentreffen einer ursprünglichen Lücke in der Glossierung mit einem Defekt.

Schließlich finden sich, worauf schon Steffenhagen hinweist[2186], in der im Codex Hecht enthaltenen Glossierung der Artikel Ldr. I 8 § 1 – Ldr. I 14 § 1 an zwei Stellen deutliche Anhaltspunkt für die Autorschaft Johanns von Buch. Sowohl in der Glosse BG I 8 § 3 *Sone auer vnde orueyde*[2187] als auch in der Glosse BG I 11 *Holt ok de vader*[2188] erfolgt eine Anrufung der Vaterbrüder als *leue veddere*. Da Johann von Buch seine Vaterbrüder Conrad und Siegfried von Buch im Glossenprolog[2189] wie auch im Prolog zum Richtsteig Landrechts[2190] als diejenigen bezeichnet, die die Niederschrift von Glosse und Richtsteig für die eigene Benutzung erbeten hätten, scheinen diese Anrufungen aus der Perspektive des Glossators – und nur aus seiner Perspektive – naheliegend. Ähnliche Ausrufe finden sich auch an vier weiteren Stellen der Landrechtsglosse[2191].

2186 Steffenhagen, Überlieferung der Buch'schen Glosse S. 722 f.

2187 Die erste Glosse mit diesem Stichwort. BG I 8 § 3 *Sone auer vnde orueyde* Satz 1, S. 185: *Nu zu, leue veddere, we de sin, de dar spreken, dat en Sasse vor alle dat zweren moge, dest id vor gerichte nicht geschen en sy.* Übersetzung: Nun seht, liebe Vaterbrüder, wer die sind, die sagen, dass ein Sachse bei allen Dingen <durch> schwören <Beweis führen> darf, solange es <die Tatsache, die zu widerlegen ist> nicht vor Gericht geschehen ist.

2188 BG I 11 *Holt ok de vader* Satz 4, S. 196: *Synd denne manigerleye valsch lopt mit manigen luden in voremuntschop, so merke euene, leue veddere, wat en vormunde sy, vnd wo he wert, vnd we en voremunde sin moge, vnd we sik voremuntschop weren moge.* Übersetzung: Weil bei vielen Leuten bei der Vormundschaft vielerlei falsch läuft, so versteht es recht, liebe Vaterbrüder, was ein Vormund sei, und wie er <es> wird, und wer ein Vormund sein kann, und wer sich der Vormundschaft verweigern kann.

2189 BG Prolog Vers 145–152, S. 100: *Disses de irluchte bat vil mit hern Conrade, / Hern Sifride he lif hat, de it irbat vil drade. / Twar dit edel ridder sin unde wolborn irkennet, / Se volgen dem rechte hin, van Buk brudere genennet. / Ir lof lat wi rowen hi, magelof min munt verbert, / Wu vele uns love insi, eigen lof belachet wert. / Lovede ik de veddere min, dat were min sede nicht, / De mines vader bruder sin, de love ik mit neiner schicht.* Übersetzung: Diese erbat der Erlauchte <der zuvor genannte Herzog Otto von Braunschweig> oft, zusammen mit Herrn Conrad, / <und> Herr Siegfried ist ihm lieb, der dies ebenso oft erbat. / Weil dies edle Ritter sind, und als wohlgeboren bekannt, / Zieht es sie zu dem Recht hin, <und> sie werden die Gebrüder von Buch genannt. / Ihr Lob lassen wir hier ruhen, Verwandtenlob unterlässt mein Mund, / Wieviel Lob uns auch zukomme, Eigenlob wird belacht. / Lobte ich meine Vaterbrüder, das wäre nicht nach meiner Art, / Die meines Vaters Brüder sind, die lobe ich mit keinen Worten. Die lateinischen Verse lauten: *Haec princeps cum milite Conrado postulavit, / Et Sifridum diligite, qui ista impetravit. / Hi generosi milites atque vere bene nati / Iustitiae sunt complices et de Buk cognominati. / Fama et commendatio horum per nos quiescat, / Cum eorum laudatio ut propria vilescat. / Nunquam laudare proximos, hoc nostri fuit moris, / Sed hos vocamus patruos, fratres genitoris.*

2190 Wiedergegeben unten S. 553 ff.

2191 Oben Anm. 603.

Damit spricht viel dafür, dass die im Codex Hecht wiedergegebene Glossierung zu Ldr. I 8 – Ldr. I 14 § 2[2192] bereits in der Urglosse vorhanden gewesen ist[2193]. Die Kopist*in des Codex Hecht muss daher neben einer Vorlage, die den in der Wolfenbütteler und der Heidelberger Handschrift zu beobachtenden Defekt aufwies, über mindestens eine zweite Vorlage verfügt haben, die diesen Defekt nicht enthielt[2194].

b. Zweifache Glossierung zu Ldr. I 26

Eine zweite Auffälligkeit ergibt sich bei der Glossierung zu Ldr. I 26. Der Artikel ist im Codex Hecht und der Wolfenbütteler Handschrift an zwei[2195] Stellen glos-

2192 Allerdings ist auffällig, dass bei der zweiten Glossierung zu Ldr. I 14 § 1, die aus einer auf die Urglosse zurückgehenden Vorlage übernommen ist, die im Codex Hecht und der Wolfenbütteler Handschrift in BG I 6 § 2 *Wederstandünghe/Wedderstadinge* fragmentarisch enthaltene Glosse BG I 14 § 1 *Al sy yd lenrecht* nicht erscheint. Diese Glosse könnte daher möglicherweise vor dem Entstehen des Defekts in einer Mutterhandschrift beider Texte ergänzt worden sein. Dafür könnte insbesondere sprechen, dass in ihr das Sachsenspiegellehnrecht in seiner Gesamtheit Friedrich I. Barbarossa zugeschrieben wird, was im Widerspruch zu Aussagen des Glossators an anderer Stelle steht, denen zufolge Friedrich I. das Sachsenspiegellehnrecht lediglich ergänzt hat, dazu oben Anm. 1601, Grupen bei Spangenberg, Beyträge S. 63 und Homeyer, Sachsenspiegel II, 1 S. 50 halten die Glosse für eine spätere Ergänzung, Huneke, Iurisprudentia romano-saxonica S. 574 f. hält eine nachträgliche Ergänzung für wahrscheinlich. Anderer Ansicht Steffenhagen, oben Anm. 2041.

2193 So auch Steffenhagen, Überlieferung der Buch'schen Glosse S. 725. Sinauer, NA 1935 S. 514 lässt, ohne sich festzulegen, Sympathien für diese Einschätzung erkennen.

2194 So geht auch Sinauer, NA 1935 S. 561, davon aus, dass die Kopist*in des Codex Hecht über mehrere Vorlagen verfügte.

2195 In der Wolfenbütteler Handschrift findet sich zudem auf einem angebundenen Zettel bei Ldr. I 25 § 5 eine abweichende Fassung des Sachsenspiegeltextes und eine dritte Glosse zu diesem Artikel: Sachsenspiegeltext: Ldr. I 26 jüngere Form, Kaufmann, Buch'sche Glosse S. 280, Var. a: *Wert eyn besloten nunne ebbedissche, eyn besloten monnik bisschoppe, den herschilt mogen se wol hebben van deme rike, lantrecht weruen se auer nicht.* Übersetzung: Wird eine im Kloster lebende Nonne Äbtissin, ein im Kloster lebender Mönch Bischof, können sie den Heerschild wohl erwerben von dem König, Landrecht erwerben sie aber nicht. Artikelüberschrift: *Articulus XXV.* Glosse: BG I 26 *Wert eyn,* S. 280 Var. a: *Hir wette, dat id nicht is eyn stucke vte deme privilegio, sunder id is eyn artikel der settinge keyser Frederikes vnde is na hir jn gesat. Vnde vornym dyt van erue to nemende vnde van gerichte, wente alze men van dessen neyn erue nympt, so nemen se ok nen erue. Gerichte auer is twierleie. Eyn gerichte geid ouer missedat, dat ander geid ouer schulde. Jn deme ersten moten se ok nicht richten, auer wur se wertlik gerichte hebben dat moghen se dat eynem anderen beuelen, de dat rechte richte, ut* [c. 3 in VI° 3, 24]. *Jn dem anderen moten se wol richten, vnde hir vmme moghen se leenrecht setten. Jodoch wete, dat eyn pape in dren saken mot antwarden vor wartlikem gerichte. De erste is vmme leen,* [c. 7 X 2, 2]. *De ander, offt he vnberichlik were,* [c. 4 D. 17]. *De drudde, offt he geklaget hedde vor werlikem gerichte vnde denne dar wedder beclaget worde* [c. 1, 2 C. 3 q. 8]. *Dyt meynet he, dar he seght, dat se hir mede neyn lantrecht vorweruen, dat is, dat se to lantrechte nicht claghen ne moghen noch antwarden, wen alze hir vor gesproken is.* Übersetzung: Hier wisse, dass das nicht ein Abschnitt aus dem Privileg ist, sondern es ist eine Satzung Kaiser

siert[2196]. Zum einen führen ihn beide Handschriften als eigenen Artikel zwischen Ldr. I 32 und Ldr. I 33 auf und versehen ihn hier mit folgender Glosse:

BG I 26 *Wert en monik*, S. 303 f.

Dit[2197] *is nicht en stucke vthe deme privilegio, men id is en artikel, den settede keyser Ffrederike, vnd is hir yn gesat van sineme hete, ut* [Lr. 2[2198]]. *Vnd wel, dat men wete, offt desser*

Friedrichs und ist hiernach <Ldr. I 25> eingefügt. Und verstehe das in Bezug auf das Erbrecht und die Gerichtsbarkeit, denn wie man von diesen nichts erbt, so erben auch sie nicht. Gerichtsbarkeit aber ist zweierlei. Ein<-e Art> Gericht wird gehalten über ein Vergehen, die andere über eine <Geld->Schuld. In der ersten könne sie auch nicht richten, aber wenn sie weltliches Gericht haben, können sie damit einen anderen beauftragen, der das recht entscheiden soll, wie [c. 5 in VI° 3, 24]. In der anderen können sie richten, und darum können sie Lehnrecht setzen. Wisse jedoch, dass ein Geistlicher sich in drei Fällen einer Klage vor einem weltlichen Gericht stellen muss. Der erste ist in Lehnssachen, wie [c. 7 X 2, 2]. Die zweite, wenn er unbeirrbar wäre, [c. 4 D. 17]. Die dritte, wenn er vor einem weltlichen Gericht geklagt hätte und widerbeklagt worden wäre, [c. 1, 2 C. 3 q. 8]. Das meint er, wenn er sagt, dass sie hierdurch kein Landrecht erwerben, das heißt, dass sie nach Landrecht nicht klagen können, noch sich einer Klage stellen müssen, als nur in den Fällen, die zuvor genannt worden sind. – Bei dieser Form könnte es sich um eine von Homeyer in mehreren Glossenhandschriften beobachtete kombinierte Form einer von ihm angenommenen älteren und einer von ihm angenommenen jüngeren Form handeln, dazu unten Anm. 2205. Unter inhaltlichen Gesichtspunkten könnte es sich auch um eine Zusammenfassung beider in der Wolfenbütteler Handschrift enthaltenen Glossen zu Ldr. I 26 handeln, allerdings fällt auf, dass der Sachsenspiegeltext in der Fassung wiedergegeben ist, die Homeyer als die jüngere Form ansieht, unten Anm. 2201.

2196 Dieser Umstand wird von Steffenhagen, Überlieferung der Buch'schen Glosse S. 726 übersehen, der lediglich die nachfolgend erstgenannte Glosse wahrnimmt. Auch Homeyer, Genealogie S. 122, der den Codex Hecht nicht kennt, weist für die Wolfenbütteler Handschrift zwar auf die zusätzliche Glossierung auf einem Zettel hin, oben Anm. 2195, nicht aber auf die zusätzliche Glossierung im Anschluss an die Glossierung zu Ldr. I 30.

2197 Übersetzung: Dies ist nicht ein Abschnitt aus dem Privileg, sondern es ist ein Artikel, den Kaiser Friedrich festgesetzt hat, und er ist auf sein Geheiß hier eingefügt worden, wie [Lr. 2]. Und er will, dass man weiß, dass auch wenn einer von diesen <d. h. Mönch oder Nonne, die zu Bischof oder Äbtissin geworden sind> den Heerschild erhalten nach Lehnrecht, dieser doch kein Landrecht erhält. Denn er darf nicht erben, <und> man erbt auch nach seinem Tod nicht. Hier verstehe: Tritt jemand ohne Zustimmung seiner Ehefrau ins Kloster ein, wenn sie ihn wieder herausverlangt, dann behält er <seine Rechtsstellung nach> Landrecht, aber nicht <seine Rechtsstellung nach> Lehnrecht wie [Ldr. I 25 § 2; Lib. feud. 2, 21]. Und hier erhält er <die Rechtsstellung nach> Lehnrecht und nicht <nach> Landrecht, denn das Lehen hat er um der Kirche willen und er steht dem gleich, der ein Gut mit einer Frau erhält, wie [Lib. feud. 2, 15]. Auch kann ein Lehnsmann Gut <von ihm> empfangen. Wird vor einem solchen Lehnsherrn eine peinliche Klage nach Landrecht erhoben, die kann er seinem Amtmann zu richten anbefehlen, wie [c. 5 in VI° 1, 16; c. 3 in VI° 3, 24].

2198 Eigentlich *libro feudorum l. I et § 1*, von Kaufmann, Buch'sche Glosse S. 303 wohl aufgrund vergleichbarer Allegationen korrigiert. Huneke, Iurisprudentia romano-saxonica S. 569 Anm. 341 hält es für wahrscheinlicher, dass mit der Allegation Lib. feud. 1, 1, 1 gemeint sei, insbesondere, da dieser Erzbischof, Bischof, Abt und Äbtissin nenne. Dagegen spricht aber

welken wol de herschilt worde in lenrechte, dat eme doch nen lantrecht en worde. Wente he ne mot nen erue nemet, me en nemet ok an sineme dode nen erue. Hir merke: Begifft sik en ane sines wiues dangh, vordert se ene wedder vth, he beholt lantrecht vnd nen lenrecht, ut supra [Ldr. I 25 § 4[2199]; Lib. feud. 2, 21]. *Vnd hire wert eme lenrecht vnd nen lantrecht, wente dit len heft he van der kerken wegene vnd is gelik deme, de gud entfeyt mit ener vrouwen, ut* [Lib. feud. 2, 15]. *Ok mach en man gud entfan. Kumpt ok eneme heren dusdane en pinlik klage to lantrechte, de mach he beuelen sinem ammechtmanne to richtende, ut* [c. 5 in VI° 1, 16; c. 3 in VI° 3, 24].

Diese Glosse ist aber nicht die einzige Glosse zu Ldr. I 26. Im Anschluss an die Glossierung zu Ldr. I 30 folgt – ohne Wiedergabe des Artikeltextes – eine ausweislich des Inhalts und des Stichwortes ebenfalls auf Ldr. I 26 bezogene Glosse.

BG I 26 *Wert ok en monik*, S. 295 f.

Lantrecht[2200] *irweruen se nicht. Dat vorneme an erue to nemende vnd an richte. Gherichte is twyerleie. En richte geit ouer missedat, dat andere ouer schulde. Jn deme ersten mogen se nicht richten, yodoch mogen ze dat eren ammechtluden beualen, ut* [c. 3 in VI° 3, 24]. *Jn deme anderen moten ze wol richten, vnd hir vmme mogen ze lenrecht setten, ut* [Lib. feud. 1, 3]. *Nu wete, dat en pape mot antwerden in dren zaken vor werltlikem richte. De erste is vmme leen, ut* [c. 7 X 2, 2]. *De andere is, offt he vnberichtlik were, ut* [c. 4 D. 17]. *De drudde, oft he dat geklaget heft vnd he denne dar wedder beklaget wert, ut* [c. 1, 2 C. 3 q. 8]. *Dit menet he, dar he secht, dat se hire mede nen lantrecht irweruen, dat is, dat se to lantrechte nicht klagen en moghen noch antwerden ne moghen, wen alse hire vore sproken is.*

Die Heidelberger Handschrift enthält lediglich die erstgenannte Glosse, fügt diese aber unmittelbar an die Glossierung Ldr. I 25 § 4 an.

Beide Glossen weisen inhaltliche Parallelen auf. So ist in beiden Glossen der Gedanke enthalten, dass Nonne und Mönch, die zu Äbtissin oder Bischof gewählt wer-

---

m. E., wie auch Huneke nicht verkennt, dass die Libri feudorum in der Buch'schen Glosse durch Angabe des Initiums statt durch Bezifferung des Artikels zitiert werden.

2199 Eigentlich ar. XXIIII, was nach der Einteilung des Codex Hecht Ldr. I 25 §§ 1–4 entspricht, von Kaufmann, Buch'sche Glosse S. 304 entsprechend des Inhalts konkretisiert.

2200 Übersetzung: Landrecht erwerben sie nicht. Das verstehe in Bezug auf das Erbrecht und in Bezug auf die Gerichtsbarkeit. Es gibt zweierlei Gerichtsbarkeit. Eine <Art> Gericht wird gehalten über ein Vergehen, die andere über eine <Geld->Schuld. In der ersten dürfen sie nicht richten, aber sie können dies ihren Amtsleuten anbefehlen, wie [c. 5 in VI° 3, 24]. In der anderen <Gerichtsbarkeit> können sie richten und darum können sie Lehnrecht setzen, wie [Lib. feud. 1, 3]. Nun wisse, dass ein Geistlicher sich in drei Fällen einer Klage vor einem weltlichen Gericht stellen muss. Der erste ist bei Lehnssachen, wie [c. 7 X 2, 2]. Der andere ist, wenn er unbeirrbar wäre, wie [c. 4 D. 17]. Die dritte, wenn er dort geklagt hätte und er dort widerbeklagt würde, wie [c. 1, 2 C. 3 q. 8]. So meint er es, wenn er sagt, dass sie dadurch <durch ihre Ernennung zu Bischof oder Äbtissin> kein Landrecht erwerben, dass sie nach Landrecht nicht klagen können und sich einer Klage nicht stellen müssen, als nur in den Fällen, die zuvor genannt worden sind.

den, nicht Landrecht erwerben – eine Aussage, die sich Ldr. I 26 in seiner jüngeren Form, nicht aber in der im Codex Hecht und der Wolfenbütteler Handschrift wiedergegebenen älteren Form entnehmen lässt[2201] – und dass dies bedeute, dass sie nicht erben und nicht in peinlichen Sachen Gericht halten könnten. Daneben enthalten die Glossierungen aber auch eigenständige Ausführungen und unterscheiden sich in der Schwerpunktsetzung. In der ersten Glosse wird der Artikel auf Kaiser Friedrich I. Barbarossa[2202] zurückgeführt, außerdem ist der Gedanke der Erblosigkeit breiter ausgeführt. In der zweiten Glosse wird dagegen ausführlicher auf die unterschiedlichen Gerichtsbarkeiten eingegangen, zusätzlich finden sich Aussagen zu der Beklagtenstellung von Geistlichen.

Es stellt sich nun die Frage, wie dieser Befund zu erklären ist. Dass sich beide Glossen aus demselben Urtext entwickelt haben, erscheint aufgrund der deutlichen Unterschiede kaum möglich. Dass beide ursprünglich unmittelbar hintereinander angeordnet waren[2203], erweist sich als ebenfalls höchst unwahrscheinlich, weil sich dann Aussagen der ersten Glosse in der zweiten unmittelbar wiederholen und dadurch überflüssig erscheinen[2204]. Zudem findet sich diese Anordnung in keiner der in dieser Arbeit zugrunde gelegten Texte[2205]. Auch der Augsburger Druck von 1516

2201 Ldr. I 26 ältere Form, S. 185 f.: *Wirt en monik oder ene closter vrowe to biscop oder tu abbatissen gecoren, so mogen si dat gurdel irer gewalt unde dat rechte ires gudes hebben van deme rike, aver dat werlike recht des nemen si nicht.* Ldr. I 26 jüngere Form, S. 186: *Wirt en besloten nunne ebbedische, oder en monik biscope, den herscilt mogen se wol hebben von me rike; lantrecht ne irwervet se aver dar mede nicht.* – Beide Fassungen sind ausweislich ihrer Kennzeichnung durch Kursivdruck in der ersten Klasse der Glossenhandschriften nicht enthalten, Homeyer, Sachsenspiegel I S. 186; zur Bedeutung des Kursivdrucks Homeyer, ebenda S. 104.

2202 Dazu oben Anm. 1601.

2203 So wohl Steffenhagen, Überlieferung der Buch'schen Glosse S. 726.

2204 So ist in der ersten Glosse bereits die Einschränkung der Gerichtsbarkeit in peinlichen Sachen angesprochen, in der zweiten Glosse erscheint dagegen die Erwähnung des Erbrechts überflüssig. Gänzlich ausgeschlossen erscheint es freilich nicht, dass beide Glossen ursprünglich hintereinander standen, da sich die erste Glosse – mit ihrer Schwerpunktsetzung auf dem Ursprung des Artikels und dem Erbrecht – und die zweite Glosse – mit ihrer Schwerpunktsetzung auf der Gerichtsbarkeit – durchaus ergänzen, so wohl auch Steffenhagen, Überlieferung der Buch'schen Glosse S. 727.

2205 Hier ist allerdings einschränkend zu bemerken, dass die Ausführungen Homeyers und Steffenhagens vermuten lassen, dass sich in anderen Handschriften zwar wohl nicht beide Glossen hintereinander, wohl aber die Gedanken aus beiden Glossen vereinende Formen der Glosse finden lassen – wie es auch in der von Kaufmann im Variantenapparat verwendeten Wolfenbütteler Handschrift auf einem beigefügten Zettel der Fall ist, oben Anm. 2195. – Homeyer, Genealogie S. 113, 122, 140 führt insoweit aus, dass der Artikel in den Handschriften seiner ersten Ordnung kaum glossiert sei, in den Handschriften seiner 1. Familie in nur einem Fall, in den Handschriften der 2. Familie in sechs Fällen (u. a. der Wolfenbütteler Handschrift), regelmäßiger in den Handschriften der 2. und 3. Ordnung. Dabei ließen sich drei Formen der Glossierung unterscheiden. Die erste (gemeint ist die oben als erste wiedergegebene Glosse BG I 26 *Wert en monik*) fände sich als die ältere Form vornehmlich in den Handschriften der 1. und 2. Ordnung. Eine jüngere Form in zwei Handschriften der

gibt beide Glossen getrennt wieder, die erste unter Wiedergabe des Sachsenspiegeltextes bei der vulgaten Stellung des Artikels, die zweite unmittelbar angeschlossen an die Glosse zu Ldr. I 30[2206].

Damit erscheint es unwahrscheinlich, dass beide Glossen auf Johann von Buch zurückgehen[2207]. Wenigstens eine der Glossen dürfte von einer späteren Kopist*in stammen, möglicherweise, weil dieser*diese aufgrund ihrer nicht vulgaten Stellung die bereits vorhandene Glosse nicht bemerkte. Angesichts der Tatsache, dass dieser Artikel in den meisten unglossierten Handschriften ohne die übliche Büchereinteilung, aber auch in anderen unglossierten Handschriften – namentlich den Bilderhandschriften – fehlt[2208], erscheint es aber auch möglich, dass beide Glossen Ergänzungen späterer Autor*innen darstellen[2209].

---

3. Ordnung enthalte eine Zuweisung an Friedrich von Staufen, und fahre dann fort: *unde is na hir ingesat u. vornim dit van erve etc. Gerichte aver is tvierlei.* Dieser Anfang stellt sich als der der oben als zweites wiedergegebenen Glosse BG I 26 *Wert ok en monik* dar, scheint aber nach der Formulierung Homeyers früher abzubrechen und zudem die Zuweisung an Friedrich von Staufen zu übernehmen. Schließlich finde sich in je zwei Handschriften der 1. und 3. Ordnung eine kombinierte Form, zu deren Gestalt Homeyer aber nichts Näheres ausführt. – Steffenhagen, Überlieferung der Buch'schen Glosse S. 726f. nimmt diese Überlegungen Homeyers auf, sieht die von Homeyer sogenannte ältere Form aber nur in wenigen Handschriften der 1. Ordnung vertreten, dagegen überwiegend in der 2. Ordnung; in der 3. Ordnung kämen sogenannte ältere, jüngere und kombinierte Form gleich häufig vor. Dagegen enthielten die meisten Handschriften der 1. Ordnung die kombinierte Form. Die Ausführungen Homeyers wie Steffenhagens bedürfen einer Überprüfung, zumal beide in den inhaltlichen Feststellungen Fehler aufweisen, ihnen insbesondere die oben als zweites wiedergegebene Glosse BG I 26 *Wert ok en monik* offensichtlich nicht bekannt war.

2206 Augsburger Druck von 1516, fol. 30^r, 32^r.

2207 Dies wäre allenfalls dann möglich, wenn der Glossator in seiner Vorlage den Artikel an zwei Stellen vorgefunden und darum an zwei unterschiedlichen Stellen glossiert hätte. Diese Erklärung erscheint unter den theoretisch denkbaren allerdings die am wenigsten wahrscheinliche, weil sie doch einen größeren Zufall voraussetzt. – Dass beide Glossen auf Johann von Buch zurückgehen, wäre allerdings auch dann möglich, wenn die zweite keine eigenständige Glosse zu Ldr. I 26 wäre, sondern lediglich Ausführungen zu Ldr. I 26 im Rahmen der Glossierung von Ldr. I 30 enthielte. So versteht der Augsburger Druck fol. 32^r das *Wert en monik* nicht als Stichwort, sondern als Satzteil: *Wert auer ein monnick bisschop / lantrecht erweruen sy nicht* (…), ohne den Satz durch ein Alinea als Beginn einer Glosse kenntlich zu machen. Dies ist aber aufgrund der Ausführungen, die sich schwerpunktmäßig nicht, wie Ldr. I 30, auf das Erbrecht richten, sondern auf die Gerichtsbarkeit und damit sehr weit von dem in Ldr. I 30 thematisierten abweichen, ebenfalls wenig wahrscheinlich. Auch Kaufmann, Buch'sche Glosse S. 280, 295, 303 versteht den Abschnitt als Glosse zu Ldr. I 26.

2208 Homeyer, Genealogie S. 94; Oppitz, Rechtsbücher I S. 22, 24.

2209 Wegen der fehlenden Glossierung könnten sich hier in unterschiedlichen Entwicklungssträngen zwei unterschiedliche Glossierungen entwickelt haben, die im Codex Hecht, der Wolfenbütteler Handschrift und dem Augsburger Druck von 1516 zusammengefügt wurden, nicht aber in der Heidelberger Handschrift. So wird Ldr. I 26 im Codex Hecht an keiner anderen Stelle remittiert, vgl. Kaufmann, Buch'sche Glosse S. 1681, was es möglich erscheinen lässt, dass der Artikel Johann von Buch unbekannt war.

5. Der Textbestand des Codex Hecht und der Urtext

Zusammenfassend lässt sich festhalten, dass der Codex Hecht, die Wolfenbütteler und die Heidelberger Handschrift die Urglosse keineswegs unverändert enthalten. Als gesichert kann dabei gelten, dass der Sachsenspiegeltext nicht die vom Glossator vorausgesetzte Gestalt enthält, also entweder aus einer anderen Vorlage ergänzt oder später verändert worden ist. Diese Veränderungen betreffen jedenfalls die Artikeleinteilung, es bestehen jedoch auch Hinweise auf Änderungen beim Wortlaut des Sachsenspiegeltextes. Für diese wie für weitere Arbeiten zu der Buch'schen Glosse kann daher festgehalten werden, dass bei der Untersuchung des Glossentextes die Textfassung des Sachsenspiegeltextes in den der Kaufmann'schen Edition zugrunde liegenden Handschriften nicht oder wenigstens nur unter Vorbehalt als Argument für oder gegen eine Auslegung herangezogen werden kann.

Als gesichert kann weiterhin gelten, dass alle drei Handschriften einen Defekt bei Ldr. I 8 – Ldr. I 14 § 1 aufweisen, der im Codex Hecht aus einer zweiten Vorlage ergänzt wurde. Bei der Glossierung zu Ldr. I 26 bestehen zudem deutliche Hinweise darauf, dass eine oder beide der im Codex Hecht und in der Wolfenbütteler Handschrift zu diesem Artikel enthaltenen Glossen nachträglich eingefügt wurden. Einige wenige Veränderungen lassen sich bei dem Text der Glossierung auch innerhalb einzelner Glossen erkennen. Nachweisbar sind insofern einige Ergänzungen des bestehenden Glossentextes. An einer Stelle des Codex Hecht ist eine Glosse um die Wiedergabe eines Bibelverses ergänzt – an einer weiteren Stelle erfolgt eine ähnliche Ergänzung innerhalb des Sachsenspiegeltextes, an einer dritten in der Reimvorrede. Weiterhin zeigt die Glosse BG II 20 § 1 *Vnghetweyeder* deutliche Hinweise auf die Ergänzung um einen in allen drei Handschriften enthaltenen Absatz, mit dem die Aussage der bestehenden Glosse korrigiert wird. Leichte Änderungen des Glossentextes zeigen sich auch bei zwei Allegationen, diese scheinen aber nicht bewusst vorgenommen worden, sondern der üblichen, keine buchstabengetreue Wiedergabe anstrebenden Kopierweise geschuldet zu sein. Damit enthalten die der Kaufmann'schen Edition zugrunde gelegten Handschriften jedenfalls nicht den unveränderten Textbestand des Autographs, vielmehr scheint wahrscheinlich, dass die Textfassung auf der Überlieferung durch eine nicht unerhebliche Anzahl von Abschreibevorgängen beruht.

Die vorgenannten Befunde deuten allerdings darauf hin, dass der bestehende Glossentext anders als der Sachsenspiegeltext im Laufe der Überlieferung kaum bewusst verändert und allenfalls – erschien der Kopist*in oder Bearbeiter*in die Aussage nicht zutreffend – durch eigene Ausführungen ergänzt wurde. Allerdings kann diese Beobachtung nicht als gesichert gelten, da sie auch auf der Konzeption der vorliegenden Arbeit beruhen könnte: Zum einen wird an die Annahme einer späteren Veränderung des Glossentextes ein strenger Maßstab angelegt. Zum anderen stützt sich die Untersuchung auch auf eine schmale Handschriftengrundlage, vornehmlich auf den Text des Codex Hecht, ergänzt um den Text der Wolfenbütteler und der Heidelberger Handschrift, vereinzelt auch den des Augsburger Drucks von

1516, sodass Argumente für eine Veränderung überwiegend allein aus inhaltlichen Gesichtspunkten geschöpft werden können.

6. Der Codex Hecht als Tochterhandschrift der Wolfenbütteler Handschrift

Die vorangegangenen Untersuchungen legen aber über die vorgenannten Erkenntnisse hinaus noch eine in der Literatur bisher nicht thematisierte Vermutung hinsichtlich des Verhältnisses von Codex Hecht und Wolfenbütteler Handschrift nahe, auf die nunmehr, als Abschluss dieses Unterkapitels, eingegangen werden soll. Die zuvor angesprochene Wiedergabe von Bibelzitaten, die sich in beiden Handschriften findet, nicht aber in der Heidelberger Handschrift, dem Augsburger Druck oder der Berliner Handschrift Ms. germ. fol. 284[2210], deutet nämlich stark darauf hin, dass beide Handschriften nicht allein, wie bisher vermutet, auf eine gemeinsame Vorlage zurückgehen, sondern dass die Wolfenbütteler Handschrift selbst – direkt oder, was wahrscheinlicher ist, vermittelt durch mindestens eine weitere Handschrift – die Hauptvorlage des Codex Hecht ist.

Denn die Wiedergabe der Bibelstellen ist in der Wolfenbütteler Handschrift mit Verweiszeichen an den Rand des Haupttextes notiert worden, und zwar von einer späteren Hand, im Codex Hecht dagegen ist sie eingerückt in den Haupttext, und zwar, inhaltlich nicht überzeugend, an genau den Stellen, auf die in der Wolfenbütteler Handschrift die Verweiszeichen hindeuten. Dabei finden sich die Bibelstellen in den weiteren hier einbezogenen Handschriften und dem Augsburger Druck nicht. Dies lässt sich am naheliegendsten damit erklären, dass eine Benutzer*in der Wolfenbütteler Handschrift die Bibelzitate an den Rand der Handschrift notierte, es sich bei dieser Handschrift also um die erste Handschrift mit diesen Randglossen handelt, und dass diese Randglossen bei der Abschrift durch eine Kopist*in in den Haupttext eingerückt wurden, was zu der Textfassung im Codex Hecht führte. Geht man aber von dieser Annahme aus, muss es sich bei der Wolfenbütteler Handschrift um eine Mutterhandschrift des Codex Hecht handeln.

Die einzige alternative Erklärung, dass die Bibelzitate in einer dritten Handschrift durch eine Benutzer*in hinzugefügt wurden und von dort zum einen in die Wolfenbütteler Handschrift – dort ebenfalls als Randglosse – und zum anderen in den Codex Hecht – dort in den Haupttext – übernommen wurden, erscheint dagegen angesichts der Tatsache, dass dann insgesamt vier, weit auseinanderstehende Bibelzitate parallel in beiden Handschriften übernommen worden sein müssten, sowie der auch ansonsten hohen Übereinstimmung zwischen dem Textbestand in der Wolfenbütteler Handschrift und dem Codex Hecht wesentlich weniger wahrscheinlich.

So sind die in der Kaufmann'schen Edition im Variantenapparat angegebenen Abweichungen nur gering und beziehen sich zudem häufig auf abweichende Schreib-

2210 Oben S. 496.

weisen. Auch finden sich Spuren des Defekts der Wolfenbütteler Handschrift bei Ldr. I 8 – Ldr. I 14 auch im Codex Hecht, hier wie dort ist zudem die Glossierung zu Ldr. I 7 in die Glossierung zu Ldr. I 6 § 2 eingerückt[2211], hier wie dort findet sich die zweifache Glossierung zu Ldr. I 26, die etwa die Heidelberger Handschrift nicht kennt[2212]. Zudem lässt sich die Lesart des Codex Hecht, wo geringfügige Abweichungen bestehen, häufig als Weiterentwicklung bzw. Verschlechterung der Lesart der Wolfenbütteler Handschrift ansehen. So ist die Wiedergabe der Bibelverse in der Wolfenbütteler Handschrift näher an der Bibelvulgata und weniger fehlerhaft, wobei Abweichungen von der Bibelvulgata in der Wolfenbütteler Handschrift auch im Codex Hecht auftreten[2213]. Auch findet sich die fälschliche Einfügung einer Verneinung in der zweiten Glossierung zu Ldr. I 18 § 1, die weder die Heidelberger Handschrift, noch der Augsburger Druck von 1516 enthalten, bereits in der Wolfenbütteler Handschrift, wo sie lediglich durchgestrichen ist[2214]. Schließlich ist auch noch einmal auf die veränderte Allegation in BG II 30 *Swe zo eme erue* hinzuweisen, indem sich das *bute* des Codex Hecht aus einem *bit/bet/bat/bette*, wie es noch die Wolfenbütteler Handschrift enthält, entwickelt haben dürfte[2215].

Freilich sind nicht alle Randglossen der Wolfenbütteler Handschrift auch in den Codex Hecht übernommen worden[2216], dies wäre allerdings auch nicht ohne weiteres zu erwarten, vielmehr dürfte die Übernahme der Bibelzitate auf die besondere Autorität der Bibel zurückzuführen sein. Insgesamt spricht damit sehr viel dafür, dass es sich beim Codex Hecht um eine Tochterhandschrift der Wolfenbütteler Handschrift handelt. Bei dieser wie weiteren Arbeiten zur Buch'schen Glosse sollte daher in Zweifelsfällen davon ausgegangen werden, dass die Wolfenbütteler Handschrift gegenüber dem Codex Hecht die ursprünglichere Lesart aufweisen dürfte – freilich nur, soweit nicht Anhaltspunkte dafür bestehen, dass der Text hier aus einer zweiten Vorlage ergänzt wurde.

III. Zur Glossierung zu Ldr. III 82 – Ldr. III 87 im Augsburger Druck von 1516

Als dritte von den Literatur diskutierte Fragestellungen soll in diesem vierten Kapitel die Diskussion um das ursprüngliche Ende der Glossierung – oder vielleicht besser formuliert: das Ende der ursprünglichen Glossierung – aufgegriffen werden.

2211 Oben S. 518, 521.

2212 Oben S. 524 ff.

2213 Oben Anm. 704, 2095, 2097.

2214 Oben Anm. 1966.

2215 Oben S. 499 f.

2216 Vgl. etwa Kaufmann, Buch'sche Glosse S. 154 Var. a, S. 169 Var. p, S. 211 Var. g, S. 232 Var. f.

Codex Hecht, Wolfenbütteler Handschrift und Heidelberger Handschrift enthalten zu den letzten Sachsenspiegelartikeln keine Glossierung, anders als andere Fassungen der Landrechtsglosse – etwa der Augsburger Druck von 1516, nach dem die Kaufmann'sche Edition der Buch'schen Glosse die Glossierung der Schlussartikel wiedergibt. Es stellt sich damit die Frage, ob diese etwa im Augsburger Druck enthaltene Glossierung auf Johann von Buch zurückgeht, der Codex Hecht und seine Schwesterhandschriften also wie bei den Artikeln Ldr. I 8 – Ldr. I 14 einen Defekt aufweisen, oder ob es sich bei der Glossierung der Schlussartikel um eine spätere Ergänzung handelt.

Nun scheint bei einer Arbeit, die ihren Schwerpunkt auf die Untersuchung nur einer Handschrift – des Codex Hecht als der Leithandschrift der Kaufmann'schen Edition – legt und lediglich zwei weitere – die in der Kaufmann'schen Edition berücksichtigten Wolfenbütteler und Heidelberger Handschriften – sowie gelegentlich noch den Augsburger Druck von 1516 und die Berliner Handschrift Ms. germ. fol. 284 einbezieht, durchaus fraglich, inwieweit sie einen Beitrag zu Fragen hinsichtlich der Entwicklung der Landrechtsglosse und damit der Autorschaft der Schlussglossierung leisten kann. Anhaltspunkte hierfür können jedoch im Rahmen einer Detailstudie durchaus herausgearbeitet werden, insbesondere dann, wenn eine Glosse aus der Schlussglossierung gegenüber der früheren Glossierung Besonderheiten aufweist – wie es sich in dieser Arbeit bei der Glosse BG III 84 § 3 *Dodet ein man synen vader* ergab. Zudem stützen sich auch die bisherigen Stellungnahmen nicht zuletzt auf Einzelbeobachtungen, die gleichsam im Wege des Indizienbeweises zusammengefügt werden. Vor diesem Hintergrund sollen alle in dieser Arbeit untersuchten Glossen aus der Glossierung zu Ldr. III 82 – Ldr. III 91 noch einmal zielgerichtet daraufhin untersucht werden, ob sich aus ihnen Anhaltspunkte für oder gegen eine Autorschaft Johanns von Buch ergeben. Auch eine Untersuchung der Struktur der Glossierung sowie die Analyse der Argumentationsstrukturen in der bisherigen Literatur erscheint möglich. In diesem Wege kann der Meinungsstand aufbereitet und um weitere Argumente ergänzt werden.

1. Der Textbestand in den einzelnen Handschriften und dem Augsburger Druck von 1516

Wie bereits angesprochen, lassen sich hinsichtlich der Glossierung der Schlussartikel drei Hauptgruppen unterscheiden: Handschriften mit einem Ende der Glossierung bei Ldr. III 81, Handschriften mit einem Ende der Glossierung bei Ldr. III 87 und Handschriften mit einem Ende der Glossierung bei Ldr. III 91[2217]. Dabei stimmt die Glossierung bis Ldr. III 87 in allen bis dahin reichenden Handschriften – also auch allen Handschriften mit einer Glossierung bis Ldr. III 91 – im wesentlichen überein, während sich bei der Glossierung der Schlussartikel Ldr. III 88 –

2217 Oben S. 486.

Ldr. III 91 mehrere verschiedene, von einander unabhängige Glossierungen ausmachen lassen.

Die von Kaufmann zugrunde gelegten Handschriften gehören der ersten Hauptgruppe, den Handschriften mit einem Ende der Glossierung bei Ldr. III 81 an. Diese Gruppe lässt sich nun ihrerseits weiter unterteilen. Hatte Homeyer hierfür noch auf die Wiedergabe des Sachsenspiegeltextes abgestellt[2218], ist es seit den Arbeiten Steffenhagens üblich, auch hier nach dem Ende der Glossierung zu gehen. Hierbei hat Steffenhagen herausgearbeitet, dass sich die Hauptgruppe unterscheiden lässt in Handschriften, die mit einer Glosse zu Ldr. III 81 § 1 enden, in Handschriften, die danach ein Glossenbruchstück zu Ldr. III 81 § 2 enthalten, und in Handschriften, die dieses Glossenbruchstück mit einer inhaltlich nicht überzeugenden Wiederholung der Ausführungen zur Ebenburt aus der Glossierung zu Ldr. III 73 ergänzen[2219].

Der Codex Hecht gehört der ersten Untergruppe an. Bei ihm reichen die glossierten Artikel bis Ldr. III 81 § 1 und auch die Glossierung endet mit einem Stichwort zu Ldr. III 81 § 1[2220]. Danach folgen – unglossiert – die Artikel Ldr. III 82 § 2 – Ldr. III 91. Ähnlich verhält es sich bei der Wolfenbütteler Handschrift. Sie enthält zwar, wie die Handschriften der zweiten Untergruppe, das Glossenbruchstück zu Ldr. III 81 § 2[2221]. Dieses ist jedoch nicht bei der Wiedergabe von Ldr. III 81 § 2 eingeordnet, vielmehr endet die Glossierung zunächst mit derselben Glosse zu Ldr. III 81 § 1 wie im Codex Hecht und es folgen unglossiert die Artikel Ldr. III 81 § 2 – Ldr. III 91. Erst an diesen letzten Artikel ist das Glossenbruchstück angefügt, zudem ist die Passage durchgestrichen. Offensichtlich hatte die Kopist*in der Wolfenbütteler Handschrift – oder aber die Kopist*in einer ihrer Mutterhandschriften – nach Beendigung der Abschrift seiner*ihrer Hauptvorlage das Bruchstück aus einer zweiten

2218 Oben S. 458 f.

2219 Steffenhagen, Überlieferung der Buch'schen Glosse S. 703 f., so auch bei Oppitz, Rechtsbücher I S. 73.

2220 Der Glosse BG III 81 § 2 *Dor dat der schepenen egen.*

2221 Das Glossenbruchstück lautet in der Wolfenbütteler Handschrift, fol. 183^{v}, wiedergegeben auch bei Kaufmann, Buch'sche Glosse S. 1485, wie folgt: BG III 81 § 2 *Denestman ervet: Wen he erliken to ende bracht heft al der Sassen recht, vnde heft gheseght wû eghen leddich werde, vnde weme id leddich wert. Nu sat he hir sine lesten ar. des gnedichliken.* Übersetzung: Weil er würdig beendet hat das ganze Recht der Sachsen, und gesagt hat, wie *egen* frei wird, und wem es frei wird. Nun setzt er hier <darum> seinen letzten Ar.<-tikel> des gnädigen. – Sinauer, NA 1935 S. 568 merkt dazu an, dass das Bruchstück in der Wolfenbütteler Handschrift von der Fassung in der Mehrzahl der Handschriften abweiche; seine Form finde sich lediglich in einer zweiten Handschrift. Diese Aussage ist ohne einen Abgleich des Glossenbruchstücks in anderen Handschriften nicht nachprüfbar, allerdings ist festzuhalten, dass das Glossenbruchstück mit dem Beginn der Glossierung zu Ldr. III 81 § 2, wie sie im Augsburger Druck von 1516 enthalten ist, übereinstimmt.

Vorlage ergänzt.[2222] Auch die von Kaufmann als Textus minor verwendete Heidelberger Handschrift gehört der ersten Untergruppe an. Die Handschrift, eine reine Glossenhandschrift, endet mit derselben Glosse zu Ldr. III 81 § 1 wie Codex Hecht und Wolfenbütteler Handschrift, sie schließt sodann mit einem Hinweis auf zwölf folgende, aber nicht glossierte Artikel[2223].

Zu den Handschriften, die die Glossierung – nur – bis Ldr. III 87 fortsetzen, gehört die in dieser Arbeit gelegentlich angesprochene Berliner Handschrift Ms. germ. fol. 284. Der Augsburger Druck von 1516 schließlich, der ebenfalls in dieser Arbeit verschiedentlich einbezogen worden ist, gehört der dritten Hauptgruppe an. Auch diese dritte Hauptgruppe lässt sich nach der Literatur weiter unterscheiden, indem sich innerhalb dieser Gruppe sechs (so Homeyer)[2224] bzw. vier (so Steffenhagen)[2225] Untergruppen finden, die hinsichtlich der Glossierung der Endartikel einen unterschiedlichen Text enthalten. Der Augsburger Druck von 1516 wird insoweit von Steffenhagen der sogenannten Tzerstedischen Glosse zugerechnet[2226], von Homeyer einer mit dieser nah verwandten Handschriftengruppe[2227].

Der Aufbau des Augsburger Drucks von 1516 stellt sich in dem Abschnitt, der in den von Kaufmann edierten Handschriften nicht mehr enthalten ist, wie folgt dar: Auf die in allen Handschriften enthaltene Glossierung bis Ldr. III 81 § 1 folgt zunächst der Text von Ldr. III 81 § 2 und Ldr. III 82 als Art. 81 des dritten Buches. Dabei ist dem deutschen Text[2228] des Sachsenspiegelartikels[2229] ein dem Schriftbild nach dem Sachsenspiegeltext gleichgesetztes Zwischenstück angeschlossen. Dieses Zwischenstück[2230], von Sinauer als Entstehungsnotiz bezeichnet und mit unterschiedlichem Standort auch in anderen Handschriften festgestellt[2231], gibt das Ende

2222 Kannowski, Buch'sche Glosse S. 48 geht davon aus, dass der Kopist die Abschrift aus unbekannten Gründen abgebrochen habe. Dies ist durchaus möglich, zumal der Text durchgestrichen ist und die Schreiber*in nach Auskunft Kannowskis Linien für weitere Textzeilen gezogen hatte. Möglich ist aber auch, dass die Vorlage ebenfalls lediglich das Bruchstück enthielt, möglicherweise zusammen mit der Wiederholung der Ebenburtsglosse, die die Kopist*in als unzutreffende Fortsetzung des Glossentextes erkannte.

2223 Außerdem nennt der letzte der vier Schreiber*innen seinen Namen – oder den seines*ihre Auftraggebers, Kaufmann, Einleitung S. LXVIII. Der Hinweis lauten wie folgt: Schreibernotiz, S. 1484: *Postea sequuntur XII capitula non glosata. Anno domini MCCCLXVIII jn die Gregorij completus est iste liber quem comparavit Arnoldus de Roringen armiger.*

2224 Oben S. 485 f.

2225 Oben S. 487.

2226 Oben S. 487 f.

2227 Oben S. 489.

2228 Und nur an diesen, der lateinische Text enthält hierfür keine Entsprechung.

2229 Nach einer lateinischen und einer deutschen Glosse der sogenannten Stendaler Glosse, die nach der Wiedergabe des Sachsenspiegelartikels, aber vor der Wiedergabe des Zwischenstücks eingefügt sind.

2230 Wiedergegeben unten S. 545.

2231 Sinauer, NA 1935 S. 566, 569.

des ursprünglichen Privilegs mit der Stelle seiner Einfügung an und ordnet die weiteren Artikel des Sachsenspiegels späteren Kaisern zu. Es folgt[2232] eine Glossierung, die sich auf Stichworte sowohl aus beiden Artikeln als auch aus dem Zwischenstück bezieht und in der der glossierte Artikel in Übereinstimmung mit den Ausführungen im Zwischenstück als der letzte des Privilegs bezeichnet wird[2233]. Der Beginn dieser Glosse ist es, der sich bei der zweiten Untergruppe der bis Ldr. III 81 glossierten Handschriften als Glossenbruchstück findet und der auch in der Wolfenbütteler Handschrift enthalten ist.

In der drauffolgenden Glossierung zu Ldr. III 82 § 2 – Ldr. III 87[2234] werden sodann einzelne Artikel in Übereinstimmung mit den Ausführungen im Zwischenstück den dort genannten Kaisern zugeordnet, jedes Kaisergesetz wird dabei als Entscheidung einer Kontroverse unter den Rechtskundigen dargestellt[2235]. Die Glossierung zeichnet sich also durch einen einheitlichen Stil aus, der von dem der vorangehenden Glossierung abweicht.

Von diesem Stil unterscheidet sich dann wiederum die Glossierung zu Ldr. III 88 – Ldr. III 91. In der Glossierung zu Ldr. III 88 §§ 1–5 wird der glossierte Artikel zwar noch einem Kaiser zugeordnet, ohne ihn aber in die vorangegangene Aufzählung einzubeziehen und ohne ihn auf eine Kontroverse zwischen Rechtskundigen zurück zu führen[2236]. Die Glossierung zu den weiteren Artikeln erhält dann weder eine Zuweisung an einen Kaiser noch die Darstellung einer Kontroverse.

2232 Nach der Wiedergabe der lateinisch-deutschen Stendaler Glosse, die im Augsburger Druck stets vor der Buch'schen Glosse wiedergegeben ist.

2233 BG III 81 § 2 *Denstman eruet* Satz 1–3, Augsburger Druck von 1516, fol. 190v, wiedergegeben auch bei Kaufmann, Buch'sche Glosse S. 1485: *Wente he erlike thu ende gebracht het aller Sassen recht / vnde het ghesat vnderscheit beide lüde eren vnde gudes / vnde het geset wu eygen leddich werde vnde wenne ydt leddich wert. Nu sedt he hir in me lesten artikel des gnedichliken privilegij der eddelen werden hochgeloueden Sassen van der denstmanne rechte. Vnde sedt dar vmme or recht thu den lesten, dat sick dat bueck in wat erbaren lende, alset sick in den achbaristen beghan.* Übersetzung: Weil er würdig zu Ende gebracht hat das ganze Recht der Sachsen, und hat gesprochen vom Unterschied sowohl bezüglich der Ehre der Menschen als auch bezüglich ihres Guts und gesagt hat, wie *egen* frei wird. Nun spricht er hier in dem letzten Artikel des gnädigen Privilegs der edlen, werten, hochgelobten Sachsen vom Recht der Dienstleute. Und setzt darum ihr Recht an das Ende, damit das Buch mit etwas ehrbarem ende, wie es auch mit dem achtbarsten begann.

2234 Wiedergegeben unten S. 545 ff.

2235 So schon Steffenhagen, Überlieferung der Buch'schen Glosse S. 732.

2236 BG III 88 § 1 *Wat so ein man*, S. 1514: *Dith is eine constitutio, dat is eine settinge, keyser Frederikes vnde nicht en artikel des Sassenspigels. Vnde secht: War ein man mit deme gerichte tüghen schal, des schal de richter sick by des koninges hulden vorplegen.* Übersetzung: Dies ist eine *constitutio*, das heißt eine Satzung, Kaiser Friedrichs und nicht ein Artikel des Sachsenspiegels. Und er sagt: „Wenn ein Mann mit dem Gericht Beweis führen soll, dazu soll der Richter sich wegen des Treuverhältnisses zum König bereit erklären".

2. Ansichten in der Literatur

In der Literatur gehen die Ansichten darüber, welche der beschriebenen Formen die ursprünglich ist und welche Glossierungen auf Johann von Buch zurückgehen, erheblich auseinander. In der frühen Glossenforschung überwiegt die Ansicht, dass die Glossierung der Artikel Ldr. III 82 – Ldr. III 91 nicht durch Johann von Buch verfasst worden sei. Schon Grupen weist darauf hin, dass entsprechend der Lang- und der Kurzformen der reinen Sachsenspiegelhandschriften, die sich insbesondere hinsichtlich der Endartikel unterschieden, auch bei den Glossenhandschriften Lang- und Kurzformen vorhanden seien, indem diese Artikel in einigen Handschriften nicht glossiert seien[2237]. Er hält dabei die kürzere Form für die ältere[2238]. Johann von Buch habe lediglich das ursprüngliche vermeintliche Privileg Karls des Großen glossieren wollen und daher bewusst bestimmte Artikel fortgelassen[2239]. Auch Nietzsche, der sich in einer ausführlichen Rezension zur ersten Auflage der Homeyer'schen Sachsenspiegeledition um eine Genealogie der Sachsenspiegelhandschriften bemüht[2240], hält die Glossierung der Artikel Ldr. III 82 – Ldr. III 91 für eine Ergänzung späterer Autoren[2241]. Homeyer, der nach dem Tod Nietzsches dessen literarischen Nachlass erhalten[2242], auf dessen Vorarbeiten aufbauend eine Genealogie der Sachsenspiegelhandschriften erarbeitet und hierbei auch die noch heute gebräuchliche Einteilung der Glossenhandschriften geschaffen hatte, sieht die Glossierung der Artikel Ldr. III 82 – Ldr. III 91 ebenfalls als spätere Ergänzung. Auch er geht davon aus, dass Johann von Buch bestimmte Artikel bewusst nicht glossiert habe, weil er sie nicht als Teil des ursprünglichen Privilegs Karls des Großen ansah[2243]. Dabei habe dieser zur Bestimmung des ursprünglichen Artikelbestandes eine Handschrift zugrunde gelegt, die mit einem Artikel bestehend aus vulgat Ldr. III 81 § 2 und Ldr. III 82 § 1 geendet habe[2244], sodass die Glossierung bis zu diesen Paragraphen vom Glossator selbst stamme – obwohl, wie Homeyer nicht verkennt, diverse Glossenhandschrif-

---

2237 Grupen bei Spangenberg, Beyträge S. 35, 37.

2238 Grupen bei Spangenberg, Beyträge S. 35.

2239 Grupen bei Spangenberg, Beyträge S. 31–35.

2240 Ausgangspunkt der Ausführungen ist die Fragestellung, inwieweit die von Homeyer ausgewählte Berliner Handschrift von 1369 als Leithandschrift geeignet sei. Seinen Überlegungen zugrunde legt er eine Untersuchung auf Grundlage von 54 Handschriften und sechs Primärdrucken, u. a. der von Kaufmann verwendeten Wolfenbütteler Handschrift und dem Augsburger Druck von 1516, Nietzsche, ALZ 1827 (1827) Bd. 3 Sp. 689–742.

2241 Nietzsche, ALZ 1827 (1827) Bd. 3 Sp. 736. Spätere Ergänzungen seien auch die Glossierungen zu den Artikeln Ldr. II 33 und Ldr. III 48 – Ldr. III 50, die bei einer zweiten Entwicklungsstufe, und die Glossierungen zu den Artikeln Ldr. I 9 – Ldr. I 14 und Ldr. III 51, die gemeinsam mit der Glossierung zu den Schlussartikeln bei einer dritten Entwicklungsstufe hinzugefügt worden seien.

2242 Homeyer, Sachsenspiegel I S. IX.

2243 Homeyer, Genealogie S. 112, ähnlich schon Richtsteig Landrechts S. 30 Anm. **.

2244 Homeyer, Genealogie S. 114.

ten bereits vor diesen beiden abbrechen[2245]. Jüngere Autoren hätten die Glossierung dann zunächst bis Ldr. III 87, später bis Ldr. III 91 fortgeführt[2246].

Eine andere Ansicht vertritt erstmals Steffenhagen. In der neunten seiner als Vorarbeit zu der geplanten Glossenedition entstandenen Abhandlungen übernimmt er zwar die Einteilung Homeyers und entwickelt diese weiter[2247]. Jedoch sieht er diese nicht als Wiedergabe der wesentlichen Entwicklungslinie der Glosse an. Vielmehr führt er aufgrund verschiedener Anhaltspunkte im Glossentext sowohl die allgemeine Glossierung bis Ldr. III 87 als auch die Glossierung von Ldr. III 88 – Ldr. III 91, wie sie in der Petrinischen Glosse überliefert ist, auf Johann von Buch zurück[2248]. Es sei daher nicht von einer fortschreitenden Entwicklung von einer einfacheren zu einer volleren Form auszugehen, sondern von einem Zurückbleiben der 1. Ordnungen hinter der vollkommenen Gestalt der 3. Ordnung[2249].

Steffenhagens Annahmen finden jedoch zunächst keine Zustimmung. Insbesondere Sinauer wendet sich ausdrücklich gegen die Argumentation Steffenhagens[2250]. In ihren Studien zur Entstehung der Sachsenspiegelglosse widmet sie der Ermittlung des ursprünglichen Glossenschlusses besondere Sorgfalt. Insofern kommt sie zu dem Ergebnis, dass Johann von Buch zwar eine Glossierung bis Ldr. III 82 § 1 beabsichtigt habe, dass aber vor der Fertigstellung des Werkes eine erste Fassung bis einschließlich des Glossenbruchstücks in Umlauf gelangt sein müsse[2251]. Ausdrück-

2245 Außerdem seien die Artikel Ldr. I 8 § 3 – Ldr. I 14 § 1 und der Artikel Ldr. I 26 ursprünglich nicht glossiert gewesen. Homeyer, Genealogie S. 113, 115, 130, 132, 167. Die Ausführungen Homeyers zu dem Bestand der einzelnen Glossenhandschriften gehen über die hier angesprochenen Punkte freilich weit hinaus, vgl. dazu auch die Zusammenfassung bei Sinauer, NA 1935 S. 485–497.

2246 Homeyer, Genealogie S. 126, 133, 167 f. Dabei arbeitet Homeyer, ebenda S. 135, hinsichtlich der 3. Ordnung heraus, dass die Glossierung zu Ldr. III 88 – Ldr. III 91 keine einheitliche sei. Er nimmt hier, ebenda S. 135–146, zwei verschiedenartige Gruppierungen vor, zum einen nach Ähnlichkeit der allgemeinen Textfassung der Glossierung bis Ldr. III 87, zum anderen nach Ähnlichkeit der Glossierung zu den Schlussartikeln.

2247 Steffenhagen übernimmt die Ordnungen Homeyers (1. Ordnung: Glossenende bei Ldr. III 81; 2. Ordnung: Glossenende bei Ldr. III 87; 3. Ordnung: Glossenende bei Ldr. III 91), verändert aber die Untergruppen. Die lateinisch/niederdeutsche Stendaler Glosse, die Randglossen des Tammo von Bocksdorf und die wohl ebenfalls auf Tammo von Bocksdorf zurückgehenden sogenannten Bocksdorfschen Additionen scheidet er zudem als eigenständige Glossierungen gänzlich aus der Buch'schen Glosse aus, Steffenhagen, Überlieferung der Buch'schen Glosse S. 701–704.

2248 Steffenhagen, Überlieferung der Buch'schen Glosse S. 731.

2249 Steffenhagen, Überlieferung der Buch'schen Glosse S. 733. Dem widerspricht allerdings, dass Steffenhagen selbst bei der von ihm begonnenen Glossenedition statt auf den Codex Petrinus auf eine ihm der Tzerstedischen Glosse zugeordnete, ebenda S. 715, Amsterdamer Handschrift zurückgreift, Steffenhagen, Landrechtsglosse I S. 20, weil diese im Ausdruck näher an der Urglosse sei.

2250 Sinauer, NA 1935 S. 562–564.

2251 Sinauer, NA 1935 S. 570.

lich für höchst unwahrscheinlich hält es Sinauer, dass das Abbrechen der Glossierung nach dem Glossenbruchstück auf eine zufällig fehlerhafte Abschrift zurückgehe[2252]. Die beiden weiteren Untergruppen der ersten Ordnung – mit Glossenende vor dem Glossenbruchstück bzw. mit Glossenende nach dem um eine Wiederholung der Ebenburtsglosse ergänzten Bruchstück – hätten sich als Reaktion auf das Abbrechen der Glossierung inmitten eines Satzes aus dieser ersten Fassung entwickelt[2253]. Hinsichtlich der Autorschaft der Glossierung bis Ldr. III 87 und bis Ldr. III 91 legt sich Sinauer nicht fest. Möglich sei insoweit, dass (1.) schon die Glossierung bis zum ursprünglich beabsichtigten Glossenende bei Ldr. III 82 § 1 auf einen dritten Autor zurückgehe, dass (2.) Johann von Buch selbst die Glossierung in einem zweiten Anlauf bis zum beabsichtigen Ende geführt habe und sein Werk später um eine Glossierung der vermeintlichen Kaisergesetze ergänzt worden sei oder dass (3.) Johann von Buch bei seinem zweiten Anlauf nicht nur bis zur ursprünglich beabsichtigten Stelle glossiert, sondern darüber hinaus auch die vermeintlichen Kaisergesetze mit einer Glossierung versehen habe[2254].

Als Vertreter*innen der sogenannten Schichtentheorie stellen von Schwerin und Bindewald die Autorschaft Johanns von Buch an der Landrechtglosse grundsätzlich in Frage[2255], zu der Glossierung der Endartikel äußern sich beide nicht[2256]. In der Folgezeit setzt sich die Annahme Sinauers von einer ersten Fassung bis zum Ende der kürzeren Handschriften jedoch allgemein durch[2257]. Auch die Frage, ob der weitere Textbestand auf den Glossator zurückgehe, wird in Übereinstimmung mit Sinauer vielfach ausdrücklich offengelassen[2258].

2252 Sinauer, NA 1935 S. 570 Anm. 2.

2253 Sinauer, NA 1935 S. 570 f.

2254 Sinauer, NA 1935 S. 570. Die Formulierung ist an dieser Stelle ein wenig unklar. In Anm. 2 dieser Seite unterscheidet Sinauer aber drei mögliche Varianten, unter inhaltlichen Gesichtspunkten muss es sich dabei um die drei oben dargestellten handeln. Bei der Zusammenfassung ihrer Ergebnisse, ebenda S. 581, bezieht sie sich lediglich auf die Autorschaft an der Fortsetzung der Glossierung zu Ldr. III 81 § 2/Ldr. III 82 § 1 und nennt daher dort nur zwei Alternativen.

2255 Vgl. oben S. 458 f.

2256 Von Schwerin gibt vielmehr zu bedenken, dass sowohl eine Entwicklung von der volleren zu der weniger vollen Form wie auch die umgekehrte Entwicklung denkbar sei, sodass statt einer quantitativen Analyse aufgrund des Artikelbestandes eine qualitative Analyse durch die Untersuchung von in allen Ordnungen enthaltenen Textstellen erfolgen müsse. V. Schwerin, Aufsatz I S. 2.

2257 Vgl. etwa Eckhardt in Eckhardt/Borchling/Gierke, Rechtsbücher S. 49; Buchholz-Johanek, Art. Johann von Buch, in: VL IV Sp. 555; Oppitz, Rechtsbücher I S. 72; Lieberwirth, Einleitung S. XXVIII.

2258 Vgl. etwa Buchholz-Johanek, Art. Johann von Buch, in: VL IV Sp. 555 und Oppitz, Rechtsbücher I S. 72, die die Autorschaft für wahrscheinlich halten. Lieberwirth, Einleitung S. XXVIII, ebenso Art. Glossen zum Sachsenspiegel, in: HRG^2 II Sp. 418 formuliert unbestimmt: „Johann von Buch (...) soll aber in einer zweiten Edition die Glosse bis Ldr. III 87 fortgeführt haben".

Die Frage nach der Autorschaft an der Glossierung zu Ldr. III 82 – Ldr. III 91 wird schließlich von Kannowski wieder aufgegriffen, der auf Grundlage seiner umfassenden Analyse der Landrechtsglosse zu ihr Stellung nimmt. Kannowski geht ebenfalls von einer ersten Fassung und einer späteren Rezension des Textes aus, hält aber bezüglich der Glossierung zu Ldr. III 82 § 2 – Ldr. III 87 eine Autorschaft Johanns von Buch für nach damaligem Forschungsstand überwiegend wahrscheinlich, auch die Rezension stamme mithin von Johann von Buch[2259]. Anders als Steffenhagen erstreckt er diese Aussage allerdings nicht auch auf die Glossierung von Ldr. III 88 – Ldr. III 91[2260].

3. Anhaltspunkte aus einer inhaltlichen Analyse von BG III 84 § 1 *We deme anderen* und BG III 84 § 3 *Dodet ein man synen vader*

Aus dem Abschnitt Ldr. III 82 – Ldr. III 91 sind in dieser Arbeit zwei Glossen einbezogen worden, die nunmehr auf Anhaltspunkte für oder gegen eine Autorschaft Johanns von Buch untersucht werden sollen.

a. Inhaltliche Analyse von BG III 84 § 1 *We deme anderen*

Bei der ersten im Rahmen dieser Arbeit untersuchten Glosse handelt es sich um BG III 84 § 1 *We deme anderen*[2261]. Eine isolierte inhaltliche Analyse der Glosse ergibt keine Hinweise auf eine von Johann von Buch unterschiedliche Autor*in. Es findet sich vielmehr, wie schon von Steffenhagen herausgearbeitet, ein Argument für die Autorschaft Johanns von Buch.

Die Glosse spricht, ähnlich wie zwei andere, die Enterbungsgründe in abstrakter Form an, ohne sie im Einzelnen aufzuzählen. Wie im Sachsenspiegelartikel angesprochen, so formuliert die Verfasser*in der Glosse, verliere das Erbrecht, wer seinem Vater dessen Gut nehme. Allegiert ist hierzu die Erneuerung des Mainzer Landfriedens durch Albrecht I. im Jahr 1298. Denn es sei unbillig, dass jemand zu Lebzeiten oder nach dem Tod demjenigen etwas überlasse, von dem er ein Unrecht erlitten habe. Allegiert sind Inst. 2, 7, 2 letzter Satz und Cod. 8, 55, 10.

Für eine Autorschaft Johanns von Buch spricht, wie Steffenhagen zutreffend anmerkt, die Allegation der Landfriedenserneuerung. Diese wird auch an den beiden weiteren Stellen angeführt, an denen sicher Johann von Buch die Enterbungsgründe in abstrakter Form anspricht. Überhaupt kennzeichnet die häufige Erwähnung der Erneuerung des Landfriedens die Buch'sche Glosse[2262]. Dennoch ist dieses Argu-

---

2259 Kannowski, Buch'sche Glosse S. 483.

2260 Kannowski, Buch'sche Glosse S. 486. Ihm folgend hält etwa Huneke, Iurisprudentia romano-saxonica S. 540, Anm. 212 eine Autorschaft Johanns von Buch an der Glossierung bis einschließlich Ldr. III 87, nicht aber darüber hinaus für wahrscheinlich.

2261 Wiedergegeben oben S. 295, vgl. insbesondere S. 300, 302.

2262 Oben Anm. 1195.

ment nicht so zwingend, wie dies zunächst erscheinen mag[2263]. Die Erneuerung des Mainzer Landfriedens genießt unter den sächsischen Rechtskundigen des 14. Jahrhunderts allgemein besonderes Ansehen. Nach der Landrechtsglosse entstehen im Laufe weniger Jahrzehnte, noch im 14. Jahrhundert, eine Glosse zum Sachsenspiegellehnrecht, eine Glosse zum Magdeburger Weichbildrecht – und eine Glosse zur Landfriedenserneuerung von 1298[2264]. Zudem muss der Autor*in der Glossierung zu Ldr. III 82 – Ldr. III 87 die Glosse zu den vorangegangenen Landrechtsartikeln bekannt gewesen sein. Einmal abgesehen von der allgemeinen Überlegung, dass wohl niemand ein Werk fortsetzen würde, das er*sie nicht gelesen hat, ergibt sich dies aus der zweiten umfassenden Darstellung der Enterbungsgründe. Deren Formulierung gleicht der ersten Darstellung der Enterbungsgründe in vielen Punkten, außerdem ist der von Nov. 115, 3 abweichende elften Enterbungsgrund übereinstimmend wiedergegeben[2265]. Dies lässt sich nur so erklären, dass entweder Johann von Buch auch die zweite Darstellung verfasst oder aber eine zweite Autor*in seinen*ihren Ausführungen neben dem Novellentext die erste Darstellung der Enterbungsgründe zugrunde gelegt hat. Hatte diese mögliche zweite Autor*in aber eine genaue Kenntnis der früheren Glossierung, dann könnte er*sie von dort auch die Landfriedenserneuerung als einheimische Quelle für die Enterbung wegen Undankbarkeit übernommen haben.

Tatsächlich weicht die Allegation auch leicht von denjenigen an den beiden anderen Stellen mit abstrakter Beschreibung der Enterbungsgründe ab. Wird an diesen beiden Stellen neben der Landfriedenserneuerung Nov. 92,1 angeführt, um den allgemeinen Gedanken einer Enterbung bei Undankbarkeit der Kinder im gemeinen Recht zu repräsentieren, fehlt diese Allegation in BG III 84 § 1 *We deme anderen.* Stattdessen folgen auf die Begründung für die Sachsenspiegelregelung – es sei unbillig, dass jemand ein Unrecht ausgerechnet von der Person erleide, der er unter Lebenden oder auf seinen Tod etwas lasse – zwei Allegationen, die den Widerruf von Schenkungen unter Lebenden wegen Undankbarkeit ansprechen[2266]. Freilich halten sich auch diese Unterschiede ohne weiteres im Rahmen des bei Johann von

2263 So auch STEFFENHAGEN, Überlieferung der Buch'schen Glosse S. 732, der es als Argument von untergeordneter Bedeutung versteht.

2264 HUNEKE, Iurisprudentia romano-saxonica S. 60, insbesondere Anm. 211, S. 349 f., 558, insbesondere Anm. 292. Nach der Einschätzung Hunekes gibt sich der in verschiedenen Textsammlungen zum sächsischen Recht enthaltene Text als Reichslandfrieden Albrechts I. von 1298 aus, obwohl der glossierte Text tatsächlich näher an der Textfassung des Mainzer Landfriedens sei als an der Fassung der Landfriedenserneuerung. Die Textfassung des Mainzer Landfriedens sei durch einen Unbekannten punktuell erläutert und in vierzehn Einzelkonstitutionen unterteilt, dadurch in die Form eines Rechtsbuchs gebracht und in dieser Fassung von den Rechtskundigen des 14. Jahrhundert, u. a. Johann von Buch, rezipiert worden.

2265 Die auffälligen Parallelen sind oben S. 290 herausgearbeitet.

2266 Beide Stellen werden – und zwar im Zusammenhang mit dem Widerruf der Schenkung wegen Undankbarkeit – auch in BG III 4 § 1 *Swe so wedder esschet* allegiert.

Buch gewöhnlichen, der zu demselben Gedanken verschiedentlich unterschiedliche Allegationen wählt.

Insgesamt lässt sich damit festhalten, dass sich BG III 84 § 1 *We deme anderen* durchaus in die Parallelstellen mit abstrakter Darstellung der Enterbungsgründe einfügt und allenfalls leichte Unterschiede aufweist.

b. Inhaltliche Analyse von BG III 84 § 3 *Dodet ein man synen vader*

Hinweise darauf, dass diese Glosse nicht oder nicht in dieser Form von Johann von Buch stammen dürfte, finden sich aber in BG III 84 § 3 *Dodet ein man synen vader*. Die Glosse enthält die zweite umfassende Darstellung der Enterbungsgründe in der Buch'schen Glosse und weicht dabei erheblich von der ersten Darstellung der Enterbungsgründe in BG I 17 § 1 *Wente jd ne geit nicht vte dem bosmen* ab.

Zu beobachten ist zum ersten eine größere Nähe der Formulierungen zur Novelle. Diese lässt sich zwar grundsätzlich damit erklären, dass der Glossator neben seinem eigenen, früheren Text auch den Text von Nov. 115, 3 herangezogen hat. Die Formulierung des ersten Enterbungsgrundes, in dem die Formulierung aus BG I 17 § 1 *Wente jd ne geit nicht vte dem bosmen* mit der Formulierung der Novelle verbunden wird[2267], deutet aber darauf hin, dass hier zwei als Autorität anerkannte Vorlagen zusammengeführt worden sind.

Die Darstellung weicht zudem hinsichtlich des Verständnisses der Enterbungsgründe in drei Punkten von der ersten Darstellung ab. Dies betrifft zum einen den elften Enterbungsgrund. Bei der ersten Darstellung hatte der Glossator den Novellentext offensichtlich missverstanden. Wohl aufgrund eines Lese- oder Abschreibefehlers sieht er statt der Verweigerung der eigenen Verheiratung durch eine Tochter den Fall sanktioniert, dass ein Sohn die Ausstattung seiner Schwester verhindert[2268]. Bei der zweiten Wiedergabe der Enterbungsgründe begegnet dieser Irrtum nicht mehr[2269], die Autor*in der zweiten Glosse versteht den Enterbungsgrund im Unterschied zum Autor der ersten Glossierung – Johann von Buch – also richtig.

Zum anderen wird die Unterscheidung in die Verweigerung einer Bürgschaft bei Festsetzung im Rahmen eines rechtlichen Verfahrens im achten und die Verweigerung eines Loskaufens aus der Kriegsgefangenschaft im dreizehnten Enterbungsgrund bei der Darstellung in BG I 17 § 1 *Wente jd ne geit nicht vte dem bosmen* nicht deutlich. Anders ist dies bei der Darstellung in BG III 84 § 3 *Dodet ein man synen vader*. Hier wird zwar nicht der Unterschied hinsichtlich der Art der Gefangenschaft,

2267 In der Glosse BG III 84 § 3 *Dodet ein man synen vader* werden die Formulierung aus BG I 17 § 1 *Wente jd ne geit nicht vte dem bosmen*: *of dat kint den vader stotet edder sleyt* und die Formulierung der Novelle *si quis parentibus suis manus intulerit* verbunden zu *oft he ene anuerdiget met synen henden, alse offt he ene schluge oder hilde oder stotte*, oben S. 291.

2268 Oben S. 284 f.

2269 Oben S. 292.

wohl aber der Unterschied hinsichtlich der unterlassenen Hilfeleistung – Bürgschaft im achten und Loskaufen im 13. Enterbungsgrund – erkannt[2270].

Auch in einer weiteren Hinsicht unterscheiden sich beide Darstellungen in dem ihnen zugrunde liegenden rechtlichen Verständnis. Bei der ersten Wiedergabe der Enterbungsgründe entscheidet sich Johann von Buch bei solchen Gründen, die im sächsischen Raum nicht unmittelbar anwendbar sind, für eine Anpassung an die dortigen Gegebenheiten[2271]. Statt der römischen *arenarii* und *mimi* im zehnten Enterbungsgrund nennt er den sächsischen Spielmann, statt der nicht-orthodoxen Christ/innen des vierzehnten Enterbungsgrundes allgemein die Ungläubigen. Eine andere Herangehensweise wählt die Autor*in der zweiten Wiedergabe der Enterbungsgründe. Er*sie passt beide Enterbungsgründe nicht an, sondern lässt sie fort – mutmaßlich aufgrund der Überlegung, dass sie im sächsischen Raum keinen Anwendungsbereich haben. Damit unterscheiden sich die erste und die zweite Wiedergabe der Enterbungsgründe in drei Punkten in ihrem rechtlichen Verständnis der Enterbungsgründe, wobei die zweite Wiedergabe eine größere Nähe zum Novellentext aufweist[2272].

2270 Hinsichtlich dieses Argumentes ist einschränkend zu bemerken, dass die ungenaue Wiedergabe bei der ersten Darstellung der Enterbungsgründe durchaus auch eine Verfälschung durch eine spätere Kopist*in sein könnte, da sie sich lediglich im Codex Hecht, nicht aber in den anderen beiden bei Kaufmann wiedergegeben Handschriften findet, ebenso wenig im Augsburger Druck von 1516 oder der Schwesterhandschrift zu dessen Vorlage, Ms. germ. fol. 284, Staatsbibliothek Berlin, Preußischer Kulturbesitz.

2271 Oben S. 283f.

2272 Nun erscheint es zwar durchaus möglich, dass der Glossator durch die Benutzung des Novellentextes bei der Abfassung der zweiten Darstellung seine früheren Irrtümer selbst bemerkt und daher nicht wiederholt hat. Hier ist insbesondere zu berücksichtigen, dass zwischen der Abfassung der Glosse zu Ldr. I 17 § 1 und der Glosse zu Ldr. III 84 § 3 aufgrund ihrer jeweiligen Stellung am Beginn und am Ende der Glossierung ein erheblicher zeitlicher Abstand gelegen haben kann. Dagegen spricht aber, dass die Enterbungsgründe für den Glossator nicht irgendeine untergeordnete Rechtsfrage darstellen dürften. Johann von Buch misst dem Erbenschutz eine erhebliche Bedeutung zu, an mehreren Stellen wendet er sich äußerst scharf gegen die Enterbung der eigenen Nachkomm/innen. Die Enterbungsgründe als Ausnahme vom Erbenschutz sollten für ihn daher eine große Bedeutung haben. Dies spiegelt sich darin wieder, dass er sie bereits in der Glosse zum dritten Artikel des ersten Buches erstmals erwähnt und wenig später, in der Glosse zum siebzehnten Artikel, vollständig aufzählt, obwohl der Sachsenspiegeltext an dieser Stelle kaum einen Anknüpfungspunkt für die Wiedergabe der Enterbungsgründe bietet. Eine zentrale Stellung haben die Enterbungsgründe auch im gelehrten Recht, die Accursischen Glosse hält einen Merkvers bereit, um den Rechtsstudenten ihr Memorieren zu erleichtern, oben Anm. 773. Dass der Glossator den Novellentext bei einer zweiten, unbefangenen Lektüre zufällig schlicht besser verstanden hat, erscheint vor diesem Hintergrund wenig wahrscheinlich. Zudem müsste Johann von Buch hier nicht nur einen, sondern zwei Irrtümer bemerkt haben und sich zusätzlich hinsichtlich der nicht unmittelbar anwendbaren Enterbungsgründen bei zwei vertretbaren Alternativen – Anpassung oder Fortlassen – für die gegenteilige Alternative entschieden haben. Denkbar bleibt allerdings, dass er in Bezug auf die Enterbungsgründe zu neuen Er-

Umgekehrt verhält es sich schließlich in dem letzten Punkt, in dem die Wiedergabe in BG I 17 § 1 *Wente jd ne geit nicht vte dem bosmen* von der Wiedergabe in BG III 84 § 3 *Dodet ein man synen vader* abweicht. Der vierte Enterbungsgrund, in der Novelle der Umgang *cum maleficis ut maleficus*, wird bei der ersten Wiedergabe als *oft id mit touere eder mit tuereren vmme geit* übertragen. Diese Lesart findet sich, mit allenfalls graphischen Abwandlungen, in der Wolfenbütteler Handschrift, im Augsburger Druck von 1516 und in der Berliner Handschrift Ms. germ. fol. 284, sowie in einer Abwandlung mit leichter Bedeutungsverschiebung im Codex Hecht[2273], nicht aber in der Heidelberger Handschrift. Dort ist, fast gleichlautend, von einem Umgang mit *roubere edder mit rouberige* die Rede. Eine verkürzte Form dieser Übertragung findet sich nun auch bei der zweiten Wiedergabe der Enterbungsgründe: *offt he met roueren vmmeginge*[2274]. Bei der ersten Wiedergabe dürfte die Sanktionierung der Zauberei auf Johann von Buch zurückgehen, die Sanktionierung der Räuberei dagegen auf einen Abschreibefehler – möglicherweise begünstigt durch die entsprechende, die Räuberei erwähnende Bestimmung des Mainzer Landfriedens[2275]. Erscheint nun bei der zweiten Wiedergabe der Enterbungsgründe statt *touere* wiederum *rouere*, dann lässt sich dies am ehesten dadurch erklären, dass eine von Johann von Buch unterschiedliche Autor*in seinem*ihrem Text eine in diesem Punkt fehlerhafte Handschrift zugrunde gelegt hat[2276]. Da sich der Begriff *maleficus* in einem weiteren Sinne durchaus auch mit Räuber übertragen lässt[2277], könnte er an dieser Stelle von einer Korrektur seiner Vorlage abgesehen haben. Dass Johann von Buch selbst dagegen im Unterschied zu seiner ersten Übertragung den *maleficus* mit dem ungenaueren *rouere* übersetzt, obwohl die zweite Wiedergabe an allen anderen Stellen eine größere Nähe zum Novellentext aufweist, scheint kaum wahrscheinlich[2278].

Insgesamt lassen damit fünf Beobachtungen darauf schließen, dass die Glosse BG III 84 § 3 *Dodet ein man synen vader* jedenfalls in ihrer heute überlieferten Form nicht auf Johann von Buch zurückgehen kann: Zum einen deutet die Formulierung des ersten Enterbungsgrundes in BG III 84 § 3 *Dodet ein man synen vader* darauf hin, dass hier die Formulierungen zweier Vorlagen, nämlich BG I 17 § 1 *Wente jd ne geit nicht vte dem bosmen* und Nov. 115, 3 verbunden worden sind. Zum zweiten zeigt sich in

kenntnissen gelangt ist, etwa indem er sich – möglicherweise im Rahmen seiner juristischen Tätigkeit – mit einem*einer anderen Rechtskundigen über sie ausgetauscht hat.

2273 Vgl. oben Anm. 1122, 1133.

2274 So im Augsburger Druck von 1516, fol. 193v. In Ms. germ. fol. 284, Staatsbibliothek Berlin, Preußischer Kulturbesitz, fol. 234r lautet die Passage *offt he met roueren vmme ghinge*.

2275 Oben S. 299.

2276 Die etwas ungelenke Wendung *ab id met roubere edder mit rouberige* hätte dieser entsprechend zu *offt he met roueren vmmeginge* verkürzt.

2277 Oben Anm. 1133.

2278 Denkbar wäre allerdings, dass – parallel zu dem Abschreibefehler in der Heidelberger Handschrift bei der ersten Wiedergabe der Enterbungsgründe – im Augsburger Druck von 1516 und in Ms. germ. fol. 284, Staatsbibliothek Berlin, Preußischer Kulturbesitz an dieser Stelle bei der zweiten Wiedergabe der Enterbungsgründe ebenfalls ein Abschreibefehler vorliegt.

BG III 84 § 3 *Dodet ein man synen vader* ein im Vergleich zu der Darstellung in BG I 17 § 1 *Wente jd ne geit nicht vte dem bosmen* besseres Verständnis der Novelle hinsichtlich der Unterscheidung zwischen achten und dreizehntem Enterbungsgrund. Gleiches gilt drittens hinsichtlich des elften Enterbungsgrundes, der in BG I 17 § 1 *Wente jd ne geit nicht vte dem bosmen*, nicht aber in BG III 84 § 3 *Dodet ein man synen vader* fehlerhaft wiedergegeben wird. Zum vierten werden die im sächsischen Raum nicht unmittelbar anwendbare Enterbungsgründe in BG III 84 § 3 *Dodet ein man synen* fortgelassen, während sie in BG I 17 § 1 *Wente jd ne geit nicht vte dem bosmen* angepasst werden. Schließlich steht bei der Wiedergabe des vierten Enterbungsgrundes abweichend von Nov. 115 – aber in Übereinstimmung der Wiedergabe der Enterbungsgründe in BG I 17 § 1 *Wente jd ne geit nicht vte dem bosmen* in fehlerhaften Handschriften – *rouere* statt *touere*. Zusammengenommen lassen diese Beobachtungen es als sehr unwahrscheinlich erscheinen, dass die Glossierung zu Ldr. III 84 § 2 von Johann von Buch stammt[2279].

2279 Streng genommen lässt sich aus den vorgenannten Anhaltspunkten lediglich schließen, dass die Glossierung zu Ldr. III 84 § 2 nicht in der heute überlieferten Form von Johann von Buch verfasst worden sein kann. Allerdings bliebe möglich, dass die Glosse zwar von Johann von Buch stammt, aber im Laufe der Überlieferung erheblich überarbeitet und an Nov. 115 angepasst worden ist. Doch erscheint dies aus drei Gründen weniger wahrscheinlich als dass die Glosse gänzlich von einer zweiten Autor*in stammt: Zum einen weichen der Augsburger Druck von 1516 und die Berliner Handschrift Ms. germ. fol. 284 bei der ersten Wiedergabe der Enterbungsgründe in BG I 17 § 1 *Wente jd ne geit nicht vte dem bosmen* kaum von der Lesart im Codex Hecht ab. Zwar ist hier – sollte die Lesart des Codex Hecht hier die ursprüngliche Version darstellen – der achte Enterbungsgrund (nach Zählweise der Novelle) korrigiert, dies gilt aber auch für die beiden übrigen von Kaufmann edierten Handschriften. Außerdem ist im Augsburger Druck von 1516 und in Ms. ger. fol. 284, Staatsbibliothek Berlin, Preußischer Kulturbesitz der achte und der neunte Enterbungsgrund vertauscht und in der Allegation ist neben Nov. 115, 3 letzter Satz noch c. 23 X 2, 24 ergänzt. Im Übrigen ergibt sich aber eine wörtliche Übereinstimmung mit der Wiedergabe im Codex Hecht. Die Kopist*in müsste also bei der ersten Wiedergabe der Enterbungsgründe den Text seiner Vorlage nahezu unverändert gelassen haben, um dann bei der zweiten Wiedergabe den Text ganz erheblich zu verändern. Zum zweiten scheint eine zweite Darstellung der Enterbungsgründe überflüssig, wenn von der ersten Darstellung nicht wesentlich abgewichen werden soll. Dass Johann von Buch seine erste Darstellung bei der Abfassung der zweiten nicht mehr präsent war, kann deshalb nicht der Fall sein, weil sich die zweite Darstellung in der Formulierung wie auch der Behandlung des neunten Enterbungsgrundes deutlich an die erste Darstellung anlehnt und diese zudem remittiert. Er müsste sich also bewusst zu einer zweiten Darstellung entschieden haben, was freilich keineswegs ausgeschlossen ist. Zum dritten erweckt die Literatur zur Genealogie der Handschriften den Eindruck, dass die unterschiedlichen Fassungen der Landrechtsglosse – von den unterschiedlichen Glossierungen der Schlussartikel einmal abgesehen – sich im wesentlichen durch eine Ergänzung der Allegationen, eine Veränderung der Artikeleinteilung und Abweichungen im Artikelbestand auszeichnen. Der bestehende Glossentext dagegen erscheint relativ statisch.

4. Anhaltspunkte aus einem Vergleich der Glossen zu Ldr. III 82 § 2 ff. mit dem Prolog des Richtsteigs Landrechts

Weitere Artikel aus dem in Frage stehenden Abschnitt sind in dieser Arbeit nicht vertieft untersucht worden. Dennoch erscheint im Rahmen der Überlegungen eine kurze Betrachtung der letzten Glossierungen der Landrechtsglosse angezeigt.

a. Struktur der Glossierung zu Ldr. III 82 § 2 – Ldr. III 87 § 4

Wie bereits angesprochen, enthält der Augsburger Druck von 1516 – wie auch andere Handschriften[2280] – am Ende der Wiedergabe des deutschen Textes von Ldr. III 81 § 2 und Ldr. III 82 § 1 ein Zwischenstück, von Sinauer als Entstehungsnotiz bezeichnet, das das Ende des Privilegs anzeigen soll und die folgenden Artikel späteren Kaisern zuordnet. Dieses Zwischenstück lautet wie folgt:

Entstehungsnotiz nach dem Augsburger Druck von 1516, wiedergegeben nach Kaufmann, Buch'sche Glosse S. 1498

Dit[2281] *privilegium der Sassen is gegeuen tho Sassenborch van koninge Karle na godes bort teyn yar vnde achtehundert yar, in deme seuenden yare synes keyserrykes, jn deme teynden dage des horninges. Vnde tho einer sterkinghe des suluen rechtes vnde privilegij hefft keyser Otto de grote dar tho gesat der naschreuen negesten dre artikele, vnde de anderen twe, de denne dar negest volgen, hefft gesat keyser Otto de rode, des groten keysers Otten sone. Auer alle de andere artikelle wente an dem ende des ergenanten privilegij hefft vorbat dar tho gesat keyser Frederick van Stouffe, vppe dat de suluen koninge vnde keysere de bekerden Sassen by dem christen louen behelden.*

Der hiermit angesprochene Gedanke einer Zuordnung der folgenden Artikel an spätere Kaiser begegnet sodann in der Glossierung zu Ldr. III 82 § 2 – Ldr. III 87 § 4. Die entsprechenden Ausführungen in den Glossen lauten wie folgt:

BG III 82 § 2 *We ein gut deme anderen gift* Satz 1–6, S. 1492 f.

Dith[2282] *is dy irste settunge, dy keyser Otto dy grote sette thu sterkinghe des rechtes, dat koningk Karl den Sassen gegeuen hadde. Desse keyser was na der bort vnses heren negenhundert*

2280 Homeyer, Sachsenspiegel I S. 378 f. Anm. 6; Sinauer, NA 1935 S. 566, 569.

2281 Übersetzung: Dieses *privilegium* der Sachsen wurde in Sachsenburg von König Karl zehn Jahre und 800 Jahre nach Christi Geburt erteilt, im siebten Jahr seiner Regentschaft, am zehnten Februar. Und zur Stärkung desselben Rechtes und *privilegiums* hat Kaiser Otto der Große die nachfolgenden drei Artikel hinzugefügt, und die darauffolgenden zwei weiteren Artikel hat Kaiser Otto der Rote gesetzt, der Sohn des großen Kaisers Otto. Alle weiteren Artikel aber bis an das Ende des vorgenannten *privilegiums* hat danach Kaiser Friedrich von Staufen hinzugefügt, damit die genannten Könige und Kaiser die bekehrten Sachsen bei dem Christenglauben hielten.

2282 Übersetzung: Dies ist die erste Satzung, die Kaiser Otto der Große festsetzte zur Stärkung des Rechts, das König Karl den Sachsen gegeben hatte. Dieser Kaiser war 900 Jahre und

yar vnde seuendrüttich yar, vnde was an deme ryke XXXVIII yar, vnde gaff desse settinge in deme teinden yare synes rykes, vnde in deme irsten dage des brakmanes, dy junius het, vp der steden, dar nu Meydeborch lyet, vnde begint alsus: We ein gut deme anderen geft. Desse sake, dar desse settinge vmme geseet wart, dy was dit: Dy wisen des rechtes dy kregen vnder sick. Orer ein dy sede: Wy an eineme gude eine lyflike besittinge hedde, dy scholde dar beter recht an hebben wan dy dar in gesant worde van gerichtes haluen. Dy anderen kregen hir wedder vnde seden: Wen dy richter in ein gut wysede, dy hedde beter recht wen yenne, dy dar rede in were. Dessen krich vntscheide dy keyser vnde satte, welk or desser dy irste were, des were dat beste recht.

BG III 83 § 3 *We eigen* Satz 1–7, S. 1497

Desse[2283] *ander settinghe, dy dy selue keyser Otto sette, dy is hir van des rechtes wise twiuelden, wan men ein eigen oder varende haue verweren mochte, na deme dat der Sassen recht set, dat me yo bewegelikes dinghes thyen mut bet an den man, dy yt seluen getogen het, offt yt vehe were, oder bet an deme, de yt getüget het, oft yt anders wat is, ut* [Ldr. II 36 § 4[2284]]. *So was dy ander twiuel, wu lange me eigens geweren scholde, na deme dat man sick dar an binnen drüttich yaren vnde yar vnde dach nicht verschwigen mach, ut* [Ldr. I 29]. *Desse twidracht quam dar van, dat hir dy leges mennigerleie af spreken. Wan ethlike*

---

37 Jahre nach der Geburt unseres Herrn, und war an der Regierung 38 Jahre und gab diese Satzung im zehnten Jahr seiner Regentschaft, und im ersten Tag des Brachmonats, der Juni heißt <= 1. Juni 947> an dem Ort, wo heute Magdeburg liegt, und <sie> beginnt so: „Wer ein Gut dem anderen gibt". Der Grund, warum diese Satzung gesetzt wurde, der war dieser: Die Rechtskundigen stritten untereinander. Einer von ihnen sagte: Wer an einem Gut den körperlichen Besitz habe, der solle darauf ein besseres Recht haben als der, der von Gerichts wegen darin eingewiesen wird. Die anderen bestritten dies und sagten: Wen ein Richter in ein Gut einweist, der habe ein besseres Recht als jener, der schon darin sei. Diesen Streit entschied der Kaiser und bestimmte, welcher von ihnen der erste sei, dessen sei das bessere Recht.

2283 Übersetzung: Diese zweite Satzung, die derselbe Kaiser Otto setzte, die ist hier wegen der Zweifel der Rechtskundigen, wann man ein *egen* oder Fahrende Habe vorenthalten könne, da das Recht der Sachsen bestimmte, dass man bewegliche Dinge immer einklagen könne bis zu dem Mann, der sie selber gezüchtet habe, wenn es Vieh sei, und bis zu dem, der dafür Zeugen habe, wenn es etwas anderes sei, wie [Ldr. II 36 § 4]. Ebenso bestand ein zweiter Zweifel, wie lange man für *egen* Gewährschaft leisten solle, da man sich daran binnen dreißig Jahren und einem <Gerichts-> Tag nicht verschweigen kann, wie [Ldr. I 29]. Diese Kontroverse kam davon, dass hier die *leges* vielerlei von sprechen. Denn manche *leges* sagen, man könne bewegliche Dinge binnen drei Jahren ersitzen. Unbewegliche Dinge könne man unter Anwesenden binnen zehn Jahren ersitzen, und unter Abwesenden könne man es binnen 20 Jahren ersitzen, wie [Inst. 2, 6 pr. Satz 2]. Ebenso sagen manche, es sollten dazu 30 Jahre erforderlich sein, wie [Cod. 7, 31, 1 l. un.]. Dies entschied der Kaiser so und setzte fest, dass man für Fahrende Habe und *egen* Gewährschaft leisten solle, der, der es dem anderen verleiht, solange er es verleiht <bzw. solange er lebt, vgl. Anm. 2285>.

2284 Die Remission lautet supra libro II arti. XXXVI § IIII, wobei die Einteilung im Augsburger Druck der vulgaten Einteilung entspricht. Nach der Einteilung des Codex Hecht würde die Remission dagegen auf Ldr. II 32 verweisen, wobei ein § 4 dort nicht vorhanden ist.

leges dy seggen, men moghe bewegelike dingh binnen dren yaren verweren. Vnbewegelike ding muchte me vnder den yegenwardigen binn<en> tein yaren verweren, vnde vnder den vnyegenwordigen muchte met binnen twintich yaren verweren, ut [Inst. 2, 6 pr. Satz 2]. *So seggen ethlike, dar scholen tu horen drüttich yar, ut* [Cod. 7, 31, 1 l. un.]. *Dith vntrichtede de keyser sus vnde sattede, dat me varende haue vnde eigenes schal geweren dy dy yt deme anderen lyt, dy wile dat het lenet*[2285].

BG III 84 § 1 *We deme anderen* Satz 3, 4, 7,15, 16[2286], S. 1500 f.

Desse[2287] *drüdde settinge, dy dy sulue keysere Otto tho deme seluen male satte, der sake was, dat etlike so gyrich weren, wan en eines mannes angeuelle gelegen wart, edder wan sy wes van syme dode vromen wardende weren, so schupen sy en den dot, vp dat sy ynt gut quemen. Wan denne vp alle mordere ein recht gesat is, ut supra* [Ldr. II 13 §§ 4, 5[2288]], *wente denne desse mort groter was, darumme seden etlike wisen des rechtis, dy pyne scholde ock groter sin.* (…) *Dy anderen dy seden, sint ein in vnseme rechte neine groter pyne gesat en were, so ne scholde en dy richter neine groter anleggen.* (…) *Wente denne in vnsem rechte van desseme morde dy an olderen vnde an maghen vnde an vrunden, des gudes me wardede, vnde an heren vnde an mannen neine groter pyne verschult, dar vmme satte sy in desser settinge dy keyser, vnde irfulde den broke vses rechtes vnde satte, wy synen heren dodet, dat dy hebbe*

2285 Kaufmann, Buch'sche Glosse S. 1497 korrigiert dies, wohl zu Recht, aus dem vulgaten Sachsenspiegeltext, zu *leuet.*

2286 Der hier aufgeführte Abschnitt schließt sich im Augsburger Druck von 1516 nahtlos an die oben mehrfach angesprochene Glosse BG III 84 § 1 *We deme anderen* an, steht aber in Ms. germ. fol. 284, Staatsbibliothek Berlin, Preußischer Kulturbesitz, fol. 233[r] als eigenständige Glosse BG III 84 § 2 *Dodet eyn man synen heren* für sich.

2287 Übersetzung: Diese dritte Satzung, die derselbe Kaiser Otto bei derselben Gelegenheit festsetzte, deren Grund war, dass manche so gierig waren, dass sie, wenn ihnen das Angefälle <d. h. ein Gedinge im Sinne des Sachsenspiegellehnrechts, dazu oben S. 369> eines Mannes verliehen wurde, oder wenn sie eine Anwartschaft auf einen Nutzen nach dessen Tod hatten, so schlugen sie ihn tot, damit sie an das Gut kämen. Weil nun für alle Mörder ein Recht gesetzt ist, wie oben [Ldr. II 13 §§ 4, 5], weil nun dieser Mord größer war, darum sagten manche Rechtskundige, die Strafe solle auch größer sein. (…) Die anderen sagten, weil ihnen in unserem Recht keine größere Strafe gesetzt sei, darum sollten ihnen die Richter keine größere auferlegen. (…) Weil nun in unserem Recht bei diesem Mord, der an Eltern oder an Verwandten oder an Blutsfreunden, an deren Gut man eine Anwartschaft hat, und an Lehnsherren und an Lehnsmannen <verübt wird>, keine größere Strafe verwirkt wird, darum setzte sie der Kaiser in dieser Satzung fest und verbesserte die Schwachstelle unseres Rechts und setzte fest, dass, wer seinen Herrn tötet, dass er sein Leben verliert. Das ist gemeines Recht, dass der sein Leben verliert, der den Leib eines Menschen tötet, wie [Ldr. II 13 § 4; Cod. 9, 16; Dig. 48, 8, 3, 5 Satz 2; Inst. 4, 18, 5]. – Der Gedanke wird in der folgenden Glosse fortgeführt: BG III 84 § 2 *Vnde ere* Hs. 1, S. 1502: *Dit gefft desse settinge thu, dat he syne ere verlyse,* (…). Übersetzung: Dies fügte diese Satzung hinzu, dass er seine Ehre verlöre, (…).

2288 Die Remission lautet *supra libro II arti. XIII § III et § IIII*, von Kaufmann, Buch'sche Glosse S. 1501 nach dem Inhalt der Paragraphen korrigiert.

vorbort syn lyff. Dit is gemeine recht, dat he syn lyff verlust, dy eines menschen lyff dodet, ut [Ldr. II 13 § 4[2289]; Cod. 9, 16; Dig. 48, 8, 3, 5 Satz 2; Inst. 4, 18, 5].

BG III 85 § 1 *War mer lüde* Satz 1–3, 5, 7, S. 1504

Desse[2290] *settinge het gesedt keyser Otto dy rode, des groten keysers Otten sone, jn dem seuenden yare synes rykes. Vnde dy sake was dith: Ethlike lüde, den vele borgen gesat worden, dy wolden van yszliken or vulle ghelt hebben. Wan or rede ghingen so: Ein yszlick man scholde so holden, alse he louede; wente denne ein yszlick borge louet yt gantze gelt, dar vmme scholde he yt gantze gelden. (...) Dy anderen dy seden, yszlick were nicht mer schuldich wan syn antal. (...) Vnder dessen krigen holt dy keyser den myddelsten wech vnde seet, dat ein yszlick der louere schole dy schult gelden gantz also bescheidenlike, offt syne kumpane nicht yt geldent vormogen, edder offt men sy thu rechte nicht bringen kan; welker auer der borgen, dy me thu geldene met yenghen rechte dwinghen mach, dy schal syn antall bereiden, vnde den schal men vmme syn antall manen vnde beklagen; vnde so gelt orer nen yt gelt thu male, mer wan yszlick geldet syn deel.*

BG III 86 § 1 *We syner bure* Satz 1, 2, 4, 7, 9, S. 1506f.

Desse[2291] *settinghe sette dy sulue keyser Otto dy rode. Dy sake was dit: Ethlike wolden, dat wy eine meinheit anferdigede, dy scholde einen yszliken, dy thu der meinheit horde, verbuten, vnde scholde yegen yszlike bute dem richter wedden. (...) Dy anderen seden, he were losz met einer beteringhe. (...) Dar vmme sette dy keyser desse settinge, dar he in vorstored der richtere gyricheit, dy a(m)me wedde lach. (...) Vnde set, he wedde dry schillinge, eft he gewruget werde vor den burmester.*

2289 Die Remission lautet *supra libro II arti. XIII § III*, von Kaufmann, Buch'sche Glosse S. 1502 korrigiert, vgl. Anm. 2288.

2290 Übersetzung: Diese Satzung hat Kaiser Otto der Rote festgesetzt, der Sohn des großen Kaisers Otto, im siebten Jahr seiner Regentschaft. Und der Grund war dies: Manche Menschen, denen viele Bürgen gestellt worden waren, die wollten von allen ihre volle Geldschuld haben. Denn ihre Rede lautete so: Ein jeder Mann solle so halten, wie er versprochen habe; weil nun ein jeder Bürge die ganze Geldschuld versprochen habe, darum solle er das Ganze begleichen. (...) Die anderen sagten, jeder sei nicht mehr schuldig als seinen Anteil. Unter diesen Streitigkeiten behielt der Kaiser den mittleren Weg und sagte, dass ein jeder der Versprechenden die Schuld ganz begleichen solle unter der Voraussetzung, dass seine Genossen sie nicht zu begleichen vermöchten, oder dass man sie nicht gerichtlich belangen könne; welcher von den Bürgen aber, den man mit <anderen> gerichtlich zum Begleichen zwingen kann, der solle seinen Anteil erfüllen, und den solle man für seinen Anteil mahnen und verklagen; und so begleicht von ihnen keiner das Geld im Ganzen, sondern jeder begleicht seinen Teil.

2291 Übersetzung: Diese Satzung setzte derselbe Kaiser Otto der Rote fest. Der Grund war dies: Manche wollten, dass, wer eine Gemeinschaft verklage, der solle einem jeden, der zu der Gemeinschaft gehöre, Buße leisten und er solle für jede Buße dem Richter die Gerichtsbuße leisten. (...) Die anderen sagten, er werde mit einer Wiedergutmachung frei. (...) Darum setzte der Kaiser diese Satzung fest, in der er die Gier der Richter vereitelte, die in der Gerichtsbuße lag. Und sagte, „er leiste drei Schilling Gerichtsbuße, wenn er vor dem Bauernmeister in Anspruch genommen werde".

BG III 87 § 1 *Welck leye* Satz 1, 2, 4, 6, S. 1510

Desse[2292] *settinge het gesedt keyser Frederick van Stouffe. Vnde is dit ore sake, dat etlike seden, dat me eynen man vor eine(m) ysliken richter beklagen muchte. (...) Dy anderen dy seden, me scolde einen ysliken vor synen richter beklagen. (...) Dit vntscheide dy keyser alsus: Welck leye einen anderen leyen et cetera.*

Nach den Ausführungen der aufgeführten Glossen wird damit Ldr. III 82 § 2[2293] als erste Satzung Ottos I. des Großen angesehen, dieser habe damit einen Streit zwischen den Rechtsgelehrten darüber entschieden, ob die tatsächliche Gewere oder die gerichtliche Zuweisung ein besseres Recht an einem Grundstück vermittele. Ldr. III 83 § 3[2294] sei die zweite Satzung Ottos des Großen, es handele sich um eine Entscheidung der Kontroverse, welche Auswirkungen die römischen Ersitzungsregeln auf die Einklagbarkeit von Grundstücken und Sachen und auf die Verpflichtung zum Gewährschaftleisten hätten; Ldr. III 84 § 2[2295] die dritte Satzung Ottos des Großen, eine Entscheidung über eine Kontroverse, ob man bei Tötung zur Erlangung eines Erbes oder Lehens die Anwartschaft verliere; Ldr. III 85 § 1[2296] eine Satzung Ottos II. des Roten, eine Entscheidung über eine Kontroverse darüber, ob Gesamtschuldner und Gesamtbürgen jeweils die gesamte Summe leisten müssten; Ldr. III

2292 Übersetzung: Diese Satzung hat Kaiser Friedrich von Staufen festgesetzt. Und das ist ihr Grund, dass manchen sagten, dass man einen Mann vor jedem Richter verklagen könne. (...) Die anderen sagten, man solle einen jeden vor seinem Richter verklagen. (...). Dies entschied der Kaiser so: „Welcher Laie einen anderen Laien et cetera“.

2293 Ldr. III 82 § 2, S. 379 f.: *Svie en gut enem anderen gift unde let it in sine gewere, dar he selve nene gewere an ne hadde, unde wert jene von gerichtes halven dar in gewiset; jene die de gewere hevet mut die inwisunge wol wederspreken unde jenen utwisen, deste he't voresta to'me nesten utgelegedeme dinge; wende en man n'is nicht plichtich sine were to rumene, he ne werde dar umme beklaget unde vorgeladet; wert jeneme de were denne erdelt, unde wiset man ine denne dar in von gerichtes halven, so ne mut man ine nicht utwisen, man ne du't mit ordelen.*

2294 Ldr. III 83 § 3, S. 381: *Svie egen oder varende have verkoft, des sal he gewere sin die wile he levet; man sal aver ime dat gut laten in sine gewere to behaldene unde to verliesene, die wile he't vorstan sal; wende jene ne mach dar nicht anspreken, deme it gegeven is, den ene gave.*

2295 Ldr. III 84 § 2, S. 381 f.: *Dodet en man sinen herren, he hevet verworcht sinen lif unde sin ere unde dat gut dat he von ime hadde. Dit selve vorwerct die herre, of he sinen man dodet, unde die overherre ne mach sine kindere mit deme gude an den herren nicht weder wisen.* In Bezug genommen sein dürfte auch Ldr. III 84 § 3, S. 382: *Dodet ok en man sinen vader oder sinen bruder oder sinen mach oder iemanne, des egenes oder lenes he wardende is, al sine wardunge hevet he verloren; he ne du't in notwerunge sins lives, unde die not uppe den doden beredet werde, oder he ne du't unwetene, so dat it geschi ane sinen dank.*

2296 Ldr. III 85 § 1, S. 382 f.: *Svar mer lüde den ein geloven to samene en weregelt oder en ander gelt, al sin sie it plichtich to lestene, die wile it unvergulden is, unde nicht ir iewelk al, mer manlik also vele alse ime geboret, unde alse vern als man in dar to gedvingen mach von gerichtes halven die, deme it dar gelovet is, oder die it mit ime gelovede, of he it vor ine vergulden hevet.* In Bezug genommen sein dürfte auch Ldr. III 85 § 3, S. 383: *Svie bürgen sat also, dat he selve gelde oder sin bürge vor ine, mach he't vulbringen dat he't vergulden hebbe, he hevet sine bürgen geledeget.*

86 § 1[2297] eine weitere Satzung Ottos des Roten, eine Entscheidung über eine Kontroverse zur Buß- und Gerichtsbuße bei der Klage von und gegen eine Personengemeinschaft, Ldr. III 87 § 1[2298] schließlich eine Satzung Friedrichs I. Barbarossa von Staufen, sie betreffe eine Kontroverse zu Gerichtszuständigkeiten.

Die fortlaufende Zählung der Satzungen Ottos des Großen, die Übereinstimmung der Zuweisungen mit der Anzahl der Satzungen Ottos des Großen und Ottos des Roten im Zwischenstück und inhaltliche Aspekte[2299] lassen vermuten, dass die Zuweisungen sich dabei nicht allein auf die jeweils konkret glossierten Paragraphen beziehen, sondern jeweils auf den gesamten Sachsenspiegelartikel[2300]. Zwar erfolgt die Zuordnung im Augsburger Druck in zwei Fällen nicht am Beginn der Glossierung zu einem Artikel[2301]. Auf eine interessante Beobachtung verweist hier aber die Kaufmann'sche Edition der Landrechtsglosse. Kaufmann gibt den Sachsenspiegeltext nach dem Codex Hecht wieder und entnimmt lediglich die Glossierung aus dem Augsburger Druck von 1516, wobei er sie an die Artikeleinteilung des Codex Hecht anpasst. Bei diesem Vorgehen rücken diejenigen Zuweisungen, die nach dem Augsburger Druck inmitten einer Glossierung stehen, an den Beginn einer Glossierung[2302]. Überhaupt zeigen sich bei der Artikeleinteilung zwischen den einzelnen Handschriften erhebliche Unterschiede[2303]. Daher wird man wohl mit einiger Wahrscheinlichkeit davon ausgehen können, dass die Zuweisungen an die einzelnen Kaiser ursprünglich jeweils am Beginn der Glossierung zu einem Artikel stand und die Artikeleinteilung im Augsburger Druck das Ergebnis einer Anpassung an die vulgate Einteilung ist[2304].

2297 Ldr. III 86 § 1 Satz 1, S. 384: *Svie siner gebure gemene aferet oder grevet oder tünet, wert he vor dem burmestere gevrüget oder beklaget dar umme, he mut dar umme wedden dre schillinge.*

2298 Ldr. III 87 § 1, S. 385: *Svelk leie enen anderen leien vor geistlikeme gerichte beklaget umme sogenade scult, de die werltlike richtere durch recht richten sal, unde bringt he ine in scaden, unde wert he dar umme beklaget to lantrechte, he mut deme richtere wedden, unde jeneme sine bute geven, unde ine ut dem scaden nemen.*

2299 Vgl. Anm. 2295, 2296, bei den dort wiedergegebenen Artikeln ist jeweils nicht allein der erste Paragraph in Bezug genommen.

2300 Sinauer, NA 1935 S. 576.

2301 Der Augsburger Druck weist in den Artikeln Ldr. III 82 § 2 – Ldr. III 91 folgende Einteilung auf: *Arti. lxxxij* (vulgat Ldr. III 82 § 2 – Ldr. III 83 § 1), *Arti. lxxxiij* (vulgat Ldr. III 83 §§ 2, 3), *Arti. lxxxiiij* (vulgat Ldr. III 84 §§ 1–3), *Arti. lxxxv* (vulgat Ldr. III 85 §§ 1–4), *Arti. lxxxvj* (vulgat Ldr. III 86 §§ 1, 2), *Arti. lxxxvij* (vulgat Ldr. III 87 §§ 1–4), *Arti. lxxxviij* (vulgat Ldr. III 88 §§ 1–5), *Arti. lxxxix* (vulgat Ldr. III 89), *Arti. xc* (vulgat Ldr. III 90 §§ 1–3), *Arti. xcj* (vulgat Ldr. III 91 § 1) und *Arti. xcij* (vulgat Ldr. III 91 §§ 2, 3). Die Zuordnung zu den späteren Kaisern findet sich – ausweislich des Stichwortes und/oder des Inhalts – in den Glossen zu vulgat Ldr. III 82 § 2; Ldr. III 83 § 3; Ldr. III 84 § 2; Ldr. III 85 § 1; Ldr. III 86 § 1 und Ldr. III 87 § 1. Die zweite und die dritte Zuweisung erfolgen also nicht zu Beginn der Glossierung.

2302 Allerdings steht bei dieser Einteilung eine andere Zuweisung in der Glossenmitte.

2303 Oben Anm. 2112.

2304 Darauf deutet auch hin, dass bei der Glossierung zu *Arti. lxxiij* nach einer Glosse zu vulgat Ldr. III 83 § 2 zwei Glossen zu vulgat Ldr. III 83 § 1 folgen, so auch Kaufmann, Buch'sche

Die im Augsburger Druck von 1516 wiedergegebene Glossierung der Artikel Ldr. III 88 – Ldr. III 91 folgt dem beschriebenen Schema in Struktur und Stil nicht[2305]. Anders ist dies aber für die u. a. im Codex Petrinus überlieferte Glossierung der Artikel Ldr. III 88 – Ldr. III 91[2306], wie Steffenhagen zutreffend

---

Glosse S. 1495, obwohl beide nach der Einteilung des Augsburger Drucks von 1516 dem vorhergehenden Artikel angehören.

2305 Oben S. 535.

2306 Die Glossierung, zitiert nach STEFFENHAGEN, Die Petrinische Glosse S. 777–786 – allerdings unter Angabe der Glosse und Auflösung der Allegationen in der in meiner Arbeit auch sonst verwendeten Form – lautet auszugsweise wie folgt: BG III 88 § 1 *Swat so en man* Satz 1–3: *Desse settinge satte de sulue keiser frederik. vnd or sake is, dat itlike seden, dat des gerichtes tuch muchte ane ede gan, vnd was vor en, dat de rechte in desseme stucke van eden openbarlike nicht ne secgen, ut* [Ldr. I 7; Ldr. I 8; Ldr. II 22; Ldr. III 25]. *De anderen seden, dat de richter scolde tugen by den hulden, de he gedan hedde, vnd were genuch, vor desse was* [Ldr. III 54; Ldr. III 65]. *Dit vntsceidet nu hir de keiser vnd secht: „swat so en man" etc.* Übersetzung: Diese Satzung setzte derselbe Kaiser Friedrich und ihr Grund ist, dass manche sagten, dass ein Zeugenbeweis durch <den Richter und weitere bei> Gericht <anwesende Personen> ohne Eidesleistung erfolgen könne, und für sie sprach, dass die Rechte an dieser Stelle <jedenfalls> offensichtlich nicht von Eiden sprechen, wie [Ldr. I 7; Ldr. I 8; Ldr. II 22; Ldr. III 25]. Die anderen sagten, dass der Richter Zeugnis ablegen solle auf den Huldigungseid, den er abgelegt hat, und das sei genug, für diese sprach [Ldr. III 54; Ldr. III 65]. Dies entscheidet der Kaiser hier nun und sagt: „Was ein Mann" etc. – BG III 89 *Swe des anderen swert* Satz 1–3: *Wente itlike seden, dat alle handelinge enes vromden gudes wedder des heren wille were duue, vnd was vor en* [Ldr. III 22]. *De anderen seden, dat nene handelinge vromdes gudes duue were, sy ne gescege denne drogenlike vnd dor nut willen, vnd vor desse was* [Dig. 47, 2, 1; Inst. 4, 1, 1]. *Dit vntsceidet nu hir keiser frederik vnd secht: „swe des anderen swert" etc.* Übersetzung: Denn manche sagten, dass jeder Umgang mit einem fremden Gut gegen den Willen des Besitzers Diebstahl sei, und für diese sprach [Ldr. III 22]. Die anderen sagten, dass ein Umgang mit fremden Gut kein Diebstahl sei, wenn er nicht arglistig und um eines Nutzens willen geschehe, und für diese sprach [Dig. 47, 2, 1; Inst. 4, 1, 1]. Dies entscheidet hier nun Kaiser Friedrich und sagt: „Wer das Schwert eines anderen" ect. – BG III 90 § 1 *Wert en man gemordet* Satz 1–4: *Sich, itlike meyneden, dat me alle vngerichte yo clagen scolde, vnd was vor en* [Ldr. II 13]. *vnd ne wiste me ok des vredebrekers namen nicht, me scolde en doch beclagen vnbenomet, ut* [Ldr. I 62]. *De anderen seden, dat me nemande to clagende dwingen scolde, vnd war nen cleger edder clage were, dar scolde ok nen richter sin, ut* [Ldr. I 62 § 1; c. 17 X 3, 12]. *Dat vntrichtet nu hir keiser frederik vnd secht: „wert en man gemordet".* Übersetzung: Siehe, manche meinten, dass man alle Verbrechen immer anklagen solle, und für sie sprach [Ldr. II 13]. Und wüsste man den Namen des Rechtsbrechers nicht, so solle man ihn doch verklagen ohne namentliche Nennung, wie [Ldr. I 62]. Die anderen sagten, dass man niemanden zum Klagen zwingen solle, und wo kein Kläger und keine Klage sei, da solle auch kein Richter sein, wie [Ldr. I 62 § 1; c. 17, X 3, 12]. Das entscheidet nun hier Kaiser Friedrich und sagt: „Wird ein Mann ermordet". – BG III 91 § 1 *Herberget ok en man* Satz 1–4: *Itlike seden, dat alle vngerichte, de in enes mannes huse edder bynnen eneme dorpe gescege, dar scolde des huses wert edder de gemeyne bure vor antwerden, vnd was vor en* [Ldr. II 72]. *Der anderen meyninge was, dat sy dar scolden vor antwerden, so verne als dat vngerichte van oren sculden vnd warlose*

anmerkt[2307]. Allerdings ist einschränkend festzuhalten, dass diese Glossierung sich in ihrem Aufbau und auch in ihrer Formulierung stringenter und gleichförmiger darstellt als die vorhergehende Glossierung der Artikel Ldr. III 82 § 2 – Ldr. III 87[2308]. Dennoch erscheint es nicht ausgeschlossen, dass die Autor*in der Glossierung von

---

gescen were. vor desse was [Ldr. II 38]. *Dit vntrichtet nu hir keiser frederik vnd secht: ‚herberget ok en man' etc.* Übersetzung: Manche sagten, dass für alle Verbrechen, die im Haus eines Mannes oder in einem Dorf geschähen, der Hauswirt oder die Bauerngemeinschaft verklagt werden könnten, und für diese sprach [Ldr. II 72]. Die Meinung der anderen war, dass sie verklagt werden könnten, wenn das Unrecht durch ihr Verschulden und ihre Fahrlässigkeit geschehen sei. Für diese sprach [Ldr. II 38]. Dies entscheidet nun hier Kaiser Friedrich und sagt: „Beherbergt ein Mann" etc. – BG III 91 § 2 *De richter* <im Codex Petrinus beginnt bei Ldr. III 91 § 2 ein neuer Artikel, Steffenhagen, Die Petrinische Glosse S. 785>*: Sich, itlike seden, dat de richter alle vngerichte vorderen muchte, wo he wolde, wan dar anders nen cleger ne were, vnd was vor en, dat me alle vngerichte deme richtere, in des gerichte das gescut, vorkundigen scal, eft it met clagen nicht begrepen ne is, ut* [Ldr. I 2 § 4; Ldr. III 91 § 1]. *De anderen seden, dat de richter nemande muchte anspreken ane clegere, vnde vor desse was, wente de richter ne mach beide, cleger vnd richter, nicht sin, ut* [Ldr. III 53]. *Dit vntsceidet nu hir keiser frederik in desser lesten settinge desses drudden bukes vnd secht: „de richter ne mach ok nemande" etc.* Übersetzung: Siehe, manche sagten, dass der Richter alle Verbrechen <zu richten> beanspruchen könne, wenn er wolle, wenn es sonst keinen Kläger gebe, und für sie sprach, dass man alle Verbrechen dem Richter, in dessen Gerichtsbezirk sie geschahen, mitteilen soll, wenn keine Klage deswegen anhängig ist, wie [Ldr. I 2 § 4; Ldr. III 91 § 1]. Die anderen sagten, dass der Richter niemanden ohne eine Klage belangen könne, und für diese sprach <dies>, denn der Richter kann nicht beides, Kläger und Richter sein, wie [Ldr. III 53]. Dies entscheidet nun hier Kaiser Friedrich in dieser letzten Satzung dieses dritten Buchs und sagt: „der Richter kann auch niemanden" etc. – BG III 91 § 3 *It ne wilkore dat lant* Satz 2, 3: *Hir to holde wy der pawese vnd der keisere settinge, de van godes haluen vns to nutte vnd to vromen gesat sin, ut* [Cod. 1, 14, 7; c. 1 X 1, 2; Constitutio Imperatoriam; Textus Prologi; c. 2 C. 1 q. 2] *dar god alweldich alle tid vmme gelouet sy, de aller guden dinge is en anbegin vnd en ende, ut* [c. 2 D. 35; c. 2 X 1, 1; Textus Prologi]. *amen.* Übersetzung: Dazu halten wir die Satzungen der Päpste und der Kaiser, die von Gottes wegen uns zunutze und zugute gesetzt sind, wie [Cod. 1, 14, 7; c. 1, X 1, 2; Inst. Vorrede; Textus Prologi; c. 2 C. 1 q. 2], für die der allmächtige Gott allezeit gelobt sei, der Anfang und Ende aller guten Dinge ist, wie [c. 2, D. 35; c. 2 X 1, 1; Textus Prologi]. Amen.

2307 Steffenhagen, Überlieferung der Buch'schen Glosse S. 731.

2308 Alle Glossen weisen das Schema Meinung 1 – Allegationen hierzu – Meinung 2 – Allegationen hierzu – Entscheidung durch Friedrich – Zitat des glossierten Artikels auf (nur in der ersten Glosse ist dem eine Zuweisung der Satzung an Friedrich vorangestellt) und stimmen auch in den Formulierungen weitgehend überein. Weniger stringent ist hier die gemeinsame Glossierung zu Ldr. III 82 § 2 – Ldr. III 87, hier finden sich am Beginn bisweilen mehr oder weniger ausführliche Angaben zu den zeitlichen und örtlichen Umständen der Satzung sowie abstrakte Darstellungen des Problems. Zudem unterscheidet sich die Petrinischen Schlussglossierung von der vorhergehenden Glossierung darin, dass die Zuweisung an Kaiser Friedrich mit Ausnahme der ersten Satzung nicht zu Beginn der Glossierung, sondern erst im Rahmen der Auflösung der vermeintlichen Kontroverse erfolgt, auch die Aufforderung *Sich* erscheint nur in der Petrinischen Schlussglossierung.

Ldr. III 82 § 2 – Ldr. III 87 mit der Autor*in der im Codex Petrinus überlieferten Glossierung der Schlussartikel übereinstimmt.

b. Vergleich mit dem Prolog des Richtsteigs Landrechts

Bei einem Vergleich der Glossierung der Glossen zu Ldr. III 82 § 2 – Ldr. III 87 § 4 fällt auf, dass die hier vorgenommenen Zuweisungen an Karl den Großen wie auch an einzelne Kaiser sehr viel konkreter erscheinen als in den übrigen Stellen der Buch'schen Glosse. Soweit der Sachsenspiegel an anderen Stellen als ein Privileg Karls des Großen bezeichnet wird, finden sich hierzu keine Jahreszahlen oder Ortsangaben[2309]. Die Zuweisung eines Artikels an einen späteren Kaiser kennt die Landrechtsglosse nach dem Codex Hecht lediglich in der Glosse zu Ldr. I 26, und hier bestehen wegen der zweifachen Glossierung des Artikels, seiner abweichende Stellung bei der Heidelberger Handschrift und seinem Fehlen in weiteren Glossenhandschriften durchaus Zweifel daran, ob diese Glosse auf Johann von Buch zurückgeht[2310]. Die Angaben zu der Entstehungszeit und dem Entstehungsort der vermeintlichen späteren Kaisersatzungen in der Glossierung zu Ldr. III 82 § 2 – Ldr. III 87 § 4 gehen dabei über die Angaben in dem Zwischenstück hinaus, müssen also aus einer anderen Quelle geschöpft worden sein.

Dies alles scheint zunächst einmal gegen eine Autorschaft Johanns von Buch an der entsprechenden Glossierung zu sprechen. Dieser Eindruck relativiert sich allerdings, wenn der Prolog des Richtsteigs Landrechts in die Untersuchung einbezogen wird.

Richtsteig Landrechts[2311] Prolog Satz 1[2312], Homeyer, Richtsteig Landrechts S. 82 f.

De[2313] *sosten settinge na Koning Karls rechte an deme ende des Sassenspeigels de dar begunnet: Rechtes weigherd de richter etc., ut* [Ldr. III 87 § 3[2314]], *und de andern veer settinge*

2309 Dazu unten S. 588 ff., dort sind auch einige Glossenstellen mit Ausführungen zum Verständnis des Sachsenspiegels als Privileg wiedergegeben.

2310 Dazu oben S. 524 ff. Zudem finden sich in BG I 26 *Wert en monik* ebenfalls keine konkreten Orts- und Zeitangaben, auch eine Deutung der Satzung als die Entscheidung einer Gelehrtenkontroverse ist nicht erkennbar. Wo die Glosse an anderen Stellen einzelne Rechtssätze als spätere Rechtsentwicklungen darstellt – etwa die Privilegierung des Leibgedingelehens, oben S. 364 ff., oder die Erwähnung der Enterbungsgründe in der Erneuerung des Mainzer Landfriedens von 1298, oben S. 294 f., – finden sich ebenfalls keine konkreten Orts- oder Zeitangaben.

2311 Zitiert nach Homeyer, Richtsteig Landrechts S. 82–86.

2312 Der weitere Fortgang des Prologs ist im Rahmen des beabsichtigten Vergleiches nicht von Bedeutung: Richtsteig Landrechts Prolog Satz 2–7: *Dit schelet ok noch vil mennigen wisen mannen, de lange in deme privilegio gestuderet hebben, und clagen dat se sik to eren noden nicht behelpen mogen, dorch dat se der wise vor gerichte nicht en weten. Dit sulve kundegeden uns ok de erbaren lude her Curd und her Syverd van Boek, des wunderliken hern Janes kinder van Boek, dat wi dorch erer leve willen en wolden eine slichte wise leren, wu se sik in dem gerichte holden scholden of se richter weren, und wo se don scholden eft se dar clegere efte antworder weren. Und de darna volgen wente an den ende des Sassenspeigels, de satte keyser Frederik von Stouff na godes bort dusent jar und anderhalf hundert jar in deme achteden jar und in deme drudden jare sines rikes in deme pingst dage to Meylan in deme palaze; und quam also to, dat de geistliken undwertliken fursten deme keisere kundigeden, dat vele unschuldiger lude to unrechte gedodet worden und vele schuldiger lude los worden dorch de sake, dat de richter*

---

se beden, dat wi en dar nene bewisinge mer up en setten, wen de in unseme rechte stunde und seden en wur se id darinne vinden scholden, und spreken, se hedden in deme apparate der glosen, de wi darover gesat hebben, des keiseres und des geistliken rechtes bewisinge genuch. Wente wi se denne van herten lef hebben, so moge wi noch en konnen en des nicht vorseggen, und willen gode unde siner moderliken maget marien to eren unde der werlde to gemake und en to leve und den guden to fromen und den bosen to schaden uns erwegen des arbeides und ok der vordechtnisse und der achtersprake der unrechten und ores hates. Wen se haten uns bilken, wente wi wolden oft wi mochten en afspreken und afschriven liff gud und ere. Und dat wi en to ener bekantnisse dribolde mochten scheren und se mit eime heten iserne mochten dorch de tene bernen, uppe dat me de guden bekande, dar wolde wi mit willen tein jar deste er umme sterven. Wiedergegeben nach Homeyer, Richtsteig Landrechts S. 83–86. Übersetzung: Dies kritisierten auch noch viele weitere kundige Männer, die lange in dem Privileg studiert haben und beklagten, dass sie sich zu ihren Bedürfnissen nicht behelfen könnten, weil sie von der Weise vor Gericht nichts wüssten. Das selbe teilten uns auch die ehrbaren Menschen Conrad und Sievert von Buch mit, die Kinder des erstaunlichen <= dessen Beiname, im lateinischen *mirabilis*, Lieberwirth, Einleitung S. XXV; die Bedeutung von *wunderlik* wie *mirabilis* reicht von negativ „sonderbar“ bis positiv „bewundernswert“> Herrn Johann von Buch, damit wir ihnen zuliebe eine einfache Weise lehren wollten, wie sie sich vor Gericht verhalten sollten, wenn sie Richter seien, und was sie tun sollten, wenn sie dort Kläger oder Beklagter seien. Und sie erbaten, dass wir dort an Beweisen nicht mehr hinzusetzten als in unserem Recht stünden, und ihnen sagen würden, wo sie es darin finden sollten, und sagten, sie hätten in dem Glossenapparat, den wir darüber gesetzt hätten, genug an Beweisen aus dem kaiserlichen und geistlichen Recht. Weil wir sie nun von Herzen liebhaben, so wollten noch konnten wir ihnen dies nicht abschlagen und wollen Gottes und seiner mütterlichen Magd Mariens zu Ehren und der Welt zum Vorteil und ihnen zuliebe und den Guten zum Nutzen und den Bösen zum Schaden auf uns nehmen die Mühe und auch die Verdächtigungen und die üble Nachrede der Unrechten und ihren Hass. Denn sie hassen uns zu Recht, denn wir wollen, wenn wir können, ihnen absprechen und abschreiben Leben, Gut und Ehre. Und dass wir sie als eine Kennzeichnung mit der Schur der Übeltäter und Geisteskranken versehen könnten und ihnen mit einem heißen Eisen durch die Zähne brennen, auf dass man die Guten erkenne, dafür wollten wir mit Freuden zehn Jahre früher sterben.

2313 Übersetzung: Die sechste Satzung nach dem Recht König Karls am Ende des Sachsenspiegels, die beginnt: „Die Rechtspflege verweigert der Richter“, wie [Ldr. III 87 § 3], und die anderen vier Satzungen, die danach folgen bis zum Ende des Sachsenspiegels, die setzte Kaiser Friedrich von Staufen fest tausend Jahre und anderthalb hundert Jahre in dem achtzehnten Jahr nach der Geburt unseres Herrn und in dem dritten Jahr seiner Regentschaft am Pfingsttag in Mailand in dem Palast; und es kam so dazu, dass die geistlichen und weltlichen Fürsten dem Kaiser mitteilten, dass viele unschuldige Leute zu Unrecht getötet würden und viele schuldige Leute frei würden aus dem Grund, dass die Richter nicht wüssten, wie sie richten sollten, und aus dem Sachsenspiegel nicht lernen konnten, auf welche Weise sie Gericht halten sollten, weil zu dem Gericht so viel gehört, das in dem Recht zu verstreut ist.

nicht en wisten, wu se richten scholden und, wo se de wise des gerichtes holden scholden, ute deme Sassenspeigele nicht geleren konden, dorch dat to deme richte so vele horet, dat in deme rechte to strouwet is.

Im Glossenprolog finden sich nach der Fassung des in der Homeyer'schen Ausgabe als Leithandschrift gewählten Textes die Angaben, dass die sechste Satzung nach dem Ende des ursprünglichen Privilegs wie die vier darauffolgenden Satzungen auf Friedrich I. von Staufen zurückgehe, dass diese von ihm 1158[2315] Jahre nach Christi Geburt im dritten Jahr seiner Regentschaft zu Pfingsten in seiner Residenz in Mailand erlassen worden sei, und zwar anlässlich einer Mitteilung der Reichsfürsten, dass es aufgrund von Unsicherheiten über das sächsische Prozessrecht zu Problemen bei der Rechtsdurchsetzung gekommen sei. Diese Ausführungen weisen durchaus eine hohe Übereinstimmung mit den Ausführungen in der Glossierung zu Ldr. III 82 § 2 – Ldr. III 87 auf. Nicht nur geht Johann von Buch an dieser Stelle offenbar ebenfalls davon aus, dass es sich bei den Schlussartikeln des Sachsenspiegels um die Ergänzung späterer Kaiser handelt. Zudem gehen auch im Richtsteigprolog die Orts- und Zeitangaben über die Ausführungen im Zwischenstück hinaus, wobei die Angaben im Zwischenstück, in der Glossierung zu Ldr. III 82 § 2 – Ldr. III 87 und im Richtsteigprolog einander in ihren Bestandteilen[2316] wie in ihrer Darstellungsweise[2317] entsprechen. Es scheint also durchaus wahrscheinlich, dass alle drei aus derselben Quelle geschöpft sind – auf die Johann von Buch als Autor des Richtsteigprologs Zugriff gehabt haben muss.

Die Zuweisungen an spätere Kaiser wie auch die konkreten Orts- und Zeitangaben zu den Umständen ihrer Setzung müssen daher vielmehr als ein Argument für die Autorschaft Johanns von Buch an der Glossierung zu den Artikeln Ldr. III 82 § 2 – Ldr. III 87 § 4 gelten. Dennoch zeigt der Vergleich zwischen diesen Glossen und dem Richtsteigprolog einen Unterschied im Verständnis der wahrscheinlichen gemeinsamen Quelle[2318]. Denn Johann von Buch gibt durch ein Zitat der Anfangs-

---

2314 Eigentlich *Li. III ar. LXXXVII § XI,* hier korrigiert aufgrund des ebenfalls angegebenen Textbeginns der Remission.

2315 So die Summe der Angaben zu Jahrtausenden, Jahrhunderten und Jahren, wenn man das dort genannte *achteden* auf *achten* zurückführt und nicht auf *achteinden.* Dies liegt näher, weil Friedrich I. Barbarossa 1155 römischer Kaiser wurde, sodass die Angabe der Regentschaft zutreffen würde – wenn auch nicht bezüglich seiner Königsherrschaft, die 1152 begann.

2316 So wird an mehreren Stellen – wenn auch nicht stets – das Erlassjahr nach absoluter Zeitrechnung wie auch nach den Regierungsjahren des jeweiligen Herrschers angegeben, außerdem das konkrete Datum, der Ort und der erlassende Kaiser mit Beinamen.

2317 So setzten sich die Jahresangaben aus getrennten Angaben für Jahrtausende, Jahrhunderte und Jahre zusammen. Auch findet sich für das Jahr der Regentschaft in fast allen Fällen die Wendung *yar sines rikes.*

2318 Gleichviel, ob es sich dabei um das Zwischenstück in Verbindung mit mündlicher Überlieferung, gänzlich um mündliche Überlieferung oder um einen konkreten Rechtstext gehandelt hat.

worte zu erkennen, wo seiner Ansicht nach die fragliche Satzung Friedrichs von Staufen beginnt, nämlich am Beginn von Ldr. III 87 § 3. Der konkrete Paragraph wird zudem nicht allein durch das Zitat bestimmt. Auch im weiteren Prologverlauf greift Johann von Buch die dort angesprochene Rechtsverweigerung durch die zuständigen Richter auf, indem er sie auf mangelhafte Kenntnis des sächsischen Prozessrechts zurückführt und sie als Anlass sowohl der Setzung von Ldr. III 87 § 3 als auch zur Abfassung seines Richtsteig Landrechts bezeichnet[2319]. Diese Artikeleinteilung stimmt aber nicht mit der Artikeleinteilung überein, von der die Autor*in der Glossen zu Ldr. III 82 § 2 – Ldr. III 87 ausgeht. Diese*r sieht den Artikelbeginn der ersten Satzung Friedrichs I. von Staufen vielmehr bei Ldr. III 87 § 1, wie sich aus dem Textstichwort wie auch aus dem Inhalt der Glosse ergibt[2320].

2319 Nun lässt sich an dieser Stelle allerdings einwenden, dass die hier zugrunde gelegte Lesart von Richtsteig Landrechts Prolog Satz 1 Hs. 1 nach den Angaben Homeyers, Richtsteig Landrechts S. 82, Var. 2 sich in lediglich einer Handschrift findet, in vielen Handschriften steht statt der Worte *De sosten settinge na Koning Karls rechte an deme ende des Sassenspeigels de dar begunnet: Rechtes weigherd de richter etc., ut* [Ldr. III 87 § 3], *und de andern veer settinge de darna volgen wente an den ende des Sassenspeigels*, lediglich die Worte *Desse settinge unde de vire de hir na volgen.* – Bei dieser Lesart wird jedoch ein Bezug hergestellt, der nur sinnvoll ist, wenn es sich bei diesem Text ursprünglich um eine Glossierung gehandelt hat, denn er bezieht sich auf einen nicht näher beschriebenen Artikel und geht davon aus, dass diesem weitere folgen werden. Unterstellt man aber, dass sie zutrifft, weil eine ursprüngliche Glosse als Richtsteigprolog zweckentfremdet wurde, dann besteht auch hier wohl ein Widerspruch zu den Angaben in der Glossierung der Artikel Ldr. III 82 § 2 – Ldr. III 87 § 4. Zwar fehlt die Bezeichnung des konkreten Paragraphen, doch erscheint weiterhin Ldr. III 87 § 3 wegen der inhaltlichen Ausführungen zur Rechtsverweigerung durch die Richter als Bezugspunkt wahrscheinlich. Zudem würde in diesem Fall die Tatsache gegen eine Autorschaft Johanns von Buch an der im Augsburger Druck wiedergegebenen Glossierung zu Ldr. III 82 § 2 – Ldr. III 87 § 4 sprechen, dass dann eine Glosse Johanns von Buch zu Ldr. III 87 § 3 existiert – nämlich der spätere Prologtext –, der sich dort in keiner Weise wiederfindet. Homeyer, Richtsteig Landrechts S. 32 f. dagegen nimmt an, dass mit dem angesprochenen Artikel, irrtümlich, der Richtsteig selbst gemeint sei, ähnlich wie bei einer weiteren, nicht nachzuvollziehenden Bezugnahme auf sechs vorhergehende und die nun folgende siebte Satzung in Richtsteig Landrechts cap. 28 § 1, die Homeyer in seiner Edition zwar wiedergibt, aber im Vorwort als verderbte Lesart bezeichnet. Er geht also davon aus, dass es sich um einen verfälschten Wortlaut handelt und der von ihm im Haupttext wiedergegebene der ursprüngliche ist. Allerdings wäre auch denkbar, dass die alternative Lesart zwar nicht gänzlich dem Urtext entspricht, und ursprünglich eine Bezeichnung des in Bezug genommenen Artikels enthielt, aber doch näher am Urtext ist als die bei Homeyer ausgewählte Lesart. In diesem Fall wäre zwar wegen der inhaltlichen Ausführungen Ldr. III 87 § 3 als Bezugspunkt immer noch naheliegend, es wäre in diesem Fall aber möglich, dass dieser Paragraph im Richtsteigprolog nicht als Artikelbeginn bezeichnet wird. Eine Differenz zu den Ausführungen in der Glossierung zu Ldr. III 82 § 2 – Ldr. III 87 § 4 ergäbe sich dann nicht.

2320 Bei der Glossierung zu Ldr. III 87 § 4 findet sich dagegen keinerlei Hinweis, dass hier eine Satzung Friedrichs I. beginne. Dass der Glossator – wie Johann von Buch – Ldr. III 87 für

5. Zu den Argumenten und Argumentationslinien in der Literatur

Sind damit einige Argumente für die Autorschaft Johanns von Buch, aber auch zwei gewichtige Argumente gegen seine Autorschaft herausgearbeitet, sollen nun die in der Literatur bereits angeführten Argumente und die Argumentationslinien einzelner Literaturstimmen zur Frage in den Blick genommen werden.

a. Zur Argumentation Grupens, Nietzsches und Homeyers

Grupen stützt seine Argumentation im wesentlichen auf Ausführungen des Glossators im Glossenprolog. Aus der Tatsache, dass dieser dort angibt, das Privileg in seiner ursprünglichen Fassung und ohne spätere Zusätze wiedergeben zu wollen[2321], schließt Grupen, dass dem Glossator die zusätzlichen Artikel der Langformen des Sachsenspiegels bekannt gewesen seien, dass er sie aber nicht als Teile des ursprünglichen Privilegs betrachtet und darum weder wiedergegeben noch glossiert habe[2322]. Er stützt diese Thesen durch den Hinweis, dass sich die kürzere Form insbesondere in den älteren und niederdeutschen Handschriften finde[2323].

Homeyer schließt sich dieser Argumentation im wesentlichen[2324] an. Aufgrund der Formulierungen im Glossen- und im Richtsteigprolog, die von einer Ergänzung des ursprünglichen Privilegs durch spätere Kaiser wie auch durch Unbefugte ausgingen und die Absicht einer reinen Wiedergabe des ursprünglichen Prologs erkennen

---

den Beginn der zweiten Satzung Kaiser Friedrichs gehalten haben könnten, erscheint auch schon deshalb unwahrscheinlich, weil der Richtsteigprolog Ldr. III 87 §4 als den Beginn des sechsten Artikels nach Ende des Prologs bezeichnet. Legt man hier die Angaben des Zwischenstücks zugrunde, muss es sich also um die erste Satzung Friedrichs handeln, weil die fünf ersten Artikel Otto dem Großen und Otto dem Roten zugeordnet werden.

2321 Er zitiert hierzu (und zur Identität des Glossators) BG Prolog Vers 215–217, 125–148, 171–188, 209–212, 213–226, 227–260 in der lateinischen Fassung, Grupen bei Spangenberg, Beyträge S. 31–34.

2322 Grupen bei Spangenberg, Beyträge S. 35.

2323 Grupen bei Spangenberg, Beyträge S. 37.

2324 In dieser Hinsicht aussagekräftig scheint zum anderen dessen Aussage, dass sich in vielen Handschriften an dieser Stelle das sogenannte Schlussgedicht, in anderen das sogenannte Zwischenstück finde. Dieser Ansatzpunkt ist jedoch nur von geringer Aussagekraft. Bei unglossierten Handschriften würde dieser Umstand, sollte er Johann von Buch bekannt gewesen sein, diesen lediglich zu der Annahme geführt haben, dass an dieser Stelle der Eike'sche Text geendet habe. Soweit diese Ausführungen sich auch auf glossierte Handschriften beziehen, so hat auch dies aufgrund der Beobachtung, dass der Sachsenspiegeltext jedenfalls bei den in meiner Arbeit zugrunde gelegten Handschriften nachträglich verändert worden ist, kaum eine Aussagekraft. Das Zwischenstück fügt sich auch bei einer Fortsetzung der Glossierung ohne weiteres ein, das Schlussgedicht könnte ohne weiteres aus einer glossenlosen Sachsenspiegelhandschrift eingefügt worden sein. Vgl. auch unten Anm. 2377.

ließen[2325], sowie der Beobachtung, dass der Artikelbestand seiner 1. Familie der 1. Ordnung[2326] teilweise, aber nicht gänzlich mit dem Artikelbestand der Kurzformen der Sachsenspiegelhandschriften übereinstimmt, schließt Homeyer, dass Johann von Buch bestimmte Artikel bewusst nicht glossiert habe[2327]. Zur Bestimmung des ursprünglichen Umfangs habe der Glossator eine Handschrift zugrunde gelegt, die sich in der Entwicklung zwischen der Kurz- und der Langform einfüge[2328].

Nietzsches Argumentation hinsichtlich des ursprünglichen Glossenendes ist wenig nachvollziehbar – nicht zuletzt, weil er sich auf die Sachsenspiegeltexte konzentriert. Er kritisiert aber ausdrücklich die Argumentation Grupens aus dem Alter der Handschriften, da jüngere Handschriften ohne weiteres von einer älteren Vorlage abstammen und daher eine ältere Form der Landrechtsglosse überliefern könnten[2329]. Darüber hinaus scheint er im Gegensatz zu Grupen und Homeyer davon auszugehen, dass die Schlussartikel Ldr. III 82 – Ldr. III 91 in der Vorlage Johanns von Buch nicht enthalten gewesen seien und dieser sie aus diesem Grund nicht glossiert habe[2330].

Bewertet man die vorgenannten Argumentationslinien, so ist hinsichtlich der Argumentation Nietzsches zunächst einmal anzumerken, dass sie sich im Schwerpunkt auf Untersuchungen zu den Sachsenspiegeltexten der Handschriften stützt. Da aber, wie in dieser Arbeit gezeigt[2331], Anhaltspunkte für nachträgliche Veränderungen des Sachsenspiegeltextes in den Glossenhandschriften bestehen, sind seine Untersuchungen im Rahmen der Glossenforschung nur bedingt verwertbar. Seine Annahme, Johann von Buch habe die Schlussartikel Ldr. III 82 – Ldr. III 91 nicht gekannt, belegt er zudem nicht. Tatsächlich lässt sich diese Aussage auch mit hoher Wahrscheinlichkeit widerlegen. Zum einen enthält die Buch'sche Glosse jedenfalls nach dem Textbestand des Codex Hecht Allegationen aus den Schlussartikeln, und zwar sowohl aus dem Abschnitt Ldr. III 82 – Ldr. III 87[2332] als auch aus dem Abschnitt Ldr. III 88 – Ldr. III 91[2333]. Hinzu kommt, dass Johann von Buch im Prolog zum

2325 Homeyer, Genealogie S. 112 zitiert hier BG Prolog Vers 217 f., S. 104 in der lateinischen Fassung: *Et quae in privilegio non sunt, apposuerunt, / Et quae in eius scrinio erant, substaxerunt,* außerdem die Verse 219–221, in denen Johann von Buch sich auf den Besitz eines bullierten Exemplars des vermeintlichen Privilegs beruft.

2326 Also Handschriften mit einer Glossierung bis Ldr. III 81, die auch den Sachsenspiegeltext nicht weitergehend wiedergeben, oben S. 485.

2327 Homeyer, Genealogie S. 112, ähnlich schon in: Richtsteig Landrechts S. 30 Anm. **.

2328 Homeyer, Genealogie S. 114.

2329 Nietzsche, ALZ 1827 (1827) Bd. 3 Sp. 690.

2330 Nietzsche, ALZ 1827 (1827) Bd. 3 Sp. 736.

2331 Oben S. 501 ff.

2332 Remittiert werden Ldr. III 82 §§ 1, 2; Ldr. III 83 § 2; Ldr. III 84 §§ 2, 3; Ldr. III 87 § 1, teilweise mehrfach, Kaufmann, Buch'sche Glosse S. 1693.

2333 Remittiert wird mehrfach Ldr. III 88, Kaufmann, Buch'sche Glosse S. 1693, worauf schon Kannowski, Buch'sche Glosse S. 486 hinweist. Soweit Kaufmann, Buch'sche Glosse S. 1693 allerdings auch Ldr. III 91 §§ 2, 3 im Quellenverzeichnis aufführt, handelt es sich hierbei lediglich um eine Erwähnung der Paragraphen im Rahmen von Ausführungen des Herausgebers.

Richtsteig Landrechts von mehreren Kaisergesetzen spricht, die an das ursprüngliche Privileg angefügt worden seien, und zudem – über die Allegation hinaus auch inhaltlich – auf Ldr. III 87 § 3 Bezug nimmt[2334].

Soweit Nietzsche die Argumentation Grupens aus dem Alter der Handschriften verwirft, ist dem ebenfalls nur eingeschränkt zuzustimmen. Zwar kann durchaus eine jüngere Handschrift unmittelbar von einer sehr alten abstammen und so die Glosse in einer frühen Entwicklungsstufe wiedergeben. Jedoch ist die Wahrscheinlichkeit, dass der wiedergegebene Text bewusst oder unabsichtlich verändert wurde, bei einer jüngeren Handschrift höher als bei einer älteren. Kannowski spricht in Anlehnung an Armin Wolf[2335] einprägsam von einer „Umkehr der Beweislast", von einer Vermutung, dass die ältere Handschrift die ältere Textfassung enthalte[2336].

Zeigt sich damit ein Argument Grupens und Homeyers – nämlich dass die älteren Handschiften die Schlussartikel nicht glossieren – als durchaus stichhaltig, begegnet ihr zweites Argument – nämlich dass Johann von Buch im Glossenprolog die Absicht einer Glossierung nur des ursprünglichen Privilegs erkennen lasse – Bedenken. Wie bereits Kannowski anmerkt, glossiert Johann von Buch auch Sachsenspiegelartikel, die er Eike von Repgow zurechnet[2337]. Er beabsichtigt also keinesfalls eine Glossierung allein des kaiserlichen Privilegs. Entsprechend stützt er sich auch auf den deutschen und nicht einen lateinischen Text. Jedoch lässt sich auch eine Aussage dahingehend, dass Johann von Buch das Privileg in der Eike'schen Form und ohne die Zusätze späterer Kaiser habe glossieren wollen, dem Glossenprolog nicht entnehmen. Die von Grupen und Homeyer angeführten Verse lauten wie folgt:

BG Prolog Vers 215–222, S. 104

Multi tamen aliter praedicta distinxerunt	*Doch*[2338] *andirs ittelike dit ok distinguiret han*
Et ponentes, qualiter haec ipsis placuerunt,	*Unde setten't werlike, wu it in dunket gut gedan,*
Et quae in privilegio non sunt, apposuerunt,	*Se in de hantveste scriven, dat dar in nicht scolde stan,*

2334 Vgl. oben S. 556.

2335 Wolf, ZRG GA 115 (1998) S. 190.

2336 Kannowski, Buch'sche Glosse S. 46 f. Noch deutlicher weist Sinauer, NA 1935 S. 478 f. Anm. 3 den Einwand Nietzsches zurück.

2337 Kannowski, Buch'sche Glosse S. 66.

2338 Übersetzung: Doch manche andere haben dies auch distinguiert / Und setzten es <d. h. die Artikelanfänge> in störender Weise, wo es ihnen gut getan erschien, / Sie schrieben in die Handfeste, was nicht darin stehen sollte, / Was <aber> in deren Schrein bleiben sollte, das unterschlugen sie. / Deswegen, weil ich dies Buch vom König bulliert gefunden habe, / Was ich dort beglaubigt sah, das heißt hier dessen Zustand <hinsichtlich Artikelbestand und -einteilung>, / Nach dem gestalte ich dies, ich weiß, dass ich nicht irre, / Durch sie bin ich so sehr betrübt, darum setze ich es hier <nach> recht<-ter Ordnung>.

Et quae in eius scrinio erant, subtraxerunt.	*Dat in der scrine bliven scholde, se dat undirslan.*
Sicut sub imperii bulla vidi signata	*Dar um, als ik bulliret dit buk van dem rike vant,*
Dona privilegii et Saxis confirmata,	*Wat ik gevesteniret dar sach, dat het hir is stant,*
Secundum hoc haec posui, scio, quod non erravi	*Na dem ik dit formere, ik weit, dat ik nicht, misge,*
Eis tantum condolui quod hic vera narravi.	*Dorch se drove ik so sere, des sette ik it rechte he.*

Johann wendet sich hier zwar u. a. gegen spätere Einfügungen, jedoch nicht gegen das Einfügen auf Anordnung späterer Kaiser, sondern gegen das eigenmächtige Einfügen durch unautorisierte Rechtskundige. Er spricht hier von Personen, die den Rechtstext vor ihm distinguiert hätten, diese hätten in das Privileg etwas eingefügt, was dort nicht habe stehen sollen.

Dagegen ist ihm das Konzept eines älteren Rechtstextes, der durch spätere Kaiser ergänzt wird, aus dem gelehrten Recht geläufig. So ist Lib. feud. 2, 53, der das Landfriedensgesetz *Hac edictali* Friedrich I. von 1158[2339] enthält[2340], in den Libri Feudorum als Einfügung durch einen mittelalterlichen Kaiser ohne weiteres erkennbar[2341], der Titel wird in der Buch'schen Glosse in Anlehnung an diese Tatsache vielfach als *constitucio Ffrederici*[2342], *constitucio imperiali*[2343] oder *constitutio nuper*[2344] allegiert[2345]. In Bezug auf solche autorisierten Einfügungen, zu denen Johann von Buch nach seinen Ausführungen im Richtsteigprolog auch die letzten Artikel des

2339 MGH Dipl. 10, 2 Nr. 241, es handelt sich um eines der sogenannten roncalischen Gesetze.

2340 Vgl. zur Einfügung kaiserlicher Lehnsgesetze in die Libri feudorum Huneke, Iurisprudentia romano-saxonica S. 579 f.

2341 Lib. feud. 2, 53 ist eine Grußformel vorangestellt: *Friderichus Dei gratia Romanorum imperator semper Augustus vniversis subiectis suo imperio, salutem*, zitiert nach dem Druck Lyon 1558–1560, VP, LF Sp. 86. Der Titel wird in der Glossa Ordinaria ohne weiteres glossiert.

2342 Etwa in BG I 63 § 1 *De mod bydden den richter* Satz 1.

2343 Etwa in BG III 20 § 1 *Swe des anderen land* Satz 6.

2344 Etwa in BG III 59 § 1 *Wel en here* Satz 11.

2345 Gleiches gilt im Übrigen auch für Lib. feud. 2, 54. Allerdings ist festzustellen, dass sich in der Allegation der Libri feudorum auffällige Unterschiede ergeben, indem diese teilweise als *in dem (latinischen) lenrechte*, teilweise als *aut. (...) coll. X* allegiert werden, bei Lib. feud. 2, 53 und Lib. feud. 2, 54 teilweise nur in der oben genannten Form, teilweise als *aut. (...) coll. X*, häufig als Mischform. Ähnliche Unterschiede beobachtet Huneke, Iurisprudentia romano-saxonica S. 353 auch hinsichtlich der Glosse zum Lehnrecht. Insofern bleibt durch einen Allegationenvergleich in unterschiedlichen Handschriften zu untersuchen, ob sich alle Allegationen und alle Zitierweisen auf die Urglosse zurückführen lassen. Dass Johann von Buch Lib. feud. 2, 53 aber allegiert hat, erscheint wegen der hohen Zahl der entsprechenden Allegationen, vgl. Kaufmann, Buch'sche Glosse S. 1678 f., wahrscheinlich. Auch Authentiken im Corpus Iuris sind in den Allegationen des Codex Hecht enthalten, Kaufmann, ebenda S. 1655.

Sachsenspiegels gezählt haben dürfte[2346], finden sich im Glossenprolog jedoch keine Ausführungen. Vor diesem Hintergrund lassen sich dem Glossenprolog entgegen der Argumentation Homeyers keinerlei Anhaltspunkt dafür entnehmen, welche Artikel Johann von Buch (ursprünglich) glossieren wollte.

b. Zur Argumentation Steffenhagens

Umgekehrt ist aber auch festzustellen, dass entgegen den Ausführungen Steffenhagens ein positiver Beweis für eine Autorschaft an der gemeinsamen Glossierung zu Ldr. III 82 § 2 – Ldr. III 87 sowie der Petrinischen Schlussglossierung – jedenfalls nach gegenwärtigem Forschungsstand – nicht möglich ist.

Die Argumentationslinie Steffenhagens stellt sich wie folgt dar: Steffenhagen stimmt Grupen und Homeyer darin zu, dass Johann von Buch im Glossenprolog die Absicht erkennen lasse, lediglich die im Privileg enthaltenen Artikel aufzuführen. Dass er das von ihm ausgeschiedene aber unglossiert gelassen habe, sei damit nicht bewiesen[2347]. Die beiläufige Zuweisung an die späteren Kaiser im Prolog des Richtsteigs Landrechts sei vielmehr verständlicher, wenn diese zuvor bereits in der Glossierung der Schlussartikel angesprochen sei[2348]. Zudem belegten auch direkte Beweise die Autorschaft Johanns von Buch. Steffenhagen stellt hier zwei Überlegungen in das Zentrum seiner Argumentation[2349]. Zum einen fänden sich an drei Stellen Rückverweisungen auf frühere Stellen in der ersten Person Plural[2350]. Zum anderen schließe die Glossierung im Codex Petrinus mit dem Lob Gottes. Dies

2346 Dafür spricht der erste Halbsatz des Prologs. Richtsteigprolog Satz 1 Hs. 1: *De sosten settinge na Koning Karls rechte an deme ende des Sassenspeigels de dar begunnet: Rechtes weigherd de richter etc., ut* [Ldr. III 87 § 3], *und de andern veer settinge de darna volgen wente an den ende des Sassenspeigels,* wiedergegeben nach Homeyer, Richtsteig Landrechts S. 82, zur Übersetzung vgl. oben Anm. 2312. Sollte die Entstehungsnotiz Johann von Buch bekannt gewesen sein, könnte er seine diesbezüglichen Annahmen aus ihr abgeleitet haben.

2347 Steffenhagen, Überlieferung der Buch'schen Glosse S. 731.

2348 Steffenhagen, Überlieferung der Buch'schen Glosse S. 732.

2349 Weniger entscheidend seien die Anhaltspunkte, dass sich in der Schlussglossierung formelhafte Wendungen wie *Nu mochtu secgen, ik spreke vnrecht* (so in der Glosse zu Ldr. III 83 § 1) fänden, und dass in BG III 84 § 1 *We deme anderen* der Landfrieden von 1235, *konnig Albrechtes settinge,* allegiert werde – wie auch an früheren Stellen, Steffenhagen, Überlieferung der Buch'schen Glosse S. 732.

2350 Steffenhagen, Überlieferung der Buch'schen Glosse S. 732. In BG III 84 § 3 *He ne du't in notwerunge* finde sich die Verweisung *Dit hebbe we secht* auf die Glosse zu Ldr. II 14, in BG III 85 § 3 *Ghefft he dat ghelt vnde mach het vulbringhen* die Verweisung *alse we di seden* auf die Glosse zu Ldr. II 6 § 2 und in BG III 91 § 2 *Mit vormunden* die Verweisung *dat hebbe wy dy gesecht* auf die Glosse zu Ldr. III 16 § 2. Die vorgenannten Glossen – mit Ausnahme der dort nicht vollständig genannten zweiten – und Verweise sind wiedergegeben nach der Wiedergabe bei Steffenhagen. Im Augsburger Druck von 1516 – und damit in der Kaufmann'schen Edition – finden sich die ersten beiden Verweise in ähnlicher Form, die letztgenannte Glosse dagegen wird dort nicht wiedergegeben.

stehe in Übereinstimmung mit dem vorletzten Vers des Glossenprologs: *In fine et initio laus deo tribuatur*[2351]. Nachdem er eine Autorschaft Johanns von Buch an der allen Handschriften der 2. und 3. Ordnung gemeinsamen Glossierung bis Ldr. III 87 §4 für erwiesen ansieht, verweist er hinsichtlich der weiteren Glossierung auch darauf, dass sich die Glossierung zu Ldr. III 88 – Ldr. III 91 in den Handschriften der Petrinischen Gruppe inhaltlich und stilistisch ohne weiteres in diese Glossierung einfüge[2352]. Ursprünglicher Schluss der in Ldr. III 87 §4 ohne ersichtlichen Grund abbrechenden Glossierung zu den Endartikeln sei daher der in der Petrinischen Glosse überlieferte Schluss[2353].

Auch diese Argumentation überzeugt nur teilweise. Zwar lässt sich die Argumentation Steffenhagens nicht allein durch den Befund Sinauers entkräften, dass der Codex Petrinus besonders viele Fehler aufweise[2354]. Denn die Fehlerhaftigkeit muss zum einen nicht zwingend durch eine längere Überlieferungsgeschichte entstanden sein, sodass der Codex auch eine unsorgfältige Abschrift einer älteren Handschrift sein könnte[2355]. Zudem könnte der Codex Petrinus auch nach längerer Überlieferung dennoch diejenige Handschrift sein, die das in vielen Überlieferungssträngen verloren gegangene ursprüngliche Ende der Urglosse enthält[2356].

Hinzu kommt jedoch, dass eines seiner beiden Hauptargumente einer Überprüfung nicht standhält. Wenn er argumentiert, nur die im Codex Petrinus überlieferte Schlussglossierung ende mit Gotteslob[2357], wie es im Glossenprolog beschrieben sei, so lässt sich diese Aussage dem Glossenprolog nicht entnehmen. Steffenhagen bezieht sich hier auf die lateinische Fassung des vorletzten Verses.

2351 Steffenhagen, Überlieferung der Buch'schen Glosse S. 732f.

2352 Sowohl in der Glossierung der Schlussartikel der Petrinischen Glosse wie auch in der gemeinsamen Glossierung der Artikel Ldr. III 82 §2 – Ldr. III 87 §4 würden die einzelnen Artikel jeweils auf die gesetzgeberische Tätigkeit Ottos des Großen, Ottos des Roten und Friedrichs von Staufen zurückgeführt, begründet in beiden Glossierungen durch die Absicht, den Widerstreit in der Praxis gangbarer Meinungen zu entscheiden.

2353 Steffenhagen, Überlieferung der Buch'schen Glosse S. 731.

2354 Sinauer, NA 1935 S. 562–564. Dabei spreche der Bestand der Allegationen dafür, dass Vorlage des Codex Petrinus eine Handschrift sei, die mit einer von Homeyer bezüglich der Glossierung der Ldr. III 88 – Ldr. III 91 der sogenannten Tzerstedischen Glosse, bezüglich der gemeinsamen Glossierung aber einer anderen Gruppe zugerechneten Handschrift (der Handschrift Mogunt. II, Mainz, ehemalige Dombibliothek) eng verwandt sei. Beziehungen zu der sogenannten Bocksdorfschen Rezension seien bereits durch Homeyer nachgewiesen.

2355 So hält v. Schwerin, Aufsatz I S. 2 den Codex Petrinus „für die schlechte Abschrift eines im Grunde anscheinend guten Textes". Allerdings geht er nicht davon aus, das der Codex Petrinus am Anfang der Entwicklung gestanden habe, er zeige vielmehr Anzeichen einer Überarbeitung und nachträglicher Verbesserungen, v. Schwerin, Aufsatz II S. 2f.

2356 Das Argument bezieht sich zudem nur auf die Glossierung zu den Schlussartikeln, nicht aber auf die breiter überlieferte Glossierung zu den Artikeln Ldr. III 82 §2 – Ldr. III 87.

2357 Wiedergegeben oben, Anm. 2306.

BG Prolog Vers 277, 278, S. 108

In fine et initio laus deo tribuatur,	*Ere*[2358] *hir dem hogesten si in dem begin unde ende,*
Hic det, ut sine vitio opus perficiatur.	*De du, dat ik meilis vri den apparat volende.*

Diese Zeilen lassen sich zwar durchaus im Sinne Steffenhagens auslegen. Sehr viel wahrscheinlicher ist aber, vor allem bei einer Auslegung unter Berücksichtigung der deutschen Fassung[2359] der Verse, dass mit Anfang und dem Ende diejenigen des Glossenprologs gemeint sind. Denn das in der deutschen Fassung verwendete *hir* erscheint aufgrund der Tatsache, dass es sich bei dem entsprechenden Vers um den ersten Halbsatz des letzten Satzes handelt, bezogen auf die Textstelle gemeint. Wie Gott am Anfang des Prologs geehrt worden sei[2360], so solle ihm auch *hir*, am Ende des Prologs, Ehre zuteil werden[2361]. In diesem Sinne versteht den Vers auch Manuwald, der Text stehe in der Tradition eines „*prayer prolog*"[2362].

Gleiches gilt für ein weiteres Argument Steffenhagens. Auch der Hinweis, dass die beiläufige Zuweisung der Sachsenspiegelartikel ab Ldr. III 82 § 2 verständlicher sei, wenn diese zuvor glossiert waren, überzeugt nicht. Die Bezugnahme dient als Hinleitung zu dem Problem – durch den Glossator angenommener – unzureichender Prozessrechtskenntnisse zeitgenössischer Rechtspraktiker, das Johann von Buch als

2358 Übersetzung: Ehre sei hier dem Höchsten im Eingang und im Ausgang, / Der bewirken möge, dass ich mein Werk frei von Fehlern vollende.

2359 Dass diese wie die lateinische Fassung des Prologs durch Johann von Buch selbst erstellt worden sein muss, hat STEFFENHAGEN, Glossenprolog S. 11 Anm. 2 überzeugend nachgewiesen, durch den Hinweis auf eine im lateinischen Text kaum erkennbare, im deutschen Text aber dennoch aufgenommene Bezugnahme auf das biblische Gleichnis von der armen Witwe in Vers 262 des Glossenprologs. So auch bereits HOMEYER, Prolog S. 8, 9.

2360 Der Prolog beginnt mit einer Lobpreisung des dreieinigen Gottes: BG Prolog Vers 1–4: *O helion et unitas, heli in trinitate, / Qui es vera sanctitas, summus in aequitate, / Iustitiam non deseris, mala in puniendo, / Sic misereris miseris vitia destruendo. – O drinumich enicheit, ein got in der drevalde, / Du bist in der hilicheit, gar recht in rechtes walde, / Du blivest in der rechticheit, als du de bosen rorest, / Dorch dine barmherticheit alsus or bosheit sturest.* Übersetzung: Oh dreinamige Einigkeit, ein Gott in der Dreifaltigkeit, / Du bist in der Heiligkeit, recht in der Herrschaft des Rechts, / Du bleibst in der Gerechtigkeit, wenn du die Bösen strafst, / Dann gebietest du so um deiner Barmherzigkeit willen ihrer Bosheit Einhalt.

2361 Im Übrigen wäre auch bei der Auslegung Steffenhagens nicht gesagt, dass mit dem im Glossenprolog angesprochenen Ende das Ende der Glossierung gemeint ist. So gehen Homeyer und auch Steffenhagen selbst aufgrund der entsprechenden Ausführungen im Glossenprolog davon aus, dass ursprünglicher Schluss des Glossenwerkes der Richtsteig Landrechts gewesen sei, dazu oben Anm. 2156. In diesem Falle könnte mit dem Ende des Werkes auch ebenso gut der Richtsteigschluss gemeint sein. – Außerdem könnte die Formulierung ein Bezug auf das Gottesattribut Anfang und Ende sein, ähnlich der Selbstbeschreibung Gottes in Apc. 1, 8: *ego sum A et ω principium et finis dicit Dominus Deus qui est et qui erat et qui venturus est Omnipotens*, zitiert nach WEBER/GRYSON (Hg.), Biblia Sacra Vulgata S. 1883, die auch im Textus Prologi des Sachsenspiegels ihren Niederschlag gefunden hat, Textus Prologi, S. 138: *Got, die dar is begin unde ende aller dinge* (...).

2362 MANUWALD, ZRG GA 130 (2013) S. 364.

Anlass für die Schaffung des Richtsteigs Landrechts angibt. Breitere Ausführungen bei der Bezugnahme sind vor diesem Hintergrund nicht zu erwarten.

Das zweite Hauptargument Steffenhagens, die dreimalige glosseninterne Verweisung in der ersten Person Plural, bleibt zwar bestehen. In der Tat zeigen die glosseninternen Verweise in anderen, sicher nicht auf Johann von Buch zurückgehenden Glossenabschnitten eine unpersönlichere Gestaltung – insbesondere in der Glosse zur Vorrede von der Herren Geburt[2363] und in der Schlussglossierung nach dem Augsburger Druck von 1516[2364], wie sie in der Kaufmann'schen Edition enthalten sind. Doch kann dieses Argument auch in Verbindung mit dem verbleibenden Argument Steffenhagens, der inhaltlichen und stilistischen Übereinstimmung mit der früheren Glossierung eine Autorschaft Johanns von Buch nicht mit hinreichender Sicherheit belegen, weil sich diese Befunde auch durch eine Kenntnis und Imitation der bestehenden Glossierung erklären lassen. Hinzu kommt, dass sich die Schlussglossierung im Codex Petrinus zwar insofern an die gemeinsame Glossierung bis Ldr. III 87 § 4 einfügt, als die Schlussartikel jeweils späteren Kaisern zugewiesen und als Entscheidungen einer Gelehrtenkontroverse gedeutet werden. Doch weist die Schlussglossierung eine strukturelle Gleichförmigkeit auf, die in dieser Stringenz bei der gemeinsamen Glossierung bis Ldr. III 87 § 4 nicht zu beobachten ist[2365].

c. Zur Argumentation Sinauers

Die Argumentation Sinauers hinsichtlich der Schlussglossierung beruht im wesentlichen auf ihrer Beobachtung, dass von acht untersuchten Handschriften ihrer I. Gruppe[2366]

2363 Vgl. etwa BG Vorrede von der Herren Geburt *Nu uornemet vmme der heren gebord* Ausschnitt Satz 11, S. 126: (…) *dar secht de glose: We van isliker bord sy* (…), Übersetzung: (…) da sagt die Glosse, „wer von jeglicher Abstammung sei" (…) – BG Vorrede von der Herren Geburt *Vnder des rijkes schepen* Ausschnitt Satz 1, S. 127: (…) *ut li. III articulo XIX in textu et glosa,* (…) *et LIIII, dar steyt de eyd eynes isliken richters in der glosen* (…) Übersetzung: (…) wie in B<uch> III Artikel 19 im Text und in der Glosse, (…) und <in Artikel> 54, da steht der Eid eines jeden Richters in der Glosse (…).

2364 Vgl. BG III 88 § 2 *Vnde de sattinge ouer ene bidet* Satz 2 Hs. 2, S. 1514: (…) *ut supra libro II arti. XXXV ibi in glo(sa).*

2365 Oben Anm. 2308.

2366 Sinauer teilt die von ihr untersuchten Handschriften in fünf Gruppen ein, die über die Bezifferung hinaus zunächst nicht beschrieben werden, die in den ihnen zugeordneten Handschriften aber an die Einteilung Homeyers angelehnt sind. So werden alle der von Sinauer der I. Gruppe zugeordneten Handschriften von Homeyer – soweit dort berücksichtigt – Klasse II, Ordnung 1, Familie 1 zugeordnet. In der II. Gruppe Sinauers steht mit der Wolfenbütteler Handschrift eine Handschrift aus der Homeyer'schen Klasse II, Ordnung 1, Familie 2 (zusammen mit ihrer, als reine Glossenhandschrift bei Homeyer in Klasse II, Ordnung 1, Familie 1 fallenden Heidelberger Schwesterhandschrift sowie dem von Homeyer nicht berücksichtigten Codex Hecht) sowie Handschriften, die bei Homeyer in Klasse II, Ordnung 2 stehen; in den Gruppen III.–V. Sinauers stehen Handschriften, die bei Homeyer in Klasse II, Ordnung 3 stehen, wobei sich dessen Zuordnung bezüglich

vier nach dem Glossenbruchstück endeten[2367] und drei weitere nach dem Bruchstück, ergänzt um eine Wiederholung der Ausführungen zur Ebenburt[2368]. Von einer Ausnahme in der I. Gruppe abgesehen ende die Glossierung nur bei Handschriften der II. Gruppe – nämlich dem Codex Hecht, der Wolfenbütteler Handschrift[2369] und der Heidelberger Handschrift – bereits vor dem Bruchstück[2370]. Bei weiteren Handschriften dieser II. Gruppe sei die Glossierung über das Bruchstück hinaus bis Ldr. III 87 fortgesetzt[2371].

Auf diese Befunde gründet sie folgende Schlussfolgerungen: Dass das im Codex Hecht wie auch seinen Schwesterhandschriften anzutreffende Glossenende noch vor dem Bruchstück nicht das ursprünglich sei, ergebe sich daraus, dass die Handschriften der II. Gruppe ausweislich ihrer gegenüber den Handschriften der I. Gruppe vermehrten Allegationen eine Weiterentwicklung der das Bruchstück enthaltenden I. Gruppe seien[2372]. Bei ihrer Endung handele es sich daher um eine bewusste Kürzung, indem ein Kopist die erkennbar unvollständige Glosse fortgelassen habe[2373]. Das Glossenbruchstück sei bereits Bestandteil der Urglosse. Umgekehrt sei auch die Endung unter Einfügen der Ebenburtsglosse eine Reaktion auf eine mit

---

der Glossierungen in der Glossenmitte wie auch der Endglossierung in der Zuordnung widerspiegelt (Gruppe III.: drei Texte, die bei Homeyer unter die Tzerstedische Glosse fallen; Gruppe IV.: der Codex Petrinus; Gruppe V.: eine Handschrift, die bei Homeyer als Bocksdorfsche Rezension eingeordnet wird). Hinsichtlich der Unterteilung der I. Gruppe stimmt sie allerdings der Neugruppierung Steffenhagens nach dem Ende der Glossierung anstatt dem Ende des wiedergegebenen Textes zu, Sinauer, NA 1935 S. 509. Die Einteilung überprüft sie anschließend anhand inhaltlicher Kriterien, insbesondere anhand der Allegationen.

2367 Sinauer, NA 1935 S. 567, dabei beendeten diese den Sachsenspiegeltext auch übereinstimmend mit Ldr. III 81 § 1. Eine fünfte Handschrift beende den Sachsenspiegeltext ebenfalls an dieser Stelle, breche die Glossierung aber bereits vor Wiedergabe des Glossenbruchstücks ab.

2368 Sinauer, NA 1935 S. 567 f., dabei beendeten von diesen zwei den Sachsenspiegeltext übereinstimmend mit Ldr. III 81 § 2 und Ldr. III 82 § 1, die dritte enthalte wenigstens auch Ldr. III 81 § 2.

2369 Bei der Wolfenbütteler Handschrift ist das Bruchstück freilich, worauf auch Sinauer, NA 1935 S. 568 f. hinweist, nachträglich, d. h. nach der Wiedergabe aller unglossierten Artikel ergänzt. Sinauer vermutet zudem eine andere Vorlage, da das Bruchstück in seiner Form nicht der der I. Ordnung entspreche, sondern einer Form, die bei Homeyer, Genealogie, 129 lediglich bei einer anderen Handschrift nachgewiesen sei (der Handschrift Przyb. 46/60, Uniwersytet Biblioteka Jagiellonska, Krakau/Krakow).

2370 Dabei enthielten Codex Hecht und Wolfenbütteler Handschrift übereinstimmend den Text bis Ldr. III 91, die Heidelberger Handschrift als reine Glossenhandschrift entspreche dem insofern, als sie in der Schreibernotiz nach der Glossierung zu Ldr. III 81 § 1 bemerke: *Postea sequuntur XII capitula non glosata*. Sinauer, NA 1935 S. 568.

2371 Dabei fänden sich aber bei zwei Handschriften Anhaltspunkte für die Ergänzung der Schlussglossen aus einer zweiten Vorlage, Sinauer, NA 1935 S. 567, 569.

2372 Sinauer, NA 1935 S. 570.

2373 Sinauer, NA 1935 S. 570.

dem Bruchstück endende Vorlage, denn diese Einfügung sei eine Wiederholung und thematisch nicht nachvollziehbar[2374].

Dass ein Ende der Glossierung nach dem sich auf Ldr. III 81 § 1 beziehenden Glossenbruchstück aber nicht der Absicht des Glossators entsprochen haben könne, ergebe sich schon aus dessen fragmentarischen Charakter[2375]. Das beabsichtigte Ende habe vielmehr bei Ldr. III 82 § 1 gelegen. Diesen Schluss ließen zum einen die bei Homeyer aufgeführten Argumente zu, insbesondere, dass die Handschriften der Sachsenspiegelkurzformen die Artikel bis hierhin enthielten[2376] und dass die Zuweisung an spätere Kaiser erst ab Ldr. III 82 § 2 erfolge[2377]. Auch zeige eine Untersuchung der Artikeleinteilung, dass Ldr. III 81 § 2 und Ldr. III 82 § 1 ursprünglich zusammengestanden hätten[2378]. Johann von Buch müsse demnach eine Glossierung bis zu diesem Paragraphen beabsichtigt haben. Eine darüber hinausgehende Glossierung habe er dagegen – jedenfalls ursprünglich – nicht angestrebt. Neben den auch in dieser Hinsicht aussagekräftigen Argumenten Homeyers zieht sie hierfür vor allem die Gestaltung der Glosse zu Ldr. III 81 § 2/Ldr. III 82 § 1[2379] heran. Die feierliche Ausdrucksweise wie auch der Inhalt der Glosse verweise darauf, dass der Glossator sich am Ende seines Werkes gesehen habe[2380]. Zudem sei im Glossenprolog festgehalten, dass Johann von Buch sich an den ursprünglichen Artikelbestand halten

2374 Sinauer, NA 1935 S. 571.

2375 Sinauer, NA 1935 S. 570.

2376 Sinauer, NA 1935 S. 566.

2377 Weiter stützt sie sich auf die Argumente, dass ein Grund für den früheren Glossenschluss nicht erkennbar sei; dass das Bruchstück der Glossierung zu Ldr. III 81 § 2 die Kenntnis von einer entsprechenden Glosse erkennen lasse; dass bei Handschriften, die den Text von Ldr. III 82 § 2 enthielten, ein Hinweis auf weitere unglossierte Artikel sich erst auf die Folgenden beziehe; dass in einer Reihe von Handschriften nach Ldr. III 82 § 2 ein Schlussgedicht folge und dass in anderen Handschriften nach Ldr. III 82 § 1 ein Zwischenstück mit einem Hinweis auf das Ende des ursprünglichen Privilegs stehe, Sinauer, NA 1935 S. 566. Eine von Homeyer ebenfalls herangezogene Bemerkung in dem Register verschiedener Handschriften, dass die Schlusskapitel nicht aufgeführt seien, weil sie und ihre Glossen sich auch nicht in der Handschrift fänden, beweise dagegen lediglich, dass der Verfasser dieser Bemerkung die Schlusskapitel gekannt habe, nicht aber, dass ihm bereits eine Glosse hierzu bekannt gewesen sei, und habe daher im vorliegenden Zusammenhang keine Aussagekraft, Sinauer, NA 1935 S. 566 Anm. 1.

2378 Sinauer, NA 1935 S. 574, demnach stünden Ldr. III 81 § 2 und Ldr. III 82 § 1, soweit vorhanden, regelmäßig zusammen oder doch jedenfalls letzterer getrennt von Ldr. III 82 § 2; die vulgate Einteilung finde sich erst bei den Handschriften der III. Gruppe. Bei diesen Handschriften mit vulgater Einteilung sei zudem eine Vermischung der Glossierung beider Paragraphen zu beobachten, ebenda S. 577–579.

2379 Sowohl im Glossenbruchstück in den Handschriften der I. Gruppe, wie auch in der das Bruchstück weiterführenden Glossierung zu Ldr. III 81 § 2/Ldr. III 82 § 1 in den Handschriften der II. und III. Gruppe.

2380 Sinauer, NA 1935 S. 571 f.

wolle und hier aufgrund eines bullierten Exemplars nicht fehlgehen könne – Sinauer denkt einen möglichen Zusammenhang mit der Entstehungsnotiz im sogenannten Zwischenstück an –, worauf unmittelbar ein Hinweis auf den Richtsteig Landrechts als den letzten Teil der Landrechtsglosse folge[2381].

Dass das beabsichtigte Ende nicht das ursprüngliche Ende der Urglosse gewesen, diese also bereits vor ihrer Vollendung in Umlauf gebracht worden sei[2382], ergebe sich schließlich aus der Tatsache, dass die Handschriften der I. Gruppe, die ausweislich der Allegationen auf der ältesten Entwicklungsstufe anzusiedeln seien, in keinem Fall eine Glossierung bis zu dieser Stelle enthielten, sondern ausnahmslos lediglich das Bruchstück aufwiesen, teilweise ergänzt durch die unpassende Ebenburtsglosse[2383]. Vor diesem Hintergrund sei die theoretische Möglichkeit, dass das Abbrechen inmitten der Glosse zu Ldr. III 81 § 2 auf eine zufällig fehlerhafte Abschrift zurückginge, höchst unwahrscheinlich[2384]. Fraglich sei nur, ob Johann von Buch auch den weiterführenden Text verfasst habe, entweder bis zum ursprünglich beabsichtigten Ende oder auch darüber hinaus bis Ldr. III 87.

Die Argumentationslinie Sinauers überzeugt nur teilweise. Zwar ist ihr darin zuzustimmen, dass angesichts des Abbrechens inmitten eines Satzes das Glossenbruchstück nicht das ursprünglich beabsichtigte Ende der Glossierung gewesen sein kann. Auch ihre Argumentation auf Grundlage vor allem des Allegationenbestandes[2385] hinsichtlich der These, dass sich die Handschriften mit Glossenende bereits vor dem Glossenbruchstück sowie die Handschriften mit Glossenende nach dem Glossenbruchstück ergänzt um die Ebenburtsglosse entwickelt haben aus Handschriften, die nach dem Glossenbruchstück abbrechen, ist nicht unwiderleglich[2386], aber doch sehr überzeugend.

Nicht überzeugend ist jedoch die Argumentation hinsichtlich der von Sinauer als erwiesen betrachteten Tatsache, dass die Landrechtsglosse bereits vor ihrer Vollendung in den Verkehr gelangt sein müsse. Die Entstehung des Glossenbruchstückes durch einen zufälligen Defekt erscheint keineswegs so unwahrscheinlich, wie von Sinauer angenommen. Sollte der Verlust des Glossenendes bereits bei einer der ersten Abschriften des Autographs – oder sogar bei diesem selbst – eingetreten sein, dann könnte sich dieser Defekt sehr wohl auf eine Vielzahl von Handschriften aus-

2381 Sinauer, NA 1935 S. 572 f.

2382 Sinauer, NA 1935 S. 570.

2383 Sinauer, NA 1935 S. 570.

2384 Sinauer, NA 1935 S. 570 Anm. 2.

2385 Sinauer, NA 1935 S. 559 stellt neben dem geringeren Allegationenbestand auch auf einen geringeren Textbestand der Handschriften der I. Gruppe gegenüber Handschriften der II.–V. Gruppe ab.

2386 Der geringere Bestand sowohl an Text als auch an Allegationen lässt sich ebenso durch den Wegfall von Sätzen oder einzelner Allegationen erklären. Allerdings ist Sinauer m. E. durchaus darin zuzustimmen, dass eine spätere Ergänzung der Allegationen wahrscheinlicher erscheint.

gewirkt haben[2387]. So verweist auch das Abbrechen inmitten eines Satzes eher auf einen Textverlust, weil eine Unterbrechung der Niederschrift an dieser Stelle wenig nachvollziehbar ist.

Gegenüber dieser Erklärung kann das von Sinauer entworfene Szenario keineswegs eine höhere Wahrscheinlichkeit in Anspruch nehmen. Denn es setzt voraus, dass der Glossator – mehrfach[2388] – sein Werk in einem unvollendeten, sogar inmitten eines Satzes abbrechenden Zustand für eine Abschrift zugänglich gemacht haben müsste, und das in einem Arbeitsstadium, in dem zur Vollendung der Glossierung wenigstens bis zum vermeintlichen Ende des Eike'schen Textes lediglich die Glossen zu zwei Paragraphen fehlten[2389]. Die bei Sinauer anklingende Möglichkeit, dass der Glossator durch widrige Umstände letztlich endgültig an der Fertigstellung der Glosse verhindert war, lässt sich mit einiger Sicherheit ausschließen. Sowohl Formulierungen des Glossenprologs als auch des Richtsteigprolog lassen darauf schließen, dass der Glossator selbst sein Werk beendete: Zum einen verweisen Bezugnahmen auf die anderen Werke[2390] darauf, dass der Richtsteig nach der Glosse verfasst wurde und der Glossenprolog nach dem Richtsteig[2391]. Dass Johann von Buch aber zwei weitere Werke in Angriff genommen und fertiggestellt hätte, ohne das erste abzuschließen, erscheint kaum denkbar. Hinzu kommt, dass die Landrechtsglosse im Richtsteig-

2387 Dies gilt insbesondere dann, wenn die defekte Handschrift für potentielle Auftraggeber oder Ersteller einer Abschrift besser zugänglich war als andere Vorlagen, etwa, weil ihre Existenz und ihr Aufbewahrungsort allgemein bekannt waren und die Handschrift für Abschriften zur Verfügung stand.

2388 Gerade die Annahme, dass die Vielzahl der mit dem Glossenbruchstück endenden Handschriften nicht auf eine einzige – defekte – Handschrift zurückgehen könne, hatte Sinauer, NA 1935 S. 570 zu der Annahme einer Verbreitung einer „ersten Rezension" vor Vollendung der Glosse geführt. Der einzige Anhaltspunkt, der für eine Unterbrechung der Arbeiten an der Urglosse an dieser Stelle gegeben ist, nämlich die Vielzahl der mit dem Glossenbruchstück (oder dessen offensichtlich nachträglicher Ergänzung durch die Ebenburtsglosse) endenden Handschriften, ist aber nur dann ein Anhaltspunkt für eine solche erste Fassung, wenn man dabei davon ausgeht, dass zu diesem Zeitpunkt mehrere Abschriften erstellt wurden, entweder, weil die Arbeiten für viele Jahre unterbrochen waren, oder weil in einem kurzen Zeitraum, möglicherweise parallel zu einander, viele Abschriften erstellt wurden. Wäre von der angenommenen ersten Fassung nämlich nur eine Handschrift angefertigt worden, dann würden auch hier alle das Glossenbruchstück aufweisenden Handschriften von einer einzigen Handschrift abstammen – was Sinauer mit Blick auf die Erklärung des Glossenbruchstücks durch einen Defekt gerade als unwahrscheinlich bezeichnet hatte.

2389 Dies ist zwar durchaus denkbar – vor allem, wenn sich die fertiggestellten Bögen nicht in seinem Zugriffsbereich befunden haben sollten oder sich der Glossator bei Erstellung der Abschriften außer Landes aufgehalten und so an einer spätestens aus Anlass der Abschrift angezeigten Fertigstellung gehindert gewesen sein sollte. Es erscheint aber gegenüber einer Erklärung des Glossenbruchstücks durch einen Defekt keineswegs überwiegend wahrscheinlich.

2390 Nämlich Bezugnahmen auf den Richtsteig Landrechts im Glossenprolog und auf die Glosse im Richtsteigprolog.

2391 Oben Anm. 66.

prolog als ein abgeschlossenes Werk erscheint, das seinen Vaterbrüdern bereits zur Verfügung stand[2392]. Damit könnte eine eigenständige „erste", letztlich unvollendete Fassung – sollte es sie gegeben haben – nur zu Lebzeiten des Glossators in Umlauf gelangt sein. Dies erscheint gegenüber einem nachträglichen Defekt jedoch schon nicht überwiegend wahrscheinlich. Jedenfalls aber überwiegt die Wahrscheinlichkeit nicht in einem Maße, dass mit Sinauer von der Existenz einer ersten in den Verkehr gelangten Fassung mit Glossenende nach dem Bruchstück mit einiger Sicherheit ausgegangen werden könnte.

Auch die Argumentation Sinauers hinsichtlich des durch den Glossator geplanten Glossenendes nach Ldr. III 82 § 1 kann die hohe Wahrscheinlichkeit, die sie ihrer diesbezüglichen These zuspricht, nicht begründen. Zwar ist Sinauer darin beizupflichten, dass ein Ende der Glossierung vor diesem Artikel kaum erklärlich erscheint und dass die Handschriften mit Glossenbruchstück einer älteren Entwicklungsstufe angehören dürften als diejenigen ohne dasselbe oder mit dem Bruchstück ergänzt um die Ebenburtsglosse. Nahe liegt auch, dass Johann von Buch aufgrund des Textbestandes in den Kurzformen der Sachsenspiegelhandschriften das Ende des ursprünglichen Privilegs bei vulgat Ldr. III 82 § 1 angesetzt haben dürfte – dass er die Schlussglossierung für spätere Kaisergesetze hielt, wird durch seine Ausführungen im Richtsteigprolog gestützt. Doch belegen diese Argumente Sinauers lediglich, dass die Glossierung durch Johann von Buch – bei der es sich keineswegs um die heute erhaltene Schlussglossierung handeln muss – bis mindestens Ldr. III 82 § 1 gereicht hat. Es ergibt sich aus ihnen aber nicht, dass er die vermeintlichen Kaisergesetze (zunächst) nicht glossieren wollte.

Um das beabsichtigte Ende der Glossierung bei Ldr. III 82 zu begründen, macht sich Sinauer zum einen die bereits bei Homeyer anklingenden Argumente zu eigen, vor allem[2393] dessen Hinweis, dass Johann von Buch nach eigener Aussage lediglich das ursprüngliche Privileg habe glossieren wollen[2394]. Außerdem weist sie darauf hin, dass in unmittelbarem Anschluss an die Aussage des Glossators, den wahren Umfang des Privilegs zu kennen, auf den Richtsteig Landrechts eingegangen werde. Dieser Argumentation Homeyers und Sinauers kann jedoch, wie bereits angespro-

2392 Der fragliche Satz des Prologs lautet wie folgt, Richtsteig Landrechts Prolog Satz 4: *Und se beden, dat wi en dar nene bewisinge mer up en setten, wen de in unseme rechte stunde und seden en wur se id darinne vinden scholden, und spreken, se hedden in deme apparate der glosen, de wi darover gesat hebben, des keiseres und des geistliken rechtes bewisinge genuch.* Wiedergegeben nach Homeyer, Richtsteig Landrechts S. 83 f. Zur Übersetzung vgl. oben Anm. 2312. Die Formulierung lässt eine Beendigung des Glossenapparats freilich nicht zweifelsfrei erkennen, doch weist sie wegen der Verwendung des Perfekts und der Tatsache, dass die Vaterbrüder des Glossators den Umfang der Allegationen bereits zu kennen scheinen, in diese Richtung.

2393 Vgl. oben Anm. 2324.

2394 Dieses Argument ergänzt Sinauer, indem sie neben den von Homeyer herangezogenen Versen 217, 218 auch die Verse 219–221 anführt, in denen der Glossator den Zugriff auf ein bulliertes Exemplar und darum Autorität in der Frage beansprucht.

chen, nicht gefolgt werden, weil sich die Ausführungen im Prolog mindestens ebenso gut dahingehend auslegen lassen, dass die Glossierung sich auf das Privileg in seiner gegenwärtigen Form einschließlich autorisierter Zusätze beziehen soll.

Zum anderen belegt Sinauer die These, dass Johann von Buch das Privileg lediglich bis Ldr. III 82 § 1 habe glossieren wollen, mit dem feierlichen Tonfall des Glossenbruchstücks wie auch der Glossierung zu Ldr. III 81 § 2/Ldr. III 82 § 1 und dem Zwischenstück, mit der das Glossenbruchstück in den bis Ldr. III 87 reichenden Handschriften fortgesetzt werde. Diese feierliche Tonlage lasse erkennen, dass Johann von Buch sich am Ende seines Werkes sah. Das hat durchaus etwas für sich. Zwar sind weite Teile dieser Glosse lediglich in den Handschriften überliefert, die die Glossierung bis Ldr. III 87 enthalten[2395]. Doch klingt der feierliche Tonfall bereits in dem mit einiger Sicherheit auf Johann von Buch zurückführbaren Glossenbruchstück[2396] an. Allerdings ist dieses Argument zum einen dadurch zu relativieren, dass feierliche Formulierungen bisweilen auch innerhalb der fortlaufenden Glossierung auftreten. Das wohl wichtigste Beispiel ist hier die Glosse zu Ldr. I 19[2397], in der Johann von Buch Eike von Repgow als einen Pflanzer des Rechts und sich selbst als dessen Bewässerer bezeichnet, Gott aber sei der Wachstumsgeber. Die Endung dieser Glosse steht dem Glossenbruchstück in ihrem getragenen Tonfall in keiner Weise nach[2398]. Zum anderen lässt sich der feierliche Tonfall auch darauf zurückführen, dass Johann von Buch sich am Ende des ursprünglichen Privilegs sah, ohne dass er sich deshalb auch am Ende seines Werkes wähnte.

Zusammengenommen lässt sich damit mit Sinauer davon ausgehen, dass die nach dem Glossenbruchstück abbrechenden Handschriften innerhalb der Gruppe der bis Ldr. III 81 glossierten Handschriften der ältesten Entwicklungsstufe angehören, dass Johann von Buch aber die Glossierung mindestens weiterführen wollte. Es kann aber keineswegs als erwiesen gelten, dass die Landrechtsglosse bereits vor ihrer Fertigstellung in den Verkehr gelangt ist. Die Erklärung des Glossenbruchstücks über einen Defekt ist vielmehr mindestens ebenso wahrscheinlich. Auch die These, dass Johann von Buch die Glossierung (zunächst) nach Ldr. III 82 § 1 habe beenden wollen, ist nicht ausreichend belegt.

2395 Freilich wäre bei der Annahme, dass die über das Glossenbruchstück hinausgehende Glossierung eine spätere, im Vergleich zur Wiederholung der Ebenburtsglosse geschicktere Ergänzung des Glossenbruchstücks darstellt, schon unterstellt, dass es sich bei dem Textbestand ab dem Glossenbruchstück um den Text eines anderen handelt. Ob die Glosse ursprünglich bis Ldr. III 82 § 1 oder bis zum Ende des Sachsenspiegels gereicht hätte, wäre für die auf den Inhalt der Glosse gerichtete Glossenforschung unerheblich, weil dann die ursprüngliche Glossierung in jedem Fall verloren und der überlieferte Textbestand nur eingeschränkt zur Auslegung der Glosse heranzuziehen wäre.

2396 In der Fassung der Wolfenbütteler Handschrift wiedergegeben oben Anm. 2221.

2397 Wiedergegeben oben Anm. 634.

2398 Sinauer ist allerdings insoweit zuzustimmen, dass der Ton an weiteren Unterabschnitten, namentlich dem Ende der ersten beiden Bücher und dem Beginn der letzten beiden, relativ nüchtern ausfällt.

d. Zur Argumentation Kannowskis

Eine argumentative Auseinandersetzung mit dem ursprünglichen Glossenschluss findet sich zuletzt bei Kannowski. Er geht von der These Sinauers aus, dass eine erste Fassung der Glosse zunächst lediglich bis Ldr. III 81 gereicht habe, und wendet sich sodann der von ihr aufgeworfenen Frage zu, ob Johann von Buch selbst die weitere Glossierung bis Ldr. III 87 verfasst habe oder erst ein späterer Rechtskundiger[2399]. Insofern zieht er zum einen die Ergebnisse seiner umfassenden Glossenanalyse heran. Da die Glossierung der Schlussartikel mit den sich darin zeigenden Linien des Buch'schen Rechtsdenkens konform gehe, spreche viel für eine Autorschaft des Glossators[2400]. Außerdem führt Kannowski ein weiteres Argument in die Diskussion ein: Er weist auf einen bereits von Steffenhagen entdeckten charakteristischen Allegationenblock hin[2401], der sich an verschiedenen Stellen der Glosse und ebenso in der Glosse BG III 86 § 2 *Thur seluen wysz* finde[2402]. Dieser Allegationenblock zeichne sich nicht allein durch übereinstimmende Bestandteile aus, es finde sich auch an allen Stellen eine fehlerhafte Allegation: Bei Dig. 45, 1, 108 werde die Lex als *l. acci(ci)o* statt korrekt als *l. a Tito* angegeben[2403]. Zwar sei möglich, dass ein vom ursprünglichen Glossator verschiedener Autor den Fehler aus dessen Text übernommen habe, näher liege aber, dass die Glosse ebenfalls von Johann von Buch stamme[2404]. Nehme man beide Argumente zusammen, könne eine Autorschaft des Glossators nach gegenwärtigem Forschungsstand als erwiesen gelten[2405]. Dagegen sei der Argumentation Steffenhagens in Bezug auf die Artikel Ldr. III 88 – Ldr. III 91 nicht zu folgen[2406]. Zum einen fänden sich bei diesen Artikeln sehr unterschiedliche Überlieferungsstränge, wobei es sich bei der Petrinischen Glosse um eine selbständige Bearbeitung des Petrus de Posena handele, außerdem weiche der Stil jedenfalls ab der Glossierung von Ldr. III 89 von dem vorausgehenden ab[2407]. Warum Johann von Buch allerdings lediglich bis Ldr. III 87 glossiert habe – obwohl ihm ausweislich der Allegationen jedenfalls Ldr. III 88 bekannt gewesen sei[2408] – sei ungeklärt, möglicherweise habe er sein Werk nicht beenden können.

2399 Kannowski, Buch'sche Glosse S. 67, er äußert allerdings durchaus Zweifel an dieser These, ebenda S. 65 f.

2400 Kannowski, Buch'sche Glosse S. 483.

2401 Steffenhagen, Accursische Glosse S. 667.

2402 Kannowski, Buch'sche Glosse S. 484.

2403 Kannowski, Buch'sche Glosse S. 483.

2404 Kannowski, Buch'sche Glosse S. 485.

2405 Kannowski, Buch'sche Glosse S. 483.

2406 Kannowski, Buch'sche Glosse S. 486.

2407 Kannowski, Buch'sche Glosse S. 486.

2408 Kannowski, Buch'sche Glosse S. 486. Er prüft aufgrund dieser Beobachtung sowie der Annahme, dass die Glossierung zu Ldr. III 88, nicht aber diejenige der folgenden Artikel sich durch die Zuweisung an einen Kaiser stilistisch in das Vorangehende anschließe, die Hypothese, dass auch die Glossierung zu Ldr. III 88 auf Johann von Buch zurückgehen könnte.

In Bezug auf diese Argumentationslinie ist anzumerken, dass die Annahme einer ersten in den Verkehr gelangten Fassung – die das Abbrechen der Glossierung bei Ldr. III 81 gerade in den älteren Handschriften zwanglos erklärt – wie bereits ausgeführt m. E. erheblichen Bedenken begegnet. Vor diesem Hintergrund spricht anders als von Kannowski zugrunde gelegt mit dem Alter der nach dem Glossenbruchstück abbrechenden Handschriften durchaus ein gewichtiges Argument gegen die Autorschaft Johanns von Buch an der Glossierung zu Ldr. III 82 – Ldr. III 87. Überzeugend scheint dagegen die Argumentation aus der fehlerhaften Allegation, wobei diese allerdings – wie auch Kannowski zu bedenken gibt – von einer späteren Autor*in aus der bestehenden Glossierung übernommen worden sein könnte. Hinsichtlich der Argumentation aus der Übereinstimmungen mit dem Buch'schen Rechtsdenken ist einschränkend anzumerken, dass sich aufgrund der in meiner Arbeit durchgeführten Untersuchungen bei den fraglichen Schlussartikeln in Details durchaus deutliche Unterschiede ergeben – insbesondere beim Verständnis der Enterbungsgründe und bei der Artikeleinteilung in Bezug auf Ldr. III 87 – und zudem das Rechtsdenken einer möglichen späteren Autor*in durch die Lektüre der bestehenden Glossierung geprägt sein könnte. Das Johann von Buch, wie von Kannowski angedacht, sein Werk möglicherweise nicht habe beenden können, lässt sich schließlich m. E. ausschließen.

6. Gegenüberstellung der verbleibenden Argumente

Damit lassen sich m. E. nach derzeitigem Forschungsstand keine gesicherten Aussagen über die Autorschaft Johanns von Buch an der Schlussglossierung treffen. Aufgrund der Ausführungen im Richtsteigprolog lässt sich mit ziemlicher Sicherheit davon ausgehen, dass Johann von Buch die Schlussartikel für Kaisergesetze hielt, und zwar, wie sich aus dem Glossenbruchstück und einem Vergleich mit der Kurzform der reinen Sachsenspiegelhandschriften ergibt, die Artikel ab Ldr. III 81 § 2. Ebenfalls mit hoher Wahrscheinlichkeit ist davon auszugehen, dass Johann von Buch die Schlussartikel nicht etwa lediglich bis Ldr. III 87 bekannt waren, obwohl nur wenige Handschriften eine über diesen Artikel hinausgehende Glossierung enthalten. Denn zum einen allegiert er, worauf schon Kannowski hinweist[2409], jedenfalls nach dem Textbestand des Codex Hecht mehrfach Ldr. III 88[2410]. Hinzu kommt, dass sowohl Richtsteigprolog als auch Entstehungsnotiz im Zwischenstück[2411] von mehreren Satzungen Friedrichs sprechen, wobei nach dem Richtsteigprolog nach Ldr. III 87 § 3

Er verwirft diese Hypothese aber, weil sich keine Handschrift mit Abbruch der Glossierung an dieser Stelle finde, ebenda S. 486 f.

2409 Kannowski, Buch'sche Glosse S. 486.

2410 Kaufmann, Buch'sche Glosse S. 1693. Bei der dort aufgeführten Remission von Ldr. III 91 §§ 2, 3 handelt es sich lediglich um eine Erwähnung der Paragraphen im Rahmen eigener Ausführungen des Herausgebers über den Aufbau der Wolfenbütteler Handschrift.

2411 Diese kann insofern als Argument herangezogen werden, als sie, auch wenn sie dem Glossator nicht bekannt gewesen sein sollte, aus derselben Quelle geschöpft zu sein scheint, wie die Ausführungen im Richtsteigprolog, oben S. 555.

noch vier weitere Satzungen folgen sollen[2412]. Als gesichert kann mithin gelten, dass die Artikel Ldr. III 82 § 2 – Ldr. III 91 Johann von Buch bekannt waren und seiner Ansicht nach Satzungen späterer Kaiser darstellen, die, so lässt sich dem Richtsteigprolog entnehmen, ähnlich den mittelalterlichen Authentiken im Corpus Iuris Civilis an den vermeintlichen Privilegtext angefügt worden sind.

Als gesichert kann schließlich gelten, dass Johann von Buch das Glossenwerk nach eigenem Dafürhalten abgeschlossen hat, die Glosse also etwa nicht unvollendet geblieben und durch eine spätere Autor*in fertiggestellt worden ist. Denn nicht nur hat der Glossator nach der Landrechtsglosse weitere Arbeiten begonnen und fertiggestellt, die Glosse wird von ihm im Richtsteigprolog auch als fertiggestelltes Werk in Bezug genommen.

Ob Johann von Buch die von ihm als Kaisergesetze verstandenen Schlussartikel aber glossiert hat und ob es sich in diesem Fall bei der heute überlieferten Glossierung – ab dem Ende des Glossenbruchstücks bis Ldr. III 87 oder darüber hinaus bis Ldr. III 91 in der im Codex Petrinus überlieferten Form[2413] – um die ursprüngliche Glossierung handelt, lässt sich weder aufgrund der bisher angeführten Überlegungen zum Textbestand der überlieferten Handschriften noch aufgrund der bisher aufgeführten Überlegungen zu inhaltlicher Aussagen in der Glosse, dem Richtsteig Landrechts und den Prologen zu beiden Werken mit hinreichender Sicherheit ermitteln. Unter Berücksichtigung der vorgenannten Feststellungen erscheinen zur Erklärung des unterschiedlichen Artikelbestandes am Ende der Glossierung folgende Geschehensabläufe denkbar:

I. Johann von Buch könnte mit den Annahmen Sinauers die Arbeit nach dem Glossenbruchstück unterbrochen,

1. sie aber später bis zum Ende des vermeintlich Eike'schen Textes bei Ldr. III 82 § 2 fortgesetzt haben,
   a) wobei die ursprüngliche Glossierung verloren gegangen ist und der heute in den Handschriften mit Glossierung über das Glossenbruchstück hinaus überlieferte Text ab dem Ende des Glossenbruchstücks eine spätere Ergänzung darstellt.
   b) wobei es sich bei der in den Handschriften mit Glossierung über das Glossenbruchstück hinaus bis Ldr. III 82 § 2 um den ursprünglichen Text handelt.

2412 Im Richtsteigprolog wird zwar nur nach der bei Homeyer als Leittext gewählten Textfassung Ldr. III 87 § 3 als Satzung Friedrichs I. bezeichnet, nach der noch sechs weitere seiner Satzungen folgen. Doch die Bezugnahme auf diesen Artikel erscheint auch bei der Lesart vieler anderer Handschriften wahrscheinlich, oben Anm. 2319, jedenfalls erwähnt auch diese mehrere Satzungen Friedrichs.

2413 Theoretisch denkbar ist darüber hinaus, dass auch eine der anderen überlieferten Glossierungen zu den Schlussartikeln den Text der Urglosse enthält, da dies aber in der Literatur bisher nicht vertreten worden ist, soll diese Möglichkeit im folgenden nicht berücksichtigt werden.

2. sie aber später bis zum Ende des Sachsenspiegels einschließlich der Kaisergesetze bei Ldr. III 91 fortgesetzt haben,
   a) wobei die ursprüngliche Glossierung verloren gegangen ist und der heute in den Handschriften mit Glossierung über das Glossenbruchstück hinaus überlieferte Text ab dem Ende des Glossenbruchstücks eine spätere Ergänzung darstellt.
   b) wobei es sich bei dem in den Handschriften mit Glossierung über das Glossenbruchstück hinaus überlieferten Text bis Ldr. III 87 um den Text der Urglosse handelt, der nach dieser Stelle aber verlorenen gegangen und in allen Handschriften mit Text über Ldr. III 87 hinaus später ergänzt worden ist.
   c) wobei es sich bei dem in den Handschriften mit Glossierung über das Glossenbruchstück hinaus überlieferten Text bis Ldr. III 87 sowie um den im Codex Petrinus enthaltenen Text um den Text der Urglosse handelt, der nach Ldr. III 87 zwar in vielen Handschriften verlorenen gegangen und teilweise später ergänzt, im Codex Petrinus aber in seiner ursprünglichen Form überliefert worden ist.

II. Das Glossenbruchstück könnte auf einem Defekt einer ursprünglich umfangreicheren Handschrift beruhen, indem Johann von Buch die Glossierung in einem Zug[2414]

1. bis Ldr. III 82 § 2 geführt hätte,
   a) wobei die ursprüngliche Glossierung verloren gegangen ist und der heute in den Handschriften mit Glossierung über das Glossenbruchstück hinaus überlieferte Text ab dem Ende des Glossenbruchstücks eine spätere Ergänzung darstellt.
   b) wobei es sich bei dem in den Handschriften mit Glossierung über das Glossenbruchstück hinaus überlieferten Text bis Ldr. III 82 § 2 um den ursprünglichen Text handelt und erst die Glossierung zu den vermeintlichen Kaisergesetzen ergänzt ist.
2. bis Ldr. III 91 geführt hätte,
   a) wobei die ursprüngliche Glossierung verloren gegangen ist und der heute in den Handschriften mit Glossierung über das Glossenbruchstück hinaus überlieferte Text ab dem Ende des Glossenbruchstücks eine spätere Ergänzung darstellt.
   b) wobei es sich bei dem in den Handschriften mit Glossierung über das Glossenbruchstück hinaus überlieferten Text bis Ldr. III 87 um den Text der Urglosse handelt, der nach dieser Stelle aber verlorenen gegangen und in allen Handschriften mit Text über Ldr. III 87 hinaus später ergänzt worden ist.

2414 Die theoretische Möglichkeit, dass das Glossenbruchstück zwar auf einem Defekt beruht, Johann von Buch aber dennoch erst in einer ersten Fassung bis Ldr. III 82 § 2 und in einer Rezension des Werkes bis Ldr. III 91 glossiert hat, besteht. Für sie finden sich dann aber keinerlei Anhaltspunkte im Handschriftenbestand.

c) wobei es sich bei dem in den Handschriften mit Glossierung über das Glossenbruchstück hinaus überlieferten Text bis Ldr. III 87 sowie um den im Codex Petrinus enthaltenen Text um den Text der Urglosse handelt, der nach Ldr. III 87 zwar in vielen Handschriften verlorenen gegangen und teilweise später ergänzt, im Codex Petrinus aber in seiner ursprünglichen Form überliefert worden ist.

Hinsichtlich der Autorschaft Johanns von Buch an der heute überlieferten Glossierung ergeben sich aus diesen möglichen Szenarien als Folge unterschiedlicher Umstände insgesamt vier Hypothesen[2415]:

I. Die Glossierung bis einschließlich dem Glossenbruchstück stammt von Johann von Buch.
II. Die Glossierung bis zum vermeintlichen Ende des Eike'schen Text (d. h. bis Ldr. III 82 § 1) stammt von Johann von Buch.
III. Die Glossierung bis Ldr. III 87 stammt von Johann von Buch.
IV. Die Glossierung bis Ldr. III 87 sowie bis Ldr. III 91 in der im Codex Petrinus überlieferten Form stammt von Johann von Buch.

Diese letztere Unterscheidung ist nicht nur die für eine Auseinandersetzung mit dem rechtlichen Gehalt der Buch'schen Glosse allein erhebliche – denn sie bestimmt, welcher Textbestand ohne weiteres in die Untersuchung mit einbezogen werden kann. Sie ist auch umgekehrt diejenige, zu der sich aufgrund einer Untersuchung des rechtlichen Gehalts der Buch'schen Glosse, wie sie in dieser Arbeit vorgenommen wurde, am ehesten Anhaltspunkte finden lassen – entsprechende Argumentationen finden sich insbesondere bei Steffenhagen und Kannowski. Daher sollen in Bezug auf die letztgenannte Unterscheidung die in der Literatur aufgeführten Argumente, soweit sie einer kritischen Überprüfung m. E. standhalten können, sowie die in dieser Arbeit entwickelten Argumente noch einmal überblicksartig zusammengestellt werden.

a. Argumente für und wider Autorschaft bis einschließlich des Glossenbruchstücks

Für die erste Hypothese, dass von dem überlieferten Text lediglich der Abschnitt bis einschließlich dem Glossenbruchstück von Johann von Buch stammt, spricht zum einen die von Sinauer herausgearbeitete Beobachtung, dass die älteste datierte Handschrift – die auch von Kaufmann verwendete Wolfenbütteler Handschrift –

2415 Bezüglich der Schlussglossierung, Ldr. III 88 – Ldr. III 91, kämen freilich auch die weiteren Fassungen in Betracht. Für die im Augsburger Druck überlieferte Fassung jedenfalls erscheint dies aber höchst unwahrscheinlich, da sich hier Unterschiede in Struktur und Stil ausmachen lassen, oben S. 535.

sowie die nach dem Allegationenbestand unvollständigsten, mithin mutmaßlich eine gegenüber dem Autograph am wenigsten veränderte Textfassung enthaltenden Handschriften, nach dem Glossenbruchstück – z. T. ergänzt um Ausführungen zur Ebenburt – oder bereits vor dem Glossenbruchstück abbrechen, wobei sich das Abbrechen vor dem Glossenbruchstück wie auch die Ergänzung um die Ebenburtglosse als Weiterentwicklung aus Vorlagen mit Glossenbruchstück ermitteln lassen. Die ältesten und ausweislich der Allegationen der Urglosse wohl am nächsten kommenden Textzeugen enthalten die heute überlieferte Schlussglossierung mithin nicht. Dies spricht insbesondere dann für eine Entstehung der heute überlieferten Schlussglossierung durch eine spätere Ergänzung, wenn man, abweichend von Sinauer aber m. E. am naheliegendsten, das Ende der Glossierung in dieser Handschriftengruppe auf einen Textverlust beim Autograph oder einer der ersten Abschrift zurückführt.

Weiter spricht für die erste Hypothese, dass sich in dem Abschnitt nach Ende des Glossenbruchstücks, aber noch in der bis Ldr. III 87 reichenden, gemeinsamen Glossierung mit der Glosse BG III 84 § 3 *Dodet ein man synen vader* eine Darstellung der Enterbungsgründe findet, die von einer früheren Darstellung der Enterbungsgründe in BG I 17 § 1 *Wente jd ne geit nicht vte dem bosmen* hinsichtlich des rechtlichen Verständnisses in mehreren Punkten abweicht, wobei Vorlage der zweiten Darstellung neben Nov. 115 auch die frühere Darstellung gewesen sein dürfte. Diese Befunde deuten m. E. erheblich auf zwei unterschiedliche Autor*innen hin.

Als drittes Argument für die erste Hypothese lässt sich weiter ein Vergleich der Ausführungen zur Artikeleinteilung hinsichtlich der Schlussartikel im sicher auf Johann von Buch zurückgehenden Richtsteigprolog einerseits und in der fraglichen Schlussglossierung andererseits heranziehen. Der Abschnitt zwischen dem Glossenbruchstück und dem Ende der gemeinsamen Glossierung enthält in der Glosse BG III 87 § 1 *Welck leye* eine Aussage zur Artikeleinteilung, die einer entsprechenden Aussage im Richtsteigprolog widerspricht. Dies erscheint insbesondere deshalb bemerkenswert, weil Johann von Buch im Glossenprolog ausdrücklich Wert auf die korrekte Wiedergabe der Artikeleinteilung legt.

Gegen die erste Hypothese spricht dagegen vor allem, dass die bis Ldr. III 87 reichende, gemeinsame Glossierung eben mit dem Text des Glossenbruchstücks beginnt, wobei die Fortsetzung anders als bei der Fortsetzung durch Ausführungen zur Ebenburt hier organisch und inhaltlich ohne weiteres nachvollziehbar erscheint. Sollte diese Fortsetzung durch eine späteren Autor*in vorgenommen worden sein, so müsste er*sie hierbei erheblich geschickter vorgegangen sein, als es bei ähnlichen zeitgenössischen Einfügungen zu beobachten ist, etwa bei der Ergänzung des Glossenbruchstücks um Ausführungen zur Ebenburt oder bei der Einfügung der Glossierung zu Ldr. I 8 – Ldr. I 14 aus einer anderen Vorlage in den Textbestand der defekten Hauptvorlage im Codex Hecht. Dies erscheint zwar keineswegs ausgeschlossen, jedoch spricht die nahtlose Fortsetzung gerade vor dem Hintergrund, dass sich das Glossenbruchstück m. E. am naheliegendsten durch einen Defekt erklären lässt, für eine Entstehung einem Zuge, mithin dafür, dass auch der weitere Text bereits im Autograph enthalten war.

Weiter lässt sich gegen die erste Hypothese das Argument Kannowskis anführen, dass der Abschnitt nach dem Glossenbruchstück, in BG III 86 § 2 *Thur seluen wysz*, einen bereits an früherer Stelle mehrfach auftretenden Allegationenblock mit einer fehlerhaften Allegation von Dig. 45, 1, 108 – *l. acci(ci)o* statt *l. a Tito* – enthält. Diesem Argument lässt sich

entgegenhalten, dass der Allegationenblock ohne weiteres durch eine vom Glossator verschiedene Autor*in aus dessen Text übernommen worden sein könnte, es kann aber durchaus als Indiz für eine Autorschaft Johanns von Buch gelten.

Gleiches gilt für ein drittes Argument gegen die erste Hypothese: dass sich in dem Abschnitt bis Ldr. III 87 zwei Verweisungen auf frühere Glossenstellen finden, die in der ersten Person formuliert sind – in BG III 84 § 3 *He ne du't in notwerunge* und in BG III 85 § 3 *Gheff t he dat ghelt vnde mach het vulbringhen*, eine weitere solche Verweisung findet sich in der Glossierung der Schlussartikel nach dem Codex Petrinus, in BG III 91 § 2 *Mit vormunden*. Auch diese Art der Verweisung könnte von einer vom Glossator verschiedenen Autor*in von diesem übernommen worden sein, kann aber doch als Indiz für seine Autorschaft gewertet werden. Allerdings erscheint dieses Indiz angesichts der Tatsache, dass sich die Art der Verweisung mit der letztgenannten Stelle auch außerhalb der gemeinsamen Glossierung bis Ldr. III 87 in der nicht eben breit überlieferten Schlussglossierung nach dem Codex Petrinus findet, als wenig gewichtig.

Als weiteres Indiz gegen die erste Hypothese lässt sich weiter die Allegation der Landfriedenserneuerung von 1298 in BG III 84 § 1 *We deme anderen* anführen, die entsprechenden Allegationen in der früheren Glossierung entspricht. Weil die Landfriedenserneuerung sich jedoch unter zeitgenössischen Jurist*innen allgemein hoher Achtung erfreute und zudem die Allegation mit anderen Allegationen als an früheren Stellen kombiniert ist, wird man diesem Argument ebenfalls nur untergeordnete Bedeutung beimessen können.

Gegen die erste Hypothese, dass nur der Text bis zum Glossenbruchstück von Johann von Buch stammt, lässt sich schließlich anführen, dass sich die zeitlich und örtlich konkreten Zuweisungen der Sachsenspiegelartikel ab Ldr. III 82 § 2 an spätere Kaiser mit diesbezüglichen Aussagen Johanns von Buch im Prolog des Richtsteig Landrechts zwar nicht im Detail – nämlich hinsichtlich der Artikeleinteilung – wohl aber im Grundsatz – nämlich hinsichtlich der Zuweisung überhaupt sowie in der Form dieser Zuweisung, durch Angabe des erlassenden Kaisers mit Beinamen, regelmäßig auch des Erlassortes und des Erlassdatums, jeweils aus einzelnen Zahlen zusammengesetzt und/oder durch Angabe des jeweiligen Regierungsjahres – decken, wobei diese Aussagen wiederum in Inhalt und Form den entsprechenden Angaben im Zwischenstück entsprechen, aber über diese hinausgehen. Die entsprechenden Aussagen dürften damit einer gemeinsamen Quelle außerhalb des Sachsenspiegels entnommen sein, auf die Johann von Buch als Autor des Richtsteigprologes Zugriff gehabt haben müsste. Hierzu ist allerdings einschränkend anzumerken, dass die Glossierung der Schlussartikel durch diese Zuweisung an spätere Kaiser und die Deutung als Entscheidung von rechtlichen Streitständen durch einen, freilich durch anderweitige Ausführungen durchbrochenen, aber doch in der gesamten Glossierung einheitlich durchgeführten Aufbau imponiert, der sie von der früheren Glossierung abhebt.

b. Argumente für und wider Autorschaft bis einschließlich der Glossierung zu Ldr. III 82 § 1

Für die zweite Hypothese, dass die Glossierung bis einschließlich der Glossen zu Ldr. III 82 § 1 von Johann von Buch stammt, nicht aber darüber hinaus, spricht vor allem die Tatsache, dass sich die Glossierung zu Ldr. III 81 § 2, Ldr. III 82 § 1 und dem Zwischenstück durch einen feierlichen Tonfall auszeichnet, der dem Ende der Glossierung geschuldet sein könnte. Ein ähnlich feierlicher Tonfall findet sich allerdings auch an anderen Stellen der Glossierung, sodass diesem Argument nur untergeordnete Bedeutung zukommt.

Für diese Hypothese lassen sich auch die Argumente anführen, die gegen eine Autorschaft Johanns von Buch an dem Text nach dem Glossenbruchstück sprechen, soweit dieser Text nach der Glossierung zu Ldr. III 82 § 1 liegt, insbesondere die einander widersprechenden Aussagen zur Artikeleinteilung in BG III 87 § 1 *Welck leye* einerseits und im Richtsteigprolog andererseits und das abweichende Verständnis der Enterbungsgründe in BG III 84 § 3 *Dodet ein man synen vader* einerseits und in BG I 17 § 1 *Wente jd ne geit nicht vte dem bosmen* andererseits.

Das stärkste Gegenargument gegen die erste Hypothese, nämlich dass die Glossierung zu Ldr. III 81 § 2, die auch das Glossenbruchstück enthält, als organische Einheit erscheint – sollte das Glossenbruchstück nachträglich ergänzt worden sein, dies also mit bei anderen Ergänzungen nicht zu beobachtendem Geschick erfolgt sein müsste – spricht dabei nicht auch gegen die zweite Hypothese, die ja an dieser Stelle gerade nicht von einer späteren Ergänzung ausgeht, und kann damit als weiteres Argument für die zweite Hypothese gewertet werden.

Gegen die zweite Hypothese spricht jedoch ganz erheblich, dass ausweislich der Angaben in der Literatur keinerlei Handschriften mit einem Ende der Glossierung an dieser Stelle überliefert sind. Alle Handschriften mit Glossierung bis Ldr. III 81 § 2, Ldr. III 82 § 1 und Zwischenstück setzen diese bis mindestens Ldr. III 87 § 4 fort. Die Annahme, dass die überlieferte Glossierung auf Johann von Buch zurückgeht, jedoch lediglich bis einschließlich der Glossierung zu Ldr. III 82 § 1 inklusive des Zwischenstücks, ergibt sich allein aus – m. E. mindestens angreifbaren – Überlegungen Grupens, Homeyers und Sinauers zu den Absichten des Glossators. So lässt sich m. E. aus dem Glossenprolog keineswegs schließen, dass der Glossator eine Glossierung der vermeintlichen Kaisergesetze – zunächst – nicht beabsichtigt habe. Dies ist zwar theoretisch möglich, lässt sich aber durch die Ausführungen des Glossators nicht nur nicht sicher, sondern schon nicht mit erhöhter Wahrscheinlichkeit belegen. Vor diesem Hintergrund wird man der zweiten Hypothese gegenüber der ersten und auch gegenüber der dritten und vierten Hypothese nur eine deutlich geringere Wahrscheinlichkeit zubilligen können.

Gegen die zweite Hypothese sprechen weiter diejenigen Argumente, die für eine Urheberschaft Johanns von Buch an der Glossierung der Schlussartikel sprechen, insbesondere die fehlerhafte Allegation von Dig. 45, 1, 108 innerhalb eines häufig auftretenden Allegationenblocks in BG III 86 §2 *Thur seluen wysz*, die glosseninternen Verweisungen in der ersten Person in BG III 84 §3 *He ne du't in notwerunge*, BG III 85 §3 *Ghefft he dat ghelt vnde mach het vulbringhen* und BG III 91 §2 *Mit vormunden*, die Allegation der Landfriedenserneuerung von 1298 in BG III 84 §1 *We deme anderen* und die zeitlich und örtlich konkrete Zuweisung der Schlussartikel an spätere Kaiser, die sich nicht im Detail, aber doch im Grundsatz übereinstimmend im Richtsteigprolog findet.

c. Argumente für und wider Autorschaft bis einschließlich der Glossierung zu Ldr. III 87

Bei einer Untersuchung der dritten Hypothese, dass der überlieferte Textbestand bis einschließlich der Glossierung zu Ldr. III 87 §4 von Johann von Buch verfasst worden ist, jedoch keine der verschiedenen Glossierungen zu den Schlussartikeln bis Ldr. III 91, insbesondere nicht die Textfassung des Codex Petrinus, sind die vorgenannten Argumente im wesentlichen unter umgekehrten Vorzeichen heranzuziehen.

Für diese Annahme spricht vor allem, dass das Glossenbruchstück in der Glossierung von Ldr. III 81 §2 organisch und inhaltlich nachvollziehbar fortgesetzt wird. Dieser Befund lässt sich, wie bereits ausgeführt, sehr viel naheliegender damit erklären, dass das Glossenbruchstück und die weitere Glossierung in einem Zuge entstanden sind, mithin beide bereits im Autograph enthalten waren, als durch eine nachträgliche Ergänzung des Glossenbruchstücks durch eine spätere Autor*in, dies insbesondere deshalb, weil bei ähnlichen Ergänzungen an anderer Stelle ein weit weniger geschicktes Vorgehen zu beobachten ist.

Für die zweite Hypothese spricht zudem erheblich, dass sich die Zuweisung der Sachsenspiegelartikel ab Ldr. III 82 §2 an spätere Kaiser, wie sie die Glossierung der Schlussartikel enthält, in der Form – durch Nennung des Kaisers mit Beinamen und regelmäßig auch Angabe des Erlasszeitpunktes und des Erlassortes – übereinstimmend im Richtsteigprolog wie auch im Zwischenstück findet, wobei die Angaben in der Glossierung wie auch im Richtsteigprolog über die Angaben im Zwischenstück hinausgehen. Einschränkend hierzu ist freilich anzumerken, dass sich im Detail, nämlich der Artikeleinteilung, durchaus Abweichungen zeigen. Zudem ist die Glossierung der Schlussartikel gerade durch diese bei jedem Artikel erfolgten Zuweisung und durch die Deutung jedes Artikels als die kaiserliche Entscheidung einer Kontroverse von Rechtskundigen durch einen einheitlichen Aufbau gekennzeichnet, der sie von der früheren Glossierung abhebt.

Für die dritte Hypothese lässt sich weiter die Beobachtung anführen, dass der charakteristische Allegationenblock mit der fehlerhafte Allegation (*l. acci(ci)o* statt *l. a Tito*) von Dig. 45, 1, 108 sich auch in dem Abschnitt nach dem Glossenbruchstück findet, wobei dieser freilich auch aus der früheren Glossierung übernommen sein könnte. Für die dritte Hypothese spricht zudem die Allegation der Landfriedenserneuerung von 1298, für die aber gleiches gilt.

Das Argument allerdings, dass die glosseninternen Verweisungen in der ersten Person in BG III 84 § 3 *He ne du't in notwerunge* und BG III 85 § 3 *Ghefft he dat ghelt vnde mach het vulbringhen* auf Johann von Buch als Verfasser der Glossen schließen ließen, lässt sich für diese Hypothese kaum fruchtbar machen. Da sich eine glosseninterne Verweisung in der ersten Person auch im Glossenschluss der Petrinischen Glosse in BG III 91 § 2 *Mit vormunden* findet, wird man dieses Argument für die vierte, nicht aber für die dritte Hypothese anführen können.

Gegen die dritte Hypothese spricht vor allem die durch Sinauer herausgearbeitete Beobachtung, dass die älteste datierbare Handschrift sowie diejenigen Handschriften, bei denen der vergleichsweise geringe Allegationenbestand für eine ursprüngliche Textgestalt sprechen, nach dem Glossenbruchstück abbrechen, das Glossenbruchstück durch offensichtlich später ergänzte Ausführungen zur Ebenburt fortsetzen oder bereits vor dem Glossenbruchstück enden. In den ältesten bzw. mutmaßlich ursprünglichsten Textzeugen ist die weitere Glossierung nach dem Glossenbruchstück mithin nicht enthalten. Gegen die dritte Hypothese spricht zudem das in mehrfacher Hinsicht abweichende Verständnis der Enterbungsgründe bei der zweiten Wiedergabe in BG III 84 § 3 *Dodet ein man synen vader* gegenüber dem Verständnis bei der ersten Wiedergabe in BG I 17 § 1 *Wente jd ne geit nicht vte dem bosmen*, das auf zwei unterschiedliche Autor*innen hindeutet. Gegen die Hypothese spricht schließlich die voneinander abweichenden Aussagen zur Artikeleinteilung bei Ldr. III 87 in BG III 87 § 1 *Welck leye* einerseits und im sicher auf Johann von Buch zurückgehenden Richtsteigprolog andererseits.

d. Argumente für und wider Autorschaft der gesamten Glossierung wie im Codex Petrinus überliefert

Hinsichtlich der vierten Hypothese, dass die Glossierung, wie sie der Codex Petrinus enthält, gänzlich auf Johann von Buch zurückzuführen ist, lassen sich folgende Argumente anführen: Für diese Hypothese spricht vor allem, dass die Glossierung der letzten Artikel im Codex Petrinus der allen soweit reichenden Handschriften gemeinsamen Glossierung nach dem Glossenbruchstück bis Ldr. III 87 insofern gleicht, als hier wie dort und in Übereinstimmung mit dem im Richtsteigprolog ausgeführten die Schlussartikel des Sachsenspiegels als Kaisergesetze verstanden werden, die dem Sachsenspiegel zur Entscheidung von Rechtskontroversen beigefügt wurden. Dies ist etwa bei der im Augsburger Druck von 1516 enthaltenen Glossierung der letzten Artikel nicht der Fall. Allerdings ist einschränkend hierzu anzumerken, dass der Aufbau der nur dort überlieferten Schlussglossierung gegenüber der gemeinsamen Glossierung bis Ldr. III 87 stringenter erscheint und die Zuweisung an den erlassenden Kaiser dort im Unterschied zur gemeinsamen Glossierung ganz überwiegend erst nach der Darstellung der Kontroverse und nicht bereits zu Beginn der Glossierung erfolgt.

Für die vierte These spricht zudem, dass sich in der Glosse BG III 91 § 2 *Mit vormunden* nach dem Codex Petrinus wie in der gemeinsamen Glossierung bis Ldr. III 87, nämlich in BG III 84 § 3 *He ne du't in notwerunge* und in BG III 85 § 3 *Ghefft he dat ghelt vnde mach het vulbringhen* glosseninternen Verweisungen in der ersten Person finden lassen – anders als in anderen späteren Ergänzungen der Glosse, etwa in der Glossierung der letzten Sachsenspiegelartikel nach dem Augsburger Druck von 1516.

Da die vierte These, wie auch die dritte, von einer Autorschaft Johanns von Buch an der gemeinsamen Glossierung bis Ldr. III 87 § 4 ausgeht, sind die dafür sprechenden Argumente auch für die vierte These anzuführen. Hierfür spricht, wie bereits ausgeführt, der charakteristische Allegationenblock mit der fehlerhaften Allegation auch in BG III 86 § 2 *Thur seluen wysz* und die Allegation der Landfriedenserneuerung von 1298 in BG III 84 § 1 *We deme anderen.*

Gegen die vierte Hypothese, dass sich nicht nur die allen bis dahin reichenden Handschriften gemeinsame Glossierung der Artikel Ldr. III 82 § 2 – Ldr. III 87, sondern auch die Glossierung der Artikel Ldr. III 88 – Ldr. III 91 im Codex Petrinus auf Johann von Buch zurückführen lässt, spricht vor allen die nicht eben breite Überlieferung dieser Schlussglossierung sowie die von Sinauer herausgearbeitete Tatsache, dass sich der Codex Petrinus als besonders fehlerhaft erweist und zudem ausweislich des Allegationenbestandes eine Weiterentwicklung anderer Handschriften der 3. Ordnung sein dürfte.

Gegen die vierte Hypothese sprechen schließlich auch die Argumente, die gegen eine Autorschaft Johanns von Buch an der gemeinsamen Glossierung bis Ldr. III 87 § 4 sprechen, insbesondere die Tatsache, dass die auch von Kaufmann verwendete Wolfenbütteler Handschrift als die älteste datierte Handschrift die Glossierung nach dem Glossenbruchstück nicht enthält und diese sich nur in solchen Handschriften findet, die ausweislich ihres Allegationenbestandes Anzeichen für eine jüngere Textentwicklung aufweisen. Gleiches gilt für die Argumente aus dem abweichenden Verständnis der Enterbungsgründe in BG I 17 § 1 *Wente jd ne geit nicht vte dem bosmen* einerseits und BG III 84 § 3 *Dodet ein man synen vader* andererseits sowie die abweichenden Aussagen zum Artikelbeginn von Ldr. III 87 im Richtsteigprolog einerseits und in BG III 87 § 1 *Welck leye* anderseits.

e. Abwägung der verbleibenden Argumente

Die Gegenüberstellung der verbleibenden Argumente lässt ohne weiteres erkennen, dass sich bei jeder der gebildeten Hypothese Argumente für und Argumente gegen sie finden lassen. Dabei ist keines der aufgeführten Argumente so zwingend, dass es eine Autorschaft Johanns von Buch sicher belegen oder sicher ausschließen würde. So lassen sich Übereinstimmungen in Inhalt und Form wie der charakteristische Allegationenblock, die Rückverweisungen in der ersten Person, die Allegation der Landfriedenserneuerung, der in Codex Petrinus und der gemeinsamen Glossierung bis zum Glossenbruchstück ähnlich strukturierte Aufbau mit einer den Ausführungen im

Richtsteigprolog entsprechenden Zuweisung der Schlussartikel an spätere Kaiser und die inhaltlich nachvollziehbare Ergänzung des bereits in den ältesten Handschriften enthaltenden Glossenbruchstücks dadurch erklären, dass spätere Autor*innen sich an der bestehenden Glossierung stilistisch und inhaltlich orientiert und diese zudem als Quelle benutzt haben. Umgekehrt lassen sich Widersprüche zu Ausführungen Johanns von Buch an anderer Stelle, wie das unterschiedliche rechtliche Verständnis hinsichtlich der Enterbungsgründe und die abweichenden Ausführungen zu der Artikeleinteilung darauf zurückführen, dass der Glossator seine früheren Ansichten inzwischen geändert hat oder unbewusst von ihnen abgewichen ist. Die größere strukturelle Geschlossenheit der Schlussglossierung im Vergleich zu der eher freien Form der Glossierung vor dem Glossenbruchstück kann darauf beruhen, dass Johann von Buch hier über breitere Informationen zu deren vermeintlicher Entstehung verfügte. Dem Argument aus dem höheren Alter bzw. älteren Entwicklungsstand der Handschriften mit Text nur bis Glossenbruchstück lässt sich die Überlegung entgegenhalten, dass jüngere und auch weiter entwickelte Texte dennoch die ursprüngliche Schlussglossierung von verlorenen, den Defekt am Schluss nicht enthaltenden Handschriften übernommen haben könnten.

Allerdings bleibt festzuhalten, dass die in der Literatur angeführten Argumente sich aufgrund der in dieser Arbeit vorgenommenen Detailstudie um zwei erhebliche Argumente gegen eine Autorschaft Johanns von Buch an den Artikeln nach dem Glossenbruchstück ergänzen lassen. Kannowski hatte insoweit formuliert, dass sich aus der Übereinstimmen der Glossierung der Artikel Ldr. III 82 § 2 – Ldr. III 87 mit den Linien des Buch'schen Rechtsdenkens eine Vermutung für die Autorschaft des Glossators ergebe, die durch die Verwendung des an einer Stelle fehlerhaften Allegationenblocks so stark gefestigt werde, dass sie als richtig gelten müsse, solange nicht ein überzeugendes Argument gegen sie auf den Plan trete[2416]. Aufgrund der nunmehr hinzugetretenen Argumente erscheint die Abwägung jedoch m. E. abermals ausgewogen. Alle vier Annahmen lassen sich mit stichhaltigen Argumenten untermauern. Die zweite Hypothese fällt aufgrund fehlender Textzeugen in ihrer Wahrscheinlichkeit gegenüber den übrigen dreien deutlich ab, aufgrund der nicht eben breiten Überlieferung durchaus auch die vierte gegenüber der ersten und dritten, doch lässt sich keine der Hypothesen sicher ausschließen. Insofern bleibt festzustellen, dass sich nach gegenwärtigem Forschungsstand eine beweisbare Aussage über die Autorschaft Johanns von Buch an der Schlussglossierung nicht treffen lässt. Die Beantwortung dieser Frage bleibt künftiger Forschung vorbehalten.

2416 Kannowski, Buch'sche Glosse S. 483.

IV. Die Synthese von Sachsenspiegelrecht und gelehrtem Recht in der Buch'schen Glosse

Als letzte in der Literatur kontrovers beurteilte Fragestellung soll schließlich auf die Frage nach dem Verhältnis der Buch'schen Glosse zum sächsischen Recht bzw. zum Sachsenspiegel einerseits und zum gelehrten Recht bzw. dessen Rechtsquellen andererseits eingegangen werden, zu der sich nach der Konzeption der Arbeit m. E. belastbare und über den bisherigen Forschungsstand erheblich hinausgehende Aussagen treffen lassen. Die Frage, inwiefern Johann von Buch bei der Erstellung der Landrechtsglosse seine Ansichten aus dem sächsischen Landrecht bezieht, inwieweit er das gelehrte, römisch-kanonische Recht übernimmt und in welcher Weise er gegebenenfalls beide verbindet, ist bisher unzureichend erforscht und wird durchaus unterschiedlich beurteilt. Völlig unzweifelhaft ist, dass es sich bei der Buch'schen Glosse ihrer Form nach um ein Produkt des gelehrten Rechts handelt. Ebenso eindeutig ist, dass der Glossator den Sachsenspiegeltext unter Heranziehung von Rechtsquellen des gelehrten, römisch-kanonischen Rechtes erläutert, die Landrechtsglosse also in irgendeiner Form sowohl sächsisches als auch römisch-kanonisches Recht enthält. Da die Glossenforschung aber bis in jüngste Zeit vorrangig auf die Erstellung einer Edition gerichtet war, die Untersuchung inhaltlicher Aspekte mithin nicht im Vordergrund der Bemühungen stand, sind darüber hinausgehende Aussagen zu dem Verhältnis von römisch-kanonischem und sächsischem Recht in der Landrechtsglosse rar.

1. Zum Forschungsstand

In der Literatur finden sich hierzu vornehmlich kürzere Bemerkungen, die das Verständnis der jeweiligen Autor*in zur Fragestellung erkennen lassen. Die Mehrheit der Stimmen scheint übereinstimmend davon auszugehen, dass es sich bei dem Recht der Glosse grundsätzlich um das Recht des Sachsenspiegels handelt, das lediglich mit dem römischen Recht verglichen und in Einzelfragen in größerem oder geringerem Umfang an dieses angepasst wird. Hinsichtlich des Umfangs der Anpassungen zeigen sich allerdings erhebliche Unterschiede.

Nietzsche nimmt an, dass die Glosse weniger auf Erklärung des damals allgemein verständlichen Inhalts des Sachsenspiegels abziele, sondern vielmehr der Vergleichung zwischen deutschem und römischem Recht und der Auflösung der Kollisionen zwischen beiden diene[2417]. Homeyer sieht das Bemühen des Glossators darin, das sächsische Recht angesichts seiner Bedrohung durch das Eindringen des römisch-kanonischen Rechts mittels des Nachweises von Parallelen zu dessen Rechtsgedanken im römischen und kanonischen Recht in der Geltung zu erhalten[2418].

2417 Nietzsche, ALZ 1827 (1827) Bd. 3 Sp. 740.

2418 Homeyer, Prolog S. 15. Insbesondere verweist Homeyer auf die Bemerkung des Glossenprologs, vor der geistlichen Gerichtsbarkeit werde *pro fantastico* gehalten, wer sich auf den Sachsenspiegel berufe. Vgl. BG Prolog Vers 198.

Grundsätzlich sei ein Stützen auf römisch-kanonisches Recht nicht verwerflich, sei dort doch in vielen Fällen das allgemein Logische und Menschliche im Recht sowie die gemeinsamen Grundlagen des Abendlandes festgehalten, allerdings nehme der Glossator fälschlich zu häufig Übereinstimmungen an[2419]. Doch folge er dort, wo er Unterschiede feststelle, stets der Regelung des Sachsenspiegels[2420]. In eine ähnliche Richtung geht die Annahme Steffenhagens. Er stellt umfassend fest, dass der Glossator bei Abweichungen zwischen dem fremden und dem einheimischen Recht stets am Sachsenspiegel festhalte[2421].

Unterschiedliche Tendenzen hinsichtlich des Standpunktes der Glosse sehen von Schwerin und ihm folgend Bindewald, was sie auch zur Annahme einer Entstehung ihres Textes durch Kompilation veranlasst[2422]. Es fänden sich Passagen, in denen die Übereinstimmung zwischen dem Sachsenspiegel und dem gelehrten Recht erwiesen werden solle. Andererseits werde bei ausdrücklichen Gegenüberstellungen an anderen Stellen auch dem Sachsenspiegel gefolgt. Dem stünden wiederum Glossen gegenüber, in denen gegen das Recht des Sachsenspiegels „polemisiert" und dieses als unrichtig und in sich widersprüchlich hingestellt werde[2423].

Sellert geht davon aus, dass Johann von Buch das sächsische Recht – das er vermutlich besser als das römische beherrscht habe – durch die Glossierung keinesfalls in seinem Kern habe verändern wollen.[2424] Der Glossator habe sich des römisch-kanonischen Rechtes lediglich wie einer Sammlung von *regulae iuris* bedient, um den Sachsenspiegelbestimmungen solche des römisch-kanonischen an die Seite stellen zu können[2425]. Nehlsen-von Stryk sieht wie Homeyer die Motivation zur Abfassung der Glosse darin, dem Sachsenspiegel Geltung vor kirchlichen Gerichten zu sichern[2426]. Sie betont aber, dass das Bemühen, Übereinstimmungen zwischen dem Sachsenspiegel sowie dem römischen und dem kanonischen Recht aufzuzeigen, nicht selten

2419 Homeyer, Prolog S. 15.

2420 Homeyer, Prolog S. 15–18. Dieses unerschütterliche Festhalten Johanns von Buch sei dadurch begründet, dass er den Sachsenspiegel für ein Privileg Karls des Großen halte, Homeyer, Prolog S. 21.

2421 Steffenhagen, Stendaler Glosse S. 51.

2422 Oben S. 465 ff.

2423 V. Schwerin, Aufsatz I S. 13 f.; Bindewald, DA 15 (1959) S. 467.

2424 Sellert, Borgerlike, pinlike und misschede klage S. 341.

2425 Das Bemühen um Systematisierung des diffus geordneten Sachsenspiegelrechts sei vom Bemühen des Glossators um eine Konkordanz des heimischen mit dem römischen und kanonischen Recht zu trennen. Johann von Buch sei es in Hinblick auf das römisch-kanonische Recht hauptsächlich darum gegangen, in den *leges* und *canones* möglichst viele Regeln zu finden, die einen Rechtsgedanken enthalten, der mit den Bestimmungen des Sachsenspiegels in Verbindung gebracht werden könne. Er habe sich dabei des römischen Rechtes wie einer Sammlung von *regulae iuris* bedient, ohne dass es ihm jeweils auf deren konkrete Regelungsgehalte oder rechtliche Zusammenhänge angekommen sei. Sellert, Borgerlike, pinlike und misschede klage S. 340.

2426 Nehlsen-von Stryk, ZRG GA 117 (2000) S. 29.

zulasten des sächsischen Rechts gegangen sei[2427]. Auch Lieberwirth schließt sich in der Einleitung zur Kaufmann'schen Edition hinsichtlich der Motivation der Meinung Homeyers an. Der Glossator zeige sich in seinem Prolog ungehalten darüber, dass der Sachsenspiegeltext durch Zusätze und Weglassungen entstellt und nicht mehr richtig verstanden werde; diesen Missständen wolle Johann von Buch – nach eigener Aussage durch die Verwendung eines bullierten Exemplars – abhelfen[2428]. Außerdem wolle er die Übereinstimmung des Sachsenspiegels mit dem Kaiserrecht und dem kanonischen Recht nachweisen, um ihm vor allen Instanzen der geistlichen Gerichtsbarkeit Anerkennung zu verschaffen[2429]. Daher strebe der Glossator an, im Interesse des einheimischen Rechts das Verhältnis der drei Rechtsquellen zueinander zu klären, Übereinstimmungen nachzuweisen und Widersprüche zu harmonisieren[2430]. Die Landrechtsglosse sei vor dem Hintergrund der Lehre vom *ius commune* entstanden[2431]. Durch die Anwendung der wissenschaftlichen Arbeitsmethode der Glossierung auf den volkssprachlichen Sachsenspiegel stelle Johann von Buch die erste beachtenswerte Verbindung des einheimischen Rechts zum gelehrten Recht her[2432], gleichzeitig schaffe er mit der Erschließung der lateinischen Rechtssprache für die deutsche Rechtssprache etwas Neues[2433].

Mit dem Inhalt der Glosse und der Arbeitsweise des Glossators beschäftigt sich Kannowski eingehend. Er weist im gesamten von ihm untersuchten Textbestand Rechtsgedanken römischrechtlichen Ursprungs nach und weicht daher in seiner Einschätzung von der hergebrachten Meinung zum rechtlichen Inhalt der Glosse ab. Bezeichnend ist etwa seine Formulierung im Zusammenhang mit den stark römischrechtlich geprägten Ausführungen zu den sogenannten *vntschedere*: „<Es> entsteht der Eindruck, die Glosse gebe ein Kompendium des gesamten geltenden Rechts, das heißt auch des gelehrten. Diese Zusammenstellung orientiert sich an den Formen des den einheimischen Juristen oder Rechtsanwendern vertrauten Sachsenspiegels. Die Autorität der Glosse lässt vermuten, daß Johann von Buch jedenfalls weitgehend im Geltungsbereich des Sachsenspiegels Geübtes wiedergibt"[2434]. Die Integration des Sachsenspiegels in das römisch-kanonische Recht gelinge aufgrund der Vorstellung vom Sachsenspiegel als Privileg Karls des Großen[2435]. Eike komme dabei eine zentrale Rolle zu, weil er gegenüber den Sachsen nicht allein Übersetzer, sondern auch Rechtslehrer sei[2436]. Diese Herangehensweise gehe mit dem Geschichtsemp-

2427 Nehlsen-von Stryk, ZRG GA 117 (2000) S. 29.
2428 Lieberwirth, Einleitung S. XXIX.
2429 Lieberwirth, Einleitung S. XXIX.
2430 Lieberwirth, Einleitung S. XXIX.
2431 Lieberwirth, Einleitung S. XXI.
2432 Lieberwirth, Einleitung S. XXII.
2433 Lieberwirth, Einleitung S. XXIII.
2434 Kannowski, Buch'sche Glosse S. 178 f. Ähnlich ebenda S. 593.
2435 Kannowski, Buch'sche Glosse S. 593.
2436 Kannowski, Buch'sche Glosse S. 593.

finden des Glossators Hand in Hand, der sich in ungebrochener Tradition mit dem römischen Reich sehe[2437]. Der Sachsenspiegel stelle für ihn eine Art Erneuerung des Corpus Iuris dar[2438].

Eingehender befasst sich auch Huneke mit der Frage, in welchem Verhältnis zum gelehrten Recht das sächsische Recht in den Texten seiner Glossatoren steht[2439]. Huneke geht wie Sellert, durchaus dem Ansatz Franz Wieackers[2440] von einer Rezeption als Methodenrezeption verpflichtet[2441], davon aus, dass die sächsischen Glossatoren das gelehrte Recht vorrangig als Fundus für *regulae iuris* und Argumente herangezogen hätten[2442]. Es sei ihnen darum gegangen, das sächsische Recht in den gelehrtrechtlichen Kontext einzubinden, es durch seine gelehrte Bearbeitung aufzuwerten und seine Praxistauglichkeit vor Gericht zu erhöhen[2443]. Dazu hätten sie Rechtssätze des gelehrten Rechts zunächst umfassend abstrahiert und auf generalisierungsfähige Grundprinzipien zurückgeführt, um diese dann nutzbringend zur Beantwortung konkreter, aus dem sächsischen Recht erwachsender Rechtsfragen heranzuziehen[2444]. Zwar betont Huneke, dass die sächsischen Glossatoren beide Rechte als Erscheinungsformen einer einheitlichen Rechtsordnung verstanden hätten[2445] und dass die Verwendung der römischen Rechtsbegriffe und die vergleichende Nebeneinanderstellung von Instituten des gelehrten Rechts und solchen des sächsischen Rechts zu einer Nivellierung von Unterschieden geführt habe[2446]. Doch scheint sie die dadurch bewirkten Veränderungen an konkreten Rechtssätze des sächsischen Rechts für

2437 Kannowski, Buch'sche Glosse S. 593 f.

2438 Kannowski, Buch'sche Glosse S. 594.

2439 Ihre Untersuchung ist auf die Glosse einer unbekannten Verfasser*in zum Lehnrecht des Sachsenspiegels gerichtet, doch nimmt sie die Buch'sche Glosse als deren Vorbild und maßgebliche Quelle – nach ihrer Einschätzung handelt es sich bei etwa einem Drittel des Textbestandes der älteren Langform der Lehnrechtsglosse um Übernahmen aus der Buch'schen Glosse, Huneke, Iurisprudentia romano-saxonica S. 379 – ebenfalls in den Blick. Zudem versteht sie als ihren Untersuchungsgegenstand auch umfassender die von ihr als Quellengattung eigener Art verstandene Gruppe der sächsischen Glossen, deren gemeinsame Charakteristika sie herausarbeitet, Huneke, Iurisprudentia romano-saxonica S. 86 f., 776.

2440 Zustimmend in Bezug genommen Huneke, Iurisprudentia romano-saxonica S. 31.

2441 Huneke, Iurisprudentia romano-saxonica S. 766, 783.

2442 Huneke, Iurisprudentia romano-saxonica S. 428, 433, 450, 784.

2443 Huneke, Iurisprudentia romano-saxonica S. 320, 329, 491, 783.

2444 Huneke, Iurisprudentia romano-saxonica S. 784 f., 788. Bei den dargestellten Kontroversen habe es sich wohl wenigstens teilweise um ad hoc durch den jeweiligen Glossator selbst erdachte Positionen gehandelt, Huneke, ebenda S. 432, 452 f.

2445 Huneke, Iurisprudentia romano-saxonica S. 767, 775, 787. Insbesondere fänden sich keine Ansätze zur Klärung der Anwendungskonkurrenz, etwa im Sinne der Statutenlehre, Huneke, ebenda S. 741 f., 787. Die Frage nach einer Anwendungskonkurrenz zwischen sächsischem und gelehrtem Recht habe sich den Glossatoren schlicht nicht gestellt, Huneke, Iurisprudentia romano-saxonica S. 766, 788.

2446 Huneke, Iurisprudentia romano-saxonica S. 754, 764.

verhältnismäßig gering zu erachten, wenn sie – freilich bezogen auf die Lehnrechtsglosse – betont, das sächsische Lehnrecht habe nicht angeglichen, sondern in den wissenschaftlichen Diskurs eingebunden werden sollen[2447], und darum den Begriff der „Harmonisierung“ dem Begriff der „romanisierenden“ Bearbeitung vorzieht[2448]. Die Bearbeitung durch die Glossatoren bewirkt ihrer Ansicht nach mithin eine als durchaus verändernd, vor allem aber vertiefend verstandene wissenschaftliche Durchdringung des sächsischen Rechts[2449].

2. Theoretischer Ansatzpunkt des Glossators

Um eine Aussage über das Verhältnis der Buch'schen Glosse zum römisch-kanonischen Recht einerseits und zum sächsischen Recht andererseits treffen zu können, erscheint es zweckmäßig, zunächst die einschlägigen Ausführungen des Glossators selbst zu untersuchen. Johann von Buch betrachtet nach einhelliger Ansicht in der Literatur, wie bereits mehrfach angesprochen, den Sachsenspiegel als Privileg Karls des Großen[2450]. Dieser theoretische Ausgangspunkt findet sich in einer Vielzahl von Glossenstellen, aber auch im Glossenprolog und im Prolog des Richtsteigs Landrechts. Die entsprechenden Stellen sind also ein erster Ansatzpunkt, um die Ansicht des Glossators zum Verhältnis von Sachsenspiegel und römisch-kanonischem Recht herauszuarbeiten. Ein zweiter Ansatzpunkt sind die Ausführungen Johanns von Buch im Glossenprolog. Hier beschreibt der Glossator – nach Abschluss der Arbeit – seine Motivation und sein Vorgehen bei der Abfassung der Glosse. Auch in diesen Stellen geht er auf seine Auffassung vom Verhältnis zwischen römisch-kanonischem Recht und sächsischem Recht ein. Dabei sind von besonderem Interesse zum einen die Stellen, in denen er seine Ansicht zur zeitgenössischen Rechtspflege darlegt, zum anderen die Stellen, in denen er die Konzeption der Glosse erläutert.

2447 Huneke, Iurisprudentia romano-saxonica S. 766 f.

2448 Huneke, Iurisprudentia romano-saxonica S. 766 f.

2449 Huneke, Iurisprudentia romano-saxonica S. 750, 766, 788.

2450 Hierzu finden sich schon bei Siegel, Karls-Sage S. 3 ff. längere Ausführungen. Siegel hält allerdings Johann von Buch für den Begründer dieser Ansicht. Trusen, ZRG GA 102 (1985) S. 28 weist dagegen darauf hin, dass die Annahme, im Sachsenspiegel liege jedenfalls weitgehend Kaiserrecht vor, sich bereits in den Jahren 1250–1270 gefestigt hatte. Vgl. hierzu Kannowski, Buch'sche Glosse S. 86 Anm. 496.

a. Der Sachsenspiegel als Privileg Karls des Großen

Im Codex Hecht[2451] sind Karl der Große[2452] und das Privileg der Sachsen und Sächsinnen[2453] insbesondere an folgenden Stellen genannt.

BG Textus Prologi *Got de dar is beghin vnd ende* Satz 1, 32 f., 69 f., S. 110, 115, 121

Hir[2454] *heuet Eyke an, do he in Dudesch brachte dat privilegium, dat Constantin vnd Karl de keysere den Sassen geuen vor en recht, vppe dat se sik to deme cristenen louen ghekereden, vnd sat got to eneme beghinne alles rechtes.* (...) *Alze hire vore geredet is, dat alle recht kumpt van naturen edder van wonheit, also is der werden Sassen recht vnde ere privilegium, ut* [Ldr. I 18[2455]; Ldr. III 45 § 1[2456]]. *Eyn privilegium het*[2457] *en sunderlik recht, dor dat me*

2451 Eine Bezugnahme auf den Sachsenspiegel als Privileg Karls des Großen findet sich auch in einer Glosse zu Ldr. I 14 § 1, die in Codex Hecht und Wolfenbütteler Handschrift nur fragmentarisch erhalten ist, wiedergegeben oben Anm. 2176.

2452 Vgl. dazu auch die Glossierung zu Ldr. I 18, wiedergegeben oben S. 468 ff., und BG I 42 § 1 *Hat he har bouene vnde neddene* Satz 10, S. 337: *Seght, dat sy des schult, dat by Justinianus tiden weren de lude starker wen se by Karolus tiden weren, de dit recht gaff.* Übersetzung: Sagt, das sei dem geschuldet, dass zu den Zeiten Justinians die Leute stärker waren als sie es zu Karls Zeiten waren, der dieses Recht gab, die weitere Nennungen Karls des Großen im Zusammenhang mit dem Privileg enthalten. Die Nennung Karls des Großen in BG III 52 § 1 *De Dudeschen* Satz 4, 9, S. 1251 f. und BG III 54 § 2 *Alse men den koningh kezet* Satz 2, S. 1274 betreffen dagegen die Königswahl und nicht das vermeintliche Privileg der Sachsen und Sächsinnen (abgesehen davon, dass laut der zweiten Stelle ein Ausschnitt aus der entsprechenden Satzung Karls in das Privileg eingefügt sei). Eine dritte Nennung in BG III 70 § 1 *Ane de Wend vppe den Sassen* Satz 4, S. 1397 thematisiert den Umgang Karls mit den Vorfahr/innen der Wend/innen.

2453 Das Privileg wird an zahlreichen weiteren Stellen angesprochen, vgl. Kaufmann/Neumeister, Glossar S. 843.

2454 Übersetzung: Hier beginnt Eike, als er das Privileg ins Deutsche übersetzte, das die Kaiser Konstantin und Karl den Sachsen als Recht gaben, damit sie sich zum Christenglauben bekehrten, und er setzt Gott als einen Ursprung allen Rechts. Wie zuvor gesagt ist, dass alles Recht von Natur aus oder aus der Gewohnheit kommt, so ist es auch beim Recht der ehrenwerten Sachsen und ihrem *privilegium*, wie [Ldr. I 18; Ldr. III 45 § 1]. Ein *privilegium* heißt ein Sonderrecht, weil man es bestimmten Leuten oder Landen gibt, wie Isidor in [Etymologiae 5, 18; c. 3 D. 3]. (...) Wie unauffällig hat der Freund des Rechts diese zwei Ursprünge des Rechts behandelt, wenn er sagt: „Gott ist der Ursprung aller guten Dinge", und deswegen, weil das Recht gut ist, so ist demnach Gott ein Ursprung von den <zwei> Ursprüngen des Rechts. Den anderen Ursprung behandelt er und sagt: „Nachdem wir jetzt aber bekehrt sind, so halten wir jetzt sein Recht, das uns gute geistliche Menschen und Kaiser gesetzt haben, <nämlich> Konstantin und Karl, auf die wir unser Recht zurückführen".

2455 Eigentlich *infra ar. XVIII*, was nach der Einteilung des Codex Hecht vulgat Ldr. I 19 entsprechen würde, von Kaufmann, Buch'sche Glosse S. 115 aufgrund inhaltlicher Überlegungen korrigiert,

2456 Eigentlich *li. III ar. LI*, was nach der Einteilung des Codex Hecht vulgat Ldr. III 58 entsprechen würde, von Kaufmann, Buch'sche Glosse S. 115 aufgrund inhaltlicher Überlegungen als Glosse zu Ldr. III 45 § 1 korrigiert, aber mit einem Fragezeichen versehen.

id sunderliken luden edder landen gifft, alze Ysydorus in [Etymologiae 5, 18[2458]; c. 3 D. 3]. (...) *Wo stilleken des rechtes vrund hefft geroret desse twe beghin desses rechtes, dar he secht: Got is beghin aller guden dinge, vnd dar vmme, wente dat recht gud is, so is des got en beghin an deme rechten beghinne. Dat andere beghin roret he vnde secht dar: Nu we auer bekart syn, nu holde wij syne ee, de vns gude geistlike lude vnd keisere sat hebben, Constantin vnd Karl, an de wij vnses rechtes then.*

BG I 63 § 1 *Swe kempliken groten*, S. 453

Dit[2459] *is sunderliken der Sassen, dat hir van kampe steit, wente hedde der Sassen privilegium nicht sunderlikes, zo en mochte id nicht en privilegium heten, ut* [Dig. 32, 41].

BG I 63 § 1 *Kempliken groten* Satz 10–13, S. 455

Yodoch[2460] *mochtest du zeggen, ik zede valssch an deme, dat dit vechtent der Sassen sunderlik sy, wente ghemenlik vechtet men ok vmme sodane zake na keyserrechte aller begont, ut* [Lib. feud. 2, 27, 1; Lib. feud. 2, 27, 10]. *Js id den gemene, so is id nicht der Sassen sunderlik. Zegge, dat id <nu gemeine*[2461]*> sy, <dat*[2462]*> hebbe stan zedder keyser Vrederikes tiden, de dat recht gezat hefft, dar hir vore aff ghesecht is. Jd was auer der Sassen suderlik gewesen van Karles tiden wente an keyser Vrederike, de id nam vte der Sassen sunderlike rechte vnde zette dat vor en ghemene recht, ut in* [Lib. feud. 2, 27, 10].

2457 So ergänzt aus der Wolfenbütteler Handschrift, die Kaufmann'sche Edition hat dem Codex Hecht folgend *hefft* = hat, was aber inhaltlich wenig nachvollziehbar erscheint, und auch nicht mit der Heidelberger Handschrift übereinstimmt, die an dieser Stelle wie folgt lautet: *Wer ouch den werden Sassen ir recht gegheuen hat, daz vindet men jnfra articulo VIII. Dar vmme heyset id is ore recht, daz iz sunderliche deme lande vnde den luden gegheben ist, ut Ysudorus* [korrigiert: Etymologiae 5, 18]. Übersetzung: Wer aber den werten Sachsen ihr Recht gegeben hat, das findet man unten im achten Artikel. Darum heißt es ihr Recht, weil es dem Land und den Leuten gesondert gegeben ist, wie [korrigiert: Etymologiae 5, 18].

2458 So von Kaufmann, Buch'sche Glosse S. 115 aufgrund inhaltlicher Aspekte korrigiert, eigentlich *in sexto libro ethimologiarum*.

2459 Übersetzung: Das ist eine Besonderheit der Sachsen, was hier vom <gerichtlichen> Zweikampf steht, denn hätte das *privilegium* der Sachsen nichts Besonderes, so könnte es nicht ein *privilegum* heißen, wie [Dig. 32, 41].

2460 Übersetzung: Jedoch könntest du sagen, dass ich falsch spräche in Bezug darauf, dass dieses <gerichtliche> Fechten eine Besonderheit der Sachsen sei, denn allgemein ficht man auch um solche Dinge von Anfang an nach Kaiserrecht, wie [Lib. feud. 2, 27, 1; Lib. feud. 2, 27, 10]. Ist es also gemein<-es Recht>, dann ist es keine Besonderheit der Sachsen. Sage, dass es jetzt gemein<-es Recht> sei, das habe bestanden seit den Zeiten Kaiser Friedrichs <I.>, der das Recht gesetzt hat, von dem zuvor gesprochen worden ist <nämlich Lib. feud. 2, 27, 1 und 10>. Es war aber eine Besonderheit der Sachsen von Karls Zeiten bis zu Kaiser Friedrich, der es aus dem Sonderrecht der Sachsen nahm und es als ein gemeines Recht setzte, wie in [Lib. feud. 2, 27, 10].

2461 Von Kaufmann, Buch'sche Glosse S. 455 aus dem Augsburger Druck korrigiert, im Codex Hecht *vngemene*.

2462 Von Kaufmann, Buch'sche Glosse S. 455 aus dem Augsburger Druck ergänzt.

BG III 45 § 1 *Nu vornemet* Satz 3 f., 12–16, 21 f., S. 1226–1228

Hir[2463] *scholtu weten, dat dit word vornemet hefft stedeliken yo wat sunderlikes, des grotter nod to vornemende is wen anders wat. Des wete, dat in al dem privilegio beghinnet nicht wen viff artikele mit dessem worde.* (...) *Den verden ar., de sus beghinnet, den hefstu supra* [Ldr. II 66[2464]]. *Dar wel he, dat men vorneme de nyen recht, de de Sassen annemeden, do se vntfengen den louen der nyen ee. Den vefften hefstu hire, de sus beghinnet. Vnde he wel, dat du vornemest mit danghnamicheit de groten gnade, de de eddelen keysere den werden Sassen ghedan hebben in desser stad. Wente in keyserrechte dar hadden de richtere ghewalt, dat se mochten ordelen, enen man to bote to gheuene, wo ho se wolden, dar na dat ere richte akbare was.* (...) *Dit is den Sassen dor gnade willen aff ghelecht. Vnde is touoren gheset, wo se vorboten schullen eneme isliken, off ze an ene breken, vnde wo se islik deer vnde isliken voghel vorgelden schullen.*

α. Der Sachsenspiegel als Privileg

Insbesondere die ersten beiden Stellen lassen erkennen, dass Johann von Buch den Sachsenspiegel als Privileg des sagenumwobenen Kaisers betrachtet. In der Glosse zum Textus Prologi findet sich die Bezugnahme auf Karl den Großen gleich am Anfang der Glossierung: Eike von Repgow beginne hier, das Privileg ins Deutsche zu übersetzen, das die Kaiser Konstantin und Karl den Sachsen gegeben hätten. Der Charakter des Sachsenspiegels als Privileg wird damit an den Beginn der gesamten Glossierung gesetzt, denn die Glosse zum Textus Prologi – der nach der nicht glossierten Reimvorrede und dem später entstandenen Glossenprolog folgt – ist die erste Glossierung überhaupt. Dabei nennt Johann von Buch in Übereinstimmung mit dem

2463 Übersetzung: Hier sollst du wissen, dass dieses Wort „<Nun> versteht" <als Artikelbeginn> durchgängig immer etwas Besonderes hat, das zu verstehen notwendiger ist als anderes. Davon wisse, dass in dem gesamten Privileg nicht mehr als fünf Artikel mit diesem Wort beginnen. Dieselben, die so beginnen, die haben immer etwas Besonderes, das zu verstehen notwendig ist. (...) Den vierten Artikel, der so beginnt, den hast du oben [Ldr. II 64]. Dort will er, dass man die neuen Rechte verstehe, die die Sachsen angenommen haben, als sie den Glauben des neuen Bundes empfingen. Den fünften hast du hier, der so beginnt. Und er will, dass du mit Dankbarkeit verstehst das große Privileg, das der edle Kaiser den ehrenwerten Sachsen an dieser Stelle erteilt hat. Denn im Kaiserrecht hatten die Richter die Befugnis, dass sie einen Mann zum Leisten einer Buße verurteilen konnten, so hoch sie wollten, in dem Maße, wie hochwürdig ihr Gericht war. (...) Das ist für die Sachsen als ein Privileg abgelegt worden. Und es ist vorher festgelegt, welche Buße sie für einen jeden auferlegen sollen, wenn sie seine Rechte verletzt haben, und wie sie jegliches Tier und jeglichen Vogel vergelten sollen.

2464 Eigentlich lautet die Remission *li. II ar. LXVII*, was nach der Einteilung des Codex Hecht vulgat Ldr. II 69 entsprechen würde, von Kaufmann, Buch'sche Glosse S. 455 aufgrund inhaltlicher Gesichtspunkte korrigiert.

glossierten Text[2465] neben Karl dem Großen auch Konstantin den Großen. Dieser erscheint allerdings an keiner weiteren Stelle als Schöpfer des sächsischen Privilegs[2466]; welchen Beitrag der Glossator dem spätantiken Kaiser zuspricht, wird daher nicht ganz deutlich. Möglicherweise sieht er ihn als ersten christlichen Kaiser als den Schöpfer des christlichen Rechts, das Justinian später in die Form des Corpus Iuris Civilis gebracht habe[2467], und damit als Stammvater sowohl des gemeinen Rechts als auch des Privilegs der Sachsen und Sächsinnen[2468].

2465 Textus Prologi Satz 3, S. 138: *Nu aver we bekart sin unde uns got weder geladet hevet, nu halde we sine e unde sin gebot, dat sine wiessagen uns geleret hebbet: Constantin unde karl, an den sassen land noch sines rechten tiüt.*

2466 Nicht konkret vom vermeintlichen Privileg ist die Rede in BG III 44 § 1 *To Babilonia* Satz 11, wiedergegeben Anm. 2467. Vgl. dazu auch Anm. 2470.

2467 In dieser Rolle wird Konstantin in BG III 44 § 1 *To Babilonia* aufgeführt. BG III 44 § 1 *To Babilonia* Satz 2–5, 10–13, S. 1213: *Dar vmme wel he hire zeggen, wo dat ghesette recht sy vp ghekomen. Alse offt he scholde zeggen: Alle ghesatte rechte de sint vp ghekomen van deme rike, dat irhoff sik to Babilonien. De dar ghesat worden vnde to Persida, de sind aff ghelecht. De auer to Kreken ghesat worden, dat wy der hebben, dat hetet dat recht der twolff tafelen.* (...) *Also vorghinghen to male de alden zettunge. De recht auer, de wy nu hebben, de beghonden an Constantine, van deme wy ok vnse recht hebben vnde van sinen navolgheren. De zuluen weren vnbescheden. Dar na quam Theodosius minor vnde vand en bok na der wise der boke, der en het Gregorianus vnde Hermonianus, vnde let dar yn schriuen enes isliken keyseres settinge vnde der namen, de dat ghesettet hadden, vnde gaff deme boke sinen namen, vnde het dat Theodosianus, ut* [c. 2 D. 7; c. 2 letzter Satz D. 7; Cod. constitutio „Haec" pr.] *Dar na quam de eddele, acbare, hocheleouede Justinianus, de was des ersten keysers <Justinus> zone, ut* [Inst. 2, 7, 3; Inst. 2, 12, 4]. *De vorluchtede alle leges vnde sette beschedeliken vnde dudede se redeliken vnde vordelegede, dat nicht nutte en was, vnde vorkortede, dat to langh was, ut* (...). Übersetzung: Darum will er hier sagen, wie das Recht der Satzungen aufgekommen sei. Als wenn er sagen sollte: Alles gesetzte Recht ist aufgekommen von dem Reich, das sich zu Babylonien erhob. Die <Rechte, die> dort und in Persien gesetzt worden sind, die sind abgelegt. Die aber in Griechenland gesetzt worden sind, damit wir sie haben, das heißt das Recht der zwölf Tafeln. (...) So sind die alten Satzungen gänzlich untergegangen. Die Rechte aber, die wir jetzt haben, die begannen bei Konstantin, von dem und von dessen Nachfolgern wir auch unser Recht haben. Dieselben waren nicht <in einem Codex> bestimmt. Danach kam Theodosius der Jüngere und begründete ein Buch nach der Weise der Bücher, von denen eines <Codex> Gregorianus und <eines Codex> Hermo<ge>nianus heißt, und ließ dort die Satzungen eines jeden Kaisers und <jeweils> die Namen derer, die sie gesetzt hatten, hineinschreiben, und gab dem Buch seinen Namen, und nannte es <Codex> Theodosianus, wie [c. 2 D. 7; c. 2 letzter Satz D. 7; Cod. Constitutio Haec pr.]. Danach kam der edle, achtbare, hochgelobte Kaiser Justinianus, der war der <Adoptiv->Sohn des Kaisers <Justinus> I., wie [Inst. 2, 7, 3; Inst. 2, 12, 4]. Der erhellte alle Gesetze und setzte sie bestimmt und deutete sie redlich und tilgte, was zu nichts nütze war, und verkürzte, was zu lang war, wie (...).

2468 Trusen, ZRG GA 102 (1985) S. 18–21 nimmt aufgrund von dessen Bedeutung für den sächsischen Otto I. eine besondere Bedeutung Konstantins für die sächsische Bevölkerung, insbesondere der Stadt Magdeburg, an, indem Konstantin gar neben Karl dem Großen als Bekehrer der Sachsen angesehen worden sei. Huneke, Iurisprudentia romano-saxonica S. 542–567 weist darauf hin, dass im Weichbild ebenfalls Konstantin neben Karl dem

Die Schaffung des Sachsenspiegels durch Karl den Großen klingt auch, weniger deutlich, in der Glossierung zu Ldr. I 63 an. Johann von Buch führt hier aus, dass der gerichtliche Zweikampf eine Besonderheit des sächsischen Privilegs insofern sei, als er im römischen Recht zunächst nicht – jedenfalls nicht in diesem Ausmaß – zulässig gewesen und erst von Kaiser Friedrich I. Barbarossa aus dem Privileg der Sachsen in das gemeine Recht übernommen worden sei[2469]. Von den Zeiten Karls bis zu den Zeiten Friedrichs aber seien die Regeln für den gerichtlichen Zweikampf eine Besonderheit der Sachsen gewesen.

In der Glossierung zu Ldr. III 45 wird der Sachsenspiegel als Privileg bezeichnet, der Name Karls des Großen wird aber nicht genannt. Später ist lediglich von den Kaisern die Rede, die den Sachsen durch eine Regelung des Privilegs große Ehre erwiesen hätten[2470].

β. Die Christianisierung der Sachsen und Sächsinnen als Anlass der Verleihung

Deutlich wird aus den genannten Stellen auch der Anlass der Schaffung des Privilegs: die Christianisierung der Sachsen und Sächsinnen. In der Glosse zum Textus Prologi formuliert der Glossator, dass die Kaiser den Sachsen das Recht gegeben hätten, damit sie sich zum christlichen Glauben bekehrten. Umgekehrt als Folge der Christianisierung erscheint die Schaffung des Privilegs in der Glosse zu Ldr. III 45. Johann von Buch geht hier auf alle Sachsenspiegelartikel ein, die mit den Worten *Nu vornemet* beginnen, denn bei ihnen solle man jeweils etwas Besonderes verstehen. Als vierten Artikel nennt er Ldr. II 66. Den dort genannten *alden vrede, den de keiserlike gewalt gestedeget hevet deme lande to Sassen*[2471], sieht er auch als Bezugnahme auf die Schaffung des sächsischen Privilegs, denn als besonderen Merkpunkt zu diesem Artikel nennt er in BG III 45 § 1 *Nu vornemet* das neue Recht, das die Sachsen angenommen hätten, als sie den christlichen Glauben empfingen. Dieser Gedanke erscheint

---

Großen als Gesetzgeber genannt werde, während er in späteren Rechtstexten, etwa der im Zusammenhang mit dem Weichbild überlieferten Weichbildchronik und der 1397 fertiggestellte Blume des Sachsenspiegels, als alleiniger Gesetzgeber erscheine, während Karl dem Großen lediglich eine das Privileg bestätigende Funktion zugesprochen werde.

2469 Dazu allegiert er Lib. feud. 2, 27, 10, der für ihn durch eine Grußformel als hochmittelalterliche Authentica Friedrichs I. erkennbar ist und nach dem ein Friedensbrecher den Nachweis einer Notwehrsituation nur durch gerichtlichen Zweikampf führen kann. Es handelt sich um den Reichsfrieden Friedrichs I. von 1152, sogenannte *Constitutio de pace tenenda*, MGH Dipl. 10, 1 Nr. 25, Kannowski, Buch'sche Glosse S. 201; Huneke, Iurisprudentia romano-saxonica S. 569 f., insbesondere Anm. 343.

2470 Der Plural könnte an dieser Stelle möglicherweise wiederum eine Bezugnahme auf Konstantin den Großen sein, aber auch auf die späteren Kaiser, die das Privileg aufrechterhalten und damit den Sachsen und Sächsinnen weiter die genannte Vergünstigung erweisen.

2471 Ldr. II 66 § 1 Satz 1, S. 294: *Nu vernemet den alden vrede, den die keiserlike gewalt gestedeget hevet deme lande to sassen, mit der guden knechte wilkore von deme lande.*

auch in der Glossierung zu Ldr. II 66 selbst[2472], wo die Christianisierung und die damit verbundene Abkehr von der zuvor geltenden bösen Rechtsgewohnheit[2473] als Friedensschluss zwischen Gott und den Sachsen erklärt wird[2474]. Johann von Buch geht also davon aus, dass die Sachsen und Sächsinnen mit dem christlichen Glauben auch das christliche Recht angenommen haben. Damit zeigt sich das Sachsenspiegelrecht wie das gemeine Recht des Corpus Iuris Civilis, das auf den christlichen Justinian zurückgeht, als ein christliches Recht.

Nicht ohne weiteres entnehmen lässt sich den Stellen allerdings, aus welchen Gründen die Sachsen und Sächsinnen nach der Vorstellung des Glossators mit dem christlichen Glauben zwar ein christliches Recht, nicht aber das gemeine Recht übernommen haben. Nach der Glossierung zum Textus Prologi erscheint es möglich, dass die Verleihung des Privilegs einen Anreiz zur Bekehrung bildet. Dagegen erscheint die Verleihung des Privilegs in der Glossierung zu Ldr. III 45 § 1 wie auch zu Ldr. II 66 als Folge der Bekehrung, möglicherweise als eine Art Belohnung, möglicherweise aufgrund der nunmehr veränderten Lebensweise der Sachsen und Sächsinnen.

2472 BG II 66 § 1 *Nu vornemet* Satz 1–10, S. 893: *Dessen titulum vornemen ghar weynich lude. Dar vmme scholtu weten, dat he hire <vrede nemmet> dryerleye wijs. Des zettet he erst van aldeme vrede. Dat is de vrede, de sik in Sassenlande irhoff, do sik de Sassen bekereden van vnghelouen vnde boser wonheid to deme ghelouen vnde guder wonheit. Dit hetet en gestlik vrede, wente hir wart vrede twisschen gode vnde den werden Sassen. In desseme vrede des ghelouen <irhuff> sik de wonheit der guden werk. Dit beghin stedighede de keyserlike ghewalt. Dat gheschach twyerleye. To deme ersten mit lere vnde mit anwisinge vnde mit afflegginge boser wonheit, ut* [Textus Prologi; Ldr. I 18 § 3]. *De andere stedeghinge was, dat se pine satten ouer de yenne, de wedderkeren wolden, vnde ouer de, de nicht kristliken wolden leuen, ut* [Ldr. I 2; Ldr. II 13 § 7; Ldr. III 63]. Übersetzung: Diesen *titulum* verstehen sehr wenige Menschen. Darum sollst du wissen, dass er hier <das Wort> Friede verwendet in dreierlei Weise: Davon setzt er erstens von dem „alten Frieden". Das ist der Friede, der sich im Sachsenland erhob, als sich die Sachsen vom Unglauben und böser <Rechts->Gewohnheit bekehrten zum Glauben und guter <Rechts-> Gewohnheit. Dieser heißt ein geistlicher Frieden, denn hier wurde es Frieden zwischen Gott und den ehrenwerten Sachsen. In diesem Frieden des Glaubens erhob sich die <Rechts-> Gewohnheit der guten Taten. Diesen Beginn festigte die „kaiserliche Gewalt". Das geschah auf zweierlei Weise. Zum ersten mit Lehre und Anleitung und mit dem Ablegen der bösen <Rechts->Gewohnheit, wie [Textus Prologi; Ldr. I 18 § 3]. Die andere Festigung war, dass sie eine Strafe setzten für diejenigen, die <zum Heidentum> zurückkehren wollten, und für die, die nicht christlich leben wollten, wie [Ldr. I 2; Ldr. II 13 § 7; Ldr. III 63]. – Die Remissionen von Ldr. I 18 § 3; Ldr. II 13 § 7 und Ldr. III 63 sind von Kaufmann, Buch'sche Glosse S. 893 nach inhaltlichen Gesichtspunkten korrigiert, die jeweiligen Remissionen lauten eigentlich *ar. XVIII in fi.; li. II ar. III und in libro III ar. LV*, was nach der Einteilung des Codex Hecht vulgat Ldr. I 19 a. E.; Ldr. II 3 §§ 2, 3 und Ldr. III 62 entspricht.

2473 Dass die hier genannte Gewohnheit die Rechtsgewohnheit meint, ergibt sich daraus, dass im weiteren Glossenverlauf, wiedergegeben Anm. 2472, das Ablegen der bösen Gewohnheit mit der Belehrung und der Anweisung durch die kaiserliche Gewalt in Verbindung gebracht wird und dazu der Textus Prologi allegiert ist, wo alles Recht auf Gott und auf die Gewohnheit zurückgeführt wird.

2474 Ähnlich auch in der Glossierung zu Ldr. I 18, wiedergegeben oben S. 468 ff.

An anderen Stellen klingt aber auch an, dass gewisse Besonderheiten des Privilegs gegenüber dem gemeinen Recht auf die zu Zeiten der Verleihung noch wenig fortgeschrittene Zivilisiertheit der Beliehenen zurückzuführen sind. Hier ist insbesondere die Glossierung zu Ldr. I 19 zu nennen, die an dieser Stelle auszugsweise noch einmal wiedergegeben sei.

BG I 19 § 1 *De Swaue nimpt wol* Satz 2–8, S. 234 f.

Dat[2475] *hire steit, dat en horet nicht to deme privilegio der Sassen. Wente dit sint Eyken wort, des rechtuerdigen mannes, vnd settet se hire to ener liknisse, offt he scholde spreken: Jk bewisede der Sassen recht gerne wor mede. Nu ne darn ik nicht dor ere stumpheit. Dat sulue vruchtet ok de keyser ut* [Inst. 1, 1, 2; Cod. 7, 25, 1 l. un.]. *Nu mochtestu spreken: Wor vmme deystu dat denne? Des antwerde ik dik dat Eyken word: Dat was der Sassen vnuornemelicheit. Nu sint se auer vornumpftich geworden, den wente en ding vorgeit, dar en sake aff is, so vorgeit de sake mede, ut* [Dig. 50, 17, 178; Cod. 1, 14, 5].

Der Glossator führt hier aus, die Sachsen hätten sich zu Zeiten Eikes von Repgow durch *stumpheit* und die *vnuornemelicheit* ausgezeichnet. Inzwischen seien sie aber *vornumpftich* geworden und nun auch in der Lage, komplexere rechtliche Ausführungen wie den Vergleich eines Rechtstextes mit einem anderen zu verstehen. In ähnlicher Weise merkt Johann von Buch in der Glosse zu Ldr. I 58 § 1 an, dass die Sachsen erst an die gerichtliche Konfliktlösung hätten herangeführt werden müssen.

BG I 58 § 1 *Swene men auer* Satz 1–3, S. 408 f.

Wo[2476] *manliken he angheheuen hefft van den richteren vnde heft gesecht van deme zydesten alder erst, offt he scholde spreken: Jd is mogelik den Sassen, de bette heer alle ere dingh mit ghewalt hebben ouer gebracht, dat me ze des anwise, dat ze ere dingh mit rechte vorderen, vnde en zachte vorebringe, dat ze sik zuluen enen richter kesen scholden, vnde ok, dat ze ene*

2475 Übersetzung: Was hier <in Ldr. I 19> steht, das gehört nicht zum Privileg der Sachsen. Denn dies sind Worte Eikes, des rechtschaffenden Mannes, und er setzt sie hierhin als Vergleich, als wollte er sagen: Ich würde das Recht der Sachsen gern anhand von etwas <anderem> nachweisen. Ich wage es <aber> nicht, wegen ihres Stumpfsinns. Dasselbe fürchtete auch der Kaiser, wie in [Inst. 1, 1, 2; Cod. 7, 25, 1 l. un.]. Nun könntest du sprechen: Warum tust dann du <Johann von Buch in deiner Glosse> es? Darauf antworte ich dir mit dem Wort Eikes: Das war die Unverständigkeit der Sachsen. Nun <zu Zeiten Johanns von Buch> sind sie aber vernünftig geworden, denn wenn ein Grund vergeht, aus dem eine Sache folgt, dann vergeht die Sache mit ihm, wie [Dig. 50, 17, 178; Cod. 1, 14, 5].

2476 Übersetzung: Wie allgemein er begonnen hat von den Richtern und hat von dem niedrigsten <Richter> zuerst gesprochen, als würde er sagen: Es ist möglich, den Sachsen, die bisher alle ihre Dinge mit Gewalt geregelt haben, dass man sie dazu anweise, dass sie ihre Dinge auf dem Rechtsweg fordern, und ihnen behutsam nahebringe, dass sie sich selbst einen Richter wählen sollen, und auch, dass sie ihn absetzen können. Und hätte man es den Sachsen zuerst harsch beigebracht, dann hätten sie es mit Mühe angegangen, oder sie hätten es gänzlich aufgegeben. Darum sollen weise Leute ihre Dinge behutsam anfangen, wie [Inst. 1, 1, 2].

affzetten mochten. Vnde hedde me id den Sassen vppe dat erste harde angebracht, se hedden dat mit arbeyde angheghan, edder ze hedden des to male vortegen. Dar vmme schollen wise lude ere dingh zachte anevan, ut [Inst. 1, 1, 2].

Hier erklärt Johann von Buch den Umstand, dass sich im Sachsenspiegel zuerst Ausführungen zu den rangniedrigsten Richtern fänden, die man nicht nur wählen, sondern auch beliebig absetzen könne, mit der Überlegung, dass man die Sachsen erst behutsam an die Regelung ihrer Konflikte auf dem Rechtsweg – unter Anerkennung der Autorität eines Richters – statt durch Gewalt habe heranführen müssen[2477]. Diese Vorstellung von den Sachsen und Sächsinnen als noch wenig zivilisiertem Volk könnte für den Glossator ein zweiter Grund für die Verleihung des Privilegs beinhalten. Denn der Sachsenspiegel ist in Umfang und Komplexität der geregelten Materie sehr viel schmaler als das Corpus Iuris Civilis. Johann von Buch könnte also davon ausgegangen sein, dass das Privileg eine einfach verständliche Fassung des gemeinen Rechts des Reiches darstellt, die bestimmte Probleme nur anreißt und bestimmte Punkte auch abweichend – für die schlichten Sachsen und Sächsinnen besser verständlich – regelt.

γ. Grundsätzliche Übereinstimmung von Privileg und gemeinem Recht

Bezüglich des Umfangs der Abweichungen enthalten die beiden letztgenannten Glossierungen Anhaltspunkte. Die Glossierung zu Ldr. I 63 leitet Johann von Buch mit den Worten ein, dass es sich bei den Regelungen für den gerichtlichen Zweikampf um eine Besonderheit der Sachsen handele, denn hätte ihr Privileg nicht etwas Besonderes, dann könnte man es nicht ein Privileg nennen[2478]. Diese Aussage lässt klar erkennen, dass Abweichungen von den Regelungen des gemeinen Rechts für den Glossator eine Seltenheit sind. Obwohl theoretisch durchaus denkbar wäre, dass ein Privileg ein völlig eigenständiges Regelungswerk enthält, entspricht dies offensichtlich nicht den Vorstellungen des Glossators vom vermeintlichen Privileg der Sachsen und Sächsinnen.

2477 Der Gedanke, dass die Sachsen und Sächsinnen Konflikte bis zur Verleihung des Privilegs durch Gewalt gelöst hätten, scheint auch in BG I 49 *Sprickt en gewundet man* auf, in dem der Glossator zudem wie in BG I 63 § 1 *Swe kempliken groten* formuliert, dass ein Privileg sich durch Abweichungen vom gemeinen Recht auszeichnet. BG I 49 *Sprickt en gewundet man* Satz 1, 3, S. 358: *Dit hebben de Sassen al behalden, dor dat se strithaftich weren, vnd vppe dat, dat men alle dingh nicht droffte to eden laten, so behelden ze den kamp vnd togen dit in ere privilegium.* (…) *Ere privilegium en were ok nicht, en hadde dat in sik nicht wat sunderlikes.* Übersetzung: Das haben die Sachsen gänzlich behalten, weil sie streitbar waren, und deshalb, weil man nicht alle Dinge auf den Eid ziehen konnte, darum behielten sie den <gerichtlichen> Zweikampf und zogen das in ihr Privileg. (…) Es gäbe ihr Privileg auch nicht, wenn es nicht in sich etwas Besonderes hätte.

2478 Vgl. dazu auch die ganz ähnliche Formulierung in BG I 49 *Sprickt en gewundet man* Satz 3, oben Anm. 2477.

Diese Vorstellung klingt auch in der Glossierung zu Ldr. III 45 § 1 an. Dort nennt er als fünftes Recht, das mit dem Artikelanfang *Nu vornemet* beginne, den glossierten Artikel Ldr. III 45. Der besondere Merkpunkt dieses Artikels sei dabei die besondere Gnade, die die Kaiser den Sachsen hinsichtlich der Bußen bei der Verletzung von Mensch und Tier erwiesen hätten. Denn werde dieser Geldbetrag im römischen Recht von den Richtern – in den Grenzen ihrer Gerichtsgewalt – frei geschätzt, so seien im sächsischen Recht hierfür bestimmte Geldwerte im Privileg festgelegt. Die Betonung dieses doch sehr speziellen Unterschiedes deutet zugleich darauf hin, dass der Glossator für die ganz überwiegende Mehrheit der Fälle von einer Übereinstimmung ausgeht.

b. Ausführungen zum Verhältnis von Sachsenspiegel und gemeinem Recht im Glossenprolog

Nach den Stellen zur Einordnung des Sachsenspiegels als Privileg Karls des Großen sollen sodann die Ausführungen des Glossators zu seiner Motivation und seiner Vorgehensweise im Glossenprolog untersucht werden. Inhalt und Aufbau des Glossenprologs lassen sich wie folgt sehr knapp zusammenfassen[2479]: Der Glossator beginnt mit einer Anrufung des dreieinigen Gottes als Verkörperung der Gerechtigkeit[2480] und leitet sodann zu den weltlichen Richtern sowie den Eigenschaften eines guten Richters über[2481]. Unter Verweis auf die durch Gott selbst gewählten Richter biblischer Zeiten[2482] beklagt der Glossator die nunmehrige Wahl der Richter durch die Menschen[2483] und die solchermaßen hervorgebrachten schlechten Richter, denen er, ebenfalls anhand biblischer Beispiele, göttliche Strafen vorhersagt[2484]. Sodann stellt der Glossator auch bei den wohlmeinenden Richtern zwar guten Willen, aber ein nur unzureichendes Verständnis des Sachsenspiegels fest[2485] und nennt Gründe hierfür[2486]. Diesem Missstand habe er nun abgeholfen[2487]. Die zu erwartenden Beschimpfungen durch die stolzen und bösen unter den solchermaßen Belehrten hätten ihn zwar zögern lassen, doch nehme er dieses Kreuz in der Nachfolge Christi gern auf sich[2488]. Als Anstoß zur Abfassung der Glosse führt Johann von Buch zudem die nachdrücklichen Bitten Herzog Ottos II. von Braunschweig und der eigenen Vater-

2479 Vgl. hierzu auch die Abrisse bei Homeyer, Prolog S. 10f.; Manuwald, ZRG GA 130 (2013) S. 364.
2480 BG Prolog Vers 1–4.
2481 BG Prolog Vers 5–28.
2482 BG Prolog Vers 29–40.
2483 BG Prolog Vers 41.
2484 BG Prolog Vers 42–90.
2485 BG Prolog Vers 91–96.
2486 BG Prolog Vers 97–112.
2487 BG Prolog Vers 113.
2488 BG Prolog Vers 114–124.

brüder sowie seine Liebe zu diesen auf[2489]. Es folgen Ausführungen zur Konzeption des Werkes[2490]. Johann von Buch spricht hier zunächst seine Allegation römisch-kanonischer Quellenstellen an[2491] und befasst sich in einem zweiten Abschnitt mit seinen Ausführungen zum Sachsenspiegeltext[2492]. Abschließend ruft der Glossator zunächst die in der 2. Person angesprochenen Leser*innen auf, die Glosse gegen Angriffe zu verteidigen[2493] und gegebenenfalls notwendige Korrekturen vorzunehmen[2494] – wem die Glossierung nicht zusage, der könne immer noch den Sachsenspiegeltext verwenden[2495] –, und bittet dann auch Gott, Beschirmer der Glosse zu sein[2496], wiederum mit biblischer Bezugnahme[2497]. Der Prolog endet mit der Bitte an die in der 2. Person angesprochene Leser*in, die selbstgewählte Anonymität des Glossators zu achten[2498], dem Vorsatz, nunmehr zu schweigen und das Werk für sich sprechen zu lassen[2499], und schließlich einer Lobpreisung Gottes[2500].

α. Die Verse zur zeitgenössischen Rechtspflege

Im Zusammenhang mit der Ansicht des Glossators vom Verhältnis des sächsischen Rechts zum römisch-kanonischen sind zum einen die Verse von Interesse, in denen er ein mangelhaftes Verständnis des Sachsenspiegels bei vielen Richtern seiner Zeit beklagt und die Hintergründe für diesen Umstand nennt.

BG Prolog Vers 91–112, S. 97 f.

Heu iudices in iure sunt plerique minus triti,	*O*[2501] *we, in rechte richter sin somwilen unverstendich,*
Iustitiam si diligunt, iniuriantur liti.	*Is de warheit wol bi in, ir recht is missewendich.*
Sed non haec malitia intrinsica suggessit,	*Dit is doch nicht inwendich van valschen bosen rade,*

2489 BG Prolog Vers 125–170.
2490 BG Prolog Vers 171–226.
2491 BG Prolog Vers 172–208.
2492 BG Prolog Vers 209–226.
2493 BG Prolog Vers 227–238.
2494 BG Prolog Vers 239–252.
2495 BG Prolog Vers 253 f.
2496 BG Prolog Vers 255–270.
2497 BG Prolog Vers 259–263.
2498 BG Prolog Vers 271 f.
2499 BG Prolog Vers 273–276.
2500 BG Prolog Vers 277 f.
2501 Übersetzung: Oh weh, den Richtern fehlt im Recht bisweilen das Verständnis, / Sind sie auch aufrichtig, ist ihr Recht <doch> ins Falsche verkehrt. / Dies ist jedoch nicht innerlich, aus falschem, bösen Entschluss, / ihre Einfalt drängt stetig ihre Vernunft zurück. / Wenn sie auch die Weisheit des Rechts sehr gerne an sich sehen, / so kann ihnen ihr Wunsch <allein> doch keine Weisheit geben, / Denn ohne den heiligen Geist kann niemand Weisheit bekommen, / noch ohne seine Hilfe, denn er teilt sie auf der Erde aus. / Darum verstehen

Cum in ignorantia intellectus recessit.	*Ir envalt maket wendich ir vernumfte stade.*
Et si legis scientiam multum desiderabunt,	*So of se rechtis wisheit vil gerne an sik sehen,*
Non tamen sapientiam se ipsa ita dabunt,	*Doch mach ir begerlicheit in neiner wisheit jehen,*
Cum intellectus decisio ad nullum convolabit,	*Wen an den hilgen geist kan neman wisheit werden,*
Nisi quem flatus divisio hac sancti inspirabit.	*Noch ane sine volleist, wen he deilet se up erden.*
Ergo non omnes speculi huius cognoscunt iura,	*Dar umme nicht like wal verstan se des spegels recht,*
Cum unius ingenii nostra non sit natura.	*Wen in den luden nicht sal sin einer vernunfte decht.*
Unus iuris subtilia subtilius inivit,	*So der e behendicheit de durchgat behendelik,*
Et alter difficilia discutere nequivit.	*Jene de bewornicheit kan nicht untweren dem gelik.*
Hic tunc iura speculi sic pro se detexit,	*Disse den des spegels recht vor sik wil irduden io,*
Ita motum populi suae parti annexit.	*Sus wert an in dat volk hecht unde wenit, it si also.*
Constructioque varia sic genuit rancorem,	*Mengerleie dudinge bert in rechte bewornicheit,*
Et diversa contraria pepererunt errorem,	*Dar van grote erringe wert unde deilet krichlicheit,*
Ut speculum Saxoniae iam multi studuerunt	*So dat der Sassen spegil noch selden rechte wert vorstan,*
Et sensum usque hodie minime intellexerunt;	*Wo vil se in lesen doch, of in ein joch buten kan,*
Si iura scripta ostendere pro se potuerunt,	*He kan bi den besten nicht nochten sin saken weren;*
Cum illis tamen defendere se non valuerunt,	*Of dat recht wol vor on sprikt, so kunnen se't vorkeren,*
Cum lex legi contraria in eo reperitur,	*Durch dat in em dicke lut en recht wedder it ander,*
Et diffusa materia confusa invenitur.	*Wat in rechtis mer is gut, dat steit vere van enander.*

---

sie das Recht des Spiegels nicht <alle> gleich gut, / Denn in den Menschen soll nicht sein ein Denken von gleichem Verstand. / So geht einer durch die Feinheiten des Gesetzes mit Geschick, / Jener <andere aber> kann die Verworrenheit nicht dem <ersten> gleich auflösen. / Dieser will dann das Recht des Spiegels doch für sich erdeuten, / So schließt sich das Volk an ihn an und glaubt, es wäre so <wie er sagt> / Vielerlei Deutung erzeugt Verworrenheit im Recht, / Daraus entsteht viel Irren und es erzeugt Hader. / Sodass der Sachsenspiegel nur selten noch richtig verstanden wird, / So viel sie ihn auch lesen, auch wenn ihn ein jeder auswendig kann, / Kann er bei gerichtlichen Angriffen dennoch nicht seine Gegner abwehren. / Auch wenn das Recht für ihn spricht, so können sie es verfälschen, / Weil in ihm <d. h. dem Sachsenspiegel> oft ein Recht dem anderen widerspricht, / Und was in der Wiedergabe des Rechts gut ist, das steht weit auseinander.

Johann von Buch konstatiert insofern zunächst ein mangelndes Rechtsverständnis der zeitgenössischen Richter. Zwar seien sie aufrichtig, doch sei ihr Recht ins Falsche verkehrt. Dies geschehe nicht aus böser Absicht, doch werde ihre Vernunft durch ihre Einfalt auf Abwege gebracht. Wenn sie sich der Weisheit des Rechts auch gern rühmten, so könne dieser Wunsch allein ihnen nicht dazu verhelfen, denn ohne den Heiligen Geist könne niemand Weisheit erlangen. Darum verstehe den Sachsenspiegel auch nicht jeder gleich gut, die Verstandesgaben seien ungleich verteilt. So würde der eine zwar die Feinheiten des Gesetzes mit Geschick erfassen, ein anderer aber könne die Verwicklungen nicht dem ersten gleich auflösen. Dieser wolle das Sachsenspiegelrecht doch für sich erdeuten und lehre das Volk dann Falsches. So würden die unterschiedlichen Deutungen Verwirrung und Hader hervorbringen, sodass der Sachsenspiegel nur noch selten richtig verstanden werde. Sooft sie – gemeint sind die sächsischen Rechtskundigen – ihn auch lesen würden und auch wenn sie ihn auswendig könnten, könnten sie aus ihm vor Gericht nicht erfolgreich argumentieren, weil im Sachsenspiegel oft ein Recht dem anderen widerspreche, und was in der rechtlichen Darstellung gut sei, das stehe doch weit auseinander.

Zu Beginn dieser Verse stellt der Glossator zunächst einmal deutlich fest, dass die zeitgenössischen Richter seiner Ansicht nach das Recht des Sachsenspiegels, wenn auch ohne bösen Vorsatz, falsch anwenden: *ir recht is missewendich* bzw., in der lateinischen Fassung *iniuriantur liti*. An späterer Stelle stellt er ebenso deutlich fest, dass der Sachsenspiegel noch selten – in der lateinischen Fassung wird noch schärfer formuliert: *minime*, kaum oder ganz und gar nicht[2502] – richtig verstanden werde.

In seinen weiteren Ausführungen klingen hierfür drei Gründe an: dass es den Richtern zum richtigen Verständnis des Rechts an intellektuellen Fähigkeiten mangele, dass es den Richtern hierfür an Wissen fehle und dass der Sachsenspiegel besonders schwer verständlich sei. Der Aspekt des fehlenden Intellekts steht in der deutschen Fassung gegenüber dem Aspekt des fehlenden Wissens deutlich im Vordergrund, diese ließe sich durchaus so interpretieren, dass Johann von Buch das schlechte Verständnis der Richter allein auf ihre intellektuelle Beschränktheit zurückführt. Wenn er im ersten Vers ausführt, die Richter seien bisweilen im Recht unverständig, *in rechte unverstendich*, dann lässt sich dies als fehlende Rechtskenntnis, aber auch als fehlendes Verständnis des eigentlich bekannten Rechtsstoffs aufgrund geringer Verstandesgaben verstehen, ebenso die Formulierung, dass ihre *envalt*, ihre Einfalt[2503] ihre Vernunft verkehre. Gleiches gilt, wenn er sodann etwas spöttisch bemerkt, dass, wenn sie auch sehr gern *rechts wisheit*, Weisheit des Rechts

2502 Georges, LDHW II Sp. 1494 weist – s. v. *parum* – für *minime* folgende Bedeutungen aus: „A) am wenigsten, a) übh.: (…) am allerwenigsten (…) b) bei Adjektiven, um den Grad der angegebenen Eigenschaft unbestimmt zu lassen, den richtig zu würdigen der jedesmalige Zusammenhang lehrt, keineswegs, gar nicht, ganz und gar nicht, (…) c) bei Antworten, keineswegs, ganz und gar nicht (…) B) wenigstens".

2503 In Walther/Lübben, Mittelniederdeutsches Handwörterbuch S. 93 erscheint *envalt* nur als Adjektiv: „1. einfach. 2. einfältig, schlicht, redlich, unschuldig.", wie hier Kaufmann/Neumeister, Glossar S. 316.

oder Gewissheit über das Recht[2504], an sich sähen, ihnen dieser Wunsch allein keine *wisheit* geben könne. In der – wohl früher entstandenen[2505] – lateinischen Fassung des Glossenprologs wird indes deutlich, dass der Glossator nicht nur von fehlendem Intellekt, sondern auch von fehlendem Wissen spricht. Eingangs stellt er fest, dass die zeitgenössischen Richter *in iure sunt plerique minus triti*, dass sehr viele Richter im Recht sehr wenig geübt seien. Zudem spricht er bei seiner spöttischen Bemerkung über Wunsch und Wirklichkeit hinsichtlich der begehrten Eigenschaft von der *legis scientia*, Kenntnis der Gesetze, wenn er auch sodann fortfährt, dass sie sich durch diesen Wunsch keine *sapientia*, keine Weisheit oder keinen Verstand[2506], selbst geben könnten. Schließlich zeigt die lateinische Fassung der Bemerkung zur *envalt* der Richter, dass Johann von Buch nicht allein mangelnde geistige Fähigkeiten anspricht: *cum in ignorantia intellectus recessit*, denn bei Unwissenheit[2507] weiche ihr Verstand – der demnach durchaus vorhanden ist – zurück. Freilich scheinen auch in der lateinischen Fassung fehlende intellektuelle Fähigkeiten als Grund für die nach Ansicht des Glossators falsche Rechtsanwendung auf, insbesondere, wenn er fortfährt, dass niemandem ohne Zutun des Heiligen Geistes *intellectus decisio*, eine Entscheidung des Verstandes[2508] zufliegen werde und dass die Natur der Menschen nicht von einheitlichem Verstand sei. Jedoch zeigen die vorgenannten Wendungen, dass Johann von Buch durchaus auch von fehlendem Wissen bei den zeitgenössischen Richtern ausgeht.

Dies klingt auch in der dritten Begründung für die fehlerhafte Rechtsanwendung an, nämlich, dass der Sachsenspiegel besonders schwer zu verstehen sei. Johann von Buch führt insofern aus, dass der Sachsenspiegel *durch dat*, deswegen so schwer zu verstehen sei und sie – die in diesem Fall als Partei oder Parteivertreter*innen zu verstehenden Rechtspraktiker*innen seiner Zeit – aus ihm vor Gericht nicht argumentieren könnten, weil in ihm oft ein Recht gegen das andere laute und was in der

2504 Walther/Lübben, Mittelniederdeutsches Handwörterbuch S. 588 geben für *wisheit* zum einen die Bedeutungen „Weisheit, Klugheit“ an, weisen es aber auch als Nebenform zu *wissenheit* aus, für das die Bedeutungen: „feste Zusicherung, Garantie, Gewähr, Gewiss-, Sicherheit.“ ausgewiesen sind.

2505 Oben Anm. 1.

2506 Georges, LDHW II Sp. 2486 enthält für *sapientia* „I) die Weisheit = übh. die Einsicht, Vernünftigkeit, Vernunft, der Verstand, die Klugheit (...) die Vernünftigkeit, das Bei-Verstande-Sein (...) II) (...) die Weisheit, Lebensweisheit, Philosophie (...)“.

2507 Georges, LDHW II Sp. 36 f. enthält für *ignorantia*: „die Unkenntnis von etwas, die Unerfahrenheit in etwas (...)“.

2508 Georges, LDHW I Sp. 1919 f. enthält für *decisio*: „ I) (...) die Verminderung (...) II) das Abkommen, der durch ein Abkommen abgeschlossene Vergleich, die durch ein Abkommen herbeigeführte Entscheidung (...) III) (...) der Abschnitt (...). Die Wendung wirkt recht ungelenk, möglicherweise ist die vernünftige Entscheidung eines Rechtsstreits gemeint, möglicherweise ging der Glossator – oder eine Kopist*in – auch fälschlich davon aus, dass die Form *decisio* der Ablativ sei, sodass zu übersetzen wäre „durch <eigene> Entscheidung“ werde niemandem der Verstand zufliegen.

Darstellung des Rechts gut sei, das stehe weit auseinander. Noch sehr viel schärfer formuliert er hier wiederum in der lateinischen Fassung: *cum lex legi contraria in eo reperitur, Et diffusa materia confusa invenitur.* Nach Ansicht des Glossator entspricht demnach die Anordnung der Rechtssätze im Sachsenspiegel nicht der inneren Ordnung des Rechts. Johann von Buch sieht dem Sachsenspiegelrecht ein System zugrunde liegen, das sich in dessen Aufbau nicht widerspiegelt. Ohne konkreten Bezug auf den Sachsenspiegel hatte er zuvor zur Unterscheidung des verständigen Rechtskundigen vom unverständigen formuliert, dieser durchschreite *der e behendicheit*, die Wendigkeit oder die Feinheit des Gesetzes[2509], *behendelik*, mit Geschick, jener aber könne die Verworrenheit nicht diesem gleich auflösen. Auch hier erscheint der Rechtsstoff als umfangreich und diffizil, durch die Rechtkundigen müssen Verwirrungen aufgelöst und feine Unterscheidungen getroffen werden. Um Nuancen weicht hier wiederum die lateinischen Fassung ab: *unus iuris subtilia subtilius inivit, et alter difficilia discutere neqiuvit.* Wenn er hier anmerkt, jener habe Schwieriges nicht *discutere*, diskutieren, abwägen, unterscheiden[2510] können, dann klingt in der Wortwahl bereits der universitäre Kontext oder doch jedenfalls die Methodik des gelehrten Rechts an. Wenn er sodann fortfährt, dass jener unverständige den Sachsenspiegel dann *vor sik*, für sich, erdeuten wolle und so die Bevölkerung in die Irre führe, dann klingt auch hier fehlendes Wissen an. Zwar könnte das „für sich" als eigenständig im Sinne von ohne Einbeziehung der Meinungen verständiger Zeitgenoss*innen, insbesondere sächsischer Autoritäten zu verstehen sein, mindestens ebenso nahe liegt aber, dass hier eigenständig im Sinne von ohne das erforderliche Rechtswissen, allein aus dem Sachsenspiegeltext heraus gemeint ist. Dies gilt umso mehr, als er später formuliert: *so vil se in lesen doch, of in ein joch buten kann*, so viel sie ihn auch lesen, wenn ihn auch ein jeder auswendig könne, könne er aus ihm doch nicht rechtlich argumentieren. Weniger im Sinne einer Unmöglichkeit, den Sachsenspiegel allein aus sich heraus zu verstehen, liest sich hier freilich die lateinische Fassung, die es als Folge der durch die eigenständigen Deutungen der unverständigen Rechtskundigen hervorgerufenen Streitstände und Irrtümer beschreibt, dass sie den Sachsenspiegel schon oft studiert und den Sinn bis heute kaum verstanden hätten, das häufige Studium mithin zum vorausgehenden Satz bzw. Satzteil zieht und ein Auswendigkönnen nicht erwähnt.

2509 Wörtlich wird man die *behendichkeit* der Gesetze entsprechend der heutigen „Behändigkeit" im Sinne einer Geschicklichkeit, Gewandtheit, Wendigkeit übersetzen können; aus der lateinischen Fassung, die von *iuris subtilia* spricht, ergibt sich, dass hiermit die feinen Unterscheidungen der gesetzlichen Bestimmungen, die Feinheiten des Gesetzes gemeint sind. So auch Kaufmann/Neumeister, Glossar S. 88. Walther/Lübben, Mittelniederdeutsches Handwörterbuch S. 33 bieten: „Klugheit, Gewandtheit, List".

2510 Georges, LDHW I Sp. 1919 f. enthält für *decisio*: „I) im engern Sinne, zerschlagen, zerspalten, zersplittern, zerschmettern, zertrümmern (...) II) im weiten Sinne, auseinander treiben, 1) (...) 2) übtr.: a) (...) b) eine Sache diskutieren = untersuchen, erörtern, besprechend erwägen (...).

Zusammengenommen ergibt sich jedoch aus den Versen zur zeitgenössischen Rechtspflege, dass Johann von Buch bei den zeitgenössischen Richtern fehlendes Rechtswissen konstatiert und zudem davon ausgeht, dass die Darstellung des Rechtes im Sachsenspiegel sehr verworren erfolgt. Nicht zuletzt aus diesen Gründen werde der Sachsenspiegel selten oder gar nicht richtig verstanden und durch die zeitgenössischen Richter falsch angewendet. Diese Verse sind nun ohne weiteres nachvollziehbar, wenn man die Erkenntnis aus der Untersuchung der Glossenstellen zum Sachsenspiegel als Privileg Karls des Großen einbezieht, dass nämlich Johann von Buch von einer weitgehenden Übereinstimmung zwischen Sachsenspiegel und römisch-kanonischem Recht ausgeht. Denn unterstellt man, dass die im Sachsenspiegel dargestellten Rechtssätze dieselben sind, die auch im Corpus Iuris Civilis sowie in den Rechtstexten des späteren Corpus Iuris Canonici – dort in sehr viel ausführlicherer Form – beschrieben werden, dann erfolgt ihre Darstellung im Sachsenspiegel tatsächlich ungeordnet und verworren, dann kann ein Verständnis allein aus der Sachsenspiegellektüre heraus nicht gelingen, dann wird der Sachsenspiegel durch die zeitgenössischen Richter*innen tatsächlich weitgehend falsch verstanden, dann fehlt den zeitgenössischen, nicht universitär gebildeten Richter*innen in der Tat die nötige Rechtskenntnis zum Verständnis.

Dass es sich bei der in den Versen immer wieder anklingenden fehlenden Rechtskenntnis tatsächlich um die Kenntnis des römisch-kanonischen Rechts und nicht etwa um die Kenntnis des zeitgenössischen sächsischen Rechts handelt, ergibt sich zudem daraus, dass Johann von Buch das richtige Verständnis des Sachsenspiegels ausdrücklich gegen die Mehrheitsmeinung unter den Rechtspraktiker*innen beansprucht. Der Sachsenspiegel werde *noch selden* bzw. *minime* verstanden. Dem Glossator ist also sehr wohl bewusst, dass seine Auslegung von der üblichen abweicht. Johann von Buch muss sich hier also auf eine andere Autorität berufen oder seine Auslegung auf andere Quellen stützen, als auf das überwiegende Verständnis seiner Zeitgenoss*innen. Neben der Mehrheitsmeinung der einheimischen Rechtspraktiker*innen ist aber nur eine weitere Autorität ersichtlich, auf die sich der Glossator berufen könnte, nämlich die *legis scientia* seiner Rechtslehrer*innen in Bologna. Johann von Buch sieht sich ganz offenbar durch sein Studium für die Auslegung des Sachsenspiegels besser gerüstet als die nicht studierten Praktiker*innen seiner Zeit und tritt darum der in der Rechtspraxis üblichen Auslegung seiner Zeitgenoss*innen selbstbewusst entgegen.

β. Die Verse zur Konzeption der Glosse

Neben den Versen des Glossators zur zeitgenössischen Rechtspflege sind für die Frage nach seinem theoretischen Ansatzpunkt auch diejenigen Verse von besonderem Interesse, in denen er die Konzeption der Glosse erläutert. Wie insbesondere aus der lateinischen Fassung der Verse deutlich wird, unterteilt Johann von Buch seine diesbezüglichen Ausführungen in zwei Abschnitte: *Modus huius opusculi sic intelligatur: / In primis textus speculi legibus probatur.* (…) *Secundo loco speculi contraria sig-*

navi, / Opiniones populi cum iure concordavi (...)[2511]. Im ersten Abschnitt erläutert der Glossator seine Allegationen von Rechtsquellen aus dem gelehrten Recht und seine Ausführungen hierzu, im zweiten Abschnitt beschreibt er dagegen seine von den Quellen des gelehrten Rechts unabhängigen Ausführungen zum Sachsenspiegel, also seine Befassung mit Widersprüchen im Sachsenspiegeltext und den Meinungen der sächsischen Rechtspraktiker*innen. Für die Fragestellung nach der Ansicht Johanns von Buch zum Verhältnis von Sachsenspiegel und römisch-kanonischem Recht ist im wesentlichen lediglich der erstgenannte Abschnitt von Interesse[2512]. Dieser Abschnitt lautet wie folgt:

BG Prolog Verse 171–208, S. 101–103

Modus huius opusculi sic intelligatur:	*Disses*[2513] *werkes wise si, unde man sal se so verstan,*
In primis textus speculi legibus probatur.	*Dat den text des spegils wi mit leges pruvet han.*

2511 BG Prolog, Vers 171 f., 209 f., S. 101, 103. Die deutsche Fassung der Verse lautet wie folgt: *Disses werkes wise si, unde man sal se so verstan, / Dat den text des spegils wi mit leges pruvet han.* (...) *Tum anderen mal uns rechtis twidracht tekende ik san, / Der lude wan ik slechtis mit rechte vereint han,* (...). Übersetzung: Die Weise dieses Werkes sei, und man soll sie so verstehen, / Dass wir den Text des <Sachsen->Spiegels anhand von *leges* ermittelt haben. (...) Zum zweiten habe ich die Widersprüche unseres Rechts gekennzeichnet, <hinsichtlich> der Ansichten der Leute habe ich schlechtes mit rechtem vereint.

2512 Der Abschnitt zu seinen von den Rechtsquellen des gelehrten Rechts unabhängigen Ausführungen zum Sachsenspiegel ist in dieser Arbeit bereits mehrfach angesprochen worden, im hiesigen Zusammenhang aber nicht wesentlich weiterführend. Der in den beiden eingangs zitierten Versen begonnene Satz wird in den folgenden beiden Versen dahingehend zu Ende geführt, dass zudem Irrtümer beseitigt und rechtswidriges Gewohnheitsrecht widerlegt werden solle. Es folgen weitere Ausführungen zum Umgang des Glossators mit dem Sachsenspiegeltext, insbesondere die Herstellung der richtigen Lesart in der Glosse (BG Prolog, Verse 215–222, wiedergegeben oben S. 559 f.), eine Bezugnahme auf den Richtsteig Landrechts (Vers 223, wiedergegeben oben S. 515) und schließlich eine Erläuterung zur Begrifflichkeit Artikel – Kapitel (Verse 225 f., wiedergegeben oben S. 514 f.).

2513 Übersetzung: Die Weise dieses Werkes sei, und man soll sie so verstehen, / Dass wir den Text des <Sachsen->Spiegels anhand von *leges* ermittelt haben. / Für wahr glaube, dass in der *lex*, die hier genannt wird, / Wenn dir an der Suche nicht etwas fehlt, das Recht des <Sachsen-> Spiegels erkannt wird. / Wird wohl ein Kaiserrecht gegen das andere genannt, / Dann lasse ich das Wider-<sprechende> Recht <auch in meiner Glosse stehen>, und, was als schlecht erkannt ist, / Das bringe ich in den <Glossen->Apparat, die Wider<sprechend->en nenne ich dennoch, / So beuge ich vor allem Angreifen auf den <Sachsen->Spiegel. / Dass Rechte einander widersprechen, das soll man so verstehen: / Den Unterschied aller Sachverhalte bringt nicht ein Gesetz wohl zu Ende, / So erlaubt die *lex* hier, was die *leges* dort nicht gestatten, / Dem Kaiser erschien hier gut, was ihm dort zu schaden schien. / Ist es denn <so>, dass du auf jemanden triffst, der sich auf die Wider-<sprechenden >Rechte beruft, / Statt auf diejenigen, die du hier <im Glossenapparat> hörst, wenn er das <Glossen->Werk <gar> herabsetzt, / <Dann> heißt sein falsches Treiben ihn einen Betrüger, / Wenn meine Rede hervorscheint, die mich als wahrhaftig erweist. / Ist dir der Artikel des <Sachsen->Spiegels im Kaiserrecht gewiesen worden, / Taugt es dort nicht ganz gleich, und scheint es

Pro certo debes credere in lege, quae nominatur,	*Vor ware love des in der lex, de hir wert nant,*
Hic textus, si scis quaerere, sensus investigatur.	*Di ne schele an der suke wes, wert des spegilsrecht irkant.*
Huic si contraria lex allegatur legi,	*Worde wol ein keiserrecht weder dat ander nennet,*
Tunc, abiecta varia, quod verum est, redegi	*So late ik dat werrecht, unde, dat slechte is irkennet,*
Ad praesens hoc opusculum et contraria signavi	*Dat bringe ik in't apparat, de wedren nen ik tware,*
Ne impugnetur speculum, astute sic praecavi.	*Sus des spegils impugnat ik allet vorbeware.*
Quod leges sunt contrariae, sic erit intelligendum:	*Dat rechte weder sik sint, man dat so vernemen sal:*
Cum diverse materiae dissimile sit ponendum,	*Allir schichte underbint lent nicht ein gesette wal,*
Tunc lex hoc loco consentit, quod ibi prohiberet,	*Sus de lex hir vulbort dut, des leges dort nicht staden,*
Cum prodesse rex sentit, quodque illic noceret.	*Dem keiser hir duchte gut, dat in dar dunket scaden.*
Quare, si quem inveneris contraria allegantem,	*Is den, dat du ankumst, de de wedern rechte sprikt,*
Quam in opere reperis, et opus annichilantem,	*Wen als du se hir vernumst, of he it werk dut tu nicht,*
Scias, quod falsi motio ipsum dicet mendacem,	*Sin valsch bewegen sprikt in einen drogenere,*
Cum assignata ratio me ostendet veracem.	*Als mine rede utbrikt, de wisit me warbere.*

dir nicht richtig übereinstimmend, / So strafe uns nicht zu früh, denke hier nicht an eitle Rede, / Wende deinen Sinn dem besser zu, sonst wirst du schuldiger als wir. / Was von uns nun zuvor vom Kaiserrecht gesagt ist, / so stimmt auch bei geistlichem Recht das Verweisen nach derselben Art überein. / Ist es etwa so, dass die <in einer Remission> beschriebene Zahl in die Irre führe, / Dessen zeihe uns nicht, das schreibe gänzlich dem Kopisten zu. / Findest du es nicht im ersten <Buch> stehen, dann suche es hartnäckig im zweiten, / Was dein <erster> Durchgang nicht finden kann, das findet dein zweites Durchgehen. / Solltest du leicht einmal nach geistlichem Recht mit jemandem streiten, / Dann hielten sie dich für töricht, wenn du versehen wolltest / Deine Rede mit <Belegstellen aus dem> Sachsenrecht, weil sie das Recht verschmähen, / „Dieses Recht ist für mich eine sächsische Ausgeburt <d. h. durch das römisch-kanonische Recht verdrängtes lokales Recht>“, so gehen sie das schmählich an, / Wenn es also nicht mit den *leges* ausgeglichen wurde,/ Dann würden sie es so abweisen; darum ist es <der Sachsenspiegel mit dem römischen und kanonischen Recht> verglichen. / Wenn nun in der Gerichtsstätte unser Recht abgewiesen wird, / Dann hat es die *lex* zur Hilfe, die ihm das Vergleichen hervorbringt. / Wenn es der Richter alsbald dennoch ablehnen will, / so dass es niedriger <d. h. in der niedrigeren Instanz> nicht geht, appelliere frei heraus. / Wenn dir das Berufen bis an den Hof des Papstes andauert, / So finde dort, so wahr wie der Glauben, dies als dein rechtes Recht.

Articulum cum legeris per legem approbatum,	*Worde des spegils artik di wist in't keiserrecht,*
Et cum ius inveneris non bene similatum,	*Doge't dar nicht gar gelik, duchte't di wol nicht endrecht,*
Tu cito nos ne increpas nec vaniloqua putabis,	*Nicht tu vru uns strafe du, denke nicht idel sproke hi,*
Verba bene respicias et hoc tibi imputabis.	*Ker dar dinen sin bat tu, sus werstu schuldiger, wen wi.*
Quod vero hic de legibus dictum reperitur,	*Wat van uns nu is gesecht hir vor van keiserrechte,*
Eodem in canonibus modo invenitur.	*Geistlik recht de wise drecht al in der selven slechte.*
Si assignato numero aliquid forte peccetur,	*Is, dat de bescreven tal hir icht unrechtes drive,*
Non opificis vitio, sed scriptori imputetur.	*Des tie uns nicht, altumal dem scriver it tuscrive.*
Sed, quod primo non reperis, hoc quaeras in	*Vinstu's nicht im irsten stan, im andern suk it herde, secundo,*
Quae non eundo inveneris, habebis redeundo.	*Des din vart nicht vinden kan, dat vint din weder-verde.*
Foro ecclesiastico, si debes litigare,	*Saltu in der papen recht lichte mit eme kiven,*
Haberis pro fantastico, si velis allegare	*Se hedden di vor dorecht, of du woldest bekliven*
Iura huius speculi quae ab his contemnuntur	*Mit Sassenrecht din wort, wen se dit recht versmeen,*
Ut unius populi, si non concordabuntur	*„Dat recht is mi Sassen bort", sus se den smelik jehen,*
Legibus vel canonibus, ut hic sunt concordata	*Ne were it mit legibus denne nicht vor gerichtet,*
Et approbationibus legum sunt approbata.	*So verwiseden se't sus, hir um isit verliket.*
Quando in foro litium hoc ius reclamatur,	*Swar nu in des richtes stat unse recht versproken wert,*
Lex erit in subsidium, cum qua concordatur.	*De lex it tu hulpe hat, de im dat verliken bert.*
Et si iudex ulterius hoc vellet reprobare,	*Of it de richter isa dennoch wil reprobiren,*
Ne contingat deterius, audacter poteris appellare	*Up dat it wers nicht ne ga, vriliken appellire.*
Si sedem apostolicam propter hoc appelletis,	*Of di dat berupen dar in des paves hof stunde,*
Haec ut fidem catholicam vera invenientis.	*Dit als den geloven war din rechtes recht dar vunde.*

Die Konzeption der Glosse sei, dass der Glossator den Text des Sachsenspiegels mit den *leges* des römisch-kanonischen Rechts *pruvet* habe. Die in der 2. Person angesprochene Leser*in solle fürwahr glauben, dass in der jeweils genannten *lex*, wenn der Leser*in beim Heraussuchen nicht ein Fehler unterlaufe, das Recht des Sachsenspiegels erkannt werde. Werde auch ein Kaiserrecht gegen ein anderes genannt – gemeint ist wohl in der universitären Diskussion bzw. Literatur, in deren Distinktionen scheinbar widersprüchliche Rechtssätze voneinander abgegrenzt und dadurch üblicherweise im Zusammenhang genannt werden –, dann werde auch das nicht einschlägige vom Glossator aufgeführt und in den Glossenapparat aufgenommen, sodass Angriffen auf den Sachsenspiegel vorgebeugt werde. Dass Rechte einander widersprechen, sei darin begründet, dass nicht alle Varianten eines Sachverhalts durch eine Bestimmung geregelt werden könnten. Daher würde eine *lex* erlauben, was andere untersagten, und dem Kaiser sei in einem Fall gut erschienen, was er in einem anderen Fall für schädlich hielt.

Nach diesen Ausführungen zu vermeintlichen Widersprüchen im gemeinen Recht, die sich dadurch erklärten, dass jeweils unterschiedliche Fallkonstellationen geregelt seien, erläutert der Glossator noch einmal, wie durch sein Vorgehen – nämlich sowohl die gemeinrechtliche Fundstelle zu der seiner Ansicht nach im Sachsenspiegel geregelten Konstellation aufzuführen als auch die im universitären Kontext in diesem Zusammenhang thematisierten und gerade nicht einschlägigen Fundstellen zu nennen – Angriffen auf den Sachsenspiegel vorgebeugt werden könne: Begegne der in der 2. Person angesprochenen Leser*in – gemeint ist hier im Rahmen einer gerichtlichen Auseinandersetzung –, dass ein nicht einschlägiges Recht angeführt werde, dann könne er*sie durch die Ausführungen der Glosse denjenigen, der sich auf das nicht einschlägige Recht berufe, als Betrüger entlarven.

Schließlich ermahnt der Glossator seine Leser*innen zur Demut bei der Benutzung der Glosse. Werde der Leser*in die Parallelstelle zu einem Sachsenspiegelartikel im Kaiserrecht gezeigt – gemeint ist durch den Glossator in der Glosse – und schienen ihm*ihr dann beide nicht überein zu stimmen, dann solle er*sie sich nicht zu früh freuen und sich vor eitler Rede hüten, sondern besser nachdenken, andernfalls mache er*sie sich schuldiger als der Glossator. Gleiches gelte auch in Bezug auf das kanonische Recht. Scheine der Leser*in die Bezifferung fehlerhaft, dann möge er*sie dies auf den Schreiber der von ihm*ihr genutzten Handschrift zurückführen. Was der Leser*in im ersten – gemeint ist hier wohl im ersten Buch Landrechts[2514] – nicht finde, dass solle er*sie sogleich im zweiten suchen, und was er*sie bei einem ersten Durchgang nicht finde, das werde er*sie in einem zweiten auffinden.

Wenn die weiter in der 2. Person angesprochene Leser*in aber etwa vor einem geistlichen Gericht einen Rechtsstreit führe, dann werde er*sie dort für töricht gehalten, wenn er*sie sich auf eine Sachsenspiegelbestimmung berufe, denn diese werde als lokales Recht zurückgewiesen, wenn sie nicht durch gleichlautende *leges,* also Bestimmungen des gemeinen Rechts, belegt werde. Darum würden beide verglichen – gemeint ist im Glossenapparat. Wenn nun im Gericht das sächsische Recht abgelehnt werde, dann habe es diejenige *lex* zur Hilfe, die ihm der Vergleich beider Rechte zur Seite stelle. Weise der Richter dennoch das Recht zurück, dann solle die Leser*in frei heraus appellieren, beim Gericht des Papstes – spätestens – werde das richtige Recht angewendet.

2514 Gemeint sein könnte das erste Buch, aber auch, wie in den folgenden Versen, der erste Lesevorgang.

In den Versen 197–202 findet sich jene Aussage, die die Literatur[2515] zu der Annahme geführt hat, dass die Glossierung auch und nicht zuletzt bezwecke, dem Sachsenspiegel Geltung vor den geistlichen Gerichten zu sichern. In der Tat führt der Glossator hier aus, dass der Sachsenspiegel als lokales Recht vor den geistlichen Gerichten grundsätzlich nicht anerkannt werde, nur solche Rechtssätze würden gehört, deren Übereinstimmung mit den *leges* nachgewiesen sei. *Hir um* – merkt der Glossator sodann an – *is it verliket*: darum sei es – gemeint ist der Sachsenspiegel mit dem römisch-kanonischen Recht – verglichen worden. Werde ein Rechtssatz des Sachsenspiegels durch das geistliche Gericht nicht gehört, so habe dieser die Lex aus dem römisch-kanonischen Recht zur Hilfe. Der Umstand, dass durch die Allegation der *leges* und *canones* dem Sachsenspiegel auch Geltung vor den geistlichen Gerichten verliehen wird – sei es durch eine direkte Anwendung oder durch einen Rückgriff auf die hinzuallegierte Bestimmung – ist aber nicht der einzige oder auch nur der wichtigste Zweck der Allegationen, den Johann von Buch im Glossenprolog aufführt. Der Glossator betont diesen Umstand zwar und beschreibt ihn in immerhin 10 Versen, ja er fordert seine Leser*innen sogar auf, bis zum Heiligen Stuhl zu appellieren, wenn der Sachsenspiegel in einem Verfahren nicht anerkannt würde. Diese Ausführungen bilden jedoch nicht den Beginn des auf die Allegationen bezogenen Abschnittes. Sie folgen erst nach 26 anderen Versen, die in der einschlägigen Literatur kaum thematisiert werden.

An den Beginn seiner Erläuterungen setzt er vielmehr die eingangs zitierten Verse: *Modus huius opusculi sic intelligatur: / In primis textus speculi legibus probatur*; in der deutschen Fassung: *Disses werkes wise si, unde man sal se so verstan, / Dat den text des spegils wi mit leges pruvet han.* Das Vorgehen der Glosse sei es, den *text* des Sachsenspiegels mit den *leges* zu *pruven/probare.* Es stellt sich freilich die Frage, wie diese Verse zu verstehen sind. Das mittelniederdeutsche *pruven* lässt sich zum einen mit „nachweisen" übersetzen[2516] – in dem Sinne, dass der Glossator etwa zur Verwendung vor den geistlichen Gerichten die Geltung des Sachsenspiegelartikels durch eine übereinstimmende Norm des römisch-kanonischen Rechts nachweist. „Nachweisen" ist jedoch allenfalls eine Nebenbedeutung von *pruven*, im Mittelniederdeutschen Handwörterbuch von Walther/Lübben etwa wird sie nicht aufgeführt[2517]. Gleiches gilt für den Bedeutungsgehalt des Begriffs *probare*, der in der lateinischen Fassung

---

2515 Dazu oben S. 583 ff.

2516 Bei Möhn, Mittelniederdeutsches Handwörterbuch II, 2 Sp. 1723–1725 sind für *pröven, proven, prüven* angegeben: „1. wahrnehmen, erkennen, vernehmen, 2. nachweisen, feststellen, ermitteln, 3. bedenken, erwägen, überdenken, 4. versuchen, streben, sich bemühen und 5. prüfen, überprüfen, probieren, ausprobieren". Schiller/Lübben Handwörterbuch III S. 379 weisen für *proven* die Bedeutungen: „kennen lernen, merken, wahrnehmen, ermessen" aus. Im Walther/Lübben, Mittelniederdeutsches Handwörterbuch S. 285 sind für *proven* die Bedeutungen: „kennenlernen, merken, wahrnehmen, ermessen, taxieren (...) versuchen, probieren" angegeben.

2517 Oben Anm. 2516.

verwendet wird[2518]. Kaufmann/Neumeister gehen von der Bedeutung „prüfen" aus[2519]. Bei dieser Übersetzung stellt sich aber die Frage, was geprüft werden soll: Die Geltung des Sachsenspiegels oder die Bedeutung des Sachsenspiegelwortlauts. Ersteres würde jedenfalls der Vorstellung widersprechen, dass es sich beim Sachsenspiegel um ein kaiserliches Privileg für die Sachsen und Sächsinnen handelt, dessen Geltung nicht vom gemeinen Recht abgeleitet ist, könnte sich allerdings auf die später aufgeführte Anwendung vor geistlichen Gerichten beziehen. Näher liegt die zweite Bedeutungsebene im Sinne von „ermitteln", „untersuchen", oder, für einen Rechtstext formuliert, „auslegen". Dafür spricht schon, dass Johann von Buch in beiden Fassungen vom *textus* bzw. *text* des Sachsenspiegels als Gegenstand des *probare* bzw. *pruven* spricht und damit den mittelalterlichen Begriff für eine auslegungsbedürftige Schrift[2520] verwendet. Dass der Glossator hier von einer Auslegung des Sachsenspiegels anhand der hinzu allegierten Bestimmungen des römisch-kanonischen Rechts spricht, wird zudem im darauffolgenden Vers deutlich: Das Recht des Sachsenspiegels werde, wenn beim Heraussuchen der Bestimmung kein Fehler unterlaufe, in der genannten *lex* erkannt. Eindeutig wird dies in der lateinischen Fassung formuliert: *Pro certo debes credere in lege, quae nominatur, / Hic textus, si scis quaerere, sensus investigatur*[2521]. Das Konzept der Glosse ist also, den Sinngehalt des Sachsenspiegeltextes mithilfe der hinzuallegierten Bestimmungen aus dem römisch-kanonischen Recht zu ermitteln. Zweck der Allegationen ist zuallererst das richtige Verständnis der Sachsenspiegelbestimmungen, die im Sinne der *leges* auszulegen sind.

Dies wird auch durch den weiteren Fortgang des Glossenprologs gestützt, in dem Johann von Buch erläutert, warum er nicht nur die seinem Verständnis nach einschlägige Bestimmung aus dem römisch-kanonischen Recht in den Glossenapparat aufnehme, sondern auch jeweils das *werrecht*, das diesem widersprechende Gegenrecht. Gemeint ist mit diesem Gegenrecht eine Bestimmung ebenfalls des gelehrten Rechts, das regelmäßig – gemeint sein dürfte in den Glossen und den Juristenschriften des gelehrten Rechts – von dem vermeintlich einschlägigen abgegrenzt wird: *worde wol ein keiserrecht weder dat ander nennet.* Gründe für solche vermeintlichen Widersprüche – um deren Auflösung sich die Glossae Ordinariae des gelehrten Rechts gerade bemühen – werden sodann damit erklärt, dass es sich tatsächlich nicht um einander widersprechende Rechtssätze handele, sondern solche mit unterschiedlichem Anwendungsbereichen. Neben dem im Sachsenspiegel dargestellten Rechts-

2518 Georges, LDHW II Sp. 1934–1936 weist folgende Bedeutungen aus: „I) etwas als tüchtig od. untüchtig erkennen, (...) A) da dies auf dem Wege der Prüfung, Untersuchung geschieht = etwas in bezug auf seine Tüchtigkeit, Güte, Echtheit erproben, prüfen, untersuchen (...) B) als tüchtig anerkennen C) etwas aus Erfahrung bewährt-, erprobt finden, (...) II) objektiv, jmdm. etwas als tüchtig, gut, brauchbar zeigen, a) (...) b) durch Gründe, Beweise jmdm. etw. glaublich (glaubhaft) machen, als wahrscheinlich dartun (darlegen), motivieren, erweisen, beweisen, (...) c) einen für jmd. ausgeben, (...)".

2519 Kaufmann/Neumeister, Glossar S. 843.

2520 Oben S. 478.

2521 Hervorhebung der Vf.

satz – erläutert der Glossator – nehme er auch das Gegenrecht in den Glossenapparat auf, um so ein *impugnare,* ein Bekämpfen des Sachsenspiegels zu verhindern. Denn berufe sich vor Gericht der Vertreter der Gegenseite auf das zusätzlich hinzuallegierte Gegenrecht, um seinen Rechtsanspruch zu untermauern, könne die angesprochene Leser*in der Glosse ihn anhand der Ausführungen des Glossators als Betrüger entlarven. Auch in diesen Ausführungen zeigt sich, dass die hinzuallegierten Rechtssätze der Auslegung des Sachsenspiegels dienen: Johann von Buch schildert eine Situation, in der vor Gericht die Auslegung einer Sachsenspiegelbestimmung streitig ist und zu ihrer Auslegung zwei Bestimmungen des gelehrten Rechts herangezogen werden – wobei sich die richtige Auslegung selbstredend aus der in der Glosse aufgeführten Bestimmung ergebe.

Die Übereinstimmung zwischen glossierter Sachsenspiegelbestimmung und hinzuallegierter Bestimmung aus dem römischen Recht wird sodann noch einmal nachdrücklich beansprucht, wenn Johann von Buch seine Leser*in zur Demut auffordert: Scheine ihm*ihr eine Bestimmung des gemeinen Rechts nicht mit der glossierten Sachsenspiegelbestimmung übereinzustimmen, möge er*sie besser nachdenken, sonst mache er*sie sich schuldiger als der Glossator, gleiches gelte für Allegationen aus dem kanonischen Recht.

Der durch Johann von Buch selbst genannte Zweck der Allegationen geht also weit über das hinaus, was in der bisherigen Glossenforschung als ihr Zweck angenommen wird: Die Allegationen dienen nach den Ausführungen im Glossenprolog nicht allein dazu, dem sächsischen Recht vor geistlichen Gerichten Geltung zu verschaffen. Der Sachenspiegeltext soll in der Glossierung vielmehr unter Heranziehung römisch-rechtlicher Quellen untersucht und ausgelegt werden, um so seinen eigentlichen Sinn, den der Glossator – wie in den Versen zur zeitgenössischen Rechtspflege deutlich wird – vielfach missverstanden glaubt, durch ein wissenschaftlich fundiertes Vorgehen herausarbeiten.

c. Die Glossierung als bewusste Auslegung des Sachsenspiegeltextes im Sinne des römisch-kanonischen Rechts

Bei der Untersuchung der Glossenstellen, in denen der Sachsenspiegel als Privileg Karls des Großen bezeichnet wird, der Prologstellen, in denen Johann von Buch seine Ansichten zu der zeitgenössischen Rechtspflege darlegt, sowie der Prologstellen, in denen der Glossator die Konzeption der Glosse erläutert, hat sich mithin ein vom bisherigen Forschungsstand deutlich abweichendes Bild dessen ergeben, was der Glossator mit der Glossierung bezweckt. Johann von Buch beabsichtigt keineswegs, das geltende sächsische Recht im Sinne des in der zeitgenössischen sächsischen Rechtspraxis geübten Rechtes wiederzugeben. Johann von Buch strebt vielmehr eine wissenschaftlich fundierte, das heißt eine den universitären Lehrstoff methodisch wie inhaltlich einbeziehende (Neu-)Auslegung des Sachsenspiegels im Sinne des römischen Rechts an, und zwar entgegen dem, was nach dem Wortlaut des Sachsenspiegelartikels die naheliegendste Bedeutung wäre, und auch entgegen dem, was in der zeitgenössischen Rechtspraxis die übliche Auslegung ist. Er beabsichtigt mithin, den Sachsenspiegel in bewusster Abweichung von der zeitgenössischen Rechtspraxis so auszulegen, dass er dem römischen-kanonischen Recht entspricht, weil er meint, darin die wahre Bedeutung des Sachsenspiegels ermitteln zu können.

Der Hintergrund dieser Annahme ergibt sich aus den Stellen, die den Sachsenspiegel als Privileg Karls des Großen für die Sachsen und Sächsinnen bezeichnen. Da es sich bei Karl dem Großen wie auch bei Konstantin dem Großen nach spätmittelalterlichem Verständnis um christliche Kaiser des fortdauernden römischen Reiches handelt, liegt es nahe, dass diese den eben christianisierten Sachsen und Sächsinnen eine vereinfachte und gekürzte Fassung des gemeinen, des römisch-kanonischen Rechts verliehen haben. Johann von Buch geht jedenfalls ausdrücklich von einer überwiegenden inhaltlichen Übereinstimmung zwischen der Sachsenspiegelregelung und der Regelung des gemeinen Rechts aus. Dies gilt auch für die zugrundeliegende Systematik, die er im Sachsenspiegel nicht hinreichend wiedergegeben sieht. Der Sachsenspiegeltext formuliert seinem Verständnis nach kürzer und muss daher sorgfältig ausgelegt werden. Diese Auslegung wird seiner Ansicht nach durch die zeitgenössische Rechtspraxis jedoch nicht geleistet, den zeitgenössischen Richtern fehle vielmehr das erforderliche Rechtswissen, sodass sie den Sachsenspiegel überwiegend falsch verstünden. Die Glossierung soll daher den Sachsenspiegel unter Heranziehung der Quellen des römisch-kanonischen Rechts – unabhängig von der Meinung unter den nicht studierten zeitgenössischen Rechtskundigen – auslegen, durch die Allegationen aus dem gelehrten Recht soll der Sachsenspiegeltext untersucht und sein nach Ansicht des Glossators weitgehend verkannter eigentlicher Sinn ermittelt werden.

3. Das Verhältnis des Glossenrechts zu römisch-kanonischem und sächsischem Recht in den untersuchten Rechtsgebieten

Nach dem theoretischen Ansatzpunkt des Glossators soll nunmehr die erbrechtliche Detailuntersuchung danach ausgewertet werden, inwieweit das Recht der Buch'schen Glosse Regelungen des Sachsenspiegels enthält, inwieweit es Regelungen des gelehrten, des römisch kanonischen Rechtes übernimmt und in welcher Weise es gegebenenfalls beide verbindet. Insbesondere ist dabei zu untersuchen, ob sich das Recht der Buch'schen Glosse praktisch als eine Umsetzung dessen darstellt, was der Glossator nach eigenem Bekunden theoretisch anstrebt: nämlich eine Auslegung des Sachsenspiegeltextes im Sinne des römisch-kanonischen Rechts, abweichend von dem üblichen Verständnis des Sachsenspiegels, mithin abweichend von dem in der Rechtspraxis gelebten zeitgenössischen sächsischen Recht.

a. Beobachtung in der Erbfolgeordnung

Hinsichtlich der Erbfolgeordnung ist festzustellen, dass Johann von Buch hier tatsächlich weitgehend die Regelung des römischen Rechts in den Sachsenspiegel hineinliest. Obwohl der Sachsenspiegel der Erbfolge das Gradnäheprinzip – mit einer weiteren Unterteilung in Nachkomm/innen, Vorfahr/innen und Seitenverwandte sowie in Männer und Frauen nur im ersten Verwandtschaftsgrad – zugrundelegt, geht der Glossator in Übereinstimmung mit der Regelung von Nov. 118 von einer Drei-Linien-Ordnung aus. Mit der Novellenregelung stimmt auch seine Unterscheidung innerhalb der drei Linien, nämlich ein Erbrecht nach Stämmen bei den Nachfahr/innen und ein Erbrecht nach Köpfen bei den Seitenverwandten überein, die in der Novelle vorgesehene Mischregelung bei den Vorfahr/innen gibt er allerdings nur vereinfacht wieder. Auch die Komputation der Buch'schen Glosse entspricht dem gelehrten Recht. Entgegen der im sächsischen Recht praktizierten, heute sogenannten Gliederzählung, die im Sachsenspiegel im Gliederbild in Ldr. I 3 § 3 dargestellt wird und ausweislich der etwa zeitgenössischen Bilderhandschriften wie auch der zeitgenössischen und jüngeren Schöffensprüche im sächsischen Raum weiter bekannt und gebräuchlich ist, geht Johann von Buch von der römischen Komputation der Legist*innen aus und stellt diese der kanonischen Komputation gegenüber. Erstere liest er in die Darstellung des Gliederbildes hinein, letztere in die Erwähnung der Heiratsverbotsgrenze am Ende von Ldr. I 3 § 3. Schließlich geht er in Übereinstimmung mit der Novellenregelung davon aus, dass weibliche und männliche Prätendent/innen grundsätzlich gleichgestellt sind.

Dabei erfolgen seine Darstellungen keineswegs losgelöst vom Sachsenspiegeltext. Johann von Buch stellt die Regelung des römisch-kanonischen Rechts nicht etwa ergänzend oder als vorrangige Regelungen und auf dessen Quellen gestützt dar, er legt den Sachsenspiegeltext im Sinne des in den Rechtsquellen des römisch-kanonischen Rechts Geregelten aus. Diese Auslegung ist dabei sehr weitgehend. Die Drei-Linien-Ordnung lässt sich allenfalls in den Anfangssatz von Ldr. I 17 § 1 hineinlesen, in dem die Unterscheidung in Nachkomm/innen, Vorfahr/innen und Seitenverwandte im ersten Verwandtschaftsgrad festgelegt wird. Wenn dort aber formuliert wird: *Stirft die man ane kint, sin vader nimt sin erve; ne hevet he des vader nicht, it nimt sin muder mit mereme rechte, dan sin bruder*, muss er Vater und Mutter sowie Bruder *pars pro toto* als Vorfahr/innen bzw. Seitenverwandten lesen, eine Auslegung, die nicht eben nahe liegt und zudem den Vorrang des Vaters vor der Mutter übergeht. Auch die römische Komputation lässt sich im Gliederbild des Sachenspiegels allenfalls daran festmachen, dass ein Stammelternpaar im Kopf, dessen Kinder – Erblasser/in und Geschwister – im Hals und die darauffolgend genannten Geschwisterkinder als an der Schulter stehend beschrieben werden, sodass entsprechend den Verwandtschaftsgraden nach römischer Komputation die Eltern das erste besetzte Körperteil einnehmen, die Geschwister das zweite und die Geschwisterkinder das dritte. Jedoch ist das Gliederbild so nicht übertragbar und enthält auch nicht die wesentlichen Regelungen der Verwandtschaftsbestimmung, sondern lediglich einige beispielhafte Aufzählungen. Die Verteilung der Erbschaft nach Stämmen (in der Diktion des Glossators nach Wurzeln) innerhalb der Nachkomm/innen lässt sich allenfalls aus dem Eintrittsrecht der Enkel/innen in Ldr. I 5 § 1 herauslesen: (...) *stirft he dar na er sineme vadere umbedelet von dem erve, sine sone nemet dele in ires eldervader erve, gelike irme veddern in ires vader stat. Alle nemet se aver enes mannes deil*, doch werden Enkelinnen und Urenkel wie Urenkelinnen dort nicht erwähnt, Tochterkinder werden zudem ausdrücklich ausgeschlossen. Die Verteilung nach Köpfen (in seiner Diktion nach Zweigen) innerhalb der Seitenverwandten entspricht dem allgemeinen Gradnäheprinzip des Sachsenspiegels. Die Begrenzung auf eine Geltung lediglich innerhalb der Seitenverwandten könnte der Glossator in den Ausführungen zu den *ganerven* in Ldr. I 17 § 1 festgelegt sehen: *Sven aver en erve versüsteret unde verbruderet, alle de sik gelike na to der sibbe gestuppen mogen, de nemet gelike dele dar an, it si man oder wif; disse hetet de sassen gan erven*, jedoch wird dieses Prinzip in Ldr. I 3 § 3 ebenfalls genannt und dort gerade nicht auf die Seitenverwandten beschränkt. Für die Verteilung nach einer Mischregelung (nach seiner Diktion nach dem Stamm) innerhalb der Vorfahr/innen findet sich im Sachsenspiegeltext keinerlei Anhaltspunkte, diese wird durch Johann von Buch allerdings auch nicht umfassend wiedergegeben.

Die Auslegung des Sachsenspiegeltextes durch den Glossator ist damit sehr weitgehend. Dennoch beachtet Johann von Buch bei seiner Auslegung in einigen Fällen das, was man heute als Wortlautgrenze bezeichnen würde. Dies zeigt sich bei der Stellung der Erblassergeschwister, die nach dem Sachsenspiegeltext eindeutig nach den Eltern erben, nach der Novelle dagegen neben den Eltern und allen anderen Vorfahr/innen. Der Glossator spricht den Erblassergeschwistern ein Erbrecht erst nach allen Vorfahr/innen zu. Johann von Buch folgt damit dem Wortlaut von Ldr. I 17 § 1: *Stirft die man ane kint, sin vader nimt sin erve; ne hevet he des vader nicht, it nimt sin muder mit mereme rechte, dan sin bruder.* Was er hier übernimmt, ist aber keineswegs die Regelung des sächsischen Rechts, denn in diesem erben die Geschwister zwar nach den Eltern, aber vor den Großeltern der Erblasser/in und vor allen seinen/ihren weiteren Vorfahr/innen. Er geht vielmehr von einer Regelung aus, wie sie sich aus dem Sachsenspiegeltext bei einer Auslegung im Sinne des römischen Rechts ergibt. Denn liest man in den Anfangssatz von Ldr. I 17 § 1 die Drei-Linien-Ordnung hinein, dann ergibt sich aus ihm konsequenterweise ein Vorrang aller Vorfahr/innen vor allen Seitenverwandten – auch vor den Geschwistern, für die die Novellenregelung eine Sonderregel schafft.

Gleiches gilt für das Verhältnis von Halbgeschwistern zu Vollgeschwisterkindern. Johann von Buch geht hier an zwei Stellen in Übereinstimmung mit dem insoweit eindeutigen Sachsenspiegeltext von einer Gleichstellung beider aus, während nach der Novellenregelung Vollgeschwisterkinder die Halbgeschwister aufgrund eines Eintrittsrechtes ausschließen. Johann von Buch folgt hier also dem eindeutigen Wortlaut des Sachsenspiegels. Eine weitere Glossenstelle mit der gegenteiligen Rechtsmeinung weist deutliche Anhaltspunkte für eine spätere Einfügung auf und dürfte nicht auf den Glossator zurückgehen.

Die Wortlautgrenze des Sachsenspiegeltextes bildet allerdings nicht in allen untersuchten Konstellationen ein Hindernis für eine Auslegung des Sachsenspiegeltextes im Sinne des römischen Rechtes. Weder die Schlechterstellung der Erbprätendentinnen gegenüber Erbprätendenten im ersten Verwandtschaftsgrad, wie sie in Ldr. I 17 § 1 Satz 2 ausdrücklich festgelegt ist, noch die Schlechterstellung von Enkel/innen aus der weiblichen Linie gegenüber Enkel/innen aus der männlichen Linie, wie sie ebenso eindeutig Ldr. I 5 enthält, wird von Johann von Buch übernommen. Naheliegender Grund hierfür könnte sein, dass der Glossator die Unterscheidung nach männlichen und weiblichen Verwandten wie auch nach Verwandten aus der männlichen und der weiblichen Linie, die in Nov. 118 ausdrücklich als *non iuste* bezeichnet wird, entweder als Verstoß gegen einen in der Novelle festgelegten, allgemeingültigen rechtlichen Grundsatz ansieht oder aber als Verstoß gegen ein Gebot der materiellen Gerechtigkeit. Jedenfalls folgt er hier dem Wortlaut nicht, sondern trifft hinsichtlich der Prätendentinnen eine aus Ldr. I 18 und dem dort genannten Schwäbischen Recht abgeleitete Distinktion zwischen Sachsen und Sächsinnen, die *Swauee* sind, und den übrigen Sachsen und Sächsinnen. Hinsichtlich der Enkel/innen aus der weiblichen Linie nennt er verschiedene – einander dogmatisch widersprechende – Ansatzpunkte, um den Text des Sachsenspiegels im Sinne einer Gleichberechtigung auslegen zu können. Grundlage seiner Argumentation bleibt allerdings auch an dieser Stelle der Wortlaut des Sachsenspiegels, aus dem er die auch im justinianischen Recht geltende Rechtslage ableitet.

Zusammengefasst interpretiert Johann von Buch damit den Sachsenspiegeltext tatsächlich abweichend von dem Verständnis der zeitgenössischen Rechtspraktiker – und abweichend von dessen eigentlichen Regelungsgehalt – dahingehend, dass er weitgehend die Erbfolgeordnung des gelehrten Rechts enthalte, eine Drei-Linien-Ordnung mit einem Erbrecht nach Stämmen bei den Nachkomm/innen, einem Erbrecht nach Köpfen bei den Seitenverwandten und einer Mischregelung bei Vorfahr/innen. Abweichungen ergeben sich nach seiner Ansicht lediglich in zwei Einzelregelungen, nämlich erstens der nach der Novelle geltenden Ausnahmeregelung zugunsten der Erblassergeschwister gegenüber allen Vorfahr/innen und zweitens der nach der Novelle geltenden Ausnahmeregelung zugunsten der Vollgeschwisterkinder gegenüber Halbgeschwistern, die beide im Glossenrecht nicht übernommen werden. Diese Abweichungen der vermeintlichen Sachsenspiegelregelung vom gelehrten Recht macht der Glossator dabei nicht als solche kenntlich. Gegenüber der tatsächlichen Sachsenspiegelregelung führt diese Auslegung zu erheblich abweichenden Ergebnissen insbesondere hinsichtlich der besonders praxisrelevanten Konstellationen, dass Söhne und Töchter die Erblasser/in überleben, dass – insbesondere bei einer jungen Erblasser/in – Geschwister mit Großeltern konkurrieren oder dass Enkelinnen oder Tochterkinder neben überlebenden Erblasserkindern das Erbe beanspruchen.

b. Beobachtung bei den Rechtsgeschäften von Todes wegen

Die weitgehende Übereinstimmung zwischen römisch-kanonischem Recht und der in der Glosse dargestellten Regelung gilt in diesem Maße nicht auch im Bereich der Rechtsgeschäfte von Todes wegen. Zwar nimmt Johann von Buch eine systematische Gliederung des Rechtsgebietes vor, die sich in dieser Form nicht aus dem Sachsenspiegel ergibt. Demnach hätten die Nachkomm/innen nach natürlichem Recht ein Erbrecht, dieses Erbrecht werde im gesetzten Recht durch die umfassende Testierfreiheit eingeschränkt, die ihrerseits durch das kaiserrechtliche Pflichtteilsrecht begrenzt werde. Die Quelle dieser Ausführungen ist zwar nicht die Accursische Glosse – jedenfalls nicht in der Glossierung zu den in der Buch'schen Glosse allegierten Stellen – jedoch liegt m. E. nahe, dass Johann von Buch diese gedankliche Gliederung einer anderen Juristenschrift des gelehrten Rechts entnimmt. Doch übernimmt Johann von Buch über diese systematische Einordnung hinaus – die seiner Auffassung nach dem römisch-kanonischen Recht wie dem Privileg der Sachsen und Sächsinnen zugrunde liegt – nicht auch die Regelung des römisch-kanonischen Rechts, das weitgehende Testierfreiheit, beschränkt durch das Pflichtteilsrecht, dies wiederum beschränkt durch die Enterbungsgründe aus Nov. 115, vorsieht.

Zwar nimmt Johann von Buch auch für das sächsische Recht grundsätzlich Testierfreiheit an, allerdings sei dort das Pflichtteilsrecht durch ein anderes Erbenschutzinstrument ersetzt worden, nämlich die Übertragungsvoraussetzungen des Artikels Ldr. I 52, die nach sächsischem Recht für alle Übertragungen – gemeint sein dürften Übertragungen unter Lebenden und Übertragungen von Todes wegen – gelten würden. Diese Übertragungsvoraussetzung werden dabei, im Gegensatz zu den kleineren Abweichungen vom Novellenrecht bei der Erbfolgeordnung, auch ausdrücklich als Besonderheiten des sächsischen Rechts bezeichnet. Hinsichtlich der Rechtsgeschäfte von Todes wegen weicht das Recht der Buch'schen Glosse damit deutlich vom gelehrten Recht ab, nicht nur das Pflichtteilsrechts wird durch die Erbenschutzregelung des Sachsenspiegels ersetzt, gleichzeitig ersetzen die darin enthaltenen Formbestimmungen auch die Testamentsformen des gelehrten Rechts. Doch dürfte Johann von Buch auch hier nicht gänzlich die Sachsenspiegelregelung wiedergeben. Wenn er den Begriff des *erve* in Ldr. II 30 dahingehend auslegt, dass damit bestimmte vererbliche Grundstücke gemeint seien, dann liest er damit in den Sachsenspiegel eine strengere Erbenschutzregelung in hinein, als dort m. E. vorgesehen ist, indem er Rechtsgeschäfte von Todes lediglich über einzelne Nachlassgegenstände, nicht über den gesamten Nachlass, anerkennt.

Rechtsgedanken aus dem römisch-kanonischen Recht finden sich im Recht der Rechtsgeschäfte von Todes wegen in der Buch'schen Glosse jedoch nicht allein bei der zugrundeliegenden Systematik. Im Recht der Buch'schen Glosse findet sich vielmehr eine weitere Regelung, die sich dem Sachsenspiegel nicht entnehmen lässt, nämlich die Enterbungsgründe der Nov. 115. Allerdings liest Johann von Buch diese nicht in den Sachsenspiegeltext hinein. Die Enterbungsgründe der Novelle werden vollständig wiedergegeben ein erstes Mal losgelöst vom Sachsenspiegeltext – nämlich als Ausnahme zu dem dort dargestellten Grundsatz, dass das Erbe nicht aus dem Busen gehe – bei der Glossierung zu Ldr. I 17 § 1. Ein zweites Mal dargestellt – sollte diese Glossierung auf Johann von Buch zurückgehen – werden sie zwar in der Glossierung zu Ldr. III 84 § 3, einem Sachsenspiegelartikel, der ebenfalls einen Verlust des Erbrechts regelt. Allerdings spielt dieser Sachsenspiegelartikel für die Herleitung der Enterbungsgründe keine übergeordnete Rolle, er wird an den früheren Glossenstellen zu den Enterbungsgründen auch nicht allegiert. Allegiert wird vielmehr die Novellenregelung hinsichtlich der konkreten Enterbungsgründe sowie Nov. 84 und die Erneuerung des Mainzer Landfriedens von 1298 hinsichtlich der Undankbarkeit als Grundlage der Enterbungsgründe.

Zusammenfassend bemüht sich Johann von Buch damit nicht, die Regelung des gelehrten Rechts, seien es die Testamentsformen, sei es das Pflichtteilsrecht, in den Sachsenspiegeltext hineinzulesen. Dies scheint zunächst einmal überraschend. Zwar scheint der Wortlaut von Ldr. I 52 recht eindeutig: *Ane erven gelof unde ane echt ding ne mut nieman sin egen noch sine lüde geven.* (...) *Alle varende have gift de man ane erven gelof in allen steden, und let unde liet gut, al de wile he sik so vermach* (...), doch ließe sich Ldr. II 30: *Sve so ime erve to seget nicht von sibbe halven, denne von gelovedes halven, dat hebbe man vor unrecht; man ne moge getügen, dat dat gelovede vor gerichte gestedeget si,* durchaus als Ausnahmeregelung hiervon verstehen, in dem Sinne, dass im ersten Sachsenspiegelartikel Rechtsgeschäfte unter Lebenden gemeint seien, im zweiten aber Rechtsgeschäfte von Todes wegen. Warum Johann von Buch diesen Weg nicht geht, darüber lässt sich freilich nur spekulieren. Möglicherweise sieht er seinen Ausführungen in der Glossierung entsprechend die weitgehende Testierfreiheit des römischen Rechts als dem natürlichen Recht widersprechend, mithin grundsätzlich ungerecht an, und legt den Sachsenspiegeltext darum in dieser Hinsicht sehr eng aus. Sollte die weitgehende Testierfreiheit seinem Rechtsempfinden widersprechen, würde dies auch erklären, warum er den Sachsenspiegeltext wohl noch enger auslegt, als dieser ursprünglich gemeint ist. Die Tatsache, dass Johann von Buch hier – anders als bei seinen Abweichungen vom Novellenrecht in der Erbfolgeordnung – ausdrücklich darauf hinweist, dass sich in diesem Punkt Sachsenspiegel und gemeines Recht widersprächen, könnte auch darauf hindeuten, dass er diesen Gedanken von einem*einer anderen früheren oder zeitgenössischen universitär ausgebildeten Rechtskundigen übernimmt, dass sich möglicherweise unter den universitär gebildeten sächsischen Rechtskundigen bereits eine allgemeine Auffassung in diesem Punkt herausgebildet hatte. Schließlich wäre auch denkbar, dass Johann von Buch hier von dem in der Rechtspraxis geübten, tatsächlichen sächsischen Recht beeinflusst ist, in der das Pflichtteilsrecht und die schriftliche Testamentserrichtung völlig unbekannt sind und in der das Erbenlaub als notwendige Voraussetzung für die Vornahme eines Rechtsgeschäfts von Todes wegen angesehen wird. Allerdings weicht der Glossator bei der Erbfolge ganz erheblich vom zeitgenössischen sächsischen Recht ab. Für die Gleichstellung von Prätendenten und Prätendentinnen im ersten Verwandtschaftsgrad kann er sich zwar auf die Rechtspraxis nach Weichbildrecht berufen, nicht aber hinsichtlich der weiteren erheblichen Unterschiede auch bei durchaus praxisrelevanten Fallkonstellationen. Möglichweise treffen auch mehrere der vorgenannten Gründe mit dem recht eindeutigen Wortlaut von Ldr. I 52 zusammen, und führen zusammen dazu, dass Johann von Buch hier den Wortlaut nicht im Sinne des römisch-kanonischen Rechts auslegt.

Hinsichtlich der Enterbungsgründe, die zweifellos aus dem Novellenrecht übernommen sind, lässt sich nicht eindeutig feststellen, ob Johann von Buch diese in den Sachsenspiegel hineinliest. Möglicherweise geht Johann von Buch davon aus, dass die Enterbungsgründe in Ldr. III 84 § 3 kurz angedeutet und damit in das vermeintliche Privileg übernommen werden. Jedenfalls sieht er sie aber nicht durch die entsprechenden Sachsenspiegelformulierungen ausgeschlossen. Der Sachsenspiegel stellt nach Ansicht des Glossators also keine abschließende Regelung dar. Dies würde durchaus mit der subsidiären Geltung des gemeinen Rechts übereinstimmen, wie sie die Statutenlehre des gelehrten Rechts annimmt[2522].

c. Beobachtung beim Ehegüterrecht im Todesfall und den Sondermassen

Wohl die stärksten inhaltlichen Abweichungen des Rechts der Buch'schen Glosse vom römisch-kanonischen Recht ergeben sich auf dem Gebiet des Ehegüterrechts im Todesfall und der Sondermassen. Dieser Befund widerspricht zwar der Annahme des Glossators, dass Sachsenspiegelrecht und römisch-kanonisches weitgehend übereinstimmen. Er widerspricht aber nicht der Annahme, dass Johann von Buch in seiner Glossierung den Sachsenspiegeltext – in bewusster Abweichung von der Rechtspraxis seiner Zeit – im Sinne des römischen Rechts auslegt. Als Grund für die weitergehende Abweichung des Rechts der Buch'schen Glosse vom römisch-kanonischen Recht liegt nämlich nahe, dass der Sachsenspiegeltext bei diesem Themenkomplex relativ wenig auslegungsfähig ist. Während die Erbfolgeordnung im wesentlichen in zwei Artikeln dargestellt wird (Ldr. I 3 § 3 und Ldr. I 17 § 1), findet sich zu den ehegüterrechtlichen Instituten eine Vielzahl von Sachsenspiegelartikeln. Diese sind zudem relativ konkret formuliert. Während es sich bei Ldr. I 3 § 3 um eine relativ abstrahierte Darstellung der Komputation handelt, werden etwa Gerade und Heergewäte sehr konkret durch die Nennung der in sie fallenden Gegenstände beschrieben, auch das Leibgedinge wird als (lediglich) lebenslängliche Übertragung eines Grundstücks durch den Ehemann an die Ehefrau recht deutlich charakterisiert.

Vor dem Hintergrund dieser Überlegungen stützt der Befund, dass das Ehegüterrecht der Buch'schen Glosse für den Todesfall weniger von der Regelung des Sachsenspiegels abweicht als die Erbfolgeordnung der Buch'schen Glosse von der des Sachsenspiegels, durchaus die These, dass Johann von Buch in der Glosse eine (Neu-)Auslegung des Sachsenspiegeltextes im Sinne des gelehrten Rechts vornimmt. Entsprechend dem relativ konkreten Sachsenspiegelwortlaut übernimmt Johann von Buch letztlich alle im Sachsenspiegel genannten Institute – Leibgedinge und Morgengabe, (Witwen-)Gerade und Musteil sowie Dreißigster und übergangsweises Nutzungsrechts des Witwers an Ackerland. Jedoch legt er die einzelnen Institute insofern im Sinne des römisch-kanonischen Rechts aus, als er sie mit dessen Rechtsinstituten gleichsetzt oder als Konkretisierung von dortigen Billigkeitsregeln versteht. Dadurch entsprechen die Regelungen der Buch'schen Glosse im Ehegüterrecht im Todesfall keineswegs weitgehend den Regelungen des Sachsenspiegels bzw. der sächsischen Rechtspraxis seiner Zeit. Zwar hat diese Gleichsetzung nicht in allen Fällen

2522 Dass Johann von Buch von der subsidiären Geltung des gemeinen Rechts ausgeht, ergibt sich insbesondere aus der lateinische Fassung von BG Prolog Vers 204, wiedergegeben oben S. 605.

Folgen für die rechtliche Ausgestaltung der ehegüterrechtlichen Rechtsinstitute. Da er die Morgengabe als im sächsischen Privileg umfassend geregelte Abspaltung der *donatio propter nuptias* versteht (an anderer Stelle als im sächsischen Privileg umfassend geregelte Entsprechung der *sponsalicia largitas*), legt er die Morgengabe über diese Verortung hinaus nicht im Sinne des römisch-kanonischen Rechts aus. Keine Folgen für deren rechtliche Ausgestaltung hat auch das Verständnis von Dreißigstem und vorübergehenden Nutzungsrecht des Witwers an Ackerland als Konkretisierungen bestimmter Billigkeitsregeln im römischen Recht. Bei dem wirtschaftlich wichtigsten Institut des sächsischen Ehegüterrechts, bei dem Leibgedinge, hat diese Gleichsetzung jedoch erhebliche Folgen für ihre rechtliche Ausgestaltung. Zwar geht Johann von Buch nicht so weit, dass er entsprechend dem grundlegenden Dualismus zwischen *dos* und *donatio propter nuptias* – den er in der Glosse durchaus mehrfach anspricht – als Voraussetzung für die Bestellung eines Leibgedinges eine gleichwertige Gabe der Familie der Braut an den Ehemann ansehen würde. Er wendet davon abgesehen jedoch umfassend die für die *donatio propter nuptias* im gelehrten Recht geltenden Regelungen auf das Leibgedinge an, obwohl diese Regelungen im Sachsenspiegel für das Leibgedinge in keiner Weise vorgesehen sind. Dies betrifft zum einen die Privilegien der *donatio propter nuptias*: das Veräußerungsverbot, das Verpfändungsverbot und die Generalhypothek am Vermögen des Mannes. Zum anderen betrifft es die Regelungen für den Fall der Scheidung, in denen er den Sachsenspiegeltext sogar erheblich auslegen muss, um die Regelung des gelehrten Rechts in ihn hineinzulesen. Durch die Übernahme der Systematik des römischen Rechts wird das sächsische Recht zudem für die Rechtsinstitute des römischen Rechts geöffnet. So hält Johann von Buch die Bestellung einer Mitgift durchaus für denkbar, auch ein Verlobungspfand im Sinne einer *arra sponsalicia* hält er für möglich. Schließlich sieht er auch die nicht fakultativen ehegüterrechtlichen Regelungen als anwendbar. Er spricht insoweit sowohl dem *edictum de alterutro* als auch der Quart der armen Witwe Geltung im sächsischen Recht zu.

Auch die Übernahme der sogenannten Sondermassen des Sachsenspiegels lässt sich auf den relativ konkreten Wortlaut des Sachsenspiegeltextes zurückführen. Entsprechend erkennt Johann von Buch sowohl die Sondererbfolge in Bezug auf die (Niftel-)Gerade als auch in Bezug auf das Heergewäte an. Beide Rechtsinstitute werden dabei allerdings nicht mit erbrechtlichen Regelungen des gemeinen Rechts in Verbindung gebracht, das Heergewäte als Vermögensmasse wird lediglich auf militärrechtliche Regelungen des gemeinen Rechts zurückgeführt. Doch bemüht sich der Glossator, die für Gerade und Heergewäte geltenden Regelungen in der Systematik des römischen Rechts zu verorten. So thematisiert er die im Sachsenspiegel angesprochene Herausgabe von (Niftel-)Gerade und Heergewäte an den Richter. Die Herausgabe bei einem Fehlen potentieller Erb/innen sieht er in einer Novellenregelung zum erbenlosen Nachlass nach der Ausschlagung durch einen Minderjährige/n angesprochen. Die Herausgabe von streitbefangenen (Niftel-)Gerade- und Heergewätegegenständen auf richterliche Anordnung sieht er als Interdikt im Sinne des römischen Rechts, die freiwillige Herausgabe als einen prozesstaktischen Rat des Sachsenspiegels. Außerdem bemüht sich der Glossator, die Vereinbarkeit von (Niftel-)Gerade und Heergewäte mit den Grundsätzen des römischen Rechts, insbesondere dem Grundsatz der Gleichbehandlung von Agnat/innen und Cognat/innen, nachzuweisen.

Damit ist zusammenfassend beim Ehegüterrecht im Todesfalls wie auch bei den Sondermassen eine Auslegung des Sachsenspiegeltextes im Sinne des römisch-kanonischen Rechts zu beobachten. Diese geht jedoch weit weniger weit, führt mithin letztlich zu einer weit weniger ausgeprägten Übereinstimmungen des Rechts der Buch'schen Glosse mit dem gelehrten Recht. Dieser Befund dürfte darauf zurückzuführen sein, dass der Wortlaut des Sachsenspiegels bei diesem Themenkomplex sehr viel konkreter ist als bei den zuvor untersuchten Themenkomplexen. Schon bei der Untersuchung der Erbfolgeordnung war zu beobachten, dass Johann von Buch bei der Auslegung des Sachsenspiegeltextes vielfach das beachtet, was heute mit dem Begriff der Wortlautgrenze beschrieben wird. Diese Beobachtung bestätigt sich auch bei der Untersuchung des Ehegüterrechts im Todesfall. Da der Wortlaut hier aber sehr viel konkreter ist, führt dies zu einer weniger weitreichenden Auslegung des Sachsenspiegeltextes.

Außerdem könnte bei diesem Rechtsgebiet auch der Einfluss des tatsächlich geübten Rechtes auf das Recht der Buch'schen Glosse stärker sein. Denn das Ehegüterrecht des römischen Rechts, in Teilen auch dasjenige des Sachsenspiegels, hat zwar nicht im Grundsatz, aber doch in der Ausgestaltung vertraglichen Charakter. Welche konkreten Gegenstände in *dos* und *donatio propter nuptias* fallen, welche Grundstücke oder Gegenstände und Personen ein Leibgedinge der Frau sind bzw. in ihre Morgengabe fallen, muss von den Eheleuten und ihren Familien festgelegt werden. Insofern ist der*die Rechtskundige, auch der*die universitär ausgebildete, bei der Rechtsanwendung stärker als in anderen Rechtsgebieten auf die in der Bevölkerung gelebte rechtliche Praxis angewiesen. Ist es im sächsischen Raum schlicht nicht üblich, der Braut vonseiten ihrer Familie über die Ausstattung hinaus zum Zweck der Witwensicherung eine größere Vermögenmasse zuzuwenden, dann kann der*die akademisch gebildete Rechtskundige bei einer Tätigkeit in der Rechtspflege auf diese nicht bestellte Mitgift nicht die für die *dos* vorgesehenen Regelungen anwenden. Dies könnte der Grund dafür sein, dass der Glossator sich bei seiner Glossierung auf die Auslegung des Leibgedinges im Sinne der römischen *donatio propter nuptias* konzentriert, währen er die *dos* zwar als grundsätzlich möglich beschreibt, die für die *dos* geltenden Regelungen aber nicht im Einzelnen wiedergibt.

d. Beobachtungen aus den Formulierungen in den untersuchten Glossenstellen

Nach der inhaltlichen Analyse der in dieser Arbeit untersuchten Regelungen der Buch'schen Glosse in Hinblick auf ihr Verhältnis zur Regelung des Sachsenspiegels einerseits und zum römisch-kanonischen Recht andererseits soll noch einmal das Augenmerk auf die Formulierung der in der Detailuntersuchung wie in den vorangegangenen Kapiteln untersuchten Glossenstellen gerichtet werden. Hierbei fallen zwei Gruppen von Glossenstellen ins Auge, die sich in ähnlicher Form in allen drei untersuchten Themenkomplexen finden und die die bisher gefundenen Ergebnisse weiter stützen.

Zu nennen sind hier zum einen die Formulierungen, in denen Johann von Buch bestimmte Sachsenspiegelregelungen durch den Hinweis erläutert, hier werde ein bestimmtes Kaiserrecht, mithin ein Rechtssatz des weltlichen gemeinen Rechts[2523], behandelt. Die entsprechenden Glossenstellen seien hier noch einmal auszugsweise wiedergegeben:

BG Textus Prologi *Got de dar is beghin vnd ende* Satz 32 Hs. 1, 69 f., S. 115, 121

Alze[2524] *hire vore geredet is, dat alle recht kumpt van naturen edder van wonheit* (...) *Wo stilleken des rechtes vrund hefft geroret desse twe beghin desses rechtes, dar he secht: Got is beghin aller guden dinge, vnd dar vmme, wente dat recht gud is, so is des got en beghin an deme rechten beghinne. Dat andere beghin roret he vnde secht dar: Nu we auer bekart syn, nu holde wij syne ee, de vns gude geistlike lude vnd keisere sat hebben, Constantin vnd Karl, an de wij vnses rechtes then.*

BG I 13 § 1 *Sundert de vader* Satz 2, S. 201

Nu[2525] *wel he ok des sulues rechtes en del roren, vnde des vornemen vele lude dessen artikel nicht wol vnd dunket en gar slicht, vnd doch so is he gar kort geroret, dar he sprak van der vaderliken walt, dar de leges gar langseme van segget, ut* [Cod. 8, 48; Inst. 1, 12; Nov. 81].

BG II 17 § 2 *De vader* Satz 1 Hs. 2, S. 636

(...) *vnde*[2526] *roret hire dat keyserrecht, dat dar het de noxialibus accionibus,* (...).

BG II 19 § 1 *De vader* Satz 2, S. 643

Nu[2527] *secht he, wor affsunderynge schen scholle, vnde roret hire dat keyserrecht, dat dar sprickt, welker wijs dat recht der vaderliken walt geloset werde, ut* [Inst. 1, 12, 6].

BG II 30 *Swe zo eme erue,* Satz 1, S. 717 f.

Hir[2528] *roret Eyke enerleye keyserrecht, dat hetet de adopcionibus, van gewillekorden erffnamen.*

2523 Vgl. oben Anm. 690, 691.
2524 Zur Übersetzung oben Anm. 2454.
2525 Zur Übersetzung oben Anm. 1112.
2526 Zur Übersetzung oben Anm. 979.
2527 Zur Übersetzung oben Anm. 596.
2528 Zur Übersetzung oben Anm. 971.

Zwar ist die Wendung *roret* nicht so zu verstehen, dass der Glossator im Sachsenspiegel unmittelbar die Regelung des gelehrten Rechts wiedergegeben sieht, so ist die Adoption seiner Ansicht nach im Sachsenspiegel ausgeschlossen[2529]. Jedoch stützen die vorgenannten Stellen die Annahme, dass Johann von Buch von einer grundsätzlich übereinstimmenden Struktur zwischen Sachsenspiegel und römisch-kanonischen Recht sowie einer kurzen und unsystematischen Darstellung des Rechtsstoffs im Sachsenspiegel ausgeht. Insbesondere die zwei ersten aufgeführten Stellen, in denen die Behandlung als *stilleken* bzw. *gar kort* bezeichnet wird, zeigen, dass die Darstellung der entsprechenden Rechtssätze im Sachsenspiegel nach Ansicht des Glossators teilweise stark komprimiert oder in bloßen Andeutungen erfolgt.

Als zweite Gruppe von Glossenstellen fallen zudem die – freilich seltenen – Stellen ins Auge, in denen Johann von Buch von seiner Ansicht abweichende Rechtsmeinungen darstellt und widerlegt. Wirft er in der Glossierung in der Regel lediglich (vermeintliche) Widersprüche zwischen zwei Rechtssätzen – zwischen zwei Sachsenspiegelbestimmungen oder zwischen einer Sachsenspiegelbestimmung und einem Rechtssatz des römisch-kanonischen Rechts – auf, um in diesem Rahmen seine Rechtsansicht zu erläutern, so gibt er an einigen Stellen auch ausdrücklich seiner Meinung widersprechende Rechtsansichten wieder. Die Ansicht der Gegenmeinung wird dabei teilweise unter namentlicher Nennung ihrer Vertreter*in aufgeführt, teilweise ohne namentliche Nennung, teilweise wird sie auch der Leser*in als möglicher Einwand in den Mund gelegt. Hierbei fällt auf, dass bei den in dieser Arbeit wiedergegebenen Glossenstellen in der wohl überwiegenden Anzahl der Fälle[2530] die durch den

2529 Oben Anm. 979.

2530 Der Befund hängt hier freilich davon ab, welche Stellen in die Berechnung einbezogen werden. Zu den Stellen mit klarer Darstellung einer Gegenmeinung gehören neben den unten genannten Stellen sicher BG I 52 § 1 *Ane eruen geloff* Satz 20, S. 375 f.: *Dit wonen manige lude, dat dit gemenliken van allen luden gesproken sy*, zur Übersetzung oben Anm. 966, BG I 11 *Holt ok de vader* Satz 4, S. 196: *Synd denne manigerleye valsch lopt mit manigen luden in voremuntschop*, zur Übersetzung oben Anm. 2188, BG II 66 § 1 *Nu vornemet* Satz 1–2, S. 893: *Dessen titulum vornemen ghar weynich lude. Dar vmme scholtu weten, dat he hire <vrede nemmet> dryerleye wijs*, zur Übersetzung oben 2472, wohl auch BG I 23 § 1 *De nympt dat herewede*, Satz 4 f., S. 261 f.: *Dit is auer nen erue, wente dit hort to der hereuard vnd to der heren denste. Du mochst zeggen, wat du wult, jd hetet yo erue*, zur Übersetzung oben Anm. 1835. Die erste Stelle betrifft die sogenannte Pferdeprobe, die Gegenmeinung entspricht hier dem Sachsenspiegeltext, Johann von Buch geht dagegen von weiteren Kraftproben aus, diese Meinung leitet sich nicht aus einer Auslegung des Sachsenspiegeltextes im Sinne des römischen Rechts ab. Die zweite Stelle betrifft die Auslegung des Begriffs Frieden, hier liegt durchaus nahe, dass die durch Johann von Buch dargelegte Unterscheidung aus dem römisch-kanonischen Recht übernommen wurde, da dies jedoch nicht Gegenstand der Untersuchung war, kann dies nicht ohne weiteres unterstellt werden. Gleiches gilt für die dritte Stelle. Hier ist zu vermuten, dass Johann von Buch die Regelungen der römischen *tutela* auf die *vormuntschop* des Sachsenspiegels anwendet und daher zu von der zeitgenössischen Rechtspraxis abweichenden Ergebnissen kommt, was aber ebenfalls nicht unterstellt werden soll. Die vierte Stelle betrifft den Begriff *erve*, der tatsächlich mehrdeutig ist, sodass

Glossator abgelehnte Rechtsansicht gerade dem entspricht, was nach dem ursprünglichen Sinn des Sachsenspiegel in der Tat dessen Regelung sein dürfte, während sich die Rechtsansicht des Glossators aus seiner Auslegung des Sachsenspiegeltextes im Sinne des römisch-kanonischen Rechts ergibt. Die Glossenabschnitte, in denen dies der Fall ist, sollen – mit Ausnahme der soeben bereits wiedergegebenen Glosse BG I 13 § 1 *Sundert de vader* – hier noch einmal abgedruckt werden.

BG I 17 § 1 *Sterfft de man ane kint*, Satz 2 Hs. 2 – Satz 7, S. 220

(...) *dat*[2531] *de vader vnd de moder nemet erue vor deme brodere vnd vor alle den, de van siithaluen dar to geboren sin. Hire is yegen: We negest deme manne sy, dat he negest deme erue sy. Min broder vnd ik syn neger wen myn ouerelderuader vnd ik sin. Dat is doch dar vmme, dat mynes ouerelderuaders erue, wen he sterft, vellet wedder vp minen broder. Nu mochstu spreken, mines ouerelderuader erue velle ere vppe sin kint wen vppe mynen broder. Des en is nicht. Wente mines ouerelderuaders sone, de neme nicht men enes mannes deel, vnd myn broder neme sines vnd mines elderuaders del, ut* [Nov. 118, 2; Inst. 3, 1, 6].

BG III 76 § 3 Edder len edder liffgeding, S. 1432–1436

Hire[2532] *erret vil mannich, de nicht en wet, wat hir schollen desse twe word len vnde liffghedinge, nach deme, dat almestich der vrouwen liffghedinge len ys, vnde dat aller vrowen len liffghedinge ys dar vmme, dat se dat nemende eruen en moghen,* (...) *Van zusdanem liffghedinge was dat, dat her Nicolaus van Buk, myn vader, zede, dat en man mochte sines wiues liffghedingh laten ane eren willen.* (...) *Wen wete, dat ik wedder mynen vader hir nicht en spreke. Wente he zede van ghedinge, dat angheuelle hetet; vnde wy seggen van ghedinge, dat me den vrouwen bedinget vor ere medeghifft, de in deme rechte hetet donacio propter nupcias* (...).

BG III 15 § 1 *Offt twene manne* Satz 8–10, S. 1017 f.

Desse[2533] *ar. vornemen alle lude nicht, dene dude al dus: Offt twene man spreke ůppe en gud. Dat vernem vnder enander, alze offt id de ene hedde vnde spreke, he hedde dar recht to, vnde de andere, de esschet vnde spreke, he hedde dar recht to.*

---

die Gegenmeinung hier eher dem Sachsenspiegeltext wiedersprechen würde, ähnlich der Gegenmeinung am Anfang von BG III 76 § 3 *Edder len edder liffgeding*, allerdings betrifft sie auch nicht die Lösung einer bestimmten Rechtsfrage, sondern Begrifflichkeiten. Bezieht man noch die Stelle ein, an denen nicht eine konkrete Rechtsfrage, sondern die Sinnhaftigkeit der Allegationen allgemein Gegenstand der widersprechenden Meinung ist, wiedergegeben unten Anm. 2535, ergibt sich ein noch deutlicherer Befund. Nicht einbezogen wurden die Stellen, an denen Sachsenspiegelartikel als Meinung Eikes von Repgow dargestellt wurden, da diese nicht die Textauslegung betreffen.

2531 Zur Übersetzung oben Anm. 525.

2532 Zur Übersetzung oben Anm. 1525.

2533 Zur Übersetzung oben Anm. 1877.

In der soeben bereits thematisierten Glosse BG I 13 § 1 *Sundert de vader* wird die Meinung einiger Rechtskundiger wiedergegeben, dass der glossierte Sachsenspiegelartikel recht einfach zu verstehen sei, während Johann von Buch an dieser Stelle sehr kurz das umfangreiche Recht der *patria potestas* dargestellt sieht. Damit geht die Gegenansicht von einer Auslegung des Sachsenspiegels in dessen ursprünglichen, schlichten Sinn aus, während der Glossator die dort tatsächlich nicht wiedergegebenen Regelungen des römischen Rechts zur *patria potestas* in den Sachsenspiegel hineinliest und die Regelung daher für sehr komplex hält.

In den Fallbeispielen in BG I 17 § 1 *Sterfft de man ane kint* stellt er dem von ihm gefundenen Ergebnis zunächst den sich aus dem Sachsenspiegeltext ergebenden Grundsatz des Gradnäheprinzips entgegen. Dieser Einwand wird nicht ausdrücklich als Gegenmeinung gekennzeichnet, die dann wiedergegebene Rechtsansicht, dass ein Erblasserbruders den Erblasserurgroßvater ausschließe, entspricht aber in der Tat der Sachenspiegelregelung. Die von ihm vertretene Rechtsansicht eines Vorrangs des Erblasserurgroßvaters ergibt sich hier aus seiner Auslegung von Ldr. I 17 § 1 im Sinne der in Nov. 118 enthaltenen Drei-Linien-Ordnung. Sodann bespricht er einen zweiten Todesfall und legt der Leser*in hier den Einwand in den Mund, dass das Kind des vorgenannten Urgroßvaters bei dessen Tod den Bruder des ursprünglichen Erblassers, mithin dessen Urenkelkind ausschließe. Und in der Tat entspricht auch diese Rechtsfolge der Sachsenspiegelregelung, während die von Johann von Buch angenommene Rechtsfolge – Gleichrangigkeit – dem durch ihn aus Nov. 118 in den Sachsenspiegel hineingelesenen Erbrecht nach Köpfen unter den Erblassernachkomm/innen entspricht.

In der Glosse BG III 76 § 3 *Edder len edder liffgeding* wird zunächst eine Irrmeinung vorgestellt – Lehen und Leibgedinge seien gleichbedeutend – die nicht der Sachsenspiegelregelung entspricht, doch handelt es sich hier nicht um die Regelung einer konkreten Rechtsfrage, sondern um die Abgrenzung ähnlicher Begriffe. Die dann wiedergegebene Rechtsansicht seines Vaters – dass ein Ehemann das seiner Frau als Leibgedinge verliehene Lehen auflassen und ihr damit entziehen könne – entspricht dann aber tatsächlich der im Sachsenspiegellehnrecht wiedergegebenen Regelung, während die Rechtsansicht Johanns von Buch – in Bezug auf die nach seiner Ansicht inzwischen allein gebräuchliche Form des Leibgedinges – auf seiner Gleichsetzung der römischen *donatio propter nuptias* mit dem Leibgedinge des Sachsenspiegels und seiner damit verbundenen Anwendung der Privilegierung der *donatio propter nuptias* auf das Leibgedinge beruht.

In der Glosse BG III 15 § 1 *Offt twene manne* schließlich legt Johann von Buch den glossierten Sachsenspiegelartikel Ldr. III 15 § 1 dahingehend aus, dass dort eine Zwei-Personen-Konstellation geregelt sei – Beanspruchung eines Nachlassgegenstandes durch zwei Personen, von denen ihn eine in Besitz hat –, während die Bestimmung tatsächlich auf eine Drei-Personen-Konstellation bezogen sein dürfte – Beanspruchung eines Nachlassgegenstandes durch zwei Personen, den eine dritte im Besitz hat. Zwar gibt Johann von Buch die Gegenmeinung nicht inhaltlich wieder, sondern stellt nur fest, dass diesen Artikel nicht alle Leute verstünden. Es liegt aber mindestens nahe, dass auch in diesem Fall mit diesem vermeintlich falschen Verständnis die dem tatsächlichen Sinngehalt des Sachsenspiegels entsprechende Auslegung als Drei-Personen-Konstellation gemeint ist. Das vom tatsächlichen Sinngehalt des Sachsenspiegels abweichende Verständnis des Glossators hängt auch in diesem Fall damit zusammen, dass er den Sachsenspiegel im Sinne des römischen-kanonischen Rechts auslegt, indem er in Ldr. III 15 § 1 ein Interdikt ähnlich dem römischen Interdikt *Quorum Bonorum* sieht.

Zwar entspricht nicht bei allen Fällen, in denen der Glossator eine abweichende Rechtsansicht mitteilt, die Gegenmeinung der eigentlichen Regelung des Sachsenspiegels, während sich die Meinung des Glossators aus dem Hineinlesen einer Regelung des römisch-kanonischen Rechts in den Sachsenspiegeltext erklären lässt[2534]. Jedoch ist mindestens auffällig, dass trotz der relativ seltenen Widergabe von Rechtsansichten allein in den in der Detailuntersuchung einbezogenen Glossenstellen in mindestens vier Fällen die durch den Glossator abgelehnte Rechtsansicht[2535] der tatsächlichen Sachsenspiegelregelung entspricht, während sich seine Ansicht aus der Auslegung des Sachsenspiegels im Sinne des römisch-kanonischen Rechts ergibt. Dabei ist insbesondere die Wiedergabe der Gegenansichten in BG I 17 § 1 *Sterfft de man ane kint* auffällig, weil der Glossator trotz des praktisch geringen Relevanz die Konstellation, dass der Erblasser von seinem Bruder, seinem Urgroßvater und dessen Kind überlebt wird, als Beispiel auswählt – nicht etwa die praxisrelevantere Konstellation eines Überlebens des Bruders, des Großvaters und dessen Kind. Denn gerade bei der durch den Glossator gewählten Konstellation ergeben sich bei beiden Fallbeispielen unterschiedliche Rangfolgen nach Sachsenspiegel und nach Buch'scher Glosse, während bei der praxisrelevanteren Konstellation mit überlebendem Großvater nur im ersten Fallbeispiel unterschiedliche Rangverhältnisse bestünden. Dies kann durchaus als Indiz dafür gelten, dass der Glossator recht genaue Kenntnisse des in der sächsischen Rechtspraxis gebräuchlichen Verständnisses des Sachsenspiegels hatte.

Jedenfalls kann aber der Befund, dass bei der Darstellung von Gegenmeinungen diese häufig der ursprünglichen Bedeutung des Sachsenspiegels entsprechen, wäh-

2534 Oben Anm. 2530.

2535 Neben den Stellen, an denen der Glossator abweichende Rechtsansichten vorstellt oder seinen in der 2. Person angesprochenen Leser*innen in den Mund legt, findet sich unter den in die Detailuntersuchung einbezogene Stellen noch folgende Passage, in denen der Glossator in derselben Form Vorbehalte gegen die durch ihn vorgenommene Allegation von Rechtsquellen aus dem römischen Recht wiedergibt: BG I 19 § 1 *De Swaue nimpt wol* Satz 3 f., 6, S. 234: *Wente dit sint Eyken wort, des rechtuerdigen mannes, vnd settet se hire to ener liknisse, offt he scholde spreken: Jk bewisede der Sassen recht gerne wor mede. Nu ne darn ik nicht dor ere stumpheit. (…) Nu mochtestu spreken: Wor vmme deystu dat denne?*, zur Übersetzung oben Anm. 2475. Auch hier dürfte die Gegenmeinung auf der üblichen Auslegung des Sachsenspiegels beruhen, die diesen als keineswegs weitgehend übereinstimmend mit dem römisch-kanonischen Recht sieht, während der Glossator hier, wegen der aus seiner Sicht vorzunehmenden Auslegung in diesem Sinne, die Allegationen als hilfreich erachtet.

rend die Rechtsmeinungen des Glossators auf seiner Auslegung des Sachsenspiegels im Sinne des römisch-kanonischen Rechts beruhen, als weiterer Beleg dafür gewertet werden, dass Johann von Buch in seiner Glosse nicht etwa das in der zeitgenössischen Rechtspraxis geübte Recht wiedergibt – indem sich dort bereits weitgehend ein Verständnis im Sinne des römischen Rechtes durchgesetzt hätte – sondern dass die von ihm dargestellte Auslegung der Sachsenspiegelbestimmungen von der in der Rechtspraxis üblichen Auslegung abweicht. Dieser Befund kann weiter als Beleg dafür gewertet werden, dass ihm dies, auch wenn er angesichts seines Ausbildungsweges möglicherweise nicht über detaillierte Kenntnisse des Sachsenspiegels verfügt, bewusst ist, er mithin nicht etwa versehentlich von dem in der Rechtspraxis üblichen Verständnis des Sachsenspiegels abweicht.

4. Zusammenschau der Befunde: Das Recht der Buch'schen Glosse als bewusste Auslegung des Sachsenspiegelwortlautes im Sinne des römisch-kanonischen Rechts

Zusammengenommen ergeben die Befunde aus der vorangegangenen Untersuchung ein über den bisherigen Forschungsstand hinausgehendes Bild hinsichtlich des rechtlichen Inhalts der Buch'schen Glosse, hinsichtlich des Verhältnisses des in der Glosse dargestellten Rechts zum sächsischen Recht bzw. dem Sachsenspiegel einerseits und zum römisch-kanonischen Recht bzw. dessen Rechtsquellen andererseits. Die in der bisherigen Literatur verbreitete Beschreibung, durch die Buch'sche Glosse werde das Recht des Sachsenspiegels – mehr oder weniger – umgestaltet und anhand der römischen Rechtssprache für die universitär gebildeten Juristen erschlossen, trifft zwar im Ergebnis durchaus zu. Sie erscheint allerdings insofern missverständlich, als sie die Zielsetzung des Glossators, sein Vorgehen bei der Glossierung und den Umfang der Abweichungen nicht hinreichend deutlich werden lässt.

Die zu dem theoretischen Ansatzpunkt des Glossators untersuchten Stellen lassen insofern erkennen, dass er in der Glosse eine Auslegung des Sachsenspiegeltextes im Sinne des römisch-kanonischen Rechts anstrebt, in bewusster Abweichung von der in der Rechtspraxis üblichen Auslegung. Die Glossenstellen, in denen er den Sachsenspiegel als Privileg beschreibt, lassen darauf schließen, dass er den Sachsenspiegel als Privileg Karls des Großen betrachtet und dabei von einer weitgehenden Übereinstimmung des vermeintlichen Privilegs mit dem gemeinen Recht ausgeht. Er betrachtet den Sachsenspiegel mithin als kürzere Darstellung des römisch-kanonischen Rechts, wobei allerdings in Details das Recht des Sachsenspiegels durchaus vom gemeinen Recht abweichen könne. Aus der Untersuchung der Prologstellen zur zeitgenössischen Rechtspflege lässt sich folgern, dass der Sachsenspiegel nach Ansicht Johanns von Buch durch die zeitgenössische Rechtspraxis überwiegend falsch verstanden wird, dass vielen Rechtspraktikern seiner Ansicht nach das nötige Rechtswissen fehlt und dass seiner Ansicht nach im Sachsenspiegel der Rechtsstoff in äußerst ungeordneter Weise dargestellt wird. Dass es sich bei dem von ihm angenommenen fehlenden Rechtwissen um fehlende Kenntnisse im römisch-kanonischen Recht handelt, wird durch den Glossator nicht ausdrücklich ausgesprochen. Es ergibt sich aber daraus, dass er von einer weitgehenden Übereinstimmung beider Regelungswerke sowie einer verkürzten und konfusen Darstellungsweise im Sachsenspiegel ausgeht. Dies erklärt das Selbstbewusstsein, mit dem der Glossator dem üblichen Verständnis des Sachsenspiegels in seinem Glossenapparat entgegentritt. Auch die Prologstellen zur Konzeption der Glosse bestätigen dies. Denn der Glossator formuliert hier ausdrücklich, dass er Allegationen aus dem römisch-kanonischen Recht in der Glosse aufführt, um so die Bedeutung der Sachsenspiegelbestimmungen zu ermitteln, wobei er von einer Übereinstimmung der hinzuallegierten Bestimmung mit dem glossierten Sachsenspiegelartikel ausdrücklich ausgeht.

Bei einer Zusammenschau dieser Befunde kann m. E. mit hoher Sicherheit davon ausgegangen werden, dass Johann von Buch bei seiner Glossierung eine Auslegung des Sachsenspiegelwortlauts im Sinne des römisch-kanonischen Rechts beabsichtigt, weil er von einer weitgehenden Übereinstimmung des Sachsenspiegelrechts mit dem römisch-kanonischen Recht ausgeht. Der Glossator beabsichtigt mithin keineswegs, dass geltende sächsische Recht darzustellen, er beabsichtigt, den – vermeintlichen – eigentlichen Sinn des Sachsenspiegels zu ermitteln. Gegenstand seiner Untersuchung ist allein der Wortlaut des Sachsenspiegels, nicht das tatsächlich geübte sächsische Recht.

Die Befunde aus der Detailuntersuchung bestätigen dieses Ergebnis. Insoweit zeigen sich in allen drei untersuchten Themenkomplexen Abweichungen des Glossenrechts von dem im Sachsenspiegel tatsächlich dargestellten Recht, wobei sich diese Abweichungen auf das römisch-kanonische Recht zurückführen lassen. Dabei leitet Johann von Buch die entsprechenden Regelungen nicht allein aus den Quellen des gelehrten Rechts ab, er bemüht sich vielmehr immer wieder, seine Ausführungen am Wortlaut des Sachsenspiegels festzumachen. Wie weitreichend das Recht der Buch'schen Glosse letztlich tatsächlich – der Zielsetzung des Glossators entsprechend – dem gelehrten Recht entspricht, stellt sich in den untersuchten Themenkomplexen unterschiedlich dar. Dies ist m. E. vor allem – aber nicht nur – auf die unterschiedlichen Auslegungsfähigkeit der Sachsenspiegelbestimmungen zurückzuführen. Hinsichtlich der Erbfolgeordnung, die in wenigen, recht abstrakten Sachsenspiegelartikeln dargestellt wird, entspricht das Recht der Buch'schen Glosse nahezu vollständig dem römisch-kanonischen Recht. Beide Ausnahmen hiervon lassen sich darauf zurückführen, dass jeweils der Wortlaut des Sachsenspiegels eindeutig der Regelung des gelehrten Rechts widerspricht. Allerdings setzt sich der Glossator hinsichtlich der Benachteiligung von Frauen und der weiblichen Linie über den eindeutigen Wortlaut des Sachsenspiegels hinweg. Der Grund hierfür könnte darin liegen, dass diese Benachteiligung durch das gelehrte Recht bzw. die von diesem herangezogene Novellenregelung ausdrücklich als *non iuste* bezeichnet wird. Demgegenüber ist hinsichtlich der im Sachsenspiegel relativ konkret geregelten ehegüterrechtlichen Regelungen für den Todesfall festzustellen, dass der Glossator alle im Sachsenspiegel dargestellten Rechtsinstitute beibehält. Doch werden auch hier die einzelnen Rechtsinstitute durch Gleichsetzung mit römischen Rechtsinstituten oder durch die Deutung als Konkretisierung allgemeiner Billigkeitsregeln im gelehrten Recht verortet. Zudem ergibt sich hinsichtlich des wirtschaftlich wichtigsten Instituts, des Leibgedinges, aus der Gleichsetzung mit der *donatio propter nuptias* eine umfassende Umgestaltung. Die weit weniger weitgehende Auslegung im Sinne des römisch-kanonischen Rechts dürfte hier vor allem auf die relativ geringe Auslegungsfähigkeit des Sachsenspiegeltextes zurück zu führen sein. Jedoch deutet die Tatsache, dass die Gleichsetzung der *donatio propter nuptias* mit dem Leibgedinge recht breit ausgeführt ist, während der Glossator der *dos* kaum Aufmerksamkeit widmet, darauf hin, dass bei diesem Themenkomplex auch die Gegebenheiten des in der Rechtspraxis geübten Rechtes einen stärkeren Einfluss auf das Glossenrecht haben.

Hinsichtlich des Themenkomplexes der Rechtsgeschäfte von Todes wegen ergibt sich insofern ein anderes Bild, als Johann von Buch die Ausgestaltung des Erbenschutzes im Sachsenspiegel abweichend geregelt sieht – die Übertragungsvoraussetzungen aus Ldr. I 52 ersetzen seiner Ansicht nach das Pflichtteilsrecht –, und daher von einer Auslegung des Sachsenspiegeltextes im Sinne des gelehrten Rechts absieht. Jedoch dürfte auch hier die von ihm dargestellte Regelung nicht der ursprünglichen Regelung des Sachsenspiegels entsprechen, indem das Recht der Buch'schen Glosse den Erbenschutz gegenüber der Sachsenspiegelregelung noch weiter verstärkt. Warum Johann von Buch hier keine Auslegung im Sinne des gelehrten Rechts unternimmt, sondern von einer Ausnahme ausgeht, darüber lässt sich letztlich nur spekulieren. Möglicherweise folgt der Glossator wiederum dem in Ldr. I 52 recht klaren Wortlaut des Sachsenspiegels, möglicherweise widerspricht die weitgehende Testierfreiheit des römischen Rechts seinem Rechtsempfinden, möglicherweise existierten hier bereits gefestigte Ansichten zum Verständnis der Regelung unter universitär gebildeten Rechtskundigen, möglicherweise zeigt sich auch hier ein Einfluss des tatsächlich geübten Rechts. Das Recht der Rechtsgeschäfte von Todes wegen wird in der Buch'schen Glosse gegenüber dem Sachsenspiegel jedoch erheblich durch die Übernahme der Enterbungsgründe aus Nov. 115 umgestaltet. Ob Johann von Buch diese in den Wortlaut des Sachsenspiegels hineinliest, lässt sich nicht abschließend bestimmen. Möglicherweise sieht er den Sachsenspiegel hier auch als nicht abschließende Regelung und zieht die Novelle subsidiär heran.

Die bei der Auswertung der Detailuntersuchung zuletzt vorgenommene Untersuchung der in allen drei Themenkomplexen wiederkehrenden Formulierung, Eike von Repgow behandele hier ein bestimmten Kaiserrecht, stützt ebenfalls den Befund, dass Johann von Buch den Sachsenspiegel – von einigen Abweichungen im Detail abgesehen – als deutlich kürzere Darstellung des römisch-kanonischen Rechts sieht. Bei der Untersuchung von Glossenstellen, in denen der Glossator eine von seiner Meinung abweichende Rechtsmeinung wiedergibt, war schließlich zu beobachten, dass die abweichende Rechtsmeinung überwiegend der tatsächlichen Regelung des Sachsenspiegels, mithin wohl dem üblichen Verständnis der Rechtspraxis entspricht, während die durch den Glossator vertretene Meinung sich aus einer Auslegung des Sachsenspiegeltextes im Sinne des gelehrten Rechts ergibt. Dies stützt wiederum die Annahme, dass der Glossator durchaus über Kenntnisse im zeitgenössischen sächsischen Recht verfügt, den Sachsenspiegeltext also nicht etwa versehentlich abweichend von der üblichen Auslegung versteht.

Bei einer Zusammenschau der Befunde kann m. E. als erwiesen gelten, dass das Recht der Buch'schen Glosse keineswegs eine Darstellung des geltenden sächsischen Rechts ist, auch keine Darstellung des geltenden sächsischen Rechts ergänzt durch Regelungen aus dem römisch-kanonischen Recht. Johann von Buch beabsichtigt bei der Glossierung eine Auslegung des Sachsenspiegeltextes, eine Auslegung im Sinne des römisch-kanonischen Rechts – in bewusster Abweichung von dem Verständnis zeitgenössischer Rechtspraktiker. Eine Auswertung der Detailuntersuchung zeigt, dass er diese Absicht auch umsetzt. Es handelt sich bei dem Recht der Buch'schen Glosse um ein durch eine Auslegung des Sachsenspiegeltextes im Sinne des römisch-kanonischen Rechts gewonnenes Regelwerk. Aufgrund eines Vergleichs mit dem zeitgenössischen und jüngeren Schöffenrecht sowie aufgrund des Befundes, dass bei der Wiedergabe von Gegenmeinungen diese regelmäßig dem eigentlichen Sinngehalt des Sachsenspiegels entsprechen, steht fest, dass sich die durch den Glossator dargestellte Auslegung nicht etwa bereits in der Rechtspraxis durchgesetzt hatte. Es handelt sich bei dem in der Glosse dargestellten Recht nicht um das zeitgenössische sächsische Recht. Wie weitgehend die Regelungen einzelner Themenkomplexe im Recht der Buch'schen Glosse, der Zielrichtung des Glossators entsprechend, von dem zeitgenössischen sächsischen Recht abweichen und mit dem römisch-kanonischen Recht übereinstimmen, wird vor allem von der Auslegungsfähigkeit des Sachsenspiegeltextes bestimmt. Jedoch dürften hierauf auch andere Faktoren Einfluss gehabt haben, etwa das Rechtsempfinden des Glossators, die Gegebenheiten der Rechtspraxis sowie unter akademisch gebildeten Zeitgenoss*innen bereits gefestigte Vorstellungen vom Verständnis des Sachsenspiegeltextes.

Zusammenfassung

Die vorliegende Detailstudie, in der für drei Themenkomplexe aus dem Gebiet des Erbrechtes alle einschlägigen Glossenstellen vor dem Hintergrund der jeweiligen Sachsenspiegelregelung und der Regelung des römisch-kanonischen Rechts untersucht worden sind, lässt deutlich zutage treten, wie weitgehend die Buch'sche Glosse nicht nur in der Form, sondern auch inhaltlich vom gelehrten Recht, insbesondere der Legistik, geprägt ist. Sie ließ sich zudem für einige Forschungsfragen fruchtbar machen, die in der Literatur kontrovers diskutiert werden.

I. Ergebnisse der Detailuntersuchung

Hinsichtlich des Themenkomplexes Erbfolgeordnung weitgehende Übernahme des justinianischen Novellenrechts. Dies gilt allerdings nicht für alle drei Themenkomplexe gleichermaßen. In besonderem Maße vom gelehrten Recht geprägt ist das Recht der Buch'schen Glosse in der Erbfolgeordnung. Die Buch'sche Glosse ersetzt die Erbfolgeordnung des Sachsenspiegels – die auf dem Gradnäheprinzip auf Grundlage der charakteristischen Zählweise der Gliederzählung basiert und lediglich im ersten Verwandtschaftsgrad Abstufungen vorsieht – gänzlich durch die nur leicht modifizierte Erbfolgeordnung des gelehrten Rechts, d. h. die Erbfolgeordnung des justinianischen Novellenrechts. Johann von Buch übernimmt von hier die Abstufung nach Nachkomm/innen, Vorfahr/innen und Seitenverwandten als Grundprinzip, die Erbfolge innerhalb der Linien nach Stämmen bei Nachkomm/innen und nach Köpfen bei Seitenverwandten. Er übernimmt aus dem gelehrten Recht weiter die römische, noch heute gebräuchliche Komputation zur Bestimmung des Verwandtschaftsgrades. Die Übernahme von materiellrechtlichen Regelungen aus dem gelehrten Recht erfolgt, indem er diese Regelungen in den Sachsenspiegeltext hineinliest. Lediglich bei zwei Einzelaspekten, bei denen der Sachsenspiegelwortlaut sich nicht entsprechend auslegen lässt, weicht Johann von Buch von der Novellenregelung ab: bei der Privilegierung der Vollgeschwister, die nach Novellenrecht neben Vorfahr/innen erben, und bei der Privilegierung der Vollgeschwisterkinder, die ein Eintrittsrecht für ihre vorverstorbenen Eltern haben und dadurch Halbgeschwister der Erblasser/in ausschließen. Johann von Buch gibt für diese Konstellationen aber nicht etwa die Sachsenspiegelregelung wieder, in dem die Vollgeschwister nach Kindern und Eltern vor allen anderen Verwandten erben und die Vollgeschwisterkinder wegen des gleichen Verwandtschaftsgrades den Halbgeschwistern gleichgestellt sind. In der Buch'schen Glosse findet sich vielmehr eine Regelung, wie sie sich bei einer Auslegung des Sachsenspiegeltextes im Sinne des gelehrten Rechts aus diesem herauslesen lässt: die Vollgeschwister erben nach allen Nachkomm/innen und nach allen Vorfahr/innen; die Vollgeschwisterkinder erben wegen einer Schlechterstellung der Halbgeschwister neben diesen. Johann von Buch zeigt sich allerdings nicht in allen

Konstellationen, bei denen sich der Sachsenspiegelwortlaut nicht mit dem Novellenrecht in Übereinstimmung bringen lässt, bereit, von der Novellenregelung abzuweichen. Bei der Bevorzugung von Prätendenten gegenüber Prätendentinnen im ersten Verwandtschaftsgrad sowie dem Eintrittsrecht von Sohnessöhnen für vorverstorbene Söhne folgt der Glossator dem Sachsenspiegelwortlaut nicht. Er legt diesen vielmehr über das, was heute als Wortlautgrenze bezeichnet würde, so weitgehend aus, dass für die Mehrheit der Sachsen und Sächsinnen im Ergebnis das Bevorzugungsverbot des Novellenrechts gilt; möglicherweise, weil er andernfalls allgemeine Rechtsgrundsätze oder die Gebote der materiellen Gerechtigkeit verletzt sieht.

Hinsichtlich des Themenkomplexes Rechtsgeschäfte von Todes wegen Beibehaltung von Erbenschutzregelungen bei Einordung in die Systematik des gelehrten Rechts und Übernahme der Enterbungsgründe aus dem justinianischen Novellenrecht. Nicht gänzlich ersetzt wird dagegen die Sachsenspiegelregelung für den Themenkomplex der Rechtsgeschäfte von Todes wegen. Der Sachsenspiegel und das zeitgenössische sächsische Recht lassen Rechtsgeschäfte über die eigene Habe, die erst mit dem Tod des/der Verfügenden tatsächliche Wirkungen zeigen, grundsätzlich zu. Voraussetzung ist aber bei *egen*-Grundstücken in prozessualer Hinsicht die Vornahme auf einem Echten Ding und in materieller Hinsicht die Zustimmung der potentiellen Erb/innen; bei Fahrender Habe und bei Grundstücken aus abgeleitetem Recht, insbesondere Zinsgut, genügt die materielle Voraussetzung einer näher definierten Kraftprobe. Johann von Buch übernimmt diese Regelung, die er anders als seine stillschweigenden Modifikationen bei der Erbfolgeordnung der Novellen ausdrücklich als Besonderheiten des sächsischen Rechts kennzeichnet. Er bettet sie allerdings in ein dem Sachsenspiegel fremdes theoretisches Konstrukt ein, nach dem zunächst, im natürlichen Recht, allein das Verwandtenerbrecht maßgeblich gewesen sei, das gesetzte Recht später die unbeschränkte Testierfreiheit eingeführt habe und die Kaiser dann in einem dritten Schritt die Testierfreiheit durch Erbenschutzinstrumente eingeschränkt hätten. Ursprüngliches und im gemeinen Recht nach wie vor einschlägiges Erbenschutzinstrument ist dabei nach Ansicht Johanns von Buch das Pflichtteilsrecht. Im sächsischen Privileg sei dieses dagegen durch die vorgenannten Übertragungsvoraussetzungen ersetzt worden, die dort bei allen Rechtsgeschäften – unter Lebenden wie von Todes wegen – gelten würden und so auf andere Weise die gemeinrechtliche Testierfreiheit begrenzten. Außerdem ersetzt Johann von Buch Ansätze des Sachsenspiegels für einen Erbrechtsverlust aufgrund von Fehlverhalten durch die Enterbungsgründe aus Nov. 115. Diese liest er wohl nicht in den Sachsenspiegeltext hinein. Vielmehr sieht er ihre Grundlage – den Gedanken der Undankbarkeit – in Nov. 92 und der Landfriedenserneuerung von 1298 durch Albrecht I. normiert und ihre konkrete Ausgestaltung in Nov. 115. Diese gemeinrechtlichen Regelungen hält er dabei, wohl im Sinne der Statutentheorie, für unmittelbar anwendbar im sächsischen Recht.

Hinsichtlich des Ehegüterrechts im Todesfall Beibehaltung der ehegüterrechtlichen Institute des Sachsenspiegels bei theoretischer Verortung im System des gelehrten Rechts und Umformung einzelner Institute. Am geringsten ausgeprägt ist die Übernahme von Regelungskomplexen aus dem gelehrten Recht auf dem Gebiet des Ehegüterrechts im Todesfalls. Johann von Buch übernimmt hier die im Sachsenspiegel genannten Institute – Leibzucht und Morgengabe als fakultative Gaben, (Witwen-)Gerade, Musteil, Dreißigsten und Nutzungsrecht des Witwers an Ackerland als feststehendes Ehegüterrecht und die (Niftel-)Gerade und das Heergewäte als erbrechtliche Sondermassen – im wesentlichen in ihrem dort beschriebenen rechtlichen Gehalt. Lediglich den im Sachsenspiegel einmalig genannten Begriff der Übertragung als *ursal* deutet er inhaltlich gänzlich um. Er verortet die vorgenannten Institute allerdings theoretisch im gelehrten Recht, indem er die Leibzucht mit der *donatio propter nuptias* gleichsetzt, die Morgengabe als sächsische Sonderregelung betrachtet – teilweise als Entsprechung der *sponsalicia largitas*, teilweise als Abspaltung der *donatio propter nuptias* –, die (Witwen-)Gerade und das Musteil als sächsische Privilegien für verheiratete Frauen einordnet, wie sie auch das gemeine Recht kennt, und den Dreißigsten wie das Nutzungsrecht des Witwers an Ackerland als konkretere Ausformungen bestimmter, im gemeinen Recht allgemeiner formulierter Billigkeitsregeln auffasst. Diese theoretische Verortung hat für den rechtlichen Regelungsgehalt der genannten Institute jedoch nur Auswirkungen bei der Leibzucht, indem Johann von Buch hier die Privilegien der *donatio propter nuptias* – das Veräußerungsverbot, das Verpfändungsverbot und die Sicherung durch eine Generalhypothek am Vermögen des Mannes – sowie deren Regelungen für die Scheidung anwendbar sieht. Neben dieser Umgestaltung des Instituts der Leibzucht wird durch die Verortung aller ehegüterrechtlichen Institute im gelehrten Recht das sächsische Ehegüterrecht zudem für die Institute des römischen Rechts geöffnet. So spricht der Glossator mit aller Selbstverständlichkeit von der Bestellung einer Mitgift – obwohl er konkrete, hierfür geltende Bestimmungen nicht wiedergibt –, außerdem hält er die Bestellung eines Verlobungspfandes im Sinne einer *arra sponsalicia* für denkbar. Als nicht fakultative Regelungen übernimmt er aus dem römischen Recht das *edictum de alterutro* und die Quart der Armen Witwe. Die Sondermassen (Niftel-)Gerade und Heergewäte schließlich werden durch die Buch'sche Glosse anerkannt und in ihrer rechtlichen Gestalt nicht verändert. Zwar führt Johann von Buch das Heergewäte auf eine definierte Vermögensmasse im römischen Militärstrafrecht zurück, sieht die Herausgabe von streitbefangenen (Niftel-)Gerade- und Heergewätegegenständen auf richterliche Anordnung als ein Interdikt im Sinne des römischen Rechts an und weist zudem mit besonderer Sorgfalt die Vereinbarkeit beider Institute mit dem erbrechtlichen Grundsatz einer Gleichbehandlung von Frauen und Männern sowie von weiblicher und männlicher Verwandtschaftslinie nach. Diese Ausführungen haben allerdings keine Auswirkungen in praktischer Hinsicht.

Erkenntnisse zum Erbrecht des Sachsenspiegels. Als Vorarbeit zu der Analyse der Buch'schen Glosse waren in dieser Arbeit auch die Regelungen des Sachsenspiegels zu den drei untersuchten Themenkomplexen herauszuarbeiten. Eine Untersuchung der jeweils einschlägigen Sachsenspiegelartikel unter Heranziehung des Forschungsstandes und dessen geschichtlicher Entwicklung ließ einmal mehr deutlich werden, dass der Forschungsstand des 19. Jahrhunderts, der in vielen Fragen mangels neuerer

Arbeiten mit einer auf die Ermittlung der rechtlichen Aussage gerichteten Fragestellung nach wie vor maßgeblich ist und die rechtsgeschichtliche Literatur bis heute prägt, der Revision bedarf. So liegt der Erbfolgeordnung des Sachsenspiegels m. E. mit Sicherheit keineswegs, wie im 19. Jahrhundert ganz überwiegend angenommen, die Parentelordnung zugrunde. Der Sachsenspiegel beschreibt vielmehr die anhand einer Untersuchung des Schöffenrechts von Schanz herausgearbeitete und jüngst von Meuten bestätigte Erbfolge nach dem Gradnäheprinzip auf Grundlage der Gliederzählung. Dies konnte in dieser Arbeit durch eine bereits in einem Aufsatz Meijers aufscheinende Auslegung des sogenannten Gliederbildes sowie eine Untersuchung der Bilderhandschriften gestützt werden, indem die dortigen Darstellungen des Gliederbildes m. E. als Darstellung der Gliederzählung verstanden werden müssen. Hinsichtlich der Rechtsgeschäfte von Todes wegen erwies sich die im 19. Jahrhundert geläufige Unterscheidung in römische, erbrechtliche Verfügungen von Todes wegen und deutsche, sachenrechtliche Vergabungen von Todes wegen, die von der jüngeren Literatur vermehrt in Frage gestellt wird, als nicht sachdienlich. Ich lege in dieser Arbeit stattdessen eine nach funktionalen Gesichtspunkten entwickelte Unterscheidung zwischen Rechtsgeschäften unter Lebenden und Rechtsgeschäften von Todes wegen zugrunde, die weitreichendere Einflussmöglichkeiten der Erblasser/in auf die Vermögensnachfolge erkennen lässt als dies die hergebrachte Unterscheidung nahelegt. Kaum Abweichungen vom Forschungsstand des 19. Jahrhunderts ergaben sich lediglich für das Gebiet des Ehegüterrechts im Todesfall, wohl wiederum deshalb, weil hier der Sachsenspiegelwortlaut relativ konkret ist.

II. Auswertung der Detailuntersuchung in Hinblick auf Forschungskontroversen

Unhaltbarkeit der sogenannten Schichtentheorie. Hinsichtlich der sogenannten Schichtentheorie stützen die Ergebnisse der Detailuntersuchung die Erkenntnisse Kannowskis, der die durch von Schwerin entwickelte Theorie unter Hinweis auf in der Glosse immer wiederkehrende Rechtsgedanken ablehnt. Die detaillierte Untersuchung dreier Themenkomplexe zeigt hier, dass nicht nur immer wiederkehrende Rechtsgedanken aufscheinen, sondern – mit Ausnahme eines Abschnittes zum erbrechtlichen Verhältnis Vollgeschwisterkinder/Halbgeschwister, der nachträglich eingefügt worden sein dürfte, sowie einer zweiten Darstellung der Enterbungsgründe, die nicht in allen Handschriften enthalten ist – sich auch keine einander im Ergebnis widersprechenden Rechtsansichten finden. Zudem zeigt eine Analyse der Argumentation der Vertreter*innen der Schichtentheorie erneut, dass sich keine belastbaren Argumente für eine Entstehung der Buch'schen Glosse durch die Kompilation älterer Texte finden lassen. Schließlich wird in dieser Arbeit für eine zur Begründung der Schichtentheorie herangezogene Glossierung eine vom hergebrachten Verständnis abweichende Auslegung vorgestellt, nach der Johann von Buch den glossierten Sachsenspiegelartikel – und nur diesen einen Artikel – als eine irreführende Glossierung des ursprünglichen Privilegs ansieht, ähnlich, wie er drei[2536] andere Sachsenspiegelartikel Eike von Repgow zuordnet und zwei weitere Sachsenspiegelartikel für Ausschnitte aus Reichsgesetzen Karls des Großen hält.

Veränderungen der in der Kaufmann'schen Edition zugrunde gelegten Texten gegenüber der Urglosse. Codex Hecht als Tochterhandschrift der Wolfenbütteler Handschrift. Hinsichtlich der Frage nach dem Verhältnis der drei von Kaufmann für seine Edition zugrunde gelegten Handschriften – des Codex Hecht, einer Wolfenbütteler Handschrift und einer Heidelberger Handschrift – zur Urglosse ergaben sich deutliche Hinweise darauf, dass diese Handschriften den Text der Urglosse keineswegs unverändert wiedergeben. Insbesondere hat die Untersuchung gezeigt, dass bei der Wiedergabe des Sachsenspiegeltextes – der ausweisliche des Glossenprologs bereits in der Urglosse enthalten war – jedenfalls in Bezug auf die Artikeleinteilung, wohl aber auch darüber hinaus, deutliche Veränderungen zu beobachten sind. Weiter zeigte sich ein Defekt aller drei Handschriften bei Ldr. I 8 – Ldr. I 14, der im Codex Hecht aus einer abweichenden Vorlage ergänzt ist, und eine zweifache Glossierung zu Ldr. I 26 im Codex Hecht und der Wolfenbütteler Handschrift. Hinsichtlich des Glossentextes fanden sich lediglich einige wenige, aber deutliche Anhaltspunkte für eine spätere Veränderung, insbesondere Hinweise auf die Ergänzung eines Absatzes zum erbrechtlichen Verhältnis von Vollgeschwisterkindern zu Halbgeschwistern in allen drei Handschriften und auf die Einfügung von Bibelzitaten, die in der Wolfenbütteler Handschrift als Randglosse stehen und im Codex Hecht in den Haupttext eingefügt sind. Die nur geringen Veränderungen am Glossentext lassen vermuten, dass dieser weit statischer war als der Sachsenspiegeltext der Glossenvorlagen. Die Beobachtung mag allerdings auch auf die Konzeption dieser Arbeit, namentlich die Untersuchung auf Grundlage nur weniger Handschriften, zurück zu führen sein. Weiter zeigt die Untersuchung einige deutliche Anhaltspunkte dafür auf, dass es sich bei der Wolfenbütteler Handschrift um eine Mutterhandschrift des Codex Hechts handelt, indem diese oder eine ihrer Abschriften die Hauptvorlage des Codex Hecht war.

Ungeklärtes Ende der ursprünglichen Glossierung durch Einbeziehung der hier ermittelten Anhaltspunkte. Zum dritten konnte die vorliegende Detailstudie für die Kontroverse um den Schluss der ursprünglichen Glossierung herangezogen werden, indem sie eine Analyse zweier Darstellungen der Enterbungsgründe umfasst: einerseits aus dem in allen Handschriften enthaltenen Text bis Ldr. III 81 und andererseits aus der in nur einem Teil der Handschriften enthaltenen Glossierung zu den Schlussartikeln. Ein Vergleich beider Darstellungen zeigte hier mehrere erhebliche Unterschiede im rechtlichen Verständnis der Enterbungsgründe. Zudem wurde in die Überlegungen ein Vergleich der Schlussglossierung mit den Ausführungen im ebenfalls Johann von Buch zugeordnetem Richtsteigprolog sowie eine Analyse der Argumentation früherer Literaturstimmen einbezogen. Auf dieser Grundlage ist die durch Sinauer begründete und danach allgemein fortgeschriebene Erklärung des Glossenendes vieler Handschriften bereits bei Ldr. III 81 durch die Annahme,

2536 Die Zählung orientiert sich an der Textfassung des Codex Hecht.

die Landrechtsglosse sei bereits vor der Vollendung in Umlauf gekommen, es habe mithin mehrere Rezensionen der Landrechtsglosse gegeben, m. E. mindestens anzuzweifeln. Auch das von Kannowski festgestellte Überwiegen der Argumente für eine Autorschaft Johanns von Buch an der Glossierung zu den Artikeln Ldr. III 82 – Ldr. III 87 ergibt sich bei Einbeziehung der in dieser Arbeit herausgearbeiteten Argumente m. E. nicht mehr, sodass die Frage nunmehr erneut als ungeklärt gelten muss.

Das Recht der Buch'schen Glosse als bewusste Auslegung des Sachsenspiegeltextes im Sinne des gelehrten Rechts im Bemühen um eine Rückbesinnung auf den ursprünglichen Sinngehalt. Als Erklärung für die Beobachtung, dass die Erbfolgeordnung der Buch'schen Glosse nahezu unverändert römisches Recht enthält, wohingegen bei den ehegüterrechtlichen Regelungen für den Todesfall die Institute des Sachsenspiegels lediglich vereinzelt umgeformt und um Elemente aus dem gelehrten Recht ergänzt werden, drängt sich die unterschiedlich ausgeprägte Auslegungsfähigkeit des Sachsenspiegeltextes auf. Bei den wenigen, sehr auslegungsbedürftigen Sachsenspiegelartikeln zur Erbfolgeordnung lässt sich eine Auslegung im Sinne des gelehrten Rechts sehr viel weitreichender umsetzten als bei den zahlreichen und konkreten Sachsenspiegelartikeln zum Ehegüterrecht im Todesfall. Dabei zeigt die vorliegende Arbeit auf, dass diese Auslegung des Sachsenspiegeltextes im Sinne des gelehrten Rechts durch den Glossator keineswegs unbewusst oder unbeabsichtigt erfolgt. Seinen Ausführungen im Glossenprolog zufolge ist Johann von Buch vielmehr bewusst, dass der Sachsenspiegel durch die Rechtspraktiker*innen seiner Zeit an vielen Stellen anders verstanden wird. Da er aber – wohl nicht zuletzt deswegen, weil er den Sachsenspiegel als Privileg des christlichen Kaisers Karls des Großen ansieht – das Sachsenspiegelrecht für weitgehend übereinstimmend mit dem gemeinen Recht des Reiches hält, erscheint ihm die übliche Auslegung unzutreffend. Die seiner Ansicht nach korrekte Auslegung des Sachsenspiegels darzustellen und gegenüber dem Verständnis der nicht universitär ausgebildeten Rechtspraktiker*innen durchzusetzen, ist erklärtermaßen das Ziel des Glossators. Damit wird in der Buch'schen Glosse entgegen dem bisherigen Forschungsstand keineswegs das zeitgenössische sächsische Recht dargestellt, in Einzelheiten modernisiert und durch die Entwicklung einer deutschen Rechtssprache für die universitär gebildeten Jurist*innen erschlossen. Die Buch'sche Glosse enthält vielmehr eine eigenständige Auslegung des Sachsenspiegeltextes durch den Glossator, die erst aufgrund der Autorität der Glosse Einfluss auf die Rechtsanwendung gewinnen sollte. Johann von Buch schafft in der Glosse etwas neues, einen eigenständigen Regelungskomplex, der teilweise weitgehend mit den Regelungen des gelehrten Rechts übereinstimmt, in anderen Teilen aber deutlich vom Sachsenspiegelwortlaut geprägt wird. Wie weitgehend die Auslegung des Sachsenspiegeltextes von dessen eigentlichem Sinngehalt abweicht, wird maßgeblich durch die Auslegungsfähigkeit des Sachsenspiegeltextes bestimmt. Doch dürften sich auch andere Faktoren hierauf ausgewirkt haben. In Betracht kommen insoweit insbesondere das Rechtsempfinden des Glossators, die Gegebenheiten in der Rechtspraxis sowie unter universitär gebildeten Rechtskundigen bereits kursierende Ansichten über die Auslegung des Sachsenspiegeltextes.

Quellen- und Literaturverzeichnis

I. Quellen

1. Handschriften

Amsterdam, Universitätsbibliothek
I A 22

Berlin, Staatsbibliothek Preußischer Kulturbesitz
Ms. germ. fol. 284, Ms. germ. fol. 285, Ms. germ. fol. 942

Dresden, Sächsischen Landesbibliothek – Staats- und Universitätsbibliothek
Mscr. Dresd. M. 32

Freiburg im Breisgau, Universitätsbibliothek
Hs. 337

Gießen, Universitätsbibliothek
Hs. 953

Heidelberg, Universitätsbibliothek
Cod. Pal. Germ. 164, Cod. Pal. Germ. 165

Krakow, Uniwersytet Biblioteka Jagiellonska
Przyb. 46/60

Mainz, ehemalige Dombibliothek
Mogunt. II

Oldenburg, Landesbibliothek
CIM I 410

Trier, Stadtbibliothek Weberbach
Hs. 1999/129 8'

Wolfenbüttel, Herzog August Bibliothek
Cod. Guelf. 3.1 Aug. 2°, Cod. Guelf. A.d. Extravagantes

Wrocław, Biblioteka uniwersytecka.
II F 6, II F 7, II Q 3

2. Gedruckte Quellen

Des Antecessor Theophilus Paraphrase der Institutionen Justinian's. Aus dem Griechischen übersetzt und mit Anmerkungen begleitet von Karl WÜSTEMANN, Bd. 1, Berlin 1823

Biblia sacra. iuxta Vulgatam versionem, adiuvantibus B[onifatius] Fischer, I[ohanne] Gribomont, H. F. D. Sparks, W. Thiele recensuit et brevi apparatu critico instruxit Robert WEBER, Editionem quintam emendatam retractatam praeparavit Roger GRYSON, Stuttgart 2007

Constitutiones et acta publica imperatorum et regum, Bd. 2: Inde ab a. MCXCVIII usque ad a. MCCLXXII, hg. von Ludwig WEILAND (MGH Const. 2), Hannover 1896, Bd. 3: Inde ab a. MCCLXXIII usque ad a. MCCXCVIII, hg. von Jakob SCHWALM (MGH Const. 3), Hannover – Leipzig 1904–1906, Bd. 4: Inde ab a. MCCXCVIII usque ad a. MCCCXIII, Teil 1, hg. von Jakob SCHWALM (MGH Const. 4:1), Hannover – Leipzig 1906, Bd. 6: Dokumente zur Geschichte des Deutschen Reiches und seiner Verfassung. 1331–1335, Teil 3, bearb. von Wolfgang EGGERT (MGH Const. 6,2:3), Hannover 2003

[Corpus Iuris Canonici]
- Decretum D. Gratiani, universi iuris canonici pontificias constitutiones, et canonicas, brevis compendio complectens: Una cum glosis & thematibus prudentum, & Doctorum suffragio comprobatis: resectis vero nothis, absurdis, difficilibus iisdemque; inutilibus hypotheseon ad rem minime pertinentium, ineptarumque, Summarum, & Annotationum pseudographijs. Textu denique suae integritati reddito, & Glossis receptis a vitio repurgatis, Ausultus (Verl.), Lyon 1559
- Das Corpus juris canonici. In seinen wichtigsten und anwendbarsten Theilen ins Deutsche übersetzt, und systematisch zusammengestellt von Bruno SCHILLING und Carl Ferdinand SINTENIS, Bd. 2, Leipzig 1837
- Corpus iuris canonici, I. Decretum magistri Gratiani, hg. von Emil FRIEDBERG, Nachdruck der 2. Aufl. Leipzig 1879, Graz 1959

[Corpus Iuris Civilis]
- [Corpus Iuris Civilis] I. Digestvm vetvs. Pandectarvm ivris civilis tomvs primvs, Hugo A PORTA (Verl.), Lyon 1560; II. Infortiatvm. Pandectarvm ivris civilis tomvs secvndvs, Hugo A PORTA (Verl.), Lyon 1560; III. Digestvm novvm. Pandectarvm ivris civilis tomvs secvndvs, Hugo A PORTA (Verl.), Lyon 1560; IV: Codicis Ivstiniani ex repetita praelectione, Hugo A PORTA (Verl.), Lyon 1560; V. Volumen, Hugo a PORTA (Verl.), Lyon 1558
- Corpus iuris civilis cum commentariis ACCURSII, scholis CONTII et GOTHOFREDI Lucubrationibus ad Accursium (…) studio & opera Joannis FEHI, Nachdruck der Ausgabe Lyon 1627 (Ius commune. Rechtstradition der Europäischen Länder. Rechtsquellen 4), Bd. 4: Codicis Sacratissimi Imperat. Ivstiniani PP. Avgusti, Lib. XII, Frankfurt am Main 2006
- Corpus iuris civilis, Editio stereotypa, I: Institutiones recognovit Paulus KRUEGER. Digesta recognovit Theodorus MOMMSEN, Berlin 1872; II: Codex Iustinianus, recognovit et retractavit Paulus KRUEGER, Berlin 1892; III: Novellae, recognovit Rudolfus SCHÖLL Opus Schoellii morte interceptum absolvit Guilelmus KROLL, Berlin 1895
- Das Corpus iuris civilis: Ins Deutsche übersetzt von einem Vereine Rechtsgelehrter und herausgegeben von Carl Eduard OTTO, Bruno SCHILLING und Carl Friedrich SINTENIS, Bd. 7, Leipzig 1833

Dekrete der ökumenischen Konzilien, hg. von Josef WOHLMUTH, Bd. 2: Konzilien des Mittelalters: vom ersten Laterankonzil (1123) bis zum fünften Laterankonzil (1512–1517), Paderborn u. a. 2000

Deutsche Chroniken und andere Geschichtsbücher des Mittelalters, Bd. 2: [Sächsische Weltchronik. Eberhards Reimchronik von Gandersheim. Braunschweigische Reimchronik. Chronik des Stiftes S. Simon und Judas zu Goslar. Holsteinische Reimchronik], hg. von Ludwig WEILAND (MGH Dt. Chron. 2), Hannover 1877

ECKHARDT, Karl August: Die mittelalterlichen Rechtsquellen der Stadt Bremen (Veröffentlichungen aus dem Staatsarchiv der Freien Hansestadt Bremen 5), Bremen 1931

ESCHER, Jakob/SCHWEIZER, Paul (Bearb.): Urkundenbuch der Stadt und Landschaft Zürich, Bd. 2, Zürich 1890–1892

FICHTENAU, Heinrich (Bearb.): Urkundenbuch zur Geschichte der Babenberger in Österreich (Publikationen des Instituts für Österreichische Geschichtsforschung 3). Bd. 2: Die Siegelurkunden der Babenberger und ihrer Nachkommen von 1216–1279, Wien 1955

Fontes Rerum Bernensium. Bern's Geschichtsquellen, Bd. 2: Umfassend den Zeitraum von 1218, Februar, bis 1271, Juli. 6, Bern 1877

HACH, Johann Friedrich (Hg.): Das alte Lübische Recht, Lübeck 1839

Die Hallischen Schöffenbücher, Bd. 1: (1266–1400), bearb. von Gustav HERTEL (Geschichtsquellen der Provinz Sachsen und angrenzender Gebiete 14), Halle 1882

Institutiones. Die Institutionen des Gaius. Herausgeben, übersetzt und kommentiert von Ulrich MANTHE (Texte zur Forschung 81), Darmstadt 2004

[Johannes Andreae]: Lectura Ioannis Andreae utriusque iur. doct. consummatiss. super arbor. consanguinitatis et affinitatis, commentariis, notabilibus ac quaestionibus pulchris per authorem incertum in Academia Lips. tempore canicularium declarata et anno M.CCCC.XCII. primum ac iam in gratiam iur. studiosorum rursus excusa, STEINMANN (Verl.), Leipzig 1580
– Summa Jo. An. super quatro decretalium. Que etsi breuis est verbis utilitate tamen et sententia longa satis (…), Leipzig ca. 1492/1495

LAPPENBERG, Johann Martin (Hg.): Die ältesten Stadt-, Schiff- und Landrecht Hamburgs, Neudruck der Ausgabe Hamburg 1845, Aalen 1966

Leipziger Schöffenspruchsammlung, hg. von KISCH, Guido (Quellen zur Geschichte der Rezeption 1), Leipzig 1919

Das Magdeburg-Breslauer systematische Schöffenrecht, aus der Mitte des 14. Jahrhunderts, hg. von Paul LABAND, Berlin 1863

Magdeburger Recht: I: Die Rechtssprüche für Niedersachsen, hg. von Friedrich EBEL (Mitteldeutsche Forschungen 89, 1), Köln u. a. 1983; II, 1: Die Rechtsmitteilungen und Rechtssprüche für

Breslau: Die Quellen von 1261 bis 1452, hg. von Friedrich Ebel (Mitteldeutsche Forschungen 89, 2,1), Köln u. a. 1989; II, 2: Die Rechtsmitteilungen und Rechtssprüche für Breslau: Die Quellen von 1453 bis zum Ende des 16. Jahrhunderts, hg. von Friedrich Ebel (Mitteldeutsche Forschungen 89, 2,2), Köln u. a. 1995

Magdeburger Schöffensprüche für die Hansestadt Posen und die anderen Städte des Warthelandes (Magdeburger Schöffensprüche und Rechtsmitteilungen R. 8,1), hg. von Theodor Goerlitz, Stuttgart u. a. 1944

Magdeburger Schöffensprüche, Bd. 1: Die Magdeburger Schöffensprüche für Gross-Salze, Zerbst und Anhalt, Naumburg und aus dem Codex Harzgerodanus, hg. von Victor Friese/Erich Liesegang, Berlin 1901

Magdeburger Schöffensprüche und Rechtsmitteilungen für den Oberhof Leitmeritz, hg. von Wilhelm Weizsäcker (Die Magdeburger Schöffensprüche und Rechtsmitteilungen Reihe 9,1), Stuttgart u. a. 1943

Meklenburgisches Urkundenbuch, hg. von dem Verein für Meklenburgische Geschichte und Alterthumskunde, Bd. 2: 1251–1280, Schwerin 1864, Bd. 8: 1329–1336, Schwerin 1873

Rechtsdenkmäler der Stadt Schweidnitz. Einschließlich der Magdeburger Rechtsmitteilungen und der Magdeburger und Leipziger Schöffensprüche für Schweidnitz, bearb. von Theodor Goerlitz/Paul Gantzer (Deutsche Rechtsdenkmäler aus Schlesien 1), Stuttgart u. a. 1939

Reuter, Christian (Hg.): Das älteste Kieler Rentebuch (1300–1487) (Mitteilungen der Gesellschaft für Kieler Stadtgeschichte 10/11), Kiel 1892/93

Der Richtsteig Landrechts: Nebst Cautela und Premis, hg. von C[arl] G[ustav] Homeyer, Berlin 1857

Riedel, Adolph Friedrich (Hg.): Codex diplomaticus Brandenburgensis. Sammlung der Urkunden, Chroniken und sonstigen Geschichtsquellen für die Geschichte der Mark Brandenburg und ihrer Regenten, Hauptteil 1: Erster Hauptheil oder Urkundensammlung zur Geschichte der geistlichen Stiftungen, der adlichen Familien, so wie der Städte und Burgen der Mark Brandenburg, Bd. 15, Berlin 1858, Bd 17, Berlin 1859, Hauptteil 2: Zweiter Hauptheil oder Geschichte der auswärtigen Verhältnisse der Mark Brandenburg und ihrer Regenten, Bd. 1, Berlin 1843, Bd. 2, Berlin 1845, Bd. 6, Berlin 1858, Namenverzeichnis zu sämmtlichen Bänden, Bd. 1, Berlin 1867

[Sachsenspiegel, Textausgaben]
- Holländischer Sachsenspiegel nach der raren Goudaischen Ausgabe von 1479, hg. von Christian Ulrich Grupen/Gerard Meermann, Frankfurt – Leipzig 1763
- Ludovici, Jacob Friedrich: Sachsen-Spiegel oder das sächsische Land-Recht, in Der Alt-Teutschen, Lateinischen und ietzo gebräuchlichen Hoch-Teutschen Sprache: nebst Nöthigen Auszügen aus der Glosse, so weit selbige zum Verstande des Teutschen Rechts etwas beyträget, und gegeneinanderhaltung der Zobelischen und Loßischen hochteutschen edition; Wie auch Einer Vorrede, Darinnen die Historie, wie und wann das Teutsche Recht zu erst in Schrifften verfasset worden, wie auch derer verschiedenen Ausleger und glossatorum desselben, enthalten ist, Halle 1770

– [Der Sachsenspiegel] Bd. 1: Des Sachsenspiegels Erster T(h)eil oder das Sächsische Landrecht. Nach der Berliner Handschrift v. J. 1369, hg. von C[arl] G[ustav] HOMEYER, 2. Aufl. Berlin 1835, 3. Aufl. Berlin 1861; Bd. 2 Des Sachsenspiegels Zweiter Theil nebst den verwandten Rechtsbüchern. Tbd. 1: Das Sächsische Lehnrecht und Der Richtsteig Lehnrechts, hg. von C[arl] G[ustav] HOMEYER, Berlin 1842
– Sachsenspiegel, hg. von Karl August ECKHARDT, Bd. 1: Landrecht (MGH Fontes iuris N. S. 1, 1 = Germanenrechte N. F. Land- und Lehnrechtsbücher 1, 1), Göttingen – Berlin – Frankfurt 1955, Bd. 2: Lehnrecht (MGH Fontes iuris N. S. 1, 2 = Germanenrechte N. F. Land- und Lehnrechtsbücher 1, 2), Göttingen – Berlin – Frankfurt 1956

[Sachsenspiegel, Codices picturati]
– Die Dresdener Bilderhandschrift des Sachsenspiegels, hg. von Karl von AMIRA, Bd. 2: Erläuterungen, Tbd. 1 (Schriften der sächsischen Kommission für Geschichte 29), Leipzig 1925
– Die Heidelberger Bilderhandschrift des Sachsenspiegels, hg. von Walter KOSCHORRECK, Bd. 2: Kommentar, Frankfurt am Main 1970
– [Der Oldenburger Sachsenspiegel.] Vollständige Facsimile-Ausgabe im Originalformat des Codex picturatus Oldenburgensis CIM I 410 der Landesbibliothek Oldenburg (Codices Selecti 101), hg. von Ruth SCHMIDT-WIEGAND, Bd. [3]: Textband, Graz 1995, Bd. [5]: Kommentarband, Graz 1996
– Sachsenspiegel. Die Wolfenbütteler Bilderhandschrift Cod. Guelf. 3.1 Aug. 2[1], hg. von Ruth SCHMIDT-WIEGAND, Bd. [2]: Textband, Berlin 1993, Bd. [3]: Kommentarband: Aufsätze und Untersuchungen, Berlin 1993
– Sachsenspiegel: Die Dresdner Bilderhandschrift Mscr. Dresd. M 32. Vollständige Faksimile-Ausgabe im Originalformat der Handschrift aus der Sächsischen Landesbibliothek – Staats- und Universitätsbibliothek Dresden (Codices selecti 107), hg. von Heiner LÜCK, Bd. [4]: Textband, Graz 2006; Bd. [5]: Aufsätze und Untersuchungen [Dr. Dietrich H. Hoppenstedt, dem unermüdlichen Förderer der Sachsenspiegelforschung in Deutschland, zum 70. Geburtstag am 16. September 2010], Graz 2011
– Der Oldenburger Sachsenspiegel. Codex picturatus Oldenburgensis CIM 1410 der Landesbibliothek Oldenburg (Glanzlichter der Buchkunst 15), hg. von Wolfgang MILDE/Ruth SCHMIDT-WIEGAND: Bd. 1 [Faksimile-Ausgabe und Kommentar], Graz 2006
– Sachsenspiegel. Die Heidelberger Bilderhandschrift Cod. Pal. Germ. 164. Vollständige Faksimile-Ausgabe im Original-Format der Handschrift aus der Universitäts-Bibliothek Heidelberg (Codices selecti 115), hg. von Gernot KOCHER/Dietlinde MUNZEL-EVERLING, Bd. [2]: Textband, Graz 2010

[Sachsenspiegel, Übersetzungen]
– Der Sachsenspiegel (Landrecht) ins Hochdeutsche übertragen von G[ustav] ROTERMUND, 2. Aufl., Hermannsburg (Hannover) 1935.
– Der Sachsenspiegel (Landrecht). In unsere heutige Muttersprache übertragen und dem deutschen Volke erklärt von Hans Christoph HIRSCH, Berlin u. a. 1936
– Sachsenspiegel. Landrecht in hochdeutscher Übertragung von Karl August ECKHARDT (Germanenrechte N. F. Land- und Lehnrechtsbücher 1, 5), Hannover 1967
– Der Sachsenspiegel. Eike von Repgow. Hg. von Clausdieter SCHOTT. Übertragung des Landrechts von Ruth SCHMIDT-WIEGAND. Übertragung des Lehenrechts und Nachwort von Clausdieter SCHOTT, 3. Aufl., Zürich 1996
– Der Sachsenspiegel. In hochdeutscher Übersetzung von Paul KALLER, München 2002

[Sachsenspiegel, Glossenausgaben]
- Sassenspegel mit velen nyen Addicien fan dem Leenrechte unde Richtstige, Hans Renmann von Öhringen (Verl.)/Sylvan Othmer (Druck), Augsburg 1516
- Sachssenspigell vffs new durchaus corrgirt vnd restituirt / Allenthalb wu dye text vorandert vnd vnuorstentlich gewest / mitt vil nawen adicionen / aus gemeynem Keyserrecht gezogen / sampt eynem volkommen nuetzlichen / Nawen gemerten Repertorio (...). Item vyl vrtell der werden Schoeppen tzu Magdeburgk / (..) / Deßgleichen an stadt des Richtsteyges / vyl bewerter proceß / vnd ordnung / Vff lehen / peynlich vnd buergklich gericht / Auch vrtell etlicher Hochberumbten Schoeppenstuele / daraus man genugsam vnderricht empfahen magk (...), hg. von Christoph Zobel, Leipzig 1535
- Sachsenspiegel / Auffs newe vbersehen / mit Summarijs vnd newen Additionen / so aus den gemeinen Keyserrechten / vnd vieler vornemer dieser Lande Doctorn / bericht vnd Radtschlegen / Auch der Hoffgericht vnd Schöppenstül üblichen Rechtsprüchen zusammen bracht / vnd an den Glossen vnd Allegaten / vielfeltig gebessert / wie solches stückweisvnd ordentlichen hernach wirdt angezeiget. Durch den Hochgelarten Herrn Christoff Zobel der Rechten Doctorn seligen / (...) / sampt einem richtigen vnd vollstendigen Repertorio, Leipzig 1582
- Eykens von Repgow Sachsen-Spiegel oder das sächsische Land-Recht, (...), Ferner die vollstaendige Teutsche Glosse des Land-Rechts (...); Mit nöthigen Register und einemVorbericht (...) versehen, und ausgefertiget von D. Carl Wilhelm Gärtner, Leipzig 1732
- Der Prolog zur Glosse des sächsischen Landrechts, hg. von [Carl] G[ustav] Homeyer, Berlin 1854
- Die Landrechtsglosse des Sachsenspiegels, Bd 1: Einleitung und Glossenprolog (Akademie der Wissenschaften in Wien, Phil.-hist. Klasse, Denkschriften 65,1), hg. von Emil Steffenhagen, Wien u. a. 1925
- Sassenspegel Mit velen nyen Addicien san dem Leenrechte unde Richtstige, Ed. Hans Rynmann von Öhringen, Neudruck der Ausgabe Augsburg 1516 (Bibliotheca rerum historicarum Neudrucke 10), hg. von Karl August Eckhardt, Aalen 1978
- Glossen zum Sachsenspiegel-Landrecht: Buch'sche Glosse, (MGH Fontes iuris N. S. 7), 3 Bde., hg. von Frank-Michael Kaufmann, Hannover 2002
- Glossen zum Sachsenspiegel-Lehnrecht. Die längere Glosse (MGH Fontes iuris N. S. 9), hg. von Frank-Michael Kaufmann, Bd. 1, Hannover 2013

[Schleswig-Holstein-Lauenburgische Urkundensammlung] Urkundensammlung der Schleswig-Holstein-Lauenburgischen Gesellschaft für vaterländische Geschichte, hg. von Andreas Ludwig Jakob Michelsen, Bd. 1, Kiel 1839/49

Der Schwabenspiegel oder schwäbisches Land- und Lehen-Rechtbuch, nach einer Handschrift vom Jahr 1287 hg. von F[riedrich] L[eonhard] A[nton] Freiherrn von Lassberg, Tübingen 1840

Schwabenspiegel Kurzform. Mitteldeutsch-niederdeutsche Handschriften (MGH Fontes iuris N. S. 5), hg. von Rudolf Grosse, Weimar 1964

Tancredi summa de matrimonio, hg. von Agathon Wunderlich, Göttingen 1841

Das Zwölftafelgesetz. Herausgegen, übersetzt und kommentiert von Dieter Flach (Texte zur Forschung 83), Darmstadt 2004

II. Literatur

Actes à cause de mort, Bd. 2: Europe médiévale et moderne (Recueils de la Société Jean Bodin pour l'Histoire Comparative des Institutions 60), Brüssel 1993

Agricola, Alfred: Die Gewere zu rechter Vormundschaft als Princip des sächsischen ehelichen Güterrechts, Gotha 1869

Albrecht, Wilhelm Eduard: Die Gewere als Grundlage des älteren deutschen Sachenrechts, Königsberg 1828
- [Rezension] Georg Weseler: Die Lehre von den Erbverträgen, Erster Theil: die Vergabungen von Todes wegen nach dem älteren deutschen Rechte, 1835, GGA 1835,1 (1835), S. 529–539

Altenkirch, Christel/Kuntschke, Horst: Rechte der Frau und Vormundschaft im Sachsenspiegel, in: Lingelbach/Lück (Hg.): FS Lieberwirth (1991), S. 27–36

Ambrosino, Rodolfo: Vocabularium Institutionum Justiniani Augusti (Fondazione Guglielmo Castèlli 20), Mailand 1942

Amira, Karl von: Erbenfolge und Verwandtschaftsgliederung nach den alt-niederdeutschen Rechten, München 1874
- Die Genealogie der Bilderhandschriften des Sachsenspiegels, in: Abh. München, Bd. 22, Heft 2 (1902), S. 327–385
- [Rezension] Das Erbfolgeprinzip des Sachsenspiegels und des Magdeburger Rechts. (Freiburger) Inauguraldissertation von Franz Schanz. Tübingen, Druck von L. F. Fues. 1883 123 SS. 8', GGA 1884,1 (1884), S. 38–48
- [Rezension] Ficker, Julius: Untersuchungen zur Rechtsgeschichte. Erster Band: Untersuchungen zur Erbenfolge der ostgermanischen Rechte, Innsbruck, Wagner. 1891. XXX und 540 S. 80. Preis 16 M, GGA 1892,1 (1892), S. 249–280

Archi, Gian Gualberto/Bartoletti Colombo, Anna Maria: Legum Iustiniani Imperatoris vocabularium. Novellae: Pars Latina, Bd. 2: Competo–Dudum, Mailand 1977

Bader, Karl Siegfried: [Nachruf] Erica Sinauer †, ZRG GA 73 (1956), S. 556–557
- /Soliva, Claudio (Hg.): Rechtsgeschichte aus Neigung. Ausgewählte Schriften aus den Jahren 1934–1986. Festgabe zu seinem [Hans Herold] 80. Geburtstag, Sigmaringen 1988

Balogh, Elemér (Hg.), Schwabenspiegel-Forschung im Donaugebiet, Konferenzbeiträge in Szeged zum mittelalterlichen Rechtstransfer deutscher Spiegel, Berlin 2015

Bartoletti Colombo, Anna Maria/Archi, Gian Gualberto: Legum Iustiniani Imperatoris ...→ Archi, Gian Gualberto

Behre, Ernst: Die Eigentumsverhältnisse im ehelichen Güterrecht des Sachsenspiegels und des Magdeburger Rechts, Weimar 1904

Becker, Nikola: Jüdische und jüdischstämmige Mitarbeiter bei den Monumenta Germaniae Historica im „Dritten Reich" – Paul Hirsch, Josef Juncker und Erika Sinauer, HJb 135 (2015), S. 453–502

Beseler, Georg: Die Lehre von den Erbverträgen, Bd. 1: Die Vergabungen von Todes wegen nach dem älteren deutschen Rechte, Göttingen 1835; Bd. 2, 2: Besondere Arten des Erbeinsetzungsvertrages; der Erbverzicht; Anhang, Göttingen 1840
– System des gemeinen deutschen Privatrechts, Bd. 1, 3. Aufl. Berlin 1873

Bindewald, Helene: Studien zur Entstehung der Sachsenspiegelglosse. Die Reihe I (6) 7 bis 14 des Sachsenspiegel Landrechts, DA 15 (1959), S. 464–515
– [Abschrift vom 5./13.November 1954 des Jahresbericht 1934/35 an die Zentraldirektion der MGH von Erika Sinauer und Claudius Freiherr von Schwerin] (ungedruckt, München Archiv der MGH)

Bischoff, Karl: Schap unde gense (Sachsenspiegel I 24,3), in: Korn (Hg.): FS Möllenberg (1939), S. 79–86

Borchling, Conrad/Eckhardt, Karl August/Gierke, Julius von: Die deutschen Rechtsbücher des Mittelalters und ihre Handschriften von G. Homeyer, Neubearbeitung Weimar 1931/1934
– /Cordes, Gerhard/Lasch, Agathe/Möhn, Dieter: Mittelniederdeutsches Handwörterbuch, begr. von Agathe Lasch und Conrad Borchling, fortgef. von Gerhard Cordes, hg. von Dieter Möhn, Bd. 1 hg. von Agathe Lasch und Conrad Borchling Neumünster 1956; Bd. 2, 1 und Bd. 2, 2 hg. von Dieter Möhn, Neumünster 2004

Bluntschli, Johann Caspar: Zur Lehre von dem deutschen Erbrecht. [Rezension] Heinr. Siegel. Das deutsche Erbrecht nach den Rechtsquellen des Mittelalters in seinem innern Zusammenhang dargestellt. Heidelberg 1853. Dr. Heinr. Siegel. Die germanische Verwandschaftsberechnung mit besonderer Beziehung auf die Erbfolge. Habilitationsschrift. Gießen 1853. Prof. Dr. E. Th. Gaupp. Ueber einige Grundzüge des deutschen Erbrechts in den Germanistischen Abhandlungen. Mannheim1853, Kritische Ueberschau der deutschen Gesetzgebung und Rechtswissenschaft 1 (1853), S. 387–404
– Entwicklung der Erbfolge gegen den letzten Willen nach römischem Recht mit besonderer Rücksicht auf d. Novelle 115, Nachdruck der Ausgabe Bonn 1829, Frankfurt am Main 1971

Bossowski, Franciszek: Die Novelle 118 Justinians und deren Vorgeschichte: Römische und orientalische Elemente, in: Festschrift Koschaker (1977), Bd. 2, S. 277–303

Bressler, Steffen: Schuldknechtschaft und Schuldturm. Zur Personalexekution im sächsischen Recht des 13.–16. Jahrhunderts (Freiburger rechtsgeschichtliche Abhandlungen N. F. 42), Berlin 2004

Buchholz, Stephan/Mikat, Paul/Werkmüller, Dieter (Hg.): Überlieferung, Bewahrung und Gestaltung in der rechtsgeschichtlichen Forschung. [Ekkehard Kaufmann zum 70. Geburtstag] (Rechts- und staatswissenschaftliche Veröffentlichungen der Görres-Gesellschaft N. F. 69), Paderborn u. a. 1993

Büchel, Konrad: Civilrechtliche Erörterungen in einer Reihe einzelner Abhandlungen, Bd. 2, 2: Streitfragen aus Novelle 118, Marburg 1839

Bungenstock, Wilfrid: Heergewäte und Gerade. Zur Geschichte des bäuerlichen Erbrechts in Nordwestdeutschland, Bamberg 1966

Cartellieri, Alexander/Fischer, Gustav (Hg.): Beiträge zur thüringischen und sächsischen Geschichte. Festschrift für Otto Dobenecker zum 70. Geburtstag, Jena 1929

Carvajal, Patricio-Ignacio/Miglietta, Massimo (Hg): Estudios jurídicos en homenaje al profesor Alejandro Guzmán Brito, Bd. 3, Alessandria 2014

Coing, Helmut: Europäisches Privatrecht, Bd. 1: Älteres gemeines Recht. (1500–1800), München 1985

Cordes, Gerhard/Borchling, Conrad/Lasch, Agathe/Möhn, Dieter: Mittelniederdeutsches Handwörterbuch → Borchling, Conrad

Cosack, Konrad/Gerber, Carl Friedrich Wilhelm von: System des deutschen Privatrechts. Von C.F. von Gerber, Auf der Grundlage des Entwurfs eines bürgerlichen Gesetzbuchs für das Deutsche Reich neubearbeitet von Konrad Cosack, 17. Aufl. Jena 1895

Czeguhn, Ignacio (Hg.): Recht im Wandel – Wandel des Rechts, Festschrift für Jürgen Weitzel zum 70. Geburtstag, Köln u.a. 2014

Danz, Wilhelm August Friedrich: Versuch einer historischen Entwikelung der gemeinrechtlichen Erbfolgeart in Lehen, Stuttgart 1793

– /Griesinger, Ludwig Friedrich: Handbuch des heutigen deutschen Privatrechts: nach dem System des Herrn Hofraths Runde, Bd. 10, Stuttgart 1823

Darjes, Joachim Georg: Institutiones jurisprudentiae universalis, in quibus omnia juris naturae socialis et gentium capita in usum auditorii sui methodo scientifica explanantur. 6. Aufl., Jena 1764

Dedekind, Julius Levin Ulrich: Commentatio de ordine, quo legibus et moribus Germanorum antiqui et medii aevi successio ex cognationis iure delata sit praemio ornata, Göttingen 1822

Deiters, Peter Franz Ignaz: De civili cognatione et familiari nexu. ex iure Romano et Germanico, Bonn 1825

Dilcher, Gerhard/Distler, Eva-Marie (Hg.): Leges – Gentes – Regna. Zur Rolle von germanischen Rechtsgewohnheiten und lateinischer Schrifttradition bei der Ausbildung der frühmittelalterlichen Rechtskultur, Berlin 2006

– /Quaglioni, Diego (Hg.): Gli inizi del diritto pubblico / Die Anfänge des öffentlichen Rechts, 3. Verso la costruzione del diritto pubblico tra medioevo e modernità / Auf dem Weg zur Etablierung des öffentlichen Rechts zwischen Mittelalter und Moderne, Bologna – Berlin 2011

Du Cange, Charles du Fresne, sieur/Favre, Léopold (Hg): Glossarium mediae et infimae latinitatis, a Carolo Du Fresne, domino Du Cange, digessit G.A. L[ouis] Henschel, Paris 1840–1850, editio nova, Neudruck der Ausgabe Paris 1883–1887, Bd. 4, Graz 1954,

Dudenredaktion (Hg.): Duden – das Bedeutungswörterbuch. Wortschatz und Wortbildung. (…) (Der Duden in zwölf Bänden 10), 4. Aufl. Mannheim u.a. 2010

Dulckeit, Gerhard: Plus nuncupatum minus scriptum. Ein Beitrag zur Entwicklung des römischen Testamentsrechts, ZRG RA 70 (1953), S. 179–213

Ebel, Friedrich: „Halue bord scrikket nicht" – Bemerkungen zu einer Lüneburger Rechtsanfrage aus dem Jahre 1410, ZHF 9 (1982), S. 47–62
– Des spreke wy vor eyn recht ...Versuch über das Recht der Magdeburger Schöppen, in: Fijal/Leuchte/Schiewer (Hg.): Unseren fruntlichen grus zuvor (2004), S. 423–511

Ebel, Wilhelm: Bürgerliches Rechtsleben zur Hansezeit in Lübecker Ratsurteilen (Quellensammlung zur Kulturgeschichte 4), Göttingen u. a. 1954
– Lübisches Recht, Bd. 1, Lübeck 1971
– Über das „ungezweite Gut" in Ssp. Ldr. I 31, ZRG GA 92 (1975), S. 184–189

Eckhardt, Karl August: Rechtsbücherstudien, Bd. 3: Die Textentwicklung des Sachsenspiegels von 1220 bis 1270, Berlin 1933
– /Borchling, Conrad/Gierke, Julius von: Die deutschen Rechtsbücher ... → Borchling, Conrad
– (Hg.)/Steffenhagen, Emil: Die Entwicklung der Landrechtsglosse des Sachsenspiegels. Einfluss der Buchschen Glosse auf die späteren Denkmäler, 2. Aufl. = Neudruck der Ausgabe Wien 1881–1923 und Wien 1893–94 (Bibliotheca rerum historicarum Neudrucke 9), Aalen 1977

Favre, Léopold (Hg)/Du Cange, Charles du Fresne, sieur: Glossarium mediae et ... → Du Cange, Charles du Fresne, sieur

Fajt, Jiří (Hg): Die Altmark von 1300–1600. Eine Kulturregion im Spannungsfeld von Magdeburg, Lübeck und Berlin, Berlin 2011

Falk, Ulrich/Luminati, Michele/Schmoeckel, Mathias (Hg.): Fälle aus der Rechtsgeschichte (Juristische Fall-Lösungen), München 2008

Fansa, Mamoun: Der sassen speygel: Sachsenspiegel – Recht – Alltag, Bd. 2: Beiträge und Katalog zur Ausstellung: Aus dem Leben gegriffen – Ein Rechtsbuch spiegelt seine Zeit, Oldenburg 1995

Fester, Hans: Das Recht des Mannes am Frauengut bei dem Gütersysteme der Verwaltungseinheit nach dem Sachsenspiegel und den neueren Rechten (einschließlich des Bürgerlichen Gesetzbuchs für das Deutsche Reich), Frankfurt am Main 1900

Ficker, Julius von: Untersuchungen zur Erbenfolge der ostgermanischen Rechte. Bd. 1, Innsbruck 1891, Bd. 2, Innsbruck 1895

Fijal, Andreas/Leuchte, Hans-Jörg/Schiewer, Hans-Jochen (Hg.): Unseren fruntlichen grus zuvor. Deutsches Recht des Mittelalters im mittel- und osteuropäischen Raum. Kleine Schriften, Köln u. a. 2004

Fischer, Gustav/Cartellieri, Alexander (Hg.): Beiträge zur thüringischen ...→ Cartellieri, Alexander

FISCHER, Friedrich Christoph Jonathan: Versuch über die Geschichte der teutschen Erbfolge, Bd. 1, Mannheim 1778

FREISEN, Joseph: Geschichte des kanonischen Eherechts bis zum Verfall der Glossenliteratur, Neudruck der 2. Aufl. Paderborn 1893, Aalen – Paderborn 1963

FREITAG, Werner/LÜCK, Heiner (Hg.): Historische Forschung in Sachsen-Anhalt. Ein Kolloquium anlässlich des 65. Geburtstags von Walter Zöllner (Abh. Leipzig 76, Bd. 3), Stuttgart – Leipzig 1999

FRICKE, Friedrich Wilhelm: Das Eherecht des Sachsenspiegels. Eine Systematische Darstellung, Frankfurt am Main 1978

FROMMHOLD, Eva: Das Recht der Gerade, Dresden 1934

GANSHOF, François Louis: Was ist das Lehnswesen?. Übersetzt von Ruth und Dieter Groh, nach der 3. überarbeiteten und erweiterten Aufl. Brüssel 1957, 2. Aufl. Darmstadt 1967

GARCÍA Y GARCÍA, Antonio (Hg.): Miscellanea Domenico Maffei dicata. Historia – ius – studium, Bd. 4, Goldbach 1995

GAUPP, Ernst Theodor: Das alte Magdeburgische und Hallische Recht. Ein Beitrag zur deutschen Rechtsgeschichte, Breslau 1826
- Recht und Verfassung der alten Sachsen. In Verbindung mit einer kritischen Ausgabe der Lex Saxonum, Breslau 1837
- Germanistische Abhandlungen, Mannheim 1853
- Über einige Grundzüge des deutschen Erbrechts, besonders über das Verhältniss von Niftelgerade, Aussteuer und Wittwengerade, in: GAUPP: Germanistische Abhandlungen (1853), S. 62–92
- Das alte Gesetz der Thüringer oder die Lex Angliorum et Werinorum hoc est Thuringorum in ihrer Verwandtschaft mit der Lex Salica und Lex Ripuaria. Voraus geht eine Abhandlung über die Familien der altgermanischen Volksrechte, Neudruck der Ausgabe Breslau 1834, Aalen 1968

GERBER, Carl Friedrich Wilhelm von: System des deutschen Privatrechts, 5. Aufl. Jena 1855
- /COSACK, Konrad: System des deutschen … → COSACK, Konrad

GERNER, Erich: Beiträge zum Recht der Parapherna. Eine ehegüterrechtliche Untersuchung (Münchener Beiträge zur Papyrusforschung und antiken Rechtsgeschichte 38), München 1954

GIERKE, Otto: [Nachruf] Georg Beseler, ZRG GA 10 (1889), S. 1–24
- Deutsches Privatrecht, Bd. 2: Sachenrecht (Systematisches Handbuch der deutschen Rechtswissenschaft Abt. 2, Tl. 3, Bd. 2), Leipzig 1905

GIERKE, Julius von/BORCHLING, Conrad/ECKHARDT, Karl August: Die deutschen Rechtsbücher … → BORCHLING, Conrad

Gottschalk, Karin: Streit um Frauenbesitz. Die Gerade in den Verlassenschaftsakten des Leipziger Universitätsgerichts im 18. Jahrhundert, ZRG GA 114 (1997), S. 182–232
– Eigentum, Geschlecht, Gerechtigkeit: Haushalten und Erben im frühneuzeitlichen Leipzig (Reihe Geschichte und Geschlechter 41), Frankfurt am Main u. a. 2003

Goydke, Jürgen: Die Oldenburger Bilderhandschrift des Sachsenspiegels aus dem Kloster Rastede, in: Niedersachsen/Oberlandesgericht [Oldenburg]: Festschrift OLG Oldenburg (1989), S. 597–640

Griesinger, Ludwig Friedrich/Danz, Wilhelm August Friedrich: Handbuch des heutigen ... → Danz, Wilhelm August Friedrich

Grimm, Jakob/Grimm Wilhelm (Hg.): Deutsche Sagen, Bd. 2, Berlin 1818
– /Heusler, Andreas/Hübner, Rudolf (Hg.): Deutsche Rechtsalterthümer, Bd. 2, 4. Aufl. von Jacob Grimm besorgt durch Andreas Heusler und Rudolf Hübner, Leipzig 1899

Grimm Wilhelm/Grimm, Jakob (Hg.): Deutsche Sagen → Grimm, Jakob

Grupen, Christian Ulrich: Vorrede, in: Grupen/Meermann: Holländischer Sachsenspiegel (1763), S. 3–20
– Observatio de Nordo-Suavis & Castro Sa-Ocseburg, in: Grupen: Origines Germaniae, Bd. 2 (1766), S. 399–432
– Origines Germaniae oder das älteste Teutschland unter den Römern, Franken und Sachsen, Bd. 2, Lemgo 1766
– „Grupens Apparat" (ungedruckt, Celle, Bibliothek des OLG Celle)
– /Spangenberg, Enrst: Grupens Tractat von den sächsischen Rechtsbüchern, aus dessen Handschriften wiederhergestellt, im Auszuge und mit Anmerkungen, in: Spangenberg: Beyträge (1822), S. 7–99

Güldemund, Gesine: [Rezension] Frank-Michael Kaufmann, Peter Neumeister (Hg.), Glossar zur Buch'schen Glosse. 3 Bde., (...), Francia-Recensio 2016, Heft 2, Mittelalter – Moyen Âge (500–1500), 3 Seiten

Haarländer, Stephanie: Letztwillige Verfügungen hochmittelalterlicher Bischöfe im Regnum Teutonicum. Der lange Weg zur Testierfreiheit, in: Kasten (Hg.): Herrscher- und Fürstentestamente (2008), S. 599–619

Haff, Karl: Das Familiengut im niederdeutschen und nordischen Recht, ZHG 41 (1951), S. 48–61

Hasse, Johann Christian: Skizze des Güterrechts der Ehegatten nach einigen der ältesten Teutschen Rechtsquellen, ZGR 4 (1820), S. 60–111
– Ueber Erbvertrag, Vertrag über eine fremde Erbschaft, Schenkung Todes halber und wechselseitiges Testament, RheinMJ 2 (1828), S. 149–241, 300–366, RheinMJ 3 (1829), S. 1–22, 239–278, 371–417, 490–558

Hattenhauer, Christian/Saar, Stefan Chr./Roth, Andreas (Hg.): Recht als Erbe und Aufgabe, Heinz Holzhauer zum 21. April 2005, Berlin 2005

HEINECCIUS, Johann Gottlieb: Elementa iuris Germanici tum veteris, tum hodierni (...), Bd. 2, 2. Aufl. Halle 1743

HELLWIG, Hans: Erbrechtsfeststellung und Rescission des Erbschaftserwerbes. Beiträge zur Lehre von der querela inofficiosi testamenti des klassischen römischen Rechtes, Leipzig 1908

HEROLD, Hans: Der Dreißigste und die rechtsgeschichtliche Bedeutung des Totengedächtnisses, in: BADER/SOLIVA (Hg.): FS Herold (1988), S. 197–242

HEUKAMP, Bernhard: Gerade im ehelichen Güterrecht des Sachsenspiegel und des älteren Magdeburger Rechts, Münster 1912

HEUSLER, Andreas: Institutionen des Deutschen Privatrechts, Bd. 2, (Systematisches Handbuch der deutschen Rechtswissenschaft 2, 2) Leipzig 1886
– /GRIMM, Jakob/HÜBNER, Rudolf (Hg.): Deutsche Rechtsalterthümer → GRIMM, Jakob

HÖFINGHOFF, Hans/PETERS, Werner/SCHILD, Wolfgang/SODMANN, Timothy (Hg.): Alles was Recht war. Rechtsliteratur und literarisches Recht. Festschrift für Ruth Schmidt-Wiegand zum 70. Geburtstag (Item mediävistische Studien 3), Essen 1996

HOLDER-EGGER, Oswald: Über die Braunschweiger und Sächsische Fürstenchronik und verwandte Quellen, NA 17 (1892), S. 159–184

HOMEYER, Carl Gustav: Verzeichniss Deutscher Rechtsbücher des Mittelalters und ihrer Handschriften, Berlin 1836
– Die Stellung des Sachsenspiegels zum Schwabenspiegel, Berlin 1853
– Die Deutschen Rechtsbücher des Mittelalters und ihre Handschriften, Berlin 1856
– Die Genealogie der Handschriften des Sachsenspiegels, in: Abh. Berlin, Berlin 1859, S. 83–204
– Die Stellung des Sachsenspiegels zur Parentelenordnung, Berlin 1860
– Der Dreißigste, Berlin 1865

HONSELL, Heinrich/MAYER-MALY, Theo/SELB, Walter: Römisches Recht: aufgrund des Werkes von Paul JÖRS, Wolfgang Kunkel, Leopold Wenger in 4. Aufl. neu bearbeitet (Enzyklopädie der Rechts- und Staatswissenschaft, Abt. Rechtswissenschaft), Berlin u. a. 1987

HRADIL, Paul: Zur Theorie der Gerade, ZRG GA 31 (1910), S. 67–130

HÜBNER, Rudolf: Grundzüge des deutschen Privatrechts, 5. Aufl. Leipzig 1930
– /GRIMM, Jakob/HEUSLER, Andreas (Hg.): Deutsche Rechtsalterthümer → GRIMM, Jakob

HÜPPER, Dagmar: Ehe, Familie, Verwandtschaft: Zur Widerspiegelung von Begrifflichkeit in der Bildtradition des Sachsenspiegels, in: SCHMIDT-WIEGAND: Text-Bild-Interpretation, Bd. 1 (1986), S. 129–153
– Wort und Begriff Text in der mittelalterlichen deutschen Rechtsüberlieferung. Der Sachsenspiegel als Text, in: KUCHENBUCH/KLEINE (Hg.): „Textus“ im Mittelalter (2006), S. 229–252

HUGELMANN, Karl Gottfried: Der Sachsenspiegel und das vierte Lateranensische Konzil, ZRG KA 13 (1924), S. 427–487

HUNEKE, Maike: Iurisprudentia romano-saxonica. Die Glosse zum Sachsenspiegel-Lehnrecht und die Anfänge deutscher Rechtswissenschaft (Schriften der Monumenta Germaniae historica 68), Wiesbaden 2014

JANZ, Brigitte: Frauen und Recht im Sachsenspiegel, in: FANSA (Hg.): Der sassen speygel, Bd. 2 (1995), S. 121–131
– Rechtssprichwörter im Sachsenspiegel. Eine Untersuchung zur Text-Bild-Relation in den Codices picturati (Germanistische Arbeiten zu Sprache und Kulturgeschichte 13), Frankfurt am Main u. a. 1989

JOLOWICZ, Herbert Felix: Historical introduction to the study of Roman law, 2. Aufl. Cambridge 1961

KANNOWSKI, Bernd/KAUFMANN, Frank-Michael: Ein Brief aus uralten Zeiten. Über Johann von Buch, die Stadt Jerichow und eine bedeutende wieder aufgefundene Urkunde von 1336 Mai 13, DA 59 (2003), S. 549–558
– Der Sachsenspiegel und die Buch'sche Glosse – Begegnung deutschrechtlichen und romanistischen Denkens?, in: DILCHER/DISTLER (Hg.): Leges – Gentes – Regna (2006), S. 503–521
– The Sachsenspiegel and its gloss in context of European legal history as exemplified by criminal procedure, in: VOGT/MÜNSTER-SWENDSEN (Hg.): Law and learning in the Middle Ages (2006), S. 193–206
– /KAUFMANN, Frank-Michael: De glosen les mit vlite. Über neu aufgefundene Rechtsbücherfragmente aus Kopenhagen, ZRG GA 124 (2007), S. 82–119
– Die Umgestaltung des Sachsenspiegelrechts durch die Buch'sche Glosse (Schriften der Monumenta Germaniae Historica 56), Hannover 2007
– /KAUFMANN, Frank-Michael: De glose vornim unde dude mit vlite. Zu neu aufgefundenen Kopenhagener Fragmenten einer glossierten Sachsenspiegelhandschrift, ZRG GA 125 (2008), S. 50–81
– Europäisches Rechtsdenken bei Johann von Buch, in: LÜCK (Hg.): Tangermünde, die Altmark und das Reichsrecht (2008), S. 77–91
– Das Verhältnis von Partikularrecht und Reichsrecht in der Buch'schen Glosse zum Sachsenspiegel, RIDC 20 (2009), S. 125–146
– Die Rechtsgrundlagen von Königtum und Herrschaft in der Gegenüberstellung von „Sachsenspiegel" und „Buch'scher Glosse", in: DILCHER/QUAGLIONI (Hg.): Gli inizi del diritto pubblico / Die Anfänge des öffentlichen Rechts (2011), S. 89–110
– Germanisches Erbrecht und Religion, in: ZIMMERMANN (Hg.): Der Einfluss religiöser Vorstellungen auf die Entwicklung des Erbrechts (2012), S. 119–137
– Wieviel Gelehrtes Recht steckt im Sachsenspiegel und war Eike von Repgow ein Kanonist, ZRG KA 99 (2013) 382–397

KASER, Max: Das römische Privatrecht(Handbuch der Altertumswissenschaft Abt. 10, Tl. 3, Bd. 3), Bd. 1: Das altrömische, das vorklassische und klassische Recht, 2. Aufl. München 1971; Bd. 2: Die nachklassischen Entwicklungen, 2. Aufl. München 1975
– /KNÜTEL, Rolf: Römisches Privatrecht, 19. Aufl. München 2008

KASTEN, Brigitte: Zur Dichotomie von privat und öffentlich in fränkischen Herrschertestamenten, ZRG GA 121 (2004), S. 158–199

– (Hg.): Herrscher- und Fürstentestamente im westeuropäischen Mittelalter (Norm und Struktur 29), Köln u. a. 2008

Kaufmann, Frank-Michael/Lieberwirth, Rolf: Zu grundlegenden Problemen bei der Erarbeitung einer Edition der Glosse(n) zum Sachsenspiegel-Landrecht, in: Pötschke (Hg.): Anwendungen für Kommunikations-Highways (1997), S. 427–431
– Einige Bemerkungen zur geplanten Edition der Glosse des Johann von Buch zum Sachsenspiegel-Landrecht, in: Lück/Schildt (Hg.): FS Lieberwirth (2000), S. 159–184
– Einleitung, Abschnitt 6–7, in: Kaufmann (Hg.): Glossen zum Sachsenspiegel-Landrecht: Buch'sche Glosse, Bd. 1 (2002), S. LXII–LXXII
– /Kannowski, Bernd: Ein Brief aus ... → Kannowski, Bernd
– /Kannowski, Bernd: De glosen les ... → Kannowski, Bernd
– /Kannowski, Bernd: De glose vornim ... → Kannowski, Bernd
– Die Glossen zum Sachsenspiegel – Brücken zum Reichsrecht, in: Lück (Hg.): Tangermünde, die Altmark und das Reichsrecht (2008), S. 63–76
– Glossen zum Sachsenspiegel in: Lück (Hg.): Sachsenspiegel: Die Dresdner Bilderhandschrift Mscr. Dresd. M 32., Bd. [5] (2011), S. 99–113
– /Neumeister, Peter (Hg.): Glossar zur Buch'schen Glosse (MGH Fontes iuris N. S. 10), Bde. 1–3, Wiesbaden 2015

Kauffungen, Kunz von: Rechtssprüche der Schöffenstühle von Leipzig und Magdeburg für Zwickau, in: Cartellieri/Fischer: FS Dobenecker (1929), S. 190–204

Kern, Bernd-Rüdiger: Georg Beseler. Leben und Werk (Schriften zur Rechtsgeschichte 26), Berlin 1982

Kiesel, Karl: Die Bedeutung der Gewere des Mannes am Frauengut für das Ehegüterrechtssystem des Sachsenspiegels (Untersuchungen zur deutschen Staats- und Rechtsgeschichte 85), Breslau 1906

Kindlinger, Venantius Nikolaus: Geschichte der deutschen Hörigkeit, insbesondere der sogenannten Leibeigenschaft. Mit Urkunden, Neudruck der Ausgabe Berlin 1819, Aalen 1968

Kipp, Theodor/Windscheid, Bernhard: Lehrbuch des Pandektenrechts. Von Bernhard Windscheid. Unter vergleichender Darstellung des deutschen Bürgerlichen Rechts bearbeitet von Theodor Kipp, Bd 3, Nachdruck der 8. Aufl. Frankfurt am Main 1901 (100 Jahre Bürgerliches Gesetzbuch, Pandektenrecht 25), Goldbach 1997

Kirshner, Julius: Maritus Lucretur Dotem Uxoris Sue Premortue in Late Medieval Florence, ZRG KA 77 (1991), S. 111–155

Kisch, Guido: [Rezension] Dr. Karl Schilling, Das objektive Recht in der Sachsenspiegelglosse (Freiburger rechtsgeschichtliche Abhandlungen, herausgegeben vom Rechtsgeschichtlichen Institut an der Universität Freiburg i. B., Heft 2), ZRG GA 52 (1932), S. 383–388

Klatt, Kurt: Das Heergewäte (Deutschrechtliche Beiträge 2,2), Heidelberg 1908

Kleine, Uta/Kuchenbuch, Ludolf (Hg.): „Textus" im Mittelalter. Komponenten und Situationen des Wortgebrauchs im schriftsemantischen Feld, Göttingen 2006

Klippel, Diethelm: Familie versus Eigentum. Die naturrechtlich-rechtsphilosophischen Begründungen von Testierfreiheit und Familienerbrecht im 18. und 19. Jahrhundert, ZRG GA 101 (1984), S. 117–168
– Herrschaft, Testament und Familie. Rechtsgeschichtliche Koordinaten von Herrscher- und Fürstentestamenten, in: Kasten (Hg.): Herrscher- und Fürstentestamente (2008), S. 13–34

Klöden, Karl Friedrich von: Ueber den Verfasser der niedersächsischen (Buchschen) Glosse zum Sachsenspiegel und des Richtsteigs, Märkische Forschungen 2 (1843), S. 242–292

Knütel, Rolf/Kaser, Max: Römisches Privatrecht → Kaser, Max
– Zum pactum de lucranda dote im klassischen römischen Recht, in: Carvajal/Miglietta (Hg): Estudios jurídicos, Bd. 3 (2014), S. 47–78

Kocher, Gernot/Munzel-Everling, Dietlinde: Transkription, Übersetzung und Bildbeschreibung, in: Kocher/Munzel-Everling: Die Heidelberger Bilderhandschrift, Textband (2010), S. 15–136

König, Katharina: Scheltegestus und Urteilsrosen – Vom Versuch, eine Ikonographie für die Urteilsschelte zu erschaffen, ZRG GA 127 (2010), S. 33–50

Koolman, Egbert: Untersuchungen zur Besitzgeschichte der Oldenburger Bilderhandschrift, in: Schmidt-Wiegand: Der Oldenburger Sachsenspiegel, Kommentarband (1996), S. 23–38

Korn, Otto: Zur Geschichte und Kultur des Elb-Saale-Raumes, Festschrift für Walter Möllenberg, Burg bei Magdeburg 1939

Koschaker, Paul (Gefeier.): Festschrift für Paul Koschaker mit Unterstützung der Rechts- und Staatswissenschaftlichen Fakultät der Friedrich-Wilhelms-Universität Berlin und der Leipziger Juristenfakultät zum 60. Geburtstag überreicht von seinen Fachgenossen, Fotomechanischer Neudruck der Original-Ausgabe 1939, Bd. 2, Köln u. a. 1977

Kraut, Wilhelm Theodor: Die Vormundschaft nach den Grundsätzen des deutschen Rechts, Bd. 1, Göttingen 1835; Bd. 2, Göttingen 1847

Kriechbaum, Maximiliane/Lange, Hermann: Römisches Recht im Mittelalter, Bd. 2: Die Kommentatoren, München 2007

Krogmann, Willi: Verderbnisse im Archetypus des Sachsenspiegels, PBB 77 (1955), S. 279–315

Kuchenbuch, Ludolf/Kleine, Uta (Hg.): „Textus" im Mittelalter … → Kleine, Uta

Kümper, Hiram: Sachsenrecht. Studien zur Geschichte des sächsischen Landrechts in Mittelalter und früher Neuzeit (Schriften zur Rechtsgeschichte 142), Berlin 2009

KULLMANN, Hans Josef: Klenkok und die „Articuli reprobati“ des Sachsenspiegels, Frankfurt am Main 1959

KÜNSSBERG, Eberhard von/SCHRÖDER, Richard: Lehrbuch der deutschen Rechtsgeschichte, 7. Aufl. Berlin u. a. 1932

KUNTSCHKE, Horst/ALTENKIRCH, Christel: Rechte der Frau ... → ALTENKIRCH, Christel

LADE-MESSERSCHMIED, Ulrike: Die articuli reprobati des Sachsenspiegels: Zur Rezeption eines Rechtstextes, in: SCHMIDT-WIEGAND (Hg.): Der Sachsenspiegel als Buch (1991), S. 169–217

LANDAU, Peter: Die Testierfreiheit in der Geschichte des deutschen Rechts im späten Mittelalter und in der frühen Neuzeit, ZRG GA 114 (1997), S. 56–72
– Der Entstehungsort des Sachsenspiegels. Eike von Repgow, Altzelle und die anglo-normannische Kanonistik, DA 61 (2005), S. 73–101

LANDWEHR, Götz: Erbfolgeordnung und Verwandtschaftszählung: Ein Diskussionsbeitrag anhand des sächsisch-magdeburgischen und des lübischen Rechts, in: SAAR/ROTH/HATTENHAUER (Hg.): FS Holzhauer (2005), S. 32–50

LANGE, Hermann: Römisches Recht im Mittelalter, Bd. 1: Die Glossatoren, München 1997
– /KRIECHBAUM, Maximiliane: Römisches Recht im ..., Bd. 2 → KRIECHBAUM, Maximiliane

LASCH, Agathe: Mittelniederdeutsche Grammatik (Sammlung kurzer Grammatiken germanischer Dialekte A, Hauptreihe 9), Halle 1914
– /BORCHLING, Conrad/CORDES, Gerhard/MÖHN, Dieter: Mittelniederdeutsches Handwörterbuch → BORCHLING, Conrad

LAUHN, Bernhard Friedrich von: Vorläufige Anzeige von dem Alter des von den Schöppen zu Magdeburg abgefassten Magdeburgischen Rechts, in: SCHOTT (Hg.): Sammlungen zu den deutschen Land- und Stadtrechten, Bd. 1 (1772), S. 17–50

LEUCHTE, Hans-Jörg/FIJAL, Andreas/SCHIEWER, Hans-Jochen (Hg.): Unseren fruntlichen grus ... → FIJAL, Andreas

LEPSIUS, Susanne: Die Ehe, die Mitgift und der Tod, in: FALK/LUMINATI/SCHMOECKEL (Hg.): Fälle aus der Rechtsgeschichte (2008), S. 129–147

LEWIS, [William]: Zur Lehre der Successions-Ordnung der deutschen Rechte, KritV 9 (1867), S. 23–66
– Zur Literatur des deutschen Privatrechts. Noch etwas über die Successionsordnung des deutschen Rechts, KritV 14 (1872), S. 1–44

LIEBERWIRTH, Rolf: Das Privileg des Erzbischofs Wichmann und das Magdeburger Recht (SB Leipzig., Bd. 130, Heft 3), Berlin 1990
– Über die Glossen zum Sachsenspiegel (SB Leipzig, Bd. 132, Heft 6), Berlin 1993
– /KAUFMANN, Frank-Michael: Zu grundlegenden Problemen ... → KAUFMANN, Frank-Michael

– Die geplanten Editionen von Sachsenspiegelglossen, in: LÜCK/FREITAG (Hg.): Historische Forschung in Sachsen-Anhalt (1999), S. 105–124
– Die Monumenta Germaniae Historica und die Glossen zum Sachsenspiegel, ZRG 119 (2002), S. 316–325
– Einleitung, Abschnitt 1–5, in: KAUFMANN (Hg.): Glossen zum Sachsenspiegel-Landrecht: Buch'sche Glosse (2002), S. I–LXI

LINGELBACH, Gerhard/LÜCK, Heiner (Hg.): Deutsches Recht zwischen Sachsenspiegel und Aufklärung, Rolf Lieberwirth zum 70. Geburtstag, Frankfurt am Main u. a. 1991

LOENING, Otto: Das Testament im Gebiet des Magdeburger Stadtrechts (Gierkes Untersuchungen 82), Breslau 1906

LÜBBEN, August/SCHILLER, Karl: Mittelniederdeutsches Wörterbuch, Fotomechanischer Neudruck der Ausgabe von 1875–81, Bde. 2–4, Münster 1969
– /WALTHER, Christoph: Mittelniederdeutsches Handwörterbuch, Nachdruck der Ausgabe 1888, Darmstadt 1965

LÜCK, Heiner/LINGELBACH, Gerhard (Hg.): Deutsches Recht zwischen ... → LINGELBACH, Gerhard
– /FREITAG, Werner (Hg.): Historische Forschung in ... → FREITAG, Werner
– /SCHILDT, Bernd (Hg.): Recht – Idee – Geschichte. Beiträge zur Rechts- und Ideengeschichte für Rolf Lieberwirth anläßlich seines 80. Geburtstages, Köln 2000
– /PERRIN, Marion/WEINERT, Jörn: Text und Bildbeschreibung, in: LÜCK (Hg.): Sachsenspiegel: Die Dresdner Bilderhandschrift Mscr. Dresd. M 32., Bd. [4] (2006), S. 37–397
– Johann von Buch (ca. 1290 – ca. 1356) – Stationen einer juristisch-politischen Karriere, ZRG GA 124 (2007), S. 120–143
– Um 1356: Johann von Buch Glossator des Sachsenspiegels, Mitteldeutsches Jahrbuch für Kultur und Geschichte 14 (2007), S. 148–152
– (Hg.): Tangermünde, die Altmark und das Reichsrecht. Impulse aus dem Norden des Reiches für eine europäische Rechtskultur, Leipzig – Stuttgart 2008
– (Hg.): Halle im Licht und Schatten Magdeburgs: eine Rechtsmetropole im Mittelalter (Forschungen zur hallischen Stadtgeschichte 19), Halle 2012
– Die Anfänge des Magdeburger Stadtrechts und seine Verbreitung in Europa: Strukturen, Mechanismen, Dimensionen, Sachsen und Anhalt 27 (2015), S. 179–200

LUMINATI, Michele/FALK, Ulrich/SCHMOECKEL, Mathias (Hg.): Fälle aus der ... → FALK, Ulrich

MAJER, Johann Christian: Germaniens Urverfassung. Mit einer Vorrede über den akademischen Vortrag der teutschen Reichsgeschichte, Hamburg 1798

MANUWALD, Henrike: The prologue to the gloss on the Sachsenspiegel – A bilingual poem as a document of transition, ZRG GA 130 (2013), S. 355–370

MARGADANT, Guillermo Floris: The illustrations of the Sachsenspiegel. A medieval German law book (Tarlton Law Library legal history series 1), Austin, Texas 2000

MARTITZ, Ferdinand von: Das eheliche Güterrecht des Sachsenspiegels, Leipzig 1867

Matzinger-Pfister, Regula: Paarformel, Synonymik und zweisprachiges Wortpaar: Zur mehrgliedrigen Ausdrucksweise der mittelalterlichen Urkundensprache (Rechtshistorische Arbeiten 9), Zürich 1972

Mayer-Maly, Theo: Wiederkehr von Rechtsfiguren, JZ 26 (1971), S. 1–3
– /Honsell, Heinrich/Selb, Walter: Römisches Recht … → Honsell, Heinrich

Mayr, Robert von/San Nicolò, Mariano: Vocabularium codicis Iustiniani, Bd. 1, Nachdruck der Ausgabe Prag 1923, Hildesheim 1965

Meijers, Eduard Maurits: Eine germanische Zählung der Verwandtschaftsgrade, TRG 6 (1925), S. 1–52

Merkel, Johannes: Die justinianischen Enterbungsgründe. Eine rezeptionsgeschichtliche Studie (Untersuchungen zur deutschen Staats- und Rechtsgeschichte 94), Breslau 1908

Mertens, Hans-Georg: Überlegungen zur Herkunft des Parentelensystems, ZRG GA 90 (1973), S. 149–164

Meuten, Ludger: Die Erbfolgeordnung des Sachsenspiegels und des Magdeburger Rechts. Ein Beitrag zur Geschichte des sächsisch-magdeburgischen Rechts (Rechtshistorische Reihe 218), Frankfurt am Main u. a. 2000

Miglietta, Massimo/Carvajal, Patricio-Ignacio (Hg): Estudios jurídicos en … → Carvajal, Patricio-Ignacio

Mikat, Paul/Buchholz, Stephan/Werkmüller, Dieter (Hg.): Überlieferung, Bewahrung und … → Buchholz, Stephan

Milde, Wolfgang: Kodikologische und paläographische Einführung, in: Schmidt-Wiegand: Der Oldenburger Sachsenspiegel, Textband (1995), S. 31–52

Mitteis, Ludwig: Grundzüge und Chrestomathie der Papyruskunde, Bd. 2: Juristischer Teil, Hbd. 1: Grundzüge, Nachdruck der 1. Aufl. Leipzig 1912, Leipzig u. a. 1963
– Reichsrecht und Volksrecht in den östlichen Provinzen des römischen Kaiserreichs. Mit Beiträgen zur Kenntniss des griechischen Rechts und der spätrömischen Rechtsentwicklung, Nachdruck der 1. Aufl. Leipzig 1891, Hildesheim 1963

Möhn, Dieter/Borchling, Conrad/Lasch, Agathe/Cordes, Gerhard: Mittelniederdeutsches Handwörterbuch → Borchling, Conrad

Müller, Robert: Die Vergabung von Todes wegen im Gebiet des Magdeburger Stadtrechts, ThSZs 1 (1911), S. 73–98, 187–226

Münster-Swendsen, Mia/Vogt, Helle (Hg.): Law and learning in the Middle Ages. Proceedings of the Second Carlsberg Academy Conference on Medieval Legal History 2005, Kopenhagen 2006

MUNZEL-EVERLING, Dietlinde: Die Verwendung von Rechtssymbolen in der Heidelberger Bilderhandschrift des Sachsenspiegels, Signa Ivris 2 (2008), S. 81–120
– /KOCHER, Gernot: Transkription, Übersetzung und ...→ KOCHER, Gernot

MÜSSIG, Ulrike (veröffentlicht unter SEIF): Römisch-kanonisches Erbrecht in mittelalterlichen deutschen Rechtsaufzeichnungen, ZRG GA 122 (2005), S. 87–112
– Verfügungen von Todes wegen in den hallischen Schöffenbüchern, in: LÜCK (Hg.): Halle im Licht und Schatten Magdeburgs (2012), S. 130–150
– Verfügungen von Todes wegen in mittelalterlichen Rechts- und Schöffenbüchern, in: CZEGUHN (Hg.): FS Weitzel (2014), S. 167–203
– Verfügungen von Todes wegen in mittelalterlichen Rechts- und Schöffenbüchern, in: BALOGH (Hg.): Schwabenspiegel-Forschung im Donaugebiet (2015), S. 237–266

NASS, Klaus: Die Wappen in den Bilderhandschriften des Sachsenspiegels. Zu Herkunft und Alter der Codices picturati, in: SCHMIDT-WIEGAND (Hg.): Text-Bild-Interpretation (1986), S. 229–270

NEHLSEN-VON STRYK, Karin: Die Krise des „irrationalen Beweises“ im Hoch- und Spätmittelalter und ihre gesellschaftlichen Implikationen, ZRG GA 117 (2000), S. 1–38

NEUMEISTER, Peter: Johann von Buch. Ein altmärkischer Rechtsgelehrter im Dienste der Wittelsbacher, in: FAJT (Hg): Die Altmark von 1300–1600 (2011), S. 150–154
– /KAUFMANN, Frank-Michael (Hg.): Glossar zur Buch'schen ... → KAUFMANN, Frank-Michael

Niedersachsen/Oberlandesgericht [Oldenburg] (Hg.): 175 Jahre Oberlandesgericht Oldenburg. 1814 Oberappellationsgericht – Oberlandesgericht 1989. Festschrift, Köln u. a. 1989

NIETZSCHE, Friedrich August: [Rezension] Berlin b. Dümmler: Der Sachsenspiegel oder das sächsische Landrechtnach der Berliner Handschrift v. J. 1369 mit Varianten aus siebzehn anderen Texten, herausgegeben von Dr. C. G. Homeyer, außerordentlichem (seitdem ordentl.) Professor der Rechte zu Berlin. 1827. XXXII und 252 S. gr. 8 (1 Rthlr), ALZ 1927 (1927), Bd. 3, Sp. 689–696, 697–742

Oberlandesgericht [Oldenburg]/Niedersachsen (Hg.): 175 Jahre Oberlandesgericht ... → Niedersachsen

OPPITZ, Ulrich-Dieter: Deutsche Rechtsbücher des Mittelalters, Bd. 1: Beschreibung der Rechtsbücher, Köln u. a. 1990; Bd. 2: Beschreibung der Handschriften, Köln u. a. 1990

OTT, Norbert: Vorläufige Bemerkungen zur „Sachsenspiegel“-Ikonographie, in: SCHMIDT-WIEGAND (Hg.): Text-Bild-Interpretation (1986), S. 33–43

OTTENJANN, Helmut: Das Sondervermögen „Gerade“ sowie Kiste und Lade im Oldenburger Sachsenspiegel und im bäuerlichen Erbrecht des Ammerlandes, in: FANSA: Der sassen speygel, Bd. 2 (1995), S. 379–397

PAULI, Carl Wilhelm: Das Erbrecht der Blutsfreunde und die Testamente nach Lübischem Rechte. Größtentheils aus ungedruckten Quellen, Lübeck 1841

PERRIN, Marion/LÜCK, Heiner/WEINERT, Jörn: Text und Bildbeschreibung → LÜCK, Heiner

PETERS, Werner/HÖFINGHOFF, Hans/SCHILD, Wolfgang/SODMANN, Timothy (Hg.): Alles was Recht … → HÖFINGHOFF, Hans

PIPER, Henning: Testament und Vergabung von Todes wegen im braunschweigischen Stadtrecht des 13. bis 17. Jahrhunderts (Braunschweiger Werkstücke 24), Braunschweig 1960

PÖTSCHKE, Dieter: Die Glossen zum Sachsenspiegel, in: HÖFINGHOFF/PETERS/SCHILD/SODMANN (Hg.): FS Schmidt-Wiegand (1996), S. 161–178
– Anwendungen für Kommunikations-Highways. Perspektiven in den neuen Bundesländern (Informations- und Kommunikationstechnologien im Land Brandenburg 7), Heidelberg 1997
– Textschichtungen in Rechtsbüchern und ihre computergestützte Auffindung, in: PÖTSCHKE (Hg.): Anwendungen für Kommunikations-Highways (1997), S. 444–461

QUAGLIONI, Diego/DILCHER, Gerhard (Hg.): Gli inizi del … → DILCHER, Gerhard

RIEDL, Eckhard: Die Bilderhandschriften des Sachsenspiegels und das Bürgerliche Gesetzbuch (Archäologische Mitteilungen aus Nordwestdeutschland, Beiheft 22), Oldenburg 1998

RIVE, Friedrich: Zur Frage nach dem Prinzip der Successionsordnung im germanischen Rechte, Jahrbuch des gemeinen deutschen Rechts 6 (1863), S. 197–228

ROSIN, Heinrich: Der Begriff der Schwertmagen in den Rechtsbüchern und verwandten Quellen des deutschen Mittelalters, Breslau 1877
– Beiträge zu der Lehre von der Parentelenordnung und Verwandtschaftsberechnung nach deutschem, österreichischem, jüdischem und kanonischen Recht, Zeitschrift für das Privat- und öffentliche Recht der Gegenwart 28 (1901), S. 341–404
– [Rezension] Behre, Ernst, Die Eigentumsverhältnisse im ehelichen Güterrecht des Sachsenspiegels und des Magdeburger Rechts, ZRG GA 26 (1905), S. 292–297.

ROTH, Andreas/SAAR, Stefan Chr./HATTENHAUER, Christian (Hg): Recht als Erbe … → HATTENHAUER, Christian

RUMMEL, Mariella: Die rechtliche Stellung der Frau im Sachsenspiegel Landrecht, Frankfurt a. M. u. a. 1987

SAAR, Stefan Chr./ROTH, Andreas/HATTENHAUER, Christian (Hg): Recht als Erbe … → HATTENHAUER, Christian

SALLER, Richard P.: Roman dowry and the devolution of Property in the Principate, Classical Quarterly 34, 1 (1984), S. 195–205

SALZA UND LICHTENAU, Hermann Freiherr von: Die Pferdprobe gemäß Sachsenspiegel-Landrecht I 52 § 2 und ein verwandtes Rechtssymbol: der Oberlausitzer Vorritt, Signa Iuris VI (2010), S. 151–175

San Nicolò, Mariano/Mayr, Robert von: Vocabularium codicis Iustiniani → Mayr, Robert von

Savigny-Stiftung (Hg.): Vocabvlarivm Ivrisprvdentiae Romanae, Bd. 2, Bd. 4, Berlin 1933

Schadt, Hermann: Zum Verwandtschaftsbild und der Weltalterlehre des Sachsenspiegels. Kunstgeschichte als Hilfswissenschaft der Rechtsgeschichte, FmSt 10 (1976), S. 406–436

Schanz, Franz: Das Erbfolgeprinzip des Sachsenspiegels und des Magdeburger Rechts. Eine rechtsgeschichtliche Studie, Tübingen 1883

Schich, Winfried/Willoweit, Dietmar (Hg.): Studien zur Geschichte des sächsisch-magdeburgischen Rechts in Deutschland und Polen (Rechtshistorische Reihe 10), Frankfurt am Main 1980

Schiewer, Hans-Jochen/Fijal, Andreas/Leuchte, Hans-Jörg (Hg.): Unseren fruntlichen grus … → Fijal, Andreas

Schild, Wolfgang/Höfinghoff, Hans/Peters, Werner/Sodmann, Timothy (Hg.): Alles was Recht … → Höfinghoff, Hans

Schildt, Bernd/Lück, Heiner(Hg.): Recht – Idee – Geschichte … → Lück, Heiner

Schiller, Karl/Lübben, August: Mittelniederdeutsches Wörterbuch → Lübben, August

Schilling, Karl: Das objektive Recht in der Sachsenspiegel-Glosse (Freiburger rechtsgeschichtliche Abhandlungen 2), Berlin 1931

Schmidt, Rudolf: Geschichte des Geschlechts von Buch, Bd. 1, Eberswalde 1939

Schmidt-Recla, Adrian: Frühmittelalterliche Verfügungen von Todes wegen – juristische Begriffe und Definitionen, in: Kasten (Hg.): Herrscher- und Fürstentestamente (2008), S. 35–65
– Kalte oder warme Hand ? Verfügungen von Todes wegen in mittelalterlichen Referenzrechtsquellen (Forschungen zur deutschen Rechtsgeschichte 29), Köln u. a. 2011

Schmidt-Wiegand, Ruth: Die Wolfenbütteler Bilderhandschrift des Sachsenspiegels und ihr Verhältnis zum Text Eikes von Repgow: Öffentlicher Vortrag am 26.5.1982 in der Augusteerhalle der Bibliotheca Augusta anläßlich der Jahresversammlung des Wissenschaftlichen Arbeitskreises für Mitteldeutschland (Wolfenbütteler Hefte 13), Wolfenbüttel 1983
– (Hg.): Text-Bild-Interpretation: Untersuchungen zu den Bilderhandschriften des Sachsenspiegels (Münsterische Mittelalter-Schriften 55), Bd. 1: Textband, München 1986
– Text und Bild in den Codices picturati des „Sachsenspiegels“: Überlegungen zur Funktion der Illustration, in: Schmidt-Wiegand (Hg.): Text-Bild-Interpretation, Bd. 1 (1986), S. 11–31
– (Hg.): Der Sachsenspiegel als Buch: Vorträge und Aufsätze (Germanistische Arbeiten zu Sprache und Kulturgeschichte 1), Frankfurt am Main u. a. 1991
– Wolfenbütteler Bilderhandschrift im Kreis der Codices picturati des Sachsenspiegels, in: Schmidt-Wiegand (Hg.): Sachsenspiegel. Die Wolfenbütteler Bilderhandschrift, Kommentarband (1993), S. 1–24

– (Hg.): Diplomatische Umschrift, zitierfähiger Text, neuhochdeutsche Übersetzung, Text-Bildleisten-Kommentar. fol. 1–86, in: SCHMIDT-WIEGAND: Sachsenspiegel. Die Wolfenbütteler Bilderhandschrift, Textband (1993), S. 35–397
– (Hg.): Bildleistenkommentar, in: SCHMIDT-WIEGAND: Der Oldenburger Sachsenspiegel, Kommentarband (1996), S. 171–263
– U. A.: Bildleistenkommentar, in: MILDE/SCHMIDT-WIEGAND: Der Oldenburger Sachsenspiegel. Faksimile- und Kommentarband (2006), S. 37–152

SCHMOECKEL, Mathias/FALK, Ulrich/LUMINATI, Michele (Hg.): Fälle aus der … → FALK, Ulrich

SCHMUTZ, Jürg: Juristen für das Reich. Die deutschen Rechtsstudenten an der Universität Bologna 1265–1425 (Veröffentlichungen der Gesellschaft für Universitäts- und Wissenschaftsgeschichte 2), Bd. 2: Personenkatalog und Ortsregister, Basel 2000

SCHOTT, August Friedrich (Hg.): Sammlungen zu den deutschen Land- und Stadtrechten, Bd. 1, Leipzig 1772

SCHOTT, Clausdieter: Zur bildlichen Wiedergabe abstrakter Textstellen im Sachsenspiegel, in: SCHMIDT-WIEGAND: Text-Bild-Interpretation, Bd. 1 (1986), S. 189–203
– Kindesannahme – Adoption – Wahlkindschaft. Rechtsgeschichte und Rechtsgeschichten, Frankfurt am Main 2009
– Sachsenspiegel und Adoption – die Macht der Glosse, ZNR 33 (2011), S. 1–11

SCHOTT, Hermann: Die donatio propter nuptias, Mannheim 1867

SCHRÖDER, Richard: Zur Geschichte des ehelichen Güterrechts in Deutschland, ZRG 10 (1872), S. 426–449
– Über die Bezeichnung der Spindelmagen in der älteren deutschen Rechtssprache, ZRG GA 4 (1883), S. 1–15
– /KÜNSSBERG, Eberhard von: Lehrbuch der deutschen … → KÜNSSBERG, Eberhard von
– Geschichte des ehelichen Güterrechts in Deutschland, Bd. 2: Das Mittelalter, Abt. 3: Das eheliche Güterrecht Norddeutschlands und der Niederlande im Mittelalter, Neudruck der Ausgabe Stettin 1874, Aalen 1967

SCHULTE, Johann Friedrich von: Die Geschichte der Quellen und Literatur des canonischen Rechts von Gratian bis auf die Gegenwart, Unveränderter Abdruck der Ausgabe Stuttgart 1875–80, Bd. 2: Von Papst Gregor IX. bis zum Concil von Trient, Graz 1956

SCHULTE-BECKHAUSEN, Otto: Das Ehe- und Familienrecht im Sachsenspiegel, Diss. jur. (masch.-schr.), Bonn 1957

SCHULZE, Hans Kurt: Adelsherrschaft und Landesherrschaft. Studien zur Verfassungs- und Besitzgeschichte der Altmark, des ostsächsischen Raumes und der hannoverschen Wendlandes im hohen Mittelalter (Mitteldeutsche Forschungen Bd. 29), Köln u. a. 1963

SCHUMACHER, Meinolf: „… der kann den texst und och die gloß“. Zum Wortgebrauch von „Text“ und „Glosse“ in deutschen Dichtungen des Spätmittelalters, in: KUCHENBUCH/KLEINE (Hg.): „Textus“ im Mittelalter (2006), S. 207–228

Schwerin, Claudius Freiherr von: Die Entstehung der Ssp.-Gl. auf Grund der Untersuchung ihres Inhalts. Leitende Gesichtspunkte für eine Analyse der Glosse, (ungedruckt, München Archiv der MGH, Signatur K 23/25 „Aufsatz I"), 19 Seiten
– Die Glosse zu I 6. Innere Analyse des Gl.-textes (ungedruckt, München Archiv der MGH, Signatur K 23/25 „Aufsatz II"), 27 Seiten

Selb, Walter/Mayer-Maly, Theo/Honsell, Heinrich: Römisches Recht … → Honsell, Heinrich

Sellert, Wolfgang: Borgerlike, pinlike und misschede klage nach der Sachsenspiegelglosse des Johann v. Buch, in: Buchholz/Mikat/Werkmüller (Hg.): FS Kaufmann, S. 321–346

Sello, Georg: [Kopien der Oldenburger Bilderhandschrift] (ungedruckt, Oldenburg, Staatsarchiv, Best. 271–25, Nr. 51)

Siegel, Heinrich: Das deutsche Erbrecht nach den Rechtsquellen des Mittelalters, Heidelberg 1853
– Die germanische Verwandtschaftsberechnung mit besonderer Beziehung auf die Erbenfolge, Heidelberg 1853
– Die deutschen Rechtsbücher und die Kaiser Karls-Sage (SB Wien, Bd 140, Abh. 9), Wien 1899

Simon, Wolfgang: Claudius Freiherr von Schwerin. Rechtshistoriker während dreier Epochen deutscher Geschichte, Frankfurt am Main u. a. 1991

Sinauer, Erika: Eine Litneburger Sachsenspiegelhandschrift, ZRG GA 45 (1925), S. 408–413
– Studien zur Entstehung der Sachsenspiegelglosse, NA 50 (1935), S. 475–581

Sodmann, Timothy/Höfinghoff, Hans/Peters, Werner/Schild, Wolfgang (Hg.): Alles was Recht … → Höfinghoff, Hans

Soliva, Claudio/Bader, Karl Siegfried (Hg.): Rechtsgeschichte aus Neigung … → Bader, Karl Siegfried

Spangenberg, Ernst: Beyträge zu den Teutschen Rechten des Mittelalters, vorzüglich zur Kunde und Kritik der altgermanischen Rechtsbücher, und des Sachsen- und Schwabenspiegels, größtentheils aus unbenutzten handschriftlichen Quellen geschöpft, Halle 1822
– /Grupen, Christian Ulrich: Grupens Tractat von … → Grupen, Christian Ulrich

Stagl, Jakob Fortunat: Favor dotis. Die Privilegierung der Mitgift im System des römischen Rechts (Forschungen zum römischen Recht 53), Wien 2009

Steffenhagen, Emil: Der Einfluß der Buch'schen Glosse auf die späteren Denkmäler, Bd. 1: Das Klevische Stadtrecht (SB Wien, Bd. 129, Abh. 7), Wien 1893; Bd. 2: Das Berliner Stadtbuch (SB Wien, Bd. 131, Abh. 9), Wien 1894
– Die Entwicklung der Landrechtsglosse des Sachsenspiegels, Bd. 1: Eine Interpolierte Glossenhandschrift (SB Wien, Bd. 98, Heft 1), Wien 1881; Bd. 2: Die Stendaler Glosse (SB Wien, Bd. 100, Heft 2), Wien 1882; Bd. 3: Die Petrinische Glosse (SB Wien, Bd. 101, Heft 2), Wien 1882; Bd. 4: Die Tzerstedische Glosse (SB Wien, Bd. 106, Heft 1), Wien 1884; Bd. 5: Die

Bocksdorfschen Additionen (SB Wien, Bd. 110, Heft 2), Wien 1885; Bd. 6: Die Fuldaer Glossenhandschrift (SB Wien, Bd. 111, Heft 1), Wien 1885; Bd. 7: Der Glossenprolog (SB Wien, Bd. 113, Heft 1), Wien 1885; Bd. 8: Verzeichnis der Handschriften und Drucke (SB Wien, Bd. 114, Heft 2), Wien 1887; Bd. 9: Die Überlieferung der Buch'schen Glosse (SB Wien, Bd. 114, Heft 2), Wien 1887; Nachtrag zu Bd. 8: Verzeichnis der Handschriften und Drucke, in: Anzeiger der kaiserlichen Akademie der Wissenschaften zu Wien, Phil.-hist. Kl., Bd. 25 (1888); Bd. 10: Zur Stendaler Glosse und zu den Bocksdorfschen Additionen (SB Wien, Bd. 167, Abh. 5), Wien 1911; Bd. 11: Johann von Buch und die Accursische Glosse (SB Wien, Bd. 194, Abh. 3), Wien 1922; Bd. 12: Johann von Buch und die kanonische Glosse (SB Wien, Bd. 195, Abh. 1), Wien 1923
– /Eckhardt, Karl August (Hg.): Die Entwicklung der … → Eckhardt, Karl August (Hg.)

Stobbe, Otto: Handbuch des deutschen Privatrechts, Bd. 5, 2. Aufl. Berlin 1885
– Beiträge zur Geschichte des deutschen Rechts, Braunschweig 1865
– Die Erbfolgeordnung nach den Magdeburger Schöffensprüchen, in: Stobbe: Beiträge zur Geschichte des deutschen Rechts, Braunschweig 1865, S. 36–58

Stutz, Ulrich: Das Verwandtschaftsbild des Sachsenspiegels und seine Bedeutung für die sächsische Erbfolgeordnung, Breslau 1890
– [Rezension] Karl v. Amira: Die Dresdener Bilderhandschrift des Sachsenspiegels, Auf Veranlassung und mit Unterstützung K. sächsischen Kommission für Geschichte, sowie mit Unterstützung der Savigny-Stiftung. Erster Band. Leipzig, K. W. Hirsemann 1902, 34 S. Text und 184 Lichtdrucktafeln nebst 6 Tafeln in Farbendruck und 3 Ergänzungstafeln in Autotypie, ZRG GA 24 = 37 (1903), S. 409–415
– [Rezension] Karl v. Amira: Die Dresdener Bilderhandschrift des Sachsenspiegels. Zweiter Band. Erläuterungen. Herausgegeben auf Veranlassung der Sächsischen Kommission für Geschichte und mit Unterstützung der Notgemeinschaft der Deutschen Wissenschaft, Teil I und II, Leipzig, Karl W. Hirsemann 1925 und 1926, X und 502, VIII und 385 S. gr. 80, ZRG GA 47 (1927), S. 685–706

Sydow, Rudolf von: Darstellung des Erbrechts nach den Grundsätzen des Sachsenspiegels mit Rücksicht auf die verwandten Quellen, Berlin 1828

Teske, Hans: Ein falscher Text wird Grundlage geltenden Rechts, WuS 14 (1932), S. 85–87

Teuchert, Hermann: Anzeige von: C. Borchling: Das Landrecht des Sachsenspiegels nach der Bremer Handschrift, Teuthonista 3 (1926/1927), S. 225

Tigerström, Friedrich Wilhelm von: Das römische Dotalrecht. Eine zivilistische Abhandlung, Band 2, Berlin 1832

Timm, Albrecht: Das Magdeburger Recht an der Brücke von West und Ost (Hamburger Mittel- und ostdeutsche Forschungen 2), Hamburg 1960

Trummer, Carl: Das hamburgische Erbrecht, Bd. 2, Hamburg 1852

Trusen, Winfried: Die Rechtsspiegel und das Kaiserrecht, ZRG GA 102 (1985), S. 12–59

VOGT, Helle/MÜNSTER-SWENDSEN, Mia (Hg.): Law and learning → MÜNSTER-SWENDSEN, Mia

WACKE, Andreas: Zur Funktion und Gefahrtragung bei der römischen Mitgift, TRG 43 (1975), S. 241–256

WALTHER, Christoph/LÜBBEN, August: Mittelniederdeutsches Handwörterbuch → LÜBBEN, August

WASSERSCHLEBEN, Herrmann: Das Prinzip der Successionsordnung nach deutschem insbesondere sächsischem Rechte, Gotha 1860
– Die germanische Verwandtschaftsberechnung und das Prinzip der Erbenfolge nach deutschem insbesondere sächsischem Rechte. Eine Replik, Gießen 1864
– Das Prinzip der Erbenfolge nach den älteren deutschen und verwandten Rechten. Eine rechtsgeschichtliche Untersuchung, Leipzig 1870

WEHLISCH, Markus: Erbrechte thüringischer Staaten vor Geltung des Bürgerlichen Gesetzbuches: Einheit des Rechts in partikularen Rechten?, Jena 2003

WEIMAR, Peter: Der Erbvertrag und die guten Sitten, in: GARCÍA Y GARCÍA (Hg.): Miscellanea Domenico Maffei dicata. Historia – ius – studium, Bd. 4, Goldbach 1995, S. 231–246

WEINERT, Jörn/LÜCK, Heiner/PERRIN, Marion: Text und Bildbeschreibung → LÜCK, Heiner
– Zur Schreibsprache der Dresdner Bilderhandschrift des Sachsenspiegels: Zeitliche Einordnung und weitere Aussagen zur Entstehungsgeschichte, in: LÜCK (Hg.): Sachsenspiegel: Die Dresdner Bilderhandschrift, Bd. [5] (2011), S. 79–85

WEITZEL, Jürgen: Zum Rechtsbegriff der Magdeburger Schöffen, in: WILLOWEIT/SCHICH (Hg.): Studien zur Geschichte des sächsisch-magdeburgischen Rechts in Deutschland und Polen (1980), S. 62–93

WEISKE, Julius: Wie sorgte Luther auf den Todesfall für Weib und Kind, in Verbindung mit einer erbrechtlichen Abhandlung, Leipzig 1846
– Ueber das Alter des Sachsenspiegels, Zeitschrift für deutsches Recht und deutsche Rechtswissenschaft 1 (1839), S. 54–85

WEJWODA, Marek: Sächsische Rechtspraxis und gelehrte Jurisprudenz. Studien zu den rechtspraktischen Texten und zum Werk des Leipziger Juristen Dietrich von Bocksdorf (ca. 1410–1466) (Monumenta Germaniae Historica: Studien und Texte 54), Hannover 2012
– Spätmittelalterliche Jurisprudenz zwischen Rechtspraxis, Universität und kirchlicher Karriere: der Leipziger Jurist und Naumburger Bischof Dietrich von Bocksdorf (ca. 1410–1466) (Education and society in the Middle Ages and Renaissance 42), Leiden 2012

WERKMÜLLER, Dieter: Rechtsgeschäfte auf den Todesfall in den deutschen Rechten des Mittelalters, in: Actes à cause de mort, Bd. 2: Europe médiévale et moderne (1993), S. 257–266
– /MIKAT, Paul/BUCHHOLZ, Stephan (Hg.): Überlieferung, Bewahrung und … → BUCHHOLZ, Stephan

WILLOWEIT, Dietmar/SCHICH, Winfried (Hg.): Studien zur Geschichte … → SCHICH, Winfried

Windscheid, Bernhard/Kipp, Theodor: Lehrbuch des Pandektenrechts … → Kipp, Theodor

Witthoft, Brucia: Marriage Rituals and Marriage Chests in Quattrocento Florence, Artibus et Historiae 5 (1982), S. 43–59

Wolf, Armin: Königswähler in den deutschen Rechtsbüchern, ZRG GA 115 (1998), S. 150–197

Wolff, Christian Freiherr von: Jus naturae methodo scientifica pertractatum, Bd. 7: De imperio privato, in qua tam de imperio ac societatibus conjugali, paterna, herili atque domo agitur, sev ius omne personarum demonstratur, Halle, Magdeburg 1747

Zimmermann, Reinhard (Hg.): Der Einfluss religiöser Vorstellungen auf die Entwicklung des Erbrechts, Tübingen 2012

Verzeichnis der Abbildungen und Figuren

I. Abbildungen

II. Figuren

Register

I. Namen

(Nennungen in Übersetzungen von Quellen werden nicht gesondert aufgeführt, aufgeführt werden nur Personen, die im Zeitpunkt der Veröffentlichung bereits verstorben waren, und Titel, die in Bezug genommen sind, Abkürzungen: Bf. = Bischof, bibl. = biblische/r, dt. = deutscher, Ebf. = Erzbischof, Gf. = Graf, Gf.in = Gräfin, Hz. = Herzog, Hz.in = Herzogin, Jh. = Jahrhundert, Kg. = König, Ks. = Kaiser, Mgf. Markgraf, Mgf.in = Markgräfin, Pgf. = Pfalzgraf, Pt. = Papst, röm. = römische/r)

II. Quellen

(Bei den durch Fettdruck hervorgehobenen Fundstellen wird die Quelle ganz oder teilweise wiedergegeben)

Bibel

Corpus Iuris Civilis

Codex

Authentiken

Accursische Glosse

Corpus Iuris Canonici

Glossae Ordinariae zum Corpus Iuris Canonici

Sachsenspiegel Landrecht

Sachsenspiegel Lehnrecht

Buch'sche Glosse

Glossenprolog

Glosse

Weistümer und Schöffensprüche der Magdeburger Stadtrechtsfamilie

Sonstige Rechtsquellen

Sonstige Quellen